Handbuch Literatur & Pop

Handbücher zur
kulturwissenschaftlichen
Philologie

Herausgegeben von Claudia Benthien,
Ethel Matala de Mazza und Uwe Wirth

Band 9

Handbuch
Literatur & Pop

Herausgegeben von
Moritz Baßler und Eckhard Schumacher

DE GRUYTER

ISBN 978-3-11-113040-8
e-ISBN (PDF) 978-3-11-034065-5
e-ISBN (EPUB) 978-3-11-038963-0
ISSN 2197-1692

Library of Congress Control Number: 2019948516

Bibliografische Information der Deutschen Nationalbibliothek
Die Deutsche Nationalbibliothek verzeichnet diese Publikation in der Deutschen Nationalbibliografie; detaillierte bibliografische Daten sind im Internet über http://dnb.dnb.de abrufbar.

© 2022 Walter de Gruyter GmbH, Berlin/Boston
Dieser Band ist text- und seitenidentisch mit der 2019 erschienenen gebundenen Ausgabe.
Satz: Dörlemann Satz, Lemförde
Druck und Bindung: CPI books GmbH, Leck

www.degruyter.com

Inhaltsverzeichnis

1. Einleitung – *Moritz Baßler und Eckhard Schumacher* —— 1

2. **Theorien – Konzepte – Kontexte**

2.1 Postmoderne und Pop-Literatur: Die Fiedler-Debatte – *Thomas Wegmann* —— 31

2.2 Import, Übersetzung, Übernahme – der Bezug zu Großbritannien und den USA – *Charis Goer* —— 42

2.3 Pop-Journalismus, Feuilleton, Literatur – *Eckhard Schumacher* —— 55

2.4 Diedrich Diederichsen und die Pop I/Pop II-Periodisierung – *Christoph Rauen* —— 72

2.5 Camp: Susan Sontag – *Moritz Baßler* —— 84

2.6 Strukturalismus, Semiotik und Pop – *Philipp Pabst und Anna Seidel* —— 96

2.7 Marxismus, Kritische Theorie, Pop-Literatur – *Thomas Hecken* —— 109

2.8 Pop-Feminismus/Geschlechterverhältnisse im Pop – *Anna Seidel* —— 119

2.9 Autorinszenierungen – *Dirk Niefanger* —— 130

2.10 Pop-Literatur in den Verlagen – *Martin Hielscher* —— 142

2.11 Trivialität, Unterhaltung, High und Low – *Georg Seeßlen* —— 152

3. **Problematisierungen und Forschungsfragen**

3.1 Gerade Eben Jetzt – Schreibweisen der Gegenwart – *Eckhard Schumacher* —— 165

3.2 Katalog- und Montageverfahren: Sammeln und Generieren – *Moritz Baßler* —— 184

3.3 Autofiktion – *Innokentij Kreknin* —— 199

3.4 Generation, Sozialisation, Erinnerung – *Stefan Willer* —— 214

3.5 Lyrics als Literatur – *Till Huber* —— 229

3.6	Konsumästhetik – *Heinz Drügh* —— **247**	
3.7	Authentizität – *Martin Butler* —— **267**	
3.8	Gelebte Pop-Ästhetiken: Dandy, Flaneur, Hipster – *Nadja Geer* —— **283**	
3.9	Underground – *Jan-Frederik Bandel* —— **304**	
3.10	Text-Bild-Strategien in Pop-Texten der 1960er Jahre – *Brigitte Weingart* —— **326**	

4. Exemplarische Analysen

4.1	Gottfried Benn: Bar (1953). Populärkultur in der Literatur der frühen Bundesrepublik – *Philipp Pabst* —— **353**
4.2	Hubert Fichte: Die Palette (1968) – *Dirck Linck* —— **370**
4.3	Peter Handke: Die japanische Hitparade vom 25. Mai 1968 (1968) – *Elias Kreuzmair* —— **384**
4.4	Rolf Dieter Brinkmann und Ralf-Rainer Rygulla: Acid – neue amerikanische Szene (1969) – *Jan-Frederik Bandel* —— **398**
4.5	Elfriede Jelinek: wir sind lockvögel baby! (1970) – *Karin Harrasser* —— **414**
4.6	Rolf Dieter Brinkmann: Mondlicht in einem Baugerüst (1975) – *Albert Meier* —— **426**
4.7	Rainald Goetz: Subito (1983) – *Eckhard Schumacher* —— **439**
4.8	Peter Glaser: Zur Lage der Detonation – Ein Explosé (1984) – *Hendrik Otremba* —— **452**
4.9	Joachim Lottmann: Mai, Juni, Juli. Ein Roman (1987) – *Heinz Drügh* —— **465**
4.10	Blumfeld: L'etat et moi (Mein Vorgehen in 4, 5 Sätzen) (1994) – *Jörg Metelmann* —— **480**
4.11	Max Goldt: Titanic-Kolumnen – *Patrick Hohlweck* —— **494**
4.12	Christian Kracht: Faserland (1995) – *Olaf Grabienski* —— **509**
4.13	Benjamin v. Stuckrad-Barre: Soloalbum (1998) – *Moritz Baßler* —— **524**

4.14	Thomas Meinecke: Tomboy (1998) – *Heide Volkening* —— **538**
4.15	Tristesse Royale. Das popkulturelle Quintett mit Joachim Bessing, Christian Kracht, Eckhart Nickel, Alexander v. Schönburg und Benjamin v. Stuckrad-Barre (1999) – *Jörg Döring* —— **552**
4.16	Kerstin Grether: Zuckerbabys (2004) – *Sonja Eismann* —— **568**
4.17	Heinz Strunk: Fleisch ist mein Gemüse (2004) – *Till Huber* —— **576**
4.18	René Pollesch – *Christian Rakow* —— **591**
4.19	Charlotte Roche: Feuchtgebiete (2008) – *Alexandra Pontzen* —— **607**
4.20	Leif Randt: Schimmernder Dunst über Coby County (2011) – *Klaus Birnstiel* —— **623**

5. **Glossar** —— **635**

6. **Auswahlbibliografie** —— **651**

7. **Register** —— **657**

    Namensregister —— **657**

    Sachregister —— **676**

8. **Abbildungsverzeichnis** —— **683**

9. **Autorinnen und Autoren** —— **685**

    Dank —— **687**

1. Einleitung

Moritz Baßler und Eckhard Schumacher

1. Pop und Literatur

Seit Pop und Literatur aufeinander bezogen werden, seit Mitte der 1960er Jahre, sorgt diese Verbindung für Aufbruchsstimmung und Begeisterung, aber auch für Irritationen, Ärger und Ablehnung. Während sich Pop Art und Pop-Musik längst als Begriffe etabliert haben, die wie selbstverständlich verwendet werden, wirkt die Kopplung von Pop und Literatur bis heute polarisierend. Immer wieder führt sie zu Konflikten, Missverständnissen und, zumindest im deutschsprachigen Literaturbetrieb, Grundsatzdiskussionen über den Zustand der Gegenwartsliteratur.

Weitaus stärker als im Fall von Pop Art und Pop-Musik ist das Verhältnis von Pop und Literatur durch die Markierung von Differenzen gekennzeichnet, über die zugleich ein Werturteil kommuniziert wird. „Dieses Etikett wird ja stets abwertend verwandt", kommentiert Benjamin v. Stuckrad-Barre die literaturkritische Verortung seiner Texte unter dem Label Pop-Literatur, „als Abgrenzung gegen die vermeintlich richtige, echte, tiefe Literatur." (Philippi und Schmidt 1999) Was Stuckrad-Barre für die späten 1990er Jahre konstatiert, lässt sich auch in anderen Zeiträumen beobachten, in denen die Kopplung von Pop und Literatur auffällig wird, insbesondere Ende der 1960er und Mitte der 1980er Jahre. So wie Pop zumeist außerhalb der Grenzen der Literatur situiert wird, verweist das ebenso unterbestimmte wie überdeterminierte Schlagwort Pop-Literatur immer auch auf etwas anderes als auf das, was üblicherweise als Literatur begriffen wird. Aber nicht nur die abwertende Verwendung des Begriffs, auch die Einwände und Angriffe, die im Namen von Pop seit den 1960er Jahren gegen den Literaturbetrieb gerichtet werden, stützen sich häufig auf vergleichbare Abgrenzungsstrategien. Unabhängig von der je spezifischen Wertung führt die Zuschreibung Pop vor Augen, wie mit einem hochgradig unscharfen Begriff scharfe Grenzen gezogen werden, wie sich Grenzziehungen im Zuge von Kanonisierungsprozessen verschieben und wie Exklusionsmanöver in Inklusionsansprüche oder Eingemeindungsversuche umschlagen können. So erweist sich die polarisierende Kraft, die Pop im Kontext von Literatur und Literaturkritik entfalten kann, als eine Konstante, über die seit Mitte der 1960er Jahre von ganz verschiedenen Seiten aus die jeweils gängigen Maßstäbe zur Verortung und Bewertung von Gegenwartsliteratur in Frage gestellt, aber auch bestätigt und gesichert werden.

Gerade weil Pop als ein potentieller Gegenbegriff zu Literatur aufgefasst wird, kann er die Option eröffnen, eingefahrenen Vorstellungen von Literatur Neues hinzuzufügen, Anderes entgegenzusetzen. „Pop-literatur", so H. C. Artmann schon im Jahre 1964 bei der womöglich ersten Verwendung dieses Begriffs auf Deutsch, „ist heute einer der wege [...], der gegenwärtigen literaturmisere zu entlaufen. Anzeichen sind bereits überall zu merken..." (Artmann 1971, 44). Dabei werden die Grenzen dessen, was unter Pop verstanden werden kann, in diesen Debatten ebenso verhandelt wie die der Literatur. Ist Pop-Literatur überhaupt Pop („Literatur-Pop", wie Stuckrad-Barre sagt) oder macht sie diesen nur zu ihrem Gegenstand? lautet die Frage von der einen Seite. Und von der anderen ließe sich das Problem mit Boris Groys (1992) formulieren: Ist Pop-Literatur dabei, die Gegenwartsliteratur durch Einbezug von Dingen aus dem profanen Raum – Pornografie, Western, Science-Fiction, Comics, Konsumgüter, Markenartikel, Pop-Musik, Stars, Fernsehen, Internet usw. – zu bereichern, ihr neues Leben einzuhauchen? Oder ist diese Literatur selbst Teil des profanen Raums, womöglich Symptom einer allgemeinen, markt- und medienbedingten Profanisierung unserer Kultur? Was aber heißt im jeweils gegebenen Zusammenhang überhaupt Pop? Wie eng ist etwa das, was 1968 unter Pop und Pop-Literatur verhandelt wird, mit dem verbunden, was 1998 in diesen Hinsichten für Aufregung sorgt?

2. Pop vs. das Populäre

Wenn Johannes Ullmaier Anfang der 2000er Jahre angesichts der „Kriterienvielfalt" und der „formalen Offenheit" des Pop-Begriffs darauf hinweist, auch im Umgang mit dem Stichwort Pop-Literatur herrsche „seit jeher heillose, teils fruchtbare Verwirrung" (Ullmaier 2001, 18–19), bestätigt er eine Lesart, die sich in den Diskussionen um Pop, Pop Art und Pop-Literatur als geradezu topisch erweist. Bereits Mitte der 1960er Jahre betont Max Imdahl (1968, 696), dass sich Pop Art durch „Provokationen", nicht aber durch „Definitionen" auszeichne, entsprechend „völlig indeterminiert" sei und „die Determinierung dem Beschauer" überlasse. Anfang der 1970er Jahre stellt Jost Hermand (1971, 13) in seiner weit ausgreifenden Studie *Pop international* fest, dass man sich unter Pop „vieles vorstellen" kann. Und auch die Antworten, die dreißig Jahre später ein der Frage *Was ist Pop?* gewidmeter Sammelband präsentiert, treffen sich in der je unterschiedlich akzentuierten, aber gleichwohl einstimmig vorausgesetzten Prämisse, Pop sei ein „unscharfes Gattungslabel", ein „extrem dehnbares Wort", kurz: „Verschiedenartiges und vieles zugleich" (Grasskamp, Krützen und Schmitt 2004, 21, 43, 115). Dass diese begriffliche Unbestimmtheit der Verbreitung von Pop keineswegs hinderlich war, führt Ende der 1990er Jahre nicht zuletzt die skeptische Beobachtung Diedrich Diederichsens vor Augen, der Pop-Begriff scheine „nicht nur endlos zuständig, sondern auch endlos dehnbar zu sein", sodass „heute [...] schier alles Pop" sein kann (Diederichsen 1999, 273).

„For such a small word, pop has a multitude of meanings", schreibt der Pop-Theoretiker Jon Savage und qualifiziert in diesem Sinn auch das Wort ‚popular', als dessen Kurzform ‚pop' häufig begriffen wird, als „ambiguous term" (Savage 1995, xxiv). Der Eintrag im *Oxford English Dictionary* (1989, 111–114) bestätigt diese Einschätzung und führt zugleich vor Augen, dass das Wort ‚pop' aufgrund seiner onomatopoetischen Qualitäten, die sowohl klangliche als auch zeitliche Dimensionen betreffen, immer schon mehr war als nur eine Abkürzung von ‚popular'. Nachweise für substantivische Verwendungen von ‚pop' als „blow, knock, stroke, slap" oder „short abrupt sound of explosion" finden sich bereits im 15. und 16. Jahrhundert; seit dem 17. Jahrhundert wird ‚pop' in der Bedeutung von „shot with a fire-arm" verwendet; als Verb wird ‚to pop' schon seit dem 15. Jahrhundert gebraucht: „To strike, rap, knock", „to burst or explode with a pop", „to shoot, fire a gun", „to pass, move, go or come promptly, suddenly, or unexpectedly". Anfang des 19. Jahrhunderts finden sich erste Nachweise für die heute noch gebräuchliche Verwendung von ‚pop' als Name für sprudelnde Getränke wie Sekt oder Limonade, das sogenannte Soda Pop. In der ersten Hälfte des 20. Jahrhunderts kommen einige Slang-Verwendungen hinzu, von denen sich vor allem zwei bis heute gehalten haben: Seit den 1930er Jahren wird ‚pop' im Sinne von „to inject a drug" bzw. „an injection of a narcotic drug" gebraucht, seit den 1950er Jahren zudem auch als Slangsynonym für Geschlechtsverkehr. Wenn man ‚pop' als Abkürzung von ‚popular' begreift, was seit Mitte des 19. Jahrhundert üblich ist, sind diese anderen Verwendungsweisen, Bedeutungsebenen und Assoziationen nicht einfach auszublenden; sie schwingen immer mit und werden spätestens seit Mitte der 1960er Jahre häufig auch gezielt mit aufgerufen.

„The shortening gave the word a lively informality but opened it, more easily, to a sense of the trivial", beschreibt der Kulturtheoretiker Raymond Williams (1983, 237) zwei weitere Effekte der Verkürzung von ‚popular' zu ‚pop', die bis heute viele Verwendungen kennzeichnen. Einerseits vervielfältigt sich die Ambiguität, die schon das Wort ‚popular' bestimmt, durch die weiteren Lesarten zu einer „multitude of meanings", andererseits können Konnotationen wie Trivialität und Minderwertigkeit verstärkt, Verfahren der Simplifizierung und Banalisierung assoziiert werden. Das Attribut ‚popular' kann, wie Williams hervorhebt, in diesem Sinn auch auf „inferior kinds of work (cf. *popular literature, popular press* as distinguished from *quality press*)" verweisen (Williams 1983, 237). In deutschsprachigen Zusammenhängen hat sich diese Lesart, die Popularisierung als einen Prozess der Trivialisierung und Entwertung begreift, noch sehr viel ausgeprägter durchgesetzt als im anglo-amerikanischen Kontext, wo *popular culture* mit größerer Selbstverständlichkeit als legitimer Bestandteil eines umfassenderen Begriffs von Kultur aufgefasst wird. So ist, wie Diederichsen betont, bei Auseinandersetzungen mit Pop-Phänomenen immer zu bedenken, dass „die Werthierarchien, die dem deutschen ‚populär' und auch ‚popular' inhärent sind, und die sich in einem benachbarten Begriff wie ‚volkstümlich' noch potenzieren, daß die pejorativen Konnotationen, die Begriffe wie ‚Massenkultur' und ‚Volkskunst' mitbestimmen, von dem englischen ‚popular' kaum bis gar nicht transportiert und evoziert werden." (Diederichsen 1996, 36)

Dass sich kein englisches Pendant zum deutschen Begriff ‚Pop-Literatur' durchgesetzt hat, auch wenn man vergleichbare Schreibweisen, Formen und Programmatiken identifizieren kann, ist vor diesem Hintergrund zu sehen. Weder für eine abwertende Ausgrenzung noch für eine prinzipielle Abwendung vom gängigen Verständnis von Literatur scheint es in den englischsprachigen Literaturen bislang längerfristig Anlass gegeben zu haben.

Dabei stand der Begriff durchaus zur Verfügung: Leslie Fiedler führt ihn Ende der 1960er Jahre in seinem vielzitierten Essay *Cross the Border, Close the Gap* ein (→ 2.1 WEGMANN). In der deutschsprachigen Erstveröffentlichung auf der Basis eines in Freiburg gehaltenen Vortrags spricht Fiedler vom „Pop-Roman", vom „Pop-Schriftsteller" und von der „literarischen Pop-Bewegung" (Fiedler 1968), in der überarbeiteten Fassung taucht dann auch die Begriffsprägung „pop literature" (Fiedler 1969) beziehungsweise, in der deutschen Übersetzung, „Pop-Literatur" auf (Fiedler 1994). Während sich im internationalen Zusammenhang eher Fiedlers Prägung der literarischen Postmoderne durchsetzt, wird im deutschsprachigen Kontext bis heute der Begriff der „Pop-Literatur" verwendet. Und auch einige der Grenzziehungen, die Fiedler mit diesem Begriff verbindet, bleiben bis heute relevant, selbst wenn sich die jeweiligen Kontexte im Laufe der Zeit deutlich verändert haben. Dies gilt für die Abgrenzung gegenüber einem tradierten Kunst-Verständnis und kanonisierten Formen der Literatur ebenso wie für das Projekt einer Unterminierung überkommener Grenzziehungen zwischen *high* und *low* (→ 2.11 SEESSLEN). Und wenn Fiedler sein Verständnis von Pop direkt an dessen Ausrichtung auf die Massenmedien koppelt und Pop-Literatur als ein urbanes Phänomen beschreibt, wird zudem deutlich, inwiefern sich Pop-Literatur sowohl von jenen Formen der ‚popular culture' unterscheidet, die im Deutschen mit Stichworten wie Folklore, Trivial- und Volkskultur assoziiert werden, als auch von einem Verständnis von Popularität, das allein auf Auflagenhöhen und Massenproduktion abzielt.

3. Pop: Feld, Verfahren, Modus

Wo immer Pop auftritt, befinden sich die entsprechenden Werke in einem komplexen Verhältnis zur Kunst (*high art*) auf der einen und zur populären Massenproduktion auf der anderen Seite. Bereits die Pop Art der britischen Independent Group sowie dann im New York der späten 1950er Jahre beginnt, die von Bourdieu beschriebene Dichotomie dieser beiden Felder zu transzendieren. Das hängt unmittelbar mit der Archivierung gegenwärtiger Populär-, Waren- und Massenkultur zusammen, deren Erzeugnisse zu Objekten dieser Kunst werden, einer Kunst, die dadurch, etwa gegenüber dem Abstrakten Expressionismus, wieder konkret wirkte. Vergleichbares wiederholt sich später in den Listenverfahren der Pop-Literatur (→ 3.2 BASSLER). Die populären Gegenstände (Comics, Filmstars, Markenartikel) ermöglichen auch solchen Rezipienten einen Zugang zu dieser Kunst, die zuvor über wenig kulturelles, wohl aber über ökonomisches Kapital verfügten. Sprich: indem Pop Art und später auch Pop-Literatur Populäres darstellen, werden sie (potentiell) selbst in gewissem Maße populär, ohne jedoch in ihrer Warenform aufzugehen. Ihre Repräsentation populärer Kultur bleibt als solche eben (potentiell) auch immer in einer Distanz zu ihren Gegenständen verhaftet, die beispielsweise zum Zwecke der Kritik genutzt werden kann. Aber eine bloße Kritik, etwa der kapitalistischen Warenform, drohte nun wiederum, in unterkomplexer Weise über die eigene Faszination durch und Nähe zu den populären Gegenständen und Verfahrensweisen hinwegzutäuschen.

Der Zugriff auf die Materialien der populären Kultur, in der Independent Group bezeichnenderweise in Form der Collage (Eduardo Paolozzi: *I Was a Rich Man's Plaything*, 1947, Richard Hamilton: *Just What Is it that Makes Today's Homes so Different, so Appealing?* 1956), bewirkt eine basale Sekundarität von Pop, indem dieser mit bereits zeichenhaftem Material arbeitet; wobei diese Zeichen sowohl emphatisch übernommen als auch ironisch oder kritisch umcodiert werden können (oder irgendetwas dazwischen). Aus diesem Double Bind des Pop resultieren spezifische Modi der Rezeption und rasch auch der bewussten Produktion, deren frühester und bekanntester vielleicht Camp ist (→ 2.5 BASSLER). Als positive Aneignung kulturell inferiorer Gegenstände, vor allem solcher der (kultur-) industriellen Massenproduktion (Sontag 1964), stellt Camp das komplexe Muster auch für alle späteren Pop-Ästhetiken dar, die neue, ausdifferenzierte modale Angebote zur Rezeption von populären, Pop- und schließlich auch seriösen *Kunst*-Gegenständen machen. Pop-Rezeption ist infolgedessen immer auch eine ästhetische Rezeption in Anführungszeichen – wofür diese aber jeweils stehen und wie genau sie zu lesen sind, dies zu explizieren ist im Einzelfall alles andere als trivial. In der Praxis erfolgt die Rezeption von Pop meist in entsprechend ausdifferenzierten „Stilgemeinschaften normalisierten Spektakels" (Venus

2013, 67), deren Mitglieder den entsprechenden Modus kollektiv verstehen; etwa wenn der Frontmann von Kreator 2005 auf dem Metal-Festival in Wacken die Menge fragt: „People of Wacken, are you ready to kill each other?", alle begeistert zustimmen und selbstverständlich alles friedlich bleibt. Wer hier den Aufruf zur Gewalt straight rezipiert, erweist sich als Außenseiter, der schlicht den Modus nicht kapiert hat, der hier am Werk ist, ganz ähnlich wie jener *Spiegel*-Rezensent, der in Christian Krachts *Imperium* rechte Tendenzen am Werk sah. „Once you ‚got' Pop, you could never see a sign the same way again", wie Andy Warhol in seiner Rekapitulation der frühen 1960er bemerkt (Warhol und Hackett 1980, 39). MacCannell (1985, 426) weist in seiner „Semiotik des Spektakels" darauf hin, dass dieses *Getten*, das Voraussetzung für das kultische Hochhalten der Pop-Ikone ist, in der Regel einem expliziten und argumentativ explizierbaren Verstehen des jeweiligen Gegenstandes als Text vorausgeht.

Bereits angesichts seiner ersten Versuche in Pop Art formuliert der britische Künstler Richard Hamilton (der später u.a. für das Cover des „Weißen Albums" der Beatles verantwortlich zeichnet) für seine Galeristen einen Kriterienkatalog, der auch heute noch als Orientierung dafür dienen kann, welche ästhetischen Prinzipien Pop zugrunde liegen (Hamilton 1957, 28):

> Popular (designed for a mass audience)
> Transient (short-term solution)
> Expendable (easily forgotten)
> Low-cost
> Mass-produced
> Young (aimed at youth)
> Witty
> Sexy
> Gimmicky
> Glamorous
> Big business

Das ist, näher besehen, eine recht heterogene Liste. Sie umfasst neben Aspekten der Produktion (z. B. massenproduziert) und der Werkästhetik (z. B. gimmickartig) auch solche der Distribution (z. B. billig) und der Rezeption (z. B. jung). Nur selten dürften alle aufgezählten Eigenschaften in einem Pop-Werk zusammenfallen, weshalb Pop hier eher als ein Wittgensteinscher Familienbegriff aufzufassen wäre. Und dass dereinst in einem Zeitalter der digitalen Archivierung auch noch das flüchtigste Pop-Gebilde keineswegs „transient" und „expendable", sondern für immer gespeichert und ubiquitär verfügbar sein würde, konnte 1957, am Beginn der Pop-Explosion, noch niemand ahnen. Dass sich jedoch die ästhetischen Kategorien, auch der Wertung, nicht mehr nur auf die Werkgestalt selbst richten, ist für Pop in jeder Hinsicht charakteristisch geblieben. Gegenwärtige Versuche, die Ästhetik (z. B. als Konsumästhetik → 3.6 DRÜGH) an die tatsächliche Praxis unserer ästhetischen Urteile im Kontext der Markt- und Medienkultur anzubinden, nehmen ebenfalls das ganze kulturindustrielle Dispositiv von Produktion, Distribution und Konsum in den Blick (Ngai 2012). Und schon Leslie Fiedler lokalisiert die neuen, hier nun explizit literarischen Pop-Formen „möglichst weit weg von Kunst und Avantgarde, weit entfernt von Innerlichkeit, Analyse und Anspruch, daher immun sowohl gegen Lyrizismus als auch platten sozialen Kommentar. Sie fürchten nicht den Kompromiß des Marktplatzes, ganz im Gegenteil, sie wählen dasjenige Genre, das sich der Exploitation durch die Massenmedien am ehesten anbietet." (Fiedler 1994, 22)

Wie Camp jedoch nie einfach Massenkultur meint, sondern einen besonderen Modus von deren Aneignung – „the answer to the problem: how to be a dandy in the age of mass culture?" (Sontag 1964, 288) –, so propagiert auch Fiedler keineswegs die Lektüre von populärer Massenliteratur (Western, Pornos, Science Fiction) per se, sondern eine Literatur, die zwar, anders als die modernistische Hochliteratur im „Zeitalter von Proust, Joyce und Mann", die Säfte wieder fließen lässt wie bei jugendlicher oder trivialer Lektüre, die aber zugleich auch intellektuellen Ansprüchen gerecht wird, und erklärt, „daß diese Überbrückung der Kluft zwischen Elite- und Massenkultur die exakte Funktion des Romans heute ist." (Fiedler 1968, 14 und 21)

In ähnlich komplexer Weise verhält sich Pop zum Mediendispositiv, das zur Entstehungszeit der Pop-Musik mit verstärkten Instrumenten (einschließlich der Stimme), Radio, Schallplatte, Fernsehen, Film, Zeitschriften und Konzerten schon weit ausdifferenziert war. Elektrisch verstärkte Mikrofone ermöglichen die Aufnahme eines Songs, die jeden Kiekser, jede Rauheit der Stimme, jeden Atemlaut einer Fan-Rezeption zugänglich macht, die in ihnen den intimen Hinweis auf eine Person (den Star) erkennt. Diese existentielle Erfahrung im Modus des Ästhetischen – „[d]ass es etwas gibt" (Diederichsen 2014, 12) – entwirft, wie jede ästhetische Erfahrung, das Erfahrene auf eine Gemeinschaft hin. Diederichsen sieht gerade darin das Zentrum dessen, „was wir – im Unterschied zum Populären – Pop nennen: die Möglichkeit, allein zu sein, mutterseelenallein mit der Gesellschaft." (Diederichsen 2014, XIX) Über Bildmedien wie Zeitschriften und Fernsehen kann man diesen Entwurf dann optisch anreichern (z. B. im Hinblick auf Mode, Frisuren, generellen Habitus), um schließlich im Konzert zu überprüfen, ob die tatsächliche Stilgemeinschaft der imaginierten nahe genug kommt, um ihr beizutreten (indem man etwa Ted, Mod oder Punk wird), oder ob sie eher Teil eines bewohnbaren Möglichkeitsraumes popkultureller Selbstentwürfe bleibt (Baßler 2019, 17).

Dabei ist zweierlei für den Pop-Mythos konstitutiv: Zum einen erzeugt Pop trotz der medialen Mehrkanaligkeit und allen postmodernen In-Anführungszeichen-Setzens immer wieder eine Aura absoluter Gegenwärtigkeit, eines „Gerade Eben Jetzt" (Schumacher 2003; → 3.1 SCHUMACHER); zum anderen bleibt „konstitutiv unentscheidbar, ob der Protagonist eine wirkliche oder eine erfundene Figur ist." (Diederichsen 2014, 141) Letzteres, von Diederichsen auf den Star bezogen, gilt in der Pop-Literatur für die Figur des Ich-Erzählers, den nicht selten tatsächlich oder vermeintlich biografische Umstände in die Nähe des Autors oder der Autorin rücken, ein Spiel, das oftmals weit über den gedruckten Text hinaus weitergespielt wird und sich tendenziell über das gesamte Mediendispositiv ausbreiten kann, zu dem inzwischen auch World Wide Web und soziale Medien gehören. Genau das definiert Kreknin (2014) als Autofiktion (→ 3.3 KREKNIN). Das Verfahren findet sich schon in der Pop-Literatur der 1960er Jahre (etwa bei Rolf Dieter Brinkmann) und hat seine mediale Urszene in der live im Fernsehen übertragenen Lesung von Rainald Goetz auf dem Ingeborg-Bachmann-Wettbewerb in Klagenfurt 1983, als dieser sich synchron zur Figur des von ihm gelesenen Textes „Subito" (→ 4.7 SCHUMACHER) einen blutenden Stirnschnitt zufügte. Auch im Bereich der Literatur gibt es hier also eine konstitutive Ambiguität von Authentizität (Blut! → 3.7 BUTLER) und artifiziellem postmodernem Spiel, zwischen Eigentlichkeit und Uneigentlichkeit, Präsenz und Sekundarität, die eine entsprechende Bandbreite von Rezeptionen ermöglicht. Ein Signum dieser Pop-Ambiguität ist auch der Gebrauch des Präsens in vielen homodiegetischen Pop-Texten. Das Erzähltempus signalisiert zum einen unmittelbare Gegenwärtigkeit und ist zum anderen aber ein hochartifizieller Erzählmodus; denn tatsächlich kann man ja nicht gleichzeitig leben und darüber schreiben. Im Post-Pop verschieben sich die Koordinaten noch einmal in Richtung Authentizität; so wird beispielsweise von Stuckrad-Barres *Panikherz* (2016) aus sein Debüt *Soloalbum* (1998 → 4.13 BASSLER) erst als autofiktionaler Roman erkennbar, zugleich werden die kühlen Distinktionsgesten der frühen Prosa gegen Ansprüche auf Wahrheit und Nähe abgeschwächt, ohne dass sich die selbstreflexiven Anführungszeichen des Pop je ganz auflösen würden.

Die Techniken zur Herstellung von Präsenz, ästhetischer Setzung und Erfüllung, die Pop-Literatur charakterisieren, stehen außerdem in einem nicht-trivialen Verhältnis zu ihrer Archivierungstendenz. Pop-Literatur holt nicht nur in zuvor ungekannter Weise die Signifikanten der Populär- und Medienkultur in ihre Texte hinein, was sich u. a., aber keineswegs nur, in der häufigen Verwendung von Listen, Aufzählungen und Katalogverfahren ausdrückt (→ 3.2 BASSLER). Sie setzt das entsprechende gegenwartskulturelle Archiv auch bei jeder einzelnen Setzung voraus, die sie vornimmt, und zwar sowohl auf metonymischer wie auf paradigmatischer Ebene. Metonymisch öffnet sich von einem popkulturellen Signifikanten aus sogleich ein Netz aus benachbarten Lexemen (etwa von Kruder & Dorfmeister aus: Golf, Kenwood-Aufkleber, Mobiltelefone am Gürtel; vgl. *Tristesse*

Royale 1999, 27). Paradigmatisch verweist jeder Pop-Signifikant auf seine gleichwertigen, nebengeordneten Alternativen (Oasis bedeutet auch immer: nicht Blur, Pepsi nicht Cola, Beatles nicht Stones usw.). Beides zusammen ergibt die ‚Verweishölle des Pop' (Thomas Meinecke), in der jedes Ding immer schon relativ ist, zum einen zu seinem (Szene-) Kontext und zum anderen zu seinen Alternativen. Diese bewusst ausgestellte Relativität aller Setzungen, gerade auch dort, wo diese mit entschiedenem Distinktionsgestus vorgenommen werden, erzeugt einmal mehr die modalen Anführungszeichen, in denen Pop-Texte auf jeder Ebene zu lesen sind. Pop spricht keine ersten Worte. Im traditionellen literaturwissenschaftlichen Horizont wurde dieser Modus zunächst nur als Unernst oder dann als Ironie gelesen, tatsächlich kann das Problem eines paradigmatischen Relativismus aber auch durchaus seriös als Problem eines postmodernen Pop-Bewusstseins verstanden werden, wie es z. B. in *Tristesse Royale* (1999 → 4.15 DÖRING) verhandelt wird. In der unhintergehbaren Relativität aller positiven Setzungen lässt sich sowohl eine Entsprechung zur poststrukturalistischen Theorie als auch eine Entsprechung zur Warenform sehen.

In westlichen Überflussgesellschaften stehen für jede Ware gleichwertige Alternativen zur Wahl (Coca-Cola oder Pepsi, Opel oder Ford, Schalke oder BVB), so dass man einerseits nicht anders kann, als zu wählen, andererseits jedoch keine Wahl je einen Absolutheitsanspruch mehr rechtfertigt. Auch darin erweist sich Pop ab einem gewissen Zeitpunkt als die dominante Kultur westlich geprägter Überflussgesellschaften. Zudem transzendiert eine Wahl zwischen gebrauchswertäquivalenten Marken tendenziell auch die sozialen Klassen, wie ebenfalls schon von Warhol formuliert wurde: „the President drinks Coke, Liz Taylor drinks Coke, and just think, you can drink Coke, too. A Coke is a Coke and no amount of money can get you a better Coke than the one the bum on the corner is drinking." (Warhol 1975, 100–101) Bereits Fiedler geht davon aus, dass Pop, in dezidiertem Gegensatz zu Folk, die Klassengesellschaft „zerstört, wobei seine hergesagten Absichten gleichgültig sind" (Fiedler 1969, 23). Die transgressiv egalisierende Wirkung von Pop liegt in seiner Form, nicht in seinem (mehr oder weniger politischen, kritischen oder revolutionären) Inhalt begründet.

Das konstitutive Bewusstsein davon, dass es zu allem und jedem paradigmatische Äquivalente gibt, die im Pop auch als alternative Möglichkeiten der (Selbst-) Stilisierung konzipiert werden, zeigt sich in der Literatur der 1960er und 1990er Jahre zunächst in den besagten Listen und Katalogen, die die populären Signifikanten nebenordnend in die Texte holen. Vor allem im Pop der 1990er geht das Listenmachen oft mit Distinktionsgesten einher; dass man virtuos über die entsprechenden Enzyklopädien verfügt, die hier erstmalig vertextet werden und somit Eingang ins Archiv der Literatur finden, ist ein Wert an sich und verleiht Texten und Autoren (Pop-) Autorität. Diese Distinktionsmöglichkeit („how to be a dandy...") nimmt allerdings in dem Maße ab, in dem die virtuellen Archive im World Wide Web, etwa Wikipedia, YouTube, iTunes oder Spotify, popkulturelles Wissen und Material im 21. Jahrhundert synchron bereithalten und auf Mausklick zugänglich machen. Entsprechend verschwinden auch die Kataloge als Merkmale einer popliterarischen Para-Logik. Diese findet sich in den letzten Dekaden eher in einem Erzählen wieder, das anders als der realistische Roman (und Film) paralogische und parahistorische Wirklichkeiten entwirft. Eine entsprechende Poetik findet sich ansatzweise bereits in Krachts *Faserland* (1995 → 4.12 GRABIENSKI), das ja im Titel auf einen parahistorischen Thriller von Robert Harris anspielt, und wird dann im weiteren Romanoeuvre Krachts, aber auch in Texten von Leif Randt (→ 4.20 BIRNSTIEL), Dietmar Dath, Juan S. Guse und anderen praktiziert. Diese neue Form von Pop-Literatur behauptet nicht, wie der dominante realistische Gegenwartsroman sonst, eine mimetische Repräsentation der Gegenwart (oder Vergangenheit) zu sein, sondern stellt historische und gegenwärtige Zustände leicht paralogisch verschoben dar. Sie fordert dadurch eine Lektüre, die im Vergleich mit unserer Wirklichkeit nicht fragt, ob hier alles korrekt dargestellt ist (das wäre der falsche Modus), sondern diese Wirklichkeit selbst über eine paradigmatisch formulierte Alternative ent-naturalisiert. Dabei ergibt sich eine erneute Affinität auch zur Science Fiction (Dath, Randt), letztlich folgt diese paralogische Form von Pop-Literatur aber keiner anderen Logik als ein guter Popsong: die Welt, wie sie ist, nur ganz anders.

4. Phasen der Pop-Literatur

Wenn H. C. Artmann (1971, 44) in einem auf den „14. Oktober" datierten Eintrag in seinem 1964 veröffentlichten Buch *Das suchen nach dem gestrigen tag oder schnee auf einem heißen brotwecken. eintragungen eines bizarren liebhabers* schreibt, „Pop-literatur" sei einer der Wege, „der gegenwärtigen literaturmisere zu entlaufen", bleibt offen, ob „Pop-literatur" nur auf die zuvor erläuterte Forderung, „Comic Writing" als „Literatur" anzuerkennen, bezogen sein soll oder ob die „Anzeichen" auch darüber hinaus eine neue Form von Literatur in Aussicht stellen – etwa jene Form, die Artmanns Buch präsentiert: Tagebuchartige Notizen, die autobiographische Fragmente und poetologische Kurzreflexionen mit Auflistungen von Buchtiteln und Tier-, Pflanzen- oder Produktnamen verbinden, die Zitate aus Literatur, Film, Comic und Popmusik ohne Ansprüche auf verständnisfördernde Kohärenz oder sinnstiftende Synthesen in Lektüreberichten, dramatischen Dialogen oder Kochrezepten verarbeiten. Zumindest rückblickend spricht einiges dafür, dass Artmann mit diesem Buch zu einem Zeitpunkt, „als von ‚Pop' in der Literatur noch kaum jemand sprach, zum ersten Vertreter einer deutschen ‚Pop'-Prosa avancierte" (Riha 1972, 158).

Zwei Jahre später, 1966, sieht Paul-Gerhard Hübsch in einem programmatischen Plädoyer für die „suche nach neuen, gemäßeren ausdrucksformen" in der „POP-ART und HAPPENING-bewegung" einen „wesentlichen baustein" für eine Erneuerung der Literatur (Hübsch 1966, 389). Als wichtige Bezugsgröße führt er ebenfalls den Comic an, stellt aber auch darüber hinaus ein an Dada, Rock'n'Roll, Beat und Pop Art geschultes Protestprogramm in Aussicht. Rolf Dieter Brinkmann, dessen auf den 11. April 1965 datiertes Gedicht „To Lofty with Love" Ralf-Rainer Rygulla rückblickend als das „erste deutsche Pop-Gedicht" klassifiziert (Rygulla 1995, 53–54), dienen die seit Mitte der 1960er Jahre von ihm eingestreuten Hinweise auf Pop ebenfalls zunächst der Abgrenzung gegenüber dem vorherrschenden Verständnis von Literatur als seriöse, in den Parametern eines etablierten Modernismus verankerte Kunstform. Der Klappentext von Brinkmanns 1967 veröffentlichtem Gedichtband *Was fraglich ist wofür* konkretisiert dessen Interesse an Pop, indem er im Blick auf die Schreibverfahren auf Verbindungen zur Pop Art hinweist und die „rohe Zitierung von Materialien", „Schock- und Bluffeffekte" sowie das „Fehlen einer einfühlbaren subjektiven Erlebnisperspektive" als „Züge einer Lyrik" präsentiert, „die stimmungsmäßiges Mitschwingen des Lesers verhindern will und oft auch seinen Verstand schockiert" und in diesem Sinn „etwas von der grellen Farbigkeit moderner Plakatkunst" habe (Brinkmann 1967).

In den Hinweisen, die sich bei Brinkmann und einigen anderen Mitte der 1960er Jahre finden, sind, zunächst größtenteils bezogen auf Lyrik, bereits die wesentlichen Unterscheidungen, Referenzen und Grenzverläufe ausformuliert, über die Pop im Jahr 1968 auch in der Literaturkritik als Schlagwort für eine als neuartig empfundene Form von Literatur popularisiert wird. In den Feuilletons verdichtet sich Pop zu einer Chiffre für eine Literatur, die sich als Anti-Literatur vom konventionellen Kanon der Moderne abzusetzen versucht, indem sie im Anschluss an Dada und an die Beat-Literatur der 1950er Jahre auf Schockeffekte und einen plakativ überzeichneten Realismus setzt, auf die zitathafte Verarbeitung von Umgangssprache und Alltagsgegenständen, auf das Anknüpfen an Stoffe und Verfahren aus Comic, Mode, Werbung, Pop Art und Pop-Musik. „Es ist geläufig geworden, einschlägige Texte als ‚Beat'-Literatur zu charakterisieren", kommentiert Karl Heinz Bohrer im Frühjahr 1968 den literaturkritischen Umgang mit einer Reihe von literarischen Neuerscheinungen, unter denen er neben Hubert Fichtes *Die Palette* (→ 4.2 LINCK) vor allem Brinkmanns Roman *Keiner weiß mehr* als „ersten genuin entwickelten deutschen ‚Pop'-Roman" hervorhebt (Bohrer 1968). Zum Kriterium für diese Zuschreibung macht er die „radikale Abwendung" von „Literatur als ‚Kunst'" zugunsten einer „neuen, fast fanatischen Hingabe an den ‚Stoff'", die, angeregt durch „Stil-Figuren der angelsächsischen

Underground-Literatur", die „coitale Tätlichkeit, die auf Konsum reduzierte Welt, die durch Film, Zeitschriften, Fernsehen und Fotografie nur noch mittelbar, aber total erfahrbaren Ereignisse" der „natürlichen Perspektive" entreißt und als „vibrierende Bilder" mit einer „heimlichen utopischen Qualität" erscheinen lässt (Bohrer 1968). Der Ansatz, Pop nicht nur unterschiedslos auf die Begriffe Beat und Underground (→ 3.9 BANDEL) zu beziehen, sondern über konkrete Kriterien zugleich von diesen abzuheben, steht einer weiter verbreiteten Rezeptionshaltung entgegen, die Beat, Underground und Pop als mehr oder weniger austauschbare Schlagworte für das begreift, was *Der Spiegel* mit der Formel „Böll-fern und Beat-nah" als „Aufstieg einer neuen deutschen Autoren-Generation" beschreibt (o.V. 1968, 126).

Für Aufregung sorgen 1968 vor allem Leslie Fiedlers Thesen, die in der Wochenzeitung *Christ und Welt* in deutscher Übersetzung abgedruckt und in der Folge ausführlich diskutiert werden. Fiedlers Attacken auf den Kanon der modernen Literatur stoßen in den deutschsprachigen Medien fast einhellig auf Ablehnung. Seine Forderung nach einer neuen Mythologie und einer fröhlichen Unvernunft löst einen kaum begründeten, aber forsch formulierten Faschismusverdacht aus, und auch sonst sorgt das Plädoyer für Pop für weitgehend wütende Ratlosigkeit (vgl. Wittstock 1994). Rolf Dieter Brinkmann ist der einzige der an der Debatte beteiligten Autoren, der sich dezidiert auf die Seite Fiedlers schlägt. In der Identifikation mit Fiedlers Positionen löst er sich jedoch zugleich von dessen Vorgaben und nutzt sie für eine aggressive Attacke gegen den deutschsprachigen Literaturbetrieb. In „Angriff aufs Monopol: Ich hasse alte Dichter" nimmt Brinkmann die Fiedler-Debatte zum Ausgangspunkt für die Skizze eines poetologischen Programms, in dem sich die Suche nach einer neuen, von einer „spezifisch zeitgenössischen Sensibilität'" geprägten Literatur als Problem eines Generationenkonflikts niederschlägt, für das Fiedlers Vortrag letztlich nichts anderes ist „als eine Tagesaktualität, die deutlich macht, wie sehr Literatur der Aktualität bedarf, will sie sich nicht selber aufgeben". So geht es Brinkmann, der Pop hier selbst nur als vorläufiges Konzept akzeptiert, weniger um eine kritische Auseinandersetzung mit Fiedlers Argumentation. Er schreibt vielmehr dessen Programm aus, indem er es aufnimmt, in den deutschsprachigen Kontext übersetzt und in groben Zügen auf die eigene Situation überträgt: „Differenzieren kann man später, wenn es Produkte gibt, in denen heutige Aktualität verarbeitet ist." (zit. nach Wittstock 1994, 77)

Die Ende der 1960er, Anfang der 1970er Jahre forcierten Diskussionen um Verbindungen von Pop und Literatur führen vor Augen, dass sich Pop-Literatur nicht auf jeweils nur einer Seite von Dichotomien wie Anti-Kunst/Kunst, Underground/Establishment, Kunst/Kommerz oder Widerstand/Konformismus verorten lässt. Die Dichotomien werden vielmehr durchkreuzt, Pop kann auf beiden Seiten der

Unterscheidung situiert oder aber als jene Schnittstelle begriffen werden, die die vermeintlichen Gegenbegriffe zugleich trennt und verbindet. So lenkt das Schlagwort Pop die Aufmerksamkeit nicht zuletzt auf jene Grenzen und Abgrenzungsverfahren, über die sich das jeweilige Verständnis von Literatur und Kritik formiert. Die Auseinandersetzungen um die 1969 und 1970 erschienenen Anthologien *Silverscreen. Neue amerikanische Lyrik* und *Super Garde. Prosa der Beat- und Pop-Generation* oder die im MÄRZ Verlag publizierten Anthologien *Trivialmythen* und *ACID. Neue amerikanische Szene*, kanonisiert als eines der wichtigsten Dokumente in Sachen Pop-Literatur (→ 4.4 BANDEL), bestätigen dies ebenso wie die Rezeption von Peter Handkes *Die Innenwelt der Außenwelt der Innenwelt* als „popgefärbte Kurzwarensammlung" (Bautz 1969) und von Elfriede Jelineks *wir sind lockvögel baby!* (→ 4.5 HARRASSER) als „einer der ersten radikal durchpopisierten Pop-Romane deutscher Zunge" (Jelinek 1988, U4). Der Anmerkung, die „deutsche Popliteratur" stehe „erst am Anfang ihrer Entwicklung" und habe sich „noch nicht zu geschlossenen Formen durchgerungen", die John Neves 1969 im Blick auf die Frage „Hat Popliteratur eine Zukunft?" gibt, steht dabei nur zwei Jahre später, 1971, eine Einschätzung entgegen, die Paul Konrad Kurz in seinem Überblick *Über moderne Literatur* mit weniger Zurückhaltung formuliert: „Pop-Literatur ist insgesamt die dominierende literarische Richtung der *Nachmoderne*." (Kurz 1971, 263)

Anfang der 1970er Jahre ist es dann aber plötzlich vorbei. Die Aufbruchsstimmung ist verschwunden, Brinkmann distanziert sich von der vergangenen Pop-Euphorie und zieht sich zurück. Der für kurze Zeit geteilte gemeinsame Nenner ist nicht mehr zu erkennen – selbst wenn einige Autoren weitermachen und das fortsetzen, was sie in den Jahren zuvor entworfen haben. Geht es um neue Texte, reden in den 1970er Jahren viele von Neuer Subjektivität, andere von gesellschaftlicher Relevanz und politischer Radikalisierung. Das Wort Pop aber, in dem für wenige Jahre auch all das auf irritierende Weise zusammenfallen konnte, scheint nicht mehr zur Verfügung zu stehen.

Wie wenig populär Pop in der deutschsprachigen Gegenwartsliteratur der 1970er Jahre war, lässt sich rückblickend an der Wucht erkennen, mit der Rainald Goetz das Wort 1983 in „Subito" gegen den Literaturbetrieb und die von ihm kultivierten Sorgen richtet (→ 4.7 SCHUMACHER). Gegen das Klischee des konturlos innerlichen 70er-Jahre-Schriftstellers setzt Goetz eine Ästhetik der Plötzlichkeit und die offensive Affirmation von „Pop und nochmal Pop" (Goetz 1986, 21). Dass Pop Anfang der 1980er Jahre wieder auf der Tagesordnung steht, verdankt sich zunächst allerdings weniger literarischen Experimenten als vielmehr neuen Schreibweisen, neuen Paradigmen und neuen Gruppenbildungen im Pop-Journalismus. Wie in den englischen Zeitschriften *i-D*, *The Face* und *New Musical Express* wird Anfang der 1980er Jahre im Anschluss an Punk und New Wave auch im Umfeld der Hamburger Zeitschrift *Sounds* Pop als neuer Distinktionsbegriff etabliert, der nicht nur für die frühen Texte von Goetz, sondern auch für Autoren wie Thomas Meinecke, Christopher Roth oder Joachim Lottmann zu einem wichtigen Bezugspunkt wird (→ 2.3 SCHUMACHER). „Im Umkreis der Pop-Musik und der ‚Neuen Malerei' entstanden – gewissermaßen mit Verzögerungseffekt – in den letzten Jahren zum ersten Mal auch verwandte Formen literarischer Texte, die sich in Sprache, Thematik und Haltung deutlich vom traditionellen literarischen Betrieb der siebziger Jahre abheben", ist auf der Umschlagrückseite der 1984 veröffentlichten Anthologie *Rawums.* zu lesen (Glaser 1984, U4; → 4.8 OTREMBA). Deren Herausgeber, Peter Glaser, war ein Jahr zuvor bereits mit einem Buch aufgefallen, das er zusammen mit dem zehn Jahre älteren Niklas Stiller geschrieben hatte. Unter dem Titel *Der grosse Hirnriss. Neue Mitteilungen aus der Wirklichkeit* (Glaser und Stiller 1983) wird die Konfrontation von Kritik, Engagement und Naturverbundenheit auf der einen und der Neuentdeckung von Affirmation und Hedonismus auf der anderen Seite ausbuchstabiert. Von der Literaturkritik zunächst weitgehend ignoriert, wird das Buch gleichwohl als Beginn einer „neuen Welle junger deutscher Literatur" (Horx 1986) rezipiert, einer Literatur, die, wie Goetz im Manuskript einer Rezension zu *Der grosse Hirnriss* schreibt, etwas weiß von dem „Lebensgefühl, das eine zum Aufbruch entschlossene Post-Punk-Intelligenz nachts durch die Großstädte treibt" (zit. nach Schulze 1983, 87). Diese Aufbruchsstimmung bildet auch einen der Ausgangspunkte für die Anthologie *Rawums.*, die Glaser im Stil des Listing-Schemas von Computerprogrammen mit all jenen Reizwörter, Konfliktlinien und Klischees eröffnet, die den Abstand zur Vergangenheit der 1970er Jahre markieren. Authentizität, Betroffenheit, Selbstbespiegelung, Sensibilität und Sinnstiftung werden als gediegen eingedämmerte Standards eines Literaturbetriebs vorgeführt, der als „Institution für kulturelle Zeitlupe" zum Gegenpol der neuen „Strategien zwischen rabiater Ablehnung / und offensiver Affirmation" stilisiert wird (Glaser 1984, 16).

Eine von der Literaturkritik ebenfalls zunächst übersehene Variante einer solchen Form von Affirmation entfaltet Christopher Roth 1982 in seiner Erzählung *200 D.* Vorgestellt als „EIN KLEINES SAUBERES BUCH" (Roth 1982, 5), perspektiviert über ein ‚Ich', das seine Umwelt wie eine Filmkamera mit mechanischer Genauigkeit registriert und aufzeichnet, zieht Roth mit seinen Oberflächenbeschreibungen, Markennamenauflistungen, Medienmitschriften, Zitiertechniken und Gegenwartsfixierungsverfahren in *200 D* genau die Register, die fünfzehn Jahre zuvor und fünfzehn Jahre später fast automatisch die Zuschreibung ‚Pop-Literatur' aufgerufen hätten. Dies gilt gleichermaßen für die Texte von Thomas Meinecke aus den 1980er Jahren (→ 2.3 SCHUMACHER) und für Joachim Lottmanns 1986 erschienenen Roman *Mai, Juni, Juli*, der ebenfalls erst rückblickend unter dem Schlagwort ‚Pop-Literatur' verbucht wurde (→ 4.9 DRÜGH).

"Literatur und Pop hatten es im deutschsprachigen Raum die meiste Zeit schwer miteinander", schreiben Andreas Neumeister und Marcel Hartges 1996 im Vorwort zu einer Anthologie, die nahelegt, dass sich genau das „im Moment zu ändern" scheint (Neumeister und Hartges 1996, 15). Konkreter Ausgangspunkt der Anthologie *Poetry! Slam! Texte der Pop-Fraktion* sind die Mitte der 1990er Jahre nach amerikanischem Vorbild auch in deutschen Kneipen und Clubs institutionalisierten Poetry Slams, auf denen die Herausgeber ein „neues Verständnis von Literatur" ausmachen: „Spontaneität, Alltagsnähe, Gegenwartsbezug, Sprachwitz, Lustprinzip und Unmittelbarkeit spielen darin eine weit größere Rolle als die abstrakte, auf ein Expertenpublikum zielende Kunstanstrengung." (Neumeister und Hartges 1996, 14) Bereits die Auflistung genau jener Schlagworte, die seit den 1960er Jahren wiederholt mit Pop assoziiert worden sind, legt nahe, dass dieses Literaturverständnis nicht grundlegend neu ist. Im Kontext der deutschsprachigen Gegenwartsliteratur kann es Mitte der 1990er Jahre aber schon insofern neu erscheinen, als es sich von den regelmäßig erhobenen Klagen über den Zustand der Gegenwartsliteratur abkoppelt und die Aufmerksamkeit auf andere Schauplätze verlagert, auf Schreibweisen und Präsentationsformen, die im weiteren Kontext von Pop entstehen und somit, wie in den strukturell vergleichbaren Konstellationen Ende der 1960er und Anfang der 1980er Jahre, zunächst außerhalb des Blickfelds von Feuilletonredaktionen und professionellen Literaturvermittlern an Kontur gewinnen. Die Poetry Slam- und Social Beat-Szenen der 1990er Jahre setzen dabei allerdings eher auf Konzepte von Trash-Ästhetik, Underground und Gegenkultur und distanzieren sich von den mit dem Schlagwort Pop assoziierten Verfahren der Simulation, der Affirmation und der Oberflächenästhetik. Neumeister und Hartges fokussieren sich entsprechend auch weniger auf diese Szenen, wenn sie mit Beiträgen von „textenden Musikern, Fanzine-Autoren, [...] Pop-Journalisten und pop-sozialisierten Schriftstellern" zugleich eine Vielzahl von anderen Zugängen präsentieren, deren Unterschiedlichkeit deutlich herausgestellt und in der Einschätzung, dass sich Pop als ein gemeinsamer Nenner der versammelten Texte und Schreibweisen aufdrängt, mitreflektiert wird.

Letzteres behauptet auch eine fast zeitgleich erschienene Ausgabe des *Rowohlt Literaturmagazins*, in der neben anderen auch einige der in *Poetry! Slam!* vertretenen Autorinnen und Autoren unter dem Titel *Pop Technik Poesie. Die nächste Generation* präsentiert werden. Im einleitenden „Countdown to TXTC" wendet sich Gero Günther explizit dem Mitte der 1990er Jahre sonst kaum gebräuchlichen Begriff der Pop-Literatur zu. Seine manifestartigen „Hinweise" zum Umgang mit „Popliteratur" vermitteln durchaus, wie die Herausgeber anmerken, „einen Eindruck von der emphatischen Rolle, die Pop gegenwärtig wieder spielt" (Hartges, Lüdke und Schmidt 1996, 7) und machen zugleich deutlich, dass es hier einerseits um eine Neuauflage eingeführter Pop-Formeln aus den 1960er und 1980er

Jahren geht, andererseits aber auch neue, teilweise gegenläufige Schreibweisen vorgestellt werden, die nicht zuletzt im Umfeld von Zeitschriften wie *Tempo* und dem Jugendmagazin *jetzt!* der *Süddeutschen Zeitung* entwickelt worden waren (→ 2.3 SCHUMACHER).

Was sich Mitte der 1990er Jahre als ein vielgestaltiges Szenario von unterschiedlich akzentuierten Entwürfen darstellt, wird erst einige Jahre später im Sinne einer klarer konturierten Gattungsgeschichte rückwirkend homogenisiert. „Der Beginn der Erfolgsgeschichte deutschsprachiger Popliteratur lässt sich relativ genau datieren, nämlich mit dem Erscheinen von *Faserland* im Jahre 1995", heißt es in einer für den Schulunterricht konzipierten Einführung (Frank 2003, 21). Und auch in anderen Zusammenhängen ist man sich rückblickend weitgehend einig, dass Christian Krachts Roman (→ 4.12 GRABIENSKI) die „Schwemme der Popliteratur in den neunziger Jahren" (Ernst 2001, 72) eröffnet beziehungsweise als „Gründungsdokument einer literarischen Bewegung" (Baßler 2002, 111) verbucht werden kann. Selbst wenn der Begriff zunächst nicht verwendet wird, ist das schon insofern schlüssig, als sich bereits in den ersten *Faserland*-Rezensionen fast alle Konfliktlinien und Grenzziehungen abzeichnen, die wenige Jahre später explizit mit der Zuschreibung Pop-Literatur verbunden werden.

„Als hätte jemand ein stilles Kommando gegeben, erscheinen seit einigen Monaten in ungewöhnlicher Häufung Romane, die sich mit Pop befassen oder davon inspiriert sind", meldet *Die Woche* im Herbst 1998 und zitiert zur Bestätigung Andreas Neumeister, dessen Roman *Gut laut* neben den neuen Büchern von Rainald Goetz, Paul Lukas, Thomas Meinecke, Elke Naters, Benjamin v. Stuckrad-Barre und Silvia Szymanski als Beleg für den neuen Pop-Boom angeführt wird: „Pop-Literatur kommt jetzt massiv." (Schlüter 1998) Schon die Zusammenstellung dieser Neuerscheinungen, die zusammen mit einigen anderen Pop im Herbst 1998 flächendeckend auf die Agenda der Literaturkritik setzen, legt nahe, dass die Texte kaum auf einen Nenner zu bringen sind. Wie schon Ende der 1960er Jahre zeigt sich aber, dass sich Pop und Pop-Literatur in den literaturkritischen Diskussionen gerade deshalb schnell als maßgebliche Konzepte durchsetzen konnten, weil sie als Oberbegriffe für sehr unterschiedliche Texte gehandelt wurden, die einerseits gerade so viel Gemeinsamkeiten aufweisen, dass eine Absetzung vom sonstigen Literaturbetrieb sinnvoll erscheint, andererseits aber auch so unterschiedlich sind, dass sie gegeneinander ausgespielt und über Vergleiche, Binnendifferenzierungen und Definitionsstreitigkeiten kontrovers diskutiert werden können.

In seinem Überblicksartikel „Zur deutschen Literatur 1998" rückt Hubert Winkels beide Abgrenzungsebenen in den Blick. Zunächst unterscheidet er „zwei nahezu diametral entgegengesetzte" Wege durch die „gegenwärtige deutschsprachige Literatur" (Winkels 1999, 5). Auf der einen Seite fasst er unter der Überschrift „Vergangenheit der Gegenwart" mit den 1998 erschienenen Büchern von Martin

Walser, Hans-Ulrich Treichel, Walter Kempowski, Angela Krauß und anderen Texte zusammen, die sich dem „traditionellen Anspruch der Literatur" verschreiben, „teilzuhaben an kollektiver Erinnerungsarbeit durch historische Vergegenwärtigung". Die entgegengesetzte Tendenz, markiert durch die 1998 erschienenen Bücher von Thomas Meinecke, Rainald Goetz, Andreas Neumeister, Benjamin v. Stuckrad-Barre, Alexa Hennig von Lange, Tim Staffel und anderen, präsentiert Winkels dagegen unter der Überschrift „Es werde Pop!" Das verbindende Moment der unter dem „inzwischen auch schon altehrwürdigen Namen Pop-Literatur" zusammengefassten Texte ist für Winkels deren Impuls, „Gegenwart als aktuelles Feld für Konstruktionen zu begreifen, an denen Technik, Alltag, Mode, Medien und Konsum stärker als die traditionellen Künste, zumal die literarischen, mitwirken" (Winkels 1999, 5 und 22–24). Winkels betont jedoch nicht nur den mit der Zuschreibung ‚Pop' markierten Abstand zu traditionelleren Formen von Literatur. Er weist zugleich darauf hin, dass man auch „innerhalb dieses Feldes" erneut unterscheiden muss, zwischen „populären" und „esoterischen Formen der Pop-Literatur", zwischen Texten, die „einem größeren Publikum Anlaß zur lustvollen Identifikation" bieten, die „populäre Genres" beerben oder „sich zitierend auf die Pop-Geschichte" beziehen (Winkels 1999, 23).

Die Aufbruchsstimmung, die zunächst durchaus mit dem Stichwort Pop-Literatur verbunden ist, wird Ende der 1990er Jahre schnell von skeptischen Distanzierungen und umfassenden Pauschalverrissen überlagert, wobei die schärfsten Polemiken nicht von Literaturkritikern formuliert werden, sondern von Schriftstellern, die in der Auseinandersetzung mit dem öffentlichkeitswirksamen Thema über Abgrenzungsmanöver und Angriffe nicht zuletzt versuchen, ihre eigene Position zu profilieren. Im Herbst 1999 qualifiziert Feridun Zaimoglu, dessen Bücher *Kanak Sprak* und *Abschaum* gelegentlich als Gegenentwürfe zur Pop-Literatur gehandelt werden (vgl. Ernst 2001, 84–85), die „deutsche Popliteratur" und im Besonderen die Texte von Kracht und Stuckrad-Barre unter dem Titel „Knabenwindelprosa" als „reaktionäres Kunsthandwerk", „windelweichen Konformismus" und „parfümierte Schwindsucht" (Zaimoglu 1999). Im Frühjahr 2000 prangert Maxim Biller, der durch seine Vergangenheit als *Tempo*-Autor mit einigen Autoren und den entsprechenden Szenen vergleichsweise eng verbunden ist, die „klugen Anhänger des so genannten Pop" als „Systemopportunisten" an, die – anders als Zaimoglu in seinem „genialen Buch *Abschaum*" – nichts als „Schlappschwanz-Literatur" produzierten (Biller 2000). Und ein Jahr später plädiert dann Matthias Altenburg anlässlich von Ingo Niermanns Roman *Der Effekt* und im Blick auf eine Reihe von weiteren „Pop-Literaten" für „eine fünfjährige Debütanten-Pause" (Altenburg 2001).

Wenn im Zusammenhang der Kontroversen einerseits ein Kiepenheuer & Witsch-Lektor betont, sein Verlag habe die „Popschiene [...] anderen Verlagen voraus", und sich andererseits ein Suhrkamp-Lektor über „seichten Popscheiß und Stapelliteratur" ärgert, zugleich aber darauf hinweist, „mit Albert Ostermaier, Andreas Neumeister, Thomas Meinecke und Rainald Goetz" seien die „echten Popliteraten [...] ohnehin bei Suhrkamp unter Vertrag" (vgl. Weidermann 2000), wird deutlich, dass die Differenzierungen nicht allein auf Autoren und Texte, sondern auch auf die beteiligten Verlage bezogen werden. So werden die „populären Jungautoren" Kracht und Stuckrad-Barre als Stellvertreter einer „jungen Popliteratur", die häufig mit dem Kiepenheuer & Witsch Verlag identifiziert wird, von der als seriöser, literarisch gehaltvoller eingestuften „Suhrkamp-Popliteratur" und den „Suhrkamp-Popautoren" Goetz, Meinecke und Neumeister abgesetzt (Ernst 2001, 73–74). Diese Gegenüberstellung verkompliziert sich allerdings, wenn man in Betracht zieht, dass in der von Kracht 1999 herausgegebenen Anthologie *Mesopotamia* mit Goetz und Neumeister auch zwei „Suhrkamp-Popautoren" vertreten sind, die offensichtlich mit der vermeintlich anderen Seite durchaus zusammenarbeiten. Auch Meinecke relativiert die gängigen Grenzziehungs- und Gruppenbildungsbemühungen, wenn er darauf hinweist, dass er in Interviews ungeachtet möglicher Differenzen „die Fraktion, die sich unterhaltend an Pop-Phänomenen abarbeitet, [...] gegen die kulturpessimistischen Altersanzeichen von Leuten meiner Generation" verteidigt (vgl. Ullmaier 2001, 40), und zudem betont, dass sich die drei „Suhrkamp-Autoren" zwar „unter diesem Begriff ‚Pop'" verstehen, aber gleichwohl „völlig andere Interessen damit" haben (vgl. Lenz und Pütz 2000, 152). Analog betont der Verleger Helge Malchow, dass die meistdiskutierten Beispiele für die Pop-Literatur der 1990er Jahre, die ersten Romane von Christian Kracht, Benjamin Lebert und Benjamin v. Stuckrad-Barre, alle drei bei Kiepenheuer & Witsch erschienen sind, aber „nicht viel miteinander zu tun" haben (vgl. Sack 2002). Vor diesem Hintergrund ist es keineswegs nur kokett, wenn Kracht Ende der 1990er Jahre bemerkt, er habe „keine Ahnung, was das sein soll: Popliteratur" (vgl. Philippi und Schmidt 1999).

Einen wichtigen Aspekt der häufig schon durch das Wort Pop ausgelösten Unruhe hebt das Editorial einer im Herbst 1998 erschienenen Sonderausgabe der *Literatur Rundschau* hervor, die sich dem „Verhältnis von Literatur und Pop" widmet: „Was bei Brinkmann noch ein Novum war, ein Tabubruch, ist mittlerweile selbstverständlich geworden; die Popkultur prägt die Wahrnehmung von vornherein. Die Generation, die heute literarisch dominiert, ist mit Popmusik als einer primären Kulturform aufgewachsen." (böt 1998)

Als neu erscheint Ende der 1990er Jahre nicht mehr die Verbindung von Pop und Literatur, sondern die Tatsache, dass diese Verbindung nicht mehr neu ist und unweigerlich auch auf vorangegangene Kopplungsversuche und Konfrontationen verweist. So werden nicht nur divergierende Lesarten erkennbar, wenn Thomas Meinecke (1998) seinen Pop-Begriff an Hubert Fichtes Romanen, Andy Warhols

Ästhetik der Oberfläche und der Affirmation anschließt, Norbert Niemann (1998) dagegen Pop im Anschluss an Brinkmann als Ausdruck von Authentizität, Verzweiflung und Revolte rekonstruiert. Es zeigen sich zugleich Möglichkeiten der historischen Perspektivierung, die in dieser Form Ende der 1960er Jahre noch nicht verfügbar waren, dreißig Jahre später aber den Diskurs über Pop und Literatur maßgeblich mitbestimmen.

Rückbezüge auf die frühen 1980er Jahre ergeben sich schon dadurch, dass mit Meinecke und Goetz zwei der für die Profilierung eines neuen Pop-Begriffs damals maßgeblichen Autoren weiterhin im Literaturbetrieb präsent sind und ihre neuen Bücher 1998 in der Literaturkritik, in Selbstbeschreibungen und in der Verlagswerbung unter dem Schlagwort Pop verhandelt werden. Der prominentere historische Hintergrund, vor dem sich die Pop-Literatur-Diskussionen Ende der 1990er Jahre positionieren, ist allerdings der erste Pop-Boom in der deutschsprachigen Literatur. Längst literaturgeschichtlich abgesichert und weitgehend in den Kanon der Nachkriegsliteratur aufgenommen, werden die frühen Texte von Brinkmann und Fichte, die Ende der 1960er Jahre als Beispiele von Pop-Literatur durchaus kontrovers diskutiert wurden, nicht nur als relevante Bezugspunkte, sondern immer häufiger auch als verbindliche Maßstäbe für aktuelle Schreibweisen, Haltungen und Konzepte von Pop herangezogen – von Autoren und Kritikern, aber auch in literaturwissenschaftlich orientierten Überblicksdarstellungen zur Geschichte der Pop-Literatur (vgl. Ernst 2001; Ullmaier 2001).

Der historische Vergleich zeigt jedoch nicht nur, dass sehr verschiedenen Texten in der Kritik mit strukturell gleichbleibenden Argumentationsmustern begegnet wird. Er führt zugleich eine nicht unerhebliche Verschiebung der Wertmaßstäbe vor Augen, die auf veränderte Rahmenbedingungen, vor allem aber auf Effekte der Kanonisierung und der literaturgeschichtlichen Einfriedung zurückzuführen ist. In dem Maß, in dem Fichtes 1968 erschienener Roman *Die Palette* zum Zeitpunkt des Erscheinens als „Modell literarischer Anpassung" oder „schnuckeliges Konsumprodukt" (Scharang 1969) und Brinkmanns Pop-Texte als Symptome unreflektierter Amerikanisierung sowie als ästhetisch wie politisch fragwürdige Provokationen angeprangert wurden (Walser 1970, 36), werden beide Autoren dreißig Jahre später als kanonisierte Paradigmen subversiver, kritischer und ästhetisch wertvoller Pop-Literatur herangezogen, in Anschlag gebracht etwa gegen die in *Tristesse Royale* versammelten Autoren Joachim Bessing, Christian Kracht, Eckhart Nickel, Alexander v. Schönburg und Benjamin v. Stuckrad-Barre (→ 4.15 DÖRING), denen anlässlich ihres 1999 im Hotel Adlon schriftlich inszenierten *Popkulturellen Quintetts* eben das vorgeworfen wird, was Ende der 1960er Jahre von vielen Kritikern als ein gemeinsamer Nenner von Brinkmann und Fichte formuliert wurde: Oberflächlichkeit, Inhaltslosigkeit, Konsumismus und Affirmation (vgl. Ernst 2001, 74–75; Ullmaier 2001, 10–46).

Aus dieser Perspektive sind die verschiedentlich erzählten Verfallsgeschichten zu relativieren, denen zufolge Pop Ende der 1960er Jahre kritisch und subversiv, Ende der 1990er aber nur noch affirmativ und systemstabilisierend war. Ebenso zu relativieren ist rückblickend auch die im Jahr 2001 aufkommende Rede vom Ende der Pop-Literatur. Dabei werden die Terroranschläge vom 11. September, die schnell als Ende der Spaßkultur, der allgegenwärtigen Ironie und mithin auch der Pop-Literatur gedeutet wurden, in mehrfacher Hinsicht in Beziehung gesetzt zu Christian Krachts zweitem Roman *1979*, der wenig später, im Oktober 2001 erschienen ist. Nicht nur erscheint Krachts Fokussierung auf die islamische Revolution von 1979 als verstörend vorweggenommener Kommentar zum islamistischen Terror der Gegenwart, der Roman wird zugleich als „unironischer Abgesang auf Pop" gelesen, als Krachts „Schlussstrich" unter „jene seinerzeit unfreiwillig von ihm mitbegründete Bewegung", mit der er eine „Lawine fragwürdiger, so genannter ‚Poptexte' lostrat" (Henning 2001). Hier wie in vielen weiteren Rezensionen, in denen diverse literaturgeschichtliche Filiationen und Verweise entdeckt und nachgezeichnet werden, wird geradezu systematisch übersehen, dass *1979* keineswegs einen Paradigmenwechsel von Pop und Oberflächenästhetik zu literaturgeschichtlich fundierter Seriosität und bildungsbürgerlich gesättigter Ernsthaftigkeit vollzieht. Denn die verstörende Wirkung des Romans ist nicht zuletzt, wie Wolfgang Lange angemerkt hat, auf „jenes kalkulierte Spiel mit Stereotypen und Klischees zurückzuführen, aus dem Pop von jeher seine reizendsten Effekte bezieht" (Lange 2001), auf eine modifizierte Wiederaufnahme und radikalisierte Fortschreibung jener Verfahren, die Kracht auch schon in *Faserland* entfaltet hat (und in anderer Form in den auf *1979* folgenden Romanen weiterführen wird).

Die Bücher, die Rainald Goetz, Joachim Lottmann oder Thomas Meinecke seitdem veröffentlicht haben, sind ebenso als Fortführungen jener Schreibweisen zu lesen, die zuvor mit dem Stichwort ‚Pop' assoziiert worden sind, wie auf je verschiedene Weise die in den 2000er Jahren erschienenen Bücher von Autorinnen und Autoren wie Kerstin Grether (→ 4.16 Eismann), Leif Randt (→ 4.20 Birnstiel), Charlotte Roche (→ 4.19 Pontzen) oder Heinz Strunk (→ 4.17 Huber). Diese Texte ziehen nur noch selten die Zuschreibung Pop-Literatur auf sich, schreiben sich aber über ihre Verfahren, ihren Gestus oder auch nur durch die spezifische Verarbeitung bestimmter Themen, Motive und Bilder in jene heterogene, alles andere als gradlinig verlaufende Reihe ein, die je nach Perspektive bis zu H. C. Artmann, Gottfried Benn (→ 4.1 Pabst) oder, noch deutlich weiter, bis zur Neuen Sachlichkeit (Lickhardt 2018) und zu Dada zurückzuverfolgen ist (vgl. Ernst 2001).

5. Wer spricht? Pop-Literatur-Wissenschaft

„Wir wollen Pop-Musik so verhandelt wissen wie die anderen kulturellen und politischen Gegenstände, mit denen wir uns beschäftigen. Voraussetzungsreich, komplex, und, ja, geradezu verbissen ernst." (Diederichsen 2005, 12) Wenn der über Jahrzehnte führende deutsche Pop-Theoretiker hier von Pop-Musik spricht, dann unter der Prämisse, dass es sich dabei – qua Pop – nicht um eine Spezialdisziplin der Musik handelt, sondern dass „Pop-Musik in eine ganz andere kulturelle Ordnung gehört" als Musik (Diederichsen 2005, 25), eine Ordnung namens Pop. Für dieses Gebiet wäre dann keine musikwissenschaftliche Spezialdisziplin zuständig, sondern eine Pop-Wissenschaft, die es freilich als etablierte Disziplin bis dato nicht gibt, auch wenn sie als Praxis in Umrissen erkennbar ist.

Ganz so radikal stellt sich das Problem bei Pop Art und Pop-Literatur nicht dar – ihre Zugehörigkeit zu den entsprechenden Künsten steht weniger in Frage, und damit scheint auch die Zuständigkeit der entsprechenden wissenschaftlichen Disziplinen gegeben. Dennoch gilt: sobald das P-Wort im Raum steht, geht es immer auch darum, wer wie über Pop spricht und sprechen darf, und zwar so, dass er oder sie zu einer solchen Pop-Wissenschaft Relevantes beiträgt und gleichzeitig Pop in seinem Wesen nicht verrät. In der Anfangsphase wurden Pop-Phänomene vor allem aus soziologischer Perspektive als Ausformungen von Jugendkultur beschrieben, ein Ansatz, der sich zunehmend als obsolet herausstellte in dem Maße, wie einerseits die (seit Mitte der 1950er Jahre) popkulturell Sozialisierten zwar das Jugendalter, damit jedoch wider Erwarten nicht ihre Pop-Affinität hinter sich ließen, und andererseits (seit Ende der 1970er Jahre) Pop zur Mainstream-Kultur westlich geprägter Überflussgesellschaften wurde. Ebenfalls seit ca. 1980 entwickelt sich in Deutschland vorwiegend außerakademisch, im Umfeld von Zeitschriften wie *Sounds* und *Spex*, eine spezifische Pop-Theorie, die die journalistische Kritik von Pop-Phänomenen, vorwiegend Musik, mit politischer und vor allem poststrukturalistischer Theorie, später auch kulturwissenschaftlichen Ansätzen engführt. Seit diese Form von Pop-Theorie auch ins akademische Umfeld wandert, lässt sich sagen, dass sie „sowohl eine akademische Beschäftigung mit Popphänomenen darstellt, als auch einen durch den Pop selbst veränderten Wissenschaftstypus" (Behrens 2010, 24).

Und so fragt schon Leslie Fiedler im selben Text, in dem er die Pop-Literatur als postmoderne Literatur einführt: „Warum dann also keine neue Neue Kritik erfinden, eine post-moderne Kritik, angemessen post-moderner Prosa und Poesie?" (Fiedler 1994, 14) Die pop-induzierte Veränderung, von der hier die Rede ist, betrifft vor allem das Involviertsein der Forschenden, also den selbst erhobenen oder von außen an sie herangetragenen Anspruch, den Diederichsen so formuliert: „Es reicht nicht, dass sie beobachten und beurteilen, sie müssen bezeugen. Das Pop-Musik-Kunstwerk ist erst komplett mit einer bestimmten qualifizierten sozialen Rezeption. Es reicht nicht, diese zu behaupten: Sie geschieht, wenn einer sie vorführt, also öffentlich und beispielhaft begeistert ist – oder entsetzt." (2005, 13)

Diese Voraussetzung des Fan-Seins und der Selbstpositionierung stellt vor allem das wissenschaftliche Gebot der Objektivität in Frage. „Entscheidend für das Pop-Paradigma: Das Normative" – das in traditioneller Wissenschaft nichts zu suchen hat – „fällt mit dem Deskriptiven zusammen." (Behrens 2010, 24) Entsprechend verabschieden selbst solche Autorinnen und Autoren, die nicht generell missgünstig gegenüber Theorie und Wissenschaftlichkeit gestimmt sind, nicht selten das Objektivitätsgebot, sobald sie zu Pop arbeiten. Typisch etwa folgendes Statement aus der Einleitung einer Monografie zu Deutschpunk und NDW: „Ich habe dabei nicht vor, objektiv zu sein, also an der Lebenslüge der bürgerlichen Wissenschaft mitzustricken. Das bin ich nicht zuletzt meinem Gegenstand schuldig, da er zum Bestand einer anti-bürgerlichen Ideengeschichte des 20. Jahrhunderts gehört." (Schneider 2013, 9)

„Doch lässt sich der alte Streit, ob man Pop-Musik nur aus der Erlebensperspektive oder gerade nur aus einer gesellschaftskritisch distanzierten, funktionstheoretischen gerecht wird, nicht so leicht entscheiden." (Diederichsen 2014, XVI) Es ist evident, dass die anti-objektive Haltung zwar in Fan-Dokumenten erwartbar und in journalistischen Texten möglich, im akademischen Rahmen wissenschaftlichen Arbeitens jedoch nur bedingt sinnvoll und akzeptabel ist. In den Literaturwissenschaften gilt Emil Staigers analoge Forderung, zu „begreifen, was uns ergreift" (Staiger 1955, 10), seit langem als obsolet. Hinter Diederichsens ‚testify!'-Gebot steht jedoch eine Annahme über die Struktur des zu untersuchenden Gegenstandes, der in seiner Kunstgestalt als Werk eben nicht aufgehe und daher nur zusammen mit seiner medialen Repräsentation und seiner individuellen und kollektiven Rezeption „komplett" sei. Dabei ist es vor allem die „Pop-Musik-Begeisterung", in der „als individuelle Wahrheit erscheint, was zugleich einen objektiven Schritt zur gesellschaftlichen Integration" darstellt (Diederichsen 2014, XVI). „Pops Glück ist, daß Pop kein Problem hat", schreibt Goetz 1985 in *Spex* und führt einige der Probleme vor Augen, die sich ergeben, wenn man „auf vernünftige Weise" über Pop reden möchte: „Deshalb kann man Pop nicht denken, nicht kritisieren, nicht analytisch schreiben, sondern Pop ist Pop leben, fasziniert betrachten, besessen studieren, maximal materialreich erzählen, feiern. Es gibt keine andere vernünftige Weise über Pop zu reden, als hingerissen auf das Hinreißende zu zeigen, hey, super." (Goetz 1986, 188)

In dem Maße, wie Pop sich selbst (auch) historisch wird, werden Dokumente solch individueller Zeugenschaft aber auch einer Wissenschaft verfügbar, die selbst nicht „bezeugen" kann oder will. Es spricht eigentlich nichts dagegen, am einen Ende des Kontinuums, das von Fan-Literatur über Kritiken, journalistische Texte und Essays bis zu einer wissenschaftlichen Beschäftigung mit Pop reicht, den komplexen Phänomenen auch mit philologisch-interpretierenden Methoden beizukommen. Das gilt zumal für eine Literaturwissenschaft, die seit dem sogenannten *cultural turn* Ende der 1980er Jahre gelernt hat, literarische Texte im komplexen Geflecht der sie umgebenden Kultur zu analysieren. Innerhalb des Faches liegt das Problem denn auch weniger am Pop- als vielmehr am Literaturbegriff, der sich nicht nur innerhalb der Wissenschaft, sondern insgesamt im Umbruch zu befinden scheint. Ist ein Roman von Daniel Kehlmann überhaupt von derselben Art wie ein Roman von James Joyce? Und gilt das auch für einen Roman von George R.R. Martin, Joanne K. Rowling oder Ildikó von Kürthy? Und wie verhält es sich dann mit Benjamin v. Stuckrad-Barre, Charlotte Roche oder Heinz Strunk? Dass populäre Texte überhaupt zum Gegenstand literaturwissenschaftlicher Analyse und Interpretation werden (und wenn, dann auf welche Weise?), versteht sich bis heute im Fach keineswegs von selbst.

Nun ist Pop-Literatur, wie gesagt, nicht zwangsläufig auch populäre Literatur, so wie Pop nicht gleichzusetzen ist mit Populärkultur, deren wissenschaftliche Erforschung bereits eine gewisse Tradition aufweist. Beide Felder überschneiden sich jedoch, und in beiden Fällen hat es die Wissenschaft nicht selten mit einem Archiv-Wissen der Fans und Kritiker zu tun, das sie selbst kaum aufzuholen in der Lage ist. Das gilt für Pop-Musik genauso wie etwa für Science Fiction und andere Literatur (z. B. Thomas Pynchon, David Foster Wallace), Comics, Fantasy, Computerspiele oder Fernsehserien. Weiterhin gilt für populäre Attraktionsphänomene allgemein wie für Pop-Kultur, dass sie ihre ikonischen Zeichen in einer Koproduktion von Produktions- und Rezeptionsseite hervorbringen (MacCannell 1986). Das bedeutet aber, dass das Gutfinden (oder die Ablehnung) durch die Rezipienten dem begrifflichen Verstehen und Einordnen in der Regel historisch wie systematisch vorausgeht, sprich: das Ergriffenwerden weitgehend unabhängig vom Begreifen erfolgt und durch dieses auch nachträglich kaum zu erschüttern ist.

In dieser Sekundarität aller Interpretation liegt ein weiterer Grund für die häufige Ablehnung wissenschaftlicher Explikation als eines Zugangs, der Pop-Phänomenen vermeintlich unangemessen sei. Fans und Autor/innen von populärer und eben auch Pop-Literatur warten nicht gerade auf die Lektüren der Literaturwissenschaft; im Bedarfsfall gründen sie ihre eigenen Wikis. Das war vor Pop, im Dispositiv der literarischen Moderne, noch dezidiert anders: „Das Zeitalter T.S. Eliots hatte schließlich eine Literatur geschaffen, die [...] der Analyse, Rationalität und anti-romantischen Dialektik verschrieben war. [...] Kritik ist einer solchen Epoche natürlich, sogar wesentlich; und niemand war erstaunt darüber, daß die Periode der frühen Moderne [...] eine Periode der Literaturkritik wurde [...] – eine

Periode, in der Kritik [...] drohte, alle anderen Formen von Literatur zu verschlucken." (Fiedler 1968, 15)

Nun hat sich im historischen Abstand gezeigt, dass sowohl das, was die Anhänger der Literatur, als auch das, was konservative Wissenschaftler selbst für nicht wissenschaftsfähig hielten, sich als zeitabhängig erweist. Wesentliche „Bestände einer anti-bürgerlichen Ideengeschichte des 20. Jahrhunderts" sind zu zentralen Gegenständen einer produktiven Avantgarde- und Modernismusforschung avanciert, auch die Beat Poets und postmodernen Autoren, die Fiedler anführt, haben längst literaturwissenschaftliche Weihen erfahren. Was immer es Ende der 1960er für Gründe gegeben hatte, Rolf Dieter Brinkmann literarisch oder literaturwissenschaftlich nicht für voll zu nehmen – pornografische Elemente, Schimpftiraden, popkulturelle Bezüge – sie haben seiner Kanonisierung nicht geschadet. Gerade die schwierige Pop-Literatur um 1970, die noch stark an modernistischen Verfahren partizipiert, erweist sich für die Literaturwissenschaft vielmehr als dankbarer Gegenstand. Sowohl der traditionelle Literaturbetrieb als auch die Wissenschaft tun sich auch heute leichter mit dem intellektuelle(re)n sogenannten Suhrkamp-Pop (Goetz, Meinecke, Neumeister) als mit den populären, der akademischen Sphäre eher fernen Autoren des KiWi-Pop (Lottmann, Stuckrad-Barre, Kracht). Rainald Goetz hat inzwischen den Büchner-Preis bekommen, Christian Kracht gilt längst als einer der bedeutendsten deutschsprachigen Gegenwartsautoren. Man kann sich kaum noch vorstellen, dass man ihm zu Beginn seiner Laufbahn noch allen Ernstes vorwarf, er wisse nicht, „was ein vollgeschwalltes Stück Papier von einem literarischen Text unterscheide" (Politycki 1997, 6). Gerade am Beispiel Krachts hat sich wiederholt gezeigt, dass journalistische und Szene-Kritik die Lebendigkeit der Debatte garantiert, wissenschaftlich informierte Zugänge jedoch hilfreich sind, um vor Fehllektüren zu schützen bzw. diese zu korrigieren.

Wir haben uns deshalb auch bei der Auswahl der Autorinnen und Autoren dieses Handbuchs nicht auf die akademische Forschung beschränkt, sondern versucht, die Pop-Literatur-Wissenschaft in ihrer ganzen Breite zu repräsentieren. Anstatt sämtliche Artikel gattungsgemäß in eine vorgegebene Struktur zu pressen, haben wir den Beiträger/innen gelegentlich Freiheiten eingeräumt, so dass sich im Folgenden zwischen Artikeln im erwartbaren Handbuchformat auch eher essayistische Formen finden, was der Wissensvermittlung keinen Abbruch tut und der Lektüre nur zuträglich sein kann.

6. Zum Handbuch

Dieses Handbuch setzt sich zum Ziel, Konstellationen von Literatur und Pop wie auch die korrespondierenden Debatten in der deutschsprachigen Literatur seit den 1960er Jahren differenziert darzustellen, zu kontextualisieren und kulturwissenschaftlich zu perspektivieren. Die Fokussierung auf deutschsprachige Literatur ist dabei nicht zuletzt darauf zurückzuführen, dass die Kopplung von Pop und Literatur in anderen Literaturen kaum zu vergleichbaren Debatten, Auseinandersetzungen und Begriffsbildungen geführt hat. Zweifellos verweist sie jedoch immer auch auf andere Literaturen und Kulturen, vor allem auf die amerikanische und britische, ist immer auch in internationalen Zusammenhängen situiert, die im Handbuch entsprechend berücksichtigt werden.

Dieser Einleitung folgt zunächst die Abteilung „Theorien – Konzepte – Kontexte" (2.), die wesentliche Grundbegriffe von Pop, Literatur und ihrer konzeptuellen Beschreibung systematisch erfasst, reflektiert und kontextualisiert. Der 3. Teil widmet sich „Problematisierungen und Forschungsfragen" und stellt einschlägig relevante Verfahren und Praktiken, ästhetische Konzepte sowie Forschungszusammenhänge vor. Der 4. Teil bietet „Exemplarische Analysen" von ausgewählten Texten, die jeweils zunächst in Form eines *close reading* vorgestellt und analysiert werden, um anschließend im Blick auf Konstellationen von Pop und Literatur – und hinsichtlich der im Handbuch differenzierten Konzepte, Verfahren und Forschungsfragen – kontextualisiert zu werden. Ein schmales Glossar zentraler Begriffe (5.), eine Bibliografie (6.), ein Register (7.), ein Abbildungsverzeichnis (8.), Hinweise zu den Autorinnen und Autoren (9.) sowie eine Danksagung schließen das Handbuch ab.

Literaturverzeichnis

Adam, Holger u. a. (Hrsg.). *Pop Kultur Diskurs. Zum Verhältnis von Gesellschaft, Kulturindustrie und Wissenschaft*. Mainz: Ventil, 2010.
Altenburg, Matthias. „Bitte aufhören! Anlässlich des Debüt-Romans von Ingo Niermann verordnet Matthias Altenburg der jungen deutschen Literatur eine Denkpause." *Die Woche* 9. März 2001.
Artmann, Hans Carl. *Das suchen nach dem gestrigen tag* [1964]. Neuwied und Berlin: Luchterhand, 1971.
Baßler, Moritz. *Der deutsche Pop-Roman. Die neuen Archivisten*. München: C.H. Beck, 2002.
Baßler, Moritz. *Western Promises. Pop-Musik und Markennamen*. Bielefeld: transcript, 2019.
Bautz, Peter. „Der Konkrete mit Herz. Zu Handkes ‚Innenwelt der Außenwelt der Innenwelt'". *Stuttgarter Zeitung* 16. August 1969.
Behrens, Roger. „Traditionelle und kritische Poptheorie. Anmerkungen zur fröhlichsten Wissenschaft, heute". *Pop Kultur Diskurs. Zum Verhältnis von Gesellschaft, Kulturindustrie und Wissenschaft*. Hrsg. von Holger Adam u. a. Mainz: Ventil, 2010. 17–39.

Biller, Maxim. „Feige das Land, schlapp die Literatur. Über die Schwierigkeiten beim Sagen der Wahrheit." *Die Zeit* 13. April 2000.
Bohrer, Karl Heinz. „Neue panische Welt. Rolf Dieter Brinkmanns erster Roman". *Frankfurter Allgemeine Zeitung* 4. Mai 1968.
böt [= Helmut Böttiger]. „Editorial". *Frankfurter Rundschau/Literatur Rundschau* 25. November 1998.
Brinkmann, Rolf Dieter. *Was fraglich ist wofür*. Gedichte. Köln: Kiepenheuer & Witsch, 1967.
Diederichsen, Diedrich. „Pop – deskriptiv, normativ, emphatisch". *Rowohlt Literaturmagazin* 37 (1996): 36–44.
Diederichsen, Diedrich. *Der lange Weg nach Mitte. Der Sound und die Stadt*. Köln: Kiepenheuer & Witsch, 1999.
Diederichsen, Diedrich. *Musikzimmer. Avantgarde und Alltag*. Köln: Kiepenheuer & Witsch, 2005.
Diederichsen, Diedrich. *Über Pop-Musik*. Köln: Kiepenheuer & Witsch, 2014.
Ernst, Thomas. *Popliteratur*. Hamburg: Rotbuch, 2001.
Fiedler, Leslie A. „Das Zeitalter der neuen Literatur". *Christ und Welt* 13. September und 20. September 1968.
Fiedler, Leslie A. „cross the border, close the gap". *Playboy* 12 /1969: 151, 230, 252–258.
Fiedler, Leslie. „Überquert die Grenze, schließt den Graben! Über die Postmoderne" [1969]. *Roman oder Leben. Postmoderne in der deutschen Literatur*. Hrsg. von Uwe Wittstock. Leipzig: Reclam, 1994. 14–39.
Frank, Dirk. *Popliteratur. Arbeitstexte für den Unterricht*. Stuttgart: Reclam, 2003.
Glaser, Peter, und Niklas Stiller. *Der grosse Hirnriss. Neue Mitteilungen aus der Wirklichkeit*. Reinbek bei Hamburg: Rowohlt, 1983.
Glaser, Peter (Hrsg.). *Rawums. Texte zum Thema*. Köln: Kiepenheuer & Witsch, 1984.
Goetz, Rainald. *Hirn*. Frankfurt am Main: Suhrkamp, 1986.
Grasskamp, Walter, Michaela Krützen und Stephan Schmitt (Hrsg.). *Was ist Pop? Zehn Versuche*. Frankfurt am Main: S. Fischer, 2004.
Groys, Boris. *Über das Neue. Versuch einer Kulturökonomie* [1992]. Frankfurt am Main: Fischer Taschenbuch, 1999.
Hamilton, Richard: [Brief an Peter and Alison Smithson, 16. Januar 1957]. In: R. H.: *Collected Words 1953–1982*. London: Thames and Hudson, o. J.
Hartges, Marcel, Martin Lüdke und Delf Schmidt (Hrsg.). *Pop Technik Poesie. Die nächste Generation* [= Rowohlt Literaturmagazin 37]. Reinbek bei Hamburg: Rowohlt, 1996.
Henning, Peter. „Kippfiguren. Verstörendes Protokoll aus der Dandy-Hölle." *Die Weltwoche* 18. Oktober 2001.
Hermand, Jost. *Pop international. Eine kritische Analyse*. Frankfurt am Main: Athenäum, 1971.
Hübsch, Paul-Gerhard. „1 klein wenig Realität". *Akzente* 13 (1966): 386–391.
Horx, Matthias. „Schreiben gegen den Sinn. Peter Glaser: Der Schriftsteller experimentiert mit Computer und Literaturbetrieb". *Die Zeit* 14. Februar 1986.
Imdahl, Max. [Diskussionsbeitrag]. *Die nicht mehr schönen Künste. Grenzphänomene des Ästhetischen* [= Poetik und Hermeneutik 3]. Hrsg. von Hans Robert Jauß. München: Fink, 1968. 696.
Jelinek, Elfriede. *wir sind lockvögel baby!* [1970]. Reinbek bei Hamburg: Rowohlt, 1988.
Kreknin, Innokentij. *Poetiken des Selbst. Identität, Autorschaft und Autofiktion am Beispiel von Rainald Goetz, Joachim Lottmann und Alban Nikolai Herbst*. Berlin und Boston: De Gruyter, 2014.

Kracht, Christian (Hrsg.). *Mesopotamia. Ernste Geschichten am Ende des Jahrtausends*. Stuttgart: DVA, 1999.
Kurz, Paul Konrad. *Über Moderne Literatur 3. Standorte und Deutungen*. Frankfurt am Main: Knecht, 1971.
Lange, Wolfgang. „Snob auf Morgenlandfahrt. Christian Krachts hyperrealistischer Roman ‚1979'." *Neue Zürcher Zeitung* 23. Oktober 2001.
Lenz, Daniel und Eric Pütz. „Ich muss nicht schreiben, um nicht verrückt zu werden. Gespräch mit Thomas Meinecke – 11. Dezember 1998." *LebensBeschreibungen. Zwanzig Gespräche mit Schriftstellern*. Hrsg. von Daniel Lenz und Eric Pütz. München: edition text + kritik, 2000. 145–155.
Lickhardt, Maren. *Pop in den 20er Jahren. Leben, Schreiben, Lesen zwischen Fakt und Fiktion*. Heidelberg: Winter, 2018.
MacCannell, Dean. „Sights and Spectacles". *Iconicity. Essays on the Nature of Culture*. Fs. Thomas A. Sebeok. Hrsg. von Paul Bouissac u. a. Tübingen: Stauffenburg, 1986. 421–435.
Meinecke, Thomas. „From A to B and back again. Über Andy Warhol." *Frankfurter Rundschau* 25. November 1998.
Neumeister, Andreas und Marcel Hartges: Tecstasy, *Poetry! Slam! Texte der Pop-Fraktion*. Hrsg. von Andreas Neumeister und Marcel Hartges. Reinbek bei Hamburg: Rowohlt, 1996.
Neves, John. „Hat Popliteratur eine Zukunft?". *Bayrischer Rundfunk* 10. Mai 1969.
Ngai, Sianne. *Our Aesthetic Categories: Zany, Cute, Interesting*. Cambridge, MA: Harvard University Press, 2012.
Niemann, Norbert. „Eine Rekonstruktion der Revolte. Von der Literatur zum Pop zur Literatur." *Frankfurter Rundschau* 25. November 1998.
Oxford English Dictionary. Second Edition. Volume XII Poise-Quelt. Oxford: Oxford University Press, 1989.
o.V. „Schriftsteller. Brinkmann. So im Gange". *Der Spiegel* 17. Juni 1968: 126.
Philippi, Anne, und Rainer Schmidt. „‚Wir tragen Größe 46'. Benjamin v. Stuckrad-Barre und Christian Kracht wollen mit einer neuen Kombination berühmt werden: Für Mode werben und Bücher schreiben. *Die Zeit* 9. September 1999.
Politycki, Matthias. „Kalbfleisch mit Reis! Die literarische Ästhetik der 78er-Generation". In: *Schreibheft* 50 (1997): 3–9.
Riha, Karl. „Ein patagonischer Aviatiker. Zu H. C. Artmanns Dramen". *Über H. C. Artmann*. Hrsg. von Gerald Bisinger. Frankfurt am Main: Suhrkamp 1972. 157–165.
Roth, Christopher. *200 D*. München: belleville, 1982.
Rygulla, Ralf-Rainer. „FRANK XEROX' WÜSTER TRAUM und andere Kollaborationen. *Rolf Dieter Brinkmann*. Hrsg. von Maleen Brinkmann. Reinbek bei Hamburg: Rowohlt, 1995. 51–55.
Sack, Adriano. „Kampf um die Deutungshoheit" [Interview mit Helge Malchow]. *Welt am Sonntag* 2. Februar 2002.
Savage, Jon. „‚The simple things you see are all complicated'". *The Faber Book of Pop*. Hrsg. von Hanif Kureishi und Jon Savage. London und Boston: Faber, 1995. xxi-xxxiii.
Scharang, Michael. „Fichtes ‚Palette' – Modell literarischer Anpassung". *Literatur und Kritik* 31 (Februar 1969): 506–508.
Schlüter, Ralf. „Raven statt Raunen. Was Briten und Amerikanern ein alter Hut ist, hält nun auch Einzug in deutsche Dichterstuben: die Popkultur". *Die Woche* 6. November 1998.
Schneider, Frank Apunkt. *Als die Welt noch unterging. Von Punk zu NDW*. Mainz: Ventil, ³2013.
Schulze, Hartmut. „Noch ein Hirnriß". *Konkret* 8/1983: 82–87.

Schumacher, Eckhard. *Gerade Eben Jetzt. Schreibweisen der Gegenwart*. Frankfurt am Main: Suhrkamp 2003.
Sontag, Susan. „Notes on ‚Camp'" [1964]. *Against Interpretation*. London: Vintage, 2001. 275–292.
Staiger, Emil. *Die Kunst der Interpretation. Studien zur deutschen Literaturgeschichte*. Zürich: Atlantis, 1955.
Tristesse Royale. Das popkulturelle Quintett mit Joachim Bessing, Christian Kracht, Eckhart Nickel, Alexander v. Schönburg und Benjamin v. Stuckrad-Barre. Berlin: Ullstein, 1999.
Ullmaier, Johannes. *Von Acid nach Adlon und zurück. Eine Reise durch die deutschsprachige Popliteratur*. Mainz: Ventil, 2001.
Venus, Jochen. „Die Erfahrung des Populären. Perspektiven einer kritischen Phänomenologie". *Performativität und Medialität Populärer Kulturen. Theorien, Ästhetiken, Praktiken*. Marcus S. Kleiner und Thomas Wilke (Hrsg.). Wiesbaden: Springer VS, 2013. 49–73.
Walser, Martin. „Über die Neueste Stimmung im Westen". *Kursbuch* 20 (1970): 19–41.
Warhol, Andy. *The Philosophy of Andy Warhol (From A to B and Back Again)* [1975]. San Diego u. a.: Harvest, 1977.
Warhol, Andy, und Pat Hackett. *POPism. The Warhol '60s*. New York: Harper & Row, 1980.
Weidermann, Volker. „Frühling schon vorbei? Die Aufregung um die jüngste deutsche Literatur war groß". *die tageszeitung* 22. März 2000.
Williams, Raymond. „Popular". *Keywords. A Vocabulary of Culture and Society*. Revised edition, New York: Oxford University Press, 1983. 236–238.
Winkels, Hubert. „Zur deutschen Literatur 1998". *Deutsche Literatur 1998. Jahresüberblick*. Hrsg. von Volker Hage, Rainer Moritz und Hubert Winkels. Stuttgart: Reclam, 1999. 5–39.
Wittstock, Uwe (Hrsg.). *Roman oder Leben. Postmoderne in der deutschen Literatur*. Leipzig: Reclam, 1994.
Zaimoglu, Feridun. „Knabenwindelprosa. Überall wird von deutscher Popliteratur geschwärmt. Aber sie ist nur reaktionäres Kunsthandwerk. Eine Abrechnung." *Die Zeit* 18. November 1999.

2. Theorien – Konzepte – Kontexte

2.1 Postmoderne und Pop-Literatur: Die Fiedler-Debatte

Thomas Wegmann

Was an öffentlichen Äußerungen unter dem Rubrum ‚Fiedler-Debatte' archiviert ist, geht zurück auf einen Vortrag, den der amerikanische Literaturwissenschaftler und -kritiker Leslie A. Fiedler unter dem Titel *Close the Gap – Cross the Border: The Case for Post-Modernism* 1968 an der Universität Freiburg gehalten hat. Anlass war das Symposium ‚Für und wider die zeitgenössische Literatur in Europa und Amerika', das vom Amerika-Haus Freiburg und dem Institut für Atlantische Studien der Universität von Massachusetts in Verbindung mit dem Deutschen und Englischen Seminar der Albert-Ludwigs-Universität Freiburg am 29. und 30. Juni 1968 veranstaltet wurde. Anstoß für diese Konferenz gab eine andere Debatte, nämlich der ‚Zürcher Literaturstreit', der ausgelöst wurde durch eine Rede des Germanisten Emil Staiger. Gehalten wurde sie am 17. Dezember 1966 zum Dank für den Literaturpreis der Stadt Zürich im dortigen Schauspielhaus, gedruckt am 20. Dezember 1966 im Feuilleton der *Neuen Zürcher Zeitung*. Unter dem Titel *Literatur und Öffentlichkeit* erinnerte Staiger zunächst an das berühmte Diktum aus der *Ars poetica* des Horaz, wonach die Dichter entweder nützen oder ergötzen wollen („Aut prodesse volunt aut delectare poetae"), um sich auf dieser Basis als Anwalt des heutigen Souveräns, „der breitesten Öffentlichkeit", auszugeben und der zeitgenössischen Literatur die Preisgabe eines vom Wandel der Zeiten unangefochtenen Dichtungsverständnisses vorzuwerfen: „So sehen wir denn in der ‚littérature engagée' nur eine Entartung jenes Willens zur Gemeinschaft, der Dichter vergangener Tage beseelte." (Staiger 1966) Die Gegenwartsliteratur sieht er pauschal und ohne Namensnennung bevölkert von „Psychopathen, von gemeingefährlichen Existenzen, von Scheußlichkeiten großen Stils" (Staiger 1966) – und stößt damit beim anwesenden Publikum auf wohlwollende Reaktionen: In dem wiederaufgefundenen Tondokument seiner Rede hört man häufig Gelächter, zweimal wird auch spontan applaudiert, einmal als Emil Staiger die „echt spießbürgerliche Befürchtung" (1966) zerstreut, man sei unmodern, wenn man mit zeitgenössischer Literatur nichts anzufangen wisse. Und noch einmal bei dem alsbald berüchtigten Satz: „Wenn solche Dichter behaupten, die Kloake sei ein Bild der wahren Welt, Zuhälter, Dirnen und Verbrecher [„Säufer" in der gedruckten Fassung, T.W.] Repräsentanten der wahren, ungeschminkten Menschheit, so frage ich: In welchen Kreisen verkehren sie? Gibt es denn heute etwa keine Würde und keinen Anstand mehr, nicht den Hochsinn eines selbstlos tätigen Mannes, einer Mutter, die Tag für Tag im Stillen wirkt, das Wagnis einer großen Liebe oder die stumme Treue von Freunden? Es gibt dies alles nach wie vor." (Staiger im Tondokument, 1966)

Abschließend appellierte Staiger an die Zuhörer für eine Rückkehr zu den Werten der älteren Literatur. Seine polemischen Ausführungen über eine mit dem zeitlosen Nimbus und der sittlichen Tradition des Dichterischen brechenden Gegenwartsliteratur provozierten zahlreiche Ein- und Widersprüche, am markantesten wohl den von Max Frisch in der *Weltwoche*. Frisch warf Staiger darin ein Standgericht wider die moderne Literatur vor: „Verurteilung ohne namentliche Ausrufung, selbstverständlich ohne Untersuchung des jeweiligen Falles. Salve! So, wir erinnern uns, verfuhr man schon immer, wenn die Rede war von entarteter Kunst." (Zitiert nach Frisch 1976, 456) Die Rede wäre, so Frisch weiter, auch in Zeiten des Stalinismus begeistert aufgenommen worden.

Der Streit um den ästhetischen Wert und die gesellschaftspolitische Funktion der Gegenwartsliteratur war also Impuls und Hintergrund für die Freiburger Tagung, an der neben Fiedler u. a. der deutsch-amerikanische Germanist und Anglist Victor Lange, der Schriftsteller und Kritiker Reinhard Baumgart und der Autor Martin Walser teilnahmen. In dem einzigen Zeitungsbericht über diese Konferenz referiert die *Badische Zeitung* neben allgemeinen Eindrücken – etwa über den Bruchs zwischen den Generationen – auch Fiedlers Auftritt: „Eine ungestüme Durchbrechung [der literaturwissenschaftlichen] Referate bewirkte Leslie Fiedler, Ordinarius für Englische Literatur an der New York State University [...], mit seiner Darstellung des ‚Case for Post-Modernism': Fiedler versteht darunter eine Anti-Literatur, die, aus den Träumen des Volkes aufsteigend, kaum Grenzen unterworfen, dem Pop, der Pornographie, den Comics, der Science Fiction nahe, den Spalt zwischen hoch und niedrig schließe [...]." (Zitiert nach Ott und Pfäfflin 1998, 368)

1. Am Ende der Moderne

Mit der Grenzüberschreitung von *High* und *Low*, der Öffnung der traditionellen Literatur gegenüber verschiedenen Varianten von Populärkultur und der Deklaration eines Zeitalters der Postmoderne sind drei wichtige Aspekte aus Fiedler Ausführungen zumindest benannt (vgl. dazu auch Schäfer 1998, 29–47). Diese wiederum sind auffällig exemplarisch angelegt, nennen zahlreiche Wissenschaftler, Künstler und Autoren und beginnen kategorisch wie folgt: „Fast alle heutigen Leser und Schriftsteller sind sich der Tatsache bewußt, daß wir den Todeskampf der literarischen Moderne und die Geburtswehen der Post-Moderne durchleben. Die Spezies Literatur, die die Bezeichnung ‚modern' für sich beansprucht hat (mit der Anmaßung, sie repräsentiere äußerste Fortgeschrittenheit in Sensibilität und

Form, und über sie hinaus sei ‚Neuheit' nicht möglich) und deren Siegeszug kurz vor dem ersten Weltkrieg begann und kurz nach dem zweiten endete, ist tot, das heißt, sie gehört der Geschichte an, nicht der Wirklichkeit. Für den Roman bedeutet dies, daß das Zeitalter von Joyce, Proust und Mann vorüber ist, ebenso sind in der Lyrik T. S. Eliot und Paul Valéry passé." (Fiedler 1984, 673)

Gebrochen wird so explizit mit der Ästhetik der literarischen Moderne und ihren schriftstellerischen Statthaltern, die für Fiedler nur noch über historische, nicht aber über aktuelle Relevanz verfügen. Angebrochen sieht er hingegen nichts weniger als ein neues Zeitalter, nämlich das der Nach- bzw. Postmoderne. Deren (ästhetische) Spezifika bezeichnet er im Folgenden als apokalyptisch, antirational, romantisch und sentimental, „eine[] Zeit freudvoller Misologie und prophetischer Verantwortungslosigkeit" (Fiedler 1984, 674). Diese neue Zeit wird abgegrenzt von der Herrschaft der Rationalität und der politischen Fakten, wie sie vor allem von den Marxisten vertreten werde. Ausgerufen wird dagegen eine neue Ära – das Epitheton ‚neu' ist hier stets positiv besetzt – und eingeklagt eine der neuen Ära angemessene Kritik, die Fiedler in Ansätzen bei Norman O. Brown, Marshall McLuhan und D. H. Lawrence verwirklicht sieht, eine reformierte Kritik, die ein Kunstwerk als Gelegenheit nutzt, ein anderes zu schaffen, womit – durchaus in romantischer Tradition – der Unterschied zwischen Werk und Kritik im Idealfall aufgehoben würde. Dabei könnten die von einer obsolet gewordenen Moderne benutzten Begriffe, Methoden, Sprach- und Schreibstile nicht mehr als Analyseinstrumentarium verwendet werden. Dass die neue Bewegung an „die Anfänge der Romantik mit ihrer Sehnsucht nach dem Naiven" (Fiedler 1984, 694) und Volkstümlichen erinnere, gibt Fiedler unumwunden zu, konstatiert aber auch, dass die Romantiker sich vor allem an der Vergangenheit orientierten, während die nachmodernen Autoren in die Zukunft blickten. Als wegweisend für deren neue Ästhetik führt er die Werke des 1959 verstorbenen französischen Schriftstellers und Jazzmusikers Boris Vian an, der sich an der „Überbrückung der Kluft zwischen Elite- und Massenkultur" (Fiedler 1984, 680) versucht und genau damit Nachfolger in der jüngeren amerikanischen Literatur gefunden habe, die ebenfalls offen Formen des Pop in ihre Werke integrierten. Diese Öffnung gegenüber bis dato weder als literaturaffin noch als literaturtauglich geltenden Bereichen ist der Aspekt in Fiedlers Rede, der auch im Nachhinein die meiste Aufmerksamkeit erfuhr. Als popkulturelle und gleichermaßen markt- wie massentaugliche Genres, bei denen die postmoderne Literatur Anleihen nehmen sollte, führt Fiedler dann die später berühmt gewordene Trias aus Western, Science-Fiction und Pornographie an, weil in diesen Bereichen am ehesten provokatives, noch nicht durch die akademische Mittelklasse vereinnahmtes und somit kompromittiertes Material zu finden sei. Den so verstandenen „Pop-Schriftsteller", der an die Autoren der Beat-Generation, an Jack Kerouac und Allen Ginsberg anschließt, um sich zugleich von ihnen abzustoßen, verortet er emphatisch in der Gegenwart, in den „Zwischenräumen der Maschinenzivilisation", wo er eine „Romantik des postelektronischen Zeitalters" begründet (Fiedler 1984, 694), in der Mythen und Maschinen, Tribalisierung und Urbanisierung keine Widersprüche bilden. Diesbezüglich wurde in der Forschung konstatiert, dass Fiedler ein Literaturmodell anstrebe, „welches nicht nur die Integration der neuen, technisierten Lebenswelt, sondern eben auch ihre Kompensation leisten solle" (Luckscheiter 2001, 33). Mit Hilfe solcher Entgrenzungen könne dann, Fiedler zufolge, nicht nur eine neue Ästhetik initiiert, sondern auch die noch für die literarische Moderne virulente Dichotomie „einer Kunst für die ‚Gebildeten' und einer Subkunst für die ‚Ungebildeten'" als letzter „Überrest einer ärgerlichen Unterscheidung innerhalb der industrialisierten Massengesellschaft" (Fiedler 1984, 689) überwunden werden. In nämlicher Weise gibt Fiedler gleich eine ganze Reihe bis dato antagonistisch gefasster Begriffspaare zur Neuordnung frei, etwa „die Grenze zwischen dem Wunderbaren und dem Wahrscheinlichen [...], zwischen dem Wirklichen und dem Mythischen, zwischen der bürgerlichen Welt mit Boudoir und Buchhaltung und dem Königreich dessen, was man lange als Märchen zu bezeichnen pflegte" (1984, 691). Wie die ‚hohe Kunst' könne dabei auch eine *High* und *Low* entgrenzende Kunst nicht in einem mythologiefreien Raum existieren; allerdings greife sie nicht mehr auf antike oder orientalische Traditionen zurück, sondern auf die Populär- und Massenkultur der Gegenwart, auf Science-Fiction-, Western- und Comic-Helden genauso wie auf die durch die Presse mythologisierten Hollywoodstars und Personen des öffentlichen Lebens. Als eine Art Paradigma für einen postmodernen Umgang mit Mythen fungieren in Fiedlers Ausführungen die Indianer. Nicht von ungefähr heißt es kurz nach ihrer proklamierten Rückkehr ins Zentrum von Pop Art: „Mit Kunst im landläufigen Sinne haben die Indianer natürlich nichts zu tun [...]. Sie wachen über die Schließung des Grabens, den aristokratische Kunstvorstellungen geschaufelt haben zwischen den Dingen, die uns im Alter von zehn oder zwölf ausfüllen, und jenen, die uns befriedigen, wenn wir fünfzig oder sechzig sind." (Fiedler 1984, 683)

Die jüngere Künstlergeneration findet demnach ihre Mythen nicht mehr in den Klassikern und Konversationslexika, sondern in der von der akademischen Mittelklasse tabuisierten Populärkultur, wobei die in romantischer Tradition stehende „Nostalgie für Volksweisen und Volksrhythmen" (Fiedler 1984, 694) sich mit dem Wissen um ihre technische Imitier- und Reproduzierbarkeit auf den Märkten des späten 20. Jahrhunderts verbündet. Dem Publikum kommt dabei eine wichtige Rolle zu, denn es waren Fiedler zufolge nicht zuletzt (junge) Leser, die erkannt haben, dass die „Überbrückung der Kluft zwischen Elite- und Massenkultur die exakte Funktion des Romans heute ist" (Fiedler 1984, 680).

Sein mit zahlreichen Beispielen gespickter, mitunter polemischer und fern der traditionellen Literaturwissenschaft situierter Beitrag gilt inzwischen „selbst als Muster einer solchen nach-modernen Form der Kritik" (Walther 2007, 30), zumal er bei der Freiburger Tagung offenbar auf der Basis nur weniger Notizen weitgehend frei vorgetragen wurde. Die sich daran anschließende Diskussion wurde kontrovers geführt, die beiden zentralen Streitpunkte waren Zuschnitt und Funktion von Massenkultur sowie Fiedlers Forderung nach neuen Mythen. Dabei traten vor allem Martin Walser, der auf der Freiburger Tagung einen bereits 1966 publizierten Vortrag mit dem Titel „Engagement als Pflichtfach für Schriftsteller" gehalten hatte, und Hilde Domin mit kritischen Einwänden hervor, wie dem im Marbacher Katalog *Protest!* teilabgedrucktem Typoskript zu entnehmen ist (vgl. Ott und Pfäfflin 1998, 380–386). Während Walser polemisch konstatiert, „die Massen sind mit Perry Mason glänzend versorgt", kann Fiedler in seiner Entgegnung der Massen- und Populärkultur neue Impulse abgewinnen: „[G]enau in dem Moment, in dem sich die Intellektuellen auf die Massen zubewegen, bewegt sich erstaunlicherweise die Massenkunst auf die Intellektuellen zu. Wenn also der Schriftsteller als populärer Sänger – Bob Dylan – anfängt, beginnt er, mit immer ausgefeilterem Material zu arbeiten, ohne dass er dabei sein Publikum oder sein Konzept verliert."

Für Fiedler können demnach Popsongs über literarische Qualität verfügen, was seinem Konzept einer Entgrenzung von *High* und *Low* korrespondiert. Demgegenüber sieht Walser in der Populärkultur lediglich ein Element der eskapistischen Unterhaltungsindustrie. Nämliches gilt auch für die Proklamation einer neuen Mythologie, die für ihn lediglich eine Verdrängung der gesellschaftlichen Lage und damit „Gegenaufklärung im schlimmsten Sinn" (Walser 1966) bedeutet. Fiedler pointiert abschließend ihrer beider Differenzen: „Für Sie bedeutet Mythos Lüge, für mich bedeutet es einen gemeinsamen Traum." (Zitiert nach Ott und Pfäfflin 1998, 383)

2. Die Genese von Fiedlers Text und sein Weg in die deutschsprachige Öffentlichkeit

Dass es nicht bei den mündlichen Ausführungen im Rahmen des Symposiums blieb, ist – nachdem der angekündigte Tagungsband nie erschienen ist – Wolfgang Ignée, damals Feuilletonredakteur der Wochenzeitung *Christ und Welt*, zu verdanken, der selbst bei der Konferenz anwesend war und auf dessen Bitte hin Fiedler seinen Vortrag zu jenem Aufsatz umarbeitete, der dann in zwei Teilen am 13. und 20. September 1968 in der Übersetzung Ignées unter dem Titel „Das Zeitalter der neuen Literatur" erschien. In den USA wurde Fiedlers Beitrag in überarbeiteter Form in der *Playboy*-Weihnachtsausgabe des Jahres 1969 unter dem später viel zitierten Titel „Cross the Border, Close the Gap" veröffentlicht, jedoch ohne jeglichen Hinweis auf die zu Grunde liegenden Ausführungen in Freiburg bzw. *Christ und Welt*. Es ist diese im *Playboy* veröffentlichte Version, deren deutsche Übersetzung der Gründer des März-Verlags, Jörg Schröder, dann im Jahr 1984 unter dem Titel „Überquert die Grenze, schließt den Graben!" in der umfangreichen Anthologie *Mammut. März Texte 1&2* publizierte, wodurch er der sich ausweitenden Postmoderne-Diskussion in der Bundesrepublik einen weithin vergessenen Text wieder zugänglich machte, allerdings ebenfalls ohne Hinweis auf die Erstveröffentlichung in *Christ und Welt*. Diese weicht an einigen Stellen von der inzwischen mehrfach nachgedruckten – etwa in von Wolfgang Welsch (*Wege aus der Moderne*, 1988) oder Uwe Wittstock (*Roman oder Leben*, 1994) herausgegeben Sammelbänden – Schröder'schen Variante ab, am auffälligsten bezüglich der in *Christ und Welt* und in der anschließenden Debatte weithin benutzten Termini ‚Nach-Moderne' bzw. ‚nach-modern', wohingegen Schröder die Anfang der 1980er Jahre auch im deutschsprachigen Raum etablierten Termini ‚Postmoderne' bzw. ‚postmodern' verwandte.

Nachdem Ignée den Fiedler-Text an verschiedene Autoren geschickt und um Stellungnahme gebeten hat, eröffneten der Erzähler Jürgen Becker und der Lyriker Helmut Heißenbüttel am 4. Oktober 1968 die Auseinandersetzung mit Fiedler. Bereits eine Woche später schloss sich mit Reinhard Baumgart auch ein Teilnehmer des Symposiums an, am 18. Oktober gefolgt von den Autoren Wolfgang Hädecke und Martin Walser. Walser hatte seine mündlichen Entgegnungen auf Fiedler zu einem kurzen Text ausgearbeitet, in dem er durchaus Sympathie mit Pop bekundete: „John Lennon ist prima" (1994, 59). Dagegen begegnete er aber dem „Schamanen-Gesang aus Neu-Wild-West" mit der Forderung nach einer „demokratische[n] Literatur" und schloss mit der Feststellung: „[W]as wir auf der Erde brauchen, ist ja vor allem mehr Milch und weniger Mythen" (Walser 1994, 60) – ein Satz, der Ignée zu dem Titel ‚Mythen, Milch und Mut' veranlasst hatte. Fortgesetzt wurde die Debatte dann am 25. Oktober mit einem Beitrag des damals in den USA lehrenden Literaturwissenschaftlers und Lyrikers Hans Egon Holthusen, der in dem von Fiedler propagierten Pop lediglich „das durch die intellektuelle Brille gesehene, mit neo-dadaistischen Methoden ‚umfunktionierte' Volkstümliche" (Holthusen 1994, 63) erblicken mochte. Im November schließlich melden sich der Autor Robert Neumann und der Kritiker Heinrich Vormweg (beide am 1. November) sowie der Schriftsteller Peter O. Chotjewitz (8. November) zu Wort. Den Schlusspunkt der ‚Fiedler-Debatte' setzte am 15. November 1968 Rolf Dieter Brinkmanns *Angriff aus Monopol*, der als einziger nicht nur explizit Partei für die Position Fiedlers ergriff, sondern auch eine Gegenposition zu allen vorangegangenen Stellungnahmen aufbaute. Brinkmann verknüpft in seinem vergleichsweise umfangreichen Beitrag die allenthalben konstatierte Krise der

Literatur explizit mit einem Konflikt zwischen den Generationen – der Untertitel seines Beitrags lautet programmatisch: „Ich hasse alte Dichter" –, wobei die jüngere Generation, der auch er sich zugehörig sieht, auf die Freundlichkeiten der „hässlichen, zynischen alten Männer des Kulturbetriebs" (Brinkmann 1994, 70) mit grundsätzlichem Misstrauen zu reagieren habe, weil diese keine Zukunft mehr hätten. Außerdem zeichneten sie sich durch „eine enorme Uninformiertheit" aus, „die typisch für deutsche Autoren zu sein scheint" (Brinkmann 1994, 67), da diese weder innovative literarische Texte von Andy Warhol, William S. Burroughs oder Donald Barthelme noch die Thesen eines Marshall McLuhans oder Norman O. Browns angemessen zur Kenntnis nähmen. Diese von den dominanten Vertretern des literarischen Feldes nicht wahrgenommenen bzw. nicht gewürdigten, von Brinkmann in ähnlicher Manier wie Fiedler mit zahlreichen Namen und Beispielen illustrierten Tendenzen und Impulse fasst er dann explizit mit der Bezeichnung „POP" zusammen. Unter Pop wiederum versteht er „jene Sensibilität", die den schöpferischen Produkten jeder Kunstart – Schreiben, Malen, Filmen, Musikmachen – die billigen gedanklichen Alternativen verweigert: hier Natur – da Kunst und hier Natur – da Gesellschaft, woraus bisher alle Problematik genommen wurde" (Brinkmann 1994, 71).

Auffällig an Brinkmanns Text und kennzeichnend für seine gesamte Poetologie ist darüber hinaus die Integration des Schreibprozesses in den Text: „Ich schreibe das hier, während auf meinem Dual-Plattenspieler HS 11 eine Platte der DOORS abläuft, Disques Vogue, CLVLXEK 198, mit Jim Morrison – vocals, Ray Manzarek – organ, piano, Bass, Robby Krieger – guitar, John Densmore – drums, und sollte ich nicht lieber die Musik um ein paar Phonstärken erhöhen und mich ihr ganz überlassen anstatt weiterzutippen [...]." (Brinkmann 1994, 66)

Was auf den ersten Blick nichts mit der eigentlichen Debatte um Mythen und Popkultur zu tun hat, erweist sich als programmatisch für eine Schreibhaltung, die Brinkmann später als „in der Gegenwart" betriebene „Grundlagenforschung der Gegenwart" bezeichnen wird (vgl. Schumacher 2003, 60–72) und deren Gegenwartsfixierung und Aktualitätsaffirmation er als Gegenentwurf zu einem an Überzeitlichkeit und Dauer orientiertem Kunstverständnis und Kulturmonopol verstanden wissen will. Impulse von einer am Hier und Jetzt orientierten Popkultur sind dabei hoch willkommen, wobei gerade die De- und Rekontextualisierung von populärkulturellen Materialien nicht nur ästhetische Innovationen generieren kann, sondern auch neues Wissen für das Verstehen literarischer Texte voraussetzt: ein Wissen, über das die „alten Dichter" eben nicht verfügen.

3. Pop-Literatur als Bestandteil der Postmoderne

Solche eher poetologischen Aspekte sind indes erst Jahrzehnte später im Zuge einer zunehmend sich selbst reflektierenden und historisierenden Popkultur und -Literatur mit entsprechender Forschung genauer herauspräpariert und untersucht worden. Dagegen fanden die Themen der Fiedler-Debatte, die zunächst und vor allem eine vom Feuilleton initiierte Auseinandersetzung war, im deutschsprachigen Raum vorerst keinen größeren Nachhall, wenn man sie etwa am ‚Zürcher Literaturstreit' misst (vgl. Walther 2007, 23–24). Zwar konstatiert Karl Heinz Bohrer ein Jahr später im *Merkur* ein literarisches *juste-milieu*, dem er Snobismus, fehlendes Abstraktionsvermögen sowie Opportunismus gegenüber Fiedlers Ausführungen bescheinigt (Bohrer 1969, 932–934), und auch Martin Walser greift Fiedlers Thesen nochmals in seinem Aufsatz „Über die Neueste Stimmung im Westen" (1970) auf und mit unverminderter Vehemenz den Autor Rolf Dieter Brinkmann samt der in Westdeutschland auf der Pop-Welle reitenden Literaten als Vertreter der von den Linken verpönten amerikanischen Unkultur an. Ansonsten aber wird die Debatte allenfalls im Kontext übergreifender thematischer Auseinandersetzungen – etwa um den angeblichen Tod der (traditionellen) Literatur im legendär gewordenen *Kursbuch* 15, in dem Enzensberger keine Legitimation mehr für die Produzenten von Literatur als Kunst sieht (vgl. 1968), oder in Jost Hermands kritischer Analyse *Pop international* (1971) – mit einigen wenigen Bemerkungen erwähnt. So kann Klaus Briegleb zu Recht konstatieren, dass die Fiedler-Debatte „*im Literaturbetrieb* keine ‚Gedächtnis-Werte' erzielte" (1993, 302, Anm. 32; kursiv i. Orig.). Zu einem „Schlüsseltext" in „der Auseinandersetzung mit der Literatur der sechziger und siebziger Jahre" (Luckscheiter 2001, 45) wurde sie erst posthum, zunächst als Wolfgang Welsch 1988 in Fiedlers Text den auch begriffsgeschichtlichen Auftakt für einen Bruch mit der Moderne und eine neue, *High* und *Low*, Mythos und Wirklichkeit verbindende Ästhetik ausmachte. Mittlerweile wird Fiedlers „Case for Post-Modernism" (und die sich an ihn anschließende Kontroverse) zumeist im Kontext einer sich um 1968 in Deutschland allmählich etablierenden Popliteratur als „Entdifferenzierungsprogramm" von „Elite- und Massenkultur" (Hecken 2007, 106) rezipiert, für das exemplarisch Rolf Dieter Brinkmann oder das Frühwerk von Elfriede Jelinek stehen können. Bei allen Unterschieden in den Schreibverfahren zeichnen sich die Texte beider um 1968 nicht zuletzt durch eine Öffnung gegenüber populärkulturellen Materialien und einer Obsession für Gegenwärtiges aus, ohne sich dadurch indes in das pekuniär oft schnell erfolgreiche, aber ebenso schnell vergängliche Subfeld der Massenproduktion zu begeben, sondern um im Gegenteil neue Impulse für eine längerfristige Positionierung im literarischen Feld zu beziehen. Und so markiert Fiedlers Manifest aus dem symbolträchtigen Jahr 1968 den Beginn eines mindestens doppelt und zudem gegensätzlich kodierten Prozesses: Der schon im Titel annoncierten Entgrenzung von *High* und *Low* als einem Moment der Entdifferenzierung geht die Erfahrung von hochgradig differenten Lebensentwürfen, Handlungsmustern und Geschmacksbildungen einher, wenn nicht voraus, so dass hier in der Tat Postmoderne und Popliteratur korreliert sind. Dabei ist indes eine Relativierung bzw. Präzisierung in zweierlei Hinsicht vorzunehmen: Erstens mag Fiedlers Essay durchaus „zum bedeutendsten ‚Schlüsseltext' der Postmoderne der sechziger Jahre" (Schäfer 1998, 31) avanciert sein, aber er tat dies eben vor allem im Nachhinein, zumindest mit Blick auf den Terminus ‚Postmoderne' und die daran geknüpften Auseinandersetzungen (siehe oben). Auch verabschiedet Fiedler zwar die literarische Moderne mit Vertretern wie Joyce, Proust und Eliot, doch hat dies wenig mit dem zur selben Zeit in Deutschland debattierten ‚Tod der Literatur' zu tun, das sich als politisch motiviertes Plädoyer für eine Überwindung moderner Literatur lesen lässt (vgl. Schäfer 1998, 43). Fiedlers Postmodernismus manifestiert sich vielmehr in dem Versuch, die Grenze zwischen Hoch- und Populärkultur zu überwinden und wenig valorisierte Genres wie Western, Science-Fiction und Pornographie zum Material und Gegenstand literarischer Produktion und Reflexion werden zu lassen. Dem konnten die dominanten Positionen im deutschsprachigen literarischen Feld seinerzeit wenig Interesse entgegenbringen, weswegen eine vom Feuilleton initiierte Debatte rasch versiegte und Fiedlers Text für mehr als ein Jahrzehnt in Vergessenheit geriet. Und auch Autoren wie Rolf Dieter Brinkmann, dessen Poetik bezüglich der Enthierarchisierung von *High* und *Low* durchaus mit Fiedler korrelierbar war, ging es weniger um neue Formen der Unterhaltungsliteratur. Vielmehr nutzten sie mit jugendkulturellem Gestus das stigmatisierte populärkulturelle Material für experimentelle Schreibweisen, die nicht auf Massentauglichkeit zielten, sondern neue, ästhetisch avancierte und programmatisch reflektierte Formen zu entwickeln suchten, die mittlerweile als *Pop-Literatur* zusammengefasst werden. In deren Geschichte wiederum nimmt die Fiedler-Debatte einen wichtigen, weil wegweisenden Stellenwert ein.

Fiedlers eigene, 1968 skizzierte postmoderne Ästhetik ist dagegen idealiter wohl erst 1994 von einem einzelnen Artefakt realisiert worden, und das war kein Text, sondern ein amerikanischer Film: Quentin Tarantinos *Pulp Fiction* plünderte vieles, was schlecht und billig war, überspitzte stereotype Versatzstücke aus dem Gangstermilieu und mischte sie mit einem innovativen Dialog- und Erzählverfahren zu einem gleichzeitig metaisierenden wie massentauglichen Film, der nicht zuletzt aufgrund dieser Kombination Filmgeschichte schrieb. Generischer *Trash* wurde so unter einem programmatischen Titel gleichermaßen konsumierbar wie reflektier- und diskutierbar – und das war genau Fiedlers damaliges Anliegen.

Literaturverzeichnis

Böhler, Michael. „Der ‚neue' Zürcher Literaturstreit. Bilanz nach zwanzig Jahren. Kontroversen, alte und neue". *Akten des VII. Internationalen Germanisten-Kongresses Göttingen 1985. Bd. 2: Formen und Formgeschichte des Streitens – Der Literaturstreit*. Hrsg. von Albrecht Schöne. Tübingen: Niemeyer, 1986, 250–262.

Bohrer, Karl Heinz. „Surrealismus und Terror". *Merkur* 23. Oktober (1969): 921–940.

Briegleb, Klaus. *1968. Literatur in der antiautoritären Bewegung*. Frankfurt am Main: Suhrkamp, 1993.

Brinkmann, Rolf Dieter. „Angriff aufs Monopol. Ich hasse alte Dichter" [1968]. *Roman oder Leben. Postmoderne in der deutschen Literatur*. Hrsg. von Uwe Wittstock. Leipzig: Reclam, 1994. 65–77.

Hermand, Jost. *Pop international. Eine kritische Analyse*. Frankfurt am Main: Athenäum, 1971.

Enzensberger, Hans Magnus. „Gemeinplätze, die Neueste Literatur betreffend". *Kursbuch* 15 (1968): 187–197.

Fiedler, Leslie A. „Das Zeitalter der neuen Literatur". *Christ und Welt* 13. und 20. September 1968: 9–10 und 14–16.

Fiedler, Leslie A. „Cross the border, close the gap". *Playboy* 12 (1969): 151, 230, 252–254 und 256–258.

Fiedler, Leslie A. „Überquert die Grenze, schließt den Graben! Über die Postmoderne". *Mammut. März-Texte 1&2. 1969–1984*. Hrsg. von Jörg Schröder. Herbstein: März-Verlag, 1984. 673–697.

Fiedler, Leslie A. „Überquert die Grenze, schließt den Graben! Über die Postmoderne". *Wege aus der Moderne: Schlüsseltexte der Postmoderne-Diskussion*. Hrsg. von Wolfgang Welsch. Weinheim: VCH, 1988. 57–74.

Fiedler, Leslie A. „Überquert die Grenze, schließt den Graben!" [1968]. *Roman oder Leben. Postmoderne in der deutschen Literatur*. Hrsg. von Uwe Wittstock. Leipzig: Reclam, 1994. 14–39.

Frisch, Max. „Endlich darf man es wieder sagen". *Gesammelte Werke in zeitlicher Folge. Sechs Bände. Band V. 1964 – 1967*. Hrsg. von Hans Mayer unter Mitwirkung von Walter Schmitz. Frankfurt am Main: Suhrkamp, 1976. [Zuerst erschienen in *Weltwoche* 24. Dezember (1966)]. 455–462.

Hecken, Thomas. *Theorien der Populärkultur. Dreißig Positionen von Schiller bis zu den Cultural Studies*. Bielefeld: transcript, 2007.

Holthusen, Hans Egon. „Anti-Helden gegen Troja" [1968]. *Roman oder Leben. Postmoderne in der deutschen Literatur*. Hrsg. von Uwe Wittstock. Leipzig: Reclam, 1994. 61–64.

Jaeckle, Erwin. *Der Zürcher Literaturschock. Bericht*. München: Langen-Müller, 1968.

Luckscheiter, Roman. *Der postmoderne Impuls. Die Krise der Literatur um 1968 und ihre Überwindung*. Berlin: Duncker & Humblot, 2001.

Ott, Ulrich, und Friedrich Pfäfflin (Hrsg.). *Protest! Literatur um 1968. Eine Ausstellung der Deutschen Literaturarchivs in Verbindung mit dem Germanistischen Seminar der Universität Heidelberg und dem Deutschen Rundfunkarchiv im Schiller-Nationalmuseum Marbach am Neckar*. Marbach: Marbacher Kataloge, 1998.

Pulp Fiction. Reg. Quentin Tarantino. Miramax Film, 1994.

Schäfer, Jörgen. *Pop-Literatur. Rolf Dieter Brinkmann und das Verhältnis zur Populärkultur in der Literatur der sechziger Jahre*. Stuttgart: Metzler, 1998.

Schumacher, Eckhard. *Gerade Eben Jetzt. Schreibweisen der Gegenwart*. Frankfurt am Main: Suhrkamp, 2003.
Staiger, Emil. „Literatur und Öffentlichkeit". *Neue Zürcher Zeitung*, 20. Dezember (1966). http://static.nzz.ch/download/pdf/Emil_Staiger_Rede.pdf. Audio-Datei abrufbar unter http://static.nzz.ch/audio/emil_staiger.mp3.
Walser, Martin. „Mythen, Milch und Mut" [1968]. *Roman oder Leben. Postmoderne in der deutschen Literatur*. Hrsg. von Uwe Wittstock. Leipzig: Reclam, 1994. 58–60.
Walser, Martin. „Über die Neueste Stimmung im Westen". *Kursbuch* 20 (1970): 19–41.
Walther, Danny. *Die „Fiedler-Debatte" oder Kleiner Versuch, die „Chiffre 1968" von links ein wenig aufzuschreiben*. http://nbn-resolving.de/urn:nbn:de:bsz:15-qucosa-39611. Magisterarbeit. Leipzig, 2007.
Wegmann, Thomas, und Norbert Christian Wolf. „Einleitung". *High und low. Zur Interferenz von Hoch- und Populärkultur in der Gegenwartsliteratur*. Hrsg. von Thomas Wegmann und Norbert Christian Wolf. Berlin und Boston: De Gruyter, 2012. 1–9.

2.2 Import, Übersetzung, Übernahme – der Bezug zu Großbritannien und den USA

Charis Goer

1. Wort auf! Deutsch als popkulturelle Fremdsprache

Pop kam ab den späten 1950er Jahren als Import nach Deutschland: Pop Art, Beat Poetry, Rock'n'Roll und Beat-Musik sind Phänomene anglo-amerikanischen Ursprungs und stehen für ein anderes, nämlich internationales, jugendkulturelles, medienaffines und radikal zeitgenössisches Kulturkonzept, das nicht deckungsgleich ist mit den bekannten und besonders in Deutschland historisch problematisch gewordenen Modellen von populärer Kultur, Volks- oder Massenkultur. Es gebe also keine genuin „deutsche Version", konstatiert Diedrich Diederichsen daher und entwickelt hieraus ein Bestimmungsmoment seines für die deutsche Poptheorie äußerst einflussreichen Popverständnisses: „Pop ist immer Transformation, im Sinne einer dynamischen Bewegung, bei der kulturelles Material und seine sozialen Umgebungen sich gegenseitig neu gestalten und bis dahin fixe Grenzen überschreiten: Klassengrenzen, ethnische Grenzen oder kulturelle Grenzen" (Diederichsen 1996, 36 und 38–39). Bei diesen Transferprozessen handelt es sich mithin nicht einfach um eine (Anglo-)Amerikanisierung, verstanden als kulturelle Homogenisierung unter anglo-amerikanischer Hegemonie (vgl. Mueller 2004), sondern vielmehr um eine Form der ‚Glokalisierung', bei der von einer Gleichzeitigkeit universalisierender und lokalisierender Tendenzen sowie Wechselwirkungen zwischen kultureller Globalisierung und lokalen Kulturpraktiken auszugehen ist (vgl. Robertson 1995): „Pop ist eine hybride Kultur, die sich immer schon im Spannungsfeld von Globalisierung und Lokalisierung entfaltet hat [...]. Kulturelle Globalisierung bewirkt also nicht nur die Loslösung kultureller Praktiken von lokalen Orten. Vielmehr befördern Medien- und Kulturindustrien die Zirkulation von Produkten, Bildern und Symbolen und werden damit auch zum Anlaß für die Bildung neuer lokaler kultureller Praxisformen, mittels derer die global zirkulierenden Produkte in den kulturell disparaten Ausdrucks- und Lebensformen verankert werden." (Klein und Friedrich 2003, 84–85)

Die Zirkulation popkultureller Phänomene über Grenzen hinweg, nicht zuletzt über sprachliche, fordert zu Aneignungen, Rekontextualisierungen und Übersetzungen heraus, womit immer (Um-)Deutungen, Verschiebungen und Modifikationen einhergehen. Dass es dabei unvermeidlich auch zu sprachlichen wie kulturellen Missverständnissen und gar Erfahrungen des Nichtverstehens kommt, deutet Diederichsen in seinem Essay mit dem programmatischen, die im Hip-Hop gebräuchliche Zustimmungsformel ‚word up' unidiomatisch wörtlich ins Deutsche übersetzenden Titel „Wort auf!" (1988) als besondere Qualität des Pop. In einer autobiographischen Anekdote beschreibt er die verheißungsvolle Botschaft, die für ein Kind in Deutschland von jenen zunächst unverständlichen Worten, jenen zuvor unbekannten Klängen und Bildern zumeist angloamerikanischer Provenienz ausgeht, als Initialzündung für eine popkulturelle Sozialisation. Anhand seines an Hitparadensongs erlernten, „mit Halbwissen, paranoischer Interpretation und Begehren" aufgeladenen Privatenglisch entwirft er das Modell einer unkonventionellen, dissidenten Hermeneutik, die sich dadurch auszeichnet, dass Sinnstiftung nicht dank eines unmittelbaren, ungebrochenen Verstehens stattfindet, sondern Resultat ‚produktiver Missverständnisse' ist (Diederichsen 1988, 34; vgl. auch Diederichsen 1993, 197–200 und 270–271): „Die Konfrontation mit Popmusik eröffnet eine Form des Verstehens, die ihre Produktivität nicht aus der häufig mit Pop assoziierten universalen Verständlichkeit, sondern gerade aus dem Moment des Nichtverstehens, der Unverständlichkeit, zumindest aber des Missverstehens schöpft" (Schumacher 2002, 26). Aus dem „fehlerhaften Remake" ergebe sich, so Thomas Meinecke unter Bezug auf Diederichsen, eine „Chance auf Differenz", die „Chance, Genres zu erneuern, Identitäten zu überschreiten" (Meinecke 1994, 83).

Für die deutschsprachige Literatur im Speziellen stellt Pop in mehrfacher Hinsicht eine besondere Herausforderung dar: Gegenüber dem Englischen einschließlich seiner Varietäten (z. B. Jugendsprache, African American Vernacular, Cockney) als originäre Sprache des Pop erscheint Deutsch nicht nur als ‚popkulturelle Fremdsprache' (vgl. Schumacher 2007), die es erst zu erschließen gilt und der die Differenz zu den anglo-amerikanischen Impulsgebern immer eingeschrieben bleibt. Zudem kommt der Literatur innerhalb der Popkultur nicht der privilegierte Status eines Leitmediums zu, was mit einem im deutschen Kulturraum besonders wirkmächtigen emphatischen, bildungsbürgerlich aufgeladenen Literaturbegriff konfligiert (→ 2.1 WEGMANN). Wiederholt sind daher von der Pop-Literaturforschung die Brüche und Verschiebungen konstatiert worden, die der Pop-Import speziell in der deutschsprachigen Literatur verursacht hat: „Pop war [...] immer schon ein internationales Phänomen. [...] Aber nur im deutschsprachigen Literaturbetrieb hat Pop für [...] Unruhe gesorgt [...]. Nur hier ist Pop immer auch ein Problem." (Gleba und Schumacher 2007, 14) Das schillernde Schlagwort ‚Pop' hat seinen Gegnern wie Befürwortern unter den Schreibenden und ihrem Publikum, in Verlagen und Medien immer wieder Anlass gegeben, kontrovers und nicht selten polemisch Stellung zu literarischen Traditionen, Positionen und Personen zu nehmen. Schon allein das Genre Pop-Literatur erweist sich so als Ausdruck von Aneignungs- und Abgrenzungsprozessen und einer doppelten, nämlich inter-

ebenso wie intrakulturellen Differenz: „Ist der Begriff der ‚Popliteratur' doch alles andere als unumstritten oder klar. In den vermeintlichen Herkunftsländern USA oder Großbritannien gibt es ihn so gar nicht – wohl weil Popkulturbezug sich dort von selbst versteht. Und was das Wort in Deutschland meint, hängt so stark davon ab, wer es gerade benutzt, daß sich als allgemeiner Konsens kaum mehr extrahieren läßt als: Popliteratur ist der Tendenz nach immer das[,] was Martin Walser nicht ist." (Ullmaier 2001, 12)

2. Aus dem Zusammenhang reißen, in den Zusammenhang schmeißen: Übersetzungen aus dem Anglo-Amerikanischen

Entscheidende Impulse für die Entstehung einer deutschsprachigen Pop-Literatur gingen ab den späten 1950er Jahren von der US-amerikanischen und britischen Beat- und Underground-Literatur aus (vgl. Ernst 2005, 14–21; Kramer 2003; Schäfer 1998, 9–142; Seiler 2006, 103–146; Ullmaier 2001, 47–84). In charakteristischer Weise beschreibt Jörg Fauser in seinem Radioessay „Die Legende des Duluoz" (1976) die popkulturelle Aufbruchsstimmung, die Jack Kerouacs *On the Road* (1957) bei ihm und in der deutschen Nachkriegsgeneration geweckt hat: „Solange sie sich erinnern konnten, die Trümmerkinder, wars eigentlich ziemlich fad gewesen, diese Fünfziger, dieser nahtlose Aufbau, Wirtschaftswunder, Wundertüte mit Pepita-Muster, ewige Sonntagnachmittage in den neuen Siedlungen mit Rasenmähen und Paul Anka, na gut, die paar vertrockneten Progressiven, Böll, Gott ja, Konkret so aufregend wie Kirchenfunk, die Rollkragenpullover bei der Humanistischen Union, na und? Kultur als Käsestulle. Und dann: ‚Let's go, man, go!' So wirkte Kerouac." (Fauser 1990, 63–64)

Die ersten deutschen Übersetzungen von Texten der Beat-Generation erscheinen signifikanterweise 1959, in jenem Jahr, das mit Neuerscheinungen wie Heinrich Bölls *Billard um halbzehn*, Paul Celans *Sprachgitter*, Hilde Domins *Nur eine Rose als Stütze*, Günter Grass' *Blechtrommel* und Uwe Johnsons *Mutmaßungen über Jakob* als wichtiges Datum für die deutsche Nachkriegsliteratur, ja geradezu als *annus mirabilis* mit Schwellencharakter und als Jahr des Durchbruchs der Gruppe 47 gilt. In diesem ‚Wendejahr' (vgl. Lorenz und Pirro 2011) werden in Deutschland zwei Schlüsseltexte der Beat-Generation veröffentlicht, die deutlich andere literarische Akzente setzen: Allen Ginsbergs Langgedicht „Howl" (1956) in der zweisprachigen Ausgabe *Das Geheul und andere Gedichte*, übersetzt von Wolfgang Fleischmann und Rudolf Wittkopf und ergänzt durch eine Einführung von Williams Carlos Williams und ein Nachwort von Walter Höllerer (Ginsberg 1959), sowie Kerouacs ‚road novel' *Unterwegs*, übersetzt von Georg Binzer und Werner

Burkhardt (Kerouac 1959b). Weitere wichtige Beat-Texte liegen bereits wenige Jahre später in deutscher Übersetzung vor: 1962 Lawrence Ferlinghettis Gedichtsammlung *Ein Coney Island des inneren Karussells*, übersetzt von Erika Gütermann, sowie 1963 Ginsbergs *Kaddisch und andere Gedichte* und eine Auswahl der Gedichte Gregory Corsos unter dem Titel *In der flüchtigen Hand der Zeit*, beide übersetzt von Anselm Hollo. 1962 und 1963 erscheinen außerdem William S. Burroughs' Romane *Naked Lunch* und *Junkie* in Übersetzungen von Katharina und Peter Behrens. Um die Veröffentlichung der Beat-Literatur in Deutschland macht sich besonders der 1945 gegründete Wiesbadener Limes Verlag verdient, in dem bis auf Kerouac alle diese Übersetzungen erscheinen (→ 2.10 HIELSCHER).

Auch einige Anthologien tragen in dieser frühen Phase dazu bei, die Beat-Literatur in Deutschland bekanntzumachen: So erscheint ebenfalls bereits 1959 der von Walter Hasenclever herausgegebene Band *Junge amerikanische Literatur* mit Texten u. a. von Ferlinghetti, Kerouac und Kenneth Rexroth (Hasenclever 1959b). 1961 geben Höllerer und Corso die zweisprachige Anthologie *Junge Amerikanische Lyrik* heraus, die u. a. Gedichte von Corso, Ginsberg, Ferlinghetti und Frank O'Hara enthält und der eine Schallplatte mit Lesungen Corsos, Ferlinghettis und Ginsbergs beiliegt. 1962 erscheint schließlich die auflagenstarke *Beat*-Anthologie, herausgegeben von Karl O. Paetel, die mit Gedichten und Prosatexten von Beatautoren wie auch Essays und Stellungnahmen, Kurzbiographien, Portraitfotos, einem Beat-Glossar und einer Bibliographie ein umfassendes Bild der Beat-Generation präsentiert (Paetel 1962b).

Die frühe Rezeption der Beat-Generation in (West-)Deutschland verläuft kontrovers, nicht zuletzt aufgrund divergierender Ansichten über ihre Relevanz für und ihren Einfluss auf die deutsche Literatur und Kultur (vgl. Goer 2011 und Goer 2015). Prominente Kritiker wie Walter Hasenclever (1958 und 1959a) und besonders Hans Magnus Enzensberger (1959 und 1962) bemängeln die literarische und intellektuelle Minderbemitteltheit der Beatniks und lehnen sie als pubertär, regressiv und reaktionär ab. Hingegen begreift Höllerer, der sich neben seiner Herausgeber- und Übersetzertätigkeit auch in literaturtheoretischen Essays, z. B. „Junge amerikanische Literatur" (1959) und „Thesen zum langen Gedicht" (1965), in der von ihm mitherausgegebenen Zeitschrift *Akzente* um die Vermittlung der Beat Poets bemüht, die Beat-Literatur als Chance für die von neoästhetizistischen und hermetischen Ansätzen dominierte deutschsprachige Gegenwartslyrik, sich aus formalen und thematischen, konzeptuellen und ideologischen Begrenzungen zu befreien. Während Höllerers Interesse primär auf die Erweiterung der literarischen Formen und Ausdrucksmöglichkeiten ausgerichtet ist, ist dem *Beat*-Herausgeber Paetel auch am Import des Beatnik-Lifestyles gelegen. Offensiv gegen Abwehrbemühungen wie die Hasenclevers oder Enzensbergers gerichtet, deutet er gerade Anti-Bürgerlichkeit, diffuse Religiosität, Vitalismus und *disengagement* der Beat-Generation als Ausdruck ihrer dissidenten Haltung, die zwar als jugend- und subkulturelle Antwort auf die McCarthy-Ära begonnen habe, jedoch eine international und gerade auch in Deutschland anschlussfähige Haltung repräsentiere (vgl. Paetel 1962a).

Ende der 1960er Jahre beginnt eine zweite Phase der intensiven Rezeption der Literatur der Beat-Generation und der New York School wie auch des britischen Underground sowie verstärkt auch anglo-amerikanischer Comics und Song-Lyrics (→ 3.5 HUBER). Wichtige Verlage in dieser Zeit sind die von Jörg Schröder geleiteten Verlage Melzer in Darmstadt und März u. a. in Frankfurt am Main sowie Kiepenheuer & Witsch in Köln, in denen viele Texte der jungen anglo-amerikanischen Literatur in deutschen Ausgaben erscheinen und die auch zu wichtigen Publikationsorten der allmählich entstehenden deutschsprachigen Pop-Literatur werden (vgl. Ackermann und Greif 2003). Eine Schlüsselrolle als Übersetzer und Vermittler spielen Rolf Dieter Brinkmann und sein Umfeld: Er gibt zusammen mit Ralf-Rainer Rygulla die inhaltlich und gestalterisch wegweisende Anthologie *Acid. Neue amerikanische Szene* (1969) heraus (→ 4.4 BANDEL) sowie allein im selben Jahr die Anthologie *Silverscreen. Neue amerikanische Lyrik* (Brinkmann 1969c), die u. a. Texte von Burroughs, Charles Bukowski, Leslie A. Fiedler, Tuli Kupferberg, Gerard Malanga und O'Hara enthalten. Brinkmann übersetzt darüber hinaus Lyrik der den Beats nahestehenden New-York-School-Autoren O'Hara (1969) und Ted Berrigan (1970), Rygulla veröffentlicht des Weiteren die Anthologie *Fuck You (!)* (1968) u. a. mit Texten von Bukowski, O'Hara und Kupferberg, und Rolf Eckart John, ein Freund Brinkmanns und Rygullas, gibt eine komplementär zu deren Veröffentlichungen auf die britische Szene fokussierte Anthologie *Mondstrip. Neue englische Prosa* (1971) u. a. mit Texten von J.G. Ballard, Arthur C. Clarke, Jeff Nuttall und Alexander Trocchi heraus.

Brinkmann verfasst zudem programmatische Essays wie das *Acid*-Nachwort „Der Film in Worten" und das *Silverscreen*-Vorwort „Notizen 1969 zu amerikanischen Gedichten und zu dieser Anthologie", in denen er, inspiriert von Kerouacs an Musik und Film orientierter Poetik (vgl. Kerouac 1957 und 1959a) und Susan Sontags Ästhetik einer globalen *new sensibility* (vgl. Sontag 1966), das Konzept einer internationalen, intermedialen und sinnlichen Literatur entwickelt (vgl. Brinkmann 1969a und 1969b). Brinkmann beteiligt sich 1968 auch an der kontroversen Debatte über die Thesen Leslie A. Fiedlers, die für die literatur- und kulturtheoretische Auseinandersetzung mit Pop und Postmoderne in Deutschland von zentraler Bedeutung ist (→ 2.1 WEGMANN). Eine der Provokationen Fiedlers besteht darin, dass er den von ihm postulierten Epochenwechsel zugleich als eine geokulturelle Verschiebung deutet: Die europäisch geprägte klassische Moderne werde abgelöst durch die amerikanische Postmoderne; das Zeitalter von James Joyce, Marcel Proust, Thomas Mann und T. S. Eliot sei vorbei, auch der

Nouveau Roman und der New Criticism hätten ausgedient, modernistische Ideale von Rationalität, Ernsthaftigkeit und Autonomie seien überholt; die beginnende Zukunft gehöre nun Pop-Formen wie Western, Science Fiction und Pornographie, vorbildhaft für den neuen Künstlertypus seien die Beat Poets und Pop-Musiker, Traum, Vision, und Ekstase die Ziele der postmodernen Literatur und Kultur (vgl. Fiedler 1968a und 1968b). In der von Fiedler unter deutschen Schriftstellern und Kritikern ausgelösten Debatte, in der kritische Reaktionen von moderater Skepsis bis zu offener Ablehnung überwiegen, begrüßt lediglich Brinkmann begeistert Fiedlers „Angriff auf das abendländische Kulturmonopol" als Durchbruch zu einer popkulturellen „Sensibilität, die den schöpferischen Produkten jeder Kunstart – Schreiben, Malen, Filmen, Musik machen – die billigen gedanklichen Alternativen verweigert: hier Natur – da Kunst und hier Natur –, da Gesellschaft, woraus bisher alle Problematik genommen wurde." (Brinkmann 1968a, 15)

Bei Brinkmann zeigt sich beispielhaft, wie durch den Kulturtransfer das Bewusstsein für Differenzen ‚nach innen' und ‚nach außen' geschärft und diese Erfahrung produktiv gewendet werden kann. Seine Übersetzungen und Essays initiieren eine „deutsche Literatur auf der Flucht vor dem und den Deutschen", die „teilweise aus amerikanischer Kultur wegen doppelter Fremdheit mehr machte als die USA" (Diederichsen 1993, 151). Sie konstituieren „einen anderen, eben sub- und popkulturellen Bezug zu Amerika [...], der sich von den ‚offiziellen' Bekenntnissen zu den USA als der westalliierten Schutzmacht ebenso unterscheidet wie von der Zivilisationskritik eines ‚völkischen' Antiamerikanismus." (Schäfer 1998, 94) Das popkulturelle Amerika fungiert bei Brinkmann als Heterotopie (vgl. Foucault 1994), die er gegen die deutsche Nachkriegskultur und -literatur setzt (vgl. Schäfer 2003, 73) und als Chance begreift, deren Beengtheit und Erstarrung zu überwinden: „Die Isolation, die mit der Ausprägung einer an eine bestimmte Sprache und Nation gebundenen Literatur begonnen hat", werde durch eine Literatur im Zeichen einer globalen ‚neuen Sensibilität' durchbrochen, so Brinkmanns Hoffnung. „Es entsteht neu ein literarischer Großraum durch Adaptionen, gleiche Materialbehandlung, durch eine aus den literarischen Konventionen sich lösende Subjektivierung des Schreibens." (Brinkmann 1969b, 10–11)

Spätere Übersetzungen und Transfers sind seltener mit einer solch dezidierten Programmatik wie bei Brinkmann verbunden, der Austausch zwischen den USA, Großbritannien und Deutschland gewinnt an Selbstverständlichkeit, dennoch gehen auch im und nach dem Übergang von ‚Pop I' zu ‚Pop II' (→ 2.4 RAUEN) von der anglo-amerikanischen Popkultur und -Literatur maßgebliche Impulse aus. Für die Vermittlung anglo-amerikanischer Gegenwartsliteratur bleibt Kiepenheuer & Witsch eine wichtige Institution, in deren Verlagsprogramm neben zahlreichen Texten der deutschsprachigen Pop-Literatur weiterhin viele Übersetzungen popkulturell relevanter Literatur, etwa von Douglas Coupland, Bret Easton Ellis, Nick

Hornby und Irvine Welsh, alle aus dem Englischen übersetzt von den ehemaligen *Spex*-Autoren Clara Drechsler und Harald Hellmann, erscheinen.

3. Re-Make/Re-Model: Produktive Aneignungen anglo-amerikanischer Popkultur und -Literatur

Die Übersetzungen, Vermittlungsbemühungen und Rezeptionsprozesse gehen von Anfang an zumeist mit der mehr oder weniger expliziten Absicht einher, hieraus Anregungen für die eigene oder fremde Literaturproduktion zu gewinnen. Solche produktiven Aneignungen anglo-amerikanischer Popkultur und -Literatur in der deutschsprachigen Literatur werden auf vielfältige Weise umgesetzt: etwa als Übernahmen kultureller oder literarischer Genres, Formen und Themen, in intertextuellen und intermedialen Bezügen, in sprachlichen Adaptionen, in der Wahl der Figuren und Settings. In der Poetik vieler Autorinnen und Autoren in Deutschland hat ihre Pop-Literatur dabei den Status einer ‚kleinen Literatur' (vgl. Deleuze und Guattari 1975), der das Bewusstsein von Deutsch als popkultureller Fremdsprache eingeschrieben ist und die sich mittels eines minoritären, nicht-identischen und deterritorialisierten Sprachgebrauchs der normativen Macht der dominanten ‚großen' Sprache, Literatur und Kultur zu widersetzen sucht (vgl. Kleiner 2013).

Schon bald nach dem ersten Bekanntwerden der Beat-Generation und der Halbstarken entstehen in Westdeutschland erste literarische Verarbeitungen dieser amerikanischen Bewegungen. Ein sehr frühes Beispiel ist Alfred Anderschs Funkmontage *Der Tod des James Dean* (1959), ein akustisches Portrait Deans als tragischer Held der rebellischen amerikanischen Jugend unter Verwendung eines Textes von John Dos Passos und Passagen aus Ginsbergs *Geheul* neben weiteren Gedichten u. a. von E.E. Cummings, Kenneth Patchen, und Kenneth Rexroth (vgl. Andersch 2004). Ein weiteres früheres Beispiel einer von *On the Road* inspirierten literarischen Aneignung der Beat-Literatur und -Kultur ist der Roman *Mit Haut und Haar* (1961) von Hans-Christian Kirsch, der „von einer Schar europäischer ‚Beats'" erzählt, die „[i]n der Erotik, im Jazz, besonders aber im Trampen durch halb Europa [...] besessen und doch so kalttuend, skeptisch und dennoch voll Hoffnung, ein Etwas, das sie nicht kennen", suchen (Kirsch 1961, Klappentext; vgl. Bandel et al. 2005, 73–79). Auch das von der afro-amerikanischen Jazz-Szene nahestehenden Beat Poets bevorzugte Veranstaltungsformat einer Lesung mit Musik liefert das Modell z. B. für den „Jazz und Lyrik"-Auftritt von Peter Rühmkorf mit dem Pianisten Michael Naura am 19. August 1966 auf dem Hamburger Adolfsplatz und den wenige Wochen später am 2. Oktober 1966 im Hamburger

Star-Club stattfindenden „Beat und Prosa"-Abend. Diese Veranstaltung, bei der Hubert Fichte aus seinem noch unveröffentlichten Roman *Die Palette* (1968; → 4.2 LINCK) liest und die Beat-Gruppe Ian & The Zodiacs und der Singer-Songwriter Ferre Grignard spielen (vgl. Bandel et al. 2005, 126–144), gilt als „erste[r] vielbeachtete[r] Versuch" im deutschen Literaturbetrieb, „die Lesungsform nach Ort und Habitus in Richtung Pop zu transferieren" (Ullmaier 2001, 65).

An Fichte und Brinkmann als maßgeblichen Begründern einer deutschsprachigen Popliteratur zeigt sich, wie sie in der intensiven Auseinandersetzung insbesondere mit der anglo-amerikanischen Gegenwartsliteratur und -kultur, sei es in kritischer Abgrenzung, sei es in euphorischer Anverwandlung, ihre Schreibweisen und Poetiken entwickeln (vgl. Schumacher 2003, 57–109 und 155–205; → 2.4 RAUEN; → 4.4 BANDEL). So lassen sich in der *Palette* zahlreiche thematische und stilistische intertextuelle Bezüge zu *On the Road* nachweisen (vgl. Madsen 1990, 78–103), zugleich gewinnt Fichtes schriftstellerisches Selbstverständnis als eines präzisen, empfindlichen Chronisten der Gegenwart gerade in der Kritik an den Beat Poets an Kontur: „Meine Absicht in der *Palette* war die eines Chronisten," erklärt Fichte im Interview mit James Wafer 1975, „und was mich bei Kerouac und Ginsberg vielleicht etwas stört, ist weniger der Einfluss oder der schlechte Stil. Ich glaube, dass sie an einigen Punkten, in einigen Sätzen, in einigen Emphasen ihres Stils und ihrer Bücher ungenaue Chronisten dessen sind, was damals in Amerika vorging [...]. Ich glaube, oder ich hoffe, dass ich mich in der *Palette* nicht so oft auf Gemeinplätze zurückgezogen habe wie Kerouac in *On the Road* oder Ginsberg in *Howl*." (Bandel et al. 2005, 155–156)

Auch Brinkmann erhält wichtige Anregungen für seine Lyrik vom amerikanischen Langgedicht und englischen Songlyrics sowie insbesondere von O'Haras ‚I-do-this-I-do-that-Poems' und Burroughs Cut-up-Technik wie den Alltags- und Gegenwartsbezug, die Konzeption eines ‚offenen Ich', das Prinzip der ‚Oberflächenübersetzungen' und des bewussten Plagiats und das intermediale Schreiben (vgl. Schäfer 1998, 95–100). Konsequent stellt Brinkmann kulturelle Transfer-, Transgressions- und Hybridisierungsprozesse und damit einhergehende Erfahrungen der Befreiung, aber auch der doppelten Fremdheit gegenüber dem ‚Eigenen' wie dem ‚Anderen' ins Zentrum seiner Literatur, was, wie etwa in *Die Piloten* (1968b) und *Westwärts 1&2* (1975), seinen Ausdruck beispielsweise in der Thematik der Reise, in der Mischung verschiedener Sprachen und in der Einbindung heterogenen vorgefundenen Materials seinen Ausdruck findet. Dabei bleibt für ihn, durchaus repräsentativ für die Kultur seiner Zeit, der Westen, und das meint insbesondere die USA und Großbritannien, der räumliche wie kulturelle Fluchtpunkt: „Innerhalb der westlichen Zivilisation ist grundsätzlich jede Raumbewegung, die vom autobiographischen Hintergrund des Dichters ausgehend in den Texten nachvollzogen wird, sei sie süd-, ost-, nord- oder westwärts gerichtet, immer nach Westen orientiert. Damit wollen die Gedichte als Ganzes auch unterstreichen, was das Unterwegssein *innerhalb* der westlichen Nachkriegszivilisation literarästhetisch hervorbringen kann – *Westwärts*-Lyrik eben." (Röhnert 2012, 385)

Auch in der deutschsprachigen Pop-Literatur seit den 1970er Jahren bleiben die Bezüge zur anglo-amerikanischen Literatur und Kultur weiter prominent und tragen vielfach dazu bei, das Spektrum der Genres, Themen und Stile zu erweitern: Jörg Fauser stellt sich als einer der ersten deutschsprachigen Autoren in die US-amerikanische Tradition der Hardboiled-Literatur und des Gonzo-Journalismus (→ 2.3 Schumacher), Christian Kracht und Benjamin v. Stuckrad-Barre greifen für ihre Darstellungen der jungen deutschen Nachwende-Generation thematische und stilistische Elemente der Romane von Bret Easton Ellis und Nick Hornby auf (vgl. Ernst 2005, 64–65; Mertens 2003; → 4.12 Grabienski; → 4.13 Bassler), für Rainald Goetz wird in seinen frühen Texten Punk zum Mittel des Widerspruchs gegen das bundesdeutsche Bildungsbürgertum (vgl. Bonz 2011; Büsser 2003; → 4.7 Schumacher) und Feridun Zaimoğlu lässt sich vom afro-amerikanischen Hip-Hop zu einer deutsch-türkischen *Kanak Sprak* (1995) inspirieren (vgl. Cheesman und Yesilada 2012).

Eine zentrale Bedeutung kommt dem Kulturtransfer in der Pop-Konzeption Thomas Meineckes zu, der sich – geschult an postkolonialen Theorien – für den (anglo-)amerikanisch-deutschen Austausch nunmehr weniger als unidirektionaler Import, sondern vielmehr als ‚transatlantische Dialektik' interessiert. „Guter Pop war zu allen Zeiten ein Bastard", betont Meinecke in Anlehnung an Diederichsen in seinem Essay „Alles Mist" (1994) über den „Schwachsinn einer eigenständigen deutschen Popkultur", er entstehe „durch das Gegenteil von musealer Traditionspflege, chauvinistischer Wurzelsuche oder des bei uns so unheilvoll grassierenden Authentizitäts- und Identitätswahns, sondern vielmehr durch das Vertrauen auf produktive Mißverständnisse, nicht zuletzt durch migratorische Entwurzelung." (Meinecke 1994) So lässt er den Protagonisten seines Debütromans *The Church of John F. Kennedy* (1996) die USA „frontal zur Heimat" vom Südwesten nach Nordosten bereisen (Mensing 1997) und dabei „immer wieder feststellen, daß dieser Staat das Ausland und damit auch das Fremde und Bedrohliche auf eine Weise inkorporiert hat, wie man es in Europa nicht kennt, und wie es sich doch nur in transatlantischer Dialektik, nämlich zwischen dem die Alte Welt in der Neuen Welt wiederaufbereitenden Naiven und seinem jenseitigen, historisch denkenden Rezipienten sinnvoll materialisieren läßt." Oder in der ironischen Reformulierung der amerikanischen Freundin des reisenden Deutschen ausgedrückt: „[D]ie USA sind immer ein bißchen auch Dritte Welt; diese ästhetisch auszubeuten, bedeutet einen Großteil des Gewinns eurer europäischen Kulturindustrie." (Meinecke 1996, 54) Diese produktive deutsch-amerikanische Bastardisierung, die in Meineckes erstem Roman im Zentrum des Interesses steht, ist dabei nur der Ausgangspunkt für eine weiterreichende Beschäftigung mit Transfers, Brüchen und Vermischungen unterschiedlichster Art. So thematisieren seine nächsten Romane angefangen mit *Tomboy* (1998; → 4.14 VOLKENING) andere, zunehmend komplexe sexuelle, ethnische und religiöse Identitätskonstrukte, deren nicht-essenzieller und performativer Charakter im Sinne des dekonstruktiven Feminismus (vgl. Butler 1990) neben der zitathaften Schreibweise Meineckes nicht zuletzt dadurch zum Ausdruck kommt, dass die Figuren als Reisende, Austauschstudierende oder Flugbegleiter ebenso wie als im Netz Surfende und Kommunizierende ständig reale und virtuelle kulturelle Räume durchkreuzen (vgl. z. B. Feiereisen 2011). Dass dies zumeist eher Desorientierung als fixe Positionen, mehr Fragen als Antworten, aber eben auch kühne Assoziationen, produktive Missverständnisse und kreative Anverwandlungen hervorbringt, ist ganz im Sinne des Verständnisses von Pop als kulturell dynamischer Bewegung. So machen Meineckes Romane wie auch die Texte für seine Band F.S.K. (vgl. Meinecke 2007) beispielhaft deutlich, „wie sich in der Popgeschichte das vermeintlich Authentische bei näherem Hinsehen als komplizierte Konstruktion erweisen kann, als Ergebnis von Import, Übernahme und Appropriation, geprägt durch das, was sich nicht nur in der Musik, sondern auch in den Texten als mehrfach vermitteltes transatlantisches Feedback präsentiert" (Schumacher 2007, 239).

Von den 1950er Jahren bis in die Gegenwart hat Pop in wechselnden kulturellen und politischen Konstellationen und in unterschiedlichsten Ausprägungen immer wieder Anlass gegeben, sich auch mit Deutschland, dem und den Deutschen auseinanderzusetzen. Zwar erweisen sich die global zirkulierenden popkulturellen Zeichen nicht per se als unverfügbar für nationalistische und xenophobe Interpretationen (vgl. z. B. Diederichsen 1992; Diederichsen 1993, 253–283; Balzer 2019), doch am Beispiel der Pop-Literatur wird deutlich, dass Pop maßgeblich dazu beigetragen hat, gerade in der Verschiebung und Überschreitung der Grenzen des Eigenen neue Möglichkeitsräume für die deutsche Literatur, Sprache und Kultur zu eröffnen.

Literaturverzeichnis

Ackermann, Kathrin, und Stefan Greif. „Pop im Literaturbetrieb. Von den sechziger Jahren bis heute". *Text + Kritik. Sonderband Pop-Literatur*. Hrsg. von Heinz-Ludwig Arnold und Jörgen Schäfer. München: edition text + kritik, 2003. 55–68.
Andersch, Alfred. „Der Tod des James Dean. Eine Funkmontage". *Gesammelte Werke in zehn Bänden*. Hrsg. von Dieter Lamping. 7: *Hörspiele*. Zürich: Diogenes, 2004. 204–235.
Bandel, Jan-Frederik, Lasse Ole Hempel und Theo Janssen. *Palette revisited. Eine Kneipe und ein Roman*. Hamburg: Nautilus 2005.
Balzer, Jens: Pop und Populismus. Über Verantwortung in der Musik. Hamburg: Körber, 2019.

Berrigan, Ted. *Guillaume Apollinaire ist tot. Und Anderes.* Hrsg. und übers. von Rolf Dieter Brinkmann. Darmstadt: März, 1970.
Bonz, Jochen. „Punk als Medium der Entäußerung in Rainald Goetz' früher Prosa". *Text + Kritik* 190 (2011): 4–16.
Brinkmann, Rolf Dieter. „Angriff aufs Monopol". *Christ und Welt* 15. November 1968a: 14–15.
Brinkmann, Rolf Dieter. *Die Piloten. Neue Gedichte.* Köln: Kiepenheuer & Witsch, 1968b.
Brinkmann, Rolf Dieter. „Der Film in Worten". *Acid. Neue amerikanische Szene.* Hrsg. von Rolf Dieter Brinkmann und Ralf-Rainer Rygulla. Darmstadt: März, 1969a. 381–399.
Brinkmann, Rolf Dieter. „Notizen 1969 zu amerikanischen Gedichten und zu dieser Anthologie". *Silverscreen. Neue amerikanische Lyrik.* Hrsg. von Rolf Dieter Brinkmann. Köln: Kiepenheuer & Witsch, 1969b. 7–32.
Brinkmann, Rolf Dieter (Hrsg.). *Silverscreen. Neue amerikanische Lyrik.* Köln: Kiepenheuer & Witsch, 1969c.
Brinkmann, Rolf Dieter. *Westwärts 1&2. Gedichte.* Reinbek: Rowohlt, 1975.
Brinkmann, Rolf Dieter, und Ralf-Rainer Rygulla (Hrsg.). *Acid. Neue amerikanische Szene.* Darmstadt: März, 1969.
Burroughs, William S. *Naked Lunch.* Übers. von Katharina und Peter Behrens. Wiesbaden: Limes, 1962.
Burroughs, William S. *Junkie. Bekenntnisse eines unbekehrten Rauschgiftsüchtigen.* Übers. von Katharina Behrens. Wiesbaden: Limes, 1963.
Butler, Judith. *Gender Trouble. Feminism and the Subversion of Identity.* New York: Routledge, 1990.
Büsser, Martin. „,Ich steh auf Zerfall'. Die Punk- und New-Wave-Rezeption in der deutschen Literatur". *Text + Kritik. Sonderband Pop-Literatur.* Hrsg. von Heinz-Ludwig Arnold und Jörgen Schäfer. München: edition text + kritik, 2003. 149–157.
Cheesman, Tom, und Karin E. Yesilada (Hrsg.). *Feridun Zaimoğlu.* Zürich, Wien und Frankfurt am Main: Peter Lang, 2012.
Corso, Gregory, und Walter Höllerer (Hrsg.). *Junge Amerikanische Lyrik.* München: Hanser, 1961.
Corso, Gregory. *In der flüchtigen Hand der Zeit.* Übers. von Anselm Hollo. Wiesbaden: Limes, 1963.
Deleuze, Gilles, und Félix Guattari. *Kafka. Pour une littérature mineure.* Paris: Minuit 1975.
Diederichsen, Diedrich. „Wort auf!". *Spex* 9 (1988): 34–35.
Diederichsen, Diedrich. „The Kids are not alright. Abschied von der Jugendkultur". *Spex* 11 (1992): 28–34.
Diederichsen, Diedrich. *Freiheit macht arm. Das Leben nach Rock'n'Roll.* Köln: Kiepenheuer & Witsch, 1993.
Diederichsen, Diedrich. „Pop – deskriptiv, normativ, emphatisch". *Pop – Technik – Poesie. Die nächste Generation.* Hrsg. von Marcel Hartges, Martin Lüdke und Delf Schmidt. Reinbek: Rowohlt, 1996. 36–44.
Enzensberger, Hans Magnus. „Die Dummheit unterwegs". *Neue Deutsche Hefte* 64 (1959): 758–759.
Enzensberger, Hans Magnus. „Die Aporien der Avantgarde". Enzensberger, Hans Magnus. *Einzelheiten.* Frankfurt am Main: Suhrkamp, 1962. 290–315.
Ernst, Thomas. *Popliteratur.* Hamburg: Europäische Verlagsanstalt, 2005.
Fauser, Jörg. „Die Legende des Duluoz". *Jörg Fauser Edition.* Hrsg. von Carl Weissner. 7: *Essays, Reportagen, Kolumnen II.* Hamburg: Rogner & Bernhard bei Zweitausendeins, 1990. 63–87.
Feiereisen, Florence. Der Text als Soundtrack • der Autor als DJ. Postmoderne und postkoloniale Samples bei Thomas Meinecke. Würzburg: Königshausen & Neumann, 2011.

Ferlinghetti, Lawrence. *Ein Coney Island des inneren Karussells*. Übers. von Erika Gütermann. Wiesbaden: Limes, 1962.
Fichte, Hubert. Die Palette. Roman. Reinbek: Rowohlt, 1968.
Fiedler, Leslie A. „Das Zeitalter der neuen Literatur. Die Wiedergeburt der Kritik". *Christ und Welt* 13. September 1968a. 9–10.
Fiedler, Leslie A. „Das Zeitalter der neuen Literatur. Indianer, Science Fiction und Pornographie". *Christ und Welt* 20. September 1968b. 14–16.
Foucault, Michel. „Des espaces autres". Foucault, Michel. *Dits et écrits 1954–1988*. Hrsg. von Daniel Defert und François Ewald. 4: *1980–1988*. Paris: Gallimard 1994. 752–762.
Ginsberg, Allen. *Das Geheul und andere Gedichte*. Übers. von Wolfgang Fleischmann und Rudolf Wittkopf. Wiesbaden: Limes, 1959.
Ginsberg, Allen. *Kaddisch und andere Gedichte*. Übers. von Anselm Hollo. Wiesbaden: Limes, 1963.
Gleba, Kerstin, und Eckhard Schumacher. „Vorwort". *Pop seit 1964*. Hrsg. von Kerstin Gleba und Eckhard Schumacher. Köln: Kiepenheuer & Witsch, 2007. 11–14.
Goer, Charis. „Neues aus dem Westen. Frühe Rezeption und erste Übersetzungen der Beat Generation in Westdeutschland". *Wendejahr 1959? Die literarische Inszenierung von Kontinuitäten und Brüchen in gesellschaftlichen und kulturellen Kontexten der 1950er Jahre*. Hrsg. von Matthias N. Lorenz und Maurizio Pirro. Bielefeld: Aisthesis, 2011. 179–193.
Goer, Charis. "Die neuen Barbaren. Frühe Rezeption der Beat Generation in Westdeutschland". *Die amerikanischen Götter. Transatlantische Prozesse in der deutschsprachigen Literatur und Popkultur seit 1945*. Hrsg. von Stefan Höppner und Jörg Kreienbrock. Berlin: De Gruyter, 2015. 47-64.
Hasenclever, Walter. „Zornig – aber nicht jung. Amerikas ‚Beat Generation'". *Der Monat* 11.121 (1958): 74–78.
Hasenclever, Walter. „Amerikas junge Schriftstellergeneration". *Junge amerikanische Literatur*. Hrsg. von Walter Hasenclever. Frankfurt am Main: Ullstein, 1959a. 7–14.
Hasenclever, Walter (Hrsg.). *Junge amerikanische Literatur*. Frankfurt am Main: Ullstein, 1959b.
Höllerer, Walter. „Junge amerikanische Literatur". *Akzente* 6.1 (1959): 29–43.
Höllerer, Walter. „Thesen zum langen Gedicht". *Akzente* 12.2 (1965): 128–130.
John, Rolf Eckart (Hrsg.). *Mondstrip. Neue englische Prosa*. Frankfurt am Main: März, 1971.
Kerouac, Jack. „Essentials of Spontaneous Prose". *Black Mountain Review* 7 (1957): 226–228.
Kerouac, Jack. „Belief and Technique for Modern Prose". *Evergreeen Review* 2.8 (1959a): 57.
Kerouac, Jack. *Unterwegs*. Übers. von Georg Binzer und Werner Burkhardt. Hamburg: Rowohlt, 1959b.
Kirsch, Hans-Christian. *Mit Haut und Haar*. München: List, 1961.
Klein, Gabriele, und Malte Friedrich. *Is this real? Die Kultur des HipHop*. Frankfurt am Main: Suhrkamp, 2003.
Kleiner, Marcus S. *Zur Poetik der Pop-Literatur. Teil 1: Kleine Literatur*. http://www.pop-zeitschrift.de/2013/02/16/zur-poetik-der-pop-literaturteil-1-kleine-literaturvon-marcus-s-kleiner16-02-2013/.
Kramer, Andreas. „Von Beat bis *Acid*. Zur Rezeption amerikanischer und britischer Literatur in den sechziger Jahren". *Text + Kritik. Sonderband Pop-Literatur*. Hrsg. von Heinz-Ludwig Arnold und Jörgen Schäfer. München: edition text + kritik, 2003. 26–40.
Lorenz, Matthias N., und Maurizio Pirro (Hrsg.). *Wendejahr 1959? Die literarische Inszenierung von Kontinuitäten und Brüchen in gesellschaftlichen und kulturellen Kontexten der 1950er Jahre*. Bielefeld: Aisthesis, 2011.

Madsen, Bertil. *Auf der Suche nach einer Identität. Studien zu Hubert Fichtes Romantetralogie Das Waisenhaus, Die Palette, Detlevs Imitationen „Grünspan", Versuch über die Pubertät.* Stockholm: Almqvist & Wiksell, 1990.
Meinecke, Thomas. „Alles Mist" *Spiegel spezial 2: Pop & Politik* (1994): 83.
Meinecke, Thomas. *The Church of John F. Kennedy.* Roman. Frankfurt am Main: Suhrkamp, 1996.
Meinecke, Thomas. *Tomboy.* Roman. Frankfurt am Main: Suhrkamp, 1998.
Meinecke, Thomas. *Lob der Kybernetik. Songtexte 1980–2007.* Frankfurt am Main: Suhrkamp, 2007.
Mensing, Kolja. „Originalität ist ein Ablenkungsmanöver. Böhmische Blasmusik in Texas und Jodeln in den Rocky Mountains: Ein Werkstattgespräch mit dem Schriftsteller, Musiker und Radiomoderator Thomas Meinecke". *taz* 15. Oktober 1997: 3.
Mertens, Mathias. „Robbery, assault, and battery. Christian Kracht, Benjamin v. Stuckrad-Barre und ihre mutmaßlichen Vorbilder Bret Easton Ellis und Nick Hornby". *Text + Kritik. Sonderband Pop-Literatur.* Hrsg. von Heinz-Ludwig Arnold und Jörgen Schäfer. München: edition text + kritik, 2003. 201–217.
Mueller, Agnes C. „Introduction". *German Pop Culture. How ‚American' Is It?* Hrsg. von Agnes C. Mueller. Ann Arbor, MI: University of Michigan Press, 2004. 1–15.
O'Hara, Frank. *Lunch Poems und andere Gedichte.* Übers. von Rolf Dieter Brinkmann. Köln: Kiepenheuer & Witsch, 1969.
Paetel, Karl O. „Einleitung". *Beat. Eine Anthologie.* Hrsg. von Karl O. Paetel. Reinbek bei Hamburg: Rowohlt, 1962a. 7–21.
Paetel, Karl O. (Hrsg.). *Beat. Eine Anthologie.* Reinbek bei Hamburg: Rowohlt, 1962b.
Robertson, Roland. „Glocalization. Time–Space and Homogeneity–Heterogeneity". *Global Modernities.* Hrsg. von Mike Featherstone, Scott Lash und Roland Robertson. London: Sage, 1995. 25–44.
Röhnert, Jan: „Einleitung". *Rolf Dieter Brinkmann. Seine Gedichte in Einzelinterpretationen.* Hrsg. von Gunter Geduldig und Jan Röhnert. Bd. 2: *Die späte Poetik (1973–1975).* Berlin und Boston: De Gruyter, 2012. 383–388.
Rygulla, Ralf-Rainer (Hrsg.). *Fuck You (!). Underground Poems. Untergrund Gedichte.* Darmstadt: Melzer, 1968.
Schäfer, Jörgen. *Pop-Literatur. Rolf Dieter Brinkmann und das Verhältnis zur Populärkultur in der Literatur der sechziger Jahre.* Stuttgart: M&P, 1998.
Schäfer, Jörgen: „‚Mit dem Vorhandenen etwas anderes als das Intendierte machen'. Rolf Dieter Brinkmanns poetologische Überlegungen zur Pop-Literatur". *Text + Kritik. Sonderband Pop-Literatur.* Hrsg. von Heinz-Ludwig Arnold und Jörgen Schäfer. München: edition text + kritik, 2003. 69–80.
Schumacher, Eckhard. „‚In Case of Misunderstanding, read on!' Pop, Literatur, Übersetzung". *Popkulturtheorie.* Hrsg. von Jochen Bonz. Mainz: Ventil, 2002. 25–44.
Schumacher, Eckhard. *Gerade Eben Jetzt. Schreibweisen der Gegenwart.* Frankfurt am Main: Suhrkamp, 2003.
Schumacher, Eckhard. „Deutsch als Fremdsprache". Meinecke, Thomas. *Lob der Kybernetik. Songtexte 1980–2007.* Frankfurt am Main: Suhrkamp, 2007. 231–242.
Seiler, Sascha. *„Das einfache wahre Abschreiben der Welt". Pop-Diskurse in der deutschen Literatur nach 1960.* Göttingen: Vandenhoeck & Ruprecht, 2006.
Sontag, Susan. „One Culture and New Sensibility". Sontag, Susan. *Against Interpretation and Other Essays.* New York: Farrar, Straus & Giroux, 1966. 293–304.
Ullmaier, Johannes. *Von Acid nach Adlon und zurück. Eine Reise durch die deutschsprachige Popliteratur.* Mainz: Ventil, 2001.

2.3 Pop-Journalismus, Feuilleton, Literatur
Eckhard Schumacher

Die literarischen Schreibweisen, die seit Mitte der 1960er Jahre unter ‚Pop' verbucht werden, sind auf vielfache Weise mit korrespondierenden Ansätzen des Pop-Journalismus und den häufig weniger korrespondierenden Zusammenhängen des Feuilletons verbunden. Während sich seit den späten 1960er Jahren auch im deutschsprachigen Kontext aus dem Pop-Journalismus immer wieder neue literarische Schreibweisen entwickeln, die mit dem Label ‚Pop' versehen werden, halten sich die bürgerlichen Feuilletons und Kulturmagazine beiden Entwicklungen gegenüber zunächst in dem Maß auf Distanz, in dem sich Pop-Journalismus und popliterarische Schreibweisen ihrerseits dezidiert von Feuilleton und Kulturjournalismus abgrenzen. So entstehen Spannungen, die wechselseitig zu Grenzziehungsmaßnahmen, Missverständnissen und Fehleinschätzungen führen, aber durchaus auch produktiv wirken können. Das zeigt sich 1968, wenn Rolf Dieter Brinkmann in der ‚Fiedler-Debatte' (→ 2.1 WEGMANN) seine Pop-Poetologie nicht nur im Anschluss an Fiedler, sondern deutlicher noch in Absetzung vom Mainstream des deutschsprachigen Feuilleton-Diskurses entwickelt. Es zeigt sich 1983, wenn Rainald Goetz in „Subito" das Stichwort ‚Pop' gegen „Zeitungsfeuilletons", „Kulturverteidigung" und den „Hardcoreschwachsinn der Titel Thesen Temperamente und Akzente Sendungen" in Anschlag bringt (Goetz 1983, 76–77; → 4.7 SCHUMACHER). Und es zeigt sich Ende der 1990er Jahre im Zuge der diversen Pop-Literatur-Debatten, die zugleich neue Komplikationen im Mit- und Gegeneinander von Pop-Journalismus, Feuilleton und Literatur sichtbar machen. So ist die heftige Ablehnung der Pop-Literatur, die in den späten 1990er Jahre in vielen Feuilletons und Kulturmagazinen zu beobachten ist, nicht zuletzt insofern bemerkenswert, als viele der angegriffenen Autorinnen und Autoren regelmäßig für dieselben Medien schreiben oder in denselben Feuilleton-Redaktionen arbeiten. Schon hier zeichnet sich ab, was einige Jahre später offensichtlich wird: Die Grenzen zwischen Pop-Journalismus, Feuilleton und Literatur werden zunehmend durchlässiger, wenn sie denn überhaupt noch als Grenzen begriffen werden.

1. Rock Power – 1966 ff.

Ende der 1960er Jahre taucht im deutschsprachigen Bereich das, was später zusammenfassend als Pop-Journalismus begriffen wird, zunächst als Import aus England und den USA auf. Die neuen Ansätze finden Resonanz in neu entstehenden Musik-Zeitschriften und Jugend-Magazinen, sind zunächst aber nur in Ausnahmefällen auch in den Kulturteilen der überregionalen Zeitungen zu finden. Während Pop Art schon seit 1965 in den Feuilletons rezipiert und diskutiert wird, erscheinen Pop-Musik und weitere Entwicklungen der Popkultur dort zunächst eher wie Fremdkörper, die man auf Abstand hält. Dies gilt auch, wenn man berücksichtigt, dass Uwe Nettelbeck und Helmut Salzinger seit Mitte der 1960er Jahre im deutschsprachigen Kontext eine neue Form von Pop-Journalismus entwerfen, und das mit Texten, die nicht nur in Zeitschriften wie *Sounds*, *konkret* oder *twen*, sondern auch in der Wochenzeitung *Die Zeit*, in der *Frankfurter Rundschau* oder im Berliner *Tagesspiegel* erscheinen. Auch wenn diese Autoren für die weitere Entwicklung des Pop-Diskurses enorm wichtig sind, bleiben sie in den 1960er Jahren noch eher Ausnahmefiguren, die sich zudem selbst von dem in den Feuilletons vorherrschenden Verständnis von Kunst und Kultur distanzieren.

Deutlich wird dies etwa im Rahmen der Kolumne „Die neue Schallplatte" in der Wochenzeitung *Die Zeit*, in der seit Mitte der 1960er Jahre vor allem Klassik-Neuerscheinungen rezensiert werden. Wenn Uwe Nettelbeck im Herbst 1966 die Beatles-LP *Revolver* in dieser Kolumne bespricht, fällt die Rezension nicht nur aufgrund ihres Gegenstands und ihres offensiv subjektiven Tons aus dem Rahmen, sondern auch dadurch, dass Nettelbeck sich einleitend von eben jenem kulturbeflissenen Milieu abgrenzt, das durch die bürgerlichen Feuilletons adressiert und repräsentiert wird: „Es ist wirklich bezeichnend: Eine neue Langspielplatte der Beatles erscheint, und da die Reputation der vier inzwischen zugenommen hat, entdecken die Leute, die auf Kultur halten und zwar meinen, die sei am Verflachen, aber den Anschluß irgendwie doch nicht verpassen möchten, plötzlich Sachen daran, denen sie etwas abgewinnen können, zum Beispiel, die Musikgeschichte memorierend, Anklänge an ehrwürdige musikalische Traditionen." (Nettelbeck 1966)

Nettelbeck streitet diese Anklänge keineswegs ab, weist vielmehr selbst darauf hin, dass die Beatles „wie die seriösen Komponisten der Moderne" in ihre Musik „vorgefertigte Teile" einsetzen und so „frappierende Ergebnisse" produzieren. Sie tun dies jedoch gerade nicht, betont Nettelbeck, „um ihren Titeln etwas Kultur beizumengen, sondern nur, weil sie alles klauen und in ihre Titel montieren, was ihnen gefällt, und das sind eben auch fremde musikalische Elemente, selbst wenn die eine ehrwürdige Tradition haben" (Nettelbeck 1966).

Wenn Nettelbeck die Radikalität der Beatles oder von Jimi Hendrix herausstellt, geschieht dies nicht allein mit Blick auf deren Arbeit am „Sound" (Nettelbeck 1967a). Es zielt ebenso auf ihre künstlerischen Verfahren ab, an die Nettelbeck selbst anschließt, wenn er für seine Rezension des „Weißen Albums" der Beatles „vorgefertigte Teile" in seinen Text einsetzt, diesen weitgehend aus vorgefundenem Material montiert – aus einem Buch des „Paters Georg Geppert" und „einem noch nicht veröffentlichten Buch des Schriftstellers Uwe Herms" (Nettelbeck 1968). Die Radikalität bleibt für Nettelbeck weder auf die Ebene von Sound und Verfahren noch auf den von ihm ebenfalls ausführlich ausgebreiteten Umgang mit Drogen beschränkt, er begreift Beat, Pop und insbesondere die Hippie-Szene vielmehr ganz grundsätzlich als „permanente Aufforderung zum Aufruhr", wie er im September 1967 zum Abschluss einer vierteiligen Artikelserie über eine „Reise nach London" in der *Zeit* schreibt (Nettelbeck 1967c).

Es komme immer wieder vor, argumentiert Nettelbeck unter dem Titel „Hippie-Souvenirs und Hippie-Aktionen", dass „junge Leute, die zunächst nur die neue Mode schick finden, erst entdecken, wie lustig es sein kann, die *squares* ein bißchen zu reizen, dann, wenn sie aus der Reihe tanzen und beginnen, sich Gedanken zu machen, eines Tages um die Entdeckung nicht herumkommen, wie gefährlich es ist, sich mit ihnen anzulegen". Wenn sie schließlich entdecken, führt Nettelbeck die Reihe fort, was sich „hinter der Maske der Toleranz und Liberalität verbirgt, die sich die mit der Vokabel Freiheit prahlenden Demokratien des Westens zugelegt haben", gelte es, „trotz aller Gefahr Widerstand zu leisten, alle Stillhalteabkommen und alle geltenden Übereinkünfte aufzukündigen, auch die, was *hip* ist und was nicht, sich schlecht zu benehmen, um ein gutes Beispiel zu geben, sich auf keinen Fall mehr so zu benehmen, wie es verlangt wird, sich notfalls auch undemokratisch zu benehmen, alle repressiven Gesetze zu mißachten, die Herrschenden nicht mehr zur Ruhe und nichts unversucht zu lassen, ihre miserable Ordnung aufzuweichen" (Nettelbeck 1967c).

Es ist nicht zuletzt dieses Verständnis von Pop, an das Helmut Salzinger anschließt, wenn er sich seit Ende der 1960er neben der Literaturkritik zunehmend dem Pop-Journalismus und dem literarischen Schreiben widmet. Nachdem sich Nettelbeck 1969 entschlossen hat, nicht mehr „dazu beizutragen, daß die *Zeit* manchmal anders aussieht, als sie ist" (Nettelbeck 1969/2015, 166), schreibt Helmut Salzinger in den Jahren 1969 und 1970 in der Kolumne „Die neue Schallplatte" unter anderem über die Rolling Stones, Frank Zappa und The Grateful Dead (Salzinger 1969b und Salzinger 2010, 109–110, 129). Was sich hier bereits andeutet, führt Salzinger dann 1972 in Buchlänge aus, wenn er mit *Rock Power oder Wie musikalisch ist die Revolution?*, einem 250 Seiten umfassenden Essay, die Frage aufwirft, inwiefern Rock-Musik eine „gesellschaftlich wirksame Kraft" ist, die dazu beitragen kann, „gesellschaftliche Verhältnisse zu verändern" (Salzinger 1972, 2). Dabei setzt er nicht nur die politische Aufladung von Rock-Musik und Pop-Diskurs fort, die schon Nettelbeck stark gemacht hat. Wie dieser nimmt auch Salzinger Montage-Verfahren aus der Popkultur auf, um seinen eigenen Text zu generieren – eine „fulminante, die gegenkulturelle Szene maßgeblich beeinflussende Essay-Bricolage", wie Frank Schäfer im Nachwort zu einer Neuausgabe von Salzingers Pop-Kritik schreibt (Salzinger 2010, 216). Im Vorspann zu *Rock Power* wird hervorgehoben, dass die „Komposition dieses Buches [...] vom Textmaterial der Rock-Szene" ausgehe und der Autor bewusst darauf verzichtet habe, den „Zitatcharakter" der Texte „leicht erkennbar zu machen", da „Produziertes und Reproduziertes [...] bruchlos nebeneinander" stehen sollen (Salzinger 1972, 2). Das „Textmaterial" beschränkt sich dabei nicht auf die „Rock-Szene", sondern verknüpft diese ebenso „bruchlos" mit soziologischer und ästhetischer Theorie. So besteht *Rock Power* zu weiten Teilen aus Zitaten und Übernahmen aus Texten von Salzinger und vielen anderen, verknüpft Texte und Thesen von Karl Marx und Walter Benjamin mit Versatzstücken aus Pop-Lyrics, Pop-Literatur und, besonders ausführlich, amerikanischem, englischem und deutschsprachigem Pop-Journalismus – Salzinger übernimmt etwa über eine ganze Buchseite hinweg die oben anzitierte Passage aus Nettelbecks „Hippie-Souvenirs und Hippie-Aktionen" (Salzinger 1972, 40–41).

Die Frage nach dem revolutionären Potenzial von Pop und Pop-Musik prägt bereits 1969 Salzingers Rezension von Rolf Dieter Brinkmanns Pop-Buch *Die Piloten*, das er kritisch bespricht, aber letztlich als „nicht harmlos" qualifiziert (Salzinger 1969a). Sie bestimmt seinen eigenen Beitrag zu der im gleichen Jahr veröffentlichten Anthologie *Supergarde. Prosa der Beat- und Pop-Generation* (mit Texten unter anderem von Rolf Dieter Brinkmann, Uwe Herms und Wolf Wondratschek), sein fünfzehn Seiten umfassendes Langgedicht „Das lange Gedicht", in dem er in starker Anlehnung an Allen Ginsberg Revolution, Pop, Underground und Jetzt-Emphase in vielfachen Wendungen zusammenführt (Salzinger 1969c; → 3.1 SCHUMACHER). Das Verständnis von Pop als Motor gegenkultureller Bewegungen wie neuer Schreibweisen grundiert sein 1973 publiziertes Buch *Swinging Benjamin*, in dem er – wie schon Natias Neutert in „Let it rock!" (Neutert 1970), mit dem er 1968 die *Internationale Walter Benjamin Gesellschaft* gegründet hatte – Benjamins materialistische Geschichtsphilosophie und Ästhetik im Sinne der hedonistischen Linken mit dem politischen Potenzial der Pop- und Gegenkultur kurzschließt und wiederum über einen Montage-Text zur Anwendung zu bringen versucht (Salzinger 1973). Und auch die Texte, die Salzinger von 1973 bis 1975 für die Musikzeitschrift *Sounds* schreibt, darunter die wirkmächtigen Kolumnen unter dem Pseudonym Jonas Überohr (vgl. Salzinger 1976 und 2010), sind geprägt von einem Verständnis von Pop als subversive Form linker Gegenkultur. Salzinger präsentiert sich Mitte der 1970er Jahre dann allerdings zunehmend als „linker Melancholiker", als „Aussteiger", der sich, enttäuscht vom „Scheitern der großen Utopien" und getroffen von der „Innerlichkeitswelle", vom Pop-Journalismus ab- und dem Schreiben von Lyrik zuwendet (vgl. Nedo 2005, 127–128).

Es ist nicht zuletzt auf Salzinger zurückzuführen, dass die 1966 gegründete Musikzeitschrift *Sounds*, die zunächst auf Jazz-Kritik fokussiert ist und sich erst ab 1969 der Rock-Musik zuwendet, Mitte der 1970er Jahre auch zu einem wichtigen

Organ linker Gegenkultur wird. Mit den Autoren Jörg Gülden, Jürgen Legath und Teja Schwaner lag der Schwerpunkt seit dem Umzug der Redaktion nach Hamburg im Jahr 1973 aber vor allem auf einem dezidiert subjektiven, vom *New Journalism* inspirierten Rock-Journalismus. Näher an Salzingers politischem Verständnis von Pop war Ingeborg Schober, die früh über die Krautrock- und Elektronik-Szene berichtete. Wie viele andere Autoren aus dem Umfeld von *Sounds* schrieb sie ab 1977 zudem regelmäßig Beiträge für die Rowohlt-Reihe *Rock Session*, die mit Lester Bangs und Simon Frith auch britische und amerikanische Autoren und mit Jürgen Ploog und Wolf Wondratschek zudem regelmäßig Schriftsteller druckte, die erstmals Ende der 1960er Jahre im Kontext von Beat- und Pop-Literatur aufgefallen waren (Gülden und Humann 1977). Diese Engführung von Pop-Journalismus und Pop-Literatur setzt zunächst entsprechende Konstellationen aus den späten 1960er Jahren fort. Zugleich wird aber sichtbar, dass der deutschsprachige Rock-Journalismus in der zweiten Hälfte der 1970er Jahre den Anschluss an Neuentwicklungen zunehmend verliert, im Bereich der Literatur wie der Pop-Musik, was vor allem im Fall von Punk schnell sichtbar wird. Dokumentiert wird dies nicht zuletzt durch das Befremden, das der *Sounds*-Autor und *Rock-Session*-Herausgeber Jörg Gülden 1978 unter dem Titel „Aus dem Tagebuch eines langweiligen alten Furzes" gegenüber Punk und New Wave in einem entsprechenden Schwerpunkt in *Rock Session 2* ausbreitet (Gülden 1978).

Erst mit Autoren wie Alfred Hilsberg und Hans Keller öffnet sich Ende der 1970er Jahre in *Sounds* ein Zugang zu den neuen Musik-Szenen, der den Blick auf eine neue Form von Pop-Journalismus öffnet und zugleich vor Augen führt, dass der überkommene Rock-Journalismus kaum mehr etwas bewegen kann – auch nicht im Blick auf Impulse für das literarische Schreiben. Zunächst orientiert am Londoner *New Musical Express* und Autor/innen wie Julie Burchill, Tony Parsons und Ian Penman, positioniert sich *Sounds* 1979 nach einem Redaktionswechsel grundlegend neu, in den frühen 1980er Jahren forciert vorangetrieben und selbstbewusst markiert vor allem durch den neuen Redakteur Diedrich Diederichsen (zur Entwicklung von *Sounds* von 1966 bis 1983 vgl. Hinz 1998, 167–196).

2. Pop! – 1982 ff.

Die Verschiebungen, Verwerfungen und Konflikte, die Anfang der 1980er Jahre den Pop-Journalismus kennzeichnen, werden in Rainald Goetz' erstem dezidiert literarischen Text „Subito" deutlich sichtbar, wenn die nur geringfügig umbenannten Protagonisten aus dem Umfeld von *Sounds*, die unter der Redaktion von Diedrich Diederichsen im Anschluss an Punk und New Wave Anfang der 1980er

Jahre das Stichwort ‚Pop' als neuen Distinktionsbegriff etabliert haben, gegen das Klischee der 70er-Jahre-Literaten gesetzt werden, wenn Literaturbetrieb und Zeitungsfeuilletons mit dem Schlagwort ‚Pop' und einer nicht nur durch den Titel „Subito" indizierten Ästhetik der Plötzlichkeit konfrontiert werden (→ 4.7 SCHUMACHER).

In einem Sammelband mit dem gleichermaßen signifikanten Titel *Staccato*, der Texte von Pop-Musikern und Pop-Journalisten zusammenführt, definiert Diederichsen 1982 entsprechend Pop als „die Wahrheit der plötzlichen Entdeckung der großen Ungeheuerlichkeit", als „eine Ästhetik, die über die Gegenwart präzise Auskünfte zu geben" vermag und „die wahrhaftigsten Bilder zur Wirklichkeit hervor[bringt], ohne daß die Praxis des Feuilletons, der allgemeinen Meinungsscheiße je ihre gichtigen Finger tötend auf dieses Gestaltungsprinzip legen konnte" (Diederichsen 1982a, 87, 93 und 101). Aufgeladen mit der „Kraft, die Punk schuf und im Innersten zusammenhielt", dem „Verlangen nach Klasse, Stil und Schneid", gilt die Abgrenzung allerdings nicht nur dem Feuilleton. Auch gegenüber einem Rock-Journalismus, der das „Natürliche, Echte" bevorzugt, und dem „gutmütig-bescheuerten Schlaffi", bei dem es schwer fällt, „überhaupt seine Umrisse gegen den Horizont abzugrenzen", gilt es, schreibt Diederichsen im Modus bewusst klar gezogener Freund-Feind-Unterscheidungen, Grenzen zu markieren und das „Terrain der expliziten Äußerungen zurückzuerkämpfen" (Diederichsen 1982a, 88 und 97–98). Was sich hier vollzieht, ist nicht zuletzt eine Repolitisierung des Pop-Journalismus, die im Kurzschluss mit neuesten Entwicklungen in der Pop-Musik zugleich neue Schreibweisen etabliert und neue Parameter einer Pop-Ästhetik installiert. So findet Diederichsens Kritik am „Weltbild" jener „politischen, gesellschaftlichen und kulturellen Kräfte", die sich einig sind, das zu „beschimpfen und bespucken [...], was sie die ‚Oberfläche', die ‚Form' nennen, da sie all ihre Legitimation dem ‚Dahinter', dem ‚Darunter', dem ‚Inhalt', den sie als verborgenen, als nicht sichtbaren Teil einer zweiteiligen Welt ausgeben, verdanken" (Diederichsen 1983, 180), eine präzise Entsprechung in einer programmatischen Parole von Olaph-Dante Marx, neben Diederichsen Anfang der 1980er Jahre eine der wichtigen neuen Stimmen in *Sounds*: „Wider die Natürlichkeit. Eklektizismus. Pop!" (Marx 1983, 164)

Derartige Schlagwortketten, die über Adjektivanhäufungen, markante Substantive und den massiven Gebrauch von Ausrufezeichen ein Schreiben über Pop konstituieren, das selbst als Teil von Pop begriffen wird, prägen Anfang der 1980er Jahre die Texte in englischen Zeitschriften wie *i-D*, *The Face* und *New Musical Express* nicht weniger als die der neuen Autoren in *Sounds* (vgl. Hinz 1998, 197–218). „Kühn, leidenschaftlich, umwerfend, mächtig, elegant, vornehm, britisch," charakterisiert Kid P. 1982 in *Sounds* die ABC-Single „The Look of Love" (Kid P. 1982, 10); „angstfrei, charakterstark, großmäulig und nicht so leicht auszurechnen", „besessen detailgetreu und leidenschaftlich", „im wahrsten Pop-Sinne: überdreht, großzügig, launisch, frech und subversiv" lautet im gleichen Jahr Diederichsens Antwort auf die Frage: „Wie Journalismus sein soll?" (Diederichsen 1982c, 44–45) Gleichermaßen gestützt auf Andy Warhols Konzept von Pop Art, Tom Wolfes Auslegung des *New Journalism* und deren Verarbeitung im englischen und amerikanischen Musikjournalismus erscheinen „Undifferenziertheit und Übertreibung" nunmehr als „das Wichtigste an Pop" (Diederichsen 1982b, 17). An die Stelle von Klagen über ein „Zuviel an Reizen, Formen, Zeichen" und die „Suche nach dem Sinn (*The big Sinn*)" (Diederichsen 1983, 167), rückt eine offensive Ausrichtung auf Stil und Oberflächenästhetik, angereichert mit Versatzstücken aus Texten von Roland Barthes, Jean Baudrillard und Jacques Derrida, die ohne Rücksicht auf akademische Konventionen in popkompatible Theoreme übersetzt werden, verbunden mit lustvoll zelebriertem Klatsch, selbstbewusstem Hedonismus und apodiktisch vorgetragenen Wahrheitsbehauptungen.

In seinem ersten Text für die 1980 in Köln gegründete Musikzeitschrift *Spex* erinnert Rainald Goetz 1984 schon in der Vergangenheitsform an diese Schreibweisen, nutzt aber selbst gleichwohl noch deren Mittel: „eine prächtige, damals sehr wohltuende Großzügigkeit [...], eine überdrehte egomane totalitäre manichäisch mutige Sprechweise, in der die Wahrheit über die Welt nicht als fitzelige krittelige Detailexegese, sondern als freches Urteil in einer Adjektivkette oder einem halben Nebensatz auszusprechen war" (Goetz 1984, 42). Während *Sounds* und *Spex* Anfang der 1980er Jahre zunächst über die im Pop-Diskurs gängigen Unterscheidungen von Pop- vs. Rock-Sensibilität oder Artifizialität vs. Authentizität gegeneinander ausgespielt werden (vgl. Hinz 1998, 197–269), relativieren sich insbesondere nach der Einstellung von *Sounds* Ende des Jahres 1982 die Differenzen, zumal Diederichsen wenig später bei *Spex* einsteigt, zunächst als Autor, dann auch als Redakteur und Mitherausgeber.

Deutlicher und folgenreicher noch als bei *Sounds* treffen im Umfeld von *Spex* Pop-Journalismus, Literatur- und Kunstszenen aufeinander. Sichtbar wird dies etwa an der 1984 von Peter Glaser herausgegebenen Anthologie *Rawums.* (→ 4.8 Otremba), die das Potenzial und die Möglichkeiten, aber auch die Komplikationen und die Unvereinbarkeiten vor Augen führen, die anfallen, wenn man Autoren aus dem Umkreis von Pop-Musik, Neuer Malerei und Pop-Journalismus unter den Vorzeichen von Literatur nebeneinander rückt – etwa die Künstler Georg Dokoupil und Martin Kippenberger, den Musiker Thomas Schwebel, die *Spex*-Autoren Diedrich Diederichsen, Jutta Koether und Clara Drechsler oder die bereits unter ‚Literatur' verbuchten Autoren Rainald Goetz und Bodo Morshäuser. Beteiligt ist auch der noch nicht als Schriftsteller etablierte Joachim Lottmann, der drei Jahre später mit *Mai, Juni, Juli* einen Roman vorlegen wird (→ 4.9 Drügh), der einige der in *Rawums.* versammelten Figuren und Szenen, insbesondere die

Kölner Kunst- und *Spex*-Szene, zu seinen Gegenständen macht und nicht zuletzt deshalb als „Beleg für die Geburt der neuesten deutschen Literatur aus dem Geist der Szenezeitschriften" aufgenommen worden ist (Winkler 1987).

Schon in einer der ersten Reaktionen auf *Rawums.*, nicht im Rahmen des Feuilletons, sondern in der „Szenezeitschrift" *Spex*, wird allerdings mit einiger Deutlichkeit festgestellt, dass sich die Anfang der 1980er entworfenen Pop-Schreibweisen nicht ohne weiteres in andere Kontexte übersetzen und auf Dauer stellen lassen. Zumal es, so Gerald Hündgens Kritik, nicht allen Beiträgern gelingt, dem im Vorwort entworfenen Bild von Literatur etwas anderes entgegenzusetzen als Texte, die letztlich doch nur an den „literarischen Betrieb" adressiert sind, dessen Standards aber nicht halten können (Hündgen 1984, 32). So reproduziert sich in *Rawums.* eine Konstellation, die bereits Ende der 1960er Jahre in der Konfrontation von Pop, Literatur und Journalismus zu beobachten war. Während der Versuch, sich dezidiert gegen den Literaturbetrieb und die vermeintlichen Konventionen der Literatur zu richten, häufig in diesem sehr begrenzten Rahmen stecken bleibt, gelingt es gelegentlich gerade Texten, bei denen weder derartige Anstrengungen noch ein forciertes Interesse an literarischen Qualitäten zu entdecken sind, diese auf überraschende Weise zu entfalten.

Dass sich diese Optionen nicht ausschließen müssen, zeigt 1982 ein Buch, das ohne erkennbare Resonanz in der Literaturkritik Beobachtungsmuster, Sprech- und Schreibweisen aus dem Kontext von Punk, New Wave und Pop-Diskurs ins Buchformat transformiert hat. In *Die Einsamkeit des Amokläufers* lässt Lorenz Lorenz einer einleitenden Abrechnung mit Literaturbetrieb und Alternativliteratur „banale, triviale Kurzgeschichten" folgen, denen der Übergang vom Punk-Fanzine zur Erzählungssammlung in Buchform auch deshalb gelingt, weil sich die Protagonisten in einer Reihe von Redundanzen auf objektiv komische Weise – „gewollt oder ungewollt holprig" (Lorenz 1982, U4) – in Unmittelbarkeitsmarkern, Mündlichkeitssimulationen und Trivialliteraturklischees verlieren.

Auf andere Weise gelingt dieser Übergang Thomas Meinecke mit einer Reihe von Texten, die er von 1978 bis 1986 in der von ihm mitbegründeten Zeitschrift *Mode & Verzweiflung* (vgl. Meinecke 1998), von 1982 bis 1987 in der Kolumne „Die aktuelle Kurzgeschichte" in der Wochenzeitung *Die Zeit* und 1986 in einer Auswahl unter dem Titel *Mit der Kirche ums Dorf* in Buchform veröffentlicht (Meinecke 1986a). Wenn Meinecke standardisierte Redewendungen, Pressemeldungen oder Kulturbetriebsklatsch in Form von Anekdoten aufbereitet, wenn er Ausschnitte aus vermeintlich selbstverständlicher Alltagskommunikation so verschachtelt und verdichtet, dass sie ihre Selbstverständlichkeit verlieren, rücken Oberflächenbeschreibungen und ein sachlich registrierender Berichtston an die Stelle von Introspektion und Figurenpsychologie, ersetzen die vorgefundene Szene und das Zitat die originelle Erfindung und den individuellen Ausdruck. In einer der ersten Studien zu „Verbindungslinien" zwischen den „jüngeren Schriftstellern" und der „Popkultur" der 1980er Jahre charakterisiert Hubert Winkels Meineckes Texte in diesem Sinn als „literarische Pop-Singles" (Winkels 1991, 200 und 202). Damit verweist er nicht nur auf deren „Direktheit, Eingängigkeit und Tempo", auf die „forcierte Gegenwartsbezogenheit" und die „relativ kurze Verfallsdauer" der Kurzgeschichten, er hebt auf eine spezifische Differenz zum Literaturbetrieb hervor, die sich in anderer Form auch in den Texten von Goetz, einigen *Rawums*.-Autoren oder Lorenz Lorenz abzeichnet: „Ihr Reiz entfaltet sich erst richtig vor dem Hintergrund einer literarischen Kultur der Aufrichtigkeit, der Verbindlichkeit und der Dauer." (Winkels 1991, 215)

Deutlicher noch als in Meineckes Kurzgeschichten, die durch die Publikation in der Wochenzeitung *Die Zeit* die literarische Kultur durchaus direkt adressieren, zeigt sich diese Differenz in den in *Mode & Verzweiflung* publizierten programmatischen Pamphleten. Wie in *Sounds* formieren sich zur gleichen Zeit auch in *Mode & Verzweiflung* Gegenentwürfe zu einem vermeintlich sozialkritischen Bewusstsein, das sich Ende der 1970er, Anfang 1980er Jahre in einem selbstgeschaffenen normativen Rahmen aus Gesellschaftskritik, Selbstzweifel und Problembewusstsein zunehmend behaglich einrichtet. Einige Gegenmaßnahmen lassen sich an Meineckes manifestartigen Texten aus *Mode & Verzweiflung* studieren, so etwa, gestützt auf Prinzipien der Pop Art, Erkenntnisse der Kybernetik und das Stilbewusstsein von Bands wie The Velvet Underground und Roxy Music, das Prinzip des Distinktionsgewinns durch Abgrenzung. Die „*Absage an Toleranz und Liberalität*", 1981 adressiert an den als „Verkörperung des rückwärtsgewandten und unklaren Denkens schlechthin" begriffenen „Hippie", ist ebenso vor diesem Hintergrund zu verstehen wie das Plädoyer für den „*Abräumer als Prototyp der korrekt angewandten Affektbeherrschung*" und das in verschiedenen Variationen propagierte „*Ja zur Modernen Welt als Prinzip der permanenten Revolte*"(Meinecke 1998, 33–35). Die dem „Kybernetischen Verhaltensprinzip" entlehnte Maxime, immer nur situationsabhängig zu handeln und die „Wachsamkeit in Spiel und Revolte der ständig veränderten Situation" anzupassen, wird dabei jedoch nicht nur auf die Abgrenzung gegenüber dem „erklärten Gegner", sondern auch auf die eigene Positionierung bezogen (Meinecke 1998 34–36).

Wenn Meinecke in seinem 1986 publizierten Text „Das waren die achtziger Jahre" deren Anfang auf die 1972 von Roxy Music ausgegebene „Devise der Künstlichkeit" und deren Ende tentativ auf den Silvesterabend 1980, definitiv aber auf die „vernichtende Inflation der Idee" durch den „berühmt-berüchtigten Meta-Kult des Pop-Sommers 1982" datiert (Meinecke 1998, 118 und 115), wird deutlich, dass auch die in diesem Zusammenhang entwickelten Abgrenzungs- und Affirmationsstrategien und die mit ihnen verbundenen Schreibweisen nur als temporär brauchbare, kontextabhängige Taktiken begriffen wurden.

Die Einstellung der Zeitschrift *Mode & Verzweiflung* im Jahr 1986 und das Ende von Meineckes *Zeit*-Kolumne im darauffolgenden Jahr sind in dieser Hinsicht auch als Reaktionen auf eine Reihe von Verschiebungen zu begreifen, in deren Verlauf sich das popistische Plädoyer für Eklektizismus, Künstlichkeit und Oberfläche in einem folgenlos beliebigen „Anything Goes" verliert, das „intelligente Spiel mit Stilen, welches stets Rechenschaft vor seinem historischen Kontext abzulegen wußte", in ein „plumpes Als-Ob-Gebaren" umschlägt und die „ewige Steilkurve des Lifestyle [...] schließlich zu kaum etwas anderem als der Verflüchtigung fast aller kritischen Positionen" führt (Meinecke 1998, 118–119). Auf diese Verschiebungen reagiert Meinecke mit einer veränderten Publikationspraxis, aber auch mit programmatischen Kurswechseln, die er rückblickend als Maßnahmen zur Aufrechterhaltung einer kritischen Position beschreibt: „Als flanierender Haufen hedonistischer Partisanen war es uns dann zunächst einmal darum gegangen, die herrschende Innerlichkeit der sozialdemokratisch verdorbenen Siebziger in die Flucht zu schlagen, um daraufhin diejenigen falschen Achtziger, welche sich irrtümlich im Schulterschluß mit uns wähnten, nicht minder erbarmungslos zu diskreditieren." (Meinecke 1998, 8)

Eine der im deutschsprachigen Zusammenhang öffentlichkeitswirksamsten Ausprägungen dieser vermeintlich „falschen Achtziger" war der sogenannte Zeitgeist-Journalismus, der Anfang der 1980er Jahre zunächst über eine Reihe von Stadtmagazinen und Szenezeitschriften in lokalen Zusammenhängen institutionalisiert und seit Mitte der 1980er Jahre über Zeitschriften wie *Tempo* und *Wiener* überregional popularisiert wurde. Einerseits angelehnt an hedonistische Lifestyle-Konzepte und Layout-Experimente aus englischen Zeitschriften wie *i-D* und *The Face* oder der Münchner Zeitschrift *Elaste*, andererseits einer für den Zeitschriftenmarkt ungewöhnlichen Kopplung von Boulevard, *New Journalism* und investigativem Journalismus verschrieben, setzen *Tempo* (1986–1996) und *Wiener* (1986–1994) auch eine Reihe von Schreibweisen und ästhetischen Positionen fort, die im deutschsprachigen Zusammenhang in Zeitschriften wie *Mode & Verzweiflung*, *Sounds* und *Spex* entworfen wurden. So überrascht es weder, dass *Tempo* zu einem wichtigen Publikationsort für einige der früheren *Sounds*-Journalisten aus dem Kontext von New Wave und 1982er-Pop wird, etwa für Andreas Banaski (= Kid P.), Tina Hohl oder Olaf Dante Marx (nun nicht mehr mit ‚ph'), noch dass in den ersten Ausgaben des *Wiener* Texte von *Mode & Verzweiflung*-Autoren wie Thomas Palzer und Thomas Meinecke, der für einige Monate auch als Redakteur angestellt ist, erscheinen. Kaum zu übersehen ist jedoch, dass sich in der Fortsetzung der hochgradig zeitgebundenen, situationsspezifischen Programme aus den frühen 1980er Jahren durch die Implementierung in auflagenstarke Publikumszeitschriften neue, durch den Kontextwechsel und die Popularisierung veränderte Perspektiven eröffnen. So entwickeln *Tempo*-Autoren wie Maxim Biller oder, einige Jahre später, Christian Kracht Schreibweisen, die bald darauf als neue (pop-)literarische Formen diskutiert werden. Zugleich sind aber auch Prozesse der Normalisierung zu beobachten, in deren Verlauf das kritische Potential, an dem zur gleichen Zeit eine Zeitschrift wie *Spex* weiterhin dezidiert festhält, gelegentlich in jene Formen von Indifferenz und Beliebigkeit umschlägt, die Mitte der 1980er Jahre mit dem Schlagwort ‚Anything Goes' assoziiert werden. Diese Prozesse folgen häufig genau jenen Mustern, die Meinecke bereits 1986 in „Das waren die achtziger Jahre" präzise beschreibt, was nicht zuletzt deshalb bemerkenswert ist, weil eine erste Fassung von Meineckes Text an einem Ort erschienen ist, an dem sich das, was er angreift, auf nahezu paradigmatische Weise studieren lässt: im ersten Heft des deutschen *Wiener* (Meinecke 1986b).

3. jetzt! – 1993 ff.

Die Experimente mit literarischen und journalistischen Schreibweisen, die wenig später, von 1993 bis 2002, im Jugendmagazin *jetzt!* der *Süddeutschen Zeitung* an den Schnittstellen von Jugendemphase, Pop-Journalismus, Szene-Klatsch, Hitlisten und Tagebuchstil durchdekliniert werden, setzen einige dieser Ansätze weiter fort, heben sich aber schon aufgrund der später einsetzenden Pop-Sozialisation der Autorinnen und Autoren zugleich klar von diesen ab. In der Ausdifferenzierung des keineswegs einheitlichen, aber dennoch schnell identifizierbaren *jetzt!*-Stils lassen sich verschobene Neuauflagen der mit Pop assoziierten Affirmationsstrategien und Oberflächenästhetiken aus den frühen 1980er Jahren wie auch Variationen der Anfang der 1990er Jahre in *Tempo* relevanten Schreibweisen ausmachen. Das liegt schon insofern nahe, als neben neu aufgetauchten Autorinnen und Autoren wie Rebecca Casati und Benjamin v. Stuckrad-Barre mit Christian Kracht, Eckhart Nickel oder Moritz von Uslar auch ehemalige *Tempo*-Autoren für *jetzt!* schreiben, die wie viele andere aus dem *jetzt!*-Umfeld wenig später mit dem Schlagwort der ‚Pop-Literaten' belegt werden.

Als Christian Kracht, von 1990 bis 1995 zunächst Mitarbeiter, dann Redakteur und schließlich ‚Berater des Chefredakteurs' bei *Tempo*, 1995 seinen ersten Roman *Faserland* veröffentlicht (→ 4.12 GRABIENSKI), war von Pop-Literatur noch nicht die Rede. Die Verortung im weiteren Kontext von Pop- und Zeitgeist-Journalismus und die Aufmerksamkeit, die das Buch bereits vor der Veröffentlichung durch Vorabberichte und Kurzmeldungen in Zeitschriften wie *Tempo* und *jetzt!* auf sich gezogen hat, werden allerdings zu wichtigen Bezugspunkten für die ersten Reaktionen der größeren Feuilletons. Der Hinweis, *Faserland* werde „in den Popkultur-Ressorts der Republik als lange überfälliges Dokument des Zeitgeistes gefeiert" (Piepgras 1995), setzt hier ebenso an wie die Bemerkung, das Buch habe „im literaturfernen Milieu der Glanzdruckmagazine großen Eindruck gemacht" (Seibt 1995). Klassifiziert als „Gesellenstück aus der *Tempo*-Literaturwerkstatt" (Groß 1995), wird das Buch nicht nur fast durchgehend als Ausdruck von Zeitgeist und Lifestyle begriffen, es wird zugleich im Rahmen jener Koordinaten verortet, die einige Jahre später die Pop-Literatur-Diskussionen bestimmen werden.

Wenn sich das namenlose Ich in *Faserland* weigert, „über Kunst zu diskutieren oder über irgendwelche Independent-Bands, die in der *Spex* erwähnt werden, oder über den aufkeimenden Rechtsradikalismus", wenn es „den letzten Text von Diedrich Diederichsen" den „Menschen mit langen Kotteletten" und ihren „noch blöderen Freunden" überlässt (Kracht 1995, 76–77), wird deutlich, dass die in Reihe geschalteten Abgrenzungsmanöver nicht nur dem vielzitierten „SPD-Nazi", dem „Trendforscher" Matthias Horx oder dem „schrecklich peinlichen Wim Wenders" gelten (Kracht 1995, 57, 88 und 65), sondern auch und gerade der kritischen Auflagerung von Pop als subversive Subkultur. Die Grenzziehung gegenüber den Markern „Spex" und „Diedrich Diederichsen" ist hier offensichtlich wichtiger als ein Bezug auf das bürgerliche Feuilleton, das im Horizont des Buches keine Rolle spielt.

Gleichwohl ist kaum zu übersehen, dass sich die Grenzen zwischen dem „seriösen Feuilleton" und „*lifestyle*-Magazinen", „Szene-Blättern" und anderen „parasitären Medien", die „vom Boom der Kultur und der Ausdehnung des Kulturbetriebs profitieren", wie Ulrich Greiner im Feuilleton der *Zeit* Anfang der 1990er Jahre im Sinne der überkommenen Abgrenzung von E und U schreibt (Greiner 1992), wenige Jahre später signifikant verschoben haben. Seit Mitte der 1990er Jahre findet man in den größeren Feuilletons ähnlich sachkundige Auseinandersetzungen mit Pop-Phänomenen wie in Musikzeitschriften wie *Spex*, geschrieben nicht selten von denselben Autorinnen und Autoren. So fällt eine 1998 in der *Zeit* publizierte Abrechnung mit dem „Kult des Banalen" (Assheuer 1998) nicht zuletzt deshalb negativ auf, weil sie aus der Position eines üblicherweise als seriös gehandelten Feuilletons pauschalisierende und weitgehend haltlose Thesen zu aktuellen Ausprägungen der Popkultur aneinanderreiht, die an anderen Stellen längst trennschärfer erfasst worden sind. Die undifferenzierte Aufreihung von Verona Feldbusch, Rainald Goetz, Guildo Horn, Harald Schmidt und Helge Schneider, die Assheuer als Beleg für die „Banalität der Popkultur" anführt, erscheint vor diesem Hintergrund ebenso uninformiert wie seine Anmerkung, in der *Frankfurter Allgemeinen Zeitung* werde „eine stubenreine Kunst gegen die *misera plebs* der Popkultur verteidigt" (Assheuer 1998).

Für die *Frankfurter Allgemeine Zeitung* und die *Süddeutsche Zeitung* schreiben seit Mitte der 1990er Jahre verstärkt Autorinnen und Autoren, die sich durch Veröffentlichungen in den vermeintlich parasitären Medien für das ‚seriöse' Feuilleton empfehlen haben. Einige von ihnen produzieren neben ihrer journalistischen Arbeit genau jene Literatur, vor der andere Schreiber in den gleichen Zeitungen warnen, oder sie schalten sich auf andere Weise in die Diskussionen um High und Low, E und U, Kultur und Pop ein – etwa über stilkritische Anmerkungen zu den Mitte der 1990er Jahre in den bürgerlichen Feuilletons boomenden Kanon-Diskussionen, die die philologischen Aktivitäten von Britpop-Fans als kaum weniger seriös erscheinen lassen als die im traditionellen Feuilleton laut werdenden Wünsche nach verbindlichen Leselisten (Stuckrad-Barre 1999).

Benjamin v. Stuckrad-Barre, Rebecca Casati, Florian Illies, Christian Kracht oder Moritz von Uslar haben seit Mitte der 1990er Jahre nicht zuletzt durch Unterstützung der *Frankfurter Allgemeinen Zeitung*, der *Süddeutschen Zeitung* und der *Welt am Sonntag* jene Praxis „multipler Autorschaft" perfektioniert, die, wie Erhard Schütz schreibt, „zwischen Buch und Presse, Reportage und Roman, Glosse und Gedicht nurmehr funktionale Unterscheidungen trifft – nach Produktionssituationen, Honorarquanten, Publikumsreichweiten und Distinktionsspannen" (Schütz 1998, 105). Wenn man es für bedenklich hält, dass auf diese Weise auch Texte als Literatur rezipiert und popularisiert werden, die, wie Wiglaf Droste anmerkt, „genausogut in *Amica* oder *Allegra* als Geschichte stehen könnten" (zit. nach Ullmaier 2001, 25), lassen sich diese Entwicklungen als kulturelle Verfallserscheinungen abtun – zumal einige der kritisierten Texte derartigen Lesarten auch kaum Widerstände entgegensetzen. Häufig beschränken sich die Vorwürfe allerdings auf die Beobachtung, dass sich medienversierte Autorinnen und Autoren auf aktuelle, modische oder auf andere Weise kurzlebige Gegenstände einlassen und Texte produzieren, deren literarischer Wert ebenso wenig gesichert erscheint wie ihre intellektuelle Haltbarkeit.

4. Pop / Feuilleton / Literatur – 2002 ff.

In seinen Überlegungen zum Typus des ‚Journailliteraten' weist Erhard Schütz nicht nur darauf hin, dass die Abwertung des Journalismus „mindestens so alt ist wie der Buchdruck", er erinnert auch daran, dass sie „allermeist von solchen kam, die mit dem eigenen Journalismus abspaltend haderten" und dass die „Distinktions- und Differenzkämpfe" immer dann besonders heftig ausgetragen werden, wenn die Grenzen zwischen den vermeintlichen Fronten unsicher werden (Schütz 1998, 97–98). Genau das lässt sich in den verschiedenen Abgrenzungs- und Annäherungsprozessen zwischen Pop-Journalismus, Feuilleton und Literatur über die Jahrzehnte hinweg beobachten: Ende der 1960er Jahre arbeiten viele der Autorinnen und Autoren, die im Kontext von Pop verortet werden, mit journalistischen Formen, vor allem mit Schreibweisen aus dem *New Journalism*, und werden dabei skeptisch von den bürgerlichen Feuilletons beobachtet; Anfang der 1980er werden mit ähnlichen Bezugspunkten, ausgehend von Neuorientierungen im Musik-Journalismus, neue Pop-Schreibweisen entworfen, die sich dezidiert vom überkommenen Kulturjournalismus in den Feuilletons abgrenzen, von diesem aber lange auch gar nicht wahrgenommen werden; und auch Ende der 1990er Jahre wird die Frage nach der Unterscheidbarkeit von Journalismus und Literatur zu einem wichtigen Fixpunkt in den kritischen, häufig zuerst in den Feuilletons ausgetragenen Auseinandersetzungen mit dem Phänomen Pop-Literatur.

Die Erleichterung, mit der die Einstellung der *Berliner Seiten* der *FAZ* und des *jetzt!*-Magazins der *Süddeutschen Zeitung* von anderen Feuilletons aufgenommen und als Zeichen für das Ende von Pop, Pop-Literatur und Pop-Journalismus gedeutet wurde, zeigt, dass die Grabenkämpfe, die Fiedler 1968 und Diederichsen 1982 vor Augen hatten, um 2000 noch keineswegs beigelegt sind. Sie macht zugleich aber auch deutlich, dass sie in anderen Bahnen verlaufen, anderen Voraussetzungen ausgesetzt sind. Ende der 1990er Jahre spielt sich der Konflikt weitgehend innerhalb von Feuilleton-Redaktionen, im engeren Umfeld der Literaturkritik ab. Und während die Beileidsbekundungen zum vermeintlichen Ende des Pop-Feuilletons zumeist ähnlich gedankenlos waren wie viele der zeitgleich angefallenen Deklarationen zum Tod der Pop-Literatur (vgl. Schumacher 2006), verschieben sich die Verhältnisse auch insofern weiter, als man nach 2000 kaum mehr von klaren Grenzen zwischen Pop-Journalismus und Feuilleton sprechen kann und zudem viele Autorinnen und Autoren, die, wie Maxim Biller und Christian Kracht, zunächst für *Tempo* oder, wie Marcel Beyer und Dietmar Dath, für *Spex* geschrieben haben, längst im Literaturbetrieb etablierte Schriftsteller sind. Dietmar Dath ist zugleich Redakteur im Feuilleton der *Frankfurter Allgemeinen Zeitung*, Diedrich Diederichsen schreibt regelmäßig im Feuilleton der *Süddeutschen Zeitung*, aber weiterhin – bis zu deren Ende 2018 – auch in *Spex* und anderen popkulturaffinen Zeitschriften. Moritz von Uslar ist *Zeit*-Autor, Eckhart Nickel schreibt für die *Süddeutsche Zeitung* wie für die *Frankfurter Allgemeine*, beide sind mit Schreibweisen, die sie nicht zuletzt aus ihrer früheren journalistischen Arbeit für *Tempo* und das *jetzt!*-Magazin heraus entwickelt haben, auch als Buchautoren erfolgreich. Dies gilt noch ausgeprägter für Christian Kracht, der 2012 den renommierten Wilhelm-Raabe-Literaturpreis erhält, und den Büchner-Preisträger Rainald Goetz, auf den 2015 der Feuilleton-Herausgeber der *Frankfurter Allgemeinen Zeitung*, Jürgen Kaube, die Laudatio hält.

Mit diesen Entwicklungen, die durchaus eine Konsolidierung und Etablierung von Autor/innen und Schreibweisen markieren, die zunächst im weiteren Zusammenhang von Pop zu verorten waren, korrespondiert zur gleichen Zeit eine fortschreitende Krise des Pop-Journalismus, die sich nicht zuletzt in der Einstellung der Print-Zeitschriften *de:bug*, *Intro*, *Groove* und *Spex* in den 2010er Jahren zeigt. Die Gründe für die Krise sind vielfältig: die Erweiterung des Angebots und die Omnipräsenz von Pop-Musik und Pop-Journalismus im Internet; die korrespondierende Verlagerung des Anzeigenmarkts, der zu einer generellen Krise des Print-Journalismus führt; die ebenfalls durch das Netz vorangetriebene Aufsplitterung in Sub-Szenen und Kleinstnischen für Pop-Musik wie für den begleitenden Diskurs, die die Gatekeeper-Funktion, die Zeitschriften wie *Spex* oder als maßgeblich angesehenen Autoren wie Diederichsen zugeschrieben wurden, zunehmend obsolet erscheinen lassen.

Wenn Diederichsen darauf hinweist, dass für *Spex* die Gatekeeper-Funktion zumindest in den ersten Jahren kaum relevant war (Diederichsen 2018), ist das auch für die damalige Nähe zum literarischen Schreiben relevant. Im Unterschied zum Anspruch, wie „richtige Journalisten" die „Themen" in den Mittelpunkt zu rücken, verweist Diederichsen darauf, dass „das Schreiben das Wichtigste" war, was durchaus die „Absicht, obskur zu sein", einschließen konnte. „Es war ja die größte Leidenschaft von Spex, auf Verständlichkeit geschissen zu haben", schreibt Diederichsen und führt in Abgrenzung zu den „Leichtigkeits-Apologeten" als wichtigen Faktor der in *Spex* entwickelten Schreibweisen neben „Obskurität" auch „Poesie" an (Jurt und Diederichsen 2013). Spuren dieser Haltung waren in den 2010er Jahren weniger in Pop-Zeitschriften wie *Intro*, *Groove* oder *Spex* zu entdecken als vielmehr in Feuilleton-Texten, die Dath für die *FAZ* oder Diederichsen für die *SZ* geschrieben haben.

Zugleich zeichnen sich aber bei erst in den 2010er Jahren gegründeten Zeitschriften wie *Das Wetter* neue Konstellationen zwischen Pop, Journalismus und Literatur ab, die einerseits in der Fokussierung auf Autoren wie Maxim Biller, Christian Kracht oder Eckhart Nickel an die hier skizzierten Zusammenhänge anschließen, andererseits aber auch ganz andere, neue und noch nicht weiter absehbare Perspektiven eröffnen, für das Schreiben über Pop-Musik wie für das literarische Schreiben.

Literaturverzeichnis

Assheuer, Thomas. „Der Kult des Banalen. Verona Feldbusch, Helmut Kohl und Guildo Horn geben der Kulturkritik schwere Rätsel auf. Was hat die Popkultur mit Politik und der allgemeine Nonsens mit dem Kapitalismus zu tun?" *Die Zeit* 7. Mai 1998.

Diederichsen, Diedrich. „Nette Aussichten in den Schützengräben der Nebenkriegsschauplätze – über Freund und Feind, Lüge und Wahrheit und andere Kämpfe an der Pop-Front". *Staccato. Musik und Leben*. Hrsg. von Diedrich Diederichsen. Heidelberg: Kübler, 1982a. 85–101.

Diederichsen, Diedrich. „Diana, Documenta und all die anderen – Notizen aus der Hochsaison". *Sounds* 8 (1982b): 16–17.
Diederichsen, Diedrich. „Spätsaison. Journaille – Defunkt – Talking Heads". *Sounds* 9 (1982c): 44–45.
Diederichsen, Diedrich. „Die Auflösung der Welt. Vom Ende und Anfang". Diedrich Diederichsen, Dick Hebdige und Olaph-Dante Marx: *Schocker. Stile und Moden der Subkultur*. Reinbek bei Hamburg: Rowohlt, 1983. 165–188.
Diederichsen, Diedrich. „Hausmeister des Wahnsinns". *Süddeutsche Zeitung* 2. Dezember 2018.
Goetz, Rainald. „Subito". *Klagenfurter Texte zum Ingeborg-Bachmann-Preis 1983*. Hrsg. von Humbert Fink und Marcel Reich-Ranicki. München: List, 1983. 65–77.
Goetz, Rainald. „Gewinner und Verlierer". *Spex* 2 (1984): 40–44.
Greiner, Ulrich. „Wer hat Angst vorm Feuilleton? Anmerkungen zu einem diffusen Mißmut". *Die Zeit* 28. Februar 1992.
Groß, Thomas. „Aus dem Leben eines Mögenichts. Gesellenstück aus der ‚Tempo'-Literaturwerkstatt: Christian Krachts Debütroman ‚Faserland', eine ungnädige Reise durch Deutschland". *taz* 23. März 1995.
Gülden, Jörg, und Klaus Humann (Hrsg.). *Rock Session 1 – Magazin der populären Musik*. Reinbek bei Hamburg: Rowohlt, 1977.
Gülden, Jörg. „Aus dem Tagebuch eines langweiligen alten Furzes". *Rock-Session 2 – Magazin der populären Kultur*. Hrsg. von Jörg Gülden und Klaus Humann. Reinbek bei Hamburg: Rowohlt, 1978. 72–81.
Hinz, Ralf. *Cultural Studies und Pop. Zur Kritik der Urteilskraft wissenschaftlicher und journalistischer Rede über populäre Kultur*. Opladen und Wiesbaden: Westdeutscher Verlag, 1998.
Hündgen, Gerald. „Einigen Autoren geht ein Knopf auf: Rawums". *Spex* 5 (1984): 32.
Jurt, Pascal [Interview mit Diedrich Diederichsen]. „So obskur, wie es gerade noch ging". *Jungle World* 28. Februar 2013.
Kid P. „Singles". *Sounds* 7/1982: 10
Kracht, Christian. *Faserland*. Köln: Kiepenheuer & Witsch, 1995.
Lorenz, Lorenz. *Die Einsamkeit des Amokläufers*. München: o.V., 1982.
Marx, Olaph-Dante. „Endstation Irgendwo. Ein Flug durch die Zeit". Diedrich Diederichsen, Dick Hebdige und Olaph-Dante Marx: *Schocker. Stile und Moden der Subkultur*. Reinbek bei Hamburg: Rowohlt, 1983. 121–164.
Meinecke, Thomas. *Mit der Kirche ums Dorf*. Frankfurt am Main: Suhrkamp, 1986a.
Meinecke, Thomas. „Das waren die achtziger Jahre". *Wiener* 5 (1986b): 122–123.
Meinecke, Thomas. *Mode & Verzweiflung*. Frankfurt am Main: Suhrkamp, 1998.
Nedo, Kito. „'Lest mal Swinging Benjamin'. Über Helmut Salzingers popjournalistisches Projekt der späten 1960er und 1970er". *Popjournalismus*. Hrsg. von Jochen Bonz, Michael Büscher und Johannes Springer. Mainz: Ventil, 2005.113–130.
Nettelbeck, Uwe. „Die neue Schallplatte" (Rez. The Beatles: *Revolver*). *Die Zeit* 23. September 1966. [https://www.zeit.de/1966/39/die-neue-schallplatte]
Nettelbeck, Uwe. „Die neue Schallplatte" (Rez. Jimi Hendrix: *Are You Experienced*). *Die Zeit* 21. Juli 1967a. [https://www.zeit.de/1967/29/die-neue-schallplatte]
Nettelbeck, Uwe. „Die Kinder von Sergeant Pepper und Mary Jane. Bericht über eine Reise nach London (I)". *Die Zeit* 1. September 1967b. [https://www.zeit.de/1967/35/die-kinder-von-sergeant-pepper-und-mary-jane]

Nettelbeck, Uwe. „Hippie-Souvernirs und Hippie-Aktionen. Die Kinder von Sergeant Pepper und Mary Jane (IV und Schluß). *Die Zeit* 22. September 1967c. [https://www.zeit.de/1967/38/hippie-souvenirs-und-hippie-aktionen]

Nettelbeck, Uwe. „Die neue Schallplatte" (Rez. The Beatles: *The Beatles*). *Die Zeit* 22. November 1968. [https://www.zeit.de/1968/47/die-neue-schallplattene]

Nettelbeck, Uwe „In eigener Sache". *konkret* 9 (1969). Zitiert nach dem Wiederabdruck in: Uwe Nettelbeck. *Prozesse. Gerichtsberichte 1967–1969*. Hrsg. von Petra Nettelbeck. Berlin: Suhrkamp, 2015. 163–167.

Neutert, Natias. „Let It Rock!" *Frankfurter Rundschau* 2. Oktober 1970.

Piepgras, Ilka. „Der Autor sinniert über seine Gedanken. Ein Zeitgeistbuch von Christian Kracht". *Berliner Zeitung* 23. März 1995.

Salzinger, Helmut. „Pop mit Ra-ta-ta-ta" (Rez. Rolf Dieter Brinkmann: *Die Piloten*). *Der Tagesspiegel* 23. Februar 1969a.

Salzinger, Helmut. „Die neue Schallplatte" (Rez. The Rolling Stones: *Let It Bleed*). *Die Zeit* 19. Dezember 1969b.

Salzinger, Helmut. „Das lange Gedicht". *Supergarde. Prosa der Beat- und Pop-Generation*. Hrsg. von Vagelis Tsakiridis. Düsseldorf: Droste, 1969c. 167–191.

Salzinger, Helmut. *Jonas Überohr – Live. Kritische Ausschweifungen über Kultur und Krebs*. Hamburg: Sounds Verlag, 1976.

Salzinger, Helmut. *Best of Jonas Überohr. Popkritik 1966–1982*. Hamburg: Philo Fine Arts, 2010.

Schumacher, Eckhard. „Das Ende der Popliteratur. Eine Fortsetzungsgeschichte". *Kunst Fortschritt Geschichte*. Hrsg. von Christoph Menke und Juliane Rebentisch. Berlin: Kadmos, 2006. 157–166.

Schütz, Erhard. „Journailliteraten. Autoren zwischen Journalismus und Belletristik". *Baustelle Gegenwartsliteratur. Die neunziger Jahre*. Hrsg. von Andreas Erb. Opladen und Wiesbaden: Westdeutscher Verlag, 1998. 97–106.

Seibt, Gustav. „Trendforscher im Interregio. Für Bessergekleidete: Christian Krachts Deutschland". *Frankfurter Allgemeine Zeitung* 22. Mai 1995.

Stuckrad-Barre, Benjamin v. „Literaturkanon" [1997]. Benjamin v. Stuckrad-Barre: *Remix. Texte 1996–1999*. Köln: Kiepenheuer & Witsch 1999. 245–249.

Ullmaier, Johannes. *Von Acid nach Adlon und zurück. Eine Reise durch die deutschsprachige Popliteratur*. Mainz: Ventil, 2001.

Winkels, Hubert. *Einschnitte. Zur Literatur der 80er Jahre* [1988]. Erweiterte und bearbeitete Ausgabe. Frankfurt am Main: Suhrkamp, 1991.

Winkler, Willi. „Die Wiederkehr des Dandys. Joachim Lottmann entdeckt Hamsun für die Szene". *Süddeutsche Zeitung* 2. Mai 1987.

2.4 Diedrich Diederichsen und die Pop I/ Pop II-Periodisierung
Christoph Rauen

1. Überblick

Der Kulturjournalist und -wissenschaftler Diedrich Diederichsen (*1957) gilt als wichtigster ‚Pop-Theoretiker' des deutschsprachigen Raums. Bekannt wurde er als Kritiker und Redakteur der Pop-Musikzeitschriften *Sounds* (1979–1983) und *Spex* (1985–1990 als Chefredakteur). In den 1990er Jahren bekleidete er verschiedene internationale Gastprofessuren, seit 2006 ist er Professor für Theorie, Praxis und Vermittlung von Gegenwartskunst an der Akademie der bildenden Künste in Wien.

Im Zusammenhang mit Pop-Literatur der 1990er Jahre fällt auf, dass 1) einschlägige Texte von Rainald Goetz (1986 [1983], 19 und 24), Christian Kracht (1997 [1995], 69) und des „popkulturellen Quintetts" (Bessing 1999, 98–99) auf seine Überlegungen und ihn selbst als Figur des öffentlichen Lebens Bezug nehmen; 2) sich Publizisten und Wissenschaftler im Zuge ihrer systematischen und geschichtlichen Konzeptualisierungen von Pop und Pop-Literatur auf seine Arbeiten stützen, besonders häufig auf die Unterscheidung zwischen Pop I und Pop II; 3) er sich mehrmals zu Pop-Literatur geäußert hat und 4) man ihn, abhängig davon, was man unter einem ‚Pop-Literat' verstehen will, selbst als solchen bezeichnen könnte, vor allem was teils autobiographische Texte wie *Sexbeat. 1972 bis heute* (1985) oder den Roman *Herr Dietrichsen* (1987) betrifft.

Dieser Artikel behandelt schwerpunktmäßig 2) und 3), geht aber auch auf die anderen Punkte ein.

2. Poptheoretische Beobachtungen und Bewertungen der (Pop-)Kultur in den 1990er und 2000er Jahren

2.1 „Ist was Pop?" (1998/1999). Die These vom Ende der Pop-Kultur als historisch-progressiver Kraft

Die Unterscheidung zwischen Pop I und II wurde als wichtige „strukturgeschichtliche Periodisierung des Pop" (Goer 2013, 242) gedeutet. Sie geht auf den Zeitungsartikel „Alles ist Pop. Was bleibt von der Gegenkultur?" vom 8. und 9. August 1998 zurück, dessen Titel wiederum auf ein Porträt der Band XTC zurückdeutet (Diederichsen 1980). Die für den 1999 publizierten Essayband *Der lange Weg nach Mitte. Der Sound und die Stadt* ausgearbeitete Version des Aufsatzes verweist ganz am Ende auf 1997 als Entstehungs- oder Erstveröffentlichungsdatum (Diederichsen 1999, 286).

Äußerer Anlass des Essays ist Diederichsen zufolge eine quantitativ zunehmende und inhaltlich unscharfe Verwendung des Etiketts ‚Pop' in den Medien, das „je nach dem ‚verständlich', ‚flott', ‚bunt' oder ‚sexy'" (Diederichsen 1999, 272) bedeute und etwa für seinerzeit bedeutende Politiker wie Gerhard Schröder und Guido Westerwelle benutzt werde, die sich gezielt der Selbstinszenierungstechniken der Unterhaltungsbranche bedienten, aber auch für ironische Schlagersänger mit ‚Kultgemeinde' wie Guildo Horn. In der begrifflichen Ausweitung sieht Diederichsen ein Indiz für eine Veränderung der Sachlage, die er tentativ als Wandel „von Pop I (60er bis 80er, spezifischer Pop) zu Pop II (90er, allgemeiner Pop)" (Diederichsen 1999, 275) zu fassen sucht. ‚Pop I' bezeichnet dabei im Kern einen jugend- und *gegen*kulturellen, d. h. gegen die überkommene Offizialkultur gerichteten Beitrag zur Liberalisierung der westlichen Nachkriegsgesellschaften und deren „Untertanenkultur" (Diederichsen 1999, 282), wobei zentrale Punkte „sexuelle Befreiung, englischsprachige Internationalität, Zweifel an der protestantischen Arbeitsethik und den mit ihr verbundenen Disziplinarregimes" sowie der Einsatz für „Minoritäten und ihre Bürgerrechte und die Ablehnung von Institutionen, Hierarchien und Autoritäten" sind (Diederichsen 1999, 273). Den durchschlagenden Erfolg verdanke diese erste Popkultur nicht zuletzt ihrer kapitalistischen Verwertbarkeit.

‚Pop II' bezieht sich auf eine unübersichtliche Gemengelage älterer, mit Pop I in Verbindung stehender sowie neu hinzugekommener Phänomene, der man keine generelle befreiende Wirkung zuschreiben könne. Als Beispiel verweist Diederichsen auf eine Vielzahl hochspezialisierter, heterogener und teils virtueller Gemeinschaften (z. B. Spielzeugsammler, Fans bestimmter TV-Serien), die an die Stelle früherer, vergleichsweise kompakter Subkulturen getreten seien, aber den vormals typischen „Zusammenhang zwischen ästhetischer Kennerschaft und ethischen Konsequenzen" (Diederichsen 1999, 279) aufgelöst hätten. Gemeint sind Werte wie soziale Gleichberechtigung, die sich die Gegenkultur der 1960er und 1970er Jahre auf die Fahne geschrieben hatte. Ein zweiter exemplarischer Bereich ist die Medienlandschaft der 1990er Jahre (paradigmatisch: Talkshows privater Fernsehsender, vgl. Diederichsen 1999, 284), die den förmlichen und autoritären Gestus der alten, offiziösen und öffentlich-rechtlichen BRD-Kultur abgeschüttelt habe. Die dort beobachtbare, vordergründige Offenheit gegenüber Minderheitenpositionen erwecke den Eindruck, früher Ausgeschlossene hätten nun Zugang zu Medien mit großer Reichweite und könnten dort ihre Interessen und Ansichten zur Sprache bringen. In Wirklichkeit jedoch werde solchen Stimmen durch die inhaltliche Indifferenz, mit der man sie präsentiere, ihre kritische und emanzipatorische Spitze genommen. Oft verberge sich hinter der zur Schau gestellten Freizügigkeit tiefsitzendes rassistisches, sexistisches und klassengesellschaftliches Vorurteil (vgl. Diederichsen 1999, 276, dieser Punkt wird in der Buchfassung ausführlicher behandelt).

Hinter der manchmal etwas karikaturhaft kolportierten Unterscheidung zwischen Pop I und II steckt also eine sachlich und historisch weit ausgreifende, erklärtermaßen vorläufige Zeitdiagnose. Nicht zuletzt ihrer Prägnanz wegen wurde sie bis Mitte der 2010er Jahre immer wieder aufgegriffen. So hat Sami Khatib (vgl. 2009, besonders 160) über Möglichkeiten eines ‚Pop III' spekuliert, der die fürs Vorgängermodell kennzeichnende Aufsplittung entlang kultureller, sexueller und ethnischer Linien in einen neuen Universalismus überführen könne bzw. solle.

2.2 Grundideen, Haltungen und Denkweisen im Kontext von Pop-Theorie. Ästhetisch-politische Ideale: Widerständigkeit und Authentizität zweiter Stufe. Niedergangsdiagnosen seit den frühen 1980er Jahren

Indem „Ist was Pop?" der zeitgenössischen Popkultur der 1990er Jahre einen Verlust an ‚Widerständigkeit' attestiert, erweist sich der Aufsatz als typisch für das Genre oder den Diskurs, der als ‚Pop-Theorie' bekannt ist (prominente Vertreter: Marcus 1992 [1989], Holert und Terkessidis 1996). Man findet ähnliche besorgte Einschätzungen in diesem Genre bereits um 1970 (viel Material bei Salzinger 1972). Diederichsen selbst beobachtet schon 1982 (1982a, 45, vgl. 2002 [1985], 129; dazu Hinz 2003, 305) Anzeichen eines konservativen Rollbacks innerhalb der Popkultur und sieht sich darin in den späten 1980er Jahre bestätigt (z. B. 2000 [1989], 11). Aus diesem Grund beurteilt er sein früheres polemisches Anschreiben gegen den linksalternativen Mainstream um 1980 kritisch. Noch in den späten 1990er und frühen 2000er Jahren, dem Zeitraum also, in den „Ist was Pop?" und die Pop-Literatur-Diskussion im Feuilleton fallen, ist er der Meinung, das Ende der 1970er Jahre nötige Aufrütteln einer erstarrten und korrumpierten Gegenkultur habe mittelfristig dazu geführt, eine mit Pop verbundene linke Einstellung generell in Misskredit zu bringen (vgl. Rauen 2011, 204–206).

Als repräsentativ für ‚Pop-Theorie' im obigen Sinn kann „Ist was Pop" auch insofern gelten, als eine in der Tradition von Essay, journalistischem Kommentar und Pamphlet stehende Schreibweise verwendet wird, die weder gänzlich auf Werturteilsfreiheit, stringente Argumentation und empirische Richtigkeit verpflichtet ist, noch bloß subjektive Meinungsäußerung sein will (vgl. Hinz 2003,

309, Fußnote 1). Das primäre Anliegen ist, wie im Genre üblich, unverhohlen normativ bzw. parteilich und besteht bei Diederichsen seit den Anfängen bis hin zu „Ist was Pop" und teils darüber hinaus meist in der Aufgabe, „die Integrität des Rebellischen zu retten, bzw. neu zu konstituieren" (1982b, 92; vgl. Rauen 2011, 197) und „oppositionelle Effekte zu studieren und zu stärken" (1999, 286). Leitend ist dabei das Ideal eine Konvergenz ästhetischer und ethisch-politischer Qualitäten, wie es auch für die Kritische Theorie (→ 2.7 HECKEN) kennzeichnend ist. In ästhetisch gelungenen bzw. sinnlich attraktiven Gegenständen komme die Wahrheit einer dem Menschen und seinen Bedürfnissen unangemessenen Gesellschaft ans Licht; sie sind in diesem Sinne ‚authentisch' und können als Einspruch, wenn nicht sogar Kampfinstrument gegen diese Gesellschaft begriffen werden. Anders als bei Adorno (2013 [1963], besonders 16) ist diese Authentizität jedoch nicht mehr der hohen Kunst und Volkskultur vorbehalten, sondern kann auch kulturindustriellen Erzeugnissen zukommen, besonders wenn sie im Sinne von Camp (Susan Sontag; → 2.5 BASSLER) ihre Artifizialität ausstellen und Produktionsstandards ironisch unterlaufen oder überbieten bzw. sie verfehlen und damit eine allgemeine Scheinhaftigkeit der Kultur markieren. Zu dieser Erweiterung kommt es um 1980 unter dem Eindruck von Punk, New Wave und britischem Neo-Pop sowie deren Interpretation durch den englischen Musikjournalismus (vgl. Diederichsen 2012). Bis heute ist das Interesse am Verhältnis einer so verstanden Kunst bzw. Kultur zu verschiedenen Formen des politischen Engagements (revolutionärer Widerstand, inner- und außerparlamentarische Opposition, Reformbewegungen unterschiedliche Couleur, symbolische Dissidenz, Protest, Terrorismus usw.) zentral für Diederichsen. Sie bestimmt seine Neigung zu Gegenständen und Künstlern wie etwa Christoph Schlingensief (Diederichsen 2011, 3), deren Werke sich durch ästhetische Komplexität und damit inhaltliche Ambivalenz auszeichnen, dabei aber erkennbar von einer linken Grundhaltung geprägt sind und sich beispielsweise mit Rassismus und sozialer Exklusion beschäftigen.

Vom skizzierten Konzept einer ‚Authentizität zweiter Stufe' heißt es nun aber in „Ist was Pop", – das ist eine Variante der erwähnten Niedergangsthese –, es sei aus seinem ursprünglich subkulturellen Kontext herausgelöst und trivialisiert worden, wodurch sein emanzipatorisches Potential bedroht sei. Es ist von „exzentrischen Konformisten" die Rede, die daraus „die bekannte Guildo-Horn-Bewegung gemacht haben" (Diederichsen 1999, 278–279). Zum Massenphänomen verkommen, erfülle es nun kompensatorische, systemstabilisierende Zwecke im Kontext einer neoliberalen Erwerbsgesellschaft: „Wer gerade noch seinen Platz im Konkurrenzkampf behauptet hat, entledigt sich seiner psychischen und sentimentalen Investitionen in Verlierer-Kultur – repräsentiert durch den Schlager – in einer rituell-kollektiven Ironie-Orgie." (Diederichsen 1999, 279) Um Einseitigkeit zu vermeiden (und darin Adorno-Schüler), fügt Diederichsen eine dialektische

Volte hinzu: „Andere mögen gerade in der Verbindlichkeitserklärung des Unverbindlich-Ironischen oder des Scheiternden tatsächlich authentische Entlastungen erleben, die ausgelassene Feiern wert sind." (Diederichsen 1999, 279)

Auch formal weist „Ist was Pop?" typische Kennzeichen von Pop-Theorie auf: Die Argumentation ist komprimiert, manchmal nur angedeutet und sprunghaft. Geläufige gegensätzliche Positionen, etwa zur kulturoptimistisch wie -pessimistisch deutbaren Öffnung des Fernsehens für bildungsferne Schichten (Diederichsen 1999, 276), werden als allzu simplifizierend abgelehnt, statt Positionen zu beziehen wird weiterer Reflexions- und Differenzierungsbedarf signalisiert; auch das erinnert an Adorno (vgl. Büscher 2011, 166).

Stilbildend ist die Kombination einer bei Marxismus, Psychoanalyse, Strukturalismus, Dekonstruktion, Feminismus, Postkolonialismus usw. entlehnenden mit einer feuilletonistischen bzw. für Pop-Magazine und Fanzines typischen Schreibweise, die persönliche Bekenntnisse, autobiographisch-erzählende Passagen, Szeneslang und Pop-Musik-Slogans einschließen kann und nicht zuletzt auf gedankliche und stilistische Originalität setzt (vgl. Hinz 1998, 14). „Ist was Pop?" steht dabei eher für den als ‚akademisch' verschrienen Stil, der in Buchpublikationen Diederichsens seit den 1990er Jahren dominiert, als für die flüssigere, am *New Journalism* (u. a. Tom Wolfe, dazu Hecken 2011a, Hinz 2003, 300) orientierte Ausdrucksweise der frühen 1980er Jahre. Kritiker monieren daran häufig eine gewisse Schwerfälligkeit und eine Tendenz zum Oberlehrerhaften. Rainald Goetz (1999, 512) etwa kommentierte „Ist was Pop" so: „Diedrichs Aufsatz über Pop I und Pop II. Nur für Doktoranden. Ich will immer rufen: hallo, Diedrich, wir sinds. Mach doch mal bißchen – ja: offener. Nicht so schwer im Ornat des Amts."

Die genannten Eigenschaften haben dazu geführt, dass die akademische Wissenschaft Diederichsen wie der Pop-Theorie zwar große Wirkung bescheinigt, den entsprechenden Schreibweisen aber häufig skeptisch gegenüberstehen. Es handle sich, so kann man lesen, um eine „merkwürdige Mixtur aus Selbstdarstellungen, Forderungen, systemexternen Versatzstücken und Unzufriedenheit" (Heidingsfelder 2012, 368; dazu Rauen 2012, 7–8), nicht um anspruchsvolle Theorie. Der zugrunde liegende Glaube an eine mögliche befreiende Wirkung von Popkultur sei, ebenso wie Klagen über deren Ausbleiben, politisch naiv (Hinz 2003, 305), das stilistische Imponiergehabe der Poptheoretiker verdanke sich dem Versuch, einer im Schatten der ‚68er' stehenden Generation Profil zu verleihen, ja es sei in einem schlechten Sinne und weil nicht an Kommunikation interessiert, „undemokratisch" (Geer 2012, 16, vgl. auch 233–235).

2.3 Ausblick auf die 2010er Jahre

Auch wenn der Schwerpunkt dieses Artikels auf der Zeit um 2000 liegt, soll doch schlaglichtartig angedeutet werden, wo nach Kontinuitäten im Schreiben von Diederichsen auch jenseits davon zu suchen wäre. Dass sein Lebensthema, die Frage „wie geht Repräsentation, wie geht politische Kunst" (Diederichsen und Dengler 2019), auch heute unvermindert aktuell ist, zeigte kürzlich eine publizistische Intervention im Zusammenhang mit der österreichischen Staatskrise im Mai 2019. Der Vizekanzler Heinz Strache von der rechtspopulistischen Freiheitlichen Partei Österreichs löste sie aus, nachdem er sich auf Ibiza von einer angeblichen russischen Oligarchin dazu hinreißen hatte lassen, freimütig über Pläne zur Manipulation der freien Presse zu sprechen. Diederichsen bezieht sich in dem Artikel auf den Auftritt der in den 1990er Jahren populären Eurodance-Gruppe Vengaboys bei einer öffentlichen Feier anlässlich der Aufdeckung des Skandals, bei der auch ihr Hit „We're Going to Ibiza" zum Besten gegeben wurde.

In seiner Interpretation dieses Auftrittes verschränken sich drei altbekannte Interpretamente: Ein kritischer Authentizitätsbegriff, die Vorstellung von Kairos als der historisch beim Schopf zu packenden Gelegenheit sowie die Idee, dass gerade in den kommerziellen Niederungen der populären Kultur emanzipatorisches Potential zu finden sei. Gerade dass die Mitglieder der bunten Tanztruppe biographisch nichts mit Österreich zu tun haben und auch sonst ganz unberufen dazu erscheinen, in politischen Angelegenheiten das Wort zu ergreifen, macht sie in den Augen des Poptheoretikers zur verblüffend passenden Antwort auf die Situation. „Nicht die blöde alte Substanz der langen Bio zählte an diesem Abend auf dem Ballhausplatz, sondern die tänzerische Präsenz des Wissens aus dem Club" (Diederichsen und Dengler 2019). Eben weil es sich um intellektuell und ästhetisch unterkomplexe Unterhaltung handle, die auf bloßes Amüsement setzt, könnten die Vengaboys für die unabgegoltenen „Utopien des Popism" einstehen (Diederichsen und Dengler 2019). Als „queerverkasperte Partymonarchen" qualifiziere sie ihre vulgäre Sinnlichkeit und Überschreitung von tradierten Geschlechtergrenzen dazu, als Sprachrohr aller gegen Rechts auftretenden Gruppierungen zu fungieren, so wie umgekehrt der politische Einsatz für die gute Sache die eigentlich überholte Eurodance-Ästhetik nobilitiere und „den balearischen Hedonismus wieder ins Recht" setze: „Die Vengaboys waren sofort bereit, den Kalauer, den sich die Geschichte erlaubt hatte, aufzugreifen und leere Zeichen (eine Songzeile, einen Ortsnamen) mit prallem Leben zu füllen" (Diederichsen und Dengler 2019).

3. Pop-II-Literatur: Kritik an Kracht, Stuckrad-Barre, *Tristesse Royale* u. a. im Kontext der Pop I/II-Unterscheidung

Literatur spielt in der Buchfassung von „Ist was Pop?" keine Rolle, auch damit ist der Aufsatz repräsentativ für Pop-Theorie im ausgeführten Sinn, die sich stets mehr für Pop-Musik, Film und bildende Kunst interessiert hat (Rauen 2010, 127; zu Ausnahmen siehe Hecken 2011b, 15). In der Erstpublikation „Alles ist Pop" von 1998 ist jedoch von einer zeitgenössischen literarischen Tendenz zur Affirmation die Rede, die als schlichte Umkehrung des Kulturpessimismus der Kritischen Theorie zu verwerfen sei. Das könnte sich beispielsweise an den kritischen Diederichsen-Weggefährten Goetz richten, bei dem sich in der zweiten Hälfte der 1990er Jahre vermehrt Äußerungen wie diese finden: „Für mich ist es eigentlich immer da am schönsten, wo ich gerade bin. Jeden verstehe ich, mit allem bin ich einverstanden. [I]ch bin so ein dauernder JA-SAGER ja nur, weil ich in Wirklichkeit, daheim allein bei mir im stillen Kämmerlein, so ein notorischer NEIN-DENKER bin." (Goetz 1999 [1995], 86)

Zur erfolgreichen Pop-Literatur der 1990er Jahre, „von Kracht bis Naters, von von der Lange bis zu von Stuckrad-Barre, von www.ampool.de bis zur Tristesse Royale", äußert sich Diederichsen in einem *taz*-Artikel vom August 2000 (2000c, vgl. auch 2000b, V), wobei die in „Ist was Pop?" artikulierte Zeitkritik weiterhin den Hintergrund bildet. Er attestiert den Texten technische Gelungenheit, aber formale und thematische Konventionalität (zur Kritik an „antiexperimentellen Erzähldogmen" der Gegenwartsliteratur siehe auch Diederichsen 2008). Die Autoren halten sich Diederichsen zufolge zu stark an die lebensweltlichen Erfahrungen ihres jungen Lesepublikums, etwa was die Figurengestaltung („heterosexuell, weiß, deutsch und auch sonst ganz normal", 2000c) angehe. ,Transgression' – wesentliches Merkmal von Pop I, in Pop II dagegen Mangelware (Diederichsen 1999, 275) – suche man vergebens. Dem stellt er eine „Literatur im Pop-Musik-Umfeld aus den 80ern" gegenüber, die heterogene Diskurse („Naturwissenschaft, Journalismus, Privatsprachen, Politik, Sex, Dritte Welt und – Pop") verknüpft habe und, etwa bei Hubert Fichte, nach einem „Außenstandpunkt" gesucht habe (Diederichsen 2000c).

Hubert Fichte hat sich Diederichsen in den letzten Jahren vermehrt gewidmet, auch im akademischen Zusammenhang und als Co-Herausgeber des Webjournals „Liebe und Ethnologie" (https://www.projectfichte.org). Ohne hier ausführlich darauf eingehen zu können, sei doch erwähnt, wodurch Diederichsens Bevorzugung von Pop-I-Autoren wie Fichte gegenüber der Pop-Literatur der 1990er Jahre motiviert zu sein scheint: In Fichtes Arbeiten sind zahlreiche Motive über das gemeinsame Thema der „Freiheit" miteinander verklammert. Das gilt in sexueller und politischer Hinsicht, aber auch im Sinne einer Überwindung von tradierten Diskurs- und Genregrenzen. Diederichsen interessiert sich dabei vor allem für die – seinem eigenen Schreiben nicht unähnliche – Transgression der Scheidelinie zwischen Kunst und Wissenschaft. Er interpretiert Fichtes Arbeiten im Grenzbereich von Ethnologie und Roman, „intimer Selbstentblößung, schonungslosem Klartext und politischer Prosa" (Diederichsen 2019) als Vorwegnahme von „artistic research", wie sie in den letzten Jahren im Kunstbetrieb Konjunktur hatte, und „Suche nach der Einsetzbarkeit künstlerischer Mittel zu Zwecken der Forschung und Theoriebildung" (Diederichsen 2017). Dabei fungiere die „spezifische Dünnhäutigkeit – Fichte sagt: Empfindlichkeit – des Künstlers, seine spezifische Widerstandslosigkeit gegen die Wirklichkeit" (Diederichsen 2017) als eine experimentelle Lebensform, die letztlich auch zur theoretischen Wirklichkeitserkenntnis beitrage.

Zu Ergänzen ist in diesem Zusammenhang, dass Diederichsen lange vor seiner Unterscheidung in Pop I und Pop II nicht nur literarische Vertreter von Pop I wie Fichte kannte, die er weiterhin hochschätzt, sondern auch solche, denen um 1980 seine ganze Missbilligung zuteil wurde. So sah er beispielsweise in Wolf Wondratscheks Texten das weinerliche und miefig-bürgerliche Ergebnis des Versuchs, die amerikanische Rockkultur auf deutsche Verhältnisse der 1970er und frühen 1980er Jahre zu übertragen (Diederichsen 1983). Er unterschied dabei zwei Phasen dessen, was er später Pop I nennen sollte: eine rebellische frühe und eine „spätere[] subversive[]" (Friedrich 2019, 66). Dabei musste Wondratschek als Negativexempel dafür herhalten, was passiert, wenn das Rebellische zum inauthentischen Gestus verkommt.

Kern des Artikels ist der Vorwurf, traditionell der Literatur eingeräumte Freiheiten, vor allem das in „Ist was Pop?" so genannte ‚Unverbindlich-Ironische' (s. o.), als wohlfeiles Alibi für Standpunktlosigkeit zu missbrauchen: „Das alte Medium dient als License zur Nullposition. Aus der Chance zur Offenheit und Ambivalenz wird ein Schutzraum, wo ich keine Position zu haben brauche. Ob man das nun erbärmlich findet oder an Regentagen gut verstehen kann" (Diederichsen 2000c). Dieser Mangel werde durch „kraftvolle[], aber zunehmend leere[] Geschmacksunterschiede[]" kompensiert (Diederichsen 2000c), etwa in öffentlich inszenierten Konflikten mit konkurrierenden Komikern und Entertainern wie dem TV-Moderator Stefan Raab (vgl. die Kritik an der „Raab/Schmidt/Kracht-Massenkultur" in Diederichsen 2000b, V). Man pflege „ranzige[] Feindbilder", – zu denken ist an stereotype ‚Gutmenschen'-Schelte, wie sie ähnlich und bis heute auch von rechter Seite gepflegt wird –, die nicht mehr von der sozialen Realität gedeckt seien. Immerhin scheine sich die „klebrig-bittere Verzweiflung" bei Kracht (wohl in *Faserland*) der Erkenntnis zu verdanken, dass solche inhaltsleeren Distinktionen sich „letzten Endes als bloße Funktionen nackter Statusunterschiede" (Diederichsen 2000c, eine verhalten positive Bewertung von *Soloalbum* bei Diederichsen 2003) offenbaren.

Ähnlich argumentiert ein Beitrag zu einem kulturwissenschaftlichen Sammelband, in dem Diederichsen (2006, 111–112) mit Bezug auf Baßler (2002) den historisch-inhaltlichen Unterschied zwischen einer Pop-Literatur I (bis etwa 1975) und II daran festmacht, wie das Format ‚Auflistung' literarisch eingesetzt werde. Allen Ginsberg, Ted Berrigan, Wolf Wondratschek, Tuli Kupferberg, Rolf-Dieter Brinkmann, Peter Handke, Hubert Fichte und Yoko Ono hätten, so Diederichsen, Listen als bis dato literarisch ungebräuchliches, also verfremdungsstarkes Mittel verwendet. Es hätten Forderungs- und To-do-Listen, Einkaufs- und Wunschzettel dominiert, die vom Glauben an eine offene Zukunft kündeten. Auch die Pop-Literatur II (Namen nennt Diederichsen keine) bediene sich dieses Verfahrens, das aber mittlerweile durch inflationären Gebrauch u. a. in der „Pop-Publizistik" („Charts, Poll und Kritikerlisten") künstlerisch abgenutzt sei (Diederichsen 2006, 112). Inhaltlich diene es vornehmlich der kulturellen Inventur („Namen von Dingen, sehr oft Songs, öffentliche Personen, Konsumgegenstände, Designgegenstände") und der „Evokation von idyllischem Kindheitskonsumglück" (Diederichsen 2006,120). Das zielt auf Motivreihen, wie sie exemplarisch Florian Illies in *Generation Golf* (2001) präsentiert (vgl. Diederichsen 2002), und soll bedeuten, dass im Übergang von Pop-Literatur I zu II Fortschrittsglaube und Vertrauen in die eigene historische Handlungsfähigkeit verloren gehen, ebenso wie das Ideal einer Konvergenz von „Gestalt" und „Gesinnung", vielleicht darf man sagen: Schönem und Gutem (Diederichsen 2006, 114).

Diederichsens Einschätzung, die Pop-Literatur der 1990er Jahre recycle den anti-alternativen wie anti-bildungsbürgerlichen Affekt der frühen 1980er Jahre, jedoch mit größerer Resonanz und ohne linken Überbau, wird von großen Teilen der Forschung im Prinzip bestätigt (Hinz 2003, 305; Frank 2003; Rauen 2011, 207–208). Betont wird dabei u. a. die popularisierende Wirkung in Bezug auf ‚Pop' als Konzept und Etikett, die von Kracht, Stuckrad-Barre usw. aufgrund des großen Feuilleton-Interesses ausging, „bis hin zur Bezeichnung von allem als ‚Pop', was sich irgendwie medial, peppig und auffällig andienen möchte – von Stefan Raab bis Guido Westerwelle" (Hecken 2011b, 24). Unabhängig davon hat man sich dagegen ausgesprochen, Pop-Literatur im Anschluss an Diederichsen am Ideal politischer Widerständigkeit und formaler Innovation zu messen; nicht ohne Grund, weil sonst die Pop-Literaturgeschichte seit den Tagen der „'Pop-Klassik' (Brinkmann, Fichte, Handke, Jelinek)" (Frank 2008, 29; ebenso Degler, Paulokat 2008, 54) als Niedergangsgeschichte zu schreiben wäre.

Literaturverzeichnis

Adorno, Theodor W. „Résumé über Kulturindustrie." *Texte zur Theorie des Pop*. Hrsg. von Charis Goer, Stefan Greif und Christoph Jacke. Stuttgart: Reclam, 2013 [1963]. 13–22.
Baßler, Moritz. *Der deutsche Pop-Roman. Die neuen Archivisten*. München: C.H. Beck, 2002.
Bessing, Joachim. *Tristesse Royale. Das popkulturelle Quintett mit Joachim Bessing, Christian Kracht, Eckhart Nickel, Alexander v. Schönburg und Benjamin v. Stuckrad-Barre*. Berlin: Ullstein, 1999.
Büscher-Ulbrich, Dennis. „The Soundtrack of Our Lives? Zur Funktionalisierung von Musik in der Pop-Literatur". *Poetik der Oberfläche. Die deutschsprachige Pop-Literatur der 1990er Jahre*. Hrsg. von Olaf Grabienski, Till Huber und Jan-Noël Thon. Berlin und Boston: De Gruyter, 2011. 163–184.
Degler, Frank, und Ute Paulokat. *Neue Deutsche Pop-Literatur*. Paderborn: UTB, 2008.
Diederichsen, Diedrich. „Was ist Pop? XTCsNRG". *Sounds* 2 (1980): 34–36. http://diedrich-diederichsen.de/publications.htm#verstreute-schriften.
Diederichsen, Diedrich. „Spätsaison. Journaille – Defunkt – Talking Heads." *Sounds* 9 (1982a): 44–45.
Diederichsen, Diedrich. „Nette Aussichten in den Schützengräben der Nebenkriegsschauplätze". *Staccato. Musik und Leben*. Hrsg. von Diedrich Diederichsen. Heidelberg: Kübler-Verlag Akselrad, 1982b. 85–101.
Diederichsen, Diedrich. „Ach, ist das alles verdammt männlich. Über den Erfolgs-Lyriker Wolf Wondratschek". *Der Spiegel* 37 (1983): 237–239.
Diederichsen, Diedrich. „Alles ist Pop. Was bleibt von der Gegenkultur?" *Süddeutsche Zeitung* 181, 8. und 9. August 1998: 14.
Diederichsen, Diedrich. „Ist was Pop?" *Der lange Weg nach Mitte. Der Sound und die Stadt*. Köln: Kiepenheuer & Witsch, 1999. 272–286.
Diederichsen, Diedrich. „Vorwort 1989 – Musik und Dissidenz in den 80er-Jahren – Inhaltsverzeichnis einer Theorie." *2000 Schallplatten. 1979–1999*. Höfen: Hannibal, 2000a. 11–19.
Diederichsen, Diedrich. „Vorwort 2000 – Vor dem Ende der Musik, an dem alles Musik wird." *2000 Schallplatten. 1979–1999*. Höfen: Hannibal, 2000b. I–XII.
Diederichsen, Diedrich. „Die License zur Nullposition. Goldene Zeiten für Literatur (XIII): Deutsche Schriftsteller produzieren wieder eine Ironie, die auf einer Normalität ruht, für die sich keiner mehr schämt." *taz* 7. August 2000c.
Diederichsen, Diedrich. *Sexbeat*. Köln: Kiepenheuer & Witsch, 2002 [1985].
Diederichsen, Diedrich. „And then they move, and then they move – 20 Jahre später [Vorwort zur Neuauflage]." *Sexbeat*. Köln: Kiepenheuer & Witsch, 2002. I–XXXIV.
Diederichsen, Diedrich. „Ganz miese Witze. Georg Schnitzlers Verfilmung von Benjamin von Stuckrad-Barres Pop-Erfolgsroman *Soloalbum* karikiert die Wirklichkeit leider viel schlechter als das Buch." *Die Zeit* 14, 27. März 2003. http://www.zeit.de/2003/14/Ganz_miese_Witze.
Diederichsen, Diedrich. „Liste und Intensität." *Abfälle. Stoff- und Materialpräsentation in der deutschen Pop-Literatur der 60er Jahre*. Hrsg. von Dirck Linck und Gert Mattenklott. Hannover-Laatzen: Wehrhahn, 2006. 107–124.
Diederichsen, Diedrich. „Einstürzende Satzbauten. Der amerikanische Autor Mark Z. Danielewski hat nach allen Regeln der Postmoderne das begehbare Buch konstruiert. [Rezension des Romans *House of Leaves*]". *Die Zeit* 2, 3. Januar 2008. http://www.zeit.de/2008/02/L-Danielewski.

Diederichsen, Diedrich. „Epic Theater. Diedrich Diederichsen on the Work of Christoph Schlingensief." *Artforum* (März 2011). http://artforum.com/inprint/issue=201103&id=27589.

Diederichsen, Diedrich. „Der Imperativ des Authentischen – ‚Erfinde Dich halt- und bodenlos neu und verkörpere das so, als wäre das immer schon Deine Natur gewesen'." *polar – Politik/Theorie/Alltag* 13 (2012). http://www.polar-zeitschrift.de/polar_13.php?id=615#615.

Diederichsen, Diedrich. „Sexualität, Folter, Bi-Kontinentalität – Widerstand, Theorie und politische Heuristik in Hubert Fichtes *Geschichte der Empfindlichkeit*" (24.10.2017). https://www.projectfichte.org/sexualitaet-folter-bi-kontinentalitaet-widerstand-theorie-und-politische-heuristik-in-hubert-fichtes-geschichte-der-empfindlichkeit.

Diederichsen, Diedrich. „Jäcki und Irma reisen um die Welt". Hubert Fichte: Liebe und Ethnologie (10.04.2019). https://www.projectfichte.org/jaecki-und-irma-reisen-um-die-welt.

Diederichsen, Diedrich, und Verena Dengler. „Venga, Vienna & das Video. Der Auftritt der Vengaboys in Wien". *Jungle World* 20.06.2019. https://jungle.world/artikel/2019/25/party-politics.

Frank, Dirk. „Die Nachfahren der ‚Gegengegenkultur'. Die Geburt der ‚Tristesse Royale' aus dem Geist der achtziger Jahre." *Text + Kritik Sonderband X. Pop-Literatur.* Hrsg. von Heinz Ludwig Arnold und Jörgen Schäfer. München: edition text + kritik, 2003. 218–233.

Frank, Dirk. „‚Literatur aus den reichen Ländern'. Ein Rückblick auf die Pop-Literatur der 1990er Jahre." *Poetik der Oberfläche. Die deutschsprachige Pop-Literatur der 1990er Jahre.* Hrsg. von Olaf Grabienski, Till Huber und Jan-Noël Thon. Berlin und Boston: De Gruyter, 2011. 27–51.

Friedrich, Hans-Edwin. „Wie Wolf Wondratschek zum Rockpoeten wurde. Zu Chuck's Zimmer (1975)". *Deutschsprachige Pop-Literatur von Fichte bis Bessing.* Hrsg. von Ingo Irsigler, Ole Petras und Christoph Rauen. Göttingen: Vandenhoeck & Ruprecht, 2019. 65–84.

Geer, Nadja. *Sophistication. Zwischen Denkstil und Pose.* Göttingen: V & R unipress, 2012.

Goer, Charis. „Einleitung" [zu: Diedrich Diederichsen: „Ist was Pop?" (1999), Auszug der Fassung in *Der lange Weg nach Mitte*]. *Texte zur Theorie des Pop.* Hrsg von Charis Goer, Stefan Greif und Christoph Jacke. Stuttgart: Reclam, 2013. 242–243.

Goetz, Rainald. „Subito". *Hirn.* Frankfurt am Main: Suhrkamp, 1986 [1983]. 9–21.

Goetz, Rainald. „Frontpage. Words don't easy. Auf Fragen von JL". *Celebration. 90 s Nacht Pop.* Frankfurt am Main: Suhrkamp, 1999 [1995]. 69–89.

Goetz, Rainald. *Abfall für alle. Roman eines Jahres.* Frankfurt am Main: Suhrkamp 1999.

Hecken, Thomas. „Zeitgeistjournalismus und Literatur". *Medialer Realismus.* Hrsg. von Daniela Gretz. Freiburg im Breisgau: Rombach, 2011a. 247–269.

Hecken, Thomas. „Die verspätete Wende in der Kultur der 1990er Jahre". *Poetik der Oberfläche. Die deutschsprachige Pop-Literatur der 1990er Jahre.* Hrsg. von Olaf Grabienski, Till Huber und Jan-Noël Thon. Berlin und Boston: De Gruyter, 2011b. 13–26.

Heidingsfelder. Markus. *System Pop.* Berlin: Kadmos, 2012.

Hinz, Ralf. *Cultural Studies und Pop. Zur Kritik der Urteilskraft wissenschaftlicher und journalistischer Rede über populäre Kultur.* Opladen: Westdeutscher Verlag, 1998.

Hinz, Ralf. „Pop-Theorie und Pop-Kritik. Denk- und Schreibweisen im avancierten Musikjournalismus". *Text + Kritik Sonderband X. Pop-Literatur.* Hrsg. von Heinz Ludwig Arnold und Jörgen Schäfer. München: edition text + kritik, 2003. 297–310.

Holert, Tom, und Mark Terkessidis. *Mainstream der Minderheiten. Pop in der Kontrollgesellschaft.* Berlin und Amsterdam: Id Verlag 1996.

Khatib, Sami. „Pop III. Das Ende der Kunst als Politikersatz." *Style&The Family Tunes* 2.4 (2009): 154–160.
Kracht, Christian. *Faserland*. München: Goldmann, 1997 [1995].
Marcus, Greil. *Lipstick Traces. Von Dada bis Punk – kulturelle Avantgarden und ihre Wege aus dem 20. Jahrhundert*. Hamburg: Rogner & Bernhard bei Zweitausendeins, 1992 [1989].
Rauen, Christoph. *Pop und Ironie. Popdiskurs und Pop-Literatur um 1980 und 2000*. Berlin und New York: De Gruyter 2010.
Rauen, Christoph. „Kulturalisierung als Potenzierung der Kritik. Der ‚lange Weg nach Mitte' des Popkritikers Diedrich Diederichsen." *Kulturen der Kritik. Mediale Gegenwartsbeschreibungen zwischen Pop und Protest*. Hrsg. von Kai Sina und Ole Petras. Dresden: Thelem 2011. 193–211.
Rauen, Christoph. „Was ‚Pop' im Innersten zusammenhält. Rezension zu Markus Heidingsfelder, *System Pop*". *pop-zeitschrift.de*, Oktober 2012. http://www.pop-zeitschrift.de/2012/10/10/was-pop-im-innersten-zusammenhaltrezension-zu-markus-heidingsfelder-system-popvon-christoph-rauen10-10-2012/.
Salzinger, Helmut. *Rock Power oder Wie musikalisch ist die Revolution. Ein Essay über Pop-Musik und Gegenkultur*. Frankfurt am Main: S. Fischer, 1972.

2.5 Camp: Susan Sontag
Moritz Baßler

1. Notes on „Camp"

Das Verhältnis von Camp zu Pop ist zweifellos ein enges. Camp, so konstatierte George Melly bereits im Jahre 1970, sei „central to almost every difficult transitional moment in the evolution of pop culture" und „helped pop make a forced march around good taste." (Melly 1970, 160–161) Wie genau dieses Verhältnis allerdings zu fassen ist, bleibt umstritten. Es hängt davon ab, welche Aspekte des schillernden Camp-Begriffs man für die jeweils wesentlichen hält.

Susan Sontags seminaler Essay „Notes on ‚Camp'" erschien 1964 zunächst im *Partisan Review* und 1966 dann in ihrer Essaysammlung *Against Interpretation*. Er besteht aus einer Vorbemerkung und 58 durchnummerierten Anmerkungen, durchsetzt mit Oscar-Wilde-Zitaten. Camp wird darin als eine „sensibility" (Sontag 1964a, 275) entworfen, ein gemischtes Gefühl („deep sympathy modified by revulsion", Sontag 1964a, 275), das bei der ästhetischen Aneignung kulturindustrieller Produkte durch den Intellektuellen zum Tragen kommt. „Camp is the answer to the problem: how to be a dandy in the age of mass culture" (Sontag 1964a, 288). Im Modus einer stets positiven, liebevollen Aneignung – „You're not making fun of it; you're making fun out of it" (Isherwood 1954, 51) – verändert sich der Status des kulturindustriellen Objektes. Es wird, in Sontags berühmter Formulierung, in Anführungszeichen gesetzt: Eine Tiffany-Lampe, campy angeeignet, „is not a lamp, but a ‚lamp'", Jayne Mansfield „not a woman, but a ‚woman'" (Sontag 1964a, 280). Diese Anführungszeichen markieren das Künstliche, das gewollt Zeichenhafte und ästhetisch Ausgestellte und damit zugleich die Arbitrarität des gewählten Gegenstandes, ja die „Akte der Appropriation" selbst (Schumacher 2017, 119). Man könnte sie als spezifisch ästhetisches Gegenstück jener Anführungszeichen verstehen, in die eine poststrukturalistische Theorie etwa zeitgleich die Begriffe der epistemologischen Tradition setzt. Wie dort der Philosoph, so instrumentalisiert im Camp der Dandy etwas, von dem er weiß, dass es eigentlich nicht (oder besser: nicht eigentlich) den erforderlichen Status besitzt, für seine Zwecke und bereichert damit sein Instrumentarium. Hohe, ernsthafte Kunst ist nicht camp-fähig, ebenso wenig wie rein Triviales: „In naïve, or pure, Camp, the essential element is seriousness, a seriousness that fails." (Sontag 1964a, 283)

Dabei ist das Scheitern des ursprünglichen, objektseitigen Anspruchs nicht für alle Rezipienten erkennbar, sondern setzt zunächst eine Distanz voraus.

Naiver Camp (Camp$_1$) ist insofern naiv, als dass es Produzenten und Rezipienten gibt, die diese Distanz nicht einnehmen oder einnehmen können. So kann ein Schlager von Marianne Rosenberg durchaus ‚straight' als gefühlswahre, natürliche, schöne Musik rezipiert werden oder eben, z. B. in der Praxis einer schwulen Community, als Camp („It's good *because* it's awful", Sontag 1964a, 292). Ein Porzellan-Rehkitz in der Wohnzimmervitrine kann als Darstellung eines Stückes Natur einfach schön gefunden werden, in anderer Wohnumgebung jedoch, zu deren Stil es in Differenz steht, campy sein. Bewusst als solche hergestellte Camp-Objekte (Camp$_2$) setzen dagegen auf Produzenten- wie Rezipientenseite bereits einen gemeinsamen Modus der Uneigentlichkeit voraus (etwa ein pinkes Glitzer-Rehkitz). Dazwischen liegt noch der Herausgeber-Camp (vgl. Baßler 2009), bei dem zwar Produzent und Rezipienten, nicht jedoch alle an der Produktion Beteiligten um den angestrebten Modus wissen (wie womöglich Anita Ekberg in der Trevibrunnen-Kätzchen-Szene von Fellinis *La Dolce Vita* (1960) nicht weiß, wie campy sie da gerade inszeniert wird). – Objektseitig wird Camp befördert von einem manieristischen Zuviel („too much", Sontag 1964a, 284), einem extravaganten ästhetischen Überschuss, „a victory of ‚style' over ‚content', ‚aesthetics' over ‚morality', of irony over tragedy" (Sontag 1964a, 287).

Kritik an Sontags Camp-Konzept entzündete sich vor allem an ihrer ästhetischen Verallgemeinerung einer ursprünglich schwulen Praxis und insbesondere an ihrer Charakterisierung von Camp als apolitisch und positiv-großzügig. Moe Meyer etwa möchte eine originäre politisch-intentionale Praxis als *Camp* (mit großem C) von Sontags *camp* oder *Pop camp* unterscheiden, der „inoffensive to the bourgeois (ontological) order and therefore co-opted as an acceptable part of the ‚pop' dominant system of ideological interpellation" sei (Cleto 1999, 17). Fabian Cleto votiert in diesem Sinne auch für „Queering the Camp", und Mark Booth behauptet, „Camp is primarily a matter of self-presentation than of sensibility" (Booth 1999, 69). Auf diese Weise landet man freilich immer bloß beim sogenannten ‚Low Camp' (Isherwood 1954, 51), beim *camping* als „one way in which gay men have recuperated their oppression" (Britton 1999, 142). Sontags Essay geht in seinem Anspruch und seiner Wirkung weit darüber hinaus; er zielt auf die Möglichkeit eines neuen ästhetischen Modus im Kontext der Markt- und Massenkultur, deren Dominanz 1964 zwar schon erahnbar, aber keinesfalls voll entfaltet war. In einer Kultur, in der ein Rauschenberg-Gemälde in seiner Wirkung ungefähr dem entspricht, was ein Song der Supremes auslöst, müssen die Kategorien des Ästhetischen selbst von Grund auf neu bestimmt werden: „The point is that there are new standards, new standards of beauty and style and taste." (Sontag 1965, 304) Im Spektrum der Lesarten von marktförmiger Massenkultur und Kulturindustrie wird Camp dabei „regelmäßig in die rezeptionsoptimistische Lesart eingetragen" (Diederichsen 2014b, 138), als ästhetischer

Modus findet er einen Ort „beyond negation" (Sontag 1964b, 229). Dass Sontag auf der ästhetischen Natur des Camp besteht – in vielkritisierter Opposition zum Politischen (vgl. noch Rebentisch 2013) – scheint mir ähnlich gelagert wie Kants Beharren auf der Interesselosigkeit am Schönen. Beides bezeichnet nur den basalen Modus des Urteils und bedeutet keineswegs, dass man kein Interesse an der Existenz des Schönen haben oder Camp nicht politisch einsetzen könnte.

2. Camp und Pop

Vor allem in diesem Sinne einer Neubestimmung des ästhetischen Modus ist das Camp-Konzept denn auch für die begriffliche Erfassung von Pop-Phänomenen essentiell. Sontags Essay erkennt bereits eine Verwandtschaft zwischen Camp und Pop (gemeint ist Pop Art), bezeichnet Pop jedoch als „more flat and more dry, more serious, more detached, ultimately nihilistic" (1964a, 292). Was Pop-Musik angeht, hält sie den Rock'n'Roll nicht für campfähig, wohl aber Beatmusik, was man heute vielleicht eher umgekehrt sehen würde. Literatur, als nicht-performative Kunst, kommt für eine campy Rezeption prima facie weniger in Frage und wird in den „Notes on ‚Camp'" kaum thematisiert.

Was dafür spricht, das Sontag'sche Konzept von Camp auszuweiten und dabei dessen engere Begriffsbestimmung zu überschreiten (was auch nach terminologischer Ausdifferenzierung verlangen würde – Camp, Pop, Kult, Trash etc.), ist die bereits in den 1960er Jahren konstatierte Transgressivität, die dieser ästhetische Rezeptions-Modus entwickelt, wenn er erst einmal eingeführt ist. „Camp involves a new, more complex relation to ‚the serious'", heißt es in den „Notes", und auf einmal steht auch die ernsthafte Kunst in Anführungszeichen: „One is drawn to Camp when one realizes that ‚sincerity' is not enough." (Sontag 1964a, 288) Die Möglichkeiten ästhetischer Aneignung werden mittels Camp zwar zunächst über die traditionelle Kunst hinaus erweitert, der neue Modus erfasst aber schließlich auch diese. Wie kann das sein? Die Anführungszeichen des Camp markieren, wie wir sagten, die Ent-Naturalisierung von Gegebenheiten wie z. B. Gender („woman"), d. h. aber ihren natürlichen, alternativlosen Status. Insofern ist es nur konsequent, dass allein durch die Existenz eines alternativen ästhetischen Modus der Hochschätzung auch der traditionelle Status von Kunst und Hochkultur neu paradigmatisiert und also als bedingter relativiert wird – auch hohe Kunst ist dann nur noch „hohe Kunst". Adorno hat dies gespürt, wenn er sich im „Résumé über Kulturindustrie" über campy Tendenzen seiner intellektuellen Freunde beklagt (Adorno 2003, 341).

„Once you ‚got' Pop", schrieb Andy Warhol in genau diesem Sinne, „you could never see a sign the same way again." (1980, 39) Dieses Pop ‚getten', checken, als Modus begreifen aber geschieht, genau wie bei Camp, nicht primär über Begriffe und Definitionen, sondern über im Kantischen Sinne ästhetische Urteile. Diese haben zwar einen begrifflichen Anteil, gehen in diesem aber bekanntlich nicht auf und können daher eine Zustimmung nicht erzwingen; das ästhetische Urteil „*sinnet* nur jedermann diese Einstimmung *an*, als einen Fall der Regel, in Ansehung dessen es Bestätigung nicht von Begriffen, sondern von anderer Beitritt erwartet" (Kant 1790, 88). In vielen Texten über Camp (von Isherwood 1954 bis LaBruce 2016) zeigt sich dies auch darin, dass statt einer Definition Listen von Gegenständen generiert werden, deren Campyness man ‚getten' soll (vgl. Schumacher 2017). Erfüllt sich diese Erwartung, so entsteht durch „anderer Beitritt" eine Stilgemeinschaft, wie sie für Camp ebenso charakteristisch ist wie für jene Fan-Communities, die man als Popkultur bezeichnet. Auch dabei bleibt der kulturindustrielle Anteil konstitutiv: „Um käufliche Kulturgegenstände herum wird eine mehr oder weniger von diesen Gegenständen begünstigte Semantik errichtet, die eine Gruppe für verbindlich erklärt" (Diederichsen 1999, 282).

Damit erweist sich die konstitutive Doppelstruktur als von Camp auf Pop übertragbar: Beider Rezeptionsmodi erfordern zum einen eine Ent-Naturalisierung, die als Ent-Mythisierung qua Paradigmatisierung erfolgt, d. h. aus dem Wissen heraus, dass es auch anders möglich wäre. Die für Camp nötige Distanz zum Objekt ist jener Distanz verwandt, die der Intellektuelle laut Dirk Baecker (vgl. 2000, 46–50) zum Vergleichen von Kulturpraktiken und -gegenständen braucht, eine Praxis, die diese von Natur (Tradition, Religion) in Kultur (Künstlichkeit, Zeichen, Rollenspiel) verwandelt, von etwas, das die Eigenschaft hat, „ohne Begründung zu gelten" (Gadamer 1960, 285), in etwas, das man aus einem Paradigma äquivalenter Angebote wählt. Genau dafür stehen die Anführungszeichen des Camp und Pop. Zum anderen aber wird das solcherart Gewählte in der Stilgemeinschaft dann wieder re-ikonisiert, wobei Produzenten und Rezipienten gleichermaßen die Ikone hochhalten, die damit letztlich wieder zum Gegenstand eines Kultes wird (vgl. MacCannell 1986). Diesen gut zu finden, geht seiner begrifflichen Durchdringung dabei regelmäßig voraus, was den Tatbestand einer Re-Mythisierung erfüllt. „Die Pop-Kunst kann auf Dauer ebensowenig in einem mythologiefreien Raum existieren wie die ‚hohe Kunst'", schreibt Fiedler in seinem für Popliteratur und Postmoderne gleichermaßen grundlegenden Essay „Cross the Border, Close the Gap" (Fiedler 1968, 34; → 2.1 WEGMANN), wobei die Pop-Literaten ihre „Mythen nicht aus Konversationslexika [...] schöpfen, sondern aus der Gegenwart, im Augenblick ihres Entstehens – in einem Augenblick, in dem sie noch nicht zu Mythen abgestempelt worden sind" (Fiedler 1968, 36). Und Diederichsen ergänzt: „Der Camp-Sensibilität ist die Hinterbühne der Stars vertraut. In diesem Sinne ist Camp also gewissermaßen aufgeklärt. Aber Camp zweifelt niemals die Legende an, den Mythos" (Diederichsen 2014b, 147).

In der Pop-Musik betrifft diese Doppelstruktur die Gleichzeitigkeit eines produzierbaren Show-Elements, das Pop mit älteren und anderen Formen von Unterhaltungskultur verbindet und zu dem sich ästhetische Distanz aufbauen lässt, und einer existenziellen Ansprache, die zur Identifikation, Kollektivbildung und damit zur Aufhebung von Distanz drängt. Für die Pop Art lässt sich in diesem Sinne ein dritter Weg reklamieren zwischen dem Feld eingeschränkter Produktion, also hoher Kunst, in der es vor allem um kulturelles Kapital geht, und dem Feld der Massenproduktion, in dem es allein um ökonomisches Kapital geht (vgl. Zahner 2006). Jedes Produkt wird dadurch doppelt lesbar, womit bereits Warhol ausführlich sein Spiel treibt.

Andrew Ross möchte Camp als intellektuelle Aneignung einer demokratischen Popkultur von dieser selbst unterscheiden. Sontags „democratic *esprit* of Camp" als „equivalence of all objects" (1964a, 289) besage nur, dass noch das banalste Kulturgut „becomes fair game for the camp cognoscenti to pursue and celebrate *at will*. This is a different thing altogether from the ‚democratic' proposition of Pop philosophy, which simply *complies* with, rather than exploits, the principle of general equivalence." (Ross 1999, 321) Das mag eine sinnvolle Differenzierung sein, freilich eher in historischer Hinsicht: Camp „offered a negotiated way by which this most democratic of cultures [=Popkultur, M.B.] could be ‚recognized' by intellectuals", einen Weg, den der männliche Homosexuelle als „‚new model intellectual' of consumer capitalism" gebahnt hatte (Ross 1999, 319 und 315). Campy Aneignungsformen populärer Kultur wie das Vogueing, bei dem sich eine schwarze, homosexuelle, aber nicht unbedingt intellektuelle Stilgemeinschaft Präsentationsformen aus Modezeitschriften (*Vogue*) und Haute Couture aneignet (was dann von Pop-Stars wie Madonna ihrerseits adaptiert wurde), belegen außerdem, dass die Distanz zur angeeigneten Kultur nicht zwangsläufig mit kultureller Dominanz einhergehen muss. Entscheidend ist vielmehr, dass sich dieser ästhetische Modus der Aneignung, einmal durchgesetzt, gegenüber der Differenz high („intellectual") und low („democratic") verselbständigt, den Graben schließt und damit einen fundamentalen „break with the style and legitimacy of the old liberal intellectual" bewirkt (Ross 1999, 318). Dass diese Ästhetik immer wieder auch zur Abgrenzung von Stilgemeinschaften genutzt wird („how to be a dandy..."), ist dabei kein Gegenargument, entscheidend ist, dass es keine grundsätzlichen Restriktionen für die Äquivalenz- und damit Paradigmenbildung gibt.

Seit den 1990er Jahren, also im Dispositiv von Pop II, registriert Hecken „eine Änderung innerhalb der Camp-Wahrnehmung": Es sei jetzt „nicht mehr so wichtig, den Gegenstand des Vergnügens erst stark abzuwerten, um ihn dann in seinem naiven Scheitern, seiner stilistischen Maßlosigkeit zu goutieren. Der heutige Camp-Geschmack bewegt sich stärker auf eine unvermittelte Begeisterung hin", die auch mit Retro-Aspekten einhergehen könne, etwa bei den Fans der Serie *Mad Men* (Hecken 2012, 117). Douglas Wolk versucht, das Prinzip „So Bad It's Good" als SOBIG zu aktualisieren (vgl. 2005).

3. Camp und Pop-Literatur

Es ist die von Sontag unter dem Label „Camp" erstmals beschriebene Doppelstruktur von Distanzierung und Identifikation, die auch in der Pop-Literatur und ihrer Rezeption als Oszillieren zwischen Uneigentlichkeit (oft unter dem Label der „Ironie" verhandelt) und Eigentlichkeit zu einem Dauerthema geworden ist. Komplexitätsverstärkend wirkt dabei die Tatsache, dass die innerliterarische Debatte zumeist bereits selbst in den Anführungszeichen steht, über die sie spricht. In Isherwoods Roman *The World in the Evening* (1954) etwa wird das Camp-Gespür im Dialog ausgetestet: Flaubert („God no!") sei kein Camp, wohl aber Dostojewski („Of course he is! In fact, he's the founder of the whole school of modern Psycho-Camp", Isherwood 1954, 51). Sontags literarische Beispiele dagegen beschränken sich auf dandyeske, zumeist offen homosexuelle englische Literatur (Max Beerbohms Femme-fatale-Campussatire *Zuleika Dobson*, Ronald Firbank, Ivy Compton-Burnett). Anders als in der Bildenden Kunst und im Film ist Camp nie zu einer stabilen Kategorie für Literatur geworden; der Begriff fehlt in literaturwissenschaftlichen Lexika durchgängig. Der von Camp avisierte Modus-Wechsel gelangt also erst über das Label „Pop" in die Literaturwissenschaft, und auch dies nur zögerlich.

Fiedler kommt bei seiner Einführung einer Pop-Literatur, die den Graben zwischen Hoch- und Trivialliteratur, aber eben auch zwischen dem jugendlichen und dem erwachsenen Literaturgenuss schließen soll, sowohl auf den (massenkulturellen) Warencharakter der neuen Literatur zu sprechen (sie fürchte „nicht den Kompromiß des Marktplatzes, ganz im Gegenteil", Fiedler 1968, 22) als auch, wie bereits zitiert, auf ihren neo-mythischen Charakter. Superhelden spielen dabei eine explizite Rolle; kaum zufällig läuft ab 1966 auch die ABC-Serie *Batman*, die als erste Serie gilt, die von einem Massenpublikum campy rezipiert wurde. Mit ihr sei eine „zeittypische[] Mischung aus Camp, Pop, Pop-Art ein akzeptierter Teil der Populärkultur geworden" (Hecken 2012, 116). Folgerichtig kommt auch die Frage des adäquaten Modus auf, in dem diese ‚unreife' Literatur steht und gelesen werden will: Sie müsse „anti-künstlerisch und anti-seriös sein", dürfe „nicht so blutig ernst genommen" werden, sondern solle „volkstümlich, nicht gerade reputierlich, ein wenig gefährlich" daherkommen (Fiedler 1968, 20). Pop-Literatur ist für ihn postmoderne Literatur; sie verabschiedet zugleich eine klassische moralisierende Hochliteratur und eine emphatische Moderne, deren Extremzustände eher dem Erhabenen zuneigen. Sontag siedelt die Avantgarde zwischen Moral und Ästhetik an, wogegen Camp „wholly aesthetic" sei (1964a, 287).

Das betrifft von Beginn an auch den Modus deutschsprachiger Pop-Literatur. Schuster führt aus, dass in der Literaturkritik der 1960er Jahre noch keine Kategorien vorhanden waren, um beispielsweise H. C. Artmanns Adaptionen popkultureller Gegenstände (z. B. von Comics: „herr supermann, zieh hosen an") zu erfassen, und legt nahe, dass die des Camp hier adäquat gewesen wäre (Schuster 2010, 91) – zumal auch homosexuelle Konnotationen dabei allgegenwärtig sind („batman und robin / die liegen im bett [...]"). Rolf Dieter Brinkmann und die Pop-Literatur um 1970 setzen kulturindustrielle Gegenstände dagegen eher in einem avantgardistischen Sinne provokativ gegen einen überkommenen Literaturbegriff ein, die eigene Literatur wird dadurch nicht campy.

Die Modusfrage stellt sich jedoch verschärft ab den 1980er Jahren und vor allem ab Mitte der 1990er Jahre bei jenen Autoren, die aus einem popjournalistischen Umfeld (*Tempo*, *Spex*) zur Literatur kommen, namentlich Joachim Lottmann, Christian Kracht oder Benjamin von Stuckrad-Barre. „Seinen Höhepunkt erreicht der Camp-Modus [...] in den 1990er Jahren" (Hecken 2012, 116). Sie betrifft dabei deren Prosastil bis hin zum Status einzelner Sätze ebenso wie ihr Auftreten als öffentliche Personae, was sich in einigen Fällen, etwa bei Rainald Goetz, Lottmann und Kracht, zu einem autofiktionalen Gesamtkonzept verdichtet (vgl. Kreknin 2014; → 3.3 Kreknin).

Aber wie kann ein literarischer Text überhaupt campy sein, im Unterschied zu: campige Dinge darstellen? Wenn Rolf Dieter Brinkmann seine Gedichte auf Wäsche-Models druckt, pornographisches Wort- und Bildmaterial in seine Texte einfügt und seinen Erzähler in *Keiner weiß mehr* über deutsche Fernsehunterhaltung schimpfen lässt, ist das ein pop-affiner Umgang mit Erzeugnissen der Massenkultur, der dezidiert nicht Camp ist. Er verfährt nicht liebevoll, sondern ruppig und disruptiv, und er impliziert ein starkes, aber kein gemischtes Gefühl. Die massenkulturellen Dinge, die er einbezieht, sind gut oder furchtbar, aber nicht beides zugleich. Auch ein heiterer Roman wie Nick Hornbys *High Fidelity* (1995) ist nirgends Camp. Sätze, Urteile, Auffassungen oder Hitlisten sind personal zurechenbar und dadurch auch relativ, aber nicht in campiger Weise. Das gilt in beiden Fällen auch für die Ich-Erzähler: Sie sind sozusagen zu sehr um Authentizität bemüht, „Being-as-playing-a-role" (Sontag 1964a, 280) liegt ihnen ebenso fern wie das, was Sontag „instant character" nennt: „a person being one, very intense thing" (1964a, 286).

Genau dies aber zeichnet etwa die Prosa Lottmanns von Beginn an aus. Der erste Satz seiner Erzählung „Drei Frauen" aus *Rawums.* (1984) lautet: „Die eine

Frau war sechsundzwanzig Jahre alt, hatte lange Beine wie Hayzee Fantayzee und war ganz und gar der ‚dunkle Typ'" (Lottmann 1984, 124). Die Anführungszeichen in diesem Satz bezeichnen bereits ein bedingtes Sprechen, eine Bachtin'sche Heteroglossie („Das sage eigentlich nicht ich. Ich hätte es wohl auch anders gesagt." Bachtin 1979, 303), wodurch die literarische Rede eine gewisse Distanz zu dieser eher stumpfen *idée reçue* im Diskurs über Frauen markiert. Freilich greift der Erzähler, von dem man an dieser Stelle noch gar nicht wissen kann, dass er autodiegetisch erzählt, dennoch auf dieses Redeelement zurück, weil er offenbar über keine originäre Sprache zur Beschreibung der Frau verfügt. Sieht man näher hin, ist ja bereits der Hinweis auf „lange Beine" kaum weniger topisch und muffig, nur der Vergleich mit „Hayzee Fantayzee" erscheint als originell – ein lautmalerisch verfremdeter Name einer Frau, die dann ja wohl, tertium comparationis, lange Beine haben dürfte, sollte man meinen. Haysi Fantayzee ist allerdings gar kein Frauenname, sondern der Name einer britischen Band, die 1982/1983, also in der unmittelbaren Entstehungszeit von „Drei Frauen", ein paar Hits hatte. Einer davon, *John Wayne Is Big Leggee*, thematisiert lange Beine, die im dazugehörigen Video allerdings nicht der Sängerin, sondern dem Sänger Jeremy Healy gehören. Dieser wird später Boy George von Culture Club vorwerfen, seinen Look gestohlen zu haben, womit wir definitiv im Camp-Bereich angekommen sind. Es könnte sich nun immer noch um Rollenprosa handeln, im weiteren Verlauf der Erzählung und von Lottmanns Gesamtwerk wird jedoch deutlich, dass diese Rolle genau der Persona entspricht, die dieser hinfort als Autor, Erzähler und Ich-Figur (in „Drei Frauen" heißt sie Lojo, später auch JoLo oder ähnlich) in allen seinen Texten und öffentlichen Auftritten einnehmen wird: „instant character", Pose, Leben als Spielen einer Rolle. Und im Pop gilt: „Eine Pose taugt nur etwas, wenn ihre Fiktion gewissermaßen echt ist." (Diederichsen 2014a, 138)

Kreknin liest Lottmann als „ein mustergültiges Beispiel für Autofiktion" (2014, 351). Das heißt auf der Makroebene, „dass durchgehend sowohl autobiografisch-referentielle als auch fiktional-fiktive Pakte geschlossen werden können" (Kreknin 2014, 168) – diese Ununterscheidbarkeit ist nach Diederichsen ja eine Voraussetzung auch für Pop. Es heißt jedoch auch, dass hinter der vorbehaltlich-uneigentlichen Rede, und zwar vom einzelnen Ausdruck („ganz und gar der ‚dunkle Typ'") bis hin zu den zum Teil haarsträubenden Meinungen der Erzählerfigur, keine ‚eigentliche Rede', keine natürliche Position jenseits der Rolle mehr zu suchen und zu finden ist. Das Zeitalter der Massenkultur ist hier gegenwärtig in Form einer massenhaft verwendeten und medial vorgeprägten Sprache. Die ganze Rede steht in Anführungszeichen, wie es dann Lottmanns erster Roman *Mai, Juni, Juli* (1987) anhand verschiedener Romanentwürfe ausführlich vorführt (→ 4.9 DRÜGH). Sie setzt und negiert zugleich – hier lässt sich im terminologischen Sinne von Dekonstruktion sprechen. Zugleich muss sie als ästhetische Rede funktionieren, und das tut sie zumindest zu einem guten Teil nach dem Motto „It's good *because* it's awful".

Ist das nun Camp? Sicherlich nicht im Sinne eines queeren *camping*, und auch nicht im Sinne eines naiven Camp$_1$. Wohl aber finden sich hier, neben einigen anderen Kriterien, prominent die Sontag'schen Anführungszeichen wieder, und zwar als Modus einzelner Äußerungen, aber auch des gesamten Erzähltextes inklusive der Autor-Persona „Joachim Lottmann". Wenn es etwas Naives gibt, dann als hochartifizielle Sekundärnaivität der beschränkten Routine des Erzählers. Wer diesen Modus nicht ‚gettet', wird den Text notwendigerweise falsch oder gar nicht verstehen. Vor allem der sogenannte KiWi-Pop ist immer wieder Opfer solcher Fehllektüren geworden, allen voran Christian Kracht, dem man von Schnöselhaftigkeit und Elitismus bis hin zu rechten Tendenzen alles vorgehalten hat, was unterkomplexe Lektüren hergeben, die die Anführungszeichen überlesen oder im Sinne klassischer Ironie fehldeuten. „Rezeptionsseitig besteht also die Herausforderung darin, Krachts Sätze ihrem spezifischen Modus gemäß zu lesen" (Baßler und Drügh 2017, 11); etwa den Anfang von *Imperium* (2012), wo es heißt: „ein malayischer Boy schritt sanftfüßig und leise das Oberdeck ab, um jene Passagiere mit behutsamem Schulterdruck aufzuwecken, die gleich nach dem üppigen Frühstück wieder eingeschlafen waren." (Kracht 2012, 11) Positiv angeeignet wird hier eine koloniale Ästhetik, vielleicht schon über Comics wie *Tim & Struppi* oder *Corto Maltese* vermittelt, aber eben in campy Anführungszeichen, die darüber hinaus auch erzähltechnisch bestätigt werden: Der Erzähler erweist sich eine Seite später als intern fokalisiert, das Ganze am Ende als Film, aus dem dann – letzte Pointe – gerade diese Szene aber herausgeschnitten wurde. Auf der letzten Romanseite wird der Satz wiederholt, wobei „ein dunkelhäutiger Statist" den „malayischen Boy" ersetzt (Kracht 2012, 242) und damit das Konstrukt bloßgelegt wird, das das Schwelgen in kolonialen Bildern allererst ermöglicht hatte.

Auch Kracht legt den Modus, von dem hier die Rede ist, seit seiner Zeit als Journalist bei *Tempo* nicht ab, weder bei öffentlichen Auftritten noch im ‚persönlichen' Gespräch oder in seiner Funktion als Herausgeber der Zeitschrift *Der Freund*, als der er Beiträge als Herausgebercamp publizierte (so wäre wohl auch sein inkriminierter Briefwechsel mit David Woodard zu lesen) und mit ästhetischen Honorarsummen vergütete (vgl. Baßler 2009). Kritiker irritiert dabei immer wieder die Frage von Ernst und Unernst; schon bei Sontag heißt es jedoch: „One can be serious about the frivolous, frivolous about the serious." (1964a, 288) – eine dandyeske Grundhaltung, die sich mindestens bis ins Fin de Siècle zurückverfolgen lässt. Anfangs geht es Kracht dabei sicher auch um eine Provokation überkommener Literaturauffassung und -kritik, etwa in einer Uwe-Timm-Rezension von 1991, wo er den Autor (und dessen damals aktuelles Buch *Kopfjäger*) allein anhand seiner „Frontheimkehrerbrille" und seiner braunen Schnürschuhe

(„wahrscheinlich englisch, wahrscheinlich 20 Jahre alt") bewertet: „Sie haben Stil." (Kracht 1991, 213) In seinen fiktionalen Texten entwickelt Kracht diesen ästhetischen und konsequent ästhetisierenden Modus dann über die Rollenprosa von *Faserland* (1995) und den parahistorischen Roman *Ich werde hier sein im Sonnenschein und im Schatten* (2008) zu einem ausgeprägten Prosastil weiter (*Imperium*; *Die Toten*, 2016).

Auch in *Tristesse Royale* (1999; → 4.15 DÖRING) werden die Möglichkeiten einer dandyesken Distinktion im Zeitalter der Massenkultur, Probleme einer ironischen Selbststilisierung (z. B. im Hamburger Pudel-Club-Umfeld), „die ironisch gebrochene Ikonisierung von Menschen wie Heiner Lauterbach, Verona Feldbusch" etc. (es folgt ein langer Katalog; Bessing 1999, 60), aber auch das Geheimnis schwuler Intonation ausführlich behandelt, wobei die fünf beteiligten Pop-Literaten immer wieder Camp-nahe Posen einnehmen und Sprach-Rollen spielen (vgl. Roennecke 2011). Schon die Selbstinszenierung im Hotel Adlon und der Kitsch-Schmetterling auf dem Umschlag sprechen Bände; endgültig deutlich wird Camp im (offen fiktionalen) Nebentext ausgestellt (z. B. „Eckhart Nickel reicht Joachim Bessing ein leinenes Taschentuch, das die Initialen EN eingestickt trägt und leicht nach Romeo Gigli duftet. Er zündet sich eine weitere Zigarette, eine Sweet Afton, an", Bessing 1999, 58; „Eckhart Nickels Gesicht und Körper verwandeln sich in Barbra Streisand in ihrer Yentl-Phase", Bessing 1999, 89). Anders als gelegentlich von der Kritik behauptet, findet „das popkulturelle Quintett" im dandyesken Camp allerdings nicht seine ästhetische Erfüllung; als Modus in einer Möbiusschleife zwischen Ironie und Eigentlichkeit haftet ihm vielmehr immer etwas Ungemütliches an. „Wenn Sontag Camp als ‚continually amused, delighted' erscheinen lässt, als ein ‚generous' oder ‚tender feeling', so ist den Popliteraten der neunziger Jahre das Zuversichtliche und Souveräne dieser Attitüde abhanden gekommen." (Drügh 2009, 87)

Literaturverzeichnis

Adorno Theodor W. „Résumé über Kulturindustrie". *Kulturkritik und Gesellschaft I*. Hrsg. von Rolf Tiedemann. Frankfurt am Main: Suhrkamp, 2003. 337–345.
Bachtin, Michail M. *Die Ästhetik des Wortes*. Hrsg. von Rainer Grübel. Frankfurt am Main: Suhrkamp, 1979.
Baecker, Dirk. *Wozu Kultur?* Berlin: kadmos, 2000.
Baßler, Moritz. „‚New Standards of Beauty and Style and Taste'. Expanding the Concept of Camp". *Quote, Double Quote. Aesthetics between High and Popular Culture*. Hrsg. von Paul Ferstl und Keyvan Sarkhosh. Amsterdam und New York: Rodopi, 2014. 23–42.
Baßler, Moritz. „‚Der Freund'. Zur Poetik und Semiotik des Dandyismus am Beginn des 21. Jahrhunderts". *Depressive Dandys. Spielformen der Dekadenz in der Pop-Moderne*.

Hrsg. von Alexandra Tacke und Björn Weyand. Köln, Wien und Weimar: Böhlau 2009. 199–217.
Baßler, Moritz, und Heinz Drügh: "Eine Frage des Modus. Zu Christian Krachts gegenwärtiger Ästhetik". *Text + Kritik Nr. 216: Christian Kracht* (IX/2017). Hrsg. von Christoph Kleinschmidt. 8–19.
Bessing, Joachim. *Tristesse Royale. Das popkulturelle Quintett mit Joachim Bessing, Christian Kracht, Eckhart Nickel, Alexander v. Schönburg und Benjamin v. Stuckrad-Barre*. Berlin: Ullstein, 1999.
Booth, Mark. "Campe-toi! On the Origins and Definitions of Camp". *Camp. Queer Aesthetics and the Performing Subject. A Reader*. Hrsg. von Fabio Cleto. Ann Arbor: University of Michigan Press, 1999. 66–79.
Britton, Andrew. "For Interpretation: Notes Against Camp". *Camp. Queer Aesthetics and the Performing Subject. A Reader*. Hrsg. von Fabio Cleto. Ann Arbor: University of Michigan Press, 1999. 136–142.
Cleto, Fabio (Hrsg.). *Camp. Queer Aesthetics and the Performing Subject. A Reader*. Ann Arbor: University of Michigan Press, 1999.
Cleto, Fabian: "Queering the Camp". *Camp. Queer Aesthetics and the Performing Subject. A Reader*. Hrsg. von Fabian Cleto. Ann Arbor: University of Michigan Press, 1999. 1–42.
Diederichsen, Diedrich. *Der lange Weg nach Mitte. Der Sound und die Stadt*. Köln: Kiepenheuer & Witsch, 1999.
Diederichsen, Diedrich. *Über Pop-Musik*. Köln: Kiepenheuer & Witsch 2014a.
Diederichsen, Diedrich. "Camp: Gesichterlektüren, Backstagewissen, Peinlichkeitsregime". *POP – Kultur und Kritik* 4 (Frühling 2014b): 133–151.
Drügh, Heinz. "Dandys im Zeitalter des Massenkonsums. Popliteratur als Neo-Décadence". *Depressive Dandys. Spielformen der Dekadenz in der Pop-Moderne*. Hrsg. von Alexandra Tacke und Björn Weyand. Köln, Wien und Weimar: Böhlau. 80–100.
Fiedler, Leslie. "Überquert die Grenze, schließt den Graben! Über die Postmoderne" [1968]. *Roman oder Leben. Postmoderne in der deutschen Literatur*. Hrsg. von Uwe Wittstock. Leipzig: Reclam, 1994. 14–39.
Gadamer, Hans-Georg. *Wahrheit und Methode. Grundzüge einer philosophischen Hermeneutik* [1960]. Tübingen: Mohr & Siebeck, 1986.
Hecken, Thomas. *Avant-Pop. Von Susan Sontag über Prada und Sonic Youth bis Lady Gaga und zurück*. Berlin: Posth, 2012.
Isherwood, Christopher. "From *The World in the Evening*" [1954]. *Camp. Queer Aesthetics and the Performing Subject. A Reader*. Hrsg. von Fabio Cleto. Ann Arbor: University of Michigan Press, 1999. 49–52.
Kant, Immanuel. *Kritik der Urteilskraft* [1790]. Stuttgart: Reclam, 1976.
Kracht, Christian. "Wie die Schuhe, so der Dichter". *Tempo* (Dezember 1991): 213.
Kracht, Christian. *Imperium*. Roman. Köln: Kiepenheuer & Witsch, 2012.
Kreknin, Innokentij. *Poetiken des Selbst. Identität, Autorschaft und Autofiktion am Beispiel von Rainald Goetz, Joachim Lottmann und Alban Nikolai Herbst*. Berlin und Boston: De Gruyter, 2014.
LaBruce, Bruce. "Notes on Camp/Anti-Camp". *Nat.Brut 3*, April 2016, www.natbrutarchive.com/essay-notes-on-campanti-camp-by-bruce-labruce.html.
Lottmann, Joachim. "Drei Frauen". *Rawums. Texte zum Thema*. Hrsg. von Peter Glaser. Köln: Kiepenheuer & Witsch, 1984. 124–139.

MacCannell, Dean. „Sights and Spectacles". *Iconicity. Essays on the Nature of Culture.* Fs. Thomas A. Sebeok. Hrsg. von Paul Bouissac, Michael Herzfeld und Roland Posner. Tübingen: Stauffenburg, 1986. 421–435.
Melly, George. *Revolt into Style. The Pop Arts.* London und New York: Faber & Faber, 1970.
Meyer, Moe. *The Politics and Poetics of Camp.* London und New York: Routledge, 1994.
Rebentisch, Juliane. „Über eine materialistische Seite von Camp. Naturgeschichte bei Jack Smith". *Zeitschrift für Medienwissenschaft* 8.1 (2013): 165–178.
Roenneke, Stefanie. „Adieu Tristesse! Wieviel Camp steckt im Pop?". *Poetik der Oberfläche. Die deutschsprachige Popliteratur der 1990er Jahre.* Hrsg. von Olaf Grabienski, Till Huber und Jan-Noël Thon. Berlin und Boston: De Gruyter, 2011. 111–122.
Roenneke, Stefanie. *Camp als Konzept. Ästhetik, Popkultur, Queerness.* Berlin: Posth, 2017.
Ross, Andrew. „Uses of Camp". *Camp. Queer Aesthetics and the Performing Subject. A Reader.* Hrsg. von Fabio Cleto. Ann Arbor: University of Michigan Press, 1999. 308–329.
Schuster, Marc-Oliver. *H.C. Artmann's Structuralist Imagination. A Semiotic Study of His Aesthetic and Postmodernity.* Würzburg: Königshausen & Neumann, 2010.
Schumacher, Eckhard. „‚I've heard people use it in bars...' Über Susan Sontag, Christopher Isherwood und die Listen des Camp". *Radikales Denken. Zur Aktualität Susan Sontags.* Hrsg. von Anna-Lisa Dieter und Silvia Tiedtke. Zürich und Berlin: Diaphanes, 2017. 105–127.
Sontag Susan. „Notes on ‚Camp'" [1964a]. *Against Interpretation.* London: Vintage, 2001. 275–292.
Sontag, Susan. „Jack Smith's *Flaming Creatures*" [1964b]. *Against Interpretation.* London: Vintage, 2001. 226–231.
Sontag, Susan. „On Culture and the New Sensibility" [1965]. *Against Interpretation.* London: Vintage, 2001. 293–304.
Warhol, Andy, und Pat Hackett. *POPism. The Warhol '60s.* New York: Harper & Row, 1980.
Wolk, Douglas. „Warum wir nicht ‚mehr' campen gehen. Anmerkungen zu SOBIG: Kunst, die so schlecht ist, dass sie gut ist". *Der Freund 3*, 16. März 2005: 6–14.
Zahner, Nina Tessa. *Die neuen Regeln der Kunst. Andy Warhol und der Umbau des Kunstbetriebs im 20. Jahrhundert.* Frankfurt und New York: campus, 2006.

2.6 Strukturalismus, Semiotik und Pop
Philipp Pabst und Anna Seidel

Seit den späten 1950er Jahren werden populärkulturelle Phänomene vor dem Hintergrund von strukturalistischen und semiotischen Theorien analysiert und evaluiert. Dies geschieht in Anschluss an die und in Abgrenzung zur Kritischen Theorie Theodor W. Adornos und Herbert Marcuses und zeigt sich vor allem in den Untersuchungen von Roland Barthes und Umberto Eco. Ausgangspunkt für Barthes' und Ecos Überlegungen ist die spätkapitalistische Mediengesellschaft und die mit ihr einhergehende intensivierte Reproduktion von Zeichen im Alltag. Die medialen Entwicklungen werden in ihrer gesellschaftlichen Spannweite mit kultursemiotischen Instrumentarien untersucht, die im Zuge des *linguistic turn* entwickelt wurden. Ausgehend von der signifikanten Rolle der Populärkultur im Rahmen der politischen Unruhen der 1960er Jahre ist eine enge Verzahnung von strukturalistischen bzw. semiotischen Methoden und linkspolitisch-ideologiekritisch motivierten Analysen zu beobachten. Die Analysen widmen sich vielfältigen Bereichen: a) Massenkulturelle Gegenstände, wie Gesichtscremes oder das Catchen, b) Unterhaltungs- und Trivialliteratur sowie c) Pop Art und Pop-Literatur stehen gleicherweise im Fokus.

Semantisierung, De-Semantisierung sowie Re-Semantisierungsmöglichkeiten von Zeichen im Alltag sind konstitutiv für die semiotischen Untersuchungen der Populärkultur. So hat Lawrence Alloway die Pop Art als „an art about signs and sign-systems" definiert (1974, 7), die mit ihrer Auf- und Umwertung des verwendeten Materials der Populärkultur ein subversives Element zuführt. Ganz ähnlich verfährt auch die frühe Pop-Literatur. Zwar ist Literatur an sich schon als sekundäres Zeichensystem zu verstehen, doch handelt es sich bei Pop um ein spezifisches sekundäres Zeichensystem, in dem „bestehendes Material Grenzen überschreitet oder von jenseits bestehender Grenzen neue Bedeutung bekommt, neu codiert wird" (Diederichsen 1996, 38).

Der Einfluss früher Analysen der Populärkultur auf anschließende Forschungen ist vor allem im Bereich der Kultursemiotik erheblich (man spricht auch von *pop semiotics*). Die *Cultural Studies* etwa profilieren die Idee einer *produktiven Rezeption* massenkultureller Produkte, wie John Fiske sie formuliert. Halls *Encoding-/Decoding*-Modell weiterdenkend, geht er von mündigen Konsument/innen aus, die Fähigkeiten zur De- und Rekodierung massenkultureller Zeichen mitbringen (vgl. Hall 1980, Fiske 1989). Dies ist eine Prämisse, die in Ansätzen bereits bei Barthes und Eco mitgedacht ist, in praktischer Hinsicht aber zuerst in der Ästhetik der Pop Art erprobt wurde, daher wird – nicht selten euphorisch – ein Wechselverhältnis von Ästhetik, Subversion und Alltagspraxis konstatiert. Ebenfalls in diesen Bereich gehören Jean Baudrillards ‚Semiokratie'-Reflexionen über das Graffito und die Rückerschließung des Raums in Großstädten (1978) sowie die Zeitschriftenanalysen Angela McRobbies (1978 und 1991).

Aufgrund ihrer besonderen Relevanz für die literaturwissenschaftliche Forschung werden im Folgenden Barthes' Mythos-Studien und Ecos Analysen der Massenkultur näher betrachtet.

1. Roland Barthes: *Mythologies* (1957)

Zu den wichtigsten Innovationen der Moderne gehören für Roland Barthes Neon-Leuchtreklame und Illustrierte, denen er mit „poetische[m] Erstaunen" begegnet (1993, 460; zitiert nach Ette 1998, 112). Leuchtreklame und illustrierte Magazine, urbane Medien der Massen also, sorgen, so Barthes, für eine veränderte Wahrnehmung im Alltag, nicht zuletzt durch ihre „Förderung des Visuellen als Vehikel von Mythen" (460). Die Zeitschrift *Elle* bezeichnet er als „ein wahres mythologisches Schatzkästlein" (Barthes 2010, 166), auch in *Paris Match* und *Figaro*, in der „Illustriertenpresse" also (59), findet Barthes Anregungen für seine anekdotischen Überlegungen, die er zwischen 1954 und 1956 zunächst zyklisch in Zeitschriften publiziert, vor allem in *Les Lettres Nouvelles*. 1957 erscheinen die *Mythologies*, insgesamt 53 kurze Texte, erstmals gebündelt in einem Band. Anbei finden sich theoretische Überlegungen, übertitelt mit „Der Mythos heute" („Le mythe aujourd'hui"). Sie sind nicht als Überbau zu sehen, vielmehr stehen die beiden Teile in einer reziproken Relation zueinander. Die erste Übersetzung ins Deutsche unter dem Titel *Mythen des Alltags* (Barthes 1964) wird dieser Tatsache nicht gerecht: In einer Zeit, „als strukturalistisches Denken längst auch in Deutschland – wenn auch nicht unumstritten – die geistige Szene und den öffentlichen wissenschaftlichen Diskurs zu bestimmen" beginnt (Ette 1998, 108), werden dem ausführlichen Theorieteil nur 19 der 53 Alltagsmythen an die Seite gestellt. Eine zweite, vollständige Übersetzung erscheint erst 2010. Das Feuilleton bescheinigt der erweiterten Neuauflage, die einen starken Akzent auf die Analysen der Alltagsmythen setzt, gegenwärtige Relevanz und Anschlussfähigkeit. Auch die akademische Rezeption der *Mythologies* gewinnt neue Impulse (vgl. Körte und Reulecke 2014).

In den *Mythologies* nähert sich Roland Barthes strukturalistisch-semiotisch „einigen Mythen des französischen Alltagslebens" (2010, 11), etwa der „Welt des Catchens", dem „Gesicht der Garbo" oder „Beefsteak und Pommes Frites". In den literarischen Essays liefert er gleichermaßen affiziert und ironisierend eine Analyse der Zeichen (und) des Zeitgeistes. Er belegt in seinen Feinanalysen die

Naturalisierung und – damit einhergehend – die Enthistorisierung der Alltagsmythen.

So untersucht Barthes zum Beispiel in seinem Text „Der neue Citroën" einen Wagen, der 1955 auf dem Pariser Autosalon präsentiert wird, und entziffert mit ungewöhnlichen und provokativen Vergleichen, mit Ironie und Sarkasmus dessen Mythisierung. Er beschreibt die DS 19, die „Déesse" (frz. Göttin), wie es außerdem heißt, als „vom Himmel gefallen" und „das Automobil heute" als „ziemlich genaue Entsprechung der großen gotischen Kathedralen" (Barthes 2010, 196). Ideologiekritisch dekuvriert Barthes die Mythisierung eines alltäglichen und massenkulturellen Gegenstandes, dessen Zeichenbedeutung sakral aufgeladen wird. Die einer trivialen Sphäre entstammenden Mythen werden zudem wiederholt mittels hochkultureller Bezüge charakterisiert. In den Ausführungen zum Catchen vergleicht Barthes das Spektakel des Showkampfes mit der *Commedia dell'arte* (vgl. 2010, 18) und mit „römischen Triumphzügen" (2010, 22); die Tour de France referenziert er mit der *Odyssee* (vgl. 2010, 147). Obwohl er – im Gegensatz zu Eco – nicht dezidiert mit der Opposition ‚high' und ‚low' operiert, nutzt er derartige Bezugnahmen zur Provokation.

Jeder Mythos beruht auf Codierungen, die von Presse, Film, Theater, Gebrauchsliteratur etc. (vgl. Barthes 2010, 292) vermittelt werden: „[A]lles in unserem Alltagsleben ist davon abhängig, wie die Bourgeoisie die Beziehungen zwischen dem Menschen und der Welt sich vorstellt und uns darstellt." (Barthes 2010, 292) Barthes stellt diese *Mythologies* in *écritures courtes* synchron nebeneinander und entziffert sie. In seinen theoretischen Überlegungen definiert er den Mythos als „sekundäres semiologisches System" (Barthes 2010, 258). Auf das zweiseitige Zeichenmodell Ferdinand de Saussures Bezug nehmend erläutert Barthes, dass ein Signifikant und ein Signifikat ein Zeichen ergeben – das ist Sprache. Der Mythos nun besteht aus dem Zeichen dieses ersten semiologischen Systems als Signifikanten und bildet mit Hilfe eines neuen Signifikats ein zweites Zeichen. Mit einer neuen Codierung des ersten Zeichens also wird ein zweites Zeichen, eine Metasprache, der Mythos geschaffen, den „die kleinbürgerliche Kultur in universelle Natur verwandelt." (Barthes 2010, 9) Die Rezeption des Mythos' geht mit einer Naturalisierung desselben einher und die naiven Rezipient/innen verlieren die ursprüngliche Bedeutung, die Denotation, das erste Zeichen, aus dem Blick. Der neue Citroën *ist* göttlich, dem Catch-Publikum „ist es völlig egal, ob beim Kampf getrickst wird oder nicht" (Barthes 2010, 15). Der Mythos, der kein „Faktensystem", sondern „nur ein semiologisches System ist", (Barthes 2010, 280) ist entleert von Geschichte und entpolitisiert: „Die Dinge tun so, als bedeuten sie von ganz allein." (Barthes 2010, 296) Hier setzt Barthes' Ideologiekritik an. Sein Zugang ist durchaus ein politischer, ein gesellschaftskritischer. Er setzt sich mit Massenkultur auseinander, operiert mit marxistischem Vokabular und steht in der Tradition der Überlegungen Walter Benjamins und Theodor W. Adornos, der Kritischen Theorie also, wenn er auch die Bezüge zu Benjamin selten, die zu Adorno nie ausformuliert (vgl. Ette 1998, 111). Barthes tritt der Massenkultur nicht gänzlich ablehnend gegenüber. Er benennt zwar den „ideologischen Mißbrauch" (Barthes 2010, 11), aber auch die Aktualität und die Popularität der Mythen und versucht einen produktiven Umgang mit ihnen zu entwickeln.

Den Reaktionen des (Klein-)Bürgertums auf die Mythen widmet Barthes im ersten Teil der *Mythen des Alltags* besondere Aufmerksamkeit. In „Der neue Citroën" heißt es dazu: „In den Ausstellungshallen wird der Wagen mit intensivem, verliebtem Eifer besichtigt", nachdem das Publikum mit einer „Pressekampagne [...] seit Jahren in gespannter Erwartung" gehalten wurde (Barthes 2010, 198). Die Rezeption der Mythen ist die Substanz aller Reflexionen. Mit einem gewissen Sarkasmus legt Barthes offen, wie die Mythen gemeinhin gelesen werden: „Glaubt man der Frauenzeitschrift *Elle*, die jüngst auf einem Photo siebzig Romanautorinnen versammelte, so gehören Schriftstellerinnen zu einer merkwürdigen zoologischen Gattung: Sie bekommen abwechselnd Romane und Kinder." (Barthes 2010, 71) Indem er in seinen *écritures courtes* detailliert beschreibend über die reine Benennung des Mythos' hinausgeht, führt er seine Naturalisierung vor und demaskiert ihn.

In seinen theoretischen Ausführungen differenziert Barthes drei Rezeptionsmodi: 1. Die naive und gleichzeitig unkritische Rezeption des Mythos, wie sie das Publikum des Pariser Autosalons und die gemeine Leserin der *Elle* repräsentiert; 2. die mit Mythenproduktion und -perpetuierung einhergehende Rezeption „des Mythenproduzenten, des Zeitschriftenredakteurs" (Barthes 2010, 276), der an anderer Stelle nicht personifiziert, sondern in Form seiner kulturellen Stellvertreter genannt wird (Presse, Film, Literatur); 3. der Mythologe, der teilnehmender Beobachter ist und entziffert. Barthes spricht auch von Demaskierung und Destruktion der Mythen (vgl. 2010, 276–277) und bezeichnet den Mythologen (und damit sich selbst) als „Ausgeschlossenen" (2010, 313), der „dazu verurteilt [ist], nur theoretisch in Gemeinschaft zu leben." (2010, 314) Hier zeigt sich, dass Barthes auch durch die strukturalistisch inspirierten ethnographischen Arbeiten eines Claude Lévi-Strauss beeinflusst ist.

Mit strukturalistischem Instrumentarium widmet sich Barthes zunächst der Literatur (vgl. Barthes 1954) und später „Dingen [...], die von Literatur scheinbar sehr weit entfernt waren" (Barthes 2010, 11), dem Striptease etwa, oder Seife. In *Elemente der Semiologie* (1979) führt er die theoretische Fundierung seiner Überlegungen fort. In der größeren Studie *Die Sprache der Mode* (1967) und weiteren kritischen Essays (vgl. etwa Barthes 1990) entwickelt er seinen kultursemiotischen Ansatz konkret u. a. anhand von Modejournalen, Fotografie und Musik weiter. Barthes trägt damit maßgeblich zur Etablierung der Kulturwissenschaften bei.

Einflüsse finden sich etwa bei Clifford Geertz, der 1973 die Methode der ‚dichten Beschreibung' entwickelt und damit die Kultursemiotik ausbaut sowie bei Susan Sontag, die Barthes' *Mythologies* in einem Nachruf als „witty portraits of the idols of the bourgeois tribe" bezeichnet (1972, 170).

Die deutschsprachigen Pop-Autor/innen der 1960er und 1970er Jahre nehmen Barthes' *Mythologies* in ihrer Literatur und Theorie verknüpfenden *écritures courtes* zur Kenntnis. Im von Renate Matthaei herausgegebenen Band *Trivialmythen* (1970) veröffentlicht Elfriede Jelinek den Essay *Die endlose Unschuldigkeit*, in dem sie unter anderem die Massenkulturtheoretiker Roland Barthes, Marshall McLuhan und Hans Barth nennt. Im Jelinek-Essay werden Zitate aus den *Mythen des Alltags* undeklariert neben Verweise auf die Familie Feuerstein, Jerry-Cotton-Romane, „fürstenhochzeit" (1970, 46), Krimiserien und Comicstrips etc. montiert – „es kann nämlich alles mütos werden." (Jelinek 1970, 40) Jelinek spricht – Barthes salopp paraphrasierend – von „eine[r] art von *natürlichkeitsschleim* der alles überzieht und verklebt." (Jelinek 1970, 45; Hervorhebung im Original) Der Text stellt die einzelnen „trivialmüten" (Jelinek 1970, 40), die – ganz im Sinne Barthes' – vor allem aus den Massenmedien stammen („diese familienserien werbefilme illustriertenromane die quizspiele unterhaltungssendungen etc.", Jelinek 1970, 45) durch Überfrachtung und Montage mit ideologiekritischen Theorien heraus, entziffert sie aber nicht unbedingt. Die Mythen sind zum Teil gar nicht direkt als solche zu erkennen, sondern sind in Form von Zitaten und intertextuellen Referenzen eingestreut („dr. vollmer in bravo" kann entschlüsselt werden als das Ratgeber-Pseudonym der Autorin Marie Louise Fischer, Jelinek 1970, 64; „miß blaise" verweist auf die Comic-Protagonistin Modesty Blaise, Jelinek 1970, 41), die in einer Art ‚tertiärem semiologischen System', das den Mythos als Signifikanten nimmt und wiederum mit einem neuen Signifikat verbindet, abermals aufgeladen werden. Jelinek setzt um, was Barthes als „beste Waffe gegen den Mythos" vorschlägt: „ihn selbst zu mythifizieren, das heißt einen *künstlichen Mythos* zu schaffen" (Barthes 2010, 285; Hervorhebung im Original). Die Arbeit gegen bestehende Mythen und die Erzeugung neuer Mythen ist ein wesentliches Element der frühen Pop-Literatur. Massenkulturelle Zitate werden plakativ und polemisch in Literatur integriert, dabei subvertiert und – wie Barthes es vorschlägt – destruiert. Im spezifisch semiologischen System der Pop-Literatur findet darüber hinaus eine Neucodierung der Zeichen, eine Re-Mythisierung statt.

Auch die Autor/innen der Pop-Literatur der 1990er Jahre integrieren populärkulturelle Mythen in ihre Texte, zum Beispiel durch die gehäufte Nennung von Markennamen. In Christian Krachts *Faserland* (1995; → 4.12 GRABIENSKI) etwa finden sich schon auf den ersten zwei Seiten sechs Markennamen (exklusive der genannten Clubs Traxx und P1) sowie weitere mythisch aufgeladene Begriffe. Es ist eben nicht von Bier, Fischbude, Wachsjacke, nicht von einer Nordseeinsel und einer Bodenseestadt die Rede, sondern von Jever, Fisch-Gosch, Barbourjacke, Sylt und Salem – allesamt semiotisch aufgeladene und mehrfach codierte Begriffe, die auf naturalisierte Mythen verweisen, mit denen der Roman – wie schon Jelineks Essay – geradezu überfrachtet ist. Die Mythen, die sich in der Nennung von Markennamen und der Schilderung des Konsums von Popkultur manifestieren, werden nicht kritisiert, sie werden affimiert. Etwas, das auch in Stuckrad-Barres *Soloalbum* (1998; → 4.13 BASSLER) essentiell ist und seinen Höhepunkt im letzten Kapitel in der Beschreibung eines Oasis-Konzertes erreicht, das spektakulär und mythisch aufgeladen gleichermaßen ist. Der Mythos Oasis wird als solcher erkannt, nicht aber destruiert. Im Gegenteil, er wird bestärkt: „Oasis sind ja die Größten, das sagen wir, das sagen die." (Stuckrad-Barre 1998, 243) Die Mythos-Überlegungen Barthes' können an dieser Stelle mit Dean MacCannells Ausführungen zum Spektakel kontrastiert werden: MacCannell geht davon aus, dass ein gelungenes Spektakel, wie etwa das Catchen (oder ein Konzert), als Zeichen produktions- und rezeptionsseitig gemeinschaftlich affirmiert werden muss (vgl. 1986). Anstatt einseitig den Mythenproduzent/innen Macht einzuräumen und ihnen ideologischen Missbrauch vorzuwerfen, wie es Barthes tut, sieht MacCannell die Macht im Spektakel, im Mythos selbst: „[T]he iconic sign permits humankind to subordinate itself to its own semiotic production by existing in a position of superiority to both addresser and addressee" (426).

Die genannten Romane fügen sich ein in ein komplexeres Diskursfeld. Zwar sind sie einer „Poetik der Oberfläche" (Grabienski et al. 2011) verpflichtet und wirken auf den ersten Blick rein affirmativ, allerdings sorgen sie mit den weiteren Texten, die das heterogene Feld der Pop-Literatur der 1990er Jahre ausmachen, für ein provokatives Moment im Bürgertum, das sich eben Mythen bejahend, oder aber analytisch-kritisch, wie etwa in den Romanen von Thomas Meinecke und Kathrin Röggla gestaltet. Die Textsubjekte in *Faserland* und *Soloalbum* allerdings formulieren die politisch motivierte Kritik nicht mehr selbst, hier herrscht Emphase statt Analyse, Mythenperpetuierung statt -destruktion. Die im Roman noch bestärkten Mythen von Marken und Ruhm subvertieren Kracht und Stuckrad-Barre dann aber außerhalb der Romane ironisch in Form einer Werbekampagne für die Bekleidungskette Peek & Cloppenburg, die v. a. dem Selbstmarketing dient: „Es darf wieder gekauft werden." (Stuckrad-Barre im Interview mit Philippi und Schmidt 1999)

2. Umberto Eco: *Apocalittici e Integrati* (1964)

Umberto Ecos frühe Analysen der Populärkultur sind zugleich eine Auseinandersetzung mit der Kritischen Theorie. Das 1984 geschriebene Vorwort zur deutschen Ausgabe von *Apocalittici e Integrati* (1964) bezeichnet die Aufsatzsammlung als Versuch, eine „‚mittlere' Lösung zu finden" (Eco 1987a, 11), mittig befindet sich Eco zwischen Adorno und Marcuse auf der einen und der amerikanischen Soziologie auf der anderen Seite. Während die Apokalyptiker der Frankfurter Schule „auf die Vulgarität der industriellen Welt mit entschiedener Ablehnung" und „nobler Arroganz" antworten, studieren die amerikanischen Integrierten unkritisch die „Merkmale und Wirkungen der Massenkultur [...], ohne ideologische Zweifel anzumelden" (Eco 1987a, 11 und 13). Eco richtet sein an der ‚Hochkultur' geschultes, strukturalistisches und semiologisches Instrumentarium auf die Produkte der ‚Massenkultur' und integriert ideologiekritische Aspekte in die Analysen. Der Kritischen Theorie attestiert er einen elitären Isolationismus, der den Entwicklungen der Mediengesellschaft mit pauschalisierender Missbilligung ausweicht. Dabei wendet sich die Terminologie der Kritischen Theorie gegen diese selbst. So sei der Terminus ‚Kulturindustrie' ein bloßer „Begriffsfetisch" mit der Funktion, „das Gespräch zu blockieren, den Diskurs in einer emotionalen Reaktion zum Stillstand zu bringen" (Eco 1987b, 19). Gegen solche Strategien der Diskursverweigerung tritt ein dialektisches Verständnis von Avantgarde und Massenkultur (vgl. Eco 1987c, 64 und 103), das das strukturalistisch-semiotische Schreiben über Massenkultur nicht nur erlaubt, sondern notwendig macht. Ecos holistische Auffassung der Kultur (vgl. Bouchard 2009, 1) erfährt ihre theoretische Grundlegung in *Massenkultur und „Kultur-Niveaus"* (1987d) sowie in *Die Struktur des schlechten Geschmacks* (1987c) und leitet die anschließenden Beispielanalysen zum Comic und zum Unterhaltungsroman. ‚High culture' und ‚low culture' sind keine dogmatisch getrennten Bereiche, sie sind komplementär, stehen in einem reziproken Verhältnis und gebrauchen rege die Formen und Verfahren des jeweils anderen Bereichs. Welche Konsequenzen die Entlehnungen haben können, zeigt Eco in Anschluss an Dwight Macdonald (1962). Im Zwischenbereich des ‚*Midcult*', dessen Mechanismen denen des Kitsches eng verwandt sind, erfolgt die „‚Korrumpierung der Hochkultur'" durch massenkulturelle Täuschungsmanöver, die vorgeben, Kunst zu sein (Eco 1987c, 68). Die Rezipient/innen werden dabei einer scheinbar „schwierigen und privilegierten Erfahrung ausgesetzt" und sind sich im schlimmsten Fall „bewusst, Kunst erlebt und durch die Schönheit hindurch der Wahrheit ins Antlitz geblickt zu haben" (Eco 1987c, 68 und 70). Hemingways *Der alte Mann und das Meer* (1952) gilt Macdonald als Musterfall der Suggestionsprodukte, aufschlussreicher ist Ecos Untersuchung zu Ian Flemings James Bond-Reihe. In seiner Strukturanalyse weist er auf grundsätzliche Aspekte populären Erzählens hin: Die binären Oppositionen der Texte fungieren wie Elemente eines arrangierten Spiels mit sicherem Ausgang (Eco wählt das treffende Beispiel ‚Harlem Globetrotters gegen Amateurbasketballteam', Eco 1987e, 295). Zwar werden die stabilen Strukturbausteine von Roman zu Roman re-kombiniert und dadurch variiert, zentral ist aber die „Wiederkehr eines bekannten Schemas, in dem der Leser etwas schon Dagewesenes wiedererkennen kann, was ihm lieb geworden ist" (Eco 1987e, 288–289). Durch die Paradigmatisierung der Texte entsteht semiotischer Überschuss und erst dieser ist elementar für den Markterfolg der Reihe, vielleicht für jede Form seriellen Erzählens – Wiederholung schlägt Variation. Auch eignet Flemings Romanen eine Zweckenthobenheit in minutiösen, exzessiven Beschreibungen alltäglicher, dem Leser bekannter Sachverhalte oder Gegenstände (z. B. die fünfzehnseitige Beschreibung einer Zigarettenschachtel in *Thunderball*, vgl. Eco 1987e, 302). Eco vergleicht Fleming an dieser Stelle mit dem Nouveau Roman und lässt dabei die Verfremdungseffekte des skizzierten Verfahrens kalkuliert außer Acht. Der Bond-Stil funktioniert wie ein *déjà vu*, Vergnügen wird aus dem Bekannten, dem Naheliegenden geschöpft, nicht aus dem Neuen und Unwahrscheinlichen. Ein weiteres, stilistisches Indiz für den Kitsch- bzw. *Midcult*-Status der Romane ist das „Arsenal eines falschen ‚Universalen'", Beschreibungen von Sonnenuntergängen und Frauen und „feierliche Meditation[en]" über ‚große' und ‚letzte' Fragen wie den Tod (Eco 1987e, 305). Hinzu tritt die Häufung von subtilen, literatur- und kulturgeschichtlichen Allusionen, die gebildete Rezipient/innen zur Komplizenschaft einlädt. Ecos Fazit ist zwiegespalten, so etikettiert er Flemings Roman-Reihe als „Unterhaltungs- und Evasionsmaschine", als „Resultat hoher handwerklicher Erzählkunst; in dem Maße, in dem es manchen den Schauder privilegierter poetischer Emotion empfinden lässt, ist es die soundsovielte Manifestation des Kitsches, [...] ist es nur eine subtile, aber nicht minder mystifizierende Spezies der Unterhaltungsindustrie." (Eco 1987e, 311)

Kontrastiert wird die Kritik durch wohlmeinende Textstellen, durch Momente popkulturellen Gaudiums, von der „Unbefangenheit und Bravour, mit der vorgegangen wird" ist die Rede, sodass man Flemings Erzählen zumindest „für das am wenigsten ärgerliche [...] halten [könnte], hätte dieses Kunststück nicht manche Leute dazu verleitet, Fleming anstatt für einen umsichtigen Verfertiger abwechslungsreicher Geschichten für einen Ausbund stilistischer Erfindungskraft anzusehen" (Eco 1987e, 305). Ian Flemings Texte verfahren wie eine „verlogene ‚Bricolage'", diverse Stile, Motive und Figuren der Literatur des 19. Jahrhunderts werden in die Struktur integriert und umfunktioniert; verwerflich ist die Naturalisierung des Verfahrens, seine verborgene „‚*Ready made*'-Natur", die „sich als literarische Erfindung" darbietet (Eco 1987e, 311). Ästhetische Originalität und Innovation gelten Eco in den 1960er Jahren als Kategorien, die Werke der

Hoch- von Produkten der Massenkultur unterscheiden. Dies haben er und Adorno gemeinsam (vgl. Bouchard 2009, 8), auch wenn sich eine Entwicklung in Ecos Texten vollzieht, die das dreistufige Kulturmodell in Frage stellt. Beiträge wie *Der Mythos von Superman* (Eco 1987 f,187–222) und *Casablanca oder die Wiedergeburt der Götter* von 1975 (Eco 1985a, 208–213) kommen zu positiveren Evaluationen populärkultureller Gegenstände. *Casablancas* hypertropher Gebrauch von abgegriffenen Zeichen „gewährt einen [...] Blick aufs Erhabene", auf „homerische Tiefen", denn „irgendwie geht einem plötzlich auf, daß die Klischees miteinander sprechen und ein Fest des Wiedersehens feiern" (Eco 1985a, 213). Der Film ist also, resümiert Eco, von „äußerste[r] Banalität" und „verehrungswürdig" zugleich (Eco 1985a, 213). Semiotische, archetypische Übertreibung und ostentative Intertextualität, die ihre Gemachtheit ausstellt, führen, so muss man schlussfolgern, zur Selbstreferenz populärer Semiosen, und reflexive, (ideologie-)kritische Rezeptionsmodi werden dadurch – anders als im Fall des raffinierten Bond – erlaubt, womöglich sogar befördert (dies wäre dann ganz im Sinne Adornos, liegt aber näher an Susan Sontags *Camp*-Konzept; vgl. 1964, sowie → 2.5 BASSLER). Dem *Zeitgeist* verpflichtet, fordert Eco 1967 eine „semiologische Guerilla", ein akademisches Engagement in der Öffentlichkeit, das die Variabilität von Interpretationen hochhält (1985b, 155), um der simplifizierenden „Vermittlungsinstanz" Unterhaltungsindustrie und ihrer „Initiative der Teildekodierung" poetischer Botschaften (1987c, 87) etwas entgegenzusetzen. Eine Sensibilisierung der Rezipient/innen ist angedacht, vorgeformte, gelenkte Interpretationen von Zeichen und ihr narkotisierender Effekt an den heimischen Bildschirmen sollen akademisch vermittelter Zeichenkompetenz weichen (vgl. die spätere Einschätzung dieses Traums in Eco 1994a, 13). Die Rolle der Lesenden für die Pluralität von Interpretationen sowie die transhistorische Relativität ästhetischer Werte denkt Eco im Zuge seiner Kulturtheorie der semiotischen Enzyklopädie weiter (vgl. 1985c, 1987g). Daraus resultiert eine Modifikation der Fundamentalkategorien moderner Ästhetik, intertextuelle Zitation als Leitkategorie der Postmoderne löst Originalität und Innovation ab. Im Fokus von Ecos Überlegungen steht nicht die geistlose Wiederaufnahme und Reproduktion von bereits Dagewesenem, sondern die kreative Zitation, eine originelle De- und Re-Kontextualisierung von Zeichen. Jener Logik der „postmodern celebration of intertextuality" (Bouchard 2009, 15) folgen die Romane *Der Name der Rose* (1980) und *Das Foucaultsche Pendel* (1988) durch ihre komplexen Zeichenkonstellationen und das von Eco im deutschen Vorwort zu *Apokalyptiker und Integrierte* konstatierte, flexible Verhältnis der E- und U-Grenze (1987a, 12).

Ähnliche Prämissen sind richtungsweisend für die deutsche Pop-Literatur seit ihren Anfängen in den 1960er Jahren. Wenn Norma Bouchard den postmodernen Autor Eco selbst als redlichen *bricoleur* versteht (vgl. 2009, 13), als kenntnisreichen, parodisierenden Zitator und Re-Kombinator vorhandenen

Zeichenmaterials, streift dies in verfahrenstechnischer Hinsicht die Pop-Literatur und unterscheidet sich doch von ihr. Der Unterschied zwischen Eco und den Pop-Autoren liegt erstens in den Wissensbeständen, auf die zurückgegriffen wird. Während Eco Verschwörungs- und Zeichentheorien, Physik, Philosophie oder geschichtliches Wissen in das Kriminalgenre integriert, konstituieren sich pop-literarische Texte eben primär über das semiotische Material, das ihnen die Alltags- und Konsumkultur bereitstellt. „Pop-Literatur", so Jörgen Schäfer, „entsteht, wenn der Autor die Pop-Signifikanten – gleichgültig, ob sie aus einem Popsong, einem Film oder einem Werbeslogan stammen – im literarischen Text neu ‚rahmt'" (2003, 15). In den Formen der Re-Kontextualisierung, dem Verfahren also, liegt das zweite Spezifikum der Pop Art und (frühen) Pop-Literatur. Im Gespräch mit Maria José Ragué Arias präzisiert Eco: „In der Pop Art gewinnen die Objekte der Konsumgesellschaft ganz unabhängig von ihrem kommerziellen oder funktionellen Aussagewert eine völlig neue Bedeutung. Dieser Effekt wird dadurch erreicht, daß man das Produkt ganz unmittelbar präsentiert, herauslöst aus seinem konventionellen Zusammenhang. Das Verfahren, das bereits im Dada bekannt war, bewirkt, daß das Objekt sich auf Kosten seiner primären, an seinen Verwendungszweck geknüpften Bedeutungen mit sekundären auflädt. [...] Durch diese Verfahrensweise wollen die Pop-Künstler ihre ironische und teils bittere Kritik an einer Kultur zum Ausdruck bringen, die in einer Flut von Konsumgegenständen untergeht." (Arias 1978, 9)

Für solche Re-Signifikationen und Umkodierungen populärkultureller Quellen in der Literatur liefern Rolf Dieter Brinkmanns Gedichtbände *Godzilla* und *Die Piloten* (beide 1968) anschauliche Beispiele. Den Versuch, semiotische Dislozierungen der Pop Art direkt auf Texte zu übertragen, unternimmt in den 1960er Jahren z. B. Peter Handke mit seinen *poèmes trouvés* in *Die Innenwelt der Außenwelt der Innenwelt* (1968). Texte wie *Die Aufstellung des 1. FC Nürnberg vom 27.1.1968* richten die Aufmerksamkeit auf die Fetischisierung von Gebrauchstexten innerhalb einer (Fan-)Kultur und die mythisierende Heldenverehrung des Nationalsports Fußball im Medium Zeitung (der 1. FC Nürnberg deklassiert seine Gegner und wird die Saison 1967/1968 als Meister beenden, wobei sich Handkes Aufstellung auf ein Pokalspiel bezieht). Im neuen Kontext erhalten die monolithisch wirkenden und pyramidal abgedruckten Nachnamen der Spieler zusätzlich zu ihrer referentiellen eine poetische Funktion. Dies ist, neben der subtilen Kritik an der Konsum- und Populärkultur, der zentrale Effekt des Pop-Verfahrens („auch an diesen Objekten, die in der Konsumgesellschaft ein unscheinbares Dasein fristen, [lässt sich] eine gewisse Schönheit entdecken", Arias 1978, 9). Die poetische Funktion des Texts rückt phonetische Äquivalenzen, visuelle Aspekte und nachträgliche Eingriffe in den Fokus der Reflexion. So haben der in der Saison 1967/1968 nie eingesetzte Spieler Blankenburg und die für die späten sechziger

Jahre unübliche 2-3-5-Formation wohl aus ästhetischen Gründen, aus Gründen visueller Symmetrie, Eingang in Handkes *poème* gefunden.

Mit Boris Groys argumentiert, heben Texte wie Handkes *Aufstellung des 1. FC Nürnberg* vormals profane Gegenstände in den Bereich ästhetischer Wertigkeit, in das kulturelle Archiv, um dadurch die jeweils geltende, ästhetische Werthierarchie einer Gesellschaft zu verändern (vgl. Groys 2004). Das *poème trouvé* liefert dabei eines von mehreren Archivierungsverfahren der Pop-Literatur, daneben ist vor allem die paradigmatisierende Liste, prominent zu finden etwa in Hubert Fichtes *Palette* (1968), eine gängige Form. In seiner Studie über die Pop-Literatur der 1990er Jahre verbindet Moritz Baßler (2005) Groys' kulturökonomische Überlegungen mit den Theorien Roman Jakobsons und Umberto Ecos. Bei ihrer Auseinandersetzung mit der Alltagskultur setzen die ‚neuen Archivisten' à la Stuckrad-Barre oder Meinecke verstärkt katalogartige Verfahren ein. Diese Verfahren operieren mit den Komponenten „Sammeln und Generieren", äquivalente Elemente einer Alltagskultur, wie „Haltbarkeitsdatumsangaben" im Falle von Max Goldts Glosse *Drei Knusperdosen, drei Schicksale* (1994), werden gesammelt und aus ihnen wird dann ein literarischer Text generiert (Baßler 2005, 96). Es wird also ein Paradigma ausgewählt und mit ihm ein Syntagma angeordnet, das in Bezug auf die bestehenden Archive ‚neuartiges', sprachliches Material verwendet. Kulturpoetisch, in „Form eines geordneten Wissensvorrats oder, um einen Begriff Umberto Ecos zu verwenden, […] in Form einer Enzyklopädie", greift Goldt auf „Bereiche der Gegenwartskultur" zurück, „die *noch* [meine Hervorhebung, P.P.] nicht unter ‚Kultur' im Aspekte-Sinne laufen (Lebensmittelverpackungen)" (Baßler 2005, 96). Dabei zeichnet die Archivierungsverfahren eine „deutliche Tendenz zum Seriellen aus. Nicht bloß ein Hinweis auf die Stelle, wo das Haltbarkeitsdatum steht, wird erfaßt, sondern möglichst viele verschiedene" (Baßler 2005, 95). Wiederholung und minimale Variation sind die strukturgenerierenden Prinzipien. Strukturprinzipien die, wie Ecos Analyse der Bond-Reihe zeigt, aus dem seriellen Erzählen der Unterhaltungsliteratur ihren Weg in die Pop-Literatur finden. An die Stelle bekannter, struktureller Schemata tritt dort das jeweils spezifische Sammeln von Sprachmaterial und Weiterentwickeln der literarischen Enzyklopädie – beiden gemeinsam ist die Paradigmatisierung der Narration, die Lust an der Wiederholung.

Literaturverzeichnis

Alloway, Lawrence. *American Pop Art*. New York: Collier Books, 1974.
Arias, Maria José. „Gespräch mit Umberto Eco über die Theorie des Pop". *Pop. Kunst und Kultur der Jugend* [1975]. Hrsg. von Maria José Arias. Reinbek bei Hamburg: Rowohlt, 1978. 9–27.
Barthes, Roland. *Elemente der Semiologie* [1964]. Aus dem Französischen von Eva Moldenhauer. Frankfurt am Main: Suhrkamp, 1979.
Barthes, Roland. *Der entgegenkommende und der stumpfe Sinn* [1982]. Aus dem Französischen von Dieter Hornig. Frankfurt am Main: Suhrkamp, 1990.
Barthes, Roland. *Oeuvres complètes. Edition établie et présentée par Eric Marty*, Bd. i. Paris: Seuil, 1993.
Barthes, Roland. „Am Nullpunkt der Literatur" [1954]. *Am Nullpunkt der Literatur. Literatur und Geschichte. Kritik und Wahrheit*. Aus dem Französischen von Helmut Scheffel. Frankfurt am Main: Suhrkamp, 2006. 9–72.
Barthes, Roland. *Mythen des Alltags* [1957]. Aus dem Französischen von Horst Brühmann. Frankfurt am Main: Suhrkamp, 2010.
Baßler, Moritz. *Der deutsche Pop-Roman. Die neuen Archivisten*. München: C.H. Beck, 2005.
Baudrillard, Jean. *Kool Killer oder Der Aufstand der Zeichen*. Aus dem Französischen von Hans-Joachim Metzger. Berlin: Merve, 1978.
Bouchard, Norma. „Eco and popular culture". *New essays on Umberto Eco*. Hrsg. von Peter Bondanella. Cambridge: Cambridge University Press, 2009. 1–16.
Brune, Carlo. *Roland Barthes. Literatursemiologie und literarisches Schreiben*. Würzburg: Königshausen & Neumann, 2003.
Eco, Umberto. „Casablanca oder die Wiedergeburt der Götter" [1975]. *Über Gott und die Welt. Essays und Glossen*. Aus dem Italienischen von Burkhart Kroeber. München und Wien: Hanser, 1985a. 208–213.
Eco, Umberto. „Für eine semiologische Guerilla" [1967]. *Über Gott und die Welt. Essays und Glossen*. Aus dem Italienischen von Burkhart Kroeber. München und Wien: Hanser, 1985b. 146–156.
Eco, Umberto. *Semiotik und Philosophie der Sprache* [1984]. Aus dem Italienischen von Christine Trabant-Rommel und Jürgen Trabant. München: Fink, 1985c.
Eco, Umberto. „Vorwort zur deutschen Ausgabe". *Apokalyptiker und Integrierte. Zur kritischen Kritik der Massenkultur* [1964]. Aus dem Italienischen von Max Looser. Frankfurt am Main: S. Fischer, 1987a. 7–13.
Eco, Umberto. „Einleitung". *Apokalyptiker und Integrierte. Zur kritischen Kritik der Massenkultur* [1964]. Aus dem Italienischen von Max Looser. Frankfurt am Main: S. Fischer, 1987b. 15–35.
Eco, Umberto. „Die Struktur des schlechten Geschmacks". *Apokalyptiker und Integrierte. Zur kritischen Kritik der Massenkultur* [1964]. Aus dem Italienischen von Max Looser. Frankfurt am Main: S. Fischer, 1987c. 59–115.
Eco, Umberto. „Massenkultur und Kultur-Niveaus". *Apokalyptiker und Integrierte. Zur kritischen Kritik der Massenkultur* [1964]. Aus dem Italienischen von Max Looser. Frankfurt am Main: S. Fischer, 1987d. 37–58.
Eco, Umberto. „Die erzählerischen Strukturen im Werk Ian Flemings". *Apokalyptiker und Integrierte. Zur kritischen Kritik der Massenkultur* [1964]. Aus dem Italienischen von Max Looser. Frankfurt am Main: S. Fischer, 1987e. 273–312.

Eco, Umberto. „Die Mythos von Superman". *Apokalyptiker und Integrierte. Zur kritischen Kritik der Massenkultur* [1964]. Aus dem Italienischen von Max Looser. Frankfurt am Main: S. Fischer, 1987 f,187–222.
Eco, Umberto. *Lector in fabula. Die Mitarbeit der Interpretation in erzählenden Texten* [1979]. Aus dem Italienischen von Heinz-Georg Held. München und Wien: Hanser, 1987g.
Ette, Ottmar. *Roland Barthes. Eine intellektuelle Biographie*. Frankfurt am Main: Suhrkamp, 1998.
Fiske, John. *Understanding Popular Culture*. London: Routledge, 1989.
Geertz, Clifford. „Dichte Beschreibung. Bemerkungen zu einer deutenden Theorie von Kultur". *Dichte Beschreibung. Beiträge zum Verstehen kultureller Systeme*. Frankfurt am Main: Suhrkamp, 1987. 7–43.
Grabienski, Olaf, Till Huber und Jan-Noël Thon (Hrsg.). *Poetik der Oberfläche: Die deutschsprachige Popliteratur der 1990er Jahre*. Berlin und Boston: De Gruyter, 2011.
Groys, Boris. *Über das Neue. Versuch einer Kulturökonomie*. Frankfurt am Main: S. Fischer, 2004.
Hall, Stuart. „Encoding/Decoding" [1973]. *Culture, Media, Language: Working Papers in Cultural Studies*. Hrsg. vom Centre for Contemporary Cultural Studies 1972–1979. London: Routledge, 1980. 128–138.
Handke, Peter. „Die Aufstellung des 1. FC Nürnberg vom 27.1.1968". *Die Innenwelt der Außenwelt der Innenwelt*. Frankfurt am Main: Suhrkamp, 1969. 59.
Jelinek, Elfriede. „Die endlose Unschuldigkeit". *Trivialmythen*. Hrsg. von Renate Matthei. Frankfurt am Main: März, 1970. 40–66.
Körte, Mona, und Anne-Kathrin Reulecke (Hrsg.). *Mythologies – Mythen des Alltags. Roland Barthes' Klassiker der Kulturwissenschaften*. Berlin: Kadmos, 2014.
Kracht, Christian. *Faserland*. Köln: Kiepenheuer & Witsch, 1995.
Lotman, Jurij M. *Die Struktur literarischer Texte*. München: Fink, 1972.
MacCannell, Dean. „Sights and Spectacles". *Iconicity: Essays on the Nature of Culture*. Hrsg. von Paul Bouissac, Michael Herzfeld und Roland Posner. Tübingen: Stauffenburg, 1986. 421–435.
MacDonald, Dwight. *Against The American Grain. Essays on the Effects of Mass Culture*. New York: Random House, 1962.
McRobbie, Angela. „Jackie Magazine: Romantic Individualism and the Teenage Girl" [1978] *Feminism and Youth Culture. From Jackie to Just Seventeen*. Hrsg. von Angela McRobbie. Houndsmills: Palgrave Macmillan, 1991. 81–134.
Philippi, Anne, und Rainer Schmidt. „Wir tragen Größe 46". *Die Zeit* Nr. 37, 9. September 1999. http://www.zeit.de/1999/37/199937.reden_stuckrad_k.xml/komplettansicht.
Schäfer, Jörgen. „,Neue Mitteilungen aus der Wirklichkeit'. Zum Verhältnis von Pop und Literatur in Deutschland seit 1968". *Pop-Literatur. Text + Kritik Sonderband*. Hrsg. von Heinz Ludwig Arnold und Jörgen Schäfer. München: edition text + kritik, 2003. 7–25.
Sontag, Susan. „Remembering Barthes". *Under the Sign of Saturn*. New York: Vintage, 1972. 169–180.
Stuckrad-Barre, Benjamin v. *Soloalbum*. Köln: Kiepenheuer & Witsch, 1998.
Weyand, Björn. „KulturKlassiker: Roland Barthes (1915–1980), Mythologies (1957)". KulturPoetik 12 (2012/2). 258–271.

2.7 Marxismus, Kritische Theorie, Pop-Literatur

Thomas Hecken

Die Hochzeit der ersten Auslobung einer Pop-Literatur – die Jahre 1968 und 1969 – ist geprägt von einer scharfen Kritik größerer Teile der jüngeren Studenten und Akademiker an der westlichen demokratisch-kapitalistischen Gesellschaft. Traditionell marxistische Positionen und antiautoritäre Theorien gehen dabei teils zusammen, teils tragen sie aber auch schon zur Ausprägung unterschiedlicher Lager innerhalb der Neuen Linken bei (zu Konflikten zwischen Gruppen der Neuen Linken und Parteien der alten Linken ohnehin). Ihre Ansichten bestimmen auch die Kunstszene jener Tage in einem derart großen Maße, dass selbst die Ausrichtung und Begründung der Popliteratur ohne Bezug auf sie den meisten Protagonisten der Pop-Literatur kaum möglich scheint.

Bei der Bewertung und Einordnung der Pop-Literatur spielen besagte Positionen und Maßstäbe eine, mindestens in quantitativer Hinsicht, noch größere Rolle. So klar diese Einschätzungen auch für den heutigen Leser nach wie vor sind – dem Stand der Politisierung der damaligen Diskussionen gemäß, fallen die Urteile 1968 und später oftmals hart und unmissverständlich aus –, dürften die Prämissen der einstigen Schlussfolgerungen nicht mehr gleichermaßen präsent sein. Dazu die folgenden Ausführungen (bevor am Ende kurz die Restposten der älteren Debatten in der zweiten Pop-Literatur-Hausse um das Jahr 2000 vermerkt werden).

1. Marxistische Positionen

Für Marxisten gehören künstlerische Phänomene dem Überbau an, der durch die ‚Basis' strukturiert wird. Unter ‚Basis' verstehen Marxisten den Stand des Verhältnisses der Produktivkräfte (Technik, Wissen, Infrastruktur) zur Eigentumsgewalt über die Produktionsmittel. Bedeutsam für Auseinandersetzungen um die Herrschaft über die Produktionsmittel ist die politische Arbeit des Klassenkampfs. Am Ende des erfolgreichen Kampfs soll die Sozialisierung des Eigentums stehen. Begünstigt werde diese politische Aufgabe dadurch, dass der technologische, wissenschaftliche, organisatorische Fortschritt, der die westlich-kapitalistischen Staaten kennzeichnet, zu einer steigenden Vergesellschaftung und Interdependenz erheblich beitrage – eine Interpenetration, die nach marxistischer Auffassung durch die private Macht der Kapitaleigner zunehmend behindert werde und deshalb notwendig zur Überwindung solcher Eigentumsgrenzen dränge.

Aufgehalten, verzögert wird dieser nach marxistischer politökonomischer Theorie und Geschichtsphilosophie sicher feststellbare und prognostizierte Prozess hin zum Kommunismus durch das falsche Bewusstsein nicht nur der Kapitaleigner, die an ihrer Machtstellung festhalten, sondern auch durch das der Kleinbürger und (noch) nicht klassenbewussten Arbeiter, die die Notwendigkeit und Vorteilhaftigkeit des sozialistischen Weges nicht (an)erkennen, selbst wenn sie allenfalls als Angestellte und bestenfalls als Kleinaktionäre lediglich indirekt an der Machtausübung beteiligt sind – als Lohnabhängige aber nicht zu den Kapitaleignern gehören, für die sie arbeiten müssen, um ihr Leben fristen zu können.

Zur Ideologie, die dieses falsche Bewusstsein bewirkt, zählt nicht nur die liberale Doktrin der Kapitaleigner und ihrer Gefolgsleute in Politik, Erziehungswesen, Jurisprudenz, Exekutive, Wissenschaft und Medien, sondern auch jener politischer und kultureller Sinnstiftung vorhergehende Fetischcharakter der Ware, der die organisierte Arbeit als Schöpfer des Gebrauchswertes unsichtbar macht und stattdessen den Eindruck hervorruft, als käme es auf den am Markt erzielten, unplanbaren Tauschwert an.

Zur Literatur, die solche Ideologie durchkreuzt, zählen nach Auffassung vieler kommunistischer Parteien Prosa- und Dramenwerke, die die Verwerfungen des kapitalistischen Profitstrebens kritisch schildern und dagegen die Kraft des klassenbewussten, werktätigen und wertschöpfenden Arbeiters setzen. Offenkundig werden diese Anforderungen von der Pop-Literatur insgesamt nicht erfüllt, selbst von jener Pop-Literatur nicht, die 1968/1969 unter ebendiesem Titel erstmals rubriziert wurde und deren Autoren sich häufig mit den kulturrevolutionären und politischen Bestrebungen der jungen Antiautoritären und Antikapitalisten im Bunde sahen.

2. Marxistische Kritik an der Pop-Literatur um 1970

Jost Hermand kritisierte 1971 in seiner Monographie *Pop International* folgerichtig von einem marxistischen Standpunkt aus den fehlenden politischen Zug der Pop-Literatur. Am Ende eines Kapitels über „Kunst von der Stange", in dem Hermand viele Werke der Pop-Literatur kurz vorstellt, schreibt er über den Radiobeitrag Gerhard Rühms zur NDR-Sendereihe „Autoren als Disc-Jockeys" (den Rühm als Versuch ausgab, „gegen alle ‚Klassenunterschiede in der Welt der Töne' zu opponieren, indem er „seinen Hörern ein Pop-Pourri aus Tiny Tim, originalem Vogelgezwitscher, Jimi Hendrix, Musique concrète und Meyerbeer vorspielte"): „Ich fürchte, mit solchen Thesen wird man nicht die ‚Klassenkämpfer', sondern nur die Käuferschichten der Twen-Boutiquen für sich gewinnen." (Hermand 1971, 44) Gleiches gilt seiner Meinung nach auch und gerade für die Pop-Literatur.

Obwohl nach seiner Annahme politisch aktive Sozialisten in Boutiquen nicht anzutreffen sind, verwirft Hermand die Pop-Literatur jedoch nicht vollends. Im Vergleich mit der Literatur und den Literaturauffassungen sowohl der „meisten ‚Idealisten' älterer Schule als auch des „elitär-esoterischen" neueren „‚Avantgardismus'" lasse sich immerhin durch Pop der „Warencharakter der heutigen Kunst viel leichter erkennen". (Hermand 1971, 50) Das ist natürlich ein vergiftetes Kompliment.

Für sinnvoller als die Literatur eines Rolf Dieter Brinkmann, Peter Handke, Wolfgang Bauer etc. hält Hermand deshalb selbstverständlich das „Programm eines neuen Agit-Pop". Die Bücher des Agit-Pop (Gerd Winklers *Mike Blaubart*, Carla Aulaulus und Rosa von Praunheims *Oh Muvie*) „wirkten auf den ersten Blick wie bloße Ansichtsbücher, Fotoromane oder Comic Strips [...]. Statt wie die reine Agitprop-Kunst den Unkonditionierten von vornherein abzuschrecken, wird man hier höchst geschickt mit den Denkschablonen von der Welt in ein bereits vertrautes Bezugsnetz gelockt und erst dann mit der eigentlichen ‚Wahrheit' vertraut gemacht." (Hermand 1971, 165) Ob diese Bücher von einem anderen Publikum als dem der Boutiquen-Freunde gelesen werden, diese Frage stellt sich Hermand hier nicht mehr.

In derselben kritischen Manier wird sie von anderen beantwortet. Andrew Kopkind hatte 1967 in *Soul Power* über die Aufgabe des „Intellektuellen" geschrieben, er müsse „mit dem Volk sprechen und nicht über das Volk". In der deutschen Übersetzung von Gudrun Ensslin aus dem Jahr 1968 heißt es weiter: „Die prägende Literatur jetzt ist die ‚Underground'-Literatur, die Reden von Malcolm X, die Schriften Fanons, die Songs der Rolling Stones und Aretha Franklin." (Kopkind 1968, 24)

Rudi Dutschke übernimmt diese Auffassung Kopkinds in seinem allein im Mai 1968 hunderttausend Mal verkauften Band *Rebellion der Studenten oder Die neue Opposition* Wort für Wort, in Deutschland allerdings gibt es nach dem Urteil Dutschkes solche populäre Literatur überhaupt nicht: „Wir haben noch keine breite kontinuierliche Untergrundliteratur, es fehlen noch die Dialoge der Intellektuellen mit dem Volk", bedauert er, die „unmittelbaren und historischen Interessen des Volks" würden von deutschen Literaten, politischen Sprechern und Songschreibern noch nicht ausreichend berücksichtigt (Dutschke 1968, 92).

Zur Pop-Literatur äußert sich Dutschke in späteren Jahren nicht. Wahrscheinlich auch, weil er ihr den Status einer wahrhaften Untergrundliteratur nicht zugesteht. Zumindest bei der Setzung quantitativer Kriterien – fehlende ‚Breite' der Pop-Literatur-Rezeption – gibt es eine Übereinstimmung zwischen dem Protagonisten des SDS und der traditionelleren Linken, auch wenn letztere natürlich angesichts des ‚Volks' nie von ‚Untergrundliteratur' sprechen würde. Unter dem poppigen Titel „Die Kinder von Coca Cola" zeigen sich zwei Autoren in der sozialistischen Literaturzeitschrift *Kürbiskern* im Weiteren entschieden popfern: „Eine nennenswerte Untergrundliteratur im amerikanischen Sinn, wie sie etwa die Anthologie ‚Acid' präsentiert, existiert in Westdeutschland nicht. (Was wir haben, sind die politischen Flugschriften sozialistischer Gruppen.) Was als deutsche Pop-Literatur sich anbietet, ist im Gegensatz zum underground geglättet und artifiziell, verhält sich zu diesem parasitär: präzis kalkulierte Kulturwaren modischer Schöngeister, nicht die spontanen Produkte vitaler Outsider." (Buselmeier und Schehl 1970, 85)

Die Produkte unspontaner Ästheten können höchstens die Gegner des Volks erreichen, so geht die Kritik weiter: „Ich kann dieses Modewort POP nicht mehr hören", ereifert sich der selbst als Pop-Schriftsteller mitunter apostrophierte Peter O. Chotjewitz (1968, 15) in der *Zeit* u. a. deshalb, weil die „jettende Jeunesse dorée des verrottenden westlichen Geldbürgertums" Pop-Literatur „schick" finde. „Jugendstil, Dada, Pop, und Agitation vermögen den Bürger wohl zu erschrecken, aber sie schrecken ihn nicht ab", meint Peter Schütt (1968, 123) missbilligend: „Der Untergrund verwechselt allzu oft den revolutionären Gestus mit der revolutionären Aussage. Er spricht die weithin illiteraten Schichten, die Massen der Arbeiter und Bauern, überhaupt nicht an." Der langjährige Herausgeber der linken Illustrierten *konkret*, Klaus Rainer Röhl, bilanziert 1970 gleichfalls: Die Schriftsteller würden „zwischen *Pop* und *Protokoll* an den Massen vorbeischreiben", weil sie weder „spannend" noch „verständlich" erzählten (Röhl 1970, 53).

Immerhin gibt dieser westdeutsche Verbindungsmann zur Ost-Berliner SED überhaupt eine Einschätzung ab. Wegen der fehlenden internationalen Bedeutung der Pop-Literatur haben sich Kommunisten unter der Direktive der KPdSU kaum für sie interessiert (im Unterschied etwa zur existenzialistischen Literatur, zum Nouveau Roman und dem Theater des Absurden, die reichhaltige Kritik von parteikommunistischer Seite erfuhren).

3. Kritische Theorie

Weitaus mehr Kommentare zieht die Pop-Literatur von neulinker Seite auf sich. Im Unterschied zur alten Linken, die die prekäre materielle Lage der Lohnabhängigen anklagt, steht die Neue Linke der 1960er Jahre in der Tradition jener entfremdungskritischen Marxisten wie Georg Lukács, die Marx' Theorem vom Fetischcharakter der Ware wieder stärker mit den humanistisch-idealistischen Ansprüchen des frühen Marx aufladen. Geht es im *Kapital* bei der Rede vom Fetischcharakter darum aufzuzeigen, dass sich den Menschen die eigenen produktiven Gestaltungsmöglichkeiten in der kapitalistischen Gesellschaft zum Sachzwang verkehren, bildet in der entgrenzten Form der Kritik bereits die Arbeitsteilung den Grund der Entfremdung. Als zentraler Kritikpunkt am kapitalistischen System dient dann nicht mehr die Anklage der Ausbeutung, sondern die Anklage der immer stärker rationalisierten Arbeit; sie raube dem Ding seine konkrete, ganzheitlich erfahrbare Dimension und schalte zugleich die qualitativen, menschlich-individuellen Eigenschaften des Arbeiters aus.

Für die Neue Linke ist der Kritikansatz besonders attraktiv, weil sie den Arbeiter u. a. wegen seiner erhöhten Teilhabe an den Produkten der Konsumgüterindustrie stark ins System integriert sieht. Die Kritik an der Entfremdung (und weniger an der Ausbeutung) bietet folgerichtig einen weiteren bzw. teilweise neuen bedeutenden Grund, die Revolutionierung der Verhältnisse anzustreben. Zugleich liefert sie sogar die Möglichkeit, die verbesserten materiellen Lebensbedingungen der Arbeiter scharf anzugreifen. Im Zeichen der Konsumkritik kann die angebliche Verbesserung ebenfalls schnell als Ausdruck und Verstärkung der Entfremdung erscheinen, als Konsequenz manipulativ erzeugter falscher Bedürfnisse, wie vor allem Herbert Marcuse wirkungsmächtig herausgestellt hat.

Prinzipiellen Anstrich besitzt diese Kritik auch im Hinblick auf die Kommerzialisierung. Das mag auf den ersten Blick verblüffen, ist doch jeder Warentausch in einer arbeitsteiligen Gesellschaft, in der Güter nicht allein für den eigenen Gebrauch hergestellt, sondern über einen Markt verkauft werden, von Rentabilitätsgesichtspunkten bestimmt. So gesehen, zeigt eine fortschreitende Kommerzialisierung nur an, dass sich mehr Abnehmer für ein Produkt finden lassen – und gegen eine Vergrößerung ihrer Anhängerschaft sollten die systemfeindlichen, gegenkulturellen Kräfte keine Einwände haben.

Die striktesten Vertreter der kritisch gemeinten Rede von der Kommerzialisierung lehnen diese Argumentation aber als naiv ab. Ihr Gegenargument lautet, dass die Warenform dem Produkt nicht äußerlich bleibe. Von einem weiteren in den 1960er Jahren wirkungsmächtigen Vertreter der Frankfurter Schule, Theodor W. Adorno, ist diese These in vielen Essays und Radiobeiträgen vorgebracht worden. Bereits in dem Aufsatz „Über den Fetischcharakter in der Musik und die Regression des Hörens" aus dem Jahr 1938 weist Adorno mit Nachdruck auf den seiner Ansicht nach mittlerweile alles durchdringenden Charakter der Warenwelt hin: „Daß ‚Werte' konsumiert werden und Affekte auf sich ziehen, ohne daß ihre spezifischen Qualitäten vom Bewußtsein des Konsumenten noch erreicht würden, ist ein später Ausdruck ihres Warencharakters", hält Adorno als seine Grundthese fest. Der Tauschwert habe den Gebrauchswert bereits soweit verdrängt, dass die Konsumenten weitgehend ihren Geschmack an dem fänden, was erfolgreich ist; was sich auf dem Markt bewährt, bekommt ihre (natürlich nur noch scheinbar) ästhetische Zustimmung; der (erste) Erfolg erzeugt dadurch die nachhaltige Popularität und bestimmt den Zuschnitt des Marktes und seiner Produkte (Adorno 1973, 25–26). Solche Diagnosen hat Adorno zuvor am Beispiel des Jazz (vgl. 1936) gestellt; 1944 wird er sie im „Kulturindustrie"-Kapitel der *Dialektik der Aufklärung* auf alle Kultur-Waren beziehen (Horkheimer und Adorno 1988: 128–176).

Der von Marx postulierte Fetischcharakter der Ware, den Adorno auch an der Ware Kunstwerk durchgängig entdeckt, zeigt sich nach Adornos Einschätzung nicht allein an der „affektiven Besetzung des Tauschwerts", die sich schlechthin an allen, beliebigen Marktführern erweisen müsste. Adorno nimmt vielmehr an, dass der Fetischismus zu einer ganz bestimmten Auswahl dessen, was in einer kapitalistischen Tauschgesellschaft überhaupt erfolgreich sein kann, führt. Der musikalische Fetischismus liegt für ihn im Bereich der klassischen Musik etwa in der Bevorzugung ‚großer Stimmen', im ‚Kultus der Meistergeigen' und der hervorgehobenen Stellung des Dirigenten. Man sieht an den Beispielen, dass Adorno sein prinzipielles Argument tatsächlich ernstnimmt und den Warencharakter der Kunst nicht bloß an Produkten der Populärkultur erläutert.

Allerdings kommen Letztere der Fetischisierung nach Meinung Adornos insofern stets entgegen, als sie bereits von vornherein lediglich aus standardisierten Effektvorlagen bestehen, die nicht erst aus einem sinnvollen (keineswegs zwanghaften) Formganzen isoliert werden müssen, wie das z. B. geschehe, wenn aus einer Beethoven-Sinfonie einige Themen, Partien und Einfälle als „sinnliche Reize" in zersetzender Manier herausgenommen oder betont würden. In der „populären Musik", im „Schlager" und beim „kommerziellen Jazz" bestehe im Unterschied zur „oberen Musik" gar keine Notwendigkeit zur „Dekomposition"; hier gebe es überhaupt nichts mehr zum Zerlegen. Die standardisierten Formen der populären Musik, fasst Adorno abschließend zusammen, „sind bis auf die Taktzahl und die exakte Zeitdauer so strikt genormt, daß beim einzelnen Stück eine spezifische Form überhaupt nicht in Erscheinung tritt. Die Emanzipation der Teile von ihrem Zusammenhang und allen Momenten, die über ihre unmittelbare Gegenwart hinausgehen, inauguriert die Verschiebung des musikalischen Interesses auf den partikularen, sensuellen Reiz." (Adorno 1973, 26, 22–23, 32, 27, 47 und 37)

In solchen besonderen Momenten erkennt Adorno gerade keinen Einspruch gegen einen totalitären Zwang, sondern nur dessen Bestätigung; in der Isolierung stumpften die Reize gerade ab und gäben lediglich „Schablonen des Anerkannten" ab. In auch politisch positivem Sinne überlebe die „Verführungskraft des Reizes" bloß da, wo die „Kräfte der Versagung" am stärksten wirkten – in der Dissonanz. Alle anderen „sensuellen Reizmomente" tragen für Adorno hingegen in höchstem Maße zum Erhalt des bestehenden schlechten Ganzen bei, zu jenem vollkommen durchgesetzten Fetischismus, der in der Warentauschgesellschaft waltet (Adorno 1973, 18 und 23–24).

Von Bedeutung sind solche Überlegungen für die Neue Linke insgesamt, weil sie den Stellenwert der Kultur weitaus höher veranschlagt als die Parteien der alten Linke, die sich auf die ökonomische Sphäre konzentrieren. Zwanghafte kulturelle Formen tragen nach Auffassung der Neuen Linken zur Reproduktion der schlechten gesellschaftlichen Wirklichkeit ebenso bei wie die Unterordnungsverhältnisse in Fabrik und Büro. Künstlerische und kulturelle Werke und Felder, die sich der waltenden Unfreiheit entziehen, dienen deshalb zur Überwindung dieser Verhältnisse oder erinnern zumindest an die Möglichkeit solcher Änderung.

Wichtig für diese Konzeption ist die Auffassung, dass die momentan im Westen durchgesetzten gesellschaftliche Verhältnisse nicht allein auf Zwang und der Herstellung von Abhängigkeiten beruhten, sondern zu ihrer Aufrechterhaltung der massenhaften Stützung durch autoritäre Charaktere weit abseits der Kommandozentralen politischer oder ökonomischer Macht bedürften. Rudi Dutschke zitiert an einer wichtigen Stelle ausführlich die u. a. von Adorno verfassten *Studies in the Authoritarian Personality* aus dem Jahr 1950. Mit Adorno gelten ihm etwa folgende Charakteristika der autoritären Persönlichkeit als bekämpfenswert: eine rigide moralische Einstellung, die Ablehnung des Weichen und Phantasievollen, Feindseligkeit gegenüber Fremden, Betonung männlicher Durchsetzungsfähigkeit (Dutschke 1968, 58). Wichtig ist dabei festzuhalten, dass die Charakteristika der autoritätsgebundenen Persönlichkeit bereits nach dem Verständnis der Frankfurter Schule nicht allein den potenziellen Faschisten für die Aufnahme „antidemokratischer Propaganda" höchst empfänglich machen (Adorno et al. 1975, 158); die übermächtigen bürokratischen Institutionen der verwalteten Welt benötigten ebenfalls autoritätshörige, unkritische Charaktere (Horkheimer und Adorno 1975, 371).

4. Ansprüche und Formen der Pop-Literatur Ende der 1960er Jahre

Viele Protagonisten der Pop-Literatur setzen hier an. In einem Essay des Schriftstellers Rolf Dieter Brinkmann aus dem Jahr 1969 ist vom „mörderischen Wettlauf, konkurrenzfähig zu sein" die Rede, vom „Auslöschen des Einzelnen in dem alltäglichen Terror" (Brinkmann 1969, 11). Gegen dieses Horrorszenario setzt Brinkmann auf „gesellschaftliche Umstrukturierung" (1983, 381), getragen von einer „globalen Empfindsamkeit", „wie sie auch in den Studentenaufständen überall wirksam wird." (1969, 11) Als Schriftsteller hofft er dabei auf eine literarische „Bewegung", die „ein Stückchen befreite Realität" schafft, eine Bewegung, die eine „Gewaltanwendung seitens der Unterdrückten, Unterprivilegierten, Ausgeschlossenen und Außenseiter gegen den militarisierten Standard, das standardisierte Verständnis, ermöglichen hilft" (Brinkmann 1983, 384). Gegen diesen Standard, der Sinn und Erinnerung stiftet und fixiert, helfen nach Brinkmanns Auffassung nicht zuletzt „Photos von Vogue-Beauties", hilft die „Glätte ... die Oberfläche eines Bildes", helfen (kontra Adorno) die Reize von Light-Shows, Pornographie, Drogen, hilft die Auflösung der Geschlechteridentität, „taumelige psychodelische Gebilde", helfen Texte, die das Nebensächliche zur Hauptsache machen, hilft eine von den Konditionierungen der Sprache, der abstrakten Begriffe gelöste Sensibilität (Brinkmann 1983, 388).

In der Nachfolge der Pop Art entnimmt Pop-Literatur um 1968 der Welt des populären Marketings und der Welt der populären Unterhaltungsmedien vorgefertigte narrative Formeln, Signets und Textstücke, gibt sie dupliziert als literarisches Werk aus oder stellt sie z. B. satirisch gezeichnet oder neu gerahmt auffällig heraus. Strengen bzw. gaghaften literarischen Pop-Art-Entsprechungen wie Bieneks Wetterbericht (1969, 25) und Wondratscheks „Rolling Stones" (Telefonbuchausrisse von u. a. Jager bis Jaggers) (1971) – oder der materialistischen Variante einer teilweisen Dokumentation der Produktionsbedingungen, innerhalb derer das Material angesammelt wird (Faecke und Vostell 1971; Nettelbeck 1970) – stehen Montagen gegenüber, die Textzeilen auf oder neben den Bildern (halb)nackter Frauen oder von Comic-Helden platzieren (neben vielen anderen etwa Ploog 1969). Brinkmann selbst geht vor allem in den Gedichtbänden *Godzilla* (1968) und *Die Piloten* (1968) konsequent von dem aus, was ihm in seiner alltäglichen Umgebung und fast gleichermaßen bei seinem täglichen Medienkonsum auffällt – monochromes Blau, Dixan, Starlet-Schlüsselreize, Batman und Robin als homosexuelle Comic-Stars. Sein Wahrnehmungsdrang bricht sich jedoch literarisch keineswegs direkt Bahn: Scheinfragen, Schlusspointen, surreal-groteske oder satirische Verfremdungen, viele Leerstellen, Ambivalenzen, Dementis sorgen oftmals für Distanz und lassen dem Rezipienten genügend Raum für die Annahme, hier werde nicht nur aufgezeichnet, sondern implizit Kritik am herrschenden medialen Alltag geübt.

5. Von der Frankfurter Schule inspirierte Kritik an der Pop-Literatur

Ungeachtet der geteilten Ziele bleiben jedoch die von solcher Pop-Literatur verwandten Formen und Maßnahmen, gegen bildungsbürgerliche Werte und Kunstüberzeugungen wie Schöpfertum, Kontemplation, interesseloses Wohlgefallen, Persönlichkeit, Werkganzes, Originalität anzugehen, innerhalb der Neuen Linken und bei den jüngeren Verfechtern der Kritischen Theorie umstritten. Die unterschiedlichsten Urteile ergehen, die aber alle gemeinsam haben, im Horizont der Theorien und Auffassungen der Neuen Linken und der Frankfurter Schule formuliert zu werden.

Von „Underground- und Gegenkultur-Illusionen" einer „Generation, die mit der theoretischen und praktischen Anstrengung nicht mehr fertig wurde, welche ihr das dialektische und kritische Denken von Marx über Freud bis Bloch, Adorno, Benjamin und Habermas abverlangte", spricht z. B. Siegfried Schober (1969, 26–27). Helmut Salzinger hingegen erkennt die „Vorwegnahme einer Utopie" (1969, 51). Im Ergebnis durchgesetzt hat sich die erste Position, wie man unschwer an der Tatsache ablesen kann, dass die Pop-Literatur im weiteren Verlauf der 1970er Jahre aus der breiteren Öffentlichkeit verschwindet.

Bei der zweiten von vielen Teilnehmern der künstlerisch-feuilletonistischen Szene vorgenommenen Kategorisierung literarischer Neuerscheinungen als ‚Pop-Literatur' – um das Jahr 2000 herum – ist die Vehemenz der Einschätzungen denn auch vollkommen verflogen. Marxistische Positionen sind insgesamt ins Abseits geraten, und für gewaltsame Aufstände im eigenen Land setzt sich erst recht keiner der Autoren mehr ein. Was sich erhalten hat, sind in den publikumswirksamen Periodika bloß gewisse Schwundstufen der Kritischen Theorie. Sie gehen zwar nicht mehr mit einer scharfen Kritik an der kapitalistischen Gesellschaft einher, reichen aber noch aus, um eine Reserve wider eine vermutete affirmative Haltung gegenüber der Konsum- und Kommerzsphäre zu mobilisieren. Christian Kracht, Benjamin v. Stuckrad-Barre sowie ihre Exegeten werden etwa in *Der Zeit* des „Lifestyle-Geplapper[s]" und der Ausrichtung auf den „Markt" und auf „direkte Verwertbarkeit" beschuldigt und überführt (Böttiger 2004). Aufrufe, gegen „klassenähnliche Herrschaftsgruppen" anzugehen, wie sie bei der ersten Debatte rund um die Pop-Literatur noch in derselben Wochenzeitung mitunter zu lesen waren (Chotjewitz 1969), spielen jetzt keine Rolle mehr. Es bleibt bei der bescheidenen Hoffnung, ein „Bewusstsein" wachse dafür, „dass es einen Unterschied gibt zwischen Literatur und Medienkompetenz" (Böttiger 2004).

Literaturverzeichnis

Adorno, Theodor W. „Über den Fetischcharakter in der Musik und die Regression des Hörens" [1938]. *Gesammelte Schriften*, Bd. 14. Frankfurt am Main: Suhrkamp, 1973. 14–50.

Adorno, Theodor W. [unter dem Pseudonym Hektor Rottweiler]. „Über Jazz". *Zeitschrift für Sozialforschung* 5 (1936): 235–259.

Adorno, Theodor W., Else Frenkel-Brunswik, Daniel J. Levinson und R. Nevitt Sanford. *The Authoritarian Personality* [Bd. 1 von *Studies in Prejudice*. Hrsg. von Max Horkheimer und Samuel H. Flowerman (1950)]. Frankfurt am Main: Suhrkamp, 1975 (= Theodor W. Adorno. *Gesammelte Schriften*, Bd. 9.1. 143–508).

Bienek, Horst. *Vorgefundene Gedichte. Poèmes trouvés*. München: Hanser, 1969.

Böttiger, Helmut. „Nach dem Pop". *Die Zeit*, Nr. 4, 2004. http://www.zeit.de/2004/04/L-Pop.

Brinkmann, Rolf Dieter. „Notizen 1969 zu amerikanischen Gedichten und zu dieser Anthologie". *Silverscreen. Neue amerikanische Lyrik*. Hrsg. von Rolf Dieter Brinkmann. Köln: Kiepenheuer & Witsch, 1969. 7–32.

Brinkmann, Rolf Dieter. „Der Film in Worten". *Acid. Neue amerikanische Szene* [1969]. Hrsg. von Rolf Dieter Brinkmann und Ralf-Rainer Rygulla. Reinbek bei Hamburg: Rowohlt, 1983. 381–399.

Buselmeier, Michael, und Günter Schehl. „Die Kinder von Coca Cola". *Kürbiskern* 1 (1970): 74–89.

Chotjewitz, Peter O. „Feuerlöscher für Aufgebratenes". *Die Zeit* 8. November 1968: 15 und 21.

Dutschke, Rudi. „Die Widersprüche des Spätkapitalismus, die antiautoritären Studenten und ihr Verhältnis zur Dritten Welt". Uwe Bergmann, Rudi Dutschke, Wolfgang Lefèvre und Bernd Rabehl. *Rebellion der Studenten oder Die neue Opposition*. Reinbek bei Hamburg, Rowohlt, 1968. 33–93.

Faecke, Peter, und Wolf Vostell. *Postversandroman*. Neuwied: Luchterhand, 1971.

Horkheimer, Max, und Theodor W. Adorno. *Dialektik der Aufklärung. Philosophische Fragmente* [1944]. Frankfurt am Main: S. Fischer, 1988.

Horkheimer, Max, und Theodor W. Adorno. „Vorurteil und Charakter" [1952]. Theodor W. Adorno, *Gesammelte Schriften*, Bd. 9.2. Frankfurt am Main: Suhrkamp, 1975. 360–373.

Kopkind, Andrew. „Von der Gewaltlosigkeit zum Guerillakampf" [Soul Power (1967)]. *Black Power. Die Ursachen des Guerillakampfes in den Vereinigten Staaten*. Berlin: Voltaire Flugschriften, 1968 (= Voltaire Flugschriften, Bd. 14). 24–40.

Nettelbeck, Uwe. „Generalthema ‚Trivialmythen' (um es einmal so zu nennen)". *Trivialmythen*. Hrsg. von Renate Matthaei. Frankfurt: März, 1970. 151–179.

Ploog, Jürgen. *Cola-Hinterland*, Darmstadt: Melzer, 1969.

Röhl, Klaus Rainer. „Lest lieber Simmel!". *konkret* 26 (1970): 53–54.

Salzinger, Helmut. „Pop mit Ra-ta-ta-ta". *Tagesspiegel* 23. Februar 1969: 51.

Schober, Siegfried. „Der Untergrund wird verramscht". *Die Zeit* 5. Dezember 1969: 26–27.

Schütt, Peter. „Literarisierung des Straßenbildes". *Protestfibel. Formen einer neuen Kultur*. Hrsg. von Rolf-Ulrich Kaiser. Bern, München und Wien: Scherz, 1968. 113–127

Wondratschek, Wolf. „Die Rolling Stones". *Akzente* 18 (1971): 234–237.

2.8 Pop-Feminismus/ Geschlechterverhältnisse im Pop

Anna Seidel

Die Geschlechterverhältnisse im Pop werden im deutschsprachigen Raum im Anschluss an die entsprechenden angloamerikanischen Debatten ab den 1990er Jahren vermehrt zum Thema. Journalistische, künstlerische, musikalische und literarische Auseinandersetzungen mit diesen Debatten, die sich am *Backlash*-Vorwurf, den neuen, z. T. feministischen Spielarten von *Riot Grrrl* bis *Girl Culture* und akademischen Diskursen wie etwa den *Cultural*, *Postcolonial* und *Gender Studies* abarbeiten, sorgen für eine popinformierte Aktualisierung des Feminismus, der fortan eben nicht mehr bloß emanzipatorische Kritik an der Popkultur äußert, sondern diese begehrt, gar hervorbringt. Das Ergebnis ist der Pop-Feminismus als eine Spielart der ausdifferenzierten Dritten Welle, die sich – der sogenannten Ersten Welle der Frauenbewegung um 1900 und der sogenannten Zweiten Welle nach 1968 – in den 2000er Jahren endgültig im deutschsprachigen Raum etabliert. Der Wellenbegriff muss dabei als Hilfskonstrukt gesehen werden, da er nicht ausreichend differenziert und Einheitlichkeit und Abgeschlossenheit der einzelnen Wellen suggeriert, dabei bringt gerade die Dritte Welle diverse Feminismen hervor (etwa *Queer*-, Netz- oder Postfeminismus), führt aber auch Debatten der Zweiten Welle weiter (etwa Radikal-, Gleichheits- oder Differenzfeminismus).

Pop-Feminismus, das klingt zunächst wie ein Oxymoron, steht Pop als Teil des kapitalistischen, hegemonialen und patriarchalen Systems den feministischen Forderungen nach Emanzipation doch scheinbar diametral entgegen. Dabei haben die Cultural Studies dargelegt, dass Repräsentation innerhalb popkultureller Texte maßgeblich zur Bedeutungserzeugung beiträgt und bestehende Machtgefüge (re-)produziert und auch kritisiert (vgl. Hall 1997). Der popfeministische Zugang besteht demnach einerseits aus einer entsprechenden Kritik an der Popkultur sowie andererseits aus produktiven Setzungen innerhalb der Popkultur.

Pop-Literatur, die eine feministische Lesart zulässt, gibt es mit Ausnahme von Elfriede Jelineks frühen Texten, etwa *wir sind lockvögel baby!* (1970; → 4.5 HARRASSER), erst ab den 1990er Jahren. Überhaupt ist Pop-Literatur ein vorwiegend männliches Feld, wie ein Blick in die Verlagsprogramme, die einschlägigen Anthologien (etwa Gleba und Schumacher 2007) und nicht zuletzt auf die exemplarischen Analysen dieses Handbuchs (→ 4.) zeigt. Wie schon die sogenannte Frauenliteratur, mit der die Neue Frauenbewegung nach 1968 feministisch-emanzipatorische Werke beschrieben hat, die sich mit weiblicher Erfahrung auseinandersetzen, wird das Schreiben von Frauen auch in popliterarischen Zusammenhängen als ‚das Andere' gelabelt und letztlich auch vermarktet.

1. Backlash, Third Wave, Postfeminismus

Nötig wird das Ausrufen einer dritten feministischen Welle im Anschluss an einen anti-feministischen *Backlash* in den 1980er Jahren, wonach die Frauenbewegung für soziale, politische und ökonomische Probleme verantwortlich gemacht werden sollte. Susan Faludi benennt und diskutiert diesen *Backlash* 1991 in einer Studie, die inzwischen zum feministischen Kanon gehört und im englischsprachigen Raum gemeinsam mit weiteren Publikationen (etwa Wolf 1990; Steinem 1992 etc.) für eine öffentliche Wiederbelebung des feministischen Diskurses sorgt.

Den Begriff der *Third Wave* prägt schließlich Rebecca Walker in ihrem Essay „Becoming the Third Wave" (1992). Einerseits werden die Traditionslinien zur Frauenbewegung der 1960er und 1970er Jahre deutlich markiert und andererseits wird argumentiert, dass es in der feministischen Debatte einiger Aktualisierungen bedarf. Geht es in der *Second Wave* noch um ‚die Frau', fordern junge Feminist/innen ab Anfang der 1990er Jahre, den Blick auf weitere Diskriminierungsdimensionen wie etwa *Race*, *Class* und Sexualität auszuweiten und auf Differenzen in der heterogenen Gruppe der Frauen einzugehen. Gestützt werden diese Forderungen durch die bahnbrechende Veröffentlichung *Das Unbehagen der Geschlechter* (1991 [1990]) von Judith Butler, in der sie mit poststrukturalistischem Werkzeug u. a. Kritik an der bisherigen feministischen Theorie übt. Butler geht von diskursiv hergestellten, vielschichtigen Identitäten aus, deren Macht- und Begehrensrelationen sich nicht allein anhand der keineswegs natürlichen Kategorisierung Frau/Mann beschreiben lassen. Der Terminus ‚Frau' ist „sogar im Plural, zu einem problematischen, zu einem Kampfschauplatz und zu einer Quelle der Sorge geworden. [...] Eine Frau zu ‚sein', ist sicher nicht alles, was man ist." (18)

Prototypisches Beispiel dafür, dass diese akademischen Diskurse auch in der Pop-Literatur verhandelt werden, ist Thomas Meineckes Roman *Tomboy* (1998; → 4.14 VOLKENING). Die Reflektion der komplexen dekonstruktivistischen Theorien findet am WG-Küchentisch, aber auch in Form der zu schreibenden Abschlussarbeit seiner Protagonistin statt und wird etwa gekoppelt mit der popkulturellen Rezeption von Frauenmagazinen, der US-amerikanischen *Riot-Grrrl*-Kultur und Madonna.

Auch die Auseinandersetzungen der Dritten Welle mit den deutschsprachigen feministischen Vorgängerinnen werden literarisiert, z. B. in Form einer Abarbeitung an Alice Schwarzer, mit der Feministisches „im öffentlichen Bewusstsein seit ca. 30 Jahren fast exklusiv [...] in Verbindung gebracht [wird]." (Eismann 2007, 11; siehe auch Haaf et al. 2008, 196) Hatte sich etwa Charlotte Roche in der Pressearbeit zu ihrem Debütroman *Feuchtgebiete* (2008; → 4.19 PONTZEN) immer schon kritisch auf die *Emma*-Gründerin bezogen und gefordert, dass es neue feministische Perspektiven und Stimmen brauche, erwähnt sie Schwarzer im Nachfolgeroman *Schoßgebete* (2011) mehrfach namentlich, zitiert sie z. T. wörtlich und polarisiert anhand eines zentralen Streitpunkts innerfeministischer Debatten, der Sexualität: „Alice Schwarzer sitzt beim Sex zwischen mir und meinem Mann und flüstert mir ins Ohr: ‚Ja, Elizabeth, das denkst du nur, dass du einen vaginalen Orgasmus hast, das bildest du dir nur ein, um dich deinem Mann und seinem Machtschwanz zu unterwerfen.'" (Roche 2011, 17) An anderer Stelle schildert die Ich-Erzählerin einen Bordellbesuch, den sie mit ihrem Mann unternimmt (Roche 2011, 73–74). Roche literarisiert damit die den Analysen Schwarzers entgegengesetzte sexpositive Einstellung, die sich im Pop-Feminismus aus den selbstbestimmten Körper- und Begehrenspolitiken ergibt, die folglich auch anhand der Romane von Roche diskutiert werden.

2. *Top Girls*, Alphamädchen, *Chick-Lit*

Die 1990er Jahre sind geprägt von einem vielschichtigen postfeministischen Diskurs, wobei Postfeminismus weder exklusiv den *Backlash* noch ausschließlich die affirmative Weiterentwicklung der neuen Frauenbewegung meint, sondern sowohl das eine als auch das andere; nach Angela McRobbie sogar eine Kombination aus beidem. Sie prägt, an Faludi anschließend, die These einer „complexification of backlash" (McRobbie 2004; aktualisiert 2010 [2008]), nach der die Errungenschaften feministischer Bewegungen zwar anerkannt, aber nicht als für die eigene Lebensrealität relevant wahrgenommen werden. McRobbie spricht von einem postfeministischen „double-entanglement" (2004, 255), welches sich auch in popkulturellen Produktionen zeigt, wie etwa Helen Fieldings *Bridget-Jones*-Kolumne, die als *Franchise* den prototypischen *Chick-Lit*-Roman (1999 [1996]) sowie erfolgreiche Filme hervorgebracht hat, und der Kolumne *Sex and the City* von Candace Bushnell, die schließlich zur populären HBO-Serie verfilmt wird (1998–2004). Die Protagonistinnen sind allesamt feministisch aufgeklärte Figuren, die von den Errungenschaften der Zweiten Welle profitieren und sich dennoch traditionellen Träumen, wie Heirat oder Familie, hingeben. „This compromises the co-existence of neo-conservative values in relation to gender, sexuality and family life [...] with processes of liberation in regard to choice and diversity in domestic, sexual and kinship relations" (Mc Robbie 2004, 256). McRobbie knüpft hier an ihre frühen Studien zu popkulturellen Gegenständen wie etwa den Mädchenmagazinen *Jackie* und *Just Seventeen* an (1991 [1978]) und betont, dass „relations of power are indeed made and re-made within texts of enjoyment and rituals of relaxation and abandonment." (2004, 262)

In den 2000er Jahren erscheinen mehrere publizistische Schriften in deutscher Sprache, die den *Backlash* thematisieren, für eine Erneuerung des Feminismus plädieren und, via Popkultur, Identifikationsangebote für in erster Linie junge Frauen schaffen wollen (Dorn 2006; Hensel und Raether 2008). Es sind schließlich die *Alphamädchen*, die für den Moment den Diskurs bestimmen und versuchen, ein Sprachrohr für „alle jungen Frauen, die mitdenken und Ziele haben; die sich für die Welt interessieren und frei und selbstbestimmt leben möchten, jede nach ihrer Art", zu sein (Haaf et al. 2008, 7). Es wird der Versuch unternommen, eine handlungsfähige Gemeinschaft auszurufen, die auch Männer, nicht aber migrantische und queere Identitäten mitdenkt und gleichzeitig von individuellen Perspektiven geprägt ist (vgl. Scharff 2011, 2012).

Mit *Königinnen* (1998) legt Elke Naters einen Roman vor, der mit dem Fokus auf Marie (Single) und Gloria (verheiratet mit Kind) zwar zwei unterschiedliche Lebensentwürfe vermeintlich emanzipierter Frauen präsentiert, von denen aber keine mit ihrem Leben zufrieden ist. Beide kompensieren ihre Unzufriedenheit, ganz dem neoliberalen, postfeministischen Konsumismus verpflichtet, mit gemeinsamen Shopping-Eskapaden einschließlich der für die Pop-Literatur typischen Nennung der entsprechenden Marken: „Wir gehen zuerst in die Parfümerieabteilung. Zum Chanel-Stand. Obwohl die Lippenstifte von Chanel so schnell schmierig werden und andere Lippenstifte, von anderen Firmen, eine viel bessere Konsistenz haben und auch viel länger haften, kaufe ich immer die von Chanel." (28)

Die *Chick-Lit*, als Literarisierung des postfeministischen Diskurses, präsentiert prototypisch eine Ich-Erzählerin um die dreißig, beruflich erfolgreich, konsumorientiert und sexuell aktiv, sich aber nach ‚dem richtigen Mann' und Nestbau sehnend. Das Label *Chick-Lit* setzt sich v. a. zur Vermarktung dieses Romantypus, nicht aber in den Literaturwissenschaften durch, wo es zudem nicht einheitlich verwendet wird. Das *Chick-Lit*-Phänomen tritt zeitgleich mit der Ausrufung des „literarischen Fräuleinwunders" (Hage 1999) auf, womit dann allerdings nicht die Protagonistinnen, sondern die Autorinnen der Romane gemeint sind. Obwohl sie sowohl formal als auch inhaltlich divers sind, werden die Romane aufgrund des Geschlechts und des jugendlichen Alters der Autorinnen zu einer Gruppe zusammengefasst und mit diesem despektierlichen Label bedacht. Mit Alexa Hennig von Lange und Karen Duve finden sich auch einige vom Feuilleton als „Fräuleinwunder" bezeichnete Frauen, die popliterarische Romane verfasst haben.

3. Riot Grrrl, Girl Culture, Girlism

Neben den akademischen und publizistischen Auseinandersetzungen mit Feminismus wird auch der subkulturell-aktivistische Zugang der *Riot-Grrrl*-Bewegung, ausgehend von Washington D.C. und Olympia, Washington, Anfang der 1990er Jahre als Ausgangspunkt der dritten feministischen Welle gesehen. Aus der männerdominierten Punk- und Hardcoreszene heraus findet eine aktivistische Auseinandersetzung mit feministisch relevanten Themen wie sexualisierter und häuslicher Gewalt, Sexismus, Klassismus, Rassismus und Homophobie statt. Nach dem punktypischen Motto ‚*do it yourself*' (DIY) gründen die *Riot Grrrls* Bands, veranstalten Konzerte und Festivals, betreiben Plattenlabels und publizieren *Zines*, in denen sie die bestehenden Machtstrukturen – innerhalb und außerhalb der Szene – gegenöffentlich in Frage stellen und neu verhandeln. Im Gründungsdokument der Szene, dem *Riot-Grrrl*-Manifest, heißt es: „BECAUSE we must take over the means of production in order to create our own meanings." (Hanna 1991) Als die Mainstreampresse aufmerksam wird, droht den *Riot Grrrls* die Deutungsmacht über ihre Bewegung zu entgleiten. Zeitungsberichte polemisieren und nehmen der Bewegung ihre politisch-aktivistische Schärfe: „Feminist Riot Grrrls Don't Just Wanna Have Fun. [...] Better watch out, boys. From hundreds of once pink, frilly bedrooms, comes the young feminist revolution. And it's not pretty. But it doesn't wanna be. So there!" (Snead 1992, 5D) Die Folge ist ein Medien-Boykott, der allerdings nicht verhindern kann, dass weiterhin fasziniert und bisweilen sensationsgeil über die Szene berichtet wird. Die Öffentlichkeit sorgt dafür, dass mehr Mädchen und Frauen von der *Riot-Grrrl*-Bewegung erfahren und sich anschließen können, sie geht allerdings auch mit einer Kommerzialisierung einher, die zu einem verwässerten *Girlism* führt.

Ist *Riot Grrrl* in Europa zunächst noch ein Geheimtipp, der früh im deutschsprachigen Raum in einem abschätzig-sexistischen Artikel im *Spiegel* (vgl. o. A. 1992) und kurz darauf dank eines informierten Textes von Kerstin Grether in der *Spex* Aufmerksamkeit erfährt (vgl. 1993), verbreitet sich der kommerzialisierte *Girlism* mit den Spice Girls, Lucilectric und den Viva-Moderatorinnen Heike Makatsch und Enie van de Meiklokjes als prototypischen Vertreterinnen auch im deutschsprachigen Raum schnell. Die Losung der ‚*Girl Power*' wird vor allem mit Konsum kurzgeschlossen und steht damit dem antihegemonialen DIY-Credo der *Riot Grrrls* diametral entgegen.

Eine musikalische *Riot-Grrrl*-Rezeption findet im deutschsprachigen Raum zeitgenössisch nur marginal statt, beispielsweise in Form von Parole Trixi, der Band von Almut Klotz und Sandra Grether. Deren Zwillingsschwester Kerstin Grether liefert schließlich elf Jahre nach der Veröffentlichung ihres *Spex*-Textes mit *Zuckerbabys* (2004; → 4.16 EISMANN) eine literarische Ableitung der feministischen DIY-Kultur, in der sie bereits die Filterung von *Riot Grrrl* durch die Mainstream-Medien sowie den auch in der *Chick-Lit* so prominenten Konsumgestus reflektiert und mit der Dritte-Welle-Losung des Körpers als Diskursfeld vereint.

Frauen, die Bands gründen, werden zum prominenten Motiv in den Romanen der Pop-Literatinnen. Neben Kerstin Grether schreiben auch Françoise Cactus (1999), Silvia Szymanski (2002) und Jenni Zylka (2004) entsprechende Texte, deren plurale Weiblichkeitsentwürfe sowohl „Girlies und Oldschool-Feministinnen" als auch „Mauerblümchen und gefährdete Mädchen" umfassen (Volkmann 2011, 452) und sich dank selbstermächtigender Gesten zum Teil deutlich von den Figuren der *Chick-Lit* unterscheiden. Häufig profitieren die Romane von den Biographien der Autorinnen, da sie neben ihrer schriftstellerischen Tätigkeit selbst in Bands spielen und partiell popjournalistisch arbeiten (Grether, Zylka). Auch abseits der Romane finden in Form von autobiographischen Rückblicken Reflexionen zum Leben als Musikerin in der Großstadtbohème statt, etwa bei Claudia Kaiser (2003), Christiane Rösinger (2008) und schließlich bei Almut Klotz (2016).

4. Popkulturjournalismus und Anthologien

Bevor *Alphamädchen* und Co. in den 2000er Jahren ihren eher bürgerlichen Zugang zur feministischen Debatte präsentieren, erfährt der deutschsprachige Diskurs bereits ab den 1990er Jahren eine Aktualisierung aus den subkulturell-informierten, linken, zum Teil Gender-Studies-affinen Kreisen, von denen sich etwa Haaf et al. dezidiert abgrenzen (vgl. 2008, 7). Mit *Lips. Tits. Hits. Power? Popkultur und Feminismus* (1998) publizieren Anette Baldauf und Katharina Weingartner eine Anthologie, die den Aktivismus der *Riot Grrrls* affirmativ ins Deutsche übersetzt und mit weiteren popkulturellen Sphären von Hip-Hop über Techno bis Madonna sowie essayistischen Überlegungen von Angela McRobbie, Simon Reynolds, Andi Zeisler u. a. in den Dialog treten lässt. Dank Autorinnen wie Kerstin Grether, Sandra Grether, Clara Drechsler, Tine Plesch, Mercedes Bunz und Sonja Eismann vermehren sich die popfeministischen Stimmen in den Popkulturmagazinen *Spex, Intro, De:Bug* etc. (vgl. Yun 2008, 161–162; auch Volkmann 2011, 341–363), und es kommt zu von der *Zine*-Kultur inspirierten Zeitschriftengründungen, wie *nylon. KunstStoff zu Feminismus und Popkultur* (2000, ab 2002 abgelöst von *fiber. Werkstoff für Feminismus und Popkultur*). Die amerikanischen Thesen zum Dekonstruktivismus halten über die Akademie Einzug in den deutschsprachigen Popkulturjournalismus, und spätestens zum Jahrtausendwechsel regen sie, gepaart mit den Eindrücken der neuen *Girl Culture*, zur mal mehr, mal weniger selbstkritischen Reflektion der Geschlechterverhältnisse im Pop an (vgl. Plesch 2000, 84–97; Diederichsen 2002, Kap. XVII–XXI; Venker 2003, 123–135).

Nachdem einige Anthologien erscheinen, die Pop und Feminismus zusammendenken (Behrens et al. 2000; Reitsamer und Weinzierl 2006), unternimmt Sonja Eismann im von ihr herausgegebenen, polyphonen Band *Hot Topic. Popfeminismus heute* (2007) eine Positionsbestimmung: „Und wenn an verschiedenen Stellen immer wieder gefordert wird, Feminismus müsse glamourös werden, dann gilt es auch innerhalb des hegemonialen Systems Pop zu korrigieren: Er muss dürfen, aber er darf nicht müssen. Nicht die viel strapazierte weibliche Haut muss wieder zu Markte getragen werden, um der Oberfläche Pop mit einer adäquat zugerichteten femininen Oberfläche das Prinzip Feminismus schmackhaft zu machen, sondern umgekehrt sollte Popkultur durch feministische Strategien perforiert und erschüttert werden." (Eismann 2007, 10)

Das Spannungsfeld von Popkultur und Kritik, die Frage nach dem Richtigen im Falschen (vgl. Adorno 2003 [1951], 43), versucht Eismann mit ihren Mitstreiter/innen produktiv nutzbar zu machen. Mit dem 2008 von ihr gemeinsam mit Chris Köver und Stefanie Lohaus gegründeten *Missy Magazine* schafft sie hierfür, auch im Anschluss an die DIY-*Zine*-Kultur der *Riot Grrrls* und die daraus hervorgegangenen US-amerikanischen Magazinprojekte *Bust* und *Bitch* eine eigene Plattform (Eismann et al. 2012). Feministische Kritik am Pop und das Begehren nach Pop müssen sich nicht ausschließen. Mit dem Aufkommen von Blogs und Social Media, die ähnlich den *Zines* der *Riot Grrrls* gegenöffentlich und ohne *Gatekeeper* funktionieren, wird der Austausch darüber immer leichter, und auch Aktionen, wie *Slutwalks* (2011) und die Hashtags „Aufschrei" (2013) und „ausnahmslos" (2016), lassen sich online organisieren und strahlen in die bürgerliche Öffentlichkeit aus.

Mit *An einem Tag für rote Schuhe* (2014) schreibt Kerstin Grether einen weiteren Roman, der feministische Ereignisse der 2010er Jahre, gespickt mit popkulturellen Referenzen, archiviert. Wie bereits für die Musikerinnenromane festgehalten, sind auch hier Freundschaft und Selbstermächtigung zentrale Momente des Textes, der erzählt, wie sich die Protagonistinnen Clarissa und Jasmina gemeinsam an den medialen Repräsentationen von Körpern und Beziehungskonzepten abarbeiten. Nach den Veröffentlichungen der Textsammlung *Zungenkuß* (2007) und der gemeinsam mit ihrer Schwester Sandra herausgegebenen Anthologie *Madonna und wir* (Grether und Grether 2008) stärkt der Roman abermals die reflektierte und reflektierende Relation von Pop und Feminismus.

5. Körper und Sexualität

Spätestens mit der „Wir haben abgetrieben!"-Kampagne auf dem Cover des *Stern* (6. Juni 1971) und dem begleitenden Diskurs um das Recht auf Abtreibung ist der Körper zentraler Aushandlungsort für feministische Debatten, die dank Nina Hagens Song „Unbeschreiblich weiblich" (1978) auch in die Popkultur geführt werden. Auch in den 1990er Jahren bleibt der Körper ein zentrales Thema, mit dem sich Feminist/innen sowohl in der Akademie (vgl. u. a. Butler 1995 [1993]) als auch in ihrer aktivistischen Praxis auseinandersetzen. Die *Riot Grrrls* verfassen Songtexte und *Zines*, in denen sie sich mit Schönheitsnormen und dem Verlust der Souveränität über den eigenen Körper durch missbräuchliche Zuschreibungen und Übergriffe auseinandersetzen, und beschriften ihre Körper bei Auftritten schließlich selbst mit Schmähwörtern, um etwaige Beleidigungen zu visualisieren und selbstbestimmt vorwegzunehmen – eine Aktionsform, die sich bei den weltweiten *Slutwalks* wiederholen wird.

Auch der Pop-Feminismus fokussiert den Körper und bemüht sich um eine Umdeutung: „This female body acts as a visual subculture born out of the tension between traditionally political notions of feminism and mass-media-driven pop culture." (Smith-Prei 2011, 18) Die Verhandlung von Körperlichkeit findet auch innerhalb popliterarischer Texte statt und umfasst Essstörungen (prominent bei Duve 2002; Grether 2004), Schönheitsnormen (prominent bei Naters 1998; Grether 2004 und 2014) und Sexualität (prominent bei Roche 2008 und 2011).

Auch nicht im engen Sinn literarische popfeministische Phänomene stellen den Körper ins Zentrum. So erschafft etwa Françoise Cactus 2003 die Häkelpuppe *Wollita*, mit der sie die Performativität von Körperlichkeit und Weiblichkeit erst in einer Ausstellung, dann in einer zugehörigen Biographie *campy* vorführt (vgl. Seidel 2014). Mitte der 2000er Jahre tritt dann Lady Bitch Ray in die Öffentlichkeit, die mit ihrem „erotic self empowerment" zwar typische Pornoposen zitiert, dabei aber zugleich Handlungsmacht beweist (Smith-Prei 2011, 25); ein Akt, den Carrie Smith-Prei und Maria Stehle schließlich – nicht nur für die Kunst von Lady Bitch Ray, sondern in Bezug auf die grundsätzliche Spannung zwischen Affirmation und Kritik – mit dem schwer zu übersetzenden Term *awkward* charakterisieren: „Awkwardness embraces the ambivalence of effectiveness in feminist creative work today that refuses clear meaning-making by nevertheless showing how its own position is intentionally (if ambivalently) political." (Smith-Prei und Stehle 2015, 133)

6. Zur Forschung

Die literaturwissenschaftliche Forschung zu den von postfeministischen Debatten geprägten, bzw. im popfeministischen Kontext entstandenen Pop-Texten ist noch recht überschaubar. Katja Kauer unternimmt in einer kurzen Studie bereits früh den Versuch einer Erfassung der Diskurslage, verpasst es dabei allerdings, die von ihr angeführten Diskurse informiert einzuordnen und lässt etwa das so wichtige kritische Moment des *auch* in der linken Subkultur verwurzelten Pop-Feminismus sowie die literaturwissenschaftliche Forschung zur Pop-Literatur weitestgehend außer Acht. Einen guten Überblick zu *Frauen und Popkultur* schafft dagegen Maren Volkmann in der gleichnamigen Studie, die umfassend und akribisch viele der die popfeministischen Romane umgebenden Traditionslinien, Kontexte und Personen zusammenträgt und schließlich beispielhaft in kurzen Analysen argumentiert (2011). Der deutschsprachige Pop-Feminismus nimmt weltweit eine Sonderstellung ein und wird so auch immer wieder zum Gegenstand internationaler Forschung, wie etwa der Forscherinnengruppe „Technologies of Popfeminist Activism" (Smith-Prei und Stehle, 2016).

Literaturverzeichnis

o. A. „Revolution auf Mädchenart". *Spiegel 50* (1992): 242–246.
Adorno, Theodor W. *Minima Moralia. Reflexionen aus dem beschädigten Leben* [1951]. Frankfurt am Main: Suhrkamp, 2003.
Baldauf, Anette, und Katharina Weingartner (Hrsg.). *Lips. Tits. Hits. Power? Popkultur und Feminismus*. Wien und Bozen: Folio, 1998.
Butler, Judith. *Das Unbehagen der Geschlechter* [1990]. Frankfurt am Main: Suhrkamp, 1991.
Butler, Judith. *Körper von Gewicht* [1993]. Frankfurt am Main: Suhrkamp, 1995.
Cactus, Françoise. *Abenteuer einer Provinzblume*. Reinbek bei Hamburg: Rowohlt, 1998.
Diederichsen, Diedrich. *Sexbeat. Neuausgabe*. Köln: Kiepenheuer & Witsch, 2002.
Dorn, Thea. *Die neue F-Klasse. Warum die Zukunft von Frauen gemacht wird*. München: Piper, 2006.
Duve, Karen. *Dies ist kein Liebeslied*. Frankfurt am Main: Eichborn, 2002.
Eismann, Sonja (Hrsg.). *Hot Topic. Popfeminismus heute*. Mainz: Ventil, 2007.
Eismann, Sonja. „Einleitung". *Hot Topic. Popfeminismus heute*. Hrsg. von Sonja Eismann. Mainz: Ventil, 2007. 9–12.
Eismann, Sonja, Chris Köver und Stefanie Lohaus. „100 Seiten Popfeminismus. Das Missy Magazine als Dritte-Welle-Praxis". *Banale Kämpfe? Perspektiven aus Populärkultur und Gesellschaft*. Hrsg. von Paula-Irene Villa, Julia Jäckel, Zara S. Pfeiffer, Nadine Saniter und Ralf Steckert. Wiesbaden: VS Verlag, 2012. 39–55.
Faludi, Susan. *Backlash: The Undeclared War Against American Women*. New York: Crown Publishing Group, 1991.

Fielding, Helen. *Bridget Jones – Schokolade zum Frühstück* [1996]. München: Goldmann, 1999.
Gleba, Kerstin, und Eckhard Schumacher. *Pop seit 1964*. Köln: Kiepenheuer & Witsch, 2007.
Grether, Kerstin. „Rrriot Grrrls. Dumm ... hässlich ... uncool". *Spex* 10 (1993): 32–34.
Grether, Kerstin. *Zuckerbabys*. Mainz: Ventil, 2004.
Grether, Kerstin. *Zungenkuß. Du nennst es Kosmetik, ich nenn es Rock'n'Roll. Musikgeschichten 1990 bis heute*. Frankfurt am Main: Suhrkamp, 2007.
Grether, Kerstin, und Sandra Grether (Hrsg.). *Madonna und wir. Bekenntnisse*. Frankfurt am Main: Suhrkamp, 2008.
Grether, Kerstin. *An einem Tag für rote Schuhe*. Mainz: Ventil, 2014.
Haaf, Meredith, Susanne Klinger und Barbara Streidl. *Wir Alphamädchen. Warum Feminismus das Leben schöner macht*. Hamburg: Hoffmann und Campe, 2008.
Hage, Volker. „Ganz schön abgedreht". *Der Spiegel* 12 (1999): 244–246.
Hall, Stuart. *Representation. Cultural Representations and Signifying Practices*. London: Sage, 1997.
Hanna, Kathleen. „Riot Grrrl Is ..." [1991]. *The Riot Grrrl Collection*. Hrsg. von Lisa Darms. New York: The Feminist Press, 2013. 143.
Hensel, Jana, und Elisabeth Raether. *Neue deutsche Mädchen*. Reinbek bei Hamburg: Rowohlt, 2008.
Kaiser, Claudia. *Königinnen. Rocken und Hosen. Unterwegs mit meiner Band*. München: dtv, 2003.
Klotz, Almut. *Fenderfotzenschweine*. Berlin: Verbrecher, 2016.
Kullmann, Katja. *Generation Ally. Warum es heute so kompliziert ist, eine Frau zu sein*. Frankfurt am Main: Eichborn, 2002.
McRobbie, Angela. *Feminism and Youth Culture: From ‚Jackie' to ‚Just Seventeen'*. Houndsmill, Basingstoke und Hampshire: Macmillan Press, 1991.
McRobbie, Angela. „Post-Feminism and Popular Culture". *Feminist Media Studies* 4.3 (2004): 255–264.
McRobbie, Angela. *Top Girls. Feminismus und der Aufstieg des neoliberalen Geschlechterregimes* [2008]. Hrsg. von Sabine Hark und Paula-Irene Villa. Wiesbaden: VS Verlag für Sozialwissenschaften, 2010.
Meinecke, Thomas. *Tomboy*. Frankfurt am Main: Suhrkamp, 1998.
Naters, Elke. *Königinnen*. Köln: Kiepenheuer & Witsch, 1998.
Nina Hagen Band. Nina Hagen Band. CBS, 1978.
Plesch, Tine. „Rebellisches Wissen und journalistische Tagesordnung. Zum Umgang mit Musikerinnen in der alternativen Presse". *Testcard. Beiträge zur Popgeschichte* 8. Hrsg. von Roger Behrens, Martin Büsser und Johannes Ullmaier. Mainz: Ventil, 2000. 84–97.
Reitsamer, Rosa, und Rupert Weinzierl (Hrsg.). *Female Consequences. Feminismus. Antirassismus. Popmusik*. Wien: Löcker, 2006.
Roche, Charlotte. *Feuchtgebiete*. Köln: DuMont, 2008.
Roche, Charlotte. *Schoßgebete*. München und Zürich: Pieper, 2011.
Rösinger, Christiane. *Das schöne Leben*. Frankfurt am Main: S. Fischer, 2008.
Scharff, Christina. „The New German Feminisms: of alpha-girls and wetlands". *New Femininities: postfeminism, neoliberalism and subjectivity*. Hrsg. von Rosalind Gill und Christina Scharff. Basingstoke: Palgrave Macmillan, 2011. 265–278.
Scharff, Christina. *Repudiating Feminism: Young Women in a neoliberal world*. Farnham: Ashgate, 2012.

Seidel, Anna. „'Wollita' – eine Häkelpuppe und ihre Kontexte. Einladung zum Pakt mit dem Spiel". *Puppen – Menschheitsbegleiter in Kinderwelten und imaginären Räumen?* Hrsg. von Insa Fooken und Jana Mikota. Göttingen: Vandenhoeck & Ruprecht, 2014. 264–275.

Smith-Prei, Carrie. „'Knallersex für ‚alle': Popfeminist Body Politivs in Lady Bitch Ray, Charlotte Roche, and Sarah Kuttner". *Studies in twentieth & twenty-first century literature* 35.1 (2011): 18–39.

Smith-Prei, Carrie, und Maria Stehle. *Awkward Politics. Technologies of Popfeminist Activism.* Montreal: McGill-Queens' University Press, 2016.

Snead, Elisabeth. „Feminist Riot Grrrls Don't Just Wanna Have Fun". *USA Today* Aug. 7, (1992): 5D.

Steinem, Gloria. *Revolution from Within: A Book of Self-Esteem.* Boston: Little, Brown and Co., 1992.

Szymanski, Silvia. *Chemische Reinigung.* Leipzig: Reclam, 1998.

Behrens, Roger, Martin Büsser und Johannes Ullmaier (Hrsg). Testcard. Beiträge zur Popgeschichte 8. Mainz: Ventil, 2000.

Venker, Thomas. *Ignoranz und Inszenierung. Schreiben über Pop.* Mainz: Ventil, 2003.

Volkmann, Maren. *Frauen und Popkultur. Feminismus, Cultural Studies, Gegenwartsliteratur.* Bochum: Posth, 2011.

Walker, Rebecca. „Becoming the Third Wave". *Ms. Magazine* 11.2 (1992): 41.

Wolf, Naomi. *The Beauty Myth: How Images of Beauty Are Used Against Women.* London: Chatto & Windus, 1990.

Yun, Vina. „Popkritik, Popjournalismus, Popfeminismus. ‚Pop' in feministischen Medien". *Feministische Medien. Öffentlichkeiten jenseits des Malestream.* Hrsg. von Lea Susemichel, Saskya Rudiger und Gabi Horak. Königstein im Taunus: Ulrike Helmer Verlag, 2008. 161–169.

Zylka, Jenni: *Beat Baby, Beat.* Reinbek bei Hamburg: Rowohlt, 2004.

2.9 Autorinszenierungen
Dirk Niefanger

Viele Medien wie Radio, Film, Tonträger, Skulptur, Fotografie, Malerei oder Schrift transportieren – egal in welcher Pop-Gattung oder welchem Genre – nicht nur das Kunstprodukt selbst oder seine Bedeutung, sondern präsentieren in der Regel zugleich auch seine Inszeniertheit. Als gewichtiger Teil der Inszenierung zeigt sich in den Medien meist der Interpret oder Gestalter des Produkts und selbstverständlich auch das Medium als Teil der Botschaft (vgl. McLuhan 1995). Die gezielte (Mit-)Inszenierung der Urheberschaft gehört sogar zu den grundlegenden Techniken der Popkultur. Sie ist Teil des Starkults, der als wichtiges Moment der Popkultur insgesamt gesehen werden muss (Diederichsen 2000, 245). Man kann zwischen der Inszenierung eigener und fremder Urheberschaft unterscheiden. Denn der gecoverte Song (Wolfgang Niedeckens *Leopardefell*, 1995) oder der gecoverte Text (Helmut Kraussers *Shakespeare-Sonette*, 2012 und seine Münchener Poetikvorlesungen, 2007) zeigen sich stets auch als Hommage an den Urheber, der ja nicht verdeckt, sondern bewusst variiert werden soll. Inszenierungen von Autorschaft können ganz explizit erfolgen wie bei Konzerten von Rockbands („Den nächsten Song habe ich geschrieben, als ..."), bei Performances (Christoph Schlingensiefs *Wähle Dich Selbst*, 1999) und Lesungen (Böhm 2008, Grimm 2008) oder eher implizit wie bei der Verwendung eines (Auto-)Biographems als der „minimal unit of biographical discourse" in einem Text (Burke ²1998, 38; Niefanger 2012). Vom „Tod des Autors" (Barthes 2000) kann in der Popkultur oder -Literatur insofern keine Rede sein. Im Gegenteil, anders als es der postmoderne Diskurs glauben macht, trägt in wesentlichen Teilen der Gegenwartsliteratur das durch die jeweilige mediale Präsentation gestaltete Autorbild deutlich zum Verständnis der Texte bei. Zum einen gestaltet der Starkult erheblich die Rezeptionsweise von Pop: „Weißt du, die Leute wollen *dich* sehen. Du bist nicht zuletzt für dein Aussehen berühmt" (Warhol 2013, 143). Er steuert zum anderen aber auch schon seine Produktion: „Mein Ich ist ein Projekt, kein Mensch" (Krausser 2000, 285). Die vielfältigen medialen Inszenierungen von Pop-Autoren erscheinen daher als wichtiges Argument innerhalb der neueren kulturgeschichtlichen Autorschaftsdebatte (vgl. Jannidis et al. 1999 und 2000; Detering 2002), die sich zunehmend auch mit Autorinszenierungen und ihrem semantischen Mehrwert befasst (vgl. Künzel und Schönert 2007; Grimm und Schärf 2008; Jürgensen und Kaiser 2011; Fischer 2013).

Die Autorinszenierung dient – innerhalb des kulturellen Feldes – vorwiegend der semantischen Auflagung von Texten, der Serienbildung, Distribution, Popularisierung, Aufmerksamkeitserzeugung (vgl. Franck 1989; Niefanger 2004) und

Positionsbehauptung (vgl. Bourdieu 2001). Dabei wirkt der Autorname als Marke, die garantiert, dass eine Reihe von Produkten als zusammengehörig rezipiert und vermarktet werden können (vgl. Foucault 1969; Niefanger 2002: Drügh et al. 2011). Text und Autor müssen zwar als unterschiedliche Zeichenensembles verstanden werden; diese sind aber – insbesondere in der Pop-Literatur – eng aufeinander bezogen und kaum unabhängig voneinander verstehbar. Damit ist freilich nicht gesagt, dass das Zeichenensemble ‚Autor' identisch ist mit dem realen Menschen, der den gleichen Namen trägt oder als Urheber des jeweiligen Textes gilt. Vielmehr erscheint gerade er innerhalb des Pop als durchweg inszenierte Größe, bei der auch authentisch wirkende Details als Momente ästhetischer bzw. sozialer oder ökonomisch motivierter Setzung zu verstehen sind.

Es wäre aber grundfalsch, diese Details oder die Inszenierung des Pop-Autors insgesamt deshalb nicht als spezifische Variante eines autobiographischen Paktes zu sehen und für die Lektüre nicht ernst zu nehmen. Das liegt schon an der komplex angelegten Urheberschaft popkultureller Produkte, wo eingeübte Unterscheidungen des Kulturbetriebs nicht greifen: Denn der Pop-Künstler ist nicht selten Komponist, Sänger *und* Songwriter (Bob Dylan), Graphiker *und* Gegenstand (Andy Warhol), Autor *und* einzig ‚authentisch' empfundener Rezitator (Rolf Dieter Brinkmann) oder Textproduzent und Performanz-Künstler (Christoph Schlingensief) in einer Person. Aus der Sicht der Performanztheorie entstehen viele Pop-Kunstwerke – insbesondere etwa Happenings, postdramatisches Theater oder Poetry-Slams – sogar erst im Augenblick ihrer Inszenierung (Fischer-Lichte 2004; Wirth 2002; Mersch 2002); dann ist eine Trennung von Urheber und Ausführung oder von Autor und Text sowieso nicht möglich, die Autorinszenierung also Teil des primären Kunstwerks.

1. Starkult und Lebensstil

Wie kaum eine andere Literatur beansprucht Pop, nicht nur eine ästhetische Ausdrucksform zu sein, sondern zugleich ein, wenn auch je nach Pop-Richtung anders geprägter Lebensstil; die vielen (ehemaligen) Jugendkulturen, die der Pop erzeugt hat, geben ein beredtes Zeugnis davon (Punk, Rocker, Hipster, Rapper usw.). Man hat einen solchen Lebensstil mit Susan Sontag als „Camp" beschrieben (vgl. 1964), also als bewusst aufdringliche und übertriebene Form einer unernsten und unauthentischen Selbstausstellung, oder – fast das Gegenteil – auch als *Laddism*, der einen eher proletarischen und martialischen Habitus betont (Genz und Brabon 2009). Letztlich stellt eben auch der Lad – der Brit-Pop ist hier das Vorbild – Authentizität nur dar oder aus, verkörpert sie aber nicht ‚authentisch': „Pop sagt:

Ich stehe [...] zu meiner angeblich proletarischen Herkunft" (Neumeister 2013, 265). Als moderate Verkörperung der *Lad culture* könnte man in der deutschen Pop-Literatur Frank Goosen, als die des Camps Christian Kracht sehen. Beide Autoren zeugen nicht nur von der Bandbreite möglicher Autorinszenierungen im gegenwärtigen Pop, ihre Romane vermitteln gleichfalls gravierende Unterschiede in den ästhetischen Darstellungsmöglichkeiten der Strömung. Solche klischeehaft und oft aufgesetzt wirkenden Lebensstile sind, weil sie nicht selten durch Idole geprägt werden, keineswegs dem Starkult abträglich. Dies hängt mit einem Phänomen zusammen, das man „Medienpersonalisierung" genannt hat (Ludes [2]2003, 157). Die Gestaltung eines Stars durch (elektronische) Medien ermöglicht eine rasche Konstruktion von wiedererkennbaren Leitfiguren, die als Projektionsflächen für Konsumgüter aller Art, aber auch für Werte und ästhetische Vorstellungen fungieren. Dass dies auch im Bereich der (Pop-)Literatur funktioniert, zeigen Autoren wie Nick Hornby, Wladimir Kaminer oder Frank Goosen. In allen drei Fällen steht der Autor für wiedererkennbare und von der Leserschaft imitierte Lebens- und Verhaltensweisen, ja sogar für bestimmte soziale Werte, ohne selbst aber als besondere ethische Instanz auftreten zu müssen. Dabei scheint es zudem unerheblich zu sein, dass die Lebens- und Verhaltensweisen Teil der Autorinszenierung sind und als solche ausgestellt werden.

Inszenierungen und das Ausstellen des Inszenierens gehören nämlich zu den essentiellen Erscheinungsformen des Pop. Beides kann man mit Fug sogar zu seinen identitätsstiftenden Praktiken rechnen, deren auffälligster Phänotyp „die Performanz des Zitats" ist (Frith 2000, 210). Das Ausstellen einer Inszenierung als Inszenierung – beim Rave etwa – ist eine Form des Zitierens: „So tanzen, als wüßte man voneinander fast nichts" (Goetz 2001, 80). Das gemeinsam erlebte ‚Als ob' steigert offenbar die Erlebnisqualität des Pop-Events.

Insofern liegt es nahe, die als Inszenierung sichtbare Autorinszenierung als gewichtigen Teil des Pop zu sehen; sie gehört gewissermaßen zu seinem Lebensstil. Liest man ‚Klassiker' der neueren Pop-Literatur, wie Diederichsens *Sexbeat* (1985 und 2002), *Tristesse Royale* (1999), Kaminers *Russendisko* (2000) oder die öffentlichen Tagebuch-Projekte von Goetz (*Abfall für alle*, 1999) und Krausser (*Tagebücher*, 1992–2004), so wird schnell deutlich, dass der Lebensstil und die literarische Selbstinszenierung von Autorschaft im Pop zusammengehören bzw. zusammenzudenken sind. Die Selbstdarstellungen werden zu kulturellen und sozialen Abgrenzungen, Statements, Kontextualisierungen oder Provokationen genutzt; sie dienen dem Anschluss an eine Peer-Group und der Behauptung eines wiedererkennbaren Lebensstils. Dies wird schon in der ersten Phase des deutschen Pop deutlich, wenn man an Brinkmanns Fiedler-Replik denkt, die im Titel *Angriff aufs Monopol. Ich hasse alte Dichter* (1968) eine Abgrenzung der Lebensstile und nicht nur der Literaturen andeutet. Dass es dabei um die Autoren selbst, ihre Zurichtung und Inszenierungen, nicht aber nur um ihre Texte oder die Inhalte ihrer Texte geht, macht Brinkmann unmittelbar sichtbar: „Die Photos der Autoren, die auf Leslie A. Fiedler antworten, liegen ausgeschnitten vor mir, Steckbriefe ganz wie in ‚alten Zeiten'" (Brinkmann 2007, 43; Niefanger 2011).

2. Pop-Literatur als Inszenierungskunst

Alle Literatur, insbesondere aber die Pop-Literatur kann als komplex angelegte Inszenierungskunst verstanden werden. Kein Text existiert an sich; vielmehr wird er in einem spezifischen kulturellen Zusammenhang inszeniert: als gestaltetes Buch, als Produkt im Buchladen, als Pflichtlektüre in der Schule, als Hörerlebnis bei Lesungen oder als fast überall verfügbare Unterhaltung in elektronischen Medien. Dabei hat die Art und Weise seiner Inszenierung oder Präsentation erheblichen Anteil an seinem jeweiligen Verständnis. In aller Regel erscheint der Autor als Teil der Inszenierung: auf dem Buchdeckel, als Figur ‚hinter' dem Autornamen, als Rezitator eigener Texte, als mündlich oder schriftlich mitgeteilte Information zum ‚besseren Verständnis' des Textes. Der Autor selbst kann gestaltenden Anteil an seiner Inszenierung haben oder wird selbst – nicht selten ohne sein Wissen – Moment einer Textpräsentation. Die Popkultur vermag es sogar, dann eine Autorin ins Zentrum des Interesses zu rücken, wenn die Originalität ihrer Textzeugnisse offensichtlich in Frage steht: Helene Hegemann wurde mit *Axolotl Roadkill* (2010) zum Medienstar, obwohl oder weil ihr Roman bewusst als weitreichendes Plagiat angelegt war. Bei Autobiographien von Rock- und Pop-Stars verhält es sich ähnlich; auch wenn hier die Urheberschaft der Texte nicht selten ‚geteilt' ist, gilt in der Regel das alleinige Interesse dem sich erinnernden und auf dem Cover großformatig abgebildeten Star, etwa bei Wolfgang Niedecken und Oliver Kobold: *Für 'ne Moment. Autobiographie* (2010) und *Zugabe. Die Geschichte einer Rückkehr* (2013). Udo Lindenbergs *Das Lindenwerk. Malerei in Panikcolor* (2010) – ein Buch mit Bildreproduktionen auf Hochglanzseiten, Songtexten, Erinnerungen und Sprüchen des Meisters – erschien als autornaher Kultgegenstand in einer limitierten, handsignierten Auflage, obwohl die Gestaltung des Buches völlig Tine Acke überlassen wurde. Als Werbetext für das Buch wird natürlich eine der legendären Selbstinszenierungen Lindenbergs zitiert: „Da hingen dann also meine Werke neben Leonardo Da Vinci, und ich fühlte mich als Universaljongleur wirklich in exzellenter Gesellschaft." (Homepage des Schwarzkopf-Verlags).

Dass Auftritte und mediale Inszenierungen zu den zentralen Präsentationsformen von Pop gehören, gilt nicht nur für die näher liegende Pop-Musik, sondern eben auch für die Pop-Literatur und zwar von Anfang an: Zu nennen wären etwa der als Filmaufnahme überlieferte legendäre Auftritt des Beatpoeten Allen Ginsberg im Juni 1965 in der Royal Albert Hall (zu sehen auf Peter Whiteheads *Wholly Communion*, 1965 und 1967), die wegen ihrer obszönen Sequenzen umstrittenen Super-8-Filme des frühen deutschen Pop-Apologeten Rolf Dieter Brinkmann in den Jahren 1967 bis 1970 (neu geschnitten von Harald Bergmann als *Brinkmanns Zorn*, 2006 und 2007), die Poetry-Clips von Nebenberufsautoren (Toby Tigers *Der Scheiß*, 2005) oder die Fernsehauftritte der jüngeren Pop-Autoren (etwa Benjamin von Stuckrad-Barres ‚Waldspaziergang' mit Denis Scheck für die ARD, 2010). Hinzu kommen ihre Lesungen, die schon mal bewusst wie Livekonzerte präsentiert werden (*Let it Rock* im Deutschen Theater Göttingen, 2000, mit Joachim Bessing, Rebecca Casati, Zoë Jenny, Georg M. Oswald, Moritz von Uslar, Benjamin von Stuckrad-Barre usw.). Diese Pop-Autoren der 1990er Jahre arbeiteten bzw. arbeiten immer noch mehrheitlich in der Medienbranche und wirken in ihrem Medienumgang deshalb ausgesprochen routiniert (Mehrfort 2008, 193).

Autorinszenierungen im Pop begegnen als multimediale Ereignisse (Lesungen), als Medienkombinationen (Autorenbilder in Büchern), als transmediale Phänomene (Beschreibungen von eigenen Auftritten), als Mediensimulation (Mitschnitte, Transkriptionen von Auftritten) oder als intermedialer Bezug (Referenz auf eigene Autorschaft als Medienereignis). Die Neubesetzung, Kombination, Entgrenzung oder Umnutzung von Medien, das Crossover und eine damit einhergehende Verunsicherung über die Urheberschaft und seinen kulturellen Ort erscheint schon in der frühen Popkultur programmatisch (Rygulla 2000, 106–107).

3. Formen der Autorinszenierung im Pop

Um dem Phänomen der Autorinszenierung in der Pop-Literatur beizukommen, bietet es sich an, unterschiedliche Formen zu unterscheiden; diese sind wiederum gebunden an die Medien, in denen sie realisiert werden können. Die *Autorenlesung* gehört zu den primären Rezeptionsformen der Pop-Literatur: Zu nennen sind hier zuerst die Aufsehen erregende, Auftritte von Rolf Dieter Brinkmann in der ersten Phase deutscher Popkultur. Von „aufrührerischen Shows" des Autors kann man in einschlägigen Erinnerungen lesen (Vormweg 1995, 19). Nach einer Lesung 1972 in Graz soll Brinkmann den Verdacht geäußert haben, „er sei mit seiner Prosa nicht angekommen", weil er sich nicht skandalös genug gebärdet habe: „Ihm ging es um ihn" (Kolleritsch 1995, 117). Aber auch in der zweiten Phase des deutschen Pop spielen Lesungen eine zentrale Rolle; paradigmatisch beschreibt sie Stuckrad-Barre in der autobiographischen Erzählung *Livealbum* (1999). Hier berichtet ein Autor über seine erste Lesereise, über Exzesse am Rande seiner Auftritte, über das Leben auf Reisen oder über die genaue Planung von Lese-Events, die an Rockkonzerte erinnern. Das Ich betritt am Anfang der Erzählung eine Bibliothek, in der eine Lesung vor Kindern und Jugendlichen stattfinden soll. Symbolisch empfängt ihn an der Tür ein Veranstaltungsplakat mit seinem Konterfei; quasi durch dieses Plakat hindurch betritt er den Raum; an den Rufen des Publikums erkennt er, dass er identifiziert wurde (Stuckrad-Barre 1999, 11).

Eine neue Qualität erreicht die Autorinszenierung im Bereich des *Poetry Slams* (Anders 2008), einer auf Improvisation und agonale Konfrontation zwischen Autoren setzenden Form der Literaturpräsentation. Der Slam folgt bestimmten Regeln, über die ein Slam-Master wacht, etwa der zeitlichen Begrenztheit des Auftritts. Hinzu kommen Mediendispositive wie die Mikrophon-Nutzung oder eine wechselnde Distanz/Nähe-Relation zum Publikum. Von einer einfachen Autorenlesung unterscheidet sich der Slam durch die Betonung der Autorpräsenz, die auf dem moderaten Einsatz theatraler Mittel (Mimik, Gestik, in Maßen auch Proxemik) basiert. Ein besonderes Gewicht erhält die Modulation der Stimme, die tendenziell weniger inhaltlichen als ästhetischen Vorstellungen folgt. Die Bewertung agonal angelegter Slams nimmt ausdrücklich mehr die gesamte Performanz als die Texte selbst in den Blick. Sie geschieht durch eine Jury oder durch das Publikum. Der Poetry Slam ermöglicht in vielen regionalen Ausscheidungen auch Laienautoren die Präsentation ihrer Poesie; dabei kann ein besonders gelungener oder origineller Auftritt gut die Unerfahrenheit in der Gestaltung von Literatur (Versmaß, Rhythmus, Wortwahl usw.) kaschieren. Insofern gelingt dem Poetry-Slam, eine breitere Gruppe von Menschen für die Teilhabe an Praktiken des Pop zu motivieren. Er schafft regionale ‚Pop-Stars', die diese Form der Literaturpraxis in Schulen, Clubs und Kneipen tragen. Bekannte Slammer in Deutschland sind Sebastian23 (d. i. Sebastian Rabsahl) oder Timo Brunke.

Beim *Happening* und der weiter gefassten, stärker auf emotionale Aktivierung zielenden *Performance Art* ist das Publikum elitärer als beim Slam, obwohl es ausdrücklicher an der Erzeugung der Kunst beteiligt ist. Die Pop-Performances und Happenings unterliegen zum Teil komplexen Konzepten, die vorab angekündigt werden, die bestimmte Dispositive entwerfen und die dann im gemeinsamen Vollzug realisiert werden. Die Performance Art ist zwar nicht an die Popkultur gebunden, sie passt aber zu deren Vorstellung einer Ausweitung des Kunst- und Literaturbegriffs und forciert deren Vorstellungen einer zum Gesamtkunstwerk tendierenden Bühnenshow. Die Körperlichkeit der Mitwirkenden kann in diesen Präsentationsformen zumindest im Akt der Ko-Präsenz erfahren werden. Nutzt die Popkultur Elemente der Performance Art, verbinden sich mit ihr eine, freilich meist inszenierte Publikumsnähe und Spontaneität sowie die Lizenz zur teils exzesshaften Grenzüberschreitung (Frank Zappa, Velvet Underground, Rammstein usw.). Das Happening geht zurück auf Allan Kaprows *18 Happenings in 6*

Parts (1959). Für die Popkultur war John Cage (*Fluxus*) ein wichtiger Vermittler, für den Pop-Diskurs kanonisch gemacht haben die Performance Art Andy Warhols Factory und die Pop-Art-Bewegung, aber auch Yoko Ono und John Lennon (*Bed in*) oder Carolee Schnemann (*Meat Joy*). Als Gewährsleute in Deutschland – mit mehr oder weniger intensiver Beziehung zum Pop-Diskurs – gelten Joseph Beuys (*Sibirische Symphonie 1, Iphigenie/Titus Andronicus*), Wolf Vostell (*Dé-coll/age*: *In Ulm, um Ulm, um Ulm herum*), Hermann Nitsch (*Orgien Mysterien Theater*), Ulrike Rosenbach (*Glauben Sie nicht, daß ich eine Amazone bin*) oder Christoph Schlingensief (*Ausländer raus! Schlingensiefs Container*). Fast in allen Fällen der Performance Art führt die Beteiligung des Publikums nicht zum Verschwinden des Autors bzw. Konzeptkünstlers, sondern zu dessen Hypostasierung bzw. zum regelrechten Starkult. Mitunter garantiert die Bekanntheit der Künstler überhaupt die Kenntnisnahme der Aktionskunst als soziales Event und damit als Publikumserfolg (Yoko Ono, Beuys, Schlingensief, Abramović).

Im Gegensatz zu Happening und Slam ist das *Autoreninterview* eine vergleichsweise herkömmliche und zahme Art der Autorinszenierung. Aber auch hier gab es Ausnahmen, wo der Geist des Pops Exzesse legitimierte (Rolf Dieter Brinkmann, Klaus Kinski, Nina Hagen) und dadurch zur Bekanntheit bzw. Medienpräsenz der Akteure erheblich beitrug. Eine gewisse Verwandtschaft von Performance Art und Interview zeigt Marina Abramović in *The artist is present* (2012). Mitunter tendiert das Interview in der Popkultur tatsächlich zur eigens gestalteten und durchkomponierten Performance und bietet natürlich keineswegs ein authentisches Autorenbild (Christian Kracht und Denis Scheck über *Imperium*, 2012; Christian Kracht und Harald Schmidt, 2001). Ein Mitgestaltungsrecht des Autors an der Verwendung des Interviews ist aber keineswegs notwendig, etwa wenn das vom Autor Gesagte in seiner Teilveröffentlichung nur auf plakative Kernsätze reduziert wird, um der Öffentlichkeit ein – sehr erwartbares – Autorenbild zu präsentieren, etwa im ersten *Spiegel*-Artikel über Rolf Dieter Brinkmann („So im Gange", 1968). Die prinzipiell diskursive Anlage des Interviews bietet dennoch Möglichkeiten, ästhetische Positionen preiszugeben, diese zu erläutern oder gegen Einwände zu verteidigen. Gelegentlich wird das Interview zum Autorengespräch umgestaltet oder erweitert. Dann können auch mehrere Akteure auftreten und ihre Positionen gegeneinander abgrenzen (Gleba und Schumacher 2007, 365–399). Als inszeniertes Gespräch mit theatralen Elementen ist auch der wichtigste Programmtext von Pop II, *Tristesse Royale* (1999), gestaltet (Jung 2002, 31; Rauen 2010, 160; → 4.15 DÖRING).

Seit einiger Zeit gehört auch das *Merchandising* zu den effizienten Modi der Selbstinszenierung von Pop-Autoren. Eine eigene Homepage und ein recht umfangreiches Shopping-Angebot forcieren die Etablierung des Ruhr-Popstars Frank Goosen nicht nur, aber vor allem in seiner Region. Angeboten werden

Tassen, Bücher, Hör-CDs, Shirts, Polos und Accessoires wie Grubenlampen, Autokennzeichen, Kühlschrankmagnete oder Fußmatten mit Goosen-Sprüchen („Woanders is auch scheisse"). Auch Wladimir Kaminer vermarktet seine *Russendisko* auf einer eigenen Web-Seite mit unterschiedlich designten T-Shirts, die alle mit einem entsprechenden und wiedererkennbaren Stern-Logo ausgestattet sind; zum Merchandising-Programm gehören hier auch CDs mit einschlägigen Songs.

Schließlich wäre noch die gewissermaßen nächstliegende Autorwerbung zu nennen: das Buch. Auch hier präsentieren sich die Pop-Autoren in ausgesuchten und oft anspielungsreichen Posen, etwa auf der Rückseite von *Tristesse Royale* (Bessing, Kracht, Nickel, v. Schönburg und Stuckrad-Barre) oder auf der Umschlaginnenseite von *Mesopotamia* (1999, Kracht mit Kalaschnikow). Nicht selten bezwecken oder erleichtern die Verlage mit den Abbildungen eine – literaturwissenschaftlich gesehen eher illegitime – Identifikation von Romanautor und Romanheld, wie bei Benjamin Leberts *Crazy* (1999) oder Rolf Dieter Brinkmanns *Keiner weiß mehr* (1968). Vermutlich verspricht man sich von diesen Inszenierungen eine höhere Glaubhaftigkeit des Erzählten (vgl. Niefanger 2011).

4. Analytische Zugänge

Die unterschiedlichen Formen von Autorinszenierungen in der Pop-Literatur legen es nahe, sich ihnen mit verschiedenen methodischen Zugriffen zu nähern. Dabei können die Interessen durchaus different sein: Untersuchen kann man die Inszenierungen selbst und ihren kulturellen oder kulturhistorischen Mehrwert, die Relevanz der Inszenierungen für das Verständnis oder die Wirkung der einzelnen Werke der Pop-Literatur. Zudem kann man den Einfluss der Inszenierungen auf kulturelle Diskurse oder Milieu-Veränderungen in den Blick nehmen. Möglicherweise haben sie hier sogar eine konstitutive Macht. Inszenierungen geben – zumindest in gewissem Rahmen – Auskunft über den Habitus, die soziale Stellung oder das gesellschaftliche Ansehen eines Autors und über Positionskämpfe im kulturellen Feld.

Als ein zentraler methodischer Zugang bietet sich aufgrund der Gebundenheit vieler Autorinszenierungen an elektronische Vermittlungswege die Medientheorie bzw. die Medienwissenschaft an (vgl. McLuhan 1995; Ludes [2]2003; Künzel und Schönert 2007). Hierbei sind Aspekte der Medienentwicklung und die technischen Dispositive der einzelnen Medien zu berücksichtigen. Ein Vinyl-Album wirkt anders als eine CD, eine Webseite anders als ein Buchprospekt. Die Semiotik von Auftritten (Lesungen, öffentliche Interviews und Podiumsgespräche usw.) lässt sich mit den Werkzeugen der Performanztheorie und der Theatersemiotik

(Mersch 2002; Wirth 2002; Fischer-Lichte 2004) untersuchen. So kann man recht genau den Einfluss der Comedy-Kultur seit den 1990er Jahren auf Auftritte der Pop-II-Generation anhand ihrer bevorzugten Körpersemantik beschreiben, zumal die aktive Teilhabe mancher Autoren an dieser Kultur ja bekannt ist (Stuckrad-Barre, Goosen). Für die Inszenierungen von Autoren im Buch-Umfeld bietet sich Paratext-Theorie an (vgl. Genette 1992). Hier kann man zwischen allographen Inszenierungen, etwa Stuckrad-Barres „Das Buch" in *Deutsches Theater* (2001), und fremden Autorinszenierungen, etwa das Vorwort Bessings zu Krachts *Der gelbe Bleistift* (2000), unterscheiden. Sinnvoll ist auch die Differenzierung von Epitexten, etwa Brinkmanns selbst getippter Lebenslauf für das Cambridge Poetry Festival (1975), der jetzt im Booklet von *The Last One* (2005) zu finden ist, und Paratexten im engeren Sinne, etwa die Angabe „Gedicht von R.D. Brinkmann" zum „Lebenslauf einer Frau" in der illustrierten Version von Höppner. Sie ist in der Untergrund-Zeitschrift *Der Gummibaum* (Abbildung: Seinsoth 1990, 51) erschienen. Will man mit literatursoziologischem Interesse den Kontext und die Funktion von Autoreninszenierungen in der Gesellschaft oder in sozialen Milieus untersuchen, bieten sich die Ansätze der Feldtheorie an (vgl. Bourdieu 2001; Meizoz 2005; in Bezug auf Pop II auch Fischer 2013). Als eine zentrale Frage hierbei erscheint, inwiefern die unterschiedlichen Autorinszenierungen zur Aufmerksamkeitssteigerung im kulturellen Feld beitragen können (vgl. Joch et al. 2009). Dies hat Folgen für den kulturellen Wandel, die Gestaltung von Diskursen (vgl. Rauen 2010) und natürlich auch das Verständnis einzelner Texte.

Literaturverzeichnis

[Anon.]. „Brinkmann. So im Gange." *Der Spiegel* 25 (1968): 126.
Anders, Petra (Hrsg.). *Slam Poetry*. Stuttgart: Reclam, 2008.
Barthes, Roland. „Der Tod des Autors". Übers. von Matías Martínez. *Texte zur Theorie der Autorschaft*. Hrsg. von Fotis Jannidis Fotis, Gerhard Lauer, Matías Martínez und Simone Winko. Stuttgart: Reclam, 2000. 185–193.
Baßler, Moritz. *Der deutsche Pop-Roman. Die neuen Archivisten*. München: C.H. Beck, 2002.
Böhm, Thomas (Hrsg.). *Auf kurze Distanz. Die Autorenlesung: O-Töne, Geschichten, Ideen*. Köln: Tropen-Verlag, 2003.
Bourdieu, Pierre. *Die Regeln der Kunst. Genese und Struktur des literarischen Feldes*. Übers. von Bernd Schwibs und Achim Russer. Frankfurt am Main: Suhrkamp, 2001.
Brinkmann, Rolf Dieter. „Angriff aufs Monopol. Ich hasse alte Dichter". *Pop seit 1964*. Hrsg. von Kerstin Gleba und Eckhard Schumacher. Köln: Kiepenheuer & Witsch, 2007. 38–49.
Burke, Sean. *The Death and Return of the Author. Criticism and Subjectivity in Barthes, Foucault and Derrida*. Edinburgh: University Press, 1998.
Detering, Heinrich (Hrsg.). *Autorschaft. Positionen und Revisionen. DFG-Symposion 2001*. Stuttgart und Weimar: Metzler, 2002.

Diederichsen, Diedrich. „Ist was Pop". *Texte zur Theorie des Pop*. Hrsg. von Charis Goer, Stefan Greif und Christoph Jacke. Stuttgart: Reclam, 2013. 244–258.
Drügh, Heinz, Christian Metz und Björn Weyand (Hrsg.). *Warenästhetik. Neue Perspektiven auf Konsum, Kultur und Kunst*. Frankfurt am Main: Suhrkamp, 2011.
Fischer, Alexander. *Posierende Poeten. Autorinszenierungen vom 18. bis zum 21. Jahrhundert*. Erlangen: masch. schr. Habil., 2013.
Fischer-Lichte, Erika. *Ästhetik des Performativen*. Frankfurt am Main: Suhrkamp, 2004.
Foucault, Michel. „Qu'est-ce qu'un Auteur?" *Bulletin de la Société française de Philosophie* 64 (1969): 73–104.
Franck, Georg. *Ökonomie der Aufmerksamkeit. Ein Entwurf*. München, Wien 1998.
Frith, Simon. „Musik und Identität" [1996]. *Texte zur Theorie des Pop*. Hrsg. von Charis Goers, Stefan Greif und Christoph Jacke. Stuttgart: Reclam, 2013. 199–219.
Genette, Gérard. *Paratexte* [Seuils, 1987]. *Das Buch vom Beiwerk des Buches*. Frankfurt am Main: Suhrkamp, 1992.
Genz, Stéphanie, und Benjamin A. Brabon. *Postfeminism: Cultural Texts und Theory*. Edinburgh: University Press, 2009.
Goer, Charis, Stefan Greif und Christoph Jacke (Hrsg.). *Texte zur Theorie des Pop*. Stuttgart: Reclam, 2013.
Goetz, Rainald. *Rave. Erzählung* [1998]. Frankfurt am Main: Suhrkamp, 2001.
Grimm, Gunter E. „Nichts ist widerlicher als eine sogenannte Dichterlesung." Deutsche Autorenlesungen zwischen Marketing und Selbstrepräsentation. Schriftsteller-Inszenierungen. Hrsg. von Gunter E. Grimm und Christian Schärf. Bielefeld: Aisthesis, 2008. 141–167.
Grimm, Gunter E., und Christian Schärf (Hrsg.). *Schriftsteller-Inszenierungen*. Bielefeld: Aisthesis, 2008.
Jannidis, Fotis, Gerhard Lauer, Matías Martínez und Simone Winko (Hrsg.). *Rückkehr des Autors. Zur Erneuerung eines umstrittenen Begriffs*. Tübingen: Niemeyer, 1999.
Jannidis, Fotis, Gerhard Lauer, Matías Martínez und Simone Winko (Hrsg.). *Texte zur Theorie der Autorschaft*. Stuttgart: Reclam, 2000.
Joch, Markus, York-Gothart Mix und Norbert Christian Wolf (Hrsg.). *Mediale Erregungen? Autonomie und Aufmerksamkeit im Literatur- und Kulturbetrieb der Gegenwart*, Tübingen: Niemeyer, 2009.
Joch, Markus, und Norbert Christian Wolf (Hrsg.). *Text und Feld. Bourdieu in der literaturwissenschaftlichen Praxis*. Tübingen: Niemeyer, 2005.
Jung, Thomas. „Vom Pop international zur Tristesse Royal. Die Popliteratur, der Kommerz und die postmoderne Beliebigkeit". *Alles nur Pop? Anmerkungen zur populären und Pop-Literatur seit 1990*. Hrsg. von Thomas Jung. Frankfurt am Main: Peter Lang, 2002. 29–53.
Jürgensen, Christoph, und Gerhard Kaiser (Hrsg.). *Kontroversen – Bündnisse – Imitationen. Zur Geschichte schriftstellerischer Inszenierungspraktiken*. Heidelberg: Winter, 2011.
Kaulen, Heinrich. „Der Autor als Medienstar und Entertainer. Überlegungen zur neuen deutschen Popliteratur". *Lesen zwischen neuen Medien und Popkultur. Kinder- und Jugendliteratur im Zeitalter multimedialen Entertainments*. Hrsg. von Hans-Heino Ewers. Weinheim und München: Juventa, 2002. 209–228.
Kolleritsch, Alfred. „Rolf Dieter Brinkmann 1972 in Graz". *Rolf Dieter Brinkmann*. Hrsg. von Maleen Brinkmann. Reinbek bei Hamburg: Rowohlt, 1995. 116–117.
Krausser, Helmut. *Tagebuch des Oktober 1997. Tagebuch des November 1997. Tagebuch des Dezember 1997*. Reinbek bei Hamburg: Rowohlt, 2000.

Künzel, Christine, und Jörg Schönert. *Autorinszenierungen: Autorschaft und literarisches Werk im Kontext der Medien*. Würzburg: Königshausen & Neumann, 2007.

Ludes, Peter. *Einführung in die Medienwissenschaft. Entwicklungen und Theorien*. Mit einer Einleitung von Jochen Hörisch. Berlin: Erich Schmidt, 2003.

McLuhan, Marshall. *Die magischen Kanäle. Understanding Media*. Dresden: Verlag der Kunst, 1995.

Mehfort, Sandra. *Popliteratur. Zum literarischen Stellenwert eines Phänomens der 1990er Jahre*. Karlsruhe: Info Verlag und Lindemanns Bibliothek, 2008.

Meizoz, Jérôme. „Die *posture* und das literarische Feld". *Text und Feld. Bourdieu in der literaturwissenschaftlichen Praxis*. Hrsg von Markus Joch und Norbert Christian Wolf. Tübingen: Niemeyer, 2005. 177–188.

Mersch, Dieter. *Ereignis und Aura. Untersuchungen zu einer Ästhetik des Performativen*. Frankfurt am Main: Suhrkamp, 2002.

Neumeister, Andreas. „Pop als Wille und Vorstellung". *Texte zur Theorie des Pop*. Hrsg. von Charis Goer, Stefan Greif und Christoph Jacke. Stuttgart: Reclam, 2013. 262–269.

Niefanger, Dirk. „Biographeme im deutschsprachigen Gegenwartsroman (Herta Müller, Monika Maron, Uwe Timm)". *Literatur als Lebensgeschichte. Biographisches Erzählen von der Moderne bis zur Gegenwart*. Hrsg. von Peter Braun und Bernd Stiegler. Bielefeld: transcript, 2012. 289–306.

Niefanger, Dirk. „Der Autor und sein ‚Label' Überlegungen zur „fonction classificatoire" Foucaults (mit Fallstudien zu Langbehn und Kracauer)". *Autorschaft. Positionen und Revisionen. DFG-Symposion 2001*. Hrsg. von Heinrich Detering. Stuttgart und Weimar: Metzler, 2002. 521–539.

Niefanger, Dirk. „Rolf Dieter Brinkmanns Poetik der Selbstinszenierung". *Medialität der Kunst. Rolf Dieter Brinkmann in der Moderne*. Hrsg. von Markus Fauser. Bielefeld: transcript 2011. 65–82.

Niefanger, Dirk. „‚Etwas anderes tun'. Symbol und *performance* in der deutschen Popkultur". *Aktualität des Symbols*. Hrsg. von Frauke Berndt und Christoph Brecht. Freiburg: Rombach, 2005. 329–343.

Niefanger, Dirk. „Provokative Posen. Zur Autorinszenierung in der deutschen Popliteratur". *Pop – Pop – Populär. Popliteratur und Jugendkultur*. Hrsg. von Johannes Pankau. Oldenburg: Aschenbeck & Isensee, 2004. 85–101 und 215–217.

Rauen, Christoph. *Pop und Ironie. Popdiskurs und Popliteratur um 1980 und 2000*. Berlin und New York: De Gruyter, 2010.

Rygulla, Ralf-Rainer. „Nachwort zu *Fuck you! Underground Poems. Untergrund Gedichte*". *Texte zur Theorie des Pop*. Hrsg. von Charis Goers, Stefan Greif und Christoph Jacke. Stuttgart: Reclam, 2013. 103–109.

Schwarzkopf & Schwarzkopf Verlag. *Udo Lindenberg: Das Lindenwerk. Malerei in Panikcolor.* http://www.schwarzkopf-verlag.net/store/p573/UDO_LINDENBERG%3A_DAS_LINDENWERK.html.

Seinsoth, Udo (Hrsg.). *Rolf Dieter Brinkmann. 16. April 1940 – 23. April 1975. zum 50. Geburtstag*. Bremen: Antiquariat Beim Steinernen Kreuz, 1990.

Sontag, Susan. „Notes on ‚Camp'." *Partisan Review* 31.4 (1964): 515–530.

Stuckrad-Barre, Benjamin v. *Livealbum. Erzählung*. Köln: Kiepenheuer & Witsch, 1999.

Vormweg, Heinrich. „Die strahlende Finsternis unserer Städte. Ein Porträt". *Rolf Dieter Brinkmann*. Hrsg. von Maleen Brinkmann. Reinbek bei Hamburg: Rowohlt, 1995. 14–27.

Warhol, Andy. „POPism. Meine 6oer Jahre". *Texte zur Theorie des Pop*. Hrsg. von Charis Goers, Stefan Greif und Christoph Jacke. Stuttgart: Reclam, 2013. 142–155.
Wirth, Uwe (Hrsg.). *Performanz. Zwischen Sprachphilosophie und Kulturwissenschaft*. Frankfurt am Main: Suhrkamp, 2002.

2.10 Pop-Literatur in den Verlagen
Martin Hielscher

1. Beat Generation und Pop-Literatur um 1970

Was man Pop-Literatur nennt, setzte international mit den Autoren der sogenannten ‚Beat-Generation' ein. Als ihre herausragenden Vertreter gelten William S. Burroughs, Allen Ginsberg und Jack Kerouac, als Schlüsselwerke *Naked Lunch* von Burroughs (zunächst 1959, bei Olympia Press in Paris, erst 1962 konnte das Werk in den USA bei Grove Press in New York erscheinen), *Howl and Other Poems* von Allen Ginsberg (1956, bei City Lights Publishers in der preiswerten Reihe *City Lights Pocket Books* in San Francisco) und Kerouacs *On the Road* (1957, bei Viking Press in New York), weitere wichtige Autorinnen und Autoren sind Diane de Prima, Gregory Corso, der Buchhändler, Verleger und Autor Lawrence Ferlinghetti, LeRoi Jones (später Amiri Baraka), Kenneth Rexroth und Gary Snyder. *Howl* und *Naked Lunch* wurden Gegenstand von gerichtlichen Auseinandersetzungen wegen Obszönität. Diese markieren die Kampflinie zwischen einem konservativ-religiösen Establishment, einem prüden Moralbegriff, der entsprechend affirmativ eskapistischen Ästhetik und einem zeitgemäß entgrenzten, subversiv-anarchischen, auch von unreglementierten Sex- und Drogenerfahrungen geprägten Weltverhältnis und der entsprechend avancierten, einem rigide kontrollierenden Textsubjekt entzogenen, streckenweise unbewusst-‚automatischen' Schreibweise. Burroughs', Ginsbergs und Kerouacs genannte Werke wurden zügig ins Deutsche übersetzt und in den Verlagen Limes in Wiesbaden und Rowohlt in Hamburg veröffentlicht. *The Naked Lunch* erschien in der deutschen Übersetzung von Katharina und Peter Behrens 1962 unter dem amerikanischen Titel bei Limes, dem 1965 sogar noch eine Broschur im selben Verlag *Ansichten – The Naked Lunch* von Hans Krüger, eine Auskoppelung der Neuen Rundschau, folgte. Ginsbergs *Howl* erschien unter dem Titel *Das Geheul und andere Gedichte* ebenfalls bei Limes 1959, übersetzt von Wolfgang Fleischmann und Rudolf Wittkopf und mit einem Nachwort von Walter Höllerer, der 1961 mit Gregory Corso die Anthologie *Junge amerikanische Lyrik* im Hanser Verlag in München herausgab. Jack Kerouacs bahnbrechender Roman *On the Road* erschien unter dem Titel *Unterwegs* in einer, wie es kryptisch heißt, „berechtigten Übersetzung", 1959 bei Rowohlt, wo Kerouacs Werk zum Teil bis heute auf Deutsch verlegt wird, wo sein berühmtester Roman aber zunächst 1998 in einer neuen Übersetzung von Thomas Lindquist, dann 2010 in der sogenannten „Urfassung" in der Übersetzung von Ulrich Blumenbach veröffentlicht wurde. Zu diesem Zeitpunkt ist die Beat-Generation und ihre Literatur bereits historisch geworden und zum Gegenstand von Neuausgaben und Ausstellungen, Filmen, Katalogen und Gesamtdarstellungen. Aber die Verlage, die schnell und unter dem Einfluss der internationalen Literaturentwicklung, unter dem Eindruck der ästhetischen Innovation der Beat-Generation, von Popkultur und dem damit verbundenen subversiven Lebensgefühl die entsprechenden Werke auf Deutsch herausbrachten – hier wären neben Limes, Hanser und Rowohlt u. a. der Verlag Joseph Melzer in Darmstadt, der vom ehemaligen Kiepenheuer & Witsch- und Melzer-Mitarbeiter Jörg Schröder als deutscher Ableger der Pariser Olympia Press gegründete März-Verlag und die deutsche Olympia Press AG in Darmstadt, Maro in Augsburg, Kiepenheuer & Witsch in Köln, Oberbaumpresse in Berlin sowie eine Reihe von Zeitschriften zu nennen –, waren auch entscheidend bei der Publikation der deutschen Underground-Literaten und Pop-Autoren, die man später – unter dem Eindruck der Pop-Literatur seit Anfang der 1990er Jahre – rückwirkend als Vertreter der ersten Phase der deutschen Pop-Literatur zu betrachten begann. Als populärer theoretischer Grundlagentext diente der heute berühmte Essay von Leslie Fiedler „Cross the Border – Close the Gap", den er 1968 als Vortrag an der Albert-Ludwigs-Universität in Freiburg hielt und der dann überarbeitet in zwei Teilen in der Wochenzeitung *Christ und Welt* erschien und in dem auch der Begriff der „Postmoderne" geprägt wird (→ 2.1 WEGMANN). Wie in Fiedlers Essay programmatisch formuliert, galt der Begriff der Pop-Literatur als Kategorie für eine Literatur, die die klassische Trennung zwischen U und E, Hoch- oder Höhenkamm-Literatur und populärer Massenkultur, aufweichen wollte. Der bekannteste und einer der wirkungsmächtigsten Autoren der deutschen Underground- und Pop-Literatur der ersten Phase ist Rolf Dieter Brinkmann, der zunächst, von Dieter Wellershoff entdeckt und gefördert, die meisten seiner Werke, Gedichte, Erzählungen und den Roman *Keiner weiß mehr* bei Kiepenheuer & Witsch veröffentlichte, wo er auch die wichtige Anthologie „Silver Screen. Neue amerikanische Lyrik" herausgab. Später wechselte Brinkmann zu Rowohlt, wo heute sein Gesamtwerk erscheint. Die neben *Silver Screen* besonders einflussreiche Anthologie ist *Acid. Neue amerikanische Szene*, die Brinkmann wiederum gemeinsam mit Ralf-Rainer Rygulla bei März herausgab (→ 4.4 BANDEL), beide Anthologien erschienen 1969. Aus dieser Phase sind neben Brinkmann der Bukowski-Übersetzer Carl Weissner (Maro Verlag), der schon erwähnte Ralf-Rainer Rygulla, aber auch Paul-Gerhard Hübsch, später Hadayatullah Hübsch (zunächst bei Luchterhand), Jürgen Ploog (Melzer) und insbesondere Jörg Fauser (Maro Verlag) zu nennen, die unter dem Einfluss von Burroughs Cut-up-Texte veröffentlichten. Fauser, der von der etablierten deutschen Literaturkritik, insbesondere von Marcel Reich-Ranicki, verrissen wurde und der auch übersetzte, Songtexte und Drehbücher schrieb, veröffentlichte seine Werke, Gedichte, Erzählungen und vor allem Romane, bei Udo Breger in Göttingen, bei Maro, Monika Nüchtern in München und Eduard Jakobson in Berlin, aber dann seit 1979 vorwiegend im Verlag Rogner & Bernhard (damals München, dann Hamburg, gefolgt von Berlin, inzwischen Zürich), wo es eine Jörg-Fauser-Edition in acht Bänden gab, gefolgt von einer neuen, neun-bändigen Werkausgabe im Alexander Verlag in Berlin. Von Fausers Werk führt, nicht nur wegen der darin verarbeiteten Drogenerfahrungen, ein direkter Weg zu einem der wichtigsten Autoren der Pop-Literatur seit den 1990er Jahren, Benjamin von Stuckrad-Barre. War die deutsche Underground- und Pop-Literatur Ausdruck eines neuen, von Amerika herüberwehenden, adaptierten und verwandelten Lebensgefühls und einer radikal neuen Ästhetik, die mit bestimmten Zügen der Studentenbewegung der 1960er Jahre korrespondierte – teilweise waren diese Autoren auch Aktivisten –, so ließen die Politisierung des Literaturbetriebs einerseits und andererseits die Tatsache, dass sich bestimmte Formen und Gesten erschöpften – auch unter dem Druck einer restaurativen Stimmungslage – die Literatur des sogenannten Undergrounds und der deutschen Beat-Generation-Autoren, wenn man etwa Brinkmann, Rygulla und Fauser so nennen darf, zeitweilig versanden. Wobei hier die tragischen Tode von Brinkmann (der im April 1975, eine Woche nach seinem 35. Geburtstag, weil er in die falsche Richtung blickte, in London von einem Taxi überfahren wurde) und Fauser (der 1987 43jährig, in der Nacht nach seinem Geburtstag, als er zu Fuß auf der Autobahn A94 bei München entlanglief, von einem LKW überfahren wurde) auch eine Rolle gespielt haben mögen. Fausers Werk hat nicht nur Stuckrad-Barre, sondern auch Autoren wie Matthias Altenburg (der heute unter dem Pen-Name Jan Seghers bei Rowohlt Kriminalromane veröffentlicht), Jakob Arjouni (Diogenes), Franz Dobler (inzwischen Klett-Cotta), Feridun Zaimoglu (Kiepenheuer & Witsch) oder Helmut Krausser (Dumont) beeinflusst.

2. Neuansatz mit *Faserland*

Als 1995 bei Kiepenheuer & Witsch der Roman *Faserland* von Christian Kracht erschien, wurde dies zum Auftakt für das, was man dann im Feuilleton erneut „Pop-Literatur" zu nennen begann. In die öffentliche Diskussion kehrte der Begriff Pop-Literatur jetzt mit einer leicht pejorativen Wertung, da man den Autoren dieser zweiten Phase eine oberflächliche, schlimmstenfalls sogar reaktionäre Haltung und Ästhetik der Affirmation vorhielt, mit *Faserland* (→ 4.12 GRABIENSKI) und Stuckrad-Barres Roman *Soloalbum* (ebenfalls bei Kiepenheuer & Witsch, 1998; → 4.13 BASSLER) zurück. Im Verlag selbst wurde dieser Begriff zunächst nicht verwendet, er findet sich nicht im Klappentext und wurde auch nicht als Schlagwort etwa den Verlagsvertretern gegenüber ins Feld geführt. Vielmehr wurde Krachts Roman, dessen Rechte auf der Basis eines Teilmanuskripts erworben wurden, was zu dem Zeitpunkt im deutschen Literaturbetrieb bei einem Debüt noch ungewöhnlich war (es interessierten sich auch bereits andere Verlage für den Autor), einerseits sofort als etwas ganz Neues empfunden, was den Erzählton und die Weltsicht anbelangte. Andererseits war gerade das Programm des Verlags Kiepenheuer & Witsch, in dem früher Werke von Rolf Dieter Brinkmann erschienen waren, aber auch Gedichte von Frank O'Hara, der Roman *A* von Andy Warhol, Werke von Joachim Lottmann, Bücher des Pop-Theoretikers Diedrich Diederichsen, Anthologien wie *Rawums.* (→ 4.8 OTREMBA), herausgegeben von Peter Glaser, und später auch die Romane von Bret Easton Ellis, dazu geeignet, ein Umfeld für ein Erzählen zu bieten, das sich vorbehaltlos, unerschrocken und ressentimentfrei – was nicht unkritisch heißen muss – auf die unmittelbare Gegenwart und auch ihre massenkulturellen Phänomene einlässt und all dies sprachlich zu fassen sucht, aufzeichnet, archiviert. Man war auf Kracht durch seine Reportagen in der Zeitschrift *Tempo* aufmerksam geworden, Maxim Biller, der selbst wiederum immer schon vehement für einen neuen Realismus und ein vorbehaltloses, geradezu klassisches Erzählen eingetreten war, hatte auf ihn hingewiesen, der damalige Cheflektor Helge Malchow hatte, wie es hieß, Kracht eine Postkarte geschrieben, auf der er ihn zum Schreiben eines Romans ermuntert hatte.

Krachts Romanmanuskript wurde allerdings weniger im Kontext der literarischen Richtung gelesen, die als Beat-Generation Furore gemacht hatte, sondern als eines der Manuskripte wahrgenommen, die die deutschsprachige Gegenwartsliteratur aus ihrer Abstraktheit und Erzählabstinenz, ihrer metafiktionalen Theorielastigkeit und Weltabgewandtheit herausführen könnten. Im Verlag wurde dieser Roman im Zusammenhang mit der Debatte um die fehlende Welthaltigkeit und Erfahrungsfülle der deutschsprachigen Gegenwartsliteratur gelesen, die Altenburg und Biller angestoßen hatten und die Anfang bis Mitte der 1990er Jahre intensiv und kontrovers geführt wurde. Für die Verlage sah es seit längerem so aus, dass die deutschsprachige Gegenwartsliteratur beim Lesepublikum und im Buchhandel – außer wenn es sich um die alten Schlachtrosse und eingeführten großen Namen handelte – auf Abwehr stieß und man sich lieber mit ausländischen Neuerscheinungen beschäftigen wollte, allen voran mit den anglo-amerikanischen Novitäten.

Faserland war also gleichzeitig ein Beispiel für den bei Kiepenheuer & Witsch immer schon gepflegten radikalen, mitunter schmutzigen Realismus und ein in der deutschen Literatur neuer, an Jerome D. Salinger und Bret Easton Ellis geschulter Erzählansatz, eine Desillusionsgeschichte, wie *Fänger im Roggen* und *Unter Null*, die in einem mündlich wirkenden Parlando-Ton erzählt war, den man so in der deutschen Literatur noch nicht gelesen hatte. Es war aber auch von Anfang an, schon für einige im Verlag selbst, eine Provokation.

Literaturdebatten werden im deutschsprachigen Raum mit einer Intensität geführt wie kaum irgendwo sonst und sie haben, selbst wenn es vordergründig um ästhetische Fragen geht, immer eine ethisch-politische Dimension. Da, wo Realität im Roman etwa dargestellt wurde, geschah das fast ausnahmslos in kritischer – erkennbar kritischer – Absicht. Auch der Realismus der bei Kiepenheuer & Witsch erscheinenden deutschsprachigen und ausländischen Titel war immer vermittelbar als gesellschaftskritisch, erst bei Bret Easton Ellis, dessen dort erschienenen Roman *Unter Null* (dt. 1986) man noch als entlarvend intendierten Blick auf das von Drogen, Alkohol, Sex und Gewalt geprägte Leben reicher Kids in Kalifornien lesen konnte, wurde es anlässlich seines Romans *American Psycho* (dt. 1991), der zwischen 1995 und 2001 in Deutschland indiziert war, wieder schwierig und kontrovers. War die Geschichte des Ich-Erzählers Patrick Bateman, eines Wallstreet-Investmentbankers, der obsessiv die Insignien und Rituale eines wohlhabenden und aktiven Geschäftslebens pflegt und detailliert seine Markenkleidung, Accessoires und teure Parfüms beschreibt und gleichzeitig serienmäßig und sadistisch Frauen tötet und seziert, eine Art affirmativer Oberschicht-Pornografie? Amoralisch, krank und jugendgefährdend? Oder war dies die Beschreibung und schock-ästhetisch angelegte Innenansicht eines Charakters, an dem der Wahnsinn, der Sadismus und Empathie-Entzug eines mitleidlosen, entfesselten Wallstreet-Kapitalismus und eskalierenden Warenfetischismus gezeigt werden sollte, eine Art Euthanasie-ähnlicher Vernichtungslogik innerhalb der Zentrale des spekulativen westlichen Finanzsystems?

Es ist genau diese Ambivalenz und Unzuverlässigkeit des Erzählens bzw. des Ich-Erzählers, die Christian Kracht in *Faserland* inszeniert hat, wenn auch nicht so brutal und schockierend wie Bret Easton Ellis in *American Psycho*, eher wie der nihilistische Reigen von *Unter Null*, und Ellis ist sowohl ein Vorbild Krachts wie Stuckrad-Barres (und ein gemeinsamer Freund). Das Provozierende an *Faserland* war nicht nur – wie bei Ellis – die Herkunft des Ich-Erzählers und der meisten Protagonisten aus der Oberschicht, der selbstverständliche Besitz und Konsum teurer Kleidung, Gegenstände, Genussmittel und Drogen, das von unmittelbaren Reproduktionszwängen und Arbeit freigestellt wirkende frei schwebende Dasein, das Partyleben – es waren die Beschreibungen und Urteile des Protagonisten, die mitunter lustig, komisch, aber auch höhnisch wirkten und gelegentlich politisch völlig inkorrekt. Es gibt aber keinerlei klare, geschweige denn moralisch-politische Orientierung im Text.

Vor Erscheinen des Romans hatte es sich ergeben, dass der ehemalige Verleger Reinhold Neven Du Mont das fertige Manuskript mit in den Sommerurlaub auf das Anwesen Gregor von Rezzoris in Italien genommen und dort, als er die

Rückreise antrat, liegen gelassen hatte. Der damals 81jährige von Rezzori las das Manuskript und schickte Neven Du Mont spontan einen Brief, in dem er sich lobend über den Roman äußerte. Dieser Brief traf kurz vor der Vertreterkonferenz, auf der der Roman vorgestellt werden sollte, im Verlag ein und konnte den Vertretern, von denen einige irritiert auf das Manuskript reagiert hatten, vorgelesen werden, ein Auszug wurde im Klappentext zitiert. Dieser Klappentext wurde – wie immer in den seriösen Verlagen – in Absprache mit dem Autor verfasst, einige Formulierungen stammen direkt von Christian Kracht. Von Rezzori schrieb (und diese Zeilen standen dann im Klappentext): „Diese Präzision der Wahrnehmung einer Welt, die nur noch aus Markenartikeln besteht, diese Hellwachheit in der Leere, die Verdammnis zu kollektiven Banalitäten und das feine Unterscheidungsgefühl dabei – das habe ich noch nirgendwo so glasklar dargestellt gefunden. Ich gratuliere Autor und Verleger!"

Faserland ist ein mehrdeutiges Wortspiel mit den Begriffen „Fatherland", „Faser" und dem Verb „faseln", aber auch ein Titel wie „Fant" war eine Option für den Autor. Auch der Umschlag, der stilbildend gewirkt hat, ging auf einen Vorschlag des Autors zurück. Seitdem sind alle Bücher Christian Krachts, angefangen beim Schriftbild, schon in ihrem Objektcharakter Ausdruck eines ästhetisch hoch reflektierten Gesamtkonzepts. Der Verlag hat sich hier vom Autor inspirieren und belehren lassen. Das Streifenbild von *Faserland* wirkt bis in den Umschlag von Wolfgang Herrndorfs *Tschick* nach, ein Roman, der auch inhaltlich viele Echos des Kracht-Romans hören lässt.

Als *Faserland* schließlich erschien, sorgte das Buch nicht nur bei vielen anderen Autoren und Autorinnen für Irritation und Ablehnung – neben von Rezzori hat dagegen vor allem Uwe Timm die Qualität und Besonderheit Krachts sofort erkannt –, sondern der Roman wurde in der Literaturkritik und in den ersten Aufsätzen und Vorträgen der internationalen Germanistik fast ausnahmslos verrissen und als oberflächliche Schnösel-Literatur rezipiert. Unter den Kritikern waren es allein Thomas Hüetlin und Gustav Seibt, die das Buch einfühlsam und zustimmend besprachen. Dennoch wurde *Faserland* auf Anhieb ein großer Erfolg. Kiepenheuer & Witsch hatte schon lange den Ruf eines zeitgemäßen, spannenden, ‚coolen' Verlages, die wenigen guten Besprechungen, aber auch die Echos der Verrisse, vor allem aber die bei wirklich großen Erfolgen wirksame Mund-zu-Mund-Propaganda sorgten dafür, dass vor allem ein junges Lesepublikum sofort, quasi ‚blind', erkannte, dass hier von seinen Erfahrungen die Rede war, dass ein bestimmter Nerv getroffen, ein Lebensgefühl beschrieben, eine Sprache gefunden war und außerdem, wie der Autor es selbst formuliert hatte, „außerordentliche Unterhaltung" geboten war, nicht eben das typische Gütesiegel für deutschsprachige Gegenwartsliteratur.

3. Pop-Literatur nach *Faserland*

Wir haben deshalb so ausführlich den Augenblick der Publikation *Faserlands* behandelt, weil das Schicksal dieses Romans die Funktion und Rolle der Pop-Literatur in den Verlagen wie in einer Nussschale konzentriert erkennen lässt.

Innerhalb weiter Teile der Germanistik und der Literaturkritik wird ein Unterschied zwischen der ersten Strömung der Pop-Literatur und der zweiten Welle, Jahrzehnte später, gemacht, dann aber auch noch einmal ein stark wertender Unterschied zwischen den Autoren einer Art Diskurs-Pop-Literatur – hier werden Thomas Meinecke, Rainald Goetz und Andreas Neumeister genannt – und Autoren wie Christian Kracht, Benjamin von Stuckrad-Barre, Alexa Hennig von Lange und Florian Illies (*Generation Golf*, S. Fischer, 2000). In der Verlagswelt kann man diese Strömungen ziemlich genau zuordnen: Die Diskurs-Pop-Literatur findet sich vor allem in den entsprechenden Veröffentlichungen von Meinecke, Neumeister und Goetz bei Suhrkamp. Zu den besonders erfolgreichen Titeln gehörten Meineckes Roman *Tomboy* (1998; → 4.14 VOLKENING) und *Rave* (1998) von Rainald Goetz, dessen *Abfall für Alle. Roman eines Jahres* (1999) mit seiner Fülle von Beobachtungen und Notaten, die gewissermaßen hierarchiefrei und gleichrangig die vielen Seiten füllen, ein berauschender Exzess, an Rolf Dieter Brinkmann und dessen *Rom, Blicke* (Rowohlt, 1979), ergänzt um die globale Wahrnehmungssphäre des Internets, erinnert. Goetz, inzwischen mit dem Büchner-Preis ausgezeichnet, verbindet die ästhetisch-theoretische Sphäre der Diskurs-Pop-Literatur mit der ironisch-euphorisch-melancholischen Betrachtung und Archivierung der Oberflächen der heutigen Waren-, Konsum- und Lebenswelt, wie sie die ‚andere' Pop-Literatur, die sich eher in Verlagen wie Kiepenheuer & Witsch, Rowohlt und hier und da bei der DVA, S. Fischer, Ullstein und anderen Verlagen findet. Ist schon die heroische Literatur der deutschen Nachfolger der Beat-Generation – also Brinkmann & Co –, so diese Einschätzung, allen späteren vorzuziehen, so werden unter den Späteren wiederum die Diskurs-Pop-Autoren und experimentellen Mixer und Remixer (Suhrkamp) den angeblich oberflächlichen und ästhetisch und sprachlich vorgeblich talentlosen Selbstdarstellern der offiziellen „Pop-Literatur" (Gleba und Schumacher, *Pop. Seit 1964*, Kiepenheuer & Witsch, 2007) vorgezogen.

In den Verlagen wurde die Entwicklung völlig anders erlebt. Wie gesagt, der Begriff der ‚Pop-Literatur' wurde nicht benutzt, er kam erst im Feuilleton auf und wurde dann sofort breit verwendet. Die damit im Verständnis der Öffentlichkeit und des Literaturbetriebs gemeinten Autoren konnten mit dieser Kategorie nicht viel anfangen, ironisierten sie, nahmen sie aber auch hin, so wie sie mit solchen Zuschreibungen ohnehin eher spielten, als sich auf angestrengte, ideologische Debatten einzulassen. Auch wenn die Germanistik, zum Teil bis heute, immer wieder darauf insistiert, dass die Werke von Meinecke, Neumeister oder auch Goetz mehr ‚Pop' seien als die ‚Pop-Literaten', so wurde der Begriff der ‚Pop-Literatur' als eine Art Marke, Gütesiegel oder Schmähformel eben nicht auf die Vertreter dieser Art von ‚Suhrkamp-Literatur' angewendet, sondern auf die anderen. *Faserland* jedenfalls wirkte wie eine Befreiung, wie ein Fanal und ist bis heute neben *Imperium* (2012) das erfolgreichste Buch des Autors geblieben, die Bücher Krachts, vor allem diese beiden, sind insgesamt in 30 Sprachen übersetzt, Kracht ist nicht nur ein bereits kanonischer Autor, der sich wiederum vom Label ‚Pop-Literatur' längst emanzipiert hat, er ist, was wiederum zum Pop gehört, Kult und Kult geblieben. Das gilt unseres Erachtens überhaupt nur für Kracht, Stuckrad-Barre und Rainald Goetz, in einem gewissen Sinne vielleicht noch für Wladimir Kaminer und Wolf Haas, dessen aberwitzige Meta-Krimis und anderen Werke erst bei Rowohlt und inzwischen bei Hoffmann und Campe erscheinen.

Pop-Literatur hatte für die Verlage eine Funktion, die sie zunächst gar nicht selbst ins Werk gesetzt hatten, sondern die ihnen durch *Faserland* und andere Bücher quasi vor die Füße fiel und ihnen dann neue Möglichkeiten eröffnete. Sie war nicht das Ergebnis einer Strategie, war nicht ein als Selbstzweck dienendes ästhetisches Projekt der Verlage. Es war vielmehr eine Kombination aus einem neuen Realismus, einer neuen Form des Erzählens, einem neuen Bezug zur unmittelbaren Erfahrungswelt, was eben auch sämtliche Medien, massenkulturellen Erfahrungsdimensionen und die gesamte Objektpalette, auch Konsumartikel, und schließlich eine unerschrockene, anarchische Form der Komik einschloss, die im engeren Sinne moralische und ideologische Positionen immer schon parodierte, selbst aber keineswegs amoralisch war. Einige Verlage waren, durch etwas, was man auch die ‚Krise des Erzählens' und die Krise der Akzeptanz der Gegenwartsliteratur nennen könnte, sensibilisiert und offen für eine neue Literatur, und erst diese Bereitschaft und der spontane, nicht vorhersehbare Erfolg beim Publikum setzten eine Dynamik in Gang, in deren Folge das Phänomen ‚Pop-Literatur' überhaupt erst möglich wurde, ein Phänomen, das die Medien und nicht die Verlage durch dieses Labeling geschaffen haben. Dadurch, dass die Autoren dieser Richtung der Pop-Literatur eine solche Medienresonanz erzeugten und zum Teil völlig anders mit den Medien umgingen, als es der gewöhnliche deutschsprachige Autor bislang zumeist getan hatte, verschafften sie der deutschsprachigen Gegenwartsliteratur eine Öffentlichkeit und Resonanz, eben einen ‚Pop-Status', den sie bis dahin nur selten und immer nur für kurze Zeit erreicht hatte. Man kann vielleicht als Vorläufer für eine bestimmte Form des Umgangs mit der Öffentlichkeit, für eine der Popsphäre ähnliche Art der Inszenierung an Peter Handkes Auftritt bei der Tagung der Gruppe 47 1966 in Princeton oder an Rainald Goetz' Lesung beim Ingeborg Bachmann-Wettbewerb in Klagenfurt 1983 denken. Beide, wenn auch aggressive bzw. autoaggressive Auftritte, hatten etwas frech Tabubrechendes und die rein literarische Sphäre Übersteigendes. Während die nicht gerade häufigen Auftritte Christian Krachts eher etwas exklusiv Starmäßiges und zugleich beinahe Sakrales haben, ist Benjamin v. Stuckrad-Barre gewissermaßen der Mick Jagger der Literaturszene.

Faserland und die dann folgenden Bücher verschafften der deutschsprachigen Gegenwartsliteratur eine neue Aufmerksamkeit, ein junges Publikum, eine hoch aufgeladene kontroverse Diskussion in sämtlichen Medien, fungierten aber auch als Türöffner für neue Autorinnen und Autoren in den Verlagen. In der Folge hat man dann einerseits alle möglichen Autoren und Autorinnen, meist despektierlich, in den Kontext der Pop-Literatur eingereiht, nur weil sie jung waren oder in denselben Verlagen erschienen, andererseits entstand das Gerücht, Verlage würden für beliebige Autoren, weil sie jung seien, oder für alle möglichen Autorinnen, weil sie den Boom des sogenannten „Fräuleinwunders" in der deutschsprachigen Gegenwartsliteratur vorantrieben, horrende Vorschüsse zahlen. In einigen wenigen Fällen sind, aufgrund des vorherigen Erfolges, hohe Vorschüsse geflossen, aber keineswegs haben die Verlage einen künstlichen Boom der Pop-Literatur mit viel Geld befördern oder die kurze Blüte dieser Phase in der deutschsprachigen Literatur mit Geld verlängern wollen. Die Pop-Literatur hat den Verlagen und dem Literaturbetrieb vor allem, wie gesagt, neue Aufmerksamkeit verschafft und dazu geführt, dass man sich ermutigt fühlte, entgegen kulturpessimistischen Meinungen, was Literatur, Bücher, Lesen und junge Menschen anbelangte, junge Autoren zu verlegen und nach Formen zu suchen, wie man diese Literatur dem Publikum adäquat vermitteln konnte.

In der Chronologie der entscheidenden Jahre zwischen 1995 und 2000 sind neben den bereits genannten Werken als symptomatisch und zugleich für die Verlage erfolgreich die von Marcel Hartges und Andreas Neumeister herausgegebene Anthologie *Poetry! Slam! Texte der Pop-Fraktion* (Rowohlt, 1996), Alexa Hennig von Lange mit dem Roman *Relax* (Rogner & Bernhard,1998, Christian Krachts Anthologie *Mesopotamia* (DVA, 1999), der Diskussionsband *Tristesse Royale* (Ullstein, 1999; → 4.15 Döring), Wladimir Kaminer mit dem Roman *Russendisko* (Goldmann, 2000) und schließlich Florian Illies mit seinem erzählenden Sachbuch *Generation Golf* (S. Fischer, 2000) hervorzuheben.

Stuckrad-Barres *Soloalbum* erschien 1998, Benjamin Leberts Roman *Crazy* 1999 bei Kiepenheuer & Witsch als Original-Paperback in der Kiwi-Reihe, weil sich der Verlag nach dem Erfolg von *Faserland* vor allem Gedanken machte, wie man ein junges Lesepublikum noch besser ansprechen könnte, wobei man durch die Verpackung und den niedrigen Ladenpreis Schwellenängste abbauen und eben gezielt junge Leser erreichen wollte. Stuckrad-Barre, ein exzessiver Leser, war nicht nur ohnehin schon auf Nick Hornby, Bret Easton Ellis, auf Kracht und andere Autoren des Verlags Kiepenheuer & Witsch aufmerksam geworden, er war auch zeitweilig Mitarbeiter und Autor von Harald Schmidt, der wiederum bei Kiepenheuer & Witsch veröffentlicht hatte und gute Verbindungen zum Verlag unterhielt. Man hatte zunächst Stuckrad-Barre als Biograph der Fantastischen Vier für den Verlag gewinnen wollen, aber die Chemie zwischen dem Autor und der Band funktionierte gar nicht. Stuckrad-Barre hegte aber selbst literarische Ambitionen und legte schließlich der Lektorin, die das Band-Projekt vorgeschlagen hatte, stattdessen sein Romanmanuskript vor. Es überzeugte nicht nur auf Anhieb den Verlag, es passte, was seinen Inhalt, den Ton und den Autor als Protagonisten der jungen Gegenwartsliteratur anbelangte, genau zu den Überlegungen, die man für einen Neuauftritt und eine Erweiterung des Kiwi-Programms angestellt hatte, aber auch hier benutzte der Verlag nicht die Kategorie der „Pop-Literatur", um für den Roman zu werben. Er wurde ein durchschlagender Erfolg, ein Jahr später erschien Benjamin Leberts Roman *Crazy*, der aber mit Pop-Literatur überhaupt nichts zu tun hat und nur immer mal wieder in diesen Zusammenhang gestellt wurde, weil der Autor bei Erscheinen dieses klassischen Internats- und Initiationsromans sehr jung war und weil beide Bücher in derselben Reihe erschienen.

Nach 2000 müssen noch einige Autorinnen und Autoren und Verlage genannt werden, die seither Elemente der Pop-Literatur weiterführen: Sven Regener, der Kopf von Element of Crime, mit seinem, auch erfolgreich verfilmten Roman *Herr Lehmann* (Eichborn Berlin, 2001, inzwischen gehört der jetzt Galiani heißende Verlag zu Kiepenheuer & Witsch) und seinen weiteren Romanen, Heinz Strunk mit *Fleisch ist mein Gemüse* (Rowohlt, 2004; → 4.17 HUBER), die Bücher von Kathrin Röggla, die in einigen Elementen von der Diskurs-Pop-Literatur geprägt sind und erst im Residenz Verlag in Salzburg erschienen sind und jetzt bei S. Fischer erscheinen, ein durch das neugeschaffene „Literarische Quartett" zum Bestseller gewordenes Buch von Bov Bjerg *Auerhaus* (Blumenbar, 2015), *Wir kommen* von Ronja von Rönne (Aufbau, 2016), die wie Stuckrad-Barre sämtliche literarischen, medialen und journalistischen Register kennt und erfolgreich bedient, die Bücher von Tilman Rammstedt, die zunächst bei Dumont in Köln erschienen und jetzt von Hanser in München veröffentlicht werden. Aber auch ein junger Autor wie Stefan Ferdinand Etgeton, der mit seinen Romanen *Rucksackkometen* (2015) und *Das Glück meines Bruders* (2017, beide bei C.H. Beck in München) eine sehr junge, euphorischere Variante des an gesprochener Sprache orientierten Parlando-Tons von *Faserland* erfunden hat, ohne diesen Roman im Übrigen ursprünglich überhaupt zu kennen.

2.11 Trivialität, Unterhaltung, High und Low
Georg Seeßlen

1. High/Low

Die Unterscheidung (und das Verschmelzen) von High und Low Culture hat einerseits mit den Parametern von ‚trivial' und ‚komplex' und mit der Konstruktion von ‚Unterhaltung' als performativer Zweig von Alltags- und Popkultur zu tun, insbesondere wo wir eine Analogie zu High Tech und Low Tech im Sinne von wenig/einfach/alt versus viel/kompliziert/innovativ am Werke sehen, vielleicht auch in einer Analogie zwischen Kopf- und Körper- (gar Unterleibs-)Kultur, es ist andererseits aber auch eine vollkommen eigenständige Kategorie.

Zunächst geht es, frei nach Edward T. Hall (1976), um die Differenz der Konzepte zur Informationsgewinnung und -verarbeitung und der dazu notwendigen sozialen und medialen Vermittlungen. Je mehr Kontextbezug ein solcher kultureller Vorgang hat, desto mehr steht er dem Bereich von *high context* oder eben einfach, anmaßender Weise so genannt, ‚Hoher Kultur' nahe. Eine High Context-Kultur verbietet das direkte Ausdrücken von Emotionen, Impulsen und Reaktionen; was in ihr kommuniziert wird, erschließt sich aus dem Zusammenhang. Das mag ein Zusammenhang von Regeln und Gesten sein, ein semantischer Zusammenhang (eine bestimmte Betonung von ‚Ja' bedeutet ‚Nein'), ein Zusammenhang des Wissens und der Traditionen, es kann aber auch ein willkürlich gewählter Zusammenhang sein (ein Jargon, ein Dresscode etc.). Zum High gehört schließlich, dass sich das Subjekt zugleich stark am Objekt ausrichtet (der Sprechende reagiert sensibel auf die Reaktionen des Angesprochenen), sich aber stets deutlich zu bewahren versteht (der Sprechende wird im gegebenen Kontext seine Autonomie betonen, Machtverhältnisse in möglichst sublimen und eleganten Formen bestätigen). Low ist dann das exakte Gegenteil, eine möglichst direkte Aussageweise, die keine Spiegelungen, Codes und Kontexte braucht (außer eben derer, die real und materiell gebraucht werden). So wie man High-Context- von Low-Context-Kulturen unterscheiden kann, kann man auch High-Context und Low-Context-Praxen in der Kultur unterscheiden. Die Performance eines Dummen August ist Low, weil jedes Kind versteht, dass sich in seinen Taten direkt körperliche Fähigkeiten und Unfähigkeiten, Impulse von Wut, Gier, Angst und Ratlosigkeit umsetzen. High ist ein Kunstwerk, das nur zu verstehen ist aus dem Kontext der Kunstgeschichte und dem Kontext einer ästhetischen Strategie oder ähnlichem.

Natürlich kann man sagen: High ist sublimer und kultivierter, Low ist direkter und barbarischer. Ebenso kann man sagen High ist gelogener und Low ist ehrlicher. Es kommt, wenn der Kalauer gestattet ist, auf den Kontext an.

High und *low culture* entwickeln sich nicht nebeneinander, sondern in einem direkten dialektischen Zusammenhang. Das eine ist eine Negation des anderen so sehr wie ein Spiegelbild. Sie reflektieren von entgegengesetzten Seiten Herrschaft und ihre Sprache. Beide binden aber auch die Energien der Revolte: *High culture* bindet die Energien der Privilegierten, die ansonsten zu Tumult, Überschuss und Putsch neigen (in der höfischen Kultur haben wir ein exemplarisches Beispiel, an dessen Techniken freilich kaum erinnert wird, wenn wir neue Formen der Regierung und ihrer jeweiligen Kultur betrachten), *low culture* bindet die Identitätsenergien (zum Beispiel, indem in der ‚Volkskultur' besonderer Wert auf ‚Ehre' und ‚ungeschriebene Gesetze' gelegt wird).

Beide Kulturen bestahlen und bestehlen sich ohne Unterlass. Sie zitieren einander (höfische Kultur wird bis in die Puppentheater hinein parodiert, während diese sich am einen oder anderen Schäferspiel delektiert). Doch erst mit dem Pop (ein Begriff, der in sein eigenes Schillern verliebt ist) gelang es, ein Feld für den offenen Dialog von High und Low zu schaffen, ein Feld, das seitdem, umkämpft und krisenhaft, immer wieder neu dimensioniert und definiert werden musste. Der mehr oder weniger demokratische und zugleich mehr oder weniger aristokratische Grundsatz von Pop lautet in etwa: High und Low sind weder qualitative noch politische Unterscheidungen, sondern vielmehr verschiedene Strategien von Kontextualisierung und Reflexion. Das Zusammengehen von High und Low im Pop ist demnach selber eine Revolte gegen die distinguierende Funktion des Begriffspaares. Kulturelle Demokratie beginnt, im Idealfall, mit der freien Wählbarkeit von High- und Low-Komponenten.

Die Antwort des Regierungsinteresses indes ist eine Fetischisierung der Ursprungsmaterien der *high culture* (manifest etwa im Heißlaufen des Kunstmarktes); wenn Kultur den Besitz der Welt nicht mehr ausdrücken kann, dann muss sie selber eine Funktion von Besitz werden. Fatalerweise geraten die Gegenreaktionen der *low culture* noch rascher in die Fänge der großen Vermarktungsmaschinen. Was, nur zum Beispiel, für den Kunstmarkt nicht taugt, wird ein Opfer von Google.

Der Unterschied von High und Low ist (a) ein gesetzter, das heißt nach Interessen und Vermögen bestimmter, der an allen Ecken und Enden Willkür und Missbrauch offenbart, aber so mächtig ist wie die Interessen und die Vermögen, die ihn setzen; (b) ein gewordener, das heißt eine Station in einer Kulturgeschichte der Distinktionen, die man nicht einfach durch eine neue Setzung abschaffen kann; und (c) ein instrumentierter, das heißt ein technisch-semantischer, der dort fruchtbar ist, wo er bewusst eingesetzt wird.

Vorbehalte des Low gegen das High können genau so reaktionär sein wie die Vorbehalte des High gegen das Low.

2. Das Triviale

Nehmen wir an, in jeder Erzählung stecke (mindestens) ein Problem. Zum Beispiel ein Problem, das einer (ein ‚Held') so exemplarisch gelöst hat, dass man es sich entweder zum Vorbild nehmen oder als Versprechen werten kann (irgendein Held kommt immer). Für ein Problem gibt es, wie wir aus der Mathematik wissen, triviale und nicht-triviale Lösungen. Umgekehrt gibt es auch triviale Probleme, nämlich solche, die überhaupt nur in Hinsicht auf ihre Lösung und Lösbarkeit erdacht wurden (eine Liebesgeschichte droht nicht an etwaigen Klassenunterschieden, sondern an einem Missverständnis zu scheitern; nicht die Bank, sondern ein schurkischer Bankdirektor rafft das Terrain der armen Siedler ...).

Eine Erzählung, wenn wir sie denn auf ihre Problemhaltigkeit reduzierten, könnte also wegen ihres Problems oder wegen seiner Lösung, schlimmstenfalls wegen beidem als trivial bezeichnet werden. Eine Operette, zum Beispiel, antwortet sehr häufig auf Scheinprobleme (jemand wird mit jemandem verwechselt oder bekommt einen falschen Brief in die Hände) mit einigermaßen komplizierten, am Ende aber eben trivialen Lösungen (die Verwechslung wird aufgeklärt und alles wird gut). Aber ist die Operette damit selber auch trivial? Das kommt natürlich, zum Beispiel, auf die Musik an. Auch in einer musikalischen Komposition werden Probleme gestellt und Lösungen gesucht. Es könnte also sein, dass die Musik der Operette genauso trivial ist wie die Handlung. Ist sie damit als trivial entlarvt? Immer noch nicht, denn an jeder Ecke lauert ein Subtext, stiehlt sich ein Paradigma in den musikalisierten Plot, stellt sich Eigensinn her, und sei es durch die Person eines Sängers/Schauspielers.

Kann eine öffentliche Repräsentationsfigur – sagen wir eben ein Sänger/Schauspieler oder eine Fernsehmoderatorin – nun ihrerseits trivial sein? Natürlich: etwa indem sie eine Scheinlösung für ein Scheinproblem darstellt (die Antwort auf die Zumutungen der Moderne sind rustikale Gesundheit, unerschütterliche gute Laune und die Fähigkeit, ohne sich zu genieren alle Probleme dieser Welt auf ein kindlich-komplexitätsreduziertes Niveau herunter zu brechen), aber auch, indem sie eine triviale Abbildung liefert (‚Ich bin genau das, was ihr in mir sehen wollt', ‚An mir ist nichts, was nicht alle verstehen können' etc.). Schließlich ist ein Grad an Trivialität in einer Persona erreicht (einer Maske mithin), wenn diese sich vollständig in Zeichen und Ideologeme auflösen lässt: Männlich/weiblich, alt/jung, Bürger/Bauer, nomadisch/sesshaft usw. bis hin zu rassistischen und nationalistischen Trivialitäten wie weiß/schwarz oder deutsch/undeutsch. Eine Figur und ihre Darstellung sind trivial, wenn sie sich vollständig in solchen Zuordnungen erschöpfen.

Schrecklicher als die Trivialisierung des Problems erscheint uns im Kosmos der Unterhaltung die Trivialisierung der Lösung. Ein Roman oder eine Erzählung stellt ein ernstes Problem auf (wie kann man im allfälligen bitteren Konkurrenzkampf bestehen und gleichzeitig moralische Werte hochhalten?), das einer trivialen Lösung (wenn die Familie zusammensteht, wird alles gut!) zugeführt wird. Selbst eine Person kann für sich genommen eine triviale Lösung sein (die Antwort auf die Schmerzen und Schulden von Landnahme und Industrialisierung ist John Wayne), und auch ein Genre kann als ganzes trivialisieren (so wie man sagt, der Detektivroman habe die Aufklärung in ein triviales Modell gebracht) – allerdings geraten wir hier in gefährliche Nähe zum Mythos, der eine andere Art darstellt, mit einem Problem umzugehen (→ 2.6 PAPST, SEIDEL).

Der Mythos hebt das Problem auf, indem er ihm eine (spitzfindig könnte man sagen: nun wiederum triviale) Form der Metaphysik verleiht. Das Problem wird weder heruntergestuft (zum trivialen Problem) noch wird es einer einfachen aber unwirklichen bzw. unpolitischen Lösung zugeführt (der trivialen Lösung), sondern es wird in den Himmel gehoben oder in die Geschichte projiziert: Dieses Problem hat es schon immer gegeben, dieses Problem gehört zum Schicksal des Menschen, dieses Problem haben uns die Götter auferlegt.

Der Mythos ist zugleich trivial, insofern er die Lösung ebenso wie die Aufklärung des Problems verweigert, und er ist hochkomplex, insofern die Techniken, die er dabei anwendet, enorm vielfältig, widersprüchlich und poetisch sein können. Im Mythos wird das Problem nicht gelöst, sondern es wird schön.

Das Gegenteil des Mythos (jedenfalls auf den ersten Blick) ist die Evidenz. Es wird gezeigt, was ohnehin jeder sehen kann; es wird erklärt, was ohnehin jeder weiß; es wird gekennzeichnet, was schon Kennzeichen enthält. Als Evidenz-Technik benutzt Unterhaltung überdies eine Verdoppelung der Repräsentations-Codes: Es wird gezeigt, was jeder kennt, und dann wird es auch noch besprochen (und im schlimmsten Fall mit einer ‚passenden' Musik untermalt). Wie es scheint, besteht die Trivialität hier vor allem aus der Redundanz der einzelnen Informationen im Verhältnis zueinander. Es entsteht jene Überzeichnung, die man vordem als Kitsch bezeichnet hat. Aber nur auf den ersten Blick ist das eine bloße Erleichterung der Wahrnehmung und eine mehrfache Absicherung (der Kritiker sagt: Bis es auch noch der Dümmste verstanden hat ...), genau besehen handelt es sich auch um eine durch diese Übercodierung hergestellte Aufwertung. Der Adressat, der auf diese Weise im Besitz eines Informations-Überschusses ist, unterzieht das solcherart isolierte Element von Darstellung und Erzählung einem Bedeutungswandel. Ein Stück, das möglicherweise aus seinem ‚trivialen' Alltag stammen könnte (wie in der *Lindenstraße*), wird durch die Signifizierung wesenhaft. Man könnte also sagen: Eine darstellerische Technik der Trivialisierung ist zugleich eine Technik zur Enttrivialisierung des Dargestellten.

So könnte man durch einen 1-Euro-Laden gehen und den Kopf schütteln ob der Anhäufung von trivialen Objekten. Ebenso könnte man diese Parallelwelt durchstreifen auf der Suche nach den verborgenen, hoch komplexen Mythologien der nicht-privilegierten Kultursphären. Je näher man das Triviale ansieht, desto komplexer sieht es zurück. Dies wiederum aber rechtfertigt nicht, die Techniken der Trivialisierung einfach auszublenden. Trivialisierung ist eine kulturindustrielle Technik, die immer auch ihr eigenes Gegenbild erzeugt.

Trivialität ist also in drei Dimensionen zu beschreiben: (a) als illusionäre Vereinfachung von Problem und Lösung; (b) als ‚Vereinbarung' zwischen Produzenten und Konsumenten von kulturellen Zeichenwaren, und (c) als Distinktionsdiskurs. Glücklicher, oder unglücklicherweise, wie man es nimmt, gehen die einzelnen Dimensionen von „Trivialität" nicht in einer gemeinsamen Kosmologie auf.

Niemand weiß, ob Hyper-Systeme wie ‚die Natur', ‚die Geschichte', ‚der Markt' oder ‚das Leben' eigentlich komplex oder trivial sind. Es ist beides unerträglich. Gesellschaft und Kultur sind auf Vorgänge der kognitiven Füllung wie auf solche der Leerung angewiesen. Der Vorwurf der Trivialisierung (wie anderswo der Vorwurf der „Verkomplizierung") entsteht erst, wenn dazu mehrere Techniken und Kulturen in Konkurrenz miteinander stehen.

Jeder Prozess einer Trivialisierung ist der Schatten eines Prozesses der Komplexierung; doch dieses Transformationsspiel folgt nicht nur inneren sondern auch äußeren Wirkkräften. Trivialität und Komplexität sind mithin sowohl Maßstäbe für die soziale und edukative Ungleichheit in einer Gesellschaft als auch ihre Antriebskräfte. Die Diagnose ‚trivial' ist nicht nur eine kulturelle Herabsetzung, sondern auch eine Geste der Entmachtung. Dabei dient zugleich eine große Metapher als Umkehrung: In der Natur, in der Geschichte, auf dem Markt, so scheint es, setzt sich immer das Triviale durch, während mit Komplexierung reagiert, was unter Druck geraten ist (zum Beispiel, um eine Anpassungsleistung zu vollziehen).

Sich über das Triviale zu erheben (zum Beispiel ein Leben von Geborenwerden, Arbeiten, Kinderkriegen, noch mehr Arbeiten, Sterben) ist ein Privileg, das beständig verteidigt und legitimiert werden muss. So will sich, unter anderem, der Genuss enttrivialisieren. Die Notwendigkeit der Wiederholung (das Abendessen, die Tagesschau, der Skiurlaub), das Ritual, muss durch Variation und Innovation überwunden werden. Womit wir beinahe bei der Kunst wären, die wir auch als einen ewigwährenden Kampf gegen die Trivialisierung beschreiben könnten.

Trivialisierung ist der semantische Normalzustand einer Gesellschaft, der zugleich stabilisierend und gefährlich ist, denn er bedeutet stets zugleich

Ordnung und Stillstand. So verstehen wir schon, warum Trivialisierung ein Aspekt von Regierung ist. Und wenn es stimmt, wie Foucault sagt, dass Kritik eine Form ist, gegen das Regiertwerden zu revoltieren (eben auch das Regiertwerden durch Geschmack), dann ist Kritik wiederum eine diskursive Revolte gegen Trivialisierung.

Das System eines Heftromans, einer Seifenoper-Folge, eines Schlagertextes ist trostreich durch seine vollständige Erklärbarkeit, die durch die Künstlichkeit der Operanden, Operationen und Operatoren erkauft werden muss. Das Lösungs- und Glücksversprechen der trivialen Unterhaltung basiert auf dem Versprechen solcher Erklärbarkeit. An einer Komplexität der Welt kann nur interessiert sein, wer sie in der einen oder anderen Weise besitzt. Trivialisierung ist umgekehrt offenbar nicht nur ‚der Lauf der Dinge', sondern eine Reaktion der Besitzlosigkeit.

Nun wäre freilich ein triviales System eines, das den Menschen nicht enthalten würde, da wir uns darauf geeinigt haben, dass der Mensch selber ein nicht triviales System ist. Seine Systeme der Selbstvergewisserung und der Selbsterhöhung (wie es das Lesen eines *Bergdoktor*-Romans, das Anhören eines Helene Fischer-Schlagers oder die Freude beim *Dschungelcamp* durchaus bedeuten) bestehen allerdings zum Teil aus trivialisierenden und zum Teil aus trivialen Elementen. Nehmen wir eine dunkle Macht aus Wissenschaft, Ökonomie, Militär und Regierung an, die ein Interesse daran hat, den Menschen à la longue in ein triviales System (eine triviale Maschine) zu verwandeln, einfach darum, weil er dann besser regierbar, besser militarisierbar, besser ökonomisierbar und besser bedienbar wäre (paradoxerweise ist es gerade die Unterhaltungsindustrie, die zyklisch apokalyptische Bilder von einem trivialisierten Menschen – als Stepford Wife, als Replikant oder als Zombie – erträumt). Dann wäre Trivialisierung der Objekte und Komplexierung der Subjekte dieser Transformation ein logisches Ziel jeder Kultur und vor allem jeder kulturellen Differenz. Wie aber kann Kritik, die Revolte gegen die Regierungsformen und Regierungssubjekte, die Produktion der kulturellen Differenz anprangern, ohne ihr selbst zu dienen?

3. Unterhaltung

Etwas, das wir als Unterhaltung ansehen, könnte man durch drei Eigenschaften von anderen Formen von Kommunikation und Kultur unterscheiden: (1) Unterhaltung ist vom Alltag unterschieden (aber diesem freundlich zugewandt), sowie von einer Kultur, zu der man nur durch erworbenes Wissen („Bildung"), durch bestimmte selektierendes Verhalten und durch interne Codes vordringen kann. (2) Unterhaltung ist angenehm, aber nicht euphorisch, liberalisierend, aber nicht zügellos, mit- aber nicht niederreißend. Sie versetzt den Menschen in Begeisterung, raubt ihm aber nicht nachhaltig die soziale und psychische Kontrolle. Unterhaltung erzeugt die ‚harmlose Masse'. (3) Unterhaltung ist unverbindlich; weder verlangt sie ein politisches Statement noch ein religiöses Bekenntnis. Eine Meinungs- wie eine Verhaltensänderung ist nicht vorgesehen, eine Masse der Unterhaltung wird keine politische Masse.

Diese drei Grundeigenschaften sind – in praktischer Anwendung von (3) – konventionell, aber nicht dogmatisch. So wie alles Unterhaltung werden kann, kann Unterhaltung sich auch mit vielem verbinden, auch mit politischer Propaganda oder religiöser Verzückung, was allerdings in aller Regel zu einer späteren Abspaltung vom Mainstream führt.

So ist nicht alles Unterhaltung, was der populären Kultur zugehört (der Begriff ‚Pop' wie er von neueren Protagonisten verwendet wird, widerspricht möglicherweise sogar dem Begriff ‚Unterhaltung'), aber auch nicht alles, was Unterhaltung ist, gehört der populären Kultur an.

Zum Wesen jeder Unterhaltung gehört es, zu inkludieren statt zu exkludieren. Das gilt schon für die Urform einer geselligen Kommunikation. An einer Unterhaltung kann, im normalen Falle jedenfalls, jeder sich beteiligen, was bei einem Gespräch nicht unbedingt der Fall ist. Auch muss eine Unterhaltung kein Ziel und keinen Ausgangspunkt haben. Wenn Gespräche als Unterhaltung bezeichnen werden (‚Wir müssen uns darüber einmal unterhalten'), handelt es sich in aller Regel um einen Euphemismus, der den Ernst der Kommunikation verbergen (oder in seiner dringlichen Negation sogar betonen) soll.

Unterhaltung will den Kreis der Unterhaltenen vergrößern. Wie kann sie das tun? Zum ersten durch Techniken der Aufmerksamkeitserzeugung: Attraktionen und Effekte sind dabei wichtig, so wie eine Abfolge von Spannung und Entspannung. Zum zweiten durch Glättungen der Widersprüche: Nichts soll auf problematische Widersprüche innerhalb der Masse der Unterhaltenen aufmerksam machen. Das Ich der Unterhaltung setzt sich aus (indem es sich gefährdet, indem es sich zum Clown macht, indem es der Masse eine Stimme gibt), damit die Unterhaltenen sich als Wir empfinden können. Zum dritten durch Glamour: Jede Unterhaltungsshow enthält ein Potential an fiktiven sozialen Wunscherfüllungen, imaginiert Reichtum und Luxus (den ICH nie erreiche, aber WIR genießen können). Jede Unterhaltungsshow ist ein erotisches Drama, selbst dort, wo es nicht um Verführung, Schmeichelei und Provokation an der Oberfläche geht. Zum vierten durch kontrollierte Regression: Man darf sich gehen lassen, kindisch sein, Anzeichen von etwas zeigen, das man im normalen Alltag als hysterische Reaktion bezeichnen würde, staunen statt sehen, Nähe zelebrieren, die man im Alltag als unangenehm oder gefährlich empfinden würde, Verbotenes benennen (lassen), unkorrekt sein und vieles mehr. Auf einer tieferen Ebene der Unterhaltungs-Installation werden wir auch Dingen wie dem kollektiven Opfer, dem Sündenbock, der kollektiven Aggression etc. begegnen: Die drei Voraussetzungen für das Gelingen von Unterhaltung in einer Gesellschaft widersprechen nicht ihrer Verwurzelung in Ritual, Tabu und Mythos.

Unterhaltung in der bürgerlich-demokratisch-kapitalistischen Gesellschaft ist, bei allem Entlastenden, bei allen Ventil- und Kompensations-Funktionen immer auch ein Agens der Regierung und ein Agens der Ökonomie. Unterhaltung ist selber eine Industrie (und wurde als solche hinreichend von der kritischen Theorie und ihren Nachfolgern attackiert; → 2.7 HECKEN) und befeuert die Nachfrage nach industriellen (und post-industriellen) Waren-Angeboten. Unterhaltung erzeugt das regierte Objekt und den willigen Konsumenten (und sie tut das Jenseits ihrer Inhalte bereits in der Form ihrer Vermittlung und in ihrer sozialen Praxis). Fundamentale Probleme von Unterhaltung sind daher die Verschmelzung der Unterhaltungsindustrie mit der jeweiligen ökonomischen Oligarchie (bis hin zu einer in der Kulturgeschichte des Westens immer wieder aufscheinenden oligopolistischen Struktur der ‚Traumfabriken') und die Verschmelzung von Regierungswillen und Unterhaltung (Wahlkämpfe, die nach Techniken und Prinzipien von Unterhaltungsshows ablaufen, sind da nur besonders auffällige Symptome, desgleichen die virulente Phantasie von einer permanenten Gehirnwäsche durch das Entertainment).

Während die rechte Kritik an der Unterhaltung ihren chaotischen und sinnlichen Einfluss auf die regierten Objekte (die Frauen, die Kinder, die Arbeiter), die Infiltration in eine repräsentative und konservative Kultur, befürchtet (den ‚Untergang des Abendlandes', wie man es gern bespöttelt), sieht die linke Kritik in der industriellen Unterhaltung ein entmündigendes Propagandainstrument des je herrschenden Kapitals (in der Nachfolge der Religion vielleicht das ‚Opium des Volkes'). Wird Unterhaltung indes nicht nur als die jeweils manifeste Form eines Gesprochenen, sondern selber als Sprache angesehen (so codiert wie die Sprache des Krieges, die Sprache der Wissenschaft, die Sprache der Produktion), wird man auch eine semantische Kritik gegenüber einer Hegemonialisierung der Diskurse ansetzen können: Unterhaltung als *lingua franca* (selbst ein technischer oder wissenschaftlicher Vortrag muss nach den Grammatiken der Unterhaltung funktionieren, um angenommen zu werden), als eine Sprache, die die anderen Sprachen frisst (unter anderem durch die Techniken der Trivialisierung), eine Sprache, die so fundamental wirkt, dass sie einer praktizierten Religion gleicht (wir leben, sagt man, unter einer ‚Glocke' der Unterhaltung, so wie das Mittelalter unter einer Glocke des Christentums stand).

Wenn Unterhaltung – das Ensemble von Kommunikationsformen, Events und Spektakeln, Medienerzeugnissen und industriell gefertigter Mythologie – zunächst als Sammelsurium für das Unaufgeklärte, das Verdrängte, das Unbewusste, das Vor-Moderne, als Schatten der Aufklärung wirkte, ihr zugleich dienend und sich ihr entziehend (wie man es im Nachhinein sehr deutlich in den Bänden der berühmten *Bibliothek der Unterhaltung und des Wissens* nachlesen kann), so wurde sie im Übertrag in die Moderne zugleich Mittel der steten Modernisierungen (der Technik, der Moden, der Architekturen, der Ernährung, der Medizin, der ‚Allgemeinbildung') und der Modernisierungsverweigerungen (das ‚Volkstümliche', die Mythologie der Genres, die Konkurrenz von Familie und Gemeinschaft gegenüber Gesellschaft und vieles mehr). Auch das machte sie zu einem Mittel von Regierung und Ökonomie.

Wer die Macht über die Unterhaltung hat, der hat einen Großteil der Macht über die Bevölkerung und über die Konsummärkte. Zweifellos hat sich das Machtverhältnis in der Produktion und Distribution (wir können nicht umhin, Unterhaltung auch als eine Form des kulturellen Lebensmittels anzusehen) immer wieder verschoben; die entscheidenden Punkte für ihre Entwicklung sind mittlerweile in so wenigen Händen, dass man nicht mehr von einer demokratischen, letztendlich aber auch nicht mehr von einer wirklich marktförmigen Gestalt sprechen kann. Zwar entscheiden auch hier weiterhin Nachfrage, Popularität, Debatte und öffentliche Zustimmung über die Existenz oder Nicht-Existenz einzelner Elemente des Systems, das sich allerdings semantisch, kulturell und politisch immer weiter abschließt. Weite und Vielfalt der Unterhaltung, wie man sie noch vor wenigen Jahrzehnten feiern konnte, sind weitgehend Normierungen und Repetitionen gewichen. Unterhaltung ist nicht nur ein Spiegel, sondern auch ein Motor der Entwicklung von Postdemokratie und Finanzkapitalismus.

Die Digitalisierung verändert entscheidend die Sprache der Unterhaltung. Sie wird in weiten Bereichen entgrammatisiert, folgt nicht mehr der Logik von Dramaturgien, Programmen und Mustern, sondern der von Sampling, Rückkopplung und Vernetzung. Die erhoffte Befreiung und Bereicherung ist dabei allerdings nur in sehr bescheidenem Umfang eingetreten, stattdessen wird ein weiterer Zug zum Konformismus und zum Mainstreaming konstatiert. Produzenten und Konsumenten treffen sich in imaginären Räumen wie ‚Schwarm' und ‚Wolke'. Die Sphären von privater und öffentlicher Unterhaltung verschwimmen ineinander. Das Leben selbst erscheint als Teilhabe an einem universalen Unterhaltungsprogramm. Und die festen Formen der Unterhaltung werden durch fluide ersetzt, so dass schließlich auch die Unterscheidung zwischen Produzenten und Konsumenten obsolet wird. Man konsumiert nicht mehr Unterhaltung, man lebt sie.

Man könnte daher sagen: In den Jahren nach 2010 beginnt ein Zusammenbruch der Unterhaltungsindustrie in der klassischen Form einer fordistischen Produktion, wie sie für die Unterhaltungsindustrie des Konsumkapitalismus typisch (und, nebenbei gesagt, ein wichtiger Arbeitgeber) war, und es entsteht eine neue Form der digitalen Supermächte der Unterhaltung, die ganz direkt Regierungshandeln (wie das Sammeln von Daten, die Überwachung, die Reaktion auf Abweichungen etc.) und ökonomisches Handeln (die Abwertung der Arbeit und die Aufwertung des Kapitals) miteinander verbinden. Es entsteht offensichtlich ein Regieren durch Unterhalten und ein Kapitalismus als Unterhaltungsspektakel. Das Prinzip von ‚Brot und Spiele' (zugleich reproduziert und reflektiert etwa in den Phantasie-/Fantasy-Räumen der *Hunger Games*, in Deutschland als *Tribute von Panem*, was auf das korallenriffartige Wachstum von Selbstspiegelung und Selbstähnlichkeit hinweisen mag) ist eindeutig komplexer geworden. Es ist eine Form, in der ‚Regierung' (deren Subjekt durchaus verschwunden sein kann) sich direkt an das Innenleben (man hätte vordem vielleicht von „Seele" gesprochen) der Regierten wendet. Aufklärung wird auf diese Weise trivialisiert und ausgeschlossen.

Es könnten sich, wie es scheint, also sowohl die rechte als auch die linke und schließlich die semantische Apokalypse der Unterhaltung erfüllen. Wahrscheinlicher indessen ist eine fundamentale Umstellung der Verhältnisse. Unterhaltung als ein imaginärer Ort in der Mitte, an dem sich die Gesellschaft nach Belieben treffen kann, und als Sprache einer wenn auch unverbindlichen und flüssigen Identität könnte einer anderen dezentralen, vernetzten und in vielem auch insulären Ansammlung von Partikeln der populären Kultur weichen. Wir besprechen sporadisch Symptome dieses Zerfalls wie das Verschwinden der ‚großen Abendunterhaltung' im Fernsehen, die doppelte Usurpation des Fußballs durch Geld und Gewalt, die Hauntologie des ‚Volkstümlichen' und der Landhaus-Moden, die Unterwanderung immer weiterer Bereiche der Jugendkulturen und der Pop-Musik durch den Neofaschismus, die Sequel- und Remake-Manie in Hollywood etc., ohne darin Transformationsphänomene sowohl der Unterhaltungskultur als auch der Unterhaltungsindustrie zu sehen.

4. Pop

Pop ist die Antwort. Pop ist das Problem.

Literaturverzeichnis

Adorno, Theodor W. „Résumé über Kulturindustrie". Theodor W. Adorno. *Kulturkritik und Gesellschaft I*. Hrsg. von Rolf Tiedemann. Frankfurt am Main: Suhrkamp, 2003. 337–345.

Bürger, Christa, und Peter und Jochen Schulte-Sasse (Hrsg.). *Zur Dichotomisierung von hoher und niederer Literatur*. Frankfurt am Main: Suhrkamp, 1982.

Coelsch-Foisner, Sabine, und Dorothea Flotow (Hrsg.). *High Culture and/versus Popular Culture*. Heidelberg: Winter, 2009.

Hall, Edward T. *Beyond Culture*. Garden City, NY: Anchor Press, 1976.

Horkheimer, Max, und Theodor W. Adorno. *Dialektik der Aufklärung. Philosophische Fragmente* [1944]. Frankfurt am Main: S. Fischer, 1988.

Seeßlen, Georg. *Is This the End? Pop zwischen Befreiung und Unterdrückung (Critica diabolis)*. Berlin: edition Tiamat, 2018.

Seeßlen, Georg, und Bernt Kling. *Unterhaltung. Lexikon zur populären Kultur*. 2 Bde. Reinbek bei Hamburg: Rowohlt, 1977.

3. Problematisierungen und Forschungsfragen

3.1 Gerade Eben Jetzt – Schreibweisen der Gegenwart

Eckhard Schumacher

Als im Herbst 1998 die neuen Bücher von Rainald Goetz, Thomas Meinecke und Andreas Neumeister in einer Werbeanzeige unter dem Schlagwort Pop zusammengefasst wurden, erschien es zunächst naheliegend, den Begriff auf die entsprechende Musik zu beziehen und als eine Inhaltsangabe zu lesen, die die unterschiedlichen Texte auf einen gemeinsamen Nenner bringen konnte. In allen drei Büchern spielt Pop-Musik eine entscheidende Rolle: House und Techno in Goetz' *Rave*, Punk Rock, House und Krautrock in Meineckes *Tomboy* (→ 4.14 VOLKENING), Munich Disco, Krautrock, Kraftwerk und diverse andere Elektronika in Neumeisters *Gut laut*. Der zeitgleich einsetzende Boom deutschsprachiger Pop-Literatur schien diese Lesart gleich mehrfach zu bestätigen. Benjamin v. Stuckrad-Barres *Soloalbum* (1998; → 4.13 BASSLER), Kathrin Rögglas *Abrauschen* (1997) oder Alexa Hennig von Langes *Relax* (1997) ließen sich, unabhängig von den beträchtlichen Unterschieden zwischen den Texten, ähnlich leicht auf jene popmusikkompatiblen Parameter beziehen, die in den Feuilletons als Sortierschematismen herhalten mussten: „Junge Autoren öffnen Plattenschränke und Diskothekentüren, um vom Zustand ihrer Generation zu erzählen." (Höbel 1998, 246).

Weitgehend übersehen wurde bei derartigen Zuordnungen, dass der Begriff Pop in den meisten Fällen weder auf die Thematisierung von Pop-Musik noch auf die Popularität des Textes, der Autorin oder des Autors beschränkt werden konnte, sondern zugleich auf ein spezifisches Verhältnis zur Gegenwart abzielte, das nicht nur thematisch, in der Wahl der Gegenstände und Szenarios, sondern auch auf der Ebene der je spezifischen Schreibverfahren erkennbar wurde.

1. Methode Pop: Grundlagenforschung der Gegenwart

In Andreas Neumeisters Roman *Gut laut*, der sich schon im Klappentext als Entfaltung der Kategorie des „Ebenjetzt" präsentiert, bestimmt die „Gegenwart als Alles und als Nichts" die narrative und rhythmische Struktur des Textes (Neumeister 1998, 13). Rainald Goetz beschreibt sein fünfbändiges Projekt *Heute morgen*, das 1998 mit der Erzählung *Rave* einsetzt, als eine „zur Zeit erscheinende Geschichte der Gegenwart" (Goetz 1999b, 4). Und auch Thomas Meineckes *Tomboy* lässt sich als genau das lesen, was eine der Romanfiguren eher beiläufig entwirft, als „eine noch nie dagewesene Geschichte der Gegenwart" (Meinecke 1998, 103). Nicht nur diese Bücher legen nahe, dass die Konzentration auf die Gegenwart, die Frage nach der schriftlichen Darstellbarkeit des Jetzt und das Projekt einer Geschichte der Gegenwart entscheidende Momente jener Schreibweisen sein könnten, die Pop und Literatur gleichermaßen ernst nehmen, ohne dabei notwendig einem Begriff von Pop-Literatur das Wort zu reden.

Auch bei den bereits Ende der 1960er Jahre unter dem Schlagwort Pop-Literatur verhandelten Autoren Hubert Fichte und Rolf Dieter Brinkmann, die Goetz im Zusammenhang seiner „Geschichte der Gegenwart" explizit als „Referenzen" anführt (Goetz 1999a, 654) und die in dieser Hinsicht auch für Neumeister, Meinecke oder Röggla wichtige Bezugsfiguren sind, findet sich eine vergleichbare Fixierung auf die Gegenwart. Auch hier geht es um die Frage, wie im literarischen Text ein Jetzt präsentiert werden kann, das einerseits Gegenwärtigkeit und Aktualität verspricht, zugleich aber konstitutiver Bestandteil einer Geschichte der Gegenwart ist und so, wie Brinkmann schreibt, einer „in der Gegenwart" betriebenen „Grundlagenforschung der Gegenwart" zuarbeitet (Brinkmann 1987, 129).

Diese Form der Grundlagenforschung, mit der man auch in Texten von Goetz, Neumeister oder Meinecke konfrontiert wird, versucht nicht in erster Linie, Gegenwart und Gegenwärtiges zu verstehen und zu erklären, sondern macht zunächst vor allem das, was die Pop Art der 1960er Jahre auszeichnet und was man mit Meinecke auch heute noch als „Methode Pop" (Schumacher 1998) qualifizieren kann: Zitieren, Protokollieren, Kopieren, Inventarisieren. Dabei geht es – wie auch beim benachbarten Katalogisieren und Archivieren, Sammeln und Generieren (→ 3.2 BASSLER) – weder um philologische oder buchhalterische Akte der Bestandssicherung noch darum, Gegenwartsliteratur als Form der Repräsentation (oder als repräsentative Form) zu begreifen. Die Texte produzieren vielmehr eine irritierende Form von Signifikanz (im Sinne von Barthes 1974), die ein gegenwartsdiagnostisches Potential freilegen kann, ohne es durch Erklärungen, Meinungsbekundungen oder andere Verständnishilfen zugleich wieder zum Stillstand zu bringen. Diese Signifikanz wird dabei nicht zuletzt durch jene performativen Qualitäten produziert, die auch das Wort ‚Pop' kennzeichnen: durch die kurzzeitige Hervorhebung nicht nur bedeutender, sondern ebenso auch vermeintlich unbedeutender Momente, durch die unerwartete Unterbrechung erwartbarer Zusammenhänge, durch Wörter, Begriffe und Konstellationen, die selbst vorführen und vollziehen, was sie bezeichnen. Als eine mögliche Definition von Pop führt der Germanist Jost Hermand in diesem Sinn Anfang der 1970er Jahre genau das an, was Rainald Goetz zwanzig Jahre später als Kennzeichen brauchbarer Gegenwartsliteratur in Anschlag bringen wird. Pop, so Hermands skeptisch distanzierte Deutung, beziehungsweise Literatur, so Goetz' vergleichsweise emphatische Lesart, ist „alles, was knallt" (Hermand 1971, 13; Goetz 1992, 145).

Die Missverständnisse, Unklarheiten und Fragwürdigkeiten, die den Begriff der Pop-Literatur bestimmen, lassen sich allerdings nicht dadurch lösen, dass man an die Stelle der Thematisierung von Pop-Musik nun die Fixierung auf die Gegenwart rückt und das Kompositum Pop-Literatur durch einen neu formatierten Begriff von Gegenwartsliteratur ersetzt. Gegenwartsliteratur ist seit jeher nicht viel mehr als ein Verlegenheitsausdruck, der seine anhaltende Prominenz nicht zuletzt seiner fehlenden Trennschärfe verdankt, die im kritischen Diskurs in eine tendenziell universelle, immer wieder zu relativierende und neu zu bestimmende Verwendbarkeit verwandelt wird. Ein Grund für die Unschärfe, die den Begriff der Gegenwartsliteratur kennzeichnet, liegt in dem Wort ‚Gegenwart', das bereits das Grimmsche Wörterbuch als „ein vielfach merkwürdiges Wort" qualifiziert (Grimm 1897, 2281). Zunächst ein räumlich definierter Begriff, der *praesentia* im Sinne von Anwesenheit übersetzt, wird Gegenwart erst seit Mitte des 18. Jahrhunderts auch als ein Begriff verwendet, der eine Zeit und eine Zeitform bezeichnet. In diesem Sinn unterscheidet man auch heute noch wenigstens drei Verwendungen des Begriffs: Gegenwart wird im physischen oder metaphysischen Sinn von Präsenz als räumliche oder spirituelle „Anwesenheit" verstanden; Gegenwart bezeichnet eine „Zeitform, die ein gegenwärtiges Geschehen ausdrückt", das „Präsens"; und schließlich wird Gegenwart begriffen als „Zeit[punkt] zwischen Vergangenheit u. Zukunft", als „Zeit, in der man gerade lebt", als „Jetztzeit" (Duden 1999, 1419). Es ist vor allem die letztgenannte zeitliche Dimension, die mit dem Begriff der Gegenwartsliteratur assoziiert wird. Die Diskussionen um Möglichkeiten und Grenzen von Pop-Literatur legen aber nahe, dass auch die anderen Bedeutungsebenen in diesem Zusammenhang adressiert werden.

Ein wichtiger Aspekt der Attraktivität, die der Bezug auf die Gegenwart als „Jetztzeit" verspricht, ist der fehlende historische Abstand zu den Gegenständen des Schreibens. Er produziert einen latenten, oftmals instabilen Zustand der Unübersehbarkeit und Unkontrollierbarkeit, der häufig nicht als Problem, sondern als produktives Moment, als Möglichkeitsraum des Schreibens begriffen wird. Die Form von Gegenwartsliteratur, die sich bei Brinkmann und Fichte ebenso abzeichnet wie in den Texten von Goetz, Neumeister, Meinecke oder Röggla, bleibt allerdings nicht auf die Repräsentation von zeitnahen Gegenständen, auf die Vergegenwärtigung einer gerade vergangenen Gegenwart beschränkt. Sie produziert im Akt des Schreibens zugleich auch das, was sie beschreibt, was sie in der Form der Schrift präsentiert: Aktualität, Gegenwart oder zumindest, wie Meinecke schreibt, die „Illusion des Gegenwärtigen" (Meinecke 1999, 34). An die Stelle von distanzierter Reflexion und Strategien ästhetischer Repräsentation tritt so immer auch das, was Goetz „Konstruktion der Gegenwart" nennt (Goetz 1999a, 201). Entscheidend dafür ist allerdings keineswegs nur eine durch die „Jetztzeit" vermeintlich vorgegebene Aktualität der Gegenstände. Die Aktualität verdankt sich vielmehr erst dem Akt des Schreibens, der in den genannten wie in vielen anderen Fällen auf Lektüreprozessen aufbaut, die das, was aktuell anfällt, aufnehmen und weiterprozessieren – sei es neues, zuvor nicht verwendetes Material, sei es historisch abgelagertes, längst archiviertes, aber neu entdecktes, in der Lektüre aktualisiertes Material. In diesem Sinn beschreibt Meinecke seine Arbeit mit den täglich neu anfallenden „Lektüre- und sonstigen Partikeln", die zum Ausgangspunkt und Taktgeber der literarischen Produktion werden: „Ich brauche sie noch nicht einmal unbedingt ganz zu verstehen, um sie zu Papier zu bringen. Ich kann einfach begeistert sein und denken: Das ist es jetzt im Moment." (Lenz und Pütz 1999)

2. The Time is Now: Pop handelt vom Jetzt

Auch wenn die Fokussierung auf die Gegenwart, den je aktuellen Moment, den Augenblick des Schreibens, gerade wenn sie Züge von Begeisterung trägt, nicht immer weit von jenen traditionellen Mustern entfernt bleibt, die sich schon in der Erlebnislyrik und Gelegenheitsdichtung des 18. Jahrhunderts finden lassen und im 19. und 20. Jahrhundert vielfach ausdifferenziert worden sind, verweist die Gegenwartsfixierung in den angeführten Fällen nur indirekt auf literarische Traditionen. Wichtigere und direkter adressierte Bezugspunkte für die hier diskutierte Jetzt-Versessenheit finden sich im Kontext der Pop-Musik. Von den Anfängen des Rock'n'Roll bis zu neueren Spielarten elektronischer Tanzmusik wiederholt sich in immer neuen Wendungen eine Konzentration auf die Gegenwart, die in der Fixierung auf das jeweilige Jetzt den Ausgangs- und Fluchtpunkt, das Glücksversprechen oder zumindest den Zuständigkeitsbereich von Pop lokalisiert. Der schnelle, unablässige Wechsel von Stilen, Moden und Hypes, ein vielfach nicht nur geduldetes, sondern unhintergehbares und offensiv forciertes Prinzip von Pop, richtet die Aufmerksamkeit auf eine präsentisch verfasste Gegenwart, die immer schon unter den Vorzeichen ihrer Vergänglichkeit, ihrer nur temporären Haltbarkeit wahrgenommen und zelebriert wird – nicht zuletzt in einschlägig eindeutigen Songtiteln: „Here Today, Gone Tomorrow" (Ramones) – „The Time Is Now" (Moloko) – „Now Is The Time" (Harold Melvin & The Blue Notes und viele andere) – „Now! Now! Now! Is the Time" (The Andrews Sisters).

Zugleich verweisen Gegenwart und Gegenwärtigkeit im Zusammenhang von Pop-Musik immer auch auf Vorstellungen von Unmittelbarkeit, die auf der Bühne, auf der Tanzfläche, durch Lautstärke und Lärm, das entstehen lassen, was als Präsenz verstanden werden kann – sei es im Sinne eines nicht nur in der Hippiekultur ausgelebten quasimystischen ‚Hier und Jetzt', im Sinne des Authentizitätsversprechens der Rock-Musik oder von weniger aufgeladenen Spielarten der Gegenwartsfixierung. Auch in der Abkehr von emphatischen Beschwörungen, die sich vor allem in den 1960er Jahren finden lassen, ist die Fixierung auf ein jeweils aktuelles Jetzt als ein nahezu zeitloser Topos der Pop-Musik in Serie gegangen: „Pop handelt vom Jetzt", bestimmt Neil Tennant, Sänger der Pet Shop Boys, auch noch Anfang der 2000er Jahre Gegenstandsbereich und Zeitindex der Pop-Musik (Tennant 2002). „All we have is Now / All we've ever had was now / All we have is now / All we'll ever have is now", bringen zur gleichen Zeit die Flaming Lips (2002) gut fünfzig Jahre Pop-Geschichte auf einen Punkt, der in seiner abstrahierenden Bewegung das ekstatische Moment des Rock'n'Roll, die Spontaneität des Free Jazz, den Realismus des Punk und die postmodernistisch zitierende Unmittelbarkeitsemphase des Zitat-Pops ebenso erfassen kann wie das, was Diedrich Diederichsen den „Präsenz- und Präsens-Anspruch" von Techno nennt (Diederichsen 1997, 45). Gerade Techno und House Music können in ihrer Repetitivität, wie Neil Tennant betont, den „Moment als Moment" hervorheben (Koether 1994), verstärkt durch die Präsentation im Mix des DJs, über den, wie Hans Nieswandt schreibt, eine „fragile, neue Musik" erzeugt wird, die „nur in diesem Moment existiert und im nächsten schon wieder verdunstet" ist (Nieswandt 2002, 22). Abstrakter und allgemeiner, aber ebenfalls in diesem Sinn benennt Bernadette La Hengst, unterstützt von modernistisch umformatierten Motown-Beats, in einem Song genau den Effekt, der der Pop-Musik immer wieder zugeschrieben wird und den sie immer wieder erneut, und sei es in den Wiederholungsschleifen eines Refrains, hervorbringen kann: „Der beste Augenblick in deinem Leben / ist nicht morgen sondern gerade eben." (La Hengst 2002) Zukunftsvorstellungen werden zugunsten der Gegenwart, des gerade eben aktuellen Augenblicks ausgestrichen – aber nur, wie in diesem Fall schon die nächsten Verse des Refrains zeigen, um im beinahe gleichen Atemzug auch dessen instantan einsetzenden Verdunstungsprozess und damit die unabwendbare Vergangenheitsverfangenheit des Jetzt auszustellen: „Der beste Augenblick in deinem Leben / ist gerade eben jetzt gewesen." (La Hengst 2002)

Aus der Perspektive der Pop-Musik könnte eine Geschichte der Gegenwart an diesen Punkten – „gerade eben jetzt" – ansetzen, und auch viele der Texte, die als Pop-Literatur rezipiert werden, beziehen ihre Gegenwartsorientierung auf derartige Konstellationen, in denen Gegenwart („jetzt") und Vergangenheit („gerade eben") so ineinander verschränkt werden, dass sie als ein gleichsam doppelt verstärktes Zeichen von Aktualität, von akuter Produktion von Signifikanz erscheinen („gerade eben jetzt"). Gleichwohl stellt sich im direkten Vergleich von Wort und Musik die Frage, ob die in der Musik evozierten und reflektierten Effekte von Unmittelbarkeit und Gegenwärtigkeit, von Präsens und Präsenz (und deren

Verschwinden) auf vergleichbare Weise auch in der Literatur produziert – oder zumindest reproduziert werden können.

3. sofort / hier / jetzt – Plötzlichkeit, Flüchtigkeit, Vergänglichkeit

Ende der 1960er Jahre waren Spontaneität und Unmittelbarkeit, Alltagsnähe und Gegenwartsbezug, Signifikanz und Lustprinzip zentrale Aspekte jener Forderungen nach neuen Schreibweisen, die in der Literatur das realisieren sollten, was in der Pop Art und der Pop-Musik längst weitgehend selbstverständlich war. Ein entscheidender Einsatzpunkt der Annäherungsversuche zwischen Pop und Literatur war dabei der Wunsch, die performative Kraft der Pop-Musik auch auf die Form der Schrift zu übertragen. Inszeniert als „DER TOTALE ANGRIFF AUF DIE KULTUR", präsentiert sich in diesem Sinn „Das lange Gedicht" von Helmut Salzinger, erschienen 1969 in der Pop-Anthologie *Super Garde*, als Aufruf zur Revolution: „heute sprech ich von den verstärkern / von den aufgedrehten verstärkern sprech ich / von den motoren der gitarren von den verstärkern die / dich anheizen hochjagen bis du fliegst / [...] / heute sprech ich von der revolution" (Salzinger 1969, 185, 167). Neben Adjektivakkumulationen, die zur näheren Qualifizierung der in Aussicht gestellten Revolution ostentativ wiederholt werden, ist es vor allem das Wort „jetzt", das als Marker für Dringlichkeit und Aktualität dem Text eine ekstatische Form der Zeitlichkeit unterlegt, die ihn selbst als das Ereignis erscheinen lässt, das er einfordert (wobei sich dieser gesuchte Effekt letztlich doch nur bedingt einstellt). Gekoppelt mit Wörtern wie „rausch" und „revolution", übersetzt in die typographisch verstärkte Aufforderung „GET IT GET IT NOW NOOOOOOOOWWWWWWW", hervorgehoben durch die im Zentrum des Gedichts vierfach wiederholten Zeilen „sofort / hier / jetzt" und nochmals verdichtet in den Schlusszeilen „ich hör jetzt auf / ich steig jetzt aus / ich fang jetzt an / steig aus / jetzt", kristallisiert sich das Wort „jetzt" in seinen Wiederholungen als das zentrale, den Rhythmus und Sound des Textes maßgeblich prägende Schlagwort heraus, das die Vorstellung der „monströsen hysterischen revolution" auf einen Punkt bringt, in dem die kulturrevolutionären Potentiale von Politik und Pop-Musik nahezu ununterscheidbar zusammenzufallen scheinen (Salzinger 1969, 178–179, 182, 191). Die Kopplung von Aktionismus und Vitalismus, die viele Pop-Texte bestimmt, verweist dabei im Kontext der Debatten um 1968 nicht nur auf das utopische Potential linker Projekte, ein derartig emphatisches Beharren auf der „Situation des Hier und Jetzt" ruft fast zwangsläufig auch den Vorwurf einer systemstabilisierenden Entpolitisierung oder eines „'rechten' Irrationalismus" auf den Plan: „Welche politischen Konsequenzen sich aus dieser Revolte ergeben, ist den meisten Rockern und Schockern völlig egal." (Hermand 1971, 142–143)

Die Abwehrhaltung, die Salzingers Angriffe gegen Kultur und Kulturbetrieb im Namen eines vervielfachten „NOW" auf den Plan ruft, gleicht in vielen Punkten der Kritik, die Leslie Fiedler 1968 mit seinem Plädoyer für eine postmoderne Pop-Literatur und eine dieser Literatur angemessene Kritik auf sich gezogen hatte (→ 2.1 WEGMANN). Ein skeptisch diskutierter Aspekt von Fiedlers Essay war die Forderung nach einer „Ekstase des Lesens", die sich „für die Dauer eines Augenblicks, und nur für diesen einen Augenblick", aus den vorgegebenen Zusammenhängen löst (Fiedler 1968). Wie andere Autoren schließt auch Salzinger an diese Forderung an, indem er sie zugleich in ein Schreibprogramm transformiert, das an die Stelle eines kontinuierlich gedachten Zusammenhangs von Vergangenheit, Gegenwart und Zukunft die Vorstellung eines ekstatisch hervorgehobenen Augenblicks rückt, in dem die unmittelbare Gegenwart als Moment einer potentiellen Revolution beschworen wird – sei es auf einer politischen, kulturellen, literarischen oder auch nur individuellen Ebene im Sinn einer Ekstase des Lesens.

Texte, die in dieser Hinsicht Ende der 1960er Jahre als Pop-Literatur qualifiziert werden, knüpfen an Schreibverfahren und Themen der *Beat Generation* der 1950er Jahre an, übernehmen Cut-Up-Techniken von William S. Burroughs, bedienen sich bei Modellen aus Agit Prop und Anarchismus ebenso wie beim Spontaneismus der Studentenbewegung, übertragen momentanistische Darstellungsverfahren aus Pop-Musik, Werbung, Comic, Fernsehen und Film auf die Literatur, bedienen sich aber auch, trotz aller Verabschiedungsgesten gegenüber der klassischen Moderne, bei jenen Plötzlichkeits- und Schockästhetiken, die Anfang des 20. Jahrhunderts auf unterschiedliche Weise von André Breton, Walter Benjamin, James Joyce oder Ernst Jünger entworfen wurden (vgl. dazu Bohrer 1981). Formen einer surrealistisch oder ästhetizistisch verankerten imaginativen Literatur werden dabei jedoch häufig durch Versionen eines radikalisierten Realismus überlagert, in denen nicht nur die Grenzen zwischen *high* und *low* (→ 2.11 SEESSLEN), sondern auch die Grenzen zwischen authentischer und symbolischer Kommunikation, zwischen Realitätsdarstellung und Imagination, zwischen Fakt und Fiktion in Frage gestellt werden. Wie unsicher in diesem Zusammenhang auch die Grenzziehung zwischen einem spontaneistischen, vitalistischen oder konsumistischen Aktionismus und einer mit den gleichen Mitteln, der Evokation ekstatischer Augenblicke, eingeleiteten kultur- und ideologiekritischen Analyse sein kann, führt Elfriede Jelinek in ihrem 1970 erschienenen Roman *wir sind lockvögel baby!* vor Augen (→ 4.5 HARRASSER). Im vorletzten Kapitel koppelt sie den auf Dauer gestellten Knalleffekt von Popkultur, Werbung und Massenmedien als Klischee eines kulturellen Kairos oder andauernd wiederholte Attraktion – „in diesem augenblick", „in diesem Moment", „jetzt" – nahezu ununterscheidbar an katastrophische Szenarios von Gewalt, Krieg und Zerstörung: „IN JEDER ICECREAMPACKUNG IN JEDEM FRUCHTSAFT IN JEDEM MASTURBIERENDEN PRÄSIDENTEN explodiert in diesem augenblick die BOMBE! [...] in jeder guten stunde in jeder festen männerfreundschaft in jedem glücklichen kinderlachen & überall sonstwo explodiert jetzt eben die bombe. [...] DIE BOMBE EXPLODIERT! DIE BOMBE EXPLODIERT!" (Jelinek 1988, 253–255)

Der Zeitindex der Plötzlichkeit, die Reihung von schlagartig einsetzenden Ereignissen und die Reflexion auf deren instantanes Verschwinden zeichnen sich auch in weniger katastrophischen Konstellationen seit Mitte der 1960er Jahre als zentrale Momente von Kunst und Literatur unter den Vorzeichen von Pop ab. Sie erscheinen, scheinbar banal, als Zeichen einer nicht nur geduldeten, sondern offensiv gesuchten Vergänglichkeit. Das „schnelle Altern der neuesten Literatur", das Jochen Hörisch und Hubert Winkels Mitte der 1980er Jahre zum Ausgangspunkt einer Essaysammlung zur Gegenwartsliteratur machen, stellt sich aus der Perspektive von Pop ebenso wenig als ein Problem dar wie die Tatsache, dass eine Literatur, die „als jeweils neueste Dichtung up to date sein" will, unter den Bedingungen massenmedial bestimmter Kommunikationsverhältnisse „schon im Augenblick ihrer Geburt veraltet gewesen sein" wird (Hörisch und Winkels 1985, 19). Es geht vielmehr darum, sich in der Konzentration auf das „flüchtige Vergängliche" ebenso „scharf an der Zeit" zu positionieren wie es einige der literarischen Texte aus dem Umfeld von Punk und New Wave tun, die Peter Glaser Anfang der 1980er Jahre unter dem Titel *Rawums.* zusammengestellt und einleitend unter dem Titel „Zur Lage der Detonation – Ein Explosé" situiert hat (Glaser 1984, 16 und 20; → 4.8 OTREMBA). Die programmatische, unter den Vorzeichen von Flüchtigkeit und Kurzlebigkeit oftmals aggressive Abwendung von einem Literaturbetrieb, der „zeitlosen Zuspruch" sucht und entsprechend als „Institution für kulturelle Zeitlupe" erscheint (Glaser 16 und 14), bestimmt aber ganz ähnlich auch schon die Pop-Emphase der 1960er Jahre.

So beschreibt Hermand in seiner Bestandsaufnahme von Pop Art und Pop-Literatur der 1960er Jahre den Wunsch nach „spontaner Sinnlichkeit" und die ebenfalls mit Pop assoziierte „Aversion gegen alles Haltbare und Seriöse" als künstlerische Attacken gegen den etablierten Kunst- und Literaturbetrieb. An die Stelle der als obsolet erachteten „idealistischen Ewigkeitskonzepte" rückt dabei, wie Hermand konstatiert, eine „auffällige Vorliebe fürs Spontane, aus dem Augenblick Geborene und für den Augenblick Bestimmte" (Hermand 1971, 5, 26, 55). In genau diesem Sinn beschreibt auch Tsakiridis seine Anthologie *Super Garde* nicht nur als ein „zeitbedingtes Dokument", er begrenzt ihre Reichweite zugleich auf die unmittelbare Gegenwart: „Dies heute. Von morgen wissen wir nichts." (Tsakiridis 1969, 9–10). Als Angriff auf die herkömmlichen kulturellen Wertmaßstäbe ließ sich dieses Verfahren besonders, wie Hermands skeptische Schilderung unterstreicht, über die „Konsumgebärde" einer „kommerzialisierten Pop-Bewegung" forcieren, die sich dem Propagieren einer „Instant-Kunst" verschreibt, „einer Kunst der geplanten Obsolenz, einer Party-Kunst oder Wegschmeißekunst, bei der rein das Modische im Vordergrund steht" (Hermand 1971, 26–28). Im Blick auf die Seite der Kunstproduktion korrespondiert dieser Strategie Bazon Brocks Erklärung, er mache „nichts, was länger als drei Tage dauert", die nicht nur, wie Brock 1969 nahelegt, Ausdruck einer spätkapitalistischen Verkümmerung, sondern zugleich die offensive Einlösung eines ästhetischen Programms ist: „Ich will nicht tun müssen, was ich immer schon gemacht habe." (Brock 1969, o.S.)

4. Serialisierung des Jetzt: Medien, Reihen, Reproduktionen

Die Fokussierung auf die je aktuelle Gegenwart, die auf Spontaneität und Instantanität setzt, bildet ein wichtiges, aber doch nur *ein* Element der zumeist komplexer angelegten Gegenwartsfixierung, die unter den Vorzeichen von Pop zu beobachten ist. Denn diese ist häufig zugleich durch jene komplementären Verfahren der Reproduktion, der Mediatisierung und der Serialisierung geprägt, die Andy Warhol 1975 so programmatisch wie paradigmatisch in *The Philosophy of Andy Warhol* ausbuchstabiert: „Ich habe kein Gedächtnis. Jeder Tag ist ein neuer Tag, weil ich mich an den Tag zuvor nicht mehr erinnern kann. Jede Minute ist wie die erste Minute meines Lebens. Ich versuche, mich zu erinnern, aber ich kann es nicht. Deshalb habe ich geheiratet. Mein Tonband." (Warhol 1991, 197) Was zunächst wie eine geständnishafte Enthüllung einsetzt, erweist sich schnell als Beschreibung eines ästhetischen Programms, das sich in der Pop Art ebenso realisiert findet wie in Warhols Büchern. An die Stelle von Erinnerungsprozessen tritt eine durch das Vergessen induzierte Ausrichtung auf die Gegenwart, die in beständiger Wiederholung immer wieder neu das jeweilige Jetzt fokussiert. Dabei tritt mit dem Tonband an die Stelle von Gedächtnis und Erinnerung ein Medium, das jeden vermeintlich verschwindenden Moment speichern und reproduzieren und somit jedes Jetzt sowohl in seiner Singularität als auch in seiner Wiederholbarkeit erneut vorführen kann. In genau diesem Sinn wird das Tonband für Warhol zum Ausgangspunkt seiner literarischen Arbeit. Er schneidet Gespräche am Telefon oder in der Factory mit, lässt die Tonbänder mit allen Fehlern, Versprechern, Aussetzern und Störgeräuschen transkribieren und nutzt die nachträglich kaum bearbeiteten Transkripte als Material für seine Bücher (vgl. Hackett 1989). Sein Roman *a* ist ebenso auf diese Weise entstanden wie der zusammen mit Pat Hackett verfasste Pop-Klassiker *POPism*, in dem das Prinzip der Engführung von Spontaneität, Unmittelbarkeit, Mediatisierung und Reproduzierbarkeit, an das einige Jahre später Goetz programmatisch anschließen wird, zugleich zitierfähig beschrieben wird: „trying to figure out what was happening – and taping it all" (Warhol 1990, 291; vgl. Goetz 1993, 7).

Auch Meinecke beruft sich auf Warhol, wenn er Pop als eine Form der Gegenwartsfixierung bestimmt. Neben Henry Millers Äußerung, er sei „dem eigenen Tod immerzu dicht auf den Fersen", „jede Sekunde sei wie die letzte seines Lebens", verweist Meinecke auf Warhols programmatische Erinnerungslosigkeit, um Beispiele für das „Jetzt" einer „Geschichte der Gegenwart" anzuführen, die „den Prozeß der Geschichtsschreibung reflektiert" und „sogleich ihr Verfallsdatum mit ausstellt" (Meinecke 2000, 18). Wenn Meinecke Warhols Statements dabei als „völlig unironische Beschwörungen der Oberfläche" beschreibt, betont er zugleich eine weitere, durch die Fixierung auf die Gegenwart eingeleitete Verlagerung des Blickwinkels, die schon in den 1960er Jahren unter dem Schlagwort Pop vollzogen wurde und heute in vielfachen Variationen fortgeführt wird. Der Konzentration auf die Flüchtigkeit und Vergänglichkeit des Jetzt, die durch die Möglichkeit der medialen Fixierung durch die Tonbandaufnahme zugleich unterlaufen und konterkariert wird, korrespondiert in räumlicher Hinsicht eine erhöhte Aufmerksamkeit für die Oberfläche, der wiederum eine Vernachlässigung jener Dimension korrespondiert, mit der auch heute noch ein bürgerliches Kunstverständnis identifiziert wird: die als gedanklicher Tiefgang begriffene Suche nach einem unter der Oberfläche verborgenen, in der Tiefe vermuteten Sinn.

In welchem Maß die Ausrichtung auf Oberfläche, Aktualität und Gegenwart als Gegenmodell zu einer Vorstellung von kulturell verbürgter Ordnung erscheinen kann, die auf Sinn, Bedeutung und Tiefe setzt, zeigt schon eine Gegenüberstellung von Warhols Programmen der Pop Art mit zeitgleich popularisierten kulturkritischen Überlegungen. Was Ende der 1960er Jahre auch im Kontext der Gegenwartsliteratur zu einem Ausgangspunkt für den Entwurf neuer Schreibweisen wird, hypostasiert Neil Postman 15 Jahre später zu einem Verfallssymptom einer durch die Unterhaltungsindustrie bestimmten Gesellschaft, wenn er den „Diskursmodus des ‚Und jetzt ...'" und die darauf aufbauende „‚Und jetzt ...'-Kultur" medien- und kulturkritisch anprangert: „Der Ausdruck ‚Und jetzt ...' umfaßt das Eingeständnis, daß die von den blitzschnellen elektronischen Medien entworfene Welt keine Ordnung und keine Bedeutung hat und nicht ernst genommen zu werden braucht." (Postman 1985, 123–125, 129) Postman aktualisiert eine in kulturkritischen Kreisen auch schon vor der Erfindung des Fernsehens vorgebrachte Klage über eine „Welt der Bruchstücke, in der jedes Ereignis, bar jeder Verbindung zur Vergangenheit, zur Zukunft oder zu anderen Ereignissen, für sich steht" (Postman 1985, 136). Zur gleichen Zeit und mit ähnlichen Argumenten, aber ohne die Absehbarkeit der apokalyptischen Gesten von Postman, beschreibt Warhol

3.1 Gerade Eben Jetzt – Schreibweisen der Gegenwart — 175

das gleiche Phänomen als ein ebenso verstörendes wie faszinierendes Moment einer massenmedial geprägten Umwelt: „But the real news, the big thing, whether it's in the magazines or the newspapers or on TV, is the Now: What they're doing right now, where they live right now, who they love right now. And as soon as their now gets summed up we move immediately on to another person ... and another now." (Warhol 1985, 27) Die Aktualität des jeweils neuen „jetzt" wird, losgelöst von sinnstiftenden Zusammenhängen, zum bestimmenden, jede Erinnerung und jedes Verharren auslöschenden Modus der Zeitwahrnehmung: „We don't have time to remember the past, and we don't have the energy to imagine the future; we're so busy, we can only think: Now!" (Warhol 1985, 27)

Auch wenn Postman und Warhol aus unterschiedlichen Positionen argumentieren, rücken sie beide eben jene kulturellen Praktiken der Vervielfältigung von Gegenwart in den Blick, die schon, wie Dirk Baecker schreibt, „mit den Verbreitungsmedien Zeitung und Fernsehen möglich geworden sind, nämlich Praktiken einer extremen Aktualisierung, die zu ihrem eigenen Verständnis weder auf Vergangenheit noch auf Zukunft, sondern auf weitere, im nächsten Moment bereits folgende Aktualisierungen verweisen." (Baecker 2001, 178–179) Nicht nur Zeitung und Fernsehen können in diesem Sinn zu Platzhaltern „für eine auf die Gegenwart fokussierte Aufmerksamkeit" werden (Baecker 2001, 179), auch viele der Schreibverfahren, die Ende der 1960er und Ende der 1990er Jahre unter dem Begriff Pop-Literatur diskutiert wurden, verschreiben sich vergleichbaren Praktiken der permanenten Aktualisierung. Dem absehbaren Vorwurf einer geschichtslosen Oberflächlichkeit begegnen sie mit detailgenauen Phänomenologien gegenwärtiger Signifikations- und Kommunikationsprozesse, die, gestützt auf Reproduktionstechnologien wie das Speichermedium Tonband, in ihren zeitdiagnostischen und analytischen Qualitäten nicht selten um einiges präziser sind als die in diesem Zusammenhang gängigen kulturkritischen Einwände.

An die Stelle der Suche nach dem besonderen, repräsentativen, paradigmatischen Moment oder einer quasiauratischen Erfahrung reiner Gegenwärtigkeit treten dabei Verfahren der Serialisierung des Jetzt, unabgeschlossene und unabschließbare syntagmatische Reihen, in der jedes Jetzt seine Ablösung durch ein weiteres Jetzt immer schon impliziert. „Alle Momente sind gleichwertig, und ohne weiteres kann man sagen: banal, oberflächlich", schreibt Brinkmann (1982, 210) im Blick auf Frank O'Haras Gedichte. Auch in seinen eigenen Texten rückt an die Stelle des besonderen Augenblicks die Banalität zufällig anfallender, alltäglicher Situationen, die durch ihre strukturelle Wiederholbarkeit, potenziert durch Verfahren der Serialisierung, noch verstärkt wird. Wenn Brinkmann 1968 in *Die Piloten* betont, das Gedicht sei „die geeignetste Form [...], spontan erfaßte Vorgänge und Bewegungen, eine nur in einem Augenblick sich deutlich zeigende Empfindlichkeit konkret als snap-shot festzuhalten" (Brinkmann 1968, 6), wird nicht nur deutlich, dass auch er auf Verfahren der Speicherung, der Fixierung, auf das Prinzip der „Momentaufnahme" setzt (Brinkmann 1999, 134). Es wird auch klar, dass jeder „snap-shot", dass jedes „Jetzt", das Brinkmann präsentiert, als Teil einer potentiell verlängerbaren Serie zu begreifen ist, die Vorstellungen von Singularität zwar in Aussicht stellt, aber zugleich immer schon mit den Möglichkeiten der unabschließbaren Vervielfältigung konfrontiert: „jetzt, jetzt, jetzt, jetzt, jetzt, ad infinitum!" (Brinkmann 1987, 240)

Auch Goetz setzt in diesem Sinn auf die „Vorstellung der Momentaufnahme", um einen Text entstehen zu lassen, der seine Form weniger seinen je verschiedenen Gegenständen verdankt, als vielmehr dem Verfahren, immer wieder „JETZT" anzusetzen und dieses „JETZT" als jeweils neues „JETZT" zu präsentieren: „Der Snapshot. Eine Art Polaroid vom geistigen Zustand, im Augenblick. Natürlich geht es auch darum, was drauf ist, auf dem Bild. Aber ebenso sehr um die ART der Bildherstellung, das Vorgehen bei der Produktion, die Methode, was ganz Formales also. Sich zu erinnern, nicht an früher, sondern an JETZT." (Goetz 1999a, 200) Die Textproduktion folgt dabei eben jener Logik der Serie, die Goetz als Prinzip seiner Praxis des Fotografierens anführt: „Höhere Wesen befahlen: fotografiere die Zeit, jetzt. Jetzt nochmal, dann gleich wieder, und so weiter, jetzt heißt ja immer wieder nochmal jetzt." (Goetz 2001, 184) Auch in der Form der Schrift geht es immer wieder erneut um die Frage, wie „JETZT" geschrieben, wie ein „JETZT" formuliert und kommuniziert werden kann, das nicht nur Vergangenes aktualisiert und vergegenwärtigt, sondern einer in der Gegenwart ansetzenden Geschichte der Gegenwart zuarbeitet, die, als schriftlich vermittelte Praxis, die Erinnerung an ein „JETZT" im Augenblick des Geschehens fixieren soll, ohne sie dauerhaft festzusetzen, ohne das nächste „JETZT", das das vorangegangene ersetzt, und das instantane Verschwinden, das jedes „JETZT" auch impliziert, einfach auszublenden.

Was Jacques Derrida als Gesetz der Iterabilität beschreibt – „es gibt keine Erfahrung *reiner* Gegenwart, sondern nur Ketten differentieller Zeichen" (Derrida 2001, 29) –, wird hier zur Voraussetzung des Schreibens. Jedes Jetzt erscheint als ein Moment der Attraktion, das einerseits die Aufmerksamkeit punktuell konzentriert und so mögliche Zusammenhänge unterbricht, andererseits aber immer auch auf seine eigene Vervielfältigung verweist, auf die Möglichkeit der Reproduktion durch die Aufnahme („taping it all") und auf die Zerstreuung von Attraktion und Konzentration in den Wiederholungsschleifen der Serialisierung. Das jeweilige „Jetzt" wird nur unter der Bedingung hervorgehoben, dass diese Hervorhebung durch Verfahren der Reihung und Repetition zugleich auch wieder relativiert wird – um Raum für ein neues „Jetzt" freizusetzen, das auch insofern immer schon in Anführungszeichen zu verstehen ist, als es sich in seiner Iterabilität offensiv als wiederholbare Zitation präsentiert. Das permanente „Verschwinden der Ereignisse" ist in dieser Hinsicht nicht ein beklagenswertes Problem, es kann vielmehr zum Ausgangspunkt der Einsicht werden, dass die verschwindenden Ereignisse immer wieder erneut „eine Lücke schaffen, die ein Platz für unbestimmte und damit erst noch zu findende (‚kreative') Anschlüsse ist" (Baecker 2001, 179).

5. Zeitmitschriften: Journalismus, Literatur, Netzkommunikation

Die Abwehrhaltung, auf die die Gegenwartsfixierung der Texte von Warhol, Brinkmann oder Goetz in Teilen der Literaturkritik und auch der Literaturwissenschaft stößt, ist nicht zuletzt auf derartige Verfahren der Serialisierung des Jetzt und der permanenten Aktualisierung der Gegenwart zurückzuführen. So wie Flüchtigkeit, Kurzlebigkeit und die Beschränkung auf Oberflächen ist auch das Prinzip einer permanent aktualisierten Aktualität eingespielten Konventionen zufolge gerade das, was Literatur nicht bedienen muss oder, auch das ein häufig bemühtes kritisches Dekret, nicht bedienen sollte. Literatur, so eine im universitären Diskurs ebenso wie im Feuilleton und im Kulturfernsehen propagierte Lesart, braucht Dauer, Distanz, lässt sich nicht auf tagesaktuelle Belanglosigkeiten ein, steht nicht für schnelles Konsumieren, sondern für Reflexion, für das Anhalten – und damit, so die Annahme, auch für eine längere Haltbarkeit. „Von der irgendwie irritierenden Gegenwart will man lieber nichts wissen", beschreibt Andreas Neumeister diesen Konsens in Sachen Gegenwartsliteratur seit 1945, gegen den nicht nur er seine Textproduktion richtet: „Literatur hat rückwärtsgewandte Zeitmaschine, Literatur hat Kontemplation zu sein." (Neumeister 1996) Entsprechend klingeln, sobald literarisches Schreiben sich nicht nur als distanziertes Reflexionsmedium, sondern auch affirmativ auf Medien wie das Fernsehen oder das World Wide Web einlässt, nahezu automatisch die kulturkritischen Alarmglocken. Goetz etwa wird unterstellt, sein Projekt einer „Literatur, die sich beim Entstehen zuguckt", sei „letztlich nichts anderes als der Wunsch, schneller zu sein als Fernsehen" (Köhler 2000, 722), und sein Schreiben beschränke sich auf ein Kreisen um die „die mediale Welt, eine Welt ohne die verbohrten Inhaltisten und sturen Inhaltäre, eine Welt im Werden, im Jetzt" (Rathgeb 1999). So treffend derartige Einschätzungen erscheinen mögen, so bemerkenswert ist der Ort, von dem aus sie – auch im Blick auf andere Autoren und Texte – formuliert werden. Die journalistische Medien- und Literaturkritik erwartet von der Gegenwartsliteratur nicht nur, dass sie sich von den neuen (und auch einigen schon etwas älteren) Medien unterscheidet, sie soll auch anders verfasst sein als der Journalismus, als das durch Aktualitätsdruck und knappe Produktionsfristen bestimmte eigene Arbeitsfeld – dauerhafter, langfristiger, durchdachter.

Ein Hintergrund derartiger Erwartungshaltungen ist eine ebenso traditionelle wie verbreitete Unterscheidung, über die Literatur als zeitlose Kunst von der ephemeren Aktualität des Journalismus abgesetzt wird. Polemisch zugespitzt findet sich diese Gegenüberstellung in George Steiners Essay *Von realer Gegenwart*. Gekennzeichnet durch eine „Zeitlichkeit gleichwertiger Augenblicklichkeit", die als eine „Dialektik falscher Unmittelbarkeit" qualifiziert wird, erscheinen die „Methoden und Taktiken" des Journalismus für Steiner als eine „Antinomie zu ernstzunehmender Literatur und Kunst", die an die Stelle der „trügerischen Zeitlichkeit", der „momentanen Sensation" des Journalismus Dauerhaftigkeit, Originalität und das setzt, was Steiner als „reale Gegenwart" begreift (Steiner 1990, 43–46).

Die Skepsis, mit der Schreibweisen begegnet wird, die nur graduelle Differenzen zwischen Literatur und Journalismus vornehmen und sich nicht prinzipiell von Tagesaktualität und Kurzfristigkeit distanzieren, sondern sie als produktive, textgenerative Momente für die eigenen Verfahren aufnehmen, verlagert sich seit Ende der 1990er Jahre zunehmend auf einen anderen Schauplatz und wird schon in den frühen Diskussionen um Netzliteratur und Literatur im Netz auf bemerkenswerte Weise aktualisiert. Dass die aus der Gegenüberstellung von Literatur und Journalismus bekannten Debatten dabei nicht nur fortgesetzt, sondern gerade im Blick auf die Inkriminierung von Verfahren der Gegenwartsfixierung auch verschärft werden, zeigt sich schon in den Auseinandersetzungen mit den um 2000 vieldiskutierten Internet-Literatur-Projekten *Null* und *pool*, in denen Schriftsteller und Journalisten, die sich zuvor eher in den Medien Buch und Zeitung denn im World Wide Web einen Namen gemacht haben, Kurzbeiträge ins Netz gestellt, miteinander kommuniziert und ausführlich *über* diese Form der Kommunikation verhandelt haben. „Vor dem Netz ist nach dem Netz, und im Netz ist alles, denn Netz-Zeit ist Jetzt-Zeit", beschreibt Iris Radisch (2000) in der *Zeit* eines der Probleme, das ihr die in *Null* und *pool* exzessiv ausbuchstabierte Aktualitätsemphase und das nicht mehr ganz neue Medium bereiten. Ganz ähnlich argumentiert Ingo Arend (1999), wenn er die „Jetzt-ist-Jetzt-Absonderungen" in *pool* als „wenig anspruchsvolles Lesefutter" qualifiziert. Konfrontiert man die programmatischen Selbstbeschreibungen der an *pool* beteiligten Autorinnen und Autoren mit derartigen Einwänden, zeigt sich zunächst eine verblüffend ähnliche Charakterisierung des eigenen Projektes. „Aktualität ist die Netzqualität schlechthin", schreibt Elke Naters, zusammen mit Sven Lager Initiatorin von *pool*, und versucht damit den Abstand zu markieren, der das Internet-Projekt von ihrer Konzeption von Literatur trennt (Naters und Lager 1999). Die Vorzeichen werden umgekehrt: Schnelligkeit, Flüchtigkeit und Unmittelbarkeit sind bei *pool* gerade die Ideale, die gegen gängige Formen von Literatur ausgespielt werden. So ist es nur konsequent, wenn Eckhart Nickel *pool* in *pool* mit dem Medium vergleicht, das diese Kriterien traditionell erfüllt: „Ampool.de ist meine liebste Tageszeitung. Man blättert durch, was ist geschehen [...], Klatsch" (Nickel 1999).

Mit seinem Buch *Angela Davis löscht ihre Website* hat Andreas Neumeister 2002 vor Augen geführt, wie die Möglichkeiten und Grenzen der Internetkommunikation in diesem Sinn auch und gerade dann für das literarischer Schreiben produktiv gemacht werden können, wenn man sie in Hinsicht auf die Form des Buchs und die dabei anfallenden Mediendifferenzen in den Blick nimmt. Entstanden im Anschluss an seine Internet-Beiträge zu *pool*, radikalisiert Neumeister hier Schreibverfahren, mit denen er auch schon in früheren Texten gearbeitet hat. Abkürzungen, Markennamen, Nachrichtenfragmente, Sentenzen und Zitate aus öffentlichen und privaten Diskursen werden über Wort- und Satzmodulationen in Serie geschaltet, in repetitive Fragen- und Begriffskataloge transformiert, in rhythmisierte Reihen überführt, die den sequenzierten Stil von Nachrichtentickermeldungen an die Stelle von narrativ entfalteten Handlungszusammenhängen setzen: „schon jetzt wird das heute Nachmittag unterzeichnete / Abkommen als historisch bezeichnet", „wir unterbrechen die Unterbrechung für die sofortige Ausstrahlung einer noch aktuelleren Meldung", „zwei Bilder in Echtzeit / drei Bilder in Falschzeit" (Neumeister 2002, 14, 28, 37). Der Text kann in dieser Hinsicht als Entwurf einer literarischen Medienkritik gelesen werden, der sich von vielen anderen Ansätzen insofern unterscheidet, als er die Vergänglichkeit der medial produzierten Kommunikationsereignisse und den Zeitindex der verarbeiteten Verfahren nicht polemisch anprangert oder vermeintlich kritisch entlarvt, sondern zur Voraussetzung des eigenen Schreibens macht: „the end of the world as we know it / ist der Beginn einer Welt, die wir nicht kennen / als ob das rasende Fortschreiten der Zeit / etwas Bedauernswertes wäre" (Neumeister 2002, 121).

Aktualitätsproduktion und Vergänglichkeit der Gegenwart erscheinen nicht als Anlässe zum reflektierenden Innehalten, sondern als Herausforderungen für Schreibverfahren, die sich insofern als Zeitmitschrift verstehen, als sie immer auch einer Geschichtsschreibung der Gegenwart zuarbeiten. Die Aktualität der Gegenwart bleibt dabei nie nur auf das Phantasma eines geschichtslosen, nur momentan gültigen Hier und Jetzt beschränkt, sondern wird gleichermaßen im Blick auf ihre Vergänglichkeit und ihre Vergangenheit perspektiviert. Die Gegenwartsfixierung im Kontext von Pop und Pop-Literatur lässt sich in diesem Sinn als eine immer schon historisch determinierte Geste begreifen. Als eine Datierung, die zitiert und wiederholt werden kann, im Netz ebenso wie in gedruckter Form, die jedem Jetzt, auch dem vermeintlich aktuellsten, jeweils letzten, eine Geschichte unterlegt. „Mit vermeintlicher Selbstverständlichkeit passiert all das eben: jetzt", markiert Neumeister (1998, 13) auf den ersten Seiten von *Gut laut* jenen zeitlichen Rahmen, der für seinen Roman sowohl zum Gegenstand der Beschreibung als auch zum Zeitindex des Schreibens wird – unter der Voraussetzung, dass es an fast jeder Stelle des Textes zugleich um den Zugriff auf die Vergangenheit geht. Vom Standpunkt der Gegenwart aus wird Vergangenheit hier nicht in handlungsangereicherten Narrationen vergegenwärtigt, sondern in monologisierenden Reflexionen, die über die stakkatohafte Aneinanderreihung von stereotypisierten Fragen und Formeln, über paratakische Loops, über Wiederholungsfiguren mit minimalen Verschiebungen im Prozess der Vergegenwärtigung von Vergangenem die Konzentration immer wieder auf die Konstituierung eines Textes lenken, der die Gegenwärtigkeit, die er beschreibt und beschwört, allererst selbst produziert. Die Frage nach historischen Zusammenhängen und Entwicklungen wird auf diese Weise nicht beantwortet, sie wird, in diesem wie in anderen Texten, im Modus einer Geschichte der Gegenwart, die sich und ihre Vorstellung von Zeit permanent selbst überholt, sentenzhaft und apodiktisch, über Zitate und Wiederholungsstrukturen, auf Dauer gestellt: „Zeitverkürzende Mittel, zeitbeschleunigende Mittel, zeitvernichtende Mittel. Als ob das rasende Fortschreiten der Zeit irgendwas Bedauernswertes wäre. Als ob das rasende Fortschreiten der Zeit irgendwie aufzuhalten wäre. Gegenwart als Alles. Gegenwart als Alles und als Nichts." (Neumeister 2001, 22)

Weder Neumeister noch Goetz, Meinecke oder andere hier angeführte Autorinnen und Autoren zielen auf eine nachträgliche Nobilitierung der Gegenwart ab – sei es durch Gesten der Historisierung oder der Kanonisierung vergangener Momente. Im Akt des Schreibens, der immer auch ein Akt der Konstruktion von Gegenwart ist, wird die historische Bestimmbarkeit spezifischer Momente vielmehr zu einem konstitutiven Ausgangspunkt, der zugleich systematisch unterminiert wird. Die Annahme, dass es „das absolute Jetzt im Text" nicht gibt (Meinecke 2000, 17), ist in dieser Hinsicht ebenso eine Voraussetzung fast aller hier angeführten Texte wie die durch Niklas Luhmann zitierfähig vermittelte Einsicht, dass „in der operativ aktuellen Gegenwart die Welt, wie sie ist, und die Welt, wie sie beobachtet wird, nicht unterschieden werden können" (Luhmann 1996, 27). Dabei geht es selten nur um das „eher journalistische Trugbild einer Aktualität", sondern häufig auch um die im Medium der Schrift vollzogene Reflexion auf „das unerreichbare Ideal eines momentanen Festhaltens", dessen Möglichkeiten und Grenzen sich nicht zuletzt in einer in der Internetkommunikation erneut popularisierten Form diaristischen Schreiben zeigt: im „produktiven Paradox des Tagebuchschreibens" (Meinecke 2000, 17). So eröffnen sich Formen der Darstellung, die nicht nur den Effekt von Aktualität und Gegenwärtigkeit produzieren, sondern zugleich die Möglichkeit der Vergegenwärtigung der Gegenwart, der Repräsentation – oder auch der Präsentation – eines „Jetzt" im Text in Frage stellen. Aus dieser Perspektive bezeichnet Gegenwart weder ein präsenzmetaphysisches Phantasma noch einen eindeutig bestimmbaren, im Text abbildbaren Zeitpunkt, sondern vor allem, wie Georg Stanitzek (2011, 73) in einem anderen Zusammenhang schreibt, „ein Problem der Schreibweise, der Organisation einer Pluralität aktueller Momente im Text".

Literaturverzeichnis

Arend, Ingo. „Zwischen Chat'ma und Dogma. Literatur und Internet beim Berliner Schriftstellertreffen ‚Tunnel über der Spree'". *Freitag* 17.9.1999.
Baecker, Dirk. *Wozu Kultur?* Berlin: Kadmos, ²2001.
Barthes, Roland. *Die Lust am Text* [1973]. Übers. von Traugott König. Frankfurt am Main: Suhrkamp, 1974.
Bohrer, Karl Heinz. *Plötzlichkeit. Zum Augenblick des ästhetischen Scheins*. Frankfurt am Main: Suhrkamp, 1981.
Brinkmann, Rolf Dieter. *Die Piloten*. Köln: Kiepenheuer & Witsch, 1968.
Brinkmann, Rolf Dieter. *Der Film in Worten. Prosa, Erzählungen, Essays, Hörspiele, Fotos, Collagen 1965–1974*. Reinbek bei Hamburg: Rowohlt, 1982.
Brinkmann, Rolf Dieter. *Erkundungen für die Präzisierung des ‚Gefühls' für einen Aufstand ...* Reinbek bei Hamburg: Rowohlt, 1987.
Brinkmann, Rolf Dieter. *Briefe an Hartmut. 1974–1975*. Reinbek bei Hamburg: Rowohlt, 1999.
Brock, Bazon. *Bazon Brock, was machen Sie jetzt so?* Darmstadt: Melzer, 1969.
Derrida, Jacques. „Signatur Ereignis Kontext" [1971]. *Limited Inc*. Übers. von Werner Rappl. Wien: Passagen, 2001. 15–45.
Diederichsen, Diedrich. „Hören, Wiederhören, Zitieren. Vorschlag einiger Elemente einer Zeichentheorie der Popmusik aus aktuellem Anlaß: Beck, Mike Ink, Rockers Hi Fi". *Spex* 1 (1997): 43–46.
Duden. Das große Wörterbuch der deutschen Sprache. In zehn Bänden. Hrsg. vom Wissenschaftlichen Rat der Dudenredaktion. Band 3. Mannheim u. a.: Dudenverlag, 1999.
Fiedler, Leslie A. „Das Zeitalter der neuen Literatur. Die Wiedergeburt der Kritik". *Christ und Welt* 13.9.1968.
Flaming Lips. „All We Have Is Now". *Yoshimi Battles the Pink Robots*. CD. Warner Bros., 2002.
Glaser, Peter. „Zur Lage der Detonation. Ein Explosé." *Rawums. Texte zum Thema*. Hrsg. von Peter Glaser. Köln: Kiepenheuer & Witsch, 1984. 9–21.
Goetz, Rainald. „Alles, was knallt". *Der Spiegel* 2 (1992): 143–147.
Goetz, Rainald. *1989. Material*. Band 1. Frankfurt am Main: Suhrkamp, 1993.
Goetz, Rainald. *Rave*. Frankfurt am Main: Suhrkamp, 1998.
Goetz, Rainald. *Abfall für alle. Roman eines Jahres*. Frankfurt am Main: Suhrkamp, 1999a.
Goetz, Rainald. *Celebration. 90s – Nacht – Pop*. Frankfurt am Main: Suhrkamp, 1999b.
Goetz, Rainald. *Jahrzehnt der schönen Frauen*. Berlin: Merve, 2001.
Grimm, Jacob und Wilhelm Grimm. *Deutsches Wörterbuch*. Vierten Bandes Erste Abtheilung, Zweiter Theil. Bearb. von Rudolf Hildebrand und Hermann Wunderlich. Leipzig: Hirzel, 1897.

Hackett, Pat. „Einführung". *Andy Warhol: Das Tagebuch*. Übers. von Judith Barkfelt u. a. München: Droemer Knaur, 1989. 11–24.
Hermand, Jost. *Pop International. Eine kritische Analyse*. Frankfurt am Main: Athenäum, 1971.
Höbel, Wolfgang. „Das gute, beschissene Leben". *Der Spiegel* 50 (1998): 246–249.
Hörisch, Jochen, und Hubert Winkels (Hrsg.). *Das schnelle Altern der neuesten Literatur*. Düsseldorf: Claassen, 1985.
Jelinek, Elfriede. *wir sind lockvögel baby!* [1970]. Reinbek bei Hamburg: Rowohlt, 1988.
Köhler, Andrea. „Heimweh nach Gegenwart – Krieg in den Kulissen". *Merkur* 54 (2000): 721–728.
Koether, Jutta. „Pet Shop Boys. Der Westen ist rot." *Spex* 1 (1994): 20–25.
La Hengst, Bernadette. *Der beste Augenblick in deinem Leben ist gerade eben jetzt gewesen*. CD. Trikont, 2002.
Lenz, Daniel, und Eric Pütz. „'Ich bin so ein Pop-Sommer-1982-Typ.' Ein Gespräch mit Thomas Meinecke". *Neue Zürcher Zeitung* 23.8.1999.
Luhmann, Niklas. *Die Realität der Massenmedien*. Opladen: Westdeutscher Verlag, ²1996.
Meinecke, Thomas. *Tomboy*. Frankfurt am Main: Suhrkamp, 1998.
Meinecke, Thomas. „Handlung lenkt ab". *Spex* 10 (1999): 34.
Meinecke, Thomas. „Ich als Text (Extended Version)". *Zuerst bin ich immer Leser. Prosa schreiben heute*. Hrsg. von Ute-Christine Krupp und Ulrike Janssen. Frankfurt am Main: Suhrkamp, 2000. 14–26.
Naters, Elke, und Sven Lager. „Statement im Literarischen Colloquium Berlin". 20.9.1999. Null (Online: http://www.dumontverlag.de/null/naters/text1.htm, 1.1.2005; Text nicht mehr abrufbar].
Neumeister, Andreas. „50 Jahre Nachkriegselend. Wieviel Gegenwart verträgt die Gegenwartsliteratur?" *Süddeutsche Zeitung* 17.10.1996.
Neumeister, Andreas. *Gut laut*. Frankfurt am Main: Suhrkamp, 1998.
Neumeister, Andreas. „Pop als Wille und Vorstellung." *Sound Signatures. Pop-Splitter* Hrsg. von Jochen Bonz. Frankfurt am Main: Suhrkamp, 2001. 19–26.
Neumeister, Andreas. *Angela Davis löscht ihre Website*. Frankfurt am Main: Suhrkamp, 2002.
Nickel, Eckhart. [Eintrag in pool 14, 14.9.1999]. URL: http://www.ampool.de/archiv/archivsept2.htm [20.9.1999, Text nicht mehr abrufbar].
Nieswandt, Hans. *plus minus acht. DJ Tage DJ Nächte*. Köln: Kiepenheuer & Witsch, 2002.
Postman, Neil. *Wir amüsieren uns zu Tode. Urteilsbildung im Zeitalter der Unterhaltungsindustrie*. Übers. von Reinhard Kaiser. Frankfurt am Main: S. Fischer, 1985.
Radisch, Iris. „Einsam sein ist scheiße. Der neue www.gesamtautor.de tritt als Gruppe auf". *Die Zeit* 11 (2000).
Rathgeb, Eberhard. „Panik vor dem Jetzt. Rainald Goetz schreibt Abfall für alle". *Frankfurter Allgemeine Zeitung* 18.9.1999.
Salzinger, Helmut. „Das lange Gedicht." *Super Garde. Prosa der Beat- und Pop-Generation*. Hrsg. von Vagelis Tsakiridis. Düsseldorf: Droste, 1969. 167–191.
Schumacher, Eckhard. „Pop. Ein Telefongespräch mit Thomas Meinecke". *Bielefelder StadtBlatt* 3.12.1998.
Stanitzek, Georg. *Essay – BRD*. Berlin: Vorwerk 8, 2011.
Steiner, George. *Von realer Gegenwart. Hat unser Sprechen Inhalt?* Übers. von Jörg Trobitius. München und Wien: Hanser, 1990.
Tennant, Neil. [Interview von Charlotte Roche] „Fast Forward". *Viva TV*, 29.3.2002.

Tsakiridis, Vagelis. „Vorwort". *Super Garde. Prosa der Beat- und Pop-Generation*. Hrsg. von
    Vagelis Tsakiridis. Düsseldorf: Droste, 1969. 7–10.
Warhol, Andy. *Die Philosophie des Andy Warhol von A bis B und zurück* [1975]. Übers. von
    Regine Reimers. München: Droemer Knaur, 1991.
Warhol, Andy, und Pat Hackett. *POPism. The Warhol '60s* [1980]. San Diego u. a.: Harvest, 1990.
Warhol, Andy. *America*. New York: Harper & Row, 1985.

Der vorliegende Beitrag ist eine überarbeitete und gekürzte Fassung des ersten Kapitels aus Eckhard Schumacher: *Gerade Eben Jetzt. Schreibweisen der Gegenwart*. Frankfurt am Main: Suhrkamp, 2003.

3.2 Katalog- und Montageverfahren: Sammeln und Generieren

Moritz Baßler

1. Katalog und Liste als Textverfahren

Als sich um 1990 herum eine Initiative von Autoren und Verlegern für ein ‚Neues Erzählen' bildete, da wünschte man sich endlich eine leicht lesbare, bestsellertaugliche und verfilmbare Art von deutscher Literatur im Unterschied zu Texten, die entweder modernistischen Textverfahren gehorchten oder welt- und handlungsarme Innerlichkeitsprosa boten (vgl. Köhler und Moritz 1998). Realistische Erzähltexte zeichnen sich, semiotisch betrachtet, durch ein Primat des Metonymischen aus, das heißt, sie kombinieren ihre Zeichen syntagmatisch auf erwartbare Weise und schreiten in Frames und nach Skripten fort, die dem kulturellen Wissen des Lesers entsprechen. Mit der popliterarischen Welle, die Mitte der 1990er Jahre Fahrt aufnahm, setzte sich dann allerdings zumindest zeitweise eine Literatur durch, die zwar gut lesbar war, aber trotzdem nicht einfach dem metonymischen Realismusprinzip folgte. Stattdessen betonte sie die paradigmatische Dimension des Textes, in der nicht das Prinzip der Kombinierbarkeit, sondern das der Äquivalenz dominiert. Das Äquivalenzprinzip lässt sich nämlich auf zweierlei Weise in Prosa realisieren: Zum einen durch das Brechen von Frames und Skripten, das Zerschneiden (Tmesis) erwartbarer Zusammenhänge, also durch das Metaphorische, wie es für den modernistischen Grenztext der historischen Avantgarden charakteristisch ist. Auch die Pop-Literatur um 1970 hat an solchen Verfahren, die den Text schwierig machen, noch erheblichen Anteil, etwa durch die Cut-up-Verfahren von William S. Burroughs, Jürgen Ploog oder Carl Weissner (s. u.) oder, auf höherer Organisationsebene, die Irritationen von Raum, Zeit und Handlung, die durch Rolf Dieter Brinkmanns Anleihen beim Nouveau Roman entstehen.

Zum anderen aber lässt sich ein Paradigma, aus dem im Normalfall ja nur ein Element für das Syntagma ausgewählt wird, auch mit mehreren, zahlreichen oder gar sämtlichen Elementen in den Text auskippen. Diese Elemente stehen dann hintereinander gereiht an einer einzigen syntagmatischen Stelle und ergeben einen Katalog. Mitunter wird ihr Äquivalenzverhältnis zueinander schon dadurch angezeigt, dass sie als Liste, also wie in Versdichtung mit Zeilenbrüchen untereinander notiert werden statt als Fließtext. In jedem Fall wird das Syntagma an dieser Katalogstelle aufgebläht, rhetorisch handelt es sich um eine Amplificatio.

Dadurch wird, anders als bei der Metapher, die Verständlichkeit nicht beeinträchtigt, wohl aber das Fortschreiten des narrativen Diskurses – Amplifikationen sind Erzählpausen, weil sie, als reine Paradigmatik, zum syntagmatischen Progress nicht beitragen. Dafür holen sie jedoch eine Menge an kulturellem Wissen in den Text herein: Ein Katalog stellt ja durch die Nebenordnung seiner Elemente zwischen diesen Äquivalenz her, sie sind alle gleich viel (oder gleich wenig) wert. Dabei sind drei Möglichkeiten zu unterscheiden: (1) Der Katalog kann aufzählen, was in einer gegebenen Kultur bereits als von gleicher Art bekannt ist, z. B. grüne Edelsteine in *À Rebours* (1888) von Joris-Karl Huysmans, dem klassischen Dandy-Roman des Fin de siècle. Huysmans hat diese Kataloge aus entsprechenden Büchern abgeschrieben. Ein Extremfall wäre der Katalog *trouvé* (wie Peter Handkes *Die japanische Hitparade vom 25. Mai 1968*). (2) Der Katalog kann aber auch sammelnd erst zusammentragen, was zwar objektiv äquivalent ist, aber bislang noch nicht als solches vertextet wurde (z. B. die Namen der Bewohner eines Münchner Wohlblocks in Christopher Roths *200D* oder die Altersangaben der *Bild*-Pin-Ups in Benjamin von Stuckrad-Barres *Soloalbum*). (3) Der Katalog kann eine Äquivalenz zwischen seinen Elementen aber auch allererst stiften. Die nebenordnende Auflistung stipuliert eine Ähnlichkeit zwischen den gelisteten Dingen, die der Leserin gleichsam angemutet wird. Auf diese Weise können Texte Paradigmen auch generieren. Leuchtet die Verbindung ein, funktioniert der Text, was „stets ein Balanceakt zwischen Originalität und Plausibilität" ist (Baßler 2002, 106). Im Erfolgsfalle kann die so gestiftete Äquivalenz Teil der Kultur werden (darin wieder gelungenen Metaphern ähnlich).

Zahlreiche popaffine Texte arbeiten mit Katalogverfahren, und nicht wenige folgen dabei diesem dritten, kulturpoietischen Muster. Das gilt schon für die berühmte Definition von Pop Art, die Richard Hamilton 1957 in Form einer Liste an seine Galeristen schickte („Pop Art is: [...] Witty / Sexy / Gimmicky / Glamorous / Big business", Hamilton 1957). Schumacher hat darauf hingewiesen, dass auch zahlreiche Texte zu Camp (z. B. von Christopher Isherwood, Susan Sontag, Douglas Wolk oder Bruce LaBruce) mit solchen Listen arbeiten (Schumacher 2017, 118–119; → 2.5 BASSLER). Als Beispiele für den Camp-Kanon zählt Sontag (1964, 277) beispielsweise auf: „*Zuleika Dobson* / Tiffany lamps / Scopitone films / The Brown Derby restaurant on Sunset Boulevard in LA / *The Enquirer*" etc.) Das Gemeinsame der gelisteten Dinge, das Prinzip ihrer Äquivalenz, soll dabei evident werden und evident machen, was Pop respektive Camp ist; denn Stäheli mag zwar Recht damit haben, dass Listen es erlauben, „von heterogenen Einheiten zu sprechen, ohne diese mit Identitätszumutungen zu überfrachten" (2011, 91), doch Äquivalenz muten sie in jedem Fall zu. Das lässt sich auch dem hohen polemischen Potential von Listen ablesen, etwa wenn Günter Grass in einem Essay zu seinem 80. Geburtstag nicht mit Joyce und Döblin, sondern mit Ernst von Wildenbruch und Paul Heyse in eine Reihe gestellt wird. Kataloge verfahren partikular; statt die Dinge auf den Begriff zu bringen, stellen sie diese Abstraktionsleistung der Leserin anheim. Was ist etwa der Oberbegriff für folgende assoziative Liste aus *Soloalbum* zum Begriff „Freundeskreis", den der Ich-Erzähler nur mit den spitzen Fingern der Heteroglossie anfasst: „Da hätte ich ja schon lieber einen Mitbewohner oder eine Haushaltskasse, ein Etagenklo oder einen Fernsehraum. Eine Mitfahrgelegenheit, was auch immer." (Stuckrad-Barre 1998, 37; vgl. Baßler 2002, 104)?

Neben der Art der Äquivalenz kann man Kataloge auch nach ihrer Anordnung unterscheiden. Grundsätzlich schreiben Kataloge ein Paradigma im Syntagma aus, was zu einer Neben- und somit tendenziellen Gleichordnung der Elemente führt. Dabei kann man historistische und rhetorische Kataloge unterscheiden (vgl. Baßler u. a. 1996, 134–149). Der historistische Katalog zählt die Elemente eines Paradigmas möglichst vollzählig auf. Jedes Element ist dabei unmittelbar zu seinem Oberbegriff (ob der nun im Text genannt ist oder nicht), d. h. die Reihenfolge der Elemente ist im Prinzip austauschbar. Die Paradigmatik ist hier voll ausgeprägt, die unmittelbare Nachbarschaft (Kontiguität) der Begriffe zueinander ist nicht semantisiert. Eine Leserin, die am Fortschreiten der Handlung oder Argumentation interessiert ist, kann den Katalog im Grunde verlustlos überspringen, sobald sie den Oberbegriff erfasst hat. Ein historistischer Katalog kann aber sekundär überformt werden, z. B. durch eine alphabetische, chronologische oder klimaktische Ordnung. Beispiele aus dem Pop wären etwa Hubert Fichtes Paletten-ABCs in *Die Palette* (1968; → 4.2 LINCK), „My desert-island, all-time, top five most memorable split-ups in chronological order", mit denen Nick Hornbys *High Fidelity* (1995) beginnt, sowie die zahlreichen Hitlisten, die ihre Elemente nach Erfolg oder Bedeutung ranken.

Anders strukturiert ist der rhetorische Katalog, bei dem sich zwischen den einzelnen Elementen in ihrer konkreten Aufeinanderfolge Mikropointen ergeben. Robert Walser und Gottfried Benn waren Meister dieses Verfahrens, man findet es aber auch im Pop, etwa in dem Katalogsong *Dig It* von den Beatles, der zunächst mehrmals die berühmte Dylan-Zeile „Like a rolling stone" wiederholt und dann in folgenden Katalog mündet: „like a rolling stone / like the FBI / and the CIA / and the BBC / B.B. King / and Doris Day / Matt Busby / dig it dig it dig it dig it […]". Was die Verbindung von „rolling stone" zu FBI ist, ist unklar, dann aber schreitet der Katalog über das Prinzip ‚Abkürzungen mit drei Buchstaben' fort, um im Übergang von BBC zu B.B. King auf das initiale Doppel-B als Gemeinsamkeit umzustellen, das dann als Doppel-D den nächsten Namen generiert. Matt Busby, der Trainer von Manchester United, bricht mit dieser ganzen Reihe – ein komischer Effekt. Für britische BBC-Hörer mag jedoch die Assoziation der ‚Busby Babes' mitschwingen, wie man die Mannschaft von Manchester damals nannte, womit das Doppel-B als generatives Prinzip unterschwellig fortwirken würde. Der rhetorische Katalog praktiziert also eine Art Re-Kontiguisierung der Liste, er zwingt zur akribischen Lektüre. Wer hier etwas überspringt, bringt sich um die Lust am Text.

2. Realitätsgehalt: Pop-Kataloge und ihre Text-Subjekte

In der Literaturgeschichte treten Katalogverfahren immer dann prominent auf, wenn sich die Literatur neuen Wissensbereichen öffnet. In der Neuzeit ist das etwa im Barock der Fall, wo sich die deutsche Literatursprache neu konstituiert, im Professorenroman des 19. Jahrhunderts mit seinen explodierenden Wissensbeständen oder eben in der Pop-Literatur, die den lange vernachlässigten Bereich der Konsum- und Medienwelt erstvertextet. „Was ist realitätshaltige Poesie?" fragt Joachim Lottmann 1986 in einer Rezension von Thomas Meineckes *Mit der Kirche ums Dorf* in der *Spex*: „Ungefähr das: Die Handlung spielt heute, in der Bundesrepublik, an genau bestimmten Plätzen, Straßen, Lokalitäten. Menschen haben Berufe, Politiker werden wiedererkannt. Autos spricht man mit ihren Markennamen an. Ich mag das." (Lottmann 1986, 65)

Ist Pop also ein neuer Realismus? In der Tat hatte ja schon Mario Amaya in den 1950er Jahren die Pop Art als *New Super Realism* gefeiert. Aber auf dem Feld der Literatur konkurriert Pop nicht mit abstraktem Expressionismus, sondern mit einer Erzählprosa, die bereits seit den 1920er Jahren wieder dominant realistisch verfährt. Umso auffälliger, dass sie Lottmanns Kriterien dabei dennoch jahrzehntelang systematisch verfehlt. Nur wer besonders, geradezu überbordend welthaltig schreiben will, lässt in der deutschen Nachkriegsliteratur gelegentlich auch mal einen Markennamen in seinen Text ein: „in jedem Kolonialwarengeschäft – nur nicht bei Kaisers-Kaffee und in den Konsumläden – konnte man das oben beschriebene Pülverchen kaufen", heißt es geradezu verwegen im Brausepulver-Kapitel von Günter Grass' Roman *Die Blechtrommel* (1959). Der Markenname Kaiser's – übrigens prompt falsch geschrieben – dient hier als bloßer Realitätseffekt. Wo es aber wirklich darauf ankäme, bei den Brausepulvertütchen selbst nämlich, verweigert der Roman die Nennung der Marke (Stollwerck? Frigeo-Ahoj?), obwohl der Packungsaufdruck ansonsten ausführlich zitiert wird: „Naturprodukt – Gesetzlich geschützt – Vor Nässe zu bewahren – und unterhalb einer gepunkteten Linie: Hier reißen." (Grass 1959, 328)

Realitätshaltigkeit im Sinne eines *effet réel* macht also noch keine Pop-Prosa. Hier wird schließlich nur ein kultureller Rahmen (Frame) ausgemalt, ein historischer Zusammenhang, der uns möglichst natürlich vorkommen soll, vielleicht auch im Sinne jener zur Ursprünglichkeit gesteigerten Natürlichkeit, die im Nostalgischen gestiftet wird, und zwar selbst dort noch, wo es enzyklopädisch wird und daher zur Archivierung tendiert. Pop aber hat mit dem Paradigmatischen zu tun, dem, was nicht da ist, es aber sein könnte. Wenn das Ich auf der ersten Seite von Lottmanns Erstling *Mai, Juni, Juli* (1987; → 4.9 DRÜGH) von einer Zeit erzählt, in der es „unbedingt ein Schriftsteller sein wollte", und wie es da, „wohl aus lieber Gewohnheit", den Kühlschrank öffnet und darin „eine leere Packung Billigmargarine" findet – „Ich glaube, die Marke hieß ‚Blauband'" (1987, 7) – dann tut das nur im Ton nostalgisch. Tatsächlich ist Blauband keine Marke, an die man sich kollektiv erinnert (das war eher eine Margarine für Großküchen). Für den Hamsun'schen Armer-Künstler-Gestus hätte die Erwähnung des leeren Kühlschranks gereicht, ‚Blauband' spezifiziert hier also in genau der für den Erzählzusammenhang überflüssigen Weise, die den Text aufs kulturelle Paradigma hin öffnet. Er sagt damit: Ich wage es, mich eines Archivs bedienen, das der Hochliteratur verschlossen ist – schon ‚Margarine' dürfte eine eher seltene literarische Vokabel sein, ich kann noch spezifischer: ‚Blauband'.

Das popliterarische Mittel der Wahl dafür ist seit Jahrzehnten immer wieder der Katalog gewesen, die Liste als in den Text projiziertes Paradigma. Notorisches Beispiel ist Bret Easton Ellis' Roman *American Psycho* (1991), etwa wenn das Titel-Ich Bateman seine New Yorker Küche beschreibt: „Next to the Panasonic bread baker and the Salton Pop-Up coffee maker is the Cremina sterling silver espresso maker (which is, oddly, still warm) that I got at Hammacher Schlemmer (the thermal-insulated stainless-steel espresso cup and the saucer and spoon are sitting by the sink, stained) and the Sharp Model R-1810A Carousel II microwave oven with revolving turntable which I use when I heat up the other half of the bran muffin. Next to the Salton Sonata toaster and the Cuisinart Little Pro food processor and the Acme Supreme Juicerator and the Cordially Yours liqueur maker stands the heavy-gauge stainless-steel two-and-one-half-quart teakettle, which whistles ‚Tea for Two' when the water is boiling, and with it I make another small cup of the decaffeinated apple-cinnamon tea. For what seems like a long time I stare at the Black & Decker Handy Knife that lies on the counter". (Ellis 1991, 28–29)

Warum ist das Pop? Weil hier nun gar nichts mehr natürlich ist, sondern alles kunstreich hergestellt (coffee *maker*, espresso *maker*, food *processor*, liqueur *maker* etc.), und zwar unter den Bedingungen einer Konsum- und Markenkultur, deren Signifikanten (darunter ein „Pop-Up") hier gelistet werden. Das Paradigma lautet ‚sehr teure Küchengeräte', zugleich steht jeder Markenname aber auch wieder für ein Paradigma gleichartiger Geräte mit anderen Möglichkeiten und Preisklassen. Zeit wird dabei, wie die doppelte Nennung von ‚rostfrei' (stainless-steel) suggeriert, geradezu eliminiert. Das Ich, Bateman, wird damit nicht als traditionelles Subjekt mit Vergangenheit, sondern als Diskurseffekt konstruiert.

Fiktionale Pop-Literatur muss geradezu Charaktere erfinden, die plausiblerweise solche Listen, etwa von Markenartikeln, generieren. À Rebours (englischer Titel: *Against Nature*) war vermutlich der erste Roman, der dieses Problem hatte und löste; er wird in neuerer pop-affiner Literatur auch immer wieder zitiert (etwa in Krachts *1979* oder Wolfgang Herrndorfs *Sand*). Auch dieser Roman motiviert seine Kataloge von Orchideen, bunten Likören, schwarzen Speisen oder Edelsteinen aus der raffiniert-perversen Sammelleidenschaft seines Helden, des prototypischen Dandys Des Esseintes. In dieser Bibel der Décadence-Literatur ist gar nichts mehr Natur; im Reichtum der Dinge, die aus purem ästhetischem Interesse zusammengetragen werden, geht es um die feinsten Unterschiede – allerdings auch um den Unterschied zum banalen Geschmack des Bürgers.

Ein Jahrhundert später ist der Reichtum in den westlichen Überflussgesellschaften allgemein und wird hergestellt und verbreitet von der Konsumindustrie. Bateman aus *American Psycho* oder der Protagonist in Krachts *Faserland* (1995) antworten durch ihre spezifische Auswahl aus dem Markenangebot also auch auf die Frage „how to be a dandy in the age of mass culture" (Sontag 1964, 288), auf die die Olympia Cremina Espressomaschine (für ca. 3500 $) oder die Barbour-Jacke (statt der „Jogger-Mode" von S. Oliver) offenbar ebenso gute Antworten sind wie Camp. Romanfiguren dieser Art identifizieren sich über ihre Marken gegenüber anderen, und dadurch erhalten die Markennamen Eingang in die Ich-Texte.

Allerdings ist es wohl kein Zufall, dass die literarischen Protagonisten, die diese Variante wählen, in ihren Texten als erheblich defizitäre, sozial und sexuell gestörte Charaktere gezeichnet werden. Weniger anrüchige Möglichkeiten tun sich dadurch auf, dass in der ausdifferenzierten Markenwelt, nach dem Muster Pepsi vs. Coca-Cola, semiotische Unterschiede auch dort möglich sind, wo der Preis ungefähr der gleiche ist. Die Entscheidung zwischen einer grünen und einer blauen Barbour-Jacke etwa, die Florian Illies (*Generation Golf*, 2000) schwieriger fand als die zwischen CDU und SPD, ermöglicht eine Distinktion dieser Art. Zentrales Medium dafür ist im Pop-Universum jedoch der Musikgeschmack. Auch hier finden sich wiederum die feinen Unterschiede innerhalb der (insgesamt akzeptablen) Nerd-Sphäre, also Blur vs. Oasis (in *Soloalbum* von Benjamin von Stuckrad-Barre, 1998) oder die Version von *Little Latin Lupe Lu* von Mitch Ryder and the Detroit Wheels vs. die der Righteous Brothers (in Nick Hornbys *High Fidelity*, 1995). Und es gibt den groben Unterschied, die dicke Trennlinie zwischen dieser In-Sphäre und dem Nicht-Geschmack des Normalbürgers; in *Soloalbum* also Blur/Oasis vs. Fury in the Slaughterhouse oder Heinz Rudolf Kunze. In *High Fidelity* wird dieser Graben sogar explizit zum Anlass einer Szene, in der ein Platten-Nerd einen braven Familienvater, der eine harmlose Pop-Platte (*I Just Called to Say I Love You*) für seine Tochter sucht, aus dem Laden disst. Hätte der arme Mann nach einer frühen Platte desselben Künstlers (Stevie Wonder) gefragt, etwa aus dessen *Innervisions*-Zeit, wäre er mit offenen Armen empfangen worden.

Schnösel und Nerd sind also zwei Pop-Personae, für die das Marken- und Popkultur-Universum die wesentliche Orientierungsmatrix ist. Dadurch erhalten nicht bloß sehr spezifische Details motivierten Einlass in die Texte, vielmehr wird über diese Spezifika jeweils die entsprechende Enzyklopädie mit ihren popkulturellen Assoziationen und Wertungen aufgerufen, in deren Koordinaten die Details erst ihre Bedeutung erhalten. Zugleich schreiben solche Texte immer auch selbst an der Pop- und Markenkultur mit, aus der sie sich bedienen, denn es geht ja wie gesagt nicht um eine Narration dessen, „wie es wirklich gewesen", sondern um die Öffnung eines gegenwärtigen Möglichkeitsraumes. Dieser Raum stellt sich als ein doppelter dar, zum einen als kulturelle Enzyklopädie mit ihren mannigfaltigen Paradigmen, wie der Protagonist von *Soloalbum* sie z. B. anhand der *Bild*-Zeitungs-Girls zusammenträgt, zum anderen als wählendes, setzendes, jetzt und hier seiendes Ich. Das enzyklopädische Verfahren ist idealtypisch abzulesen an jenem vielzitierten Katalog, mit dem in *Soloalbum* ein Studentinnenzimmer imaginiert wird (Stuckrad-Barre 1998, 32). Die Pointe ist hier, dass es sich eben nicht, kein bisschen, um Beschreibungsprosa handelt, sondern das Zimmer der jungen Frau mit all seinem katalogisierten Inventar bloß imaginiert wird auf Basis der kulturellen Enzyklopädie, die der Erzähler mit seinen Lesern und Leserinnen teilt (→ 4.13 BASSLER). Wie der Schnösel und der Nerd verfügt auch dieser Ich-Erzähler, diesmal aufgrund seiner liebeskummerbedingten Misogynie, über die reflexive Potenz, Popkultur Text werden zu lassen, das diegetisch Gegebene (die nicht näher beschriebene Frau auf der Party) in einen paradigmatischen Über-Raum zu stellen – konsumästhetischer Hyperrealismus statt Beschreibungsrealismus, könnte man sagen. Das Verfahren funktioniert nur, wenn diese Enzyklopädie den Rezipienten zugleich einleuchtet und originell vorkommt, wenn es gelingt, im Katalog Kultur zugleich zu sammeln und zu generieren.

Nicht anders funktioniert bereits die inzwischen ebenfalls kanonische Schimpf-Tirade des Erzählers in Rolf Dieter Brinkmanns *Keiner weiß mehr* (1968) auf die Welt der BRD-Fernsehunterhaltung, des Schlagers und der Markenwerbung: „Deutschland, verrecke. [...] Mit Roy Black und Udo Jürgens. Mit Thomas Fritsch. Verrecke mit deinen Weinköniginnen Jahr für Jahr und mit Thomas Liessem. Mit dem Kölner Dom. Verrecke, auf der Stelle, sofort. Mit deinen Dralonmännern. Lupolenmännern. Deinen ausgebufften Polyesterjungs [usf.]." (Brinkmann 1968a, 223)

Das Verfahren der Tirade, des Grants (prominent auch in den Brenner-Romanen von Wolf Haas), plausibilisiert den paradigmatischen Rundumschlag, der einen ganzen kulturellen Gegenwartsraum erstvertextet, und zwar weder in Form von Beschreibung noch in Form von Allgemeinaussagen, sondern über den pop-spezifischen dritten Weg einer spezifisch katalogisierenden Verwendung von Eigen- (Pearl Jam, Udo Jürgens) und Markennamen (Edding, Lupolen). Denn das ist ja das Besondere an Eigennamen, dass sie gerade nichts auf den Begriff bringen. „Roy Black und Udo Jürgens" sind Schlagersänger, aber ‚Deutschland verrecke. Mit deinen Schlagersängern.' würde eben immer schon voraussetzen, dass der Leser bereits weiß und mit dem Text einig ist, wer oder was diese Schlagersänger (oder hier: Weinköniginnen) sind und was von ihnen zu halten ist. Literatur, die so verführe, würde von den kulturellen Codes bloß zehren und könnte sie immer nur aufs Neue bestätigen. Eine Aufzählung von Eigennamen betreibt dagegen kulturelle Poiesis, sie schafft die Paradigmen erst, von denen sie zehrt, und schreibt dadurch an der Gegenwartskultur mit. Pop-Literatur arbeitet nicht, wie konventioneller Realismus, an der Bestätigung von Typischem, sondern ruft Spezifika in ihrem ästhetisch-popsemiotischen Zusammenhang auf. Differences that make a difference.

Literarische Pop-Schreibweisen, oft in (new-)journalistischen Formaten erprobt, bewegen sich in solchen semiotischen Räumen mit großer Selbstverständlichkeit. Sowohl die Spezifik wie auch die Willkür der Auswahl und Reihenfolge (Thomas Liessem – Kölner Dom – Dralonmänner) können dabei, selbst wenn ernsthaft geschimpft wird, komische Effekte zeitigen. Richard Meltzers Texte über Alkohol (*The Wonderful World of Booze*) oder Burger-Buden in L.A. (*Burgers I've Et, Part 2*) sind dafür schöne Beispiele, eine Bemerkung wie, es gebe „da draußen ein ganzes Universum, mit solchen Monsterhits wie Gin, Bisongras-Wodka, Schlehen-Gin Fizz und Underberg" (Meltzer 2015, 113), spielt apodiktisch mit Reihenfolge und Graden der Spezifik und hält damit die unendliche Enzyklopädie („ein ganzes Universum") bewusst offen. Meltzer hat übrigens auch ein Buch zur Ästhetik der Rockmusik verfasst.

Katalogtexte gelten inzwischen derart fraglos als Pop, dass der zu seiner Zeit (1982) völlig unbekannte und niemals auch nur ansatzweise populäre Kurzroman *200D* von Christopher Roth bei seiner Neuedition ganz selbstverständlich als Pop-Literatur verstanden und gehandelt wurde (er figuriert auch prominent im KiWi-Reader *Pop seit 1964*). In Ich-Form und Präsens wird ein Tag in der Münchner Filmer- und Disco-Szene erzählt, bereits der Titel ist ein Markenname, allerdings sind die zahlreichen Listen, anders als bei Stuckrad-Barre und eher wie bei Bret Easton Ellis, zunächst einmal nur Aufzählungen dessen, was in der erzählten Welt (Diegese) so vorkommt: Autos auf einer Gebrauchtwagenmesse, Filmplakate, die Kleidung der Personen, die auch mit ihren Klar(Vor-)namen auftauchen, Interieurs, eine Dallas-Folge. Das Ganze wirkt oft eher wie ein detailverliebtes Filmskript, nach dem Muster naturalistischer Dramen-Nebentexte (der Name Gerhart Hauptmanns fällt im Text auch). Vordergründig bleibt *200D* also bei der hyperrealistischen Beschreibung und öffnet nur selten ausdrücklich eine paradigmatische

Dimension, z. B. wenn einem Café eine „von einem JACQUES TATI- und VELO-SOLEX-Optimismus zeugende Einrichtung" bescheinigt wird (Roth 2012, 56). Auf Dauer führt die konsequent durchgehaltene Form jedoch in der Tat zu einer neuen Qualität. Wenn in der längsten Liste über drei Buchseiten hinweg sämtliche Bewohner eines Münchner Wohnblocks nach Ausweis der Klingelschilder aufgezählt werden, dann ist dieses Festival der Eigennamen mit Detailrealismus nicht mehr zu erklären: Die vollständige Archivierung registriert ja nicht nur, wer da konkret wohnt, sondern gibt genau darin auch erschöpfend Auskunft darüber, wie man so heißt, wenn man Anfang der 1980er Jahre im Münchner Fuchsbau wohnt. Das Objet-trouvé-hafte weitet sich zum Enzyklopädischen, in dem Spezifisches und Allgemeines zusammenfallen. Im Verfahren der Liste schlägt die diegetische Form des Spezifischen ins Paradigmatische um.

3. Das paradigmatische Prinzip

Wie ist es aber zu erklären, dass sich solche Listenprosa so häufig in unmittelbarer Nähe zum Bereich der Pop-Musik verorten lässt? Schon in der Pop-Literatur der 1960er Jahre spielen popmusikalische Details eine zentrale Rolle: „Ich schreibe das hier, während auf meinem Dual-Plattenspieler HS 11 eine Platte der Doors abläuft. Disques Vogue, CLVLXEK 198, mit Jim Morrison – vocals, Ray Manzarek – organ, piano, bass, Robby Krieger – guitar, John Densmore – drums" (Brinkmann 1994, 66), bemerkt Brinkmann in seinem Essay zur Fiedler-Debatte, „Angriff aufs Monopol" (1968) mit dem Untertitel „Ich hasse alte Dichter" – alte Gegenwarts-Dichter, wohlgemerkt! Uwe Nettelbeck katalogisiert seine Plattensammlung und veröffentlicht das als literarischen Beitrag zum Thema *Trivialmythen* (1970). Noch in *Soloalbum* finden sich Auflistungen wie „meine zehn Singles zum Verlieben" mit Plattennummern (alle von Oasis, versteht sich). Auch Paul Morleys Roman *Words and Music. A History of Pop in the Shape of a City* (2003) hat weniger die Gestalt einer Stadt – gemeint ist übrigens die futuristische Stadt aus dem Video zu Kylie Minogues *Can't Get You out of My Head* – als vielmehr die eines 350-seitigen Listen-Romans. Kapitel 43 etwa beginnt:

> 1969 USA lands two men on the moon.
> Woodstock Festival.
> Led Zeppelin, *Led Zeppelin* and *Led Zeppelin II* – the beginning of time.
> The Band, *The Band* – the beginning of time 2.
> The Velvet Underground, *The Velvet Underground* – the beginning of time 3.
> Captain Beefheart & His Magic Band, *Trout Mask Replika* – the beginning of time 4.
> The Stooges, *The Stooges* – the beginning of time 5a.
> MC5, *Kick Out the Jams* – the beginning of time 5b. (Morley 2003, 157)

Auch hier zeigt sich das paradigmatische Prinzip in Reinform: Der Beginn der Zeit müsste ja eigentlich ein maximaler Epocheneinschnitt sein, ein Urknall, sprich: ein syntagmatisches Ereignis, wenn es denn je eines gab. Welche Zeit beginnt mit Led Zeppelin? Die der rockmusikalischen Gegenwart. Deren Beginn ist nun aber kein Punkt auf der Zeitachse, sondern ein paradigmatischer Raum, der sich über derselben entfaltet: Es sind nicht nur gleich zwei Alben von Led Zeppelin, mit denen unsere Zeitrechnung beginnt, sondern dazu auch noch eine ganze Reihe weiterer epochemachender LPs aus demselben Jahr. Die Doppelungen, schon in der nerd-artigen Notation der eponymen Erstlingswerke („The Stooges, *The Stooges*"), und die Auffaltung der Anfänge (5a/5b) lösen den Moment, die Epochè, in der Enzyklopädie auf – Geschichte in räumlicher Form.

Geschichte in räumlicher Form präsentiert interessanterweise auch der parahistorische Roman, wie ihn Christian Kracht in *Ich werde hier sein im Sonnenschein und im Schatten* (2008) und *Imperium* (2012) realisiert hat (zeitgleich mit Quentin Tarantinos Filmen *Inglourious Basterds*, 2009, und *Django Unchained*, 2012). Die Poetologie dazu ist allerdings schon in *Faserland* angelegt, der deutschen Pop-Literatur der 1990er Jahre also von ihrem Beginn an eingeschrieben. Bereits der Titel von Krachts einflussreichem Erstling verweist auf einen parahistorischen Thriller von Robert Harris (*Fatherland*, 1992). Im Text selbst entwirft der Erzähler ein utopisches Erzählen „an der Baumgrenze", wo er mit Isabella Rossellini und gemeinsamen Kindern wohnen würde. Er könnte dann, so spinnt er diese Phantasievorstellung weiter, den Kindern „alles erklären, und die Kinder könnten niemanden fragen, ob es denn wirklich so sei, weil sonst niemand da oben wäre. Ich hätte immer Recht. Alles, was ich erzählen würde, wäre wahr." (Kracht 1995, 148) Es ist dies eine Poetik der Befreiung vom historischen Syntagma der deutschen Geschichte, ‚wie sie wirklich gewesen', zugunsten alternativer Verläufe, die dieses Syntagma nicht etwa als neue, wahrere Wahrheit ersetzen (das wäre Geschichtsklitterung), sondern mit Bedeutung aufladen und in seiner Kontingenz sichtbar machen. Zugleich zeigt sich in der Relation von Katalogprosa und Parahistorie die Betonung des Paradigmatischen und damit jene Eigenschaft, die Pop-Literatur von den metonymisch-realistischen Verfahren anderer erfolgreicher Gegenwartsprosa (z. B. Bernhard Schlinks *Der Vorleser*, 1995) unterscheidet.

Selbstverständlich gehen bei Kracht alle Arten von medialen Repräsentationen, Trivialmythen und Klischees aus (Genre-)Literatur, Comic, Pop-Musik, Film, Fernsehen und neuerdings Web und Computerspiel in die alternativen Geschichten mit ein, von Ernst Jünger bis zu den *Southland Tales*, von *Es geschah am hellichten Tag* bis Laurie Anderson (um ein paar Beispiele aus *Ich werde hier sein* zu nennen), von Heinrich Harrer bis *Tim und Struppi* (in *1979*). Das Assoziationsinferno (Wittmann), die intertextuelle Verweishölle (Meinecke), in die sich immer auch begibt, wer sich mit Pop einlässt, ist denn auch nichts anderes als der konstitutive Bezug auf diesen paradigmatischen Möglichkeitsraum, der eben niemals allgemein gehalten, sondern stets mit ganz spezifischen Optionen gefüllt ist.

Und hier ist vielleicht der entscheidende Bezug zur Pop-Musik zu sehen, die von Diedrich Diederichsen in seinem Opus magnum *Über Pop-Musik* (2014) als ein Versprechen charakterisiert wird, „das von einer Realität sowohl eingelöst als auch dementiert wird." Die Erfahrung von Pop ändert nicht ‚die' Wirklichkeit (Syntagma), sondern den sie überwölbenden Möglichkeitsraum (Paradigma) und damit ihre Bedeutung. „Wenn ein Johnny Winter springt und schreit und hager ist, dann leistet er, was Kunst vielleicht auch in diversen außereuropäischen oder vorbürgerlichen Kulturen schon leistete: Er begleitet und managt den Übergang von Kunst in Leben und zurück, von einer symbolischen in eine reale Welt." (Diederichsen 2014, 14)

Die Pop-Sozialisation, die inzwischen ja schon mehrere Generationen geprägt hat, mitunter mit Reibereien, aber im Großen und Ganzen doch in friedlicher Koexistenz zur Sozialisation durch die offiziellen Bildungs- und Erziehungsinstanzen, bezog ihren Reiz und ihre Energie aus genau dieser Erfahrung, und dies ist es auch, was die kreischenden Teenager seit Elvis Presley immer aufs Neue bezeugen: „Dass es etwas gibt." (Diederichsen 2014, 12) – etwas eigenes, young, witty, sexy, glamorous, nicht als Entweder-oder-Alternative zum Alltag, sondern als diesen transformierende Bedeutungssphäre. „Pop was everywhere – that was the thing about it", benennt Andy Warhol in *POPism* (1980) diesen Modus-Shift: „Once you ‚got' Pop, you could never see a sign the same way again." (Warhol und Hackett 1983, 39) Das rechtfertigt doch durchaus den Beginn einer neuen Zeitrechnung!

Hatte Pop I dies alles noch vor allem in avantgardistischer Manier als verstörenden Frame-Bruch (Tmesis), als diachrone Unterbrechung selbstverständlicher (diegetischer wie generischer) Zusammenhänge aufgerufen, realisiert Pop II es nunmehr in der oben beschriebenen Öffnung von synchronen Möglichkeitsräumen (→ 2.4 Rauen). Ersterem würde die Frage: Was soll werden? Was kommt danach? entsprechen (die Apokalypse, The End, die Revolution). Letzteres antwortet eher auf die Frage: Wie wirklich ist das hier? Was bedeutet es?, zielt also eher auf mögliche Parallelwelten und ihre Levels, auf ausdifferenzierte Szenen und ihre Vorlieben, auf unterschiedliche Modi und alternative Interpretationen von Wirklichkeit – die dann auch wieder als käufliche Optionen im Warensortiment auftauchen können.

4. Montage – Cut up – Algorithmen – DJing

Neben den genannten Katalogverfahren gibt es einen ganzen Bereich weiterer Verfahren, in denen es zur Gleich- und Nebenordnung des literarischen Textmaterials und z. T. auch zu Listenbildungen kommt. Sie stammen bereits aus der emphatischen Moderne und erfahren im Kontext der Pop-Literatur neue Entwicklungen. Als Montage bezeichnet man die Auswahl und Kombination von Fremdmaterial im Text, etwa in Döblins *Berlin Alexanderplatz* (1929). Theoretisiert wird das Verfahren vor allem im Bereich des Films, in dem Schnitt und Montage die Regel sind, etwa durch Eisenstein. Döblin hat aber auch z. B. Zeitungstexte einfach in das Manuskript seines Romans hineingeklebt – hier könnte man also von Collage sprechen (nach dem Vorbild der kubistischen *papiers collées*). Effekte sind jeweils eine Steigerung von Partikularität und Welthaltigkeit, eine Abschwächung der Autorität des Erzählers und letztlich auch der Autorfunktion, die sich hier auf das Arrangieren von Fremdmaterial beschränkt und dadurch heteroglossische Effekte hervorruft. Das Material aus dem profanen Raum erscheint dabei gleichrangig neben der literarischen Autorprosa. Ein bewusst angestrebter Verlust der Kontrolle über die Semantik des Textes wird in der Moderne auf ganz unterschiedliche Weisen realisiert, z. B. im dadaistischen Simultangedicht oder in der *écriture automatique* der Surrealisten. Beim Arbeiten mit Fremdmaterial kommt noch die Freude am Finden hinzu (etwa im *poème trouvée*).

Ein Verfahren in dieser modernistischen Tradition, das in der Beat- und Pop-Literatur der 1960er Jahre Verwendung findet, ist das Cut up. Wie man eine Zeitungsseite mit mehreren Spalten auch horizontal lesen kann und dadurch womöglich neue, interessante Effekte erreicht (vgl. Weissner 1969, 18), kann man generell mehrere Texte vertikal zerschneiden oder falten, nebeneinanderlegen und dann horizontal lesen. Man experimentiert auch mit Tonbändern. Ob und inwiefern die Texte nach der Durchführung des aleatorischen Programms noch eine Nachbearbeitung erfahren haben, ist ihnen zumeist nicht abzulesen. Weissners *Cut up*-Anthologie von 1969 versammelt eine Reihe von amerikanischen und deutschen Texten, die so entstanden sind, u. a. von William Burroughs, der sich auch zum Verfahren äußert: „Was tut ein Schriftsteller im Grunde anderes als vorgegebenes Material zu sortieren, redigieren & arrangieren? – Die fold-in Methode erweitert dabei seinen Spielraum ganz außerordentlich" (Burroughs 1969, 21). In Deutschland hat vor allem Jürgen Ploog so gearbeitet (*Coca Cola Hinterland*, 1969). Die literarischen Ergebnisse sind von Frame-Brüchen (Tmesis) gekennzeichnet und verweigern dadurch eine leichte Lektüre und die Entfaltung konsistenter narrativer Zusammenhänge.

Das haben sie mit einem Ensemble von experimentellen Verfahren gemeinsam, die die literarische Textproduktion generativen Prinzipien und damit einer gewissen Aleatorik und Kombinatorik unterwerfen, z. B. Oberflächenübersetzungen (von Gedichten, deren Originalsprache man nicht beherrscht) oder serielle Verfahren im Bereich der Konkreten Poesie und der Wiener Gruppe seit den 1950er oder von OULIPO (L'Ouvroir de Littérature Potentielle) seit den 1960er Jahren, die häufig auch zu Listenbildungen führen (vgl. Cotten 2008). Man denke auch an die endlosen Zahlenkolonnen von Hanne Darboven. Die Berührungen mit Pop sind hier allerdings eher marginal, man bewegt sich zumeist im Bereich der Neo-Avantgarden.

Mit dem Aufkommen von bezahlbaren Computern und dem Internet in den 1990er Jahren werden solche Formen konzeptueller Literatur zunehmend auch im Digitalen betrieben. „‚Die Idee wird zu einer Maschine, die den Text herstellt.' Die Wahrheit dieser Metapher liegt darin, dass sie wörtlich zu verstehen ist: Es gibt solche Maschinen. Sie heißen Computer." (Bajohr 2016, 11–12) Über programmierte Algorithmen werden dabei z. B. aus großen Textmengen wie Wikipedia nach bestimmten Prinzipien Stellen kopiert und kombiniert. Gregor Weichbrodt hat auf diese Weise z. B. ein Buch hergestellt, das Sätze kombiniert, die Nicht-Wissen ausdrücken (*I Don't Know*, 2015), oder eine Sammlung von Begründungen von Wikipedia-Bearbeitern, weshalb bestimmte Personen keines eigenen Artikels würdig sind (*Dictionary of Non-notable Artists*, 2016). Pop-Bezüge ergeben sich dabei bisher allenfalls zufällig (etwa wenn man im *Dictionary* die Einträge zu DJs und Pop-Musikern liest); eine Verwandtschaft mit den Google-Trefferlisten, die Stuckrad-Barre in *Was.Wir.Wissen* (2005) druckt, ist dennoch nicht von der Hand zu weisen.

Ein klarer Bezug zur Leitkunst des Pop findet sich dagegen in der Poetik Thomas Meineckes, der erklärt, das Verfahren seiner Prosa folge „der musikalischen Logik eines DJ-Sets". In der Praxis bedeutet das, mehr oder weniger markiertes Fremdmaterial, oft akademischer Herkunft und nicht selten in englischer Sprache, „[g]efundenes Material, das ich nicht einmal richtig verstanden haben muß, über das ich nicht Herr und Meister bin, durch mich hindurchfließen zu lassen" (Meinecke 2000, 188) und diesen Durchfluss dann aufzuschreiben. Es funktioniere also „ähnlich wie beim Plattenauflegen, nur ist da kein Plattenkoffer, sondern ein Bücherregal, Kisten mit Büchern oder Büchertürme auf dem Fußboden, neben mir oder auf dem Tisch, und da ziehe ich mir das so raus, wie es mir paßt, in einer bestimmten Reihenfolge, die schon auch intuitiv abläuft." (Meinecke 1999)

Trotz der programmatischen Heterogenität ist in Meineckes Romanen also ein homogener Sound angestrebt (konsequent seit *Hellblau*, 2001), der den Leserinnen und Lesern einen gleichmäßigen Flow ermöglichen soll wie die kontrollierte Abfolge von Platten, die ein Discjockey auflegt. „Es ist ja keine Rockmusik, es hat keine Spannungsbogen, keine Erlösung, keine Klimax, sondern geht mit dem immer gleichen Pegel-Top durch." (Meinecke 1999)

Picandet stellt in ihrer Lektüre von *Hellblau* fest: „Wenn man Meineckes Romantext unbedingt mit einem DJ-Set vergleichen will, dann entspräche er am ehesten einem fließenden, im selben ‚Pitch' und Rhythmus bleibenden House-Stück." (Picandet 2011, 134) Der Vergleich mit Cut up, den Meinecke selbst anstellt (vgl. Ullmaier 2001, 120), führt also eher in die Irre: Hier wird ein Montageverfahren gerade nicht im Sinne einer Tmesis verwendet. Gerade dadurch kann es einer Ästhetik unterworfen werden, die aus der popmusikalischen Praxis stammt, Zitieren wird zum Sampling, Montieren zum DJing (Meinecke arbeitet auch als DJ). Dieses Verfahren wird dann auch sehr konsequent in einer langen Reihe von Romanen praktiziert; noch Meineckes Frankfurter Poetik-Vorlesungen (*Ich als Text*, 2012) montieren ausschließlich Fremdtexte über sein Werk – und Musik. Die enthierarchisierende Gleich- und Nebenordnung der Textblöcke lässt sich auch im Gender-Sinne als nicht-phallisches Schreiben semantisieren.

Der Vergleich von Pop-Literaten mit DJs war Ende der 1990er Jahre im Feuilletondiskurs weit verbreitet (vgl. Fiebig 1999), wozu sicher auch der Erfolg von Ulf Poschardts *DJ-Culture* (1995) beigetragen hat. Er hat freilich dort seine Grenzen, wo sich Literatur im Gegensatz zum DJing nicht in einer Co-Präsenz von Produzent und Rezipienten abspielt, eine direkte Reaktion auf die Reaktionen des Publikums also nicht möglich ist. Picandet verweist allerdings zu Recht auf eine *lectio difficilior*, die sich daraus ergibt, dass für Meinecke auch der (Techno-, House-) DJ bereits „eine Erzählung liefert" (Meinecke 2000, 188), d. h. einen semantischen Diskurs führt. Die adäquate Rezeption sei folglich „nicht das Tanzen […], sondern die Auseinandersetzung mit dem Diskurs über diese Musik" (Picandet 2011, 138). Der Vergleich wäre dann gleichsam in beide Richtungen angelegt.

Literaturverzeichnis

Bajohr, Hannes. „Das Reskilling der Literatur". *Code und Konzept. Literatur und das Digitale*. Hrsg. von Hannes Bajohr. Berlin: Frohmann, 2016. 7–21.
Baßler, Moritz. „Definitely Maybe. Das Pop-Paradigma in der Literatur". *POP – Kultur und Kritik* 6 (Frühling 2015): 104–127.
Baßler, Moritz. *Der deutsche Pop-Roman. Die neuen Archivisten*. München: C.H. Beck, 2002.
Baßler, Moritz, Christoph Brecht, Dirk Niefanger und Gotthart Wunberg. *Historismus und literarische Moderne*. Tübingen: Niemeyer, 1996.
Brinkmann, Rolf Dieter. *Keiner weiß mehr*. Köln: Kiepenheuer & Witsch, 1968a.
Brinkmann, Rolf Dieter. „Angriff aufs Monopol. Ich hasse alte Dichter" [1968b]. *Roman oder Leben. Postmoderne in der deutschen Literatur*. Hrsg. von Uwe Wittstock. Leipzig: Reclam, 1994. 65–77.
Burroughs, William. „Die Zukunft des Romans". *Cut Up. Der sezierte Bildschirm der Worte*. Hrsg. von Carl Weissner. Darmstadt: Joseph Melzer, 1969. 19–23.

Cotten, Ann. *Nach der Welt. Die Listen der Konkreten Poesie und ihre Folgen*. Wien: Klever, 2008.
Diederichsen, Diedrich. „Liste und Intensität". *Abfälle. Stoff- und Materialpräsentation in der deutschen Pop-Literatur der 60er Jahre*. Hrsg. von Dirck Linck und Gert Mattenklott. Hannover: Wehrhahn, 2006. 107–123.
Diederichsen, Diedrich. *Über Pop-Musik*. Köln: Kiepenheuer & Witsch, 2014.
Ellis, Bret Easton. *American Psycho*. London: Picador, 1991.
Fichte, Hubert. *Die Palette*. Reinbek bei Hamburg: Rowohlt, 1968.
Fiebig, Gerald. „Jäger und Sampler". *testcard. Beiträge zur Popgeschichte 7: Pop und Literatur*. Hrsg. von Martin Büsser, Roger Behrens, Jens Neumann und Johannes Ullmaier. Mainz: Ventil, 1999. 232–239.
Grass, Günter. *Die Blechtrommel* [1959]. Darmstadt und Neuwied: Luchterhand, 1987.
Hamilton, Richard. „[Letter to Peter und Alison Smithson, 16th January 1957]". *Collected Words 1953–1982*. London: Thames & Hudson, 1983. 28.
Köhler, Andrea, und Rainer Moritz (Hrsg.). *Maulhelden und Königskinder. Zur Debatte um die deutschsprachige Gegenwartsliteratur*. Leipzig: Reclam, 1998.
Kracht, Christian. *Faserland. Roman* [1995]. München: Goldmann, 1997.
Lottmann, Joachim. „Realitätsgehalt: Ausreichend". *Spex* 11 (1986).
Lottmann, Joachim. *Mai, Juni, Juli. Ein Roman* [1987], Köln: Kiepenheuer & Witsch, 2003.
Mainberger, Sabine. *Die Kunst des Aufzählens. Elemente zu einer Poetik des Enumerativen*. Berlin und New York: De Gruyter, 2002.
Meinecke, Thomas. „‚Ich bin so ein Pop-Sommer-1982-Typ'. Ein Gespräch mit T. M. von Daniel Lenz und Eric Pütz." *Neue Züricher Zeitung*, 23. August 1999.
Meinecke, Thomas. „Ich als Text". *neue deutsche literatur* 48.532 (2000): 183–189.
Meltzer, Richard. „Die wunderbare Welt des Alkohols" [The Wonderful World of Booze (1972)]. *POP – Kultur und Kritik* 7 (Herbst 2015). 110–129.
Morley, Paul. *Words and Music. A History of Pop in the Shape of a City*. London: Bloomsbury, 2003.
Picandet, Katharina. „Der Autor als Disk(urs)-Jockey. Zitat-Pop am Beispiel von Thomas Meineckes Roman *Hellblau*". *Poetik der Oberfläche. Die deutschsprachige Popliteratur der 1990er Jahre*. Hrsg. von Olaf Grabienski, Till Huber und Jan-Noël Thon. Berlin und Boston: De Gruyter, 2011. 125–141.
Ploog, Jürgen. *Coca Cola Hinterland*. Darmstadt: Joseph Melzer, 1969.
Roth, Christopher. *200D. Roman* [1982], London: Bloomsbury, 2012.
Schumacher, Eckhard. „‚I've heard people use it in bars…' Über Susan Sontag, Christopher Isherwood und die Listen des Camp". *Radikales Denken. Zur Aktualität Susan Sontags*. Hrsg. von Anna-Lisa Dieter und Silvia Tiedtke. Zürich und Berlin: Diaphanes, 2017. 105–127.
Stäheli, Urs. „Das Soziale als Liste. Zur Epistemologie der ANT". *Die Wiederkehr der Dinge*. Hrsg. von Friedrich Balke, Maria Muhle und Antonia von Schöning. Berlin: Kadmos, 2011. 83–101.
Stuckrad-Barre, Benjamin v. *Soloalbum. Roman*. Köln: Kiepenheuer & Witsch, 1998.
Ullmaier, Johannes. *Von Acid nach Adlon. Eine Reise durch die deutschsprachige Popliteratur*. Mainz: Ventil, 2001.
Warhol, Andy, und Pat Hackett. *POPism. The Warhol '60s*. New York: Harper & Row, 1980.
Weissner, Carl (Hrsg.). *Cut Up. Der sezierte Bildschirm der Worte*. Darmstadt: Joseph Melzer, 1969.

3.3 Autofiktion
Innokentij Kreknin

1. Grundlagen

Der Begriff ‚Autofiktion' etablierte sich als eine Vermischung der Begriffe ‚Autobiographie' und ‚Fiktion' im letzten Viertel des 20. Jahrhunderts. Anfangs bezeichnete er nur Texte, in denen eine Figur als Hauptprotagonist vorkommt, die eindeutig dem tatsächlichen Autor bzw. der tatsächlichen Autorin entspricht, wobei diese Texte jedoch durch Gattungsbezeichnungen wie ‚Roman' und spezifisch literarische Erzählweisen als ebenso eindeutig fiktionale Werke ausgewiesen werden und keinen Anspruch darauf stellen, ‚Tatsachenberichte' zu sein. Mochte diese Beschränkung des Begriffs auf Literatur bei seiner Entstehung in den 1970er Jahren noch ausreichend sein, so ergibt sie in einer vernetzten und medialisierten Kultur kaum noch Sinn. Zugleich hat die Anzahl der als ‚autofiktional' zu bezeichnenden Texte seit ca. der Jahrtausendwende erheblich zugenommen, wobei sich vor allem in der Pop-Literatur einige paradigmatische Beispiele finden.

Abgesehen davon, dass Stars aus Musik, Film und Mode ein sehr produktives Untersuchungsfeld für Autofiktionsforschung darstellen, war und ist es immer wieder die Pop-Literatur, die mit die komplexesten autofiktionalen Figuren hervorbringt. Hinweise lassen sich hierfür zahlreich finden: Dass die Pop-Autor/innen der 1990er Jahre eher kommerziell erfolgreiche Medienstars als Literaten seien und nur über sich selbst schreiben würden (so die damals üblichen Vorwürfe), ist hier ebenso als Indikator für Autofiktion zu werten wie die Konzentration der Motive ihrer Werke auf eine ‚Oberfläche' aus Mode, Musik, Drogen und Lifestyle (vgl. Jung 2002, 40–53). Es wird zu zeigen sein, dass eben dieses ‚Archiv-Paradigma' des literarischen Pop (vgl. Baßler 2002) maßgeblich daran beteiligt ist, Referentialität herzustellen. Und Referentialität ist ihrerseits ein Schlüsselbegriff, um das Potential des Konzepts Autofiktionen in seiner Gänze zu entfalten. Auch die Frage danach, welche Rolle Ironie in der Pop-Literatur einnimmt, ist ein produktiver Ansatz. Vor allem die häufig zu findende Unterstellung, Pop-Literatur sei durch und durch ironisch, kann als ein Hinweis auf Autofiktion gewertet werden: Schließlich ist für ein Durchbrechen des unendlichen Kreislaufs einer dem Pop unterstellten *Ironia entis* eine Metaposition zu sich und seinem eigenen Werk notwendig, und gerade eine solche haben viele Pop-Literaten fast schon traditionell verweigert (vgl. Finger 2004), weswegen die Begriffe ‚Pop' und ‚Ironie' immer wieder in einem Atemzug fallen (vgl. Rauen 2010). Das Vorhandensein einer solchen Metaposition erweist sich indes als Nagelprobe dafür, wie stark und radikal eine Autofiktion ausgeprägt ist. Und nicht zuletzt ist es die Vermischung von Person und Figur, die nicht nur Pop-Literaten wie Christian Kracht schon früh attestiert wurde (vgl. Lettow 2001, 285–286; Jannidis 2002, 553–554), sondern die auch eines der markantesten Kennzeichen von Autofiktion ausmacht (vgl. Kreknin 2014a, 429).

Im Folgenden wird darum argumentiert, dass erstens Pop-Texte schon lange eine große Schnittmenge mit autofiktionalen Texten aufweisen, dass ‚Autofiktion' zweitens nicht auf literarische Texte beschränkt ist und drittens auch nicht unbedingt darauf verzichten muss, ‚Tatsachen' herzustellen. Autofiktion ist vielmehr als die angemessene Form der Autobiographie unter den Bedingungen der Postmoderne greifbar und eine entsprechende Analyserichtung kann eine produktive Sichtweise sein, um die Poetiken der Pop-Literatur und die medialen Performances ihrer Autor/innen zu untersuchen.

Autofiktion ist dabei weder eine neue, spezifische Gattung, die auf ihrer Textebene bestimmte und einzigartige Eigenschaften aufweist, noch ist sie eine reine Rezeptionsweise, die auf beliebige Texte angewendet werden kann. Man nähert sich ihr am ehesten, wenn man davon ausgeht, dass es eine Mischung struktureller, inhaltlicher und stilistischer Merkmale gibt, die bei den meisten Rezipient/innen entsprechende Lesarten auslösen. Diese Lesarten beinhalten folgende Elemente: a) Identifizierung des Protagonisten mit dem Autor; b) Referentialität des Inhalts mit der Alltagswelt statt mit fiktiven Welten und c) den Gesamteindruck von Hybridität in Sinne einer Auflösung von Gattungsgrenzen und Neucodierung vorhandener kultureller Genres und Rahmen (vgl. Krumrey 2015, 63; Hassan 1988, 52). Autofiktionale Texte oszillieren damit zwischen fiktionalem und faktualem Schreiben (vgl. Wagner-Egelhaaf 2006, 366–368). Sie sind an der Grenze zwischen den als gegensätzlich angesehenen Bereichen ‚Kunst' und ‚Leben' angesiedelt, wobei aber nie ganz klar bestimmt werden kann, wo diese Bereiche jeweils anfangen oder aufhören. Dies führt insgesamt dazu, dass die Konzepte einer solchen Grenze und zweier gegensätzlicher Bereiche nicht mehr greifen und obsolet werden. Sobald eine autofiktionale Lesart bei der Lektüre eines Textes vorherrscht, kann eine klare Entscheidung, ob es sich um Kunst oder Leben handelt, nicht mehr gefällt werden – und genau diese Unentschiedenheit wird in autofiktionalen Poetiken wenn nicht intendiert, so doch billigend in Kauf genommen. Konsequenterweise haben Autofiktionen damit das Potential, dass ihre Protagonist/innen zugleich sowohl als fiktionale Figuren, wie auch als alltagswirklich referentialisierbare Personen rezipiert werden können.

All diese Feststellungen treffen dabei nur auf die zugespitzte Art von Autofiktionen zu, die hier im Folgenden als die produktive und zeitgemäße Form dieses Konzepts entworfen wird. Außerhalb von Mediengesellschaften ist eine derart radikale Verwischung von Grenzen kaum denkbar. Zudem sind seit der Herausbildung des Konzepts in den 1970er Jahren noch häufiger deutlich ‚weichere' Formen von Autofiktionen anzutreffen. Es wird jedoch im Folgenden argumentiert, dass die radikalen Varianten der Autofiktion, in denen die Auflösung der Grenze von Leben und Kunst, Fakt und Fiktion am stärksten ausgeprägt ist, sich verstärkt in der Pop-Literatur finden lassen. So betrachtet, bieten diese Texte und die medialen Erscheinungsweisen der daran gebundenen Akteure mit das dankbarste Feld, um komplexe Strukturen und Formen autofiktionaler Provenienz zu beobachten, zu systematisieren und die Theorien dieser Schreibweisen an diesen Beispielen weiter zu entwickeln. Zugleich lassen sich zahlreiche Phänomene, die dem Diskursfeld des literarischen Pop angehören, erst mit Hilfe der Autofiktion elegant und ökonomisch beschreiben.

2. Entwicklung und Systematik des Begriffs ‚Autofiktion'

Der Begriff ‚Autofiktion' wurde in den 1970er Jahren durch den französischen Literaturwissenschaftler und Schriftsteller Serge Doubrovsky geprägt und hat sich seitdem zu einem immer wichtiger werdenden Terminus entwickelt, der schon lange die Grenzen der romanischen Philologie hinter sich gelassen hat. Um die Funktion des Begriffs bei seiner Einführung und das damit verbundene Innovationspotential nachvollziehen zu können, ist ein Seitenblick auf die Geschichte und Theorie autobiographischer Texte unerlässlich.

In der idealistischen Tradition entsteht die Autobiographie aus einer privilegierten Position, von der aus ein Autor oder eine Autorin die Deutungshoheit über das eigene gelebte Leben hat und dieses in einen Text überführt, der sich dem Diktat von Wahrhaftigkeit verpflichtet. Ein solches Modell und der damit implizierte Begriff von ‚Wahrheit' (im Sinne einer Faktizität) ist spätestens unter den Bedingungen des *linguistic turn* beziehungsweise aus einer poststrukturalistisch informierten Perspektive heraus problematisch: Nicht umsonst trug bereits Goethes Autobiographie den Untertitel *Dichtung und Wahrheit* und betonte emphatisch, dass sich die Wahrheit eines Lebens erst in der Dichtung in einer angemessenen Form darzustellen vermag, in welcher ‚das eigentliche Grundwahre' zum Vorschein komme (Wagner-Egelhaaf 2005, 2–5). Die möglichen Verhältnisse zwischen Leben und Wahrheit, Autor, Erzähler und Figur in autobiographischen Texten zu systematisieren und zu erklären, war das Ziel von Literaturtheoretikern wie Gérard Genette und Philippe Lejeune. Vor allem letzterer leistete einen wichtigen Beitrag der Forschung, als er das Konzept des autobiographischen Paktes entwickelte und ihn gegen denjenigen des romanesken Paktes abgrenzte.

Lejeune definiert die Autobiographie als einen „[r]ückblickende[n] Bericht in Prosa, den eine wirkliche Person über ihr eigenes Dasein erstellt, wenn sie das Hauptgewicht auf ihr individuelles Leben, besonders auf die Geschichte ihrer Persönlichkeit legt." (Lejeune 1998, 215) Dieser Satz weist mehrere Einschränkungen auf, die sich im Konzept der Autofiktion nicht finden müssen: Die Beschränkung auf Prosa definiert die Autobiographie als eine explizit *literarische* Gattung. Alle im Bereiche der Kunst – oder allgemeiner: im Bereich der Medien – angesiedelten autobiographischen Projekte, wie z. B. die von Marina Abramović oder Sophie Calle, müssten damit einer anderen Kategorie angehören. Eine solche Einschränkung ist nicht unbedingt einleuchtend und mit einem Blick darauf, wie sich Autofiktionen im Bereich des (literarischen) Pop herausbilden, wird klar, dass auch andere Text- und Mediensorten immer relevanter werden: Das Konzept der Autofiktion kann beschreiben, wie sich die Autor/innen nicht nur in ihren eigenen Texten herstellen, sondern auch wie ihre Webseiten, Blogs und Social-Media-Profile, ihre Zeitungsinterviews und Fernsehauftritte daran beteiligt sind, sie als öffentliche Figuren zwischen Literatur und Alltagswirklichkeit zu formen.

Lejeunes einflussreichste Idee bestand darin, die Art und Weise zu beschreiben, wie Autobiographien gelesen werden und was sie von ‚normalen' Romanen unterscheidet. Er entwickelte zwei Arten von ‚Pakten', die Leser/innen bei der Lektüre eingehen: Bei einem autobiographischen Pakt gehe man davon aus, dass das Beschriebene wahrhaftig sei und dass eine stabile und unverrückbare Identität zwischen Autor, Erzähler und Figur bestehe (Lejeune 1998, 230–231). Diese Art der Lektüre produziert demzufolge Faktizität; man geht davon aus, dass eine reale und überprüfbare Referenz auf den Autor und die von ihm erlebte Welt hergestellt werden kann, selbst dann, wenn sich ein Autor z. B. hinter einem Pseudonym versteckt. Anders gefasst: Die Leser/innen glauben dem Autor so, wie sie auch einer Nachrichtensendung glauben. Dem gegenüber steht der romaneske Pakt, der nach Lejeune der literarischen Fiktion vorbehalten ist. Bei einer solchen Lesehaltung nimmt man an, dass Autor, Erzähler und Figur eben nicht identisch seien. Die geschilderten Welten und Lebensgeschichten gehören dem Bereich der Fiktion an und entwickeln keine unmittelbare Referenz auf unsere Alltagswirklichkeit (vgl. Lejeune 1998, 232–235).

Eine solche starre Trennung ist, wenn man sie weiter denkt und vor allem auf eine Kultur bezieht, in der die meisten Referenzen auf Alltagswirklichkeit medial hergestellt werden, unzureichend. Es gibt zahlreiche Beispiele dafür, dass die Autoren von Autobiographien selbst keinen Anspruch darauf erheben, die vorgebliche Wirklichkeit des eigenen Lebens im Text wiederzugeben. Mehr noch, viele Autoren – zu nennen sind hier z. B. Roland Barthes, Marcel Proust, und Alain Robbe-Grillet (vgl. Gronemann 1999, 238–239) – behaupten, dass ein solches Unterfangen gar nicht gelingen könnte. (Das Postulat einer mit der Autobiographie zu erreichenden Authentizität wird obsolet, da die Sprache selbst keine eindeutige Referenz außerhalb ihrer selbst herstellen kann, vgl. dazu ausführlich Gronemann 1999). Die autoritäre Geste eines Autors, sein eigenes Leben in die Form eines wahrhaftigen Textes zu überführen, wird grundsätzlich angezweifelt und die Hierarchie von zunächst gelebtem Leben und nachträglich geschriebenem Text wird von Paul de Man pointiert umgedreht: „Wir nehmen an, das Leben würde die Autobiographie *hervorbringen* wie eine Handlung ihre Folgen, aber können wir nicht mit gleicher Berechtigung davon ausgehen, das autobiographische Vorhaben würde seinerseits das Leben hervorbringen und bestimmen?" (de Man 1993, 132)

Das Konzept der Autofiktion ist eine Reaktion auf solche Kritikpunkte an der Idee einer idealistischen Autobiographie. Serge Doubrovsky verwendet das Wort erstmalig im Vorwort seines Romans *Fils* 1977 und nutzt es fortan dazu, eine Art von fiktionaler Literatur zu beschreiben, die aber unzweifelhaft reale Geschehnisse zum Inhalt hat. Der Begriff wird schnell in die literaturwissenschaftlichen, hier vor allem die romanistischen, Diskussionen eingeführt, entwickelt sich in verschiedenen Philologien jedoch unterschiedlich (vgl. Gronemann 2013, 94). Frank Zipfel entwickelt eine weit verbreitete Systematik von Autofiktionen. Er sieht darin (1) eine Art des autobiographischen Schreibens, die jedoch auf literarische Verfahren zurückgreift, also eine Art von „List", mit der Autor/innen Tatsachenberichte mit einem Schleier der Fiktion überziehen (Zipfel 2009a, 32–33). Weiterhin begreift er Autofiktion (2) als eine „besondere Art des fiktionalen Erzählens" (Zipfel 2009a, 33), die sich von anderen literarischen Formen dadurch abgrenzt, dass im Text eine zentrale Figur auftaucht, die mit dem Autor identisch zu sein scheint. Und zuletzt (3) zählt er darunter eben diejenigen Texte, in denen nicht klar entschieden werden kann, ob sie unter den Vorzeichen des autobiographischen oder des romanesken Paktes gelesen werden sollen. Zipfel argumentiert jedoch, dass es kaum Texte gäbe, die durchgängig so gelesen werden könnten, eine solche Unentscheidbarkeit sei damit vergleichbar, in einer Drehtür zwischen Wirklichkeit und Fiktion gefangen zu sein (Zipfel 2009b, 306). Und dauerhaften Schwindel könne niemand ertragen (vgl. de Man 1993, 133–134).

Aber ist dies tatsächlich so? Es ist argumentiert worden, dass das Besondere von Autofiktionen eben darin liegt, dieses ständige Schwanken zwischen Lesehaltungen zu verursachen, das eine dominierende Lektüreperspektive verbietet. Autofiktionale Texte entziehen sich damit dem Problem einer Grenze zwischen faktualem und fiktionalem Schreiben (Wagner-Egelhaaf 2006, 366–368). Man kann an die Systematik von Zipfel angelehnt von ‚schwach' ausgeprägten Autofiktionen einerseits (Zipfels Varianten 1 und 2) und starken bzw. umfassenden Autofiktionen andererseits sprechen (Zipfels Variante 3). Vor allem anhand der Begriffe Referentialität, Intertextualität und Metaposition lässt sich demonstrieren, dass eine Drehtür zwischen Wirklichkeit und Fiktion teilweise die einzige Welt ist, auf die man sich einigen kann.

3. Autofiktion und Referentialität

Es ist aus poststrukturalistischen Positionen heraus argumentiert worden, dass Autofiktion dann die Autobiographie verdrängt, wenn man einsieht, dass Sprache keine eindeutige Referenz auf das Subjekt aufbauen kann, das in ihr zum Vorschein kommt (vgl. Gronemann 1999, 252–257). Dies ist prinzipiell richtig, allerdings stellt sich die Frage, welche Art von Referenz dann durch Literatur und, unter dem Aspekt der Medialität weiterdenkend, durch Texte, Bilder, Videos etc. überhaupt hergestellt werden kann. Fassen wir zunächst Referenz als „den Akt oder das Objekt sprachlicher Bezugnahme auf Gegenstände, Wahrnehmungen, Handlungen, Kulturformationen, mentale Repräsentationen [...] oder Konzepte." Mit Referentialität ist dann der Bezug gemeint „auf Objekte (Räume, Orte, Geschehnisse, Personen, Dinge usw.) außerhalb des literarischen Textes, von denen innerhalb des geltenden Kulturdiskurses angenommen wird, dass sie real existieren." (Niefanger 2014, 37) Es geht also mit anderen Worten um das Verhältnis von Medien und Welt, das von Niklas Luhmann so zusammengefasst wurde: „Was wir über unsere Gesellschaft, ja über die Welt, in der wir leben, wissen, wissen wir durch die Massenmedien." Und er fügte an: „Andererseits wissen wir so viel über die Massenmedien, daß wir diesen Quellen nicht trauen können." (Luhmann 2009, 9) Über Medien erfahren wir nicht nur diejenigen Geschehnisse der Welt, die jenseits unseres unmittelbaren Erfahrungshorizonts liegen, auch die Referenz auf die darin agierenden Personen wird meist medial hergestellt. (Die meisten, die dies lesen, werden eine Meinung über Donald Trump und Dieter Bohlen haben und sie sich als Personen vorstellen, ohne ihnen je persönlich begegnet zu sein.) Es gibt also unzweifelhaft mediale Referentialität, die Frage ist nur, wie man damit umgeht.

Der Roman *Dorfpunks* des Musikers und Entertainers Rocko Schamoni erschien 2004 und kann mit seinen Schilderungen einer wilden Jugend und erster musikalischer Abenteuer auf dem flachen Land Schleswig-Holsteins als Erfolg bei Leser/innen und Kritik bezeichnet werden. Einen großen Reiz machte es offenbar aus, dass kaum jemand das Buch tatsächlich als Roman zu lesen gewillt war: Fast keine Rezension verpasste es zu erwähnen, dass das Buch autobiographisch sei und die gelegentlichen Codierungen von Orten und Namen leicht zu durchschauen wären. Eine solche Haltung ist naheliegend und wird auch durch die ersten Sätze des Textes diktiert, die neben einem Namenswechsel auch die Identität zwischen Autor, Erzähler und Figur bestätigen: „Ich war Roddy Dangerblood. Bis ich 19 war. Dann wurde ich zu Rocko Schamoni." (Schamoni 2004, 7) Eine solche Einführung scheint auf den ersten Blick der schwachen Art von Autofiktion nach Typ 1 zu entsprechen, wie sie Zipfel beschrieb. Und tatsächlich finden sich in dem Text immer wieder Elemente, die eine Referentialität auf die Welt aufbauen, die uns auch aus unserem Alltag vertraut ist: Die Mitglieder der Bands Die Toten Hosen und Die Goldenen Zitronen kommen vor, die besprochenen Filme und die gehörte Musik können im gut sortierten Fachhandel gefunden werden. Es wäre jedoch zu simpel, hier zu argumentieren, dass Schamoni einfach eine Autobiographie geschrieben habe, die mit der Gattungsbezeichnung „Roman" versehen wurde. Die berechtigte Frage ist eher, wer eigentlich dieser Rocko Schamoni ist.

Wikipedia wie diversen Zeitungen und Webseiten kann entnommen werden, dass Schamoni mit bürgerlichem Namen Tobias Albrecht heißt und als Künstler diverse Pseudonyme bei seinen verschiedenen Projekten nutzt. Diese Information so auszulegen, dass die Referentialität des Buches *Dorfpunks* in Wirklichkeit auf diesen Tobias Albrecht beziehungsweise dessen Jugend verweise, wäre hier aber genau die falsche Herangehensweise. Denn warum sollte er ein Pseudonym verwenden, wenn an diese Maskierung offensichtlich kein Geheimnis gebunden ist? Schamoni selbst äußert sich in einem Interview dazu, was es mit den mehreren Namen auf sich hat und in welchem Verhältnis er zu den so unterscheidbaren Figuren steht: „Ich habe Roddy Dangerblood oder Rocko Schamoni nicht erfunden. Ich habe sie kreiert. Erfunden klingt nach Schall und Gaukelei. Aber darum ging es nie. Wir brauchten diese Namen, weil es unsere waren und nicht die, die andere für uns erfunden hatten." (Schamoni im Interview mit Kai Müller, 2009) Die Wahl des eigenen Namens wird damit zu einer Selbstermächtigung des Subjekts, die – so will es die Anekdote – zu realen bürokratischen Problemen führte: Das Finanzamt habe Albrecht einfach eine zweite Steuererklärung für Schamoni zugestellt. Aus einer solchen Perspektive wird *Dorfpunks* tatsächlich zu einer Autobiographie, allerdings nicht derjenigen von Tobias Albrecht: Der Text entwickelt eine Referentialität auf die autofiktionale und gleichwohl real existierende Figur namens Rocko Schamoni. Das Verhältnis zwischen den beiden ist zwar dabei durchaus dasjenige von Person (Albrecht) und Figur (Schamoni). Allerdings muss das allgemeine Publikum davon ausgehen, dass es ausschließlich die Figur beobachten kann.

Die Referentialität der Autofiktion ist damit eine durchaus reale, sie ist der Art von Referentialität, die z. B. die *Tagesschau* herstellt, in keiner Weise nachgeordnet. Allerdings entstehen auf diese Weise hybride Figuren mit unklaren Grenzen, bei denen das Verhältnis von Person und Figur nicht klar bestimmt werden kann in dem Sinne, dass man nicht endgültig zu sagen weiß, ob die Person die Figur beeinflusst, oder umgekehrt. Diese Art von Vermischungen der Hierarchien ebenso wie das Aufbauen von Mythen ist typisch für Gestalten des Pop, ja für Stars allgemein (vgl. Jacke 2012, 77–101). Handelt es sich dabei also ‚nur' um spezielle Formen von Inszenierung? Sowohl ja, als auch nein. Es lässt sich argumentieren, dass der Begriff der Inszenierung überhaupt nur dann produktiv angewendet werden kann, wenn auch sein Gegenteil, also das Nicht-Inszenierte existiert (vgl. Fischer-Lichte 2007, 20–23.). Und eine derart klare Abgrenzung ist in elaborierteren Formen der Autofiktion schlicht nicht möglich. Vor allem dann, wenn Fotografien, Videos oder auch Live-Auftritte zu Bestandteilen autofiktionaler Projekte werden, ist die Referentialität oft so stark ausgeprägt und so umfassend, dass ein ‚Jenseits' der Inszenierung kaum erfasst werden kann.

Im Bereich der Pop-Literatur dient *Das weisse Buch* (2010) von Rafael Horzon als ein anschauliches Beispiel dafür, dass eindeutige Grenzen trotz realer Referenz nicht gezogen werden können: Ohne eine Gattungsbezeichnung auskommend, erscheint *Das weisse Buch* als die Autobiographie eines Schelmen. Horzon, eine Mischung aus Unternehmer und Dada-Künstler, berichtet darin aus seinem Leben und vor allem von seinen Geschäftsideen. Ist der Stil des Textes schon Anzeichen genug für Ironie, so finden sich darin auch zahlreiche Fotografien, die einerseits als Beglaubigung des Geschilderten dienen sollen, andererseits aber den Wahrheitsgehalt des Geschilderten untergraben (Krumrey 2015, 156). Den Wahrheitsgehalt insgesamt in Abrede zu stellen, ist jedoch nicht möglich: Wer in der entsprechenden Zeit in Berlin weilte, kann durchaus ein Seminar der von Horzon begründeten *Wissenschaftsakademie Berlin* besucht oder eines der im Buch angepriesenen Regale im Geschäft *Moebel Horzon* in der Torstraße 106 erworben haben. Die Referentialität des *Weissen Buches* entfaltet sich zudem auch jenseits der Bilder oder des Textes: Es sind die zahlreichen überprüfbaren Verknüpfungen quer durch alle medialen Kanäle, die für die hohe Konsistenz der Autofiktion von Horzon sorgen und die Leser/innen in den Zustand versetzen, beim besten Willen nicht mehr entscheiden zu können, was Person und was Figur, was Inszenierung ist und was nicht. – Horzon wird ‚un(be)greifbar' und verweigert sich jeder Kategorisierung (Krumrey 2015, 169–170).

4. Autofiktion und Intertextualität

In einer ausdifferenzierten Mediengesellschaft, wie sie die heutige westliche Welt darstellt, ist Intertextualität allgegenwärtig. Die meisten Referenzen auf Dinge, Orte, Ereignisse oder Personen würden für uns kaum glaubwürdig sein, wenn wir sie nicht über andere Quellen verifizieren würden. Hier wirkt ein weiter Begriff von Intertextualität, der nicht nur Zitate in der Literatur erfasst, sondern alle

Arten von Referenzen zwischen allen Medienformen umschließt und so nur noch um den Begriff der Transmedialität ergänzt werden muss, um auch Medienwechsel zu berücksichtigen. Vor allem stark ausgeprägte Autofiktionen profitieren von diesem Zustand, indem sie durch die Verknüpfungen möglichst vieler Quellen die Konsistenz der darin erschaffenen Figuren stärken. Dass Rafael Horzon tatsächlich Unternehmer ist, lässt sich nicht nur auf der Webseite seines Unternehmensimperiums *modocom*, sondern auch in ‚seriösen' Medien durch Artikel und Interviews überprüfen (vgl. u. a. Luetzow 2000), in denen die Details seines Buches immer wieder bestätigt werden.

Ein weiterer Effekt, den autofiktionale Poetiken aus der Intertextualität beziehen, ist die Suggestion realer (oder vermeintlicher) Netzwerke der so entworfenen Figuren. So wird die Geschichte, Christian Kracht habe bei Horzon als Praktikant gearbeitet (Horzon 2010, 167–192), nicht nur über Fotos von Kracht in dem Buch, sondern auch auf der Webseite von *Moebel Horzon* bestätigt, auf denen Kracht vor den angebotenen Regalen posiert. Dies sagt zwar noch nichts über den Wahrheitsgehalt der in *Das weisse Buch* geschilderten Ereignisse aus, bekräftigt jedoch die Verbindung der beiden Autoren, deren Spuren sich auch in Krachts Texten finden lassen, z. B. dem gemeinsam verfassten Theaterstück *Hubbard* (vgl. Kracht 2006, 72–137). Es ist ein Kennzeichen der Pop-Literatur, dass ihre Autor/innen immer wieder als intertextuelle Figuren in Erscheinung treten. Ein Netzwerk wird auf diese Weise hergestellt, an dem u. a. Christian Kracht, Benjamin v. Stuckrad-Barre, Joachim Bessing, Rafael Horzon, Rainald Goetz und Joachim Lottmann besonders aktiv beteiligt waren bzw. es teils noch sind. Dabei trifft ein für Autofiktionen typischer Effekt auf: Die Autor/innen schreiben sich häufig selbst als Figuren in ihre Werke ein, die dann wieder in den Werken der anderen als Protagonisten erscheinen. Es ist dabei meist nicht möglich, präzise nachzuverfolgen, ob die solcherart ‚fortgeschriebenen' Figuren den Satz ihrer Eigenschaften von den tatsächlichen Autor-Personen übernehmen, oder ob sie eben als Figuren weiterentwickelt werden. Dabei ist kennzeichnend, dass die Autorität, über ‚sich selbst' als Figur zu verfügen, abhandenkommt. Teilweise findet sich hier ein Ereignis aus zwei verschiedenen Perspektiven – und durchaus abweichend – erzählt, wie dies z. B. bei der Reise nach Phnom Penh der Figuren Christian Kracht und Joachim Bessing der Fall ist (Kracht 2000, 139–142; Bessing 1999, 170–189). Teilweise jedoch entwickeln sich daraus komplexe intermedial ausgetragene poetologische Dispute, in denen andere Autor/innen sehr ausführlich als Subjekte entworfen werden, den Ball ihrerseits aufnehmen und zurückschreiben. Vor allem Joachim Lottmann und Rainald Goetz haben die Leistung vollbracht, den jeweils anderen als Figur in ihrem eigenen Werk zu konturieren und sich zugleich selbst jeweils als Gegenentwurf zu dem anderen zu installieren (vgl. Kreknin 2014a, 271–276).

Autor/innen der Pop-Literatur scheinen prädestiniert für solche Formen der Fortschreibung zu sein, die einen wichtigen Bestandteil autofiktionaler Poetiken ausmachen. Einer der Gründe findet sich darin, dass ihre Werke meist mit der oben erwähnten starken Referentialität hantieren, die Moritz Baßler unter dem Stichpunkt der „Archivierung" erfasste (vgl. Baßler 2002; Baßler 2015, 109–110) und mit zu dem wichtigsten Paradigma der Pop-Literatur erklärte. Neben allgemein bekannten Orten, Produkten und Musiktiteln fügen sich auch die Protagonisten der Pop-Literatur in das Inventar einer referentialisierbaren Welt ein, werden zum „Amalgam[] aus Fiktion und Faktizität im Pop-Ich" (Baßler 2015, 126) und zu Bestandteilen einer „Poetik der Oberfläche" (vgl. Grabienski et al. 2011), an deren Herstellung sie zugleich selbst beteiligt sind.

Dieser hybridisierende Effekt wird dort noch weiter verstärkt, wo Pop-Literat/innen (wie z. B. Stuckrad-Barre, Kracht oder Lottmann) auch in journalistischen Institutionen aktiv sind. Dabei bedienen sich die meisten von ihnen mit dem *Borderline-* oder *New Journalism* einer besonderen Spielart des Journalismus, der mit einer Vermischung von Fakt und Fiktion (vgl. Bleicher 2004) arbeitet, wobei die Autor/innen als Hauptfiguren ihrer eigenen Reportagen agieren. Einer der Effekte dieser Schreibweisen ist ein beständiges Abgleiten in die Autofiktion, da hier erneut die strikte Trennung von Fakt und Fiktion unterlaufen wird. Die in den Texten dargebotenen Informationen können nur teilweise verifiziert werden, sind damit insgesamt eher anzuzweifeln. Zugleich jedoch sorgen die Autor/innen als Hauptfiguren ihrer eigenen Texte für eine identifizierende Schließung und arbeiten damit sowohl an der Plausibilität wie auch der Kontinuität der eigenen Figur (Kreknin 2014b, 330–331). Der intertextuelle Anschluss an andere Texte und Medienprodukte dient zudem der Erhöhung von Konsistenz. Die autofiktionale Figur wird umso glaubhafter, je stabiler sie bei ihren Wanderungen durch verschiedene Texte und Medienangebote entworfen wird. Zwar lässt sich der *New Journalism* sehr nahe der Literatur verorten und ist, anders als der Informationsjournalismus, nicht „auf ein akzeptiertes Wirklichkeitsmodell" verpflichtet, auf deren Basis er operiert (Blöbaum 2003, 29). Dennoch muss man von Interferenzen ausgehen, die zu der Amalgamierung aus Fakt und Fiktion führen, die sich üblicherweise bei den autofiktionalen Selbstpoetiken der Pop-Literatur identifizieren lassen.

5. Autofiktion und Metaposition

Die stärkste Ausprägung von Autofiktion tritt jeweils dann auf, wenn die Autor/innen sich einer Metaposition zu sich selbst als Figuren verweigern, wenn sie also wie sehr konsequente Schauspieler beständig *in character* bleiben. Man kann das am Beispiel der Ironie und ihrer radikalen Ausprägung in der *Ironia entis* beobachten: In dieser Form der universalontologischen Ironie werden alle Bestandteile der Lebenswelt einem durchgehenden, nicht zu durchbrechenden Kreislauf der Ironisierung unterworfen (vgl. Oesterreich 2011, 50–51). Wenn jemand einem solchen Modell folgt, so kann keine seiner Aussagen als Gewähr dafür dienen, dass der Kreis der Ironie durchbrochen wurde. Wie beim Paradoxon, in dem Epimenides der Kreter behauptet, dass alle Kreter lügen, muss eine Außenperspektive eingenommen werden, um die Aussage als ‚wahr' oder ‚falsch' zu bewerten. Wenn nun Autofiktion in ihrer stärksten Ausprägung auftritt, wenn also die darin entworfene Figur über alle Medienkanäle und Texte hinweg ihre subjektpoetologische Konsistenz bewahrt, dann wird diese Figur keine Metaposition zu sich selbst einnehmen können, die anders konfiguriert ist als ihre übliche Selbstperformanz. Ohne eine Metaposition kann eine Differenz zwischen inszenierter Figur und authentischer Person nicht bestimmt werden. Erst unter diesen bislang eher selten auftretenden Bedingungen wird die Drehtür der Autofiktion zu der einzigen Welt, auf die man sich einigen kann. Die solcherart entstehenden Figuren verweigern sich jeder Kategorisierung und es wird damit unmöglich, sie der Seite der Fiktion oder der Seite der Faktizität zuzuweisen.

Aus dieser Perspektive wird das autofiktionale Modell, das sich in Rocko Schamonis *Dorfpunks* findet, als eine nur schwache Ausprägung von Autofiktion erkennbar, denn Schamoni spricht offen über die Differenz zwischen sich als Figur und als „bürgerliche Gestalt" (Schamoni im Interview mit Kai Müller, 2009). Stark ausgeprägte Formen von Autofiktion finden sich hingegen bei Rafael Horzon, der auch in Interviews nicht zwischen sich als dem Verfasser des *Weissen Buches* und als dessen Erzähler bzw. Romanfigur unterscheidet (Krumrey 2015, 169–170), Joachim Lottmann, Martin Sonneborn oder Christian Kracht. In der deutschsprachigen Pop-Literatur war vor allem Rainald Goetz lange Zeit ein exponiertes Beispiel für eine autofiktionale (Selbst-)Poetik, auch wenn dieser Begriff bislang kaum bei der Beschäftigung mit ihm genutzt wurde. Der Wechsel von autofiktionalem zum konventionellen Werk kann bei ihm besonders deutlich beobachtet werden: Zum einen war der Roman *Johann Holtrop* (2012) das erste Prosawerk von Goetz im engeren Sinne, in das nicht die Figur eines Autors namens Rainald Goetz hineingeschrieben war. Zum anderen war das Erscheinungsjahr des Bandes von einer nie dagewesenen Öffentlichkeitsoffensive des Autors begleitet, in welcher er Interviews gab und öffentliche Lesungen absolvierte. Zum ersten Mal nahm er dabei eine Metaposition zu sich selbst ein und stellte sich als Person dar, die nicht mit der gleichnamigen Figur identisch ist: „Für mich ist das Ich immer auch eine Kunstfigur gewesen. Ich habe nie quasi unmittelbar von mir selbst irgendwas erzählt. [...] Für mich bin ich selbst als öffentliche Figur nicht das Ich, das ich bin." (Mangold und von Uslar 2012)

Eine ganz andere Art autofiktionaler Poetik findet sich bei Christian Kracht. Schon früh wurde festgestellt, dass zwischen seinem öffentlichen Auftreten als Autor und den Figuren seiner Romane kein konventionelles Verhältnis herrscht, sondern dass hier eine ästhetisch überformte „Selbstpoetik" (Lettow 2001, 285–286) wirkt, die gut mit dem Begriff der Autofiktion beschrieben werden kann. Vor allem die umfangreichen Diskussionen über den Status der Ironie in Krachts Werk kann man als einen Effekt dessen bezeichnen, dass Kracht beständig eine Metaposition zu sich selbst verweigert. Das Geheimnis des ‚Enigmas' Kracht, (Link 2011, 32) kann damit erklärt werden, dass er in der Öffentlichkeit ausschließlich als autofiktionale Figur auftritt. Auch das „Verschwinden" von Kracht, das als eines der zentralen Paradigmen der jüngeren Kracht-Forschung bestimmt werden kann (vgl. Lorenz 2014; Bronner 2012; Nover 2012; Glawion und Nover 2009; Conter 2009; Ruf 2009; Schumacher 2009), ist zu großen Teilen damit zu erklären, dass der Autor als ein autofiktionaler Hybrid, halb literarische Figur, halb Christian-Kracht-Darsteller, in der Öffentlichkeit erscheint. Es finden sich Hinweise darauf, dass selbst seine Frankfurter Poetikvorlesung von 2018 nicht von diesem Muster abgewichen ist. Obwohl ein von Kracht als Kind erlebter sexueller Missbrauch darin thematisiert wurde, folgte der Vortrag immer wieder einer Strategie, die seine eigene Glaubwürdigkeit in Frage stellte, so dass auch das Feuilleton feststellen musste: „Die Realitätsebene, in der wir uns befinden, bleibt [...] stets uneindeutig." (Schröder 2018) Selbst mit solchem existentiellen Gewicht versehen, bleibt die Referentialität ambig – was gleichwohl die Wahrhaftigkeit der autofiktionalen Existenz nicht Abrede stellt.

6. Fazit

Autofiktion ist weder einfach eine literarische Gattung, noch ist sie lediglich die Beschreibung für eine spezifische Rezeptionsweise von Akteuren der Medienwelt. Vielmehr müssen sowohl poetische Strukturen als auch konsensfähige Rezeptionsweisen zusammenkommen – und das Feld der Pop-Literatur weist hier eine hohe Affinität zu den so entstehenden poetischen Mustern auf. Als ein Diskursmodell ist Autofiktion (in ihrer starken Ausprägung) eine adäquate Beschreibungsform dafür, wie Personen sich in einer Mediengesellschaft zu öffentlich sichtbaren Figuren transformieren können. Zugleich kann Autofiktion auch als auch ein Zugeständnis daran gesehen werden, dass eindeutige funktionale Referentialitätszuweisungen in der gegenwärtigen westlichen Medienwelt sowohl unmöglich erscheinen als auch immer wieder trotzdem hergestellt werden. Da es schon immer eine der Grundeigenschaften der Pop-Literatur gewesen ist, mit der stark ausgeprägten Referentialität auf die Alltagswirklichkeit zu arbeiten und allgemein zugängliche und reale Elemente von Musik, Mode und Lifestyle zu implementieren, war es nur naheliegend, dass sich autofiktionale Formen hier schon früh etablierten. Man kann beispielsweise die artistischen Formen der intertextuellen Autorschaft und Selbstinszenierung des Künstlerpärchens Colette und Willy um 1900 sowohl als Pop-Literatur wie auch als Autofiktion bezeichnen – beides dabei sowohl par excellence als auch avant la lettre (vgl. Gramatzki 2014). Man kann zudem davon ausgehen, dass je mehr unser Wissen um Welt, Gesellschaft und Personen auf medial vermittelten Daten basiert, desto stärker die Zahl umfassend autofiktionaler Figuren zunehmen wird. Spätestens die Möglichkeiten des Web 2.0 eröffnen fast jedem die Möglichkeit, sich in die digitalen Informationsströme einzuschreiben und damit ein Stück weit entgrenzte Version(en) seiner selbst zu entwerfen. Es ist ein Irrtum zu glauben, dass es sich dabei lediglich um einen literarisch konnotierten Taschenspielertrick handelt: Dass die in den Massenmedien entworfene Realität stets an der Basis unseres operativen Handelns laboriert und permanent Anschlüsse herstellt, dürfte konsensfähig sein (vgl. Luhmann 2009). Während Autofiktion also zum einen ein immer wichtiger werdendes Modell davon darstellt, wie die mediale Herstellung von Subjekten funktionieren kann, ist es zugleich eine Perspektive auf Pop-Literatur, die zahlreiche Phänomene elegant zu beschreiben vermag. Vor allem die Sicht auf die Akteure des literarischen Pop, ihre Einbindung ins Mediensystem und ihre Dynamiken untereinander, all das, was bislang meist unter dem Schlagwort der ‚Inszenierung' erfasst wurde, kann vom Konzept der Autofiktion profitieren.

Literaturverzeichnis

Baßler, Moritz. *Der deutsche Pop-Roman. Die neuen Archivisten*. München: C.H. Beck, 2002.
Baßler, Moritz. „Definitely Maybe. Das Pop-Paradigma in der Literatur". *POP. Kultur und Kritik* 6.1 (2015): 104–127.
Bessing, Joachim. *Tristesse Royale*. Berlin: Ullstein, 1999.
Blöbaum, Bernd. „Literatur und Journalismus: Zur Struktur und zum Verhältnis von zwei Systemen". *Literatur und Journalismus*. Hrsg. von Bernd Blöbaum und Stefan Neuhaus. Wiesbaden: Westdeutscher Verlag, 2003. 23–51.
Bronner, Stefan. „Tat Tvam Asi – Christian Krachts radikale Kritik am Identitätsbegriff". *Die Gewalt der Zeichen. Terrorismus als symbolisches Phänomen*. Hrsg. von Stefan Bronner und Hans-Joachim Schott. Bamberg: University of Bamberg Press, 2012. 331–360.
Conter, Claude D. „Christian Krachts posthistorische Ästhetik". *Christian Kracht. Zu Leben und Werk*. Hrsg. von Johannes Birgfeld und Claude D. Conter. Köln: Kiepenheuer & Witsch, 2009. 24–43.
Finger, Evelyn. „Ironie als Selbstzwang". *Die Zeit* 41 (2004). http://www.zeit.de/2004/41/Ironie_als_Selbstzwang.

Fischer-Lichte, Erika. „Theatralität und Inszenierung". *Inszenierung von Authentizität*. Hrsg. von Erika Fischer-Lichte. Tübingen: Francke, 2007. 9–28.
Glawion, Sven, und Immanuel Nover. „Das leere Zentrum. Christian Krachts ‚Literatur des Verschwindens'". *Depressive Dandys. Spielformen der Dekadenz in der Pop-Moderne*. Hrsg. von Alexandra Tacke und Björn Weyand. Köln: Böhlau, 2009. 101–120.
Goetz, Rainald. *Johann Holtrop. Abriss der Gesellschaft*. Berlin: Suhrkamp, 2012.
Grabienski, Olaf, Till Huber und Jan-Noël Thon (Hrsg.). *Poetik der Oberfläche. Die deutschsprachige Popliteratur der 1990er Jahre*. Berlin und Boston: De Gruyter, 2011.
Gramatzki, Susanne. „Fotografische (Auto-)Fiktion. *En bombe* von Henry Gauthiers-Villars alias Willy". *Skandalautoren*. Hrsg. von Andrea Bartl und Martin Kraus. Würzburg: Königshausen & Neumann, 2014. Bd. 1. 437–455.
Gronemann, Claudia. „‚Autofiction' und das Ich in der Signifikantenkette. Zur literarischen Konstitution des autobiographischen Subjekts bei Serge Doubrovsky". *Poetica* 31.2 (1999): 237–262.
Gronemann, Claudia. „‚Lui dire que j'étais un homme comme lui': Autofiktionales intermediales Schreiben bei Abdellah Taia". *Autofiktion und Medienrealität. Kulturelle Formungen des postmodernen Subjekts*. Hrsg. von Jutta Weiser und Christine Ott. Heidelberg: Winter, 2013. 91–106.
Hassan, Ihab. „Postmoderne heute". *Wege aus der Moderne. Schlüsseltexte der Postmoderne-Diskussion*. Hrsg. von Wolfgang Welsch. Weinheim: VCH, 1988. 47–56.
Horzon, Raffael. *Das weisse Buch*. Berlin: Suhrkamp, 2010.
Jacke, Christoph. „Meta-Stars: Ausdifferenzierung und Reflexivisierung von prominenten Medienfiguren als Stars in der Popmusik". *Celebrity Culture. Stars in der Mediengesellschaft*. Hrsg. von Caroline Y. von Robertson-von Trotha. Baden-Baden: Nomos, 2013. 73–101.
Jannidis, Fotis. „Zwischen Autor und Erzähler". *Autorschaft: Positionen und Revisionen*. Hrsg. von Heinrich Detering. Stuttgart und Weimar: Metzler, 2002. 540–556.
Jung, Thomas. „Von Pop international zu Tristesse Royal [sic]: Die Popliteratur, der Kommerz und die postmoderne Beliebigkeit". *Alles nur Pop? Anmerkungen zur populären und Pop-Literatur seit 1990*. Hrsg. von Thomas Jung. Frankfurt am Main: Peter Lang, 2002. 29–53.
Kracht, Christian. *Der gelbe Bleistift*. Köln: Kiepenheuer & Witsch, 1999.
Kracht, Christian. *New Wave*. Köln: Kiepenheuer & Witsch, 2006.
Kreknin, Innokentij. „Der Patient namens Schriftsteller. Borderline als Autorschaft und Krankheit bei Joachim Lottmann". *Subjektform Autor. Autorschaftsinszenierungen als Praktiken der Subjektivierung*. Hrsg. von Sabine Kyora. Bielefeld: transcript, 2014. 327–342.
Kreknin, Innokentij. *Poetiken des Selbst. Identität, Autorschaft und Autofiktion. Am Beispiel von Rainald Goetz, Joachim Lottmann und Alban Nikolai Herbst*. Berlin und Boston: De Gruyter, 2014.
Krumrey, Birgitta. *Der Autor in seinem Text. Autofiktion in der deutschsprachigen Gegenwartsliteratur als (post-)postmodernes Phänomen*. Göttingen: V & R unipress, 2015.
Lejeune, Philippe. „Der autobiographische Pakt". *Die Autobiographie. Zu Form und Geschichte einer literarischen Gattung*. Hrsg. von Günter Niggl. Darmstadt: Wissenschaftliche Buchgesellschaft, ²1998. 214–257.
Lettow, Fabian. „Der postmoderne Dandy: die Figur Christian Kracht zwischen ästhetischer Selbststilisierung und aufklärerischem Sendungsbewusstsein". *Selbstpoetik 1800–2000*. Hrsg. von Ralph Köhnen. Frankfurt am Main: Peter Lang, 2001. 285–305.

Link, Maximilian. „Wie der Gin zum Tonic. Unausgesprochene Freundschaft: ‚Five Years' [...]" [Rezension von Kracht, Christian; Woodard, David: *Briefwechsel 2004–2009 – Band 1: 2004–2007*]. *Frankfurter Allgemeine Zeitung* 9. November 2011.
Lorenz, Matthias N. „Schreiben ist dubioser als Schädel auskochen". *Christian Kracht. Werkverzeichnis und kommentierte Bibliographie der Forschung*. Hrsg. von Matthias N. Lorenz. Bielefeld: Aisthesis, 2014. 7–18.
Luetzow, Gunnar. „Rafael Horzon: Es ist ein Regal, aber...". *Spiegel-Online*, 12. Dezember 2000 http://www.spiegel.de/kultur/gesellschaft/rafael-horzon-es-ist-ein-regal-aber-a-107416.html.
Luhmann, Niklas. *Die Realität der Massenmedien*. Wiesbaden: VS Verlag für Sozialwissenschaften, ⁴2009.
Man, Paul de. „Autobiographie als Maskenspiel" [1979]. *Die Ideologie des Ästhetischen*. Hrsg. von Christoph Menke. Frankfurt am Main: Suhrkamp, 1993. 131–146.
Mangold, Ijoma, und Moritz von Uslar. „Wut ist Energie" (Interview mit Rainald Goetz). *Die Zeit* 49, 29. November 2012.
Müller, Kai. „So einfach war das damals" (Interview mit Rocko Schamoni). *Der Tagesspiegel* 21. April 2009. http://www.tagesspiegel.de/kultur/pop/interview-rocko-schamoni-so-einfach-war-das-damals/1793846.html.
Niefanger, Dirk. „Realitätsreferenzen im Gegenwartsroman. Überlegungen zu ihrer Systematisierung". *Realitätseffekte in der deutschsprachigen Gegenwartsliteratur. Schreibweisen nach der Postmoderne?* Hrsg. von Birgitta Krumrey, Ingo Vogler und Katharina Derlin. Heidelberg: Winter, 2014. 35–62.
Nover, Immanuel. *Referenzbegehren. Sprache und Gewalt bei Bret Easton Ellis und Christian Kracht*. Wien: Böhlau, 2012.
Oesterreich, Peter L. *Spielarten der Selbsterfindung. Die Kunst des romantischen Philosophierens bei Fichte, F. Schlegel und Schelling*. Berlin und New York: De Gruyter, 2011.
Rauen, Christoph. *Pop und Ironie. Popdiskurs und Popliteratur um 1980 und 2000*. Berlin und New York: De Gruyter, 2010.
Ruf, Oliver. „Christian Krachts ‚New New Journalism'. Selbst-Poetik und ästhetizistische Schreibstruktur". *Christian Kracht. Zu Leben und Werk*. Hrsg. von Johannes Birgfeld und Claude D. Conter. Köln: Kiepenheuer & Witsch, 2009. 44–60.
Schröder, Christoph. „Flucht in die Offenbarung". Zeit Online 23. Mai 2018: https://www.zeit.de/kultur/literatur/2018-05/christian-kracht-vorlesung-frankfurt-abschluss
Schamoni, Rocko. *Dorfpunks*. Reinbek bei Hamburg: Rowohlt, 2004.
Schumacher, Eckhard. „Omnipräsentes Verschwinden. Christian Kracht im Netz". *Christian Kracht. Zu Leben und Werk*. Hrsg. von Johannes Birgfeld und Claude D. Conter. Köln: Kiepenheuer & Witsch, 2009. 187–203.
Wagner-Egelhaaf, Martina. *Autobiographie*. Stuttgart: Metzler, ²2005 [2000].
Wagner-Egelhaaf, Martina. „Autofiktion oder: Autobiographie nach der Autobiographie. Goethe – Barthes – Özdamar". *Autobiographisches Schreiben in der deutschsprachigen Gegenwartsliteratur*, Bd. 1: *Grenzen der Identität und Fiktionalität*. Hrsg. von Ulrich Breuer und Beatrice Sandberg. München: Iudicium, 2006. 353–368.
Zipfel, Frank. „Autofiktion". *Handbuch der literarischen Gattungen*. Hrsg. von Dieter Lamping. Stuttgart: Alfred Kröner, 2009. 31–36.
Zipfel, Frank. „Autofiktion. Zwischen den Grenzen von Faktualität, Fiktionalität und Literarität?". *Grenzen der Literatur. Zu Begriff und Phänomen des Literarischen*. Hrsg. von Simone Winko, Fotis Jannidis und Gerhard Lauer. Berlin und New York: De Gruyter, 2009. 285–314.

3.4 Generation, Sozialisation, Erinnerung
Stefan Willer

1. Generation als Modus von Sozialisation und Erinnerung

Die ‚Generation' erscheint im Popdiskurs, in Popsongs und in der Pop-Literatur oft als vermeintlich selbstverständliche Kategorie der Verknüpfung von Zeitgenossenschaft und Gruppenidentität. In dieser Verwendungsweise zeigt sich das hochgradige Sinnversprechen des Generationskonzepts, gesellschaftliche Veränderungsprozesse als gleichsam natürlichen Wandel (‚von Generation zu Generation') fassen zu können. Neuere kultur- und sozialwissenschaftliche Studien haben dieses Sinnstiftungspotenzial zum Anlass genommen, ‚Generation' als historisch variables Deutungsmuster zu untersuchen (Parnes, Vedder und Willer 2008; Bohnenkamp, Manning und Silies 2009; Foster 2013). Im Anschluss an diese Forschungen liegt im vorliegenden Artikel der Schwerpunkt auf den Komplikationen und Widersprüchlichkeiten des Konzepts Generation in seiner Verbindung mit Sozialisation und Erinnerung.

Die Zuordnung von Individuen zu bestimmten Generationen ist ein wesentlicher Faktor in Prozessen moderner Sozialisation. Dabei sind Gleichzeitigkeit und Gleichaltrigkeit von großer Bedeutung, womit die Generation vor allem als synchrone Kategorie des Sozialen in den Blick kommt. Daneben spielen aber auch diachrone Aspekte eine Rolle: das Altern der einstmals Jungen, der fortwährende gesellschaftliche Ablösungsprozess durch immer neue ‚junge Generationen' sowie die Historizität generationeller Zugehörigkeiten als solcher. Die Vergesellschaftung von ‚jungen Generationen' – vor allem ihre Einübung in soziale Praktiken – vollzieht sich also in einer komplexen Zeitlichkeit. Zunächst richtet sich Sozialisation auf die jeweilige *Gegenwart* der sozialen Gruppe, auf die Performanz ihres inneren Zusammenhalts und ihrer Abgrenzung nach außen. Sie richtet sich aber auch auf die *Zukunft*, sowohl hinsichtlich des Entwicklungspotenzials der Gruppenmitglieder als auch hinsichtlich der Frage, wie es mit dem Gruppenzusammenhalt dereinst bestellt sein mag. Der *Vergangenheits*-Aspekt von Sozialisation schließlich betrifft die diskursive Konstruktion von Generationen als zugleich Akteure und Objekte der Erinnerung und des historischen Rückbezugs.

Dabei ist zu betonen, dass gesellschaftliche Generationen in all ihren zeitlichen Aspekten prinzipiell konstruiert sind, dass es sie also als empirische Akteure von Sozialisation und Erinnerung nicht gibt. Was es gibt, sind partikulare Berufungen auf Generationalität; es gibt das Sprechen im Namen von Generationen.

Um zwischen dem empirisch Partikularen und dem konstruiert Generationellen zu vermitteln, hat die klassisch-moderne Soziologie die Generation als Erlebnisgemeinschaft definiert, die sich aufgrund ähnlicher oder gleicher Prägungen konstituiert. Erstmals ausführlich dargelegt wurde dieses Konzept in Karl Mannheims Aufsatz *Das Problem der Generationen* (1928), auf den sich viele aktuelle Versuche einer wissenschaftlichen Operationalisierung des Generationsbegriffs nach wie vor beziehen. Nach Mannheim wird aus der gleichen gesellschaftlichen „Lagerung" von Individuen ein „Generationszusammenhang", wenn gemeinsame „reale soziale und geistige Gehalte" eine „reale Verbindung" stiften; „Generationseinheiten" hingegen könne man erst dann erkennen, wenn innerhalb eines solchen Zusammenhangs eine soziale Gruppe diese gemeinsamen „Gehalte" auch in gleicher Weise interpretiere (Mannheim 1964 [1928], 543–544).

Pop als vielschichtiges kulturelles Phänomen kennt zahlreiche Ver- und Bearbeitungen gruppenbildender Erfahrungen. Auf den ersten Blick erscheinen die meisten von ihnen emphatisch gegenwarts- und zukunftsbezogen, doch tragen sie immer auch zur Konstitution popkultureller Vergangenheit bei. Das soll hier nicht nur als Angelegenheit literarischer Erinnerungstechniken (Abschnitte 3 und 4), sondern zuvor auch an bestimmten Funktionen des popmusikalischen Gedächtnisses (Abschnitt 2) diskutiert werden.

2. Generation als Thema und Phänomen in der Popmusik

Die Bekundung generationeller Zugehörigkeit im Pop changiert zwischen Selbstverortung und Kollektivbewusstsein. Mustergültig dafür steht *My Generation* von The Who, 1965 vom zwanzigjährigen Pete Townshend geschrieben. Der Song, gemeint als rebellische Selbstaussage der britischen Mods, verschleift im Call-and-response-Schema seiner Strophen den Gegensatz zwischen erster Person Singular und erster Person Plural. Roger Daltrey singt solistisch im Namen eines Wir – „People try to put us down [...] / Just because we get around" –, der Background-Chor antwortet zweistimmig als Ich: „Talkin' 'bout my generation". Umso klarer wird die Frontstellung gegen das Ihr („Why don't you all fade away") und die Verabsolutierung von Jugendlichkeit in der berühmten Zeile „I hope I die before I get old". Es fällt auf, wie ausdrücklich der Song die Rede über Generation zu seinem eigentlichen Thema macht, wenn auch doppelt entstellt im Slang („talkin' 'bout") und im Stottern („d-down", „f-fade away", „my g-g-g-generation").

Ausgehend von diesem einschlägigen Beispiel lässt sich argumentieren, dass Popmusik nicht nur ein wesentlicher Bestandteil jugendkultureller Sozialisation ist (vgl. Ferchhoff 2013; Friedemann und Hoffmann 2013, 382–385; Mrozek 2019), sondern dass Sozialisation in Popmusik auch inszeniert und reflektiert wird. Das gilt wiederum für die verschiedenen Zeitformen. Die *präsentische* Feier von Jugendlichkeit kann selbst- und sogar weltzerstörerische Beiklänge haben („Tonight / We are young / So let's set the world on fire / We can burn brighter / Than the sun", Fun 2011), kommt aber auch als distanzierter Wunsch nach Teilhabe vor (*Ich möchte Teil einer Jugendbewegung sein*, Tocotronic 1995). Auf spezifische Weise *zukunfts-*, nämlich fortschrittsorientiert, ist die Kollektivierung des Einzelnen im Protestsong – was durchaus dialektisch ausfallen kann, wie in *Allein machen sie dich ein* von Ton Steine Scherben (1972). Im letzten Refrain „Und du weißt, das wird passieren / Wenn wir uns organisieren" wird zwar sehr wirkungsvoll Einigkeit eingefordert, doch ist gerade hier das Verhältnis von Solo- und Chorgesang besonders aufgerauht und asynchron (mit witzigen Gegenstimmen im *fade out*: „In der Partei!" – „Nee!" – „Doch!" – „Nee!"). Will man Pop-Sozialisation in der *Vergangenheits*form thematisieren, ergeben sich meist zeitliche Überlagerungen. So wurde für die Verfilmung des Nostalgie-Rock'n'Roll-Musicals *Grease* die Bühnenfassung von 1971 u. a. um den von Barry Gibb geschriebenen Titelsong erweitert. Er handelt – inhaltlich passend – von der für die *greasers* der späten 1950er Jahre sozialisationsstiftenden Kraft der Pomade („Grease is the time, is the place, is the motion / Grease is the way we are feeling", Valli 1978), fällt aber als Disco-Pop-Nummer völlig aus dem Retro-Sound heraus und zielt vielmehr auf die musikalische Gegenwart des Jahres 1978.

Solche Überlagerungen zeigen sich auch sonst, wenn Pop zum Erinnerungs- und Gedächtnis-Medium wird. Grundsätzlich haben memorative Verfahren eine wichtige Funktion für die Kanonbildung in der Pop-Musik (Ullmaier 1995; Appen, Doehring und Rösing 2008). Sie treten in dem Maße deutlicher in Erscheinung, wie sich die Popkultur selbst historisch wird. Allerdings wird eine strikte Historisierung in popmusikalischen Verfahren oft ausdrücklich vermieden – sei es durch gezielte Brechungen oder auch durch ironische Überdetermination. Jedes Revival ist ein Zitat (Schumacher 2001), eine erneute Aneignung dessen, was in Erinnerung gerufen wird. Das zeigt sich etwa in doppelten Retrospektiven, bei denen eine Pop-Vergangenheit in einer anderen gespiegelt wird. Dieses eigentlich experimentelle Verfahren ist seit längerem im Mainstream angekommen, wenn Hits der 1970er bis 2000er Jahre auf parodistische Weise in ältere Popmusikstile umgesetzt werden, z. B. als Country (Texas Lightning), Rockabilly (Dick Brave and the Back Beats), Death Metal (Ten Masked Men) oder Bossa Nova (Nouvelle Vague). All dies ist Teil einer gewissen Retromanie der Popkultur (Reynolds 2011), die sich mit den Jahrzehnten unübersehbar verstärkt hat und die oft im Muster der Generationen-(Er-)zählung formatiert und vertrieben wird (vgl. zahlreiche Sampler mit Musik der „Rock'n'Roll Generation", „Woodstock Generation", „Flower Power Generation", „Punk Generation").

Als historische Folge von ‚Jugendbewegungen' zeigt Pop also interessante Alterungserscheinungen. Dabei greifen verschiedene erinnerungskulturelle Mechanismen bis hin zur bewussten (Selbst-)Musealisierung. So speiste sich die David-Bowie-Ausstellung des Londoner Victoria and Albert Museums (2013) zu einem großen Teil aus Bowies privater Sammlung von Erinnerungsstücken, die ihrerseits schon zu seinen Lebzeiten zum „David Bowie Archive" institutionalisiert wurde. In diesen Trend gehört auch die möglichst exakte Live- Wiederaufführung kanonisch gewordener Alben (z. B. Pixies, *Doolittle*, 1989, Tour 2009; Sonic Youth, *Daydream Nation*, 1988, Tour 2010; Peter Gabriel, *So*, 1987, Tour 2012–2014). Damit werden zwar Publikumswünsche nach ‚Originaltreue' bedient, doch bewirkt das minutiöse Re-enactment auch einen erheblichen Irritationseffekt. Zu nennen sind außerdem Techniken der Selbstvariation, etwa die teils drastischen Verfremdungen eigener Songs, die Bob Dylan seit den späten achtziger Jahren auf seiner *never ending tour* präsentiert. All diese wie auch immer thematisierten und gebrochenen Rückbezüge auf ein Lebenswerk stellen Versuche dar, dem bloßen Weitermachen zu entgehen, wie es etwa in Randy Newmans *I'm Dead (But I Don't Know It)* (1999) oder auch in Phil Collins' Tournee *Still Not Dead Yet* (2019) parodiert wird.

3. Generation, Sozialisation und Erinnerung in der Pop-Literatur

Über den Stellenwert von Erinnerung in der Pop-Literatur gibt es gegenläufige Ansichten, wie sich an wichtigen Veröffentlichungen der Herausgeber dieses Handbuchs zeigen lässt. Im Zentrum von Moritz Baßlers Studie über den deutschen Pop-Roman der 1990er Jahre stehen Konzepte und Praktiken des Archivs, des Sammelns und der Erinnerung; Pop wird insgesamt als „Archivierungs- und Re-Kanonisierungsmaschine" verstanden (Baßler 2002, 46). Eckhard Schumacher hingegen beginnt sein Buch über *Schreibweisen der Gegenwart* mit der von Thomas Meinecke stammenden Ausgrenzung von „Erinnerungsliteratur" aus dem präsentischen Schreiben „nach der Methode Pop". Allerdings zielt das Verdikt nicht auf Erinnerungsverfahren als solche, sondern auf das bloße „Nacherzählen popkulturell geprägter Sozialisationsmuster" und die mit „herkömmlicher Erzählliteratur" assoziierte „Versöhnlichkeit" des Erinnerns (Thomas Meinecke, zit. nach Schumacher 2003, 9–10). Auch Baßlers Archivbegriff basiert keineswegs auf einem ‚versöhnlichen' Verständnis von Erinnerung, sondern auf der Grundunterscheidung von vielfältiger Erinnerungsarbeit einerseits und dem daraus resultierenden kulturellen Gedächtnis andererseits (vgl. Baßler 2002, 46–49).

Sowohl die zeitliche Spannung zwischen Präsentismus und Erinnerung als auch die konzeptuelle Spannung zwischen Erinnerung und Gedächtnis lassen sich an einem der ersten Exemplare deutschsprachiger Pop-Literatur aufweisen, an Hubert Fichtes *Die Palette* (1968; → 4.2 LINCK). Die Pop-Zuschreibung verdankte sich zeitgenössisch zunächst der vermeintlichen Unmittelbarkeit von Fichtes Schreiben aus dem ‚Untergrund' der Hamburger Beat-Szene, paradigmatisch in der Wahl eines Kneipennamens als Romantitel und in Fichtes öffentlichem Auftreten als Beat-Autor. Gegenüber dieser Einschätzung hat die Forschung schon seit längerem auf die differenzierten literarischen Strategien des Romans aufmerksam gemacht. Dazu gehört vor allem die „Verknüpfung von Gegenwartsemphase und Vergangenheitsbesessenheit" (Schumacher 2003, 164). Fichte etabliert Verfahren der Erinnerung als zentrale Strukturmerkmale des Pop-Romans, der damit insgesamt zu einem Archiv des kulturellen Gedächtnisses wird.

Gleich das erste Kapitel, „JÄCKI GEHT ÜBER DEN GÄNSEMARKT", fügt dem präsentischen Blick auf den Ort des Geschehens eine zeitliche Tiefendimension hinzu, indem frühere Gänge Jäckis über denselben Platz in Erinnerung gerufen werden: „Mit vier Jahren überquerte Jäcki den Gänsemarkt zum ersten Mal [...]. Mit elf Jahren ging Jäcki über den Gänsemarkt [...]. Mit zwölf fuhr Jäcki jeden Tag über den Gänsemarkt" (Fichte 1978 [1968], 10–11). Die Verknüpfung von Ort und Zeit erzeugt eine Erinnerungstechnik, bei der verschiedene temporale Instanzen einer Person gleichsam übereinandergelegt werden. Dazu kommt der generationelle Rückbezug in noch frühere Zeitschichten, wie in der Auflistung der Todesjahrgänge von Jäckis männlichen Vorfahren: „Jäckis Opas Opa Achtzehnhunderteinundsiebzigertod. / Jäckis Opa miterlebte Neunzehnhundertvierzehnachtzehnertode. / Jäckis Vaters Ungefähr-neunzehnhundertfünfunddreißigertod, neben Hundertfünfundsiebzigertoden. / Neununddreißiger-bis-fünfundvierzigertode. / Nachfünfundvierziger." (Fichte 1978 [1968], 35–36). In der Abbildung der genealogisch absteigenden Linie der Vorfahren auf die Kriegsjahrgänge und in der Anspielung auf den § 175 des Strafgesetzbuchs, also auf die Ausgrenzungsgeschichte der Homosexuellen, wird familiäre Vorgeschichte auf Gesellschaftsgeschichte bezogen.

Einhergehend mit solchen Einblicken in individuelle und vorindividuelle Tiefenzeiten entwickelt sich die Zeitreflexion des Romans. Dabei werden – jenseits klarer argumentativer und diskursiver Zuordnungen – verschiedene Zeitlichkeiten gegeneinandergehalten. Von der gegenwärtig-aktualistischen Zeit („DIE ZEIT ist eine Zeitung") lassen sich „Zeitlosigkeit", „Verneinung der Zeit" und „Wandel der Zeit" unterscheiden, hinzu kommen die „kleineren Zeiten" der Generativität und der Entwicklung: „Foetuszeit, Embryozeit, Gastrulazeit, Furchungszeit" (Fichte 1978 [1968], 33–34). Entscheidend motiviert wird diese Reflexion durch das bis zum Romanende fortgesetzte Einspielen der deutschen Zeitgeschichte des

Nationalsozialismus. Diese Epoche wird nicht als vorgängig und historisierbar, sondern eher als ‚unvergangen' angesprochen; sie erscheint in Form „SYNOPTISCHE[R] SPLITTER" (Fichte 1978 [1968], 302). In Ergänzung zum genealogischen Modell der Vorfahren-Geschichte wird hier ein archäologisches Motiv erkennbar: Im betonten Präsens des subkulturellen Schreibens werden die „Splitter", die Einsprengsel älterer Zeitschichten sichtbar gemacht.

Ein weiteres Erinnerungsverfahren in *Die Palette* besteht im Überschreiben oder Überspielen des Jetzt durch den Bezug auf ein Vorher. In Kapitel 66 kommt ein Tonbandgerät zum Einsatz, um Erinnerungen an eine Nachkriegsjugend aufzunehmen: „Igor hat gerne seine Lebensgeschichte auf Band gesprochen." Aufgrund der schlechten technischen Qualität bleibt jedoch unterhalb der aufgezeichneten *oral history* die frühere Aufnahme hörbar: „Partymusik. / Was man sagt, wenn bei einer Party ein Bandgerät angestellt wird [...]. Während Igor spricht, löscht das Gerät die vorige Aufnahme nicht ganz. Der Hintergrund prostet und summt rein." (Fichte 1978 [1968], 258–259). Das schlechthin Gegenwärtige der Party wird somit zum „Hintergrund" des Erinnerten – weil jene Gegenwart selbst schon *vor* der Erinnerungserzählung aufgenommen worden war. Die archivierte Gegenwart ist das Störgeräusch der Erinnerung, die deshalb fragmentarisch und teils unverständlich bleibt. Trotzdem ist der aufgenommene Sound der Gegenwart durch den Text der Erinnerung zu einem großen Teil gelöscht worden.

Zur Konjunktur deutschsprachiger Pop-Literatur seit den 1990er Jahren gehören etliche Essays und Sachbücher zur Generationenthematik. Entscheidend angeregt wurde dieser Trend durch Douglas Couplands episodischen Roman *Generation X: Tales for an Accelerated Culture* (1991), dessen Titel die soziologische Etikettierung der darin porträtierten wohlstandsverlosten Mittzwanziger noch ironisch durchstrich, aber trotzdem als Generationenlabel schnell erfolgreich wurde. In Deutschland identifizierte man alsbald eine „89er"-Generation (Leggewie 1995), die sich der „kollektive[n] Erinnerungsarbeit im Zeichen politisch-moralischer Verständigung" verweigere und statt dessen an „medien- und populärkulturellen Erscheinungen ihrer Gegenwart" interessiert sei (Bluhm 2010, 50). Seither erscheint Generationalität, verstanden als betont oberflächliche Reduktion des generationellen ‚Gehalts' auf kulturindustrielle Schlüsselreize, vielfach als stilistisch-ästhetisches Programm der Pop-Literatur (vgl. Frank 2011, 39–41). Dabei handelt es sich allerdings nicht um ein rein gegenwartsbezogenes, sondern oft um ein entschieden retrospektives Projekt – durchaus im Einklang mit der nicht-popliterarischen Generationenliteratur, die ebenfalls verstärkt seit den 1990er Jahren Erinnerung und Geschichtsrekonstruktion im Muster des Familienromans unternimmt (vgl. Neuschäfer 2013; Reidy 2013; Gisbertz 2018).

Max Goldt brachte die Tendenz zur Pop-Retrospektion 1997 in einer Kolumne auf den Begriff „Erinnerungssport" und kleidete seinen Befund in eine ironische

Empfehlung: „Den Jugendlichen muss man sagen: Merkt euch die Namen all der Liedchen, wo zuerst ein Mann rappt und dann eine Frau den Refrain singt. Merkt euch die Herstellerfirmen eurer gesteinsbrockenartigen Schuhe. Büffelt Energielimonadennamen." Der Zusammenhang von Pop und Erinnerung wird hier also bereits auf die aktuelle Jugendkultur angewendet, als Vorschau nicht nur auf ihr zukünftiges Vergangensein, sondern bereits auf die darauf folgende Wiederbelebung als Retro-Mode. Für diesen Umsatz von popkultureller Gegenwart in ein erneutes Retrophänomen veranschlagt der Kolumnist eine kurze Dauer: „Wenn ihr das tut, werdet ihr in fünfzehn Jahren gerngesehene Gäste retrospektiver Runden sein." (Goldt 1997, 173; → 4.11 HOHLWECK)

Nach diesem Muster konstituiert sich insbesondere die von Florian Illies identifizierte *Generation Golf* aus versatzstückhaften Erinnerungen an die Konsumkultur der 1970er und 80er Jahre mit Playmobil-Figuren und Scout-Schulranzen. Der von Illies geführte Generationsdiskurs erhält durchweg den Charakter des nostalgischen Rückblicks, der schließlich provokativ gegen Zukünftigkeit ausgespielt wird: „Veränderungen wird die Zukunft kaum bringen. Und deswegen kann man sich um so intensiver um die eigene, ganz persönliche Vergangenheit kümmern." (Illies 2000, 197) Es wird also von der persönlichen Erinnerungsarbeit auf den kollektiven Zustand eines generationellen Wir geschlossen. Illies betont fast kokett die darin liegende Eitelkeit, die er zwar wiederum seiner Generation in Rechnung stellt, aber vor allem als Kern eines autobiografischen Projekts kenntlich macht: „Wir haben, obwohl kaum erwachsen, schon jetzt einen merkwürdigen Hang zur Retrospektive, und manche von uns schreiben schon mit 28 Jahren ein Buch über ihre eigene Kindheit, im eitlen Glauben, daran lasse sich die Geschichte einer ganzen Generation erzählen." (Illies 2000, 197) Damit ist das Grundproblem dieser Art von Generationenliteratur angesprochen. Sie formuliert bestimmte kulturelle, gesellschaftliche oder politische Anliegen aus einer Wir-Perspektive, ohne dass erkennbar würde, welchen Regeln die Übertragung vom Partikularen aufs Kollektive eigentlich folgt. Die Rede im Namen einer Generation dient meist nur der – mehr oder weniger glaubwürdigen – Behauptung breiterer Resonanz und Relevanz des jeweiligen Themas (vgl. Karasek 2008).

Anders liegt die Sache bei Generationenbüchern, in denen der Versuch unternommen wird, eine soziale Gruppe als Gruppe zur Sprache zu bringen. Hervorzuheben sind hier die Interviewbücher von Jürgen Teipel, *Verschwende Deine Jugend* (2001) und *Mehr als laut* (2013). Sie bieten Rückblicke auf Stationen der deutschen Popkultur anhand wichtiger musikalischer Strömungen – Punk und New Wave im ersten, Techno im zweiten Fall – und konstruieren jeweils einen „Querschnitt durch eine ganze Generation" (Teipel 2001, 8). Sie sind somit Teil der „Geschichtsschreibung" des Pop (Büsser 2003, 157). Allerdings verfährt Teipel nicht historiografisch, sondern liefert einen poetologisch bemerkenswerten Beitrag zur

Pop-Literatur. Im Zentrum steht der immer neue Versuch, einstige Präsenz durch Erinnerung wiedererscheinen zu lassen. Charakteristisch für diese Technik ist der Umstand, dass die Fragen des Interviewers nicht mit abgedruckt werden, so dass die Erinnerung wie von selbst voranschreitet. Erinnerungslücken spielen eine ebenso untergeordnete Rolle wie widersprüchliche Erinnerungen verschiedener Akteure an ein und dieselbe Situation. Zwar vervielfältigt sich die Gruppen-Erinnerung in zahlreiche Einzelstimmen, mit konträren Beurteilungen bestimmter Vorkommnisse und Entwicklungen, doch zielt die aufwendige Montagetechnik – das erste Buch ist explizit als *Doku-Roman* ausgewiesen – letztlich auf die Konstruktion eines kohärenten Generationengedächtnisses.

Ausführlich behandeln die Bücher die musikalische, habituelle und politische Sozialisation der Akteure. Von zentraler Bedeutung für das Selbstverständnis des Punk ist der immer wieder betonte Affekt gegen Hippies und ‚Achtundsechziger'. Zusätzlich zu dieser diachronen Abgrenzung bedeutet Punk auch einen synchronen „Riss durch die Generation" (Teipel 2001, 84): Über weite Strecken handelt *Verschwende Deine Jugend* von der Gewaltgeschichte um 1980, mit Kneipen- und Straßenkämpfen zwischen Punks und Rockern, Punks und Teds. Der Übergang von der allgemein-gesellschaftlichen zur spezifisch musikalischen Sozialisation läuft über das Konzept der ‚Gruppe', die sowohl *group* als auch *band* ist. Für die Düsseldorfer wie für die Berliner Punkszene wird eine gleichsam unschuldige Entstehungsphase ungerichteter Kreativität heraufbeschworen, von der sich die bald einsetzende Zuordnung zu Gruppen deutlich abhebt: „seit sich die ersten Gruppen gebildet hatten, war man äußerst unfreundlich zueinander" (Teipel 2001, 234). Zu dieser Problemlage gehören auch die Auseinandersetzungen zwischen Kollektiv und Einzelnem („die Gruppe und der Sänger", Teipel 2001, 266) und die Geschlechterdifferenz (Punk als „Befreiung des Mannes"; „[D]ieses Gockelgehabe [...] hatte nichts mit weiblichem Selbstverständnis zu tun", Teipel 2001, 306 und 197).

Die besondere Qualität von *Verschwende Deine Jugend* als Erinnerungsbuch liegt darin, dass es ausführlich vom Ende der Jugend und vom Altern der Punk- und New-Wave-Generation handelt. Im letzten Drittel des Buchs bemühen viele der erzählenden Protagonisten das Paradigma von Original und Nachahmung, um die ‚Neue Deutsche Welle' abzuwerten („Die wussten gar nicht, was das alles bedeutete", Teipel 2001, 311), sich nachträglich von den „Punks der zehnten Generation" abzusetzen (Teipel 2001, 313) oder musikalischen Erfolg als Kriterium für Verrat zu nehmen: „Peter Hein und Campino – das ist genau so ein Fall, dass der wirkliche Erneuerer untergeht, während die zweite Generation den Erfolg einheimst. Einfach durch stumpfes Weitermachen" (Teipel 2001, 351). Die Erinnerung bewirkt vielfach eine gewisse Melancholie angesichts der unweigerlich wachsenden zeitlichen Distanz zum Erinnerten: „Punkrock war Ende der

70er Jahre. Und das ist immer länger her" (Teipel 2001, 360). Allerdings wird aus der Perspektive der Zeit um 2000 ein musikalisches Nachfolgephänomen ausgemacht: Techno als „neue Musikwelle [...], die von Punk getriggert wurde" (Teipel 2001, 357).

Dementsprechend ist Teipels zweiter Interviewband insgesamt als Nachfolgewerk zu erkennen. Im Vorwort ist vermerkt, dass die Gespräche mit DJs fast im direkten Anschluss an den Erfolg des ersten Buchs begannen, zunächst als Recherchen für einen geplanten Roman. Während *Verschwende Deine Jugend* von vornherein als retrospektives Projekt über eine abgeschlossene Musikkultur angelegt war, fanden die Interviews für *Mehr als laut* inmitten der Technoszene statt. Den Einstieg machen zwar Erinnerungen der DJs an die „Anfänge" und „Schlüsselerlebnisse" ihrer musikalischen Sozialisation (Teipel 2013, 15 und 36), doch in der Hauptsache geht es um die Phänomene einer nach wie vor aktuellen Popkultur. Umso wichtiger ist der Umstand, dass es einer mehrjährigen Latenzphase zwischen den Gesprächen und ihrer Publikation bedurfte: Erst als „genügend Zeit ins Land gegangen" (Teipel 2013, 12) war, wurde das Projekt von den Gesprächspartnern freigegeben, nachdem Teipel sie erneut mit den Transkripten jener Interviews konfrontiert hatte. Daraus resultiert im letzten Kapitel mit der Überschrift „Fast zehn Jahre später" (Teipel 2013, 207) ein metaliterarischer Erinnerungseffekt: „Ich fand's lustig, das im Rückblick zu lesen"; „Ich konnte beim Lesen vor allem die Spontaneität nachvollziehen"; „Ich habe beim Lesen des Öfteren gedacht: [...]" (Teipel 2013, 207–211).

Ebenfalls an *Verschwende Deine Jugend* geschult und bereits ein Jahr vor *Mehr als laut* erschienen ist das Techno-Buch *Der Klang der Familie* von Felix Denk und Sven von Thülen. Die DJs, Veranstalter und Künstler, die hier zu Wort kommen, sind „Vertreter der ersten Generation" (Denk und v. Thülen 2012, 11). Der Schwerpunkt liegt auf der Zeit unmittelbar nach dem Fall der Mauer, die sich der Überprüfung durch die Interviewer entzieht: „Wir waren damals nicht dabei" (Denk und v. Thülen 2012, 11). Umso bereitwilliger beschränken sich die Autoren auf die Zusammenfügung der Selbstaussagen derer, die „dabei" waren und die die frühen 1990er Jahre als eine Zeit maximaler Bewegtheit und Offenheit erinnern. Wie Teipels Bücher, zielt auch dieses letztlich immer auf die Kohärenz des Erinnerten ab – mit einem funktionalen Verständnis von literarischer Montage, das sich beim näheren Hinsehen auffallend von dem im Techno selbst verwendeten, stark in die vorgefundene Substanz eingreifenden Montageverfahren des (Re-) Mixens und Samplens unterscheidet.

Die Titelformel *Der Klang der Familie* bezieht sich auf einen Track von Dr. Motte und auf die von ihm seinerzeit aufgeworfene Frage an den Produzenten 3Phase, „ob es eine blöde Idee sei, die Nummer ‚Der Klang der Familie' zu nennen. Zu kitschig? Ich dachte, nee, schaus dir doch an, passt doch." (Denk und v. Thülen,

281) Auch wenn das „Familiengelaber" von einem anderen Gesprächspartner als „saubescheuert" beurteilt wird, ist es doch für die retrospektive Erzählung der Techno-Sozialisationsgeschichte von großer Bedeutung – in Distanz etwa zum Begriff von ‚Freundschaft', der kaum einmal verwendet wird. Auch wenn Denk und von Thülen ihr Buch als die „Geschichte einer Wahlfamilie" verstehen (Denk und v. Thülen, 11), kommt im Begriff ‚Familie' eher das Wahllose der sozialen Bindung zum Ausdruck. Damit zeigt sich auch das tendenziell Deterministische des Generationsbegriffs. Es sind gute Gründe dafür vorgebracht worden, das Sinnversprechen der ‚Generation' darauf zurückzuführen, dass sie nicht zum Bereich der Gesellschaft, sondern zu dem der Gemeinschaft gerechnet wird. ‚Generationen' beruhen demnach in ihrer eigenen Selbstdeutung nicht auf sozialer Willkür, sondern auf wesenhafter Einheit (Niethammer 2009, vgl. Tönnies 1912). Dass der popliterarische Generationendiskurs bisweilen als ‚Familiengelaber' auftritt, scheint in der Tat ein Beleg für diese These zu sein.

4. Nostalgie in neueren Pop-Romanen

Nick Hornbys Roman *High Fidelity* (1995) war einer der wichtigen Auslöser für die Welle deutschsprachiger Popromane seit den späten 1990er Jahren. Man kann den großen Erfolg von Hornbys Buch kritisch darauf zurückführen, dass er angesichts der Schwierigkeit, mit literarischen Mitteln Gegenwärtigkeit zu produzieren oder zu simulieren, die „vermeintliche[ ] Klarheit der Vergangenheit" bevorzugt (Schumacher 2003, 9). Allerdings ist *High Fidelity* keine bloße Feier des Vergangenen, sondern trägt deutlich satirische Züge. Erzählt wird „das verspätete *coming of age* eines Musik-Nerds und *slacker*, der versucht, seine popmusikalische Sozialisation und deren Auswirkung auf sein Alltags- und Liebesleben zu reflektieren" (Büscher-Ulbrich 2011, 175). Aus diesem Versuch einer Abbildung des „then..." (Überschrift der kurzen Einleitung) auf das „now..." (Überschrift der eigentlichen Romanhandlung; Hornby 1995, 1 und 27) resultiert die witzige Nostalgie des Romans.

Nur zum Teil liegt dieser Witz in der bewussten Selbstironie des Ich-Erzählers Rob. Mindestens ebenso bedeutsam für die Komik von *High Fidelity* sind Robs Selbstmitleid und seine Unfähigkeit, den fortwährenden Rückbezug von „now"-Phänomenen aufs „then" – vor allem auf die in der Jugend erfahrenen Kränkungen – überhaupt als Problem zu erkennen. Auf der Ebene der Liebeshandlung beschäftigt er sich über weite Strecken damit, die Trennung von seiner Freundin Laura mit Erinnerungen an seine längst zurückliegenden „top five most memorable split-ups" (Hornby 1995, 1) zu kompensieren. Das immer wieder in den Romantext eingespielte Muster der Hitliste steht für den überindividuellen, popkulturell vorformatierten Charakter solcher Erinnerungen. Das Leiden am Verlust wird für Rob zum Inbegriff von Popmusik, was die vielzitierte Frage nach dem Ursprung dieser Verbindung aufwirft („What came first, the music or the misery?", Hornby 1995, 18). Zugleich schreibt er der Musik mehr als ein nur rückblickendes Vermögen zu: „sentimental music has this great way of taking you back somewhere at the same time that it takes you forward, so you feel nostalgic and hopeful all at the same time" (Hornby 1995, 50).

Hornby beendet seinen Roman damit, dass er die Nostalgie geradezu mit der Hoffnung identifiziert und so die Heilung seines ich-bezogenen Protagonisten inszeniert. Dafür steht Robs kurzes Comeback als DJ, das die zu ihm zurückgekehrte Laura für ihn organisiert und mit dem sie ihn schließlich offenbar erfolgreich aus seiner Lethargie befreit. Schon während seiner ersten Karriere im „Groucho Club" der späten 1980er Jahre hatte Rob beim Auflegen einen 1960er/1970er-Jahre-Mix bevorzugt und „modern stuff" nur manchmal, „at times of crisis", verwendet (Hornby 1995, 68). Der abschließende „Return of the Groucho Club" ist also die Retrospektive einer Retrospektive, von Laura unter das boshaft wirkende Motto „Dance Music for Old People" gestellt (Hornby 1995, 228). Dazu passt auch der abschließende Liveauftritt einer Band, die als „Sonic Death Monkey" vorgestellt wird, bei der ersten Ansage den Namen „The Futuristics" in Erwägung zieht, dann aber ein pures Retro-Programm aus Rock'n'Roll, Twist und Motown abspult. Ihre eigentliche Zukunft sehen diese Nicht-Futuristen im konsequenten Setzen auf *vintage*: „The boys are talking about packing up the pop star thing and playing at silver wedding anniversaries." (Hornby 1995, 244)

Ganz unterschiedlich verfahrende Texte wie Andreas Neumeisters *Gut laut* und Benjamin von Stuckrad-Barres *Soloalbum* (beide 1998) sind auf Hornbys Erinnerungsliteratur bezogen worden. So deckt sich Neumeisters „Thema individueller Sozialisation durch Popmusik prinzipiell mit Hornbys *High Fidelity*". Das gilt vor allem für den „Versuch, ein subjektives Pop-Archiv zu konstruieren, welches die Funktion erfüllt, die individuelle Sozialisation des Erzählers zu erklären" (Büscher-Ulbrich 2011, 179–180), nämlich die im München der 1970er Jahre mit „Giorgio Moroder's Early Techno Sound of Munich" (Neumeister 1998, 11). Allerdings fällt in dieser Archivierungstechnik der „ganz unsentimentale Gestus" auf, passend zur „gänzlich unnarrative[n]" Machart (Baßler 2002, 149–150), bei der es nicht darauf ankommt, den musikalischen Rückblick handlungslogisch durch einen existenziellen Verlust zu motivieren. Umgekehrt teilt *Soloalbum* mit *High Fidelity* die Ausgangssituation des verlassenen Ich-Erzählers, doch ist hier der Liebeskummer „nichts als die Lizenz für das enzyklopädische Verfahren" (Baßler 2002, 102), mit dem sich Stuckrad-Barre betont ein Archiv der *Gegenwart* erschreibt, unter weitgehendem Verzicht auf Retrophänomene.

In seinem Roman *Der dreizehnte Beatle* (2005) wählt Gerhard Henschel einen originellen Weg, um popkulturelle Nostalgie zugleich zu feiern und zu ironisieren: Er verwendet das Erzählmodell der Zeitreise. Sein Ich-Erzähler darf sich bei einer Fee etwas wünschen und lässt sich in die 1960er Jahre nach London zurückversetzen, um zu verhindern, dass John Lennon Yoko Ono kennenlernt. Allerdings bewirkt er bei seinem Einsatz einen Autounfall, in dessen Folge Lennon dauerhaft ins Koma fällt, die Beatles sich auflösen und die Musikgeschichte sich nicht unbedingt verbessert: Paul McCartney singt seinen vom Romanhelden zutiefst verabscheuten Hit *Mull of Kintyre* nun nicht erst 1977, sondern bereits 1967. Dennoch lässt sich der Zeitreisende von seinem selbstgewählten Auftrag nicht abbringen, die Pophistorie zu optimieren, oder doch ihre schlimmsten Katastrophen zu verhindern, indem er ihre Protagonisten vor Drogenrazzien, karrieretechnischen Fehlentscheidungen und Unfällen warnt: „Dann zog ich Keith Richards ins Vertrauen. Wenn er nicht aufpasse, werde er am 7. Juni 1969 auf der A 286 einen Unfall bauen. [...] Mick Jagger warnte ich vor dem Open-Air-Konzert in Altamont am 6. Dezember 1969. [...] Und er solle seinem alten Kumpel Ian Stewart sagen, wenn er nicht am 12. Dezember 1985 tot umfallen wolle, solle er rechtzeitig einen Herzspezialisten aufsuchen." (Henschel 2005, 97)

Henschels Ich-Erzähler ist eine wandelnde Enzyklopädie, ein personifiziertes Gedächtnis der Popkultur, hat seine Kenntnisse allesamt auswendig parat und gibt sie jederzeit wortreich zum Besten. Seine eigentliche Wunscherfüllung findet er darin, dass er von einem der zahllosen nachgeborenen Fans der sechziger Jahre zu ihrem alles vorauswissenden Teilnehmer wird – vom ‚umgekehrten Propheten' (so Friedrich Schlegels Kennzeichnung des Historikers) zum Mahner und Warner, der entgegen der notorischen Sorge anderer literarischer Zeitreisender alles versucht, um in den Lauf der Welt einzugreifen. Allerdings lässt sich kaum ein Musiker von seinem gefährlichen Lebenswandel abbringen: „An das Hohngelächter der Todgeweihten hatte ich mich längst gewöhnt." (Henschel 2005, 146) Zudem ist der Ich-Erzähler selbst nur zu gern bereit, an den Exzessen teilzunehmen. Er ist mental und narrativ durchweg auf Speed und begeistert sich für die ausführliche Dokumentation jedes Konzerts und jeder Party, die er besucht. Mit der Wahl dieses Erzählarrangements stilisiert Henschel seinen Roman als bewusst detail- und oberflächenversessene, fakten- und datenüberladene Retrofiktion.

Nochmals anders stellt sich Pop-Nostalgie in Sven Regeners *Magical Mystery* (2013) dar. Als Buch über die frühe Technoszene ist dieser Roman Teil des pophistorischen Rückbezugs der 2010er auf die 1990er Jahre. In seiner erzählerischen Konstruktion werden Rückblick und Erinnerung aber auf spezifischere Weise zum Thema: als Comeback einer literarischen Figur, die sich in melancholischer Weise um eine Wiedergewinnung von Gegenwärtigkeit bemüht. Der Ich-Erzähler Karl Schmidt spielte bereits eine entscheidende Rolle im ersten und dritten Band von

Regeners Frank-Lehmann-Romantrilogie, *Herr Lehmann* (2001) und *Der kleine Bruder* (2008). *Magical Mystery* behandelt – so schon der Untertitel – *Die Rückkehr des Karl Schmidt* nach einem drogeninduzierten psychotischen Schub, der ihn punktgenau mit der ‚Wende' des 9. November 1989 aus dem Hier und Jetzt katapultiert hatte. Fünf Jahre später verlässt er seine Drogen-WG, um als Fahrer und Tourmanager bei der Clubtournee des Techno-Labels „Kratzbombe" anzuheuern. Karl Schmidt erlebt den Enthusiasmus der DJs für das „Bummbumm" (Regener 2013, 25) mit großer Zuneigung, aber aus einer letztlich unüberbrückbaren Halbdistanz.

Regeners stilistisches Vermögen, Gedanken- und Redeströme über viele Seiten zu einem *trance*-haften Sog zu entwickeln, erzeugt hier nicht nur den Präsenzeffekt des Dabei-Seins, sondern bearbeitet eben jene Halbdistanz. Selbst wenn Karl Schmidt einmal „einen Moment lang" denkt, gerade „eine[n] der schönsten Tage" zu erleben, muss er sogleich „zurückdenken, um darauf zu kommen, wann ich zum letzten Mal einen so schönen Tag erlebt hatte" – einen Kindheitstag nämlich, der in der Erinnerung zugleich „ganz traurig" erscheint, „weil ich gleich gedacht hatte, dass es wahrscheinlich nie wieder so schön werden würde" (Regener 2013, 365). Auch im fortwährenden Disput der Labelchefs Raimund und Ferdi geht es um die Frage, inwiefern Techno überhaupt eine Angelegenheit der Gegenwart der Neunziger Jahre sei. Das Tourneekonzept „Magical Mystery" zitiert ausdrücklich ein Beatles-Projekt, und vor allem Ferdi ist an der Erklärung gelegen, dass man bei Techno „immer dieses psychedelische Hippie-Ding am Start" habe (Regener 2013, 374). Sehr genau sieht er in der Dance-Präsenz bereits deren Vergänglichkeit und misst sie an ihrem zukünftigen Erinnerungswert: „Aber dann möchte ich, dass wenigstens ein paar Leute übrig bleiben und sich erinnern und sagen können: Ich habe damals die Hosti Bros auf der Magical-Mystery-Sause von Kratzbombe gesehen." (Regener 2013, 375).

In den hier genannten Genres und Beispielen sind Generation, Sozialisation und Erinnerung in unterschiedlichen Mischungsverhältnissen aufeinander bezogen. Gemeinsam ist ihnen das Anliegen, in den emphatischen Präsentismus des Pop Elemente der Distanz und Ungleichzeitigkeit einzufügen. Das betrifft beide eingangs genannten Kategorisierungen der Generation als eines Modus von Sozialisation und Erinnerung: In synchroner Hinsicht kommen die Spannungen zwischen Individualität und sozialer Gruppe zum Tragen – Variationen der Formel „Talking 'bout my generation" –; in diachroner Hinsicht zeigen sich die Komplikationen der narrativen Konstruktion von Erinnerung und Gedächtnis. Sie lassen sich anhand der Pop-Literatur besonders produktiv diskutieren, weil sie hier in besonderer Weise umstritten sind.

Literaturverzeichnis

Appen, Ralf von, André Doehring und Helmut Rösing. „Pop zwischen Historismus und Geschichtslosigkeit. Kanonbildungen in der populären Musik". *No Time for Losers. Charts, Listen und andere Kanonisierungen in der populären Musik*. Hrsg. von Thomas Phleps und Dietrich Helms. Bielefeld: transcript, 2008. 25–49.

Baßler, Moritz. *Der deutsche Pop-Roman. Die neuen Archivisten*. München: C.H. Beck, 2002.

Bluhm, Lothar. „Popliteratur und Erinnerung. Kritische Anmerkungen zu einer topischen Entgegensetzung". *Das „Prinzip Erinnerung" in der deutschsprachigen Gegenwartsliteratur nach 1989*. Hrsg. von Carsten Gansel und Pawel Zimniak. Göttingen: V & R unipress, 2010. 47–57.

Bohnenkamp, Björn, Till Manning und Eva-Maria Silies (Hrsg). *Generation als Erzählung. Neue Perspektiven auf ein kulturelles Deutungsmuster*. Göttingen: Wallstein, 2009.

Büscher-Ulbrich, Dennis. „The Soundtrack of Our Lives? Zur Funktionalisierung von Musik in der Popliteratur". *Poetik der Oberfläche. Die deutschsprachige Popliteratur der 1990er Jahre*. Hrsg. von Olaf Grabienski, Till Huber und Jan-Noël Thon. Berlin und Boston: De Gruyter, 2011. 165–184.

Büsser, Martin. „,Ich steh auf Zerfall'. Die Punk- und New-Wave-Rezeption in der deutschen Literatur". *Text + Kritik Sonderband Pop-Literatur*. Hrsg. von Heinz Ludwig Arnold und Jörgen Schäfer. München: edition text + kritik, 2003. 149–157.

Coupland, Douglas. *Generation X: Tales for an Accelerated Culture*. New York: St. Martin's Press, 1991.

Denk, Felix, und Sven von Thülen. *Der Klang der Familie. Berlin, Techno und die Wende*. Berlin: Suhrkamp, 2012.

Ferchhoff, Wilfried. „Musikalische Jugendkulturen in den letzten 65 Jahren: 1945–2010". *Handbuch Jugend – Musik – Sozialisation*. Hrsg. von Robert Heyer, Sebastian Wachs und Christian Palenthien. Wiesbaden: Springer, 2013. 19–123.

Fichte, Hubert. *Die Palette. Roman* [1968]. Reinbek bei Hamburg: Rowohlt, 1978.

Foster, Karen R. *Generation, Discourse, and Social Change*. New York: Routledge, 2013.

Frank, Dirk. „,Literatur aus den reichen Ländern'. Ein Rückblick auf die Popliteratur der 1990er Jahre". *Poetik der Oberfläche. Die deutschsprachige Popliteratur der 1990er Jahre*. Hrsg. von Olaf Grabienski, Till Huber und Jan-Noël Thon. Berlin und Boston: De Gruyter, 2011. 28–51.

Friedemann, Sebastian, und Dagmar Hoffmann. „Musik im Kontext der Bearbeitung von Entwicklungsaufgaben des Jugendalters". *Handbuch Jugend – Musik – Sozialisation*. Hrsg. von Robert Heyer, Sebastian Wachs und Christian Palenthien. Wiesbaden: Springer, 2013. 371–393.

Fun. *We Are Young*. 2011.

Gabriel, Peter. *So*. 1987.

Gisbertz, Anna Katharina. *Die andere Gegenwart. Zeitliche Interventionen in neueren Generationserzählungen*. Heidelberg: Winter, 2018.

Goldt, Max. „Annette von Aretin, Hans Sachs, Guido Baumann sowie alternierend Marianne Koch und Anneliese Fleyenschmidt (Erinnerungssport)". *Max Goldt. Ä*. Zürich: Haffmans, 1997. 169–176.

Henschel, Gerhard. *Der dreizehnte Beatle. Roman*. Hamburg: Hoffmann und Campe, 2005.

Hornby, Nick. *High Fidelity* [1995]. London: Penguin, 2014.

Illies, Florian. *Generation Golf: Eine Inspektion*. Berlin: Argon, 2000.

Karasek, Tom. *Generation Golf. Die Diagnose als Symptom. Produktionsprinzipien und Plausibilitäten in der Populärkultur*. Bielefeld: transcript, 2008.
Leggewie, Claus. *Die 89er. Portrait einer neuen Generation*. Hamburg: Hoffmann und Campe, 1995.
Mannheim, Karl. „Das Problem der Generationen" [1928]. Karl Mannheim. *Wissenssoziologie. Auswahl aus dem Werk*. Hrsg. von Kurt H. Wolff. Berlin und Neuwied: Luchterhand, 1964. 509–565.
Mrozek, Bodo. *Jugend, Pop, Kultur. Eine transnationale Geschichte*. Berlin: Suhrkamp, 2019.
Neumeister, Andreas. *Gut laut. Roman*. Frankfurt am Main: Suhrkamp, 1998.
Neuschäfer, Markus. *Das bedingte Selbst. Familie, Identität und Geschichte im zeitgenössischen Generationenroman*. Berlin: epubli, 2013.
Newman, Randy. *I'm Dead (But I Don't Know It)*. 1999.
Niethammer, Lutz. „Die letzte Gemeinschaft. Über die Konstruierbarkeit von Generationen und ihre Grenzen". *Historische Beiträge zur Generationsforschung*. Hrsg. von Bernd Weisbrod. Göttingen: Wallstein, 2009. 13–38.
Parnes, Ohad, Ulrike Vedder und Stefan Willer. *Das Konzept der Generation. Eine Wissenschafts- und Kulturgeschichte*. Frankfurt am Main: Suhrkamp, 2008.
Pixies. *Doolittle*, 1989.
Regener, Sven. *Magical Mystery oder: Die Rückkehr des Karl Schmidt. Roman*. Berlin: Galiani, 2013.
Reidy, Julian. *Rekonstruktion und Entheroisierung. Paradigmen des ‚Generationenromans' in der deutschsprachigen Gegenwartsliteratur*. Bielefeld: Aisthesis, 2013.
Reynolds, Simon. *Retromania: Pop Culture's Addiction to Its Own Past*. London: Faber and Faber, 2011.
Schumacher, Eckhard. „‚Re-make / Re-model' – Zitat und Performativität im Pop-Diskurs". *Zitier-Fähigkeit. Findungen und Erfindungen des Anderen*. Hrsg. von Andrea Gutenberg und Ralph J. Poole. Berlin: Erich Schmidt, 2001. 271–291.
Schumacher, Eckhard. *Gerade Eben Jetzt. Schreibweisen der Gegenwart*. Frankfurt am Main: Suhrkamp, 2003.
Sonic Youth. *Daydream Nation*. 1988.
Stuckrad-Barre, Benjamin. *Soloalbum. Roman*. Köln: Kiepenheuer & Witsch, 1998.
Teipel, Jürgen. *Verschwende Deine Jugend. Ein Doku-Roman über den deutschen Punk und New Wave*. Frankfurt am Main: Suhrkamp, 2001.
Teipel, Jürgen. *Mehr als laut. DJs erzählen*. Berlin: Suhrkamp, 2013.
Tocotronic. *Ich möchte Teil einer Jugendbewegung sein*. 1995.
Ton Steine Scherben. *Allein machen sie dich ein*. 1972.
Tönnies, Ferdinand. *Gemeinschaft und Gesellschaft. Grundbegriffe der reinen Soziologie*. Berlin: Curtius, ²1912.
Ullmaier, Johannes. *Pop shoot Pop. Über Historisierung und Kanonbildung in der Popmusik*. Rüsselsheim: Hofmann, 1995.
Valli, Frankie. *Grease*. 1978.
The Who. *My Generation*. 1965.

3.5 Lyrics als Literatur
Till Huber

1. Popmusik als literaturwissenschaftlicher Forschungsgegenstand

Geht man davon aus, dass es sich bei Pop-Musik um das Leitmedium von Popkultur handelt oder dass sie in diesem Kontext zumindest gleichrangig zu Phänomenen wie Pop Art und Pop-Literatur erachtet werden kann, so verwundert es, dass sich die Philologien, insbesondere die Germanistik, ihr bisher nur zögerlich genähert haben. Dies lässt sich darauf zurückführen, dass Pop-Musik meist gar nicht als literarisches Phänomen wahrgenommen wird. Mit ihrer verbaltextlichen Dimension – im Folgenden wird von „Lyrics" die Rede sein – enthält sie jedoch eine zweifellos literarische Komponente, die allerdings nicht sinnvoll isoliert vom Kontext eines Songs untersucht werden kann. Lyrics lassen sich somit als eigenständige Textsorte begreifen, die ausschließlich durch ihre Präsenz innerhalb eines Medienverbundes realisiert wird. Hier fungieren sie in Verbindung mit Pop-Musik als gesungener Verbaltext oder Sprechgesang. Auf diese Weise lassen sie sich problemlos vom geschriebenen, gesprochenen oder – etwa im romantischen Kunstlied – gesungenen Gedicht abgrenzen. Entsprechend kann der Status von Lyrics als Literatur immer nur im Zusammenhang mit Pop-Musik diskutiert werden.

In den wenigen existierenden Forschungsbeiträgen zum Thema wird häufig dahingehend für die philologische Analyse von Songlyrics argumentiert, dass auf die Etymologie des Begriffs „Lyrik" als ein zur Lyra begleiteter Vortrag in Versform verwiesen wird (vgl. etwa Achermann und Naschert 2005, 210). Zwar erscheint die Gleichsetzung von Lyrik mit Liedhaftigkeit bis ins 20. Jahrhundert hinein keineswegs selbstverständlich (vgl. Burdorf 1997, 23–24), doch sorgen die musikalischen und performativen Aspekte des Pop-Songs tatsächlich dafür, dass sich mit Songlyrics seit den 1950er Jahren eine liedhafte Form der Massenlyrik etablieren konnte.

Durch den hybriden Status des Pop-Songs als Verbindung von Lyrics und Musik ergeben sich analytische Probleme für die Literaturwissenschaft, insofern ihr ein Selbstverständnis als rein philologische Disziplin zugrunde liegt. Gerade in ihrer Hybridität erscheint Pop-Musik allerdings auch als besonders attraktiver Forschungsgegenstand für kulturwissenschaftliche Ausweitungen der Philologien. Angesichts der starken massenmedialen Präsenz von Pop-Musik, deren Lyrics seit Mitte der 1950er Jahre durch die Intensität ihrer Rezeption zur dominanten lyrischen Form avancierten, wird die Analyse von Pop-Songs zunehmend

Teil der literaturwissenschaftlichen Agenda, während die analytischen Bedenken der orthodox-philologischen Ansätze nicht immer nachvollziehbar erscheinen: Die womöglich mangelnde intermediale Kompetenz im philologischen Zugriff auf Pop-Songs sei kein Grund, so die Literaturwissenschaftler Eric Achermann und Guido Naschert, auf diesen Untersuchungsgegenstand zu verzichten. In den anderen Philologien, etwa der anglistischen oder der amerikanistischen, seien solche Bedenken ohnehin nie vorhanden gewesen, und in Deutschland hätten fehlende Fachkompetenz und ästhetische Vorbehalte Germanisten auch nicht davon abgehalten, literaturwissenschaftliche Film- und Medienanalysen vorzulegen (vgl. Achermann und Naschert 2005, 210).

Aufgrund ihrer medialen Allgegenwärtigkeit und der konstitutiven Verbundenheit mit Konsum- und Marktmechanismen sieht sich Pop-Musik als Kunstform dennoch weiterhin mit Ressentiments konfrontiert. Weniger als ästhetisches, sondern eher als sozial- und kommunikationswissenschaftlich zu erfassendes Alltagsphänomen wurde Pop-Musik deshalb in der Vergangenheit zum Gegenstand akademischer Forschung. So bestimmen die Musikwissenschaftler Reinhard Flender und Herrmann Rauhe Pop-Musik als das „außermusikalische Phänomen' einer spezifischen Kommunikationsstruktur, die sich unter bestimmten sozialpsychologischen Bedingungen blitzartig aufbauen kann und ebenso schnell wieder zerfällt", und bringen neben musikologischen Aspekten Analyseinstrumente aus „Kulturanthropologie, Soziologie, Massenpsychologie, Semiotik, Medienkunde, Ethnologie oder gar der Neurophysiologie" (Flender und Rauhe 1992, XI–X) in Stellung. Die Frage nach der ästhetischen Verfasstheit von Pop-Musik tritt gegenüber ihrem Status als massenmedial vermitteltes Rezeptionsphänomen und anderen sozialen Kriterien in der bisherigen Forschung eher den Hintergrund.

Auch im Feuilleton wird Pop-Musik häufig auf ihre Stellung als „Seismograf gesellschaftlicher Schwingungen" (Rapp 2009, 142) reduziert, während die einzelnen popästhetischen Artefakte als solche untertheoretisiert bleiben. Auch wenn in den etablierten Feuilletons zunehmend Neuerscheinungen aus dem Bereich Pop-Musik vorgestellt werden, bleibt die Literaturkritik davon doch weitgehend unaffiziert oder begegnet dem Thema „Lyrics" mit einem distanzierten und pejorativen Gestus. So spricht der Schriftsteller Georg Klein im Literaturteil der *Süddeutschen Zeitung* davon, dass es „im Popsong vor allem um die Liebe unter jungen Leuten zu gehen hat und dass dieses Thema in sofort erkennbaren Grundsituationen und Stimmungslagen verhandelt werden muss." (Klein 2010, 14) Die Frage nach der Originalität eines Pop-Songs stelle sich, wenn überhaupt, „dann selten auf dem Feld des Textes und auch nur begrenzt auf dem Feld der Musik." (Klein 2010, 14) Eine ästhetische Abwertung erfolgt hier, indem das kommunikative Moment der Lyrics in reduktionistischer Weise hervorgehoben wird, während Pop-Songs und ihre Lyrics als standardisiertes, monothematisches und poetologisch normatives Verfahren erscheinen.

Zwar besteht kein Zweifel, dass Pop-Musik von einem Paradigma der Standardisierung geprägt ist, doch haben sich in der popspezifischen Auseinandersetzung mit Standardisierung vielfältige Verfahren herausgebildet. So sehr das kommunikative Moment dabei Beachtung fand, bleibt Pop-Musik als ästhetisches Phänomen in stärkerem Maße als Pop-Literatur und Pop Art unterrepräsentiert. Obwohl auch Pop-Literatur und Pop Art prominent in einer kapitalistischen Warenwelt lokalisiert sind und deren Vertreter sich mit Sujets aus Konsum, Werbung und Jugendkultur auseinandersetzen, wird ihnen eher als den Repräsentanten der Pop-Musik zugetraut, eine kritische Distanz zum Gegenstand zu wahren. Hier ist es denkbar, dass sich die Pop-Affinität der entsprechenden Kunstwerke auf die Wahl des Sujets beschränkt, so dass der Verarbeitung von Zeichen aus der Pop- und Konsumkultur nicht zwangsläufig ein affirmativer Modus zugeschrieben wird. Pop-Musik hingegen konstituiert sich traditionell vollständig im Rahmen dieser Kultur, gerade indem sie dominant durch marktwirtschaftliche Zusammenhänge vertrieben und rezipiert wird. Eine mögliche Kunstautonomie der Pop-Musik steht demnach immer im Verdacht, durch die Affinität zur Marktsphäre relativiert zu sein. Die emotive Funktion der Lyrics im Sinne eines der traditionellen Erlebnisdichtung verpflichteten Subjektivitäts-Paradigmas erscheint als ‚authentischer Ausdruck' unvereinbar mit Warenförmigkeit, Standardisierung und Kommerzialisierung der Pop-Musik.

Bei aller Nähe der Pop-Musik zur Marktsphäre kommt Baßler (2011, 2019) allerdings zu dem überraschenden Befund, dass Nennungen von Markennamen und explizite Verweise auf die Konsum- und Medienkultur in Pop-Lyrics tendenziell ausbleiben – in deutlichem Gegensatz zu Pop Art und Pop-Literatur. Durch die Abwesenheit solcher Motive wird in den prominent in den Konsumalltag integrierten Lyrics womöglich ein besonderer „Anspruch auf Transzendenz" erkennbar, der Pop-Musik „ständig über die Bedingungen hinwegtäuschen" (Gurk 1996, 21) lässt, unter denen sie entsteht. In der Tat wird Pop-Musik, wo sie nicht im engeren Sinne warenförmig in Erscheinung tritt, vor allem über ihre Funktionalität definiert, etwa als *muzak* oder Tanzmusik bzw. auf Ebene der Lyrics als eine Art Gebrauchsdichtung. Diese Implikationen wirken sich nicht nur auf die ‚Authentizität' des lyrischen Pop-Ichs oder die Transzendenzansprüche der Rezipienten aus, sondern auch auf die realweltlichen Produktionsbedingungen der Pop-Musik-Akteure: Erst 2007, als eine ökonomische Krise der Musikindustrie mit einem neuen Interesse an deutschsprachigen Bands zusammenfiel, wurde mit der „Initiative Musik" ein staatliches Förderprogramm für (deutsche) Pop-Musik ins Leben gerufen, wohingegen Subventionen und Stipendien in den Bereichen Theater, Bildende Kunst und Literatur seit langem existieren.

2. Systematische Analysekriterien zur Untersuchung von Pop-Lyrics

Wie bereits erwähnt, treten Lyrics immer als Hybridform in Verbindung mit Pop-Musik auf, weswegen die im Folgenden aufgeführten Analysekriterien sich auf den Pop-Song als ganzen beziehen. In Forschungsbeiträgen der letzten Jahre wurden, um der intermedialen Komplexität von Pop-Musik gerecht zu werden, vielfach Untersuchungen vorgelegt, die eine „multiperspektivische Herangehensweise" (Schumacher 2014, 431) in der Analyse von Pop-Musik befürworten. So präsentierte Jens Reisloh eine „Fünf-Feld-Methode", mit der versucht wird, die transdisziplinäre Analyse eines Liedes durch die Untersuchungsfelder der Schrift, des Sprechens, des Gesangs, der Vertonung und des übergeordneten Kontextes zu theoretisieren (vgl. Reisloh 2011, 41). Ole Petras diskutiert in seiner Studie *Wie Popmusik bedeutet* (2011) ein Vielfaches solcher Felder, neben Aspekten des sprachlichen Textes, der musikalischen Verfasstheit des Songs und der Performanz etwa die Ebene der Produktion und der Distribution. Auch Diedrich Diederichsen nennt in *Über Pop-Musik* (2014) mediale und soziale Zusammenhänge, die für die Analyse von Pop-Musik von wichtiger Bedeutung sind, wie etwa „Fernsehausstrahlung, Schallplatte, Radioprogramm, Live-Konzert, textile Kleidermode, Körperhaltung, Make-up und urbane[r] Treffpunkt" (Diederichsen 2014, XI).

Während in den genannten Untersuchungen ausgiebig intermediale, soziale und ökonomische Faktoren in die Analyse von Pop-Musik einfließen, liefert Moritz Baßler einen Vorschlag, den Gegenstandsbereich Pop-Musik texttheoretisch zu fundieren, und gibt eine mögliche Antwort auf die Frage nach einem Primärtext der Pop-Musik: Dieser lasse sich in Form einer Audioaufnahme fassen (vgl. Baßler 2003, 280). Als ‚primär' kann die auf Schallplatte, CD, Musikkassette, Tonband oder Festplatte gespeicherte Tonaufnahme demnach vor allem gegenüber Partituren und Notationen gelten, die bezogen auf Pop-Musik immer nur eine nachträgliche Annäherung bieten und nicht deren konkrete Phrasierungen und Klangmerkmale abbilden können. Als „Text" lässt sich die Audioaufnahme bei Baßler im Zuge eines operativen Analysemodus begreifen, so dass sie sich als speicherbare und wiederholt zugängliche Einheit strukturalistisch vor einem paradigmatischen Hintergrund (etwa: der Popkultur) lesen, d. h. in Äquivalenzbeziehung zu allen anderen gespeicherten Texten semantisieren lässt.

Die Vielzahl der Faktoren in der Analyse von Pop-Musik, wie sie etwa von Petras (2011) und Diederichsen (2014) hervorgehoben werden, bilden gemäß Baßlers Modell den Kontext der Audioaufnahme. Bei Petras und Diederichsen hingegen kommt der Subjektivität des Pop-Musik-Hörers eine größere Rolle zu als in der textualistischen Analyse, wie sie Baßler postuliert. Insbesondere Diederichsen erachtet den Hörer als Akteur, der im Rezeptionsprozess die mit dem Pop-

Song in Verbindung stehenden Diskursfäden durch soziale und mediale Interaktion zusammenführt, ohne dass die Audioaufnahme dabei notwendigerweise das Zentrum der Semiose bildet. Die „Projektionen" und „das Begehren dieser Rezipienten" würden letztlich für das Zustandekommen des Pop-Musik-Werkes sorgen, so dass es sich hier um die „Nutzer, aber in einem sehr hohen Maße auch die *Macher* von Pop-Musik" (Diederichsen 2014, XI) handle.

Diese unterschiedlichen Positionen in Betracht ziehend, werden im Folgenden Analysekriterien vorgeschlagen, die im kulturwissenschaftlich-philologischen Blick auf Pop-Musik berücksichtigt werden können.

(1) Textanalyse: Wird in der Analyse des Pop-Songs die Audioaufnahme als Primärtext und zentraler Gegenstand angenommen, wäre zunächst eine Untersuchung von deren verbaltextlicher und musikalischer Dimension vorzunehmen. Den philologischen Ausgangspunkt bildet dabei die formale Analyse des Verbaltextes im Sinne einer Gedichtinterpretation, in der die Redesituation des lyrischen Ichs (Richtet es sich an ein Du? Spricht es als kollektives Wir?), das Sprachniveau, etwaige narrative Elemente, rhetorische Figuren und Tropen, Lautstruktur (Reim, Alliteration), metrische Aspekte wie auch Versmaß beschrieben werden. In der strukturalen Analyse des Songaufbaus wird der philologische Zugriff ausgeweitet, insofern hier musikalische und verbaltextliche Elemente gleichermaßen Beachtung finden, etwa in der Strukturierung eines Songs in Strophen und Refrain. Eine Inhaltsanalyse (Themen, Motive und Topoi) lässt sich dagegen weitgehend mit dem gewohnten literaturwissenschaftlichen Instrumentarium bestreiten. Allerdings müssen auch musikalische Aspekte in Betracht gezogen werden, wenn Intertextualität in Text und Musik untersucht wird, denn Verweise auf andere Werke können in Form von klanglichen oder sprachlichen Anspielungen und Zitaten wie auch im Bezug auf die (Genre-) Zugehörigkeit zu einer Musikrichtung oder -tradition erfolgen (z. B. Punk, Reggae, Brit-Pop, Chanson etc.). Wird der Song als ein „an anglo-amerikanischen Vorbildern orientiertes Lied" (Burdorf 2003, 452) begriffen, schließt sich hier unmittelbar die Frage an, in welcher Sprache getextet und gesungen wird – etwa: Deutsch, Englisch, mit Sprachwechsel, in einem Dialekt oder in der Sprache einer Subkultur. Schließlich wäre auf Ebene des Primärtextes das Verhältnis von Musik und Text (Rhythmus, Dynamik) wie auch die Klangästhetik der Stimme und der Instrumente zu untersuchen.

(2) Performanz und Paratexte: Die Audioaufnahme als Primärtext der Pop-Musik lässt sich sinnvoll nur durch die Kontextualisierung in einem größer angelegten Zeichensystem semantisieren. Zu diesem zählt unmittelbar das Plattencover bzw. das *artwork* des Tonträgers sowie das CD-, LP- oder digitale Booklet mit den darin enthaltenen Informationen als eine das Album-, Maxi- oder Singleformat ergänzende visuelle und verbaltextliche Darstellungsebene. Hier wären zudem Videoclips, Aufzeichnungen von Live-Auftritten und der Werkkontext des Musi-

kers bzw. der Band zu berücksichtigen. Auch lassen sich zu diesem Zeichensystem Inszenierungen der Musiker bei Auftritten, in Interviews, auf deren Websites und ihr öffentliches Image zurechnen. Innerhalb dieser Inszenierungen werden auch beispielsweise Frisuren, Kleidung und Musikinstrumente zu zeichenhaften Bedeutungsträgern, die in die Analyse von Pop-Musik einfließen.

(3) Haltung und Bezug zum gesellschaftlichen Kontext: Einen eher soziologischen Blickwinkel nimmt die philologisch-kulturwissenschaftliche Songanalyse ein, wenn sie spezifische Haltungen des Autors oder der Gruppe im sozialen Kontext identifiziert und mit dem Primärtext verknüpft. Hier wäre etwa das Verhältnis des Autors zu Kulturindustrie und Musikmarkt, zu ästhetizistischen und ironischen Verfahren, zu ‚engagierten' Ansätzen und zum Umgang mit Tabus angesprochen. In Bezug auf den letzteren Aspekt wird beispielsweise der warnende Vermerk „Parental Advisory – Explicit Lyrics" des Verbandes der amerikanischen Musikindustrie zum nicht-autorisierten, aber dennoch semiotisch lesbaren Bestandteil eines Plattencovers und kann damit gleichsam als ‚Lockruf' für Hörer fungieren, die an sprachlichen Tabubrüchen interessiert sind. Des Weiteren sind die Rezipienten bzw. Fans als soziale Gruppe und der Erfolg im historischen Kontext von Interesse – sowohl bei Kritikern als auch auf dem Markt durch die Anzahl verkaufter Einheiten. Auch das utopische oder subversive Potenzial innerhalb eines Kontextes spezifischer sozio-politischer Geisteshaltungen spielt in der Semiose einzelner popmusikalischer Artefakte eine wichtige Rolle. So weist etwa die gegenkulturelle Rockmusik der 1960er Jahre ein hohes utopisches Potenzial auf, während im Gangsta-Rap der 1990er Jahre utopisches Denken durch Hoffnungslosigkeit und Realismus ersetzt wird und sich auf diese Weise eine destruktiv-dissidente Haltung offenbart.

3. Historisierung deutschsprachiger Pop-Lyrics

Seit Mitte der 1950er Jahre hat sich Pop-Musik zu einem heterogenen und ausdifferenzierten Feld entwickelt. Wo lange Zeit in Verbindung mit Pop-Musik und ihren Lyrics von ihrem Unterhaltungswert, ihrer Standardisierung und ihrer Popularität die Rede war, haben sich neben stärker standardisierten Formen (Mainstream-Pop) auch intertextuell komplexe und geradezu hermetische Verfahren herausgebildet. So wurden besonders abstrakte, virtuose, ästhetisch innovative oder intertextuell voraussetzungsreiche Formen von Pop-Musik mit dem Begriff „Avant-Pop" in Verbindung gebracht (vgl. Hecken 2012, 55–73). Im Zeichen dieser Heterogenität werden folgend am Beispiel der deutschsprachigen Pop-Musik Anhaltspunkte zur Historisierung von Pop-Lyrics gegeben.

Noch bevor ein Pop-Paradigma in Deutschland auf breiter Front Gültigkeit erlangen konnte, wurden in den 1960er Jahren die Standpunkte der stark mit Pop-Musik assoziierten Gegenkultur von politischen Liedermachern wie Franz Josef Degenhardt, Dieter Süverkrüp und Rolf Schwendter vertreten. Bei ihnen liegt eine Dominanz auf den (deutschsprachigen) Verbaltexten, so dass in den Protestsongs der genannten Musiker kein Hybrid zwischen Musik und Verbaltext zustande kommt und entsprechend nicht von „Lyrics" gesprochen werden kann. Die politischen Songs der Liedermacher bewegen sich vielmehr in der Nähe des französischen Chansons und den Liedern der amerikanischen und deutschen Arbeiterbewegung, d. h. die einfach instrumentierte Musik ohne Bandbesetzung – meistens wird der Gesang lediglich von der Gitarre begleitet – dient als Hintergrund für ambitionierte Verbaltexte, die weniger ein lyrischer als ein erzählender Duktus auszeichnet. Diese ‚Erzählung' bleibt unmittelbar an den Vortrag des Liedermachers gebunden und wird nicht primär als Aufnahmewerk verstanden. Stellvertretend ließe sich hier Franz Josef Degenhardts veröffentlichte Aufnahme seines Auftritts anlässlich der Internationalen Essener Songtage 1968 nennen.

Die Protesthaftigkeit der Liedermacher wurde – nun im Modus der Pop-Musik – von Vertretern eines deutschsprachigen „Polit-Rock" fortgeführt. Von den späten 1960er Jahren bis in die frühen 1980er Jahre hinein instrumentalisierten Bands wie Ton Steine Scherben und Floh de Cologne die angloamerikanischen Pop-Formen, um marxistische, gewerkschaftspolitische und außerparlamentarisch-oppositionelle Haltungen und Ideologien massenwirksam zu propagieren. Dies geschah häufig in Verbindung mit äußerst kunstfeindlichen Implikationen. Pop-Musik war für die Akteure des Polit-Rock häufig reines Kommunikationsmedium, wie durch viele dokumentierte Selbstaussagen und manifestartige Schriften erkennbar wird (vgl. Peinemann 1980). Die spezifischen ästhetischen Verfahren der Popkultur wurden als solche nicht emphatisch rezipiert oder anders als in konsum- und kapitalismuskritischer Form reflektiert. Im eigenen Werk der Polit-Rock-Bands wurde die Verwendung von Pop-Formen fortwährend durch deren politische Effektivität gerechtfertigt. So bemerkte Frank Zappa im Rahmen seines Konzertes bei den Internationalen Essener Songtagen 1968, auf denen neben Franz Josef Degenhardt auch Floh de Cologne vertreten waren, die Abwesenheit eines sinnlichen und spielerischen Verhältnisses zum Pop, wie er es aus dem Underground-Umfeld in den USA kannte: Viele Auftritte in Essen seien in politische Diskussionen ausgeartet; das Publikum in Deutschland diskutiere offenbar lieber über Musik, als dass es ihr zuhöre.

Als Reaktion auf die fehlende musikalische und verbaltextliche Komplexität, die von den Akteuren des Polit-Rock bewusst als anti-elitäre Geste in Kauf genommen wurde, ließ sich in Verbindung mit der Anfang der 1980er Jahre in Erscheinung tretenden Neuen Deutschen Welle eine Art ästhetischer *turn* beobachten.

Hier kam es zu einer Ausweitung postmoderner Verfahren in Form von artifiziellen und minimalistischen Produktionen, die sich gegen den Authentizitätsgestus von Rock, Punk und – auch außermusikalisch – der Alternativbewegungen richteten. Auf Ebene der Lyrics lassen sich bei Vertretern wie Markus, Hubert Kah, Nena, Spider Murphy Gang oder Extrabreit („Hurra, hurra, die Schule brennt") parolenhafte und plakative Verfahren erkennen. Neben ihnen finden sich Repräsentanten wie Trio, Foyer des Arts, Andreas Dorau, Die Radierer oder Ideal („Campari auf Tahiti, Bitter Lemon auf Hawaii"), die ähnlich plakativ eine Nähe zu Konsumsphäre und Massenmedien ausstellen, die ihre Texte dabei aber subtil ironisch markieren. Gerade letztere Gruppen thematisieren auf diese Weise die „Simplizität politischer Weltbilder, den Nonsens der Alltagskommunikation, die Stupidität der Werbesprache" und entdeckten hierin einen „Materialvorrat für neuartige Textcollagen und Katachresen" (Mellmann 2005, 260). Zum Komplex der Neuen Deutschen Welle zählen überdies hermetische und abstrakte Collage-Formen, die z. T. musikalisch mit emphatischem und tanzbarem Pop kombiniert wurden (Palais Schaumburg, Der Plan, DAF, Kosmonautentraum, F.S.K., Die Tödliche Doris).

Die ästhetische Wende im Zusammenhang mit der Neuen Deutschen Welle fiel mit den Anfängen eines subjektiven, häufig von poststrukturalistischer Theorie beeinflussten Pop-Journalismus zusammen, wie er in Musikzeitschriften wie *Sounds* und *Spex* bis in die 1990er Jahre hinein verfolgt wurde. Zugleich entstanden in der Literatur durch Veröffentlichungen wie die von Peter Glaser herausgegebene Anthologie *Rawums.* (1984) oder Diedrich Diederichsens *Sexbeat* (1985) Texte, die eine Affinität zu Pop-Musik thematisch oder durch Szenezugehörigkeit der beteiligen Autoren herstellten. Sowohl *Sexbeat* als auch *Rawums.* lassen eine zunehmende ästhetische Wertschätzung von Pop-Musik erkennen. So spricht Diederichsen von einer neuen „Pop-Musik-Art" und einer „nicht mehr herausgeschrieen, sondern analog zum System der Sprache aus bedeutenden musikalischen und außermusikalischen Zeichen angeordneten Pop-Musik" (Diederichsen 1985, 41). In Glasers einleitendem Beitrag zu *Rawums.* wird der hohe Stellenwert betont, der Lyrics als – bzw. an Stelle von – Literatur in intellektuell avancierten Kreisen in dieser Zeit zukommt: Während „Langeweile, Lahmarschigkeit und Literatur" für „so zirka dasselbe" (Glaser 1984, 9) stünden, seien Songtexter „die ersten Schreibenden zum Ende der literarisch hinsiechenden 70er, denen der Kragen platzt: Rawums" (Glaser 1984, 14). In einem berühmt gewordenen Statement hebt Glaser auf den Status von Lyrics bzw. Pop-Musik als Literatur ab: „Das beste Buch des Jahres '81 ist eine Schallplatte: ‚Monarchie und Alltag' von Fehlfarben." (Glaser 1984, 14–15)

Auf die Neue Deutsche Welle folgte eine Phase des „Deutschrock" mit Repräsentanten wie BAP, Herbert Grönemeyer, Heinz Rudolf Kunze, Klaus Lage, Wolf Maahn, Peter Maffay und Marius Müller-Westernhagen. Nach der radikalen Artifizialität der NDW, der Destruktivität des Punk und der dogmatischen Politisierung der Polit-Rock-Bands steht Deutschrock eher mit Mittelmäßigkeit, Stillstand und dem Ausbleiben progressiver ästhetischer Impulse im Zusammenhang. Es handelt sich hier um eine Form von deutschsprachigem Mainstream-Rock, der angloamerikanische Rockmusik im Stil von Bruce Springsteen, Rolling Stones oder Bob Dylan imitiert. In den sozialkritischen Lyrics der Deutschrock-Bands werden gemäßigte linksliberale Positionen erkennbar, die häufig auf Verständigung und „eine zentrale Aussage" (Seiler 2011, 94) zusteuern.

Auf eine Überwindung des Deutschrock-Paradigmas, das von dem Musiker Tobias Levin im Bezug auf die Prosperität der Neuen Deutschen Welle als „Aftershow-Depression" (Kuhn 2003, 129) bezeichnet wird, zielen die Vertreter der sogenannten „Hamburger Schule" um 1990 ab. Bands wie Blumfeld, Die Sterne, Tocotronic, Brüllen, Cpt. Kirk &. und Kolossale Jugend setzten den eher sentimentalen und ‚ehrlichen' Lyrics des Deutschrock verklausulierte, intellektualisierte und abstrahierte Verfahren entgegen, die aufgrund ihrer ausgestellten Intertextualität und Selbstreflexion auch als „Diskursrock" bezeichnet werden (vgl. Huber 2016). Als gemeinsamer verbaltextlicher und musikalischer Bezugspunkt lässt sich insbesondere die Band Fehlfarben ausmachen, deren kritische Lyrics, anders als beim Polit-Rock, auch als ästhetische Gebilde wahrgenommen wurden und so innerhalb der Neuen Deutschen Welle aufgehen konnten. Die Hamburger Schule kann dagegen durch ihre ‚engagierte' und ernsthafte Auseinandersetzung mit einem innerhalb der kapitalistischen Pop-Welt lokalisierten lyrischen Ich auch als Abkehr von der ästhetizistischen, ironischen und sich politischen Sujets verweigernden Neuen Deutschen Welle verstanden werden. Im Fall von Blumfeld sorgten die intertextuell komplexen, mit Verweisen auf Else Lasker-Schüler, Rolf Dieter Brinkmann und Patti Smith besonders der Lyrik-Tradition verpflichteten Verbaltexte für eine ganz andere Form der Artifizialität als sie im Zuge der Neuen Deutschen Welle erkennbar wurde und orientieren sich teilweise am Duktus der Frankfurter Schule. Die Nähe zur E-Lyrik wird in den Lyrics, dem ‚gesprochenen' Gesangsstil und dem ganz ohne musikalische Begleitung vorgetragenen Text „L'etat et moi (Mein Vorgehen in 4, 5 Sätzen)" (1994) ausgelotet (→ 4.10 METELMANN), Blumfelds Zitatcollagen der Alben *Ich-Maschine* und *L'Etat et Moi* lassen dabei aber immer genügend alltagssprachliche Anknüpfungspunkte und spezifische performative Inszenierungsmerkmale bestehen, um als Pop-Band rezipiert werden zu können.

Etwa zeitgleich mit der Hamburger Schule tritt auch der deutsche Hip-Hop in Erscheinung – zunächst prominent als humoristisches Mainstream-Phänomen in Verbindung mit der Gruppe Die Fantastischen Vier. Wenig später wurden weitere Spielformen des deutschsprachigen Hip-Hop erkennbar, die durch subtile Ironie und Insider-Humor auf sich aufmerksam machten (Fischmob, Der Tobi & das Bo, Fünf Sterne Deluxe, Fettes Brot). Eine Übertragung des US-amerikanischen *con-*

scious rap erfolgte nur bedingt mit Gruppen wie Advanced Chemistry, Freundeskreis und Absolute Beginner. Seit 2000 wird der deutsche Hip-Hop-Mainstream zunehmend von Gangsta- und Battle-Rap-Stilen, insbesondere durch Sido und Bushido, dominiert. Daneben tritt mit Haiyti, Hustensaft Jüngling, LGoony, Money Boy und Yung Hurn in der zweiten Hälfte der 2010er Jahre eine jüngere Generation von Rapperinnen und Rappern in Erscheinung, die mit ihrem Cloud Rap bzw. Trap einen dilettantischen wie künstlichen Ansatz verfolgt. Durch simpelste, schnell produzierte Songideen, den Einsatz von elektronischen Elementen und die Bearbeitung der Stimme durch den Auto-Tune-Effekt machen sich die Vertreter des Cloud Rap über den Authentizitätsanspruch und die Skills der älteren Generation lustig.

Auf Ebene der Lyrics begünstigte Hip-Hop die Auflösung des Endreimschemas in der deutschsprachigen Pop-Musik. Die Verwendung von Reimen ist in der Pop-Musik zwar grundsätzlich optional, doch war diese lange Zeit durch Endreime gekennzeichnet, während es beim Hip-Hop zu einer freieren Verwendung von Stab- und Binnenreimen kommt, was auch etwa auf den mit der Hamburger Schule assoziierten und durch Hip-Hop beeinflussten Alben *Ich-Maschine* (Blumfeld, 1992) und *Wichtig* (Die Sterne, 1993) deutlich wird. Auch narrative Verfahren gewinnen durch Hip-Hop an Bedeutung, wodurch auch der Status des lyrischen Ichs als fiktive Größe relativiert wird. Die ‚Welt' des Hip-Hop-Ichs kann im Sprechgesang durch eine große Textmenge ausführlich entfaltet werden. Auf diese Weise wird im Hip-Hop die Identität von artikuliertem Ich und real existierendem Autor in Form einer Persona stärker suggeriert und detaillierter ausgestaltet als in konventionellen Pop-Songs.

In den letzten fünfzehn Jahren war die deutschsprachige Pop-Musik von einem eklektizistischen Pluralismus geprägt, in dem sich konkrete Strömungen kaum beschreiben lassen. Bemerkenswert erscheint allerdings die durch Bands wie Wir sind Helden, Juli und Silbermond geprägte Hochkonjunktur deutschsprachiger Pop-Musik, die Moritz Schramm als „Neue Neue Deutsche Welle" (Schramm 2010, passim) beschreibt. Schramm sieht in den Lyrics der genannten Bands vor allem eine Abgrenzung zum Diskursrock der 1990er Jahre: Wurde hier noch die gesellschaftliche und popkulturelle Bedingtheit des eigenen Schaffens programmatisch reflektiert, wird nun ein Außen der Konsumwelt imaginiert als „Inszenierung einer neuen Naivität" (Schramm 2010, 178). Gefühle werden nun weniger verklausuliert, stattdessen werden „,wirkliche Schönheit', ein unverdorbenes Herz und ein wahres Menschsein antizipiert" (Schramm 2010, 169). Schramm lässt dabei offen, ob dieses Programm hinter das Reflexionsniveau des Diskurspop zurückfällt oder ob es sich um eine selbstbewusste und „kritische Position außerhalb des medialen Diskurses" (2010, 169) handeln könnte. Die Verfahren der Hamburger Schule zeichnen sich dagegen auch im Zuge des neuen Pluralismus durch eine starke Kontinuität aus: Die früheren Bands sind teilweise noch aktiv (Tocotronic, Die Goldenen Zitronen, Die Sterne) oder finden sich nach ihrer Auflösung zur Reunion zusammen (Blumfeld), daneben wird der Diskurspop-Stil von einer Generation jüngerer Bands, darunter Die Heiterkeit, Ja, Panik, Messer und Trümmer aufgegriffen.

4. Kontext: Lyrics und Prosaliteratur

Lyrics erweisen sich außerhalb des Feldes der Pop-Musik als äußerst anschlussfähig. Es lässt sich leicht nachweisen, dass Songlyrics häufig Einzug in die Prosaliteratur finden und diese prägen. So war es ein wörtliches Zitat aus einem Song der britischen Band Pulp, das in Deutschland im Zusammenhang mit dem im Feuilleton kontrovers diskutierten Begriff „Pop-Literatur" für Aufsehen sorgte: Die Zeile „Irony is over, bye bye" aus dem Song „The Day After the Revolution" (1998) erschien abgedruckt auf dem Rücken der von Christian Kracht herausgegebenen Anthologie *Mesopotamia. Ernste Geschichten am Ende des Jahrtausends* (1999) und ließ offen, ob im Kontext der Pop-Literatur nun tatsächlich eine Hinwendung zu ‚ernsten' Themen oder – plausibler – eine ubiquitäre Ironie verzeichnet werden konnte.

Die Präsenz von Pop-Lyrics und Pop-Musik in der Prosaliteratur ist kein exklusives Merkmal der sogenannten Pop-Literatur. Ausgehend von anglo-amerikanischen Autoren wie Bret Easton Ellis und Nick Hornby gewann Pop-Musik als Sujet in den 1990er Jahren aber durch ihre emphatische Thematisierung in den Werken von Benjamin v. Stuckrad-Barre, Christian Kracht und Andreas Neumeister an Bedeutung. Die genannten Autoren nehmen in ihren Pop-Musik-Referenzen verstärkt den ‚populären' Pop von den Pet Shop Boys über Modern Talking bis hin zu Guns'n'Roses und Donna Summer in den Blick, während Thomas Meinecke, Rainald Goetz und Alexa Hennig von Lange ihre Narrative in der Techno- und DJ-Kultur ansiedeln. Bei dieser literarischen Teilhabe am Techno-Phänomen stehen weniger Lyrics im Mittelpunkt des Interesses als vielmehr Aspekte der Intertextualität und Poetologie im Zusammenhang mit elektronischer Musik (Meinecke 1998, 2001) wie auch Versuche, sonische und psychedelische Club-Erfahrungen in Sprache zu fassen (Goetz 1998; Hennig von Lange 1997).

Gerade in den Texten Benjamin v. Stuckrad-Barres rücken Lyrics und Literatur in gleichsam mustergültiger Art und Weise zusammen. Sein Debütroman *Soloalbum* (1998; → 4.13 BASSLER) enthält eine Vielzahl an popmusikalischen Referenzen: Abgesehen vom Titel des Romans, dem einer Langspielplatte nachempfundenem Buchcover sowie der Tatsache, dass der Ich-Erzähler bei einer Plattenfirma arbeitet, tragen alle der 28 Kapitelüberschriften Songtitel der Brit-

Pop-Band Oasis, die in geradezu redundanter Weise in einer Liste der „zehn Singles zum Verlieben" (Stuckrad-Barre 1998, 216–218) erneut aufgezählt werden. Dem Roman sind zwei nebengeordnete Zitate in metonymischer Funktion vorangestellt, die den Schulterschluss von Literatur und Pop-Musik suggerieren: Vier Gedichtzeilen des Schriftstellers Jörg Fauser repräsentieren die Literatur im engeren Sinne, vier Zeilen aus einem Song der Band Carter USM die Pop-Musik. In Stuckrad-Barres *Soloalbum* wird Pop-Musik nicht nur zum Thema gemacht, häufig spielt sie eine konstitutive Rolle in der Rede des Ich-Erzählers. So entstehen in seiner Erzählung immer wieder Assoziationen zu Pop-Songs, wie etwa in der Situation des von der Freundin Verlassenen: „[I]ch muß einen Plan B nicht nur in der Tasche haben, ich muß ihn leben, sie ist weg, das ist jetzt mal so. Sie ist weg. Wegwegweg. Wenn ich blöd wäre, würde ich jetzt ein deutsches HipHop-Lied schreiben. Aber ich bin klug und gehe mich betrinken." (Stuckrad-Barre 1998, 136) Der Ich-Erzähler verweist hier zwar noch explizit auf ein „deutsches HipHop-Lied", doch wird das Zitat aus dem populären Song „Sie ist weg" (1996) der Fantastischen Vier mit hoher Selbstverständlichkeit inkorporiert.

Der Umgang mit Pop-Musik-Versatzstücken in der Literatur verlief nicht immer so unbeschwert. In Wolfgang Welts Roman *Peggy Sue* (1986), dessen Handlung im Bochum Ende der 1970er Jahre angesiedelt ist, stellt der musikbesessene Ich-Erzähler noch fest: „Es hatte nie viele Berührungspunkte zwischen Rock-Musik und Literatur gegeben. Einige Bands hatten sich nach Büchern oder Formulierungen von William S. Burroughs benannt, Soft Machine und Steely Dan, aber sonst gab's nicht viel." (Welt 1997, 56) Welts und Stuckrad-Barres Ich-Erzähler haben gemeinsam, dass sie sowohl auf dem Gebiet der Literatur als auch auf dem der Pop-Musik sehr bewandert sind und den fehlenden Dialog zwischen den beiden Sphären bedauern. Dabei stellen sie aber selbst in ihrer Rede fortwährend Verbindungen zwischen Literatur und Pop-Musik her. So macht sich Welts Ich-Erzähler während seiner Arbeit als Musik-Rezensent und Filialleiter eines Plattenladens Gedanken über das aktuelle Programm der *edition suhrkamp*, registriert, dass sein Mitarbeiter einen Band von Arno Schmidt zur Arbeit mitbringt (vgl. Welt 1997, 27–28) und fragt sich, wieso keiner der zeitgenössischen „Ruhrgebietsautoren" einen „‚Ulysses', ein ‚Gruppenbild mit Dame', eine ‚Stunde der wahren Empfindung', ‚Jahrestage' oder wenigstens ‚Tadellöser und Wolff'" (Welt 1997, 28) vorlegt.

Bei Stuckrad-Barre kommen die Berührungspunkte von Literatur und Pop-Musik prominent auch außerliterarisch zur Sprache: Er inszenierte sich als popmusik-affiner Autor, indem er seine Lesereise zu *Soloalbum* als eine Art Rock-Tournee zelebrierte, die doch keine war. Die Differenz des Literaturbetriebs zum Pop-Kontext wurde hier vom Autor fortwährend beklagt und ironisch kommentiert, wie die Mitschnitte der Lesungen (*Liverecordings*, 1999) dokumentieren. Auch der Protagonist von Stuckrad-Barres Folgeveröffentlichung *Livealbum*

(1999), den man leicht mit dem sich auf Lesereise befindlichen Autor von *Soloalbum* identifizieren kann, äußert ausgiebig seine Abneigung gegenüber Lesungen in Literaturhäusern und Buchhandlungen (vgl. Stuckrad-Barre 1999, 188–204) und wertet es als Erfolg, wenn seine Auftritte Rock-Konzerten ähneln (vgl. Stuckrad-Barre 1999, 117–132). Bei der zunehmenden Affinität der Prosaliteratur gegenüber Pop-Musik konstituieren sich die Schreibverfahren also häufig noch, wie im Fall von *Soloalbum* und *Peggy Sue*, als Reflektion der Differenz von Pop- und Literatursphäre.

Mit der steigenden Beliebtheit von Pop-Musik als Sujet der sogenannten Pop-Literatur kommt es seit den 1990er Jahren aber auch vielfach zu intertextuellen Bezugnahmen, bei denen die Grenzen zwischen Lyrics und Literatur immer mehr verschwimmen und bei denen die literarischen Impulse dezidiert von der Pop-Musik ausgehen. So bemerkt Guido Naschert, dass „die Texte des Hip-Hop und Alternative Pop (z. B. der sog. ‚Hamburger Schule') seit den 1990er Jahren einen neuen Ton in der musikalischen Öffentlichkeit etabliert" hätten, dessen Auswirkungen „bis hinein in die Prosa-Literatur erkennbar" würden (Naschert 2007, 107). Unschwer lässt sich Nascherts Behauptung anhand von Texten aus der jüngeren Gegenwartsliteratur belegen, in denen die Lyrics der Hamburger Schule zum Bestandteil des kulturellen Gedächtnisses einer neuen Literatengeneration werden. Es handelt sich in den folgenden Beispielen um Texte, die sich popästhetischer Verfahren bedienen, dabei aber nicht mehr emphatisch als ‚Pop-Literatur' firmieren bzw. sich nicht auf diese in den 1990er Jahren virulente Zuschreibung reduzieren lassen.

In *vollkommen leblos bestenfalls tot* (2011), dem Debütroman der im Erscheinungsjahr für den Bachmannpreis nominierten Autorin Antonia Baum (*1984), erfolgt ein prominenter Verweis auf die Hamburger-Schule-Band Tocotronic, wenn deren parolenhafter Songtitel „Ich möchte Teil einer Jugendbewegung sein" (1995) Einzug in den inneren Monolog der Ich-Erzählerin findet. Dabei wird Tocotronics (freilich ironisch markierter) Wunsch vom Bereich der Subkultur in die flexibilisierte Arbeitswelt der *new economy* überführt, wenn die Ich-Erzählerin ihre Tätigkeit als Praktikantin in einer Redaktion folgendermaßen beschreibt: „Ich lief über den Gang und wurde immer schneller. Es war ganz leicht. Ich hab mich beeilt, ich war nett zu allen, und ich wollte doch schon immer Teil einer Jugendbewegung sein." (Baum 2011, 96) Wo bei Tocotronic auf die gefühlte Abwesenheit einer Jugendbewegung verwiesen wird, deutet Baums Text an, dass jugendkulturelle Praktiken und Symbole im beruflichen Umfeld der Protagonistin zunehmend von Unternehmen appropriiert werden. Auf diese Passage folgend, kommt es in Baums Roman zu einem weiteren, allerdings wesentlich subtiler montierten Zitat aus dem Archiv der Hamburger Schule. In einem Skype-Chat der Ich-Erzählerin fällt der Satz: „ich würde ja gerne abstrakt was mit dir essen gehen, aber noch bin ich zu sehr auf meinen körper angewiesen." (Baum 2011, 104). Hier imitiert die Prosa-Schriftstellerin Baum offenbar den Duktus der Hamburger Band Die Sterne, in deren Song „Nüchtern" (1994) es heißt: „Ich würde lieber wirklich / als virtuell / essen gehen".

Auch Thomas Melle (*1975) bedient sich dieses Repertoires und montiert eine Reihe von Blumfeld-Zitaten in seinem Roman *Sickster* (2011). So heißt es in einem Tagebucheintrag der Figur Laura: „Ohh, näh! Weil ich so oberflächlich bin / kehrt sich mein Innerstes nach auszen" (Melle 2011, 212). Dabei handelt es sich um ein wörtliches, wenn auch orthographisch eigenwillig wiedergegebenes Zitat aus dem Blumfeld-Song „Eine eigene Geschichte" (1994). Hier, wie in anderen Passagen (vgl. Melle 2011, 214 und 256) werden die Zitate assoziativ eingestreut und zeugen von der Identifikation der Figur mit den Texten Blumfelds. In einer weiteren Passage wird sogar explizit auf die Poetik der Band wie auch auf die Diktion der Figur eingegangen, wenn es über Laura heißt: „Sie hätte gerne Menschen gehabt, die so pervers ausdifferenziert wären, dass man nicht mehr genau wüsste, ob sie gerade jemanden imitieren, zitieren, persiflieren, oder ob sie es selbst wären, die da sprachen. […] Reden würden diese Menschen in Haikus. Oder wie Blumfeld, in gebrochenen Versen, von Liebe und Protest. Sie hätten auch die Stimme von Jochen Distelmeyer und würden sogar so *schlucken* wie er." (Melle 2011, 189–190)

In den genannten Beispielen wird deutlich, wie selbstverständlich die beiden Vertreter einer Generation der nach 1970 geborenen Schriftsteller auf die Songlyrics der Hamburger Schule zugreifen und dieses Archiv an Intertexten in bald identifikatorischer, bald dekontextualisierender Art und Weise verarbeiten.

5. Poetologien

Neben der Präsenz von Lyrics in der Prosaliteratur finden sich in der deutschen Popkultur mittlerweile viele Akteure aus der Pop-Musik, die als ehemalige Autoren von Songlyrics zunehmend im Bereich der Prosaliteratur tätig werden – dies häufig mit einem thematischen Fokus auf Pop-Musik und Popkultur. Zu nennen wären die Werke von Jochen Distelmeyer (2015), Andreas Dorau (2015), Jens Friebe (2007), Peter Hein (2007), Sven Regener (2001), Rocko Schamoni (2004) und Frank Spilker (2013). Auch lässt sich verstärkt ein Auftauchen von Lyrics in gedruckter Form feststellen, die nicht in Gestalt eines Songbooks, sondern als eigenständige Buchveröffentlichung, gleichsam als Lyrikband veröffentlicht werden: Die Lyrics des Tocotronic-Sängers Dirk von Lowtzow erschienen unter dem Titel *Dekade* (2007), Thomas Meineckes Songtexte, die er als Mitglied der Band F.S.K. verfasste, wurden im gleichen Jahr unter dem Titel *Lob der Kyber-*

netik veröffentlicht, und 2009 folgte ein Band mit Lyrics des Fehlfarben-Sängers Peter Hein. Bemerkenswert erscheint neben diesen Veröffentlichungen literarisch ambitionierter Songtexte der 2008 von Benjamin v. Stuckrad Barre und Moritz von Uslar herausgegebene Band *Am Trallafitti-Tresen*, der eine thematisch sortierte Auswahl von Songtexten Udo Lindenbergs präsentiert. Wieder ist es Stuckrad-Barre, der den Band zum Anlass nimmt, die Grenzen zwischen Pop und E-Lyrik humorvoll auszuloten. So bemerken die Herausgeber im Vorwort: „Das Buchcover sollte, und daran hatten wir natürlich eine Riesenfreude, eher an die kommentierte Gesamtausgabe der Gedichte von Paul Celan erinnern als an einen Band mit Poptexten." (Lindenberg 2008, 7)

Die Tendenz zur Darstellungsweise in Gedichtform wie auch die Konvergenz von Lyrics und Prosaliteratur lassen sich zum Anlass nehmen, das poetologische Selbstverständnis der Produzenten von Songlyrics zu reflektieren. So veröffentlichte auch Jarvis Cocker, Sänger der bereits erwähnten Band Pulp, einen Band mit dem Untertitel *Selected Lyrics* (2011), bei dem es sich in der Tat nicht um einen Gedichtband, sondern um eine Auswahl bereits (als Bestandteil von Songs) veröffentlichter Lyrics in Buchform handelt. Cocker steht seiner eigenen Veröffentlichung skeptisch gegenüber und bemerkt im Vorwort: „I have always had an extreme aversion to the way lyrics are often typeset to resemble poetry. Lyrics are *not* poetry: they are the words to a song." (Cocker 2011, 3) Auch spricht sich Cocker gegen das Abdrucken der Lyrics auf dem Plattencover aus: Man isoliere die nur im Kontext des Songs existenzberechtigten Lyrics auf diese Weise von ihrer natürlichen Umgebung, denn sie existierten nur „to be part of someting else" (Cocker 2011, 2).

Dieses „*something else*" scheint für viele Autoren mehr zu bedeuten als ein bloßes Hybrid von Musik und Verbaltext. Den produktionsästhetischen Unterschied zwischen Gedichten und Lyrics diskutiert in ähnlicher Form bereits Rolf Dieter Brinkmann in der „Vorbemerkung" zu seinem Gedichtband *Westwärts 1&2*: „Ich hätte gern viele Gedichte einfach geschrieben wie Songs. Leider kann ich nicht Gitarre spielen, ich kann nur Schreibmaschine schreiben, dazu nur stotternd, mit zwei Fingern. Vielleicht ist mir aber manchmal gelungen, die Gedichte einfach genug zu machen, wie Songs, wie eine Tür aufzumachen, aus der Sprache und den Festlegungen raus. Mag sein, dass deutsch bald eine tote Sprache ist. Man kann sie so schlecht singen. Man muß in dieser Sprache meistens immerzu denken" (Brinkmann 1975, 7). Wenn Brinkmann durch die Adaption songhafter Elemente betont, als Dichter „aus den Festlegungen" ausbrechen zu wollen, erscheinen Songtexte in diesem poetologischen Ansatz ‚einfacher' und weniger gravitätisch als Gedichte. Brinkmann setzt, wenn er von „Songs" spricht, englischsprachige Lyrics voraus und kontrastiert sie mit einer „toten", nicht singbaren und vergeistigten deutschen Sprache. Insofern öffnet sich die von Brinkmann erwähnte „Tür" tatsächlich „westwärts", d.h. in Richtung der angloamerikanischen Popkultur, da Songtexte dem Dichter aus deutschsprachiger Sicht durch ihre (partielle) Unverständlichkeit ein eher bedeutungsoffenes und unbelastetes sprachliches Betätigungsfeld bieten (vgl. hierzu Schumacher 2002). Gerade ein Verfahren, das mit Versatzstücken einer medial geprägten und standardisierten Sprache operiert – die freilich in popästhetisch avancierteren Strömungen selbstreflexiv und intertextuell zum Thema gemacht werden kann – lässt sich in dem genannten Kontext als Emanzipation von einer besonders ‚bedeutungsschwangeren' und elitären Sprache verstehen.

Doch auch im anglophonen Raum erscheinen Songlyrics als Möglichkeit, aus den sprachlichen ‚Festlegungen' auszubrechen: Jarvis Cocker bemerkt, in der Sängerrolle die Verantwortlichkeit für die verbaltextliche Dimension der Pulp-Songs eher als notwendiges Übel empfunden zu haben: „It's strange that the most intelligible part of a song – the words, those things that people use to communicate with each other all the time – should be seen as the most boring and chore-like aspect of the songwriting process by musicians themselves. And I think that's down to a very simple fact: the words to a song are not that important." (Cocker 2011, 1) Auch bemerkt Cocker, durchaus anschlussfähig zu Brinkmann: „But once you've realized that the words are not so important then the real fun of lyric-writing can begin. If nobody's listening you can say whatever you want." (Cocker 2011, 2) So bieten Songtexte in den poetologischen Bemerkungen Cockers und Brinkmanns einen kreativen Freiraum von der Sphäre des literarisch ‚Wertvollen' und ‚Bedeutungsvollen'. Songlyrics erscheinen nicht zuletzt auch vom gravitätischen Moment entlastet, da sie in einem Medienverbund auftauchen – so erklärt sich Brinkmanns Hinweis auf das gleichzeitige Gitarrespielen bzw. Bedienen der Schreibmaschine.

Was Jarvis Cocker über das Schreiben von Pop-Lyrics sagt, ließe sich abschließend als Ausblick auch auf die philologisch-kulturwissenschaftliche Analyse von Pop-Songs beziehen: Vorausgesetzt, man überwindet sich, dieses ‚Problemkind' der Literaturwissenschaft als analysefähig anzuerkennen, ist der Lust am Text im intermedial komplexen und vielfach semantisierten Feld der Pop-Musik keine Grenze gesetzt. Der Spaß fängt sozusagen gerade erst an oder er könnte es doch zumindest.

Literaturverzeichnis

Achermann, Eric, und Guido Naschert. „Einleitung". *Mitteilungen des deutschen Germanistenverbandes* 52.2 (2005): 210–213.

Baßler, Moritz. „,Watch out for the American subtitles!' Zur Analyse deutschsprachiger Popmusik vor angelsächsischem Paradigma". *Text + Kritik Sonderband Pop-Literatur*. Hrsg. von Heinz Ludwig Arnold und Jörgen Schäfer. München: edition text + kritik, 2003. 279–292.

Baßler, Moritz. „One more Cup of Tchibo for the Road. Über die Abwesenheit von Marken-namen in der Popmusik". *Warenästhetik. Neue Perspektiven auf Konsum, Kultur und Kunst.* Hrsg. von Heinz Drügh, Christian Metz und Björn Weyand. Berlin: Suhrkamp, 2011. 360–379.
Baßler, Moritz. Western Promises: Pop-Musik und Markennamen. Bielefeld: transcript, 2019.
Baum, Antonia. *vollkommen lebos bestenfalls tot.* Hamburg: Hoffmann und Campe, 2011.
Brinkmann, Rolf Dieter. *Westwärts 1&2.* Reinbek bei Hamburg: Rowohlt, 1975.
Burdorf, Dieter. *Einführung in die Gedichtanalyse.* Stuttgart: Metzler, 1997.
Burdorf, Dieter. „Song" [Art.]. *Reallexikon der deutschen Literaturwissenschaft Bd. 3.* Hrsg. von Jan-Dirk Müller u. a. Berlin und New York: De Gruyter, ³2003. 452–454.
Cocker, Jarvis. *Mother, Brother, Lover. Selected Lyrics.* London: Faber and Faber, 2011.
Diederichsen, Diedrich. *Sexbeat.* Köln: Kiepenheuer & Witsch, 1985.
Diederichsen, Diedrich. *Über Pop-Musik.* Köln: Kiepenheuer & Witsch, 2014.
Distelmeyer, Jochen. *Otis.* Reinbek bei Hamburg: Rowohlt, 2015.
Dorau, Andreas, und Sven Regener. *Ärger mit der Unsterblichkeit.* Berlin: Galiani, 2015.
Flender, Reinhard, und Hermann Rauhe. *Popmusik. Aspekte ihrer Geschichte, Funktionen, Wirkung und Ästhetik.* Darmstadt: Wissenschaftliche Buchgesellschaft, 1989.
Friebe, Jens. *52 Wochenenden. Texte zum Durchmachen.* Köln: Kiepenheuer & Witsch, 2007.
Glaser, Peter. „Zur Lage der Detonation – Ein Explosé". *Rawums. Texte zum Thema.* Hrsg. von Peter Glaser. Köln: Kiepenheuer & Witsch, 1984. 9–21.
Goetz, Rainald. *Rave.* Frankfurt am Main: Suhrkamp, 1998.
Gurk, Christoph. „Wem gehört die Popmusik? Die Kulturindustriethese unter den Bedingungen postmoderner Ökonomie". *Mainstream der Minderheiten. Pop in der Kontrollgesellschaft.* Hrsg. von Tom Holert und Mark Terkessidis. Berlin und Amsterdam: Edition ID-Archiv, 1996. 20–40.
Hecken, Thomas. *Avant-Pop. Von Susan Sontag über Prada und Sonic Youth bis Lady Gaga und zurück.* Berlin: Posth Verlag, 2012.
Hein, Peter. *Geht so. Wegbeschreibungen.* Düsseldorf: Lilienfeld, 2007.
Hein, Peter. *Die Songtexte 1979–2009.* Düsseldorf: Lilienfeld, 2007.
Hennig von Lange, Alexa. *Relax.* Hamburg: Rogner & Bernhard, 1997.
Huber, Till: Blumfeld und die Hamburger Schule. Sekundarität – Intertextualität – Diskurspop. Göttingen: Vandenhoeck & Ruprecht, 2016.
Klein, Georg. „Über die Gerstenfelder. Manchmal hat die Gerechtigkeit zwei Silben zu viel: Die Songtexte von Sting in einer zweisprachigen Ausgabe". *Süddeutsche Zeitung* 5. März 2010: 14.
Kracht, Christian (Hrsg.). *Mesopotamia. Ernste Geschichten am Ende des Jahrtausends.* Stuttgart: DVA, 1999.
Kuhn, Wiebke Anabess. „Hamburger Schule. 1987–1997". *Läden, Schuppen, Kaschemmen. Eine Hamburger Popkulturgeschichte.* Hrsg. von Christoph Twickel. Hamburg: Edition Nautilus, 2003. 128–178.
Lindenberg, Udo. *Am Trallafitti-Tresen. Das Werk von Udo Lindenberg in seinen Texten.* Hrsg. von Benjamin von Stuckrad-Barre und Moritz von Uslar. Hamburg: Europäische Verlagsanstalt, 2008.
Lowtzow, Dirk von. *Dekade 1993–2007.* Köln: Kunstbuchverlag Galerie Buchholz, 2007.
Meinecke, Thomas. *Tomboy.* Frankfurt am Main: Suhrkamp, 1998.
Meinecke, Thomas. *Hellblau.* Frankfurt am Main: Suhrkamp, 2001.
Meinecke, Thomas. *Lob der Kybernetik. Songtexte 1980–2007.* Frankfurt am Main: Suhrkamp, 2007.

Melle, Thomas. *Sickster*. Berlin: Rowohlt, 2011.
Mellmann, Katja. „Helden aus der Spielzeugkiste. Zu einem Motiv in den Texten der Neuen Deutschen Welle (NDW)". *Mitteilungen des Deutschen Germanistenverbandes* 52.2 (2005): 254–274.
Naschert, Guido. „Wider eine halbierte Lyrik. Überlegungen zu den Desideraten und Möglichkeiten eines textwissenschaftlichen Umgangs mit SongPoesie". *Jahrbuch der ungarischen Germanistik 2006*. Hrsg. von Dirk Hohnsträter und András Masát. Budapest: Gondolat Kiadói Kör, 2007. 106–118.
Peinemann, Steve B. *Die Wut, die du im Bauch hast. Politische Rockmusik: Interviews, Erfahrungen*. Reinbek bei Hamburg: Rowohlt, 1980.
Petras, Ole. *Wie Popmusik bedeutet. Eine synchrone Beschreibung popmusikalischer Zeichenverwendung*. Bielefeld: transcript, 2011.
Rapp, Tobias. „Krise? Welche Krise? Silbermond, Peter Fox, Samy Deluxe: Deutsche Musiker stehen an der Spitze der Albumcharts. Was erzählen sie von der Stimmung im Land?". *Der Spiegel* 16 (2009): 142–143.
Regener, Sven. *Herr Lehmann*. Frankfurt am Main: Eichborn, 2001.
Reisloh, Jens. *Deutschsprachige Popmusik: Zwischen Morgenrot und Hundekot. Von den Anfängen um 1970 bis ins 21. Jahrhundert. Grundlagenwerk – Neues Deutsches Lied (NDL)*. Münster: Telos, 2011.
Schamoni, Rocko. *Dorfpunks*. Reinbek bei Hamburg: Rowohlt, 2004.
Schramm, Moritz. „Heldenhafte Authentizität. Zur politischen Inszenierung des Naiven in der Neuen Neuen Deutschen Welle". *Figuren des Dazwischen. Naivität als Strategie in Kunst, Pop und Populärkultur*. Hrsg. von Stefan Krankenhagen und Hans-Otto Hügel. München: Fink, 2010. 161–184.
Schumacher, Eckhard. „,In Case of Misunderständing, read on!' Pop, Literatur, Übersetzung". *Popkulturtheorie*. Hrsg. von Jochen Bonz. Mainz: Ventil, 2002. 25–44.
Schumacher, Eckhard. „Popkolumne. Institutionalisierung und Sezession: Pop-Musik-Theorie". *Merkur* 68.5 (2014): 431–435.
Seiler, Sascha. „,Mein System kennt keine Grenzen'. Ein Überblick über zeitgenössische deutsche Songlyrik". *Poetik der Oberfläche. Die deutschsprachige Popliteratur der 1990er Jahre*. Hrsg. von Olaf Grabienski, Till Huber und Jan-Noël Thon. Berlin und Boston: De Gruyter, 2011. 91–109.
Spilker, Frank. *Es interessiert mich nicht, aber das kann ich nicht beweisen*. Hamburg: Hoffmann und Campe, 2013.
Stuckrad-Barre, Benjamin von. *Soloalbum*. Köln: Kiepenheuer & Witsch, 1998.
Stuckrad-Barre, Benjamin von. *Livealbum*. Köln: Kiepenheuer & Witsch, 1999.
Welt, Wolfgang. „Peggy Sue". *Peggy Sue & andere Geschichten* [1986]. Bochum: Edition Xplora, 1997. 9–161.

3.6 Konsumästhetik

Heinz Drügh

1. *Just what is it that makes today's homes so different, so appealing*

Als Kind der Überflussgesellschaft steht Pop in denkbar enger Verbindung mit dem Phänomen des Konsums. Anschaulich wird dies durch Richard Hamiltons Collage *Just what is it that makes today's homes so different, so appealing* (1956), einer Ikone der Pop Art. Angefertigt für eine von der Independent Group, einer Vereinigung junger britischer Künstler, Kritiker und Designer, in der Londoner Whitechapel Gallery unter dem programmatischen Titel *This is Tomorrow* besorgten Ausstellung, findet sich auf diesem Kunstwerk zum zweiten Mal nach E. Paolozzis Arbeit *I was a rich man's plaything* aus dem Jahr 1947 die Vokabel „Pop", und zwar auf jenem von dem abgebildeten Bodybuilder mit unmissverständlicher Geste vor seine Körpermitte gehaltenen ‚Lolli*pop*'. Der grelle sexuelle Akzent, der im weiblichen Akt fortgesetzt wird und dessen phallische Komponente in der Werbebotschaft für den *Hoover* Staubsauger – „Ordinary cleaners reach only this far" – ein ironisches Echo erfährt, kontrastiert mit den sonstigen Inventarstücken des Bildes, stammen diese doch aus der ‚ganz normalen' Konsumsphäre. Namentlich handelt es sich dabei um Inneinrichtungsgegenstände, industriell verarbeitete Lebensmittel (Dosenschinken der Marke *Armour Star*), Haushalts- und Unterhaltungselektronik (*Hoover*-Staubsauger, Tonbandgerät, Fernseher der Marke *Stromberg-Carlson*) bzw. Erzeugnisse der Unterhaltungsindustrie (Kinofilm *The Jazz Singer*, *Young Romance*-Comic, auch die Zeitung auf dem Sessel im Vordergrund lässt sich dazu zählen, eine Ausgabe des *Journal of Commerce*, die im 19. Jahrhundert von Samuel Morse, dem Erfinder der Telegraphie, begründet wurde). Schließlich ist durch den mit einem *Ford*-Logo beklebten Lampenschirm nicht nur der Automobilismus mit von der Partie (vgl. Stonard 2007), sondern die Marke *Ford* steht auch für den Fordismus, mithin für jenes Modell technisierter Massenproduktion, die der Überflussgesellschaft auf der einen Seite entfremdende Fertigungsweisen (Fließband), auf der anderen Seite ihre ‚ungeheure Warensammlung' (Marx) sowie den für ihren Erwerb erforderlichen Reichtum verschafft hat.

Hält man sich die gängige ökonomiegeschichtliche Definition für das Phänomen der „Konsumgesellschaft" vor Augen, dass dort „ein überwiegender Teil der Bevölkerung deutlich über die Grundbedürfnisse hinaus" (König 2008, 28) konsumiert, und vergegenwärtigt man sich ferner, was die Konsumsphäre westlicher Gesellschaften spätestens seit den 1950er Jahren neben dem „ubiquitäre[n] und omnitemporale[n] Verzehr industriell hergestellter Lebensmittel", der „Bekleidung mit modischer Massenkonfektion" und einer „dramatisch gestiegene[n] Mobilität" maßgeblich prägt: das „Wohnen in technisierten Haushalten" und eine „medial gestaltete Freizeit" (König 2008, 28), dann wird evident, wie sehr Hamiltons Collage für das Genannte zeugt. Zur Debatte steht allerdings die Haltung, mit der die Bilder der Konsumwelt durchstreift und vorgeführt werden. Bei den Quellen handelt es sich u. a. um eine 1955er Ausgabe des *Ladie's Home Journal*, in dem sich neben der *Stromberg-Carlson* und der *Hoover*-Werbung auch eine Werbeanzeige für Teppichböden der Marke *Armstrong* findet, aus welcher der titelgebende Satz stammt, sowie um weitere Illustrierte aus demselben Jahrgang wie *Life* oder *Look*. Stonard weist darüber hinaus auf Hamiltons Vorliebe für die Satirezeitschrift *MAD* hin, deren „critical position on 1950s consumerism" er für einzigartig hält, was aber nichts daran ändere, dass Hamiltons Verhandlung der Konsumsphäre als „serious-scientific" (Stonard 2007, 612 und 614) einzustufen sei.

Dem sei's satirischen, sei's kritisch-ethnographischen Blick ist indes ein genuin *ästhetisches* Interesse an den visuellen Oberflächen der Konsumkultur an die Seite zu stellen. Für die angemessene Wahrnehmung der Flut solcher Phänomene sei, zeigt sich Hamilton überzeugt, ein geeignetes Sensorium aber erst zu entwickeln. Im Begleittext zur angesprochenen Ausstellung *This is tomorrow* schreibt er: „Tomorrow can only extend the range of the present body of visual experience. What is needed is not a definition of meaningful imagery but the development of our perceptive potentialities to accept and utilize the continual enrichment of visual material" (Hamilton 1982, 43). Die Verben „to accept" und „to utilize" markieren eine grundsätzlich affirmative Haltung, die geprägt ist von „a respect for the culture of the masses and a conviction that the artist in 20th century urban life is inevitably a consumer of mass culture and potentially a contributor to it." (Hamilton 1982, 43) Es geht hier freilich nicht nur um die spezifische Ästhetik der Konsumsphäre, an deren visuellem ‚enrichment' Hamilton als Dozent u. a. für Industriedesign auch praktisch beteiligt ist, bzw. um das, was die Soziologie als allgemeine Ästhetisierung der Lebenswelt kritisiert hat (siehe auch: Schulze 1982; Featherstone 2007, 64–80). Vielmehr steht die Kunst selbst im Fokus der Überlegungen, genauer die Möglichkeit einer „expression of popular culture in fine art terms". Für Hamilton ist dies nicht irgendein, es ist *das* Problem zeitgenössischer „avant-garde". Es geht also um ambitionierte, von ihrer Innovations- und Erkenntniskraft überzeugte Kunst, um eine Form von „aesthetic", die aber nicht „artistic" sein will, nicht auf die Formkonventionen kanonisierter Kunst oder auf Techniken künstlerischer Virtuosität zurückgreift.

Wenn im Folgenden von Konsumästhetik die Rede ist, dann wird dieser Aspekt genauer zu explizieren und zu fragen sein, inwiefern Pop eine zeitgenössische Ästhetik darstellt, die nicht einfach künstlerische Standards durch die Hinwendung zum leichtgängig Konsumierbaren preisgibt und auf diese Weise, wie Horkheimer und Adorno im Hinblick auf die Kulturindustrie kritisieren, „selbst im Zustand der Zerstreuung", also ohne größere Konzentration, etwa nach einem erschöpfenden Arbeitstag, „alert konsumiert [...] werden" (1984 [1947], 148) kann. Konsumästhetik ist vielmehr als eine Form von Kunst zu denken, die durch die Auseinandersetzung mit der Konsumsphäre ebenso ihren Wirklichkeitsgehalt wie ihre Innovationskraft steigert und die zudem eine komplexe Haltung zum Phänomen des Konsums zu artikulieren in der Lage ist. Bevor dies systematisch erörtert wird, soll zunächst umrissen werden, wie das Thema des Konsums in der deutschsprachigen Pop-Literatur verhandelt, ja für sie sogar in gewisser Hinsicht konstitutiv wird.

2. Zwischen Wirklichkeitsemphase und *psychopathology of affluence* – Kurzer Gang durch die popliterarische Beschäftigung mit der Warenwelt

Mitte der 1960er Jahre schreibt Rolf Dieter Brinkmann eine schwer zugängliche Prosa, die ebenso der literarischen Moderne verpflichtet ist, wie sie sich an der zu seiner Zeit einflussreichsten Avantgarde im Bereich der Literatur orientiert, dem Nouveau Roman (vgl. Drügh 2011a). Zentral in dessen Programmatik ist eine Wendung gegen „die alten Mythen der ‚Tiefe'" wie Hermeneutik oder Psychologie. Hierzu dient eine Wendung fort von narrativen, zu deskriptiven Texturen, welche die *„Oberfläche* der Dinge" wirklich nur als Oberfläche und nicht als „Maske ihres Herzens" (Robbe-Grillet 1969, 48–49) darzustellen bestrebt sind, ein formalistisch-purifizierendes Verfahren, wie es im Bereich der bildenden Künste auch vom Abstrakten Expressionismus und seinem Cheftheoretiker Clement Greenberg (einem Antipoden der Pop Art) vertreten wird. Detailwahrnehmungen oder Oberflächentexturen bilden auch in Brinkmanns frühen Erzählbänden *Die Umarmung* (1965) und *Raupenbahn* (1966) dominant abstrakte, ornamentale oder geometrische Arrangements. Nur punktuell wird darin eine präzise identifizierbare Wirklichkeit freigegeben; so zu Beginn der Erzählung *In der Seitenstraße* aus dem Band *Raupenbahn*, wenn ausführlich ein Blick von der Straße in einen kleinen Lebensmittelladen dargestellt wird. Dabei kommen neben mehr als einlässlichen Darstellungen geometrischer Anordnungen oder Blickleitungen (etwa durch Regale) bzw. Rahmungen oder Verspiegelungen (durch Schaufenster) am

Rande auch konkrete Objekte der Konsumsphäre zur Sprache, etwa, wenn mitgeteilt wird, dass es sich bei wahrgenommenen Orangen um „spanische Apfelsinen, Handelsklasse A" handle oder dass sich in einem Fach „Maggiflaschen" befänden. Vorrangig scheint der Text jedoch daran interessiert, konkrete Markennamen zu camouflieren, wie in der Darstellung eines „Kondensmilch"-Arrangements (unverkennbar: *Bären Marke*) erkennbar wird: Oben auf dem langgestreckten Regal stand ein aus dicker Pappe ausgeschnittener Bär. Der Bär sah freundlich aus, er stand aufgerichtet und hielt zwischen den Tatzen eine weiße Dose, auf der ein ähnlich freundlich aussehender Bär mit dickem, aufgeblasenem Kopf und schwarzen Glasaugen abgebildet war. Die Nase war ein roter Punkt. Er ließ seinen Blick von dem Reklameschild herabgleiten. (Brinkmann 1985 [1966], 205–206)

Wie es scheint, hat man es hier mit einem Fall der für das Selbstverständnis ernster Literatur zentralen Distanzierung vom ‚Zeug' des vermeintlich banalen Alltags zu tun (vgl. Seiler 1998, 288–303). Die Frequenz und Intensität der Warenreminiszenzen in Brinkmanns Prosa erhöht sich indes signifikant mit seiner Hinwendung zur US-amerikanischen Beat-Literatur bzw. zur Pop Art. In dem Begleitessay zur Textsammlung *Acid. Neue amerikanische Szene* (Brinkmann und Rygulla 1969) mahnt Brinkmann, die den „Oberflächen verhaftete[] Sensibilität" durchlässig für „zeitgenössische[s] Material" werden zu lassen und dadurch Texte zu generieren, die in emphatischem Sinne „WIRKLICH WIRKLICH WIRKLICH" (1982a [1969], 223–224) sind. Was darunter genauer zu verstehen ist, lässt sich Brinkmanns Vorwort zu seiner Übersetzung von Frank O'Haras *Lunch Poems* (1969, Original 1964) entnehmen: die „Hereinnahme alltäglicher Details" in die Literatur, Details, die „hier wie dort in den USA immer noch ausgeklammert bleiben [...] als lebten ‚Dichter' nur mit kostbarsten gedanklichen Wertgegenständen, in einer Welt ohne Schlager, Schlagzeilen und Kinoplakate, ohne ganzseitige Reklamen für Cinzano, Rank Xerox und arden for men, ohne Autounfälle und persönliche Disaster, Mittagessen und Sonderangebote an Armbanduhren, ohne Röcke, die über Luftschächte hochgeblasen werden." (Brinkmann 1982b [1969], 211)

Von einem „tender feeling", mit dem es laut Susan Sontags Camp-Ästhetik auch in „affluent societies" möglich sei, den Erzeugnissen der Massenkultur – freilich in exquisiter Weise, „in a rare way" – zu frönen, bleibt Brinkmanns Umgang mit gelabelten Waren aber stets zu unterscheiden. So knallt er den nach wie vor mit, so Brinkmann spöttisch, „fränkische[n] Kirschgärten, nordische[n] Flechten" oder einfach der „Heiterkeit eines Sommernachmittags (unter hohen Bäumen)" (1982a [1969], 230) beschäftigten und in einfachen Anführungszeichen ironisch als solchen adressierten „‚Dichter[n]'" Lexeme wie „Schmierwurst von Hertie" oder „C&A" (1982a [1969], 223 und 226) mit einer Geste entgegen, die alles andere als zärtlich oder liebevoll ist. Dass es bei der Auseinandersetzung mit der konsumistischen Massenkultur stets auch darum gehe, „capable of experiencing the psychopathology of affluence" (Sontag 1966, 288–289) zu bleiben, hatte freilich auch Sontag eingeräumt. Dass literarischer Pop also zwar mit höchster Emphase eine LP der Doors feiern und für relevanter halten kann als das neue Buch von Martin Walser, ist für Brinkmann ausgemacht (vgl. 1994 [1968], 65–77). Dass die Hinwendung zum Alltag spätkapitalistischer Gesellschaften aber auch heftige Unverträglichkeitsreaktionen hervorrufen kann, belegt ein Blick auf eine der Tiraden des Erzählers aus dem 1968 publizierten Roman *Keiner weiß mehr*, dessen „fixe Idee" es ist, sich fortwährend „mit Sachen vollgestopfte Schaufenster" einer „sehr öde[n]" (Brinkmann 1970 [1968], 134) Stadt anzusehen und der ein obsessives Verhältnis zur bundesdeutschen Massenkultur offenbart (die eben nicht das New York Frank O'Haras ist): „Deutschland, verrecke. Mit deinen ordentlichen Leuten in Masse, sonntags nachmittags auf den Straßen. Deinen Hausfrauen. Deinen Kindern, Säuglingen, sauber und weich eingewickelt in sauberstes Weiß. Mit den langweiligen Büchern, den langweiligen Filmen. Mit Roy Black und Udo Jürgens. Mit Thomas Fritsch. [...]. Mit dem Kölner Dom. Verrecke, auf der Stelle, sofort. Mit deinen Dralonmännern, Lupolenmännern. Deinen ausgebufften Polyesterjungs in all den Büros von halb neun bis fünf Uhr nachmittags [...]. Mit deinen ausgeleierten Triumphmieder-Mädchen- Fanta-Mädchen. Helanca-Mädchen. Deinen höheren Bleyle-Vetrix-Töchtern. Und Hildegard Knef. [...] Verreckt. Aus. Auch du, Hans-Jügen Bäumler. Und du, Marika Kilius. Und du, Pepsi-Mädchen Gitte. Und du, Palmolive-Frau. Und du, Luxor-Schönheit Nadja Tiller. [...] Onkel Tchibo auf Reisen. Langnese Eiscremekonfekt. Mon Cherie [...] Undwassonstnochalles, undwassonstnochalles, wassonstnochalles, wassonstnoch. [...] Zusammenficken sollte man alles, zusammenficken." (Brinkmann 1970 [1968], 132–133)

Sei's emphatisch, sei's angeekelt: Die Verhandlung der Konsumsphäre bleibt für die Pop-Literatur eine Konstante. So endet Rainald Goetz' 1983 beim Wettbewerb um den Ingeborg Bachmann-Preis vorgetragener und im folgenden Jahr in Peter Glasers Band *Rawums. Texte zum Thema* aufgenommener Beitrag *Subito* mit der Aufforderung: „Wir brauchen noch mehr Reize, noch viel mehr Werbung Tempo Autos Modehedonismen Pop und nochmals Pop". In der Fortführung wird klar, dass auch hier ein aggressiver Modus vorherrscht: „Mehr vom Blauen Bock, mehr vom HardcoreSchwachsinn der TitelThesenTemperamenteUndAkzente-Sendungen. [...] Denn AllesAllesAlles geht uns an." (Goetz 1984, 165) 1986 fragt Joachim Lottmann in einer Besprechung von Thomas Meineckes Kurzgeschichten *Mit der Kirche ums Dorf* in der Zeitschrift *Spex* „Was ist realitätshaltige Poesie?" und gibt die Antwort selbst: „Ungefähr das: Die Handlung spielt heute, in der Bundesrepublik, an genau bestimmten Plätzen, Straßen, Lokalitäten. Menschen haben Berufe, Politiker werden wiedererkannt, Autos spricht man mit ihrem Markennamen an. Ich mag das." (Lottmann 1986, 65)

In den 1990er Jahren wird die Entscheidung, Inventarstücke der Konsumsphäre beim Namen, und das heißt, bei ihrem *Marken*namen zu nennen, geradezu zum Lackmustest für die Zugehörigkeit zum Pop: „Grob und vorläufig", schreibt Moritz Baßler in *Der deutsche Pop-Roman. Die neuen Archivisten*, „könnte man die gegenwärtige deutsche Literatur in zwei Gruppen einteilen: in Texte ohne Markennamen, ohne Popmusik-, Film- und Fernsehtitel auf der einen Seite und in Texte mit all diesen Dingen auf der anderen" (2002, 155). In Bezug auf Christian Krachts *Faserland* erklärt Baßler dessen viel beschworenen „Markenfetischismus" oder neutraler: seine „Repräsentation von Gegenwartskultur, insbesondere von Markennamen" zum Hauptgrund dafür, dass dieser für sich genommen „durchaus geschlossene[], traditionell durchgeführte[] Problemroman" zum „Gründungsphänomen" der popliterarischen Renaissance in den 1990er Jahren avanciert sei (2002, 110–115). Das popkulturelle Quintett *Tristesse Royale*, an dem wiederum Kracht beteiligt ist, listet die verhandelten Gegenstände von *Adidas* und *Beck's Bier* bis *VW* und *Ermenegildo Zegna* in einem mehrseitigen Glossar auf (vgl. Bessing 1999). In Rocko Schamonis Roman *Sternstunden der Bedeutungslosigkeit* (2007) wechselt die Perspektive weg von jenen im Berliner Adlon logierenden Dandy-Connaisseuren hin zum „durchschnittlichen mitteleuropäischen Überflüssigen", wie er arbeitslos vor einem *Lidl*-Supermarkt sein Plastikflaschen-Bier trinkt: „Ich bin eine lebende, autonome, humanoide Einheit, bestehend aus der Billigproduktpalette von Lidl" (Schamoni 2008, 42), erklärt der Erzähler. Im Zentrum von Leif Randts Roman *Schimmernder Dunst über Coby County* (2011) steht demgegenüber eine Luxusmall, die aus der Sicht von weißen amerikanischen Mittelstands- bzw. *upper class*-Jugendlichen, verschont von jeglicher materiellen Not, geschildert wird (→ 4.20 BIRNSTIEL). Doch die pastellgetönte Rollenprosa dieses Romans, dessen Handlung in einem zwar fiktiven, doch in seiner Durchkommerzialisierung durchaus real wirkenden Amerika spielt, lässt durch ihren totalitären, ganz an materiellen Wohlstand gebundenen *pursuit of happiness* ein finsteres seelisches Gegenstück durchscheinen.

Allmählich wandert die nachdrücklichere Beschäftigung mit der Konsumsphäre vom Pop in die Gegenwartsliteratur überhaupt. David Wagner, der schon in seinem ersten Roman *Meine nachtblaue Hose* (2000) eine „Kuchenkindheit in Vichy-Karo" mit auffälliger Referenz zu Objekten wie „Kinderschokolade", „Nutella" und dem „Glaubenskrieg Adidas gegen Puma" geschildert hat (Wagner 2000, 154 und 178), ist ein interessantes Beispiel dafür, wie die Markenwelt in eine eher Proustianisch angehauchte Prosa eindringt. Dieser Spannbreite bleibt Wagner treu, wenn er in dem Roman *Vier Äpfel* (2009), dessen Handlung vollständig während eines Supermarkteinkaufs spielt, auf ein Tocotronic-Motto („Der schönste Tag in meinem Leben war ein Donnerstag / Auf der Straße auf dem Parkplatz vor dem Supermarkt") einen auf Prousts *Recherche* anspielenden Eröffnungssatz folgen lässt: „Lange bin ich gar nicht gerne in Supermärkte gegangen" (Wagner 2009, 7). So ist unser Leben: Jede Situation findet ihr Pendant in der Produktpalette. Wer seine Liebe als liminales, die Grenzen des Alltäglichen sprengendes Ritual feiern möchte, trinkt zu diesem Zweck Champagner (vgl. Illouz 2007). Aber auch das lebensweltliche Gegenstück, die Trennung von der Geliebten, findet ihr zugehöriges Konsumprodukt. Zieht die Partnerin aus, dann geht man halt „jeden Tag in den Supermarkt" und kauft, womöglich um sich zu „bestrafen", „Tiefkühlpizza", ein „tieftrauriges Produkt" (Wagner 2009, 14). Träume von neuer Verliebtheit äußern sich wiederum darin, dass im Einkaufswagen der Angebeteten „genau die gleichen Lebensmittel liegen" (Wagner 2009, 13) wie im eigenen, eine auf gewisse Weise satirisch wirkende Imagination, die aber sehr schön die Schwebe zwischen Verblendung und der unvermeidlichen Spiegelung unserer Emotionen in materiellen, käuflichen Gegenständen hält. Dass die Durchtränkung des Lebens mit Konsumprodukten nicht notwendig dafür stehen muss, was die gängigen Entfremdungstheorien behaupten, die jenseits des Gebrauchswerts meist schnöden Fetischismus am Werk sehen, ist seit längerem auch in der Konsumtheorie ein Thema: „We live today in a world of ever more stuff", schreibt etwa der Anthropologe Daniel Miller: „what sometimes seems a deluge of goods and shopping. We tend to assume that this has two results: that we are more superficial, and that we are more materialistic. We make such assumptions, we speak in clichés, but [...] in many ways the opposite is true; that possessions often remain profound and usually the closer our relationships are with things, the closer are our relationships with people." (Miller 2009, 1)

Dennoch gibt die schiere Überfülle, die Copia der Konsumgesellschaft immer wieder Anlass zur Melancholie: „Alles ist da. So viel zu essen, und ich habe gar keinen Hunger, so viel zu trinken, und ich habe gar keinen Durst." (Wagner 2009, 12) „Omnia habentes, nihil possidentes" (Simmel 1996 [1911], 412), könnte man mit Georg Simmels Umkehrung des aus dem zweiten Korintherbrief stammenden Franziskanermottos als kulturkritisches Motto über eine solche Haltung schreiben: ‚sie, die alles haben und doch nichts wirklich besitzen'. Auch der popaffine Zugriff auf die Konsumsphäre ist immer wieder geprägt von Gefühlen der Leere, in aller Prägnanz nachzuvollziehen beispielsweise in Sophia Coppolas Film *The Bling Ring* (2013).

3. Konsum und Ästhetik. Eine schwierige Allianz

Zweifellos eignet auch Konsumobjekten eine gewisse Ästhetik. Die vage Einschränkung in der Formulierung verdankt sich der Tatsache, dass die ‚gewisse'

Schönheit der Waren, ihre „sinnliche Erscheinung, die auf die Sinne ansprechend wirkt", keineswegs „ohne Zweck" (Kant 1974 [1790], § 44) ist, wie es Immanuel Kant in der *Kritik der Urteilskraft* für das Ästhetische fordert, und damit einer Grundforderung autonomer Kunst widerspricht. Waren scheinen kein harmonisches, für sich und ohne direktes Erkenntnisziel erfreuliches, „freies Spiel der Vorstellungskräfte" (Kant 1974 [1790], § 9) zu garantieren, das sich „von selbst erhält und selbst die Kräfte dazu stärkt." (Kant 1974 [1790], § 49) „Schönheit, wie sie im Dienste der Tauschwertrealisierung entwickelt und den Waren aufgeprägt worden ist", soll den Betrachter, so Wolfgang Fritz Haug, eben nicht in interesseloses Wohlgefallen wiegen, sondern handfest dazu beitragen, „beim Betrachter den Besitzwunsch zu erregen und ihn so zum Kauf zu veranlassen." (Haug 2009, 10) Eine „ästhetische Idee" zielt dementgegen *einerseits* nicht wie die sonstige Verstandestätigkeit auf eine logisch-distinkte Darstellung, dient also keinem festen Erkenntniszweck, und unterliegt *andererseits* schon gar nicht dem schnöden Begehren nach Besitz. Vielmehr eröffnet die ästhetische Idee von jeder Vorstellung „die Aussicht in ein unabsehliches Feld verwandter Vorstellungen" (Kant 1974 [1790], § 49). „Die Würde der Kunst", schreibt Juliane Rebentisch in ihrer Einführung in *Theorien der Gegenwartskunst*, „genauer: ihre Autonomie – besteht gerade darin, dass sie sich den verstehenden Aneignungen, zu denen sie gleichwohl provoziert, immer auch wieder entzieht"; und diese „‚Freiheit zum Objekt'", wie Rebentisch die spezifische Haltung gegenüber einem ästhetischen Gegenstand mit Hegel nennt, müsse „nicht zuletzt als eine Befreiung auch von unseren konsumistischen Objektaneignungen verstanden werden." (Rebentisch 2013, 37–38) „Das Schöne", schreibt mit vergleichbarer Tendenz Jacques Rancière, „ist dasjenige, das zugleich der begrifflichen Bestimmung wie der Verlockung der konsumierbaren Güter widersteht" (2008, 15). Nur die Freiheit von Zwecken und Begierden, hier gelesen als Freiheit vom Konsum, scheint mithin Darstellungen zu ermöglichen, die „viel zu denken" (Rancière 2008, 15) veranlassen.

Waren erscheinen aus dieser Sicht, die nicht irgendeine, sondern *die* zentrale Position moderner ästhetischer Theorie markiert, als das Nichtästhetische schlechthin. Ihnen mangelt es sowohl in sinnlicher als auch in kognitiver Hinsicht an Subtilität und Komplexität. Konsum scheint kein Vollzug übergroßen Feinsinns oder handlungsentlasteter Kontemplation zu sein oder diese überhaupt nur zu ermöglichen. Massengefertigte „Allerweltserzeugnisse[]" (Haug 2009, 27) gelten als aufdringlich, vulgär und geheimnislos. Sie scheinen alles andere zu begünstigen als eine ästhetische Einstellung, geht diese doch laut Martin Seel mit der „unfaßlichen Besonderheit eines sinnlich Gegebenen" einher, damit, dass etwas sich „in [seinem] Erscheinen von [seinem] begrifflich fixierbaren Aussehen, Sichanhören oder Sichanfühlen mehr oder weniger radikal abheb[t]". (2003, 9 und 46–47) In ihrer vermeintlich stumpfen und abstumpfenden Oberflächlichkeit besiegelt die Warenwelt laut Wolfgang Fritz Haug sogar „das Schicksal[] der Sinnlichkeit und der Entwicklung der Bedürfnisse im Kapitalismus" (2009, 7). Auch die Kunst, so Adornos und Horkheimers Diagnose, verfalle dem „Warencharakter" (1984 [1947], 166), so dass alles formal Komplexe und Anspruchsvolle zugunsten seichten, besser verkäuflichen „Amusements" diskreditiert werde: „Amusement ist die Verlängerung der Arbeit unterm Spätkapitalismus. Es wird von dem gesucht, der dem mechanisierten Arbeitsprozeß ausweichen will, um ihm von neuem gewachsen zu sein. Zugleich aber hat die Mechanisierung solche Macht über den Freizeitler und sein Glück, sie bestimmt so gründlich die Fabrikation der Amüsierwaren, daß er nichts anderes mehr erfahren kann als die Nachbilder des Arbeitsvorgangs selbst." (Adorno und Horkheimer 1984 [1947], 145). Es wird deutlich, welch robuste Allianz bei diesem einflussreichen Narrativ Ästhetik, Kultur- und Kapitalismuskritik eingehen.

4. Konsum: Ästhetik und Kulturforschung

Im Folgenden werden vier Aspekte skizziert, unter denen trotz der gravierenden Kritik des vorangegangenen Kapitels gehaltvoll von Konsum*ästhetik* zu reden ist. Zunächst wird dargestellt, wie und mit welchen Konsequenzen sich Kultur nicht zuletzt in Konsumgütern verdichtet und im Alltag wahrnehmbar wird (1). Wenn Waren als besonders aussagekräftige Indikatoren der Gegenwart kenntlich werden, dann ist eine solche Prägnanz auch ästhetisch von Interesse (2). An der Schnittstelle von Konsum und Ästhetik wird darüber hinaus schon seit dem Formalismus ein in wechselnden Akzentuierungen wiederkehrendes Theorem etabliert, demzufolge es ästhetisch produktiv ist, die Warenwelt – das vermeintlich schlechthin Nicht-Ästhetische – in künstlerische Arbeiten einzubeziehen (3). Schließlich soll die Konsumästhetik mit einem Blick auf Kants These zur besonderen Modalität des Geschmacksurteils profiliert werden: nicht als Abseitigkeit oder Skurrilität des Ästhetischen, sondern als dessen genuine Ausprägung (4). Die Umakzentuierung, die in konsumierbaren Artikeln, wie sie für den Bereich Pop die Regel sind, gegen die dominante Auffassung Ästhetisches ausmacht, wird grundsätzlich durch die Begriffsverschiebung der ‚Waren'- zur ‚Konsumästhetik' markiert. Konzentrierte sich Warenästhetik auf die zum Zwecke der Manipulation aufgehübschten Oberflächen der Waren (bei, so wird unterstellt, gleichzeitigem Schwinden ihres Gebrauchswerts, Haug 2009, 7; kritisch dazu Drügh et al. 2011), so bezieht das Konzept der Konsumästhetik die konkreten Handlungs-, Empfindungs- und Denkformen ein, mit denen Waren angeeignet werden; und zwar deutlich ergebnisoffener als in jenem kulturkritisch artikulierten Reiz-Reaktionsschema, das von einem Kreislauf aus manipulativ stimulierter Begierde beim Konsumenten und kurzzeitiger Abfuhr durch den Kauf ausgeht.

(1) Wichtige Anstöße zu dieser Differenzierung kommen aus der Ethnologie und Kulturanthropologie. „It is standard ethnographic practice", schreiben Mary Douglas und Baron Isherwood, „to assume that all material possessions carry social meaning and to concentrate a main part of cultural analysis upon their use a communicators." (1979, 59) Die „material side [of culture]", so die Autoren weiter, „yields a *much richer* idea of social meanings." „Consumption" wäre demzufolge nicht nur der praktische Vollzug der Ökonomisierung und Kommodifizierung, die eine authentische Bedeutungsvielfalt in marktgerechter Weise normieren und verflachen, sondern neutraler als „formative mode of behavior and experience in modernity" (Schrage 2012, 10) zu deuten. Mehr noch: Konsum wäre, wie Douglas und Isherwood schreiben (und man erinnere sich auch an Hamiltons Formulierung), Generator einer *Anreicherung* zirkulierender Bedeutungen, vielleicht sogar *der* zentrale Umschlagsplatz, an dem Semantik kulturell ausgehandelt wird: „the very arena in which culture is fought of and licked into shape" (Douglas und Isherwood 1979, 57). Der Kulturanthropologe Grant McCracken betrachtet die Warenwelt als „lexicon of current cultural meanings". Die ritualisierten Aneignungsweisen der Konsumgüter stehen laut McCracken folglich für einen Prozess, „how meaning is transferred from the consumer good to the consumer." McCracken unterscheidet dabei Rituale des Tauschs (*exchange*), der Aneignung (*possession*) – „Consumers spend a good deal of time cleaning, discussing, comparing, reflecting, showing off, and even photographing many of their new possessions" –, der Pflege (*grooming*) und der Veräußerung (*divestment*). Unter diesen Aneignungsformen hat man sich nicht die stumpfe Umsetzung dessen vorzustellen, was Produktdesign und Marketing an Bedeutung in die Waren hineingelegt haben, sondern ein vielgestaltiges, bewegliches und mitunter widersprüchliches Geflecht aus Handlungsformen wie „to affirm, evoke, assign, or revise the conventional symbols and meanings of the cultural order." (McCracken 1988, 84–90) Beachtet man die „particular or situated logics" jener sozialen Praktiken im Umgang mit Waren, dann können diese – auch wenn sie der *„dominant cultural order"* des Kapitalismus folgen, vermeintlich hegemoniale zu ausgehandelten (*negotiated*) Codes werden lassen und so ein Feld für eine regelrechte Zeichen-Politik (‚politics of signification') eröffnen" (Hall 1993, 91, 98 und 102–103). Nach Stuart Hall ist es ein kardinaler Fehler „to think of cultural forms as whole and coherent: either wholly corrupt or wholly authentic". Genauer besehen, erscheinen sie als „deeply contradictory: they play on contradictions, especially when they function in the domain of the ‚popular'". Neben „points of supersession" gebe es auch

„points of resistance", und eine solche „dialectic of cultural struggle [...], the complex lines of resistance and acceptance, refusal and capitulation" bilde das „field of culture" als „a sort of a constant battlefield." (Hall 1981, 233)

(2) Waren und ihre Aneignung markieren somit zweifellos eine semiotisch heiße Zone der Kultur. Sie sind, wie Hartmut Böhme pointiert, eine „Parade der Sichtbarmachung", der Ort von „kollektiven Anschlüssen und Kommunikationen, der weithin gestreuten Verteilungen erregender Energien" (2006, 343). In solchen Energien liegt nicht zuletzt das Interesse von (literarischer wie bildkünstlerischer) Pop Art an der Warenwelt begründet, der Anspruch, diese als formative Kraft der Gegenwart les- bzw. sichtbar und dadurch kommunizierbar zu machen, sie zu feiern aber auch Kritik an ihnen zu üben. Die Konsumsphäre steht in einem Verhältnis zur Kultur, das Douglas und Isherwood nicht ohne Grund mit der Relation zwischen Sprache und Dichtkunst vergleichen: „If it is said that the essential function of language is its capacity for poetry, we shall assume that the essential function of consumption is its capacity to make sense. Forget the idea of consumer irrationality. Forget that commodities are good for eating, clothing, and shelter; forget their usefulness and try instead the idea that commodities are good for thinking; treat them as a nonverbal medium for the human creative faculty." (Douglas und Isherwood 1979, 63)

(3) Die Ästhetik, wie sie sich hier in der Verhandlung von Konsumgegenständen abzeichnet, betrifft also keinen kunstfernen Randbezirk, in dem sich nur Schwundformen oder parasitäre Fehlentwicklungen ästhetischer Erfahrung fänden. Mit Blick auf einen frühen Theoretiker dieses Phänomens, den Soziologen und Kulturphilosophen Georg Simmel, lässt sich vielmehr zeigen, dass die Ästhetik der Moderne entscheidende Impulse für die Evolution und Innovation künstlerischer Verfahren aus der Auseinandersetzung mit dem ‚Niedrigen', und das heißt nicht zuletzt: mit der Konsumsphäre schöpft. So schreibt Simmel in seiner Abhandlung *Sociologische Aesthetik* (1896): „Für sehr empfindliche Seelen tritt die eigentümliche Entfernung des Kunstwerkes von der Unmittelbarkeit der Erfahrung", also ziemlich genau das, was Martin Seel in seiner *Ästhetik des Erscheinens* ins Zentrum stellt, „gerade dann besonders hervor, wenn das Objekt uns ganz nahe steht". Anders gesagt: Es erfordert eine ganz besondere Sensibilität, um die Ästhetik von Konsumgegenständen zu erfassen. „Für weniger zartes Empfinden", fährt Simmel fort, „bedarf es, um es diesen Reiz der Distanz kosten zu lassen, einer größeren Ferne des Objektes selbst: stilisiert-italienische Landschaften, historische Dramen". „Feinere Nerven", so Simmel weiter, „bedürfen dieser gleichsam materiellen Unterstützung nicht; für sie liegt in der künstlerischen Formung des Objektes der ganze geheimnisvolle Reiz der Distanz von den Dingen, die Befreiung von

ihrem dumpfen Druck, der Schwung von der Natur zum Geist; und um so intensiver werden sie das empfinden, an je näherem, niedrigerem, irdischerem Materiale es sich vollzieht." (1992 [1896], 210)

Was geschieht aber genau, wenn die Kunst mit Simmels Forderung ernstmacht, wenn sich die Pop-Literatur Objekten aus der Konsumsphäre annimmt? Zunächst ist mit den Architekten Alison und Peter Smithson, beide wie Richard Hamilton Mitglieder der Independent Group und Mitwirkende der Ausstellung *This is Tomorrow*, festzustellen, dass dadurch solche Phänomene und Objekte in den Genuss größerer Aufmerksamkeit kommen, die in den Routinen des Alltags sonst meist übersehen werden. Wenn aber etwas überhaupt erst zur bewussten Wahrnehmung gebracht wird, dann ist es beinahe so, wie die Smithsons nicht ohne Pathos schreiben, als komme es dadurch erst zur Existenz: „It has been said, that things hardly ‚exist' before the fine artist has made use of them, they are hardly simply part of the unclassified background material against which we pass our lifes." (Smithson und Smithson 1956) *It has been said?* In der Tat. Man kennt das Argument nämlich aus dem frühen russischen Formalismus. So fordert Viktor Šklovskij in seinem Aufsatz *Kunst als Verfahren*, dass die Kunst das Leben, das in automatisierten Abläufen (man hört den Bezug auf den Taylorismus) eher runtergespult als wirklich gelebt wird, durch verfremdende, die Wahrnehmung erschwerende und dadurch intensivierende Verfahren wieder ins Bewusstsein rücken soll: „Die Automatisierung frißt die Dinge [...]. ‚Wenn das ganze komplizierte Leben bei vielen unbewußt verläuft, dann hat es dieses Leben gleichsam nicht gegeben.' Und gerade, um das Empfinden des Lebens wiederherzustellen, um die Dinge zu fühlen, um den Stein steinern zu machen, existiert das, was man Kunst nennt. Ziel der Kunst ist es, ein Empfinden des Gegenstandes zu vermitteln, als Sehen und nicht als Wiedererkennen." (Šklovskij 1969, 15)

Alison und Peter Smithson verbinden also den formalistischen Gedanken der erschwerten Form, bei der man eigentlich eher an modernistische oder avantgardistische Kunst denkt, mit jenem bereits von Simmel propagierten Blick aufs Niedrige und Nahe. Es geht bei dieser Öffnung zum Populären freilich um mehr als um eine Demokratisierung der Kunst, nach der „the Aesthetics of plenty oppose a very strong tradition which dramatizes the arts as the possession of an elite" – so der Kunsttheoretiker und Kurator Lawrence Alloway, auch er Mitglied der Independent Group und Erfinder der Bezeichnung ‚Pop Art'. Die „expendable multitude of signs and symbols", wie sie eine durchmedialisierte Überflussgesellschaft produziert, ist vielmehr als veritabler Gegenstand der Kultur: als Konsumästhetik in den Blick zu fassen: „Instead of reserving the word [i. e. *culture*, H.D.] for the highest artefacts and

the noblest thoughts of history's top ten, it needs to be used more widely as the description of ‚what a society does'" (Alloway 2006 [1959], 61).
Diese Form eines nicht idealisierenden Realismus als genaues Hinsehen auf das ‚was eine Gesellschaft tut', wird somit zum Generator von Ästhetik. Der Kunsttheoretiker und Philosoph Boris Groys formuliert das so: „Die Dinge des profanen Raums werden nicht eigens aufbewahrt; wenn sie nicht durch Zufall erhalten bleiben, verschwinden sie im Laufe der Zeit. [...] Der profane Raum besteht aus allem Wertlosen, Unscheinbaren, Uninteressanten, Außerkulturellen, Irrelevanten und – Vergänglichen. Doch gerade der profane Raum dient als Reservoir für potentiell neue kulturelle Werte, da er in Bezug auf die valorisierten Archivalien der Kultur das Andere ist. Der Ursprung des Neuen ist deshalb der valorisierende Vergleich zwischen den kulturellen Werten und den Dingen im profanen Raum. Die Mechanismen des Neuen sind somit jene Mechanismen, die das Verhältnis zwischen dem valorisierten, hierarchisch aufgebauten kulturellen Gedächtnis einerseits und dem wertlosen profanen Raum andererseits regeln." (Groys 1992, 56)
Methodisch steht man hier an einer Kreuzung von Formalismus und New Historicism bzw. Kulturpoetik. Der Grundgedanke stammt aus dem Kontext des ersteren. So argumentiert Viktor Šklovskij in einer Abhandlung zu „Literatur und Kinematograph", dass jede Kunst, nicht zuletzt die „‚hohe'", ihre „Formen verbraucht", sie abnutzt und dadurch „in eine Sackgasse" gerät. Auch künstlerisch avancierte Darstellungsarten können zu bloßer Routine verkommen – mit den besagten Effekten: „Die Formen der Kunst versteinern", sie „werden nicht mehr wahrgenommen", und „die Spannung der künstlerischen Atmosphäre" verfällt. Als Ausweg eröffnet sich die Inkorporierung des von Groys so genannten ‚Außerkulturellen'. So „beginnen Elemente nicht kanonisierter Kunst durchzusickern, denen es gewöhnlich zu dieser Zeit gelingt", so Šklovskij, „neue künstlerische priemy [d. i. Verfahren, H.D.] herauszubilden." (Šklovskij 1969, 38)
Eine solche Hinwendung zum ‚Außerkulturellen' oder als wertlos Übersehenen ist in der Kulturtheorie eine Domäne des New Historicism, der literarische Texte mit ihrem kulturellen Kontext engführt, sie in Verbindung mit den zur gleichen Zeit zirkulierenden Texten, Überzeugungen und kulturellen Praktiken bringt, auch solchen, die, obwohl massenhaft verbreitet, nicht selten für irrelevant erklärt und des genaueren Hinsehens für unwürdig erklärt werden – in unserem Fall den Waren und ihrem Konsum. Nun ist es von kaum zu unterschätzender Bedeutung, dass die Vorstellung eines „feinkörnige[n] Formalismus" (Greenblatt 1990, 9) für den kulturzugewandten New Historicism keineswegs ein Schimpfwort ist. Woran diese Theorie lediglich zweifelt, ist die Möglichkeit ästhetischer Autonomie, die sich den zu

ihrer Zeit zirkulierenden Texten, Überzeugungen und kulturellen Praktiken verschließt. Anders gesagt: Auch der New Historicism denkt Kunstwerke als Agenturen von Komplexität, nur dass diese nicht mehr, wie beispielsweise bei Jakobsons poetischer Funktion, als Resultat ästhetischer Selbstbezüglichkeit, als Konzentration der Kunst auf sich selbst gedacht wird, sondern als Effekt der komplexen Beziehung des Kunstwerks zum Netz der Diskurse und der Vielfalt der Objekte (und Waren). Die terminologische Alternative, statt vom New Historicism von einer *poetics of culture* (Kulturpoetik) zu sprechen, betont dabei den Aspekt der generativen Formung, der Vorstellung eines Textes als Knotenpunkt in einem kulturellen Gewebe, an dem sich Fäden des gesellschaftlichen Diskurses überschneiden und somit verdichten.

(4) Wenn der marxistische Kulturwissenschaftler Stuart Hall populäre Gegenstände nicht rundheraus ablehnt, sondern als empfindliche Seismographen gesellschaftlicher Widersprüche begreift, dann hat das neben der grundsätzlichen analytischen Ergiebigkeit populärer Gegenstände für die Cultural Studies zwei weitere Gründe: *Zum einen* steht da der Widerwille gegen die schon von Alloway betonte „very strong tradition which dramatizes the arts as the possession of an elite" (Alloway 2006 [1959], 61). *Zum anderen* lässt die Katastrophengeschichte des zwanzigsten Jahrhunderts die Skepsis gegenüber den Ambitionen der Hochkultur wachsen. „Die bürgerliche Kultur," schreibt der Medienwissenschaftler Jochen Venus, habe sich „spätestens in den politischen Katastrophen des 20. Jahrhunderts als unfähig erwiesen, ihre liberalen, sozialen und solidargemeinschaftlichen Maßgaben hinreichend verbindlich zu behaupten" (Venus 2013, 56). Dieses Versagen lenkt den Blick auf das Ausgeschlossene: das „negative Korrelat des Kulturkanons". Die Folge ist eine Konjunktur des Populären: von „kulturelle[n] Artefakten, deren sinnliche Oberflächenwirkungen allzu packend oder allzu heftig sind, um ein reflexives Abtauchen in die Tiefen und Weiten transzendenter Sinnhorizonte zu erlauben" (Venus 2013, 56): prototypische Fälle dessen, was Kant in der *Kritik der Urteilskraft* als Phänomene von „Reiz und Rührung" (Kant 1974 [1790], § 13) abtut, jene unästhetischen, weil zu sinnlichen, zu wenig reflexiven Zwillinge. In populären Kulturen geht es laut Venus hingegen um „das Packende per se" (Venus 2013, 67). Diesem ist allerdings, anders als man mit Kant vermuten könnte, trotz allen sinnlichen Reizes eine Tendenz zur Anschlusskommunikation eingeschrieben, wie sie für das Ästhetische idealistischer Provenienz kennzeichnend ist (vgl. Plumpe 1993, bes. 58 ff.). „Wann immer populäre Kulturen einen Aufmerksamkeitserfolg erzielen", schreibt Venus, „kristallisiert an diesem Erfolg sofort ein Konvolut ähnlicher Produkte. Jedes Faszinosum geht unmittelbar in Serie, strahlt aus, metastasiert und bezieht immer mehr Rezipienten in die spezifische Form spektakulärer

Selbstreferenz ein" (Venus 2013, 67), in denen die spektakulären Erlebnisse prozessiert, ausgehandelt und modifiziert werden. Auf dieser Basis lässt sich Kants Logik des Geschmacksurteils wieder finden. Denn das ästhetische Urteil ist laut Kant weder ein Erkenntnis-, noch ein moralisches Urteil. Es redet nicht von wahr und falsch, noch von dem, was vernünftigerweise zu wollen ist, sondern einerseits vom Subjekt und seinem Lust- und Unlustempfinden und andererseits von dessen subjektiver Allgemeinheit, dem Umstand, dass man im Ästhetischen sein subjektives Urteil anderen ‚ansinnt' (Kant 1974 [1790], § 8), wie Kant schreibt, in Austausch- und Diskussionsprozesse eintritt. In diesem Sinn sieht Kant den Geschmack, das ästhetische Urteil sogar als Grundform von Vergemeinschaftung überhaupt an (vgl. Arendt 1998, 21–22).

Jochen Venus ist da freilich skeptischer. Für ihn bedeuten Stilgemeinschaften zunächst einmal nur *Quasi-Vergesellschaftungen*. Denn „die gegenseitige Anerkennung qua Stilgemeinschaft [...] ist scheinhaft und notorisch unzuverlässig. Was eben noch als populäre Feier einer internationalistischen Klassenlosigkeit gelten konnte, kann morgen schon den Soundtrack rassistischer Herrenmenschenfantasien bilden" (Venus 2013, 69).

Trotz dieser Volatilität lässt sich in konsumästhetischen Verfahren der Modus einer Vorbehaltlichkeit nachweisen, der auf den Kant'schen Modus des Geschmackurteils zurückverweist. Die Basis dafür liefert die Repräsentanz des gelabelten Konsumguts im literarischen Text. Als „physische und diskursive Wirklichkeit von Überflussgesellschaften" sind Markennamen nämlich aus der „paradigmatischen Textdimension" nicht wegzudenken (Baßler 2005, 172). Die genuine Realisierung solcher Paradigmen im literarischen Syntagma ist der Katalog, wie man ihn beispielsweise in Rainald Goetz' Erzählung *Rave* findet: „Anne liest aus der ‚Petra' eine Anzeige von ‚Philips' vor. Es geht um Cellulite. ‚Oder sagt man Cellulitis?, wie Harald Schmidt jetzt sagen würde', sagt Anne. Sie hat für ‚Petra' einen von ihr so genannten „K"-Artikel über ein klassisches „K"-Thema geschrieben: Frauen-Bands, die Braut haut ins Auge, wichtige Sache. Dieser Artikel muß seit etwa fünf Jahren jedes Jahr mindestens einmal von einer angehenden Kommunikations-Studiums – oder Cultural Studies-Studentin neu geschrieben und in einem der „K"-Blätter neu veröffentlicht werden. Sonst geht die Welt unter. Das muß ja nicht sein, oder? An der Tanke: Kannst du mal eben bitte notieren. Klar doch. Kein, wie gesagt, Thema. Die „K"-Presse also, zum Beispiel: ‚Marie Claire', ‚Allegra', ‚Maxi', ‚Max', ‚Frauen Magazin', ‚Cosmopolitan', ‚Prima Carina', ‚Für Sie', ‚Men's Health', ‚Haar Scharf', ‚Madame', ‚Vogue', ‚Coupé', ‚Bellevue', ‚Brigitte', ‚Tina', ‚Yoyo', ‚Annabelle', ‚Emanuelle', ‚Isabelle', ‚Elle', ‚Praline', ‚Anne'". (Goetz 1998, 112–113).

In einer Art nichtidealisierendem Realismus wird die Liste der Illustriertennamen als selbstverständlicher und irredzubiler Teil der Wirklichkeit aufgeführt, ohne dass dies gleichbedeutend mit blinder Affirmation wäre. Es geht vielmehr um die Akzeptanz eines massenkulturellen Paradigmas, jenseits dessen es keinen archimedischen Punkt gibt. Studiert man Kommunikations- oder Kulturwissenschaften, dann ist es halbwegs unvermeidlich, sich durch das (nicht einmal notwendigerweise aus Überzeugung betriebene) Verfassen von Artikeln über Girlgroups einen Platz in der Medienwelt zu erschreiben; oder über Cellulite (immer die Frage im Hinterkopf (wir schreiben die 1990er Jahre), was wohl „Harald Schmidt jetzt sagen würde"). Ob solche Themen „‚K'-Themen" heißen, und die entsprechenden Organe „‚K'-Blätter", weil man dort als „Kommunikations-Studiums oder Cultural-Studies-Studentin" publizieren kann, oder doch eher, weil es sich als massenkulturelle Variante so genannter „Schweineblätter" bzw. um – mit Verlaub – „Kack-Blätter" handelt, bleibt offen. Deutlich wird indes, dass Goetz mit den Namen der betreffenden Presse nicht bloß kulturanalytisch, sondern literarästhetisch verfährt, in einer Art, die er im Begleitheft der Neupublikation von *1989. Material* als „materialistische[] Wortverherrlichungsgedichte" bezeichnet: „Und dann natürlich die WORTE selber: es gibt ja kein Wort, das, man merkt es, wenn man es schreibt, nicht ein schönes Wort wäre." (Goetz 2004, 2–3). Goetz spielt hier mit Momenten von Roman Jakobsons poetischer Funktion, indem er, ganz im Sinne von deren Definition als Projektion einer paradigmatischen (und das heißt sprachmateriell-phonetischen) Achse der Äquivalenz aufs Syntagma und sein Prinzip der Kontiguität arbeitet – etwa mit der Wiederholungsfigur „‚Maxi', ‚Max'"oder, besonders schön, mit dem Klang des (wenn man so möchte) Weiblichkeits-Paradigmas: „‚Annabelle', ‚Emanuelle', ‚Isabelle' / ‚Elle'", das via phonetischem wie sachlichem Fremdkörper, „‚Praline'", beim Namen der Verfasserin jener „‚K'-Artikel" landet: „‚Anne'".

Aber auch der einzelne Markenname wird in Pop-Zusammenhängen nicht im Sinne einer metaphorischen Charakteristik verwandt. Wer seinen Helden ein Bier der Marke Jever trinken lässt, will damit nicht oder jedenfalls nicht in erster Linie sagen, dass dieser einer jener nordisch herben Typen aus der Bierreklame *ist*. Eher schon, dass der Held sich das möglicherweise gerne einbilden würde. Sicher aber, und das wäre das Spezifische für Pop, dass der Held in einer Welt lebt, in der man nicht einfach *ein Bier* trinkt, sondern aus einer Palette äquivalenter Möglichkeiten auswählt, und die Wahl eben nicht auf der Basis des Angenehmen getroffen wird, jenes – laut Kant – sinnlichen Antipoden des reinen Geschmacksurteils (Kant 1974 [1790], § 7). „It's good because it's awful" (Sontag 1966 [1964], 286) lautete schon in Susan Sontags Essay *Notes On ‚Camp'* die Devise für einen Modus positiv-ästhetischer Aneignung massenkultureller Erzeugnisse – als Antwort auf die Frage: „how to be a dandy in the age of mass culture" (Sontag 1966 [1964], 289). Der paradigmatische Möglichkeitsraum wird daher nicht als differenziertes Angebot, als gestufter Raum realer Markenqualität verhandelt, er arbeitet nicht „wie konventioneller Realismus [] an der Bestätigung von Typischem, sondern ruft Spezifika in ihrem ästhetisch-popsemiotischen Zusammenhang auf" (Baßler 2015, 115). Die Konsumästhetik des Pop, deren „Imperativ" ein radikales „Be Here Now" fordert, die Verankerung jeder Narration in der „Gegenwärtigkeit einer Kultur mit Popmusik, Markennamen, Medien", präsentiert Waren nicht etwa affirmativ, sondern in einem „Modus des definitiven Vielleicht", einer modalen Vorbehaltlichkeit, die an die spezifische Logik des Geschmacksurteils laut Kant erinnert (vgl. Baßler und Drügh 2019), an jenes „freie Spiel" der Erkenntniskräfte, das durch keinen Begriff „auf eine besondere Erkenntnisregel ein[ge]schränkt", gerade deshalb aber als „Erkenntnis überhaupt" (Kant 1974 [1790], § 9) dazu drängt, anderen nicht nur mitgeteilt, sondern „*jedermann*" mit der Erwartung auf Beipflichtung ‚angesonnen' (l.c., § 8) zu werden: unendlich beweglich und disponibel und unendlich wichtig und relevant zugleich: „Differences that make a difference" (Baßler 2015, 113).

So sind jene „consumer aesthetics", die sich in einer „explosion of new, ‚lite' aeshtetic categories either engineered or appropriated an refurbished by the postwar culture industries – the quaint, the wacky, the quirky, and the cool, for example" (Ngai 2012, 58; vgl. Harris 2001) manifestieren, im Unterschied zu den klassischen ästhetischen Termini ‚schön' oder ‚erhaben' zunächst einmal „weak" oder „vernacular", weil sie keinerlei „extra-aesthetic power" für sich in Anspruch nehmen, mit denen Kunst gerne zu einer moralischen oder epistemologischen Instanz hochphantasiert wird. Die kleinen ästhetischen Kategorien, wie sie für die Konsumästhetik prägend sind, könnten freilich sogar produktiver für die Erforschung des Verhältnisses von Kunst, Kultur und Gesellschaft sein als ihre größeren Geschwister aus dem Kontext autonomieästhetischer Vorstellungen – einen Abschied von der Ästhetik bedeutet sie jedenfalls nicht. Im Gegenteil.

Literaturverzeichnis

Adorno, Theodor W., und Max Horkheimer. „Dialektik der Aufklärung. Philosophische Fragmente" [1947]. *Gesammelte Schriften in 20 Bänden. Bd. 3*. Hrsg. von Rolf Tiedemann, Frankfurt am Main: Suhrkamp, 1984.

Alloway, Lawrence. „The Long Front of Culture" [1959]. *Imagining The Present. Context, Content, and the Role of the Critic. Essays by Lawrence Alloway*. Hrsg. von Richard Kalina. New York: Routledge, 2006. 61–64.

Arendt, Hannah: Das Urteilen. Texte zu Kants politischer Philosophie. Aus dem Amerikanischen von Ursula Ludz. München und Zürich: Piper, 1985.

Baßler, Moritz. *Der deutsche Pop-Roman. Die neuen Archivisten*. München: C.H. Beck, 2002.

Baßler, Moritz: Definitely Maybe. Das Pop-Paradigma in der Literatur. In: *Pop. Kultur&Kritik* 6 (Frühling 2015): 104–127.

Baßler, Moritz, und Heinz Drügh. *Konsumästhetik. Umgang mit käuflichen Gegenständen*. Bielefeld: transcript 2019.

Baßler, Moritz. „Zur Semiotik des Markennamens in literarischen Texten". *Markt. Literarisch*. Hrsg. von Thomas Wegmann. Bern und Berlin: Peter Lang, 2005. 171–182.

Brinkmann, Rolf Dieter. *Keiner weiß mehr* [1968]. Reinbek bei Hamburg: Rowohlt, 1970.

Brinkmann, Rolf Dieter. „Der Film in Worten" [1969]. *Der Film in Worten. Prosa, Erzählungen, Essays, Hörspiele, Fotos, Collagen 1965–1974*. Reinbek bei Hamburg: Rowohlt, 1982a. 223–247.

Brinkmann, Rolf Dieter. „Die Lyrik Frank O'Haras" [1969]. *Der Film in Worten. Prosa, Erzählungen, Essays, Hörspiele, Fotos, Collagen 1965–1974*. Reinbek bei Hamburg; Rowohlt, 1982b. 207–222.

Brinkmann, Rolf Dieter. „In der Seitenstraße" [1966]. *Erzählungen*. Reinbek bei Hamburg: Rowohlt, 1985. 203–220.

Brinkmann, Rolf Dieter. „Angriff aufs Monopol. Ich hasse alte Dichter" [1968]. *Roman oder Leben. Postmoderne in der deutschen Literatur*. Hrsg. von Uwe Wittstock. Leipzig: Reclam, 1994. 65–77.

Böhme, Hartmut. *Fetischismus und Kultur. Eine andere Theorie der Moderne*. Reinbek bei Hamburg: Rowohlt, 2006.

Douglas, Mary, und Baron Isherwood. *The World of Goods*. New York und London: Routledge, 1979.

Drügh, Heinz „,Studio-Linie'. Zu Brinkmanns Warenästhetik". *Medialität der Kunst. Rolf Dieter Brinkmann in der Moderne*. Hrsg. von Markus Fauser. Bielefeld: transcript, 2011. 33–52.

Drügh, Heinz, Christian Metz und Björn Weyand (Hrsg.). *Warenästhetik. Neue Perspektiven auf Konsum, Kultur und Kunst*. Berlin: Suhrkamp, 2011.

Featherstone, Mike. *Consumer Culture and Postmodernism*. London u. a.: Sage, 2007.

Greenblatt, Stephen. *Verhandlungen mit Shakespeare. Innenansichten der englischen Renaissance*. Berlin: S. Fischer, 1990.

Groys, Boris. *Über das Neue. Versuch einer Kulturökonomie*. München und Wien: Hanser, 1992.

Goetz, Rainald. „Subito". *Rawums. Texte zum Thema*. Hrsg. von Peter Glaser. Köln: Kiepenheuer & Witsch, 1984. 152–165.

Goetz, Rainald. *Rave. Erzählung*. Frankfurt am Main: Suhrkamp, 1998.

Goetz, Rainald. *1989. Material. Beiheft der Neupublikation*. Frankfurt am Main: Suhrkamp, 2004.

Hall, Stuart. „Encoding, Decoding". *The Cultural Studies Reader*. Hrsg. von Simon During. London: Routledge, 1993. 90–103.

Hall, Stuart. „Notes on Deconstructing ‚the Popular'". *People's History and Socialist Theory*. Hrsg. von Raphael Samuel. London: Routledge, 1981. 227–242.

Hamilton, Richard. This is Tomorrow. *„For the finest art try – POP". Collected Words, 1953–1982*. Hrsg. von Richard Hamilton. London: Thames and Hudson, 1982.

Harris, Daniel. Cute, Quaint, Hungry and Romantic. The Aesthetics of Consumerism, Boston 2001.

Haug, Wolfgang Fritz. *Kritik der Warenästhetik*. Überarb. Neuausgabe. Frankfurt am Main: Suhrkamp, 2009.
Illouz, Eva. *Der Konsum der Romantik. Liebe und die kulturellen Widersprüche des Kapitalismus*. Aus dem Amerikanischen von Andreas Wirthensohn. Frankfurt am Main: Suhrkamp, 2007.
Kant, Immanuel. *Kritik der Urteilskraft* [1790]. Werkausgabe. Hrsg. von Wilhelm Weischedel. Bd. X. Frankfurt am Main: Suhrkamp, 1974.
König, Wolfgang. *Kleine Geschichte der Konsumgesellschaft. Konsum als Lebensform der Moderne*. Stuttgart: Steiner, 2008.
Lottmann, Joachim. „Realitätsgehalt: Ausreichend". *Spex. Musik zur Zeit* 7.11 (1986): 65.
McCracken, Grant. *Culture & Consumption. New Approaches to the Symbolic Character of Consumer Goods and Activities*. Bloomington und Indianapolis: Indiana University Press, 1988.
Miller, Daniel. *The Comfort of Things*. Cambridge und Malden: Polity, 2008.
Ngai, Sianne. *Our Aesthetic Categories: Zany, Cute, Interesting*. Cambridge, MA und London: Harvard University Press, 2012.
Plumpe, Gerhard. *Ästhetische Kommunikation der Moderne*. Band 1: *Von Kant bis Hegel*. Opladen: Westdeutscher Verlag, 1993.
Rancière, Jacques. *Ist Kunst widerständig?* Berlin: Merve, 2008.
Rebentisch, Juliane. *Theorien der Gegenwartskunst. Zur Einführung*. Hamburg: Junius, 2013.
Robbe-Grillet, Alain. „Dem Roman der Zukunft eine Bahn" [1963]. *Plädoyer für eine neue Literatur*. Hrsg. von Kurt Neff. München: dtv, 1969. 43–49.
Schamoni, Rocko. *Sternstunden der Bedeutungslosigkeit*. Reinbek bei Hamburg: Rowohlt, 2008.
Schulze, Gerhard. *Die Erlebnis-Gesellschaft. Kultursoziologie der Gegenwart*. Frankfurt am Main: Campus, 1982.
Seel, Martin. *Ästhetik des Erscheinens*. Frankfurt am Main: Suhrkamp, 2003.
Seiler, Bernd W. *Die leidigen Tatsachen. Von den Grenzen der Wahrscheinlichkeit in der deutschen Literatur seit dem 18. Jahrhundert*. Stuttgart: Klett-Cotta, 1998.
Simmel, Georg. „Soziologische Aesthetik" [1896]. *Georg Simmel Aufsätze und Abhandlungen 1894 bis 1900*. Hrsg. von Heinz-Jürgen Dahme und David P. Frisby. Gesamtausgabe Bd. 5. Frankfurt am Main: Suhrkamp, 1992. 197–214.
Simmel, Georg. „Der Begriff und die Tragödie der Kultur" [1911]. *Hauptprobleme der Philosophie. Philosophische Kultur. Gesamtausgabe*. Hrsg. von Rüdiger Kramme und Otthein Rammstedt. Bd. 14. Frankfurt am Main: Suhrkamp, 1996. 385–417.
Šklovskij, Viktor. „Die Kunst als Verfahren". *Russischer Formalismus. Texte zur allgemeinen Literaturtheorie und zur Theorie der Prosa*. Hrsg. von Jurij Striedter. München: Fink, 1969. 2–35.
Šklovskij, Viktor. „Literatur und Kinematograph" [1923]. *Formalismus, Strukturalismus und Geschichte*. Hrsg. von Aleksandar Flaker und Viktor Žmegač. Kronberg: Scriptor, 1974. 22–41.
Smithson, Alison, und Peter. „But Today We Collect Ads". *Ark magazine* 18 (1956). 49–52.
Sontag, Susan. „Notes on ‚Camp'" [1964]. *Against Interpretation and other Essays*. New York: Farrar, Straus & Giroux, 1966. 275–292.
Schrage, Dominik. „The Availability of Things. A Short Genealogy of Consumption". *Krisis. Journal for Contemporary Philosophy* 1 (2012): 5–20.

Stonard, John-Paul. „Pop in the Age of Boom: Richard Hamilton's, Just what is it that makes today's homes so different, so appealing". *The Burlington Magazine* 149 (September 2007). 607–620.

Venus, Jochen. „Die Erfahrung des Populären. Perspektiver einer kritischen Phänomenologie". *Performativität und Medialität Populärer Kulturen*. Hrsg. von Marcus S. Kleiner und Thomas Wilke. Wiesbaden: Springer, 2013. 49–73.

Wagner, David. *Meine nachtblaue Hose*. Berlin: Alexander Fest, 2000.

Wagner, David. *Vier Äpfel*. Reinbek bei Hamburg: Rowohlt, 2009.

3.7 Authentizität
Martin Butler

1. Zum „Jargon der Eigentlichkeit": Konjunkturen, Versprechen, Paradoxien

‚Echt sein' hat Hochkonjunktur. Schon vor einigen Jahren bezeichnete der kanadische Philosoph Charles Taylor die Gegenwart als das „Zeitalter der Authentizität" (zit. nach Funk und Krämer 7; vgl. ebd., 7–8). Alessandro Ferrara erklärte ‚Authentizität' zum „Leitwort für das Projekt der Moderne in der zweiten Hälfte des 20. Jahrhunderts" (Knaller und Müller 2006, 8), Christoph Jacke fragt sich, ob „man zumindest aus einem Zeitgeistgefühl heraus von einem ‚authentic turn' sprechen [kann]" (2013, 84). Auch Susanne Knaller und Harro Müller beobachten eine gesteigerte Präsenz des Authentischen in der jüngeren Vergangenheit – „zumindest als semantisches Ereignis" – und stellen fest, dass „Authentizität mit seiner Aura von Echtheit, Wahrhaftigkeit, Ursprünglichkeit, Unmittelbarkeit, Eigentlichkeit […] zu einem erfolgreich eingesetzten Markenartikel und Emblem geworden" sei (2006, 7).

Die gegenwärtige Prominenz des Authentizitätsbegriffs sowohl in gesellschaftlichen und kulturellen Diskursen als auch in deren Wissenschaften (vgl. von Appen 2013, 63–65 ; vgl. etwa in theologischer Perspektive Wiesinger 2019; geschichtswissenschaftlich Bergold 2019; primär soziologisch Illouz 2018; architekturhistorisch Mager 2016) ist sicher für nicht wenige mit einem schlichten Verweis auf die ständig wachsende Bedeutung der *commodity culture*, virtualisierter Modi zwischenmenschlicher Interaktion und dem damit einhergehenden, zumeist als bedrohlich empfundenen Ausbleiben ‚echter', d. h. vor allem unmittelbarer Erfahrungen schnell erklärt; die Sehnsucht nach Authentizität – auch im Pop – wird damit zum Reflex auf die Übermacht in erster Linie als artifiziell empfunder Lebens- und Kommunikationsstile interpretiert. „In Zeiten von ‚virtual reality' und ‚postmoderner Beliebigkeit'", so argumentieren beispielsweise Michael Rössner und Heidemarie Uhl, scheint der Begriff der Authentizität „– nicht ohne Nostalgie – wieder einmal zum Sehnsuchtsort geworden zu sein: ‚Unberührte Natur' im Tourismus, ‚Zurück zum Ursprung' als Slogan einer Bio-Marke, ‚authentische Aufführungspraxis' in der reproduzierenden Kunst sind Ausdruck dieser Sehnsucht" (Rössner und Uhl 2012, 9; vgl. auch von Appen 2013, 63–65).

Mag man diesen Erklärungsversuch auch anzweifeln (möglicherweise zu Recht), so ist dessen Präsenz in der öffentlichen Debatte sowie im wissenschaftlichen Diskurs über den Authentizitätsbegriff nicht von der Hand zu weisen. Das überrascht ein wenig, ist doch die Einsicht in die ständige Inszeniertheit des Authentischen vergleichsweise einfach nachzuvollziehen und mittlerweile ebenso verbreitet: Denn sobald Authentizität (diskursiv oder performativ) behauptet wird, ist das mit dem Begriff verbundene Versprechen der Unmittelbarkeit nicht mehr einlösbar, da die Behauptung des Authentischen bereits als inszenatorische Praxis zu verstehen ist (dazu ausführlicher Funk und Krämer 2011, 10–14; vgl. auch Fischer-Lichte 2007). Christoph Zeller bezeichnet dies als „[d]as grundlegende Paradoxon des Authentischen, das Unmittelbarkeit postuliert, während es den Effekt der Unmittelbarkeit nur durch künstlerische Vermittlung zeigen kann" (zit. nach Funk und Krämer 2011, 11). Folglich wird das ‚Authentische' zur Wahrnehmungs- und Deutungskategorie der Rezipienten einer Inszenierung (vgl. Funk und Krämer 2011, 10–14), Authentizität ist also in dem Moment, in dem sie behauptet wird, immer schon artifiziell. Sie ist „kein Zustand, der aus dem einen, wahren, guten, richtigen, schönen Bestimmungsgrund resultiert, sondern Ergebnis eines an einem Ort und zu einer bestimmten Zeit stattfindenden Beglaubigungsprozesses, der garantielos immer wieder einsetzen kann" (Knaller 2006, 32), d.h. sie wird hervorgebracht durch spezifische Anordnungen von Akteur/innen, Artefakten und medialen und institutionellen Rahmenbedingungen (ein Popkonzert, eine Dichterlesung, eine Theateraufführung) – Anordnungen, die etwas zuallererst als authentisch anerkennbar bzw. lesbar oder erlebbar machen.

Authentizität als das Andere des Artifiziellen zu begreifen – und das tut die o.a. Erklärung der Authentizitätseuphorie ja, wenn sie den Wunsch nach dem ‚Echten' mit der zunehmenden Künstlichkeit der Welt erklärt – ist daher nur dann möglich, wenn man die Einsicht in die Inszeniertheit des Authentischen suspendiert und damit das ‚Echte' und das ‚Künstliche' normativ gegeneinander in Stellung bringt. Und diese Tendenz lässt sich durchaus auch unter hartnäckigsten Verfechter/innen konstruktivistischer Konzeptualisierungen von Authentizität als Effekt von Wahrnehmungsmustern und Deutungsprozessen beobachten, die – so Karl-Ludwig Pfeiffer etwas polemisch – ebenso wenig wie die „Entlarver des Jargons der Eigentlichkeit" (149) – auch nicht „der Versuchung wider[stehen]" zu können scheinen, „in der Konkursmasse des Vorder- oder Pseudo-Tiefgründigen doch noch Irrlichter irreduzibler und insofern bis auf weiteres authentischer Energien zu orten" (2006, 148/149). Die Suche nach dem Authentischen scheint also bei aller postmodernen Aufgeklärtheit über die „vermittelte Unmittelbarkeit" (Zeller 2010, 1) nicht enden zu wollen, der Bedarf danach nicht zu versiegen. Aus diesem Grund fragen schließlich Michael Rössner und Heidemarie Uhl, ob „Authentizität somit das Schicksal jener Begriffe [teile], die zwar auf theoretischer Ebene ‚dekonstruiert' werden, deren Relevanz davon allerdings wenig beeinträchtigt wird" (2012, 10).

Aus diesem ebenfalls paradox anmutenden Umstand wird ersichtlich, dass der Begriff der Authentizität – genauso übrigens wie sein scheinbares Gegenüber, die Artifizialität – nicht selten durch eine dezidiert normative Dimension charakterisiert ist, bzw. dass sich in seiner Verwendung „häufig auf nicht immer aufschlüsselbare Weise empirische, interpretative, evaluative und normative Elemente miteinander verknüpf[en]" (Knaller und Müller 2006, 8).

Mit Bezug auf die Verwendung der Begriffe in popkulturellen Diskursen nimmt Diedrich Diederichsen die Erkenntnis dieser Normativität zum Ausgangspunkt, um den Begriff der Authentizität als einen „Kampfbegriff" zur ästhetischen und ethischen/ideologischen Positionierung zu umreißen, der, so scheint es zumindest, im Bereich der populären Kultur besonders häufig zur Debatte steht. Authentizität wird also immer dann behauptet, wenn sie Distinktionsgewinne verspricht, zudem immer dort, „wo etwas durchgesetzt werden muss, dessen begründende Werte längst durchgesetzt sind" (Diederichsen 2012), entwickelt also – als Kampfbegriff – ein eher konservatives Moment. Ganz im Gegenteil zum Begriff des Artifiziellen übrigens, der, so Diederichsen, gerade dort Verwendung findet, „wo es ... um Erneuerungen und Unerhörtes geht" und Authentizität demnach als Kampfbegriff „nicht taugt" (Diederichsen 2012).

Vor dem Hintergrund dieser Einsicht in die Normativität des Begriffs des Authentischen – und, gleichermaßen, des Artifiziellen – (auch) in gegenwärtigen Popdiskursen ist die zentrale Frage folglich die nach den Prozessen der Hervorbringung von Authentizität und den damit verbundenen Distinktionspotentialen. Durch diesen Blick auf Authentizität als Effekt des Zusammenwirkens kultureller Praktiken und Diskurse rücken demnach sowohl Verfahren der Inszenierung als auch die Modi und Positionen des Sprechens und (An)Erkennens des Authentischen in den Vordergrund. Es geht also (diesem Beitrag) nicht um die Konturierung einer Definition des Authentischen in Abgrenzung zum Artifiziellen im Pop, sondern um die Skizzierung der performativen und diskursiven Hervorbringung von Authentizität (vgl. auch Jacke 2013, 73–85), denn „[v]iel interessanter und vor allem erkenntnisreicher als die immer wieder unternommenen Versuche, den Begriff Authentizität allgemein und spezifisch für Popkultur und -musik zu definieren, erscheint wissenschaftlich eine genauere Beobachtung der Diskutanten sowie ihrer Argumentationen und Kontexte" (Jacke 2013, 73–74), wobei die ‚Diskutanten' – dies sei vielleicht hinzugefügt – sicher nicht nur Wissenschaftler/innen, sondern auch Pop-Akteur/innen bzw. deren Praktiken und Ausdrucksformen sein können.

2. Wer spricht? Worüber? Und wie? Begriffe, Diskurse, Positionen (und ihre Geschichte)

Die mit dem Begriff der Authentizität verbundenen Wertungen, die in gegenwärtigen Pop-Diskursen mehr oder weniger explizit artikuliert werden, lassen sich im Wesentlichen auf ästhetische und poetologische Diskurse und Positionierungen des 18. und 19. Jahrhunderts zurückführen (vgl. Knaller 2006, 17), wobei diese ‚Zurückführung', wie Susanne Knaller in ihrer Genealogie des Begriffs anschaulich und detailliert darlegt, nicht als einfaches Kontinuum verstanden werden darf (vgl. Knaller 2006, 31). Vielmehr ist der Authentizitätsbegriff in historischer Perspektive in einer ganzen Reihe unterschiedlicher Diskurse verwendet worden und hat – je nach Verwendungskontext – ganz unterschiedliche Bedeutungen entfaltet (vgl. Knaller 2006, 17–35). Die Verwendung des Begriffs der Authentizität als „normativer Vermittlungsbegriff" (Knaller 2006, 21) in literatur- und kunstkritischen und -wissenschaftlichen Diskursen im 20. und 21. Jahrhundert ist also *eine* unter verschiedenen, jeweils kontextspezifischen Ausprägungen des Begriffs und dessen Implikationen (vgl. für detaillierte begriffsgeschichtliche Untersuchungen u. a. Knaller 2006; Kalisch 2007; Assmann 2012).

Ganz im Gegensatz zur gegenwärtigen Hochkonjunktur des Begriffs der Authentizität ist „[d]as seit dem 18. Jahrhundert kurrente Wort im 19. und in der ersten Hälfte des 20. Jahrhunderts kein Hauptwort der Moderne gewesen" (Knaller und Müller 2006, 7). Nachdem das ‚Authentische' im Sinne „authentisierter Autorschaft" (Knaller 2006, 20) schon in poetologischen Diskursen des *Literatur*systems in der Renaissance thematisiert wird (vgl. Knaller 2006, 20), lässt sich dennoch nachzeichnen, dass „Authentizität im Sinne von Originalität und Echtheit" im Kunstsystem seit Ende des 18. Jh. (Knaller 2006, 20) zu einer zentralen Kategorie wird. Dort entwickelt der Begriff auch seine normative Dimension, umfasst er doch als „ästhetischer Grundbegriff nicht nur weiterhin den Beglaubigungs- und Zuschreibungs-, sondern auch einen moralphilosophischen Diskurs [...]. In dieser Diskursform bildet Authentizität einen normativen Begriff" (Knaller 2006, 20), welcher im 20. Jahrhundert dann „innerhalb [der] triadischen Begriffskonstellation [...] [ä]sthetische Autonomie [...] Differenz [...] künstlerische[s] Subjekt" (Knaller 2006, 25) zu einem der Dreh- und Angelpunkte in ästhetischen, ethischen und ideologischen Debatten (nicht nur über Literatur und Kunst) wird.

Theodor W. Adorno führt den Begriff der ‚Authentizität' bereits in den 1950er Jahren als „Kennzeichen der ästhetischen Moderne" ein (Knaller und Müller 2006, 8) und „[macht] das seit der zweiten Hälfte des 18. Jahrhundert kurrente Nebenwort [...] zu einem Hauptwort der ästhetischen Moderne" (Knaller und Müller 2006, 12). Der Begriff wird zur zentralen Gelenkstelle in Adornos Überlegungen zum Kunstwerk, dessen Autonomie Grundvoraussetzung seiner politischen Wirksamkeit ist und sich in Form der „Teilhabe an dem Geist [artikuliert, M.B.], der zur Veränderung der Gesellschaft [...] in Kunstwerken sich konzentriert" (Adorno 1973, 359). Dem autonomen Kunstwerk wird somit auch Authentizität attestiert, denn es unterscheidet sich in seiner Produktion und Ästhetik, aber auch in seiner Funktion von den kulturindustriell hergestellten, anti-aufklärerisch wirkenden Produkten der Massenkultur (wobei es sicher unangemessen wäre, diese mit ‚Popkultur' gleichzusetzen, auch Adorno tut das nicht).

Sicher ist die von Adorno dadurch vorgenommene Dichotomisierung von E- und U-Kultur, von Kunst und Nicht-Kunst, in der der Begriff der Authentizität eine Schlüsselposition einnimmt, ein entscheidender Moment für die ästhetische und ideologische Positionierung des Populären im 20. Jahrhundert – unter anderem sorgte diese bis heute wirkmächtige Unterscheidung für nicht unerhebliche Akzeptanzprobleme der frühen deutschen Pop-Literatur (vgl. dazu ausführlich Müller-Dannhausen 2011, 48–56). Denn die für Adorno im Rahmen der Definition des Authentischen bedeutsamen Charakteristika der Einzigartigkeit, der Originalität und der Autonomie werden der Popkultur (verstanden als Resultat der Transformation der Kulturindustrie „in Reklame" (Schulze 2008, 176; zum Verhältnis von Kulturindustrie und Pop vgl. u. a. ebd.) allesamt abgesprochen. Authentizität wird dadurch sozusagen *per definitionem* zum Alleinstellungsmerkmal für alles Nicht-Populäre. Popkulturelle Formen hingegen werden aufgrund der ihnen zugesprochenen konstituierenden Prinzipien der Wiederholung, der Standardisierung und der „mechanischen Reproduktion" (Adorno 1973, 50) zur „kitschige[n] Oberfläche des Spätkapitalismus" (Behrens 2003, 10).

Walter Benjamins Überlegungen zur Aura eines Kunstwerks in Zeiten veränderter Formen technischer Reproduktion hingegen irritieren die von Adorno postulierten Merkmale authentischer Kunst (vgl. hierzu auch Funk und Krämer 2011, 13). Seine Ausführungen, auf die Adorno vielfach kritisch reagiert (vgl. hierzu Müller 2006, 58–59), gehen von einer grundsätzlichen Reproduzierbarkeit eines jeden Kunstwerks aus, wobei sich der spezifische *Modus* des Reproduzierens mit der Entwicklung neuer technischer Möglichkeiten derart verändert habe, dass das für die Konstitution des Auratischen ausschlaggebende „Hier und Jetzt des Originals" (Benjamin 2015, 65) suspendiert würde. Dadurch verlöre, so Benjamin, das ‚echte' Kunstwerk seinen (quasi-)sakralen Charakter und die eigentlich von jeher gegebene „Fundierung im Ritual" (Benjamin 2015, 68). Konsequenterweise argumentiert er: „In dem Maße, in dem der Kultwert des Bildes sich säkularisiert, werden die Vorstellungen vom Substrat seiner Einmaligkeit unbestimmter [...,] mit der Säkularisierung der Kunst tritt die Authentizität an die Stelle des Kultwerts" (Benjamin 2015, 99).

Im Spannungsfeld dieser Positionen nimmt die stark normative Debatte um die Eigenschaften und die ideologischen Funktionspotentiale ‚hoher' Kunst und die damit unmittelbar verbundene Auseinandersetzung um den Stellenwert populärkultureller Praktiken und Ausdrucksformen Kontur an – sowohl bei Adorno als auch bei Benjamin spielt (mit jeweils anderer Prägung) die Kategorie des Authentischen eine zentrale Rolle.

Pop, so könnte man nun argumentieren, ließe sich in diesem Spannungsfeld als der Teil kulturellen Ausdrucks bezeichnen, der sich nicht nur seiner technischen Reproduzierbarkeit bewusst ist, sondern diese auch (ebenso bewusst) ausstellt. Pop unterscheidet sich also nicht (wie Adorno es uns glauben machen will) durch seine kulturindustrielle Fertigung von ‚echter' Kunst, die durch technologischen Fortschritt ebenso reproduzierbar geworden ist, sondern dadurch, dass Pop eben diesen Fertigungsprozess, genauso wie seine Funktion als ‚Reklame' nicht mehr zu leugnen versucht.

Es scheint, als ob der vielfach attestierte Drang zur (Inszenierung von) Authentizität in manchen Bereichen der Populärkultur bis heute immer noch als kompensatorischer Reflex auf die mit dieser Bewertung von Pop (als irgendwie nicht besonders ernstzunehmend, artifiziell und im Wesentlichen einer kapitalistischen Logik entstammend) verbundene Herabwürdigung gemeint ist. Zwar wurde dieser Zuschreibung, die insbesondere die Frankfurter Schule vornahm, durch die Konturierung einer ideologisch alternativen Position vor allem durch die britischen Cultural Studies entgegengewirkt: Durch den Fokus auf (hier dann eben als besonders authentisch betrachtete) *working-class culture* als Medium der Repräsentation und Artikulation bisher ungehörter bzw. unterdrückter Stimmen sprachen Verfechter dieser Schule populärkulturellen Praktiken und Ausdrucksformen ein kritisch-subversives Potential zu (u. a. Raymond Williams, Stuart Hall, später, und in anderen Teilen der englischsprachigen Welt, insbesondere Lawrence Grossberg und John Fiske) und sorgten auf diese Weise für eine mitunter emphatische Rehabilitation des Populären als potentiell politisches, keineswegs anti-aufklärerisches, sondern vielmehr revolutionäres, damit also als besonders wertvoll zu charakterisierendes Phänomen. Trotzdem scheint der Verweis auf die popkulturpessimistischen Thesen Adornos, selbst angesichts kanonkritischer Diskurse über die als dringend nötig empfundene Erweiterung des Gegenstandsbereichs der Literaturwissenschaften, als probates Mittel in Prozessen der Positionierung (d. h. Ab- oder Ausgrenzung) des Populären und dessen Wissenschaften immer noch gut zu funktionieren. Die Normativität der Debatte um die Definition und den Wert von Kunst, die im 18. und 19. Jahrhundert ihren Ausgang nahm und das Kriterium der Authentizität als Gütesiegel verwendete, ist folglich zwar erkannt, aber noch lange nicht gebannt und daher weiterhin sowohl Gegenstand wissenschaftlicher Auseinandersetzung als auch Thema populärkultureller Praktiken und Ausdrucksformen, die sich auf verschiedenste Art und Weise mit Fragen der ‚Echtheit', der ‚Eigentlichkeit' oder der ‚Glaubwürdigkeit' auseinandersetzen.

Auch innerhalb dieser populärkulturellen Debatten der Selbstverständigung und Positionierung fungiert ‚Authentizität', wie Diederichsen es formuliert, als „Kampfbegriff". Zentral war (bzw. ist) er beispielsweise im Diskurs über die Unterscheidung zwischen Rock und Pop, in dem sich Ersterer insbesondere in den 1960er und 1970er Jahren (aber sicher auch, wohlgleich in unterschiedlichem Maße, bis heute) durch eine „Ästhetik der Authentizität" (Middleton 2000, 38; vgl. dazu Hinz 1998; auch Keigthley 2001) ausgewiesen hat. „Der Rock muss sich immer treu bleiben" (Bessing 2001, 139), Rock ist „handgestrickt" (Bessing 2001, 139), in ihm artikuliert sich die „Angst, dass alles so bleiben soll, wie es ist, wie es gut ist" (Bessing 2001, 140). Dem gegenüber gilt Pop gemeinhin als das artifizielle Andere, als Resultat von Kommerzialisierungsprozessen, das – so die Unterstellung – dem Anspruch auf unverfälschte Artikulation und der damit einhergehenden Evokation von Gemeinschaft in keiner Weise (mehr) genüge tun konnte.

In der Tat war für die Hervorbringung dieser von Simon Frith als „rock sensibility" und „pop sensibility" bezeichneten (Selbst-)Verständnisse die Unmittelbarkeit musikalischen Ausdrucks als differenzbildende Kategorie ausschlaggebend (vgl. Hinz 1998, 95): „Erstere kreise um den zentralen Begriff der Authentizität, während letztere jeden Glauben an Darstellungsformen verloren habe, die die emotionale, körperliche Expression und Verausgabung der Musiker zum Gradmesser ästhetisch-politischer Relevanz erheben, und im Gegenzug die Künstlichkeit der zur Schau gestellten Posen, der angeeigneten ästhetischen und musikalischen Traditionen nachdrücklich hervorkehrt" (Hinz 1998, 95) – ein Gestus übrigens, der in seiner als ‚Ehrlichkeit' lesbaren Offenlegung des Artifiziellen auch (bzw: gerade deshalb) als Option der Inszenierung des Authentischen fungieren kann. Nicht zuletzt deshalb führt auch Lawrence Grossberg diese Option, also die Reflexion auf die (eigene) Oberfläche, als eine Spielart des Authentischen im Rockdiskurs ein (vgl. Fornäs 1995, 276) und differenziert auf diese Weise die zugegebenermaßen etwas einfältige, aber dennoch bis heute durchaus wirkmächtige Unterscheidung zwischen Rock und Pop.

3. Konstellationen des Authentischen im Pop

In der jüngeren wissenschaftlichen Debatte zum Authentizitätsbegriff, die im Anschluss an die oben skizzierten Positionen nicht nur in den Literatur- und Kulturwissenschaften immer noch (und immer wieder rege) geführt wird, lassen sich nun eine Reihe von Ansätzen zur Konzeptualisierung unterschiedlicher Aspekte oder Dimensionen von Authentizität identifizieren, die sich möglicherweise auch für eine Analyse der Verhandlungen des Authentischen im Pop produktiv einsetzen lassen. Sybille Krämer beispielsweise identifiziert „zwei Bedeutungskerne" des Begriffs der Authentizität (in Bezug auf das damit Bezeichnete), „zwei Gravitationszentren im Gebrauch [des Begriffs]" (2012, 16), die sie „materiale" und „personale" Authentizität nennt (vgl. Krämer 2012, 16), wobei die erstere eine „Eigenschaft eines Produktes, dessen Urheber sich ermitteln und identifizieren lässt" (Krämer 2012, 16) benennt, während die zweite Authentizitätsvariante „nicht von der Echtheit von Dokumenten", sondern „von der ‚Echtheit' und Glaubwürdigkeit einer Person [handelt]" (Krämer 2012, 16). Krämer charakterisiert den personalen Authentizitätsbegriff als „vorrangig *normative*[n]" und den materialen Authentizitätsbegriff als „primär *deskriptiv*" (2012, 16, Hervorhebungen im Original), wobei schon ihre eigenen Relativierungen die Schwierigkeit der Abgrenzung beider Begriffsvarianten andeutet. Im gleichen Band listet Aleida Assmann unter den potentiellen Signifikanten von „authentisch" „u. a. [...] die Qualität von Quellen, Dokumenten und Unterschriften, [...] von Ereignissen, [...] von Kunstwerken, [...] von Einrichtungen, Institutionen, Traditionen, [...] die Qualität menschlichen Verhaltens, [...] die Qualität einer Person" (2012, 28), wobei sich auch diese Punkte entlang der von Krämer vorgeschlagenen Unterscheidung „material" „personal" ordnen ließen (vgl. für weitere Systematiken der Unterscheidung von Authentizitätsdimension von Appen 2013, 42–46, Jacke 2013, 75–85)

Susanne Knaller unterscheidet entlang ähnlicher Parameter zwischen „Subjekt- und Objektauthentizität" (vgl. 2006, 21–22 14). Letztere „resultiert zumeist aus der Rückführbarkeit auf einen Urheber/eine Urheberin oder auf Zugehörigkeit. Sie ist nachweis- und garantierbar durch Institutionen oder Autoritäten, welche die Echtheit von Urheberschaft bzw. Zugehörigkeit bestätigen". Die Authentizität eines Kunstwerks (laut Knaller eine „besondere Form" der Objektauthentizität) wird dagegen „erst mit der institutionalisierten Autonomiesetzung des Kunstwerks konzipierbar", beglaubigt wird sie durch die Akteur/innen des Kunstsystems (2006, 22). Die Charakterisierung eines künstlerischen Objekts als authentisch' hängt dabei, wie Knaller und Müller skizzieren, letztlich auch vom fokussiertem Aspekt ab: „Betone ich Authentizität im Sinne von Autorität, Souveränität des Werkes als Steigerungsbegriff von Autonomie, wird man Authentizität wesentlich in seiner formalen Faktur, in seinen selbstreferentiellen Spielen lokalisieren (ästhetische Authentizität). [...] Akzentuiere ich Authentizität als Fremdreferenz, Indexikalität im Sinne von Abbildung, Mimesis, Kopie werde ich realistische, naturalistische Positionen gut auf diese Weise als authentisch qualifizieren können (Referenzauthentizität)" (2006: 12–13). Subjektauthentizität bezieht sich hingegen auf die Autorin oder den Künstler als (als „unausschöpfbare[s], ineffable[s] Individuum" (Knaller und Müller 2006, 12) und „umschreibt z. B. das Übersteigen des Individuellen und die Rückkehr oder Ankunft an einen Ort des Ursprungs in der ästhetischen Moderne, wenn der Künstler/die Künstlerin über kreatives Potential und Originalität das unkontaminierte Selbst findet" (Knaller 2006, 22).

Ohne auf die begrifflichen Ausdifferenzierungen der hier vorgestellten Ansätze weiter einzugehen (die mitunter auch Gefahr laufen, durch die Konkretisierung von Kriterien der Bestimmung von Authentizität einer bestimmten normativen Position Vorschub zu leisten), lässt sich die Unterscheidung zwischen Objekt (oder: Material) und Subjekt (oder: Person) als potentiellen Adressaten von Authentizitätszuschreibungen für die Beschreibung und Analyse verschiedenster Konstellationen des Authentischen im Pop zumindest als Heuristik fruchtbar machen. Zwar entpuppt sich diese Unterscheidung in der Analyse und Beschreibung eben solcher Konstellationen regelmäßig als nicht besonders trennscharf – auch Knaller und Müller bleiben bei der Kategorisierung unterschiedlicher Authentizitätstypen vergleichsweise vorsichtig, denn „[z]u groß und zu different [seien] die konstellativen Felder, in die der Begriff Authentizität jeweils eingetragen wird" (2006, 14). Möglicherweise ist es aber vielleicht gerade diese begriffliche Unschärfe, die es nahelegt, das Authentische nicht als subjekt- oder objektgebundene Eigenschaft, sondern vielmehr als performativ und diskursiv erzeugten Effekt zu verstehen, als momentanes und äußerst prekäres Produkt historisch und kulturell kontingenter Anordnungen. Mit anderen Worten: Durch das situative Zusammenspiel von spezifischen ästhetischen Verfahren zur Plausibilisierung von Echtheit, von Gattungskonventionen und den damit verbundenen Erwartungshaltungen der Rezipient/innen. ergeben sich historisch und kulturell je spezifische und variable Arrangements, in denen etwas oder jemand als authentisch adressiert und anerkannt wird. Teil dieses „Beglaubigungsprozess(es)" (Knaller 2006, 32) ist die reflexive Thematisierung der Authentizität (der Autorin, des Interpreten, des Künstlers, der Rezipientin, des Textes, der Stimme...), die nicht selten als Strategie der Positionierung in einer Debatte fungiert, deren Funktionalität vielleicht gerade in ihrer sachlichen Unlösbarkeit liegt..

Diese reflexive Thematisierung ist dabei natürlich nicht nur den Wissenschaften vorbehalten, die Pop zuallererst als Gegenstand konstituieren, beschreiben und analysieren, sondern passiert auch im Pop-Diskurs selbst (vgl. dazu u. a. Schumacher 2011). Sichtet man die Literatur über den Authentizitätsdiskurs *im* Pop, werden – gerade für den Bereich der neueren Pop-Literatur, aber auch für den der Pop-Musik – regelmäßig zentrale Strategien in der Positionierung innerhalb der Authentizitätsdebatte identifiziert. Eine dieser Strategien ist der „demonstrative[n] Verzicht auf Originalität und Authentizität [durch] das explizite Zusammenstellen der eigenen Kunst aus bereits Bestehendem" (Picandet 2011, 138), z. B. in Form des Samplings oder des Remixings, wobei hierbei mitunter genau dieser Verzicht aufgrund des zuvor besprochenen Paradoxons der Authentizität als besonders authentisch ausgestellt wird – eine Variante dieser

Positionierungsstrategie beschreibt Lawrence Grossberg übrigens als „authentic inauthenticity" in der Pop-Musik (vgl. Grossberg, vgl. dazu u. a. von Appen 2013, 59; Jacke 2013, 76–77), d. h. die bewusste Ausstellung der Artifizialität (einer Performance, eines Images) als einzig mögliches und damit letztendlich grundehrliches (sprich: authentisches) Statement.

Eine andere, an die Pose der „authentic inauthenticity" anknüpfende Form der Positionierung in der Debatte erfolgt über die Thematisierung eben dieses Paradoxons: „Je authentischer man zu werden versucht, je genauer an den Erlebnissen der Realität dran man erzählt und berichtet, umso stärker merkt man die Diskrepanz zum Wirklichen, die Unfaßbarkeit des Geschehens, die Konstruktion, die Auswahl, zugespitzt gesagt, schlicht FIKTIVE des Resultats [...]." (Goetz 1999, 685) Zwar beschreibt die Erzählinstanz aus Goetz' Text auch die Konstruiertheit des authentischen Erlebnisses, der Fokus liegt aber vielmehr auf der Aporie der/des Kulturschaffenden, dem eigenen Anspruch auf Darstellung des ‚wirklichen Lebens' gerade aufgrund der durch diese Darstellung suspendierten Unmittelbarkeit nicht gerecht werden zu können.

Genauso wie die bewusste Exposition des Artifiziellen lässt sich auch diese Thematisierung der Reflexion der paradoxal anmutenden Logik des Authentischen als „Authentizität zweiter Ordnung" (vgl. Düllo 2011; vgl. auch Jacke 2013, 80–85) beschreiben, die – im Unterschied zur „Authentizität erster Ordnung" – in Form eines Eingeständnisses in die Unmöglichkeit der Unmittelbarkeit zum Ausdruck kommt und die für den Pop oftmals als charakteristisch ausgewiesene Oberflächenhaftigkeit durch die mehr oder weniger explizite Thematisierung dieser Oberflächenhaftigkeit selbstreflexiv wendet. Düllo schreibt hierzu: „Künstlich, Konstruiert [sic!] und inszeniert sind beide Formen des Authentischen. Die Differenz ist vielmehr darin erkennbar, ob die kulturellen Produkte [oder Akteur/innen, M.B.], die das Authentische repräsentieren und inszenieren, eben diese Inszeniertheit und Künstlichkeit kenntlich machen (zweiter Ordnung) oder sie ignorieren und leugnen (erster Ordnung)." (zit. nach Jacke 2013, 81)

Ein Modus dieser Kenntlichmachung ist beispielsweise die konsequente (mitunter ironische) Distanznahme zum eigenen Authentizitätsanspruch. Dabei wird dieser Anspruch einerseits als unerfüllbar entlarvt, andererseits ein alternativer Gestus des Authentischen hervorgebracht. ‚Echt' und ‚ehrlich' ist also nicht mehr die zur Schau gestellte oder zur Aufführung gebrachte kulturelle Praktik, sondern vielmehr das Eingeständnis der Unmöglichkeit der Unmittelbarkeit. Mit Blick auf eine Reihe unterschiedlicher Pop-Stars und -Bands (Scorpions, U2, Robbie Williams) und deren ständiges „Re-Modeling" – also den Drang zur Neuerfindung in Abhängigkeit sich wandelnder medialer Rahmenbedingungen – beobachtet Christian Kracht beispielsweise, dass in diesem Prozess „immer ein Vektor hin zur Ironisierung [zeigt]" (Bessing 2001, 132). Ähnlich formuliert es Eckhart Nickel:

„In dem Moment, in dem das Re-Modeling in Gang gesetzt wird, geschieht Ironie" (Bessing 2001, 147). Teil dieses „Re-Modelings", des ständigen Neuentwurfs zur strategischen Re-Positionierung, ist also das metareferentielle Spiel mit Gattungskonventionen und Aufführungspraktiken, die als Strategien der Authentifizierung in Form einer gebrochenen Wiederholung einerseits in ihrer Künstlichkeit ausgestellt werden, ein Spiel, dass – konsequent genug betrieben – eben zu einer Form der Authentizität zweiter Ordnung führt. „Was für ein Genie!" sagt Stuckrad-Barre in dieser Hinsicht über Robbie Williams, der genau diese ironische Brechung der ins Klischee abzugleiten drohende Inszenierung seiner Persona zum Strukturprinzip seiner diversen Re-Modelings gemacht habe: er „betreibt [...] die absolut selbstironisierende Affirmation des Medienechos auf seine Schandtaten. Wenn er nach Drogen- und Alkoholrückfällen gefragt wird, bejaht er freudig und gesteht darüber hinaus, in der letzten Nacht einige Schafe gefickt zu haben" (Bessing 2001, 133).

Eine ähnliche Form der distanzierenden Bezugnahme auf die eigene Gemachtheit bzw. Beschaffenheit (als Künstlerpersona, als Text) – und damit, so ließe sich argumentieren, die Etablierung einer Form von Authentizität zweiter Ordnung – beobachtet Klaus Birnstiel in seiner Rekonstruktion der „konsumistisch verspiegelte[n] Oberflächenoptik" des Romans *Schimmernder Dunst über Coby County* in diesem Band (→ 4.20 BIRNSTIEL). Mit der ‚Optik' des Romans sind dabei einerseits seine ästhetische Ausgestaltung gemeint, die sich an den „Stilgesten" von Pop orientiert; andererseits impliziert der Begriff der Optik auch einen den Text kennzeichnenden Modus der (Selbst-)Beobachtung der Oberfläche, die er produziert. In diesem Sinne hält Birnstiel fest, dass „[d]ie Erzählhaltung der Wim-Figur [...] sich nicht nur in ihrer Positionierung zur erzählten Welt, sondern auch in der Mitteilung figurinterner psychisch-emotionaler Verhältnisse als diejenige einer Beobachtung zweiter Ordnung beschreiben [lässt]. Nicht nur observiert Wims Blick die Designerkulisse seiner Lebenswelt in ständiger Distanznahme, auch das Selbstverhältnis Wims ist gekennzeichnet von selbstreflexiven *re-entry*-Schleifen, welche Wahrgenommenes, Gesprochenes und Gefühltes einer als automatisiert inszenierten, beständig mitlaufenden Materialprüfung unterziehen." (→ 4.20 BIRNSTIEL)

Eine weitere, nicht unbedingt literarische, aber vielleicht doch für den Pop beispielhafte Variante selbstreflexiver Auseinandersetzung mit der Vermitteltheit der Unmittelbarkeit lässt sich in den Songs der Hamburger Band Kettcar finden – ein Authentizitätsgestus zweiter Ordnung also, der sich vielleicht als besonders gangbarer Modus der Positionierung in der Authentizitätsdebatte (auch in anderen Medien) zu etablieren scheint (vgl. u. a. Jacke 2013, 85; Diederichsen und Jacke 2011). Dass sich dieser Modus und die damit thematisierten Positionierungs- und Authentifizierungsdilemmata besonders gut in Pop-Songs beobachten lassen, liegt möglicherweise daran, dass im Akt des Singens lyrisches Ich und Sängerpersona oft nur schwer voneinander zu trennen sind. Vor diesem Hintergrund ist die Frage, wer (der Sänger? Das lyrische Ich? Das Subjekt) oder was (der Auftritt? Die Stimme? Der Text? Das Objekt?) denn nun authentisch sei (oder nicht), vielleicht besonders virulent und alles andere als einfach zu beantworten, da es am Ende „konstitutiv für alle Pop-Musik (ist), dass in keinem performativen Moment klar sein darf, ob eine Rolle oder eine reale Person spricht. Dies ist die entscheidende Spielregel" (Diederichsen 2014, Kap. XXIV).

„Lieber peinlich als authentisch / Authentisch war schon Hitler" („Kein Außen mehr", 2008) – auch so kann man über die normative Dimension des Authentizitätsbegriffs sprechen. Die Liedzeile der Hamburger Band Kettcar irritiert dabei die mit dem Begriff der Authentizität gemeinhin verbundene positive Konnotation des Ehrlichen, des Wahren, des Echten durch die Referenz auf eine Person, der man eine so konnotierte Qualität nicht zuschreiben möchte – wenn Hitler schon authentisch war, darf man das einfach nicht mehr wollen. Die Kookurrenz „Hitler" und „authentisch" legt hier also den Status des Begriffs Authentizität als normativ aufgeladene Zuschreibungs- bzw. Wahrnehmungskategorie („ethisches Ideal", van Appen 2013, 42) offen und verweist auf vergleichsweise drastische, aber sicherlich wirksame Art und Weise auf die Komplexität des Authentizitätsbegriffs und der Authentizitätsdebatte. Kurzum: Sie provoziert, indem sie uns um die Möglichkeit der emphatischen Bezugnahme zur üblicherweise positiv konnotierten Authentizitätszuschreibung bringt.

Dass gerade die Band Kettcar (gegründet 2002) zu der Frage, wer, was, wann, wie und wo authentisch ist, sein kann, sein muss oder sein darf, immer wieder – und mehr oder weniger explizit – Stellung bezieht, ist sicherlich kein Alleinstellungsmerkmal. Es ist aber genauso wenig ein Zufall, sondern Resultat einer konsequenten Weiterentwicklung einer dezidiert reflexiven Haltung, die bereits die Vorgängerband ...But Alive sowohl auf textlicher als auch auf performativer Ebene regelmäßig zum Ausdruck bringt: Als Punkband mit stark intellektualisierten Texten nimmt ...But Alive in den 1990er Jahren eine besondere Position ein, indem sie sich von den ‚üblichen' gattungsspezifischen Mustern der Selbstinszenierung und Autorisierung innerhalb der Subkultur Punk (Parole, Suff und aus Prinzip dagegen) zwar nicht vollständig löst, diese aber immer wieder explizit thematisiert und die Reflexion über die Inszeniertheit eines Standpunkts – insbesondere des eigenen – als Authentifizierungsstrategie nutzt. Genauer – und unter Rückgriff auf die Kategorisierung Düllos: Die Songtexte thematisieren die Routinen der Selbstinszenierung im Punk der 1970er und 1980er Jahre, stellen diese als Authentizität erster Ordnung aus, als einen Rock-Gestus, der unter veränderten Rahmenbedingungen in den 1990er Jahren (Popularisierung und Kommerzialisierung des Punk) als nicht mehr tragfähig erscheint, sondern – so die Geschichte, die man erzählt – im Gegenteil genau jene Ästhetik reproduziert, die mittlerweile marktförmig geworden ist und schon lange ihr dezidiert politisches Moment eingebüßt hat. Das ambivalente Verhältnis zur eigenen Vergangenheit bleibt aber sichtbar: Denn es wird eben nicht darauf verzichtet, das Versprechen der Ehrlichkeit und Echtheit hin und wieder – und in eben dieser ersten Ordnung – auch selbst zu erneuern; es gibt eben doch noch Parolen genug, und das ist auch gut so. Mit anderen Worten: ...But Alive erkennen und artikulieren die Notwendigkeit einer Haltung, sie erkennen und artikulieren aber auch deren Konstruktcharakter.

Die Musik der Band Kettcar als Nachfolgeprojekt von ...But Alive lässt sich nun eher als Pop denn als Punk und eher durch das Keyboard als durch die Gitarre bestimmt charakterisieren. In der Tat wird melodischer komponiert, im Durchschnitt langsamer gespielt, glatter produziert, und der Gestus des Zweifelns als Strategie der Authentifizierung tritt noch weiter in den Vordergrund. Regelmäßig wird die Unmöglichkeit des Unvermittelten thematisiert, die Reflexion auf die (eigene) Oberfläche wird zum integralen Bestandteil der Lyrics, die im Modus der ständigen Irritation Distanz zum eben noch Gesagten (oder Gesungenen) nehmen. „Will Sätze, die sagen, das war's" singt Marcus Wiebusch, wohl wissend, dass solche Sätze in genau diesem Modus nicht mehr sag- oder singbar sind (vgl. Baßler und Butler 2013, 292).

Auch jenseits der Songtexte (sowie der stimmlichen Artikulation) wird Wandel und Veränderung als Konsequenz des Zweifelns an der eigenen Position thematisiert, auch hier sorgt nur die ständige und konsequent selbstreflexive Neuorientierung für einen Authentizitätseffekt: „jede Band, die authentisch sein will und ist, muß irgendwann einmal was verändern" (Interview ...But Alive mit dem Fanzine *ABERRATION*, 1999). Authentizität wird hier also nicht als ein Ausstellen des Essentiellen (,back to the roots') verstanden, sondern als ständige Überprüfung des eigenen Standpunkts, die notgedrungen zur Veränderung dieses Standpunkts führt – Wandel, nicht Beständigkeit, wird folglich zur *conditio sine qua non* einer authentischen Haltung (vgl. Interview ...But Alive mit dem Fanzine *ABERRATION*, 1999).

Dennoch: Eine Kategorisierung des Authentizitätsgestus der Band anhand der Unterschiedung Düllos (also als solcher zweiter Ordnung) scheint hier nicht ganz so einfach zu sein, oszillieren doch Text und Stimme (wie schon zu Zeiten von ...But Alive, allerdings nicht mehr so regelmäßig) zwischen der Offenlegung der normativen Dimension des Authentizitätsbegriffs („Lieber peinlich als authentisch") und dem Glauben an die Möglichkeit, am Ende irgendwie doch noch authentisch sein zu können („Jede Band, die authentisch sein will ..."). In der Tat thematisieren Texte und Stimme zwar die Konstruiertheit und damit Wandelbarkeit dessen, was authentisch ist, nicht unbedingt aber immer das mit der Mittelbarkeit des Unmittelbaren verbundene Paradoxon.

Der Anspruch auf Echtheit und Glaubwürdigkeit wird also nicht durch eine ausgestellte Artifizialität eingelöst; vielmehr verlassen sich Wiebusch und Band (sowohl ...But Alive als auch Kettcar) auf die Authentifizierungsoption, die durch den ständigen Zweifel an der eigenen Position und die damit einhergehende Notwendigkeit der Rekalibrierung eben dieser Position eröffnet wird – eben „weil Pop-Musik in der Negation und dem Dementi von Authentizismus authentisch sein kann" (Diederichsen 2014, 14). Was hier also sowohl performativ als auch auf der Ebene der *lyrics* betrieben wird, lässt sich vielleicht (und mit den Worten Diederichsens) als das „Pflegen kognitiver Dissonanz" charakterisieren, also als „einem gezielten Nicht-mit-sich-eins-Sein, das dann eine andere, nicht marktkonforme Authentizität, eine sozusagen gute Authentizität in ihrer Nachdenklichkeit findet" (Diederichsen 2012). Und wenn dieses „gezielte[] Nicht-mit-sich-eins-Sein" der Authentizität das zurückzugeben vermag, was ihr durch die Assoziation mit Hitler genommen wurde, ist man am Ende vielleicht doch ganz gerne lieber authentisch als peinlich.

Literaturverzeichnis

Adorno, Theodor W. *Ästhetische Theorie*. Frankfurt am Main: Suhrkamp, 1973.
Appen, Ralf von. „Schein oder Nicht-Schein? Zur Inszenierung von Authentizität auf der Bühne". *Ware Inszenierungen: Performance, Vermarktung und Authentizität in der populären Musik*. Hrsg. Dietrich Helms und Thomas Phleps. Bielefeld: transcript, 2013. 41–70.
Assmann, Aleida. „Authentizität – Signatur des abendländischen Sonderwegs?". *Renaissance der Authentizität? Über die neue Sehnsucht nach dem Ursprünglichen*. Hrsg. von Michael Rössner und Heidemarie Uhl. Bielefeld: transcript, 2012. 27–42.
Baßler, Moritz, und Martin Butler. „Doubt to Stand: Die Stimme von Marcus Wiebusch". *Performativität und Medialität Populärer Kulturen: Theorien, Ästhetiken, Praktiken*. Hrsg. von Marcus S. Kleiner und Thomas Wilke. Wiesbaden: Springer VS, 2013. 277–298.
Behrens, Roger. *Die Diktatur der Angepassten. Texte zur kritischen Theorie der Popkultur*. Bielefeld: transcript, 2003.
Benjamin, Walter. *Das Kunstwerk im Zeitalter seiner technischen Reproduzierbarkeit: Die drei deutschen Fassungen in einem Band*. Hrsg. von Karl-Maria Guth. Berlin: Contumax, 2015.
Bergold, Björn. *Wie Stories zu History werden. Zur Authentizität von Zeitgeschichte im Spielfilm*. Bielefeld: transcript, 2019.
Bessing, Joachim. *Tristesse Royale. Das popkulturelle Quintett mit Joachim Bessing, Christian Kracht, Eckhart Nickel, Alexander v. Schönburg und Benjamin v. Stuckrad-Barre* [1999]. München: List Taschenbuch, 2001.
Büsser, Martin. *If the Kids are united: Von Punk zu Hardcore und zurück*. Mainz: Ventil, 2010.
Diederichsen, Diedrich, und Christoph Jacke. „Die Pop-Musik, das Populäre und ihre Institutionen. Sind 50 Jahre genug? Oder gibt es ein Leben nach dem Tod im Archiv? Ein Gespräch". *Pop, Populäres und Theorien. Forschungsansätze und Perspektiven zu einem prekären Verhältnis in der Medienkulturgesellschaft*. Hrsg. von Christoph Jacke, Jens Ruchatz und Martin Zierold. Berlin u. a.: LIT, 2011. 79–110.

Diederichsen, Diedrich. „Der Imperativ des Authentischen". *polar: Politik. Theorie. Alltag* 13 (2012). http://www.polar-zeitschrift.de/polar_13.php?id=615.
Diederichsen, Diedrich. *Über Pop-Musik*. Köln: Kiepenheuer & Witsch, 2014.
Düllo, Thomas. *Kultur als Transformation. Eine Kulturwissenschaft des Performativen und des Crossover*. Bielefeld: transcript, 2011.
Fischer-Lichte, Erika, und Isabel Pflug (Hrsg.). *Inszenierung von Authentizität*. Tübingen und Basel: Francke, 2007.
Fornäs, J. „The Future of Rock: Discourses that Struggle to Define a Genre". *Popular Music* 14.1 (1995): 111–127.
Funk, Wolfgang, und Lucia Krämer. „Fiktionen von Wirklichkeit. Authentizität zwischen Materialität und Konstruktion". *Fiktionen von Wirklichkeit. Authentizität zwischen Materialität und Konstruktion*. Hrsg. von Wolfgang Funk und Lucia Krämer. Bielefeld: transcript, 2011. 7–24.
Goetz, Rainald. *Abfall für Alle. Roman eines Jahres*. Frankfurt am Main: Suhrkamp, 1999.
Grossberg, Lawrence. *We gotta get out of this place. Rock, die Konservativen und die Postmoderne*. Wien: Löcker, 2010.
Hinz, Ralf. *Cultural Studies und Pop: Zur Kritik der Urteilskraft wissenschaftlicher und journalistischer Rede über populäre Kultur*. Opladen: Westdeutscher Verlag, 1998.
IG Dreck auf Papier (Hrsg.). *Keine Zukunft war gestern – Punk in Deutschland*. Berlin: Archiv der Jugendkulturen, 2008.
Illouz, Eva, Hrsg. *Wa(h)re Gefühle: Authentizität im Konsumkapitalismus. Mit einem Vorwort von Axel Honneth*. Übersetzt von Michael Adrian. Frankfurt a. M.: Suhrkamp, 2018.
Jacke, Christoph. „Inszenierte Authentizität versus authentische Inszenierung: ein Ordnungsversuch zum Konzept Authentizität in Medienkultur und Popmusik". *Ware Inszenierungen: Performance, Vermarktung und Authentizität in der populären Musik*. Hrsg. von Dietrich Helms und Thomas Phleps. Bielefeld: transcript, 2013. 71–96.
Kalisch, Eleonore. „Aspekte einer Begriffs- und Problemgeschichte von Authentizität und Darstellung". *Inszenierung von Authentizität*. Tübingen und Basel: Francke, 2007.
Keigthley, Keir. „Reconsidering Rock". *The Cambridge Companion to Rock and Pop*. Hrsg. von Simon Frith, Will Straw und John Street. Cambridge: Cambridege University Press, 2001. 109–142.
Kettcar. *Sylt*. Grand Hotel van Cleef. 2008.
Knaller, Susanne. „Genealogie des ästhetischen Authentizitätsbegriffs". *Authentizität: Diskussion eines ästhetischen Begriffs*. München: Fink, 2006. 17–35.
Knaller, Susanne, und Harro Müller. „Einleitung". *Authentizität: Diskussion eines ästhetischen Begriffs*. Hrsg. von Susanne Knaller und Harro Müller. München: Fink, 2006. 7–16.
Krämer, Sybille. „Zum Paradoxon von Zeugenschaft im Spannungsfeld von Personalität und Depersonalisierung: Ein Kommentar über Authentizität in fünf Thesen". *Renaissance der Authentizität? Über die neue Sehnsucht nach dem Ursprünglichen*. Hrsg. von Michael Rössner und Heidemarie Uhl. Bielefeld: transcript, 2012. 15–26.
Mager, Tino. *Schillernde Unschärfe: Der Begriff der Authentizität im architektonischen Erbe*. Berlin/Boston: De Gruyter, 2016.
Middleton, Richard. „Rock Singing". *The Cambridge Companion to Singing*. Hrsg. von John Potter. Cambridge: Cambridge University Press, 2000. 28–41.
Müller, Harro. „Theodor W. Adornos Theorie des authentischen Kunstwerks. Rekonstruktion und Diskussion des Authentizitätsbegriffs". *Authentizität. Diskussion eines ästhetischen Begriffs*. Hrsg. von Susanne Knaller und Harro Müller. München: Fink, 2006. 55–67.

Müller-Dannhausen, Lea. *Zwischen Pop und Politik: Elfriede Jelineks intertextuelle Poetik in ‚wir sind lockvögel baby!'* Berlin: Frank & Timme, 2011.
Pfeiffer, Karl Ludwig. „Authentizität und Artifizialität: Der Fall ‚Oper'". *Authentizität: Diskussion eines ästhetischen Begriffs*. München: Fink, 2006. 147–162.
Picandet, Katharina. „Der Autor als Disk(urs)-Jockey: Zitat-Pop am Beispiel von Thomas Meineckes Roman *Hellblau*". *Poetik der Oberfläche: Die deutschsprachige Popliteratur der 1990er Jahre*. Hrsg. von Olaf Grabienski, Till Huber und Jan-Noël Thon. Berlin und Boston: De Gruyter, 2011. 125–142.
Rebmann, Robert. *Interview mit dem ABERRATION-Fanzine (r.i.p.) am 9.10.1999*. http://www.but-alive.de/texte_interview4.htm.
Rössner, Michael, und Heidemarie Uhl (Hrsg.). *Renaissance der Authentizität? Über die neue Sehnsucht nach dem Ursprünglichen*. Bielefeld: transcript, 2012.
Schumacher, Eckhard. „Das Ende der Popliteratur. Eine Fortsetzungsgeschichte (Teil 2)". *Poetik der Oberfläche: Die deutschsprachige Popliteratur der 1990er Jahre*. Hrsg. von Olaf Grabienski, Till Huber und Jan-Noël Thon. Berlin und Boston: De Gruyter, 2011. 53–70.
Schulze, Holger. *Sound Studies: Traditionen – Methoden – Desiderate. Eine Einführung*. Bielefeld: transcript, 2008.
Wiesinger, Christoph. *Authentizität: Eine phänomenologische Annäherung an eine praktisch-theologische Herausforderung*. Tübingen, Mohr Siebeck, 2019.
Zeller, Christoph. *Ästhetik des Authentischen: Literatur und Kunst um 1970*. Berlin und New York: De Gruyter 2010.

3.8 Gelebte Pop-Ästhetiken: Dandy, Flaneur, Hipster

Nadja Geer

Der Dandy, der Flaneur und der Hipster sind Sozialtypen, deren Geschichte in das 19. Jahrhundert zurückreicht und die somit schon lange vor der Pop-Literatur existierten. Allen dreien gemeinsam ist das Bedürfnis, sich von der Masse abzusondern. Der von dem französischen Sozialwissenschaftler Pierre Bourdieu durchgesetzte Begriff der Distinktion, der in den 1990er Jahren zu *dem* Kernbegriff gelebter Pop-Ästhetiken im Sinne einer Abweichung vom Mainstream wurde, hat in ihnen seine konkreten Vorläufer. Grundsätzliche Überlegungen zum Dandy und zum Flaneur lassen sich in entsprechenden Anthologien und Nachschlagewerken nachlesen (Tietenberg 2013; Hörner 2008; Schickedanz 2000; Gnüg 1988; Stein 1985; Moers 1960; Mann 1962 [1925]; Keidel 2006; Düllo 2010; Schneider 1996); und auch der Hipster hat schon einige Aufmerksamkeit erfahren (Hecken 2012; Rabe 2012; Greif 2010). Darum soll hier weniger auf diese Subjektpositionen an sich eingegangen werden, vielmehr sollen deren ästhetische Implikationen bezüglich der Pop-Literatur deutlich gemacht werden.

Alle drei, der Dandy, der Flaneur und der Hipster, treten in der Pop-Literatur als literarische Figuren auf. Klassische Beispiele sind Christian Krachts *Faserland* oder das sich in *Tristesse Royale* selbst stilisierende popkulturelle Quintett für den Dandy, William S. Burroughs *Naked Lunch* als erster Hipster-Roman überhaupt und David Wagners Buch *Vier Äpfel* von 2009 als eine zeitgenössische Form des Flaneur-Romans.

Die mimetisch-generative Doppelnatur ist zweifellos ein Kennzeichen der gelebten Pop-Ästhetiken. Doch was ist gelebte Pop-Ästhetik und durch welche Verfahren zeigt sie sich im Text? Diese Forschungsfrage ist noch nicht definitiv geklärt, allerdings stellt sie eine Voraussetzung dar für den Auftritt des Dandys, des Flaneurs und des Hipsters in der Pop-Literatur. Darum folgen zunächst einige Überlegungen zu diesem Punkt und dann erst konkrete Beispiele zu den drei Typen als literarische Figuren der Pop-Literatur. Ein paar entscheidende Fragen zur gelebten Ästhetik lauten: Was passiert eigentlich genau, wenn die Ästhetik der Oberfläche für das Subjekt bestimmend wird? Wenn Pop leben immer Pop sein heißt (Klein 2004, 23), welche Konsequenzen hat das dann für das Pop-Subjekt und wie drückt sich diese Problematik gelebter Pop-Ästhetiken paradigmatisch in der Pop-Literatur aus? Wenn die Kommunikation über Pop-Musik als „kleinste Einheit weder den Song noch […] kulturindustrielle[n] Produkt-Einheiten (Album, CD, Live-Show), sondern die immaterielle und mobile […] *Pose*" hat (Diederichsen 2014, 9), führt das dann dazu, dass auch in der Pop-Literatur als Teil dieses Kommunikationszusammenhangs die Pose zur hinreichenden und notwendigen Bedingung wird? Posen, Stilformen und Codes zeigen sich in literarischen Texten nicht nur in Figuren und Figurationen, sondern auch in frei im Text flottierenden Gesten. Diese Stilformen, diese textuellen Posen, stellen habituelles Pop-Wissen gleichzeitig dar und kommentieren es.

1. Pop-Identität

Während in den „Verhaltenslehren der Kälte" (Lethen 1994) der Zwischenkriegszeit das Falsche an die Stelle des Echten tritt und sich das wahre Ich hinter einer Maske versteckt (89; vgl. auch Wegmann 1996, 138), verschmelzen in den Pop-Identitäten der Gegenwart das Außen und das Innen zum Pop-Sein. Genau wie bei der postmodernen Simulation, die „die Differenz zwischen ‚Wahrem' und ‚Falschem', ‚Realen' und ‚Imaginären' immer wieder in Frage stellt" (Baudrillard 1978, 10), problematisiert auch die Pop-Pose Schein und Sein und stellt das mit sich selbst identische Subjekt immer wieder in Frage.

Die Selbstinszenierung, die kürzlich noch einmal als das Charakteristikum der Pop-Literatur der 1990er Jahre festgestellt wurde (Grabienski et. al. 2011), verhält sich also mimetisch zu der kontinuierlichen Selbstinszenierung in der Pop*kultur*. Die Popkultur verfügt über die „entsprechenden theatralen Bühnen, die einen geeigneten Rahmen für Selbst- und Körper-Inszenierungen abgeben" (Klein 2004, 23). Pop deckt sich hier mit einer Zuschreibung, die dem Dandyismus im Zusammenhang mit Oscar Wilde zugesprochen wurde: Dass es ein „system of becoming" sei, eine „transformation of self that left any belief that there could be a natural" (Waldrep 2004, 11). Ob es sich bei Pop dabei vor allem um „eine sinnenhafte, an der Ästhetisierung des Lebens ausgerichtete Kultur" (Klein 2004, 23) handelt, oder nicht doch um ein Wissen und die körperliche Darstellung eben dieses (popgeschichtlichen) Wissens im Stil geht, ist eine der im Kontext Pop und Pose noch offenen Fragestellungen. Eine kulturell und visuell beglaubigte Selbst-Poetik, deren Ästhetik der Oberfläche gleichzeitig scheint und abschirmt bildet also die sich immer wieder verändernde Existenzgrundlage der Dandys, Flaneure und Hipster in der Pop-Literatur. Die Pop-Literatur *simuliert* Pop-Leben und übernimmt dessen Tempo.

Wenn Thomas Kleinspehn in Büchern wie Christian Krachts *Faserland*, Benjamin von Stuckrad-Barres *Soloalbum* und Alexa Hennig von Langes *Relax* eine ständige Selbstbespiegelung der Protagonisten ausmacht, die Suche nach einem „Bild von sich, das sich nicht ganz schnell wieder verflüchtigt" (Kleinspehn 2004,

34), dann liegt das natürlich an dem Ephemeren und dem Transitorischen, das Pop ausmacht – und an den sprachlichen Posen, die die Figuren, so zum Beispiel die namenlose Freundin von Chris in *Relax*, nur nutzen, ohne sie „verinnerlicht" zu haben. Kleinspehn erkennt darin eine vergesellschaftete Form der Selbstwahrnehmung, die er als Krise des Subjekts in der Moderne deutet (Kleinspehn 2004, 34). Allerdings muss man diese „other-directed Types" (Riesman 1989, 17), nicht unbedingt als Symptom der Krise deuten, so erkennt die allerneueste Dandyforschung gerade im nach außen gekehrten Dandyismus eine „Krisenbewältigungsstrategie" und „Selbsthervorbringungsmaßnahme" (Tietenberg 2013, 527). Die Krise tritt erst auf den Plan, wenn Subjektivität als ein innengesteuerter Prozess definiert wird – sieht man dahingegen im Performativen ebenfalls ein subjektbildendes Moment, dann kann von Krise keine Rede sein. „Pop ist keine essentielle Lebensform. Vielmehr muss der Lebensstil Pop in den sich verändernden sozialen und kulturellen Kontexten immer neu dargestellt und performativ beglaubigt werden", so Gabriele Klein (2004, 26). Wenn dem so ist, und wenn diese Form der performativen Subjektbildung konstitutiv ist, nicht nur für das Pop-Subjekt, sondern für das moderne Subjekt generell, dann erscheint das als passend zu einer Gesellschaft, in der das Performative das Disziplinarische als „onto-historical formation of power and knowledge" abgelöst hat (McKenzie 2001, 18).

Weniger subjekttheoretisch und performativ, sondern kulturwissenschaftlich gedacht, lässt sich feststellen, dass gelebte Pop-Ästhetiken eine Form der populären Kreativität praktizieren, die John Fiske wie folgt definiert: „Popular creativity is concretely contextual. It exists not as an abstract ability as the bourgeois habitus conceives of artistic creativity: it is a creativity of practice, a bricolage" (Fiske 1992, 158). Bezüglich der Dandys, Flaneure und Hipster greift darüber hinaus eine Unterform der Bricolage, und diese Unterform hält sich an die lineare Zeitlogik der Popkultur, es wird nicht wahllos herausgegriffen wie im *Anything Goes* der Postmoderne, sondern es wird bewusst gewählt.

Nicht mehr werden nur Stile und Ästhetiken zitiert und designt, sondern nun sind es Stars, Typen und Figuren, deren Look und deren Haltung man aufgreift und sich selbst andichtet, nicht ohne die Haltung zu aktualisieren und zu *sophistizieren*. Hierfür hat sich innerhalb der literaturwissenschaftlichen Analyse der Begriff des „Re-Modeling" (Schumacher 2001, Niefanger 2004) als nützlich erwiesen. Dieser bezeichnet einen Vorgang, in dem „durch Figuren der Wiederholung etwas in Gang gesetzt" wird, „das im Rahmen von bestehenden Normen und Konventionen eben diese verschiebt" (Schumacher 2001, 272). Etwas kommt ins „Rollen" (Schumacher 2001, 272) und „das Nicht-Identische erscheint als Identisches" (Niefanger 2004, 98).

Intertextuell beziehen sich neue, in der Pop-Literatur entworfene Modelle des Dandys, des Flaneurs und des Hipsters auf existierende literarische Figuren, extratextuell besteht ein Verhältnis zu einem sich stetig wandelnden, bohemistischen Lebensstil, wobei „der Abfolge von Stilen und Moden eine geschichtliche Logik unterstellt" wird und „Kategorien und Unterscheidungen konstruiert" werden, „wenngleich diese neu gewonnenen Instrumentarien selber etwas Fragiles und Transitorisches auszeichnet" (Frank 2003, 31). Konkret würde das dann so aussehen: Nach den Hipstern kamen die Modernists (*Mods*), nach den Hippies kamen die New Waver, vor den Hipstern gab es die *Teddy Boys* bzw. die Halbstarken, nach den New Wavern kamen die Popper. Neben den Mods gab es die Skins, neben den Skins und den Mods gab es die Rocker. Bohemistische Lebensstile im Pop existierten lange Zeit nur im Zusammenhang mit einem ganz spezifischen Pop-Musikgeschmack. Inzwischen hat sich das verändert: der Omnivore, der Allesfresser, findet auch Eingang in die Lebensstilformen der Pop und die „Retromania" (Reynolds 2011) hat der geschichtlichen Logik der Stile in der Popkultur zugesetzt.

2. Pop-Dandy

Auch wenn Hiltrud Gnüg Ende der 1980er Jahre noch glaubte, dass „Camp-Anhänger, Mods, New-Waver, Yuppie und ähnliche Sozialtypen der Moderne" nichts oder nur wenig mit dem klassischen Dandy gemein hätten (Gnüg 1988, 11), so muss man doch sagen, dass zwei klassische Dandy-Taktiken, die Setzung und die Pose, sich im Pop durchaus wiederfinden lassen. Mehr noch: Die ästhetische Setzung, von Fernand Hörner als „Behauptung" deklariert (2008), kann als die spezifische *Weltaneignungstaktik* des Dandys bezeichnet werden, und in der Verwendung dieser Taktik stehen die Pop-Dandys ihren klassischen Vorgängern in nichts nach.

So taucht Beau Brummels Geschmack, seine „eines Zen-Meisters würdige Technik, sich die Krawatte zu binden" (Agamben 2005, 94) im 20. Jahrhundert wieder in einer spezifischen Ausprägung der Pop-Idiosynkrasie auf, für die die britischen Mods berühmt wurden, in deren Kultur die Hemdkragenfrage (*button down!*) zum Ausdruck einer Lebensanschauung wurde. Sich selbst genügend und am anderen Geschlecht wenig interessiert, entwickelten sich die männlichen Mods zu „utter clothes fanatics, obsessive to a degree that had been unknown before, and that has remained unequalled since" (Cohn 2009, 167). Mehr oder weniger ironisch gebrochen, fand diese Liebe zur Idiosynkrasie und zur Pose auch Eingang in den journalistischen Popdiskurs der 1980er Jahre (Hinz 1998, 236).

Der Dandy hat eine lange Geschichte. Über ihn haben bereits Mitte des 19. Jahrhunderts Charles Baudelaire und Jules Barbey d'Aurevilly geschrieben. Als

„historisches Phänomen, das blitzartig eine Kulturepoche erhellt" (Mann 1962, 9), war er schon in frühen, kulturwissenschaftlich orientierten Abhandlungen von Interesse. In der neueren Rede von den literarischen „Spielformen der Dekadenz in der Pop-Moderne" (so der Untertitel von Tacke und Weyand 2009) ist besonders die melancholische Seite des Dandys betont worden. „Depression und Melancholie" schlügen beim Pop-Dandy um „in Dekomposition und Umgestaltung der Zeichen" (Tacke und Weyand 2009, 11). Ob nun jeder Pop-Dandy depressiv ist, wie von diesem Sammelband nahegelegt, bleibt dahingestellt, doch wurden Ambiguität und Polyvalenz ohne Zweifel zu literarischen Strategien der deutschen Pop-Autoren der 1990er Jahre. Deren Sozialisation war bereits durch den jungen deutschen journalistischen Popdiskurs der 1980er Jahre geprägt, als dessen Motto durchaus Andy Warhols Ausspruch „Once you got Pop, you could never see a sign the same way again" (1980, 39) gelten kann.

Erzeugnisse wie *Tristesse Royale* sind im Grunde reine Reaktion auf einen schon vorhandenen Diskurs, kombiniert mit „ästhetische[r] *sensibility*" (Baßler 2009, 206) für Geschmacksfragen. Diese wurde, auch und gerade bei dem ehemaligen *Tempo*-Redakteur Christian Kracht, durch den Konsum von Pop-Musikzeitschriften und Pop-Literatur der 1980er Jahre gefördert. Gegen Pop-Autoren wie Rainald Goetz, den existenziellen Punk-Dandy, der sich zwar immer nach den Regeln der Pop-Semiotik kleidete, sich aber bei einem Literaturwettbewerb ganz real die Stirn mit einem Rasiermesser aufschlitzte und sich nicht mit der *literarischen* Pose eines Sich-die-Stirn-Aufschlitzenden begnügte, setzten die jüngeren Pop-Literaten eine neue Pose: Noch anti-authentischer, noch künstlicher, noch unmoralischer. Sie zogen die „Sophistikationsschraube" (Goetz 2009, 170) an. Gleichzeitig ging das Konzept der Affirmation erst bei den Pop-Literaten der zweiten Generation richtig auf (Hecken 2011, 22). Nicht nur ein „Ja zur Modernen Welt" (Meinecke 1998, 33), sondern ein Ja zur Ware, das war es, was Benjamin v. Stuckrad-Barre und Christian Kracht demonstrierten, als sie sich als Models für eine Werbung von Peek & Cloppenburg zur Verfügung stellten. Eine weitere Klarstellung, dass Pop eine *visual culture* ist, in der Innerlichkeit wenig bis gar nichts zu suchen hat.

Während man also den Dandyismus in der Pop-Literatur der 1990er Jahre eindeutig einer Kultur des Visuellen zuordnen kann, war er als Pop-Ästhetik der 1980er eine Haltung. Er war eine Form des existenziellen Sich-in-Szene-Setzens, ein demonstratives Glauben an die Utopie von Pop als der „anderen", alternativen, besseren, neueren Kultur. Nach „Modehedonismen" (Goetz 1986, 21) wurde zwar medienwirksam öffentlich gerufen, aber woran man persönlich arbeitete, war der Stil. Stil diente im Pop-Diskurs der 1980er Jahre der Identitätsbildung, durch Stil ging man in das sich selbst auferlegte Exil (Hebdige 1987, 2). Hier fand keine innere Emigration mehr statt, sondern eine ins Äußere. Die „Ästhetisierung des Alltagslebens" (Schulze 1992, 38) wurde Selbstzweck und Ausweis des eigenen Daseins als Pop-Fan. Willi Winkler erkannte in einer Rezension zu Rainald Goetz' zweiten Roman *Kontrolliert*, dass Goetz in eine falsche Ecke geschoben wird: „Alles, was unwichtig ist an ihm, ist wichtig: seine Haarfarbe und -länge, seine Ringe, sein Bierkonsum" (Winkler 1988, 4). Nur als „knallige Popfigur" kann der Dichter Aufsehen erregen, schreibt Winkler, dabei sei es nur das „romantische Ich", das bei Goetz in Sätzen wie: „All mein Sinnen: Ich nur ich Mein ganzes Trachten: Arbeit All mein Streben: Welt" (Goetz 1988, 43) wiederkehre.

In den 1980er Jahren ein Pop-Dandy zu sein, hatte durchaus etwas Romantisches. Pop-Stil wurde als „Rebellion" angesehen, ihn zu zelebrieren galt als Versuch, der „Wurschtigkeit" (Poschardt 2007, 853) der Nachkriegsgeneration etwas entgegenzusetzen. Zwar wurde nicht mehr altmarxistisch an die proletarische Revolution geglaubt, aber so ganz wollte man die Veränderbarkeit der Welt nicht aufgeben: „Ich habe das [die Revolution, N.G.] immer als ein ästhetisches Ding gesehen" (Meinecke 2005).

Wichtiges Element einer Ästhetik der Oberfläche ist das Phänomen der Mode, schließlich konstituiert sich die Mode als ephemere Ästhetik genau wie Pop in der Zeit, ist also in einem gewissen Sinne – genau wie Pop – immer *contemporary*. Gleichzeitig haftet ihr jedoch zu sehr der Hautgout des Oberflächlichen an, als dass die Pop-Literaten der 1980er Jahre sich hundertprozentig mit ihr hätten identifizieren können. Mode sei, so schreibt beispielsweise Rainald Goetz 1986 in *Hirn*, das Gegenteil von Stil. Denn während Stil die „ununterbrochene Arbeit am Selbst" bezeichne (1986, 72), stehe der Begriff Mode nur für „ununterbrochenes Kleidung hervorbringendes Gerede über die Arbeit am Selbst" (1986, 73).

„Don't cry – work" stand als Motto auf der Rückseite von *Irre*, dem ersten Roman von Rainald Goetz. Klingt pietistisch, und doch ist auch das Goetz'sche Arbeitsethos in einem gewissen Sinne reiner Pop. Wenn Rainald Goetz schreibt, dass Stil die „ununterbrochene, besessene, hochgeheime Arbeit am Selbst" (1986, 72) sei, dann greift er damit direkt oder indirekt auf, was Nik Cohn über Mod-Sein und Pop schrieb: „Mod war ein neuer Höhepunkt der Dekadenz, aber es war auch harte Arbeit, intensive Anstrengung, wahre Besessenheit, und das ist die Atmosphäre, in der guter Pop sich zusammenbraut" (Cohn 1971, 142). Es scheint also, als hätte Goetz *Pop from the beginning* gelesen, das 1971 unter dem Titel *AWopBopaALoopBopALopBamBoom* auf Deutsch veröffentlicht wurde und sich seitdem zur Kultlektüre für Pop-Interessierte entwickelt hat.

3. Authentizitätseindruckserzeugnisse

Intertextualität ist ein kennzeichnendes Merkmal von Pop-Literatur. Krachts postmoderner Dandy in *Faserland* lässt sich schwer ohne *American Psycho* von Bret Easton Ellis (Baßler 2002, 111) denken. Kracht re-modelt einen Typus, der einem bekannt vorkommt: den unsympathischen, markenversessenen „Schnösel". Lässt man in der Deutung der Figuren in den Kracht'schen Texten dieses Zitathafte außer Acht, dann kann man nur zu Ergebnissen wie Elmar Krekeler kommen, der in der *Welt* in Hinblick auf die Figuren von *1979* von „Kulturlosigkeit" sprach (Krekeler 2001). In einem gewissen Sinne ist das schon richtig, denn im Dandyismus der Pop-Moderne wird Kultur nicht gelebt, sondern nur dargestellt, *geposed*. Alles ist Pose und Geste, ein Spiel mit Verweisen, Zitaten und implizitem Wissen – reines „Re-Modeling" im oben beschriebenen Sinne, kein „authentischer" Ausdruck einer ästhetischen Vorliebe. Bei Kracht sind die Leute nicht Dandys, sie spielen nur Dandys.

Die Antinomie von authentisch und unauthentisch hat sich aufgelöst in der Popkultur des 21. Jahrhunderts. Zu unterscheiden, welches der „Authentizitätseindruckserzeugnisse" (Düllo 2011, 445) plausibler ist als das andere, ist Aufgabe der Rezipienten – Aufgabe der Produzenten ist eben das Erzeugen von Authentizitätseindrücken, zu denen selbstredend auch die Dandy-Pose gehört. Als „Authentizität zweiter Ordnung" (Düllo 2011, 445) wurde diese Pose bei Diederichsen, Goetz, Goldt und Meinecke noch ironisch und kenntlich eingesetzt. Sichtbarmachung des Konstruktionscharakters einer Authentizitätsfiktion – das war oft Sinn und Zweck der aufgesetzten Pose des bejahenden Konsumenten. Bei den Pop-Literaten der dritten Generation wie Stuckrad-Barre und Kracht ist sie schon zur zweiten Natur geworden. Nicht der Stil ist mehr der Mensch, sondern die Pose ist der Autor.

Gegen diese Als-Ob-Authentizitäten wirkt der Dandyismus des Pop-Musikers (Foyer des Arts) und „Dichter[s] Max Goldt" (Rutschky 1997, 185) rührend echt. Goldt ist der Sprachdandy der deutschen Pop-Literatur, er schmückt sich sprachlich mit ähnlicher Opulenz wie ein Beau Brummel mit seiner Krawatte. Dass er in seinen Kolumnen der dandyesken *l'art pour l'art* frönt, steht außer Frage (→ 4.11 HOHLWECK). Somit stellt sich für Max Goldts Texte die Frage, die Giorgio Agamben an die Dandys richtete: Welche Funktion hat die Non-Funktion? Für Agamben steht die *l'art pour l'art* für die Aneignung der Irrealität und damit gegen einen kapitalistischen Impetus (2005, 90). Der neue Umgang mit dem Dingen – damit auch mit sich selbst, da sich laut Agamben der Dandy selbst zum Ding macht – führt zu einem neuen Verhältnis zwischen Tausch- und Gebrauchswert. Auch Max Goldt also ein heimlicher Antikapitalist? Goldts Sprache wirkt ziseliert und fein, und das soll auch so sein: „Ich empfinde aber auch meine eigenen Texte als luxuriös, da sie mit einem gewissen sprachgestalterischen Aufwand gearbeitet sind" (Goldt 2004).

Dem Widerständigen von Goldts Texten kommt man mit dem Konzept der *Sophistication* auf die Spur, wie Joseph Litvak es subjekttheoretisch im Kontext der Queer Studies entwickelt hat. Für Litvak spiegelt das Dekor die Furcht des politischen Subjekts vor der Aktion. Max Goldts Subversion ergäbe sich dann daraus, dass er die symbolische Ordnung der bürgerlichen Kultur, gegen deren Heteronormativität er sich eigentlich positionieren könnte, dem Anschein nach affirmiert. Nur mit einer „surreptitious economy" (Litvak 1997, 93), einer erschlichenen Ökonomie des Dagegenseins, kann sich Goldts dandyistisches Autorensubjekt Litvaks Modell zufolge selbst retten. Eine entscheidende Rolle spielt hier der Geschmack und das „re-tasting", also das Umwerten des Geschmacks. Genau hierin, in der fast nietzscheanischen, aber gleichzeitig auch sehr *campen* Umwertung der Werte, liegt die Geste der Selbstermächtigung – und letztendlich die Geste der Kritik gegenüber einer Gesellschaft, die das Abweichende nicht toleriert.

Thomas Meinecke, der schon Ende der 1970er Jahre als Germanistikstudent mit „einigen Gleichgesinnten" in München eine „bohemistische Zeitschrift" (Meinecke 1998, 7) mit dem ironischen Titel *Mode & Verzweiflung* gründete, hat immer eher einer leichteren, verspielten, queeren Form des Dandyismus das Wort geredet. Als DJ und Pop-Musik-Aficionado verbindet Meinecke Dandytum mit Glamour und folgt so den Beispielen der Disco-Kultur und des *Voguing*. Im poptheoretischen Glamour-Diskurs werden auch die „ambivalenteren, schwierigeren, kaputten, subalternen und auch ‚kritischen' Glamour-Verwendungen" reflektiert und nicht nur die einseitige Interpretation berücksichtigt, die Glamour mit „Erfolg und Überlegenheit assoziierte" (Holert 2004). „Für mich gehörte das zusammen, war das ein Konglomerat, Dope rauchen, Kevin Ayers hören, mal sehen, was die RAF wieder gemacht hat. Das war für mich auch immer Glam" (Meinecke 2005, 35). Mit Glamour zu arbeiten ist bei Meinecke ein gängiges Verfahren, das eng an die Sophistication als implizitem Wissen (Geer 2012, 19) anschließt. *If you have to ask you can't afford it* – dieser Spruch, um Kunden die Tür zu weisen, ist kennzeichnend für den Dandyismus in der deutschen Pop-Literatur sowie im essayistischen Schreiben über Pop, für das Diedrich Diederichsen steht. Glamour, Flamboyance und Hipstertum wandern ins Schreiben hinein. Dandyismus im Schreiben über Pop geht also weit über das fiktive Personal der Erzählungen hinaus. Es ist ein Schreib- und Denkstil, in dem Nicht-Identität, Selbstreflexion, Stilbewusstsein und Selbstironie verschmelzen, aber auch Snobismus, Arroganz und Ressentiment gegenüber dem Mainstream. Erreicht wird dieser Eindruck durch Verweise, Anspielungen, demonstrativ zur Schau gestelltes Spezialwissen, Witz und gut platzierte Slogans.

4. Flaneur

Kitschig sei sie, so schrieb Hans Ulrich Gumbrecht, die Figur des Flaneurs – und noch kitschiger sei nur die Art und Weise, wie die Germanistik sich an ihr abarbeite (vgl. Düllo 2010, 120). Tatsächlich sind die Zuschreibungen, die Geisteswissenschaftler dieser Figur zukommen lassen, immer ein wenig unsachlich. So heißt es, der Flaneur verkörpere „wie kein anderer Typus die sinnliche Wahrnehmung und Erfahrung der Großstadt" (Schneider 1996, 153) oder er nehme teil an der „Erotik der Straße" (Düllo 2010, 124). Walter Benjamin hatte einst dekretiert: „Den Typus des Flaneurs schuf Paris" (Benjamin 1983, 525). Der Pariser Boulevard ist es, über den Benjamin in seinem Passagen-Werk den flanierenden Großstadtbeobachter schickt, während Franz Hessel durch Berlin spaziert und feststellt: „Nur was uns anschaut, sehen wir" (Hessel, zitiert nach Benjamin 1972, 198). Der Flaneur ist ein Phänomenologe, dessen intensive Wahrnehmung den Oberflächen gilt. In dieser Funktion taucht er in der deutschen Pop-Literatur der ersten Generation, nämlich in den späten Materialbänden Rolf Dieter Brinkmanns zumindest als Schattenfigur wieder auf: „Aus dem vergleichsweise gemütlichen Flaneur ist eine aggressive wache Figur geworden, deren zerstreute Sinne unablässig strapaziert werden, während die Reizströme der Gegenwart bereits durch sie hindurchziehen" (Groß 1993, 138).

In Brinkmanns 1972 und 1973 entstandenem, aber erst 1979 erschienenem Materialband *Rom, Blicke* ist der Flaneur zum Seismographen einer Gegenwart geworden, die ihm offenkundig unangenehm ist: „Du gehst schmierige Straßen entlang, an verklebten Grundmauern vorbei, an blöden Gesichtern, und entlang an Parolen, die schon seit gestern verrottet sind" (1997, 139). Fast schon zwanghaft nimmt er die ihm feindlich erscheinende Umwelt auf: „Treten, Schritte, Sehen, klack!: ein Foto, Gegenwart eingefroren" (Brinkmann 1997, 139). Er überführt das Prinzip des *recording*, das als notwendige und hinreichende Bedingung für Pop formuliert wurde (vgl. Gracyk 1996, 38), in die Literatur. Im Gegensatz zum technischen Aufnahmeapparat kann sich Brinkmann aber nicht eines Kommentars enthalten, und oftmals tritt beim provozierenden Pop-Flaneur der 1970er Jahre die Meinung an die Stelle der einfachen Aufnahme der Welt: „[J]etzt die totale Entleerung aller Formen durch die Demokratie der Massen. Das ist Logik, das ist Dialektik, das ist Kausalität, das ist Scheiße!" (1997 [1979], 220). Ganz offensichtlich, wie unter anderem von Sascha Seiler bemerkt (2006, 172), hat sich Brinkmann in *Rom, Blicke* von der populären Kultur abgekehrt und ebenso von der eigenen Vermittlerrolle, die er einst als Herausgeber einer Anthologie wie *Acid* innegehabt hatte (→ 4.4 BANDEL). Dass er im Zuge dieser Abkehr auf die Haltung des Flaneurs rekurriert, kommt nicht von ungefähr. Dem Pop-Literaten wie dem Flaneur ist die genaue Beobachtung gemeinsam, nur weicht der Flaneur in seiner Bestandsaufnahme der Welt deutlich von der oft etwas getriebenen Machart eines Schreibens im Pop ab: Er nimmt sich Zeit, wirkt fast ein wenig larmoyant.

Eine Anpassung des Flaneurs an die Bedingungen der Pop-Literatur findet sich in Bodo Morshäusers *Die Berliner Simulation*. Hier taucht die Figur des Flaneurs schon in ihrer postmodernen, rasanten Variante auf. Ein „handgemachter Rhythmus" sei dort zu hören, war 1983 im Berliner Stadtmagazin *tip* zu lesen, atemlose, vorwärtstreibende Sätze machten Morshäusers Simulation „unwiderstehlich". Thomas Wegmann betont in seiner Lesart, es sei die „(Sub-)Kultur, an der sie gemeinsam partizipieren", die den Ich-Erzähler und seine flüchtige Bekanntschaft Sally wieder zusammenführe: Die beiden treffen sich auf einem Pop-Konzert wieder. Die „uneigentliche Geschichte", in der „der Kampf gegen Klischees, Masken und Posen nur weitere Klischees, Masken und Posen erzeugt (Wegmann 1997, 142) folgt weniger der Realität als den Medien und Diskursen. „Nicht die Ereignisse, sondern die Modelle werden wiederholt" (Morshäuser 2007, 78).

5. Selbstbeobachtung als Literaturform

Laut Matthias Keidel ist die literarische Figur des Flaneurs nie in der reinen Betrachtung aufgegangen (2006, 50), und wenn man diesen Ansatz als Grundlage nimmt, dann erkennt man beispielsweise auch in der Literatur von Hubert Fichte, David Wagner und Rocko Schamoni Variationen dieser Figur. Während Brinkmann in einem gewissen Sinne negativ überwältigt wird, und der derart Überwältigte eigentlich nur noch hasserfüllt die Welt wieder aus sich ausspucken kann, geht Hubert Fichtes Alter Ego Jäcki in *Die Palette* (→ 4.2 LINCK) distanziert-kognitiver vor. Jäcki wird für den Autor Fichte zu einem Medium ständiger Beobachtung und (Selbst-)Reflexion. „Was denkt Jäcki? Hat er abgeschaltet? Nimmt er nichts mehr auf? Nimmt er alles hin? Sitzt er und wartet, beobachtet, um dann das Seine zu äußern? Um den Rücken zu kehren?" (Fichte 2005, 79). Die Figur des Jäcki erscheint als Literarisierung der eigenen Person Hubert Fichtes, die es ihm erlaubt, die eigene ästhetische Erfahrung zur Grundlage seines literarischen Verfahrens zu machen. Darüber hinaus führen seine Versuche der poetischen Evozierung einer unmittelbaren Welterfahrung – durch die Nachbildung des Geschehens in der Hamburger Kneipe „Palette" – zu einem Stil, den nicht nur nachfolgende Pop-Literaten aufgrund seiner Genauigkeit bewundern, sondern der sich auch für die Performance in einem Clubumfeld eignete. Fichtes „Kunst der blitzartig-exakten Beschreibung" (Jens 1985, 60) kommt damit dem Schreiben im Pop als einem Einfangen des Kontemporären, also eines zeitgebundenen Augenblicks der

Präsenz, nahe. Die „Kontrolle über den Stil bei gleichzeitiger Kontrolle über den Augenblick" (Schütz 1995, 102) – dass Fichte von (Pop-)Autoren der Gegenwart wie Kathrin Röggla und Rainald Goetz überaus geschätzt wird, hat hierin seinen Grund.

Fichte setzte in *Die Palette* der Jugendkultur der „Gammler" aus der Insider-Perspektive ein literarisches Denkmal. Die deutschen Gammler der frühen 1960er Jahre zeigten trotz gewisser nationaler Eigenheiten große Affinitäten zu den amerikanischen Beatniks und den französischen Existenzialisten. „Wie die Bohème früherer Zeiten trugen sie die Verachtung für Geld und jede Form des Eigentums zur Schau. In der Massenkonsumgesellschaft war dies allerdings gesellschaftlich relevanter und erhielt aus diesem Grund auch eine politische Note" (Siegfried 2006, 403). Die Figur des Gammlers taucht auch in dem Roman *Die Insel* von Peter O. Chotjewitz auf, der ebenso wie Brinkmanns *Keiner weiß mehr* und Fichtes *Die Palette* 1968 erschien – drei Romane, die als „Gründungs-Dokumente der deutschen Pop-Literatur" (Kleiner 2013) gelten. Unverkennbar weist die Gammlerexistenz außerhalb der bürgerlichen Zusammenhänge Gemeinsamkeiten mit dem zweckfrei durch die Straßen wandelnden Flaneur auf.

Während der Flaneur in der zweiten Welle der deutschen Pop-Literatur, also in den 1980er Jahren, mit Ausnahme von Morshäusers *Simulationen* eine kleinere Rolle spielt – das ist eher die Ära des Dandys –, taucht er in der mit Pop assoziierten Literatur des 21. Jahrhunderts (die die eigentliche Pop-Literatur abgelöst hat) wieder auf, so in David Wagners Supermarkt-Ethnologie *Vier Äpfel*. Streng genommen handelt es sich zwar nur um eine Adaption des Flaneurs als „Preisgegebener in der Menge" (Benjamin 1974, 558) – schließlich geht der Ich-Erzähler ganz gezielt in den Supermarkt –, doch geht auch Wagners Hauptfigur von der Beobachtung von Waren und ihrer Oberfläche aus. Wie der Flaneur der 1920er Jahre gibt er sich der „Pose des Zeithabens" hin, die einigen als definitives Charakteristikum des Flaneurs gilt (Bormann 2000, 245). Dabei hilft ihm der Supermarkt, dessen „Segnungen der Gütervielfalt" er „als zu entziffernde Partitur gegenwärtigen Lebens" (Drügh 2013, 107) begreift. Die Waren des Marktes erzeugen zudem bei Wagner „über die Imagination der Konsumenten einen Fiktionsraum, der nicht bloß ästhetische Qualität besitzt, sondern ebenfalls identitäts-, gemeinschafts-, und kulturstiftende Möglichkeiten bereitstellt" (Grunenberg 2012, 5).

Dasselbe Lektüreerlebnis bietet Rocko Schamonis *Sternstunden der Bedeutungslosigkeit*, in dem sich ein Kunststudent durch das gesamte Kühlregal isst, um danach seinen Konsum – sehr pop-typisch – in eine Liste einzutragen. Schamonis Flaneur hält sich in „Transferräumen" (Paul Virilio) und an „Nicht-Orten" (Marc Augé) auf, und ihm reicht es schon lange nicht mehr, die Dinge nur zu betrachten und daraus seine Schlussfolgerungen zu ziehen. Die „einverleibende Beobachtung" (Drügh 2013, 112) bei Schamoni wird zu einer Art Spiegelbild von

Brinkmanns desperatem Pop-Flaneur, der in seiner Verzweiflung schließlich eher selbst von der beobachteten Welt einverleibt worden war. Schamonis zeitgemäßer Flaneur umarmt den Trash, im Flaneur scheint der Punk auf – „Ich bin eine lebende, autonome, humanoide Einheit, bestehend aus den Billigprodukten von Lidl" (Schamoni 2007, 42) –, der allerdings gleichzeitig mit einem dandyesken Appeal versehen wird. Der Trash ist Teil der ganz eigenen Ästhetisierung der Welt des Protagonisten. Damit gibt die Figur in *Sternstunden der Bedeutungslosigkeit* weniger den popmodernen Dandy, als den postmodernen Dandy, der sich wiederum dadurch auszeichnet, dass er sich dem Verworfenen zuwendet (Bolz 1992, 81). Trashig und punkig – in Schamonis Protagonisten sind dies Merkmale des Dandys.

6. Hipster

Laut Pop-Feuilleton der Gegenwart hat sich „die Kurve der Popularität des Suchbegriffs ‚Hipster' seit Mitte der nuller Jahre bis heute kontinuierlich nach oben bewegt" (Rabe 2012, 196). Allerdings hat die „uniquely American anti-establishmentarian posture known as hip" (Kamp 2004) auch schon vorher interessiert und vor allem polarisiert. Diedrich Diederichsen in *Sexbeat* zufolge definieren die Hip-Intellektuellen sogar den Diskurs der Szene. „Bohemia besteht aus zwei Sorten Menschen: Hipster und Hip-Intellektuelle. Maler gehören eher zur zweiten Sorte, Schreiber sowieso und Musiker gehören zu gleichen Teilen zu beiden Gruppen" (Diederichsen 1985, 62). Ende der 1950er Jahre schrieb dahingegen Carolin Bird in *Harper's Bazaar*, dass der Hipster ein Jazz-Musiker sein könnte oder auch bisweilen ein Maler, aber niemals ein Schriftsteller! Es war auch ungefähr in der Zeit, in der McCarthy-Ära, dass der ehemalige US-Präsident Herbert Hoover die Beatniks neben den Kommunisten und den Intellektuellen, den sogenannten *eggheads*, für eine der gefährlichsten Gruppierungen der USA hielt. Es ist schon seltsam, dass in dem deutschen Hip-Intellektuellen der 1980er Jahre, und hier besonders in den Schriften von Diedrich Diederichsen, diese drei Typen zu einem verschmolzen. Wahrscheinlich lag das nicht zuletzt daran, dass die Briten aus dem amerikanischen (schwarzen) Hip ein weißes, englisches Hip machten, das plötzlich viel mehr mit Pop zu tun hatte als mit Jazz. Aus *anti* wurde *fashionable*. Plötzlich war alles „so hip it hurts" (ABC). Man könnte darin die Geburtsstunde des Pop-Hipsters in Deutschland sehen – und gleichzeitig die Todesstunde des Pop-Aficionados als kritischem Intellektuellen.

Die amerikanischen Cultural Studies werden schon seit Jahrzehnten von Hip als „category of advanced knowledge about the illegitimate" (Ross 1989, 101) bewegt. Wie beim Dandy und dem Flaneur reicht die Geschichte des Hipsters, deren Anfänge gemeinhin im New York der Nachkriegsjahre, also den späten 1940er und frühen 1950er Jahren gesehen werden, ins 19. Jahrhundert zurück. „Hipster language, stance and irony begin not in the cool poses of the modern city but on the antebellum plantation, in the interplay of these two populations" (Leland 2004, 48). Während Hip, wie Leland erläutert, schon früh eine Demarkationslinie zwischen der weißen und der schwarzen Kultur der USA bezeichnete, die gleichzeitig immer wieder überschritten wurde, wurde mit dem Begriff erst im 20. Jahrhundert der modische Zeitgeist eingefangen: „Sophisticated, currently fashionable; fully up-to-date" sind die Begrifflichkeiten, die besonders Afro-Amerikaner mit diesem Begriff verbanden. Jive und später Bebop galten als Hipster-Spielarten des Jazz, wobei man unter einem Hipster lange nichts Gutes verstand: „To be a hipster was to be labeled a hoodlum, hooligan, faggot, nigger-lover, troublemaker, derelict, slut, commie, dropout, freak" (Leland 2004, 38). Erst durch die Beats und Allen Ginsbergs „angelheaded hipster" im Gedicht *Howl* (2006 [1956], 134) wird der Hipster nobilitiert und zum gern benutzten Begriff einer breiteren weißen Öffentlichkeit.

In der Adaption durch den jungen deutschen Pop-Diskurs der 1980er Jahre bleibt der Hipster immer noch eine extrem informierte, der Szene verpflichtete, mehr oder weniger respektable Gestalt, die sich besonders durch ihr musikalisches Spezialwissen und ihren guten Geschmack hervortun kann. Erst in den 2000er Jahren wird der Hipster zu einem Mainstream-Phänomen und verliert an Achtung (vgl. Hecken 2012).

Zu den bekanntesten frühen Texten über den Hipster gehören Anatole Broyards *A Portrait of the Hipster*, der schon 1948 im *Partisan Review* erschien, und Norman Mailers Essay *The White Negro*. Während Broyard den Hipster fest an den Jive koppelt und ihm eine eigene Philosophie unterstellt (1948, 721), stilisiert Mailer den Hipster zum neuen revolutionären Subjekt hoch, der als solches den Arbeiter ablöst (vgl. 1992 [1957]). Auch wenn Mailers Text oft wegen seines Pathos kritisiert wird (vgl. Hecken 2012), war hier die Saat gesät für die später dem Hipster zugesprochene politische Bedeutung – eine Saat, die besonders im bundesrepublikanischen Pop-Diskurs der 1980er Jahre aufgehen sollte.

Zu der Zeit, als die amerikanische Literaturszene den Hipster als randständige, subversive und deviante Subjektposition für sich entdeckte, waren die archetypischen Hipster Leute wie Thelonious Monk, Miles Davis, Dizzy Gillespie und ihre Anhänger. Der „Ur-Hipster" zeichnete sich nicht durch Konsumismus und Trendbewusstsein, sondern durch sein faustisches Wesen (Mailer 1992, 360), einen selbstzerstörerischen Zug und einen Hang zur Aggressivität aus. Doch könne, so Broyard, der Hipster die Aggressionen auf der Ebene des Symbolischen überwinden: „By discharging his would-be aggressions *symbolically*, the hipster harmonized or reconciled himself with society" (Broyard 1948, 721). In Burroughs' *Naked Lunch* jedoch unterwandert die Sprache diese symbolische Sublimierung, sie ist hart und rau wie der Jive-Jargon, der laut Broyard auf wenige Slang-Begriffe reduziert ist und alles einteilt. Eine Funktion dieser Sprache sei es, „to re-edit the world with new definitions ... jive definitions" (1948, 721). In diesem Versuch, die Welt über die Sprache in eine(r) neue Form zu (er)fassen, erscheint eine direkte Parallele zwischen Dandy und Hipster, wenn man an das Re-Tasten und Re-Modeln des Dandys denkt.

Die Vorliebe für das *Re-Enactment* verleiht den Pop-Ästhetiken auch eine gewisse Gesellschaftsferne, sodass John Leland zurecht feststellt, dass Hip einen großen Feind habe und das sei das „Engagement" (2004, 27). Hierin zeigt sich eine generelle Passivität der Posen im Pop. Wobei von den drei Subjektpositionen Dandy, Flaneur und Hipster die des Hipsters noch die aktivste, „lebendigste" ist, und das liegt wohl nicht zuletzt an den Hipster-Drogen – der Junkie als Unterform des Hipsters. So war beispielsweise William S. Burroughs bekennender Junkie und das Vorbild für Jörg Fauser, einen der Protagonisten der ersten Welle der deutschen Pop-Literatur. Dieser eiferte Burroughs nicht nur mit seinem Roman *Rohstoff* nach, sondern auch mit seinem Drogenkonsum. Fausers Romanfigur Harry Gelb drückt es einfach, aber treffend aus: „[W]as das Thema der Sucht betraf, ging Burroughs direkt in die Vene" (Fauser 2004, 7). Fausers Literatur und sein eigenes Leben stehen also nicht für die von Broyard beschriebene Versöhnung mit der Gesellschaft über die symbolische Ebene, sondern eher für das exzessive und selbstzerstörerische Hipster-Leben. So wie „jive music and tea [Slang für Marihuana, N.G.]" die beiden „most important components of the hipster's life" (Broyard 1948, 723) in seiner amerikanischen Frühform waren, so bezieht sich Fausers Titel *Rohstoff* als Ausgangspunkt des Schreibens nicht nur auf den literarischen Stoff, sondern auch auf den „Stoff", also die Drogen, die das Schreiben befeuern. „Sucht zerstört Individualität, also über Bord mit individuellen Figuren, und die lineare Story gleich hinterher" (Fauser 2004, 56). Der Erzählfigur in *Rohstoff* geht es um das Rohe und nicht um irgendwelche Konzepte des Hipsters oder von Pop. Er theoretisiert nicht gern und sucht auch in der Literatur nach dem prallen Leben – und schließt damit an den Sozialtypus Hipster an, wie er den amerikanischen Beats vor Augen stand: autodestruktiv, exzessiv, „faustisch" (Mailer 1992, 357).

Neben dem Konzept von Hip als illegitimen Wissen spielt beim Hipstertum noch ein zweites Konzept eine immense Rolle, die des *anti-square*. Der Hipster hat durch die Jahre hindurch, von den 1940er Jahren in New York bis ins heutige Berlin-Neukölln, immer einen „Feind": den Spießer. So schrieb schon Howard S. Becker in seinem Artikel über den Hipster im Jazzclub, das Publikum bestünde aus lauter *squares*, gegenüber dem „hippen" Musiker: „'Squareness' is felt to penetrate every aspect of the square bevahior just as its opposite ‚hipness,' is evident in everything the musician does" (1963, 90). Diese Angst vor den *squares*, die „laughable and ludicrous" (1963, 90) seien, lässt sich in der Pop-Literatur bis heute als Charakteristikum des Hipsters erkennen, besonders bei Autoren wie dem frühen Diederichsen, Benjamin v. Stuckrad-Barre oder Christian Kracht, bei dem sich die Angst, spießig zu sein, mit der vor dem Gewöhnlich-Sein mischt (vgl. Geer 2012, 203). Identitätstheoretisch interessant ist dabei, dass sich die Subjektposition des Hipsters, des Dandys und des Flaneurs nur in einem Dagegen bilden kann – das Anti-Sein als Sein, wie es dann auch für die Herausbildung der „Gegengegenkultur" der 1980er Jahre ausschlaggebend wurde. Im Gegensatz zu den Hippies – die als Sozialtypen wenig mit dem Hipster gemein haben, auch wenn beide Bezeichnungen von *hip* abgeleitet wurden – handelt es sich bei den Pop-Ästhetiken der Gegengegenkultur der 1980er Jahre um durch die Kraft der Negation gespeiste „Anti-Haltungen". Auch das hat eine lange Tradition im Hipsterismus. Wie John Leland über die frühen 1950er Jahre schreibt: „When America had a center, hip was outside of it" (Leland 2004, 39). Allerdings werden heutige Kommentatoren nicht müde, festzustellen, dass hip nun eben nicht mehr den Rand kennzeichnet, sondern zum Mainstream gehört (vgl. Grigoriadis 2003).

Was aber als hip gilt, hat im Laufe der Zeit einige Veränderungen durchlaufen. Der Hipster der Gegenwart verfügt über vollkommen andere Eigenschaften als der Hipster der Jive- und Beat-Ära. So hat beispielsweise die Tennissocken-Geschichtsphilosophie von Benjamin v. Stuckrad-Barre in seinem Text *Ironie* als eine Form des Hipsterismus nur wenig gemein mit Norman Mailers in den nächtlichen Straßen New Yorks umherstreifendem Hipster-Panther aus *The White Negro*. Und obzwar Fauser durchaus hip und vor allem „cool" war mit seiner Heroinsucht und seinem radikalen Bohème-Leben im Istanbul der 1960er Jahre (immer kurz vorm totalen Absturz), hat er doch nur wenig mit dem Hip-Intellektuellen gemein, den Diederichsen skizziert (und vorlebt). Diejenigen, die einen bohemistischen Lebensstil in Zeitepochen einteilen und der Abfolge von Stilen und Moden eine geschichtliche Logik unterstellen, würden Fauser vermutlich nicht zu den Hipstern, sondern zu den Rockern bzw. „Rockisten" zählen. Fauser teilt seine Vorliebe für Marlon Brando – schon dieser eher ein Idol der Rocker und Rockabillys als eines der Hipster – mit Perkins Tooth, dem exzentrischen Rolling-Stone-Schreiber in Jonathan Lethems *Chronic City*. Tooth' Sophistication, sein Spezialwissen in Rock und Pop, erhebt ihn in den Rang eines (ständig bekifften) Archivars. Jonathan Lethem ist überhaupt ein Autor, bei dem der intellektualisierte Hipster eine große Rolle spielt. Von *The Fortress of Solitude*, seinem fulminanten Roman über die Jugend eines jüdischen Jungen zwischen Supermann und Funkadelic, bis zu *Chronic City* sind Lethems Romane voller Figuren, die sich über Pop-Musik identifizieren – und besonders über das Schreiben über Pop-Musik.

„Hip [...] feierte das Vergängliche, die Möglichkeiten und Produkte neuer Industrien, die Bedeutung von Stil und Geschmack und die neue Freiheit, die aus der kulturellen Verwirrung entstand" (Burchill 1999, 208): So beschreibt die englische NME-Journalistin Julie Burchill rückblickend, welche Funktion hip in den 1980er Jahren im britischen Pop-Musikjournalismus hatte und liefert damit eine hervorragende Blaupause dafür, wie über den Umweg UK in der Bundesrepublik aus hip eine intellektuelle Position – *sophisticated* und sogar ein wenig avantgardistisch – werden konnte. Das lag nicht zuletzt an der Bedeutung des Neuen in der damaligen New Wave. So gibt Thomas Schwebel in Jürgen Teipels Interview-Buch, wenn auch negativ eingefärbt, zu Protokoll: „Ein großes Manko dieser Geschichte – der Düsseldorfer *touch* – war, dass die alle sehr informiert waren. Das war dieses: ‚Ich muss ganz vorne sein und neue Trends aufspüren.'" (Teipel 2001, 107). In dieser Hinsicht ist auch Thomas Meinecke ein typischer Vertreter der Hipness-Ideologie der 1980er-Jahre, die noch daran geglaubt hat, dass der eigene Status durch einen zeitlichen Vorsprung zu erlangen sei. Gefragt nach seiner eigenen Pop-Begeisterung und was diese mit seinem Schreiben zu tun habe, beschreibt Meinecke sein Schreiben als Vermeidungsparcours: „Wissen, was alles nicht geht, und dann findet man da irgendwo so durch. Das hat bei mir direkt mit Lektüre zu tun" (Meinecke 2007, 370). Hier ist sie wieder, die negative Dialektik der Hipness der 1980er Jahre. Nicht mit Adorno, sondern mit der Systemtheorie von Niklas Luhmann lässt sich diese gelebte Pop-Ästhetik beschreiben, bei der die *Sophistikationsschraube* immer weiter angezogen wird. Der Hipness-Diskurs ist in eine Phase der Selbstbeobachtung eingetreten. Die „Second Order Hipness" (Diederichsen 1985, 17) dreht sich nicht mehr um die Fragen „Wer bin ich?" oder „Wie positioniere ich mich in dieser Gesellschaft?" oder „Was ist Pop?", sondern, um mit Niklas Luhmann zu sprechen, um die Beobachtung zweiter Ordnung, die „Beobachtung von Beobachtungen" (1995, 93). Nicht mehr das Objekt steht im Vordergrund, sondern die Beobachtung wird beobachtet, um deren „Genese, Ortsgebundenheit, Kontingenz und letztendlich Veränderbarkeit" (Schäfer 2007, 263) zu bestimmen. Im Fall des Pop-Hipsters heißt das: Wie darf ich sein, wenn *die anderen* so sind? Wie darf ich sprechen, wenn *die anderen* so sprechen? Welche Musik darf ich hören, wenn *die anderen* diese Musik hören? Distinktion, hier greift es wieder, das Zauberwort, das Pop als gelebte Ästhetik besser auf den Punkt bringt als irgendein anderes.

Walter Delabar und Erhard Schütz. Darmstadt: Wissenschaftliche Buchgesellschaft, 1997. 130–153.

Winkels, Hubert. „Grenzgänger. Neue deutsche Pop-Literatur. Mit Thomas Meinecke, Andreas Neumeister, Rainald Goetz, Georg M. Oswald, Alexa von Henning-Lange, Benjamin von Stuckrad Barre und anderen". Hubert Winkels. *Gute Zeichen*. Köln: Kiepenheuer & Witsch, 2005. 111–157.

Winkler, Willi. „Niemand, nichts, nur ich. Rainald Goetz schreibt seinen zweiten Roman, es geht aber nicht um die RAF, sondern um die deutsche Romantik". *Die Zeit* 7. Oktober 1988. http://www.zeit.de/1988/41/niemand-nichts-nur-ich.

3.9 Underground
Jan-Frederik Bandel

1. Das Schillern der Begriffe

„Szene", „scene", „Gegen-", „Sub-" oder „Alternativkultur", „Untergrund", „Underground", „Gegenmilieu", sogar: „hedonistische Linke" – Ende der 1960er, Anfang der 1970er Jahre wirbelten die Begriffe im alltäglichen wie kritischen Sprachgebrauch durcheinander, konkurrierten als modische Synonyme, aber auch als abweichende, ja: gegenläufige Konzepte; ein klares Indiz für die Virulenz dessen, was mit ihnen verhandelt wurde. Im Abklingen der intellektuellen Infektion entwirrten sich auch die Begriffe: „Szenen" und „Subkulturen" gibt es nur noch im Plural, die einen eher im Alltags-, die anderen in einem mehr oder minder wissenschaftlichen Sprachgebrauch – ein interessantes Beispiel, wie ein (sozial-)wissenschaftlicher Begriff zu einem polit-ästhetischen Kampfwort umfunktioniert, dann aber re-akademisiert wird (vgl. überblickend Lindner 1997; international z. B. Gelder 1997; Gelder 2005). „Gegen-" und „Alternativkultur" haben sich als historische Forschungsfelder behauptet, wobei das erste eher die internationalen, v. a. amerikanischen und britischen Strömungen der 1950er, 1960er Jahre meint (z. B. Hecken 2006), das zweite – auch in Paraphrasen wie „alternatives" oder „linksalternatives Milieu" – die bundesdeutsche Milieubildung der 1970er, 1980er Jahre mit ihren „alternativen" Lebensformen, Institutionen und Medien (Reichardt und Siegfried 2010; Reichardt 2014). Der „Hedonismus"-Begriff wird von linken Kleingruppen wie der „Hedonistischen Internationale" gelegentlich aufgegriffen, hat aber keine weiteren theoretischen Formulierungen gefunden (vgl. Kerbs 1970). Und der v. a. von Rudi Dutschke Mitte der 1960er ins Spiel gebrachte, schärfer politisch konturierte „Gegenmilieu"-Begriff ist zwar in Rolf Schwendters einflussreiche *Theorie der Subkultur* (1971) eingegangen, konnte sich aber nicht über die 1970er Jahre retten (Gaus 1967; Schwendter 1971, 270–279; vgl. auch Siegfried 2006, 647). Nur das Reizwort „Underground" hat sich anscheinend hinreichend Unbestimmtheit erhalten, um immer neue Aktualisierungen zu erfahren – wobei es, zumal im deutschen Sprachraum, keine vergleichbare akademische Karriere gemacht hat wie der auch im heutigen Alltagsgebrauch ungleich präsentere, v. a. in den 1960er Jahren durchaus angrenzende, damals keineswegs schon dominante „Pop"-Begriff.

„Der Begriff ‚Untergrund' hat sich nicht als analytisches Konzept durchsetzen können", befand Rolf Lindner 1997, sondern sich nur im englischen Original als

„Underground" gehalten, und zwar als historische Benennung einer „zeitspezifischen Ausprägung subkultureller Strömungen" (Lindner 1997, 11). Das ist – trotz einzelner Aktualisierungen (sehr nachdrücklich etwa Schwanhäußer 2010) – für den sozialwissenschaftlichen Sprachgebrauch hierzulande richtig; mit Blick auf die internationale Popkultur-, besonders Pop-Musikforschung ist das Bild schon weniger eindeutig (das belegen bereits Buchtitel der letzten Jahre wie *Der Underground, die Wende und die Stadt. Poetiken des Urbanen in Mitteleuropa*, *Notes from the Underground. Zines and the Politics of Alternative Culture*, *Le rap underground. Un mythe actuel de la culture populaire*, *Making Music in Japan's Underground. The Tokyo Hardcore Scene*, *Youth Subcultures. Exploring Underground America* usw.). Vor allem jedoch als veralltäglichtes, theoretisch meist wenig belastetes und belastbares Konzept scheint „Underground" sich besonders in der Musik, aber auch in den übrigen Künsten zu halten (und mit ihm das polemische Gegenbild einer kommerziellen „Mainstream"-Kultur, -Musik, -Literatur, -Kunst). Mit Blick auf die Literatur (z. B. des „Social Beat") meint es meist die – wie auch immer präziser benannte – Verpflichtung auf eine Traditionslinie, die in die 1950er, 1960er Jahre zurückführt. Gelegentlich wird diese aber auch gekappt, wenn etwa Enno Stahl in einem Überblick über Tendenzen der 1990er (*Trash, Social Beat und Slam Poetry*) „Untergrund" ausdrücklich nicht als „letzte Enklave der Rebellion o. ä." verstanden wissen will, sondern als „rein infrastrukturellen, ökonomisch basierten Terminus" für „nicht-kommerzielle" Bereiche des Literaturbetriebs (Stahl 2013, 261).

Systematische Beschreibungs- und Eingrenzungsversuche des Phänomens „Underground" gibt es daher kaum – eher wird das Wort weiterhin synonym zu „counterculture" verwendet, allenfalls wird Underground als literarische, filmische, bildkünstlerische Bewegung, die v. a. mit dem Paradigma der Moderne zu brechen suchte, einer Lifestyle-Revolte vor- oder nebengeordnet, die dann „Gegenkultur" heißen mag (so etwa von Diederichsen 2011, 119–135, der den „Underground" in New York, die lebensstilistische „Gegenkultur" in San Francisco verortet und beiden die „Kulturindustrie"-Metropole Los Angeles entgegensetzt). Und Georg Seeßlen hat versucht, einen (nicht historisch datierten) „Underground" als „Transit-Raum" zwischen „Boheme" einerseits, „Subkultur" andererseits zu bestimmen: weniger offen als Erstere, offener als Letztere, bilde er sich „offensichtlich zu Zeiten, da die Mainstream-Kultur organisatorisch mit den Veränderungen nicht mitkommt, die sich semiotisch vollziehen" (Seeßlen 2011, 14).

Allgegenwärtig – und kaum umstritten oder nur problematisiert – ist der „Underground"-Begriff in einer Reihe Komposita, die die kulturelle Produktion v. a. der 1960er, frühen 1970er Jahre bezeichnen: „Underground-Comics", „Underground-Film", „Underground-Literatur", „Underground-Zeitungen" (gerade zu Letzteren gibt es, zumal in den USA eine stetig wachsende Fülle von Studien, Erinnerungsliteratur und Coffee Table Books (vgl. u. a. Glessing 1970; Leamer 1972; Lewis 1972; Bushoff 1983; Peck 1985; Fountain 1988; Nelson 1989; Bizot 2006; McMillian 2011; Stewart 2011; Bernière und Primois 2012; Kaplan 2013). Unter jedem dieser Labels wird zwar ein – mehr oder minder konsensfähiger – Kanon ästhetischer Merkmale, v. a. aber zugehöriger Akteure (mit entsprechendem Anekdotenrepertoire) aufgefächert, sie blieben jedoch willkürlich ohne den – wie auch immer elaborierten – Verweis auf ein übergreifendes sozioästhetisches Phänomen „Underground".

2. Metaphernschächte

Die nachhaltige Faszination des „Underground"-Begriffs liegt offensichtlich gerade darin, dass er nicht analytisch ist, sondern metaphorisch, vielschichtig assoziativ aufgeladen. Die dem 1960er-"Underground" nächstliegende Assoziation war auch in den USA die des politischen Untergrundkampfes, v. a. des antifaschistischen Widerstands der 1930er, 1940er Jahre (wie Paul Buhle anmerkt: in den 1960ern längst als fester Topos der Populärkultur präsent; Stewart 2011, 10). Der Partisanen- und Guerillakampf war auch die – kommunistische – Tradition, in die sich v. a. linksterroristische Gruppierungen in der BRD wie die „Rote Armee Fraktion" und die „Bewegung 2. Juni" Ende der 1960er, Anfang der 1970er stellten, als sie „in den Untergrund gingen" (auch wenn deren politisches Konzept nicht „Untergrund", schon gar nicht „Underground", sondern „Stadtguerilla" oder „bewaffneter Kampf" hieß). Entsprechend begriffen sich anarchistisch-subkulturelle Gruppierungen, zumal in Berlin, als schwarzer Underground – etwa im Umfeld der Zeitung A*git 883* (dazu rotaprint 25 2006). „Zentralrat der umherschweifenden Haschrebellen" nannte sich ein Teil dieser Berliner Szene, und der Name enthält bereits alle Elemente eines primär politischen Underground-Konzepts: Militanz, eine ironisch gebrochene, aber nicht aufgegebene organisiertlinke Tradition, den Verweis auf die Bewegungen der Lettristen und Situationisten mit ihrer Theorie und Praxis des „Umherschweifens" (*dérive*), die Zugehörigkeit zu einer städtischen (Drogen-)Subkultur und – nicht zuletzt – die lustvolle Identifikation mit einem klischierten Medienbild (die ebenfalls Berliner Anarchistenzeitung *linkeck* – zeitweiliger Untertitel: „underground zeitung berlin" – etwa wählte sich eine, in linken Publikationen immer wieder nachgedruckte, Karikatur zum Titelbild, in der der *Morgenpost*-Zeichner Joachim „Zelli" Stenzel linksbewegte Studenten als brutale, bärtige, qualmend-dumpfe Schlägertypen denunziert hatte; als provokativ angenommenes Feindbild und proletarische „Halbstarken"-Figur bot das gleich ein doppeltes Identifikationspotenzial (vgl. Halbach 1987).

Ebenso deutlich zeichnen sich die Grenzen der Metapher ab: Was Ende der 1960er „Underground" hieß, hielt sich nicht in klandestiner Deckung, sondern verstand es gerade durch seine Sichtbarkeit zu provozieren, durch inszenierte Bewegung und Präsenz im öffentlichen Raum, Auftreten, Kleidungsstil und Frisuren, durch die effektsichere, lautstarke – von medialen und juristischen Reaktionen nur verstärkte – Proklamation von Überzeugungen usw. (vgl. Green 1999, 113). Wo der Begriff verworfen, problematisiert oder definitorisch abgesichert wurde, ging und geht es fast immer um diese Instabilität der Metapher (die allerdings symptomatisch ist für die konstitutive Widersprüchlichkeit des Konzepts „Underground").

Der „Underground"-Begriff hat neben der politischen vor allem eine weiter zurückreichende, weiter ausgreifende ästhetische Tradition: Die Romantik hatte den Abstieg in den Untergrund, wie Helmut Lethen anmerkt, bereits als Eindringen in psychische Tiefen begriffen und damit den Weg bereitet für Sigmund Freuds Erkundungen des „Bergwerks der Seele", aber auch für deren – etwa surrealistische – Überbietung und Trivialisierung (Lethen 2007, 50). Mit Lionel Trilling verweist Lethen auf eine zivilisationsskeptische Tradition der Authentizitätssehnsucht, die Fantasie, die „Sphäre des zivilen Scheins" zu durchbrechen, um träumend, berauscht, ekstatisch „in elementarere Schichten des Daseins einzutauchen" (Lethen 2007, 47; vgl. Trilling 1980) – eine Sehnsucht, die sich durch die erfahrungshungrigen Gegenkultur-Programme der 1960er, 1970er Jahre zieht, die den Durchbruch aus einer als konformistisch, konsumbesessen und oberflächlich empfundenen Gesellschaft beschworen: „Break on through to the other side ...", sangen die Doors 1967 auf ihrer ersten Single (und ihre Plattenfirma hatte bekanntlich etwas gegen den Zusatz: „She gets high"). Als authentisch, weil näher an solchen unterirdischen Energieströmen, gelten dieser antizivilisatorischen Tradition „Wilde", „Kinder", „Geisteskranke" – und zahlreiche andere „Platzhalter des Elementaren" (Lethen 2007, 53). Dem „Underground", der in den 1960ern aus der US-Gegenkultur importiert wurde, spricht Lethen allerdings eine (durchaus willkommene) Lust an den Oberflächen, am nicht Ursprünglich-Echten, sondern Artifiziellen zu, die herausführte aus solchem „Tiefsinn der Väter" (Lethen 2007, 55) – gerade sein Beispiel, die „underground comix", liefert dafür zweifellos schlagende Belege; dem gegenüber steht allerdings das Pathos v. a. der psychedelischen Gegenkultur mit ihrem (wie Trilling sagen würde: barbarischen) Durchbruchs- und Befreiungsversprechen: „Durch die LSD-Kapsel wirst du nach drinnen geschossen, wirf die erste und zweite Stufe ab (Erziehung, Kultur, das Zeug, das du für selbstverständlich gehalten hast) und lache, geh auf im kosmischen Lachen. / Das Einzige, worin du noch feststeckst, ist dein Ego, dein Ich, versuch, auch das abzuwerfen, öffne die Augen und sieh dich um. / Du hast Bremsraketen, deine Abwehrmechanismen, aber benutz sie lieber nicht, es gibt nichts, wovor du Angst haben müsstest", fasste der niederländische Psychedeliker Hans Geluk die Botschaft Timothy Learys und anderer zusammen (Leary und Vinkenoog 1972, 151).

Die „Underground"-Metapher gibt auch diese Ambivalenz her – gerade aufgrund der Vielzahl trivial-exotistischer Bilder, die in ihr gespeichert sind: Der Untergrund, der im 19. Jahrhundert zunehmend ein städtischer, von Tunneln, Schächten, Katakomben, schließlich U-Bahn-Netzen durchzogener wird, ist in diesen populären Bildern Ort der Krise, der verborgenen Wahrheit, der Gefahr, des Fremden, des Verbrechens, des Todes, kurz: der Negation der gewohnten Oberflächenwelt (Pike 2007; zur Untergrund-Bildwelt auch Williams 2008). Und die Tore des Untergrunds öffnen sich, einer langen literarischen Tradition gemäß, in ein Reich der Fantasie: Die viktorianische Unter- und Spiegelwelt aus Lewis Carrolls *Alice*-Büchern war omnipräsent in den Bildern der Gegenkultur, sei's in Form von John Tenniels Stichen (zumal seine Wasserpfeife rauchende, auf einem Pilz niedergelassene Raupe wurde wieder und wieder zitiert und variiert), sei's im Jefferson-Airplane-Song *White Rabbit* (veröffentlicht 1967 auf dem Album *Surrealistic Pillow*), der Carrolls schläfriger Haselmaus den psychedelischen Schlachtruf zuschreibt: „Feed your head! Feed your head!" (vgl. ironisch Fensch 1970). Es scheint daher wenig sinnvoll, eine einfache Ableitung des Begriffs zu versuchen, wie man sie in Robert J. Glessings Überblick der *Underground Press in America* (1970) oder im *Underground Dictionary* (1971) des Psychologen Eugene E. Landy findet: Landy – der spätestens als Therapeut des Beach Boys Brian Wilson zur zweifelhaften Mediengestalt wurde – hatte die Wörter einer „Underground-Sprache" gesammelt, die sich seit den 1920er Jahren aus den Codes von Drogenabhängigen und Kriminellen entwickelt habe (Landy 1971, 13), und auch Glessing behauptet, die Bezeichnung „Underground" erkläre sich – ungeachtet ihrer dichten Bildlichkeit – vordringlich aus der Bedeutung illegaler Drogen für jene Szenen, die sich seit Anfang der 1960er unter diesem Label versammelten (Glessing 1970, 3–4).

3. Bestimmungsversuche um 1968

Ende der 1960er war der „Underground"-Begriff auch in der BRD allgegenwärtig und entsprechend diffus – „ein Amalgam aus psychedelischen Drogen, lasziver Sexualität, chaotischer Musik, exzentrischen Umgangsformen und bestimmten äußerlichen Merkmalen des Habitus, der Sprache und des Lebensstils Jugendlicher in einer subkulturellen Szene am Rande der Gesellschaft" (Daum 1981, 70). Nur einige Beispiele: 1967 veröffentlichte Ralf-Rainer Rygulla seine Miniatur-

Anthologie *Underground Poems / Untergrund Gedichte*, der 1968 die erweiterte Ausgabe *Fuck you (!). Underground Poems / Untergrund Gedichte*, 1969 dann der gemeinsam mit Rolf Dieter Brinkmann zusammengestellte Reader *Acid – neue amerikanische Szene* folgten (→ 4.4 BANDEL). Horst Bingels *Literarische Messe 1968* in den Frankfurter Römerhallen zeigte eine größere Auswahl amerikanischer „Undergroundzeitschriften und Hippieblätter" (1968, 141–145; dazu auch Daum 1981, 73–75; Brown 2013, 132–133). Ende 1968 startete der Verlag Bärmeier & Nikel, der die erfolgreiche Satirezeitschrift *pardon* herausgab, das Monatsmagazin *underground*, das mit Teasern wie „Zentralkartei für Lehrerverbrechen", „LSD – eine Weltreise durch die Eingeweide" oder „Londons Rocker Babies" mehr oder minder orientiert linke Schülerinnen und Schüler ansprechen sollte – eine schwierige Klientel, nach zweieinhalb Jahren wurde das Blatt wieder eingestellt. Auch die Musikzeitschrift *song* wechselte 1968 ihren Untertitel vom betulichen „Zeitschrift für Chanson, Folklore, Bänkelsang" zu „deutsche Underground-Zeitschrift", um schon ein Jahr drauf – mit einem Wort Rolf Schwendters – zur „Zeitschrift für progressive Subkultur" erklärt zu werden (und dann mit dem ersten Heft 1970 ihr Erscheinen einzustellen). Die Ausgabe 8 (1968) war als Portrait des musikalischen, aber auch publizistischen „Underground" angelegt, u. a. mit einem Überblick von Thomas Schroeder über „sogenannte Undergroundpresse anderswo und hier": Neben einem Abriss der Geschichte der „new underground press" in den USA von der *Village Voice* – Mitte der 1950er – über *East Village Other*, *Los Angeles Free Press* und *Berkeley Barb* – Mitte der 1960er – bis hin zu den jüngsten Gründungen *San Francisco Oracle* (1966) und *Open City* (1967) fragt er v. a. nach der Tauglichkeit von Begriff und Programm für die BRD-Linke: Der Einschätzung Ralf-Rainer Rygullas, „daß das Phänomen Underground ein typisch USAsches Phänomen ist, weil es die total perfektionierte und sich selbst regulierende Gesellschaft zur Voraussetzung hat" (Rygulla 1967, 134–135), widerspricht Schroeder – mit Blick auf London, aber auch mit einem Ausblick für die Bundesrepublik: Zwar gebe es, wie er anmerkt, bisher keine Versuche, ein „Hippieblatt" wie den „politisch harmlosen" (für die psychedelische US-Szene aber stilbildenden) *San Francisco Oracle* zu importieren, und die einzigen Beispiele deutschsprachiger Underground-Zeitungen, die ihm in den Sinn kämen – *linkeck* und *Charlie Kaputt* – seien dem anarchistischen Spektrum zuzuordnen, doch letztlich liefere der US-Underground einer außerparlamentarischen Opposition ein schlagkräftiges Modell, „Springer und seine gleichgesinnten Krähen an ihrer mächtigsten, zugleich schwächsten Stelle anzugreifen: nämlich auf dem Markt der Sonntagszeitungen" (Schroeder 1968).

Im Juli 1969 titelte der *Spiegel* (vor psychedelisch verschwommenem Hintergrund) „Anti-Gesellschaft im Untergrund" und malte ein beeindruckendes Panorama des Underground im „Jahr des Schweins": Beuys' Düsseldorfer „Gegen-

Akademie", der Wiener Aktionismus, Amerikas „Free Universities", „Free Stores", „Free Clinics", hektografierte *little mags*, Underground-Zeitungen (genannt: *Berkeley Barb, East Village Other, international times, Los Angeles Free Press, Rat*), der „Neger-Autor" Eldridge Cleaver und die Black Panthers, die Drogen- und Medientheorien von Timothy Leary und Marshall McLuhan („Underground-Prophet"), das Living Theatre, die Yippie-Bewegung um Abbie Hoffman und Jerry Rubin, Künstlerinnen und Künstler wie Ferdinand Kriwet, Yayoi Kusama, Mike Heizer, Carolee Schneemann, Richard Serra, Timm Ulrichs und Andy Warhol, Schriftsteller wie Allen Ginsberg, John Giorno, Tuli Kupferberg, Michael McClure, Filmerinnen und Filmer wie Jonas Mekas, Musikerinnen und Musiker wie die Beatles, Janis Joplin, Frank Zappa oder der „Underground-Rhapsode" Bob Dylan, aber auch jugendlich-subkulturelle Gruppierungen wie Londons Hausbesetzer, San Franciscos Hippies, Amsterdams Provos, Münchens Gammler usw. Historisch eingeholt wird das Ganze durch den Verweis auf eine literaturwissenschaftliche Studie, nämlich Helmut Kreuzers kurz zuvor erschienene Habilitation *Die Boheme. Beiträge zu ihrer Beschreibung*, deren Bestimmung auch den „Underground" charakterisieren könne: „eine Subkultur von Intellektuellen – in denjenigen industriellen oder sich industrialisierenden Gesellschaften des 19. und 20. Jahrhunderts, die ausreichend individualistischen Spielraum gewähren und symbolische Aggressionen zulassen, – Randgruppen mit vorwiegend schriftstellerischer, bildkünstlerischer oder musikalischer Aktivität oder Ambition und mit betont un- oder gegenbürgerlichen Einstellungen und Verhaltensweisen" (Kreuzer 1968, V).

Der Soziologe Walter Hollstein, der dem *Spiegel* auch das Titel-Schlagwort geliefert hatte, dürfte mit dessen Betonung des Ästhetischen kaum einverstanden gewesen sein: Sein ebenfalls 1969 in der renommieren Luchterhand-Reihe *Soziologische Essays* erschienener Band *Der Untergrund* gibt zwar auch einen Überblick über ästhetische Programme des Underground, will das, was er – auch den enger konturierten „Underground" – übergreifend „Untergrund" nennt, aber v. a. als „soziale Revolution" verstanden wissen (1969, 27). Die Autoren der Beat Generation, die präpolitische Opposition der jugendlichen „Gammler" in den 1950er, frühen 1960er Jahren, der magische Anarchismus der niederländischen Provos, die Gegenkultur der Hippie- und Yippie-Bewegung, die ästhetischen und publizistischen Vorstöße des internationalen Underground, die studentischen Proteste um 1968 – für Hollstein waren es sämtlich (wissenschaftlich formuliert) „Pioniere und Agenten sozialen Wandels", zeigte sich da (hoffnungsfroh formuliert) „eine Gegenwelt, die die neue und menschliche von morgen werden möchte" (1969, 160; 174). Zehn Jahre später, als er eine Neufassung des Buches veröffentlichte, verzichtete Hollstein allerdings auf den „Untergrund"-Begriff im Titel: *Die Gegengesellschaft. Alternative Lebensformen* (1979). Wiederum 1969 veröffentlichte der Autor, Kleinstverleger und Musikproduzent Rolf-Ulrich Kaiser eine „Buchcollage", die den Begriff „Underground" schon im Titel verwarf: *Underground? Pop? Nein! Gegenkultur!* Zur Bekräftigung zitiert Kaiser den US-Autor Tuli Kupferberg, der die Rede von der „Underground Culture" inzwischen als Irrtum erkannt habe: Man habe einfach nicht damit gerechnet, dass sich so schnell so viele Menschen für die Gegenkultur rekrutieren ließen. „Underground ist das falsche Wort. Ich würde den Begriff ‚new people' vorziehen, Neue Leute." (1969, 10; zu Kaiser auch Pieper 2007 und Husslein 2008) In der *Protestfibel*, die Kaiser ein Jahr zuvor herausgegeben hat, wird „Untergrund-Literatur" kurzerhand mit Agitprop gleichgesetzt (Peter Schütt in Kaiser 1968, 112–127), „Underground-Culture" dagegen in eine (nicht zuletzt künstlerische) Tradition der US-Bohème seit Walt Whitman eingeordnet, auch hier mit der Skepsis, ob der Begriff „Underground" angesichts der schnellen Ausbreitung angemessen sei (Tuli Kupferberg in Kaiser 1968, 183–187). Kaiser weist kategorisch die Zumutung zurück, eine „theorie der gegenkultur" zu formulieren (Kaiser 1969, 8), im Gegensatz zum Aktivisten und Sozialwissenschaftler Rolf Schwendter, dessen *Theorie der Subkultur* 1971 erschien, der allerdings von „Underground" nicht spricht (sondern von „progressiven Subkulturen") – ähnlich wie andere, auch in der BRD-Linken einflussreiche Bücher der Zeit, etwa Herbert Marcuses *Versuch über die Befreiung* (1969), der von „radikaler Verneinung" und der „Kommunikation des neuen Bewußtseins" handelt (1969, 57), oder Theodore Roszaks *Gegenkultur. Gedanken über die technokratische Gesellschaft und die Opposition der Jugend* (*The Making of a Counter Culture*, 1969, dt. 1971), ein weiterer Versuch, die „phantasievolle Boheme der Beatniks und Hippies" und den „nüchternen politischen Aktivismus der studentischen Neuen Linken" auf einen gemeinsamen Nenner zu bringen (1971, 92) – einen starken „Underground"- Begriff konnte Roszak dafür nicht brauchen.

4. Apokalyptiker des Underground

Ganz anders Jeff Nuttall, dessen *Bomb Culture*, zuerst 1968 veröffentlicht, eine dezidierte Underground-Theorie entwickelt (eine deutsche Ausgabe im Melzer Verlag wurde angekündigt, ist aber nicht erschienen). Nuttall, eine zentrale Figur der literarischen *counterculture* in Großbritannien (vgl. Whiteley 2011; Hutchinson 1992, 181–196), bestimmte den „Underground" durch einerseits *disaffiliation*, Austritt aus der Mehrheitsgesellschaft, andererseits *affiliation*, Eintritt in eine „internationale Minderheit, die mehr immanentes Verständnis und mehr kulturelle Kraft besitzt als irgendeine Regierung oder irgendein Verbund von Regierungen" (Nuttall 1970, 137). Die glaubensstarke Formulierung klingt deutlich an ein Manifest an, das Nuttall auch ausgiebig zitiert, nämlich an Alexander Trocchis

Theorie des *coup du monde*, erschienen 1963 im Organ der Situationistischen Internationale, deren Mitglied er bis 1964 war (zu Trocchi vgl. Campbell 1997). Die nicht mehr auf den Staats-, sondern gleich auf den Weltstreich zielende Kulturrevolution, die Trocchi heraufbeschwor, präsentierte sich allerdings nicht unter dem Label des Underground, sondern – metaphorisch durchaus ableitbar – eines „unsichtbaren Aufruhrs" (Trocchi 1977, 60). Die Grundzüge dieses untergründigen Aufstands entsprechen weitgehend der Charakterisierung, wie sie nicht nur Nuttall für den Underground formuliert: der Einriss der Schranken zwischen Kunst und Leben, der Kampf für eine Autonomie der Kunstproduzenten gegenüber dem etablierten ökonomischen System, der Aufbau „spontaner" Gegeninstitutionen durch „Astronauten des inneren Raums", die Entwicklung – mehr oder minder – alternativer ökonomischer Netzwerke und Modelle (Kooperationen, Agenturen, Spenden usw.) innerhalb der kapitalistischen Gesellschaften. „Die Welt steht furchtbar nahe am Rand des Abgrundes", befand Trocchi (1977, 68) – und Nuttalls Buch versucht nicht zuletzt eine Konkretisierung dieses Ausblicks: Für ihn steht die Entwicklung, die von der Jazz- zur Radikalität der Underground-Kultur führt, ganz im Zeichen der Atombombe, deren Einsatz in Hiroshima und Nagasaki jede moralische Autorität wackelig, jede Zukunft ungewiss, selbst die Natur unsicher habe werden lassen (Nuttall 1970, 18–20). Vor demselben dunklen Hintergrund – ergänzt um den Verweis auf die deutschen Konzentrationslager – hatte auch Norman Mailer 1957 die Figur des rebellischen Nonkonformisten, des „Hipsters" charakterisiert: Dieser habe die „einzig lebenssichernde Antwort" gefunden, „die Bedingungen des Todes zu akzeptieren, mit dem Tod als immanenter Gefahr zu leben, sich von der Gesellschaft zu lösen, ohne Wurzeln zu existieren" (Mailer 1970, 33). Später trat in diese Reihe v. a. der Vietnam-Krieg, der keinen vergleichbaren sinnzersetzenden Sog entwickelte, aber „Neue Linke" und Gegenkultur in Ablehnung und Protest vereinte.

„Bis zu einem gewissen Grad entwickelte sich der Underground überall spontan", heißt es in *Bomb Culture* mit Blick auf die frühen 1960er: „Es war einfach das, was man in der Welt der H-Bombe anstellte, wenn man von Haus aus kreativ war und sich um die Welt als ganze sorgte. [...] Die Künstler des 19. Jahrhunderts standen dem Zusammenbruch des Christentums und dem Ende des Hellenismus gegenüber. Wir stehen dem Ende der Menschheit gegenüber." (Nuttall 1970, 160) Eine apokalyptische Vision, die auch in der US-Gegenkultur sehr programmatisch formuliert worden war – so definierte das Underground Press Syndicate, dem alle wichtigen US-Underground-Zeitungen und -Zeitschriften, aber auch zunehmend internationale Veröffentlichungen angehörten, 1966 seine Aufgaben, „die ‚zivilisierte' Welt vor dem drohenden Kollaps zu warnen", von den Geschehnissen zu berichten, „die diesem Kollaps entgegenführen", dazu beizutragen, zumindest „den sofortigen Kollaps zu verhindern und den Wandel zu ermöglichen", aber auch „die amerikanische Bevölkerung auf die Wildnis vorzubereiten", auf das Sterben der Städte (zit. n. Peck 1985, 45, der diesen „Naturreis-Millenarismus" als Zeichen des Bruchs mit der – mehr oder minder streng neomarxistischen – „Neuen Linken" versteht). Die Atombombe war sicherlich das drastischste Symbol der ökologischen Gegenkultur – und ihr Gegenbild das NASA-Foto des blauen Planeten, das den *Whole Earth Catalog* zierte, den großen Warenkatalog der US-*counterculture* (vgl. Diederichsen und Franke 2013). Der *Whole Earth Catalog*, ab 1968 in regelmäßig aktualisierten, immer weiter anwachsenden Ausgaben veröffentlicht, war nicht zuletzt ein Handbuch der Zurüstung für den kommenden Kollaps, die kommende – postatomare, posturbane – Wildnis und eine Inventarliste für ihre Selbstversorger (mit einem Hauch wildwestlicher Frontier-Romantik): Windkraftgeneratoren, Sonnenkollektoren, Holzhütten, Tipis, Brunnen, mechanische Webstühle, Töpferei, Gemüseanbau, Ziegenzucht usw. (vgl. u. a. Kirk 2007). Dem „zutiefst technologiefeindlichen Zug innerhalb der widerständigen Kultur" (Peck 1985, 45) stand allerdings ein zutiefst technologiefaszinierter Zug entgegen, der die Entwicklung des Personal Computers, der sozialen Nutzung des Internets usw. ideologisch vorbereitete und begleitete (vgl. Roszak 1986; Markoff 2006; Turner 2006; zu speziell dieser Ambivalenz Dammbeck 2005), der sich auch in Science-Fiction-Visionen wie Gerard O'Neills Weltraumkolonien (Brand 1977) und technischen Metaphern artikulierte, zumal jener vom „Raumschiff Erde" bei Buckminster Fuller (Fuller 1973), dem prominentesten Theoretiker dieses neuen Holismus, dessen geodätische Kuppeln zum architektonischen Ideal der US-Kommunenbewegung wurden: Leicht, auch aus dem Müll der Konsumgesellschaft zu bauen, mobil, futuristisch, aber mit ein paar durchgesessenen Sofas und abgetretenen Teppichen ausgestattet, verbinden sie sich zum Sinnbild einer Subkultur in Erwartung der „Wildnis" – „Lagerplätze der Barbaren, die die neue, postindustrielle Kultur verkörperten" (Roszak 1986, 28; vgl. auch Krausse 1973, 179–219).

Western und Science Fiction, die großen „Trivialmythen" der US-Kultur, stellten nicht nur dem *Whole Earth Catalog* ein reiches Bildreservoir bereit, sondern ebenso der „postmodernen" Literatur, der der US-Literaturkritiker Leslie Fiedler Mitte, Ende der 1960er Jahre das Wort redete (1970 und 1984), auch wenn ihm die nukleare Endzeit-Science-Fiction weniger interessant schien als „der Mythos vom Ende des Menschen, von der Transzendierung oder Umwandlung des Erdbewohners" (1969, 18). Science-Fiction-Metaphern finden sich in zahlreichen Underground-Visionen und -Publikationen. Gerade die Gruppierung um William S. Burroughs, dem auch Trocchi und Nuttall nahestanden, präsentierte sich als eine von Reisenden, „nicht nur im Raum, sondern auch in der Zeit", von „Laborarbeitern" und „Kosmonauten" (Nuttall 1970, 152, 155) – noch in den Zitatwelten von Punk bis Techno taucht Burroughs' dunkle Science Fiction wieder auf. Und selbst das Anarchistenblatt *Charlie Kaputt*, herausgegeben von der Berliner „Potskommune", setzte auf das Cover ihrer zweiten Ausgabe (1968) eine Figur aus Franklin J. Schaffners Science-Fiction-Film *Planet der Affen* (ebenfalls 1968): den wohl ambivalentesten Charakter, Dr. Zaius, Wissenschaftsminister und oberster Glaubenswächter. Er hütet das Geheimnis des Planeten der Affen, das der menschlichen Hauptfigur (Charlton Heston) erst angesichts der zerstörten Freiheitsstatue dämmern wird: dass die menschliche Zivilisation mit ihrer „instrumentellen Vernunft", wie Max Horkheimer gesagt hätte, in die Ödnis der postatomaren Wüste mündet. Und dass Aufklärung nicht immer der verlässlichste Partner ist, wenn man, wie Dr. Zaius selbst sagt, die „Zukunft retten" will – eine Botschaft, die die Kosmonauten des Underground durchaus verstanden.

„Underground", so Nuttall, hieß diese ästhetische Gegenbewegung zum Kollektivsuizid der „Bomb Culture" erst seit etwa 1964, als in den Vereinigten Staaten im Wesentlichen zwei Produkte mit diesem Etikett versehen wurden: Filme und kleine, meist literarische Zeitschriften. „Filme wie Magazine wurden ‚Underground' genannt, weil sie keine Verbindung zu den etablierten Kommunikationskanälen besaßen und weil sie eingehend damit beschäftigt waren, die Besessenheit von Sex und Religion als Waffe gegen den spirituellen Bankrott zu wenden, den die Bombe gezeugt hatte. […] Beispiellos war das Verlangen, alles Tabuisierte in die Öffentlichkeit zu tragen, so krass es ging, die verbotensten Lüste einzugestehen, sie von allen Dächern in die Welt zu singen, eine merkwürdige Mischung aus pornografischem Kitzel und dem Absurden der Avantgarden, und zwischen diesen Gruppenfick- und Lutschszenen, den Fußgöttinnen und Koprophilen, trieben die Götter des alten Ägypten und Mexiko, aus Indien, aus Tibet und von den Pazifik-Inseln Unzucht, was eher an Madame Blavatsky und Aleister Crowley denken ließ denn an ihre eigenen prähistorischen Tempelorgien. Drogenkonsum wurde geradezu zur sozialen Verpflichtung." (Nuttall 1970, 165)

Underground bedeutete für Nuttall: eine entschieden irrationale Wende, auch ins Absurde, die Verschlingung von Sexualität, Drogen und Spiritualität, die offensive Annahme von Verzweiflung, Neurosen und Verwirrung, eine – an hergebrachten politischen, gerade auch linken Strukturen desinteressierte – Politik der Maximalforderungen (nicht nur nach der Freiheit und Ekstase des Einzelnen, sondern ebenso: nach einer Welt ohne Krieg, ohne nationale Regierungen und natürlich ohne Nuklearwaffen), das Verlangen, Bewusstsein, damit auch Realität auszuweiten, die Fixierung auf die Gegenwart und nicht zuletzt einen messianischen „Sell-it-Yourself-Dilettantismus" (Nuttall 1970, 160–165).

Nuttalls These konnte nicht jeden überzeugen. Richard Neville z. B., Mitherausgeber von *Oz* (neben *international times* die bekannteste Publikation der Londoner Gegenkultur; vgl. Fountain 1988; Nelson 1989, 45–83; Hutchinson 1992, 89–107), erklärte sie für ein – vermutlich gesuchtes – Missverständnis (wie er auch Mailers Hipster-Essay für leidlich überstrapaziert hielt): „Die Dichter gaben der Bombe die Schuld, aber den Leuten ist es egal, ob sie sterben, wenn die ganze Welt mit draufgeht. Dufflecoats und Anti-Atombomben-Anstecker symbolisierten die Identität einer neuen Generation. Für junge Leute war es ein Spaß, bedrückt zu sein wegen der Bombe", behauptet er in seinem eigenen, 1970 erschienenen Panorama *Play Power* (1970, 24). Er versteht das, was auch er nachdrücklich „Underground" nennt, als eine „Politik des Spiels", die sich durch die Ablehnung fremdbestimmter, fremdgetakteter Arbeitsverhältnisse, v. a. aber der Fetischisierung von Arbeit bestimme. Diese Charakterisierung steht nicht nur in einer langen bohemistisch-subkulturellen Tradition (Kreuzer 1968, 253–269; Gelder 2007, 3), sie teilt auch Erwartungen, die sich in den 1950er, 1960er Jahren mit der zunehmenden „Rationalisierung", „Automatisierung" und „Kybernetisierung" der Arbeit verbanden – dass computergesteuerte Produktionsformen eine mehr und mehr „arbeitsfreie Gesellschaft" hervorbringen würden, wodurch sich der „Akzent der Lebensmoral vom Utilitaristischen zum Kreativ-Spielerischen" verschiebe, wie es der niederländische Künstler Constant formulierte, der mit seinen „New Babylon"-Entwürfen eine neue Stadt für den spielenden Menschen, den „Homo Ludens" projektierte – und dessen Stichworte auch die (von Neville mit großer Sympathie geschilderte) niederländische Provo-Bewegung aufnahm (Constant 1971, 59–60; vgl. Wigley 1998). In seinen informellen, freien, politisierten – und eingestandenermaßen oft prekären – Arbeitsverhältnissen, Lebensformen und ästhetischen Versuchen sei der Underground, so Neville, eine Art Trainingslager für die „geldfreie Gesellschaft" (Neville 1970, 269). Der Underground müsse eine „Bruderschaft der Clowns" werden, wie es sich bereits abzeichne in seinen Publikationen, in Happenings, Straßentheater, Protestformen, Musik, Kleidung usw. Symbol des Underground war für Neville nicht die Bombe, sondern die in der US-Gegenkultur so populäre Frisbee – ein Spiel, das sich nicht gegen-, sondern nur miteinander spielen lässt (1970, 276–278; 273).

5. Verwerfungen

„Underground ist ein schwammiges Wort, und vielen von uns passt nicht, dass es an uns heftet. ‚Underground' ist bedeutungslos, vieldeutig, belanglos, wahnsinnig ungenau, unentschieden, abgeleitet, rechtlich ungeschützt, unkontrollierbar und abgenutzt", hatte Tom Forcade, der das Underground Press Syndicate koordinierte, schon 1968 in seinem – hinreichend untergrundmythologisch betitelten – Gegenkultur-Pressedigest *Orpheus* geschrieben, und über Robert J. Glessings 1970 erschienenen historischen Überblick *The Underground Press in America* wanderte das scheinbar so griffige Zitat in Roger Lewis' 1972 folgende

Einführung *Outlaws of America. The Underground Press and its Context* und dann immer weiter, u. a. in Hanns Peter Bushoffs Dissertation *Underground Press. Die Untergrundpresse der USA als Bestandteil des* New Journalism-*Phänomens* (1983) und David Huxleys Geschichte britischer Underground-Comics *Nasty Tales. Sex, Drugs, Rock'n'Roll and Violence in British Underground* (2001; Glessing 1970, 4; Lewis 1972, 13; Bushoff 1983, 40; Huxley 2001, 10).

Rückblickende Definitions- und Beschreibungsversuche des Underground als historisches Phänomen betonen allerdings nicht nur die begrenzte Tragfähigkeit des Begriffs (Lindner 1997), sondern auch des Konzepts. Jonathon Green zitiert in *All Dressed Up. The Sixties and the Counterculture* (1999) den Soziologen Jeffrey Weeks, der von einer Revolte der Mittelklasse-Jugend gegen die Werte der Mittelklasse gesprochen hatte, von einer Gegenkultur, die schon deshalb kurzlebig bleiben musste, weil sie „weitestgehend parasitär" in dieser Mittelklasse existierte: „Es war eine Stimmung, ein Stil, ein Geflecht ineinandergreifender kultureller Manifestationen, naturgemäß instabil und vergänglich, das um 1972, als das soziale und ökonomische Klima rauer wurde und der Großteil der ‚alternativen Presse' zusammenbrach, praktisch tot war." (zit. n. Green 1999, 113–114) Der Underground, bekräftigt Green, sei nur eine Nische der kapitalistischen Gesellschaft, eine besonders melodramatische Jugendkultur der Konsumgesellschaft gewesen – und das rapide Abflauen gegenkultureller Aus- und Aufbruchshoffnungen Folge der Ölkrise von 1973 (1999, 123–124). Joseph Heath und Andrew Potter sprechen von einem *Rebel Sell*, nicht weil sich, wie eine populäre Erzählung gehe, die kapitalistische Gesellschaft ihre entschiedensten Gegner einverleibt hätte, sondern weil es „nie einen Gegensatz zwischen den gegenkulturellen Ideen der 60er-Rebellion und den ideologischen Erfordernissen des kapitalistischen Systems gegeben" habe (2005, 15). Und Diedrich Diederichsen und Juliane Rebentisch betonten in ihren Überlegungen zu *Gemeinschaftsvorstellungen von Hippies, Outlaws, Sonnenkindern, Poeten und anderen Urahnen der Gegenkultur*, dass gerade in der kalifornischen Gegenkultur revolutionärer Egalitarismus, elitäre Rhetorik und exklusive Strategien zusammenkamen – ohne allerdings das Kernprogramm der Hippie-Revolte („Ablehnung des Privateigentums und emphatische Bejahung eines poetischen Subjekts") kurzerhand verwerfen zu wollen (1995). Weniger polemisch, in der Sache aber zustimmend definiert Anja Schwanhäußer, deren Studie zur *Stilrevolte Underground* (2002) v. a. die bundesdeutsche Szenerie in den Blick nimmt, „Underground" als „breite intellektuelle subkulturelle Strömung der 1960er und 1970er Jahre, deren Vertreter vorwiegend der bürgerlichen Mittelschicht entstammten. Es sind all jene, die in welcher Form auch immer, nach Alternativen zum herrschenden, bürgerlich geprägten Lebensstil suchten, nach alternativen Normen und Werten und diese zu leben versuchten." (Schwanhäußer 2002, 19)

6. Konturen des Underground

Das Bild des Untergrunds verräumlicht die Grenzziehung, die Mailer mit dem (Szene-)Begriffspaar „hip" und „square" beschrieben hat, metaphorisch, aber auch konkret. „Unterirdische" heißen die Beatniks von San Francisco in Jack Kerouacs Roman *The Subterraneans* (1958). Vier Stufen hinab steigt auch Jäcki, die Hauptfigur in Hubert Fichtes Roman *Die Palette* (1968; → 4.2 LINCK), um das gleichnamige Hamburger Kellerlokal zu betreten, und sofort stellen sich Assoziationen ein: „In Pissoirs geht man Stufen hinunter, in Bunker, in Krematorien, in die Pathologie, in Weinkeller. / Es lassen sich mythologische Beziehungen zum Hinabsteigen herstellen." (Fichte 1968, 11) Harun Farocki – damals, Anfang der 1960er, noch Schüler – hat den Besuch derselben, allgemein eher als schummrige, leicht schmuddlige „Höhle" geschilderten Kneipe nicht zuletzt als ganz konkrete Weigerung beschrieben, das wahrzunehmen, was die Stadt, grad bei Sonnenschein, an Lichterem, Freundlicherem und natürlich Bürgerlicherem anzubieten hatte, weil darin „nicht einfach ein großes Vergnügen, sondern auch eine Kritik am Vergnügen" lag, und damit (bei allem, räumlich noch gestaffelten Rückzug) auch eine Manifestation (vgl. Bandel et al. 2005, 52) – Dick Hebdige sollte später vom „selbst auferlegten Exil" der Subkulturen sprechen (1983, 9). Die manifestierte Weigerung, sich dem einzugliedern, was – auch in Mailers Hipster-Essay und Marcuses Apologie der Weigerung das leitende Feindbild – konform, ja: konformistisch schien, bestimmte deutlicher das Drängen in die Sichtbarkeit des öffentlichen Raums: Die Parks und Straßen wurden zu Bühnen, auf denen die Selbstermächtigung zur Freizeit vorgeführt wurde, eine nichtbürgerliche Kleidungsweise, eine verlangsamte, betont lässige, tänzelnd-inszenierte Bewegung usw. (in München hat Peter Fleischmann 1966 die Szenerie gefilmt und daraus 1967 seinen Film *Herbst der Gammler* gemacht, in Amsterdam war der Vondelpark, in London der Hyde Park, in San Francisco der Golden Gate Park Schauplatz solcher durchaus theatralischen „Stammes"-Versammlungen). Der Underground verdichtete sich in einzelnen Vierteln, er führte mal unter, mal über die Erde, verschanzte sich in privaten Räumen, öffnete sich dem, der Einlass suchte und fand, in Kneipen, Bars, Clubs usw., zog sich über öffentliche Plätze, sogar aus der Stadt hinaus, zu den Landkommunen, die sich – glaubt man Nuttalls Einschätzung – für die anstehenden Fallout-Szenarien vorbereiteten: eine komplexe Geografie (vgl. zur Tradition auch Gelder 2007, 47–82).

Das Ensemble der Ausdrucksformen, Gesten, (Konsum-)Objekte, durch die einerseits die Abgrenzung, andererseits die Zugehörigkeit zu einer Subkultur hergestellt wird, heißt in der Theorie spätestens seit Dick Hebdige „Stil" (Hebdige 1983; vgl. zur Anwendung auf den Underground als „Stilrevolte" Schwanhäußer 2002). Auch wenn der Begriff „Underground" keine scharf konturierbare Gruppierung benennt wie – in Hebdiges Abriss – die (größtenteils: proletarisch-) subkulturellen Typen „Hipster", „Beat", „Teddy Boy", „Rocker", „Mod", „Punk" und „Skinhead", sondern eine – durchaus mehrere Szenen durchwandernde, sich der Vereindeutigung programmatisch entziehende – Figur bleibt, lässt sich dieses magisierte Verhalten natürlich auch an jenen Produkten beschreiben, die unter dem Label „Underground" (oder „Gegenkultur", „neue Sensibilität" usw.) auf die Szene traten, am deutlichsten sicher an ihrer Sprache und Gestaltung. Dass Sprache – gerade jene der Massenmedien – als gewaltige Konsens- und Hegemoniemaschinerie fungiert, wie es Hebdige beschreibt (1983, 20–24), war nicht nur den Theoretikern des Underground Gemeinplatz. William S. Burroughs hat diese „Konditionierung" wahrscheinlich am radikalsten beschrieben und mit seinen Tape-Experimenten, Text-Verschneidungen usw. Strategien der Gegenwehr vorgeschlagen (z. B. 1969; vgl. auch Odier 1973, 49). Aber auch Herbert Marcuse war überzeugt, dass „die radikale Verneinung des Establishments und die Kommunikation des neuen Bewußtseins immer deutlicher von der eigenen Sprache" abhänge, „da alle Kommunikation von der eindimensionalen Gesellschaft monopolisiert und für gültig befunden wird". Belege fand er in den Umcodierungen ganz alltäglicher Begriffe in der Hippie-Gegenkultur, im politisch offensiven Gebrauch „obszöner" Worte, v. a. aber in der Entsublimierung traditionsgeladener Begrifflichkeiten durch die „black militants" (1969, 57–60). Von „neuen Ausdrucksmitteln für neue Wirklichkeiten" berichtete William Hedgepeth 1970 nach einem Janis-Joplin-Konzert: Das gute alte Englisch reiche einfach nicht mehr aus, um dem „riesigen Input neuer Ideen und Informationen" Rechnung zu tragen, es zwinge die Sprechenden, Schreibenden in ein hinfälliges „Denkschema", müsse weniger linear werden, geräuschhafter, sich einem „tiefen ‚Wir'" verpflichten – ein magisches Sprachverständnis, das durchaus symptomatisch für weite Teile der Underground-Presse war (1970; vgl. auch Glessing 1970, 113–119). Auch in den Debatten, die in Deutschland Anfang der 1970er unter Begriffen wie „Alternativliteratur" geführt wurden, wurde diese Sprachkritik, zugleich diese Sprachutopie aufgenommen: als programmatisch „willkürliche, von den durch willentlich innervierte muskelfibrillen gezeugten morphemen konstituierte sprache" (Afra 1980, 61), als Wiedergewinnung des Akustischen, des gesprochenen Wortes für die „Litritscher" (Salzinger 1976, 20–25) usw.

Unter Verweis auf Hebdige und dessen Überlegungen zum „Stil als Homologie" (Hebdige 1983, 105–108) schreibt Schwanhäußer über die oft typografisch wilden, frei montierten Offset-Layouts der Underground-Presse: „Auch in den Collagen, den Risslinien und Übermalungen, den Kopf-über-Montagen und handschriftlichen Kommentaren, findet ein Lebensgefühl seinen Ausdruck, das mehr über die Struktur der Seiten als über ihre ausgewählten Motive mit der gammligen Wohnungseinrichtung und der Rockmusik homolog ist." (Schwanhäußer 2002, 61) V. a. die Underground-Zeitungen der späten 1960er, frühen 1970er Jahre entwickelten ein breites Repertoire grafischer Mittel, die die gängige Zeitungs- und Magazingestaltung überboten, parodierten, unterliefen oder in offensivem Dilettantismus schlichtweg ignorierten: wild wuchernde Ornamente, flächige Farbverläufe, Bildzitate jeder Art, Collagen, Karikaturen, Comics, Popgrafiken, Drogenzeichnungen, frei – ohne gestalterisches Raster – auf der Seite platzierte Texte in Druck- und Maschinenschrift, handschriftliche Einfügungen und Rahmen, Porno-Fotos, Elemente von Agitprop und konkreter Poesie usw. (vgl. Kaplan 2013). Möglich geworden war diese – durchaus auf Überforderung zielende – Gestaltung durch die Verbreitung günstigen Offset-Drucks Mitte der 1960er Jahre (vgl. Ludovico 2012, 41–43), aber natürlich ebenso durch eine psychedelische Ästhetik, die jedes konventionelle, eingeübte Wahrnehmungs-, also auch Ordnungs- und Gestaltungsmuster auf- und ablösen wollte (und wiederum schleunigst neue Gestaltungsmuster und -klischees entwickelte, die zum Kennzeichen der Gegenkultur wurden; vgl. Grunenberg 2005; Hathaway und Nadel 2011). Der „extravagante Neo-Jugendstil" von Zeitschriften wie *San Francisco Oracle*, *Other Scenes*, *international times* und *Oz* trat neben die, oft auch an die Stelle der „schludrigen Mimeos", die vor allem im New York der späten 1950er, frühen 1960er den literarischen „Underground" bestimmt hatten (Nuttall 1970, 187; vgl. Clay und Phillips 1998; Kane 2003; Sanders 2011; vgl. aber auch Smith und Swanberg 2007 zur Szene von Cleveland). In der BRD wurde, wie Thomas Daum anmerkt, der „Underground"-Begriff zeitweilig auch kleinen, unabhängig produzierenden Verlagen und Zeitschriften angeheftet, „die außer einer sehr vagen ‚Protesthaltung' eines Teils der von ihnen veröffentlichten Texte mit dem politisch-kulturellen Underground nichts verband" (Daum 1981, 75) – nämlich die bibliophilen literarischen, typografischen und grafischen „Pressen" (auch wenn es oft, etwa im Falle von V.O. Stomps' verlegerischen Aktivitäten, lebenslang eine „Bibliophilie der Armut" blieb; Spindler 1988, 8). Umgekehrt erschienen gegenkulturell munitionierte Kleinverlage unter betulichen Sammeltiteln wie *Bücher, die man sonst nicht findet* (Neuffer 1970) oder „Mainzer Minipressen-Messe" (vgl. Daum 1981, 77–81). Allerdings entwickelte sich dadurch eine sehr spezifische Mischung aus Elementen kruder Do-it-Yourself-Produkte, bibliophiler Bastelarbeit, Pop- und Underground-Ästhetik, die für die bundesdeutsche Szene charakteristisch wurde.

Nicht zuletzt meint „Underground" ein Netzwerk (und genau dieses Denken prädestinierte Akteure der *counterculture* wie Stewart Brand, den Herausgeber des *Whole Earth Catalog*, bereits Mitte der 1980er ihre Netzwerke im Internet zu spinnen, zur Netzmetapher des „anderen Underground" (Neville 1970, 271). Schon Trocchis Manifest des „unsichtbaren Aufruhrs" formulierte deutlich, dass das Ziel der Künstler, „über die Kontrolle ihrer Ausdrucksmittel verfügen" zu können, nur über neue, selbstbestimmte Institutionen, Kommunikations- und Vertriebswege zu erreichen sein würde (1977, 64). Die Historiker der Gegenkultur verzeichnen eine Vielzahl unabhängiger Institutionen, teils kurz-, teils langlebig: antipsychiatrische Gruppen, Arts Labs, Buchläden, Clubs, Galerien, Festivals, Free Universities, Head Shops, Kinos, Kneipen, Kommunen, Läden für „biologisch-dynamische Lebensmittel", medizinische Versorgung, Piratenradiosender, Release-Gruppen für Drogensüchtige, Straßentheatergruppen usw. Die Underground-Presse vernetzte Aktivisten und lokale Szenen; der Verbund des Underground Press Syndicate und die alternative Nachrichten- und Bildagentur Liberation News Service vernetzten wiederum Underground-Zeitungen und -Zeitschriften. Auch in Deutschland entstanden Vertriebs- und Infodienste, am erfolgreichsten Josef Wintjes' Literarisches Informationszentrum in Bottrop, das ab 1969 das *Ulcus Molle Info* herausgab – schon die erste Ein-Blatt-Ausgabe versprach, Kontakt zu „nonkonformistischen verlagen" herzustellen, sich um „informationssteuerung" zu bemühen, bot „internationale underground-publikationen / porno-material / [...] politische schriften / biografien" an, außerdem eine recht heterogene Mischung deutschsprachiger Zeitschriften, jeweils mit kurzem Kommentar (*Aktion*: „klassenkampf pornofacts links engagiert underground APO-INFO"; *Das Boot*: „für grossväter und konservative und eichendorff-fans"; *Hotcha*: „echte underground-aufmachung – international orientiert" usw.; Wintjes und Gehret 1979, 9; vgl. auch Daum 1981, 81–88; Schwanhäußer 2002). Wintjes war zudem bemüht, die Selbstverständnisdiskussion der „Alternativpressen"-Akteure voranzutreiben, die sich – wenn auch mit schwindendem politischen Furor – bis in die 1980er Jahre zog (vgl. die Sammlung von Emig et al. 1980, sowie überblickend Engel und Schmitt 1974; Hübsch 1980; Daum 1981). Sie kreiste – manchmal larmoyant, meist polemisch – um wiederkehrende Themen (nämlich um Bedeutungslosigkeit und Beliebigkeit, um Distribution, Eitelkeit, Professionalisierung, Selbstkritik, Vernetzung usw.), konnte sich aber auch immer wieder zu revolutionärer Zuversicht aufschwingen. „Unsere Funktion ist eine Avantgarde-Funktion", erklärte z. B. Helmut Loeven 1972: „Wir müssen das Medium Presse revolutionieren, eine neue Art von freier Informationsübermittlung schaffen, die leere, verschleiernde Sprache der bürgerlichen Presse ersetzen durch eine neue, lebendige Sprache. Wir müssen neue Varianten in der Gestaltung, der Drucktechnik, im Vertrieb etc. erschließen." (Loeven 1980, 65) Das Konzept „Underground" wurde dabei oft – explizit oder implizit – verabschiedet, gelegentlich aber auch sehr nachdrücklich bejaht als Soziotop, in dem gewissermaßen unter Laborbedingungen mit der Erweiterung (oder Rückeroberung) von Wirklichkeit experimentiert wurde, wenn auch in einer (nicht immer angenehmen) Nische einer Welt am Abgrund: „akzeptiert die beschränkungen der scene ... sie gehören zu ihrer IDENTITÄT: unsere FREI-heit ist die sensibilisierung des *mangels*." (Afra 1980, 62)

Literaturverzeichnis

Afra, „Vom Bumsen und Wichsen". *Die Alternativpresse. Kontroversen, Polemiken, Dokumente.* Hrsg. von Günther Emig, Peter Engel und Christoph Schubert. Ellwangen: Günther Emig, 1980. 56–62.
Bandel, Jan-Frederik, Lasse Ole Hempel und Theo Janßen. *Palette revisited. Eine Kneipe und ein Roman*. Hamburg: Edition Nautilus, 2005.
Bandel, Jan-Frederik, Annette Gilbert und Tania Prill (Hrsg.). *Unter dem Radar. Underground- und Selbstpublikationen 1965–1975.* Leipzig: Spector Books, 2017.
Bernière, Vincent, und Mariel Primois (Hrsg.). *Sex Press. The Sexual Revolution in the Underground Press 1963–1979.* New York: Abrams, 2012.
Bingel, Horst (Hrsg.). *Literarische Messe 1968. Handpressen, Flugblätter, Zeitschriften der Avantgarde.* Frankfurt am Main: Metopen, 1968.
Bizot, Jean-François (Hrsg.). *Free Press. Underground & Alternative Publications 1965–1975.* New York: Universe Publishing, 2006.
Brand, Stewart (Hrsg.). *Space Colonies.* Harmondsworth u. a.: Penguin, 1977.
Brown, Timothy S. *West Germany and the Global Sixties. The Antiauthoritarian Revolt, 1962–1978.* Cambridge: Cambridge University Press, 2013.
Burroughs, William S. „Akademie 23 – Eine Entwöhnung". *Acid – neue amerikanische Szene.* Hrsg. von Rolf Dieter Brinkmann und Ralf Rainer Rygulla. Darmstadt: März, 1969. 363–367.
Bushoff, Hanns Peter. *Underground Press. Die Untergrundpresse der USA als Bestandteil des New Journalism-Phänomens.* Frankfurt am Main: Peter Lang, 1983.
Campbell, Allan (Hrsg.). *A Life in Pieces. Reflections on Alexander Trocchi.* Edinburgh: Rebel, 1997.
Clay, Steven, und Rodney Phillips. *A Secret Location on the Lower East Side. Adventures in Writing 1960–1980.* New York: Grannary, 1998.
Constant. *Spielen oder töten. Der Aufstand des Homo Ludens.* Übers. von Hans Thom. Bergisch Gladbach: Gustav Lübbe, 1971.
Dammbeck, Lutz. *Das Netz – die Konstruktion des Unabombers.* Hamburg: Edition Nautilus, 2005.
Daum, Thomas. *Die 2. Kultur. Alternativliteratur in der Bundesrepublik.* Mainz: NewLit, 1981.
Diederichsen, Diedrich. *Eigenblutdoping. Selbstverwertung, Künstlerromantik, Partizipation.* Köln: Kiepenheuer & Witsch, 2008.
Diederichsen, Diedrich, und Anselm Franke (Hrsg.). *The Whole Earth. Kalifornien und das Verschwinden des Außen.* Berlin: Sternberg Press, 2013.
Diederichsen, Diedrich, und Juliane Rebentisch. „Die Krone der Schöpfung. Gemeinschaftsvorstellungen von Hippies, Outlaws, Sonnenkindern, Poeten und anderen Urahnen der Gegenkultur". *Die Beute. Politik und Verbrechen* 4 (1995): 32–49.
Emig, Günther, Peter Engel und Christoph Schubert (Hrsg.). *Die Alternativpresse. Kontroversen, Polemiken, Dokumente.* Ellwangen: Günther Emig, 1980.
Engel, Peter, und W. Christian Schmitt. *Klitzekleine Bertelsmänner. Literarisch-publizistische Alternativen 1965–1973.* Hannoversch Münden und Scheden: Gauke, 1974.
Fensch, Thomas. *Alice in Acidland. Lewis Carroll Revisited.* South Brunswick und New York: A.S. Barnes und London: Thomas Yoseloff 1970.
Fichte, Hubert. *Die Palette.* Reinbek bei Hamburg: Rowohlt 1968.
Fiedler, Leslie A. „Die neuen Mutanten". *Acid – neue amerikanische Szene.* Hrsg. von Rolf Dieter Brinkmann und Ralf Rainer Rygulla. Darmstadt: März, 1969. 16–31.

Fiedler, Leslie A. *Die Rückkehr des verschwundenen Amerikaners*. Übers. von Wolfgang Ignée und Michael Stone. Frankfurt am Main: März, 1970.
Fiedler, Leslie A. „Überquert die Grenze, schließt den Graben!" *Mammut. März Texte 1&2. 1969–1984*. Hrsg. von Jörg Schröder. Herbstein: März, 1984. 673–697.
Fountain, Nigel. *Underground. The London Alternative Press 1966–74*. London und New York: Routledge, 1988.
Fuller, Buckminster. *Bedienungsanleitung für das Raumschiff Erde und andere Schriften*. Hrsg. und übers. von Joachim Krausse. Reinbek bei Hamburg: Rowohlt, 1973.
Gaus, Günter. „Im Gespräch mit Rudi Dutschke". *Zu Protokoll*, SWR 3. Dezember 1967.
Gelder, Ken (Hrsg.). *The Subcultures Reader*. Abingdon und New York: Routledge, 2005.
Gelder, Ken. *Subcultures. Cultural Histories and Social Practice*. Abingdon und New York: Routledge, 2007.
Gießmann, Sebastian. *Die Verbundenheit der Dinge. Eine Kulturgeschichte der Netze und Netzwerke*. Berlin: Kadmos, 2014.
Green, Jonathon. *All Dressed Up. The Sixties and the Counterculture*. London: Pimlico, 1999.
Grunenberg, Christoph (Hrsg.). *Summer of Love. Psychedelische Kunst der 60er Jahre*. Ostfildern-Ruit: Hatje Cantz 2005.
Halbach, Robert (Hrsg.). *linkeck. Erste antiautoritäre Zeitung*. Berlin: Karin Kramer, 1987.
Hathaway, Norman, und Dan Nadel (Hrsg.). *Electrical Banana. Masters of Psychedelic Art*. Bologna: Damiani, 2011.
Heath, Joseph, und Andrew Potter. *Konsumrebellen. Der Mythos der Gegenkultur*. Übersetzt von Thomas Laugstien. Berlin: Rogner & Bernhard, 2005.
Hebdige, Dick. „Subculture. Die Bedeutung von Stil". Übers. von Michael Kadereit. *Schocker. Stile und Moden der Subkultur*. Reinbek bei Hamburg: Rowohlt. 1983. 7–120.
Hecken, Thomas. *Gegenkultur und Avantgarde 1950–1970. Situationisten, Beatniks, 68er*. Tübingen: Narr, 2006.
Hedgepeth, William. „Janis Joplin und die neue Sprache". *DIG. Neue Bewußtseinsmodelle*. Hrsg. von Karin Reese. Frankfurt am Main: März, 1970. 26–31.
Hollstein, Walter. *Der Untergrund. Zur Soziologie jugendlicher Protestformen*. Neuwied und Berlin: Luchterhand, 1969.
Hollstein, Walter. *Die Gegengesellschaft. Alternative Lebensformen*. Bonn: Neue Gesellschaft, 1979.
Hübsch, Hadayatullah. *Alternative Öffentlichkeit. Freiräume der Information und Kommunikation*. Frankfurt am Main: S. Fischer, 1980.
Husslein, Uwe. „Kosmische Kuriere aus Köln. Die seltsamen Reisen des Rolf Ulrich Kaiser". *Pop am Rhein*. Hrsg. von Uwe Husslein. Köln: Walther König, 2008. 55–71.
Hutchinson, Roger. *High Sixties. The Summers of Riot & Love*. Edinburgh: Mainstream Publishing, 1992.
Huxley, David. *Nasty Tales. Sex, Drugs, Rock'n'Roll and Violence in British Underground*. Manchester: Critical Vision, 2001.
Kaiser, Rolf-Ulrich (Hrsg.). *Protestfibel. Formen einer neuen Kultur*. Bern, München und Wien: Scherz, 1968.
Kaiser, Rolf-Ulrich. *Underground? Pop? Nein! Gegenkultur! Eine Buchcollage*. Köln und Berlin: Kiepenheuer & Witsch, 1969.
Kane, Daniel. *All Poets Welcome. The Lower East Side Poetry Scene in the 1960s*. Berkeley, Los Angeles und London: University of California Press, 2003.
Kaplan, Geoff (Hrsg.). *Power to the People. The Graphic Design of the Radical Press and the Rise of the Counter-Culture, 1964–1974*. Chicago und London: University of Chicago Press, 2013.

Kerbs, Diethart (Hrsg.). *Die hedonistische Linke. Beiträge zur Subkultur-Debatte*. Neuwied und Berlin: Luchterhand, 1970.
Kerouac, Jack. *Bebop, Bars und weißes Pulver* [*The Subterraneans*]. Übers. von Hans Hermann. Reinbek bei Hamburg: Rowohlt, 2010.
Kirk, Andrew G. *Counterculture Green. The* Whole Earth Catalog *and American Environmentalism*. Lawrence: University Press of Kansas, 2007.
Kreuzer, Helmut. *Die Boheme. Beiträge zu ihrer Beschreibung*. Stuttgart: Metzler, 1968.
Landy, Eugene E. *The Underground Dictionary*. New York: Simon and Schuster, 1971.
Leamer, Lawrence. *The Paper Revolutionaries. The Rise of the Underground Press*. New York: Simon and Schuster, 1972.
Leary, Timothy, und Simon Vinkenoog. *Het ABZ van de psychedelische avant-garde*. Leiden: A.W. Sijthoff, 1972.
Lethen, Helmut. „Fern vom Untergrund". *Zeitschrift für Ideengeschichte* 1.1 (2007): 45–56.
Lewis, Roger. *Outlaws of America. The Underground Press and its Context; Notes on a Cultural Revolution*. Harmondsworth, Baltimore und Victoria: Pelican, 1972.
Lindner, Rolf. „Subkultur. Stichworte zur Wirkungsgeschichte eines Konzepts". *Berliner Blätter* 15 (1997): 5–12.
Loeven, Helmut. „Thesen zur Alternativpresse". *Die Alternativpresse. Kontroversen, Polemiken, Dokumente*. Hrsg. von Günther Emig, Peter Engel und Christoph Schubert. Ellwangen: Günther Emig, 1980. 62–65.
Ludovico, Alessandro. *Post-Digital Print. The Mutation of Publishing since 1894*. Eindhoven: Onomatopee, 2012.
Mailer, Norman. „Der weiße Neger. Vorläufige Anmerkung zum Hipster". *DIG. Neue Bewußtseinsmodelle*. Hrsg. von Karin Reese. Frankfurt am Main: März, 1970. 32–41.
Marcuse, Herbert. *Versuch über die Befreiung*. Übers. von Helmut Reinicke und Alfred Schmidt. Frankfurt am Main: Suhrkamp, 1969.
Markoff, John. *What the Dormouse Said. How the Sixties Counterculture Shaped the Personal Computer Industry*. London: Penguin, 2006.
McMillian, John. *Smoking Typewriters. The Sixties Underground Press and the Rise of Alternative Media in America*. New York: Oxford University Press, 2011.
Nelson, Elizabeth. *The British Counter-Culture, 1966–73. A Study of the Underground Press*. New York: St. Martin's Press, 1989.
Neuffer, Thomas M. (Hrsg.). *Bücher, die man sonst nicht findet*. Katalog zu einer Verkaufsausstellung in der Buchhandlung Konrad Wittwer. Stuttgart 1970.
Neville, Richard. *Play Power. Exploring the International Underground*. London: Jonathan Cape, 1970.
Nuttall, Jeff. *Bomb Culture*. London: Paladin, 1970.
Odier, Daniel. *Der Job. Interview mit William S. Burroughs*. Übers. von Peter Behrens. Köln: Kiepenheuer & Witsch, 1973.
Peck, Abe. *Uncovering the Sixties. The Life and Times of the Underground Press*. New York: Pantheon, 1985.
Pieper, Werner. „Kaiser Schmarrn süß/sauer. Von der Suche nach einem schmählich Vergessenen: Rolf-Ulrich Kaiser". *Alles schien möglich ... 60 Sechziger über die 60er Jahre und was aus ihnen wurde*. Hrsg. von Werner Pieper. Löhrbach: The Grüne Kraft 2007. 50–55.
Pike, David L. *Metropolis on the Styx. The Underworlds of Modern Urban Culture, 1800–2001*. Ithaca und London: Cornell University Press, 2007.

Reichardt, Sven. *Authentizität und Gemeinschaft. Linksalternatives Leben in den siebziger und frühen achtziger Jahren*. Berlin: Suhrkamp, 2014.

Reichardt, Sven, und Detlef Siegfried (Hrsg.). *Das alternative Milieu. Antibürgerlicher Lebensstil und linke Politik in der Bundesrepublik Deutschland und Europa 1968–1983*. Göttingen: Wallstein, 2010.

Rosenkranz, Patrick. *Rebel Visions. The Underground Comix Revolution 1963–1975*. Seattle: Fantagraphics, 2002.

Roszak, Theodore. *Gegenkultur. Gedanken über die technokratische Gesellschaft und die Opposition der Jugend*. Übers. von G.E. Ottmer und G. Kopper. Düsseldorf und Wien: Econ, 1971.

Roszak, Theodore. *From Sartori to Silicon Valley. San Francisco and the American Counterculture*. San Francisco: Don't Call It Frisco Press, 1986.

rotaprint 25 (Hrsg.). *agit 883. Revolte Underground in Westberlin 1969–1972*. Hamburg und Berlin: Assoziation A 2006.

Rygulla, Ralf-Rainer (Hrsg.). *Underground Poems / Untergrund Gedichte. Letzte amerikanische Lyrik*. Berlin: Oberbaumpresse, 1967.

Salzinger, Helmut. *Jonas Überohr – live. Kritische Ausschweifungen über Kultur und Krebs*. Hamburg: Sounds, 1976.

Sanders, Ed. *Fug You. An Informal History of the Peace Eye Bookstore, the Fuck You Press, the Fugs, and Counterculture in the Lower East Side*. Boston: Da Capo Press, 2011.

Schroeder, Thomas. „That's Underground. Phallout aus dem Underground. Sogenannte Undergroundpresse anderswo und hier". *song – deutsche Underground-Zeitschrift* 8 (1968): 8–11.

Schwanhäußer, Anja. *Stilrevolte Underground. Die Alternativkultur als Agent der Postmoderne*. Münster, Hamburg, Berlin und London: LIT, 2002.

Schwanhäußer, Anja. *Kosmonauten des Underground. Ethnografie einer Berliner Szene*. Frankfurt am Main: Campus, 2010.

Schwendter, Rolf. *Theorie der Subkultur*. Köln: Kiepenheuer & Witsch, 1971.

Seeßlen, Georg. „Replay Underground. 13 knappe Anmerkungen zu einem verloren gehenden Zustand des Verlorengehens". *Opak. Wir müssen reden* 8 (2011): 14–17.

Siegfried, Detlef. *Time Is on My Side. Konsum und Politik in der westdeutschen Jugendkultur der 60er Jahre*. Göttingen: Wallstein, 2006.

Smith, Larry, und Ingrid Swanberg (Hrsg.). *d.a. levy & the mimeograph revolution*. Huron: Bottom Dog Press, 2007.

Spindler, Albert. *Typen. Pressendrucke des deutschen Sprachraums seit 1945*. Gifkendorf: Merlin, 1988.

Stahl, Enno. *Diskurspogo. Über Literatur und Gesellschaft*. Berlin: Verbrecher, 2013.

Stewart, Sean (Hrsg.). *On the Ground. An Illustrated Anecdotal History of the Sixties Underground Press in the US*. Oakland: PM Press, 2011.

Trilling, Lionel. *Das Ende der Aufrichtigkeit*. Übers. von Henning Ritter. München: Hanser, 1980.

Trocchi, Alexander. „Technik des Weltcoups". *Situationistische Internationale 1958–1969. Gesammelte Ausgabe des Organs der Situationistischen Internationale Band 2*. Übers. von Pierre Gallissaires. Hamburg: Edition Nautilus, 1977. 59–68.

Turner, Fred. *From Counterculture to Cyberculture. Stewart Brand, the Whole Earth Network and the Rise of Digital Utopianism*. Chicago und London: Chicago University Press, 2006.

Van Ess, Richard. *Der Underground war amerikanisch. Vorbilder für die deutsche Undergroundpresse*. Tübingen: Tübinger Vereinigung für Volkskunde, 2018.

Whiteley, Gillian. „Sewing the ‚subversive thread of imagination': Jeff Nuttall, Bomb Culture and the radical potential of affect". *The Sixties. A Journal of History, Politics and Culture* 4.2 (2011): 109–133.

Wigley, Mark. *Constant's New Babylon. The Hyper-Architecture of Desire*. Rotterdam: 010 Publishers, 1998.

Williams, Rosalind. *Notes on the Underground. An Essay on Technology, Society, and the Imagination*. Cambridge und London: MIT Press, 2008.

Wintjes, Josef, und Jens Gehret (Hrsg.). *Ulcus Molle Info-Dienst, Jahrgänge 1969–1974*. Amsterdam: Azid Presse, 1979.

3.10 Text-Bild-Strategien in Pop-Texten der 1960er Jahre

Brigitte Weingart

1. Bastarde

Den kulturellen Praktiken, die in den 1960er Jahren mit dem Etikett ‚Pop' versehen wurden, ist die Tendenz zur Grenzüberschreitung programmatisch eingeschrieben – darüber sind sich sowohl Kritiker/innen wie Fans des Phänomens einig. Seitdem gilt Pop als ein kultureller Schauplatz, an dem die Durchlässigkeit von High-Low-Unterscheidungen und damit der Grenzen des ‚guten Geschmacks', von geografischen und ethnischen Grenzen (zumindest *innerhalb* des westlichen und kapitalistischen Teils der Welt) und nicht zuletzt von Mediengrenzen zu beobachten ist (vgl. Diederichsen 1996). Zum Selbstverständnis der entsprechenden Autor/innen, Künstler/innen und Musiker/innen gehört, dass gerade auch die so genannten Massenmedien nicht als jenes Andere von Literatur und Kunst gelten, als welches sie in der autonomieästhetischen Tradition bis in ihre modernistischen Weiterführungen hinein häufig dargestellt wurden (vgl. Huyssen 1986; Mitchell 1994). Pop-Texte (im Sinne eines medienübergreifenden Text-Begriffs, der nicht auf literarische oder künstlerische Zusammenhänge zu begrenzen ist) halten sich weder an kulturelle noch an mediale Reinheitsgebote – Medienkonkurrenzen werden zwar nicht ignoriert, aber integriert.

Die Resultate solcher Medienmischungen hat Marshall McLuhan, seinerseits häufig als ‚Pop-Denker' bezeichnet bzw. diffamiert (vgl. Young 1968), als Hybride, „hybrids", bezeichnet – in der deutschen Übersetzung sind daraus „Bastarde" geworden (McLuhan 1995 [1964], 84–95; vgl. Weingart 2003). Diese Übertragung ist symptomatisch, können doch auch die gelegentlichen Romantisierungen und Aneignungen des Bastards als schillerndem Mischwesen kaum darüber hinwegtäuschen, dass man es hier biologisch wie juridisch seit jeher mit einem Problemkind zu tun hat. „Bastard" kommt aus dem Altfranzösischen, wo das Wort den rechtmäßig anerkannten, außerehelichen Sohn eines Adeligen und einer nicht mit ihm verheirateten Frau bezeichnete. Die Rechtmäßigkeit ist ihm in der deutschen Aneignung im 13. Jahrhundert abhanden gekommen; „Bastard" steht hier für das uneheliche Kind und den Mischling (vgl. etwa Kluge 1995, 84). Heute ist das Wort, außer als Schimpfwort, das im Pop-Kontext vor allem unter Hip-Hoppern beliebt ist, vor allem im biologischen Sinne für durch Arten- oder Rassenkreuzung entstandene Pflanzen und Tiere gebräuchlich; hier wird „Bastard" tatsächlich, wie in der Übersetzung von McLuhans Text vorausgesetzt, als Synonym für ‚Hybride' verwendet.

Dass auch die ‚Bastardierung' von Text (bzw. von Schrift) und Bild zu ungeklärten familiären Verhältnissen führt, zeichnet sich bereits im Problem der disziplinären Zuständigkeit ab, die im Fall von Text-Bild-Hybriden zumeist zugunsten der primären Sozialisation der Autor/innen bzw. Künstler/innen entschieden wird. Damit wird häufig nicht nur eine Redomestizierung jener Grenzüberschreitung vollzogen, welche die entsprechenden Experimente ins Werk setzen, sondern auch ihren Urhebern ein unzutreffender Purismus (um nicht zu sagen: eine Reinrassigkeit) unterstellt. Rolf Dieter Brinkmann zum Beispiel, an dessen Text-Bild-Experimenten strukturelle Merkmale von Pop-Texten deutlich sichtbar werden, ist dann in erster Linie Schriftsteller, während Andy Warhol als Bildkünstler (nämlich Bilder- und Filmemacher) klassifiziert wird. Und in beiden Fällen führt dies dazu, dass bestimmte Teile des Werks tendenziell unterbelichtet bleiben – das gilt für die Verwendung von Bildzitaten und Fotografien in den Büchern Brinkmanns ebenso wie für „Literary Warhol" (Rose 1989). Bei einem in verschiedenen Medien und Institutionen tätigen Künstler ohne eindeutige Herkunft im Kunst-, Literatur- oder Musikbetrieb wie Ferdinand Kriwet zeigt sich, dass Bastarde riskieren, durch die disziplinären Raster hindurch zu fallen: Obwohl seine Text-Bild-Bücher wie *Apollo Amerika* (über die Mondlandung, 1969), das dreibändige Bild-Lexikon *Stars* (1971), seine Piktogramme und Zeichen-Bücher (*Com.Mix*, 1970) ebenso wie seine experimentellen Sound-Collagen gerade in den 1960er und 70er Jahren ebenso erfolg- wie einflussreich waren, ist die akademische Beschäftigung mit Kriwets Seh- und Hörtexten nach wie vor die Ausnahme (vgl. Weingart 2015). Dabei lässt die Unübersehbarkeit von multimedialen Artefakten in der Gegenwartskultur nur eine sehr viel ältere Situation in den Blick geraten. In einem Aufsatz über den „interdisziplinären *Inside-out*-Effekt" unterstreicht W.J.T. Mitchell, der in anderen Texten die These vertritt: „All media are mixed media", dass die Notwendigkeit einer Beschäftigung mit Fragen medial produzierter Sichtbarkeit auch in der Literaturwissenschaft „seit jeher" gegeben ist: „Die Literaturgeschichte war notwendigerweise seit jeher mehr als die Geschichte literarischer Kunstwerke. Sie mußte sich immer schon dem ganzen Feld der Sprache und des sprachlichen Ausdrucks widmen, weil dort das gesamte Sensorium, namentlich das visuelle, zum Tragen kommt. [...] Kurzum, es gibt keine Möglichkeit, Visualität und visuelle Bilder aus dem Studium der Sprache und Literatur herauszuhalten. Die Visual Culture ist sowohl die Außengrenze als auch das *schwarze Loch* innerhalb der verbalen Kultur." (Mitchell 2003, 45–46)

Das Stichwort des Bastards, das McLuhan für „mixed media" veranschlagt, kann aber auch deshalb als symptomatisch gelten, weil sein etymologisches Echo nicht mit einer Feier von Hybridisierung in Einklang zu bringen ist, welche die

Machtverhältnisse und Rechtsstreitigkeiten nicht nur innerhalb wissenschaftlicher Disziplinen, sondern auch innerhalb der medialen Zusammenhänge selbst ausblendet. So erweist sich, mit Blick auf die im Kontext von Pop seit den 1960er Jahren entstandenen Schrift-Bild-Experimente, das diskursiv-visuelle Feld als komplizierter, als es die Emphasen der Grenzüberschreitung und Schlagworte wie Mixed Media, Intermedia (Matthaei 1972) oder Crossover (Bianchi 1996) darstellen. Gerade am Beispiel von Brinkmanns Schrift-Bild-Verfahren lässt sich zeigen, dass die Hybridisierung zwar einerseits ermuntert, die Schriften als Bild und die Bilder als Schrift in den Blick zu nehmen und so jenem schillernden Effekt zuarbeitet, der auch den biologischen Bastarden gelegentlich zugute gehalten wird. Andererseits setzen diese Experimente häufig starke Identitätsannahmen für die beteiligten Einzelmedien voraus oder bestätigen sie durch eine hochgradig topische Verwendungsweise (etwa indem die Schrift für Intellektualität, das Bild hingegen als Garant von Massentauglichkeit einsteht, um nur eine der gängigsten Zuschreibungen zu erwähnen).

Viele von Brinkmanns Texten weisen sich dezidiert als Bestandteil visueller Kultur aus. Das gilt nicht nur für die Arbeiten seiner Pop-Phase von Mitte bis Ende der 1960er Jahre, sondern auch für die (posthum erschienenen) Materialienbücher *Schnitte* und *Erkundungen für die Präzisierung des Gefühls für einen Aufstand* sowie für das Reisetagebuch *Rom, Blicke*, die nach der nahezu angeekelten Abwendung von seinen eigenen und anderen Pop-Produktionen entstanden. Die Formulierungen, mit denen Brinkmann in *Rom, Blicke* retrospektiv seinen damaligen Arbeitszusammenhang beschreibt, werfen ex negativo bereits ein Schlaglicht darauf, dass die Pop-Ästhetik nicht unabhängig von den zeitgleich intensiv diskutierten Fragen der Geschlechter- und Körperpolitik gesehen werden können: „So schaue ich von hier, abseits, auch auf die Kulisse in Köln: wieviele Mißverständnisse hat es in Situationen dort gegeben, die mich betreffen, als ich dort war? Wieviele falsche Ansichten, wieviel unnützes Reden abends, in den Runden dort? Ich muß lachen, wenn ich daran denke – der Schwulen-Hokuspokus, der Pop-Hokuspokus (ich stellte mir darunter etwas sehr anderes vor als wie es sich gezeigt hat in den Auswirkungen, das betrifft auch meine Publikationen zu der Zeit – es hat mich ungeheuer erschreckt, als ich sah, welche Typen meine Bücher unterm Arm oder bei sich liegen hatten – jetzt, da ich es sagen kann, ist es mir gleichgültig – damals wollte ich etwas damit, doch nicht den Abfall erreichen, die halben verstümmelten Kerle, die sich modern gaben, – bedenke das auch, wenn Du etwas an den Sachen schön findest –" (Brinkmann 1979, 325).

Damit ist klar, was es zu ‚bedenken' gilt, wenn man diesen nachträglich verfemten Teil von Brinkmanns eigener Arbeit in den Blick nimmt. Dabei wird auch der harte Bruch in der Konstruktion dieses Werkzusammenhangs, bei der die meisten Kommentator/innen (mit durchaus guten Gründen) den Anweisungen des Autors selbst folgen, durch die vorliegenden Beobachtungen möglicherweise etwas abgemildert. Denn gerade mit Blick auf Brinkmanns Pop-inspirierte Experimente mit Bildern erweist sich die Glorifizierung von Pop zumindest teilweise als dialektisches Gegenstück zur späteren Verdammung.

Gerade die Texte Brinkmanns, die seinen Ruf als Urvater der deutschen Pop-Literatur mitbegründen, führen vor Augen, dass das Zitieren von vorgefundenen, ‚low' codierten Bildern im Rahmen von Literatur (und zwar mitunter ganz buchstäblich: umrahmt von Schrift), obwohl explizit als Gegenstrategie intendiert, immer auch eine Komplizenschaft zum literarischen ‚Bilderverbot' beinhaltet. Der Einschluss des Ausgeschlossenen, der als solcher auf sich aufmerksam machen will (schließlich ist er ‚originell'), bedarf der spezifischen Zurichtung des Bildes, damit es diese Rolle erfüllen kann. Damit stellt sich die Frage, inwiefern solche Verfahren der zusätzlichen Trivialisierung und Stereotypisierung auch am literarischen *othering* des Bildes beteiligt sind, wie der Umgang mit Pin Ups und dem Topos der ‚Frau als Bild' deutlich macht.

Darüber hinaus ist zu berücksichtigen, auf welche Weise solche sub- und gegenkulturellen Text-Bild-Strategien auf ihren eigenen Erfolg reagieren, also auf die Folgeprobleme einer beschleunigten Kanonisierung (negativ gewendet: Vereinnahmung, Unoriginalität). Um diese zu lösen, wird teilweise wiederum auf Schemata von Inklusion und Exklusion zurückgegriffen; hier lassen sich Hierarchisierungsprozesse beobachten, die die mediale Differenz als Differenz spezifischer Stilistiken ausstellen und die anfallenden Selektionsprobleme über „visuelle Idiome" steuern (vgl. Hebdige 1988). Die Unterscheidung ‚in/out' ist also nicht nur mit Bezug auf die Ein- und Ausschlussgesten zu veranschlagen, die den Bildumgang in Pop-Texten steuern. Ihr Prozessieren (bzw. ihr Wiedereintritt) ist auch innerhalb des Feldes in den Blick zu nehmen, das sie konstituiert und das Kanonisierung dezidiert als Mode, als Ergebnis von Trendbewusstsein, verzeitlicht. Das zeigt sich nicht nur an der programmatischen Gegenwartsnähe von Pop-Praktiken (vgl. Schumacher 2003; Baßler 2002), sondern auch an den exklusiven Gesten, mit denen sie sich von jenem (‚nur') Populären abgrenzen, von denen Pop als dynamische Kommunikationskultur gleichzeitig ‚lebt' – ein nicht zufällig gewählter Begriff, da die Emphase des ‚Lebens' wiederum in der Abgrenzung vom Feindbild ‚toter' (Hoch-) Kultur beschworen wird (vgl. Banham 1996 [1963]).

2. Schrift vs. Bild

Warum wird nun ausgerechnet die Schnittstelle von Pop und Literatur in den 1960er Jahren zum Schauplatz kultureller Aushandlungen, bei denen die mediale Differenz von Schrift und Bild auf dem Spiel steht? Um die Einsätze zu verstehen, die mit den konkreten Text-Bild-Verfahren Brinkmanns und anderer zeitgleich aktiver Pop-Autor/innen auf dem Spiel stehen, ist zunächst ihr weiterer kultureller Kontext zumindest skizzenhaft bzw. exemplarisch zu rekonstruieren. Die Situation einer Medienkonkurrenz stellt sich in den 1960er Jahren für die Literatur, als Schriftmedium par excellence, zwar nicht als völlig neu dar – man denke nur an das Horazsche Diktum *Ut pictura poiesis*, an die traditions- und folgenreiche Laokoon-Debatte, an Theorie und Praxis der Ekphrasis und an die poetologischen Reflexionen über sprachliche Anschaulichkeit (vgl. Benthien und Weingart 2014). In Anbetracht der rasanten Multiplikation und globalen Verbreitung vornehmlich visueller Medien wie Film, Fernsehen und Printmedien lässt sich diese Konkurrenz aber kaum noch ignorieren. Während ein Reaktionsmuster in der – modernistisch bewährten – Abstinenz oder der phobischen Abwehr besteht, setzen Pop-Strategien häufig bei genau diesem Ausschluss an. Mit der Verwendung insbesondere von vorgefundenen Bildern aus Film und Fernsehen, Werbung, Comics, Illustrierten und Pornoheften weisen die entsprechenden Texte ihre Herkunft in der bildmedial geprägten Massenkultur aus. Sie signalisieren damit nicht nur Aktualität und Gegenwartsnähe, sondern auch die Weigerung, als kulturelitär und überholt erachtete Distinktionen wie Einmaligkeit, individuelle Autorschaft oder überzeitliche Gültigkeit fortzuschreiben. Dabei können sich Verfahren, die Bilder als Pop-Signale einsetzen, auf die traditionell zuverlässige Unterscheidung von intuitiv erfahrbarem und unmittelbar plausiblem, schon aufgrund seiner Adressierungsweise ‚massenmedialem' Bild vs. rational zu erarbeitender, ‚intellektueller' Schrift verlassen.

Dass dieses Paradigma weit über die 1960er Jahre hinaus Verwendung findet, sei in einem kurzen Exkurs am Beispiel eines Kulturtheoretikers erläutert, der der kulturpessimistischen Denunziation von Massenkultur eigentlich unverdächtig ist, steht er doch selbst (als Bestsellerautor und Populärkultur-Forscher) in gewisser Weise für eine ‚Verpoppung' von *academia* ein, nämlich Umberto Eco. In einem Interview mit Elisabeth Schemla äußert sich Eco ablehnend zur „manichäische[n] Haltung der falschen Intellektuellen [..], für die die Schrift das Gute und das Bild das Schlechte ist; erstere die Kultur, letzteres die große Leere". Bezeichnend ist allerdings, dass Eco in seiner Verteidigung des Bildes daran erinnert, „daß das Bild Leonardo da Vinci oder Raffael war oder ist" (Eco und Schemla 1992, 140). Diese Referenz auf den malerischen Kanon überführt den Kulturkritik-Kritiker Eco, der hier seinerseits als jener Typus des ‚Aufklärers im Medienzeitalter' in

Erscheinung tritt, welcher den kulturkritischen Diskurs gleichzeitig verwirft und auf einer anderen Ebene bedient, einer recht traditionellen Haltung – ein Verdacht, den der weitere Verlauf des Gesprächs untermauert. Zwar widersteht Eco den (in der Regel medienwirksamen) Verlockungen eines naiv-apokalyptischen Diskurses, der den Untergang des Buchs beschwört, spielt aber das ‚gute Bild' gegen das schlechte aus.

Mit Blick auf seine Beispiele aber – Leonardo, Raffael – könnte man auch zu einer im Pop-Sinne ‚starken' Lesart seines Statements gelangen, denn was da als *high* fungiert, hat die Grenze zu den niederen Gefilden der Massenkultur und Serienproduktion längst passiert: Leonardo ist schließlich Schöpfer der x-fach reproduzierten Pop-Ikone Mona Lisa, und Warhols 6×5 beinahe identische Reproduktionen haben 1963 auf den Nenner gebracht, was es mit der Einzigartigkeit im Zeitalter der technischen Reproduzierbarkeit noch auf sich hat: „Thirty are better than one." (Warhol 1989 [1963])

Selbst mit Verfahren der Serialisierung zielen Pop-Praktiken jedoch nicht notwendig auf eine Entleerung der Bilder, wie gerade Warhols Siebdruck-Reihen verdeutlichen, auch wenn sie immer wieder so gelesen werden, obwohl sie doch die reproduktive Abweichung als produktive Variation feiern (vgl. im Anschluss an Jacques Derrida Weingart 2004). Sie bestehen vielmehr auf der Möglichkeit der Aneignung und der grundsätzlichen Zitierfähigkeit auch solcher Elemente des kulturellen Archivs, die – wie immer präsent sie sein mögen – bislang kaum als solche in den Blick geraten sind. Das gilt nicht nur für die inzwischen als Pop-Signale sprichwörtlichen Campbell-Suppendosen und Brillo-Boxen, sondern auf einem Umweg auch für die natürlich längst kanonisierte und zum Inbegriff des Kanonischen avancierte *Mona Lisa* Leonardos. Denn Warhols Arbeit rückt sie weniger in ihrer Einzigartigkeit, sondern vielmehr als bereits x-fach reproduzierte Ikone in den Blick, als Postkarten-Mona Lisa. Um nicht zu sagen: als Pin Up-Mona Lisa, denn durch das Verfahren der Serialisierung wird sie im Kontext anderer Arbeiten Warhols am ‚Bild der Frau' auf derselben visuellen Ebene platziert wie etwa Marilyn Monroe.

Als Import von visueller Alltagskultur in die Domäne der hohen Kunst ist der zentrale Einsatz von Pop Art nur unzureichend beschrieben – die Pointe besteht vielmehr darin, diese Inklusion als konstitutives Verfahren des Kunstsystems in den Blick zu rücken. Denn dieses wird nicht durch die Hervorbringung von (absolut) Neuem in Gang gehalten, sondern durch Umwälzungen des kulturellen Archivs, die bislang brachliegenden oder latenten Beständen zur Sichtbarkeit verhelfen. Deshalb spricht auch die Erfolgsgeschichte von Pop Art – ihre eigene Situierung im Kunstsystem und ihre Kanonisierung – keineswegs gegen sie, sondern ist Teil des Coups, den sie landen konnte. Das gilt grosso modo auch für die Pop-*Literatur*, und zwar an diesem Punkt noch unabhängig von der Tatsache, ob sie mit Bildzitaten arbeitet oder sich auf rein textueller Ebene an der Transformation und Weiterverwertung (sub-)kultureller Bestände beteiligt (vgl. Schäfer 1998; Baßler 2002).

Deshalb wäre es letztlich auch kurzschlüssig zu behaupten, dass Warhols Mona Lisas die Unterscheidung von guten und schlechten Bildern, die Eco implizit vornimmt, außer Kraft setzt oder mit einer bloßen Demokratisierung der Bilder kontert. Dass diese im Fall der Mona Lisa längst stattgefunden hat, schafft vielmehr den spezifischen Kontext neuer Aneignungen, die diese Rezeptionsgeschichte wiederum in Form von (,guten') Bildern weiterschreiben. Gerade weil der Wechsel der Perspektive ermöglicht, das Feld des Populären zugunsten eines spezifischeren Pop-Blicks wieder zu verengen, gehören die Verschiebung des Rahmens (etwa zugunsten des aufgeblasenen Details), Paratexte (sloganhafte Bildtitel) und Re-Kontextualisierungen (sei es in Form von Collagen oder eines Transfers von Objekten aus der Alltags- in die Kunstwelt, für die Marcel Duchamps *Ready-mades* die Heldenfolie abgeben) in der Pop Art zum festen Vokabular. Als solches wiederum auch findet es auch Eingang in die Pop-Experimente, die innerhalb des Bezugssystems Literatur entstehen, insofern diese ,materiale' (im Unterschied etwa zu mentalen) Bilder integrieren.

Die Umwälzung des kulturellen Archivs erweist sich im Pop also nicht nur als Erweiterung, sondern auch als Traditionsbezug, der – wie man heute besser weiß – mit „Antikunst" unzutreffend verschlagwortet wurde (vgl. Barthes 1990 [1980]). Wenn Marcel Duchamp, seinerseits häufig als Vater des Pop gehandelt, in seiner Arbeit „L.H.O.O.Q." (1919) Leonardos Mona Lisa mit einem daliesken Schnurrbart versieht, sind die Anklänge an pennälerhafte Ausdrucksweisen der Respektlosigkeit gegenüber Klassikern zwar offensichtlich. Darüber hinaus wird Mona Lisa aber einer ,Bastardierung' unterzogen, die ihr vielsagendes Lächeln in einen anderen Blick rückt: Die Bildunterschrift „L.H.O.O.Q.", die auch als Titel fungiert, liest sich auf französisch homophon zu „Elle a chaud au cul". Damit wird nun in der Tat eine alternative Lesart des rätselhaften Gesichtsausdrucks angeboten, die sich gleichzeitig als Kommentar erweist zur topischen Gegenüberstellung vom Bild als Ort der Polysemie und der Sprache als Medium der Erläuterung, die selbst keiner weitreichenden Interpretation bedarf.

Roland Barthes hat die Funktion von Bildlegenden in der Pressefotografie als Verankerung (*ancrage*) beschrieben, die die Vieldeutigkeit des Bildes begrenzt und festschreibt, was genau es zu sehen geben soll (vgl. Barthes 1990 [1964], 34–35). Dieses Schema, das bereits in der frühneuzeitlichen Emblematik als Trias von *pictura* und *subscriptio* sowie einer übergeordneten *inscriptio* etabliert wurde und derzeit außer in der Pressefotografie hauptsächlich in der Werbung und in Internet-Memes verwendet wird, ist so stabil, dass es die Rezeption von Text-Bild-Kombinationen auch dann noch steuert, wenn deutlich von ihm abgewichen wird. Anders formuliert: Erst nachdem die Möglichkeit, den Text als Auskunft über das Bild bzw. das Bild als Illustration des Texts zu lesen, angetestet wurde, gerieten andere Möglichkeiten der bimedialen Interaktion (als Abweichung) in den Blick. Mit dieser Konvention arbeitet Duchamp, wenn er das Rätsel des Lächelns der Mona Lisa auf seine Weise ‚löst'. Mittels Bildtitel parodiert er nicht nur die Zuschreibung eines semantischen Überschusses des Bildes, das ja angeblich mehr sagt als tausend Worte und das bereits durch das pubertäre ‚Transgendering' als banalisiert erscheint. Sondern er hält dieser Bildauffassung die Rätselhaftigkeit einer Schrift entgegen, die sich nur nach dem medialen Wechsel zum lauten Lesen erschließt und die Betrachter/innen selbst dann nur mit einer burlesken Variante von Verankerung belohnt. Liest man allerdings den Hinweis auf, vornehm formuliert, die Temperatur ihres Unterleibs als Symptom einer Sexualisierung, so geraten die affektiven Besetzungen der Mona Lisa als *dem* ‚Bild von einer Frau' in den Blick. Als solches inkarniert es wie so viele Bilder von Frauen einerseits den Topos der Frau als Bild (rätselhaft, unergründlich, sphinxhaft), andererseits die Konnotation von Bildern als solchen als ‚weiblich'. Beide Projektionsebenen werden jedoch durch den Schnurrbart empfindlich gestört.

3. The book ... is an extension of the eye

Die Dichotomisierung von Massenbild versus intellektueller Schrift, die Eco zitiert und unterschwellig perpetuiert, war in den 1960er Jahren noch hinreichend intakt, um eine Gegenfolie zu bilden, vor der ihre Durchkreuzung und Verwicklung unternommen wurde. Das verdeutlichen ein Pop-Text, an dem McLuhan maßgeblich beteiligt war, und die Reaktionen, die er ausgelöst hat. Gemeinsam mit dem Grafikdesigner Quentin Fiore hat auch McLuhan selbst einige „Bastarde" in die Welt gesetzt. 1967 erschien ein Buch, dessen Titel seinen Slogan „The medium is the message" variiert, für den er bis heute berühmt ist: *The Medium is the massage* (McLuhan und Fiore 1996 [1967]). Beide Formulierungen treffen zumindest auf den Medienstatus zu, den das Buch programmatisch avisiert: Als Schrift-Bild-Hybrid (vgl. Lupton und Miller 1999, 92) trägt es McLuhans These Rechnung, die elektronischen Medien hätten eine Umprogrammierung der Sinne zur Folge, eine Umstellung vom Visuellen zum Taktilen. Bei dieser Wahrnehmungsveränderung stehen auch die Register des Sagbaren und des Sichtbaren auf dem Spiel, denn eigensinniger Weise referiert McLuhan, wenn er vom Visuellen spricht, auf die Rezeption von *Schrift*, wobei er sich jedoch ausschließlich auf lineare, phonetische Schriften bezieht. Demgegenüber steht das Taktile nicht allein für den Tastsinn ein, sondern für jene multisensorielle Erfahrung, die auch

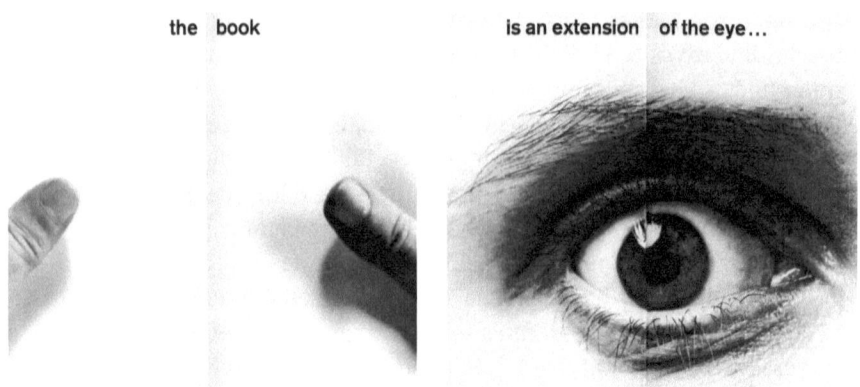

Abb. 1 und 2: Marshall McLuhan und Quentin Fiore. *The Medium is the Massage. An Inventory of Effects* [1967]. Produced by Jerome Agel, San Francisco: Gingko Press 1996, o.Pag. [34–35, 36–37.].

das ‚Abtasten' des *Bildes* – inklusive Bilderschriften (Ideo- oder Piktogramme, zum Beispiel Hieroglyphen) – umfasst (vgl. Weingart 2003, 82–88). Demnach bewirkt die Kombination von Schrift und Bild ein Zusammenspiel der Sinne, das den Leser/Betrachter günstigstenfalls ‚ganzheitlich' involviert – eine Wirkung, die McLuhan etwa dem Fernsehen als „taktilem" Medium zuspricht.

McLuhans Diagnose liefert also durchaus eine frühzeitige Version dessen, was später als ‚pictorial turn' (Mitchell) ausgerufen wurde (obwohl McLuhan konsequenterweise von einem ‚tactile turn' hätte sprechen müssen). Und obwohl sie ihrerseits mit einer zunächst brachial wirkenden Mediendifferenz arbeitet, bietet sie durchaus Möglichkeiten für alternative Perspektiven, insbesondere für die Fokussierung der *bildlichen* Seite der Schrift.

The medium is the message: Eine Botschaft dieses Buches wäre also das Buch selbst, das als „Erweiterung des Auges" nachdrücklich auf seine optische Seite aufmerksam macht – nicht zuletzt, indem es zurückguckt. Es thematisiert sich aber auch in einer – tendenziell tautologischen – Gebrauchsanweisung, die seinen Eigenschaften als Objekt bzw. als *corpus* gilt, und zwar unter anderem dadurch, dass man es bei der Lektüre gelegentlich umdrehen muss. Die Botschaft ist also nicht nur inhaltliche „message", sondern auch sinnliche *Massage*, günstigstenfalls. Doch selbst wenn man die diesbezüglichen Möglichkeiten eines Buches per se für begrenzt hält, wird man *The Medium is the Massage* kaum des performativen Widerspruchs bezichtigen können.

Bezichtigt wurden die beiden Kollaborateure, der retrospektiven Darstellung Fiores zufolge, jedoch anderer Fehlleistungen, obwohl (oder gerade weil) das Buch sich sehr gut verkaufte: Der „industry of the word" enthielt es zu wenig

Wörter, um Seriosität zu beanspruchen, während „designers with a highly developed moralistic sense" befanden, es sei „manipulative" (zit. nach Lupton und Miller 1999, 95). Fiores Beschreibungen sowohl der positiven wie der negativen Reaktionen sind aufschlussreich für die kulturelle Situation, in der *The Medium is the Massage* veröffentlicht wurde. Fans des Buches wussten gerade seine sinnliche Seite, „the feel of the book", zu schätzen: „The images, the feel of the book, summed up their time. It became a graphic expression and an approbation of their feelings and thoughts. Along with the general acceptance of the book, however, there was some hostility: it promoted illiteracy, encouraged drug use, it corrupted the morals of American youth, it was anti-intellectual, and so on." (Lupton und Miller 1999, 95)

Die diversen Aspekte, positiv wie negativ, die Fiores Erinnerungen an die Reaktionen auf *The Medium is the Massage* verzeichnen, sind nicht nur einschlägig für die traditionelle Konzeptualisierung der Mediendifferenz von Schrift und Bild. Darüber hinaus bilden beide Seiten zusammengenommen das Spektrum all der Eigenschaften, die zumindest weite Teile der zeitgleich aktiven Kulturrevolutionäre auch hierzulande für ihre eigenen Texte und Aktionen gerne veranschlagten: sinnlich, anti-intellektuell, jugendgefährdend. Für die Pop-Fraktion, die sich ‚um 68' gegen die zumeist dezidiert Massenmedien-kritischen, „Marx-Zitate" verteilenden „literarischen Rentner" formierte (Brinkmann 1983 [1969], 384), liefern McLuhans praktizierte und propagierte Bastardierungen eine wesentliche Inspirationsquelle. Sie bestätigten die Wahrnehmung der USA als Bildkultur und lieferten damit visuelle Argumente in jenem „taste war" (Hebdige 1988, 120) zwischen Alt-Europa und Amerika, an dem sich unter anderem Rolf Dieter Brinkmann rege beteiligte, und dies nicht erst seit seinem Aufenthalt in den USA Anfang der 1970er Jahre. Durch die Vermittlung seines Freundes und Kollaborateurs Ralf-Rainer Rygulla fand er sowohl für den Import US-amerikanischer Vorbilder wie für die eigenen Pop-Experimente im 1969 von Jörg Schröder gegründeten März-Verlag ein ideales Forum (→ 2.10 HIELSCHER; → 4.4 BANDEL).

Auch wenn die Verlagssituation der 1960er Jahre hier nicht erschöpfend thematisiert werden kann (vgl. hingegen Daub 1981), sei zumindest erwähnt, dass sie einen weiteren relevanten Kontext für die Publikation und Verbreitung von ‚Bastard-Büchern' darstellt, deren grafische Gestaltung für die traditionell mit Literatur befassten Verlage eine beträchtliche Herausforderung darstellte. Dass der März-Verlag zu den experimentierfreudigsten seiner Zeit gehört, gilt sowohl für die Produktion ‚sinnlicher' Bücher wie für den Spagat zwischen Pop und Politik. Die erste Pressemitteilung stellt diese beiden Programmatiken explizit in einen Zusammenhang und annonciert die „Erweiterung bestehender literarischer und politischer Bewusstseinsformen": „Literatur und Politik sind nicht voneinander abzugrenzen, sondern bedingen und ergänzen sich. Das eine ist die

Erweiterung des Anderen." (März-Verlag 1969) Inzwischen ist das März-Markenzeichen, die rote Schrift auf gelbem Untergrund, das sich von den Buchcovern bis in sämtliche Paratexte hinein durchhält, längst selbst als Signal für Pop-Texte etabliert – und als solches auch zitierfähig. Das zeigt das Cover eines Buchs über Pop-Literatur, Johannes Ullmaiers *Von ACID nach ADLON*, das sich seinerseits mit vielen Bildern und O-Tönen als Multimedia-Buch präsentiert, auf den Einband der von Brinkmann und Rygulla herausgegebenen Anthologie *ACID* anspielt und überdies die März-Farben gelb und rot verwendet (Ullmaier 2001). Darüber hinaus kursiert gerade Ende der 1960er Jahre eine Reihe von Büchern ohne expliziten Bildbezug, aber mit einem klaren Bekenntnis zum „visuellen Idiom" von Pop. Auch seitens professioneller Buchgestalter/innen werden diese Tendenzen, die häufig im Kontext von Minipressen entstanden, für ihre typografische „Lebendigkeit" gewürdigt (vgl. Willberg 1985, 52). Dass sich vom Trend zur ‚Bastardierung' auch größere Verlage haben anstecken lassen, zeigt etwa das Beispiel Ferdinand Kriwets, der seine „Sehtexte" bei Suhrkamp und Kiepenheuer & Witsch platzieren konnte (Kriwet 1969; 1971).

Nun ist die Verwendung von Bildern weder in didaktischen Texten, zu denen man auch die politischen Pamphlete noch zählen mag, noch im ausdifferenzierten Genre des Künstlerbuchs ein Novum. Für die Literatur im engeren Sinne, so schwierig sie gerade in jener kulturellen Konstellation der fließenden Übergänge von anderen Produktionen abzugrenzen ist, sieht das anders aus. Mit der Pop-Welle halten hier konkrete, ‚materiale' Bilder Einzug in den Text – und nicht etwa solche aus dem Bereich der Sprachbildlichkeit und der Anschaulichkeit, wie sie in der Literatur als metaphorische Rede immer schon verwendet wurde. Dass Textualität so ausdrücklich mit Visualität (bzw. Taktilität im McLuhanschen Sinne) verknüpft wird, ist Teil der Pop-spezifischen Wahrnehmungsemphase, die paradoxerweise trotz aller Medienversessenheit die Notwendigkeit der Vermittlung im ‚eigenen' Medium gerade außer Kraft zu setzen versucht – zugunsten eines direkten Transfers des Materials ins Buch.

Dass diese Situation Aporien am laufenden Band produziert, erweist sich nur auf den ersten Blick als Nachteil. Auf den zweiten Blick wird deutlich, dass die nahezu kultivierten blinden Flecken die Produktion als solche in Gang halten. Die Auseinandersetzung mit Massenmedien ebenso wie die Reflexion auf das eigene Medium steht letztlich nicht im Widerspruch zum Wunsch nach Unmittelbarkeit und Ereignisemphase, weil sie bei dem Befund ansetzt, dass man ohnehin ‚unmittelbar' von Massenmedien umgeben ist. Das Anliegen, diese Wahrnehmung, die um ihre mediale Prägung weiß, möglichst ‚direkt' ins Buch zu übertragen, führt zu Versuchen, den Text als intermediale Schnittstelle zu gestalten, ihn als eine Oberfläche zu inszenieren, in die sich visuelle und akustische Erlebnisse (Film, Fernsehen, Werbung, Musik, Verkehr etc.) ‚unmittelbar' einschreiben. Dem entspricht, dass sich die Autor/innen häufig zu bloßen Effekten einer urbanen und technologisierten Umwelt stilisieren, zu bloßen Empfängern zirkulierender Zeichen, die sich dem sensibilisierten Blick zu Mythologemen vergrößern.

4. Snap-shot

Kein Wunder, dass für dieses Ideal eine Metapher aus dem Bereich der Fotografie herhalten muss, ist diese doch als ‚Schreiben mit Licht' traditionell eher auf ihre indexikalischen Qualitäten festgelegt worden als auf jene Dimension der Kodifizierung, die das Suffix *graphein* ebenso impliziert (und die mit den Möglichkeiten digitaler Reproduktion rückblickend auch mit Bezug auf die analoge Fotografie stärker in den Blick gerückt ist). 1968 erscheint Brinkmanns Gedichtsammlung *Die Piloten*, die gemeinsam mit dem Gedichtzyklus *Godzilla* (ebenfalls 1968 erschienen) seinen endgültigen Pop-literarischen *Take-off* markiert. Für den Einband von *Die Piloten* hat er selbst eine Collage erstellt, die den dezidierten Pop-Bezug der Texte in ein visuelles Fanal übersetzt: Sie besteht aus einer Vielzahl ausgeschnittener Körperteile und Gestalten – zwischen den Stars, Pin Ups und Freaks finden sich Familienmitglieder und Bekannte Brinkmanns –, die sich mit psychedelischen und Comic-Elementen zu einem flächendeckenden Kaleidoskop addieren. Der Band selbst enthält außer den Gedichten einige Comics, die der Sammlung *C-Comics* des New Yorkers Joe Brainard entnommen sind. In den Gedichten verwendet Brinkmann jedoch noch keine direkten Zitate vorgefundener Bilder (auch wenn er sich im „Gedicht auf einen Lieferwagen u. a." einem solchen Zitat annähert: Die Aufschrift **„Coke** ges. geschützt" auf besagtem Lieferwagen, die via **„USA** ges. gesch." zu **„Wetter** ges. gesch." mutiert und einen parodistischen Kommentar zur zunehmenden ‚Incorporisierung' des Wahrnehmungsfelds abgibt, wird durch starke Vergrößerung und typografische Hervorhebung als textinterner Fremdkörper inszeniert). Die meisten der Gedichte in *Die Piloten* erweisen sich jedoch als „strukturelle Adaptionen" bzw. „Simulationen" visueller Medien, insbesondere der Fotografie (vgl. Hansen-Löve 1983; Schäfer 1998, 179–180).

In seiner einleitenden „Notiz" zu diesem Band beschreibt Brinkmann das Gedicht als „geeignetste *Form* [..], spontan erfaßte Vorgänge und Bewegungen, eine nur in einem Augenblick sich deutlich zeigende Empfindlichkeit konkret als snap-shot festzuhalten." (Brinkmann 1968a, 6; vgl. dazu Schumacher 2003, 84–85) Wenige Sätze nach diesem poetologischen Bekenntnis zu einer bestimmten Form werden Fragen des Stils und der Materialbewältigung als reine Formsache an die „berufsmäßigen Ästheten und Dichterprofis" delegiert, „die ihre

Abb. 3: Rolf Dieter Brinkmann. *Die Piloten*. Köln: Kiepenheuer & Witsch, 1968.

persönlichen Skrupel angesichts der Materialfülle in feinziseliertem Hokuspokus sublimieren" (Brinkmann 1968a, 7). Die formale Aufgabe an den Dichter als Fotografen besteht demnach in einer Entparadoxierung. Die ‚Lösung' dieses Vermittlungsproblems zwischen visueller Erfahrung und Versprachlichung erweist sich günstigstenfalls als Implosion von Material und Kunstwerk – eine Möglichkeit, die Bildende Künstler/innen umgesetzt haben, indem sie zum Beispiel anstelle ihrer Abbilder die Objekte selbst auf der Leinwand platzierten (vgl. dazu Linck 2004), die aber im intermedialen Transfer zwischen Sichtbarem und Sagbarem nur als Tangente zu denken ist.

Was Brinkmanns Herangehensweise allerdings mit ihren Pop-künstlerischen Vorbildern teilt, ist die Tatsache, dass in beiden Fällen das Konzept des Materials die Unterscheidung zwischen den sichtbaren Dingen selbst und ihren medialen Reproduktionen eingeklammert wird: „Es gibt kein anderes Material als das, was allen zugänglich ist und womit jeder alltäglich umgeht, was man aufnimmt, wenn man aus dem Fenster guckt, auf der Straße steht, an einem Schaufenster vorbeigeht, Knöpfe, Knöpfe, was man gebraucht, woran man denkt und sich erinnert, alles ganz gewöhnlich, Filmbilder, Reklamebilder, Sätze aus irgendeiner Lektüre oder aus zurückliegenden Gesprächen, Meinungen, Gefasel, Gefasel, Ketchup, eine Schlagermelodie, die bestimmte Eindrücke neu in einem entstehen läßt, z. B. wie jemand seinen Stock schwingt und dann zuschlägt, Zeilen, Bilder, Vorgänge, die dicke Suppe, die wem auf das Hemd tropft. Man schnieft sie durch die Nase hoch und spuckt sie dann wieder aus. Das alte Rezept und die neue Konzeption, bevor das Licht ausgeht, der Vorspann im Kino, hier bin ich." (Brinkmann 1968a, 8)

In dieser Reihe figuriert unvermittelt Sichtbares (beim Blick aus dem Fenster) neben medial vermittelt Sichtbarem (Filmbilder, Reklamebilder) – und beides wird zum Input für maximal unmittelbare Verwertung. Wenn für Pop-Verfahren zu veranschlagen ist, dass sie die Künstlichkeit der medienvermittelten Umwelt als zweite Natur affirmieren, so gilt das nur mit dem Zusatz, dass dieser ‚Neo-Rousseauismus' die Differenz von Dingen und Zeichen zugunsten einer Gleichberechtigung des Wahrgenommen außer Kraft setzt, oder anders gesagt: Zeichen *als* Dinge unter den gemeinsamen Nenner des Wahrgenommen subsumiert.

Brinkmann hat das Verschwimmen dieser Unterscheidung in einer Reihe von Gedichten inszeniert, die auf unterschiedliche Weise im Titel als „Bild" ausgewiesen werden („Kurzzeiliges Bild", „Geschlossenes Bild", „Bild", „Trauriges Bild 2.", „Einfaches Bild", „Bild von einem Hotel", „Ein bestimmtes Bild von irgendwas", „Eine übergroße Photographie von Liz Taylor" (alle in: Brinkmann 1980 [1969]). Alle diese „snap-shots" setzen auf den Effekt, dass sich der Text sowohl auf ein ‚externes' Bild, eine Fotografie zum Beispiel, wie auf ein internes Vorstellungsbild oder auf eine reale Szene beziehen können:

Photographie

Mitten
auf der Straße
die Frau
in dem
blauen
Mantel.

Wie das Beispiel dieser „Photographie" (Brinkmann 1980, 52) verdeutlicht, beerben Brinkmanns Verfahren der Überblendung von Sprache bzw. Schrift und Bild nicht zuletzt die Tradition der visuellen Poesie (auch wenn der Avantgarde-Habitus vieler ihrer deutsch-österreichischen Vertreter seiner Zeit ihn sicherlich von solchen Identifizierungen hätte zurückschrecken lassen). Für die Verwendung materialer Bilder und das Projekt einer multimedialen Öffnung der Literatur hingegen, die über die Imitation visueller Medien im Medium der Schrift hinausgeht, hat der US-amerikanische Underground Pate gestanden. Im Vergleich sowohl mit der Pop Art (vor allem in der Umsetzung Warhols) wie mit McLuhans Theorie und Praxis der medialen Grenzüberschreitung fällt allerdings auf, wie sehr sich Brinkmanns Projekt mit Blick auf seine tatsächliche wie potentielle Gegnerschaft konturiert. Wie schon der eher kursorische Blick auf seine Verfahren der Bildaneignung im Folgenden zeigt, riskieren Brinkmanns Text-Bild-Experimente, indem sie die Durchkreuzung von high-low-Grenzen zum eigentlichen Programm erklären, die Mediendifferenzen zu zementieren, an deren Auflösung sie arbeiten.

5. Was auf der Straße liegt: Triviales

„1) sehr sparsam triviale (das trivialste vom Trivialen z. B. Hauswurfsendungen) Bilder dazwischen schieben" – so lautet die erste Regel (von insgesamt neun), die sich Rolf Dieter Brinkmann notiert hat für die Publikation von *FRANK XEROX' WÜSTER TRAUM und andere Kollaborationen* (Brinkmann 1995, 56). Brinkmann hatte diesen Band – der nie erschienen ist – gemeinsam mit Ralf-Rainer Rygulla geplant, mit dem gemeinsam er bereits die 1969 im März-Verlag erschienene, ebenfalls bebilderte Anthologie *ACID. Neue Amerikanische Szene* herausgegeben hatte (→ 4.4 BANDEL). Im aktuellen Wortgebrauch weist die Bezeichnung als *trivial* etwas als ‚unbedeutend, anspruchslos, alltäglich' aus. Mit Bezug auf Brinkmanns Hauswurfsendungen (aber auch auf die Frau im blauen Mantel „mitten auf der Straße") scheint die etymologisch zutreffende Herleitung präziser, die Hans Christoph Buch in seinen 1972 erschienenen *Kritischen Wäldern* als Motto seinen

Essays „Über Trivialliteratur" voranstellt: „lat. trivium, / Dreiweg, Wegkreuzung; / übertr. das, was / auf der Straße liegt, / abgedroschen, platt" (Buch 1972, 7). Denn diese Erläuterung verweist bereits auf die Idee des Vorgefundenen, die nicht nur für Brinkmanns Pop-literarisches Experimentieren mit *Bildern* von Bedeutung ist. Vielmehr ist die Bildverwendung Teil einer umfassenden Zitierpraxis, die sich auch in dem geplanten Projekt mit dem sprechenden Titel *Frank Xerox* nicht auf Bilder beschränkt hätte: „8) gelegentlich auch völlig dumpfe Zeitungsnachrichten wie eigene Texte dazwischen schieben: „auf eigene Seiten (sparsam wie die Postwurfsendungen – Bilder!)" (Brinkmann 1995, 56).

Wenn Brinkmanns Bild- und Textumgang kennzeichnet, dass die ausgewählten Bilder als solche bereits als Signale für *lowness* fungieren, so verdankt sich diese Trivialitätswirkung also offenbar einem bewussten Kalkül. Dies gilt, wie die Herstellungsakten dokumentieren, auch für die Anthologie *ACID*, die neben literarischen Importgütern aus dem amerikanischen Underground zum Beispiel Comics von Frank O'Hara/Joe Brainard und Robert Crumb, Stills aus Warhol-Filmen, Modefotografien, Pornobilder und Werbeanzeigen sowie aus solchen Bildern zusammengestellte Collagen enthält. Dass *ACID* schnell zum Kult-Objekt avancierte, verdankt sich nicht zuletzt der bei aller zur Schau gestellten Lässigkeit hochambitionierten visuellen Aufmachung. Dabei ist nicht zu übersehen, dass sich *ACID* nicht nur inhaltlich, sondern auch visuell im Kontext der sexuellen Befreiungsbewegungen verortet. So lautet denn auch Brinkmanns unmissverständliche Anweisung zur Bebilderung an den Verlag, dass der Band visuell stärker auf Sex setzen solle – ein Effekt, der durch den collagenhaften Einsatz einschlägiger Bilder von weiblichen Genitalien herzustellen sei (unveröff. Brief Brinkmanns an Schröder vom 20.8.68, März-Archiv, Marbach). Auch wenn das Ergebnis sich etwas konventioneller darstellt, als es sich in diesem Brief anhört (und als Brinkmanns später entstandenes Text-Bild-Buch *Schnitte*), bleibt die Strategie erkennbar: Die Obszönität der Bilder erweist sich als offensive Geste der Inklusion eines Materialbestands, der seiner massenhaften Verbreitung zum Trotz bislang nicht nur aus der ‚hohen' Literatur, sondern auch aus dem bild- und sogar fotografiegeschichtlichen Kanon ausgeschlossen war. Schon der Etymologie des schwierigen Begriffs „obszön" ist dieser Ausschluss eingeschrieben: *ob-scenus* bezeichnet den unsichtbaren Ort ‚vor, gegenüber oder außerhalb der Szene' (von lateinisch *scaena*, Bühne).

Analog zur zeitgleich aktiven, ebenfalls US-amerikanischen Dirty Speech-Bewegung – die ihrerseits in den Texten des Buchs stark vertreten ist – kann die visuelle Strategie, die der Bebilderung von *ACID* zu Grunde liegt, als Manifestation einer *Dirty-Picture*-Bewegung gelten. In beiden Fällen handelt es sich um transgressive Praktiken, die mit der Überschreitung von Grenzen (inklusive und insbesondere von Grenzen des guten Geschmacks) nicht nur deren Existenz

Abb. 4: Rolf Dieter Brinkmann und Ralf-Rainer Rygulla (Hrsg.). *ACID. Neue amerikanische Szene*. Frankfurt am Main: März, 1969.

Abb. 5: Sigmar Polke. *Bunnies*. 1966. Dispersion auf Leinwand, 150×100 cm. Hirshhorn Museum and Sculpture Garden. Smithsonian Institution. Quelle: Sigmar Polke. *Die drei Lügen der Malerei* (Ausstellungskatalog, hrsg. von der Kunst- und Ausstellungshalle der BRD GmbH), Ostfildern-Ruit: Cantz, 1997. 102.

unterstreichen, sondern auch ein Jenseits dieser Grenzen reklamieren. Bereits das Buchcover von *ACID* setzt klar auf „Sex!", aber keinesfalls nur auf einen plakativen Tabubruch: Fragmente (mindestens) eines nackten (Frauen-) Körpers geben diesen ebenso zu sehen, wie sie ihn verbergen, was durch eine Reproduktionsweise unterstrichen wird, die das Gesehene überdeutlich als medial vermittelt erscheinen lassen: Schon die Rasterpunkte (ein Rasterklischee zerlegt ein Foto beim Druck in einzelne Farbelemente, die sich bei einer ‚gelungenen' Reproduktion zu einem einheitlichen Bild fügen), weist die Bildzitate unübersehbar als Zitate aus, als Reproduktionen von Reproduktionen – ein Effekt, den etwa zeitgleich Sigmar Polke regelrecht als Markenzeichen etabliert hat.

In beiden Fällen – dem Cover von *ACID* und Polkes *Bunnies* – haben die „dots" den Effekt, dass sich das Bild der Frau mit dem Topos der Frau als Bild überlagert, wobei letzteres zu erstem in eine Konkurrenz tritt, die den fetischistischen Genuss verkompliziert: Die fetischistische Struktur wird zu deutlich thematisiert. Auch wenn der fetischistische Blick nach der paradoxen Regel funktioniert „Je sais bien, mais quand même" – so genau will es der genießende Betrachter im Moment der Anschauung selbst dann vielleicht doch nicht wissen. Darüber hinaus setzt das doppelte Cover – in der Originalausgabe von *ACID* liegt die Schicht mit den ausgestanzten Gittern über der Collage und erzeugt so eine burleske Version bildlicher ‚Tiefe' – die Bildelemente als in Unordnung geratenes Mosaik in Szene. Dies legt nahe, das gesamte Arrangement als Puzzle (man denke an die Verschiebepuzzles aus Plastik, die die Herstellung des Ausgangsbilds zur Denksport-Aufgabe machen) oder auch – à la Nam June Paik – als Anordnung nicht zueinander synchronisierter Fernsehbildschirme zu lesen. Nicht zuletzt wird auf jene Schlüssellochperspektive angespielt, die aus der Inszenierung von Pornografie bekannt ist (und deren Pseudo-Intimität durch die gleichzeitige Lesart ‚Sex auf allen Kanälen' konterkariert wird).

Wenn hier der Cover-Collage von *ACID* und Polkes *Bunnies* sowie zuvor den Arbeiten von Warhol und Duchamp ein reflexiver Umgang mit dem Topos der ‚Frau als Bild' zugute gehalten wird (und damit also ausgerechnet männlichen Autoren/Künstlern), so ist das gerade mit Bezug auf pornografische Bilder erläuterungsbedürftig. Schließlich hat vor allem die feministische Forschung den Konnex zwischen visuellen Repräsentationen von Frauen und einem phallozentristischen skopischen Regime gerade am Beispiel der Pornografie nachgewiesen, die demzufolge Frauen zum Gegenstand männlichen Lustgewinns objektiviert (vgl. stellvertretend Mulvey 1994 [1975], Solomon-Godeau 1997 [1991], Eiblmayr 1993). Als eine Möglichkeit des produktiven Umgangs mit der mediengeschichtlich hartnäckig persistierenden Dichotomie von männlichem Voyeurismus und weiblichem Blickfang haben feministische Bildwissenschaftler/innen allerdings auch das Spiel damit in Form der Maskerade gewürdigt (vgl. Weissberg 1994). So gesehen leisten die erwähnten Beispiele immerhin eine nachträgliche Maskierung der fetischisierten Bilder, indem sie sie als Serienprodukte inszenieren (Warhol), auf burleske Weise ‚*transgendern*' (Duchamp) oder durch Bildstörungen verschleiern (Polke, das *ACID*-Cover).

6. Intermedialität und „Inter-Sex"

Die visuelle Dominanz von Körperbildern in *ACID* entspricht dem Hang zum Pornografischen auf Seiten der Texte. Während einer Reihe von Bildern und Texten in *ACID* wohl kaum ein besonders ‚kompliziertes' Verhältnis zu den Porno- und Pin Up-Praktiken, die sie zitieren, gutgeschrieben werden kann, sind andere im besten Sinne symptomatisch für eine weitere Grenzüberschreitung der 1960er

Jahre, nämlich jene der Geschlechtergrenzen. So singt Parker Tyler in dem Beitrag „Männer, Frauen und die übrigen Geschlechter oder: Wie es euch gefällt, so könnt ihr es haben" ein „Loblied auf die sexuelle Emulsion", wie sie etwa in dem Dokumentarfilm *The Queen* (über eine Miss-Wahl unter männlichen Transvestiten) oder in den Filmen von Jack Smith oder Andy Warhol zum Ausdruck komme (Tyler 1983 [1968]), die auch zur Bebilderung zitiert werden. Doch während Parker als Vertreter einer Queer Theory avant la lettre gelten kann, wird die sexuelle Differenz von anderen Beiträgern mitunter gegen deren besseren Willen auf recht traditionelle Weise affirmiert – von McLuhan z. B., der (gemeinsam mit George B. Leonard) über „Die Zukunft der Sexualität" spekuliert, indem er diese mit Mediengeschichte verschaltet: Hatten demnach der Buchdruck und das industrielle Zeitalter „hochspezialisierte und -standardisierte Männer und Frauen" geschaffen – aggressive, ehrgeizige, logisch und abstrakt begabte Männer und emotionelle, intuitive, praktisch begabte und unterwürfige Frauen –, so würden sich im elektrischen Zeitalter diese Grenzen zugunsten einer „gemeinsamen Menschlichkeit" verwischen: „In einer unspezialisierten Welt der Computer und Maschinen werden Sensibilität und Intuition mehr wert sein als kalte Logik" (McLuhan und Leonard 1983, 373). Gegen diese Diagnosen spricht einiges, nicht zuletzt, dass ihnen außer uralten Klischees auch eine Essentialisierung von Geschlechtsidentität zu Grunde liegt, die sich auf „das unveränderbare Wesen von Mann und Frau" begründet und die unveränderbare „Biologie" gegen „Sitten, Manirismen und Kleidungen" ausspielt: „Vive la difference", wie der Franzose zu sagen pflege (ebd.).

Trotzdem lenken diese Spekulationen die Perspektive auf den Zusammenhang zwischen Mediengeschichte und Geschlechterrollen, und damit auch auf jene Hybridbildungen von Gattungen und Medien, die mit McLuhan als „Bastarde" aufgefasst werden können. Brinkmann selbst hat in seinem programmatischen Nachwort „Der Film in Worten" (in dem von Bildern nur die Rede ist, diese aber nicht ‚vorkommen') auf den Zusammenhang von *gender* und *genre* aufmerksam gemacht und festgestellt, dass sich die Sprengung von Gattungsgrenzen auch auf „das Klischee sexuellen Rollenverhaltens" auswirke – und vice versa (Brinkmann 1983, 395). Damit stellt sich die Frage, inwiefern hier tatsächlich, wie Pop häufig zugute gehalten wird, „Geschlechterrollen ins sogenannte Rollen gebracht" werden (Diederichsen 1996, 44), auch im Hinblick auf die Arbeiten Brinkmanns, die eine Gattungsüberschreitung als Bastardierung von Text und Bild erproben. „[W]ir sind in die Zone des ‚Inter-Sex' eingedrungen", heißt es in „Der Film in Worten" (396). Tatsächlich wird dieser Eindruck beim Durchblättern von *ACID* nicht nur durch die vielen Bilder von androgynen Jugendlichen und Dragqueens ‚illustriert'. Er wird auch miterzeugt durch das ‚Zwitterhafte' des Buches selbst: Hier manifestiert sich die Hybridisierung von Text und Bild in den schon einschlägigen bimedialen Genres wie Comics, als Verwischung der Unterscheidung

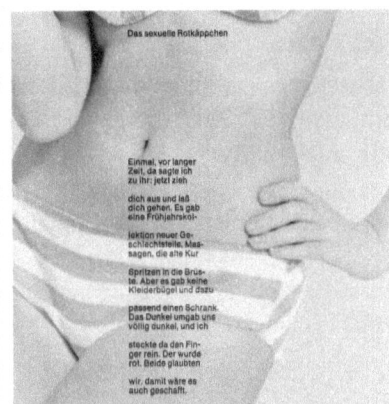 

Abb. 6a und 6b: Rolf Dieter Brinkmann. *Godzilla*. Aus: Rolf Dieter Brinkmann. *Standphotos. Gedichte 1962–1970*. Reinbek bei Hamburg: Rowohlt, 1983. 179 und 165.

von Schrift und Bild im *Schriftbild* oder in der Verwendung von Bildern als Hintergrund des Textes. Das zuletzt erwähnte Verfahren wird in Brinkmanns Gedichtzyklus *Godzilla* (1968; hier zitiert nach dem Wiederabdruck in *Standphotos*, 159–182; vgl. auch Späth 1989, 47–52, Schäfer 1998, 180–216), der auf Bildern aus der Werbung für Büsten- und Bademoden gedruckt wurde, mitunter direkt mit dem Thema der Geschlechterhybridität verknüpft. Während in diesen Arbeiten die Bilder durch die Ausschnittsvergrößerung bestimmte Körperteile fokussieren und deren implizite Sexualisierung in der Reklame als solche betonen, geht es in den Texten ganz explizit um Sex, genauer gesagt um nicht weniger als das Verhältnis von Sex, Medien, Gewalt und Tod. Durch diese Drastik unterscheiden sie sich auch von den vergleichbaren Fotopoemen, die Paul Éluard und Man Ray für die Gedichtsammlung *Facile* (1935) erstellt haben und mit denen die romantische Verklärung der ‚Frau als Bild' eher ungebrochen fortgeschrieben wird.

In *Godzilla* gehen die Bild- und Text-Botschaften unterschiedliche Allianzen ein; manche Texte sind eher plump-obszön, aber in den meisten (und in den besseren) Fällen entsteht ein grotesker Widerspruch, weil die Texte die sexuellen Phantasien schamlos ausbuchstabieren, die von den keuschen Bildern aufgerufen, aber nicht eingelöst werden. Ein Gedicht trägt den Titel „Andy Harlot Andy" und spielt auf Andy Warhols Film *Harlot* (1964) an, in dem der *drag performer* Mario Montez, als Jean Harlow verkleidet, 70 Minuten lang eine Banane nach der anderen isst. „Die Bedeutungen wechseln ständig hin und her. (Einmal ist es eine Banane, einmal nicht!)" (Brinkmann 1980, 165). So wie bereits Warhols *Harlot* die sexuelle Rhetorik des Unterschwelligen im Hollywood-Films parodiert, so wird in *Godzilla* das Zusammenspiel von Text und Bild in der Werbelogik gewissermaßen fehlzitiert, nämlich gegen ihre Intention verwendet – wenn auch nicht aufgegeben: das ist der Clou jeder Parodie.

7. Flickermaschine

Nicht allen Arbeiten Brinkmanns, die Texte mit Pin Up- oder Porno-Zitaten kombinieren, lässt sich zugute halten, dass sie den Topos der ‚Frau als Bild' verkomplizieren. Das verdeutlicht etwa Brinkmanns Beitrag zu der Anthologie *Supergarde* (1969), einem mit *ACID* vergleichbaren Folgeprojekt zur deutschsprachigen Szene, mit dem Titel „Flickermaschine". Der Text wird von Bildleisten aus jeweils drei Bildern durchbrochen, davon die meisten Detailaufnahmen von Brüsten oder von Gesichtern (lachend oder beim Sex, den Betrachter/innen laszive und/oder schmachtende Blicke zuwerfend), die offenbar aus Pornos und Zeitschriften ausgeschnitten sind.

Zwischen diesen zu anonymen Bildern geronnenen Phantasmen finden sich solche von Stars wie Elvis oder Marilyn Monroe (die im Text auch erwähnt wird) sowie von einem mutmaßlich aus einem Film zitierten *drag performer*. Als ‚materiale' Bilder sind sie Teil jenes „Bewußtseinsfilms", den der Text in Worten evoziert. Denn die „Flickermaschine" projiziert offenbar die inneren wie äußeren Bilder – „Er hatte die ganze Innenstadt im Kopf" (Brinkmann 1983 [1969], 85) – eines Ichs, das sich mittels Tabletten und Schlafentzug einem Selbstexperiment unterzieht, welches im Text assoziativ mit dem Leben und vor allem dem Sterben Marilyn Monroes in Verbindung gebracht wird. Brinkmann inszeniert diesen Film in Worten als Loop: eine Minute, die sich ständig wiederholt. Das ermöglicht ihm, die durch die körperliche Extremsituation verstärkte Vielschichtigkeit des Wahrgenommenen, das Flickern des Films, der Linearität der Schrift zu beugen – ein Verfahren, bei dem ihm die Bildzitate zu Hilfe kommen. Gerade weil sich die Bilder in diesem Text nicht als Illustrationen erschließen, bleiben sie jedoch tendenziell ‚unlesbar'. Der Funktion einer Verankerung der Bildbedeutung, die Barthes der Bildlegende zuschreibt, kommt der Text in seiner als solche ausgestellten Konfusion nicht nach. So fungieren die Bilder letztlich vor allem als

Signale für Sex und Trivialitäten – als impliziter Kommentar zum Zusammenhang von Fetischisierung und Idolatrie, wie er für die fragmentarisierten Körperbilder auf dem *ACID*-Cover veranschlagt wurde, erschließen sie sich erst einer kontextualisierenden Lektüre, dem doch das Pathos der Unmittelbarkeit des Gesamttextes entgegenarbeitet.

Dass der Umgang mit 'trivialen' Bildern in Pop-Texten selbst auf durchaus differenzierten Strategien beruht, kommt zu kurz, wenn diese auf ihre Stoßrichtung als Gegendiskurs zu kulturellen Reinheitsgeboten und zu einer Literatur des Hohen Tons reduziert werden. Auch und gerade im Pop erweisen sich Text-Bild-Verhältnisse als „Flickermaschinen", die, einmal in Bewegung gesetzt, kulturelle Grenzziehungen und Werteunterscheidungen als solche in den Blick rücken und sich an ihrer Dynamisierung beteiligen, sich dabei aber auf keinen archimedischen Punkt außerhalb dieser Verhältnisse (Off-Scene) verlassen können.

Literaturverzeichnis

Banham, Reyner. „The Atavism of the Short Distance Mini-Cyclist" (1963). *Kunstforum* 134 (1996): 81.
Barthes, Roland. „Rhetorik des Bildes" [1964]. *Der entgegenkommende und der stumpfe Sinn.* Frankfurt am Main: Suhrkamp, 1990. 28–46.
Roland Barthes. „Die Kunst, diese alte Sache..." [1980]. *Der entgegenkommende und der stumpfe Sinn.* Frankfurt am Main: Suhrkamp, 1990. 207–215.
Baßler, Moritz. *Der deutsche Pop-Roman. Die neuen Archivisten.* München: C.H. Beck, 2002.
Bianchi, Paolo. „Art & Pop & Crossover" (Vorwort). *Kunstforum* 134 (1996): 53–55.
Brinkmann, Rolf Dieter: *Die Piloten.* Köln: Kiepenheuer & Witsch, 1968a.
Brinkmann, Rolf Dieter: *Godzilla.* Köln: Hake, 1968b.
Brinkmann, Rolf Dieter. „Der Film in Worten". *ACID. Neue amerikanische Szene* [1969]. Hrsg. von Rolf Dieter Brinkmann und Ralf Rainer Rygulla. Reinbek bei Hamburg: Rowohlt, 1983. 381–399.
Brinkmann, Rolf Dieter: *Rom, Blicke* [1972–73]. Reinbek bei Hamburg: Rowohlt, 1979.
Brinkmann, Rolf Dieter: *Standphotos. Gedichte 1962–1970.* Reinbek bei Hamburg: Rowohlt, 1980 [1969].
Brinkmann, Rolf Dieter. *Der Film in Worten.* Prosa–Erzählungen–Essays–Hörspiele–Fotos–Collagen 1965–1974. Reinbek bei Hamburg: Rowohlt, 1982. 84–93.
Brinkmann, Rolf Dieter. „Notizen zu ‚Frank Xerox'". *RowohltLiteraturMagazin 36: Sonderheft Rolf Dieter Brinkmann.* Reinbek bei Hamburg: Rowohlt, 1995. 56.
Buch, Hans Christoph. *Kritische Wälder. Essays Kritiken Glossen.* Reinbek bei Hamburg: Rowohlt, 1972. 7.
Diederichsen, Diedrich. „Pop – deskriptiv, normativ, emphatisch". *RowohltLiteraturMagazin 37: Pop–Technik–Poesie. Die nächste Generation.* Reinbek bei Hamburg: Rowohlt, 1996. 36–44.

Daub, Thomas. *Die 2. Kultur. Alternativliteratur in der Bundesrepublik*. Mainz: Newlit, 1981.
Eco, Umberto, im Gespräch mit Elisabeth Schemla. „Kulturmutation. Über den Konflikt zwischen Schrift und Bild". *Neue Rundschau* 103.2 (1992): 139–147.
Eiblmayr, Sylvia. *Die Frau als Bild. Der weibliche Körper in der Kunst des 20. Jahrhunderts*. Berlin: Reimer, 1993.
Hansen-Löve, Aage A.: „Intermedialität und Intertextualität. Probleme der Korrelation von Wort- und Bildkunst – Am Beispiel der russischen Moderne." *Dialog der Texte. Hamburger Kolloquium zur Intertextualität*. Hrsg. von Wolf Schmid und Wolf-Dieter Stempel. Wien: Gesellschaft zur Förderung slawistischer Studien 1983. 291–360.
Hebdige, Dick. „In Poor Taste. Notes on Pop". *Hiding in the Light. On Images and Things*. New York und London: Routledge, 1988. 116–143.
Andreas Huyssen. *After the Great Divide. Modernism, Mass Culture, Postmodernism*. Bloomington: Indiana University Press, 1986.
Kriwet, Ferdinand. *Apollo Amerika*. Frankfurt am Main: Suhrkamp, 1969.
Kriwet, Ferdinand. *Stars. Lexikon in 3 Bänden*. Köln: Kiepenheuer & Witsch, 1971.
Linck, Dirck. „Batman & Robin. Das ‚dynamic duo' und sein Weg in die deutschsprachige Popliteratur der 60er Jahre". *Forum Homosexualität und Literatur* 45 (2004): 5–72.
Lupton, Ellen, und J. Abbott Miller. „McLuhan/Fiore. Massaging the Message" [1996]. *Design Writing Research. Writing on Graphic Design*. London 1999. 91–101.
Matthaei, Renate. „Kunst im Zeitalter der Multiplizierbarkeit. Situation und Theorie der Intermedia". *Merkur* 26 (1972): 884–899.
McLuhan, Marshall. *Die magischen Kanäle – Understanding Media* [1964]. Dresden und Basel: Verlag der Kunst, 1995.
McLuhan, Marshall, und Quentin Fiore. *The Medium is the Massage. An Inventory of Effects* [1967]. Produced by Jerome Agel, San Francisco, 1996.
McLuhan, Marshall, und George B. Leonard. „Die Zukunft der Sexualität". *ACID. Neue amerikanische Szene* [1969]. Hrsg. von Rolf Dieter Brinkmann und Ralf Rainer Rygulla. Reinbek bei Hamburg: Rowohlt, 1983. 368–376.
Mitchell, W.J.T. *Picture Theory. Essays on Verbal and Visual Representation*. Chicago und London: University of Chicago Press, 1994.
Mitchell, W.J.T. „Interdisziplinarität und visuelle Kultur" [1995]. *Diskurse der Fotografie. Fotokritik am Ende des fotografischen Zeitalters*. Bd. 2. Hrsg. von Herta Wolf. Frankfurt am Main: Suhrkamp, 2003. 38–59.
Rose, Phyllis. „Literary Warhol". *The Yale Review* 79.1 (1989): 21–33.
Mulvey, Laura. „Visuelle Lust und narratives Kino" [1975]. *Weiblichkeit als Maskerade*. Hrsg. von Liliane Weissberg. Frankfurt am Main: Suhrkamp, 1994. 48–65.
Schäfer, Jörgen. *Pop-Literatur. Rolf Dieter Brinkmann und das Verhältnis zur Populärkultur in der Literatur der sechziger Jahre*. Stuttgart: Metzler, 1998.
Schumacher, Eckhard. *Gerade eben jetzt. Schreibweisen der Gegenwart*. Frankfurt am Main: Suhrkamp, 2003.
Solomon-Godeau, Abigail. „Reconsidering Erotic Photography. Notes for a Project of Historic Salvage". *Photography at the Dock. Essays on Photographic History, Institutions, and Practices*. Minneapolis: University of Minneapolis Press, 1997. 220–237.
Späth, Sybille. *Rolf Dieter Brinkmann*. Stuttgart: Metzler, 1989.
Tyler, Parker. „Männer, Frauen und die übrigen Geschlechter oder: Wie es euch gefällt, so könnt ihr es haben". *ACID. Neue amerikanische Szene* [1969]. Hrsg. von Rolf Dieter Brinkmann und Ralf Rainer Rygulla. Reinbek bei Hamburg: Rowohlt, 1983. 250–265.

Ullmaier, Johannes. *Von ACID nach ADLON. Eine Reise durch die deutschsprachige Popliteratur.* Mainz: Ventil, 2001.
Warhol, Andy. „Thirty Are Better Than One" [1963]. Acrylic and silkscreen ink on canvas, 110×82,5", Private Collection. Abgedruckt in: David Bourdon. *Warhol.* New York: Abrams, 1989. 162.
Weingart, Brigitte. „Being recorded – Der Warhol-Komplex". *Originalkopie. Praktiken des Sekundären.* Hrsg. von Gisela Fehrmann, Erika Linz, Eckhard Schumacher und Brigitte Weingart. Köln: DuMont, 2004. 173–190.
Weingart, Brigitte. „'Sehtextkommentar': Schriftbilder, Bilderschriften (F. Kriwet)". *Handbuch Literatur und Visuelle Kultur.* Hrsg. von Claudia Benthien und Brigitte Weingart. Berlin und Boston: De Gruyter, 2015. 519–543.
Weissberg, Liliane. *Weiblichkeit als Maskerade.* Frankfurt am Main: Suhrkamp, 1994.
Willberg, Hans Peter. *Buchkunst im Wandel. Die Entwicklung der Buchgestaltung in der Bundesrepublik Deutschland.* Frankfurt am Main: Suhrkamp, 1984.
Young, Dudley. „Are the Days of McLuhanacy Numbered?" *The New York Times* 8. September 1968.

Der vorliegende Beitrag ist eine überarbeitete und gekürzte Fassung eines Textes, der zuerst erschienen ist in: *Sichtbares und Sagbares. Text-Bild-Verhältnisse.* Hrsg. von Wilhelm Voßkamp und Brigitte Weingart. Köln: DuMont, 2005.

4. Exemplarische Analysen

4.1 Gottfried Benn: Bar (1953). Populärkultur in der Literatur der frühen Bundesrepublik

Philipp Pabst

„[D]eutschsprachige Autoren", konstatiert Seiler (2006, 123) in seiner Studie über *Pop-Diskurse in der deutschen Literatur nach 1960*, beschäftigen sich „bis in die späten 1960er Jahre hinein wenig bis gar nicht mit der populären Kultur". Hecken sieht eine feldstrategische „Interessenpolitik" am Werk, „die Schriftsteller, Essayisten, Philosophen etc. sorgen sich, dass ihre Tätigkeiten und Produkte von anderen verdrängt werden" und reagieren mit Abwehr (2010, 53). In „den 1950er Jahren […] wird man von Künstlern, Intellektuellen und Feuilletonisten kaum ein auch nur lobendes Wort zu den Gegenständen des Konsums und zur Konsumhaltung finden" (Hecken 2010, 53). Die prosperierende Mediengesellschaft der Nachkriegszeit (vgl. Hickethier 1986, 125–141) baut ein dichotomes Konkurrenzverhältnis zwischen Literatur und Populärkultur auf. Einerseits gibt es die komplexen, das Reflexionspotential jedes Einzelnen anregenden und daher valenten Werke der Hochkultur (Höhenkammliteratur, Oper, Kunst etc.), andererseits findet man ein Überangebot an seriell gefertigten, den status quo konsolidierenden und der Zerstreuung dienenden Produkten der Populärkultur (Fernsehen, Kino, Presse, Populärmusik etc.). Musterbeispielhaft für die kulturelle Dichotomie stehen die von Intellektuellen wie Karlheinz Deschner (1957) geführte literarische Wertdiskussion sowie die zu Teilen christlich-postfaschistisch motivierte (Rang 1953) ‚Schmutz- und Schunddebatte' (vgl. hierzu Fischer 1986, 319–320, sowie Maase 2008, 324–328). Diese diskursiv feinsäuberlich erstrittene Grenze zwischen E- und U-Kultur hat aber lediglich eingeschränkte Relevanz, die literarische Praxis der 1950er Jahre sieht anders aus. Neben dem räuberischen, hybridisierenden Konzept des Midcult, das Verfahren der E-Kultur entlehnt, um den Rezipienten die Partizipation an der Hochkultur zu suggerieren (vgl. Eco 1994b, 67–73, → 2.6 Papst, Seidel), existiert eine rege Auseinandersetzung mit populärkulturellen Phänomenen innerhalb der Literatur.

1. Archivierung und Larmoyanz – Gottfried Benns späte Lyrik

„Ein Schlager von Rang ist mehr 1950 / als fünfhundert Seiten Kulturkrise / Im Kino, wo man Hut und Mantel mitnehmen kann / ist mehr Feuerwasser als auf dem Kothurn / und ohne die lästige Pause", heißt es in Gottfried Benns „Kleiner Kulturspiegel" von 1951 (1986a, 151; vgl. die ähnliche Formulierung in *Probleme der Lyrik* 2001a, 30–31). Die binäre Opposition wird um eine Binnendifferenzierung ergänzt, „Schlager *von Rang* [Herv. P.P.]" sind für den ‚Radardenker' Benn aussagekräftiger als der intellektuelle Mainstream der frühen Bundesrepublik (gemeint ist Karl Jaspers' *Von der Wahrheit* von 1947); das Kino erhält gar *in summa* den Vorzug vor dem bildungsbürgerlich verstaubten Theater. „Peilen, loten, horten" (Benn 2003, 151) lautet der Imperativ des Archivars der „PHASE II" (Benn 1991a, 170; zur archivierenden Lyrik vgl. Lethen 2006, 275–278), des Verfassers der *Fragmente* (Benn 1951), *Destillationen* (1953) und *Aprèslude* (1955), nicht zu verwechseln mit dem nach innen emigrierten und im Nachkrieg gefeierten Autor der *Statischen Gedichte* von 1948 (vgl. zu dieser Unterscheidung Willems 1989, 12–14). Phase II, das ist der in „Doppelleben" proklamierte „Stil der Zukunft", der sogenannte „Roboterstil", eine „Montagekunst", die an die expressionistische Phase I anknüpft und antisynthetisch verfährt, alles wird „angeschlagen, nichts durchgeführt" (Benn 1991a, 168–170). Wenige Gedichte wie ‚Der Broadway singt und tanzt' (1953) reichen an diese Stilprognosen heran, der späte Benn ist, wie es Willems in Rekurs auf einen Brief Benns treffend ausdrückt, nicht nur „wüster Encephalitiker", sondern ebenso „Verfasser harmloser Rosenverse" (vgl. 1989, 14; zur späten Lyrik Benns vgl. auch von Petersdorff 2007). „Septemberwind" und „Nescafédose" sind, so das zynische Testament des „Ptolemäer", gleichberechtigte Teile des Thesaurus (Benn 1991b, 46). Aufgrund von Benns Interesse an medialen Entwicklungen und kulturindustriellen Produkten sowie seiner fortwährenden Beschäftigung mit der lyrischen Tradition ist diese bipolare Beschaffenheit kennzeichnend für das Spätwerk. Damit bewegt sich Benn innerhalb des Spannungsverhältnisses von „Kontinuität und Diskontinuität", das, so Bollenbeck und Kaiser, charakteristisch für die Literatur der Dekade ist (2000, 8; vgl. auch Hummel und Nieberle 2004, IX–XXII). Dieser Konflikt zwischen kulturkonservativer Restauration und Modernisierung ist Hemmschuh und Indikator der Auseinandersetzung mit populärkulturellen Phänomenen. Unmittelbar mit den massenkulturellen Entwicklungen verknüpft, bildet die Amerikanisierung den transkulturellen Kulminationspunkt des Populärkulturdiskurses. Für die Bundesrepublik sind die USA ein „Kulturmodell, eine Lebensweise, eine Zukunftsvision", die in Gestalt von Vorurteilen und Stereotypen den Nachkriegsalltag bestimmen (Linke und Tanner 2006, 2; vgl. auch Becker 2006, 19–47). Die in den 1950er Jahren verbreitete Vorstellung eines oktroyierenden Kulturimperialismus

weicht in der Forschung der These einer sukzessiven „Selbstamerikanisierung"
(Linke und Tanner 2006, 18). Dabei wurde wiederholt auf die produktive und
reziproke Dynamik des Phänomens hingewiesen (vgl. Linke und Tanner 2006,
4 und 9; Faulstich 2006, 153–171; Kroes 1996). In der intellektuellen Öffentlichkeit der frühen Bundesrepublik wird die Marginalisierung der nationalen Hochkultur im Zuge der Amerikanisierung als Bedrohungsszenario wahrgenommen.
Nur einzelne Beiträge kommen zu differenzierteren Einschätzungen, wie Lorenz
Stuckis Artikel über den „,Reader's Digest' und die Kultur" von 1961. Stucki
sieht in der Popularisierung des Wissens durch die komprimierende Auswahl
des Magazins „Gefahr" sowie „Hoffnung" zugleich und resümiert, dass es „nicht
bewiesen" sei, dass das „Experiment [...] schlecht ausgehen muß" (1999, 177–178).
Janusköpfigkeit gilt also auch im Fall der U.S.-amerikanischen Kulturimpulse,
Linke und Tanner bringen dies auf die Begriffsformel *Attraktion und Abwehr*
(2006).

2. Benn/ett – deutsche Lyrik und US-amerikanische *popular music*

Gedichte um 1950 setzen die „Konkurrenz technischer Medien" nicht nur „von
vornherein voraus", mit Kittler argumentiert drängen sie die Philosophie als
primäres Bezugssystem der Literatur in den Hintergrund (1989, 56). Demgemäß
kann Benns und Theodor W. Adornos Bewertung der Populärmusik gegensätzlicher nicht sein. Während der Kritische Theoretiker den „relaxation"-Effekt der
popular music als heimtückische Narkotisierung des Hörers begreift (1941, 38),
heißt der Nachkriegsdichter die „Musik für Millionen" als angenehmes „Entspannungsphänome[n]" (2001b, 131) willkommen und schreibt ihr eine reinigende
Wirkung auf die Organe zu (vgl. Wolfgang Schadewaldts physiologische Konzeption der Katharsis, skizziert von Lethen 2006, 303). In ästhetischer Hinsicht
ist die Populärmusik weit mehr als eine instantane Körperkur, einige Schlager
hinterlassen nachhaltigen Eindruck und fließen in die lyrische Produktion ein,
wie zum Beispiel der Titel des Trinklieds „Zu Rüdesheim in der Drosselgaß'" (vgl.
„Impromptu") oder der amerikanische Hit „Because of You" eines Virtuosen mit
auffallender Namensähnlichkeit: Tony Bennett. „Bar" (1953), nicht Kneipe, betitelt Benn sein Gedicht, das Teile des Song-Refrains in der zweiten Strophe verwendet und die Besatzung sowie die beginnende Amerikanisierung der Bundesrepublik in Form von Erlebnislyrik schildert.

Flieder in langen Vasen
Ampeln, gedämpftes Licht
und die Amis rasen,
wenn die Sängerin spricht:

Because of you (ich denke)
romance had it's start (ich dein)
because of you (ich lenke
zu Dir und Du bist mein).

Berlin in Klammern und Banden,
sechs Meilen eng die town
und keine Klipper landen,
wenn so die Nebel braun,

es spielt das Cello zu bieder,
für diese lastende Welt,
die Lage verlangte Lieder,
wo das Quartär zerfällt,

doch durch den Geiger schwellen
Jokohama, Bronx und Wien,
zwei Füße in Wildleder stellen
das Universum hin.

Abblendungen: Fächertänze,
ein Schwarm, die Reiher sind blau,
Kolibris, Pazifikkränze
um die dunklen Stellen der Frau,

und nun sich zwei erheben,
wird das Gesetz vollbracht:
das Harte, das Weiche, das Beben
in einer dunkelnden Nacht.
(Benn 1986b, 268–269)

Bevor der Rock'n'Roll Mitte der 1950er Jahre die Kräfteverhältnisse in der Populärmusik verändern sollte, waren die Fixpunkte bürgerliche Entertainer/innen wie eben Tony Bennett, Frank Sinatra, Bing Crosby und Patti Page, „Because of You" fällt in diese Hochzeit des *traditional pop* um 1950. Geschrieben wurde der Song zehn Jahre zuvor von den Komponisten Arthur Hammerstein und Dudley Wilkinson, in den USA entwickelte er sich nach Bennetts *release* (1951) zu einem Klassiker des Genres, im gleichen Jahr kam es zu Coverversionen von Johnny Desmond, Louis Armstrong, Les Baxter, Tab Smith und Gloria DeHaven. Eine „Sängerin" (V. 4) wird in Benns erster Strophe erwähnt. Zwar könnte Benn

DeHavens Version über den RIAS gehört haben, doch womöglich ist die Quellenlage noch intrikater.

In seinen *Lobreden auf den poetischen Satz* (1998) imaginiert Robert Gernhardt den Kneipengänger und Asphaltliteraten Benn kurzerhand in das Setting von „Bar" – und liegt intuitiv richtig. „[E]r sitzt trinkend in einer warmen Bar und notiert – ein anderes Papier war wohl nicht zur Hand – auf einem Rezeptblock den Wortlaut des Ami-Schlagers, den er soeben hört" (Gernhardt 1998, 10). Benns Gedicht bezieht sich indirekt auf Lesley Selanders *I Was an American Spy*, einen Film, den er vermutlich selbst nicht gesehen hat. In einer undatierten Werbebroschüre für Kinobetreiber heißt es auf der letzten Seite mit der Bitte um Cross Marketing über die deutsche Fassung *Ich war eine amerikanische Spionin*: „Der Schlager ‚Because of You', den Ann Dvorak in diesem Film kreiert [...], gehört heute zu den meistgespielten Musikstücken der Rundfunksender und dürfte daher wesentlich dazu beitragen, diesen Film populär zu machen. Versäumen Sie daher nicht eine Gemeinschaftswerbung mit Musikalienhandlungen ihrer Stadt durchzuführen. Unter dem Motto *zum Film* ‚Ich war eine amerikanische Spionin' *gehört die Schallplatte* ‚Because of You'" (Fettdruck im Original: o.V. 2014, o.S.). Im Entstehungsjahr von „Bar" ist der Song in aller Munde, Selanders Film kommt Ende 1953, am 25. Dezember, in die deutschen Lichtspielhäuser, Benn aber datiert das Manuskript auf den 13. Januar und veröffentlicht sein Gedicht bereits im Mai 1953. Eine Möglichkeit, den Film vor der deutschen Premiere zu sehen, ist nahezu ausgeschlossen. Der Besuch der Berliner Alliiertenkinos wie „Columbia" oder „Outpost" (ab Februar 1953), die U.S.-amerikanische Produktionen vor dem deutschen Start im Originalton zeigen, bleibt Benn verwehrt. Ohne alliierte Begleitung kommt man nicht hinein. Über Umwege ist „Bar" von *I Was an American Spy* informiert, der Film stellt eine mittelbare, eine camouflierte, aber zentrale Quelle des Gedichts dar. Die Szene, die Benn zur Grundlage seines Textes macht, deutet auf eine Nachahmung der Film-Performance in der Kneipe hin, nicht der Film selbst, sondern die Berliner Reminiszenz an ihn werden zu Benns Referenz. Eilig fließen auf der Rückseite des Rezeptblocks Eindrücke des Abends in die erste Strophe: „Flied in silber Vasen / Ampeln gedämpftes Licht / u di Amis rasen / wenn die Sängerin spricht –" (Benn 1953, D 86,54).

3. Von Berlin in die Südsee – Benns *Bar* und der Club Tsubaki

Selanders biografisches Kriegsdrama *I Was an American Spy* erzählt die Geschichte von Claire Phillips, einer amerikanischen Spionin während der japanischen Okkupation der Philippinen in den Jahren 1941 und 1942. Der Ort der Spionage ist der „Club Tsubaki" in Manila, in dem hochrangige japanische Militärs verkehren. Unter dem Decknamen High Pockets versorgt Phillips die amerikanischen Soldaten von dort aus mit wertvollen Informationen, Medikamenten, Nahrung, Geld und Kleidung. Nach dem zweiten Weltkrieg veröffentlicht sie einen autobiografischen Bericht unter dem Titel *Manila Espionage* (1947) sowie einen Artikel in *Reader's Digest* (1945, 31–36), für ihre Verdienste wird sie schließlich 1951 von General Douglas McArthur mit der Medal of Freedom ausgezeichnet. In *I Was an American Spy*, der am 14. April 1951 in den amerikanischen Kinos anläuft, spielt Ann Dvorak, bekannt aus Howard Hawks *Scarface* (1932), die Spionin Phillips als einen Männermagneten mit „a lot of guts" (TC: 25:47). Liebe und Rache sind die Hauptmotive der amerikanischen ‚Mata Hari', ihr Mann John (Gene Evans), den sie zu Beginn der Invasion im Dschungel heiratet, stirbt wenige Monate später in japanischer Kriegsgefangenschaft. Bei ihren Auftritten vor den Japanern instrumentalisiert sie die Verführungskünste von Diven und Pin-Ups der 1940er Jahre; das populärkulturelle Begehren, das das U.S.-Militär zur Steigerung der Truppenmoral einsetzt, wird zur Waffe und richtet sich in *I Was an American Spy* auf den Feind („This beautiful soldier carries a lipstick instead of a gun!", lautet das Promotionmotto des Films). Neben der Verführung ist die Camouflage die überlebenswichtige Fähigkeit der Spionin, „from now on, we're gonna hide in style" (TC: 39:02) erklärt Phillips, bevor sie ihre italienische Tarnidentität annimmt. Während der Performance von „Because of You" im letzten Drittel des Films zieht Madame Tsubaki alle Register der seduktiven Kriegsführung, es ist das Lied, das bereits ihre Eheschließung mit John auf der Mundharmonika eines Kameraden begleitet. High Pockets' Tarnung funktioniert reibungslos, das unwissende japanische Militär lässt sich gutgläubig umgarnen und ahnt nicht, an wen der Song adressiert ist. Das lyrische Ich in Benns Gedicht verfolgt das Geschehen auf der Bühne aus sicherer Distanz, es lässt sich von der Performance anregen und ohne es zu ahnen stellt es teilnehmend beobachtend weitere Parallelen zum Film her. Den eigenen Truppen ist der Hitstatus des Songs und seine Mediengeschichte bekannt, „die Amis rasen, / wenn die Sängerin spricht" (Str. 1, V. 3–4). Dvoraks Gesang kommt in der Tat einem melancholischen Sprechen nahe, er steht in der Tradition des *torch songs*, in dem eine verlorene Liebe beklagt wird („I did torch numbers [...]. My low, husky voice made torch singing natural." Phillips und Painton 1945, 31), ihr „Because of You" ist von dem Wunsch getragen, mit dem toten Ehemann John zu reden.

    In einer neohistoristischen Analyse von Gottfried Benns „Bar" ist „Because of You" von konstitutiver Relevanz, erst die Relation der beiden Texte erlaubt es, die „soziale Energie" (Greenblatt 1994, 12) zu rekonstruieren, die in Benns Gedicht als manifestiertes Spezifikum der Nachkriegskultur inhärent ist. In diesem Zusammenhang gerät Stephen Greenblatts Begriff der ‚Appropriation' in den Fokus, er

Abb. 1: Phillips singt im Club Tsubaki (TC: 52:33)

bezeichnet die Aneignung eines Texts in einem anderen Text und zwar immer dann, wenn „bestimmt[e] Dinge – vor allem der normalen Sprache, aber auch Metaphern, Zeremonien, [...] abgegriffene Geschichten und so weiter – aus einer kulturell abgegrenzten Zone in eine andere transferiert werden" (Greenblatt 1994, 13). Hinzu kommt, dass die Aneignung eine Machtkonstellation impliziert, fremdes Material wird in Besitz genommen und in der neuen ‚Zone' beherrscht. Ebensolche Appropriations- und Transformationsprozesse, die das spannungsreiche Verhältnis der Hoch- und Populärkultur konstituieren, prägen Benns „Bar" (vgl. Eco 1994b, 103, der eine „Dialektik von Avantgarde und Massenhandwerk" beschreibt).

4. Übersetzung und Camouflage – Probleme und Verfahren

Neben dem von Robert Gernhardt erwähnten Rezeptblatt findet man im Benn-Nachlass eine Übersetzung des Songs aus Ilse Benns Hand, die trotz ihrer Eigenwilligkeit entscheidende Impulse für das spätere Gedicht leistet:

Gottfried Benns Notiz	Ilse Benns Übertragung
Because of you	Weil an dich (ich denke)
There's a song in my heart	Da ist ein Gesang in meinem Herzen,
Because of you my	Mit dir hat mein Roman begonnen,
romance had it's start	Weil an dich (ich denke).

(Benn 1953, D 86,54)

Das Englische ist ein Problem bei den Benns. „Wenn man kein Englisch kann, / von einem guten englischen Kriminalroman zu hören, / der nicht ins Deutsche übersetzt ist", gehört zu den Dingen, die schlimm sind (Benn 1986c, 264). Um zu erfahren, was das amerikanische Lied genau besingt, kommt Ilse Benn zu Hilfe. Ihre Übertragung des Songs ins Deutsche gleicht einer ungewollten Rollenimitation, „romance" und die Übersetzung „Roman" wirken, als ahme man die Fähigkeiten eines deutschen Rezipienten mit mangelhaften Fremdsprachenkenntnissen nach. Denkbar ist auch ein assoziativer Zugang zum Text, der ein klanglich verwandtes Wort in den deutschen Text übernimmt. Versuchte Wortlautlichkeit ist das eigentliche Problem der Translation, „Because" wird zu „Weil", aus der Präposition „of" wird das deutsche „an", drei englische werden zu drei deutschen Wörtern, die ohne eine erläuternde Beigabe keinen Sinn machen. Es sind diese notdürftigen Ergänzungen, die Anklang beim Ehemann finden, auf eine brauchbare, sinnhafte Übersetzung des Songs verzichtet Benn, das ästhetische Potential mangelnder Sprachenkenntnisse macht er zum *movens* des Gedichts.

Aus Ilse Benns Klammer „(ich denke)" entsteht ein Formprinzip, das u- sowie e-kulturelles, fremd- und muttersprachliches Vokabular miteinander verschaltet. In den Parenthesen beginnt die semiotische Verhandlung und Aneignung des Songs. Über die bilinguale Beschaffenheit lanciert die zweite Strophe ein binäres Verhältnis zwischen der Sprache der Populärkultur (der Besatzer) und der Sprache der Hochkultur (der Kriegsverlierer). Auf jeden zitierten Vers der selegierten Vorlage reagiert „Bar" in der zweiten Strophe mit poetisierenden Satzfragmenten, die teils auf Verben verzichten („ich dein") und sich eines ‚popfernen', ungelenken Thesaurus bedienen („ich lenke zu dir"). „Bar" unterwandert eine funktionierende bilinguale Kommunikation, es separiert die englischen und deutschen Versteile durch die Klammern und folgt dem Prinzip von sprachlicher Aktion und einseitiger, defizitärer Reaktion ohne Anschlusskommunikation. Wie in Rönnes Kinobesuch in „Die Reise" (1916) stellen sich die „Sprachdefizite als Glück" heraus, doch es ist ein anderes Glück, der Stummfilm „erlöst Rönne von einem Diskurs, der so unaufhörlich wie leer ist" (Kittler 1995, 309), während der englische Song eine Faszination erzeugt, die maßgeblich auf dem Nichtverstehen beruht – aber dadurch gerade den Diskurs aktiviert. Da das lyrische Ich eine andere Sprache und ein anderes Paradigma verwendet, löst die entstandene textuelle Heterogenität zwischen den englisch- und deutschsprachigen Versteilen den Kitsch und die automatisierte Rezeption des Songs auf. Das u-kulturelle Paradigma existiert dabei als Vorlage. Ein Austauschprozess, eine graduelle Korrektur der populärkulturellen Parameter unter den Bedingungen des neuen Paradigmas, ist zu beobachten. Es geschieht eine Ersetzung durch Äquivalenzen, an die Stelle von Automatisierung und Kitsch treten in Benns Gedicht die sukzessive lautliche Harmonisierung der Strophe sowie bedeutungsgenerierende Emphase. Inexaktes Verstehen ist der aneignenden Artistik Gottfried Benns kein Hindernis, das populärkulturelle Textmaterial wird in das Gedicht integriert und den neuen Zwecken entsprechend funktionalisiert. Die fehlenden An- und Abführungszeichen, von denen Benn sonst sorgfältig Gebrauch macht, deuten ebenso auf die Appropriation hin wie die Tatsache, dass das lyrische Ich ausschließlich in der Strophe, die fremdes Textmaterial verwendet, in Erscheinung tritt (jeweils im Anschluss an den englischen Versteil).

Entscheidend für die Aneignung ist nicht nur die Semantik, sondern die Lautstruktur des populärkulturellen Textmaterials. Trotz der „Freude am Klanglichen der Sprache und der Sprachen" (Spitzer 1961, 111) endet das Gedicht mit einer monolingualen Auflösung des Englischen. Über die klanglichen und assoziativen Qualitäten des Englischen schreibt Benn anerkennend in *Probleme der Lyrik*: „Oder nevermore mit seinen zwei kurzen verschlossenen Anfangssilben und dann dem dunklen strömenden more, in dem für uns das Moor aufklingt und la mort, ist nicht nimmermehr – nevermore ist schöner" (2001a, 24). Fälle literarischer Mehrsprachigkeit sind für Spitzer, neben dem phonetischen Aspekt, durch die „Freude am Nachbilden der fremden Begebenheiten und überhaupt alles dessen, was auf Erden ist" (Archivierung), sowie durch die „Freude am Sich-Verstellen und Maskieren" (Rollenprosa bzw. -lyrik) geprägt (1961, 111). Das Enjambement im dritten und vierten Vers von „Bar" rekurriert, abseits der skizzierten Flirtsituation und des dargestellten Begehrens des lyrischen Ichs, vor allem auf das Verhältnis der beiden verwendeten Sprachen. In den ersten drei Versen der Strophe dominiert lautliche Dissonanz zwischen den englischen und den deutschsprachigen Teilen, die englischen Wörter verwenden hauptsächlich dunkle Töne wie a und o, während die deutschsprachigen Parenthesen helle Töne gebrauchen. Dies ändert sich im letzten, deutschsprachigen Vers, der dunkle Laute präferiert („und", „zu", „Du") und eine phonetische Äquivalenz mit dem Wort „you" herstellt. Das Englische und das Deutsche bewegen sich lautlich aufeinander zu und gehen eine assonante Relation ein. Die Appropriation harmonisiert also das heterogene, sprachliche Material in phonetischer Hinsicht und sorgt für Äquivalenz, eine Lösung des bilingualen Problems resultiert daraus aber nicht. Dem Versteil „Du bist mein" haftet ein sehr deutlicher dominanter Gestus an.

Das in enge Sektoren geteilte Berlin liegt in „Klammern und Banden" (Str. 3, V. 1) der Alliierten, der Nationalsozialismus lastet wie ein dichter Nebel auf der ehemaligen Hauptstadt, amerikanisierte Gegenwart sowie Blut-und-Boden-Geschichte bilden das Signum der deutschen Nachkriegsgesellschaft. Konsequenzen für die Lyrik zeigt diese kulturelle Binarität im Reim „town / braun", der die phonetische Anglifizierung oder Alemannisierung der Wörter provoziert, um rein zu klingen und eine Aufhebung der Dissonanz herzustellen. Für diese „lastende Welt" und ihre Konflikte scheint der Ami-Schlager inadäquat. Gerade auch vor dem Hintergrund der jüngsten Vergangenheit (Tempuswechsel in Str. 4, V. 3) sollte die Musik der schrittweisen Zersetzung und dem Ende des aktuellen Erdzeitalters Rechnung tragen („die Lage verlangte Lieder, / wo das Quartär zerfällt"), doch in den Begriffen des kontemplierenden lyrischen Ichs geschieht das Gegenteil. Nach dem biederen Cello-Part (Str. 4, V. 1) erklingen in der Geige „Jokohama, Bronx und Wien" (Str. 5, V. 1–2), hyperbolisch kristallisiert sich das ganze „Universum" (V. 4) in der popkulturellen Bühnenperformance, die mit ihren verschiedenen kulturellen Einflüssen repräsentativ für die Nachkriegsgegenwart ist. Jokohama und Bronx rufen den Konflikt zwischen Japan und den USA auf, wie ihn *I Was an American Spy* verhandelt. Im darauffolgenden Asyndeton in Strophe sechs tritt die Selander-Quelle noch deutlicher hervor, „Abblendungen: Fächertänze / ein Schwarm, die Reiher sind blau / Kolibris, Pazifikkränze / um die dunklen Stellen der Frau". Benns Südseefantasien (vgl. Rychner 1949, 874), die auch im deutschen Schlager der 1950er Jahre eine feste Größe darstellen, lenken die Aufmerksamkeit auf das Wort „Fächertanz", das im Oeuvre nur ein einziges Mal verwendet wird. In *I Was an American Spy* spielt der *fandance* eine zentrale Rolle, auf Wunsch eines japanischen Generals imitiert High Pockets die legendäre Burlesque-Tänzerin Sally Rand (vgl. Phillips und Painton 1945, 33) und verschafft den amerikanischen Truppen so wichtige Zeit.

Der Fächertanz, der einer Dramaturgie der Ver- und Enthüllung folgt und mit dem temporären Blick auf die nackte Tänzerin kokettiert, ist Madame Tsubakis letztes Täuschungsmanöver. Nach der Performance wird High Pockets enttarnt, gerät in japanische Gefangenschaft und muss unter Folter Informationen zurückhalten, bis sie von den amerikanischen Truppen gerettet wird.

Benns *Bar* transponiert das Wechselspiel von Camouflage und De-Camouflage in sprachliche Zusammenhänge. Vergleicht man die zitierten Verse mit den *lyrics* der Vorlage und berücksichtigt die Selektion des Materials, wird eine semantische Akzentverschiebung ersichtlich. Die Möglichkeit der in „Because of You" mit viel Pathos und *schmaltz* ausgebreiteten, in Greenblatts Worten „abgegriffene[n] Geschichte" (1994, 13) der einen, romantischen Liebe, wird in Benns Gedicht durch die Auswahl der Verse in Zweifel gezogen und versachlicht. Auch der Titel der Sammlung, in der das Gedicht 1953 erscheint, benennt einen

Abb. 2: Phillips mit den improvisierten Bambusfächern, im Hintergrund Kolibris auf einem Wandteppich (TC: 1:06:21)

Umwandlungsprozess, der sich anhand von Texten wie „Bar" exemplifiziert. *Destillationen* treten in Benns Montagen als intertextuelle Trennverfahren auf, durch die eine Textsubstanz gewonnen wird. Mit Hilfe des Destillationsprozesses hebt „Bar" die in der Unterhaltungsindustrie gebräuchlichen semantischen Glättungen auf, die im zitierten „Because of You" Anwendung finden. Der Vers, der die infinite Stabilität der Paarkonstellation feiert („Forever and never apart", TC: 53:01), fehlt im Gedicht ebenso wie das „heart", das überstrapazierte Schlüsselsymbol romantischer Befindlichkeit. „Because of You" konnotiert sexuelle Aspekte der „romance" und ummantelt diese synekdochisch („I only live for your love and your kiss / It's paradise to be near you like this", TC: 53:17). Dieses camouflierende Verfahren ist sowohl in der Literatur- als auch in der Populärmusikgeschichte eine Konstante, tabuisierte oder sittlich anstößige Themen (wie Sexualität, politische Gesinnungen etc.) werden von einem gesellschaftskonformen Oberflächentext maskiert, sind aber durch die „gleichzeitige Signalisierung des ursprünglich Gemeinten öffentlich formulierbar" (Detering 1997, 292). In Benns Gedicht werden Oberflächen- und Subtext der Songvorlage voneinander getrennt. Mit der Lesart der „romance" als profaner, sexueller Affäre vollzieht sich in der letzten Strophe die De-Codierung von „Because of You", die die Voraussetzung einer emphatischen *closure* des Gedichts darstellt. Eine banale Beobachtung des alltäglichen Lebens (Affäre) wird in Benns induktiver Lyrik ent-profanisiert, mit Bedeutsamkeit angereichert und zu einem allgemeinen anthropologischen Prinzip überhöht. Im Vokabular substantivierter Urwüchsigkeit („das Harte, das Weiche, das Beben", Str. 7, V. 3) gerät der Akt zu einer gesetzmäßigen, universalen Notwendigkeit („wird das Gesetz vollbracht", Str. 7, V. 2).

5. Die Literatur der frühen Bundesrepublik und die frühe Pop-Literatur

Gewiss zeigt sich „Bar" mit dieser de-codierenden Lektüre des Songs über die Unterhaltungsindustrie erhaben, ohne dabei aber den Gegenstand zu desavouieren, wie es die zwar kulturkritischen Schriften der Frankfurter Schule tun. Camouflagen und Illusionsbildungen von Songs wie „Because of You" sind offenkundig, die Frage ist, ob man sie als Bedrohung einer ohnmächtigen Masse markiert. Ein Großteil der Verbraucher ist sich der Fiktionen der Populärkultur bewusst, ebenso wie die kritischen Intellektuellen, die den Konsumenten ihr reflexives und subversives Potential absprechen (vgl. Adorno 2003, 337–339). Benns sexualisierende Enttarnung des Songs ist also keine kulturkritische Operation, sondern ein von und innerhalb der Populärkultur konventionalisierter, alles andere als den *happy few* vorbehaltener Rezeptionsmodus. Texte, die wie „Bar" populärkulturelle Phänomene integrieren, changieren zwischen intellektueller Überlegenheit und Faszination, die Benn in den *Problemen der Lyrik* bezeichnenderweise für eine vernachlässigte ästhetische Kategorie hält (vgl. 2001a, 22). Dabei ist eine Vorstufe der double-view-Rezeption zu beobachten. Das „double-viewing", ein am Beispiel des Fernsehens entwickeltes Konzept des rezeptiven code-switching, meint das sich zeitwillige Einlassen auf einen populären Gegenstand und die dabei gegebene Möglichkeit, wieder auf kritisch-reflektierte Distanz umzuschalten (vgl. Verwoert 2003). Solch eine postmoderne Abgeklärtheit ist in den 1950er Jahren nicht breitflächig etabliert, ein situatives Schwanken zwischen „Gepacktsein" und „Distanziertheit" (Willems 1989, 23) im Umgang mit populärkulturellen Medien zeichnet vor allem die literarischen und kulturkritischen Texte der Zeit aus.

Die Otto-Normalverbraucher verfügen teilweise über eine souverän geschulte Sensibilität für Unterhaltungsmedien, wie eine Studie des Frankfurter Instituts für Sozialforschung über die Rezeption der medial ausgeschlachteten Hochzeit zwischen Prinzessin Beatrix der Niederlande und Claus von Amsberg veranschaulicht. „Symptome eines doppelten Bewußtseins zeichneten sich ab", konstatieren die in ihren Prognosen widerlegten Leiter der Untersuchung (Adorno 1998, 66). Tanner und Linke schreiben in diesem Zusammenhang von einer „Art Konsum mit Vorbehalt" (2006, 25), der es erlaubt, sich reflektiert auf mediale Inszenierungen einzulassen. Wesentlich für die von Eco als „Apokalyptiker" bezeichneten, pauschalisierenden Kritiker der Kulturindustrie ist ein Widerspruch: Eine „mühsam verhüllte enttäuschte Leidenschaft [scheint hier] am Werk zu sein, eine verratene Liebe, oder eine unterdrückte Sinnlichkeit, ähnlich der des Moralisten, der ein Bild der Obszönität anklagt und dabei dem Sog des Gegenstandes, dem er seine Verachtung bekundet, zu erliegen droht" (Eco 1994a, 26). „[A]ngespannte Ambivalenz" ist den kulturkritischen Texten aus dem Deutschland der 1950er Jahre eigen. Anhand von Günther Anders' *Die Welt als Phantom und Matrize* (1956), eine an Adornos kulturkritischer Argumentation orientierte Fernsehkritik, bemerkt Eco eine „prekäre Fasziniertheit vom Geheimnis" des Mediums (Eco 1994a, 27). Ablehnung bei gleichzeitiger Faszination – diese widersprüchliche Konstellation zeigt sich als „Einstellungsambivalenz" (Ziegler 2010, 155) auf Seiten der Figuren und Erzähler ebenso in einer Reihe literarischer Texte. Die Einstellung gegenüber der Populärkultur ist gespalten, von Phänomen zu Phänomen wechselt sie zwischen positiven und negativen Einschätzungen, neutral ist sie nur in seltenen Fällen. Auffällig ist, dass die Faszination für populärkulturelle Phänomene in der Regel mit Figurationen des Begehrens einhergeht. Arno Schmidts Prosa nimmt etwa Schlagertitel zum Aufhänger für kulturpessimistische Polemiken und elitäre Selbstvergewisserung. Konträr zu dieser Abscheu stehen dann Sätze, die die latente Faszination für das Populäre deutlich machen. In *Leviathan oder Die beste der Welten* (1949), einem fiktiven Tagebuchbericht aus dem Zweiten Weltkrieg, echauffiert sich der Ich-Erzähler mit dem Kommentar „wir sind gerichtet" über den Schlager „Man müsste Klavier spielen können" (Schmidt 1987, 40). Sobald Begehrensmomente wirken, kommt es dann zu einer enthusiasmierten, aber zugleich ambivalenten Betrachtung der Populärkultur: „Anne war schon neben mir und ihr Marlene-Dietrich-Profil verstörte mich wieder in selige Knechtschaft" (Schmidt 1987, 43), heißt es am nächsten Morgen über die Ähnlichkeit mit der singenden Diva, als sich die beiden Flüchtenden unter MG-Beschuss befinden. Mit Frauke Berndt und Stephan Kammer lassen sich solche „antagonistisch-gleichzeitigen Zweiwertigkeit[en]" als Ausdruck einer „strukturalen Ambiguität" (Berndt und Kammer 2009, 10) verstehen, die den populärkultur-affinen Texten der 1950er und 1960er Jahre inhärent ist.

Gesellschaftspolitische und subkulturelle Implikationen populärkulturellen Begehrens zeigen sich am Beispiel von Alfred Anderschs Rundfunkbeitrag *Der Tod des James Dean* (1959). Anderschs Hörfunk-Montage greift die ‚Halbstarken-Problematik' der frühen Bundesrepublik in Form von verschiedenen Texten

U.S.-amerikanischer Herkunft auf (darunter Ginsbergs *Howl* sowie Dos Passos' Artikel über den tödlichen Autounfall des Jugendidols Dean). Die „geschlagene Generation", erklärt der einleitende, Distanz wahrende Kommentar, ist „unter uns", orientierungslos gibt sie ihrem renitenten Begehren nach, sie kennt, so die Leitmetapher des Texts, „ihren Stier" nicht (Andersch 2005, 223). Übersetzungen und Vermittlungen U.S.-amerikanischer Beat-Literatur erfolgen ab 1960 systematisch in Anthologien wie *Junge amerikanische Lyrik* von Höllerer / Corso (vgl. Mueller 1999).

Um die Verhältnisse jenseits des Atlantiks zu überprüfen, schickt der WDR Wolfgang Koeppen 1959 auf eine mehrmonatige USA-Reise. Im Passus über die Unterhaltungskultur des Times Square kippt Koeppens ethnographisch anmutende *Amerikafahrt* (1959) in Faszination und Überforderung: „Man drängte zu allen Quellen des Vergnügens oder der kurzen Betäubung. Ein Gespenst, eine Frau in einer Art Haremskleidung, wurde von johlenden Burschen umringt, verdrehte die Augen, protzte in hysterischem Verfall mit mächtigem Busen und Hintern, und ihr schwarzes Haar war merkwürdig hochgerichtet und glänzte wie ein mit Schmalz eingeriebener Läuseturm. Welch ein Bild! Welch Treiben! Welche Größe, welche Verirrung, welch ein Roman! Ich setzte mich erschöpft auf einen Schemel, der einem Neger gehörte, ich saß am Straßenrand, hockte am Menschenstrom, wartete in der glänzenden, der zärtlichen, der tobenden Nacht der Neuen Welt und der Neger kniete, putzte meine Schuhe, rieb sie mit freundlichen Händen und sagte, Deutschland, nur Deutschland habe die schönsten Frauen. Ich war geschmeichelt, doch riet ich ihm, sich umzusehen, [...] überall [in New York] hatte ich schöne Mädchen gesehen." (Koeppen 1986, 318–319)

Die deutschsprachige Literatur der 1950er und frühen 1960er Jahre bildet das Außen der Populärkultur. Die Erzähler und Figuren der Texte sitzen erschöpft an der Peripherie des Menschenstroms, gehören zu den Anderen, die als teilnehmende, begehrende Beobachter auf die Spektakel der Populärkultur blicken und ihnen nicht anheimfallen wollen (zum Innen und Außen des Systems Pop vgl. Diederichsen 2010, XXVII sowie Waltz 2001, 219–222). Eine Ausnahme ist Hans-Christian Kirschs in der Presse als deutsche Annäherung an Jack Kerouacs *On the Road* (1957) besprochener Tramper-Roman *Mit Haut und Haar* (1961). Kirschs junger Ich-Erzähler Chase versteht sich als Chronist seiner Generation und berichtet von Tramp-Reisen durch Europa in den Jahren 1952 bis 1958. Benn gehört zum Kanon der Tramper (vgl. 1990, 96 und 114), der Hype um den strittigen Altmeister wirkt auf die Jungintellektuellen, die in Frankfurt studieren und aus Unbehagen am Nachkrieg Eigentlichkeitserfahrungen auf den Straßen Europas suchen. Benns Rezeption in der Subkultur setzt sich dann selbst in den Underground-Magazinen der späten 1960er Jahre fort. Zeitschriften wie *Virginity* machen die Gedichte des Büchner-Preisträgers zu Referenzen der entstehenden Pop-Literatur (vgl. Kruse 2007, 34–36) und zeigen, dass einige alte Dichter dem Hass-Diktum Rolf Dieter Brinkmanns nur mit Einschränkungen zugerechnet werden können (vgl. Brinkmann 1968). Benns Wirkung auf Autoren wie Brinkmann wurde von der Forschung in vielversprechenden Ansätzen erfasst, Pankau (2009, 93–110) sieht Überschneidungspunkte in der Prosa und Poetologie, Willems (1989, 12–13) erkennt Ähnlichkeiten in der Lyrik. Ohne ein Leitbild zu sein, war Benn mit seinen Überlegungen zur Montage, der Nähe zum Nihilismus sowie dem produktiven Umgang mit der Populärkultur der 1950er Jahre zweifellos ein Impulsgeber für die erste Pop-Phase der deutschen Literatur.

Benn, Gottfried. „Bar". *Sämtliche Werke*. Hrsg. von Gerhard Schuster, Bd. 1. Stuttgart: Klett-Cotta, 1986b. 268–269.
Der Text ist zuerst publiziert worden in: Benn, Gottfried. Destillationen. Neue Gedichte. Wiesbaden: Limes, 1953. 21–22. Siehe außerdem: Benn, Gottfried. „Bar" [1953]. DLA Marbach, D 86,54 [Manuskript].

Literaturverzeichnis

Adorno, Theodor W. „Freizeit" [1969]. *Stichworte. Kritische Modelle 2*. Frankfurt am Main: Suhrkamp, 1998. 57–67.
Adorno, Theodor W. „On Popular Music". *Studies in Philosophy and Social Science* IX (1941): 17–48.
Adorno Theodor W. „Résumé über Kulturindustrie" [1969]. *Gesammelte Schriften*. Hrsg. von Rolf Tiedemann, Bd. 10.1. Frankfurt am Main: Suhrkamp, 2003. 337–339.
Andersch, Alfred. „Der Tod des James Dean". *Gesammelte Werke in zehn Bänden. Kommentierte Ausgabe*. Hrsg. von Dieter Lamping, Bd. 7. Zürich: Diogenes, 2005. 203–235.
Becker, Frank. „Amerikabild und ‚Amerikanisierung' im Deutschland des 20. Jahrhunderts – ein Überblick". *Mythos USA. „Amerikanisierung" in Deutschland seit 1900*. Hrsg. von Frank Becker und Elke Reinhardt-Becker. Frankfurt am Main und New York: Campus, 2006. 19–47.
Benn, Gottfried. „Kleiner Kulturspiegel". *Sämtliche Werke*. Hrsg. von Gerhard Schuster, Bd. 2. Stuttgart: Klett-Cotta, 1986a. 150–151.
Benn, Gottfried. „Was schlimm ist". *Sämtliche Werke*. Hrsg. von Gerhard Schuster, Bd. 1. Stuttgart: Klett-Cotta, 1986c. 264.
Benn, Gottfried. „Doppelleben". *Sämtliche Werke*. Hrsg. von Gerhard Schuster, Bd. 5. Stuttgart: Klett-Cotta, 1991a. 83–176.
Benn, Gottfried. „Der Ptolemäer". *Sämtliche Werke*. Hrsg. von Gerhard Schuster, Bd. 5. Stuttgart: Klett-Cotta, 1991b. 8–55.
Benn, Gottfried. „Probleme der Lyrik". *Sämtliche Werke*. Hrsg. von Gerhard Schuster, Bd. 6. Stuttgart: Klett-Cotta, 2001a. 9–44.
Benn, Gottfried. „Altern als Problem für Künstler". *Sämtliche Werke*. Hrsg. von Gerhard Schuster, Bd. 6. Stuttgart: Klett-Cotta, 2001b. 124–150.
Benn, Gottfried. „Die Stimme hinter dem Vorhang". *Sämtliche Werke*. Hrsg. von Holger Hof, Bd. 7/1. Stuttgart: Klett-Cotta, 2003. 130–159.

Berndt, Frauke, und Stephan Kammer. „Amphibolie – Ambiguität – Ambivalenz. Die Struktur antagonistisch-gleichzeitiger Zweiwertigkeit". *Amphibolie – Ambiguität – Ambivalenz.* Hrsg. von Frauke Berndt und Stephan Kammer. Würzburg: Königshausen & Neumann, 2009. 7–30.

Bollenbeck, Georg, und Gerhard Kaiser. *Die janusköpfigen 50er Jahre.* Wiesbaden: Westdeutscher Verlag, 2000.

Brinkmann, Rolf Dieter. „Angriff aufs Monopol. Ich hasse alte Dichter". *Roman oder Leben. Postmoderne in der deutschen Literatur.* Hrsg. von Uwe Wittstock. Stuttgart: Reclam, 1994. 65–77.

Deschner, Karlheinz. *Kitsch, Konvention und Kunst. Eine literarische Streitschrift.* München: List, 1957.

Detering, Heinrich. „Camouflage". *Reallexikon der deutschen Literaturwissenschaft.* Hrsg. von Klaus Weimar, Georg Braungart, Harald Fricke, Klaus Grubmüller, Jan-Dirk Müller und Friedrich Vollhardt, Bd. 1. Berlin und New York: De Gruyter, 1997. 292–293.

Diederichsen, Diedrich. *Sexbeat* [1985]. Köln: Kiepenheuer & Witsch, 2010.

Eco, Umberto. „Einleitung". *Apokalyptiker und Integrierte. Zur kritischen Kritik der Massenkultur* [1964]. Aus dem Italienischen von Max Looser. Frankfurt am Main: S. Fischer, 1994a. 17–35.

Eco, Umberto. „Die Struktur des schlechten Geschmacks". *Apokalyptiker und Integrierte. Zur kritischen Kritik der Massenkultur* [1964]. Aus dem Italienischen von Max Looser. Frankfurt am Main: S. Fischer, 1994b. 59–115.

Faulstich, Werner. „‚Amerikanisierung' als kultureller Mehrwert. Amerikanische Rocksongs, Bestseller und Kinofilme in der Bundesrepublik der fünfziger, sechziger und siebziger Jahre". *America on my mind. Zur Amerikanisierung der deutschen Kultur seit 1945.* Hrsg. von Alexander Stephan und Jochen Vogt. München: Fink, 2006. 154–171.

Fischer, Ludwig. „Strategien der Produktion von Unterhaltungs- und Massenliteratur". *Literatur in der Bundesrepublik Deutschland bis 1967.* Hrsg. von Ludwig Fischer. München: Hanser, 1986. 318–345.

Gernhardt, Robert, Peter Waterhouse und Anne Duden. *Lobreden auf den poetischen Satz.* Göttingen: Wallstein, 1998.

Greenblatt, Stephen. „Die Zirkulation sozialer Energie". *Verhandlungen mit Shakespeare. Innenansichten der englischen Renaissance* [1988]. Aus dem Amerikanischen von Robin Cackett. Berlin: Wagenbach, 1994. 7–24.

Hecken, Thomas. *Das Versagen der Intellektuellen. Eine Verteidigung des Konsums gegen seine deutschen Verächter.* Bielefeld: transcript, 2010.

Hickethier, Knut. „Literatur und Massenmedien". *Literatur in der Bundesrepublik Deutschland bis 1967.* Hrsg. von Ludwig Fischer. München: Hanser, 1986. 125–141

Hummel, Adrian, und Sigrid Nieberle. „Zur Literatur einer Dekade: 1950–1960. Einleitung". *Weiter schreiben, wieder schreiben. Deutschsprachige Literatur der fünfziger Jahre, Festschrift für Günther Häntzschel.* Hrsg. von Adrian Hummel und Sigrid Nieberle. München: Iudicium, 2004. IX–XXII.

I Was an American Spy. Regisseur: Lesley Selander. Allied Artists, 1951.

I Was an American Spy (Ich war eine amerikanische Spionin). Werbematerial: http://www.nyu.edu/projects/wke/press/iwasanamericanspy/iwasanamericanspy8.htm. Everson Archive (12. März 2016).

Kirsch, Hans-Christian. *Mit Haut und Haar. Roman* [1961]. München: List, 1990.

Kittler, Friedrich. „Benns Gedichte – ‚Schlager von Klasse'. Ein Lyriker unter medientechnischen Bedingungen". *Manuskripte. Zeitschrift für Literatur* 106 (1989): 56–62.

Kittler, Friedrich A. *Aufschreibesysteme. 1800 – 1900* [1985]. Fink: München, 1995.
Koeppen, Wolfgang. „Amerikafahrt". *Gesammelte Werke in sechs Bänden.* Hrsg. von Marcel Reich-Ranicki, Bd. 4. Frankfurt am Main: Suhrkamp, 1986. 277–465.
Kroes, Rob. *If You've Seen One, You've Seen the Mall. Europeans and American Mass Culture.* Urbana und Chicago: University of Illinois Press, 1996.
Kruse, Joseph A. *Popliteraturgeschichte(n). Texte, Schriften, Bilder Laut!Dichtung.* Witten: DIP, 2007.
Lethen, Helmut. *Der Sound der Väter. Gottfried Benn und seine Zeit.* Berlin: Rowohlt, 2006.
Linke, Angelika, und Jakob Tanner. „Einleitung. Amerika als ‚gigantischer Bildschirm Europas'". *Attraktion und Abwehr. Die Amerikanisierung der Alltagskultur in Europa.* Hrsg. von Angelika Linke und Jakob Tanner. Köln, Weimar und Wien: Böhlau, 2006.
Maase, Kaspar. *Die Kinder der Massenkultur. Kontroversen um Schmutz und Schund seit dem Kaiserreich.* Frankfurt am Main: Campus, 2008.
Mueller, Agnes C. *Lyrik „made in USA". Vermittlung und Rezeption in der Bundesrepublik.* Amsterdam und Atlanta: Rodopi, 1999.
Pankau, Johannes G. „Berührungen – Rolf Dieter Brinkmann und Gottfried Benn". *Benn Forum. Beiträge zur literarischen Moderne.* Hrsg. von Joachim Dyck und Christian M. Hanna, Bd. 1. Berlin und New York: De Gruyter, 2009. 93–110.
Petersdorff, Dirk von: „Benn in der Bundesrepublik. Zum späten Werk". *Gottfried Benns Modernität.* Hrsg. von Friederike Reents. Göttingen: Wallstein, 2007. 24–37.
Phillips, Claire, und Frederick C. Painton. „I Was an American Spy". *Reader's Digest* 5 (1945): 31–35.
Rang, Bernhard. *Wir kämpfen gegen Schmutz und Schund.* Gütersloh: Rufer, 1953.
Rychner, Max. „Gottfried Benn. Züge seiner dichterischen Welt". *Merkur* 3.8 (1949): 781–793 und 872–890.
Schmidt, Arno. „Leviathan oder Die beste der Welten" [1949]. *Bargfelder Ausgabe. Werkgruppe I.* Hrsg. von der Arno Schmidt Stiftung, Bd. I/I. Zürich: Haffmanns, 1987. 33–54.
Seiler, Sascha. *„Das einfache wahre Abschreiben der Welt". Pop-Diskurse in der deutschen Literatur nach 1960.* Göttingen: Vandenhoeck & Ruprecht, 2006.
Spitzer, Leo. *Stilstudien. Zweiter Teil: Stilsprachen* [1928]. München: Hueber, 1961.
Stucki, Lorenz. „‚Reader's Digest' und die Kultur" [1961]. *Amerika erfahren – Europa entdecken. Zum Vergleich der Gesellschaften in europäischen Reiseberichten des 20. Jhd.* Hrsg. von Alexander Schmidt-Gernig. Berlin: Quintessenz, 1999. 167–178.
Verwoert, Jan. „Double Viewing: Versuch über die Bedeutung des ‚Pictorial Turn' für einen ideologikritischen Umgang mit visuellen Medien – im Medium Videokunst". *Person/ Schauplatz.* Hrsg. von Jörg Huber. Zürich u. a.: Springer, 2003. 223–241.
Waltz, Matthias. „Zwei Topographien des Begehrens. Pop / Techno mit Lacan". *Sound Signatures. Pop-Splitter.* Hrsg. von Jochen Bonz. Frankfurt am Main: Suhrkamp, 2001. 214–231.
Willems, Gottfried. „Benns Projekt der ‚Phase II' und die Problematik der Postmoderne". *Gottfried Benn. 1886 bis 1956. Referate des Essener Colloquiums.* Hrsg. von Horst Albert Glaser. Frankfurt am Main u. a.: Peter Lang, 1989. 9–28.
Ziegler, René. „Ambiguität und Ambivalenz in der Psychologie. Begriffsverständnis und Begriffsverwendung". *Zeitschrift für Literaturwissenschaft und Linguistik* 158 (2010): 125–171.

4.2 Hubert Fichte: Die Palette (1968)
Dirck Linck

1. Topographien

Mit der ersten Kapitelüberschrift und dem ersten Satz des Romans *Die Palette* führt Hubert Fichte seinen Protagonisten, ein unkonventionelles Erzähltempus, den Schauplatz der Erzählung und einen das poetische Verfahren chiffrierenden Modus der Bewegung ein: „JÄCKI GEHT ÜBER DEN GÄNSEMARKT: Die Palette ist neunundachtzig bis hundert Schritte vom Gänsemarkt entfernt." (7)

Sowohl die auf der Primärstruktur Subjekt-Prädikat-Objekt aufbauende Organisation der Sätze als auch ihre paratraktische Reihung sind charakteristisch für die textuelle Gestalt des Romans, der geradezu exaltiert fingiert, aus einem präzise registrierenden Blick hervorgegangen zu sein. Der „Jäcki" genannte Jakob, ein junger Hamburger, lebt nach einem längeren Aufenthalt in der Provence wieder in seiner Heimatstadt, in deren Nähe er eine Landwirtschaftslehre absolviert. Im hier geschilderten Moment, am Eingang des Romans, bewegt er sich erstmals auf den Eingang eines Ortes zu, der, nachdem Jäcki erst einmal zu ihm hinab gestiegen ist, für einige Jahre sein bevorzugter Aufenthaltsort sein wird, die Kellerkneipe „Palette" unweit des Gänsemarkts nämlich, in der sich ein proletarisches und subproletarisches Publikum mit der bohemistischen Jugend der „Gammler" mischt.

Die „Palette" hat es auch in der außerfiktionalen Wirklichkeit gegeben. Im Roman wie in Wirklichkeit wird sie im November 1964 geschlossen. Jäcki lernt die pluralistische Welt dieses Lokals in den drei Jahren vor seiner Schließung bei zahlreichen Besuchen immer genauer kennen. In den Jahren nach der Schließung schreibt er einen Roman über diese Besuche: „Die Palette". Als er ihn 1968 für den Druck fertig macht (das Jahr, in dem auch der wirkliche Roman *Die Palette* erscheint), ist die Subkultur der Gammler bereits historisch geworden und eine neue, anders verfasste, eine globale Filiation nonkonformistischer Jugendkultur beherrscht die Szene. Der Roman verdichtet die Zeitspanne von Jäckis Recherchen in der „Palette" zu etwas mehr als einem Jahr erzählter Zeit. Jäckis Bewegung mit Richtung auf die „Palette" wird vom Roman wiederholt durch ein Verfahren der sprachlichen und narrativen Nachahmung von Jäckis Näherungsbewegung. Das dabei verwendete Tempus Präsens gewinnt seine Funktionen nicht im Intermittieren mit einem epischen Präteritum, sondern wird als durchgängiges Präsens zum vollgültigen deiktischen Erzähltempus (vgl. Linck 2013).

Die Bewegung der Annäherung, des Zugehens auf etwas, die Ereignisse des Begegnens und sukzessiven Kennenlernens, die vor dem Leser in der Mannigfaltigkeit ihrer Umstände ausgebreitet werden, stellt der Roman von Beginn an in den Kontext der Liebe. Die von Jäcki artikulierte Gewissheit, „daß Liebe anfängt mit Kennenlernen" (149), ist einem nach-passionellen Wissen von der Liebe verpflichtet (das in Jäcki fortwährend mit dem Pathos der Passion streitet) und definiert die Qualität von Jäckis Beziehung zur „Palette". Der quantitative Aufwand einer mehrjährigen Recherche korreliert mit der Qualifizierung der Beziehung als Liebe und definiert einen neuen Schriftstellertyp, der sich subkulturell verortet. Liebe als Recherche, Recherche als Ausdruck der Liebe zu verstehen, verweist auf eine gegenkulturell inspirierte wissenschaftskritische Epistemologie und bedeutet für die Erkundung der „Palette": Die Entfernungen einzuziehen, die Differenz zum Nicht-Ich abzubauen, um schließlich im Akt der Darstellung die Verhältnisse in der Beziehung zur umgebenden Welt umzustülpen – „das Innerste öffentlich, und das Öffentlichste innerlich" (352). Die mit der narrativen Codierung dieser „Umstülpung" verbundene Überlagerung von fiktionalen und dokumentarischen Elementen („Durch Wörter nichts./ Alles Wörter./ Alles stimmt" [360]), von Scheinbarkeit und Empirismus, intimen und öffentlichen Diskursformen, die Transfers von Formen der kontemplativen Selbstbefragung in den erzählenden Bericht einer Szeneerforschung rücken *Die Palette* formal in die Nähe des etwas jüngeren Gonzo-Journalismus. Sie lassen ästhetische Formen als Variablen erscheinen, rufen Entscheidungs- und Zuständigkeitsfragen auf, setzen schließlich Urteilprozesse in Gang, die sich auf die unscharfen Grenzen zwischen den Genres beziehen und den Blick von den Darstellungsobjekten, der „Palette"-Welt und ihren Dingen, auf die repräsentative Kraft von Darstellungsformen lenken.

Bevor Jäcki beim Gang über den Gänsemarkt die „Palette", den Ort seines Begehrens, erreicht, tritt dieser Ort in ein Koordinatensystem ein, das ihn mit anderen Positionen im Raum verbindet, die sich wiederum mit unterschiedlichen Zeitpunkten verknüpfen, die mit Jäcki und der „Palette" in einer Beziehung stehen.

Zum einen erweisen sich „Linien", die topographisch zur „Palette" führen, für den Leser zugleich auch als Marken eines Weges, der aus der Vergangenheit Jäckis in Lokstedt zu seiner Existenz in der „Palette" geführt hat: „Zwischen der Koppelstraße in Lokstedt und dem Gänsemarkt gibt es die Haltestellen Stephansplatz, Dammtor, Staatsbibliothek, Rentzelstraße [...]." (7) In den Namen, die in langer Reihe aufgelistet werden, sind die Erfahrungen gespeichert, die Jäckis Annäherung an die „Palette" motivieren, wenigstens für Jäcki. Der „kaputte" Jäcki, der den Bombenkrieg und die Bedrohung seiner Existenz als „Halbjude" hinter sich, die Bedrohung seiner Existenz als Schwuler weiterhin vor sich hat, identifiziert sich mit den „kaputten" Gammlern, die jünger sind als er und der fertigen Vergesellschaftung ein subkulturelles Leben, Arbeitsverweigerung und Experimente mit der Grenzüberschreitung vorziehen. „Kaputt, denkt Jäcki, bin ich unter Kaputten." (282) Für Jäcki (dessen entschiedene Urteile mit absehbar begrenzter Reichweite bereits Merkmale der Subjektposition „Fan" aufweisen) antwortet dem Nichts, das Krieg, Faschismus und Restauration für ihn bereithielten, mit der „Palette" ein utopisches „Alles". Sie scheint in Hamburg die Fülle zu versammeln: „Das ist das tollste Lokal der Welt. In der Palette gibt es alles. Die Palette ist das beste, was es in Hamburg gibt." (27)

Zum anderen führen Linien von der „Palette" weg in unterschiedliche Fernen: „Fünf Minuten von der Palette entfernt – das hängt von der Schrittlänge ab und von dem Verkehr an den Übergängen: Axel Springer, der Botanische Garten, Brockstedts Galerie. [...]. Von der Palette erreicht man in einer Viertelstunde zu Fuß – mit der Bahn dauert es genauso lange, Warten und Kartenkaufen und so weiter gerechnet: den Hauptbahnhof, den Freihafen, Fürst, Starclub, die Universität, die Außenalster. In einer Stunde ist man mit der Deux-Chevaux an der Ostsee, am Falkensteiner Ufer mit der S-Bahn, im Sachsenwald mit der Vorortsbahn, mit der Straßenbahn und dann ein langes Stück zu Fuß – im Niendorfer Gehölz. In zwei Tagen mit der Deux-Chevaux oder auf Stop nach München, nach Paris, nach Stockholm – wenn man Glück hat. In vier bis fünf Tagen kommt man in Pierrevert an" (7–8).

Pierrevert meint die Provence. Die Kneipe „Palette" wird als vernetzt gezeigt mit anderen Orten, die sämtlich in einer Beziehung stehen zum Jäcki der Fabelgegenwart, da sie auf andere Aktionsräume und frühere Stationen im Leben jenes Jäcki verweisen, der dem Leser als Figur der Fabel und zum Zeitpunkt seiner „Palette"-Besuche begegnet. Im Gang des autofiktionalen Erzählens, das ein ethnographisches Interesse mit einem autobiographischen verbindet, befähigt Fichte seine Leser durch eine sukzessiv-integrierte Exposition, von der die mit den Ortsnamen aufgerufenen Erfahrungen nach und nach ausgewickelt werden, dieses um Jäcki und die „Palette" gesponnene Beziehungs- und Informationsnetz zu rekonstruieren. Da Fichte den Rahmen des Romans *Die Palette* dabei überschreitet und Informationen, von denen zunächst unverständliche Romanpassagen erhellt werden, auch auf künftige Texte verteilt, die der Leser von *Die Palette* 1968 nicht kennt, kommt es zu einer Entwerkung der „Palette", die als Text keinen ‚organischen' Integrationszusammenhang aller Details mehr darstellt, keine Totalität, sondern zu einer Station der explorativen Textgeschichte wird, die sich mit dem Eigennamen Hubert Fichte verbindet und in der ständig angezeigten Gegenwart eines fortwährenden Schreibens und Umschreibens konstituiert (vgl. Bandel 2008, 234–244). Die den Leser anfangs ignorierende Vertrautheit des Erzählers mit den Daten seiner Geschichte impliziert einen Appell an die Bereitschaft des

Lesers, sich über jedes einzelne „Werk" hinaus geduldig mit den Texten Fichtes vertraut zu machen, sie kennenzulernen, um im Verlauf dieses Prozesses zum Erzähler aufzuschließen und zu einer Vertrautheit zweiter Ordnung zu kommen.

2. Fabel und Sujet

Auch auf der Fabelebene wird anhand des überblickbaren insularen Raums der „Palette" vergangene Geschichte von Fichte als gegenwärtige Geschichtserfahrung verhandelt. In diesem Raum kleiner Perzeptionen Jäckis wirken historische und aktuelle Ereignisse allerdings derart mit- und gegeneinander, dass er sich schließlich in ein grundloses und polychrones Labyrinth verwandelt, von dem aus unzählige Schächte in die Vergangenheit zurückführen oder Wege ins räumlich Entfernte sich öffnen. Chaotisch kleben Ereignisse an Ereignissen: „Er riecht: Gerüche in Gerüchen, Bier in Korn in Patra in Schnee in Unterhose in Samen in Teer in Rauch, schmeckt er Bier in Rauch, hört er Wörter in Wörtern, deutsche Wörter in der französischen Bitte um Fric in der deutschen Bitte um ein Bier in der deutschen Bitte um eine Miese, um einen Zwoling, hört er deutsche Geschichten in deutschen Geschichten, die Geschichte von der Bierflasche, die eine Schulter auftrennt, in der Geschichte: Ich bin ein kleiner Vagabund" (14–15).

Der unanschauliche Kollektivsingular Geschichte zerfällt hier wieder in die Anschaulichkeit von aus Zeitschichten aufgebauten Geschichten. Die Zentralperspektive und der homogene diegetische Raum, den sie begründet, weichen einer dynamischen Perspektivierung, von der die Zeit/Räume verflüssigt und dezentriert werden. Präsentisch erzählte Gegenwart und durch Vergegenwärtigung herbei beschworene Vergangenheit entgrenzen sich gegen einander, wenn Jäcki von Erinnerungen überfallen, von Assoziationen bewegt wird, die imprägniert sind von den in Krieg, Nationalsozialismus und Nachkrieg gemachten Gewalterfahrungen: „Warum trägt der Autor in die Palette das Heu aus Pierrevert und das in Wasser und braune Flocken geschiedene Blut der Toten, die fotografiert rotierten, bis sie dem zehnjährigen Jäcki zu Gesicht kamen in Lokstedt – trägt es in die Kellerpiesel nahe Hamburg Reeperbahn? Aber ist das nicht drin in der Schelmenpalette, zwischen Bierfontänen und Ninas, Platten, Jeans? Der Autor, der Erzähler und Aufzähler braucht nur eine Plastikfüllung etwas länger zu beobachten, der Aufschneider, und ein Gesicht etwas länger anzukucken. / Das Gesicht füllt sich mit Blut" (166).

Was in den Dingen der Gegenwart an Geschichte „drin" ist, die „Geschichtlichkeit des Daseins" (Weinberg 1993, 107), entfaltet der Roman in strikter Beschränkung auf den Horizont Jäckis durch „Aufschneiden", Montage also, und unter

Verzicht auf alle onto-theologischen Bestimmungen. Auf der Fabelebene wird der Text über die Erfahrungen perspektiviert, die Jäcki in der „Palette" macht. Darin ist der Roman subjektivistisch, während er objektivistisch ist in der Konzentration auf das den Sinnen Jäckis Zugängliche (vgl. Böhme 1992, 392–393).

„Außerdem stehen noch Casablanca, Athen, Formentora [sic!] in einer Beziehung zur Palette. / Sesimbra nicht. Sesimbra liegt in Portugal" (8). Casablanca, Athen, Formentera stehen in einer Beziehung zur Fabelgegenwart, zum Lokal „Palette" im Moment von Jäckis Besuchen. Sesimbra aber steht nicht in Beziehung zu dieser Fabelgegenwart. Sesimbra steht in einer Beziehung zur Sujetgegenwart, zur erst nach Schließung der „Palette" beginnenden Zeit des Schreibens am Roman *Die Palette*. Sesimbra gehört nicht zur Welt der Fabel, und dieser Sachverhalt kann nur vom Jetztpunkt des Sujets aus akzentuiert werden. Sesimbra liegt in Portugal; der Erzähler beginnt dort mit der – drei Jahre lang andauernden – Vertextung seiner Recherchen in der „Palette". „St. Pauli loben auf St. Pauli. / Drei Jahre sitz ich jetzt dran" (345). Die „Palette" lag nicht auf St. Pauli. Der Erzähler führt aber auf St. Pauli die Niederschrift von *Die Palette* fort, und was er hier lobt, ist der Ort der Romanproduktion, die Schreibszene der Hervorbringung einer zweiten „Palette"-Wirklichkeit aus Sprache, der Ort, an dem er beim Schreiben Erfahrungen macht, die in den Text eingehen. Sesimbra gehört wie St. Pauli und andere Orte zu einem Koordinatensystem, das nicht auf den Protagonisten, sondern auf den Erzähler und auf die Hervorbringung des Sujets bezogen ist: „Ich sitze in Sesimbra auf den spitzen Felsen. Ich beobachte, was an den Strand gespült wird. Nachts gehen die Fischer zu Taschenlampennuttchen. Ich nehme Korkstückchen und rundgespülte Fliesen mit aufs Zimmer. Ich fange an zu schreiben, verändre die Namen der Palettianer, tausche Namen aus, denke mir Personen aus zu den Namen." (8)

Das Sujet tritt nicht hinter die Fabel von Jäckis „Palette"-Recherchen zurück, weshalb der fiktionale Literatur im Regelfall kennzeichnende Rezeptionseffekt, diese erzähle sich durch eine transparent werdende Schrift hindurch wie von selbst, hier nicht eintreten kann. Der Leser verliert die Illusion eines reinen Schauens auf die Welt der Fabel und wird statt dessen auf das Sujet verwiesen, das als Schrift zusammen und gleichzeitig mit der Fabel existiert, aber zeitlich nach der vergangenen Geschichte entstand. Die Zusammenschau der „Palette", der Aufblick auf sie wird für ihn unmöglich, weil er permanent mit der von Jetztpunkt zu Jetztpunkt fortschreitenden Gegenwart des Erzählens konfrontiert ist, einem mit dem Leben des Erzählers verkoppelten Schreibakt, der sich in der Zeit erstreckt und dabei ständig neue Perspektiven produziert. *Die Palette* ist nicht nur ein Roman über die „Palette", sondern auf flagrante Weise auch eine Selbst- und Produktionsreflexion des Erzählers im Augenblick des Schreibens über seine Zeit als Palettianer.

Nicht allein die Figur des Jäcki, auch der Erzähler zieht vom jeweils aktuellen Standpunkt aus Linien ins Vergangene und Entfernte, verändert den Blickwinkel und setzt ihn gegen den Blickwinkel der Figur Jäcki. „Ich wollte aufschreiben, was ich über die Palette weiß und was mir zur Palette einfiel." (352–353) Die Einfälle ereignen sich in der Gleichzeitigkeit von Erleben und Erzählen während des Schreibens, als Vorfälle auf der Ebene des Sujets (vgl. Schumacher 2003, 158). Ohne die Simulation einer zeitlosen und ihre Medialität versteckenden Schreibsituation aber baut sich keine stabile Fabel-Welt auf. Die Aufmerksamkeit des Lesers wird stattdessen auf die beiden fundamentalen Dimensionen des erzählerischen Aktes gerichtet: die retrospektive Rekonstruktion einer vergangenen Geschichte (Jäckis Leben in der „Palette") und die in die Zukunft voranschreitende gegenwärtige Produktion des Sujets (durch den Autor oder den Leser), das die Fabel erst hervorbringt (vgl. Schwanitz 1990, 174). Im durchgängigen Präsens des Romans *Die Palette* wird der autobiographische Akt fiktionalisiert. „Es ergeben sich" – für den Erzähler und in der Gegenwart des Erzählens – „Überschneidungen" (8) mit der vergangenen Geschichte.

Die vergegenwärtigte Vergangenheit der Fabel und die Gegenwart des Sujets können einander auch grammatisch überlagern: „Jürgen, von dem Jäcki nicht weiß, daß es Jürgen ist, sagt nichts." (19) In diesem irritierenden Satz sind zwei verschiedene Gegenwarten und Stimmen in die Gleichzeitigkeit versetzt worden: die Gegenwart der Fabel – Jäcki kennt bei seinem zweiten Besuch in der „Palette" noch nicht den Namen des Mannes, der ihm dort schweigend begegnet – und die Gegenwart des zeitlich späteren Sujets, des Erzählers, der in der Rückschau die Namen der Figuren seiner Fabel kennt (und schließlich auch seine Identität mit Jäcki zu erkennen gibt: „Jäcki, der ich bin" [353]). Die Perspektiven der verschiedenen Zeiten aber bleiben unterscheidbar, auch wenn beide Zeiten in einer breiten Gegenwart aufgegangen sind.

3. „Ich schreibe auf"

Jäcki, der die „Palette" zunächst ohne literarische Ambitionen besucht, wird in den Erfahrungen, die sie veranlasst, zu dem Schriftsteller, der nach Ende der „Palette" von dieser Transformation und von der „Palette" berichtet; zunächst als Performer auf der Bühne des „Star Clubs" (Kap. 76), dann als im fiktionalen Text aufgehender Autor eines Romans mit dem Titel „Die Palette". Von der „Palette" erfährt der Leser dabei aber nur in der Weise, dass ihm die vergangenen Wahrnehmungen Jäckis als in der Gegenwart eines Schreibenden vor dessen innerem Auge prozessierte Wahrnehmungen begegnen, die, wenn sie den Leser erreichen, bereits Jäcki und einen Erzähler passiert haben. Der Satz „– Schweinemaria, sagt ein Italiener" (263) etwa gibt dem Anschein zum Trotz nicht die gehörte wörtliche Rede eines Jäcki (damals) begegnenden Mannes wieder, sondern ist die aller stimmlichen Materialität entkleidete, übersetzte, verstandene, im Jetzt der Schreibsituation zu Text gewordene Transformation der ursprünglich mutmaßlich gebrauchten Wendung „Porca Madonna!" Die Stimme ertönt hier, wo der Text wörtliche Rede fingiert, zugleich von außen und innen, aus Fabel und Sujet, Vergangenheit und Gegenwart. In *Die Palette* ist die Zuschreibung der Verantwortung für einen Redeakt extrem verkompliziert, weil in jedem reproduzierten Redeakt, in jedem erzählten Sprechen, in jeder Aussage, die in der und über die Fabelwelt getätigt wird, stets eine weitere, übersetzende Stimme zu erklingen scheint, von der die ‚sagende' Stimme produziert wird. Die Erfahrung einer pronominalen Verwirrung, die Jäcki auf der Ebene der Fabel immer wieder macht, wiederholt sich permanent auf der Ebene des Sujets: „Während Jäcki denkt, gibt er es auf, darüber nachzudenken, wie er denkt, ob er das Gedachte hört, was er hört, ob er mit der Stimme eines anderen denkt – welches anderen?" (47)

Der Leser schaut einem Autor bei der Hervorbringung und impliziten Kommentierung einer Fabel zu, folgt seinen Wahrnehmungen bei der Konstituierung des Sujets, dessen Status als Text auch die Identifikation des Erzählers mit Jäcki sofort wieder relativiert: Die Identität des Erzählers mit Jäcki, der ein Produkt seines Fingierens ist, ist nicht von anderer Art als seine Identität mit den übrigen Figuren, die er aus Text geschaffen hat. „Die ich Heidi nannte, die ich bin, kriegt ihr drittes Kind. Ich kriege also mein drittes Kind, das ich bin" (353).

Sesimbra als Ort des aktuellen Sujets und die „Palette" als Ort der vergangenen Geschichte von Jäckis Initiation in die Gammlerwelt machen zwei vom Präsens synchronisierte Schichten unterscheidbar, die der Roman zusammenführt, der auf diese Weise als Romanganzes eine Metaperspektive zur Perspektive der Fabel und zur Perspektive des Sujets einnimmt: „Die Palette ist alles: Sesimbra und die Palette. / Alles sind meine Wörter" (360). Der Roman *Die Palette* ist untrennbar alles: Das Sujet (Sesimbra) und die Fabel (der „Palette"-Besuche). Weil dieser Doppelcharakter des Erzählens in ihm explizit ins Werk gesetzt wurde, veranlasst er den Leser dazu, seinerseits eine Metaperspektive einzunehmen, meine hier eingenommene Perspektive nämlich auf die Perspektiven des Sujets, der Fabel und des Romans als einer metaperspektivischen Gleichzeitigkeit von Sujet und Fabel. In dieser Metaperspektive gelingt es dem Leser, die temporale Verfasstheit der nacheinander erzählten „Handlungen" und die Räumlichkeit der Fabel- und Sujetperspektiven miteinander zu verschränken.

„Ich schreibe auf, was ich über die Palette weiß und führe Jäcki herum" (82). Der Rezipient, der die Abfolge der „Palette"-Besuche Jäckis nachvollzieht, übernimmt lesend die Geschichte der Wahrnehmungen, die ein Erzähler Jäcki machen lässt. Dessen Besuche in der „Palette" sind in das Schema eines Übergangsritus eingepasst: Er verlässt die oberirdische Welt der Spießer, der Heteronormativität und des Pragmas, steigt die Treppe zur „Palette" hinab und trennt sich dabei von der Welt oben ab (Kap. 2); er überschreitet die Schwelle und betritt den liminalen Raum (Kap. 3), eine Intensitätszone, in der die Normen der hegemonialen Welt außer Kraft gesetzt scheinen und in der er in die Rolle des passiven Initianden wechselt: „Ich sitze jeden Tag in der Palette. Ich greife nicht ein. Ich beobachte die Bewegungen anläßlich Raubüberfällen und Parties. Ich beobachte, wie geschwiegen wird" (110). Der vom Leser beobachtete Beobachter Jäcki schreitet von isolierten zu verknüpften Wahrnehmungen voran, von Wahrnehmungen zu Gesprächen, lernt Namen und Abläufe kennen, vergibt Namen, versteht, dass das beobachtete Schweigen signifikant ist, ein Zeichen für Coolness. Die Leute, die Jäcki kennenlernt, verdichtet der Text nicht zu Charakteren; sie bleiben Abbreviaturen, Erscheinungen im Wahrnehmungsfeld, ihrer bürgerlichen Namen entlastet: Die Blume zu Saaron, Reimar Renaissancefürstchen, Do You Know Basel etc. Jäckis Recherche ist durch eine Frageform bestimmt, die sich nicht auf Gründe und Wesenheiten, sondern auf Umstände und Ereignisse der Szene bezieht, in die er eintaucht. Sie zerlegt in einer äußersten Anstrengung der Unterscheidungskunst die „Palette" exzessiv und bis zur Überforderung aller Urteilssysteme in ihre Teile und Komponenten: Was trinken die Gammler, wie wohnen sie, welche Drogen konsumieren sie, welche Wörter sind in Gebrauch, welcher Art sind ihre Exzesse, welche Gesten sind zu beobachten, wie finanzieren sie ihr Leben, welche Sexualität praktizieren sie, wie gestalten sie ihre Beziehungen, wer prostituiert sich wie, welche Bücher lesen sie, welche Gewalt üben sie aus, welche Musik hören sie, was machen sie außerhalb der „Palette"?

4. Textur

Es sind primär diese vom Roman zusammengetragenen Daten, die seinen Ruf als Pop-Literatur begründet haben, weil sich mit ihnen ein Effekt von Weltfülle verbindet und sie zugleich jede Vorstellung von haltbarem, objektivem Wissen unterlaufen (zu diesem Moment von Pop vgl. Wellershoff 1971, 89–93). Sie werden nicht in den Roman eingeführt, um stabile Objekte der Erfahrung zu konstituieren oder das Milieu der „Palette" in Begriffen festzustellen. Stattdessen etablieren sie eine Zone sinnlicher Mannigfaltigkeiten, einen Raum, in dem Aktivitäten, undeutliche Kräfte, unmittelbar auf die Sinne Jäckis wirken, bis schließlich Kennenlernen und Orientierungsverlust für ihn zusammenfallen: „JÄCKI VERLIERT DIE ÜBERSICHT." (218) Die dekorlose, starke Mündlichkeitseffekte aus sich hervor treibende

Sprache Fichtes, die unermüdlich aus grammatischen Grundformen gefügte Sätze und Halbsätze schichtet, umschichtet und verschiebt, führt in ihrer Plastizität das Wirken dieser Kräfte an sich selbst vor. Irgendwann (Kap. 17) gelingt es Jäcki zwar, in der „Palette" Beziehungen, Strukturen und Muster zu erkennen, aber nie werden die verstreuten Sinnesdaten von ihm am Leitfaden des Verstandes einem Begriff subsumiert. Irgendwann (Kap. 39) rechnet man ihn zur Communitas dazu (was bezeichnenderweise ein Akt des Verkennens ihm vermittelt: Man spricht ihn als den Dealer an, der er nicht ist). Jäcki wird schließlich aktiv im liminalen Raum, begleitet die Palettianer auf einen Ostermarsch (Kap. 26), zu Sexparties, in deren Verlauf die sexuellen Normen ein wenig gelockert werden, und auf einen mit Motorrollern unternommenen Krawalltörn nach Dahme, wo die Gammler Nudisten erschrecken (Kap. 15). Strand, ein Fagott und „blaue Noten, neben dem abgesägten Luftgewehr, das an der Mauer der Kurpromenade lehnt." (84) Vor allem diese am guten Geschmack der Zeit rührenden Motive schienen den ersten Rezensenten der *Palette* das Label Pop-Literatur zu rechtfertigen.

Jäcki verwandelt sich im Raum der „Palette", allerdings nicht in einen Gammler, sondern in einen Schriftsteller, der sich, weil er nicht völlig dazugehört und dazugehören will, dauerhaft zwischen Identifikation und Distanznahme bewegt. Mit der Lebensgefährtin Irma zieht er in ein marodes Haus an immerhin der Elbchaussee und entwickelt den Plan eines Romans über die „Palette", dessen Darstellungssprache aus den Sprachformen der Palettianer gewonnen werden soll. Die Informationen, die über Beobachtung nicht zu erlangen sind, Informationen zur Geschichte der Palettianer etwa oder zu ihrer politischen Haltung, erfragt er nun in Interviews (Kap. 66 und 67). Und endlich beginnt Jäckis Austritt aus dem Schwellenraum. Er ist einmal ganz durch die Erfahrung hindurchgegangen: „Die Palette bietet Jäcki keine Überraschungen mehr. Jäcki bietet in der Palette keine Überraschungen." (289) Dann wird die „Palette" geschlossen. Das abschließende Kapitel „Nachwörter" ist ein eröffnendes; es verfolgt das Leben einiger Palettianer nach dem Ende der „Palette" und Jäckis Weg in eine Existenz als Schriftsteller, der sich zunächst im „Star Club" mit einer elektronisch verstärkten Lesung aus dem noch nicht abgeschlossenen Manuskript der „Palette" einer popkulturellen Öffentlichkeit präsentiert („Ich steh draußen und hab nur die Wörter an [...]" [350]), dann aber dem Akt des Schreibens als Praxis einer Vertextung des Lebens unterstellt, die dem ästhetischen Paradigma der Unabschließbarkeit gehorcht: „Die Palette ist zu. Aber mit den Palettianern geht es immer weiter" (353) Und mit Jäcki auch, der nach der „Palette" ein literarisches Projekt startet, in dem jede Finalität aufgehoben ist. Auf das Schließen der „Palette" reagieren sowohl Jäcki wie Fichte mit einem Text, der in einen Streit über die diskursive Herrschaft von Abschluss und Einheit eintritt und die „Palette" immer wieder ‚aufmacht'.

Die Rhythmik von *Die Palette* wird bestimmt von der Abfolge der Besuche Jäckis, die eine „Handlung" bereitstellen und dem Buch seine narrative Struktur verschaffen. Zwischen den einzelnen Besuchen vergeht Zeit. „Zwischen dem vierten Besuch [...] und dem Besuch, den ich als nächstes aufschreiben werde, ist Handlung vergangen, Handlung von Handlungen." (38) Dort, wo in der Zeit vergangene Handlung unerzählt bleibt, zwischen den (nacherzählbaren) Berichten über die Besuche Jäckis, finden sich handlungslose Kapitel, in denen die Fabel stockt und umschlägt in zeitlose und deshalb nicht nacherzählbare strukturschwache Textur (zum Begriff vgl. Baßler 1994). (Fichtes Präferenz für ein Erzählen in verbloser Parataxe hat ohnehin eine starke Affinität zur texturierten Form.) „LEXIKON" (Kap. 12) etwa reiht in Hamburg zirkulierende Wörter, die sich mit unterschiedlichen Positionen in der Stratifikation ebenso verbinden lassen wie mit unterschiedlichen Szenen und politischen Lagern. „PALETTENABC" (Kap. 37) und „ZWEITES PALETTENABC" (Kap. 48) listen in einem additiven Verfahren ohne hierarchische Ordnung die in der „Palette" Verwendung findenden Wörter auf. Auch wenn die Listen hier durch die Spielregel des „ABC-Spiels" der Palettianer noch notdürftig mit der Fabel verbunden sind, liegt mit ihnen faktisch eine Unterbrechung oder Pause im Geschehen vor, eine Aussetzung des narrativen Aktes zugunsten der gegenrhythmischen Präsentation einer Textur, in der das sprachliche Material der „Palette" und der Stadt Hamburg fixiert, gehäuft, gereiht und jenseits aller mimetischen Funktionen zum Objekt ästhetischer Erfahrung gemacht ist. „Hier besteht Zeit aus Daten über die Palette" (38). Diese Daten und Details sind für sich selbst, unabhängig von jeder Erzählfunktion, interessant und für Supplementierungen durch den Leser offen (vgl. Diederichsen 2006, 117–118). Das temporalisierte Ereignis ist hier nicht die Narration, sondern die Lektüre und individuelle Ergänzung der Textur, bei der Zeit vergeht. Die texturierten Kapitel haben dem Roman in der zeitgenössischen Kritik den Vorwurf der Formlosigkeit und „Stoffhuberei" eingetragen (z. B. Scharang 1968; Baumgart 1985 [1968]), andererseits aber waren sie es auch, die – in den Lektüren Thomas Meineckes zum Beispiel – Fichtes Fama als Popautor begründeten, der Listen schreibt (→ 3.2 Bassler), die Sprache in „kleinste Einheiten" zerlegt (Schumacher 2003, 180), die Position des Autors entmächtigt, die Autonomie des sprachlichen Materials betont und den Erzähler durch einen „Aufzähler" ersetzt. „Timelessness" (35). Der faktualistische Gestus des Vorzeigens subkultureller Lexik, die reproduktive Zitathaftigkeit sowie Fichtes genaues Ohr für Idiomatik kamen einem Wunsch junger Leser entgegen, in zeitgenössischen Texten Elementen der eigenen Lebenswelt zu beggnen, in ihr Zeichen wiederzufinden, die zwar in ihrer Welt kursierten, aber von der kanonisierten Literatur verworfen wurden. Es lag ein Kick in diesen verworfenen Wörtern, die nicht hermeneutisch bemeistert werden wollten, sondern einfach so hingestellt schienen: „Stoff aus Wörtern. Schnee aus Wörtern" (346).

5. Jugend

Als das Buch 1968 bei Rowohlt erscheint, von Werner Rebhuhn eingeschlagen in eine Selbstbegegnungen verheißende goldfarbige Spiegelfolie, auf der sich Autorname, Buchtitel, Genrebezeichnung und Verlagsname in greller psychedelischer Schmucktypographie zum Wort-Bild einer Malerpalette anordnen, mit einem ungezeichneten, mutmaßlich von Fritz J. Raddatz stammenden Klappentext versehen, der eine „Gammler- und Ganovenballade" ankündigt, da adressiert diese Aufmachung ein um die Popkategorie versammeltes Publikum, für das „Gammeln" längst nicht mehr Rückzug in den Keller, sondern die Aneignung öffentlicher Räume bedeutet. Sie suggeriert Aktualität; und werbestrategisch kann Rowohlt mit der Pop-Kampagne anschließen an den Erfolg von Fichtes beatbegleiteter Palette-Lesung im „Star Club" (1966). (Im Roman allerdings fällt der die Medienkonkurrenz bedenkende Jäcki nach dem Live-Event eine Entscheidung zugunsten der Mittelbarkeit von Schrift.) Das Design des Buches verschleiert ein wenig, dass der Roman mit den Palettianern eine 1968 bereits nicht mehr vorhandene Jugendkultur porträtiert, die durch den Zweiten Weltkrieg geprägte nonkonformistische Szene der 1950er Jahre nämlich (vgl. Bandel et al. 2005, 178). Fichte hatte mit seinem historischen Roman einen Beitrag zur zeitdiagnostischen Historiographie jener desintegrierten Jugendszenen vorgelegt, die zum Beispiel auch Helmut Kreuzers im selben Jahr wie *Die Palette* erschienenes Boheme-Buch (Kreuzer 1968) analysierte. In der vor allem die zweite Hälfte des Romans bestimmenden Beschäftigung mit dem Aspekt der Gewalt (immer wieder kommen Protagonist und Erzähler insistierend auf Gewaltszenen sowie das Reale an der symbolischen Gewalt zurück und fragen nach der Bereitschaft, Gewalt auszuüben) lässt sich aber zugleich der Versuch Fichtes ausmachen, zum einen die anfängliche Begeisterung für die „Palette" einer Revision zu unterziehen, zum anderen aus der politisierten Perspektive von '68 in Sesimbra, im Kontext der Diktatur Salazars, anhand der „Palette" die jetzt in der Luft liegende und in die Texte der Zeit einziehende Gewaltfrage des politischen Kampfes zu problematisieren: „Und wenn du die Möglichkeit gehabt hättest? Würdest du die Öfen abgeschlossen haben? – Warum nicht?!" (359).

Die aus den Kellerlokalen auf die Straßen, Campusse und Festivaläcker, vom Jazz zum Pop, von der Apolitizität zum Protest gewechselte Jugend der Formation '68, die erste ohne Kriegserfahrung, die erste, die Jugend zu einem Konzept erklärte, und die erste, die sich als Teil einer globalen Generation begriff, begegnete in den Figuren der *Palette* einem Ableger der Beat-Generation als ambivalentem Identifikationsangebot. Die Referenzstadt der Palettianer ist das existentialistische Paris, nicht New York oder London. (Im lakonischen Sound der *Palette* ist das Echo der Off-Kommentare aus Georg Stefan Trollers Pariser Journal

[1961–1971] schwer zu überhören.) Die Referenz auf die USA bedeutet eine auf den Jazz, den Twist und auf die Beatniks, die sich wiederum auf Paris beziehen. „So kam er das erste Mal, Jäckis Dream von großmütiger Violence, mit dem langen Schal, der weiße Neger und intelligent, als er seine Geschichten erzählte" (187). Norman Mailers *white negro* (1957) war eine Figuration symbolischer Gewalt in der Traditionslinie Jünger'scher „Désinvolture", um die herum sich der Diskurs über die Hipster-Subkultur der 1950er Jahre bildete (vgl. Broyard 1993 [1948]), deren Charakteristika auch die „Palette" aufweist: Rückzug in den Clan, in klandestine Schonräume und in einen hermetischen Code (vgl. Holmes 1993 [1958], 233); die Aufteilung der Gesellschaft in zwei konkurrierende homogene Felder (Squares/Hipsters, Spießer/Gammler); Konsumverweigerung und die Verwerfung bürgerlicher Arbeit; Coolness-Emphatik; den Kult der „Moldiness" (womit so etwas wie „Kaputtheit" gemeint ist); Erfahrungen mit dem Kontrollverlust (Drogen, Sex, Kriminalität, Gewalt); Abkehr von der politischen Sphäre; die stark projizierende Identifikation mit Afroamerikanern und Schwulen, die als Gegenbilder zum Mangel herbeizitiert werden. Vor allem aber manifestiert sich in den zum Klang der blue notes schweigenden Palettianern jene signifikante und popspezifische „Kommunikation durch Kommunikationsabbruch", die Diederichsen „ein notwendig ästhetisch gewordenes, von seiner Intention her aber politisches Handeln" nennt, „das zur Politik und Argumentation nicht mehr kommen kann, weil die rationale Argumentation an die instrumentelle Vernunft gefallen ist." (Diederichsen 2001)

Kein Aspekt der „Palette" interessierte den sein Leben mit der Fotografin Leonore Mau teilenden Homosexuellen Hubert Fichte allerdings stärker, keiner ließ sich '68 spektakulärer aktualisieren als der Gender-Aspekt, der sich mit Körperbildern verband, in denen Alternativen zum hegemonialen Männlichkeitsideal zur Erscheinung kamen. „Auch ist es für den Zwitter im späteren Kampf ums Dasein günstiger, wenn er als Mann und nicht als Weib durchs Leben geht. Jürgen hat für sich die Ordnung der Dinge entdeckt" (310). In der „Palette" und in der von ihr repräsentierten Gegenkultur ist die maskulinistische Ordnung der Dinge überaus fraglich geworden. Hier trifft Jäcki auf die queeren Ahnen der von Leslie Fiedler im Zeichen von Pop propagierten „neuen Mutanten" – den „für zwei Mark den Tango Notturno" (135) tanzenden Damenimitator Otton Bröckelmann, genannt Cartacalo/la, zum Beispiel, dessen proletarischer Grazie Jäcki mit größter Bewunderung und Faszination begegnet, und den der Roman als einen die bundesdeutsche Ordnung massiv irritierenden modernen Schamanen präsentiert, der zwischen Entmündigung und Schrebergartenglück, Schadenszauber und Trümmerglamour taumelt. Jäckis Verwandlung im Passagenraum der „Palette" ereignet sich vor allem im Bannkreis dieser verrückten Queen und „große[n] Schwiegermutter" (190), aus deren Mehrgeschlechtlichkeit Jäcki all seine möglichen Partner/innen hervorgehen sieht: „Alle enthält Cartacalo/la" (191). Die Utopie der „Palette", die „alles" enthält, hängt bei Fichte wesentlich an einem mit ihr identifizierten Möglichkeitssinn, der das genus betrifft und die Gesetzmäßigkeiten von Gender und Genre zur Disposition stellt. „Ein Beruf und eindeutige Männlichkeit – das sind zwei Seiten derselben calvinistischen Münze, für die man in Zukunft nichts mehr wird kaufen können", hat Fiedler (1969, 28) zeitgleich prognostiziert. Und tatsächlich bedeutet Gammeln in der „Palette" auch eine die Zukunft vorbereitende Bereitschaft zum Spiel mit den Gendernormen und zur Bricolage von Körperbildern. Für Jäcki bedeutet es die phantasmatische Ausbildung seines sich dann mit fragwürdigen Genres assoziierenden bi-sexuellen Leibes: „Wieder einmal sieht Jäcki sich als das komische Plastikmodell, dem ein Busen wachsen kann, wofür ihm unten was abfällt und umgekehrt. [...] Jäcki sieht sich im Laufe der Jahre die Fähigkeit verlieren, das Geschlecht zu unterscheiden. Immer mehr kleine Zitzen setzen sich an seinem Körper fest und immer mehr Öffnungen gruppieren sich in seinem Schoß und Oymel neben Dergl" (149–150). Nach der *Palette* wird Fichte die Spur des transvestitischen „Hexenmeisters" (135) Cartacalo/la in Brasilien wieder aufnehmen, als er mit der Erforschung des afroamerikanischen Synkretismus beginnt. Dann wird an die Stelle der „Palette", in der es „alles" gab, etwas anderes treten: „Eine Vaudouzeremonie ist alles. Akut. Geschichte. Struktur" (Fichte 1990, 16).

Fichte, Hubert. *Die Palette*. Reinbek bei Hamburg: Rowohlt, 1968.

Literaturverzeichnis

Bandel, Jan-Frederik, Lasse Ole Hempel und Theo Janssen. *Palette revisited. Eine Kneipe und ein Roman*. Hamburg: Edition Nautilus, 2005.
Bandel, Jan-Frederik. *Nachwörter. Zum poetischen Verfahren Hubert Fichtes*. Aachen: Rimbaud, 2008.
Baßler, Moritz. *Die Entdeckung der Textur. Unverständlichkeit in der Kurzprosa der emphatischen Moderne 1910–1916*. Tübingen: Niemeyer, 1994.
Baumgart, Reinhard. „Eine wüste Idylle" [1968]. Hubert Fichte. *Materialien zu Leben und Werk*. Hrsg. von Thomas Beckermann. Frankfurt am Main: S. Fischer, 1985. 31–34.
Böhme, Hartmut. *Hubert Fichte. Riten des Autors – Leben der Literatur*. Stuttgart: Metzler, 1992.
Broyard, Anatole. „Bild des Hipsters" [1948]. *Beat. Die Anthologie*. Hrsg. von Karl O. Paetel. Augsburg: Maro, ²1993 [1962]. 220–226.
Diederichsen, Diedrich. „Adornos Taschentuch. Möglichkeiten und Strategien des Nonkonformismus". *Jungle World* 52, 19. Dezember 2001. http://jungle-world.com/artikel/2001/51/24729.html (5. Oktober 2017).
Diederichsen, Diedrich. „Liste und Intensität". *Abfälle. Stoff- und Materialpräsentation in der deutschen Pop-Literatur der 60er Jahre*. Hrsg. von Dirck Linck und Gert Mattenklott. Hannover: Wehrhahn, 2006. 107–123.

Fichte, Hubert. *Die schwarze Stadt. Glossen.* Frankfurt am Main: S. Fischer, 1990.
Fiedler, Leslie A. „Die neuen Mutanten". *Acid. Neue amerikanische Szene.* Hrsg. von R[olf] D[ieter] Brinkmann und R[alf] R[ainer] Rygulla. Darmstadt: März, 1969. 16–31
Holmes, John Clellon. „Die Philosophie der Beat-Generation" [1958]. *Beat. Die Anthologie.* Hrsg. von Karl O. Paetel. Augsburg: Maro, ²1993 [1962]. 231–236.
Kreuzer, Helmut. *Die Boheme. Analyse und Dokumentation der intellektuellen Subkultur vom 19. Jahrhundert bis zur Gegenwart.* Stuttgart: Metzler, 1968.
Linck, Dirck. „,Ich erinnere nicht, ob die Lungen herausgenommen werden.' Zur Verwendung des Tempus Präsens bei Hubert Fichte". *Der Präsensroman.* Hrsg. von Armen Avanessian und Anke Hennig. Berlin und Boston: De Gruyter, 2013. 248–259.
Scharang, Michael. „Fichtes Palette – Modell literarischer Anpassung". *Literatur und Kritik* 38 (1968): 506–508.
Schumacher, Eckhard. *Gerade Eben Jetzt. Schreibweisen der Gegenwart.* Frankfurt am Main: Suhrkamp, 2003.
Schwanitz, Dietrich. *Systemtheorie und Literatur. Ein neues Paradigma.* Opladen: Westdeutscher Verlag, 1990.
Weinberg, Manfred. *Akut. Geschichte. Struktur. Hubert Fichtes Suche nach der verlorenen Sprache einer poetischen Welterfahrung.* Bielefeld: Aisthesis, 1993.
Wellershoff, Dieter. *Literatur und Veränderung.* Köln: Kiepenheuer & Witsch, ³1971 [1969].

4.3 Peter Handke: Die japanische Hitparade vom 25. Mai 1968 (1968)

Elias Kreuzmair

1. Innenwelten und Außenwelten

Was macht „Die japanische Hitparade vom 25. Mai 1968" in einem Suhrkamp-Band mit Texten von Peter Handke? Kann ein einfach abgeschriebenes Fundstück aus einer Zeitschrift Literatur sein? Und ist das – vom thematischen Bezug einmal abgesehen – Pop? Einen „Schock" beim „nichtsahnenden Leser" (Heintz 1970, 43), wie es in einem frühen Aufsatz zu *Die Innenwelt der Außenwelt der Innenwelt* (1969) heißt, vermochte die Begegnung mit der Liste von Bandnamen und Liedtiteln vermutlich nie auszulösen. Dennoch unterscheidet sich die Aneinanderreihung von Popsongs asiatischer wie westlicher Provenienz maßgeblich von einem Großteil der restlichen Texte in *Die Innenwelt der Außenwelt der Innenwelt*, was „selbst beim geschulteren Leser ein Gefühl der Verlegenheit entstehen läßt" (Heintz 1970, 41). Die Irritation entsteht aus der Überraschung, diese Art von Text, eine Hitparade, in diesem Kontext anzutreffen. Eine Lektüre auf den Informationsgehalt hin scheint in dieser Umgebung wenig sinnvoll – je größer die historische Distanz wird, desto weniger.

Die „Japanische Hitparade" lässt sich allerdings auch nicht ohne Weiteres als sprachliches Kunstwerk einordnen, ist sie doch durch Titel und Listenform als Gebrauchstext markiert, der auf seinen Informationsgehalt hin gelesen werden kann. Für eine Rezeption als sprachliches Kunstwerk spräche, dass die „Japanische Hitparade" zunächst in der „Zeitschrift für Literatur" *Manuskripte* veröffentlicht wurde (Handke 1968, 35). Dort steht der Text im Rahmen anderer Gedichte, die später im Band *Die Innenwelt der Außenwelt der Innenwelt* gesammelt publiziert werden. *Die Innenwelt der Außenwelt der Innenwelt* wird bei seinem Erscheinen wiederum als Gedichtband eingeführt (vgl. Torberg 1969). Diese paratextuellen Hinweise müssen also auch auf die „Japanische Hitparade" bezogen werden. Die Fragen, die sich anlässlich des Textes stellen, lauten also: Kann ein Text durch den Akt des Abschreibens und seine Rekontextualisierung in einer Sammlung literarischer Texte zu einem Gedicht werden? Oder allgemeiner formuliert: Wie verlaufen die Grenzziehungen zwischen Gebrauchstexten und literarischen Texten? Wie lässt sich durch den Akt der Kopie Literarizität erzeugen?

Diese Frage stellt sich umso mehr, da man gleich mit dem Titel des Textes darauf gestoßen wird, dass es sich hier nicht um ein Original handelt: Die Datumsangabe markiert den historischen Zeitpunkt der Publikation der Vorlage für diesen Text. Sie suggeriert, dass diese Anordnung von Zeichen zu einem bestimmten Zeitpunkt, in der Variante in *Manuskripte* wird der 26.05.1968 als Tag der Fertigstellung des Gedichts angegeben, in der Wochenzeitung *Billboard* vom 25. Mai 1968 so vorgefunden wurde. Die Aufmerksamkeit wird darauf gelenkt, dass es sich nicht um eine im Sinn von Fiktion willkürliche Anordnung von Signifikanten handelt, sondern vielmehr um eine Kopie, ein Zitat, eine Appropriation eines fremden Textes, dessen schöpfende Hand unbekannt ist, da die Zusammenstellung einer Hitparade keine relevante Eigenleistung erfordert.

Die Abweichungen vom Original sind minimal: Handke hat die Platzierungen der Vorwoche und die Plattenfirmen getilgt (vgl. Abb. 1). Man kann die Streichung der Platzierungen der Vorwoche als eine Zuspitzung des Ereignischarakters der Hitparade lesen, da sie die Hitparade aus einem größeren zeitlichen Kontext löst und die Momenthaftigkeit betont, die sie durch die literarische Verewigung erfährt. Auch die Tilgung der Plattenfirmen lässt sich als Zeichen der Enthistorisierung verstehen. Sie erschwert die historische Referenzialisierung des Textes, um ihn in ein literarisches Referenzsystem einzugliedern.

Diese Eingliederung der Hitparade durch Peter Handke wird durch ihre Rekontextualisierung, in der Literaturzeitschrift *Manuskripte* und ein Jahr später innerhalb des Bandes vollzogen (zur Entstehung des Bandes vgl. Pektor). Die Ordnungszahl 24 vor dem Titel des Textes hebt seinen Platz innerhalb der Sammlung hervor. Dieser Platz lässt sich noch genauer bestimmen: Teilt man die Texte aus *Die Innenwelt der Außenwelt der Innenwelt* nach formalen Kriterien grob in drei Gruppen ein, ergibt sich folgendes Bild: 1. Texte, die ein erfahrendes Subjekt inszenieren wie „Die neuen Erfahrungen", „Die Innenwelt der Außenwelt der Innenwelt" oder „Der trauernd Hinterbliebene auf dem Hügel"; 2. transkribierte oder faksimilierte Fundstücke wie „Das Rätsel vom 17. August 1968" oder eben „Die japanische Hitparade vom 25. Mai 1968", 3. visuelle Poesie wie „Die Buchstabenformen" oder „Der Rand der Wörter" (vgl. dazu die Einteilungen von Pompe 2009, 92 und Heintz 1970, 41–43 in Collagen, Transkriptionen und visuelle Poesie). Dazu kommen Mischformen der drei Gruppen. Auffällig ist insgesamt die Tendenz zum Experiment mit verschiedenen Verfahren des Kopierens, Transkribierens, Zitierens und Wiederholens.

Handke führt sein Verfahren in einer programmatischen Notiz, die er dem Band *Die Innenwelt der Außenwelt der Innenwelt* voranstellt, näher aus. In fünf Sätzen erklärt Handke sein Vorgehen, das sich wie eine Versuchsanordnung für einen literarischen Strukturalismus liest (→ 2.6 PAPST, SEIDEL). Ausgangspunkt der Texte des Bandes bilde jeweils ein „grammatisches Modell", das in mehreren Sätzen durchgespielt werde. Er bezeichnet die entstandenen Texte auf Wittgensteins Sprachspiele anspielend als „Satzspiele". Handke betont, dass durch die Aneinanderreihung der Sätze in ihnen wieder das jeweilige Modell aufscheine

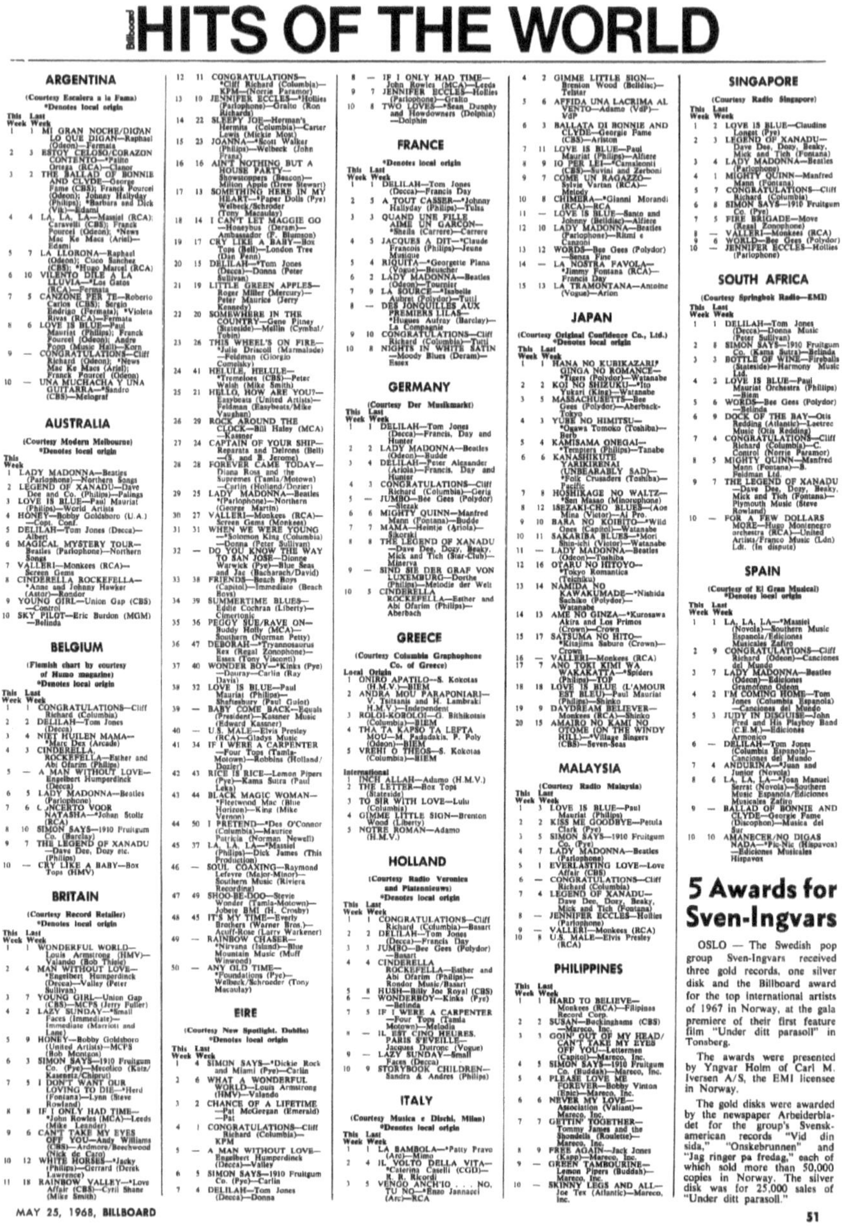

HITS OF THE WORLD

JAPAN

(Courtesy Original Confidence Co., Ltd.)
*Denotes local origin

This Week	Last Week	
1	1	HANA NO KUBIKAZARI/GINGA NO ROMANCE—*Tigers (Polydor)—Watanabe
2	2	KOI NO SHIZUKU—*Ito Yukari (King)—Watanabe
3	5	MASSACHUSETTS—Bee Gees (Polydor)—Aberback-Tokyo
4	3	YUBE NO HIMITSU—*Ogawa Tomoko (Toshiba)—Berb
5	4	KAMISAMA ONEGAI—*Tempters (Philips)—Tanabe
6	6	KANASHIKUTE YARIKIRENAI (UNBEARABLY SAD)—*Folk Crusaders (Toshiba)—Pacific
7	8	HOSHIKAGE NO WALTZ—*Sen Masao (Minoruphone)
8	12	ISEZAKI-CHO BLUES—(Aoe Mina (Victor)—Ai Pro.
9	10	BARA NO KOIBITO—*Wild Ones (Capitol)—Watanabe
10	11	SAKARIBA BLUES—*Mori Shin-ichi (Victor)—Watanabe
11	—	LADY MADONNA—Beatles (Odeon)—Toshiba
12	16	OTARU NO HITOYO—*Tokyo Romantica (Teichiku)
13	14	NAMIDA NO KAWAKUMADE—*Nishida Sachiko (Polydor)—Watanabe
14	13	AME NO GINZA—*Kurosawa Akira and Los Primos (Crown)—Crown
15	17	SATSUMA NO HITO—*Kitajima Saburo (Crown)—Crown
16	—	VALLERI—Monkees (RCA)
17	7	ANO TOKI KIMI WA WAKAKATTA—*Spiders (Philips)—TOP
18	18	LOVE IS BLUE (L'AMOUR EST BLEU)—Paul Mauriat (Philips)—Shinko
19	9	DAYDREAM BELIEVER—Monkees (RCA)—Shinko
20	15	AMAIRO NO KAMI NO OTOME (ON THE WINDY HILL)—*Village Singers (CBS)—Seven-Seas

5 Awards for Sven-Ingvars

OSLO — The Swedish pop group Sven-Ingvars received three gold records, one silver disk and the Billboard award for the top international artists of 1967 in Norway, at the gala premiere of their first feature film "Under ditt parasoll" in Tonsberg.

The awards were presented by Yngvar Holm of Carl M. Iversen A/S, the EMI licensee in Norway.

The gold disks were awarded by the newspaper Arbeiderbladet for the group's Svensk-american records "Vid din sida," "Onskebrunnen" and "Jag ringer pa fredag," each of which sold more than 50,000 copies in Norway. The silver disk was for 25,000 sales of "Under ditt parasoll."

MAY 25, 1968, BILLBOARD

51

Abb. 1: Die japanische Hitparade vom 25. Mai 1968 in der Musik-Wochenzeitung Billboard.

und sie so die Sprache als eine den Texten zugrundeliegende Struktur aufzeige. Diese Struktur bleibt für Handke jedoch nicht abstrakt, sondern entsteht immer wieder neu aus Konventionen, was in jeden Satz eine historische Dimension einschreibe: „Jeder Satz hat eine Geschichte." Die Historizität des Satzes ermöglicht das Wechselverhältnis von Innen- und Außenwelt, auf das im Titel des Bandes angespielt wird: „Ergebnis ist, daß die satzweise Beschreibung der Außenwelt sich zugleich als Beschreibung der Innenwelt, des Bewußtseins des Autors erweist, und umgekehrt und wieder umgekehrt" (Handke 1969, 2). Handkes Spiel ist also eines mit der Referenzialisierbarkeit poetischer Sprache. Einerseits beziehen sich alle Sätze auf eine sprachliche Struktur, andererseits liegt ein Bezug zur Welt des Autors wie des Lesers oder der Leserin vor.

Die modellhaften Sätze gewinnen in diesem Bezug eine historische Dimension. Jene ist der Bezug jedes einzelnen Satzes auf all die Gelegenheiten und Kontexte, in denen er schon verwendet wurde – und vielleicht noch verwendet werden wird. In der Wiederholung des grammatischen Modells wird die Möglichkeit der individuellen Geschichte in einem allgemeinen sprachlichen Merkmal herausgestellt, gleichzeitig wird die Strukturalität der Sprache und die Fortsetzbarkeit dieser Effekte demonstriert. In diesem Sinn heißt der Band auch *Die Innenwelt der Außenwelt der Innenwelt*. Und könnte, wie die programmatische Notiz andeutet, heißen: Die Innenwelt der Außenwelt der Innenwelt der Außenwelt der Innenwelt der Außenwelt „und umgekehrt und wieder umgekehrt". Sprache ist vielleicht das wichtigste Mittel, um über unsere Innenwelt, Affekte und Emotionen, und über unsere Außenwelt zu kommunizieren. Jeder Satz trägt aber die Stigmata seiner geschehenen Verwendungen und Möglichkeiten. Das gilt nicht nur für den Einzelnen, sondern auch für das Sprachkollektiv: Man denke an die Debatten über Vokabeln, die von den Nationalsozialisten geprägt wurden, oder an abgenutzte Metaphern und zu Kitsch verkommene Floskeln. Die Sprache erscheint selbst als Außenwelt, deren Gebrauch den Zwang zur Anpassung an ihre Strukturen und Konventionen enthält. Helmuth Karasek (1969) konstatiert bezüglich des Bandes, „daß dem Autor das scheinbar Vertrauteste, nämlich die Sprache, als das Unheimlichste erscheint, als ungesicherte Außenwelt, der die Innenwelt [...] sich ausliefern muß". Dabei normieren diese Strukturen die Ausdrucksmöglichkeiten, was im Formel- und Floskelhaften der Texte immer wieder aufscheint. In dieser Hinsicht kann *Die Innenwelt der Außenwelt der Innenwelt* auch als Aufforderung gelesen werden, diese Begrenzungen zu reflektieren. Eine Einsicht müsste dann lauten, dass Innen- wie Außenwelt Oberflächenphänomene sind, die sich nicht auf das eine oder andere reduzieren lassen und dass diese Irreduzibilität wesentlich mit Sprachlichkeit verbunden ist.

Literatur lebt aus rezeptionsästhetischer Sicht von diesem Effekt: Dass allgemeine Strukturen, Sätze individuelle Bedeutung erlangen – und das immer wieder aufs Neue, auch deswegen ist der Titel des Bandes prinzipiell unendlich fortsetzbar. Günter Heintz bezeichnet die Texte des Bandes als „engagierte Sprachkritik" (1970, 47). Insofern ein Text wie die „Japanische Hitparade" die Form des Gedichts zitiert und versucht, seine Grenzbereiche auszuloten, funktioniert er auch als ein solches. Die Leser imaginieren nicht – oder nur in gewissen Grenzen – den Autor Peter Handke, auf den in der programmatischen Notiz verwiesen wird, als lyrisches Subjekt. Vielmehr beziehen sie die textuelle Außenwelt, die *Die Innenwelt der Außenwelt der Innenwelt* ist, auf ihre Innenwelt, soll heißen: ihre Geschichte, ihre Potentiale, ihre Möglichkeiten. Diese erscheinen dann als Oberflächeneffekt des Textes als Außenwelt.

2. Lesen und Schreiben

Wie stellt sich das Verhältnis der „Japanischen Hitparade" zur programmatischen Notiz dar? Das „grammatische Modell" der „Hitparade" ist offensichtlich. Alle „Sätze" dieses Textes weisen die gleiche Struktur auf: Auf die Zahl, die den Platz in der Hitparade kennzeichnet, folgt der Titel eines Songs und darunter der oder die Interpreten. Allerdings sind die „Sätze" nicht für sich gebildet, um ein Modell durchzuspielen, sondern so vorgefunden und abgeschrieben, was das Verfahren gegenüber dem Modell in den Vordergrund rückt. Dieses Verfahren wird – jenseits der programmatischen Notiz – im Band selbst reflektiert. Die Technik der Transkription oder des Zitats ohne Anführungszeichen wird in „Lesen und Schreiben", das die Nummer 13 trägt und damit vor der „Japanischen Hitparade" kommt, transparent gemacht. Als Zwischenschritt zur Analyse der „Japanischen Hitparade" bietet es sich deshalb an, „Lesen und Schreiben" als Modellfall der Fundstück-Texte einen näheren Blick zu widmen. Der Satz „BERCHTESGADEN – Um einen besonders schönen Blick auf Sankt Bartholomä zu haben, stieg am Sonntag eine 22jährige Sekretärin aus Paris zusammen mit ihrem Ehemann auf die Falkensteiner Wand am Königssee" (Handke 1969, 48) wird unter der in Kapitälchen gesetzten Überschrift „Lesen und Schreiben" zunächst als Faksimile eines Zeitungsausschnitts wiedergegeben, um dann ohne die Ortsbezeichnung und in Anführungszeichen wiederholt zu werden. Darauf folgt, wieder in Kapitälchen: „Und lesen". Hier wird der unterschiedliche Umgang mit Fundstücken zwischen Faksimile, Zitat und Transkription durchgespielt. Was hier vorhanden ist, aber bei der „Japanischen Hitparade" fehlt, ist die Vorlage.

„Lesen und Schreiben" funktioniert als Ersatz für die Anführungszeichen, die bei den folgenden Texten fehlen – oder besser: Der Text zeigt auf, warum diese Anführungszeichen fehlen. Denn das Entscheidende ist, dass der Akt des Schreibens durch das Herauslösen des Textes aus seinem Ursprungskontext, der eine Lektüre auf die Information hin bevorzugt, ersetzt wird. Die Rekontextualisierung im Umfeld der Literatur wird durch den Rezeptionsprozess abgeschlossen: „Und lesen." Der Satz von der Sekretärin aus Paris kann genauso als einleitender Satz eines Zeitungsberichts über ein tragisches Unglück wie als Beginn einer Erzählung oder eines Gedichts verwendet werden. Korrespondierend mit der Frage nach Literarizität ist die nach dem Verhältnis von Fakt und Fiktion thematisch. Sie wird zu einer Frage nach der Relevanz der historischen Situierbarkeit des Ereignisses – und sie sind vereint. Der einzige Unterschied zwischen den beiden Versionen des Textes in „Lesen und Schreiben" ist die in der zweiten Version – analog zu den fehlenden Plattenfirmen in der „Japanischen Hitparade" – fehlende Ortsangabe. Wie die Sekretärin im literarischen Text nicht mehr die Sekretärin aus Paris ist, die zu einem bestimmten Zeitpunkt an einen bestimmten Ort war, ist der konkrete Ort Berchtesgaden in den allgemeinen Ort der Literatur übergegangen. Literatur, ein erster Satz, kann nicht nur in einem Akt des Schreibens entstehen, sondern auch in einem Akt des Abschreibens. Das wird hier demonstriert – der Diebstahl soll gar nicht verborgen bleiben – und man könnte es als eine Art Vorübung für die „Japanische Hitparade" lesen. Diese gewollte Transparenz des Verfahrens ist jedoch auch ein Hinweis dafür, dass es bei der „Japanischen Hitparade", in der das Produktionsverfahren nicht explizit wird, noch um etwas anderes geht.

3. Affirmation und Kritik

Was erzählt dieser Text, wenn man ihn nicht als Gebrauchstext versteht? Eine Geschichte von Fremdheit und Vertrautheit vielleicht – japanische Songtitel stehen neben englischen, „Massachusetts" neben Japan? Oder eine von Liebe und Einsamkeit – „Lady Madonna" und „Valleri" werden angebetet, doch „Love is Blue" und der Lover „Unbearable Sad"? Das wäre für einen Leser oder eine Leserin vorstellbar, der oder die mit bestimmten Songs bestimmte Situationen verbindet, womit individuelle Innenwelt und textuelle Außenwelt wieder verbunden wären. Insofern stellt die „Japanische Hitparade" ein Potential der Literatur heraus: Sogar mit einem vorgefunden ursprünglich nicht-literarischen Text lassen sich für literarische Texte typische Prozesse der Identifizierung anstoßen.

Eine weitere Deutungsmöglichkeit zeigt ein Blick auf den historischen Kontext: Auch wenn für den 25. Mai 1968 keine besonderen Ereignisse vermerkt sind, so ist zu vermuten, dass gerade zeitgenössische Rezipienten das Datum unweigerlich auf die Geschehnisse im Mai 1968 bezogen haben, was auch heute noch als eine plausible Lesart erscheint. Man könnte die Songtitel der westlichen

Pop-Exporte in der „Japanischen Hitparade" als Beweis lesen, dass die Ideale der Studentenbewegung mit seinen Freiheitsversprechen sogar bis in den Fernen Osten wehe. Im Gegensatz dazu könnte man jedoch auch plausibel machen, dass der Text genau das Gegenteil bezeuge: Während in Paris Barrikaden errichtet werden, regiert in Japan Pop, zur kommerziellen Verwertung hübsch in eine Liste verpackt (vgl. Weingart 2006, 204). Das Versprechen der Freiheit ist jenseits von Paris und Berlin, so könnte die „Japanische Hitparade" zeigen, schon zur exotischen Ware verkommen. Für die zweite Lesart spricht das generelle Verhältnis der Pop-Literaten zur 68er-Bewegung, das eher von kritischer Abgrenzung geprägt war (→ 2.7 HECKEN). Die affirmative Präsentation der Hitparade als Blüte der Konsumgesellschaft verfährt auf den ersten Blick zwar nicht im Sinn einer kapitalismuskritischen Haltung. Dennoch funktioniert der Effekt der Oberfläche des Alltagsfundstücks als sein Umschlag ins Gegenteil: In der Affirmation der Warenästhetik der Hitparade kehrt sich das musikalische Freiheitsversprechen der 1968er gegen sich selbst. In der „Hitparade" zeigt sich das Irritationspotential von Pop-Texten der 1960er wie es von Kerstin Gleba und Eckhard Schumacher in ihrem Band Pop seit 1964 beschrieben wird: Pop-Literatur heiße auch, „dass Kritik und Affirmation nicht immer klar zu trennen sind" (2007, 19).

Eine weitere kritische Lesart der „Japanischen Hitparade" lässt sich aus den Namen der Bands ableiten. Auffallend unter letzteren ist, dass den tierischen Namen der westlichen Bands – den Bee Gees, den Beatles und den Monkees – die Tigers, die Wild Ones und die Spiders entgegengestellt werden. Hellmuth Karasek interpretiert die generelle Tendenz der japanischen Titel und Interpreten, sich den westlichen Gegenstücken anzugleichen, in seiner Rezension des Bandes als Globalisierungs- beziehungsweise Imperialismuskritik: „Ein solches Fundstück zeigt mit befremdlicher Deutlichkeit die Bizarrerien, zu denen eine weltumspannende Amerikanisierung führt" (1969). Allerdings muss man gar nicht so weit gehen, die „Japanische Hitparade" als Kritik der Globalisierung zu lesen. Denn im Gegensatz zu Beispielen wie „Die Aufstellung des 1. FC Nürnberg vom 27.1.1968", die zwar in einem Suhrkamp-Band exotisch wirken, nicht aber im Alltag, zeigt sich in der „Japanischen Hitparade" eine zumindest doppelte Rekontextualisierung. Die Form der Hitparade, die Namen der Bands und Songs haben ein vielfältiges Wechselspiel von De- und Rekontextualisierungen von West nach Ost und zurück durchlaufen, bevor sie in einer deutschsprachigen Textsammlung mit literarischem Anspruch wieder auftauchen. Die „Japanische Hitparade" ist in diesem Sinn eine Demonstration der vielfältigen Austauschprozesse der Globalisierung (→ 2.2 GOER). Die Rede von Innen- und Außenwelt wird als Metapher von Zentrum und Peripherie lesbar.

Dass die „Japanische Hitparade" auch ohne die Reflexion der Globalisierungskritik und den Bezug zum Mai 1968 gelesen werden kann, demonstriert ein Netz-

Fundstück: Am 12. Oktober 2005 lädt ein User mit dem Namen Martin Pulaski eine Kopie der Seiten 78 und 79 seiner „original suhrkamp [!] edition copy" (Pulaski 2005) von *Die Innenwelt der Außenwelt der Innenwelt* in seinen Account bei einer Foto-Sharing-Plattform hoch. Die beiden Seiten zeigen Platz 1 bis 18 der „japanischen Hitparade vom 25. Mai 1968" – Platz 19 und 20 finden sich auf Seite 80. Pulaski (2005) kommentiert: „It's the only poem in this style that I know of. Except for myself. I write these things all the time, but forget about the muse looking over my shoulder [...] trying to guide me through this unfriendly land, like Bobby Blue Bland sings [...] in his blues" (Pulaski 2005). Dieser Kommentar verweist auf das zweifache Potential des Textes: Er regt auf einer formalen Ebene zur schon angesprochenen Reflexion über Schreibverfahren an, kann aber gleichzeitig, obwohl bloße Kopie der Außenwelt, zur Reflexion der Innenwelt anregen, zu der aber wiederum die Mittel der Außenwelt, das Zitat, die geborgte Sprache zur Anwendung kommen müssen. Schließlich bilden Popsongs ein Reservoir an sprachlichen Äußerungen zur Kommunikation der Innenwelt im Sinne eines Affektreservoirs. Pulaski nimmt die Worte des Blues-Sängers Robert Bland zu Hilfe, um über das zu sprechen, was Handkes Text in ihm auslöst. Er schließt in den letzten Sätzen seines Kommentars an das Motiv des einsamen Außenseiters aus Blands Song „Lead me" an und zitiert die Wörter „in this unfriendly land" direkt und erweitert die Hitparade so noch um einen Song. Der historische Abstand zu 1968 und zu dem damit zusammenhängenden globalisierungskritischen Anti-Amerikanismus lässt die „Japanische Hitparade" also nicht als kontextloses Kunstwerk ohne Wert zurück, sondern führt vielmehr – Seilers These von der Vermeidung „subjektive[r] Erinnerungsmomente" (2006, 206) widersprechend – zu einem Kern des Textexperiments: der Funktion von Sprache als Medium individueller Geschichte und der Reflexion über literarische Schreibverfahren.

4. Pop, Literatur und Material

Die Innenwelt der Außenwelt der Innenwelt schließt an zeitgenössische Experimente mit lyrischen Kurztexten an, die ihre Einflüsse aus Dada, der experimentellen Literatur der unmittelbaren Nachkriegszeit (zu den Bezügen zu visueller und konkreter Poesie vgl. Mixner 1977, 80–83) und Pop Art bezogen. Die Texte stehen im Kontext der Werke von so unterschiedlichen Autoren wie Horst Bienek – hier sei vor allem auf seinen Band *Vorgefundene Gedichte. Poèmes trouvés* (1969) verwiesen – Ernst Jandl, Helmut Heißenbüttel, Franz Mon, oder Ror Wolf. Mit Rolf Dieter Brinkmann und Hubert Fichte ist Handke zu dieser Zeit einer der prägenden Autoren der Pop-Literatur – auch wenn die Spuren von Pop-Verfahren in seinem späteren Werk immer spärlicher werden (vgl. dazu Baßler 2002, 169–173; dagegen Pompe 2009).

Beispielhaft zeigt die Verbindung zum Kontext der Zeit ein Blick auf Ror Wolfs programmatische Schrift „Meine Voraussetzungen" von 1966. Wolf stellt sein Schreibverfahren in „Meine Voraussetzungen" als Reaktion auf das Ende der großen realistischen Literatur und auf die Konkurrenz literarischer Texte mit dem Massenmedium Fernsehen dar. Als Referenzen für seine Texte führt Wolf – Fiedlers Aufforderung zur Grenzüberschreitung und Lückenschließung in Richtung Populärkultur (Fiedler 1968) vorwegnehmend (→ 2.1 WEGMANN) – das Kino, insbesondere den Western und Horrorfilme, Jazz, Comic und Fußball an (Wolf 1968 [1966], 401–402 und 404). Die Materialien seines Schreibens seien „die Fundstücke aus meiner Umwelt, Satzstümpfe und Wortbrocken, Fetzen aus Prospekten, Journalen, Katalogen; Textstücke aus Kolportageheften und Groschenblättern" (Wolf 1968, 402–403) – Orte, an denen sich auch „Die japanische Hitparade" oder der Ausgangssatz für „Schreiben und Lesen" finden könnten. Wolf setzt hier wie Handke auf eine Überschreitung der Grenze zwischen ‚high' und ‚low' (→ 2.11 SEESSLEN) und macht das Material, und nicht Eingebung, zum Ausgangspunkt des Schreibens. Auch sein weiteres Schreibkonzept ließe sich auf die Programmatik Handkes beziehen: Wie Handke, der in der programmatischen Notiz von „Satzspielen" spricht, die sich durch „Reihung" fortsetzen, greift Wolf auf eine Metaphorik des Spielens zurück, die von formalen Begrenzungen eingeholt werden: „Was spielerisch wie ein Ausprobieren und Zusammenprobieren einsetzt, unterwirft sich zusehends formalen und thematischen Überlegungen, wird kalkuliert, kombiniert, komponiert" (Wolf 1968, 403).

Wolf hebt die Arbeit des Lesers hervor: „[E]r [d. i. der Leser] soll mit den Bewegungen der Sprache die Ritzen und Buckel der Realität nachfahren […], ein Buch [ist] am Ende auch das, was er daraus macht" (Wolf 1968, 406). Im Akt des Lesens ergeben sich komplexe Verhältnisse von Innen- und Außenwelten, könnte man in Bezug auf Handke folgern. Wolfs Texte der Zeit, sein Debüt Fortsetzung des Berichts (1964) und die im Untertitel als „Abenteuerserie" eingeordnete Erzählung Pilzer und Pelzer (1967), haben zwar wenig Ähnlichkeit mit denen Handkes, spätere Werke der konkreten Poesie wie manche Fußball-Fundstücke in *Das nächste Spiel ist immer das schwerste* (1982) machen durch die Verwendung von Verfahren wie dem der Transkription, der Collage oder des Zitats jedoch einen Zusammenhang nicht nur auf programmatischer Ebene plausibel. Dass aus diesen ähnlichen Programmatiken zunächst so völlig unterschiedliche Texte entstehen, hat unter anderem damit zu tun, dass Wolf „Spiel, Heckmeck, Hokuspokus, Burleske, Wortakrobatik, Spaß" (Wolf 1968, 405) als entscheidend für sein Schreiben bestimmt, wogegen Handke auch zu seinen Experimenten mit dem Ernst oder zumindest dem ironischen Gestus eines „Jungklassiker[s]" (Baumgart 1973, 63) antritt.

Zunächst ist Handke jedoch weniger Klassiker, er ist nach den Erfolgen seiner frühen Stücke ein Popstar der Literatur. Das betrifft nicht nur die Inszenierung seiner Autorenfigur (→ 2.9 NIEFANGER), sondern auch die Verfahren und Inhalte, mit denen er arbeitet. In der zeitgenössischen Rezeption wurden Handkes lyrische Texte sofort in den Zusammenhang mit den popliterarischen Strömungen der Zeit gestellt. Reinhard Baumgart verknüpft die Person Peter Handke einem Popstar gemäß mit „Wörter[n] wie Image, Fans, up to date, in" (1973, 60), Karasek bringt für Texte wie „Die japanische Hitparade" die Rede von „pop-artigen Collagen" (1969) ins Spiel, für Henning Falkenstein sind die Texte „rein sprachlicher Pop", kurz „Pop-Lyrik" (1979; 59 und 57). Für die „Japanische Hitparade" ist die Pop-Einordnung naheliegend, schließlich besteht der Text hauptsächlich aus Popsongs. Auch wenn nicht nur Pop-Texte von Popsongs sprechen, so haben die frühen Werke der Pop-Literatur in den 1960ern die Literaturfähigkeit dieses Genres entscheidend befördert. Wie schon deutlich geworden ist, ist die „Japanische Hitparade" ein Beispiel für die poptypische Überschreitung der Grenze zwischen der sogenannten ernsten und der Unterhaltungsliteratur: Chart-Musik im Suhrkamp-Bändchen.

In der Forschung zu und der Rezeption von *Die Innenwelt der Außenwelt der Innenwelt* werden zwei verschiedene Kontexte aus der bildenden Kunst herangezogen, um Handkes Verfahren für Texte wie die „Japanische Hitparade" zu beschreiben: Einmal die Bestimmung als poème oder objet trouvé (Heintz 1970, 44; Renner 1985, 64; auch Hermand 1971, 58–59 und Weingart 2006, 205) beziehungsweise als Fundstück oder Readymade (Weingart 2006, 198; Pompe 2009, 92), die eine Verknüpfung mit dem Werk Marcel Duchamps implizieren. Eine solche Einordnung der „Japanischen Hitparade" als poème trouvé oder sprachliches Readymade betont die Subversion von Erwartungshaltungen an literarische Texte, die das Fundstück kennzeichnen. Das bietet sich insofern an, als dass Handke diese Stoßrichtung mit seinen *Deutschen Gedichten* (1969) noch radikalisiert. Der Band besteht aus zwanzig Briefkuverts, die schriftliche objets trouvés enthalten – von einer „Auswahl aus dem Hörfunkprogramm der Deutschen Rundfunkanstalten" bis zu den „Lottozahlen". Die entscheidende Differenz zu Duchamps Objekten ist jedoch, dass Handke Reproduktionen reproduziert oder transkribiert, während Duchamp sich direkt aus der Welt der Gebrauchsgegenstände bedienen und einen Flaschentrockner zum Kunstwerk erklären kann (vgl. Pompe 2009, 100). Dagegen ist der Abdruck der „Japanischen Hitparade" nur eine Wiederholung des Abdrucks der japanischen Hitparade in einer Zeitschrift. Zudem läuft einer Kontextualisierung von Handkes Texten mit Duchamps Kunstwerken der historische Abstand entgegen: Warum sollte man diese Geste fast fünfzig Jahre später noch einmal wiederholen (vgl. Bohn 1985, 95–96)? Diese Frage stellt sich vor allem, da Dada sie auch in literarischer Hinsicht schon durchgespielt hatte.

Nicht nur deshalb – dies ist der zweite Kontext aus der bildenden Kunst – liegt die Verbindung zu Andy Warhols Serigraphien näher. Denn auch hier geht es um eine Vervielfältigung von Kopien, eine Reproduktion der Reproduktion von Alltagsfundstücken. Brigitte Weingart hat vorgeschlagen, dass sich in der Lektüre von Handkes Texten mit Warhol ein „Pop-Blick" (2009, 194) identifizieren lässt. Damit bezeichnet sie die künstlerische Vorgehensweise des Pop, die die Auswahl des Alltäglichen und Vorgefundenen organisiert. Für den Pop-Künstler werden Dinge zu Zeichen – für Warhol das Dollarsymbol wie für Handke die Hitparade –, indem er auf den Alltag der Konsumgesellschaft blickt und dessen Gegenstände in Kunst überführt (→ 3.6 DRÜGH). Nun ist die „Japanische Hitparade" kein Ding, sondern wird schon immer zeichenhaft gelesen. So etwas wie Dinghaftigkeit könnte man in der Möglichkeit finden, sie als Signifikanten mit bloßem Informationsgehalt zu lesen. Insofern wäre die Ding/Zeichen-Differenz hier die zwischen Zeichen mit prominenter weltreferentieller Funktion und Zeichen mit prominent selbstreferentieller Funktion. Als letztere stiften sie in der „Japanischen Hitparade" vielfältige Bezüge zu sich selbst – die Autoreflexivität des Textes, angefangen bei den Tiernamen der Bands bis zur Reflexion der Form. Damit nimmt diese Verfahrensweise eine Zwischenstellung ein: Eigentlich ist die Zurschaustellung des Alltäglichen als Pop-Geste eine Desavouierung der Kunstmetaphysik, indem sie den Geniegedanken unterläuft, andererseits tritt der Autor mit dem Pop-Blick als Magier des Alltäglichen auf. Der Akt der Selektion tritt gegenüber der schöpferischen Kombination hervor, er erfordert jedoch einen spezifischen Blick, der die richtigen Dinge aus der Alltagswelt herauslöst. Weingart liest *Die Innenwelt der Außenwelt der Innenwelt* in diesem Zusammenhang als einen „regelrechten Metakommentar über das weite Spektrum der Verhältnisse, die zwischen vorgefundenem Sprachmaterial und [...] Formgebungsprozessen bestehen können" (2009, 201; dazu auch Linck 2009, 142). Das betrifft zunächst weniger Texte wie die „Japanische Hitparade", sondern solche wie „Lesen und Schreiben". Erst indem ersterer Text als Kontext des zweiten auftritt, lässt sich die Konstellation als Metakommentar zur Vorgehensweise lesen. Mit Weingart lässt sich – wenn man die historischen Bezüge der „Japanischen Hitparade" einmal beiseite lässt – die Tiefe, die aus der Oberfläche der Zeichen entsteht, als Reflexion der Formgebung und des Schreibverfahrens identifizieren. Die Aufforderung zur Reflexion tritt freilich umso stärker hervor, je größer der historische Abstand zum Text wird und Bands, Songtitel und vielleicht auch die Form der Hitparade in Vergessenheit geraten. Insofern kann man sich Bohns Diktum über ein anderes Gedicht aus *Die Innenwelt der Außenwelt der Innenwelt* anschließen: „Die Aufstellung des 1. FC Nürnberg vom 27.1.1968' wird [...] immer besser, je älter sie wird." (1985, 112) Auch Pulaski spricht in seiner Rezeption des Textes zuerst von der „Japanischen Hitparade" als formalem Vorbild für eigene Gedichte, bevor er sich der Reflexion der eigenen Innenwelt zuwendet. Der Mai 1968 und Globalisierungskritik spielen hier keine Rolle mehr.

Für „Die Aufstellung" schlägt Thomas Wegmann (2012) eine weitere Einordnung vor, der auch für eine Lektüre der „Japanische Hitparade" von Interesse ist: die Liste (→ 3.2 BASSLER). Das ist erst einmal insofern präziser als eine Kategorisierung als Readymade, da der Liste das Spiel mit der De- und Rekontextualisierung immer schon eingeschrieben ist: Um eine Liste zu erstellen, muss das Aufzulistende erst einmal aus seinem Kontext entfernt werden, damit es in Hinsicht auf die anderen Elemente der Liste vergleichbar bleibt. Darauf folgt in der Lektüre, der literarischen wie informativen, eine Rekontextualisierung im Sinne eines Verstehensaktes (vgl. Diederichsen 2006, 117; Wegmann 2012, 223). Dieser Akt des Verstehens wäre hier die Feststellung, dass es sich bei allen Elementen der Liste „Japanische Hitparade" um Popsongs handelt und diese durch Ordnungszahlen in eine Reihenfolge gebracht wurden. Die künstlerischen Listen wie „Die Aufstellung" oder die „Japanische Hitparade" verweisen darüber hinaus auf die doppelte Dekontextualisierung in ihrem Entstehen: Sie wurden zunächst abgeschrieben und dann in einen künstlerischen Kontext gebracht. Damit stellen sie auch Zuschreibungen wie Readymade oder objet trouvé in Frage. Sie decken deren fehlende ontologische Qualität auf, indem sie diese als Schreib- und Zuschreibungsakte identifizieren. Der Gebrauch dieser Kategorien als Bezeichnung für Texte wie die „Japanische Hitparade" ist rein metaphorisch, schließlich sind diese Produkte des Abschreibens.

Gleichzeitig stiften Listen ein bestimmtes Verhältnis zwischen Welt und Text. Sie suggerieren Indexikalität und Referenzialisierbarkeit – diese Songs gibt es wirklich – Beziehungen, die in Kunstwerken sonst nicht hervortreten. Als Teil eines Kunstwerks unterlaufen sie diese beiden Eigenschaften jedoch wieder. Schließlich spielen die Songs als Realien auf dieser Ebene keine Rolle. Noch mehr als andere Textsorten ist die Liste für eine Subversion der Grenze Kunst/Nicht-Kunst produktiv. Je nach Perspektive und Kontext scheint die eine oder die andere Seite stärker hervorzutreten: der Realitätseffekt der Liste im Text oder die Künstlichkeit des Listenverfahrens. Wegmann qualifiziert die Liste deswegen als „Kippfigur" (vgl. Wegmann 2012, 228–230). Die Kategorisierung der „Japanischen Hitparade" als Liste bietet gegenüber den Einordnungen mit Begriffen aus der bildenden Kunst den Vorteil, dass hier die verschiedenen auftretenden Effekte in einem Verfahren gebündelt werden können, das seine Ursprünge im Medium der Schrift hat. Gleichzeitig sind mit ihm zentrale Aspekte der „Japanischen Hitparade" in ihrem Changieren zwischen zwei Polen beschrieben: De- und Rekontextualisierung, ‚high' und ‚low', Historizität und Zeitlosigkeit, Fakt und Fiktion, Innen- und Außenwelt, Kunst und Leben. In diesem Changieren öffnet der Text etwas, was Dirck Linck als „die eigentliche Leistung der Dingdemonstration des konzeptuellen Pop" bezeichnet hat. Unter dem Warhol-Stichwort „Liking Things" diskutiert Linck ähnlich wie Weingart das Interesse von Pop an Alltagsfundstücken und kommt zu folgendem Ergebnis: „Wer die Dinge zeigt, zeigt also nicht nur, was es alles in Deutschland zu sehen gibt, er veranlaßt auch ein Spiel mit den in Deutschland zirkulierenden Bedeutungen, die wiederum zu tun haben mit den gesellschaftlichen Orten der Dinge und ihrer Betrachter" (2006, 160). Die „Japanische Hitparade" demonstriert in der Affirmation des Pop(songs) eine Ästhetik des Alltags, die entscheidende Fragen nach der Kunst stellt. Sie ist ein paradigmatisches Kunstwerk des 20. Jahrhunderts und ein prototypischer Pop-Text: Die Fragen nach der Form, der Sprache, dem Autor und dem Werk erscheinen aus der Tiefe der Oberfläche eines alltäglichen Fundstücks – und werden in der Schwebe gehalten. Diesen Punkt hatte Karl Heinz Bohrer schon in einem Kommentar aus dem Jahr 1973 zu bestimmen versucht. Handkes Lyrik der Zeit wohne „eine tiefsinnige Manier, oberflächlich zu sein, oder eine oberflächliche Manier, tiefsinnig zu sein" (Bohrer 1973, 52) inne.

Handke, Peter. *Die Innenwelt der Außenwelt der Innenwelt*. Frankfurt am Main: Suhrkamp, 1969. 78–80.
Der Text ist zuerst publiziert worden in: *Manuskripte. Zeitschrift für Literatur* 8.23–24 (1968), 35.

Literaturverzeichnis

Baumgart, Reinhard. „Angenehme Zerstörung". *Über Peter Handke*. Hrsg. von Michael Scharang. Frankfurt am Main: Suhrkamp, ²1973. 60–63.
Baßler, Moritz. *Der deutsche Pop-Roman: Die neuen Archivisten*. München: C.H. Beck, 2002.
Bienek, Horst. *Vorgefundene Gedichte: Poèmes trouvés*. München: Hanser, 1969.
„Billboard Hits of the world". *Billboard. The International Music-Record Newsweekly* 25.05.1968, 51.
Bohn, Volker. „Die Aufstellung des 1. FC Nürnberg vom 27.01.1968". *Peter Handke*. Hrsg. von Raimund Fellinger. Frankfurt am Main: Suhrkamp, 1985. 92–113.
Bohrer, Karl Heinz. „Die Liebe auf den ersten Blick". *Über Peter Handke*. [1972] Hrsg. von Michael Scharang. Frankfurt am Main: Suhrkamp, ²1973. 52–56.
Diederichsen, Diedrich. „Liste und Intensität". *Abfälle: Stoff- und Materialpräsentation in der deutschen Pop-Literatur der 60er Jahre*. Hrsg. von Dirck Linck und Gert Mattenklott. Hannover: Wehrhahn, 2006. 107–123.
Falkenstein, Henning. *Peter Handke*. Berlin: Colloquium, ²1979.
Fiedler, Leslie. „Cross The Border – Close The Gap". *The Collected Essays of Leslie Fiedler*. Bd. II. New York: Stein & Day, 1971. 461–485.
Gleba, Kerstin, und Eckhard Schumacher. „Einleitung". *Pop seit 1964*. Hrsg. von Kerstin Gleba und Eckhard Schumacher. Köln: Kiepenheuer & Witsch, 2007. 17–33.
Handke, Peter. *Deutsche Gedichte*. Frankfurt am Main: Euphorion, 1969.

Heintz, Günter. „Peter Handke: Die Innenwelt der Außenwelt der Innenwelt. Zur Verbindung von Literatur- und Sprachbetrachtung". *Der Deutschunterricht. Beiträge zu seiner Praxis und wissenschaftlichen Grundlegung* 22.6 (1970): 41–50.
Hermand, Jost. *Pop International. Eine kritische Analyse*. Frankfurt am Main: Athenäum, 1971.
Karasek, Hellmuth. „In der Zwangsjacke der Sprache". *Die Zeit* 4. April 1969. http://www.zeit.de/1969/14/in-der-zwangsjacke-der-sprache (zuletzt 07.08.2019).
Linck, Dirck. „'Liking Things': Über ein Motiv des Pop". *Abfälle: Stoff- und Materialpräsentation in der deutschen Pop-Literatur der 60er Jahre*. Hrsg. von Dirck Linck und Gert Mattenklott. Hannover: Wehrhahn, 2006. 125–160.
Mixner, Manfred. *Peter Handke*. Kronberg: Athenäum, 1977.
Pektor, Katharina. „Die Innenwelt der Außenwelt der Innenwelt". *Handke Online*, o. J. http://handkeonline.onb.ac.at/node/138 (zuletzt 07.08.2019).
Pompe, Anja. *Peter Handke: Pop als poetisches Prinzip*. Köln u. a.: Böhlau, 2009.
Pulaski, Martin. japanische hitparade – peter handke 1968. *Flickr.com*, 2005. http://www.flickr.com/photos/martinpulaski/51947378/ (zuletzt 07.08.2019).
Renner, Rolf Günter. *Peter Handke*. Stuttgart: Metzler, 1985.
Seiler, Sascha. *‚Das einfache wahre Abschreiben der Welt'. Pop-Diskurse in der deutschen Literatur nach 1960*. Göttingen: Vandenhoeck & Ruprecht, 2006.
Torberg, Friedrich. „Ob Handke will oder nicht: er ist ein Dichter". *Die Welt* 27. März 1969.
Wegmann, Thomas. „So oder so. Die Liste als ästhetische Kippfigur". *„High" und „low". Zur Interferenz von Hoch- und Populärkultur in der Gegenwartsliteratur*. Hrsg. von Thomas Wegmann und Norbert Christian Wolf. Berlin und New York: De Gruyter, 2012. 217–231.
Weingart, Brigitte. „'Once you ‚got' Pop you could never see a sign the same way again'. Dinge und Zeichen in Pop-Texten (Warhol, Handke)." *Abfälle: Stoff- und Materialpräsentation in der deutschen Pop-Literatur der 60er Jahre*. Hrsg. von Dirck Linck und Gert Mattenklott. Hannover: Wehrhahn 2006. 191–214.
Wolf, Ror. „Meine Voraussetzungen". *Akzente. Zeitschrift für Literatur* 15.5 (1968): 400–406.
Wolf, Ror. *Fortsetzung des Berichts*. Frankfurt am Main: Frankfurter Verlagsanstalt, 1992a [1964].
Wolf, Ror. *Pilzer und Pelzer. Eine Abenteuerserie*. Frankfurt am Main: Frankfurter Verlagsanstalt, 1992b [1967].
Wolf, Ror. *Das nächste Spiel ist immer das schwerste*. Frankfurt am Main: Frankfurter Verlagsanstalt, 1994 [1982].

4.4 Rolf Dieter Brinkmann und Ralf-Rainer Rygulla: Acid – neue amerikanische Szene (1969)

Jan-Frederik Bandel

1. Making of

Es war nicht einfach ein dickes Buch, es war die Probe aufs Exempel. Die Anthologie *Acid – neue amerikanische Szene*, 1969 im eben gegründeten März Verlag erschienen, sollte literarische Einübungen in jene „neue Sensibilität" sammeln, die der Verlag vor allem der US-Literatur zutraute (→ 2.2 GOER) – und die, wie es in einer Erklärung zum Verlagsprogramm heißt, „Belege und Anregungen" lieferten „für neue Verhaltensweisen, die sich aus den Zwängen traditionell wertender Kategorien befreit haben und für eine erweiterte Subjektivität und Spontaneität stehen" (März Verlag 1969, 5). Für den März-Verleger Jörg Schröder und die beiden *Acid*-Herausgeber Rolf Dieter Brinkmann und Ralf-Rainer Rygulla bedeutete das nicht zuletzt, das Buch als (durchaus immer noch nachdrücklich: literarischen) Gebrauchsgegenstand neu zu konfigurieren. In einem wenig nüchternen, aber programmatischen Gespräch, das Brinkmann, Rygulla, Schröder und Rolf-Eckart John im April 1969 geführt haben, heißt es, angesichts wachsender Medienkonkurrenz müssten Bücher „völlig neue und eigenständige Möglichkeiten" entwickeln und behaupten: „Ein erstes Stadium wäre, die Konkurrenz zu verschärfen. Man müßte ein Buch interessanter machen vom Inhalt her und von der Aufmachung her." (Schröder et al. 1969, 288–289) Die Wette war also eine doppelte: *Acid* war der Versuch, das hergebrachte, leidlich „spröde" Medium Buch attraktiver zu gestalten, zugänglich jenseits „abstrakter kultureller Vorstellungen" (März Verlag 1969, 5), und zugleich Modelle zu liefern für eine – wie Verleger und Herausgeber glaubten – ohne solche Handreichung zur Stagnation in poetischer Langeweile, selbstreflexivem Spätavantgardismus und politischem Bekenntniszwang verurteilte deutsche Literatur.

Schon der Untertitel des Bandes macht klar, dass es den Herausgebern nicht um einen eng gefassten Literaturbegriff ging, schon gar nicht um eine – begriffliche, aber auch inhaltliche – Festlegung auf „Pop oder Sub-Kultur" (417) oder den seinerzeit nahezu ubiquitären Underground-Begriff (auch wenn das Buch in der Verlagskorrespondenz immer wieder als „Underground-Reader" benannt wurde). Dieser Verzicht ist umso auffälliger, wenn man sich die Vorgänger- und

Parallelunternehmungen der Herausgeber ansieht: 1967 hatte Rygulla in der Berliner Oberbaumpresse das DIN-A-6-Heftchen *Underground Poems / Untergrund Gedichte. Letzte amerikanische Lyrik* veröffentlicht, das 1968 zum Buch erweitert unter dem Titel *Fuck you (!). Underground Poems / Untergrund Gedichte* bei Melzer erschien; 1969 veröffentlichte Brinkmann bei Kiepenheuer & Witsch die Sammlung *Silverscreen. Neue amerikanische Lyrik.* Die *Acid*-Anthologie ist mit ihren 424 großformatigen Seiten nicht nur die umfangreichste, sondern auch die breitest gespannte, heterogenste dieser Sammlungen.

In ihrer Nachbemerkung gehen die Herausgeber ausdrücklich darauf ein, dass sich das Buch, zunächst als literarische Anthologie projektiert, schließlich zu einer „Materialsammlung mit Lesebuchcharakter" entwickelt habe (417). Die Anlage des Buches trägt dessen einerseits dokumentarischem, andererseits programmatisch-parteiischem Anspruch Rechnung: Neben Übersetzungen von Lyrik, Erzählprosa, Essays und Interviews enthält der Band Comics, Magazinfotos, Collagen, Zeichnungen, außerdem einen langen, literarisch-dichten poetologischen Text von Rolf Dieter Brinkmann („Der Film in Worten", 381–399), ausführliche, in Tonlage und Umfang sehr unterschiedliche biobibliografische Angaben, eine knappe, aber pointierte Nachbemerkung der beiden Herausgeber sowie – neben Bildnachweisen, Literaturtipps und Danksagung – eine lange Widmung, die nicht nur private und Arbeitszusammenhänge würdigt, sondern die „Szene" des Buches in einen ästhetisch wie historisch weiteren Kosmos einlässt: Angerufen werden u. a. Arno Schmidt, Will Tremper, Mao Tse Tung, Roland Barthes, Brigitte Bardot, Mel Ramos, Lauren Bacall, Mick Jagger, Samuel Beckett, Lewis Carroll, Gottfried Benn und Louis-Ferdinand Céline (419).

Das Material nahmen die Herausgeber aus ganz unterschiedlichen Quellen: Vieles stammte aus literarischen Magazinen mit kleiner, ja: kleinster Auflage, meist Soloprojekten wie Larry Fagins *Adventures in Poetry*, Anne Waldmans und Lewis Warshs *Angel Hair*, Gene Blooms und Joe Pinellis *Entrails*, Ed Sanders' *Fuck You*, Peter Schjeldahls *Mother*, Douglas Blazeks *Olé*, Daniel Richters *Residu* und Joel Slomans und Anne Waldmans *The World* (vgl. zu diesen Publikationen Clay und Phillips 1998). Rygulla und John hatten eine Zeitlang als Buchhändler in London gelebt und gearbeitet, von wo sie stapelweise Material mitbrachten, darunter viele hektografierte Hefte und Broschüren (Rüger 1994, 81–82; Geduldig und Sagurna 1994, 98–99; Schäfer 1998, 92–93; Kramer 2003, 36–38). London besaß damals nicht nur eine hochaktive Underground-, Kollektiv- und Selbstpublikationsszene, sondern war auch der europäische Hauptumschlagsort unabhängiger Publikationen aus den USA (Fountain 1988). Brinkmann und Rygulla sprechen in ihrer Nachbemerkung selbst vom „voroffiziellen Bereich literarischer Aktivität", der sich in den USA seit Anfang der 1960er Jahre zunehmend neben dem „offiziellen Literaturbetrieb" ansiedele, mit einer eigenen Distributionsstruktur, einer eigenen Ökonomie – aber ohne den Anspruch, sich als Konkurrenz zu etablieren (417). Vermutlich deshalb griffen sie auch bei Autorinnen und Autoren, die bereits eigene Gedicht- oder Prosabände veröffentlicht hatten, lieber auf verstreute Zeitschriftenpublikationen zurück, nur wenige Texte stammen aus Einzelveröffentlichungen. Andere Beiträge in *Acid* waren Übernahmen aus fest in der US-Szenerie etablierten linken Kultur- und Literaturmagazinen wie *Evergreen Review*, *Paris Review*, *Partisan Review* und *Transatlantic Review*, vereinzelt auch aus Publikumszeitschriften wie *Look* und *Playboy* oder amerikanischen Anthologien. Die in den USA seinerzeit ungemein einflussreichen, gerade im Layout oft extravaganten Underground-Zeitungen tauchen in den Nachweisen dagegen kaum auf (genannt werden in den Text- und Bildnachweisen: *The East Village Other*, *Open City* und *Other Scenes*).

Entsprechend verzichtete der Verlag auch darauf, sich gestalterisch dem meist chaotischen, ungerasterten, Maschinen- und Handschrift, schlagkräftige Headlines, Fotos, Collagen, Fundstücke, Trophäen aller Art integrierenden Do-it-yourself-Erscheinungsbild der Underground-Presse anzunähern (anders als Szene-Lesebücher, wie sie zeitgleich etwa Kiepenheuer & Witsch mit *Underground? Pop? Nein! Gegenkultur!*, Droste mit *Fabrikbewohner*, aber auch der März Verlag mit *Subkultur Berlin* veröffentlichten; vgl. auch Kaplan 2013). Das Layout des Bandes, im Rückblick gelegentlich als „unstrukturiert" empfunden (Mueller 1999, 109; differenzierter Ullmaier 2001, 64–65), versucht dagegen, die bunte Heterogenität, auch: Schroffheit des Materials gestalterisch zu interpretieren, ohne sich zu viel typografische Unruhe einzuhandeln. Es werden verschiedene – Serifen- und Grotesk- – Schriften, auch wechselnde Schriftgrößen und -schnitte verwendet, aber der Satz ist sauber und professionell, der Satzspiegel fix, und die Bilder – amerikanischen Magazinen, Zeitungen usw. entnommen – sind zwar effektsicher, aber klassisch, meist illustrativ, atmosphärisch zu den Texten gesetzt (mit einigen pointierten Ausnahmen – auf Seite 87 etwa steht Roxie Powells Gedicht „Der vollkommene Ehemann" vor einem King-Kong-Motiv, auf Seite 161 ist Rich Krechs Gedicht kontrastiv mit einem ganzseitigen Wolkenhimmel unterlegt; vgl. auch Weingart 2003, 91–94; Weingart 2005, 234–235). „Das Einrichten der Typographie ist sehr schnell gegangen für Brinkmann/Rygullas Verhältnisse", erinnerte sich Jörg Schröder später: „Ich setzte mich mit Brinkmann und Rygulla, den Manuskripten und Illustrationen hin, legte das Schriftmusterbuch der Setzerei Gutfreund aus Darmstadt daneben und fing an: ‚Dieser Text 12/14 Futura halbfett, dieses Gedicht auf dieses Foto Flattersatz 9/12 Garamond.' Ich scribbelte jeden Text und malte den ‚Gestaltern' Brinkmann und Rygulla ein Layout vor, der spätere Klebeumbruch aus dem fertigen Satz und den Illustrationen sah dann natürlich etwas anders aus, aber eben so gut, daß weder Brinkmann noch Rygulla auch nur mit einem Ton muckten." (1992, 10)

2. Die Beiträge

Zu den prominentesten, auch in der BRD damals bereits bekannten Beiträgern gehören ältere Autoren wie William S. Burroughs, Leslie A. Fiedler und Marshall McLuhan, die mit programmatischen, Brinkmanns und Rygullas Präsentation der US-„Szene" stützenden Essays vertreten sind. Auch Andy Warhol und der Komponist John Cage sind zumindest in Interviews präsent (wobei das Cage-Interview, 1966 in *Mother* erschienen, ein leicht kenntlicher Fake des Lyrikers Ted Berrigan ist, in dem Zitate diverser Personen untergebracht sind; vgl. Clay und Phillips 1998, 40). Von Burroughs, den die Biobibliografie als ehemaligen „Zeitungsreporter, Privatdetektiv, Barmixer und Kammerjäger" vorstellt (Brinkmann und Rygulla 1969, 403), haben die Herausgeber gleich zwei poetologisch-wahrnehmungstheoretische Essays aufgenommen: „Die unsichtbare Generation" (zuerst 1966/67 im Londoner Underground-Blatt international times erschienen) ist die Anstiftung zu erkenntnisförderlichen Tape-Experimenten im Alltag; „Akademie 23 – Eine Entwöhnung" (zuerst 1967 im New Yorker Wochenblatt *Village Voice*) imaginiert eine psychedelische Akademie, an der mithilfe von Technik und Drogen die gesellschaftliche Konditionierung durchbrochen wird (166–174, 363–367). Beide Texte greifen zwar in ihrer utopischen Behauptung weit über das Literarische hinaus, schreiben aber den Medien, damit auch der Literatur im Wesentlichen eine kritische Funktion zu: Dekonditionierung (*deconditioning*, in der Übersetzung etwas unscharf als „Entwöhnung" wiedergegeben). Seine Ästhetik zielt auf die Lockerung, schließlich Auflösung unbemerkt, durch alltäglichen Sprach- und Mediengebrauch eingeübter Muster – ein Motiv, das sich durchaus aus den Programmen diverser Avantgarden im 20. Jahrhundert, auch aus der dadurch informierten Kritischen Theorie herleiten ließe, das Burroughs aber – vor allem in „Akademie 23" – enger an das psychedelische Denken der US-Gegenkultur, an ihr Vertrauen auf „Bewusstseinserweiterung" durch psychogene Drogen koppelte (was den großen, gelegentlich wohl von Missverständnissen getragenen Einfluss des Textes in der *counterculture* zweifellos beförderte – er wurde in zahlreichen Underground-Zeitungen nachgedruckt).

Auch der Literaturkritiker und -wissenschaftler Leslie A. Fiedler, der in der neueren US-Literatur einen solchen Bruch mit den Paradigmen der Moderne erkennen wollte, dass er den Begriff der „Post-" oder „Nach-Moderne" lancierte, war für Brinkmann ein wichtiger Stichwortgeber – das hatte dieser bereits 1968 bekannt, als er sich als Einziger in der sogenannten „Fiedler-Debatte" (→ 2.1 WEGMANN) der (durchaus von antiamerikanischen Ressentiments getragenen) Ablehnung von Fiedlers zunächst in Freiburg vorgetragenen Thesen entgegenstellte und dabei bereits eine Reihe von Autoren anführte, die in der *Acid*-Anthologie vertreten sind: Donald Barthelme, Paul Blackburn, John Giorno, Frank

O'Hara usw. (Brinkmann 1968). Allerdings findet sich in *Acid* nur ein kurzes, im Anhang untergebrachtes Zitat aus Fiedlers Vortrag (dieser wurde, nach der erweiterten Fassung, die Ende 1969 im US-Playboy erschien, 1970 für den geplanten Band *März Texte 2* übersetzt – kam dann allerdings erst 14 Jahre später in Schröders *März Mammut* zum Druck); aufgenommen wurde stattdessen der 1965 im *Partisan Review* erschienene Essay „Die neuen Mutanten", in dem bereits wesentliche Elemente des 1968er Vortrags formuliert werden (16–31): Auch hier benennt Fiedler Science Fiction als Stimulans zeitgenössischer US-Literatur der „Nachmoderne" (und zwar belletristischer wie theoretischer – bis hin zu Wilhelm Reich, Buckminster Fuller, Marshall McLuhan und Norman O. Brown), auch hier deutet er die Weltraumfantasien als Metaphern für die „Eroberung des inneren Raumes" (wobei, durchaus naheliegend, vor allem Burroughs angeführt wird), und auch hier benennt Fiedler dieses Motiv als zentralen Impuls einer jungen, dem Rationalismus auch in seinen neulinken, neomarxistischen, neofreudianischen Formen skeptisch gegenüberstehenden, Generation (ganzseitige Hippie-Gruppenbilder verdeutlichen dem *Acid*-Leser, wie er sich diese „neuen Mutanten" vorzustellen hat – und betonen in ihrer Posenhaftigkeit zugleich die modischen Lifestyle-Ausgänge dieser kalifornischen Rebellion).

Im Gegensatz zu den Essays stammen die Erzählungen und Gedichte in *Acid* fast durchgängig von Autoren, die in Deutschland noch komplett unbekannt waren, sich teilweise auch in den USA noch unterhalb des kritischen Radars bewegten – selbst ein früher, einflussreicher Vertreter der spätavantgardistischen New York School, der 1966 gestorbene Frank O'Hara, wurde in der BRD erst durch Rolf Dieter Brinkmanns Auswahl und Übersetzung bekannt, die 1969 bei Kiepenheuer & Witsch erschien (*Lunch Poems und andere Gedichte*). Das zeitgleiche Erscheinen mag erklären, dass der für Brinkmann so wichtige O'Hara in *Acid* nur mit einem einzigen Beitrag auftaucht, einem Comic, den er gemeinsam mit dem Zeichner Joe Brainard in dessen kurzlebigem, von Ted Berrigan verlegtem Magazin „C" Comics veröffentlicht hatte („Harte Zeiten (nach Dickens)"; Brinkmann und Rygulla 1969, 33–42). Brainards komische, aber eher abstrakt-artifizielle, selbstreferenzielle Bildgeschichten lagen den Herausgebern offensichtlich mehr als die seinerzeit in der US-Szene so präsenten, wesentlich drastischeren Underground-„Comix": Deren bekanntester Vertreter Robert Crumb wird jedenfalls nur als Illustrationslieferant unter anderen behandelt. Eine Seite seiner *Head Comix* ist zwar abgedruckt, erscheint aber im Inhaltsverzeichnis so wenig wie der Zeichner in den Autorenangaben (1970 veröffentlichte der März Verlag eine erste Sammlung von Crumbs Comics auf Deutsch). Auch ein Strip von Manuel „Spain" Rodriguez ist wohl eher ob der visuellen Effekte eingesetzt (seine Trashman-Figur brachte es ein Jahr später sogar auf die „Kursbogen"-Beilage, als Hans Magnus Enzensbergers polit-literarisches *Kursbuch* sich der „nordamerikanischen Zustände" annahm). Das passt zur Beobachtung, dass auch populäre Comics wie Batman für Brinkmann eher als Zitat des Zitats von Interesse waren, also immer schon besetzt durch intellektuelle oder literarische Bezugnahme (Linck 2012, 82–90; vgl. auch Weingart 2005, 232–233).

Vor allem jüngere Autorinnen und Autoren der New York School figurieren bei Brinkmann und Rygulla als Exponenten der „neuen amerikanischen Szene" (vgl. Mueller 1999, 112–129): Ted Berrigan, Tom Clark, Kenward Elmslie, Ron Padgett und – eine der wenigen Frauen in *Acid* – Anne Waldman galten als Kern der „zweiten Generation" der literarischen New York School. In deren Umfeld wirkten auch Paul Blackburn, Larry Fagin, Dick Gallup, Harry Mathews, Ed Sanders und Tom Veitch. Ihre Gedichte und Erzählungen machen etwa ein Drittel der Beiträge in *Acid* aus. Brinkmann schätzte ihren Witz, ihre Bildhaftigkeit, ihre unaufgeregte Bezugnahme auf – europäische – Traditionen der Lyrik, ihr Theoriedesinteresse, ihr Bekenntnis zur Artifizialität, auch zur dreisten Aneignung, und ihr Ausweichen vor den großen, existenziellen Fragen in Alltägliches, Beiläufiges, Konkretes, unbekümmert Subjektives und Oberflächliches („Notizen 1969 zu amerikanischen Gedichten", Brinkmann 1969, 7–32). Außerdem waren Brinkmann und Rygulla fasziniert von den Arbeits- und Lebenszusammenhängen, in denen vor allem in New York Literatur produziert wurde: literarische Gemeinschaftsarbeiten (*collaborations*, bei Brinkmann: „Kollaborationen") samt gegenseitiger Adressierung, aber auch der enge Austausch über selbstverlegte Zeitschriften, Lesungen und Zirkel wie das Poetry Project in der St. Mark's Church-in-the-Bowery im East Village.

Eine weitere künstlerische Gruppierung in New York, die – wenn auch weniger eingehend – portraitiert wird, ist der Kreis um Andy Warhol und seine Factory: Warhols herausgehobenem Star-Status wird durch ein ganzseitiges Portraitfoto von Richard Avedon Rechnung getragen (und durch die Platzierung von Bill Deemers Gedicht „Kim Novak" über einem der Warhol-Interviews, 95–98). Die Interviews sind geführt von Warhols künstlerischem Assistenten, dem Fotografen, Filmemacher, Lyriker und, in der Factory-Terminologie, „Superstar" Gerard Malanga, von dem auch ein böses Gedicht über den „Ekel amerikanischer Träume" im Band zu finden ist (85–86). Auch John Giorno gehörte zunächst zu Warhols Umfeld, u. a. als Schläfer im 6-Stunden-Film *Sleep*, und wurde später bekannt durch seine Versuche, die Verbreitung von Lyrik technisch zu erweitern, etwa durch Dial-a-Poem, eine telefonische Gedicht-Hotline, durch Schallplattenveröffentlichungen usw. Und Gregory Battcock, ein Kunsthistoriker und zur Kunstkritik und -wissenschaft konvertierter Maler, dessen Aufsatz zu Warhols Filmen für *Acid* übersetzt wurde (294–307), war selbst in einer Reihe Warhol- und Markopoulos-Filme zu sehen – ebenso wie Taylor Mead, aus dessen Lyrik- und Sentenzen-Sammlung *On Amphetamine and in Europe* (1968) zwei Gedichte in der Anthologie zu lesen sind.

Neben diesen beiden (gerade in ihren Medien- und Imagestrategien ausgesprochen gegensätzlichen) New Yorker Zirkeln erscheinen im Buch aber auch zahlreiche, mehr oder minder lose mit dem Netzwerk „voroffizieller" Literaturproduktion und -distribution verknüpfte Autorinnen und Autoren. Einige – wie Diane di Prima, John Clellon Holmes, Lenore Kandel, Harold Norse und Michael McClure – gehörten den Strömungen der „Beat Generation" zu, andere der daran angelagerten Cut-up-Literatur – wie Mary Beach und natürlich William S. Burroughs, der erst die Stichworte für dieses Tape- und Text-Schnittverfahren geliefert hat, das sich zunächst als Aufholbewegung gegenüber den Schnitt- und Montagetechniken anderer Künste verstand. Die Autoren der US-„Szene" hatten viel von der bildenden Kunst, dem Film, auch der Popmusik gelernt – sicherlich einer der Gründe, weshalb die Anthologie zumindest einzelne Beiträge dazu enthält, etwa einen Essay des Filmemachers und Autors Jonas Mekas, polemische „Bemerkungen und Anmerkungen zur zeitgenössischen Kunst" von John Perreault, ein dem *East Village Other* entnommenes Interview mit Frank Zappa und ein Gegenkultur-Manifest des Lyrikers und Fugs-Musikers Tuli Kupferberg. Auch Charles Bukowski ist mit zwei Gedichten in *Acid* zu finden, war damals aber in Deutschland noch kaum bekannt, was sich bald ändern sollte – Bukowskis erstes Buch in Übersetzung erschien 1970 im Melzer Verlag (*Aufzeichnungen eines Außenseiters*), ab Mitte der 1970er folgten Gedichte, Erzählungen, Romane und machten ihn (zumal als öffentliche *persona*, als meist alkoholisiertes Originalgenie) zu einem der bekanntesten amerikanischen Gegenwartsautoren und zum wichtigen Einfluss für deutsche Autoren (vgl. auch Kramer 2003, 34). Andere in *Acid* vorgestellte Schriftsteller verschwanden nicht nur in Deutschland wieder von der Bildfläche – wie E.F. Cherrytree, dessen Catfight-Fantasie und -Bekenntnis „Hallo Freunde!" Brinkmann und Rygulla aus Barney Rossets *Evergreen Review* entnommen hatten. Seine – auch im März Verlag schon in Planung genommenen – weiteren Vorhaben, ein *Catfighters' Manifesto* und der Roman *And Saturday is Jack-off Day*, kamen nicht mehr zum Druck.

So vielfältig das Material der Anthologie ist, so deutlich gilt die literarische Sympathie ihrer Herausgeber jenen kleinskaligen, schnell produzierten Publikationen, *little mags*, für deren neuerliche Blüte in den 1960er und 1970er Jahren in den USA der Begriff „mimeo revolution" gebräuchlich ist – übertragen etwa: Hekto-Revolution (Clay und Phillips 1998; Sanders 2011; zur Tradition auch Spoerhase 2015). Brinkmann und Rygulla machen sich nicht jene Erwartung zu eigen, die Seymour Krim 1967 im *Evergreen Review* artikulierte und die unter dem Titel „Die Zeitung als Literatur" auch in *Acid* dokumentiert ist (322–335). Krim, der sich selbst einem subjektiv-literarischen *New Journalism* zugehörig fühlte, prognostiziert darin, eine zeitgenössische, zeitgemäße Literatur werde sich in schnelleren Medien – der Tages- und Wochenpresse, aber auch den kommenden elektronischen Medien – artikulieren. Krim hoffte, im Zeitungswesen der Mittsechziger eine „Revolution journalistischer Werte" zu erkennen, wofür er vor allem jüngere Journalisten anführt, darunter bekannte Exponenten des *New Journalism* wie Peter Hamill, Gay Talese und Tom Wolfe.

Vor allem aber traute er den Underground-Zeitungen, die seit den 1950er Jahren, zumal aber seit Mitte der 1960er Jahre aus den städtischen Szenen in den USA hervorgingen (exemplarisch genannt: die prototypische *Village Voice* und die ebenfalls frühe, stilbildende *Los Angeles Free Press*), die Entwicklung „journalistischer Popformen" zu, durch die zugleich das überkommene Künstler- und Literaturverständnis verabschiedet werde: „Ist die Zeit nicht reif, damit ihr Potential im Zentrum der Gesellschaft explodiert, auf dem Weg über den Journalismus, der für die Mehrheit liberaler geworden ist, so daß das menschliche Tier schließlich wissen kann, was die Landmine (Isaac Babels Wort) großer Schreibkunst schaffen kann, wenn sie an Präsidenten, Regierungen, Preise, Mächte, Mord und jegliche Form des Antiparadieses, die uns täglich begegnet, gelegt wird? Wozu ist Kunst da, von Shakespeare bis zu Terry Southern, wenn nicht, um die Welt durch ein Beispiel zu verändern?" (335)

Die Wochen- und Halbwochenblätter der Gegenkultur, so Krim, seien „aus dem gleichen Boden" aufgeschossen, „der einst kleine Magazine hervorbrachte" (also aus Szenen, in denen künstlerische, bohemistisch-subkulturelle und politisch radikale Impulse zusammenwirken – vgl. u. a. McMillian 2011). Wo allerdings die *little mags* auf Untergestaltung, Begrenzung, fast: Privatheit der Zirkulation setzten, da feierten viele Underground-Blätter eine Art psychedelischen Boulevard, lebten von Zuspitzung, Drastik und – oft vielfarbig verlaufender, schillernder, typografisch wilder – Übergestaltung, sowie von einer Strahlkraft innerhalb breiterer Szenen, zumindest potenziell auch über diese hinaus (nicht zuletzt eine technische Differenz: Hektografie gab nur dreistellige Auflagen her, Zeitungs-Offset verlangte deutlich höhere Stückzahlen). Wo gerade die New Yorker Selbst- und Kollektivpublikationsszene sich als primär künstlerische verstand, ging es zumal den kalifornischen Gegenkultur-Blättern um die Artikulation und Feier eines neuen Lebensstils, aber auch um radikale Politik, Minderheitenrechte, Spiritualität usw. Die journalistischen Formen, die in diesen Medien erprobt wurden, die aber auch Entsprechung in größeren Zeitungen und Zeitschriften fanden (vgl. Bushoff 1983), spielen in *Acid* kaum eine Rolle – in der Anthologie findet sich kein Tom Wolfe, aber auch kein Norman Mailer, Hunter S. Thompson oder Gay Talese. Das war offensichtlich nicht die „neue amerikanische Szene", die Brinkmann und Rygulla im Blick hatten, auch wenn das Nachwort eine Erneuerung des Essays als Form in Aussicht stellt, „collagenhaft, mit erzählerischen Einschüben, voller Erfindungen, Bild" (389). Musik und Musikjournalismus, definierende Größen der *counterculture*, laufen ebenfalls eher nebenher – u. a. beim Schreiben des

Nachworts, wie Brinkmann jeweils vermerkt: Frank Zappa und die Mothers of Invention, die Doors, die Fugs, Creedence Clearwater Revival ... nur wenige, genau ausgewählte Wegmarken. Die Doors liefern dann auch mit „When the Music's Over" das Motto des Buches, die Fugs Kupferberg und Sanders sind ohnehin literarisch vertreten, und Zappas Bedeutung als „bissigste Beat-Laus, die sich die great society bisher in den Pelz gesetzt hat" (414), unterstreicht auch im Anhang ein Zitat aus einem *konkret*-Text Uwe Nettelbecks – nicht zuletzt ein Hinweis auf einen Pop- und Rockjournalismus, der in der BRD erst langsam seine Stimmen fand (vgl. Nettelbeck 1967; → 2.3 SCHUMACHER).

3. Amerika vs. BRD

Schon der Untertitel von Rygullas *Underground Poems* gibt dem Beharren auf literarische Artikulation Nachdruck, zugleich aber eine skeptische Wendung: „Letzte amerikanische Lyrik". Tatsächlich betont Rygulla 1967 nach dem Verweis auf das Lebensgefühl einer „New Bohemia", samt Absage an „Kunstgehalt & Anspruch", sehr deutlich eine – hinter die „Beat Generation" zurückgreifende – lyrische Traditionslinie der *Underground Poems* (Walt Whitman, Robert Frost, Robert Lowell, Ezra Pound, William Carlos Williams, Robert Creeley, Charles Olson usw., vgl. Rygulla 1967, 26–27). Und er hält fest, dass der „unintellektuelle und antitraditionelle" Gestus, durch den diese Lyriker mit der Poetik der Moderne brechen, genau das sei – ein Gestus, dem man nicht vorschnell auf den Leim gehen sollte (Rygulla 1967, 27). Zugleich bedient er, durchaus nicht nur ironisch, eine beliebte Fantasie jeder sich progressiv wähnenden Subkultur: „Es bliebe noch hinzuzufügen, daß diese Antologie [sic] schnell gelesen werden sollte, denn schon gibt es Anzeichen für die Gesellschaftsfähigkeit, für die kommerzielle Etablierung, für den Verfall des Undergrounds. Warhols letzter Film über lesbische Mädchen und süchtige Schwule wurde von der offiziellen Kritik wohlwollend aufgenommen. Die Massenmedia nehmen sich Learys LSD Parties an. Playboy machte eine Reportage über Ed Sanders. Diese Antologie [sic] erscheint. Auch der ‚New Radicalism' wird einkassiert von einer pluralistischen Konsum-Gesellschaft. Der kulturelle countdown muß beschleunigt werden." (Rygulla 1967, 27)

Nur ein Jahr später, in der deutlich erweiterten Ausgabe, die ihren Titel von Ed Sanders' Mimeo-Magazin *Fuck You. A Magazine of the Arts* (1962–1965) nahm, argumentiert Rygulla schon deutlich anders: Er entfaltet über mehrere Seiten das Panorama einer individualistischen, nonkonformistischen, ja: antizivilisatorischen US-Gegenkultur, als deren wichtigstes „Publikationsmittel" er die *little mags* ausmacht (Rygulla 1968, 128; vgl. Hecken 2003, 44–45). Der „Abscheu vor dem intellektuell abgewichsten Akademismus der ‚Anderen'", exemplarisch Charles Bukowski zugeschrieben, wird nun nicht mehr als doppelbödige Distinktionsgeste erklärt, sondern stehengelassen (Rygulla 1968, 133). Die poetische Vorgeschichte der *Untergrund Gedichte* wird deutlich abgekürzt, neben den Beat-Autoren werden zwar erneut die Black Mountain Poets genannt, vor allem aber als Verfechter einer „ausgesprochen amerikanischen Dichtung, unabhängig von europäischen Einflüssen" (Rygulla 1968, 132). Rygullas Nachwort läuft so auf eine etwas widersprüchliche Pointe hinaus: Einerseits werden die vorgestellten Exponenten einer „inoffiziellen Literatur" gerade der deutschen Lyrik als „Gegenbeispiel" empfohlen, andererseits scheint ihm ein direkter Importweg nicht gangbar, der „Underground"-Begriff längst unscharf geworden: „Deshalb sei zum Schluß noch einmal darauf hingewiesen, daß das Phänomen Underground ein typisch USAsches Phänomen ist, weil es die total perfektionierte und sich selbst regulierende Gesellschaft zur Voraussetzung hat." (Rygulla 1967, 134–135)

Auch für Brinkmann wird, abermals ein Jahr später, die – natürlich polemisch angelegte – Kontrastfolie des bundesdeutschen Literaturbetriebs zum argumentativen Zusammenhalt des heterogenen *Acid*-Bandes (381–399), aber auch der *Silverscreen*-Gedichte (Brinkmann 1969, 7–32): Die literarische Moderne sei längst zum öden Exempel ihrer eigenen „abstrakt-theoretischen Implikationen" geworden, zur Fetischisierung von „Buchstaben-Arrangements", zur „Abfassung von Wörtern", politische Stoßkraft werde ihr ausschließlich im Bekenntnishaften, im Bewispern von „Gesellschaft und Notstand und Repression", in der „leeren Forderung nach ‚objektiver' Bedeutsamkeit" zugetraut, im Umgang mit den Reizen der Populärkultur übe sie sich in billiger Ironie, und statt einer literarischen Erneuerung vorzuarbeiten, begnügten sich Schriftsteller mit dem immergleichen Lamento, „wie ‚abgetakelt' ihr Medium ist". Zumindest im polemischen Reflex gegen „experimentelle Texte", „Schelmenromane", gegen eine Politik der „Stellungnahmen [...] mit dem Aplomb von Gesundheits- und Familienministern" und die aufgewärmte Metapher vom „Tod der Literatur" unterschied sich Brinkmanns Diagnose nicht fundamental von jener, die Hans Magnus Enzensberger 1968 im *Kursbuch* formuliert hatte (Enzensberger 1968) – mit dem Unterschied allerdings, dass Brinkmann gerade dort, wo Enzensberger zwar schwache, doch „gute Zeichen" erkennen wollte, eine besonders deutliche Abgrenzung formulierte: „Ist durchschaut worden, daß ausdrücklich politische Demonstration von dem Zustand programmiert wird, gegen den sie sich wendet?", fragt er in seinen *Silverscreen*-„Notizen" (Brinkmann 1969, 14) und paraphrasiert damit ein Zitat, das in schreienden Versalien am Ende der *Acid*-Nachbemerkung steht: „Im gegenwärtigen geschichtlichen Zustand kann politische Schriftstellerei nur ein Polizei-Universum bestätigen." (418) Es stammt aus Roland Barthes' Absage an Jean-Paul Sartres Entwurf einer engagierten Literatur, *Am Nullpunkt der Literatur* (allerdings nicht in der 1959 erschienenen Übersetzung von Helmut Scheffel – die innerhalb der Barthes'schen Terminologie problematische Wiedergabe von *écriture* als „Schriftstellerei" legt ohnehin nahe, dass Brinkmann und Rygulla das Zitat eher als Slogan aufgegriffen haben, vielleicht auf dem Umweg eines Mottos bei Herbert Marcuse, vgl. Barthes 1959, 30 und Marcuse 1967, 103). Wo Enzensberger „Agitationsmodell" sagt (1968, 189), sagen Brinkmann und Rygulla „neue Sensibilität" (418) und treffen sich darin mit Marcuses ebenfalls 1969 erschienenem *Versuch über die Befreiung* (1969, 43–76), aber auch mit emphatischeren Verteidigern und Utopisten einer Gegenkultur: „Wenn die Musik sich ändert, zittern die Mauern der Stadt", heißt es in Tuli Kupferbergs unter demselben Titel übersetzten Manifest (128–130) – wobei der griffige Gegenkultur-Slogan über Platons *Politeia* auf den antiken Musiktheoretiker Damon zurückgeht.

Vor dem grauen Hintergrund dieses boshaften BRD-Panoramas beschwört Brinkmann die – sinnliche, aber auch intellektuelle – „Attraktivität" (384) der US-„Szene": „das Beispiel, daß [sic] die junge amerikanische Literatur (wie überhaupt Kunst: Film etc.) für den im abendländischen Bereich seßhaften Schriftsteller wie Leser besitzt, liegt über dem Grad des Gelungenen eines einzelnen Kunstprodukts in dem darin eingelassenen flexibleren Verhalten: es fehlt das Vage eines ‚schlechten Gewissens' angesichts des vorhandenen Materials ..." (399) Diese Zuspitzung gefiel nicht jedem – Heinz Ohff z. B., der kurz zuvor sein Buch über *Pop und die Folgen* (1968) veröffentlicht hatte, nannte *Acid* im *Tagesspiegel* eine gute Sammlung „mit einem überflüssigen Nachwort" (Ohff 1969). Auch im Feuilleton der *Zeit* spottete Siegfried Schober über Brinkmanns „verschwommenes und feuilletonistisches" Nachwort, das ihm symptomatisch schien für die „Schwarmgeister und Wirrköpfe" einer Gegenkultur: „Diese Schreihälse und Kraftmeier werden es sein, die letzten Endes die ganze Bewegung und Befreiung ruinieren werden, weil sie sie im Grunde schon gar nicht mehr wollen" (Schober 1969). Und der konservative Kritiker Jost Nolte, damals bei der *Welt*, erkannte *Acid* – durchaus zu Recht – als „Kampfschrift", als „Munition gegen die europäischen Intellektuellen, gegen ihre ‚Unsinnlichkeit'", befand aber: „Banalität und Plattheit kennzeichnen die Untergrundliteratur, die Brinkmann präsentiert, weit eher als der ‚ungeheure Formenreichtum', über den er fabuliert." (Nolte 1970) Dagegen übernahm der Schriftsteller Peter O. Chotjewitz, der sich ein Jahr zuvor noch gegen die Zumutungen des Fiedler'schen „Postmoderne"-Prospekts verwahrt hatte (Chotjewitz 1968), in der *Frankfurter Allgemeinen Zeitung* Brinkmanns polemische Frontstellung, wenn er den „farblos-langweiligen" Schriftstellern den „so faszinierend vitalen und explosiven" Typus des Underground-Autors entgegensetzte: „er denkt nicht so viel" (Chotjewitz 1969). Eine Verkürzung, die Brinkmann im Übrigen gerade ausgeschlossen hatte (384) – wie überhaupt die erwartete Gegenwehr sicherlich weniger zu Brinkmanns späterer Abkehr vom *Acid*-Programm beigetragen haben mag als ungewollter Zuspruch: „Mich hat schon ganz schön fertig gemacht und erschreckt und vor allem mit Ekel erfüllt, als ich sah, wie die – zugegeben – einigermaßen euphorische Anthologie damals in die falschen Kanäle gelaufen ist", heißt es im nachgelassenen Konvolut *Rom, Blicke*, das 1972/73 entstanden ist (Brinkmann 1979, 93).

Acid – neue amerikanische Szene war also gleich in doppelter Hinsicht eine „prospektive Anthologie" (Mueller 1999, 83): Brinkmann und Rygulla hatten sich nicht nur vorgenommen, größtenteils junge, kaum bekannte Autorinnen und Autoren vorzustellen, zum Teil noch gar nicht deutlich benennbare Tendenzen aufzuzeigen, sondern vor allem der BRD-Literatur ein poetologisches Programm vorzuführen, als Gegenbild und Impuls (vgl. Schäfer 2003). Dass darin eine Spannung lag, gerade wenn man auf das spezifische (sub-)kulturelle Klima blickte, in dem diese literarischen Tendenzen sich in den USA artikulierten, auch auf die konstitutive Bedeutung von Zentren wie New York, San Francisco und Los Angeles (Diederichsen 2008, 119–135), wird in der Nachbemerkung zu *Fuck you (!)* bereits deutlich. Brinkmann argumentiert in *Silverscreen* gegen Rygullas einschränkende Lesart des – nicht allein literarischen – Underground als spezifisch amerikanisches Phänomen, dieser treffe zunehmend auf eine neue „globale Empfindsamkeit" (Brinkmann 1969, 11).

4. Folgeprojekte

Noch in *Acid* changieren die Gesten: Gerade in den Autorenangaben finden sich feuilletonistische Wendungen und Wertungen à la „Seine Arbeiten weisen ihn als einen Künstler aus, dessen Sensibilität abseits der modisch aktuellen Richtungen sich ausprägte" (402, über Brainard); Brinkmann spricht dagegen – tatsächlich „einigermaßen euphorisch" – weit nachdrücklicher von seiner eigenen Faszination (und seinem eigenen Ekel), als dass er versuchte, sie zu einer Ein- und Heranführung zu objektivieren. In *Acid* und *Silverscreen* entwickelt er seine eigene Poetologie weiter, die auch in literarischen „Kollaborationen" mit Rygulla erprobt wurde und als deren nächster Schritt der bei März geplante Band *Omnibus* angekündigt war: „Ich würde sagen, man sollte zu einer bewußten Naivität zurückkommen. Und zwar dieses hochkomplizierte Gerät Gesellschaft sollte man nicht nehmen als etwas, das Angst macht, sondern man sollte sich dieser hochkomplizierten Umwelt bedienen, so daß man tatsächlich vieles, was man jetzt einfach aus seinem Denken heraus macht, oder aus Angst heraus macht, daß man da ganz einfach wieder ohne Angst und ohne Anstrengung und ohne besondere gedankliche Absicherungsmaßnahmen hindurchgeht", so kennzeichnete er im Oktober 1969 einen Grundzug des geplanten Buches – und zugleich einen wesentlichen Strang seines *Acid*-Kommentars (Zilligen 1969). Erschienen ist *Omnibus* nie – trotz Brinkmanns und Rygullas Versuchen, ein alternatives Konzept zu entwickeln, um das Buch 1971 abzuschließen (mit einer erweiterten Fassung des „Vanille"-Beitrags aus *März Texte 1*, einer zweiten Bild-Text-Montage „Harakiri" sowie darauf bezogenen Gedichten). Das mag nicht zuletzt damit zusammenhängen, dass sich Brinkmann, wie Rygulla sich erinnert, „1971 losgesagt hat von diesem literarischen Underground, von dieser unbekümmerten Popkultur" (Geduldig und Sagurna 1994, 105).

Andererseits gilt es als ausgemacht, dass eine „produktive Rezeption" neuerer US-Literatur in der BRD – trotz früherer, nicht minder engagierter Fürsprecher wie Rainer Maria Gerhardt und Walter Höllerer – eigentlich erst durch Brinkmanns und Rygullas Aneignung in die Gänge kam (Moeller 1999, 101). Ergebnis war vor allem eine Vielzahl von Übersetzungen. Allein der März Verlag, der es sich erklärtermaßen vorgenommen hatte, durch US-Importe „jungen deutschen Autoren, die gerade anfangen, und Lesern zu zeigen, wie interessant und raffiniert Literatur sein kann" (Schröder et al. 1969, 293), veröffentlichte in dichter Folge Übertragungen: John Giornos *Cunt* (1969), James Simon Kunens *Erdbeermanifest* (1969), Irving Rosenthals *Schöps* (1969), Valerie Solanas' *Manifest der Gesellschaft zur Vernichtung der Männer* (1969), Ted Berrigans *Guillaume Apollinaire ist tot* (1970), Robert Crumbs *Head Comix* (1970), Jim Dines *Gedichte & Zeichnungen* (1970), Leslie Fiedlers *Die Rückkehr des verschwundenen Amerikaners* (1970), LeRoi Jones' *Schwarze Musik* (1970), Gerard Malangas *Selbstporträt eines Dichters* (1970), Harry Mathews' *Zlahn* (1970), Michael McClures *Dunkelbraun* (1970), Michael Rumakers *Schwul* (1970), Parker Tylers *Underground Film. Eine kritische Darstellung* (1970), Kenneth Gangemis *Olt* (1971), Ken Keseys *Einer flog über das Kuckucksnest* (1972), außerdem Karin Reeses Gegenkultur-Reader *DIG. Neue Bewußtseinsmodelle* mit Texten von Norman Mailer, Tom Wolfe, Abbie Hoffman, Norman O. Brown, Alan W. Watts, Paul Goodman usw. (1970; vgl. Bandel et al. 2011). In der angeschlossenen Olympia Press erschienen neben pornografischer Gebrauchsliteratur auch Diane di Primas *High! Memoiren eines Beatmädchens* (1969) und Ronald Tavels *Stufen* (1969).

Einige bei März angekündigte Titel konnten nicht mehr realisiert werden, bevor der Verlag 1973 zum ersten Mal in den Konkurs ging: Fielding Dawsons Erzählband *Krazy Kat*, Michael McClures Roman *Der Cherubin*. Mad Cubs, LeRoi Jones' und Larry Neals *Schwarzes Feuer* (eine einfluss- und umfangreiche Anthologie afroamerikanischer Autorinnen und Autoren). Auch die – ebenfalls nicht mehr realisierte – zweite Folge der Buchzeitschrift *März Texte* sollte ganz im Zeichen der „Szene" von *Acid* stehen, u. a. mit Beiträgen von Bill Berkson, Ted Berrigan, Joe Brainard und James Schuyler, Michael Brownstein, Tom Clark, Fielding Dawson, Lawrence Ferlinghetti, Leslie Fiedler, John Giorno, Kenneth

Koch, Herbert Marcuse, Frank O'Hara, Ron und Pat Padgett, Robert Peters und Peter Schjeldahl, sowie einem Gespräch zwischen Jack Kerouac und Neal Cassady und einem *Life*-Text über die Doors (einige dieser Texte später in Schröder 1984). Bereits für den Melzer Verlag, dessen Programm er bis zur Sezession 1969 verantwortete – und in dem auch *Acid* erscheinen sollte, hatte Jörg Schröder neben Rygullas *Fuck you (!)* eine Reihe US-Veröffentlichungen übersetzen lassen, u. a. Erje Ayden, LeRoi Jones, Jack Kerouac, Michael Rumaker und die Sammlung *Wo ist Vietnam. 89 amerikanische Dichter gegen den Krieg in Vietnam* (1968). Aber auch nach der Trennung erschienen dort noch einige, teilweise schon vorbereitete Titel – neben Bukowski u. a. Carl Weissners Anthologie *Cut up. Der sezierte Bildschirm der Worte* (1969), außerdem Bücher von Mary Beach, Robert Crumb, LeRoi Jones, Jack Kerouac und Alan W. Watts. Verlage wie Rowohlt, Kiepenheuer & Witsch flankierten diese – nach zwei, drei Jahren deutlich nachlassende – Import-Offensive, und auch Klein- und Kleinstverlage wie Kinder der Geburtstagspresse, Expanded Media Editions oder Maro beteiligten sich am großen Fortbildungsangebot für Autoren und Leser.

Brinkmann, Rolf Dieter, und Ralf-Rainer Rygulla (Hrsg.). *Acid – neue amerikanische Szene.* Darmstadt: März, 1969.
Unterlagen und Korrespondenzen des März Verlags zu *Acid*, *März Texte 2* und *Omnibus* wurden im März Verlagsarchiv (Deutsches Literaturarchiv Marbach) eingesehen. Herzlicher Dank gebührt Barbara Kalender, Jörg Schröder und den Mitarbeitern des DLA.

Literaturverzeichnis

Bandel, Jan-Frederik, Barbara Kalender und Jörg Schröder. *Immer radikal, niemals konsequent. Der März Verlag – erweitertes Verlegertum, postmoderne Literatur und Business Art.* Hamburg: Philo Fine Arts, 2011.
Barthes, Roland. *Am Nullpunkt der Literatur.* Übers. von Helmut Scheffel. Hamburg: Claassen, 1959.
Brinkmann, Rolf Dieter. „Angriff aufs Monopol. Ich hasse alte Dichter". *Christ und Welt* 15. November 1968.
Brinkmann, Rolf Dieter (Hrsg.). *Silverscreen. Neue amerikanische Lyrik.* Köln: Kiepenheuer & Witsch, 1969.
Brinkmann, Rolf Dieter. *Rom, Blicke.* Reinbek bei Hamburg: Rowohlt, 1979.
Bushoff, Hanns Peter. *Underground Press. Die Untergrundpresse der USA als Bestandteil des New Journalism-Phänomens.* Frankfurt am Main: Peter Lang, 1983.
Chotjewitz, Peter O. „Feuerlöscher für Aufgebratenes. Was Fiedler ‚dufte' findet, stinkt und ist bürgerlich". *Christ und Welt* 8. November 1968.
Chotjewitz, Peter O. „Im Untergrund". *Frankfurter Allgemeine Zeitung* 7. Oktober 1969.
Clay, Steven, und Rodney Phillips. *A Secret Location on the Lower East Side. Adventures in Writing 1960–1980.* New York: Grannary 1998.

Diederichsen, Diedrich. *Eigenblutdoping. Selbstverwertung, Künstlerromantik, Partizipation.* Köln: Kiepenheuer & Witsch, 2008.
Enzensberger, Hans Magnus. „Gemeinplätze, die Neueste Literatur betreffend". *Kursbuch* 15 (1968): 187–197.
Fountain, Nigel. *Underground. The London Alternative Press 1966–74.* London und New York: Routledge 1988.
Geduldig, Gunter, und Marco Sagurna. „,Es genügten ihm seine Empfindungen der Welt gegenüber'. Ein Gespräch mit Ralf-Rainer Rygulla". *too much. Das lange Leben des Rolf Dieter Brinkmann.* Hrsg. von Gunter Geduldig und Marco Sagurna. Aachen: Alano, 1994. 95–108.
Hecken, Thomas. „Pop-Literatur um 1968". *Text + Kritik. Sonderband Pop-Literatur.* Hrsg. von Heinz Ludwig Arnold und Jörgen Schäfer. München: edition text + kritik, 2003. 41–54.
Kaplan, Geoff (Hrsg.). *Power to the People. The Graphic Design of the Radical Press and the Rise of the Counter-Culture, 1964–1974.* Chicago und London: University of Chicago Press, 2013.
Kramer, Andreas. „Von Beat bis ‚Acid'. Zur Rezeption amerikanischer und britischer Literatur in den sechziger Jahren". *Text + Kritik. Sonderband Pop-Literatur.* Hrsg. von Heinz Ludwig Arnold und Jörgen Schäfer. München: edition text + kritik, 2003. 26–40.
Linck, Dirck. *Batman & Robin. Das „dynamic duo" und sein Weg in die deutschsprachige Popliteratur der 60er Jahre.* Hamburg: Textem, 2012.
Marcuse, Herbert. *Der eindimensionale Mensch. Studien zur Ideologie der fortgeschrittenen Industriegesellschaft.* Übers. von Alfred Schmidt. Darmstadt und Neuwied: Luchterhand, 1967.
Marcuse, Herbert. *Versuch über die Befreiung.* Übers. von Helmut Reinicke und Alfred Schmidt. Frankfurt am Main: Suhrkamp, 1969.
März Verlag. „Statement". *März Texte* 1. Darmstadt: März, 1969. 5–6.
McMillian, John. *Smoking Typewriters. The Sixties Underground Press and the Rise of Alternative Media in America.* New York: Oxford University Press, 2011.
Mueller, Agnes C. *Lyrik „made in USA". Vermittlung und Rezeption in der Bundesrepublik.* Amsterdam und Atlanta: Rodopi, 1999.
Nettelbeck, Uwe. „Beat". *konkret* 11 (1967): 46–47.
Nolte, Jost. „Aufstand gegen die Grammatik? Rolf Dieter Brinkmann sammelte Texte und Manifeste der ‚Neuen amerikanischen Szene'". *Die Welt* 8. Januar 1970.
O'Hara, Frank. *Lunch Poems und andere Gedichte.* Übers. von Rolf-Dieter Brinkmann. Köln: Kiepenheuer & Witsch, 1969.
Ohff, Heinz. „Der Untergrund kommt nach oben. ‚Acid', ‚Subkultur Berlin', ‚Supergarde' – Dreimal Beat- und Pop-Generation. *Der Tagesspiegel* 22. Juni 1969.
Rüger, Wolfgang. „Direkt aus der Mitte von Nirgendwo. Bruchstücke zu Leben und Werk von Rolf Dieter Brinkmann". *too much. Das lange Leben des Rolf Dieter Brinkmann.* Hrsg. von Gunter Geduldig und Marco Sagurna. Aachen: Alano 1994, 67–86.
Rygulla, Ralf-Rainer (Hrsg.). *Underground Poems / Untergrund Gedichte. Letzte amerikanische Lyrik.* Berlin: Oberbaumpresse, 1967.
Rygulla, Ralf-Rainer (Hrsg.). *Fuck you (!). Underground Poems / Untergrund Gedichte.* Darmstadt: Melzer, 1968.
Sanders, Ed. *Fug You. An Informal History of the Peace Eye Bookstore, the Fuck You Press, the Fugs, and Counterculture in the Lower East Side.* Boston: Da Capo Press 2011.
Schäfer, Jörgen. *Pop-Literatur. Rolf Dieter Brinkmann und das Verhältnis zur Populärkultur in der Literatur der sechziger Jahre.* Stuttgart: M&P, 1998.

Schober, Siegfried. „Der Untergrund wird verramscht. Zeugnisse aus einer Alchimistenküche". *Die Zeit* 5. Dezember 1969.
Schröder, Jörg, Erika Schröder, Rolf Dieter Brinkmann, Rolf-Eckart John und Ralf-Rainer Rygulla. „Interview mit einem Verleger (à la Paris Review Interview)". *März Texte* 1. Darmstadt: März 1969. 283–296.
Schröder, Jörg (Hrsg.). *Mammut. März Texte 1&2*. Herbstein: März 1984.
Schröder, Jörg. *Schröder erzählt: Zum harten Kern. Über Rolf Dieter Brinkmann*. Fuchstal-Leeder: März Desktop, 1992.
Seiler, Sascha. „Das einfache wahre Abschreiben der Welt". *Pop-Diskurse in der deutschen Literatur nach 1960*. Göttingen: Vandenhoeck & Ruprecht, 2006.
Spoerhase, Carlos. „Kleine Magazine, große Hoffnungen". *Merkur* 790 (2015), 72–79.
Ullmaier, Johannes. *Von Acid nach Adlon und zurück. Eine Reise durch die deutschsprachige Popliteratur*. Mainz: Ventil, 2001.
Weingart, Brigitte. „Bilderschriften, McLuhan, Literatur der sechziger Jahre". *Text + Kritik. Sonderband Pop-Literatur*. Hrsg. von Heinz Ludwig Arnold und Jörgen Schäfer. München: edition text + kritik, 2003. 81–103.
Weingart, Brigitte. „In/Out. Text-Bild-Strategien in Pop-Texten der sechziger Jahre." *Sichtbares und Sagbares. Text-Bild-Verhältnisse*. Hrsg. von Wilhelm Voßkamp und Brigitte Weingart. Köln: Dumont, 2005. 216–253.
Zilligen, Dieter. „Rolf Dieter Brinkmann über sein Buch ‚Omnibus'". *NDR III*, 25. Oktober 1969.

4.5 Elfriede Jelinek: wir sind lockvögel baby! (1970)

Karin Harrasser

Elfriede Jelineks erster publizierter Roman beginnt nicht auf der ersten Seite einer Romanhandlung, sondern mit den Paratexten. Mit der ersten Auflage von 1970 hält man ein schwarz-glänzendes Plastikbuch in der Hand, das, wie ein Schulhefteinband, die Möglichkeit bietet, in ein durchsichtiges Fenster eine andere Titelvariante einzuschieben. Noch vor dem Schmutztitel empfangen die Leserin eine Gebrauchsanleitung und jene sechs alternativen Romantitel zum Heraustrennen. Die Gebrauchsanweisung fordert dazu auf, das Buch „sofort eigenmächtig zu verändern". Diese „VERÄNDERUNGEN" (im Original in Großschreibung) sollen zugleich eine Suche nach „hohlräumen im organismus" sein. Damit ist eine der zentralen Textstrategien bereits offengelegt: Zerlegung und Neuzusammensetzung von Sprachmaterial wird als Zerlegung und Zusammensetzung von Körpern figurativ gedoppelt. Die Leserin wird vorgewarnt auf die Schlachtfelder der Populärkultur geschickt, denn als nächstes steht in Fettdruck, gewissermaßen als vorletzter Schutzwall: „gewidmet dem österreichischen bundesheer", gegen das sich Jelinek 1969 in einem Volksbegehren engagiert hatte. Bevor es losgeht, kommt es noch dicker, diesmal nämlich in Fettdruck und Großschrift: „RUN THAT UP YOUR PENIS & SEE HOW IT COMES!". Das Zitat des Beat-Autors Tuli Kupferberg – er war 1966 mit seiner Collage *1001 Ways to Beat the Draft* – bekannt geworden, wird sicherheitshalber übersetzt. Es soll kein Zweifel darüber aufkommen, was eine/n erwartet: Harte Sachen, Schwänze, Blut, Titten, Waffen, explodierende Körper, kurz: „Männerphantasien", wie sie Klaus Theweleit einige Jahre später ergründet hat. Batman und Robin vögelnd, die Beatles als Manson'sche Fick-WG in den Alpen, Conny und Rex Gildo im nicht sehr soften Porno. Der Roman macht deutlich, dass Drastik keine Erfindung der Nullerjahre ist und er lässt Quentin Tarantino wie einen Chorknaben aussehen. Verglichen mit dem, was sich in dem rasenden Getümmel dieses Texts abspielt, sind seine Filme klassisch erzählte Romantikkomödien, in denen Handlungen einwandfrei narrativ motiviert sind. Nicht so bei Jelinek: Sie wirft ihre Figuren in Sprach- und Bildmilieus hinein und sieht zu, ob sie schwimmen können. Micky und Goofy beim Konzert von Udo Jürgens in der Jugendstrafanstalt Plötzensee? Batman bei Mao Tse Tung? Das Mädchen otto in den Alpen, die aber eine südamerikanische Garnison sind? Geht das? Es geht natürlich nicht gut. Meist schwimmen die Figuren nicht in der Entwicklerlösung, in die sie geworfen werden, sondern gehen schnell unter, werden zerstückelt, verschlungen, malträtiert von dem Genre, in dem sie sich bewegen.

Oder sie explodieren und zerstreuen das Sprachgefüge in alle Richtungen. Diese Explosionsbewegung kulminiert im 72., dem vorletzten, „Kapitel", in dem die Bombe fortlaufend und in jedem Augenblick explodiert: „IN JEDER ICECREAM-PACKUNG IN JEDEM FRUCHTSAFT IN JEDEM MASTURBIERENDEN PRÄSIDENTEN [...] in jedem mütterchen, das sein enkelkind umarmt in jedem vater der seine tochter geigt in jeder guten tat" etc. pp. (253–254). Jelineks Vorgehen ist in einem Sinn kompositorisch, wie es sich Gilles Deleuze 1993 in seinem kleinen Text „Stotterte er ..." für die Literatur insgesamt wünscht. Er skizziert hier sein Verständnis von literarischer Sprache, das nahe an der Musik ist: Wie die musikalische Komposition sich um ein klangliches Zentrum bewegt, auf das sie zurückschwingt, dieses jedoch nur kurz berührt, um sich wieder ins Ungleichgewicht zu bewegen, liegen auch literarische Systeme in Gebieten fern von Gleichgewichtszuständen, die dann am produktivsten sind, wenn sie „an allen Gliedern schlottern." (Deleuze 2000, 147) Einlullende Phrasen aus dem Nesthäkchen oder der Sprachwelt der Illustrierten *Bunte* fügen sich hart mit Schilderungen rohester Gewalt: „aus den fenstern sausen leichenteile mit überschallgeschwindigkeit eingeweckte kainiten kaduken seldschuken. Stolz und langsam schreitet der weisse lipizzaner der wiener über das elend hinweg." (15) Eine andere Textstrategie besteht darin, einen Satz mit Hilfe eines einzigen unpassenden Worts ins Schlingern zu bringen, aus dem Gleichgewicht zu kippen: „der kann es nicht verwinden dass er heute nicht seine gewohnte ordnung und ruhe haben soll und ohne seine eigene popschjacke und ohne lockenwickler zu bett gehen muss." (7)

Es ist naheliegend, in Jelineks Vorgehen eine Variante des Cut-up-Verfahrens zu orten, bezieht sie sich doch explizit auf die Verfahren der Beat-Generation. Jelinek geht jedoch entschieden anders vor als William S. Burroughs und Co. Denn die avantgardistischen Zusammenschneider stellen in der Regel die Schnitt- und Reißflächen, die Ränder, an denen das Material zusammengeklebt oder -genäht sind, optisch aus, markieren diese zumindest graphisch oder graphemisch. Jelinek macht das Gegenteil: Abgesehen von den Kapitelüberschriften und gelegentlichen Hervorhebungen in Großschrift, wird alles in eine typographische Ebene gebracht: Arial, Kleinschrift, Blocksatz, keine Kommasetzung, gelegentlich gibt es am Satzende einen Punkt. Die Zitate sind nicht markiert, auch nicht durch eine semantische Rahmung. Dass sich das Buch dennoch flüssig liest, liegt daran, dass Jelineks Text sich klanglich und rhythmisch organisiert. Die phonetische Schreibung von Fremdwörtern (sümpathie, püramide) und Wiederholungen hüllen den Text in einen Sound ein, der die Lektüre trägt. Die Textoberfläche wird rhythmisch gekerbt, mit Refrains versehen, wenn Sprachformeln und Eigennamen in unterschiedlichen Kombinatoriken wiederkehren. Auch wenn der narrative Kontext sich von Satz zu Satz sprunghaft ändert, erzeugen die Eigennamen einen Fluss. Jeder Name ist multipel codiert. So schwingt beim Namen otto, der einer der am häufigsten gebrauchten ist, Ernst Jandls *Ottos Mops* mit, es könnte sich aber auch um Otto Mühl handeln, der hier ZOCK macht, wie beim Zock-Fest der Wiener Aktionisten, das am 21. April 1967 im Gasthaus Grünes Tor stattgefunden hat.

Die intertextuellen Referenzbereiche von *wir sind lockvögel baby!* sind inzwischen über weite Strecken entschlüsselt worden. Etwa ein Drittel des Textes stammt aus der Illustrierten *Bunte*, aus Jerry Cotton, der Science-Fiction-Heftromanserie *Perry Rhodan* und aus Else Urys *Nesthäkchen* (vgl. Müller-Danhausen 2011).

1. Comiclogik

Es mangelt dem Text nicht an Figuren, die entweder aus dem zeitgenössischen Medienarchiv stammen (JohnPaulGeorgeRingo, der White Giant, Frank Zappa, Brian Jones, Heintje, Udo Jürgens, King Kong, die Kennedys und unzählige andere) oder generische Namen tragen, wie Maria und Emanuel. Die Figuren sind jedoch höchst instabile Zeichen. Sie sind, wie Ole Frahm das für Comicfiguren herausgestellt hat, „weird signs" (vgl. 2010): Im Comic transformieren sich die Figuren von panel zu panel und von Heftausgabe zu Heftausgabe. Auf einer Comicseite finden sich nebeneinander zig, zumeist zerstückelte Versionen einer Figur. Sie sind aber auch auf der narrativen Ebene hochgradig wandelbar. Prototypisch hierfür sind die Superhelden mit ihren Doppelidentitäten. Auch bei Jelinek wechseln Figuren in großem Tempo ihre Physiognomie, ihr Geschlecht, ja selbst ihre Organe werden ausgetauscht, zum Teil durch Prothesen ersetzt. Es kommt sogar vor, dass einzelne Körperteile sich selbständig machen und zu eigenständigen Charakteren werden, ein Vorgang, den Walt Disney in einem seiner ersten Filme, dem *Skeleton Dance* (1929), vorführt. Was im Comic jedoch durch das Gestaltsehen und die Genrekonventionen abgefedert wird – in jedem panel sieht der Hulk anders aus, aber wir erkennen Teile wieder – wird bei Jelinek zu einem Massaker sondergleichen. Den abgehackten Körperteilen auf der figurativen Ebene entspricht symmetrisch ein Verhackstücken von Sprachkonventionen. Die Erzähllogik des Comics ist konstruktionsleitend für die Narration. Im Comic wie auch in den *lockvögeln* gilt: Eine Figur muss nicht über eine kohärente Biographie verfügen. Wie bei Comic-Helden, die in jedem Heft neu geboren und in atomaren Explosionen vernichtet werden, die nicht altern und jederzeit neue Herkünfte und Charaktereigenschaften erhalten können, begegnen uns bei Jelinek die Figuren in jedem Kapitel mehrfach anders: In je neuen Liebes- und Verwandtschaftsverhältnissen (mal ist der osterhase ottos mutter, mal ist otto marias schwester), die dem Friedensideal der Patchworkfamilie Hohn sprechen. Heteronormative Beziehungs- und Verwandtschaftsverhältnisse kommen zwar vor, und enden aber meist in einem Blutbad. Dies gilt allerdings genauso für queere Konstellationen, die ebenso brutal und heillos sind. Jelinek greift mit diesem Verfahren ein Momentum auf, das typisch für die Comics der im Jargon Bronzene Ära genannten Zeit ist: In den 1960er Jahren versuchten die Verlage der Krise des Comicheft-Marktes zu begegnen, indem sie die populären Superhelden in Ensembles zusammenfassten und Figuren aus verschiedenen „Universen" miteinander oder gegeneinander kämpfen ließen. Ziel war es, die an einer bestimmten Figur „klebenden" Fans für andere Figuren und Serien zu interessieren. DC-Comics machte den Anfang: Ab 1960 kämpften in der Justice League gemeinsam: Superman, Batman, Wonder Woman, Flash, Green Lantern, Aquaman und der Martian Manhunter. Die bekannteste solche Formation im Marvel-Universum sind *The Avengers*. Die einzelnen Charaktere bildeten weiterhin eigene Heftlinien, agierten gleichzeitig als Gruppe. Dabei kommen auf narrativer Ebene so unterschiedliche Welten zusammen wie die der germanischen Sagenwelt (Thor, Loki), die Schwarze Romantik (Hulk, Black Widow) und die US-Army, bzw. der industriell-militärische Komplex (Captain America, Iron Man). Der einzige Mechanismus, der Promiskuität zwischen Comic-Held/innen bis zu einem gewissen Grad vereiteln konnte, war das Markenrecht: DC und Marvel, die beiden großen Comic-Verlage, verfolgen äußerst aggressive Markenpolitiken, sodass bestimmte Kombinationen offiziell nicht stattfinden. Diese Promiskuität wird jedoch im Fandom umso genüsslicher zelebriert: In der Fanfiction wurden nicht nur die Grenzen zwischen Marvel und DC längst überschritten, ein Hauptthema der Fanfiction ist die Explikation der in der offiziellen Version angelegten, aber nicht ausbuchstabierten, sexuellen Konnotationen der einzelnen Held/innen. So ist in der Fanfiction – wie bei Jelinek auch – die homo-/pädosexuelle Beziehung von Batman und Robin ein beliebter Topos, der lustvoll ausgeschlachtet wird. Am besten mit Jelineks wüstem und perversen queering der Comic-Welt vergleichbar ist die – freilich viel später entstandene – TV-Cartoon-Serie *Drawn Together* (2004–2007), in der Charaktere aus unterschieden Zeiten und zeichnerischen Milieus (ein Superheld, eine Fantasyfigur, ein Anime-Monster, ein Internet-Cartoon, ein Schwarzweiß-Cartoon aus den 1920er Jahren und eine Disneyprinzessin) in einer Reality-Show allerlei Perversionen treiben. Wie schon bei Jelinek 1970 werden hier im Bild der sexuellen Überschreitung nicht nur Darstellungstabus gebrochen, sondern es wird auch die Scheinheiligkeit der sauberen Comicwelt vorgeführt.

2. Welcher Pop?

Betrachtet man *wir sind lockvögel baby!* im Kontext der zeitgenössischen Polemik um Pop und Literarizität und im Vergleich mit anderen Pop-Texten (etwa von Rolf-Dieter Brinkmann und Peter Handke), lässt sich Jelineks Verfahren als ein eigensinniges konturieren. Man muss die *lockvögel* nicht als „Pop-Text zweiten Grades" adeln, denn Pop zweiten oder dritten Grades waren auch viele andere (Langhammer 1996, 199). Keine/r der Popliteraten ging bruchlos und unironisch mit der Medienkultur der 1960er Jahre um, dennoch ist der Grad der Literarizität und/oder Politizität häufig daran gemessen worden, wie ‚affirmativ' sich dieser Umgang gestaltete. Die Bemessungsgrundlage wäre bei Jelinek dann ein eindeutiges „Pop ist gut!" (Jelinek im Interview mit Otto Breicha 1969, zitiert nach Janke 2002, 209) Ich denke, man muss die Frage nach Affirmation und/oder Kritik anders stellen. Zum einen gilt es zu differenzieren: Welche Popkultur wird überhaupt literarisch verarbeitet? Populärkultur ist kein einheitlicher Block, sie besetzt unterschiedliche Systemstellen in unterschiedlichen gesellschaftlich-ästhetischen Zonen. Zum zweiten ist vielleicht weniger die Zustimmung oder Ablehnung des Populären durch den Autor oder die Autorin von Interesse, als der Intensitätsgrad der Durchdringung. In beiden Bereichen sticht Elfriede Jelineks frühe Prosa hervor.

Zunächst fällt die radikal integrative Geste auf, mit der Jelinek die Medien- und Popkultur integriert: der unter Intellektuellen verpönte deutsche Schlager, Serienschauspieler, Quizsendungen, Heimatromane, volkstümliche Figuren (Kasperl, Osterhase), die amerikanische Underground-Avantgarde, die Beatles und die Rolling Stones, Disney-Figuren, Werbung aus Illustrierten, Science Fiction, Nachrichtenmeldungen: Alles wird hier zusammengebracht. Und wie schon angedeutet, ist das Konstruktionsprinzip weniger das einer Logik des Bruchs (des Cut-up), das einzelnen Fragmente so zueinander stellt, dass ein aufklärerischer Verfremdungseffekt eintritt, als eine Logik der Komposition, Konturierung und Konstellation, innerhalb derer die Versatzstücke umeinanderkreisen, sich wechselseitig beleuchten oder abdunkeln. Die grundsätzliche Geste ist die des Gleichmachens (vgl. Degner 2014) von divergentem Spiel- und Füllmaterial und nicht das Spiel der „doppelten Distinktion", das Jörgen Schäfer in der frühen Popliteratur ortet: Eine Distinktion sowohl zur Hochkultur, die als langweilig, alt und spießig abgelehnt wird, und zur „trivialen" Unterhaltungskultur „volkstümlichen" Zuschnitts (vgl. Schäfer 1998, 110–129). Katharina Langhammer hat diese These für Jelinek modifiziert. Ihr zufolge sind die *lockvögel* das „Zeugnis einer doppelten Abgrenzung: gegen das Elitäre avantgardistischer Kunst und gegen die repressive Ideologie der Massenkultur, vor allem die Unterdrückung der Sexualität." (Langhammer 1996, 193) Dies zeige sich daran, dass es keinen formalen oder qualitativen Unterschied zwischen der coolen Popkultur rund um Beat und Beatles und der uncoolen Trivialkultur gibt, wenn etwa die Beatles (wie im echten Leben) zwischen Lederhosen, karierten Tischtüchern und dicken Wirtinnen im Winterschigebiet aufschlagen. Jelineks sehr feiner Sinn für die Macht der ‚feinen Unterschiede', der über dieses Distinktionsspiel hinausgeht, wird in einem Text von 1969 deutlich, den sie gemeinsam mit Wilhelm Zobl und als Angriff auf Alfred Kollertisch und Peter Handke verfasst hat. Handkes Distinktionsgestus entlarvend, wenn er in seinem Hitparaden-Readymade nicht die deutsche oder die österreichische, sondern die exotisch-hippe japanische Hitparade wiedergibt (→ 4.3 KREUZMAIR), schreiben die beiden: „Wir glauben Dir übrigens gerne, daß Du von Schiller mehr verstehst als von jenen Theorien, die in diesem Jahrhundert der kapitalistischen Gesellschaft mehr Schaden zufügten als Du dies mit all Deinen Arbeiten je könntest." (Jelinek und Zobl 1969, 3) Selbst unter Abzug der kommunistischen Kampfpose trifft die Kritik einen wunden Punkt von Pop-Literatur: Das Kokettieren mit bestimmten Formen der Popkultur, der Griff ins Register des Populären ist nicht zwingend ein (demokratisches) Gegenprogramm zur verachteten bürgerlichen Kultur, sondern transponiert die Geste der Distinktion lediglich in eine andere Tonart, macht sich damit aber erst recht elitär. Ist nun die Kritik an der Distinktion, die Jelinek formuliert, eine weitere distinguierende Geste? Vielleicht, aber es ist eine, die sie gegen bestimmte Posen immunisiert hat.

Meine zweite Frage ist die nach dem Intensitätsgrad der Durchdringung des Pop-Materials. *lockvögel* erreicht diesbezüglich den Verdichtungsgrad eines Brühwürfels. Jeder Absatz enthält so viele Codes und Anspielungen, dass daraus eine ganze Geschichte, ein ganzer Song, ein ganzer Film werden könnte. Exemplarisch lässt sich das an den beiden (Nicht)-Kapiteln 69 und 73 zeigen, die formal aus dem Rahmen fallen. Unter der Kapitel-Nummer folgen je eine leere Seite und dann ein kurzer Absatz:

69. Kapitel:
[leere Seite]
let there be more light! fordert einer aus der runde. aber alles was brian jones darauf antwortet ist: DREHT ENDLICH DAS LICHT AB! (244)

Kapitel 69 folgt auf eines, in dem Frank Zappa (sich) fragt, ob die Schmerzen des Drogenkonsums wirklich notwendig sind, um zum Licht der Erkenntnis zu gelangen: „müssen diese quälenden schmerzen die mich zu eis er / starren lassen wirklich sein? Müssen die unvorstellbaren wisionen sein die mich brechen lassen bis zum morgen?" (243) Das Goethe'sche „Mehr Licht" wird also neu gerahmt im Burrough'schen Underground-Drogen-Diskurs rund um Yagé, das kosmische Visionen versprach, aber Allen Ginsberg in erster Linie Todesängste bescherte.

Brian Jones, der 1969 aufgrund der Häufung von mit seinem Drogenkonsum in Verbindung stehenden Aussetzern die Rolling Stones verlassen hatte müssen und unter ungeklärten Umständen in seinem Swimmingpool verstorben war, fordert folgerichtig ein Ende des Erleuchtungswahns. Das Kapitel 69 fungiert als eine Art Ausnüchterungszelle der Exzesse mitsamt ihren Transgressionsversprechen, es ist ein Mollklang nach dem hysterischen Aufbrausen.

Ähnlich aber invers ist das Kapitel 73 angelegt, hier kommt es als Dur-Klang, der die Trauer hebt. Im 72. Kapitel liegen am Ende Unmengen von Toten verstümmelt am Boden, der Hagel schlägt ihnen noch dazu hart auf die Köpfe. Der Abgesang, geborgt aus dem Heimatroman, macht die Sache noch unheimlicher „gut dass wir hier im hause wohnen und nicht auf die dunkle strasse zu gehen brauchen." (256) Darauf folgt, strukturanalog zu Kapitel 69:

73. Kapitel:
[leere Seite]
und zu den andren sagt brian jones:
SPRINGT AUS DEM FENSTER ES ZIEHT IN DIESEM HAUS GEWALTIG. (257)

Im 69. Kapitel wird der Tod von Brian Jones zum skeptischen Kommentar zur Euphorie des Aufbruchs in Drogen und Rausch, im 73. und letzten Kapitel hingegen wird die Notwendigkeit des „Durchlüftens" angesichts klaustrophobisch-mörderischer Nachkriegsverhältnisse unterstrichen. Jelinek kritisiert nicht, sie affirmiert aber auch nicht, sie zeichnet mittels dieser Verdichtungen eine Karte der (pop)kulturellen Erregungszonen mit ihren Transgressionsversprechen. Sie ist eine Grenzbeobachterin, gerade wenn es um die Mythen der „sexuellen Befreiung" geht, wie zu zeigen sein wird.

Was Elisabeth Bronfen über Thomas Pynchon sagt (und eines der nächsten Projekte Jelineks war die Übersetzung der *Enden der Parabel*) gilt auch für die *lockvögel*. Pynchon arbeite mit einer besonderen „enzyklopädischen Dichte" (Bronfen o. J.), und auch bei Jelineks Text ist es gerade die Abundanz, die Überfülle der Vorgänge, Figuren, Informationen, der Strudel aus Absurdem und Groteskem, in den man rauschhaft hineingezogen wird, die seine Poetik ausmachen. Der Roman, der freilich aus einer Praxis des Zusammenschneidens entstanden ist, erscheint bereits wie ein Hypertext: Man hat einerseits Lust, die vielen Namen und Meldungen nachzuverfolgen, folgt aber ebenso gern in das klangliche und figurative Dickicht ohne alles genau zu verstehen. Insofern „funktioniert" der Text als ein Archiv der Alltagskultur der späten 1960er Jahre, wie es Moritz Baßler für den Pop-Roman ausgemacht hat (→ 3.2 BASSLER). Gleichzeitig sabotiert Jelinek aber diese Archivierungsfunktion insofern, als sie die Eigen- und Markennamen seltsam benachbart und rahmt: Essos „Tiger im Tank" gerät beispielsweise in unmittelbare Nähe zur Weltpolitik, wenn er im gleichen Satz auftaucht wie „Kennedy-Reifen". Dieses Durcharbeiten von möglichen alternativen Sprachkontexten ist zum Teil Satire (und von daher archivförmig), zum Teil sind die Sprachumgebungen jedoch rein aleatorisch. Sie generieren Semantiken und Körper(-bilder), anstatt dass sie bereits vorhandene Assoziationsketten abbilden: „der mit dem boden verschmolzene turok verfestigte sich langsam wieder. sie küssten sich und der bovist auf seinem kopf schimmerte leicht im glanz der nie verlöschenden sonne." (160) Verdichtung und Dezentrierung, Differenz und Wiederholung bewirken poetische Slapstick-Effekte, zumal in einem Text, der so körperlich daherkommt und einem andauernd Gliedmaßen vor die Augen wirft.

3. Wiener Gruppe, Wiener Aktionismus und die Beat-Poeten

Das ästhetisch-politische Dreieck, in dem sich *wir sind lockvögel baby!* bewegt, lässt sich recht klar bestimmen: (1) Die Wiener Gruppe mit ihren Überschneidungen zum (2) (Wiener) Aktionismus und (3) die Beat-Poeten, die im deutschsprachigen Raum durch zwei Anthologien (*ACID*, *Fuck You (!)*; → 4.5 HARRASSER) bekannt waren.

Die Nähe zur konkreten Poesie, zu den Sprachexperimenten von Ernst Jandl und der Wiener Gruppe hat Jelinek selbst mehrfach herausgestellt. Ernst Jandls schützngrrm (sic!) taucht in einer Schlachtbeschreibung in den *lockvögeln* als direktes, allerdings verfälschtes, Zitat auf (173 und 175). Auch Jandls mops-Gedicht wird weitergeführt als: „ottos mond scheint ottos mund scheint auf die verkümmerten finkler." (248) An anderer Stelle variiert Jelinek Kurt Schwitters: „du sollst vor anna tanne dein essen nicht so hinunterschlingen" (97). Das Kapitel 58 führt das sprachexperimentelle Verfahren der Isolation und Kombinatorik von einzelnen Wörtern geradezu schulbuchhaft vor: „gewalt zeugt gewalt! GEWALT ZEUGT GEWALT! Gewalt zeugt gewalt. gewalt zeugt: gewalt. gewalt zeugt gewalt. gewalt zeugt gewalt. gewalt zeugt gewalt. GEWALT ZEUGT GEWALT!" (204)

Diese Fortführungen der und Anknüpfungen an die Lyrik 1950er Jahre verbinden sich jedoch auf eigentümliche Art und Weise mit dem zeitgenössischen Milieu des Wiener Aktionismus, der für einige Dichter der Wiener Gruppe (Oswald Wiener, Gerhard Rühm) ein wichtiges Forum geworden war. Otto ist an manchen Stellen nicht nur Jandls Hundebesitzer, sondern auch Otto Mühl, der Maler, Lehrer, späterer Kommunarde und in den 1990er Jahren wegen Missbrauch inhaftierte Sektenführer. Zum Zeitpunkt der Veröffentlichung von *wir sind lockvögel baby!* war zwar die Kommune auf dem Friedrichshof noch nicht eingerichtet, dafür aber der Höhepunkt der spektakulären Aktionen der Gruppe rund um Otto

Mühl, Peter Weibel, Günter Brus und Hermann Nitsch. *wir sind lockvögel baby!* lese ich deshalb auch als hellsichtige Analyse der autodestruktiven Kräfte einer Kunstrichtung, die sexuell und politisch befreien wollte und dabei machistisch und autoritär vorging. 1968 hatte die spektakuläre Aktion Kunst und Revolution, auch bekannt unter der von Boulevardmedien geprägten Bezeichnung Uni-Ferkelei, vor rund 300 Zuschauern im Hörsaal 1 des NIG (Neues Institutsgebäude) der Universität Wien stattgefunden. Es wurde nackt und kollektiv gepisst, masturbiert, gepeitscht; Selbstverstümmelung und das Verschmieren von Exkrementen am eigenen nackten Körper und das Erbrechen durch Reizung des Ösophagus wurden zelebriert. Dies alles unter Absingen der österreichischen Bundeshymne und auf der ausgebreiteten österreichischen Nationalflagge. Jelineks Orgien-Massaker in *lockvögel* haben durchaus Ähnlichkeit mit solchen Aktionen, besonders mit dem bereits erwähnten Zock-Fest 1967, das eine Mischung aus Lesung, Performance und Politprovokation war. Ironischerweise war es vom Bund katholischer Studenten (dem CV) mitveranstaltet worden. Otto Mühl hatte vorgeschlagen, dass die Verbindungsmitglieder in voller Montur (Wichs) kommen sollten. Auf dem Fest vermischte sich also faktisch die linke Underground-Avantgarde mit der verhassten patriotisch-christlichen Elite. Eine Schilderung des Szenarios klingt so: „OMO SUPER (Otto Mühl) zeigte ‚wir sind alle epileptisch', er zertrümmerte in klassischer Happening-Manier mit seinen Aktionisten eine Kücheneinrichtung auf der Bühne, Bettfedern flogen, Luftballone wurden gerieben, ein richtiges Chaos entstand. Kurt Kalb versuchte meine Freunde, die ‚Mühl-Hunde', anzupinkeln und die Saaleinrichtung zu zertrümmern, er wurde von mir durch einen gezielten Faustschlag ruhig gestellt und schlief für den Rest des Abends im Schoß seiner weiblichen Begleiterin. Der Saal glich inzwischen einem Schlachtfeld, tumultartiges Chaos brach aus. JOHANNES 007 (Hermann Nitsch) wurde nervös, sah seine Show gestohlen und seilte blitzartig einen Lammkadaver vom Balkon aus an einem Klobenrad in den Saal ab. Ein Student leerte einen von Nitsch bereitgestellten Kübel mit roter Farbe über die Aktionisten und den Lammkadaver, der Boden war übersät mit roter Farbe. Eine Polizeistaffel mit Stahlhelmen und Schäferhunden erschien, stürmte den Saal und beendete den Tumult auf der Bühne und im Saal. [...] Das Publikum wurde auf die Straße gedrängt, wo noch weitere Aktionen stattfanden und die Veranstaltung sich langsam auflöste." (Zünd-Up o. J.)

Nicht nur sind die Figurenmassaker bei Jelinek dem hier geschilderten Vorgang ähnlich, auch die Pseudonyme der Aktionisten (Johannes 007, Fufni, Spermint, Mr. Message, Ford Mustang 70) würden gut in den Gesamtklang des Romans passen. Am auffälligsten ist die Übernahme einer Waschmittelmarke als Figurenname: Wo beim Zock-Fest OMO SUPER (Otto Mühl) war, wird im Roman der White Giant, der mit gütigem Blick alles vergewaltigt und abmurkst, was ihm unter die Augen kommt. Ein Programmpunkt des Zock-Fests war eine Performance von Mühl: „Omo Super: Wo sich Schmutz zeigt, schlägt Omo Super zu" (Weibel o. J.), bei Jelinek wird daraus: „da schlug der white giant zu. Whammmmmmmm!" (179)

Die dritte Bezugsgröße der *lockvögel* ist die US-Beatliteratur. Lea Müller-Danhausen (2011) hat die intertextuellen Bezüge zwischen Jelineks Text und Musik und Literatur der Beat-Generation sehr genau herausgearbeitet. Jelineks wichtigste Quelle war die von Tuli Kupferberg herausgegebene Anthologie *Fuck You (!)* von 1968, die von Ralf-Rainer Rygulla auf Deutsch herausgegeben worden war. Eine Vielzahl von markierten und unmarkierten Zitaten sind in *wir sind lockvögel baby!* eingeflossen. Einige Protagonisten, wie im 6. Kapitel Allen Ginsberg und David Medalla oder Tuli Kupferberg im 61. sind zu Figuren-Material umgearbeitet, das auf derselben Stufe steht, wie Micky-Mouse und Co. Auch hier stellt sich nicht zuerst die Frage, ob Jelinek die Selbstmythisierung der Beat-Poeten dekonstruiert (das tut sie selbstverständlich), sondern auf welche Art und Weise sie das tut. Die *lockvögel* sind schwerlich anders lesbar als eine genüssliche Zerlegung von Autoritätsfiguren mit Blick auf die vermeintlich befreiten, linken Männer der Pop- und Underground-Avantgarde. Batman und sein jugendlicher sidekick sind jenes Duo, anhand derer die Unterdrückungsverhältnisse innerhalb einer Reichianischen „befreiten" (Homo-)Sexualität vorgeführt werden: „batman griff nach robin um ihn zu netten in seiner gewohnten überlegen väterlich autoritären weise robin heulte vor angst als sich der rie / sige schatten seines freundes lautlos näherte er wusste wieviel es geschlagen hatte er versuchte die empfindlichsten stellen seines noch unfertigen körpers zu schützen so gut es ging. robin lernt nur durch strafe die stählerne härte die ein verteidiger der ideale von frieden freiheit und demokratie braucht." (156) Die Kombination von Pop- und *Nesthäkchen*-Texten bekommt einen besonders perfiden Klang, da Robin ja tatsächlich im Nesthäkchenalter ist. Und auch die „Wehrertüchtigungen" genannten Happenings der Aktionisten im Perinet-Keller, in denen die jungen Studenten sich sexuell (und zum Widerstand) befreien sollten, sind hier nicht allzu fern.

4. Untoter Sex

Ein Motivkomplex, der den ganzen Roman durchzieht und mit Blick auf die Vitalitätsfeier der Beat-Poeten besonders auffällig ist, ist derjenige des untoten Lebens. Verstümmelungen, Prothesen, Organe als Akteure sind das eine, das andere sind die multiplen Anspielungen auf die erste gelungene Herztransplantation durch Christiaan Barnard in Südafrika 1967. Mit der Möglichkeit der Organtransplantation steht die Umstellung von Herztod auf Hirntod als definitivem Todeskritierium in Verbindung, die 1968 von einem Ad-Hoc-Komitee in Harvard vollzogen und rasch weltweit adaptiert wurde. Der Tod selbst wurde damit ökonomisch nutzbar gemacht, denn die Organe eines hirntoten Menschen werden weiterhin versorgt und sind daher für Transplantationen einsetzbar. Jelinek bringt diesen Vorgang an einer Stelle in einen äußerst abstrusen Zusammenhang mit dem Osterfest, an dem die Christen die Wiederauferstehung Jesu von den Toten feiern: „erst wenn er trotzdem gestorben ist frau osterhase wenn er tot ist erst dann nimmt sich die medizin vielleicht das recht seinen leichnam zur rettung eines andren menschen heranzuziehen." (171) Im Kapiel 61 lässt Jelinek dann ausgerechnet den Beat-Poeten tuli kupferberg eine Herztransplantation vornehmen, im Zuge derer ju hu wondermaid zuerst öffentlich sexuell missbraucht und dann ausgeweidet wird. Der Reich'sche Vitalismus, der sexuelle Transgression und politische Befreiung zusammendachte, wird von Jelinek gewissermaßen zombifiziert und biopolitisch „durchgerechnet". Die Rechnung ist klar: Unter dem Strich sind die Körper nicht befreiter, sondern weiterhin und vielleicht radikaler Teil von Besitzverhältnissen, da diese nicht mehr durch Regeln und Verträge gedeckt sind, sondern anarchisch und brutal wuchern: „tuli leibschneidet kreuzweis ju hu wondermaid mit sei / nem schwanz an der spitzes hat der ein noppeisen einge / wachsen von natur aus. wondermaid öffnet sich & gibt ihren erfreulichen inhalt den spöttischen augen der zu / schauermenge preis vor aller augen passiert die unge / heure enthüllung der unschuldigen lerchen fotzi! wonder-maid ist hilflos & wehrlos den gierigen blicken einer schamlosen menge vorgeschwebt. sieh da kommt es dem tuli schon. ein kolbenstrahl grösser als alles bisher dagewesene. [...] tuli kupferberg durchschiesst die schwell knöchelchen an wonder-maids vorderfront mit seinem maskulinen strahl durchbohrt sie sämtlichen eingeweide hebt sie aus ihrer äusseren um / hüllungshaut heraus windet eine pausbacke um seinen unterarm und zieht an dass es gewittert in rayas tutteln beginnt an ihrem lobhudler zu fressen." (213–214)

Mit diesen makabren Überschreibungen zwischen Aktionismus, Beat- und Drogenkultur und Organtransplantation eröffnen die *lockvögel* einen Blick auf die dunkle Seite der sexuellen Befreiung. Und 1969 war tatsächlich ein dunkles Jahr für die Popkultur. Brian Jones' Tod gibt das Epitaph des Romans. Man kann auch an Altamont und an die Massaker der Manson-Familie denken, die ebenfalls im Sommer 1969 ihren Höhepunkt erreichten. Im ganzen Micky-Mouse-Klamauk der *lockvögel* könnte man beinahe überlesen, dass am Ende die Schlachtfelder der Popkultur mit Leichen übersät sind. Springen muss man trotzdem, denn es zieht in diesem Haus ganz gewaltig.

Jelinek, Elfried. *wir sind lockvögel baby!* Reinbek bei Hamburg: Rowohlt, 1970.

Literaturverzeichnis

Bronfen, Elisabeth. „Thomas Pynchon: Die Enden der Parabel. Gravity's Rainbow". *Kindlers Literatur Lexikon*. http://www.kll-online.de. Stuttgart: Metzler, o. J.

Degner, Uta. *Pop nicht als Pop: Jelineks frühe Romane* wir sind lockvögel baby! *und Michael. Ein Jugendbuch für die Infantilgesellschaft im literarischen Feld der frühen 70er Jahre*. http://fpjelinek.univie.ac.at/fileadmin/user_upload/proj_ejfz/PDF-Downloads/Degner_Pop_nicht_als_Pop.pdf. Vortrag am Jelinek-Forschungszentrum 2014.

Deleuze, Gilles. „*Stotterte er ...*". *Kritik und Klinik*. [1993] Übers. von Joseph Vogl. Frankfurt am Main: Suhrkamp, 2000. 145–154.

Frahm, Ohle. *Die Sprache des Comics*. Hamburg: Philo Fine Arts, 2010.

Janke, Pia. „wir sind lockvögel baby!" *Jelinek-Handbuch*. Hrsg. von Pia Janke. Stuttgart: Metzler, 2013. 81–83.

Janke, Pia (Hrsg.). *Die Nestbeschmutzerin. Jelinek & Österreich*. Salzburg und Wien: Jung und Jung, 2002.

Jelinek, Elfriede und Wilhelm Zobl. „Offener Brief an Alfred Kolleritsch und Peter Handke". *manuskripte* 9.27 (1969): 3–4.

Langhammer, Katharina. „Fernsehen als Motiv und Medium des Erzählens. Elfriede Jelinek". *Verkehrsformen und Schreibverhältnisse. Medialer Wandel als Gegenstand und Bedingung von Literatur im 20. Jahrhundert*. Hrsg. von Jörg Döring, Christian Jäger und Thomas Wegmann. Opladen: Springer VS, 1996. 187–203.

Müller-Dannhausen, Lea. *Zwischen Pop und Politik: Elfriede Jelineks intertextuelle Poetik in „wir sind lockvögel baby!"* Berlin: Frank & Timme, 2011.

Schäfer, Jörgen. *Pop-Literatur. Rolf Dieter Brinkmann und das Verhältnis zur Populärkultur in der Literatur der sechziger Jahre*. Stuttgart: M & P, 1998.

Weibel, Peter (Hrsg.). *Programm des Zock-Fests*. http://www.peter-weibel.at/index.php?option=com_content&view=article&id=21%3Azockfest-1967&catid=2%3Amixed-media&lang=de&Itemid=11. o. J.

Zünd-Up. http://www.zuend-up.com/67-1.html. o. J.

4.6 Rolf Dieter Brinkmann: Mondlicht in einem Baugerüst (1975)
Albert Meier

> In einigen meiner Gedichte habe ich die Situation darzustellen versucht, und innerhalb dieser Dinge die Bewegung, das Gehen. Rolf Dieter Brinkmann: Ein unkontrolliertes Nachwort

„Mondlicht in einem Baugerüst", vielleicht im September 1972 entstanden oder wenigstens begonnen, gehört zu den ‚linearen', d. h. monologisch-stetig konzipierten Gedichten, deren vordergründige Konventionalität in *Westwärts 1&2* die polyphon-brüchigen Flächengedichte kontrapunktisch ergänzt (schon in *Die Piloten* von 1968 hat Brinkmann damit experimentiert). In seiner äußerlichen Geformtheit gibt es sich konservativ und unterläuft den lyrischen Komment doch entschieden: 24 Strophen à 4 Zeilen und eine abschließende, auf drei Zeilen verkürzte ergeben insgesamt 99 Verse, die trotz ihrer zwischen acht und 21 Silben (meist freilich um 13) schwankenden Länge für ein vergleichsweise regelmäßiges Schriftbild sorgen; ihr ‚fallender' Rhythmus verdankt sich der – im Deutschen ohnehin üblichen – Dominanz von Trochäen und Daktylen, wodurch sich die Verse metrisch dem Hexameter annähern, dem sie überdies in ihrer antikisierenden Reimlosigkeit entsprechen. Solcher Geordnetheit widersetzen sich die von Brinkmann seit je praktizierten Zeilenbrüche jedoch in aller Schärfe: Dass der Wechsel von einer Strophe zur nächsten in fast jedem Fall den syntaktischen Zusammenhang aufbricht, geht weit über das geläufige Enjambement hinaus, und die gänzlich ungrammatische Zerlegung von ‚Parkplatz' in „Park / Platz" (V. 15–16) bzw. von ‚menschenleer' in „menschen / leer" (V. 27–28) tastet sogar das Wortmaterial an. Insofern trägt das gesamte Gedicht die ihm zentrale Spannung von Ordnung und Störung sprachlich-semantisch wie formal-poetisch aus (vgl. Dotzauer 2012, 627) und lässt die letzte, auf drei Verse verkürzte Schluss-Strophe genau das bereits tun, wonach sie verlangt: „[...] und es ist Zeit, / mit den Vorschriften aufzuhören" (V. 98–99). In dieser performativen Pointe konzentrieren sich Brinkmanns poetische Absichten als produktiver Widerspruch, der diese Lyrik – durchaus intentional – über gesittetes Dichten nicht nur in deutscher Sprache hinausführt.

1. Wörter und Dinge

Hat sich Brinkmann im Brief an Hartmut Schnell vom 7. Juni 1974 dazu bekannt, in seiner Pop-Phase seit *Was fraglich ist wofür* (1967) von William Carlos Williams' Postulat ‚No ideas but in things' beeindruckt gewesen zu sein (Brinkmann 1999, 40), steht ihm jetzt vor Augen, dass seine Schreibpraxis diesem ‚Programm' zugleich entgegenarbeitet: „Worums mir damals ging, waren Empfindungen ganz dinglich-konkret zu sagen. Siehe so ein Gedicht wie ‹Einfaches Bild›. Und dann formal gesehen, einfach oft gegen die automatisch gemachten Sinnzäsuren (automatisch beim Lesen vom Leser gemachten Sinnzäsuren) die Zeilen zu brechen – was dann wieder sehr gegen die Theorie von WCWilliams usf. steht" (Brinkmann 1999, 41). Es sind nun einmal weniger die Dinge, die in Brinkmanns Westwärts-Lyrik das jeweilige Gedicht ausmachen, als die Wörter und der bewusste Umgang mit ihnen.

Selbst snap-shots wie „Die Orangensaftmaschine" und „Einer jener klassischen" (ebenfalls in *Westwärts 1&2*, 1975) leben von einer überall präsenten Reflexivität, die in der Terminologie Niklas Luhmanns als ‚Beobachtung zweiter Ordnung' zu beschreiben wäre, in ihrer zeitlichen wie räumlichen Distanziertheit aber auch an Jacques Derridas „différance" gemahnen mag. Dieser Reflexionsgestus manifestiert sich schon im ersten, mit dem Titel syntaktisch verbundenen Vers, der die Wahrnehmung des ‚Mondlichts in einem Baugerüst' sentimentalisch genug auf das „Ende des 20. Jahrhunderts" (V. 1) datiert, was V. 46 noch einmal wiederholt. Dass sich an dieser Stelle (vgl. auch V. 8 und 62) zugleich der Kontrast von Mündlichkeit und Schriftlichkeit zur Geltung bringt, weil die in Ziffern so bündige Ordinalzahl ‚20.' drei langer Silben bedarf, sobald man sie spricht, zeugt nicht minder davon, wie konsequent „Mondlicht in einem Baugerüst" seiner eigenen Vermitteltheit eingedenk ist. Insbesondere das siebenfache, freilich nur die erste Gedichthälfte prägende ‚erinnert mich' (V. 8, 17, 19, 28, 29, 36–37 und 47) versetzt den Text weniger in einen Modus der Vergangenheit als in den einer beständigen Stiftung von Beziehungen zwischen Ich und Welt, Sprache und Schrift, Zeichen und Zeichen.

Da ist es nur folgerichtig, wenn die elementare Wort/Ding-Differenz in der vorletzten Strophe ausdrücklich Erwähnung findet, um eine paradoxe Erkenntnis zu statuieren: „[...] und es macht gar keinen Sinn, das Mondlicht / anders zu beschreiben als mit Mondlicht" (V. 95–96). An solchen Selbstkommentaren wird dieses Dichten als planvolle, über bloße Kritik hinausgehende Auseinandersetzung mit „der deutschen überlasteten, mit Begriffen und weltanschaulichen Abstraktionen (unsinnlichen Begriffen) überlasteten Sprache" (Brinkmann 1999, 40) evident. Indem er das Falsche ausagiert, ist Brinkmann um ein Überspielen sprachlicher Defizienz bemüht, das im Gestus dialektischer ‚Aufhebung' die neuen Ausdrucksmöglichkeiten umso mehr der Negation abgewinnen will. Dieser Absicht dient bereits der dissonante Titel ‚Mondlicht in einem Baugerüst', der über den Antagonismus von gefühlsträchtiger Natur und nüchterner Technik hinausreicht, weil eben nicht von einem Mondlicht die Rede ist, das durch ein Baugerüst gesehen würde. Das ohnehin nur in der Überschrift figurierende Baugerüst bildet vielmehr das Medium, in dem das Mondlicht überhaupt erst wahrnehmbar wird, um eine lange Reflexions- bzw. Assoziationskette auszulösen. Insofern gilt es in der Tat eine Korrespondenz von Gegenstand und Gedicht zu konstatieren, die dem Text auf zweiter, weil reflektierter Ebene eine analoge Wirkung zugesteht: „Das Gedicht gibt sich selbst als bloßes Baugerüst zu erkennen, durch dessen gleichmäßige Streben man die Strahlen des Mondes fallen sieht. Seine ungewöhnliche Geschlossenheit ist ein Effekt seiner Offenheit" (Dotzauer 2012, 627–628).

2. Mondlicht und Gegenwart

Dass es nicht gar zu weit hergeholt ist, den Versuch einer Überbietung romantischer Poesie im Nachgang der Moderne darin zu sehen, dass Brinkmann statt vom ‚Mondschein' semantisch präziser, aber auch nüchterner ausschließlich vom ‚Mondlicht' spricht (vgl. Geduldig und Schüssler 1995, 31), bestätigen die Strophen X und XI in ihrer Anspielung auf die Hymnen an die Nacht (1800). Novalis kontrastiert das „allerfreuliche Licht", das die „Wunderherrlichkeit der Reiche der Welt" offenbart, der „heiligen, unaussprechlichen, geheimnißvollen Nacht", aus deren Hand „Balsam träuft": „Wie arm und kindisch dünkt mir das Licht nun – wie erfreulich und gesegnet des Tages Abschied" (Novalis 1978, 149 und 151). Auch Brinkmann stellt das Licht des Mondes in konsumkritischem Gestus zunächst dem der Sonne entgegen: „Das Sonnenlicht kocht die Zusammenhänge / auf, die Tage sind klar, Arbeit, das Durcheinander der Dinge, / die verwirrt machen, wüst und den Ausblick // verstellen, Tageslicht schafft den Umsatz" (V. 38–41). Sobald aber im „ersten Mondlicht [...] neue Hochhäuser im Niemandsland am / Ende des 20. Jahrhunderts" (V. 44–46) stehen, ist der Einbildungskraft Raum gegeben: „Als ich aus der Haustür trete, / erinnert mich ein dunkles Fenster an 1946er Mondlicht, Eisblumen früh abends am Fenster, das Glitzern der // kräftigen Armut, noch nicht von den Bedeutungen erschöpft" (V. 46–49). Mit V. 50 ist dann genau die Mitte bzw. Symmetrieachse des Gedichtes erreicht, die mit ihrer alle Metaphorik dementierenden Tautologie „Mondlicht ist Mondlicht" der durchgehenden Reflexion auf das prekäre Verhältnis zwischen dem unbestreitbarem Stimmungswert des Naturphänomens und seiner abgenutzten Versprachlichung ein Sinnzentrum gibt. Die Aneinanderreihung individueller Erfahrungen mit Mondlicht geht daraufhin in eine Auseinandersetzung mit dessen kultureller Kodierung über.

Der ausdrückliche Verweis auf die Romantizität des Mondlichts, den die Strophen 15–17 mit der Erwähnung von Caspar David Friedrichs *Zwei Männer in Betrachtung des Mondes* (1819–1820) vornehmen, amalgamiert die Kontemplation im „fantastischen Schrecken" (V. 65) der gemalten Traumlandschaft mit einer Radfahrt die „Universitätsstr." (V. 57) entlang, wobei die Realitätsreferenz des zweimaligen ‚wir' Brinkmanns Frau Maleen als Begleiterin apostrophieren dürfte. Ein Brief an Hermann Peter Piwitt (11. Juli 1972) deutet C. D. Friedrichs Gemälde in bezeichnender Weise: „Keine Tragik ist in dem Bild, eine völlige Abwesenheit der Bedrohung durch einen Tod. Sind das Tagträume, die dieser Maler festgehalten hat? Aber wirklich, worüber haben diese Leute gesprochen?" (Brinkmann 1995, 87). Deckt sich diese gemalte Befriedungsvision auch nicht mit dem weit ambivalenteren Fahrrad-Erlebnis „an Betonflächen entlang" (V. 66) durch „Straßen, die keine Straßen mehr sind", erklärt sie doch die Magie des Mondlichts, das zumindest in der Erinnerung „Kühe, / die im hochgewachsenen Gras liegen und / friedlich wiederkauen" in eine Parallele setzt mit dem „leeren Park / Platz", „wo ein umgekippter emaillierter // Elektroherd liegt" (V. 15–19). Im diskreten Licht des Mondes verklärt sich die Hässlichkeit der modernen, d. h. heruntergekommenen Zivilisation und steht einer unberührten Natur nicht länger entgegen, weil auch das Technisch-Künstliche die Erfahrung von Schönheit unter Umständen ermöglicht: „Brinkmann spielt die Welten von Natur, Kunst und Industriekultur auf eine Weise gegeneinander aus, die nicht beim Illusionsbruch der Moderne stehen bleibt: Sämtliche Bildbereiche sind für ihn gleich ursprünglich, gleich wesentlich und erweitern sich durch musikalische Referenzen zu einer Art zeitgenössischer Synästhesie" (Dotzauer 2012, 628).

Hieraus ergibt sich eine Binnengliederung der 25 Strophen bzw. 99 Verse: Beginnt das Gedicht in sprunghaftem Reihungsstil selbstreflexiv, indem es Erinnerungen an die Unmittelbarkeit von Impressionen unter Mondlicht aufruft („einfach wie / Mondlicht in einer übriggebliebenen / Allee", V. 1–3), mündet es in Strophe 12 in eine Rückbesinnung auf die Kindheit 1946; in Strophe 14 verwandelt es sich in Erzählung, um nach einem knappen Ausblick auf das „Mondlicht in hundertdreißig Jahren" (V. 73) in willkürlich-fragmentarischen Bemerkungen zu seiner widersprüchlichen, doch ungebrochenen Wirkkraft in der Gegenwart auszuschwingen (vgl. etwa in V. 79–80 den Gegensatz von „Büromöbel, Aktenschränke, Schreibtische / im Mondlicht sind häßlich" und in V. 86–88 „Die Sonnenblume wirft einen sanften / großen Schatten im Mondlicht, erstaunlich wie Mondlicht / auf meinen Schuhen"). Nichts lässt hier noch an romantische Sehnsucht denken, wenn das Sprecher-Ich in Strophe 24 dem Mondlicht attestiert, „die Dinge einfach mehr weniger" (V. 93) zu machen, und in der Frage „nach wieviel

Stößen kommst du unterm Mondlicht" bloßen „Schwachsinn" (V. 94) erkennt. Im Gestus eines barocken Concetto ist zuvor die Opposition von Sonne und Mond bzw. Tag und Nacht schon ‚witzig' ausgereizt worden (V. 85: „Ah, ich sah noch nie vorher eine / Sonnenblume im Mondlicht"). „Mondlicht in einem Baugerüst" verweist damit auf den 4. Abschnitt von *Westwärts, Teil 2* zurück, der über „Jah, Sonnenblume" die gleichen Mondlicht-Impressionen/Reflexionen variiert und selber wiederum auf das ‚Baugerüst'-Gedicht vorausdeutet: „Der Mond ist nichts als eine Hypothese beim / Schreiben eines alltäglichen Gedichts in diesem alltäglichen / Gefängnis aus Seitenstraßen, Straßenecken, verstaubten kleinen Buden / [...]" (Brinkmann 2005 [1975], 78–79).

3. Pop und postmoderne Romantik

Die zwei letzten Strophen von „Mondlicht in einem Baugerüst" leisten schließlich die Engführung aller zuvor versammelten Themen und bringen deren Dialektik von Erfahrung und Versprachlichung auf den Punkt: „Und wenn ich sage, // das Mondlicht ist eine Türklinke im Mondlicht, heißt das, / das Mondlicht ist schön wie Mondlicht" (V. 96–98). Selbstreferenziell legt Brinkmann hier das eigene Schreibverfahren offen und begründet zugleich die Möglichkeit (und Notwendigkeit), das Motiv auch weiterhin lyrisch zu nutzen. Im logisch widersinnigen Vergleich des Mondlichts mit ihm selbst, der parodistisch an Gottfried Benns berühmtes Verbot aller lyrischen Wie-Vergleiche in *Probleme der Lyrik* (1951) erinnert, wird dem heruntergekommenen Gemeinplatz das Potenzial zugeschrieben, auch jetzt noch eine ‚Türklinke' zu sein: die Voraussetzung dafür, „eine Tür aufzumachen" und im Sinne des ‚break on through to the other side' der Doors das vernünftige Sprechen hinter sich zu lassen. So einfach wie in Rock-Songs kann das in Brinkmanns Lyrik freilich nicht gelingen. Seine Gedichte müssen in der Tat „eine Vermitteltheit der Vermitteltheit der Vermitteltheit" (Dotzauer 2012, 628) inszenieren, um die vielleicht ohnehin nie wirklich gegebene Unvermitteltheit eines spontanen Ausdrucks nach romantischem Muster in dessen bewusster (Re-)Konstruktion weniger zu retten als zu übertreffen: „Nichts mehr, so zeigt dieses Gedicht mit größtmöglicher Suggestivität, wird einen jemals zur Sache selbst führen, weil diese Sache immer schon eine andere ist. Wer das Gedicht jedoch nimmt, um es schließlich hinter sich zu lassen, wie man eine Leiter wegwirft, auf der man ein Stück empor geklettert ist, der hat gute Aussichten, etwas zu sehen, das schon verloren schien" (Dotzauer 2012, 629).

„Mondlicht in einem Baugerüst" gibt sich wie alle Gedichte in *Westwärts 1&2* nicht mehr als ‚Pop' im Gestus von Frank O'Haras *Lunch Poems* (1964), von denen sich Brinkmann 1969 noch eine Befreiung zur „Tiefe des Banalen" (Brinkmann 1982a, 210) versprochen hat („Eine post-moderne Literatur beginnt; eine Literatur, die sich nicht mehr in Konkurrenz zu den bereits bestehenden ›großen‹ Literaturerzeugnissen versteht – wir alle sind groß und großartig: ‚mädchenhaft, schön und unnachgiebig', um eine Zeile von Frank O'Hara zu gebrauchen", Brinkmann 1982b, 251). Als Romantiker ‚zweiten Grades', der sich „am Ende des 20. Jahrhunderts" der Epigonalität seiner Ausdrucksmittel stellt, kann Brinkmann in der überdeutlichen Künstlichkeit seiner lyrischen Selbstreflexion auch nur eine sprachliche Versinnlichung zweiten Grades leisten, indem er durch gewollt-abstruse Fügungen wie „und eine weiße Wand mit einem // Feuerlöscher in einem langen Flur ist ein / Feuerlöscher an einer weißen Wand" (V. 80–82) jede Sinnhaftigkeit des Gesagten suspendiert; die alltagssprachliche Übereinkunft, das ‚Bezeichnende' für das Bezeichnete gelten zu lassen, ist darin aufgekündigt und lässt die Ahnung aufscheinen, dass der ‚Sinnzwang' allen Redens und Schreibens nicht mehr unausweichlich ist, sobald man die Sprache mit sich selbst konfrontiert („Es gibt keine Folgerichtigkeit, oder wie Fritz Mauthner sagt, ‚Widersprüche gibts nur in der Sprache,' [...]", Brinkmann 1999, 140).

Brinkmanns Romantizität ‚zweiten Grades' bestätigt sich nicht zuletzt in der insistierenden Nennung der „Wörter Mond und Mondlicht", die „61 Mal fallen" (Dotzauer 2012, 628) und im Zusammenspiel mit den sonstigen lexikalischen wie syntaktischen Wiederholungen für diejenige Irritation sorgen, die aller Offenheit für neue Erfahrungen vorangehen muss. Anders als in der genuin frühromantischen Lyrik wird Brinkmanns Leser durch die „permanente Wiederholung" aber nicht „in einen Rauschzustand versetzt", in dem „er noch einmal eine längst verlorene Einheit der Welt und eine Überwindung der Subjekt-Objekt-Spaltung erfahren" würde. Das vielfache Repetieren in „Mondlicht in einem Baugerüst" bringt eben keine sinnbetörende „Klangwirkung" hervor, „die gegenüber der Semantik die Oberhand gewinnt" (Petersdorff 2009, 376 stellt Brinkmann allzu überschwänglich in eine Reihe mit Clemens Brentano), sondern dekonstruiert die begrifflich-logische Ordnung des Sprechens auf diskursiver Ebene: Peter Handkes Verfahren in *Die Innenwelt der Außenwelt der Innenwelt* (1967) vergleichbar, wird die Floskelhaftigkeit aufgedeckt, ohne die normales Sprechen nicht funktionieren kann. Parallel sowohl zu den Flächen-Gedichten wie *Westwärts* als auch den snap-shots im Stil der „Orangenmaschine" steht „Mondlicht in einem Baugerüst" seiner vordergründigen Linearität zum Trotz für ein gleichermaßen begrifflich gefasstes wie die Begrifflichkeit übersteigendes Konzept von Dichtung, die im Medium des Sprachlichen dessen Grenzen öffnet und einen Freiraum ex negativo schafft, in dem die Sensibilität ohne jegliche Naivität auf abstrakte Weise vielleicht doch zu ihrem Recht kommt.

4. Oberfläche und Sensibilität

Dass der Mond und sein Licht vom Kulturschutt jahrhundertelanger Bedichtung verstellt sind, kommt in Rolf Dieter Brinkmanns Lyrik früh zur Sprache. Gregor Dotzauer hat die entsprechenden Belegstellen in Vorstellung meiner Hände gesammelt und gezeigt, wie sehr sich das ‚Ich' in „Septemberballade" (1960) der „mangelnden Unmittelbarkeit seiner Empfindungen" (Dotzauer 2012, 626) bewusst ist, wenn ein „toller Liebesmond" ausdrücklich „mit viel Mondgedichten / in allen Taschen" (Brinkmann 2010, 41) angeredet wird. Ist „der Mond / den Eichendorff besang" insofern „längst hinüber ins Unbekannt" (Brinkmann 1980, 29) gegangen, wie es 1962 in „Ihr nennt es Sprache oder Spiegel an der Wand" heißt, kann das „alte / Mißverständnis / für eine Nacht" in „Bild" (1967) die angestammte Rolle trotzdem weiterspielen, sobald nur das Perfekt in Matthias Claudius' „Abendlied" (1778) einem Präsens weicht: „Nun geht / der Mond / wieder auf". Gerade weil sich das ‚Bild' des Mondes nicht mehr so ungebrochen vorstellen lässt wie einst im Wandsbeker Boten, gelingt es in der Thematisierung dieses Problems noch immer, dem verbrauchten Motiv poetisches Leben einzuhauchen: „Ich will / sagen, daß / die Schwie- / rigkeiten / groß sind / wie zuvor / anzufangen / wie am Ende / mit dem alten / Bild erneut" (Brinkmann 1980, 103).

Offenbar hat es der junge Brinkmann recht gut verstanden, die Untiefen abendländischer Dichtung im salto mortale der Selbstreflexivität zu überspringen. Weil aber auch dieses Verfahren schnell zur Routine verkommt, richtet er als deutschsprachiger, nolens volens der Romantik verhafteter Dichter seine Hoffnung bald auf die abseits der „alten verfluchten Trampelpfade" (Brinkmann 2005c [1975], 256) entstehende Literatur der US-amerikanischen Beat-Autoren. Deutlicher noch als „Der Film in Worten" – das Nachwort zu Brinkmanns epochaler Anthologie der ‚Neuen amerikanischen Szene' *Acid* (1969 gemeinsam mit Ralph-Rainer Rygulla herausgegeben) – dokumentiert der ungefähr gleichzeitige Essay „Über Lyrik und Sexualität", wie ernst es Brinkmann vor 1970 mit dem ‚total assault on the culture' gewesen ist, den namentlich The Fugs um Ed Sanders ausgerufen haben (vgl. Sanders 2011). In der New Yorker Szene sieht er die mit dem Schlagwort ‚Pop' verbundenen Erwartungen bereits eingelöst: die Befreiung von der ‚Angstszene Kultur' (Brinkmann 1982b, 252) bzw. den Ausbruch aus uralter Gefangenschaft „in der Abstraktion Literatur" (Brinkmann 1982c, 278). Pflegt das literarische Establishment unter dem Leitbegriff ‚Moderne' seinerzeit noch eine „Sakralisierung der Form", weil es sich als „‚aristokratisch', dem hohen Gedanken verpflichtet" (Brinkmann 1969b, 65–66) begreift, verspricht die Underground-Lyrik eine wirklich neue, weil jetzt spontane Art von Poesie, in der sich Brinkmann weit mehr zu Hause fühlt als in der Bundesrepublik, wo „alles so ‚lyrisch' verdreht, verschlüsselt, mit altem mythologischem Bildungsgut überladen" ist: „insgesamt war mir die westdeutsche Lyrik viel zu eng, hatte keine schöne Offenheit und Leichtigkeit und war mir viel zu verdreht und unkonkret sprachspielerisch [...] oder zu fanatisch politisch oder zu schwammig-naturhaft" (Brinkmann 1999, 124).

Dem in Hugo Friedrichs *Die Struktur der modernen Lyrik* (1956) kodifizierten Konsens des westeuropäischen Feuilletons, nur hermetische Dichtung könne ‚gegenwärtig' sein, steht in den Beat-Poeten eine Alternative entgegen, die mit den Regeln des guten Geschmacks bricht und die hochkulturellen Gegensätze von ‚schön' und ‚hässlich' bzw. von ‚anspruchsvoll' und ‚trivial' ebenso ad absurdum führt wie den Unterschied von ‚Dichter' und ‚Publikum' und letztlich die Kluft zwischen ‚Kunst' und ‚Alltag'. Was ästhetikgeschichtlich bis in die deutsche Frühromantik bzw. den Jenenser Intellektuellenkreis um Friedrich Schlegel zurückführt, scheint sich in der literarischen Realität jenseits des Atlantik nunmehr empirisch zu bewähren: „Pop Art is, whatever its overt politics, subversive: a threat to all hierarchies insofar as it is hostile to order and ordering in its own realm" (Fiedler 1971, 478). Aus diesem Grund hat Brinkmann während der zweiten Hälfte der 1960er Jahre sein Schreiben ganz auf die fernwestlichen Vorbilder abgestellt und in Anthologien bzw. Übersetzungen versucht, deren Verfahren auch in der Bundesrepublik populär zu machen. Umso mehr erscheint ihm die Dichtung seiner eher traditionsgebundenen Zeitgenossen als eine Sache der Vergangenheit, von der man sich endgültig zu verabschieden hat: „Literatur als Erfüllung einer Konvention, auch jener Erfüllung der Konvention, ‚Moderne', ist vorbei" (Brinkmann 1982b, 259). Das Innovative der neuen Lyrik wird dabei zuallererst im souveränen Verzicht auf Schwerverständlichkeit gesehen, die unvermeidlich mit kultureller Gediegenheit einhergeht, während die pop-ästhetische Einfachheit, weil Oberflächlichkeit bzw. Unbekümmertheit ihre Kunst einem Massen-Publikum öffnet, das keiner elitären Bildung mehr bedarf: „Es entsteht neu ein literarischer Großraum durch Adaptionen, gleiche Materialbehandlung, durch eine aus den literarischen Konventionen sich lösende Subjektivierung des Schreibens. [...] Die intellektuellen Spezialisierungen nehmen ab [...]" (Brinkmann 1982b, 251). Dabei kommt es vor allem auf Direktheit an, deren buchstäbliche ‚Ungebrochenheit' der lyrischen Moderne nicht zuletzt darin widerspricht, dass sie ganz ohne theoretischen Unterbau auskommen will. Programmatisch erteilt Brinkmann derjenigen Reflektiertheit seine Absage, die im sentimentalischen Bewusstsein von der Historizität aller Literatur wurzelt und ihre unleugbare Vermitteltheit zum Hauptthema macht: „Denn besetzt von dem verschwommenen Wissen von einer sogenannten ‚Modernen Lyrik' und deren abstrakt-theoretischen Implikationen, ist die Sensibilität der Aufnahme von Gedichten abgestumpft. Immer ist da theoretisch an der Schraube gedreht worden, und jetzt dreht sich die Schraube leer im Gewinde auf derselben Stelle" (Brinkmann 1982b, 248).

Das Stichwort ‚Sensibilität' deutet hier bereits an, worum es Brinkmann bei den eigenen Gedichten der 1970er Jahre zuallererst gehen wird, sobald ihm das Pop-Paradigma der amerikanischen Vorbilder nicht mehr genügt: das Aufbrechen schematischer, weil eingefleischter Wahrnehmungs- und Reaktionsweisen durch eine poetische Verfremdung, die ihre Leser wieder empfänglich macht für individuelle Erfahrungen und intensive Eindrücke. Wolfgang Adam hat darauf aufmerksam gemacht, dass diese Idee einer ‚neuen Sensibilität' namentlich in Herbert Marcuses *Versuch über die Befreiung* (1969) figuriert, wo eine „Anti-Kunst" begrüßt wird, der u. a. ein „sprengender Gebrauch der Umgangssprache" dazu dient, als ästhetische „Erkenntniskritik" mit jeder „Verdinglichung" (Marcuse 1969, 67) zu brechen (vgl. Adam 1995, 8). Während seiner Pop-Phase von *Godzilla* (1968), *Die Piloten* (1968) und *Gras* (1970), d. h. im Blick auf die in *Acid* versammelte ‚Neue amerikanische Szene', steht für Brinkmann freilich noch die Faszination im Vordergrund, die der „anti-theoretische Zug" der „gegenwärtigen amerikanischen Lyrik" (Brinkmann 1982b, 254) ausübt, der das „Schreiben von Gedichten als ein Tun (eine Tat)" (Brinkmann 1982b, 252) begreifen lässt, das doch nichts Zweckhaft-Funktionales an sich hat. Damit kommt ein neuer Begriff von Schönheit zur Geltung, der sich von der Kulturtradition klassizistischer Formvollendung abkoppelt und – diesseits höherer Sinnhaftigkeit – seinen Wert an sich selbst haben will: „ich finde gewöhnliche Sachen schön, weil sie nichts bedeuten, und daß sie nichts bedeuten, ist ihre Tiefe – je weniger ‚etwas' Bedeutung hat, desto mehr ist es ‚es selbst' und damit Oberfläche, und allein Oberflächen, wie jeder weiß, sind ‚tief'! Es ist eine Tiefe, für die bisher geltende literarische Kategorien nicht mehr zutreffen" (Brinkmann 1969a, 142).

Was dabei in Andy Warhols Manier die ‚Pop'-Qualität solcher Literatur ausmachen soll, ist ihr Faible für die unerschöpfliche Vielfalt artifizieller Konsumartikel, die das den ‚alten', von Brinkmann ‚gehassten' Dichtern (Brinkmann 1994 [1968], 14–15) so unverzichtbare Pathos geschmacklicher Hochwertigkeit nicht mehr nötig haben: „Fernsehen, Kino, ein Schlager, die Dose Old Dutch-Reinigungsmittel und Shirley Temple, umgeben von Löwen. [...] Alle Bilder und Landschaften sind künstliche Bilder und Landschaften, das Material ist die Dutzendware. Es kommt darauf an, wie es gebraucht wird" (Brinkmann 1982b, 263).

5. Lyrik und Befreiung

Brinkmann wird allerdings schnell zweifelhaft, ob diese pop-ästhetische „Beschränkung auf die Oberfläche" tatsächlich einer Kunst zuarbeitet, „die alltäglich wird" (Brinkmann und Rygulla 1982, 233) und befreiend wirkt. Ohnehin verdankt sich seine früh gefasste und nie aufgegebene ‚Absicht', „gegen das Verständnis vom Gedicht als elitäres K-Produkt" zu schreiben und „die starren Fixierungen etwas aufzulösen mit einem Gedicht" (Brinkmann 1999, 128) ursprünglich weit mehr der neuen Unterhaltungsmusik „seit etwa Mitte der 50er Jahre" (Brinkmann 1999, 92) als der neuesten US-Literatur. Gerade der zentrale Impuls des Rock 'n' Roll und aller daraus erwachsenen Pop-Musik, mit den Traditionen zu brechen, um auf Unmittelbarkeit zu setzen, ist in Brinkmanns Augen brüsk unterbunden worden: „plötzlich, 1970, der Schnitt und die große Kontrollmaschine stoppte den Aufbruch, setzte Nostalgie in Umlauf, alte Formen" (Brinkmann 2005c [1975], 308). Dass die Kulturindustrie unter der Mode-Parole ‚Nostalgie' aller zukunftsträchtigen Spontanität ein Ende gemacht habe, ist die eine Erklärung für das Erwachen aus dem Traum von einer feinfühligeren, selbstbestimmteren Kultur im Geist des Pop: „[...] die Ansätze zu einer neuen starken Sinnlichkeit, einem neuen starken, sinnlichen Ausdruck, haben sie alle hier sogleich wieder abgeschnitten, 1970, bumms, wars zu Ende, zusammengeschlagen durch die mächtigen Massenmedien, ausgepowert durch TV, verbraten durch Industrie – die Reste vertrieben, bei Seite gewischt – [...]" (Brinkmann 1999, 88–89).

Dieser Kulturkritik in zeitgenössischer Topik sekundiert eine weitere Begründung, in deren Licht sich die massive Politisierung bzw. Ideologisierung zu Beginn der 1970er Jahre als Folge einer massenmedial gewollten Historisierung darstellt: „Eine ganze Menge mieser kleiner Kümmerautoren ist dann hervorgekrochen. Die 20 bis 25 jährigen haben den Kopf voll Theorie und Weltverbesserung, Angelerntes aus zweiter Hand, und die sehr jungen sind erst 15. [...] So schwellen die Theorieköpfe ungeheuer auf, mittels Theorie aufgeblasene Köpfe, die rumreden" (Brinkmann 1999, 89). In dieser „Kulisse Westdeutschland, kein Land für Gedichte" (Brinkmann 2005c [1975], 307) hat Brinkmann bekanntlich zwar weiter geschrieben und collagiert, aber so gut wie nichts veröffentlicht und erst nach den jeweils höchst ambivalenten Rom- und Austin-Erfahrungen (1972–1973, resp. 1974) wieder die Zuversicht gefasst, mit seiner Art von Poesie auf Interesse zu stoßen: „Ende der 60er Jahre und dann Anfang dieser 70er Jahre herrschte graue Theorie, Gesellschaftstheorie, Computertheorie, und dann in der Literatur Arbeiterdichtung vor. Das scheint jetzt, Mitte der 70er Jahre vorbei zu sein, bezw. jetzt zu Ende zu gehen" (Brinkmann 1999, 145).

Ausgangspunkt seiner neuen Überlegungen, die ebenso wenig noch mit dem Pop-Konzept der 1960er Jahre zu vereinbaren sind wie mit marxistischer Gesellschaftskritik, ist nun der Gedanke eines Widerspruchs von poetischem Ausdrucksbedürfnis und sprachlichem Medium: „Das Rückkopplungssystem der Wörter, das in gewohnten grammatikalischen Ordnungen wirksam ist, entspricht längst nicht mehr tagtäglich zu machender sinnlicher Erfahrung" (Brinkmann und Rygulla 1982, 381). Haben die Lyriker der Moderne seit Stéphane Mallarmé immer darauf vertraut, dass die Poesie als solche bereits eine eigene Sprache hervorbringt (vgl. z. B. Hofmannsthal 2000) und einen per se alternativen Erfahrungsraum bildet, nimmt Brinkmann an, dass die grammatische Geregeltheit der Gebrauchssprache als ein universales Zwangssystem wirkt, das es in Literatur – surrealistische Verfremdungstechniken weiterführend – bewusst zu attackieren gilt. Für *Westwärts 1&2* erhebt Brinkmann jedenfalls mit geradezu freudianischem Impetus den Anspruch, die „auf früher kindlicher Ebene" angelegten „Kampf- und Konfliktmuster" durch Lyrik zu sprengen: „Der spätere Kampf um das eigene Bewußtsein geht darum, inwieweit die Barrieren der Wörter durchbrochen werden können, und damit die in Sprache fixierten Sinnzusammenhänge, bis in die eigene Vergangenheit zurück. // Das ist die neue Grenze, man könnte auch sagen, der neue Westen, es ist die Grenze, sich mit dem Gehirn zu beschäftigen, die Programme, die verbal sind" (Brinkmann 1982c, 276).

Wenn Dichter folgerichtig „gegen Formulierungen schreiben" bzw. „den angestellten Sprechautomaten der Massenmedien mit einfachem Hohn begegnen" (Brinkmann 2005c, 275) sollen, dann hat die entsprechende Lyrik „mit ‚neuem Realismus' usw. oder mit Pop oder postmoderne" nichts mehr zu schaffen: „die Realität ist schon immer eine erstarrte Realität, und konkret gleich concret heißt ja auch Beton. Lasse ich mich darauf zu sehr ein, erstarre ich selber" (Brinkmann 1999, 127). Im Unterschied zur gewollten ‚Oberflächlichkeit' seiner Pop-Phase setzt Brinkmann nun auf poetische Subversivität, die alle Gewohnheiten zersetzt: „Die neuen Gedichte enthalten mehr Gedankenschübe, Assoziationsfluchten und Sprünge, vermischt mit konkreten Details, Wahrnehmungen, und manchmal surreale Eindrücke, denn die Stadt und Landumgebungen mit alle den Aufbauten und Umbauten sind ja surreal" (Brinkmann 1999, 127). Das zielt auf eine Befreiung, die „aus der Sprache und den Festlegungen" (Brinkmann 2005b [1975], 9) hinausführen soll und damit tiefer reichen würde, als die marxistisch-maoistischen Ideologen der Studentenrevolte zur selben Zeit sich träumen lassen. In „Politisches Gedicht 13. Nov. 74, BRD" heißt es rechtspaltig dementsprechend: „Aufklärung durch Wörter gibt's / nicht / Veränderung durch Wörter // ist Dichtung" (Brinkmann 2005 [1975], 219. In diesem sprachphilosophischen Zusammenhang hat namentlich das ‚Mondlicht' den entscheidenden Vorteil, „nicht an Dialektik" (V. 29–30) zu erinnern.

Brinkmann, Rolf Dieter. „Mondlicht in einem Baugerüst". *Westwärts 1 & 2. Gedichte. Mit Fotos und Anmerkungen des Autors*. Erweiterte Neuausgabe. Reinbek bei Hamburg: Rowohlt, 2005a [1975]. 207–209.

Literaturverzeichnis

Adam, Wolfgang. „Brinkmann – ein Klassiker der Moderne?". *Vechta! Eine Fiktion! Der Dichter Rolf Dieter Brinkmann*. Ausstellung und Katalog von Gunter Geduldig und Ursula Schüssler. Osnabrück: secolo, 1995. 6–10.

Brinkmann, Rolf Dieter. „Anmerkungen zu meinem Gedicht Vanille". *März-Texte 1*. Darmstadt: März, 1969a. 141–144.

Brinkmann, Rolf Dieter. „Über Lyrik und Sexualität". *Streit – Zeit – Schrift VII, 1*. Hrsg. von Horst Bingel. Stierstadt im Taunus: Eremiten Presse, 1969b. 65–70.

Brinkmann, Rolf Dieter. *Standphotos. Gedichte 1962–1970*. Reinbek bei Hamburg: Rowohlt, 1980.

Brinkmann, Rolf Dieter. „Die Lyrik Frank O'Haras". Brinkmann, Rolf Dieter. *Der Film in Worten. Erzählungen, Essays, Hörspiele, Fotos, Collagen. 1965–1974*. Reinbek bei Hamburg: Rowohlt, 1982a. 207–222.

Brinkmann, Rolf Dieter. „Notizen 1969 zu amerikanischen Gedichten und zu der Anthologie ‚Silverscreen'". Brinkmann, Rolf Dieter. *Der Film in Worten. Erzählungen, Essays, Hörspiele, Fotos, Collagen. 1965–1974*. Reinbek bei Hamburg: Rowohlt, 1982b. 248–269.

Brinkmann, Rolf Dieter. „Notizen und Beobachtungen vor dem Schreiben eines zweiten Romans (1970/74)". Brinkmann, Rolf Dieter. *Der Film in Worten. Erzählungen, Essays, Hörspiele, Fotos, Collagen. 1965–1974*. Reinbek bei Hamburg: Rowohlt, 1982c. 275–295.

Brinkmann, Rolf Dieter. „Angriff aufs Monopol. Ich hasse alte Dichter". *Roman oder Leben. Postmoderne in der deutschen Literatur*. Hrsg. von Uwe Wittstock. Leipzig: Reclam, 1994. 65–77.

Brinkmann, Rolf Dieter. „Briefwechsel mit Hermann Peter Piwitt". *Rolf Dieter Brinkmann*. Hrsg. von Maleen Brinkmann. Reinbek bei Hamburg: Rowohlt, 1995. 84–101.

Brinkmann, Rolf Dieter. *Briefe an Hartmut. 1974–1975. Mit einer fiktiven Antwort von Hartmut Schnell*. Reinbek bei Hamburg: Rowohlt, 1999.

Brinkmann, Rolf Dieter. „Vorbemerkung". Brinkmann, Rolf Dieter. *Westwärts 1 & 2. Gedichte. Mit Fotos und Anmerkungen des Autors*. Erweiterte Neuausgabe. Reinbek bei Hamburg: Rowohlt, 2005b [1975]. 7–9.

Brinkmann, Rolf Dieter. „Ein unkontrolliertes Nachwort zu meinen Gedichten (1974/1975)". Brinkmann, Rolf Dieter. *Westwärts 1 & 2. Gedichte. Mit Fotos und Anmerkungen des Autors*. Erweiterte Neuausgabe. Reinbek bei Hamburg: Rowohlt, 2005c [1975]. 256– 330.

Brinkmann, Rolf Dieter. *Vorstellung meiner Hände. Frühe Gedichte*. Hrsg. von Maleen Brinkmann. Reinbek bei Hamburg: Rowohlt, 2010.

Brinkmann, Rolf Dieter, und Ralf Rainer Rygulla. „Der Film in Worten". Brinkmann, Rolf Dieter. *Der Film in Worten. Erzählungen, Essays, Hörspiele, Fotos, Collagen. 1965–1974*. Reinbek bei Hamburg: Rowohlt, 1982. 223–246.

Dotzauer, Gregor. „Mondlicht in einem Baugerüst". *Rolf Dieter Brinkmann: Seine Gedichte in Einzelinterpretationen*. Hrsg. von Jan Röhnert und Gunter Geduldig. Band 2. Berlin und Boston: De Gruyter, 2012. 626–629.

Fiedler, Leslie A. „Cross the Border – Close the Gap". *The Collected Essays of Leslie Fiedler II*. New York: Stein & Day, 1971. 461–485.

Hofmannsthal, Hugo von. „Poesie und Leben". Hofmannsthal, Hugo von. *Der Brief des Lord Chandos. Schriften zur Literatur, Kunst und Geschichte*. Hrsg. von Mathias Mayer. Stuttgart: Reclam, 2000. 36–44.

Marcuse, Herbert. *Versuch über die Befreiung*. Aus dem Amerikanischen übers. von Helmut Reinicke und Alfred Schmidt. Frankfurt am Main: Suhrkamp, 1969.
Novalis [Hardenberg, Friedrich von]. „Hymnen an die Nacht". Novalis: *Werke, Tagebücher und Briefe Friedrich von Hardenbergs 1*. Hrsg. von Richard Samuel. München und Wien: Hanser, 1978. 147–177.
Petersdorff, Dirk von. „Intermedialität und neuer Realismus. Die Text-Bild-Kombinationen Rolf Dieter Brinkmanns". *Literatur intermedial. Paradigmenbildung zwischen 1918 und 1968*. Hrsg. von Wolf-Gerhard Schmidt und Thorsten Valk. Berlin und New York: De Gruyter, 2009. 361–377.
Sanders, Ed. *Fug You. An Informal History of the Peace Eye Bookstore, the Fuck You Press, The Fugs, and Counterculture in the Lower East Side*. Boston: Da Capo Press, 2011.
Vechta! Eine Fiktion! Der Dichter Rolf Dieter Brinkmann. Ausstellung und Katalog von Gunter Geduldig und Ursula Schüssler. Osnabrück: secolo, 1995.

4.7 Rainald Goetz: Subito (1983)
Eckhard Schumacher

Dass Pop Ende der 1970er, Anfang der 1980er Jahre weder in der deutschsprachigen Gegenwartsliteratur noch in der Literaturkritik eine Rolle gespielt hat, lässt sich an der Wucht ablesen, mit der Rainald Goetz das Wort in seinem ersten dezidiert literarischen Text „Subito" gegen den Kulturbetrieb und die von ihm kultivierten Sorgen richtet: „Wir brauchen keine Kulturverteidigung. Lieber geil angreifen, kühn totalitär roh kämpferisch und lustig, so muß geschrieben werden, so wie der heftig denkende Mensch lebt. [...] Schaut euch lieber das Fernsehen an. Wir brauchen noch mehr Reize, noch viel mehr Werbung Tempo Autos Modehedonismen Pop und nochmal Pop." (20–21) Das Projekt, das Goetz in „Subito" nicht nur programmatisch entwirft, sondern auch literarisch realisiert, ist angesichts der Präsentation des Textes beim Wettbewerb um den „Ingeborg Bachmann Preis" in Klagenfurt im Juni 1983, bei der sich Goetz während der Lesung mit einer Rasierklinge die Stirn aufgeschnitten hat, etwas aus dem Blick geraten. Die „erste Rezensionswelle" hebt „fast ausschließlich auf das Blutbad ab" (Doktor und Spies 1997, 101), die Reaktionen auf den kurz darauf erschienenen Roman *Irre* (Goetz 1983) folgen weitgehend diesen Vorgaben (vgl. Schumacher 2002) und auch die nachfolgende Kanonisierung von „Subito" als Ausgangspunkt für eine neue, sich unter den Vorzeichen von Pop formierende Gegenwartsliteratur lenkt die Aufmerksamkeit regelmäßig auf den Stirnschnitt: „Erst durch einen Schnitt in die Stirn mit einer Rasierklinge kam Pop zurück ins Spiel." (Oswald 2001, 30–31) Und: „Was danach geschrieben wurde und immer noch geschrieben wird, ist natürlich nicht alles Pop. Aber Pop war ein Anfang, Goetz war ein Anfang, der Schnitt in Klagenfurt war ein Anfang ..." (Weidermann 2002)

1. Logik der Gegensätze: Klinik, Klagenfurt, Nachtcafé

Die Selbstverständlichkeit, mit der das „Blutbad" und der „Schnitt" in der Literaturkritik mit „Pop" assoziiert werden, kann zunächst durchaus überraschen. Weniger überraschend ist, dass angesichts des Schnitts in die Stirn der Text weitgehend aus dem Blick geraten ist. Das ist insofern misslich, als der Schnitt im Text vorweggenommen und reflektiert wird und auch dadurch als Marker für den literarischen Entwurf einer Pop-Ästhetik fungiert. Wie die zitierten „paar Sätze in der Sprache des Manifests" (20), die Goetz ans Ende von „Subito" stellt, wird auch der restliche Text über programmatische Grenzziehungsmanöver strukturiert, über eine Rhetorik der Abgrenzung, des aggressiven Schnitts. Der Text setzt Gegensätze in Szene, indem er gängige kulturelle Dichotomien aufnimmt, aber anders als üblich ausbuchstabiert. Das Fernsehen erscheint nicht, wie es das kulturkritische Klischee Anfang der 1980er Jahre vorsieht, als Bedrohung von Kunst und Literatur, sondern als deren besserer Gegenentwurf. Werbung, Mode und Pop werden nicht als Verfallssymptome einer konsumorientierten Trivialkultur angeprangert, sondern rückhaltlos affirmiert und gegen jene Kopplung von Betroffenheitsjargon und Kulturbeflissenheit ausgespielt, die nicht nur den Literaturbetrieb Anfang der 1980er Jahre prägt. Diese Logik der Gegensätze, die eine entschiedene Positionierung nicht nur ermöglicht, sondern auch einfordert, die Option für einen Wechsel auf die andere Seite aber gleichwohl präsent hält, wird im Verlauf des Textes in verschiedenen Variationen durchdekliniert.

Dabei zeichnet sich der Entwurf einer Pop-Ästhetik ab, bei der eine „Rhetorik der Unmittelbarkeit und Drastik", wie Brigitte Weingart im Blick auf Goetz' Texte aus den 1980er Jahren schreibt, „zum Programm" gehört (2002, 21). Zugleich werden weitere Konzepte aufgerufen, die Anfang der 1980er Jahre die ästhetische Theorie geprägt haben, angestoßen etwa durch Jean-François Lyotards *Intensitäten*, 1978 in deutscher Übersetzung im Merve Verlag publiziert, oder Karl Heinz Bohrers 1981 veröffentliche Studie *Plötzlichkeit*, auf die Goetz mit seinem Titel „Subito" direkt verweist. All das aber – Pop, Drastik, Intensität und Plötzlichkeit – wirkt merkwürdig unangemessen, wenn man den Anfang von „Subito" liest: „Eines Abend, oder war es später Nachmittag, die Wärme des vergangenen, seltsam überhitzten Frühlingstages lag noch auf den Sträuchern, Wiesen und Kieswegen, fand sich Doktor Raspe in grundloser Heiterkeit auf einer Parkbank im Innenhof der Klinik wieder, neben Kiener, der sich gewöhnlich Hegel nannte, und zwischen Raspe und Kiener flogen bisweilen Scherzworte hin und her, von einem hellen Witz. Nichts drohte." (9)

Der Ton und die Bilder, die der Text im ersten Absatz entfaltet, sind weder mit jenen Rezeptionszeugnissen in Verbindung zu bringen, die auf den Auftritt in Klagenfurt fokussiert bleiben, noch rufen sie das Stichwort ‚Pop' auf den Plan. Das gilt gleichermaßen für eine nur wenige Absätze später vorzufindende Passage, die die zu Beginn entworfene Stimmung in anderer Form fortschreibt: „Dankbar reiste er mit den Augen Claude Lorrains. Von Licht und Weisheit durchflutet lag da die herrlich hingemalte Landschaft, fern, so fern, da stand sie still. Das war eine Wiese, und die Felder blühten hell, in der Nähe, da verschoben sich die Hügel, dazwischen ein Flecken mit Kirchturm, in die Unendlichkeit hinverduckte Dorfnatur Bäume Silhouetten, sfumato und fort, der Bahnwall zog hoch, ein Himmelheben und Senken und Heben, plötzlich weitete sich wieder der Blick, und oben stand die Sonne, ja, diese Ruhe hinten in der Ferne, im Dunst, so ein Stillstand, da wußte Raspe die Hügelstreifen des Horizonts erstmals als BLÄUE zu sehen."

(10) Auch wenn das Wort „plötzlich" hier auf den Titel „Subito" und durchaus auch auf den Ansatz einer Plötzlichkeits-Ästhetik verweist, nähert sich Goetz mit seinen fein nuancierten, ruhig gedehnten Satzperioden auch in dieser Passage eher jenem Darstellungsmodus an, der im Text Claude Lorrain zugeschrieben wird, einem Verfahren, das den Eindruck vermitteln kann, als hätte „der Meister jenseits der letzten Hügelahnung der sphärischen Dunstfarbe ein Hellstbraunpigmentlein eingemischt" (10).

Das Szenario eines unbeschwerten „Frühlingstages" im Innenhof einer Klinik und das Reisen „mit den Augen Claude Lorrains" folgen allerdings nicht direkt aufeinander. Der anfänglichen Evokation der „Wärme der Luft", dem Bild des Himmels, „blau und hoch", und dem „Geruch der Erde" schließen sich im Text vielmehr Reflexionen über die Situation in der Klinik an, die den Protagonisten Raspe in vernehmlich verschobener Tonlage erwägen lassen, „dem Direktor voll in die Eier zu haun und ihm die Maske der braun gebrannten Gesichtshaut samt schlohweiß weißem Haar herunterzureißen" (9). Der nächste Absatz setzt dann unvermittelt mit Überlegungen Raspes zu einer Lesung ein, über die Goetz in einer selbstreflexiven Schleife „Subito" mit seinem ersten Roman *Irre* verknüpft, der wenige Monate nach dem Auftritt in Klagenfurt, im Herbst 1983, erschienen ist – mit einem nahezu wortwörtlichen Wiederabdruck der Anfangspassage von „Subito". So ist es nur konsequent, dass in „Subito" genau diese Konstellation und mithin die Lesung in Klagenfurt gleichsam im Voraus problematisiert werden: „Das ist doch ein Schmarren, sagte Raspe, das ist doch ein Krampf, denen was vorzulesen, was eh in meinen Roman hinein gedruckt wird, eine tote Leiche wäre das", lässt Goetz seinen Protagonisten jene Situation reflektieren, in der in Klagenfurt eben dieser Text tatsächlich vorgetragen wird, „ich lege denen doch keinen faulig totig stinkenden Kadaver da vor sie hin, vom dem sie eine Schlafvergiftung kriegen müssen, es muß doch BLUTEN, ein lebendiges echtes rotes Blut muß fließen, sonst hat es keinen Sinn, wenn kein gescheites Blut nicht fließt" (9–10).

Im Modus schriftlich simulierter Mündlichkeit, die bayerische Idiomatik mit Versatzstücken aus Comic und Splatterfilm unterlegt, wird das zuvor entwickelte Klinik-Szenario mit Reflexionen über den Literaturbetrieb kurzgeschlossen. Dies geschieht über die Figur Raspe, deren Name Anfang der 1980er Jahre fast unweigerlich mit dem RAF-Terroristen Jan-Carl Raspe assoziiert wird, die im Text aber als Klinikarzt und als Schriftsteller eingeführt wird und damit auch als Figuration des Autors fungiert, der Anfang der 1980er Jahre nach Promotionen in Alter Geschichte und Medizin als Arzt in der Psychiatrie und zugleich an seinem ersten Roman *Irre* arbeitet. Und es geschieht über die Einführung jenes Bildkomplexes, den der Text im weiteren Verlauf noch mehrfach aufrufen wird und den Goetz mit dem Schnitt in die Stirn am eigenen Körper in Szene setzt, indem er eben das performativ reproduziert, was der Text gleich zu Beginn als Wunsch und Forderung vorgibt – „lebendiges echtes rotes Blut muß fließen", „ein Blut ein Blut ein Blut", „das schöne rote Blut, alles blutig voll Blut" (10).

So wird der ruhige Ton der Anfangspassage durch vitalistische Bilder und Gesten konterkariert, durch eine Sprache, die die Drastik des Dargestellten mit kaum weniger drastischen Darstellungsweisen supplementiert, sich als Überschreitung nicht nur sittlich-moralischer, sondern auch sprachlicher Konventionen präsentiert. Die Fokussierung auf das reichlich fließende Blut führt allerdings zugleich vor Augen, wie schnell drastische Bilder durch Steigerung und Wiederholung ins Komische kippen können, wie schroffe Kontraste durch Überplakativität nicht nur provokativ, sondern zugleich auch lächerlich wirken können. Der komische Effekt, das Kippen ins Lächerliche, wird im nächsten Absatz des Textes, der an ein imaginiertes „Röchel Röchel" des Klinikdirektors anschließt, dann aber wieder in andere Register verschoben, wobei erneut schroffe Kontraste Verknüpfungen zwischen den im Text entfalteten Szenarios ermöglichen und zugleich die Narration vorantreiben: „Was röchel, sagte der Krüppel, der Raspe gegenüber saß, Raspe saß nämlich im Zug. Wieso röchel, sagte Raspe. Du wieso dudu wieso, sagte der Krüppel, der Krüppel war eine junge Frau im Conterganalter, schluffihippiemäßig ausstaffiert, du hast doch eben röchel röchel gesagt" (10).

Was als implizite, aber unübersehbare Auseinandersetzung mit der Anfang der 1980er Jahre virulenten Debatte über das Sprechen über Behinderungen und die Unangemessenheit eines Wortes wie „Krüppel" einsetzt, wird zunächst über eine erneute Rückbindung an die zuvor entwickelten Folterphantasien und den „weißfleischig fett blutüberströmt" imaginierten, röchelnden Direktor fortgesetzt, „bis es enden täte mit einem sauberen Genickschuß", was, wie es im Text heißt, „schön" wäre – und Raspe im direkt folgenden nächsten Absatz zum Reisen „mit den Augen Claude Lorrains" führt (10). In der Folge entwickelt der Text eine Verschränkung gegenläufiger Bilder und Sprechweisen, die die Schönheit des aus dem Zugfenster beobachteten Lichts der Landschaft mit einer Betrachtung des „Krüppels" im Zugabteil kontrastiert, der ebenso detailliert beschrieben wird wie die „Schau" der Landschaft, die „Lichtlandschaft im Fenster" (11–12), wobei das Lexikon der Kunstbetrachtung zunehmend mit dem Vokabular des ärztlichen Blicks überblendet wird: „Da machte sich an Raspes lateralem Augenwinkel etwas zu schaffen, ein Kratzen, nur so ein Schaben, ein stetes Schaben auf der Hornhaut, das nicht einmal die Retina erreichte, bis endlich, über den dicken Sehnervenstrang befeuert, die Hirnrinde ganz hinten im Occipitallappen wußte, daß da eine Lästigkeit links, was ist denn da los, da links, das muß doch der Krüppel, die bewegt sich doch, diese Frau, was macht denn der Krüppel da drüben." (11)

Während der Text durch plakative Gesten der Überschreitung konventioneller Grenzen die moralische Fragwürdigkeit inkriminierter Handlungen und Sprechweisen eher ausstellt denn selbst provoziert, relativiert er durch die detaillierte Darstellung des „Krüppels", die der ärztliche Blick ermöglicht, die zuvor aufgerufenen Effekte des Komischen, verschiebt sie wieder ins Register der Drastik, was durch eine eher unerwartete Wiedereinführung des Schönheitsparadigmas in der Darstellung des „Krüppels" nicht relativiert, sondern noch verstärkt wird. Auch nach der erneuten Verlagerung des Geschehens ins Nachtleben, ins „Nachtcafé", und dem damit einhergehenden unvermittelten Wechsel zum „Ich" (14), fungiert Raspe bei diesen Verschiebungen, Verdopplungen und Überlagerungen als Protagonist, als Reflexionsfigur und als textinterne Verknüpfungsinstanz, die die verschiedenen Szenarien zusammenführt und zusammenhält.

2. Schnitte: Authentizität und Artifizialität

Von Beginn an ist Raspe, der, wie später im Text das „Ich", alles auch auf sich selbst bezieht, auf die „blutige Folter" und das „lebendige rote Blut" fokussiert, auf das „lebendige rote Blut, das irgendwo heraus fließen müßte, damit alles einen Sinn ergäbe." (16) Die Kopplung von Blut und Sinn zielt hier wie an anderen Stellen allerdings weniger auf hermeneutische Reflexionen ab, es geht vielmehr um eine noch etwas grundsätzlicher ansetzende Suche nach Wahrheit: „Ich schneide in die Haut, Blut quillt hervor, und es macht: Fließ Rinn Zisch Lösch. In mir brennt es nämlich von innen, es brennt vor so viel Lebenbrennen, und außen ist die glatte Haut." (16) Die detailliert dargestellte Selbstverletzung wird über die nochmals aufgerufene Sprache des Comics wieder in die vitalistische Metaphorik überführt, der Schnitt in die Haut erscheint hier allerdings nicht als die erwartbare, im gegebenen Zusammenhang einschlägige Metapher, bleibt nicht beim sprichwörtlichen Schnitt ins eigene Fleisch stehen. Der Möglichkeit einer derart aufgeladenen Lesart wird vielmehr gezielt entgegengearbeitet, indem die Darstellung in den Duktus des medizinischen Diskurses wechselt, das vitalistische Pathos durch die sachliche Drastik des Schnitts, die Genauigkeit des ärztlichen Blicks ersetzt: „Mit ruhiger Hand setze ich die Rasierklinge auf eine beliebige Stelle unversehrter Haut und schneide gut sichtbar und tief in die Epidermis ein. Die so hergestellte Spalte ist für einen Augenblick von hell weißen Wundrändern eingefaßt und beginnt dann langsam, vom Wundgrund her, sich mit Blut zu füllen ..." (19).

Was wie eine detailgenaue Beschreibung jenes Schnitts wirkt, mit dem Goetz in Klagenfurt für Unruhe gesorgt und die ohnehin im Text überdeutlich angelegten Autofiktionssignale (vgl. Kreknin 2014) nochmals verstärkt hat, bleibt an dieser Stelle auch insofern im Modus literarischer Imagination, als der Schnitt, zu dem Goetz bei der Lesung erst zu einem späteren Zeitpunkt ansetzt, nur im Rückblick hier schon vorweggenommen wird. Es ist an dieser Stelle – im Text wie im Rahmen der Lesung – noch nicht absehbar, dass ein solcher Schnitt im Modus einer verschobenen Wiederholung zu einem späteren Zeitpunkt nochmals an der Stirn des lesenden Autors nachvollzogen werden wird.

Zunächst wird das zuvor eingeführte Szenario im „Nachtcafé" weiter ausgeschrieben, in dem das „Ich" auf seine „Götter" trifft, auf „Maler und Popmusiker", auf Figuren, die im Text nicht wie die Künstler Albert Oehlen und Werner Büttner oder der Popkritiker Diedrich Diederichsen heißen, aber unübersehbar auf diese verweisen. So begegnet das „Ich" im „Nachtcafé" den Malern Albert Gagarin und Werner Andropov sowie seinem „Ultraheroen, dem genialen Kulturkritiker Neger Negersen", im Text vorgestellt als „jener begnadete junge Mensch, der die inzwischen eingegangene Popmusikzeitung SOUNDS gemacht hat" (14–15 und 17). Im „Nachtcafé" entwickelt sich ein Gespräch über die bevorstehende Lesung in Klagenfurt, über die dort praktizierte „lustige Hüftenschußkritik", das „gut abgewogene und gut abgehangene Nullengesabbele" der „Nullenkritiker" und die sonstige „ganze Klagenfurter Branchenscheiße", der, so das Zwischenfazit eines langen Monologs des „Ich", „in jedem Fall mit grandios apodiktischer Gebärde" begegnet werden müsse (17).

Die Protagonisten aus dem Umfeld der Hamburger Kunstszene und der Musikzeitschrift *Sounds*, die unter der Redaktion von Diedrich Diederichsen im Anschluss an Punk und New Wave Anfang der 1980er Jahre Pop als neuen Distinktionsbegriff etabliert hat (vgl. Schumacher 2001), werden in Goetz' Text gegen das Klischee der 1970er-Jahre-Literaten gesetzt, die „ihren Kopf voll mit der blääden Sensibilität und der Phantasie" haben, die „selbstironisch" und „obendrein das allerblädste, nämlich engagiert" sind, die „in der Peinsackparade, angeführt von den präsenilen Chefpeinsäcken Böll und Grass, von Friedenskongreß zu Friedenskongreß, durch die Zeitungsfeuilletons und über unsere Bildschirme in der unaufhörlichen Peinsackpolonaise ziehen und dabei den geistigen Schlamm und Schleim absondern, den das Weltverantwortungsdenken, das Wackertum, unaufhörlich produziert" (15 und 19).

Der Angriff auf den Kultur- und Literaturbetrieb wird in „Subito" allerdings über eine Erzählinstanz perspektiviert, die sich zwar mit den genannten „Göttern" identifiziert, sich selbst aber zugleich auf der anderen Seite, auf der Seite der Literatur positioniert: „Wie muß es weitergehen, gerade jetzt, nach dem ersten Roman, was muß ich tun, daß ich nicht auch so ein blöder Literatenblödel werde, der locker und dumpf Kunst um Kunst hinschreibt." (19) Die Attacken auf den Literaturbetrieb bauen auf präzisen Beobachtungen und informierten Analysen auf, die Goetz etwa im Rahmen einer umfangreichen „Reise durch das deutsche Feuilleton" in *TransAtlantik* veröffentlicht hat, (vgl. Goetz 1981), und sind entsprechend nicht nur aus einer polemisch distanzierten, sondern einer zugleich auch involvierten Position formuliert. Erst vor diesem Hintergrund zeichnet sich die Fallhöhe eines dezidiert literarischen Projekts ab, das mit den Mitteln von Pop und Literatur gegen die Etablierung von „Identität", „Stabilität" und „Sinn" ansetzt, „das Erreichte sofort immer wieder in Klump und kaputt und mausetot" zu schlagen: „Wir müssen ihn kurz und klein zusammenschlagen, den Sausinn, damit wir die notwendige Arbeit tun können. Die ist was viel was Schwereres, die notwendige Arbeit ist: die Wahrheit schreiben von allem, die keinen Big Sinn nicht hat, aber notwendig ist, notwendig ist das einfache wahre Abschreiben der Welt." (17 und 19)

Das aufwallende Pathos, das durch den grotesken Witz, der diese Passage gleichermaßen prägt, nicht relativiert wird, bricht im nächsten Absatz dann jedoch – „weil ich so Maßloses von den Göttern gefordert habe" (19) – jäh ab, schlägt um in „Verzweiflung" und „Schmerz", die alles befallen, was zuvor die Wahrnehmung wie die Darstellung bestimmt und ermöglicht hat: das Denken, das Sehen, die Sprache. Und sie führen das „Ich" schließlich zu der Aktion, die es zuvor sprachlich-imaginativ schon minutiös vorweggenommen hat und die bei der Lesung in Klagenfurt zudem durch die besagte Parallelaktion auf der Stirn des lesenden Autors supplementiert wurde: „Ich schneide ein Loch in meinen Kopf, in die Stirne schneide ich das Loch. Mit meinem Blut soll mir mein Hirn auslaufen. Ich brauche kein Hirn nicht mehr, weil es eine solche Folter ist in meinem Kopf. [...] Und ich schreie nichts Künstliches daher, sondern echte Schreie, die mir blutig bluten" (20).

Wenn es gelingt, diese Schreie im Text als „echte Schreie" ernst zu nehmen, ist das letztlich weniger auf die hier nochmals in Anschlag gebrachte Strategie der Steigerung – „blutig bluten" – und auch nur bedingt auf den vom Autor an dieser Stelle vollzogenen Stirnschnitt zurückzuführen. Es verdankt sich vielmehr einem Schreibverfahren, das nicht allein mit einer Häufung von drastischen Bildern und Unmittelbarkeitsmarkern arbeitet, sondern diese zugleich unterläuft. Das Authentizitätspathos, das der Text so aufdringlich wie kunstvoll aufbaut, wird mit einer Form von Pop-Ästhetik konfrontiert, die den Text zugleich für die Progammatik von Artifizialität und Sekundarität öffnet. So präsentiert sich „Subito" bei aller Abwehr des „Künstlichen" als ein hochgradig artifiziell konstruierter Text, der ganz unterschiedliche Szenarios, Diskurse und Sprechweisen so nebeneinander rückt, dass sie miteinander kommunizieren, gegenläufige Lesarten provozieren, sich gegenseitig kommentieren – ohne Einschaltung einer vermittelnden Instanz und ohne Auflösung der textinternen Konflikte.

So wie das vitalistische Pathos durch die Sachlichkeit des medizinischen Diskurses unterlaufen, wenn nicht als lächerlich ausgestellt wird, so wie die bedeutungsschweren Zeichen, mit denen der Text ausgiebig arbeitet, zugleich ausgehöhlt und in den Modus des Komischen verschoben werden, so wird neben das großspurige, euphorisch ausgestaltete Projekt des Schreibens der „Wahrheit von allem" auch ein weitreichender Zusammenbruch des „Ich" gesetzt – das nach dem zitierten Schnitt allerdings eine weitere Geste der Selbstermächtigung vollzieht, die nach Zeichen von Demut und Dankbarkeit gegenüber der „sichtbaren Welt" letztlich auch die bereits zitierten „paar Sätze in der Sprache des Manifests" und weitere „grandios apodiktische Gebärden" freisetzt, die den Text abschließen: „Nichts ist schlimm, nur die Dummheit und die Langeweiler müssen noch vernichtet werden. So übernehmen wir die Weltherrschaft. Denn alles alles alles geht uns an. Und jetzt, los ihr Ärsche, ab ins Subito." (21)

3. Subito: Pop und nochmal Pop

Der letzte Satz unterstreicht den Titel „Subito" abschließend nochmals als programmatischen Leitbegriff, der verschiedene Kontexte zusammenführen und dem Text auch dadurch seine performative Kraft geben kann. Der Titel verweist, wie gesehen, in mehrfacher Hinsicht auf jene Ästhetik der Plötzlichkeit, deren Manifestationen Karl Heinz Bohrer kurz zuvor – nicht zuletzt gegen Grass und Böll gerichtet – als „Ausfälle gegen die kulturelle Norm" konzeptualisiert hat (Bohrer 1981, 13). Zugleich ruft er eines der zentralen Schlagworte der Zürcher Jugendunruhen Anfang der 1980er Jahre auf: „Wir wollen alles, und zwar subito!" (vgl. Nigg 2001). Das Wort ‚Subito', das den Text als erstes und letztes Wort rahmt und zugleich einen Fluchtpunkt markiert, auf den er abzielt, ohne ihn zu erreichen, hat aber textintern einen noch konkreter adressierten textexternen Bezugspunkt. „Subito" ist der Name einer im Sommer 1982 eröffneten Hamburger Kneipe, in der sich, wie 1983 in *konkret* festgestellt wird, „weit nach Mitternacht junge Leute treffen, die Nach-Punk-Szene" (Schulze 1983, 83), die gelegentlich in Diederichsens *Sounds*-Texten auftaucht (vgl. etwa Diederichsen 1983) und die dieser, wie der Hamburger Popkulturgeschichtsschreibung zu entnehmen ist, kurz nach der Eröffnung zu seinem „Hauslokal" erklärt hat (vgl. Avantario 2003, 67–69). Damit wird im Text nicht nur auf einen einschlägig bekannten Szenezusammenhang verwiesen, Goetz schreibt sich auch in die im Umfeld von *Sounds* einschlägigen, insbesondere mit Diederichsen verbundenen Paradigmen und Grenzziehungen ein, ruft ein ästhetisches Programm auf, das sich auf verschiedenen Ebenen im Text niederschlägt und nicht zuletzt das Plädoyer für Pop prägt.

In dem 1982 von ihm herausgegebenen Sammelband *Staccato*, auf dessen Titel „Subito" ebenfalls zu beziehen ist, definiert Diederichsen Pop als „Wahrheit […] eines plötzlich bestätigten paranoiden Gedankens", als „die Wahrheit der plötzlichen Entdeckung der großen Ungeheuerlichkeit" (Diederichsen 1982c, 101 [Herv. E.S.]). Diederichsen präsentiert Pop als „eine Ästhetik, die über die Gegenwart präzise Auskünfte zu geben" vermag, als „letzte Instanz der Wahrheit", die „seit 10 oder 20 oder 50, vielleicht seit 150 Jahren beständig die wahrhaftigsten Bilder zur Wirklichkeit hervor[bringt], ohne daß die Praxis des Feuilletons, der allgemeinen Meinungsscheiße je ihre gichtigen Finger tötend auf dieses Gestaltungsprinzip legen konnte" (Diederichsen 1982c, 93). Aufgeladen mit der „Kraft, die Punk schuf und im Innersten zusammenhielt", dem „Verlangen nach Klasse, Stil und Schneid", gilt die Abgrenzung allerdings nicht nur dem Feuilleton. Auch gegenüber dem „gutmütig-bescheuerten Schlaffi", bei dem es schwerfällt, „überhaupt seine Umrisse gegen den Horizont abzugrenzen", gilt es, folgt man Diederichsen, „Grenzen" zu markieren und das „Terrain der expliziten Äußerungen zurückzuerkämpfen" (Diederichsen 1982c, 86–88).

Vor dem Hintergrund eines radikalisierten Konzepts von Realismus, das sich auch in dem wiederholt bemühten Begriff der Wahrheit abzeichnet, dienen derartige Grenzziehungen nicht allein der ästhetischen Distinktion. Sie verstehen sich auch als politisch motivierte Interventionen, die auf dem Feld der Popkultur ein in den 1970er Jahren institutionalisiertes Konsensdenken mit einer verwirrenden Verschärfung linker Positionen konfrontiert. Im Modus der „Bejahung und Festsetzung von (neuen, künstlichen, selbstgewählten, aber klar definierten) Grenzen" und der „Bekämpfung einer Rede des Zerfließens/ Abhebens/ Abrockens/ Aufgehens in Natur/ sich selbst/ etwas Anderem" wird, wie Diederichsen später rückblickend schreibt, auf „Verschärfung" gesetzt, auf „ein künstliches Auf-die-Spitze-Treiben der Widersprüche" – „auf keinen Fall Mitmachen und Mithelfen und sich den Frieden wünschen." (Diederichsen 1989, 101–102)

Deutliche Korrespondenzen zu „Subito" zeichnen sich auch in dem im Juni 1983, zeitgleich mit Goetz' Auftritt in Klagenfurt erschienenen Band *Schocker. Stile und Moden der Subkultur* (Diederichsen et al. 1983) ab. Neben einer Übersetzung von Dick Hebdiges Studie *Subculture* besteht das Buch aus zwei programmatischen Texten von Autoren, auf die auch „Subito" verweist, von Diedrich Diederichsen und Olaph-Dante Marx, die beide ihren jeweiligen Schnelldurchlauf durch die Pop- und Subkulturen seit den 1950er Jahren auf ein Plädoyer für ein neues Verständnis von Pop zulaufen lassen. Dabei findet Diederichsens Kritik am „Weltbild" jener „politischen, gesellschaftlichen und kulturellen Kräfte", die sich einig sind, das zu „beschimpfen und bespucken […], was sie die ‚Oberfläche', die ‚Form' nennen, da sie all ihre Legitimation dem ‚Dahinter', dem ‚Darunter', dem ‚Inhalt', den sie als verborgenen, als nicht sichtbaren Teil einer zweiteiligen Welt ausgeben, verdanken", eine letztlich präzise Entsprechung in einer programmatischen Parole aus dem Text von Marx: „Wider die Natürlichkeit. Eklektizismus. Pop!" (Diederichsen 1983c 180; Marx 1983, 164) Ein Jahr zuvor schon hatte Diederichsen in *Sounds* in diesem Sinn eine Qualität der Band Haircut 100 hervorgehoben: „Gute Kunst zerstört Gewißheiten und gibt trotzdem Kraft, Mut, Lebensfreude" (Diederichsen 1982b, 42). Wie der „realistische Hedonismus", den Diederichsen der Band Spandau Ballet zuschreibt, trifft diese Zuschreibung zugleich das Selbstverständnis der neuen Pop-Schreibweisen im Umfeld von *Sounds* – „ungestüme Bejahung von Lust und Nachtleben mitten im Herzen der Widersprüche und ihrer bewußt" (Diederichsen 1982a, 60).

Wie in *Irre* und weiteren Mitte der 1980er Jahre zunächst in *Spex* publizierten Texten schließt sich Goetz in „Subito" offensiv an dieses Selbstverständnis und an die euphorische Wiederentdeckung und Neujustierung des Schlagworts ‚Pop' an: „Pop und nochmal Pop" (21). Er verortet sich im Rahmen der gleichen Koordinaten, nimmt den apodiktischen Ton, bevorzugte Superlative, stakkatoartige Adjektivketten oder auch ganze Passagen aus Texten von Diederichsen auf (vgl. etwa 18 und Diederichsen 1983b, 17). Er bleibt aber nicht bei ihnen stehen, sondern konfrontiert sie mit anderen Kontexten, verknüpft den Pop-Diskurs, explizit oder auch nur implizit, mit Versatzstücken aus dem Psychiatriediskurs oder der ästhetischen Theorie, mit ästhetischen Programmen und Darstellungsverfahren von Gottfried Benn, Thomas Bernhard oder Claude Lorrain.

Dabei verschiebt Goetz auch die Bezugspunkte innerhalb des Pop-Diskurses, wenn er mit seinem Text und dessen Präsentation in Klagenfurt genau jenen Punkt markiert, an dem die strategisch-affirmativen Pop-Sprechweisen der frühen 1980er Jahre in die Faszination für neue (und auch sehr alte) Versionen von Eigentlichkeit umschlagen kann. Im Pop-Diskurs werden die Texte früh auch in dieser Hinsicht aufgenommen: Lorenz Lorenz etwa, zuvor von Goetz verbal angegriffen, macht bei diesem in einem Beitrag für *Spex* schon 1983 einen „Geruch von Eigentlichkeit" aus (Lorenz 1983, 8). „Subito" und Stirnschnitt lassen sich insofern auch als frühe Beispiele für die Rückkehr jener „blutverschmierten Issues" begreifen, denen Diederichsen 1985 in *Sexbeat* das Potential für eine reflexiv abgefederte, aber gleichwohl forcierte Überwindung von Zitat-Pop und Simulationseuphorie zuschreibt (vgl. Diederichsen 1985, 169 und 173).

Schon ein Jahr zuvor hatte Goetz in seinem Essay „Fleisch" in *Spex* beschrieben, wie er ein „lachendes, ungestümes, wildes Ja zur Lüge", wie er „spielerische Philosophie, Mode und Pop" zwar nochmals feiern wollte, es als das „denkbar Angekommenste" nun aber, „wie das Angekommene stets, ohne Sentiment und mit Lust zu Stück gehaut" gehörte (41). Mit seinem Angriff auf die proliferierenden „Pop-Unverbindlichkeiten", denen er einen apodiktisch argumentierenden Text entgegensetzt, in dessen Titel „Fleisch" sich die über Punk, Rock und „Kraft-R&B-Musik" vermittelten Essentials „Hämmern, Härte, Toben, Tumult, Hitze" verdichten (83, 71 und 75), markiert er jene Bruchstellen, die zur gleichen Zeit auch andere Autoren zu vergleichbaren Kurskorrekturen und neuen Grenzziehungen zwingt.

Etwa Diederichsen, der sein Buch *Sexbeat* 1985 auch als Korrektur und Abschied von der Zitat-Pop-Begeisterung anlegt, oder Thomas Meinecke, der in seinen Texten und mit seiner Band Freiwillige Selbstkontrolle, die Goetz auch in *Irre* auftreten lässt (Goetz 1983, 61–65), mit und gegen Artifizialität und Affirmation nunmehr auf „Verfremdung durch Authentizität" setzt (Meinecke 1997, 120). Wenn Goetz darauf hinweist, dass die „Friedenshetze, das Wackertum und Peinsackdenken, über das sich die Popgeneration seit Jahren lustig gemacht hat, […] inzwischen als Anliegen im emphatischen Sinn weitgehend aus den Multiplikationsköpfen und Medien verschwunden" ist, weil unterdessen „die Popkämpfer selbst beim Rundfunk, beim Fernsehn, bei Verlagen, Zeitungen und Zeitschriften, den ganzen bürgerlichen Kulturmedien, kurzum beim Establishment angekommen" sind (86), formuliert er – in Übereinstimmung mit den üblichen Darstellungen einer fortschreitenden Domestizierung bohemistischer Radikalität (vgl. Kreuzer 2000) – zugleich auch bereits im voraus eine weitere mögliche Kritik an der kurz darauf einsetzenden Fortschreibung der eingeführten Muster von Lifestyle und Zeitgeist (→ 2.3 SCHUMACHER).

Allerdings bleibt Goetz ebenso wenig wie Diederichsen und Meinecke bei einer kritischen Bestandsaufnahme stehen, auch er konstatiert angesichts der Verschiebungen nicht das Ende von Pop. Er sondiert vielmehr, auch im Blick auf das eigene Schreiben, mögliche neue (und bislang übersehene alte) Optionen, indem er die Aufmerksamkeit auf jene Kontexte richtet, in denen einerseits „die alten Fraktionen sich neu mischen", andererseits aber auch neue Fraktionen die alten hinter sich lassen, den Zusammenhang unterbrechen und eine Grenze ziehen – im überkommenen Sinn von Pop und zugleich gegen ihn. So kann das, was in „Subito" noch programmatisch proklamiert werden konnte, nur ein Jahr später schon sehr vergangen erscheinen: „Und gleichzeitig ist es so lehrreich, daß sich ganz offensichtlich mancher 17jährige überhaupt nicht für den Kampf der Popkämpfer interessiert, weil ihm deren Sorgen, gegen Innen für Außen, gegen Form-Inhalt-Gerede, gegen Weltverantwortung, Tiefsinn, Wahrheit und Ernst, und für Leichtigkeit, Oberfläche, Spaß, Lüge, eben keine Sorgen sind, sondern wurst und Folklore." (57 und 86)

Goetz, Rainald. „Subito". *Hirn*. Frankfurt am Main: Suhrkamp, 1986. 9–21.
Der Text ist zuerst publiziert worden in: *Klagenfurter Texte zum Ingeborg-Bachmann-Preis 1983*. Hrsg. von Humbert Fink und Marcel Reich-Ranicki. München: List, 1983. 65–77. Wiederabdruck in: *Rawums. Texte zum Thema*. Hrsg. von Peter Glaser. Köln: Kiepenheuer & Witsch 1984, 152–165.

Literaturverzeichnis

Avantario, Michele. „1977–1987. Von Krawall bis Totenschiff: Punk, New Wave und Hardcore". *Läden, Schuppen, Kaschemmen. Eine Hamburger Popkulturgeschichte*. Hrsg. von Christoph Twickel. Hamburg: Nautilus, 2003. 41–91.
Bohrer, Karl Heinz. *Plötzlichkeit. Zum Augenblick des ästhetischen Scheins*.Frankfurt am Main: Suhrkamp, 1981.
Diederichsen, Diedrich. [Rez. Spandau Ballet: Diamond]. *Sounds* 3 (1982a): 60.
Diederichsen, Diedrich. „Fantastisch! Haircut 100". *Sounds* 6 (1982b): 40–42.
Diederichsen, Diedrich. „Nette Aussichten in den Schützengräben der Nebenkriegsschauplätze – über Freund und Feind, Lüge und Wahrheit und andere Kämpfe an der Pop-Front". *Staccato. Musik und Leben*. Hrsg. von Diedrich Diederichsen. Heidelberg: Kübler, 1982c. 85–101.
Diederichsen, Diedrich. „Krieg & Frieden". *Spex* 3 (1983a): 26–27.
Diederichsen, Diedrich. „Krieg & Frieden. Schauplätze, Ortsnamen, Eigennamen". *Spex* 4 (1983b): 17.
Diederichsen, Diedrich. „Die Auflösung der Welt. Vom Ende und Anfang". *Schocker. Stile und Moden der Subkultur*. Hrsg. von Diedrich Diederichsen, Dick Hebdige und Olaph-Dante Marx. Reinbek bei Hamburg: Rowohlt, 1983c. 165–188.
Diederichsen, Diedrich. *Sexbeat. 1972 bis heute*. Köln: Kiepenheuer & Witsch, 1985.
Diederichsen, Diedrich. *1500 Schallplatten. 1979–1989*. Köln: Kiepenheuer & Witsch, 1989.
Diederichsen, Diedrich, Dick Hebdige und Olaph-Dante Marx (Hrsg.). *Schocker. Stile und Moden der Subkultur*. Reinbek bei Hamburg: Rowohlt, 1983.
Doktor, Thomas, und Carla Spies. *Gottfried Benn – Rainald Goetz. Medium Literatur zwischen Pathologie und Poetologie*. Opladen: VS Verlag für Sozialwissenschaften, 1997.
Goetz, Rainald. „Reise durch das deutsche Feuilleton". *TransAtlantik* 8 (1981): 12–23.
Goetz, Rainald. *Irre*. Frankfurt am Main: Suhrkamp, 1983.
Goetz, Rainald. *Hirn*. Frankfurt am Main: Suhrkamp, 1986.
Kreknin, Innokentij. *Poetiken des Selbst. Identität, Autorschaft und Autofiktion am Beispiel von Rainald Goetz, Joachim Lottmann und Alban Nikolai Herbst*. Berlin und Boston: De Gruyter, 2014.
Kreuzer, Helmut. *Die Boheme. Analyse und Dokumentation der intellektuellen Subkultur vom 19. Jahrhundert bis zur Gegenwart* [1968/1971]. Stuttgart: Metzler, 2000.
Lorenz, Lorenz. „Die große Auskotze. Lorenz Lorenz vs. Rainald Goetz". *Spex* 3 (1984): 8–9.
Lyotard, Jean-François. *Intensitäten*. Berlin: Merve, 1978.
Marx, Olaph-Dante. „Endstation Irgendwo. Ein Flug durch die Zeit". *Schocker. Stile und Moden der Subkultur*. Hrsg. von Diedrich Diederichsen, Dick Hebdige und Olaph Dante Marx. Reinbek bei Hamburg: Rowohlt, 1983. 121–164.
Meinecke, Thomas. „Das waren die achtziger Jahre" [1986]. *Mode & Verzweiflung*. Frankfurt am Main: Suhrkamp, 1998. 115–121.
Nigg, Heinz (Hrsg.). *Wir wollen alles, und zwar subito! Die Achtziger Jugendunruhen in der Schweiz und ihre Folgen*. Zürich: Limmat, 2001.
Oswald, Georg M. „Wann ist Literatur Pop? Eine empirische Antwort". *Der deutsche Roman der Gegenwart*. Hrsg. von Wieland Freund und Winfried Freund. München: Fink/UTB 2001. 29–43.
Schulze, Hartmut. „Noch ein Hirnriß". *konkret* 8 (1983): 82–87.

Schumacher, Eckhard. „'Re-make/Re-model' – Zitat und Performativität im Pop-Diskurs". *Zitier-Fähigkeit. Findungen und Erfindungen des Anderen*. Hrsg. von Andrea Gutenberg und Ralph Poole. Berlin: Erich Schmidt, 2001. 271–291.

Schumacher, Eckhard. „Klagenfurt, Schnitte". *Anführen – Vorführen – Aufführen. Texte zum Zitieren*. Hrsg. von Volker Pantenburg und Nils Plath. Bielefeld: Aisthesis, 2002. 281–286.

Weidermann, Volker. „Pop war nur ein Anfang. Es begann mit einem scharfen Schnitt: Diese fünfundzwanzig Bücher muß man gelesen haben". *Frankfurter Allgemeine Sonntagszeitung* 17. März 2002.

Weingart, Brigitte. „Faszinationsanalyse". *Der Stoff, an dem wir hängen. Faszination und Selektion von Material in den Kulturwissenschaften*. Hrsg. von Gerald Echterhoff und Michael Eggers. Würzburg: Königshausen & Neumann, 2002. 19–29.

4.8 Peter Glaser: Zur Lage der Detonation – Ein Explosé (1984)
Hendrik Otremba

„Das beste Buch des Jahres '81 ist eine Schallplatte"

1. Deutsche Literatur um 1980

1984 erscheint unter dem Titel *Rawums. Texte zum Thema* eine Versammlung von Schriften und Bildern aus einem Umfeld junger, deutschsprachiger Autoren und Künstler, das sich zu einem großen Teil aus dem Dunstkreis der ersten *Spex*-Redaktion in Köln, des ebenfalls dort ansässigen KiWi-Verlags, der sich zu dieser Zeit mit seiner Kunst heute-Reihe und der Öffnung gegenüber dem Taschenbuchformat runderneuert, und den Ausläufern der Düsseldorfer Musikkneipe Ratinger Hof aus frühen Punks, wilden Malern und Nachwuchsliteraten rekrutiert. Die Liste der Beiträger liest sich wie das Who is who? der Pop-Intelligenzia der 1980er Jahre in Nordrhein-Westfalen: die Journalisten Diedrich Diederichsen, Clara Drechsler, Jutta Koether, Kerstin Eitner, das spätere Mitglied der Bachmann-Jury Hubert Winkels oder bildende Künstler wie Martin Kippenberger. Der Bachmann-Preisträger (2002) Peter Glaser, Initiator und Herausgeber der 23 Beiträge, bringt mit *Rawums.* seine Auswahl an Querdenkern einer Generation des Literaturbetriebs zusammen, die dessen müde ist, was es Anfang der 1980er Jahre zu lesen gibt. *Rawums.* ist im ersten Augenblick die ausformulierte und ihren Verdruss nicht kaschierende Abgrenzung einiger Nachwuchsautoren, wird aber im gleichen Schritt der distinktive Entwurf einer innovativen, jungen, deutschsprachigen Literatur. Einige der Beiträger besitzen zu diesem Zeitpunkt bereits selbst eine gewisse Prominenz in der Kulturproduktion – Rainald Goetz etwa hat soeben beim Bachmann-Preis in Klagenfurt die Literaturkritik spaltend aus seinem in *Rawums.* zum ersten Mal veröffentlichten Text „Subito" gelesen und sich während der Performance in die Stirn geschnitten, um auf das Manuskript zu bluten (→ 4.7 SCHUMACHER) –, andere sollen sie später noch erlangen. Manche sind heute gänzlich vergessen. Trotz seiner interessanten Einblicke in den Zeitgeist einer dilettantischen Avantgarde ist der Band heute weitestgehend unbeachtet und wissenschaftlich nie behandelt worden – ein Umstand, der in Betracht der Qualität einiger Beiträge und der Prominenz ihrer Autoren kaum nachzuvollziehen ist. Zeit also, 30 Jahre zurück zu blicken: Was ist *Rawums.*?

Der Herausgeber selbst eröffnet den Sammelband mit einem poetischen Text, der als Auftakt programmatischen Charakter trägt und daher hier im Fokus steht: In seinem „Exposé" wagt Glaser einen Rundumschlag in der deutschsprachigen Literaturproduktion, schimpft und zetert gegen den gegenwärtigen Duktus der 1980er Jahre, formuliert dabei eine vermeintlich gemeinsame (Anti-)Haltung der beteiligten Autoren und unternimmt eine Initialzündung für das, was dann das „Rawums" – den literarischen Knall – hervorbringen soll: Angebote einer mutigen, neuen und radikalen Literatur, unabhängig oder gar in Abkehr von den Trends auf dem Büchermarkt; eine Literatur die sich öffnet, sich selbst als Kunstform ins Licht bringt – und sich dabei vor allem ernst nimmt, ohne den Humor zu verlieren. Was die Texte verbindet und in Glasers Auftakt ab der ersten Zeile auf gleich mehreren Ebenen deutlich wird: diese neue Literatur ist scheinbar nicht mehr auf das Medium Buch angewiesen, lotet ihre medialen Grenzen aus, überschreitet sie.

„Zur Lage der Detonation. Ein Exposé" steht in der Tradition der kritischen Reflexion eines Zeitgeistes, manifestiert im Modus des intellektuellen Schimpfens, verspricht, anders und besser in deutscher Sprache zu schreiben, als es bisher geschehen ist. Glaser verfasst seinen Text dabei aus der Perspektive des erhabenen Kommentators, montiert Zitate und Einschätzungen; sein Blick ist auf ein breites Spektrum kultureller Produktion gerichtet, er beobachtet, überlegt und richtet schließlich aus dem Zentrum heraus, ohne das floskelhafte Blatt vor den Mund zu nehmen. Seine Schrift markiert das zunächst pessimistische Erkenntnismoment einer jungen, elitären aber weitestgehend autodidaktischen Generation deutscher Schriftsteller und schafft so eine Fläche, von der er sich in Komplizenschaft mit den anderen Autoren erheben kann: Zweischrittig fällt der Autor ein Urteil über die Gegenwartskultur der frühen 1980er Jahre und kündigt wenige Atemzüge später die Innovationen der ihm Verbundenen als das Neue an, das es schon so lange nicht mehr gegeben habe. Auf dem Schutthaufen des Kulturpessimismus entwickelt Glaser eine neue Perspektive.

2. Bücher, Disketten, Schallplatten

Ähnlich radikal und drastisch wie seine Einschätzung des gegenwärtigen Literaturbetriebs ist auch die Form seines Textes. Neben dem Wortspiel in der Überschrift fällt gleich die unzuverlässige Zeilennummerierung auf, die keiner logischen Struktur zu folgen scheint und somit gleich zu Beginn eine Motivation des Textes lesbar macht: Irritation. Der auf der letzten Seite befindliche Quellennachweis verlautet, die „Zeilenmarkierung in Zehnersprüngen und Subnotationen [sei] nach dem Listing-Schema von Computerprogrammen zitiert." (21) Der Text beginnt in der Überschrift mit der Markierung „10"; nach dem Untertitel „Ein Explosé" (Zeilenangabe: 11) folgt dann eine Art Gebrauchshinweis, der bereits mit der Zeilennummer 20 versehen ist: „(lauffähig auf allen gängigen Systemen)" (9). Erinnert man die 1980er Jahre als Jahrzehnt des Computer-Booms und der aufkommenden digitalen Evolution und behält Glasers spätere Nähe zum Chaos Computer Club im Hinterkopf, findet hier bereits – gestützt vom Hinweis der Orientierung am Listing-Schema – ein transmedialer Verweis statt: Spielt Glaser auf die Anforderungen eines Computer-affinen Trägermediums an (1984 historisch die Diskette), implementiert dies eine ironische Thematisierung des vermeintlich veralteten Mediums Buch – in dem er sich selbst doch mit seinem Text bewegt. Im weiteren Textverlauf konstatiert er dann, das beste Buch des Jahres 1981 sei eine Schallplatte, reißt seine Lücke zwischen E und U, setzt so den Aufbruch des traditionellen Mediums der Literatur fort und stellt letztendlich den Inhalt vor die (tragende) Form. Glasers Buch also sei „lauffähig auf allen gängigen Systemen", was hier wohl gleichzeitig die Verdinglichung der potentiellen Rezipienten darstellt: Der Mensch, das gängige System. Es folgt das Bild eines Fallschirmspringers (vor der Öffnung des Schirms), der ein Surfbrett umgreifend in der Totalen abgelichtet ist und durch die Wolken dem Gesetz der Schwerkraft folgt. Im Schulterschluss mit dem Wortspiel der Überschriften „Zur Lage der Detonation" – in Anspielung auf Zur Lage der Nation, der seit 1935 regelmäßig vom amerikanischen Präsidenten abgehaltenen Rede, in der sich das jeweilige amerikanische Oberhaupt gesammelt zu den wichtigsten nationalen Themen der Gegenwart äußert – und dem Neologismus des „Explosés", der Scharfmachung einer Einleitung etwa, erzeugt die Fotografie Dringlichkeit. Der Extremsportler, der hier das Fallschirmspringen und Surfen verbindet, drückt Modernität, Extreme, Drastik und gleichzeitig die Absurdität menschlicher Handlungen aus, wobei die Einflechtung des Bildes nicht zuletzt an die Ästhetik des seit 1977 herausgegebenen ersten deutschen Fanzines *The Ostrich* erinnert. Eine Zufälligkeit der Bildauswahl lässt sich hier nicht unterstellen: Nichts könnte der Praxis des Literaten in den 1980er Jahren fernerliegen als ein Sprung aus den Wolken, wähnt man im Umkehrschluss.

3. Grenzenlose Abgrenzung

Wie im freien Fall auf der Fotografie steigt Glaser in seinen schnellatmigen Text ein, was den Fallschirmspringer erneut als Metapher lesbar macht: Seine Worte bewegen sich in einer rasanten Geschwindigkeit; im freien Fall stürzt er sich höchst selektiv durch die Kulturgeschichte der letzten zwei Jahrzehnte –

bezeichnend für Glasers visionären Blick ist hier, dass das Surfen etwa zehn Jahre später zum Synonym für das sprunghafte Lesen im Internet wird. Dabei wird der Autor sehr deutlich, etikettiert die Literatur der 1970er Jahre als „langweilig" und „lahmarschig", in dem er sie über ihre gleichen Anfangsbuchstaben – „Langeweile, Lahmarschigkeit und Literatur" – zu den „unlustigen Schenkeln eines kulturellen Bermudadreiecks" metaphorisiert. (9) Es folgen vier Seiten, in denen er einen verbalen Rundumschlag unternimmt und den Betroffenheitsmodus in der Literatur anprangert, der die zwanghafte Sinnstiftung in der Kultur Deutschlands dominiere. Was er da angeht, klingt nach einer durchaus bemühten, intelligenten Sphäre literarischer Produktion, die im Blick auf die Zustände versucht ist, Tiefe herzustellen – Glasers Stichwort findet sich hier in der Hyperbel „Marianengraben". Was aber stört Glaser daran, warum setzt er Betroffenheit in Anführungszeichen, konnotiert sie mit „epidemisch" in einem zynisch bis sarkastischen Duktus gar als krankhaft? Er wähnt die literarische Praxis als bloße Übung zur eigenen Integrität, die das Kunstwerk selbst zu Gunsten der Profilierung der Glaubwürdigkeit des Autor-Ichs an zweite Stelle verweist: „Hinter der immer wieder bekundeten Betroffenheit macht sich eine gespenstische Leere breit; es wird nur noch moralische Fitness trainiert." (10–11) Glasers Kritik wird dann konkreter: Einem erbost schimpfendem Brinkmann gleich wirft er der französischen Linken „Humorlosigkeit" vor, entkräftet den Einfluss der (amerikanischen) literarischen Avantgarde als wenig nachhaltig, habe ihre Nachwirkung – die von Beat-Poesie inspirierte Literatur – doch „inzwischen längere Bärte als ihre alternativen Pfleger [...]." (11) Die Neue Subjektivität Handkes, die Abkehr vom politischen Schreiben der Generation 1968 hin zu einer resignativen Befindlichkeitsliteratur dient dabei einmal mehr der Abgrenzung. Handkes *Die Stunde der wahren Empfindung* als Manifestation der „zartbitteren Innigkeit" wird als gescheitert eingeordnet, die Hinwendung hin zu „[d]ickeren Dinger[n]" – den politischen Themen der gerade emporkommenden Grünen – ordnet er ein zwischen „gewichtiger Allerweltsverantwortlichkeit, lustlosem Ernst und [...] Rotlicht im Wohnzimmer, für einen allein." (11–12)

Klare Position gegen diese neue Bewegung bezieht komplizenhaft auch Thomas Schwebel, Mitglied der Fehlfarben und dortiger Nachfolger von Sänger und Texter Peter Hein, mit dem Glaser auch den Text „Handlung mörderisch" (Glaser und Schwebel 2003 [1984], 225–231) für *Rawums.* geschrieben hat, wenn er im Gespräch mit Jürgen Teipel, dem Chronisten der damaligen Zeit, das Urbane idealisiert: „Das [„Zurück zum Beton", „Industrie-Mädchen", beides Stücke der Gruppe S.Y.P.H., Anm. H.O.] war eine direkte Antwort auf diese ganze Grünenbewegung, die ja zur gleichen Zeit entstand. Wir wollten damit das genaue Gegenteil von dem machen, was in Solingen sonst angesagt war. Diese Landkommunen und wallenden Tücher waren einfach das Letzte. Ich fand dieses Städtische toll."

(Teipel 2001, 89) Die Subjektivität Handkes bedeutet Glaser die gleiche Stagnation wie die Naivität der Hippies, deren gescheiterte Utopie er im Klamaukfilm *Hollywood Boulevard* (Arkush und Dante 1976) markiert. Gleichzeitig wird hier aufgedeckt, dass Glaser sich nicht scheut, Film und Literatur miteinander zu vergleichen – eine Idee von Kulturkritik, die zwar zu dieser Zeit bereits längst westlichen Intellektuellen wie Susan Sontag (*Kunst und Anti-Kunst*, 1966; → 2.5 BASSLER) und Leslie A. Fiedler („Überquert die Grenze, schließt den Graben!", 1968; → 2.1 WEGMANN) gekommen ist, sich im deutschsprachigen Raum jedoch nur langsam festigt. Einer konsequenten Ablehnung meint man beizuwohnen, selbst die literarische Erneuerung eines Kerouac, Burroughs oder Ginsberg, die für Brinkmann noch Perspektive ist, versöhnt Glaser nicht mit der Gegenwart. Der abwertende Verweis auf die langbärtigen, alternativen Pfleger verortet den Autor dabei bereits in Nähe dessen, was er später als Petrischale neuer Innovationen ins Feld führt, ist doch die Verachtung des Hippietums Pflicht und Kür einer Subkultur, deren stärkstes Stilmittel eben jene radikale Abgrenzung ist, die auch in Glasers Text durchexerziert wird: Punk. Glaser: „Es ging ja darum, klare Entscheidungen zu fällen. Und nicht einer von diesen ewig unentschiedenen, unintegren Typen zu sein, auf die sich damals unser Kampfbegriff ‚Hippie' projizierte." (Teipel 2001, 261) Bevor Punk aber textlich greifbarer wird, kommt Glaser zu einem zwischenzeitlichen Resümee, wenn er namhaft macht, was ihn so stört: Belanglosigkeit und Unschärfe, die „ihren Kernbegriff in dem Wort ‚irgendwie'" finden. Überhaupt sei das Buch *out of order*: „Ein Hauch von Körperlosigkeit und Öde streicht durch die Aura der Literatur." (12) Aber mitnichten ist hier das Medium die Botschaft. Diese ersten dreieinhalb Seiten lesen sich zwar wie der reinste Pessimismus und deuten zunächst das Interesse an einem medialen Paradigmenwechsel an, dann aber kommt Glaser mit einem Vorschlag um die Ecke, was denn eine spannende Alternative zur kulturellen Lage der Nation – eben jene angekündigte Detonation – sein könnte. Der Autor macht es mit einem Zitat: „‚Ich kenne das Leben, bin im Kino gewesen' [...]." (12) Der befundenen Angepasstheit setzt er als erstes positives Licht seines „Exposés" eine Textstelle der ersten LP der Düsseldorfer Band Fehlfarben (*Monarchie und Alltag*, 1981) entgegen, spricht nach seinen Vorwurfstiraden das erste Mal von einem „wir". Das Zitat stammt aus dem Stück „Grauschleier", in dem Sänger und Texter Peter Hein zwar nicht auf die Literatur rekurriert (das geschieht im darauf folgenden dritten Stück „Das sind Geschichten"), aber von einer Tristesse spricht, die auch Glasers Text beklagt. „[W]ir hören scharfe zügige Musik" bekennt Glaser mit diesem Fehlfarben-Verweis (2003 (1984), 12), um dann das proklamierte „wir" zur weiteren Abgrenzung zu nutzen: „Wir" gegen all die Anderen, deren Aufbegehren im Keim erstickt ist, weil es im Allgemeinplatz der Literatur eine Akzeptanz gefunden hat, die jegliches emanzipatorische Potential beschnitten hat: „Literatur als Gebetsmühle des ‚Andersdenkens' also, das sich schon lauschige Nester in der Konformität eingerichtet hat." (13) Was bereits mit dem Fehlfarben-Zitat angedeutet ist, findet dann in einer Aufzählung seinen Raum, die das erste ausgesprochene „Rawums" einläutet und das Umfeld einführt, aus dem heraus Glaser schreibt. Selbstbewusst und mit der für Punk paradigmatischen Jahreszahl „'77" eröffnend beantwortet er erstmals die Frage, die der vorrangegangene Teil des Textes impliziert: Wer macht es denn – laut Glaser – besser?

„330 '77 setzen die Musiker einen Punkt:. / 340 Sie lassen wüstes, / 341 unverblümtes Getöse hören, / 342 unmittelbar aus den Zentren des Geschehens. / 350 Desgleichen die Maler mit lustigen, / 351 unbekümmerten, / 352 knallbunten Schmieragen; / 353 – bleib mir mit der Kunstgeschichte weg! / 360 Songtexter: / 361 die ersten Schreibenden zum Ende der /literarisch hinsiechenden 70er, / 362 denen der Kragen platzt: / 363 Rawums." (15)

4. Geschichte wird gemacht

Der Aufbruch also, den er für die Literatur vereinnahmen will, setzt sich aus Einflüssen der Musik, musiknaher Autoren und der bildenden Kunst zusammen. Mit der „Neuen Welle" macht er diese Zuschreibung namhaft, wobei es ihm nicht um die spätere Neue Deutsche Welle geht, sondern um die originäre Übersetzung der New Wave, der musikalisch und konzeptuell freien Adaption der Punk-Ausläufer aus England und den USA. „‚Keine Atempause / Geschichte wird gemacht / Es geht voran'" (14), zitiert er erneut die Fehlfarben und entscheidet sich damit für einen Satz, der nicht nur als Refrain des kommerziell unerwartet erfolgreichen Fehlfarben-Hits in die deutsche Musikgeschichte eingeht, sondern gleichsam die Parole seines Anliegens ist: Es geht ihm um eine Radikalität des Augenblicks, um ein Bewusstsein für Vergangenheit und Zukunft, das eine Entscheidung für das Hier und Jetzt hervorbringt. Das Stück „Ein Jahr (es geht voran)" ironisiert das Fortschrittsstreben mit einer teils kryptischen Thematisierung zumeist staatlicher Handlungsweisen und Entscheidungen, deren Folge diese eher als Rückschritte markieren. Gleichzeitig empfiehlt der Text eine Entscheidung für das Leben im Augenblick, habe man doch auf die globale Zukunft und somit die Geschichte der Menschheit ohnehin keinen Einfluss. Das Fazit „No Future" ist der bestimmende, nihilistische Slogan nicht nur der Düsseldorfer Punks um den Ratinger Hof, dominiert er doch scheinbar das Denken einer ganzen Subkultur: „Ich habe an ‚No Future' geglaubt. ‚I don't care' war auch wichtig. Nur weil ich ‚I don't care' gesagt habe, bin ich ja immer noch da, wo ich heute bin. Nur deshalb ist ja nichts aus mir geworden. Weil mir das alles egal ist. Sonst hätte ich ja Karriere machen können

[...] Es gibt Sachen, die sind egal. Ich finde mich auch nicht verbittert. Ich finde halt einfach nur alles scheiße" (Teipel 2001, 361), gibt Peter Hein zu Protokoll und lässt damit die These zu, dass vielleicht gerade aus eben dieser vermeintlichen Unbekümmertheit Anfang der 1980er Jahre ein radikaler Kunstausdruck entstanden ist, der sich gleichzeitig im Moment Ernst nimmt und keinen Gedanken an seine eigene Entwicklung verschwendet. Hein ist mit dieser Aussage ganz nah an dem, was Glaser poetisch formuliert.

Glasers Begeisterung für den Situationismus der neuen Welle, identifiziert mit Punk, impliziert dabei ein deutliches Stirnrunzeln über die Zaghaftigkeit der Literatur, denn der Literaturbetrieb sei „eine Institution für kulturelle Zeitlupe, und was ein ordentlicher Schriftsteller ist, der formuliert profund, gediegen und gemessen, und da dauert das Ausdrücken eben seine Weile." (14) Glaser stellt dieser Mentalität folgend die Bindung einer Schallplattenveröffentlichung an einen saisonalen Hype der Gediegenheit und Veredlung eines Buches gegenüber, um schließlich zu einer Aussage zu kommen, die seinen Text auch als radikale, poetische Plattenkritik lesbar macht: „Das beste Buch des Jahres '81 ist eine Schallplatte: *Monarchie und Alltag* von Fehlfarben." (14–15) Glaser glaubt an die künstlerische Qualität dieses Albums und behauptet sie auf Grundlage der profunden Dechiffrierung ihrer Bedingungen: Die Abgrenzung von allem Anderen. Während er nun in seinem Text konkreter wird, häuft sich das insgesamt neun Mal eingeschobene Wort „Rawums". Immer, wenn Glaser eine Behauptung tätigt, die er selbst schon zweifelsohne als provokant erkennt, flankiert er sie mit dem einen Moment der Explosion bezeichnenden Ausdruck, um seiner Behauptung Nachdruck zu verleihen. Spätestens hier erschließt sich auch die Dramaturgie des Textes: Die pessimistische Rundschau auf die Gegenwartskultur der 1980er Jahre begegnet einer Ausnahme zur dort empfundenen Passivität – *Monarchie und Alltag* von den Fehlfarben –, und auf der grauen Fläche der Zeit wird ein elitäres und nicht einnehmbares Milieu aus Malern, Musikern und Literaten vorgestellt. Nach jedem „Rawums" offenbart sich, dass die Autoren so gut wie alles außer ihrem eigenen Schaffen ablehnen.

5. Die Orte neuer Literatur

Peter Glaser schreibt aus seiner Erfahrung mit einer Gruppe konzentrierter Kreativer heraus, die er im Übergang der 1970er zu den 1980er Jahren gemacht hat. Doch nicht alleine die Elite zwischen Spex-Redaktion, KiWi-Umfeld und den Protagonisten des Ratinger Hofs bildet das Milieu, in dem sich Glaser bewegt. In der Musikkneipe Blue Shell etwa, dem Knotenpunkt der Kölner Musikszene und gleichzeitigen, quasi-öffentlichen Redaktionsraum der Spex, treffen auch internationale Künstler aufeinander, der modische Wandel vom Hippie zum Punk lässt sich hier allabendlich beobachten, die auftretenden Künstler aus anderen Ländern importieren ihre Looks. Und genau wie das Blue Shell ist auch der Ratinger Hof in Düsseldorf längst kein Geheimtipp der Punks mehr. Auch die Studierenden der benachbarten Kunstakademie bewegen sich um den kleinen Laden, bereits etablierte Künstler suchen dort Inspiration, prägen die Subkultur im gleichen Moment mit. Schnell zieht diese Entwicklung auch ein akademisches und mediales Interesse auf sich, vor dessen Vereinnahmung Glaser sein Milieu und dessen Emporkömmlinge gleich zu verteidigen sucht. Der Autor führt eine von Hollow Skai geschriebene Magisterarbeit (*Punk – Versuch der künstlerischen Realisierung einer neuen Lebenshaltung*, 1981) auf, wobei er hier eher phänomenologisch vorgeht und seinen sonst sehr (ab-)wertenden Duktus mäßigt, vielleicht auch, weil *Rawums.*-Autorin Kerstin Eitner in der selben Zeit eine vergleichbare Arbeit geschrieben hat (*Punk. Zwischen Jugendrevolte und Neuer Welle. Dargestellt am Beispiel Hamburgs*, 1981). Die Aufmerksamkeit auf das Umfeld der *Rawums*-Autoren – so behauptet der Text – wächst. Aber ist Glasers sorgenvoller und hauptsächlich erzürnter Blick auf die Literatur der eines Einzelnen? Rolf Michaelis schreibt in der Wochenzeitung *Die Zeit*: „Gerade in unserem Land [...] muß die Frage nach dem, was Literatur, was Kunst für den einzelnen und für die Gemeinschaft bedeutet, dringlich gestellt werden. Aus viel zu vielen Funkhäusern und Redaktionen, von viel zu vielen bestellten und selbsternannten ‚Aufsichtsräten' hört man das Leisetreter-Kommando: Nur nichts Schwieriges! Wer hat ein Interesse daran, die quälenderen Fragen zu verdrängen, Literatur und alle Kunst zu beschränken auf ablenkende Feierabendunterhaltung für müde Werktätige?" (Michaelis 1982, 41)

Der damals 27-jährige Glaser dockt an den in der medialen Öffentlichkeit geführten Diskurs an, zitiert gar die Überschrift vom „Ende der Literatur", um in diesem Zusammenhang seine Ideale eines modernen Schreibens aufzuwerfen: „[S]elbstsicher. Adrenalintreibend, störend und ungehalten. Schnittig, schräg, witzig, [t]reffend" (15–16) soll sie sein. Spricht Rolf Michaelis in seinem Artikel aus dem Jahre 1982 auch von wirtschaftlichen Aspekten seiner pessimistischen Literaturwahrnehmung (vgl. Michaelis 1982, 41–42), fokussiert Glaser die inhaltliche Ebene. Ganz der No Future-Haltung verschrieben, scheinen finanzielle Bedingungen auch für ihn keine Rolle zu spielen, Glaser lebt unterirdisch, wie William S. Burroughs in seinem New Yorker Bunker: „Xao und ich wohnten zusammen in einem Keller. Eigentlich durfte man da gar nicht wohnen. An der Decke liefen Heizungsrohre. Im Winter war es so heiß, dass wir die Tür auflassen mussten. Dadurch hatten wir zwar keine Heizkosten, aber es war niedrig wie in einem Bergwerk [...]. Das Badezimmer war ein kleines Waschbecken mit einer Spiegelscherbe.

Und es gab nur Kaltwasser. Auf diese Weise lernte ich viele Leute kennen. Ich habe immer Leute gesucht, die ein Badezimmer haben, wo ich duschen kann." (Teipel 2001, 261)

6. Grenzen, Graben, Pop

Wirkt Glaser mit der Kontextualisierung von Literatur und Pop-Musik ohnehin schon mit auf die Aufweichung der Grenze zwischen diesen Sphären kultureller Produktion ein, thematisiert er jenen Graben im letzten Drittel des Textes sehr deutlich, beschreibt den „umsichtige[n] Literat[en]" als ängstlich und im Wissen um die Grenzen zwischen E- und U-Kultur – eine Kategorie, die in der Musikverwertung durch die GEMA noch immer gängig ist und sich seit den 1980er Jahren in der Literatur viel deutlicher aufgelöst hat – als gänzlich unaufmüpfig, zieht hier eine Art Resümee seiner bisher gewonnen Erkenntnisse, um den programmatischen Autor der 1980er Jahre zu problematisieren: „Der umsichtige Literat hält sich fern vom Modischen. Nur keine Neue Druck-Welle. Er scheut das flüchtige Vergängliche und sucht den zeitlosen Zuspruch. Er zwinkert den Wachposten zu die den Zonenrand zwischen hoher und trivialer Literatur in Europa kontrollieren, bis dann in seiner Wohnung eine dicke rumorende Sprechblase unter dem Bett hervorkullert und ihn in Angst und Schrecken versetzt. Rawums." (16) Die besagte Sprechblase wird hier zum Synonym für Pop, verweist sie doch zum einen auf die Pop Art eines Roy Lichtenstein und führt zudem mit dem Entstehungsort der Sprechblase, den Comics, ein Medium literarischer Produktion ins Feld, das in der Wahrnehmung der Literaturkritik der 1980er Jahre in seiner Wertigkeit den etablierten Erzählformen diametral entgegengesetzt ist.

 Besonders interessant wird es nun in den folgenden Zeilen, wenn Glaser seinen sonst nach außen gewandten Blick auf das eigene Milieu und schließlich auf sich selbst richtet. Auch hier erkennt er bei vielen beteiligten Künstlern ein Abkühlen der anfänglichen Euphorie. Dies beschreibt er visionär und feinsinnig im anstehenden (musikalischen) Übergang von der Neuen Welle zur kommerziellen Neuen Deutschen Welle, die die Innovationen nicht nur der Ratinger Punks wirtschaftlich macht und das Spaßjahrzehnt orchestriert, das in seiner politischen Passivität wohl der gleichen Belanglosigkeit zuzuschreiben ist, in der Glaser auch die subjektive und in sich gekehrte Textproduktion oder die selbstvergessene und sich für alle Welt verantwortlich fühlende Betroffenheitsliteratur (die damit ihre Kunstfertigkeit verspielt) einordnet, von der er früher im Text spricht. (16–17) Mit dieser ehrlichen Selbstbetrachtung ist der Autor beinahe allein, so ist der einzige, der ähnlich früh – dabei jedoch konsequenter – einen Blick auf das eigene Handeln und die daraus erwachsenen Konsequenzen wirft, der von Glaser so glorifizierte Peter Hein. Dieser verlässt 1981 die Fehlfarben, als die Band gerade die Schwelle zum kommerziellen Erfolg überschreitet. Im Moment des Umbruchs schon beschreibt Glaser „längst die Post-Wave-Ära" (17) und beweist Weitsicht, wenn er mitten aus der Kultur heraus die Ausläufer des Punk zum Post-Punk macht, ein heute gängiger Genrebegriff, der die kreativen Adaptionen der Urenergie und des dilettantischen Ansatzes von Punk in ausdifferenziertere Musikformen beschreibt.

Doch nicht nur hier scheint Glaser eine überraschende Sensibilität zu besitzen: Den Eskapismus und den fiktionalen Aspekt der aufkommenden Computerkultur beschreibt er als „dritte Natur [...], eine immer geschlossener vernetzte elektronische Umwelt" (17), die er nach der Urbanisierung, der Entstehung der Städte als eine „zweite Natur" ansetzt, und fixiert so den wichtigsten medienkulturellen Paradigmenwechsel des späten 20. Jahrhunderts.

7. Reflexive Explosionen

Im Anschluss daran taucht auf den letzten vier Seiten des Textes ein Erzähler auf, der offensichtlich in Personalunion mit dem Autor steht: Glaser, der den Text ja am Ende mit seinem Namen unterschreibt, fiktionalisiert sich in der dritten Person. Auf zwei Seiten lässt er den Erzähler durch die Stadt wandern, wechselt dabei – flankiert von erneutem Ertönen des „Rawums" – auf eine phantastische Ebene und arbeitet mit filmischen Bildern, die ihn als Erzähler romantisieren und glorifizieren, so eine Art Erretter der Literatur evozieren, der als Konsequenz aus seiner Wahrnehmung den Eskapismus ins Spiel bringt: „Mensch, wenn die Wirklichkeit zu langweilig wird, mußt du sie erfinden." (19) In diesem Teil des Textes reflektiert Glaser sein Schaffen der vergangenen Seiten und stellt in poetischer Sprache die Frage, ob die Literatur überhaupt ein Heilsversprechen leisten kann, „ob an dem trockenen Blatt etwas sein [kann] von einer erträumten Größe, von einer wie Licht und Helligkeit auseinanderfließenden Erleichterung?" (19) Die Antwort gibt er selbst, nachdrücklich: „Es muß; es muß; es muß." (19) Hiermit wird Glasers Anliegen zu einer für ihn existenziellen Fragestellung, was den Text gegen Ende zuspitzt und ihm eine Vehemenz einimpft, die aber auf der letzten Seite positiv abgefedert wird: Der Suizid wird ausgeschlossen, allein das Schreiben bedeute eine Entscheidung für das Leben, der Erzähler tut es nicht dem Fallschirmspringer gleich, der bildlich in den Text einführte und hier nun als Klammer lesbar wird, die der Erzähler, der „sich nicht aus dem Fenster stürzen möchte", am Ende setzt. Nein, er „schreibt sich Boden unter die Füße" und findet das, was er sucht – „Spannung, Verständlichkeit, Unterhaltungswert, Esprit, Thrills" – im „Keller". (20) Glaser lebt zu dieser Zeit in bereits erwähntem Keller, den er hier vor Augen gehabt haben mag (vgl. Teipel 2003, 264–265). Das Ende des Textes offenbart sich somit als Spielfeld Glasers, und das idealisiert „Unangestrengte[...], Hellsichtige[...], Heitere[...], das dem blutigen Ernst eine Leichtigkeit verleiht, ohne ihm die Eindringlichkeit zu nehmen" (18), zeigt sich als das, was er in seinem damaligen Weltblick sieht und sehen möchte: „Aber das lag auch absolut in der Luft. Ich erstickte in Ideen. Ich stand morgens auf, ging auf die Straße und hatte das Gefühl, alles vibriert. Ich brauche nur zu reinzugreifen und habe die Hand voll mit tollen Sachen", erzählt er Teipel (2001, 262). Zum Ende des Textes dann offenbart sich sein Anliegen:

„980 Es ist scharf an der Zeit, / 981 davon schreibt er und weiß, / 982 daß es, / 983 nämlich Sehnsucht zu wecken / und ein Bild von Befreiung zu geben, / 1984 immer noch wirkt." (20)

Einen konzentrierteren Abschluss könnte der Text kaum finden, wird hier doch Glasers Intention manifest: 1984, in der Gegenwart des Textes, muss eine Idee von Freiheit gegeben werden, weil die Freiheit das erstrebenswerteste Ideal ist und als solches über all dem thront, das Glaser als ihr Gegenteil auf 20 Seiten beschreibt.

8. Auch anderswo macht es Rawums

Thomas Groetz beschreibt den Kontext, aus dem heraus Glaser schreibt, als Quick Culture; eine gegenwartsbezogene, situationistische Kultur, deren Bewusstsein durch den radikalen Umbruch Punk initiiert wird. (vgl. Teipel 2001, 262) Er spricht dabei von Flüssen, die wieder hervorquellen müssen, die hierzu „eine Erschütterung, wenn nicht gar ein Erdbeben" bräuchten, lokalisiert diese Umbrüche neben Düsseldorf in Hamburg, Berlin und Köln. Der Blick in die genannten Städte lohnt sich, macht Glasers Band als eines gleich mehrerer buchgewordener Zeugnisse des subkulturellen Zeitgeistes der 1980er Jahre lesbar: 1982 veröffentlicht der Westberliner Wolfgang Müller (Die tödliche Doris u. a.) den Band *Geniale Dilletanten* (sic!). Auch hier ist einer der wenigen Transfers der originären Punkkultur in ein Buch zu beobachten, Müller vereint Maler, Musiker, junge Schriftsteller und Konzeptkünstler. Anders als in Glasers Buch sind die Beiträge hier jedoch weniger literarisch gefärbt. Doch auch an den Genialen Dilletanten lässt sich beobachten, welch innovative Energie in der Frühphase des Punk und seiner Kanalisierungen steckt, finden sich unter den Beiträgern doch Musiker wie Westbam und Dr. Motte (noch unter anderen Namen), die wenig später prägenden Einfluss auf die Entwicklung elektronischer Clubmusik haben sollen, wie auch im Falle von Blixa Bargeld weltweiten Einfluss auf die Musikkultur entwickeln. Lässt in Berlin also der industrielle Sound der Einstürzenden Neubauten die Wände zittern, formuliert in Glasers Exposé der junge Autor mit dem Oberlippenbart das benötigte Erdbeben aus. Die medienübergreifenden Effekte dieser Umbrüche zeigen sich dabei im Verhältnis von Musik und Literatur am deutlichsten im vorgestellten Beispiel von Fehlfarbens *Monarchie und Alltag* und Glasers Eröffnungstext. Ein prominentes Beispiel für Grenzüberschreitungen von Musik und bildender Kunst zeigt sich in der Gruppe Wirtschaftswunder und der Wilden Malerei. Was Glaser in seinem Text durchexerziert steht dabei symptomatisch für die kulturelle Bedeutung von Punk: „Parallel zu den anarchistischen und nihilistischen Gebärden des Punks äußerte sich eine befreite Kreativität, die in einem positiven Sinne hemmungslos war und die zunächst weder nach festen Formen noch Medien fragte." (Groetz 2007, 207)

Vor der Entstehung des Pop-Romans, der zwar inhaltlich Bezüge zur Musikkultur aufbaut – prägnantestes Beispiel ist sicherlich Benjamin v. Stuckrad-Barres *Soloalbum* (→ 4.13 BASSLER) – scheint diese Verbindung also am deutlichsten in der Aufhebung der medialen Grenzen aufzutreten. So beschreibt Moritz Baßler die Rezeptionshaltung vor dem Pop-Roman als eine vom Trägermedium entkoppelte: „Deutsche Gegenwartsliteratur spielte für uns damals keine Rolle. Die Autoren, die wir uns neu erschlossen […], waren längst tot. Man las wohl hie und da eine wohlwollend rezensierte Neuerscheinung, vermutlich gefiel auch das ein oder andere Buch ganz gut und kam ins Regal, aber etwas Zwingendes war nicht dabei. Es gab, kurz gesagt, keinen Autor, dessen neuem Buch man in ähnlicher Weise entgegengefiebert hätte wie dem Erscheinen der neuen Platte einer geschätzten Musikgruppe (die bereits seit Beginn der 80er durchaus aus Deutschland kommen konnte)." (Baßler 2005 [2002], 9)

Glaser selbst findet für diese Verschiebung noch viel deutlichere Worte: „Damals grassierte bei Verlagen wie Rowohlt eine absolute Anthologiemanie. Es gab tausend Anthologien zu jedem Scheiß. Voll mit schlechten Gedichten. Die deutsche Lyrik war am Ende. Es gab nur übelste, kitschigste Scheiße. Jemand hatte keine Idee, es fielen ihm nur zwei Sätze ein, er wusste, daraus kann ich keinen Roman machen, also hacke ich alles klein und sage: ‚Das ist ein Gedicht.' Als ich dagegen die Texte von Mittagspause gelesen habe, kriegte ich zum ersten Mal in meinem Leben richtig Herzklopfen. Das war alles total auf den Punkt." (Teipel 2001, 262) Aus dieser Stimmung heraus schafft er ein literarisches Angebot, das seine Bedingungen reflektiert, die Stimmung einer Zeit poetisch verewigt, in seiner radikalen Entscheidung für ein Leben im Augenblick plädiert, wohl wissend um die eigene Vergänglichkeit: „Wir liefen herum und sagten: ‚Hey, was gibt es Romantischeres als eine Fußgängerunterführung nachts?' Und das stimmte auch eine Zeit lang. Ich wollte mir nichts vormachen. Ich hatte das Bedürfnis nach Klarheit. Ich wollte die Wirklichkeit erzählen. Ich wollte sie aber auch schön finden. Ich wollte nicht diesen Atompessimismus. Das hing mir zum Hals raus. Man spürte natürlich diese ganze Fremdartigkeit, dass sich der Mensch so total gegen die Natur stemmt. Aber ich wollte klarstellen: So ist es eben – mit dieser künstlerischen Überhöhung, dass das alles ganz toll ist. Damit konntest du die Leute richtig erschrecken. Aber das war befreiend. Wir sagten: Beton ist schön. Großstadt ist schön. Wirklichkeit ist schön. Etwas zu sehen ist schön. Dadurch ging man auf alles zu." (Teipel 2001, 262)

Glaser beweist aus diesem Bewusstsein heraus die Offenheit, eine spannende Literatur nicht nur auf ihren klassischen Pfaden zu suchen. Seine Erkenntnis: „Das beste Buch des Jahres '81 ist eine Schallplatte." (14) Einer der schönsten Texte des Jahres 1984 ist sein „Explosé", möchte man ergänzen.

Glaser, Peter. „Zur Lage der Detonation. Ein Explosé". *Rawums. Texte zum Thema*. Hrsg. von Peter Glaser. Köln: Kiepenheuer & Witsch, 2003 [1984]. 9–21.

Literaturverzeichnis

Baßler, Moritz. *Der deutsche Pop-Roman. Die neuen Archivisten*. München: C.H. Beck, 2005 [2002].
Eitner, Kerstin. *Punk. Zwischen Jugendrevolte und Neuer Welle. Dargestellt am Beispiel Hamburgs*. Hamburg: Ohne Verlag, 1981.
Fiedler, Leslie A. „Überquert die Grenze, schließt den Graben [1968]". *Roman oder Leben. Postmoderne in der deutschen Literatur*. Hrsg. von Uwe Wittstock. Leipzig: Reclam, 1994.
Glaser, Peter, und Thomas Schwebel. „Handlung mörderisch". *Rawums. Texte zum Thema*. Hrsg. von Peter Glaser. Köln: Kiepenheuer & Witsch, 2003 [1984]. 225–231.
Groetz, Thomas. „Quick Culture – New Wave und ‚wilde' Malerei in Köln". *Pop am Rhein*. Hrsg. von Uwe Husslein. Köln: Verlag der Buchhandlung Walther König, 2008. 198–219.
Hollywood Boulevard. Reg. Arkush, Allan und Joe Dante. New World Pictures, 1976.
Michaelis, Rolf. „Ende der Literatur?" *Die Zeit* 9. April 1982 (1982): 41–42.
Fehlfarben. *Monarchie und Alltag*. EMI Electrola, 1981.
Müller, Wolfgang. *Geniale Dilletanten*. Berlin: Merve Verlag, 1982.
Skai, Hollow. *Punk – Versuch der künstlerischen Realisierung einer neuen Lebenshaltung*. Berlin: Archiv der Jugendkulturen, 2008 [1981].
Sontag, Susan. *Kunst und Anti-Kunst*. Frankfurt am Main: S. Fischer, 1982.
Stuckrad-Barre, Benjamin v. *Soloalbum*. Köln: Kiepenheuer & Witsch, 1998.
Teipel, Jürgen. *Verschwende deine Jugend. Ein Doku-Roman über den deutschen Punk und New Wave*. Frankfurt am Main: Suhrkamp, 2001.

4.9 Joachim Lottmann: Mai, Juni, Juli. Ein Roman (1987)

Heinz Drügh

„Es war in der Zeit, als ich unbedingt ein Schriftsteller sein wollte. Eine schreckliche Zeit. Morgens kam ich nicht aus dem Bett, und abends hatte ich Depressionen. Dazwischen zersprang mir der Kopf. Oft saß ich einen halben Tag lang vor einer Mauer von Nichts, einem zugehängten Fenster vor meinem Schreibtisch und dachte: Ich bin ein Schriftsteller. / Dieser Gedanke gefiel mir wie überhaupt der Zustand. Was konnte nicht alles werden! Alles war offen. Jeden Moment konnte die Idee meines Lebens durch mein weiches Bewußtsein zucken, und hurtig mochten die bereiten Finger alles zu Papier bringen. Der Roman, der alles veränderte. Ja, ich war davon überzeugt, ein großer Schriftsteller zu sein, wenn ich nur anfing. / Und selbst, wenn ich nicht anfing – die bloße Existenz der Möglichkeit des Schriftstellerseins schien mir jeder anderen Existenz überlegen zu sein. Vor mir lag die Welt. Fünf Milliarden Menschen faßte ich ins Visier. Ich wog die Staaten, maß ihre Führer, stellte zum Beispiel Vermutungen über die psychologischen Gesetze innerhalb der Ehe des libyschen Revolutionsführers an. Er hatte eine kräftige, schöne Frau, die ihm sieben Kinder schenkte. Dann ging ich zum Kühlschrank, öffnete ihn, wohl aus lieber Gewohnheit, und blickte auf den einzigen Gegenstand, der da immer verwahrt wurde, eine leere Packung Billigmargarine. Ich glaube, die Marke hieß ‚Blauband'. Dann machte ich Kaffee und schlafwandelte zurück zum Schreibtisch, um weiter ‚nachzudenken'. Übermannten mich die ewigen Kopfschmerzen, zog ich mich ins Bett zurück, um ‚ein bißchen auszuruhen'. Ich schlief dann ein Stündchen, um ‚geistig wieder frisch zu werden' und anschließend um so energischer weiterarbeiten zu können. Ich durfte die Welt ja nicht allzu lange warten lassen." (7–8)

Mit dieser Passage beginnt Joachim Lottmanns 1987 erschienener Erstling *Mai, Juni, Juli. Ein Roman*. Schon in diesen Zeilen lassen sich zentrale Themen und Tonlagen des Textes erkennen: Im Zentrum steht erstens der Plan des Erzählers, Schriftsteller zu werden, der im Lauf des Romans vor dem Hintergrund des aktuellen Literaturbetriebs konkretisiert wird. Zweitens ist die schon mit dem ersten Satz geleistete Reminiszenz auf einen Höhenkamm-Text des literarischen Kanons hervorzuheben, Knut Hamsuns Roman *Hunger*: „Es war in jener Zeit, als ich in Kristiania umherging und hungerte [...]", beginnt Hamsuns Roman in der Übersetzung von Julius Sandmeier und Sophie Angermann (1959, 21), eine Reminiszenz, die auch für den Fortgang der Geschichte prägend bleibt. Drittens fällt ein zwischen Blödeln und politischer Unkorrektheit changierender Ton auf („Er hatte eine kräftige schöne Frau, die ihm sieben Kinder schenkte") und viertens ist die Erwähnung eines vermeintlich banalen Konsumobjekts zu vermerken, der Billigmargarine ‚Blauband', die für die vom Roman propagierten Verhandlungen mit der „Wirklichkeit" steht. Die Spannbreite ist also, wie man gleich sieht, ziemlich weit und vereint grundsätzliche Erwägungen zur literarischen Ästhetik (die freilich in einer Art deemphatisierendem Dreh immer wieder in höheren Nonsens umschlagen) mit Bezügen auf die Popkultur.

1. Schriftsteller, pah!

Es geht in Lottmanns Roman vorderhand um den Versuch, eine Schriftstellerexistenz zu begründen. Mit diesem Plan beginnt die Handlung in Hamburg, von wo der Erzähler für jene drei Monate, von denen der Titel kündet, nach Köln aufbricht. In Köln, so das „Geheimnis", das der Kiepenheuer & Witsch-Verleger Helge Malchow (zur Zeit der Entstehung vom *Mai, Juni, Juli* war er dort Lektor) im Nachwort zur Neuausgabe des Romans im Jahr 2003 verrät, lebte Joachim Lottmann zu der besagten Zeit des Jahrs 1986 in Malchows Wohnung „als Ergebnis einer Abmachung: Vorschuß plus Wohnrecht für drei Monate" (2003, 254). Köln ist ein zentraler Ort bundesdeutscher „Pop-Kultur" (48). Und so taucht Lottmanns autofiktionaler Held (der Begriff der Autofiktion bildet das systematische Zentrum der bislang einlässlichsten Studie zu Lottmanns Schreiben: Kreknin 2014, bes. 279–351; → 3.3 KREKNIN) in das kaum verklausulierte Umfeld der Zeitschrift *Spex* ein, deren Redaktion von 1980 an in Köln beheimatet gewesen ist, bevor sie 2007 nach Berlin umzog.

Der Roman besteht zu guten Teilen aus der Nennung, Erörterung und mitunter sogar wörtlichen Zitation erster Ergebnisse der unterschiedlichsten Romanprojekte unseres selbsternannten „Jung-Goethe" (47). Der Erzähler selbst spricht von „zweiundzwanzig Romanfragmente[n]" (105), Volker Weidermann zählt deren dreiundzwanzig (2006, 227); je nachdem, was man dazurechnen möchte, lässt sich die Zahl auch auf knapp dreißig erhöhen, darunter historische Romane über Lessing oder Winston Churchill („oder etwas über Napoleon oder Bismarck", 78), ein Roman über die DDR als „Staat der Frauen", einer über „ein junges Mädchen, dem ein älterer Mann verfällt" (87), im Folgenden „Erotik-Thriller" oder auch einfach „Porno" (132) genannt, ferner ein Liebes-, ein Konfessions- oder gar ein Tierroman („Über ein Pony, das mit einem Ritter befreundet ist", 100) und so weiter, nicht zuletzt aber auch der Roman selbst als Resultat des Projekts, „Augenblicke meines Alltags aufzuschreiben" (112). Auch hier werden die autofiktionalen Momente durch Helge Malchows Nachwort gestärkt, erfährt man doch von

Lottmanns erstaunlicher Welt-Vertextungsmaschine, kraft der er aus den „Ereignisse[n] seines Lebens" schon „Mitte der 80er Jahre", also zum Entstehungszeitpunkt von *Mai, Juni, Juli* angeblich nicht weniger als „40 bis 50 Bücher", alle „getippt und handgebunden", fabriziert habe. Bis zum Beginn der 2000er Jahre seien daraus laut Malchow (schöner Gruß an eine kommende kritische Lottmann-Ausgabe) „ca. 150 Bücher" geworden, nebst einer noch größeren Zahl von Fotoalben mit „Zehntausende[n] von Fotografien" mit Motiven wie „der linke Kotflügel eines Volkswagens am Bordsteinrand. Eine leere Cola-Büchse, ein Hühnergericht im Wienerwald, ein Wahlplakat für die FDP in Düsseldorf" (2003, 250).

Auch die Texte, die Lottmann zur Entstehungszeit von *Mai, Juni, Juli* für die *Spex* schreibt, finden ihren Widerhall im Roman. So bezeichnet er in der Ausgabe vom Mai 1986 den zu dieser Zeit erfolgreichen Actiondarsteller Chuck Norris mit Blick auf dessen „halblange[] Topfschnitthaare[]" und den „rotstoppeligen Lehrer-Bart" despektierlich als „angejahrte[n] Lehramtskandidaten ohne Lehramt" (Lottmann 1986a, 52). Unschwer lässt sich darin die Physiognomie jenes „schlechtgelaunten ehemaligen Lehramtskandidaten" (40) aus *Mai, Juni, Juli* wiedererkennen, zu dem der Erzähler einen ihm besonders unsympathischen Imbissangestellten imaginiert und den er in sprachschöpferischer Umdrehung der Kompositums-Morpheme von ‚Lehrer-Bart' prägnant zu einem „Bartlehrer" (43) erklärt. Es findet sich auch der für Lottmann typische Dreh, den man schon aus dem ersten Romankapitel kennt, wo der Plan Schriftsteller zu werden ohne weiteres auf der Sympathieskala von „schrecklich" zu „gefiel mir" umspringt. Im Fall Norris führt dies von allgemeiner Lästerei zu einem Lobpreis von dessen serieller Kunst: „Die Filme werden im Fließbandverfahren produziert. Meistens dreht Norris mehrere gleichzeitig", was gleich, mit dem bekannten wahnwitzigen Unterton, auf die Produktionsweise des angehenden Großautors projiziert wird: „Wieso daher EINEN Roman schreiben und nicht sechs? Wurde ich damit dem Zeitalter gerecht, o nein. Schriftsteller, pah! Serieller Schreiber, das war ich, sollte ich sein. Erst wenn ich gleichzeitig an sechs Romanen, zwölf Kurzgeschichten, einem Fernsehdrehbuch, einer Beichte und drei Kinderbüchern schrieb, lösten sich Romantizismen auf, die ins letzte Jahrhundert gehörten!" (78)

Die Realität der Autorenexistenz besteht allerdings nicht selten in der Arbeit für sogenannte „Schweine-Zeitungen", die freilich durch ausgesprochen „hohe[] Honorarsummen" (14) versüßt wird. Solche Jobs wirken im Kulturbetrieb kompromittierend, und so sucht der Erzähler sich ihnen, wie er behauptet, durch eine Subversionsstrategie zu entziehen: „Um nun nicht gedruckt zu werden, schrieb ich ganze Romane für die unseriösen Auftraggeber, gezwirbelte Exkurse, die sie nicht mehr retten, nicht mehr redigieren konnten" (14). Bezahlt wird trotzdem. Das Prinzip „Geld zu zeigen" scheint „offenbar" das „Prinzip" dieser Presse zu sein, ihre Variante von „‚Flagge zeigen'" (14). Freilich bedenkt Lottmann die

Bild-Zeitung auch mit einer ganz anderen Form von Lob (das nicht bloß vergiftet zu sein scheint). Denn was deren Redakteure „mit Mariacron und zittrigen Fingern" (149) zu Stande bringen, „erschien mir damals allen Ernstes als KUNST. Indem sie Nachrichtenelemente, graphische Elemente, Gefühle und andere Affekte so mischten, daß etwas ANDERES als die Wirklichkeit dabei entstand, eine ZWEITE Wirklichkeit sozusagen oder auch Gegenwirklichkeit, machten sie in meinen Augen Kunst. [...] Nur wer die Wirklichkeit mittels Zeichen so völlig neu zusammensetzte wie die ‚Bild'-Leute, konnte sicher sein, SPRACHE handzuhaben. Ja, so war das mit den verfemten Kollegen, die ja tatsächlich logen, was das Zeug hält. Lügner schimpfte man sie, aber sie konnten nicht anders, als Künstler. Alle Künstler logen." (148–149) Wie immer, wenn der Ton der Wertung allzu hoch wird, kann man sich sicher sein, dass die Rede des nicht anders als unzuverlässig zu nennenden Erzählers an anderer Stelle ins Gegenteil galoppiert: „So war das mit Literatur – alles ausgedacht. Deswegen mochte ich es nicht lesen" (242).

„Ein Schriftsteller dürfe den Journalismus niemals vergessen", mahnt indes auch der im Roman an vielen Stellen präsente Verleger, denkt dabei aber weniger an Ästhetik denn an Ökonomie, „da [der Schriftsteller] so viele Bücher gar nicht verkaufen könne, wie notwendig wären, davon für immer leben zu können" (106). „Selbst Grass", spinnt der Erzähler den Faden zu jener typisch herumalbernden Textur aus indirekter und erlebter Rede weiter, „selbst Grass müsse wahrscheinlich heimlich, unter Pseudonym, kleine Artikel für ‚Petra' und ‚Hör Zu' buchstabieren, über Haus und Garten oder Kochtips, irgend etwas Praktisches mit eingebauten Markennamen (‚Nehmen Sie folglich noch zwei Extralöffel BISKIN ...'), wofür es nochmal Extrakohle gab. Und gerne tat es der große Mann auch nicht" (106). Wenn aber sogar die „Pop Avantgarde" mit „Hundert[n] von Spesenmark" winkt, dann kann der Erzähler gar nicht anders als im Auftrag seines „Sandkastenfreundes" (105) (Diederichsen?) für das „Avantgarde-Popmagazin" in die Provinz zu fahren, um über die „kulturelle Szenerie" von „Münster und Osnabrück" zu schreiben. Der resultierende Text erscheint in der *Spex* vom August 1986 und wird wörtlich in den Roman montiert (108–111).

Die ästhetische Position ist somit klar umrissen: Es geht darum, die Selbstgefälligkeit und Verlogenheit von Literatur als bürgerlicher Institution zu attackieren: „Tja, Erziehung, Bürgertum, der ganze Schmock. DAS GUTE BUCH" (245). Aus diesem Grund wird in der Anfangspassage die lexikalische Grundausstattung einer Existenz als homme de lettres (‚nachdenken', ‚ein bißchen ausruhen', ‚geistig wieder frisch werden', ‚arbeiten') in „intonatorische Anführungszeichen" (vgl. Baßler 2002, 104, mit Bezug auf Bachtin) gesetzt. Alles verblasenes Zeug, so der Tenor, und um das wieder und wieder zu unterstreichen, ist Lottmann fast jedes Mittel recht. So ridikülisiert er sich selbst als Schreibenden ebenso wie die

Autorschaftspose generell: „Binnen Jahresfrist" werde er mit seinem „pornographischen Œuvre" – allein der Begriff ‚Œuvre', der als phonetischer Fremdkörper den deutschen Mund auf leicht verrutschte Weise zu voll genommen wirken lässt – werde er mit diesem Œuvre zweifellos „zum Millionär" werden: „Wie ‚Der Liebhaber' Marguerite Duras reich gemacht hat. Ich schlürfte behutsam den wunderbaren Kaffee. Es war die ‚Krönung'." (240)

Dennoch ist die Selbstbezichtigung des Erzählers, es sei mehr als zweifelhaft, bei seinen Voraussetzungen Schriftsteller werden zu wollen, sei er doch in gleich welchem Roman „nie weiter als bis Seite eins" (244) gekommen, die reine Koketterie.

2. „Ja ja ja ja ja ja ja ja (ja ja)" – Verhandlungen mit *Hunger*

„Ehrfurcht ist, Knut Hamsun zu lesen", so der autofiktionale Held von Joachim Lottmanns zweiter Romanpublikation *Deutsche Einheit* (1999, 121). Mit dieser Bemerkung scheint es Lottmann trotz seines sonstigen Irrlichterns durchaus Ernst zu sein. *Mai, Juni, Juli* etwa hüllt sich gewissermaßen ganz in Hamsuns frühen Roman *Hunger* ein. Nicht nur der Romanbeginn ist als Anspielung auf das Vorbild gestaltet, sondern auch sein Ende, an dem die Helden beider Romane schließlich ein Schiff mit dem Namen „Copégoro" besteigen (248; Hamsun 1959, 169). Die intertextuelle Verhandlung mit Hamsun geschieht aber auch im Ephemeren. So lesen wir in *Hunger* eine Szene, in welcher der Erzähler auf einer Bank sitzt und seinen Beobachtungen nachhängt (im Übrigen der dingtheoretisch nicht uninteressanten Beobachtung, dass „etwas von [s]einem eigenen Wesen in [seine] Schuhe übergegangen") sei:

„Ich saß da und fabelte mit diesen Wahrnehmungen eine lange Weile, vielleicht eine ganze Stunde. Ein kleiner alter Mann kam und nahm das andere Ende meiner Bank ein; während er sich setzte, schnaufte er ein über das andere Mal schwer und sagte: / Ja ja ja ja ja ja ja ja ja ja, so ist's! / Sowie ich seine Stimme hörte, war es mir, als fege ein Wind durch meinen Kopf [...]" (Hamsun 1959, 36).

Daseinsschwere und Kurzatmigkeit verleibt sich bei Lottmann der Erzähler selbst ein. Der Stoßseufzer klingt allerdings weniger existentiell denn als Ausdruck eines gewissen Überflüssigkeitsverdachts gegenüber den mitgeteilten Details zur Luftpumpenthematik: „Draußen, ich weiß nicht wieso, verschlechterte sich meine Stimmung weiter. Nichts mehr war von dem Überschwang des Lebendürfens da. Ich fluchte und seufzte. Bei der blöden Hitze konnte man sowieso immer nur mühsam durchatmen und bei jedem Atemzug sozusagen seufzen. Ich übertrieb noch etwas und röchelte. Dann begann ich zu japsen und zu piepsen, tastete mich ungeschickt zum Fahrrad, dem man natürlich zwischenzeitlich die Luftpumpe gestohlen hatte, was mir nichts ausmachte, da ich es erwartet hatte und die Pumpe überdies nicht mehr brauchte. / Ja ja ja ja ja ja ja" (94).

Die Überempfindlichkeit des Helden, die *Mai, Juni, Juli* nach Hamsuns Vorbild gestaltet, wurzelt freilich auch bei letzterem darin, dass der Protagonist „jede Bagatelle in [s]ich eindringen [lässt], alle die kleinen Zufälligkeiten, die [s]einen Weg kreuzten und wieder verschwanden": „Bei einem Metzgerladen stand eine Frau mit einem Korb am Arm und spekulierte auf Würste zu Mittag; als ich an ihr vorüberging, sah sie mich an. Sie hatte nur einen Zahn, und der saß ganz vorne. Nervös und leicht empfänglich, wie ich in den letzten Tagen geworden war, machte das Gesicht der Frau sofort einen widerlichen Eindruck auf mich; der lange gelbe Zahn sah aus wie ein kleiner Finger, der aus dem Kiefer ragte, und ihr Blick war noch voll von Wurst, als sie sich zu mir drehte" (Hamsun 1959, 23–24).

Das Motiv der Idiosynkrasie schlägt bei Lottmann indes ins Absurde um. So kündigt der Erzähler als erstes Projekt einen „Roman über den ,,,Neger' Billerbeek" an, den man „natürlich anders nennen" (12) müsse, nämlich, welche Verbesserung, „Fratzenmann" (19). Dessen Entstellung liegt freilich im Auge des (sensiblen!) Betrachters: „Strenggenommen war Billerbeek mein einziger wirklich häßlicher Freund. Ihm fehlten Lippen, Augenbrauen, Falten, Haare, Zähne. Er hatte das zwar alles, wirkte aber so, als wäre er ein Brandopfer. Seine Gesichtshaut bestand nur aus Narben. Wenn er stumm grinste, hatte er immer die Zunge draußen, die langsam die scheinbar verbrannten Lippen ableckte. Freilich – weniger sensiblen Menschen fiel das alles gar nicht auf. Sie hielten ihn für einen schlanken, großgewachsenen jungen Mann, einen grundguten dazu." (20–21)

Auch das ständige Schielen auf Publikationsmöglichkeiten und die damit verbundene Hoffnung auf Anerkennung und Bezahlung lässt sich als Parallele zu *Hunger* lesen. Seine Fokussierung erfährt dieses Thema bei Lottmann immer wieder in der Auseinandersetzung mit der Person des Verlegers: „Ich dachte oft: Der gute Verleger! Hoffentlich lebte er noch lange! Hoffentlich kann er noch lange arbeiten, wird nicht krank, bleibt mir gewogen! Ja, ich hatte ihn wirklich gern. / Ihm vorzuwerfen, er hätte mich in all den Zeiten nicht veröffentlicht, wäre nicht nur ungerecht, sondern definitiv falsch gewesen. Er HATTE mich veröffentlicht. Eine Kurzgeschichte brachte er in einem Sammelband unter und eine andere in einem Sonderband für Krimikurzgeschichten. / Natürlich gab es dafür kein Honorar. Der Verleger hatte schon Scherereien mit mir zur Genüge, weil ich doch einst für Schweineblätter geschrieben hatte" (33–34). Ein schöner Beleg für den Umschlag solcher Panegyrik ins Tratsch-induzierte Gegenteil findet sich weiter unten: „Er wirkte eigentlich stets jünger als er war, was an der wilden, krausen Ponyfrisur lag, ein Toupet, nebenbei bemerkt, aber ein sehr teures, wirklich perfektes." (193)

Und damit nicht genug. Über die Affinität mit ‚Schweineblättern' hinaus bedient sich Lottmann von Beginn an unkorrekten Vokabulars, allen voran immer wieder der Bezeichnung ‚Neger', in nicht minder absurdem Zusammenhang als beim ‚Neger Billerbeek' etwa in der Erzählung Mord an Bord, seinem Beitrag in dem ominösen „Sonderband für Krimikurzgeschichten". Es handelt sich dabei um die von Hubert Winkels herausgegebene Anthologie aus. Mord-Stories (1986). In diesem Band finden sich neben vielen anderen aus dem Pop-Kontext auch Stories von Diedrich Diederichsen und Jutta Koether, beide aus der Spex-Redaktion jener Zeit, und Peter Glaser, dem Herausgeber von Rawums., in dem – neben Rainald Goetz' legendärem Bachmannpreis-Beitrag Subito (→ 4.7 SCHUMACHER) wiederum Lottmanns kurzer Text Drei Frauen erscheint. Auf diesen Text spielt auch das bereits angesprochene Ende von Mai, Juni, Juli an: „Ich stand vor einem Frachter mit dem Namen ‚Ingrid Thalmann'. Er wirkte ausgesprochen alt, wurde aber gerade frisch gestrichen, was auf mich einen guten Eindruck machte. Über dem offensichtlich neuen Namen war noch ein alter, ehemaliger Schiffsname zu entziffern, da die Übermalfarbe abblätterte, ‚Copégoro'" (248).

Hört man in dem rätselhaften neuen Schiffsnamen ‚Ingrid Thalmann' die lautliche Nähe zum früheren KPD-Vorsitzenden Ernst Thälmann, dann könnte dies durchaus intendiert sein. Denn „‚INGRID THALMANN'" heißt auch der „‚DDR'-Frachter" in Mord an Bord. Diese äußerst seltsame Mordgeschichte findet ihren ersten Höhepunkt im bloß simulierten Tod einer von den Matrosen zuvor auf den Namen Karl getauften Kakerlake. Dieses Ereignis wird im Vokabular der Novellistik geradezu als Begebenheit bejubelt, „an die die Leute noch Jahre denken würden. Eine plötzliche Wendung vom Alltäglichen ins Besondere" (Lottmann 1986b, 146). Im Folgenden wird nun zu den Klängen des Songs „Albatros" – der Mauer-Allegorie des DDR-Pop von der Band Karat, und nicht etwa von den Puhdys, wie die Erzählung in kalkulierter Wurstigkeit behauptet – ein schiffbrüchiger „Neger" an Bord genommen, mit dem es zu allerlei interkulturellen Berührungen kommt: „‚Tja ... und was sagst du zum Wetter, so als Neger? Nicht heiß genug, was!' / ‚Oh doch!, das ist schon heiß genug, Massa.' / ‚Na, du! Na dann is gut, mir soll's recht sein. Freie Fahrt für freie Neger, sag ich immer.' / ‚Ahoi, Massa!' / ‚Ahoi, ahoi, Negermann!'" (154)

Die Besatzung schnitzt dem neuen Passagier schließlich ein Kanu und setzt ihn damit wieder auf dem Meer aus – ohne freilich (Stichwort Mord-Story) daran gedacht zu haben, ihm auch nur ein bisschen Proviant mitzugeben.

Die Unterbietung von so ungefähr allem, was als ‚literarisch' gilt, in Form eines flachen, abstrusen Plots, wenig elaborierter, dazu politisch unkorrekter Sprache paart sich bei Lottmann also mit dem durchaus emphatischen Bezug auf ein literarisches Höhenkamm-Vorbild, das auf spezifische Weise nicht zuletzt auch die betrieblichen Voraussetzungen der Literatur thematisiert. So ist es bei Hamsun als Pendant zu Lottmanns Verleger der Zeitungsredakteur, der das ökonomische wie psychische Wohlergehen des Erzählers in der Hand hält. Die Phantasien des Erzählers neigen bei Hamsun ebenso wie bei Lottmann zu größenwahnsinnigen Anwandlungen, mit denen man, auch was die Form betrifft, an einen frühen Beleg für die Kunst der, wie gesehen, auch von Lottmann ausgiebig praktizierten Selbstgespräche in erlebter Rede gelangt: „Hatte ich nicht schon sozusagen damit begonnen, an einem Artikel für zehn Kronen zu schreiben? Überhaupt fürchtete ich nicht für die Zukunft, ich hatte viele Eisen im Feuer." (Hamsun 1959, 26)

Wenn Lottmann zu Beginn von *Mai, Juni, Juli* schreibt, dass „Hunger und Elend in [s]ein Leben einzogen" (14), dann meint dies also mehr als eine literarische Reminiszenz an ein Vorbild und auch mehr als die Anzeige realen Elends eines Autors, der nach seiner Abkehr von den „Schweine-Zeitungen" keine Einkünfte mehr hat. Systematisch gesehen, steht diese Formel für eine Variante von Pop-Literatur, die zum einen Versatzstücke aus der Hoch- mit der Populärkultur verschaltet und die sich zum anderen vom Literaturbetrieb, von den medialen Gegebenheiten und Voraussetzungen des Schreibens nicht „emphatisch [...] abzugrenzen versucht", um noch einmal als autonome Kunst zu reüssieren, sondern die „zweifellos" akzeptiert, vom Betrieb „bedingt und bestimmt" zu sein, mehr noch: die in dieser Abhängigkeit verborgenen Dynamiken zur Etablierung einer spezifischen „Poetik" nutzt (Theisohn und Weder 2013, Klappentext). Für Pop ist jene Affinität zum Betrieblichen eine spezifische Art des ihm eigenen Realismus (Vgl. etwa Goetz 2009, Lottmann 1999; zum Thema: Assmann 2014).

3. „... hellwach nur im Kriegsfall, im geliebten" – Politische Obsessionen

Bei aller Bedeutung insbesondere seines früheren Werks, ist Hamsun seit seiner späteren Sympathiebekundung für die Nationalsozialisten, die in einem tief bewegten Nachruf (!) auf Adolf Hitler gipfelte, kein unschuldiger Name im literarischen Diskurs. Obwohl über die politischen Irrwege des späten Hamsun kein Wort in *Mai, Juni, Juli* fällt, könnte Lottmann diese Assoziation möglicherweise sogar recht sein, versucht er doch so manches, um die Margen der (in Deutschland eigentlich erst ab den 1990er Jahren so genannten) politischen Korrektheit zu verletzen.

Neben rassistischen Begriffen finden sich in *Mai, Juni, Juli* sexistisches Altherrengehabe („unreifen Küken beim Weichpulloverschnuppern zus[ehen]", 25), Ausfälle gegen „die viel zu vielen neuerrichteten Telefonzellen für Behinderte" (164), Polemik gegen die Umweltbewegung – der „Reaktorunfall" von Tschernobyl vom 26. April 1986 ist für den Erzähler „natürlich kein schwerer" und dennoch delektiert er sich daran, „einfach, weil das Thema dazu einlud", einer amerikanischen Touristin gegenüber „in bombastischen Worten" von einem „nuclear holocaust" (17) vorzuschwatzen.

Es wird kaum erstaunen, dass der Vorwurf, der Autor sei ein „neurechter Schwadroneur", nicht lange auf sich warten ließ (Winkels 1988, 131). In der Tat kann man unterschiedlich zur systematischen Verletzung des politisch Korrekten stehen: sei es, dass man darin eine Wegbereitung für jene neuen ‚Das wird man ja wohl noch sagen dürfen'-Reaktionäre erkennt, die an alte Chauvinismen, Rassismen oder Biologismen anknüpfen, ihnen Geltung im öffentlichen Raum verschaffen und sich dabei auch noch dissidenter Äußerungen wider den Mainstream rühmen; sei es, dass man das politisch unkorrekte Wort als subversiven Bruch mit der Sprache der bürgerlichen Mittelklasse begrüßt (vgl. hierzu im Bereich des Rap und Hip-Hop: Greif 2012; zur Verwendung des Begriffs „Nigger" im Hip Hop, dessen Konjunktur Greif auf etwa 1988 datiert, vgl. 23–32). Bei Lottmann lassen sich zwei Hauptgründe für den Unkorrektheits-Furor ausmachen: erstens ein ästhetischer, der das politisch nicht zugelassene Wort als Teil einer allgemeinen Strategie der Abweichung einsetzt, und zweitens ein literaturpolitischer, der dadurch mit einer übermächtigen, nicht enden wollenden Nachkriegsliteratur zu brechen sucht.

Wollte man das ästhetische Argument auf einen Begriff verdichten, dann könnte dies „Wiederholungsekel" (151) sein. In *Die Lust am Text* formuliert Roland Barthes dessen Prinzip: „Ekel stellt sich ein, wenn die Verbindung zweier wichtiger Wörter sich von selbst versteht". Als Folge resultiert für Barthes ein „Mißtrauen gegenüber dem Stereotypen" und komplementär eine „Wollust am [...] unhaltbaren Diskurs" (jouissance [...] du discours intenable) (1974, 64–65). Die ablehnende Haltung gegenüber dem Gemeinplatz erweist also letztlich den ästhetischen Aristokraten. „Erst stirbt der Wald, dann der Mensch – milliardenmal gesagt, nichts für mich", schreibt Lottmann. „Verlangte man von mir, diesen Satz noch einmal ... auszusprechen: Es ginge nicht" (151) Was indes ‚geht', ist die Lust am „unhaltbaren Diskurs". Was wäre nun in dieser Hinsicht zur Mitte der 1980er Jahre, zu einer Zeit fortwirkender kultureller Dominanz der ‚Nachkriegsliteratur', wirkungsvoller als ein Lobpreis Konrad Adenauers, dessen Name synonym für die Westbindung und Wiederbewaffnung der Bundesrepublik und für einen wirtschaftlichen Aufschwung bei „verweigerte[r] Trauerarbeit" (Vogt 1998, 391) steht. Es sind denn wohl auch weniger ästhetische Gemeinsamkeiten als die politische Opposition zu Adenauer, was die Gruppe 47 an zentraler Stelle zusammenschweißt, eine Gruppierung, die im nachkriegsliterarischen Feld eine Art Monopolstellung innehat. Für den Erzähler von *Mai, Juni, Juli* ist Adenauer hingegen schlicht „der Größte". Bei dessen „Abdankung" (sic!) im Jahr 1963 habe er als Kind „den ganzen Tag" nichts als „heulen mögen" (59). Und als würde das nicht hinreichen, legt er in Gestalt einer weiteren politischen Reizfigur nach: „Natürlich war auch Strauß unser Held" (60). Noch formidabler gegen den Stachel löcken lässt sich's nur mit alten wie neuen Nazis: „Ich sah aus dem Fenster und beobachtete einen alten Mann, der in zweien seiner Zimmer eine alte Wehrmachts- und Reichskriegsfahne gehißt hatte. Der Mann war bestimmt gute achtzig Jahre alt, aber er verfiel einmal am Tag auf den infantilen Scherz, von seinem Balkon im sechsten Stock aus mit Wasser gefüllte Papiertüten auf ahnungslose Passanten herabsausen zu lassen. Was für eine großartige Existenz – vor der alten Kriegsflagge salutieren und anschließend den Krieg mit anderen Mitteln weiterführen. Unten kreischten die Getroffenen auf, meist gesinnungslose, langhaarige, schlecht erzogene Studenten und Vaterlandsverräter. Von diesen alten Leuten konnte man viel lernen, nämlich das Zackige. In den modernen und postmodernen Zeiten war das so selten geworden" (80).

Wie ‚ernst' dieses Statement mit seiner Invektive gegen ‚gesinnungslose' Studenten ist, lässt sich schon an dem Bashing gegen „gutverdienende[] Gesinnungsschriftsteller" ablesen: „Gesinnung war das letzte, das übelste, das schwerste Handwerk, mit dem das Schicksal einen strafen konnte" (149). Auch der Eintritt des Erzählers in die CDU nach ausgiebigen Versuchen mit K-Gruppen und der Enttäuschung über „das Jahrzehnt der Sozialdemokratie" („Millionen Pädagogikstudenten und -innen, J.J.-Cale-Musik, Schlaffheit", 163) bleibt eine denkbar kurze Affäre: „‚Meine Herren', rief ich schneidig, ‚es muss vorbei sein mit Libertinage und Verführung der Jugend! Folgen Sie mir.' Die CDUler leckten sich die Lippen. Wen hatten sie sich denn da eingefangen? Ein großartiger Typ, ein Irrer vielleicht, womöglich aber aufbaubar. Zu den Klängen des Badenweiler Marsches wurde ich in die Ludwig-Erhard-Halle geführt. Ich sah mich um: alles Schweine, nur Schweine." (163–164)

Natürlich darf es (Stichwort ‚Wiederholungsekel') nicht bei einer solch erwartbaren CDU-Verdammung bleiben. Flugs lässt Lottmann die Passage in bekannt grotesker Manier umkippen: „Die rechte Hand, eben noch zackig am Koppel und zur Faust geballt, rutschte mir kraftlos weg, verschwand unbeteiligt in der Hosentasche. Das waren keine Deutschnationalen, das waren Kleinhändler und karrieregeile Angestellte des öffentlichen Dienstes. Das waren auch keine Unternehmer, das war noch nicht einmal guter Mittelstand. / Ich trat wieder aus." (164)

Weniger die „berauschende Kraft des reaktionären Machtworts", wie Hubert Winkels ein solches Verfahren nennt, strömt aus einem Gespräch des Erzählers mit seinem vermeintlichen alter ego, einem Studenten namens Klarczyk, sondern es lässt sich auch als Beleg für eine gewisse Obsession mit dem Nazi-Thema lesen bei gleichzeitiger Ablehnung, in der üblichen Art davon zu handeln:

„Er fragte mich, wer mein Lieblingsfaschist sei. Ich sagte, ‚Lieblingsfaschisten' könne es für ein klammheimliches SPD-Mitglied grundsätzlich nicht geben.

Die Frage sei schon im Ansatz obszön. / ‚Aber wenn du einen nennen MÜSSTEST, wen würdest du dann nehmen?' / ‚Ich würde eher in den Tod gehen, als so eine Frage zu beantworten.' / ‚Und wenn man dich foltern würde?' / ‚Dann hätte die Antwort keinen Wert.' / ‚Natürlich nicht. Aber was hättest du geantwortet?' / ‚Na, Adolf selbst, ist doch klar.' / Er nickte." (174–175)

Bei einer „Landpartie" (213), die der Erzähler nach dem Vorbild von Hamsuns *Mysterien* aber auch, wie er ironisch ergänzt, „auf den Spuren von Hermann Löns" (214) unternimmt, trifft er denn auch auf lauter „hochrote, haßerfüllte, verbiesterte Schädel": „Menschen zwar, aber ohne menschliches Antlitz, wenn ich mich ausnahmsweise einmal so geschraubt ausdrücken darf, also nur so Köppe, draufgesetzt auf Spargelkörper, stumm aus Prinzip und argwöhnisch. Die trauten dem Frieden nicht, niemals! Die waren hellwach nur im Kriegsfall, im geliebten. Der deutsche Faschismus! Hier brütete er, in seinem unerschöpflichen Reservoir der artengeschützten Landschaftsschutzgebiete, der Tausende von Fascho-Biotopen, Hand in Hand mit feuchtwarmen Greenpeace-Militaristen und dumpfmeisterlichen Untergangspropheten" (225–226).

Nicht zuletzt in dieser Obsession wirkt der Roman in der Tat wie ein „Vorläufer" von Christian Krachts knapp 10 Jahre später erschienenem Debut *Faserland* (→ 4.11 HOHLWECK), Stichwort: „SPD-Nazi" –, und auch die auffälligen Streifencover stiften eine Verbindung zwischen beiden Romanen (so Malchow 2003, 254; das Referenzspiel mit Kracht setzt sich fort in Lottmann 1999, bspw. 174–175 oder 188).

4. „einfach JEDEN Zipfel der Wirklichkeit beschreiben" – Pop als Realismus

Mit Pop-Referenzen geizt *Mai, Juni, Juli* insgesamt nicht, der Roman präsentiert sie jedoch meist nur im Vorübergehen oder auf eine Art und Weise verfremdet und entstellt, die so etwas wie involviertes Nichtdazugehören signalisiert, ganz im Stil des Bildes, das der Erzähler für seinen Ausflug in die Kölner Spex-Szene findet: „Graf Bobby unter Papua-Indianern" (48). So fällt ohne weitere Erklärung der Name Kiev Stingl (77), dem über alles und nichts schwadronierenden Klarczyk entfährt eine Nörgelei zu „Warhols ‚From A to B and back again'" (172), und mit „‚Nachts im Hafen, wo die großen Schiffe schlafen'" (58) wird offenbar Bernd Begemanns (erst 1987 auf Tonträger veröffentlichter) Song „Unten am Fluss, unten am Hafen, wo die großen Schiffe schlafen" zitiert, ein Gründungsdokument der Hamburger Schule. Programmatisch wird „der monomanische[] Dichter Rainald Götz" (50) falsch geschrieben (das Komplexe Hin und Her der Bezüge zwischen

Goetz und Lottmann wird detailliert analysiert in: Kreknin 2014), und mit dem „berühmten Autor von Jugendmode und ihr Ende!" (55) dürfte Thomas Meinecke gemeint sein, der ab 1978 die Zeitschrift *Mode und Verzweiflung* herausgegeben hat. Aus Tony Parsons wird „Tony Parson" (106), von „CUT UP" (107) lässt sich der vermeintlich ahnungslose Erzähler von beflissenen Spex-Schreibern berichten, als höre er davon zum ersten Mal.

Es finden sich aber auch programmatische Verlautbarungen aus dem Repertoire der Pop-Theorie, etwa die Cultural-Studies-Position einer demokratischen, anti-elitären *popular culture*, bei der freilich auch ein wenig jener Beflissenheit hörbar wird, mit der sie ihr Argument gegen wohlfeile Kulturkritik vorträgt: „Alle historischen oder auch nur schönen Quadratmeter bei uns, in jeder Stadt, jeder Kreisstadt, jedem Weiler, waren fußgängerzonenartigen Bepollerungen zum Opfer gefallen, postmodernem Scheiß. Wo eben noch Geschichte atmete und roch, lärmte nun billiger Basalt, quietschten Disneylandfarben, fraßen sich Frittenbuden in die Gemäuer, verdienten Fools und falsche Feuer-Schlucker mit postmoderner Phantasie ihr Geld, neben Blaskapelle und Bierausschank, Feuerwehr, Schützenverein und Freier Theatergruppe! Aber andererseits – war es nicht undemokratisch, so zu denken? War es nicht das größte Verbrechen, massenfeindlich zu sein? Hatten nicht die Reichen nach wie vor alle Schönheit dieser Erde, freie Privat-Strände, saubere Ländereien, Schiffe und Schlösser, in denen Geschichte ungestört atmete bis zum letzten Tag? O ja." (24)

Ernster ist es dem Roman mit einem anderen „Textprinzip": „Man mußte, ganz klar, einfach JEDEN Zipfel der Wirklichkeit beschreiben, ohne Ansehen der Wichtigkeit. Jede Sekunde mußte beschrieben werden! Jede Sekunde" (88). Nicht nur mit ihrer Tendenz zur Majuskel erinnert diese Formulierung an Rolf Dieter Brinkmanns Forderung, Literatur habe „WIRKLICH WIRKLICH WIRKLICH!" (Brinkmann 1982a, 224) zu werden, Brinkmann, dem ebenfalls eine jener kleineren Reminiszenzen im Roman gilt: „da gab es diesen deutschen Autor, der einmal in Italien ein Buch geschrieben hatte, das angeblich kraftvoll war, ‚Rom, Blicke'" (30). Jeden Zipfel der Wirklichkeit zu vertexten, heißt dann sowohl mitzuteilen, „wie Boris Becker gerade gespielt hat (‚Boris Becker? Sechsvier, sechszwei, sechsieben, sechsvier gegen Mecir.')" (109), als auch nach längerer (freilich eher satirischer denn dokumentarischer) Beschäftigung mit dem richtigen Schuhwerk („Auch die kleinsten Unterschiede wollte er erklärt haben, von allen 30 Schuhmarken, 20 Größen, 150 Typen und Preisklassen. Von 14,90 Mark bis 499,50 Mark öffnete sich ein Kosmos der Möglichkeiten und Eigengesetze. ‚Und wie kommt es, daß der Cangaroo mit halber Space-Tasche, gezackten Pfoten, dreiriemigen Bullaugen und LCD-Schrittgeschwindigkeitsanzeige in Preisklasse IV 279 Mark kostet?'", 231) durch ausführliche Schilderungen ganzer Tennismatches zwischen dem Erzähler und einem Freund aufzuwarten.

Die Vertextung jenes von der Literatur meist übersehenen „background [...] against which we pass our lives" (Smithson und Smithson 1956, 49), und das ist nicht zuletzt des Banalen und Populären, impliziert indes mehr als eine offensive Teilhabe an jenem Bereich, mehr als ein „große[s] Ja (zu Leben, Welt, Moderner Welt)", wie Diedrich Diederichsen das in Bezug auf Pop nennt (1996, 40), sie steht auch für ein ästhetisches Verfahren, in dem sich *high* und *low culture* so verschränken, dass keine Hierarchieebenen mehr erkennbar sind. Auch hier ließe sich Rolf Dieter Brinkmann als Referenz nennen, etwa, wenn dieser in seinem Essay über „Die Lyrik Frank O' Haras" schreibt: „Alle Momente sind gleichwertig, und ohne weiteres kann man sagen: banal, oberflächlich" (1982b, 210). So findet sich in *Mai Juni Juli* neben dem sich durch den Text ziehenden Hamsun-Paradigma (*Hunger*, *Mysterien*, *Pan*), ebenso eines zum Gegenstand pflanzlichen Bratfetts respektive Margarine: von „Blauband" (7) über „Biskin und Sanella" (88) bis zu „Becel" (243). Nicht erst seit Christian Krachts *Faserland* ist die Nennung von Markennamen ein Konstituens der Pop-Literatur. Schon Rolf Dieter Brinkmann bemängelt im O'Hara-Essay die Realitätsvergessenheit der (für ihn) gegenwärtigen Literatur: „als lebten ‚Dichter' nur mit kostbaren gedanklichen Wertgegenständen, in einer Welt ohne Schlager, Schlagzeilen und Kinoplakate, ohne ganzseitige Reklamen für Cinzano, Rank Xerox und arden for men" (1982b, 211). „Was ist realitätshaltige Poesie?", fragt Lottmann denn auch in der *Spex* in einer Besprechung von Thomas Meineckes Kurzgeschichten *Mit der Kirche ums Dorf* und antwortet: „Ungefähr das: Die Handlung spielt heute, in der Bundesrepublik, an genau bestimmten Plätzen, Straßen, Lokalitäten. Menschen haben Berufe, Politiker werden wiedererkannt, Autos spricht man mit ihrem Markennamen an. Ich mag das." (Lottmann 1986c, 65)

Und so könnte man selbst der im Folgenden dargebotenen Assoziation, die der Erzähler im Gespräch mit einer Spex-Heroine äußert, bei näherem Hinsehen ein stärkeres Kalkül unterstellen als prätendiert: „'Wie findest Du Dylan Thomas! / Ich hatte das plötzlich gesagt, ohne Sinn. Ich kannte Dylan Thomas gar nicht. Der Name war mir zum erstenmal in meinem Leben durch den Kopf geschossen wie irgendein Wort, wie ‚Hoover Staubsauger' oder ‚Ortega de la Madrid.' Soundso geriet in Verlegenheit." (49)

Der Name des Dichters Dylan Thomas, nach dem sich immerhin auch Bob Dylan benannt haben soll, bringt das eher popkulturell orientierte Gegenüber „in Verlegenheit". Für den Erzähler firmiert dieser ihm angeblich „zum erstenmal in [s]einem Leben durch den Kopf geschossene" Name im selben Paradigma wie „Ortega de la Madrid", womit wohl Ortega y Gasset gemeint ist, Autor der berühmten Kritik an der Massenkultur *La rebelión de las masas* (1929). Mit diesen beiden Namen kontrastiert nun der dritte Name des Paradigmas: „‚Hoover Staubsauger'". Auch dies ist freilich kein unbekannter Gegenstand im Kontext des Pop, findet er sich doch, ergänzt um den Hinweis auf seinen geradezu phallischen Schlauch (Ordinary Cleaners only reach this far) auf Richard Hamiltons Collage *Just what is it that makes our today's homes so different so appealing* aus dem Jahr 1956, einer Ikone der sich etablierenden Pop Art (→ 3.6 Drügh).

Nach all dem wird es nicht verwundern, dass auch Lottmanns Selbstzuschreibung zur Pop-Literatur schillert. So liest man in seinem Blog beispielsweise, dass sein Name „fälschlicherweise" für „die Popliteratur" stehe (2012), während er sonst gerne auch damit kokettiert, der „Erfinder der deutschen Popliteratur" zu sein (2009, 162). Sei dies, wie es sei: Joachim Lottmanns *Mai, Juni, Juli* ist zu den wichtigen Texten der Pop-Literatur in Zeiten ihrer 1980er-Jahre-Baisse zu zählen.

Lottmann, Joachim. *Mai, Juni, Juli. Ein Roman*. Köln: Kiepenheuer & Witsch, 2003. Die Erstausgabe erschien 1987 im selben Verlag.

Literaturverzeichnis

Assmann, David-Christopher. *Poetologien des Literaturbetriebs: Szenen bei Kirchhoff, Maier, Gstrein und Händler*. Berlin und Boston: De Gruyter, 2014.
Baßler, Moritz. *Der deutsche Pop Roman. Die neuen Archivisten*. München: C.H. Beck, 2002.
Barthes, Roland. *Die Lust am Text*. Aus dem Französischen von Traugott König. Frankfurt am Main: Suhrkamp, 1974.
Brinkmann, Rolf Dieter „Der Film in Worten". *Der Film in Worten. Prosa, Erzählungen, Essays. Hörspiele, Fotos, Collagen 1965–1974*. Reinbek bei Hamburg: Rowohlt, 1982a. 223–247.
Brinkmann, Rolf Dieter „Der Film in Worten". Rolf Dieter Brinkmann. *Der Film in Worten. Prosa, Erzählungen, Essays. Hörspiele, Fotos, Collagen 1965–1974*. Reinbek bei Hamburg: Rowohlt, 1982b. 207–222.
Diederichsen, Diedrich. „Pop – deskriptiv, normativ, emphatisch". *Pop, Technik, Poesie. Die nächste Generation*. Hrsg. von Marcel Hartges, Martin Lüdke und Delf Schmidt. Reinbek bei Hamburg: Rowohlt, 1996. 36–44.
Goetz, Rainald. *Loslabern. Bericht Herbst 2008 (Schlucht 2)*. Frankfurt am Main: Suhrkamp, 2009.
Greif, Mark. *Rappen lernen*. Aus dem Englischen von Kevin Vennemann. Berlin: Suhrkamp, 2012.
Hamsun, Knut. „Hunger". *Sämtliche Romane und Erzählungen*. Bd. 1. München: List, 1959. 19–182.
Kreknin, Innokentij. *Poetiken des Selbst. Identität, Autorschaft und Autofiktion. Am Beispiel von Rainald Goetz, Joachim Lottmann und Alban Nikolai Herbst*. Berlin und Boston: De Gruyter, 2014.
Lottmann, Joachim. „Chuck Norris. Leibstandarte". *Spex. Musik zur Zeit* 7.5 (1986a): 52.
Lottmann, Joachim. „Mord an Bord". *aus. Mord-Stories*. Hrsg. von Hubert Winkels. Köln: Kiepenheuer & Witsch, 1986b. 136–156.
Lottmann, Joachim. „Realitätsgehalt: Ausreichend". *Spex. Musik zur Zeit* 7.11 (1986c): 65.
Lottmann, Joachim. *Deutsche Einheit. Ein historischer Roman aus dem Jahr 1995*. Zürich: Haffmans Verlag, 1999.

Lottmann, Joachim. *Der Geldkomplex*. Köln: Kiepenheuer & Witsch, 2009.
Lottmann, Joachim. „Auf der Borderline nachts um halb eins. Joachim Lottmann vs. Wolfgang Koeppen". *Taz Blogs* 25. April 2012 (7. April 2014). http://blogs.taz.de/lottmann/2012/04/25/joachim-lottmann-vs-wolfgang-koeppen/.
Malchow, Helge. „Nachwort". Joachim Lottmann. *Mai, Juni, Juli. Ein Roman*. Köln: Kiepenheuer & Witsch, 2003. 250–256.
Smithson, Alison, und Peter Smithson. „But Today We Collect Ads". *Ark magazine* 18 (1956): 49–52.
Theisohn, Philipp, und Christine Weder (Hrsg.). *Literaturbetrieb. Zur Poetik einer Produktionsgemeinschaft*. München: Fink, 2013.
Vogt, Jochen. „Er fehlt, er fehlte, er hat gefehlt. Ein Rückblick auf die sogenannten Väterbücher". *Deutsche Nachkriegsliteratur und der Holocaust*. Hrsg. von Stephan Braese, Holger Gehle, Doron Kiesel und Hanno Loewy. Frankfurt am Main: Campus, 1998. 385–400.
Weidermann, Volker. *Lichtjahre. Eine kurze Geschichte der deutschen Literatur von 1945 bis heute*. Köln: Kiepenheuer & Witsch, 2006.
Winkels, Hubert (Hrsg.). *aus. Mord-Stories*. Köln: Kiepenheuer & Witsch, 1986.
Winkels, Hubert. *Einschnitte. Zur Literatur der 80er Jahre*. Köln: Kiepenheuer & Witsch, 1988.

4.10 Blumfeld: L'etat et moi (Mein Vorgehen in 4, 5 Sätzen) (1994)

Jörg Metelmann

> Gegenüber Jim Morrison und Johnny Rotten klingen die Sprachen von BLUMFELD und den ZITRONEN plötzlich wie das, was früher als Lyrik bei Suhrkamp erschien, während Suhrkamp heute mit Rainald Goetz eine Prosa veröffentlicht, die auf ihre Weise gerne wieder so authentisch wie Jim Morrison wäre.
> Martin Büsser, Die Sprechweisen der Popkultur (2000 [1999], 14)

1994 ist das *annus mirabilis* des sogenannten Diskurs-Rocks, erscheinen in ihm mit den Platten *L'etat et moi* von Blumfeld, *In echt* von Die Sterne und *Das bisschen Totschlag* von Die Goldenen Zitronen doch einige diskografische Meilensteine des „Hamburger Schule" genannten Bandzusammenhangs, zu dem auch Kolossale Jugend/Kristof Schreuf/Brüllen, Cpt. Kirk &/Die Erde/Tobias Levin, Ostzonensuppenwürfelmachenkrebs, Tocotronic, Die Braut haut ins Auge, Fünf Freunde/ Superpunk und Bernd Begemann/Die Antwort gehören (vgl. Baßler et al. 2008). Speziell *L'etat et moi* kann als Prototyp des kollektiven Bemühens gelten, deutsche Liedtexte aus dem seichten Hitparadeneinerlei zu befreien und wieder mit popkultureller Kraft aufzuladen – das heißt, sie in einer Sprache des authentischen Begehrens zu verfassen, die sowohl auf ein Außen des Mainstream-Gedudels als auch auf ein Anderes des Stolze-Deutsche-Nazirocks verweist (vgl. Büsser 2000 [1999], 14). Blumfeld, die Band um den charismatischen Sänger und Songwriter Jochen Distelmeyer, positioniert sich mit ihrem zweiten Longplayer nach *Ich-Maschine* (1992) noch entschiedener, jedoch als Inversion, an der Schnittstelle von Literatur und Pop, die in den 1990er Jahren kontrovers diskutiert wurde. Ging es in der Literatur darum, mit Pop-Verfahren der Gegenwart des Konsums und der medialisierten Umwelten performativ (wieder) näherzukommen (vgl. Baßler 2002; Schumacher 2003; Frank 2011), so suchte der „Diskurs-Rock" nach Wegen, die ubiquitäre Eingängigkeit eines „Alles-so-schön-bunt-hier"-Kommerzpop aus seinem unpolitischen Dornröschenschlaf zu wecken, was Anfang der 1990er Jahre angesichts von neuem Nationalismus, Xenophobie, Neo-Nazi-Mordanschlägen und Asyldebatten (Abschaffung des Grundrechts auf Asyl, Art. 16 GG, im Jahr 1993) dringend geboten schien. *L'etat et moi* entwarf in diesem Sinne eine damals ‚unerhörte' Musik-Landschaft als diskursiven Fuchsbau, der schon beim Namen der Band, Blumfeld, einer überschreibend-synchronisierenden Aneignung des Titels einer Kafka-Erzählung, einen möglichen Eingang hatte (Metelmann 2002). Im Folgenden soll anhand des titelgebenden Prosagedichts „L'etat et moi (Mein Vorgehen in 4, 5 Sätzen)" der Versuch unternommen werden, eine Kartographie dieses zitatreichen und intermedial hybridisierten Ausdrucksgeschehens zu erstellen, wobei die vielfach auf ‚open tunings' gestimmte Welt-Text-Bearbeitungsmaschine Blumfeld in ihrem unverwechselbaren Resonanzraum programmatisch Rückkopplungen mit anderen Texten und Liedern vornimmt, denen hier so weit wie inhaltlich bekannt und von der Beitragslänge möglich gefolgt werden soll (→ 3.5 HUBER).

1. Close reading einer Stimme/Text/Bild-Konstellation

„Von einem Blatt das unbeschrieben / vor mir liegt und Fragen stellt": Schon der erste Satz eröffnet strukturell die Spannung, die die Ich-Reflexion – die Schilderung einer Strategie vis-à-vis des Politischen („l'etat et moi", „Mein Vorgehen") – organisiert. Ein lyrisches Ich ruft die Urszene jeder Textproduktion auf, das weiße Blatt, noch „unbeschrieben", zugleich Manifestation einer Blockadeangst wie Kosmogonie-Versprechen, „das Fragen stellt". Das so evozierte Paradigma der Schriftlichkeit („unbeschrieben") konkurriert aber von Beginn an mit dem der Mündlichkeit, die die Stimme des Sprechers eindrucksvoll – einer, der „mit Ausdruck Eindruck schindet" (so in einem weiteren Song, „Sing Sing", auf L'etat et moi) – zu Gehör bringt: Sie ist das ‚Eigentliche' einer Musik/Audio-Veröffentlichung, die ‚was auf die Ohren' gibt und nicht in erster Linie zum Lesen bestimmt ist. Zugleich entzieht sich die Präsenz des Gesagten im raschen Fluss der Wörter, der nicht rückgängig gemacht werden kann durch das Springen der Augen auf die davorliegenden Zeilen. Es ist die Spannung zwischen dem extrem bedeutungsgeladenen stimmlichen Ausdruck und dem Verschwinden der Bedeutung in der Zeit des Vortrags, die sich im Aufschub des Sinns bei der Interpretation des niedergeschriebenen Textes wiederholt, der eine Bewegung abbildet, die so weit und anschlussfähig ist wie die Öffnung, die das lyrische Ich als Subjekt-Werdung im Präteritum ausstellt: „wie ich dem Blick derer *entkam* / die mich durch ihn für sich erzeugen" (Herv. J.M.).

Die Konstellation erweitert sich – das ist die vom leeren Blatt an das schöpferische Ich (heute würde man sagen: „Kreativsubjekt") gestellte Frage – um das Visuelle, das mit dem Sozialen korreliert wird. In (möglicher) Anlehnung an Sartre wird das Subjekt durch den Blick der anderen als Gefangener, als Festgestellter erzeugt („l'enfer c'est les autres"), eine konstitutive Übergriffigkeit im Verkehr zwischen Menschen als politischen Wesen, auf die mit Flucht zu reagieren („entkam") die Blumfeld-Lektion zum Thema „Der Staat/Zustand und ich" ist. „Mein Vorgehen in 4, 5 Sätzen" ist ein diskursiver Befreiungskampf, der sowohl über die Machteffekte („ohne mich zu beugen"), die Genealogie („wachs ich lebenslang in ihn hinein") und die existenzielle Geworfenheit („in aller Welt") informiert ist als auch die agonalen Kräfte zu nutzen weiß, die dem „Gegenstand" – das Objekt im Weg (‚gegen'), über das zugleich gerade selbstreflexiv geredet wird – der künstlerischen Produktion zu eigen sind, seine ‚Gegenwehr'-Produktionsmittel: die Arbeit am Begriff im Prosa-Gedicht, die „im Begriff ist loszulegen", in den nächsten 70 Zeilen, die so beginnen: „Von einem Blatt das unbeschrieben / vor mir liegt und Fragen stellt / wie ich dem Blick derer entkam / die mich durch ihn für sich erzeugen / kann ich ohne mich zu beugen in ihm leben / oder wachs ich lebenslang in ihn hinein / ein Gegenstand der im Begriff ist loszulegen / fragt sich was ich in aller Welt verloren hab."

Formal wird diese Stimme/Text/Bild-Konstellation am Ende des Textes pointiert aufgenommen und abgeschlossen, wenn das lyrische Ich in für das Gedicht konstitutiver Doppeldeutigkeit „ohne Angst nichts zu verschleiern" (hat es keine Angst mehr, daher nichts mehr zu verschleiern? Oder ist es gerade die Angst, die die Verschleierung immer wieder produziert?) bei „einem Satz" bleibt, der die diskursive Bewegung um den „Tower" unter „Lichtzwang" mit einer affektiven Energie ausstattet, die das mentale Panorama („thought dreams") moralisch gegen die Instanzen eines übermächtigen Außen positioniert, die die Guillotine als humane Körperbeschneider-Todestechnik in gut Foucault'scher Manier in einen seelischen Kampfplatz, einen Domestizierungsort verwandelt haben: „Superstarfighter Schmetterling / ohne Angst nichts zu verschleiern / was Liebe nicht zustande bringt / das schafft die Dummheit / das ist der Satz bei dem ich bleibe / wie ein zu Hause werde ich damit nicht fertig / (ein abschreckendes Beispiel der Beschwörung folgt die Trauer) / als wär' ich darauf eingestellt / kreise ich weiter unter Lichtzwang um den Tower / and if my thought dreams could be seen / they probably put my head in an Ich-machine."

Die „Ich-Maschine", so auch der Titel des fulminanten Debütalbums von Blumfeld, und das damit verbundene Problem der Sichtbarkeit ihrer innersten Gedankenträume, womit der Parcours durch das Politische als entgrenztes Sprachspiel mit den Urszenen der Schrift und des Immer-schon-Vertextetseins zu den existenzielleren Geburtsszenen zurückkehrt, die auf *Ich-Maschine* in verschiedenen Konstellationen noch mehr durchlitten als lustvoll durchschritten wurden (vgl. „Ghettowelt", „Von der Unmöglichkeit ‚Nein' zu sagen, ohne sich umzubringen", „Nichtschwimmer/nachGeburt").

Dieser letzte Gedicht-Paragraph zeigt sehr anschaulich die intensive Zitatarbeit auf und in *L'etat et moi*: So ist der „Satz" „Was Liebe nicht zustande bringt, das schafft die Dummheit" ein Achternbusch-Zitat aus dem Film *Mixwix* und auch eine The Smiths-Teilumschrift („if it's not love then it's the bomb" aus „Ask me", vgl. bei Blumfeld „das Blatt, das Fragen stellt"; deutlicher taucht das Zitat in dem Song „Verstärker" auf, vor der Berliner Klopsgeschichte, die ebenfalls als Zitat einfließt: „erst war ick uff, dann war ick zu, dann steh' ick uff und kieke, und wer steht draußen: icke"). Der „Tower" könnte möglicherweise auf das „Stundenbuch" von Rainer Maria Rilke verweisen oder auch auf Jimi Hendrix' „All along the watchtower", „Lichtzwang" übernimmt Distelmeyer von Paul Celan und die Schlusszeilen („kreise ich weiter unter Lichtzwang um den Tower / and if my thought dreams could be seen / they probably put my head in an Ich-machine" aus Bob Dylans Song „It's alright, ma, it's life & life only" auf *Subterranean Homesick Blues* (vgl. zur Katalogisierung der Zitatquellen sehr hilfreich die Fan-Homepage „Skyeyeliner").

Zwischen Anfangs- und Endabschnitt spannt sich textlich „ein Feld von einer Möglichkeit von dir" (aus: „Sing Sing"), über das sich das lyrische Ich in Sprachmasken mit sich selbst verständigt: noch mehr Verschachtelungen, noch mehr Bezüge, noch eine Babuschka als Strategie einer Spinne, die sich über den Abgrund ein Netz zu bauen sucht, denn nie ist ‚man' „Herr der Lage" und wüsste genau, wo man steht („So beschaffen ist der Alltag der Figuren / nie ist je eine Herr der Lage / sind wie ich Zeugen, die sich fragen / was sie in aller Welt verloren haben." Nicht von einem sicheren Zentrum aus, sondern im Fließen beobachtend zieht das lyrische Ich durch die Welt oder, in einer Schöpfungsphantasmagorie, mit Gott durchs All, bis er es zurücklässt, mit dem Schmerz, „seinem Programm", das die Menschen prägt: „In so erhabener Erstarrung etabliert / spannte mich Gott auf seine Folter / aus seinem Nichts verhalf ich ihm zu sich / doch er zog weiter / um sich in mir nach seinem Abbild / wie von Sinnen zu erschaffen / zog mich der Vollständigkeit halber in den Bann / besetzte mich mit einem Schmerz seinem Programm / das im Prinzip mit allem abgeschlossen hatte / Kein Zeitraum blieb mir mehr mich zu entwickeln / den Schmerz von mir und mich von ihm zu unterscheiden / um ihn trotzdem und Ohnmachtsanfall zu vermeiden / wurde ich er, alles in allem, support your local Schmerz / ließ ihn in Ohnmacht von mir fallen / seitdem zieht Gott als Voyager durch's All / sendet von Ringen des Saturns stumme Signale."

Das Subjekt wird so vom Zentrum zum Zeugen, der das Geschaffene sieht und selbst erschaffen muss, um die Leere und Verlorenheit einerseits, aber auch das Stimmengedröhne des bereits Bestehenden („Um andre Töne nicht zu hören, ist meine Stimme unaufhörlich", in dem Song „Superstarfighter") zu bändigen, in den Be-Griff zu kriegen.

Dieses als Arbeit der Kultur unhintergehbare „Vorgehen" im Sinngeschehen hat, um sich mit einer kleinen Typologie aus dem Song „Sing Sing" anzunähern, drei Komponenten: Arbeit („sich und den andern sucht und findet"), Technik („das Gefundene mit-teilt und verbindet") und Liebe („gemeinsam eine neue Welt erfindet"). Der „andere" ist aber, wie gesehen, eher Problemquelle als Lösungsstelle, weshalb die „Technik" zum entscheidenden Teil des „Vorgehens" wird, das auch die Liebe dereinst einmal möglich machen könnte, nach der Flucht durch den Zeichen- und Zeugniswald, den in Vinyl gepressten Worten, den auf das „Schwarz der Rillen" gespurten Ich-Bildern, „in denen Du Dich bei Dir spiegelst": „mein Herz der Finsternis ein Kino / im Schwarz der Rillen / in denen Du Dich bei Dir spiegelst / das sieht mir ähnlich / und kommt allmählich von der Erinnerung an sich / auf etwas anderes, auf Dich."

Auf die Archäologie des Selbst, die kunstvolle Technik der Selbstausgrabung als Stimme-Text-Bild (Musik/Stimme: „Schwarz der Rillen", Text: „Schwarz der Punkt auf Papier", Bild/Blick: „mein Herz der Finsternis ein Kino"), auf die „Erinnerung an sich" („das sieht mir ähnlich") folgt so ganz „allmählich" die Bewegung zu „etwas anderem" (*sic*), „auf Dich". Es ist, Rückkopplung der „Ich-Maschine", noch ein langer Weg, bis das Ringen mit dem Alleinsein nicht mehr im „Werk", sondern im Bett stattfindet, wie der Eröffnungstrack „Draußen auf Kaution" auf *L'etat et moi* die Alternative pointiert: „Am nächsten Morgen habe ich das alte Stechen / und neben mir liegt wer / der sich bald leblos an mich schmiegt / wie's dazu kam hab ich danach vergessen / stattdessen bin ich längst / wieder am Werk". Die Öffnung zum liebenden Miteinander, dem gemeinsamen Weg des Paares, feiert erst die dritte Blumfeld-Platte *Old Nobody* in dem programmatischen Lied „The Lord of Song": „[S]o wie das Meer / denk' ich an Dich / *verlass das Papier* / und gehe mit Dir / in ein anders Licht / ich sehe wie wir uns lieben / Wow! / *ich bin Mensch geblieben*" (kursiviert J.M.; zum Themenkreis ,Junggeselle/Single-Liebe-Paar' vgl. auch Metelmann 2002).

„Das Gefundene mit-teilen und verbinden" – wäre das nicht eine gute Definition auch für „Pop"? Für das lyrische Ich ist das „Rock'n'Roll" und hat seinem Leben „einen neuen Sinn gegeben", hat es zum gutgelaunten Diskurstechniker gemacht, der sich von der äußersten Verdichtung im Gedicht/Text Einsicht erhofft („etwas rauszukriegen wäre") in das weltliche Geschäft, in die Immanenz und ihre Wiederholungen („diesseits beschriebener Kreise"): „Rock'n'Roll hat meinem Leben / einen neuen Sinn gegeben / den Faden wieder aufzunehmen / dreh ich mich nach allen Seiten / wie aufs Äußerste gedichtet etwas herauszukriegen wäre / diesseits beschriebener Kreise; Reifen, Schleifen, Ringe / die sich zu Klängen aus dem Walkman, den Signalen / von Himmelskörper hin zu Muttermal bewegten / sich so zur Windung zur Spirale überdrehten / zum Gesichtspunkt der Geschichte / an dem ich twiste, wo ich swinge / den Punkt nicht knacke, wie eine Feder von ihm springe / Deutschland, Deutschland spürst Du mich / heute Nacht da komm' ich über Dich / im freien Fall, seh ich den Boden des Realen / durchauslaufende Modelle Deiner hohen Ideale / (ihre bloße Gegenwart macht mich meine Träume hassen) / meine Ängste meine Sorgen / da wo Deine Lichter glühen sind sie verborgen / ich fühl mich an wie Pyrotechnik / ja, ich weiß woher ich stamme / Licht wird alles was ich fasse / Kohle alles was ich lasse / Flamme bin ich sicherlich. / Wo einmal nichts war / gräbst Du im Kopfstand Deine Schächte, wie in Lüfte

/ malst Du in Heimat, Blut und Boden / Dir auf Erden einen Himmel vor Augen aus / der Nase nach ins Erdreich rein / doch so gesehen liegt er als Hölle Dir zu Füßen / und was von da kommt kann wie ich nur Teufel sein / ja und ich bin es höchstpersönlich / liege leibhaftig im Detail / Deiner Ordnung, Fehlberechnung, Bildungslücke / entspringt Dein Gott in Deinem Fall die Barbarei".

2. „Mein Vorgehen" als Montage-Technik

„Technik", das ist für den Singer/Songwriter Distelmeyer als Blumfeld die geniale Kreuzung von Musik und Wort, Indie-Rock/-Punk/-Pop und Zeichensprechen, von der hier allein die Textarbeit gewürdigt werden kann. „Technik" ist die Methode, „das Vorgehen", um den „Faden" wieder aufzunehmen, der durch das gewobene Geflecht des Alltags führt, das ‚textum', das auch Lebensband ist und mit Kreation und Ableben verbindet: „vielleicht den Faden die Erinnerung daran / das so wie sie Gestalt annahmen / besonnen aufgetaucht in Formen / sie wie in Schlaf versinken werden / in den Stoff aus dem sie kamen. / Sischer datt, doch ganz schön einsam noch hier oben / über dem Regenbogen waren mir alle Sterne schnuppe / zum aus der Haut fahren ist genau das was ich will / noch mehr Masken noch mehr Rahmen / noch mehr Puppen in der Puppe zum ausrasten / sich entfalten in Richtung all der Einzelheiten / die längst bevor ich sie verinnerlicht, für mich begriffen hatte / jenseits meiner existierten."

Dabei markiert dieses Fädeln ein anderes Paradigma als die Übernahme des Faden-Bildes aus dem Celan-Gedicht „Sprich auch Du" (aus dem Gedichtband *Von Schwelle zu Schwelle*, 1955) in dem Song „2 oder 3 Dinge, die ich von Dir weiß" auf *L'etat et moi*. Geht es dort um eine Bewegung zum Grund („feiner ein Faden / an dem Du herabwillst / um unten zu schwimmen / da siehst Du Dich schimmern / in Deinen Farben"), so ist es hier ein Springen über Oberflächen, das nicht auf dem Punkt landet („den Punkt nicht knacke"), sondern sich immer wieder abstößt und auf anderes, auf Neues kommt („wie eine Feder von ihm springe") – sich „nach allen Seiten" dreht und dabei zwangsläufig, da programmatisch, beim „Staat" landet, der Politik und dem Politischen, das sich durch das Ich zieht, es bildet und aus ihm besteht, eben: *L'etat et moi* (bei Distelmeyer immer ohne korrekten Accent, aber immer mit Aplomb).

Es ist nicht der terroristische RAF-Kampf „6 gegen 60 Millionen", den zeitgleich Die Goldenen Zitronen als Retro-Pamphlet besangen (auf dem Album *Das bisschen Totschlag*), sondern, noch hybrider und kolossal der Aussichtslosigkeit verschrieben, die Aus-ein-an-der-Setzung ohne Versöhnungsabsicht zwischen „Deutschland, Du" und dem lyrischen Ich als „Zeichensprecher Schwerverbrecher" (aus „Sing Sing"), das der Nation die Leviten liest – eingeleitet mit dem Neue Deutsche Welle-Zitat „Deutschland, Deutschland, spürst Du mich" von Markus. Deutschland nach Distelmeyers Sprachmaske, das ist das Land der Dichter und Denker, die sich idealistisch mit dem Kopf in „Blut & Boden" tauchten, um zum Teufel zu werden, der eine Hölle auf Erden schuf – ein Teufel aber auch der Sprecher, der auf die Zwischenräume der Ideologie deutet, die Leerstellen und Details der „Fehlberechnung", und dabei als Beelzebub mit Nietzsche-Zitat aus dem *Ecce Homo* – „Ja, ich weiß, woher ich stamme / ungesättigt gleich der Flamme / glühe und verzehr ich mich / Licht wird alles, was ich fasse / Kohle, alles, was ich lasse / Flamme bin ich, sicherlich" – exakt auf der Klinge jongliert, die das nationale Pathos (Vereinnahmung Nietzsches) von der kritischen Distanz (Nietzsche als Stichwortgeber etwa von Foucault und Deleuze) trennt, um schließlich bei einem „Pathos der Distanz" zu landen, popkulturell gewendet: „In der Tat too sexy for the Führerbunker / ich hab da gestern wieder ein Problem gehabt / sich selbst im Schönen im Unendlichen zu heilen / das ist der wahnsinnige Akt meiner Revolte / wer jetzt allein ist wird es bleiben / schießt's mir wie eine Kugel durch den Kopf / traurig genug (?) das war ihr Leben / ring ich nach Worten als wär's Luft / um mich dann in den Wind zu schreiben: sold / und nicht mehr blond / fang ich nach allen Regeln der meiner Kunst / meines Lateins blind an zu beten."

Nach genau dieser Faden-Logik des Registerwechsels, des assoziativ Sprunghaften, folgt auf die vernichtende Analyse der wiedervereinigten BRD – die nach Europa wolle, um mit einem total gewordenen „Sinn und Sein und Zeitbedürfnis" Heideggers Zipfelmütze über dem Staatenbund zu hissen, den „Keller voller Leichen" (in den Jahren des Erscheinens von *Ich-Maschine* und *L'etat et moi* fackelten Neo-Nazis Häuser nieder und töteten Menschen, es änderte sich nichts: „ein neues Haus, das alte, Heimat, bleibt bei der Stange stehen in alter Tradition, kommt ohne wegzugehen an" – folgt also auf das Verdikt die Psychologisierung als „menschlich Allzumenschliches", das die kämpferische Betroffenheit des lyrischen Ich als größenwahnsinnigen Spleen relativiert und mit dem ironischen ‚Therapiesprech' („ich hab da gestern wieder ein Problem gehabt") in eine Ambivalenz, in eine Kipp-Figur überführt (wie in „Superstarfighter" formuliert: „[Meine Stimme] begrenzt die Stille / beschreibt Schleifen / sorgt für Klänge auf der Kippe / die aus den letzten Löchern pfeifen").

Ist Politik so verstanden als das Politische ästhetisch, kann auch die Ästhetik ein Rettungsanker im Sozialen werden, Ausgangspunkt für den „Akt meiner Revolte": „sich selbst im Schönen im Unendlichen zu heilen" ist, als „Single des Monats" (Song „Anderes Ich" auf der Single *Traum:2*) und von allen guten Geistern, ja von Gott (er zieht als „Voyager durch's All") verlassen, das sprichwörtliche Pfeifen im Walde, das Gebet des Subjekts im romantischen Gottesdienst der

Kunst. Das so bezeichnete Feld des Schönen ist die Welt des Lichts, des Erleuchtetseins, der Ich-Epiphanien im emphatischen Erleben, der Farben, die sich über viele Songs verteilt findet: „out of the blue denkt alles strahlend durch mich durch" heißt es in „L'etat e moi", vom „Schimmern in Deinen Farben" in „2 oder 3 Dinge, die ich von Dir weiß" (eine Godard-Filmtitel-Anverwandlung) wurde schon gesprochen, in der nächsten Strophe des gleichen Songs wandern „auch unsere Worte" wie „das Gelb", in „Walkie, Talkie" schließlich ist die gesamte Szenerie in Farben getaucht, die Träger von Eigenschaften sind, verfließen können und das „schwarze Haupt" des lyrischen Ichs bunt machen sollen (es handelt sich hier wohl um eine Bezugnahme auf Herbert Achternbuschs Film *Am Ende*).

Es ist die Opposition zwischen Hell und Dunkel, Hoffnung und Verzweiflung, die im Modus der Farbigkeit den Unterschied zwischen dem möglichen Außen der freien Sinneswahrnehmung und dem Inneren der „Ich-Machine", die durch das politische Außen der gefühlten Repression strukturiert ist, benennt. Indem diese „Innenwelt der Außenwelt der Innenwelt" (Handke) ans Licht kommt, gerät „meine Welt aus ihren Fugen", kann sich das lyrische Ich „ins Blaue rein" synthetisch herstellen – nicht analytisch, wie die gesamte andere Textbewegung in der Dekonstruktion von Sinn, sondern eben verbindend, als Teil eines Flows, bis alles „strahlend durch mich durch [denkt]": „Nur ein Bruchteil aus Aktion / bin ich ein Bild auf das ich blicke / mir von mir mache und in das ich mich selbst schicke / in die Versenkung und erhebe mich durch sie / meine Welt aus ihren Angeln / so gerät alles aus den Fugen in Bewegung / Angel! inzwischen Tür und Angel stell ich mich ins Blaue rein / synthetisch her, ein blasser Schimmer / out of the blue denkt alles strahlend durch mich durch / zu dumm denk ich daß ich wie ausgerechnet immer / wo alles klar scheint nichts zum Schreiben bei mir hab."

Natürlich – es wäre keine Epiphanie, die sich der Repräsentation entzieht – hat der Sprecher in diesem Moment, in dem „alles klar scheint", „nichts zum Schreiben bei mir". Dass auch diese Verzückung nur ein Konstrukt ist, die Simulation einer Einheit, wird der Emphase dabei allerdings unmittelbar vorausgestellt: Es ist *ein Bild*, „auf das ich blicke / mir von mir mache und in das ich mich selbst schicke", eine Kunstreligion des Individuums (des Ungeteilten/Unteilbaren), die das Heilige als Schwelle („Angel! inzwischen Tür und Angel"), über die man selbst gehen muss, und das Universum als Schnittstelle von Bahnen definiert, auf die gesetzt sich das Ich „zur Mitte hin" enthüllt und „ins Offene" verdrängt wird. Das Schöne erscheint als Event des Aufblitzens eines anderes Ichs, das als „Star" (der die Götter als Unantastbare auf Erden ersetzt hat, ein ‚Stern', der vom Himmel fiel) aus jedem Rahmen fallen kann, sich wie „ein Blitz" entzieht, um schließlich, am Endpunkt der regressiven Logik der Ich-Überwindung, „von der Bildfläche" zu verschwinden – kein Gegenstand, kein Blickfang, kein Kulturträger, kein Staatenangehöriger mehr.

Diesseits der Schwelle fühlt das Ich allerdings „nur noch eigene Impulse", ein autopoietisch verlötetes Erregungsmodul („als Nervenbündel kurzgeschlossen"), ist es die „Ich-Maschine" Blumfeld, die als Junggesellen-Relais zwischen Diskurs und E-Gitarre fortan „Stromfeld" hieß und, im solipsistischen Zustand einer Gefangenschaft „im Reich der Zeichen" (Barthes), unter „Lichtzwang" im Dunkeln weitermacht und die Gedanken und Gefühle preisgibt an ein feindlich codiertes Außen, „als ob nichts gewesen wäre": *Sing Sing*, ein Lebensmotto als Name des berühmten New Yorker Gefängnisses.

3. Lyrics als Literatur – Jochen und die Diskurse

Die hier skizzierte Textwelt, die zunächst Sprachperformance ist, lässt sich mit einem Schlüsselkonzept der Literaturwissenschaft der letzten Jahrzehnte treffend beschreiben. Die poststrukturalistischen Intertextualitätskonzepte in der Kristeva- und Derrida-Nachfolge haben den Autor bekanntlich als einen „Schnittpunkt von Diskursen" und die „intertextuelle Verfassung der kulturell codierten Wirklichkeit" als ambivalentes Doppel aus „repressive[r] Repetititon" und „subversive[r] Differenz" beschrieben: „Einerseits gleicht sie als allumfassendes Reservoir ideologischer Diskurse einem Gedankengefängnis, andererseits unterläuft sie wegen der Unkontrollierbarkeit diskursiven Sinns jede ideologische Fixierung." (Martínez 1996, 442) Das analysierte Prosagedicht „Mein Vorgehen" bildet diese Spannung über seine ganze Länge pointenreich, emphatisch und poetisch ab, ohne sich um die vermeintliche Kluft zwischen Literatur und Pop zu kümmern, denn „Pop" im eigentlichen Sinne – vor seiner Kommerzialisierung in den 1980er und 1990er Jahre – arbeitete, wie Diedrich Diederichsen herausstellte, an einer ähnlichen Ambivalenz, wenn er zwischen der Affirmation und der Subversion der Oberflächen oszillierte (vgl. 1999, 45–46).

Es ist dabei die auffällige Besonderheit von Blumfeld im Kreis der „Hamburger Schule" der 1990er Jahre, dass sie über das mal ironische, mal subversive Spiel mit Signifikanten (als Beispiel für Ersteres Tocotronic: „Nach der verlorenen Zeit", für die Subversion: „Er ist der Universal Tellerwäscher in den Studios", Die Sterne, auf: *In echt*) hinaus nahezu immer die Effekte der Diskurse untersuchte, also mit musikalisch-poetischen Mitteln zu ergründen versuchte, was „Diskurs-Rock" als eine (selbst-)kritische Arbeit im Archiv der Gegenwart im Hinblick auf die Fabrikation von neoliberaler Subjektivität, kultureller Textualität und politischer Identität zu leisten vermag. Das exzessive Zitieren über alle U-/E-Grenzen hinweg (von Beckenbauer bis Brandt, Che Guevara bis Dietrich, Fassbinder bis Mey, von Schiller bis Steeger) ist dabei nicht nur Geste, sondern potenzierende Praxis, wenn die Versatzstücke neu verbunden und um den Ich-/Eigen-Sinn geschlungen werden: So macht der vorgeschaltete Satz „Wenn ich schon immer nichts mit was drumrum gewesen war" aus Steegers *Klimbim*-Klamauk „dann mach' ich mir 'n Schlitz ins Kleid und find es wunderbar" die knappest mögliche Definition für Sex/Gender-Differenz und die soziale Konstruktion von Geschlecht – und es geht bei Blumfeld ja immer um „Eine eigene Geschichte" (Lied fünf auf *L'etat et moi*). Gewendet auf Strategien der Pop-Literatur (vgl. Baßler 2002, Schumacher 2003, Frank 2011) könnte man sagen, dass es sich um ein Montage-Verfahren (eben: „Mein Vorgehen") handelt, das im aneignenden Sammeln, Sampeln und Mixen eine *poetische* Neusortierung vornimmt und diese wiederum reflektiert.

Der oben kurz beschriebene Deutschland-Diskurs kann dafür ein Beispiel sein. Über drei Strophen wird eine politische Einschätzung/Einstellung zu Deutschland und Europa, die Anfang der 1990er Jahre durchaus präsenter Teil der Debatten war, mit Bezug auf so heterogene Quellen wie Markus, Nietzsche und Heidegger in einer Sprecher-Konstellation arrangiert, die ein diabolisches Gespräch über die Wurzeln nationaler Identität („das deutsche Haus') inszeniert und dabei ein eigenes Bild für die Gemeinschaft als „Imagined Community" (Benedict Anderson) entwirft, wenn das Land bei Distelmeyer „im Kopfstand Deine Schächte wie in Lüfte" gräbt, um aus „Heimat, Blut und Boden" einen Himmel zu konstruieren. Die fatalen Konsequenzen eines solchen Konstrukts „Wolken. Heim", das Elfriede Jelinek wiederum als Montage zum Verhältnis von idealisierter Kulturnation und Endlösung beschrieb, werden mit dem Begriff „totales Sinn und Sein und Zeitbedürfnis" als Widerstand in die Nachwendezeit importiert, um dort als Punkt der Abkehr des lyrischen Ichs zu fungieren, das sich mit Bezug auf Right said Fred popkulturell aus dem perhorreszierten Vernichtungs- und Verdrängungszusammenhang hinaussprengt, so wie es sich zuvor aus der ersten Natur „with a groove" bewegt hatte: „I killed nature with a groove / als ich mich gestern aus ihr sprengte / mit einem grellen blinden Fleck / den Blick an die für ihn bestimmte Stelle lenkte / die ihm als wasserstoff gebleichtes Haar / als lichter Punkt entgegensieht / und wie ein Star der aus dem Rahmen fällt / ein Blitz der sich entzieht nach vorne raus / und von der Bildfläche verschwindet."

Die besondere Spannung bei dieser Montage entsteht dabei, wie schon angedeutet, aus der Verbindung von Mündlichkeit und Schriftlichkeit. Der Rezipient hört die Stimme von Jochen Distelmeyer und liest nebenbei oder hinterher „Lyrics als Literatur" (→ 3.5 HUBER), wie ich das hier getan habe. Authentifiziert aber nicht die einer natürlichen Person zugeordnete Stimme auf einer Indie-Rock/Pop-CD das Gesagte als persönliche Meinung, als gelebte Erfahrung, mithin als authentisches Zeugnis, das in seiner Präsenz doch so verweisend, nachträglich und aufschiebend, wie es die Theorien zu Schrift, Diskurs und Intertextualität behaupten, nicht sein kann? In der Tat rührt ein Großteil der Bewunderung nicht nur der Fan-Gemeinde von „Jochen", wie es etwa auf einer Band-Homepage immer nur heißt, daher, dass hier ein junger Mann auf der Bühne stand (und als Solo-Artist weiter steht), durch den ‚es' gleichsam hindurch spricht – ‚Er', „Jochen", war all' diese Diskurse. Und es ist im Hinblick auf meine Überlegung, dass es Blumfeld speziell um die diskursiven Effekte der mehr oder weniger alltäglichen, mehr oder weniger hoch- oder popkulturellen „Monumente" (Foucault) ging, exakt diese Konstellation aus sprunghaftem Text-„Vorgehen", Montage-Artifizialität und „Ich-Maschine" als Großmetapher der Subjektproduktion einerseits sowie präsentischem Sprechen, Authentizität und Indie-Rock-(Star)-Performance andererseits, die für die Erkundung von „Literatur und Pop" hier so interessant ist.

4. Das Pop-Problem wird reflexiv

Denn diese findet nicht zuletzt unter Marktbedingungen statt, bei denen Neuigkeitswert, Event-Potenzial, Star-Faktor und klares Profil unerlässlich sind. In genau diesem Sinne war der Aufschrei der 1990er Jahre, als es „Rawums" gemacht hat (Hielscher 2000), auch ein Aufschrei des Hardcover-Establishments gegen die Schmissigkeit einer Anzug-Ästhetik, mit der die neuen Gesichter der Pop-Literatur die Lesercharts stürmten (vgl. hierzu und im Folgenden Frank 2011). Das Bestreben dieser in sich sehr heterogenen Texte, näher an die Wirklichkeit zu kommen, hatte eine stark medial-performative Komponente, die für die Polemiker nichts weiter als eine PR-Aktion der „Zwei von Peek & Cloppenburg" war (Kracht, Stuckrad-Barre): keine Literatur, nur Konsumoberfläche – was natürlich genau die Pointe von Pop war, gerade dieses Alltägliche für wichtig zu halten, wenngleich sich bei all dem souveränen Lächeln angesichts der entrüsteten Kritiker doch die Frage stellte, ob Pop als reine Affirmation noch Pop ist oder ob der Begriff damit nicht sinnlos geworden war. Es ging also für einen emphatischen Pop-Begriff – und wo wäre der zu finden, wenn nicht in der Musik? – um eine Neudefinition von ‚anders als Mainstream' (vgl. Holert und Terkessidis 1996). Dieses Problem ließ sich so reformulieren, dass man der Selbstgenügsamkeit des affirmativ-kommerziellen Pop andere Verweisstrukturen geben musste, auch wenn diese nicht mehr emanzipativ als Verlangen nach Gehör (klassisch: The Style Council „Shout to the top") und Partizipation einer Subkultur/Lebenswelt zu denken waren (Büsser 2000, 15). Blumfelds ‚Lösung' dieses Problems zumindest auf *L'etat et moi* ist nur auf den ersten Blick die altbekannte Re-Inszenierung einer Peer-Group, die anders ist und anders sein will: „wir sind politisch und sexuell anders denkend" (aus dem Song „Jet Set"). Auch wenn ferner die ‚schulbildende' Einbeziehung von Dirk von Lotzow mit „Ich möchte Teil einer Jugendbewegung sein" (im Song „Sing Sing") oberflächlich in die gleiche Richtung zu gehen scheint, so zeigt doch die Rahmung des Zitats bei Blumfeld die Retro-Naivität einer solchen Haltung: Das ‚Ich' in „Sing Sing" äußert sie allein unter Druck, aus Gewohnheit, obwohl es gar nicht mehr daran glaubt. Es geht nicht um die Suche nach einem neuen Subjekt der Revolte (das etwa die Goldenen Zitronen immer und immer wieder zu konstruieren versuchen), sondern um die Klärung der Bedingungen der Möglichkeit dieser Suche, kürzer und poetischer: um „ein Feld von einer Möglichkeit von dir" (aus: „Sing Sing"). *L'etat et moi* umkreist unablässig die Subjekt-Effekte, den die Diskurse auf das ‚Ich' haben mit der Frage, was damit unmöglich oder eventuell auch gerade möglich gemacht wird – der für das emphatische Pop-Konzept begrifflich notwendige Verweis auf etwas anderes wird hier zurückgewendet als breit gelisteter, poetisch verdichteter und musikalisch abgerockter Verweis auf das, was die Oberfläche da eigentlich in den Tiefen der Individuen anrichtet und wie es um die Spannung zwischen beiden steht. Mit anderen Worten: Das Pop-Problem wird bei Blumfeld reflexiv.

Das schlagende Beispiel dafür ist natürlich der siebte Song, „Ich – wie es wirklich war", der die genealogische Kraft der Normierung in dem Wortspiel *„im* Rückstand gegenüber der Moral der Geschichte sein" und *„ein* Rückstand der Moral der Geschichte sein" genial verdichtet. Auch dieser Song spielt durchgängig mit der Spannung zwischen Gesang und Text, wenn zwar der Ort, an dem das Ich sich „beherrscht", die „Lieder" sind, weil sie „zum ersten Bild" zurückführen", aber der „Text" als der Ort bezeichnet wird, der bezwungen und eingenommen werden muss, um „andere Reime auf die Geschichte" überhaupt erst möglich zu machen. Noch einmal: Die Lieder, der Gesang, die Stimme als Schauplatz der Präsenz, „durch die das Subjekt vermöge des unauflöslichen Systems des Sich-im-Sprechen-Vernehmens sich selbst affiziert und sich im Element der Idealität auf sich selbst bezieht" (Derrida 1974, 26) einerseits, die Schrift, der Diskurs, der Intertext als Ort der Dekonstruktion, die zwischen Ideologie und Utopie schwankt, andererseits. Die Performance, die *L'etat et moi* ist, zeigt Blumfeld als Pop gewordene Literatur zwischen beiden. Es ist der Junggeselle, das prototypische In-Dividuum, das bei sich bleiben will auch angesichts all der deterritorialisiernden Kräfte, in die es – wissentlich – eingespannt ist (vgl. Deleuze und Guattari 1976, 98; Metelmann 2002, 30–31). Diese textlich hoch artifizielle Diskursarchitektur kleidet Jochen Distelmeyer stimmlich und mit seiner Band musikalisch in das Gewand der authentischen Indie-Rockstar-Präsenz („Jochiboy", „Jochen" etc.), der für andere sprechen kann, weil er nur über sich selbst redet – woran das lyrische Ich auch auf *L'etat et moi* manchmal noch leidet („und ich sagte: bitte hilf mir / vergiß die Lieder die ich spiel / die hatten nie etwas zu tun mit mir"), aber der Singer/Songwriter Distelmeyer stellt die Pointe ganz ohne Leiden lustvoll ans Ende des

Songs: „‚…die sind so hohl wie ich und darauf Du: ‚Und davon handeln wir'" (im Chor gesungen).

Was heißt das nun für das Verhältnis von „Literatur & Pop"? In einem Gespräch mit Eckhard Schumacher hat Thomas Meinecke „Pop" als „Sich-Verlassen auf die Gegenwart" definiert und auf die Rückfrage, ob das in der Musik oder der Pop Art nicht einfacher sei als in den Texten, geantwortet, dass man prinzipiell auch in der Literatur trotz der stilistisch geringeren Flexibilität der Rezipienten „schnell denken und schreiben" und einen „nicht-nostalgischen Umgang mit den issues" pflegen könne (Schumacher 2000, 19). Blumfeld haben (vor allem) mit *L'etat et moi* diese Konstellation von Vertrauen, Gegenwart und Geschwindigkeit an der Schnittstelle von Literatur und Pop prototypisch bestimmt, denn die Band verschaltete zu Bildern umgeformte Diskurs-Partikel mit musikalischer Eingängigkeit und brachte über die Präsenz der Stimme auch Formulierungen zum Tanzen, die, wie Martin Büsser im vorangestellten Motto urteilte, in der Lyrik-Sparte bei Suhrkamp hätten stehen können. Ging es in den Debatten der 1990er Jahre – wie auch schon in den 1960er Jahren in Enzensbergers Problem mit der von Brinkmann behaupteten Signifikanz der Titten einer 19-Jährigen – vor allem um die Relevanz des Beschriebenen, mithin um das Deutungsmonopol im Hinblick auf kulturelle Prozesse, so überraschte Blumfeld mit der Ansage, dass die eigentlich spannende Verhandlung der Ideen der Gegenwart nicht in Uni-Seminaren, Feuilletons oder Romanen stattfindet, sondern in Pop-Songs: Die Synthesedichte war einfach höher und der Takt ein bisschen schneller. Hielten das auch manche für prätentiös und verquast, so kann doch die von Distelmeyer maßgeblich mitgeprägte Kunstform des „Diskurs-Rock" als ein Paradigma der Konstellation „Literatur & Pop" gelten. Ist Literatur heuristisch als sprachbewusste, stilistisch versierte Adressierung der Einbildungskraft des Lesers durch Texte zu fassen und Pop als das innovativ-ironische Spiel mit dem Begehren nach authentischem Begehren, dann war *L'etat et moi* die Kippfigur, die beide mit Gleichstrom einmal durch den „Verstärker" gejagt und so das Zeitliche der Zeichen im Diskurs-Sampling musikalisch gesegnet hat.

Blumfeld: „L'etat et moi (Mein Vorgehen in 4, 5 Sätzen)". *L'etat et moi*. ZickZack, 1994.

Literaturverzeichnis

Baßler, Moritz. *Der deutsche Pop-Roman. Die neuen Archivisten*. München: C.H. Beck, 2002.
Baßler, Moritz, Walter Gödden, Jochen Grywatsch und Christina Riesenweber (Hrsg.). *Stadt. Land.Pop. Popmusik zwischen westfälischer Provinz und Hamburger Schule*. Bielefeld: Aisthesis, 2008.
Blumfeld. *Traum:2 [7"-Single, A: Verstärker; B: Anderes Ich]*. ZickZack, 1992.

Blumfeld. *Ich-Maschine*. Whats So Funny About, 1992.
Blumfeld. *Old Nobody*. Rough Trade, 1999.
Büsser, Martin. „Die Sprechweisen der Popkultur. Zum Problem der Vermittelbarkeit". Kritische Ausgabe. *Zeitschrift für Germanistik & Literatur* 4.1 (2000), Themenschwerpunkt „Popliteratur": 12–15 [Abdruck eines Vortrags aus dem Jahr 1999].
Deleuze, Gilles, und Felix Guattari. *Kafka. Für eine kleine Literatur*. Frankfurt am Main: Suhrkamp, 1976.
Derrida, Jacques. *Grammatologie*. Frankfurt am Main: Suhrkamp, 1974.
Diederichsen, Diedrich. *Der lange Weg nach Mitte. Der Sound und die Stadt*. Köln: Kiepenheuer & Witsch, 1999.
Frank, Dirk. „‚Literatur aus den reichen Ländern'. Ein Rückblick auf die Popliteratur der 1990er Jahre". *Poetik der Oberfläche. Die deutschsprachige Popliteratur der 1990er Jahre*. Hrsg. von Olaf Grabienski, Till Huber und Jan-Noël Thon. Berlin und Boston: De Gruyter 2011, 27–52.
Die Goldenen Zitronen. *Das bisschen Totschlag*. Sub-Up-Records, 1994.
Hielscher, Martin. „Und es hat Rawums gemacht. Goldene Zeiten für Literatur (XII)". *taz* 29. Juli 2000. 11.
Holert, Tom, und Mark Terkessidis (Hrsg.). *Mainstream der Minderheiten*. Berlin: ID-Verlag, 1996.
Martínez, Matías. „Dialogizität, Intertextualität, Gedächtnis". *Grundzüge der Literaturwissenschaft*. Hrsg. von Heinz Ludwig Arnold und Heinrich Detering. München: dtv, 1996. 430–445.
Metelmann, Jörg. „Blumfeld. Ein Dispositiv, in Musik gebadet". *figurationen* 3.1 (2002): 29–46.
Schumacher, Eckhard. „Pop, Literatur. Ein Gespräch mit Thomas Meinecke". Kritische Ausgabe. *Zeitschrift für Germanistik & Literatur* 4.1 (2000), Themenschwerpunkt „Popliteratur": 19–20.
Schumacher, Eckhard. *Gerade Eben Jetzt. Schreibweisen der Gegenwart*. Frankfurt am Main: Suhrkamp, 2003.
Skyeyeliner: Zitatmaschine. *Weblog*. http://skyeyeliner.endorphin.ch/zitatmasch.html. [Seite nicht mehr verfügbar.]
Die Sterne. *In echt*. L'Age D'Or, 1994.
Tocotronic. *Nach der verlorenen Zeit*. L'Age D'Or, 1995.

4.11 Max Goldt: Titanic-Kolumnen
Patrick Hohlweck

1. „Der aufblasbare Schrei meiner Altstadt" (1995)

„Eine verläßliche Quelle des Mißvergnügens", findet Max Goldt, im Februar 1995 beim Satiremagazin *Titanic* zuständig für *Informationen für Erwachsene*, sei es, „in einer fremden Stadt unterwegs zu sein und jemanden nach dem Weg fragen zu müssen." Der im beiläufigen Plauderton gehaltene Einstieg verschärft sich umgehend zu einer Taxonomie der bei der umsichtig zu treffenden „Wahl der Auskunftgeber" in Frage kommenden Passanten: „Paare" schieden, wegen ihrer grundsätzlichen Tendenz, sich „wegen des Weges in die Wolle zu kriegen", ebenso aus wie „[a]lte Leute" mit „oft zuviel Zeit", die „einem auch um die Ecke liegende Straßen so umständlich [erklärten], dass man meine, man müsse eine Expeditionsausrüstung und einen Sherpa mieten, bevor man sich auf den Weg macht." Seiner Erfahrung nach wüssten zudem, und hierin kulminiert die Reihe, „99 % aller Unter-16jährigen nicht den Namen der Stadt, in der sie wohnen, oder aber sie fühlen sich von der Erkenntnis, dass es Menschen gibt, die nicht wissen, wo der Franz-Hartmann-Weg in Hildesheim-Drispenstedt genau liegt, dermaßen überrumpelt, dass es ihnen die Zunge lähmt." Der Satz bedient sich einer Präzision suggerierenden Semantik, dynamisiert aber die Feststellung in einer absurden Übersteigerung, die schließlich in der Observation mündet, die den Vermutungen zugrunde lag: „Sie glotzen nur apathisch." (42) Diese für Goldt typische „Konstruktion absurder Szenarien" (Baßler 2002, 18) im Ton des vollkommenen Ernstes bleibt angebunden an eine Beschreibung textexterner Wirklichkeit, die auf ein allgemein zugängliches Weltwissen rekurriert – die Erwartungen, die an dieses Weltwissen gebunden sind, etwa gängige Handlungsmuster oder Routinen des Alltags, erscheinen aber je nur als enttäuschte oder nicht einzulösende.

Worum geht es in „Der aufblasbare Schrei meiner Altstadt", dem Text Goldts aus der Februar-Ausgabe 1995? Das auf der Doppelseite geschilderte Geschehen ist schnell umrissen, ohne dass sich für den Diskurs oder die Poetik des Textes daraus Konsequenzen ergäben. Es wird festgestellt, dass es im Straßenverkehr bisweilen „[n]och unangenehmer" sei, „selber um Auskunft angegangen zu werden", und es werden die unterschiedlichen Möglichkeiten der Reaktion auf das behelligende Angesprochenwerden durchgespielt. Häufigstes Ziel der in Berlin Auskunftsersuchenden sei das „pathetische Gebälk" des Brandenburger Tors und über die vergeblichen Versuche des Berliner Senats, dieses „ausgelaugteste Symbol der Welt" auf „Weltstadtniveau" zu präsentieren, gelangt der Erzähler zur „Plage" der Garnitur von Salaten mit Formschinken, schließlich von der Weltkulturerbe-Liste der UNESCO zu Edvard Munchs *Der Schrei*, den es „in amerikanischen Museums-Shops in aufblasbarer Form zu kaufen" (42–43) gebe: Es ist nicht möglich, Goldts „emphatisch nichtnarrativ[e]" (Kehlmann 2009, 34) Essays auf einen Punkt zu bringen, ohne ihnen Gewalt anzutun. Denn dass sich Goldts Texte „assoziativ in Bemerkungen und Beobachtungen" (Schütz 1995, 117) verlieren, dass sie den Exkurs gegenüber der gedanklichen oder, in einem engen Sinn: narrativen Konsistenz privilegieren, ist ebenso ihr Markenzeichen wie es Ergebnis eines strengen kompositorischen Kalküls ist.

„Die Seele ist für einen Bürger Deutschlands das, was für eine Stadt die Fußgängerzone ist. Tagsüber boomt das Geschäft, aber nach Ladenschluß torkeln nur noch Zerzauste umher." (43) Wo Goldt bisweilen auch konventionelle Formen des Witzes nicht scheut, weiß er diese sofort im Dienst des Textes anschlussfähig zu machen. Goldts Komik kostet so die Diskrepanz zwischen dem „Vorstellungskontrast" und dem „Zergehen einer Erwartung" (Freud 1940 [1905], 248) aus, die sich zwischen den unterschiedlichen stilistischen Modi, die sein Erzählen organisieren, und der beschriebenen Welt ununterbrochen auftut. Diese Ebenen der Goldtschen Textarchitektur gewähren die Fallhöhe, die ihre Komik ermöglichen. Die Inszenierung seiner assoziativen Fügungen zeichnet dabei aus, dass sie, wie auch seine ausgiebige Vortragstätigkeit, „ihre Inszenierungsleistung während der Inszenierung beobachte[t]" und diese unterläuft (Porombka 2007, 228) – die Texte sind, unter Aufbietung größter stilistischer Souveränität, im Modus der Selbstreferenz um sich selbst angeordnet (Bachmann 2015). Dieses „Drehen um die eigene Achse" (Schäfer 1995, 46), das Abgleiten, das seine kleinteiligen Beobachtungen beschreiben, ist als solches durchaus in seiner Bewegungssemantik ernst zu nehmen: Die zentrifugale Bewegung der Goldtschen Texte bezeichnet, ebenso wie ihr Schlingern, einen Prozess. Goldts komische Literatur, ihr Gelingen, ist auch deshalb eng mit Fragen der Performanz verbunden: „Nicht zufällig, daß viele davon ihren besonderen Reiz erst richtig entfalten, wenn man sie hört" (Schütz 1995, 117).

Bedingung der „Beobachtung der Beobachtung" (Geer 2012, 179) in Goldts Poetik ist eine narrative wie kontextuelle Verbürgung durch das Autor-Ich. Dieses ‚Ich' ist Ausgangspunkt und Ort seiner Schreibweise: Goldts sprachliche Mittel und seine Beobachtungspraxis nehmen die stratifizierenden Kräfte, die auf dem kulturellen Feld, auf dem sie sich bewegen, Zuständigkeitsbereiche und Verfügbarkeiten zuweisen, es in Hoch-, Unterhaltungs-, Alltags- oder Sprachkultur unterteilen, zwar wahr – setzen sich in ihrem destratifizierenden Kalkül aber über sie hinweg und stellen sie als obsolet aus. Als problematisch gilt nicht mehr die Bestimmung dieses „Wissenspool[s]" (Geer 2012, 184), sondern seine Erzählbarkeit; und tatsächlich organisiert Goldts Textverfahren die als gegeben vorausgesetzte Verfügbarkeit dieses Wissens – „Guck im Lexikon nach [...]" (Goldt 2002, 25) – ausschließlich im Hinblick auf die Stimmigkeit des eigenen Textes. Dabei mündet das Verfahren der Beobachtung stets in Modellierungen des ‚Ichs', das sich in Bezug auf die Kultur formuliert, sich von ihr herschreibt, sich aber ebenso demonstrativ von ihr distanziert, wie es sich einem ‚Wir' verweigert, das etwa als Signatur und Strategie der deutschsprachigen Pop-Literatur der neunziger Jahre Geltung beanspruchen kann.

Häufigstes Mittel der Aktivierung dieses ‚Ichs' ist die Anekdote, hier etwa die Erinnerung an einen „motorisierte[n] Fragesteller", der nach dem Weg zum Schloß Schönbrunn fragte, um auf die Entgegnung, dies befinde sich nicht in Berlin, sondern in Wien, und er meine wohl das Schloß Charlottenburg, bloß „etwas von der sprichwörtlichen Unfreundlichkeit der Berliner zischelte und undankbar davonbrauste". Doch der Ton der harmlosen, man ist geneigt zu sagen: uninteressanten Causerie wird in seiner vehementen Selbstbehauptung in letzter Konsequenz problematisch: Denn Goldts ‚Ich' ist nicht gebunden außerhalb eines Repertoires von Bildern und Stereotypen, deren Erzähl- und Sichtbarkeit auf ein starkes ‚Ich' angewiesen ist, die dieses – als textuelle Instanz – jedoch selbst zuallererst hervorbringen: „Wenn ich nicht wüßte, dass man seinen Erinnerungen nur bedingt trauen kann, würde ich sagen, dass meine Kindheit überwiegend von uralten, unentwegt Zigarren schmauchenden Männern mit Kriegsverletzungen und Urinflecken am Latz der grauen, weiten Opa-Hose sowie von Fleischerinnen mit wabbeligen, impfnarbenübersähten Oberarmen bevölkert war."

Dem korrespondiert die Ironisierung, die seine Beobachtungen färbt: „Noch mehr Weltstadtniveau hätte es", wird in Bezug auf eine trostlose „Leierkastenfrau" am Brandenburger Tor bemerkt, „wenn die Musikantin [...] Kindern eine Scheibe Mortadella gäbe, so wie es Fleischer machen, wenn Stammkunden vom Nachwuchs begleitet werden." Diese zutiefst bundesrepublikanische Szene tritt später in den Dienst der Selbstversicherung des ‚Ichs': „Ich muß [...] mal ein Kind gewesen sein, denn ich kann mich noch gut [...] an die leicht schleimigen Mortadellascheiben [erinnern], die mir von Fleischerfrauen in den gierig nach oben gereckten Mund gestopft wurden." (42–43) Nicht eine Explikation des Umstands, dass es eine intrikate Beziehung zwischen der Szene an der Fleischtheke und Zeichen der Kindheit zu geben scheint, wird hier wirksam, sondern die Referenz auf die vorliegende Erwähnung im Text, die als Beleg und als Erinnerung der Erinnerung zur Wiedervorlage kommt. Nochmal in Bezug auf die Funktionslogik ihrer Komik wäre dann auch an die interaktionsästhetische Anlage von Goldts Poetik zu denken: Die „permanente Parekbase" (Schlegel 1963 [1797], 85:668), als die ununterbrochene Unterbrechung einer Illusion von Konsistenz im aparté, wird ergänzt durch Goldts narrative Anlage, die auf der Digression und damit auf der Anwesenheit und Wirksamkeit des Erzählers insistiert.

Die „überaus sorgfältig" gearbeiteten, „manchmal bis ins Preziös-Umständliche stilisiert[en]" (Stanitzek 2011, 152) Texte Goldts sind, wie bemerkt wurde (Geer 2012, 181), luxuriös ausgestattet: „In gleicher Richtung" wie die Auszeichnung von Salat als „‚knackig'", die stets mangelnde Frische zu erkennen gebe, „interpretiere man ‚knusprig-krosse Croissants'. Solche Anpreisungen umgibt die Aura des Naturidentischen, des Emulgierten, Bestrahlten, Stabilisierten und Kennzeichnungspflichtigen." (43) Die Heranziehung unterschiedlich gebundener, hier chemischer und judizialer, Semantiken markiert ein lexikalisches Materialreichtum, das geeignet ist, die Bandbreite des eigenen Wissens und „der eigenen ästhetischen Sensibilität" (Geer 2012, 184) zu demonstrieren, dabei aber auch gleichzeitig die Positionierung in der Mitte eines Reservoirs kulturellen Wissens zu erkennen gibt. Diese Situierung wird eingerichtet mittels einer Arbeit an der Sprache und ihrer Buchstäblichkeit: Verzeichnet der Band Ä, der Goldts Titanic-Texte aus den Jahren 1995 und 1996 und damit auch „Der aufblasbare Schrei meiner Altstadt" versammelt, im Register einerseits Einträge wie „Reiber, Carolin" oder „Cocteau Twins", andererseits „Zwitschikus-Hunzelantinnen" und „Jahrtausendwenden-Nörgler" (Goldt 2004, 218–220), wird deutlich, dass den Horizont von Goldts Schreibweise das „Gewöhnlichste" (Mertens 2003, 199) ausmacht, dessen „Differenzqualität" (Ullmaier 2001, 90) er anhand der der Sprache „innewohnende[n] Frechheit" (Mauthner 1982 [1901], 86) zu kristallisieren sucht.

Goldts Umgang mit dem Zeichenmaterial des gegenwartskulturellen Gewirkes ist zugespitzt auf Klassifikationen und Bescheide; seine der Schreibbewegung korrespondierende Tätigkeit ist die des Sortierens im Modus des ‚es gibt': „In Esoterikotheken gibt es für 17 DM 50 ein Kräuterwasser, welches als ‚Aura-Dusche' bezeichnet wird". In Verbindung mit der sich anschließenden Erinnerung einer Anwendung der ‚Aura-Dusche' („Natürlich wirkte nichts, denn ich habe leider keine Aura", 43) wird die Verschriftlichung des mit Mündlichkeitssignalen (*siebzehn-Mark-fünfzig*) ausgestatteten anekdotischen Sortiments zur Registratur kulturellen Materials, das nur noch in der Gestalt sprachlicher Ereignisse denkbar ist. So ist die Kategorie, die den Modus von Goldts Schreibweise bildet, wie Moritz Baßler bemerkt hat (2002, 19), auch die des „‚Reden über'": „Es ist immer wieder schön zu hören, was die Leute zu erzählen haben." (43) Konstatiert wird dies jedoch nicht mit ideologiekritischem Anspruch, sondern als Entwurf einer Gegenwartsmitschrift, die in Gestalt „kulturanthropologische[r] Feinmalerei" (Rutschky 2003, 233) daherkommt: „Ich meine jetzt nicht ‚dem Volk aufs Maul schauen'. Dies ist ein fragwürdiges Tun, geschieht es doch meist entweder, um die Unverbildetheit ‚einfacher Menschen' zu idyllisieren oder in der Absicht, den Leuten reaktionäre Ansichten zu unterstellen." (43) Diese Aufmerksamkeit für die Oberflächeneffekte der Sprache im Bewusstsein der nicht tilgbaren Vermittlungsstruktur ist selbst als die Funktionslogik derjeniger sprachlicher Ereignisse lesbar, die zu dokumentieren anstehen. Die Positionierung des ‚Ichs' in Goldts Texten orientiert sich als Resonanz an den „Sprachspiele[n]" (Baßler 2002, 18) der Gegenwart und wäre ohne diese undenkbar.

Im Schatten dieser Fragen eröffnet sich dann eine weitere Dimension des hypertrophen ‚Ichs': Wie Erhard Schütz festgestellt hat, „redet" Goldt – wie Maxim Biller und Wiglaf Droste – „stets ausgiebig von sich, aber in [seinem] Ich steckt zugleich ein Man: So sollte man sein." (Schütz 1995, 108) Parallel zur Ironie zeigt sich ein ostentativ anachronistischer Sinn von und für Anstand und Dezenz, der sich in der Form der Verhaltensregel niederschlägt, als Haltung von Goldts Schreiben: Angesichts der Schwierigkeiten, die die Bewältigung des Lebens verursacht, erweise es sich als „[a]m besten [...], man bleibt daheim und festigt seine Sittlichkeit." (43) Diese Form der Maxime ist argwöhnisch bis emphatisch als Charakteristikum der Goldtschen Texte ausgemacht worden, ihr Protagonist als der „unaufdringlichste Moralist" (Kehlmann 2009, 34) einer „humanistisch substanziell" (Stanitzek 2011, 152) begriffenen Geisteshaltung ausgezeichnet. Diese Perspektive inszeniert die der kleinen Form inhärente „Mobilität" (Adorno 1958, 43) im Gegenlicht einer, der Form nach, unumstößlichen Solidität, deren Verankerung gegenüber der oberflächlichen und abrufbaren Wissenskultur, die thematisch Goldts Schreiben organisiert, eine Tiefenebene einzieht, die nicht mehr allen zugänglich erscheint, genauer: in seiner überwiegenden Idiosynkrasie niemand anderem als Goldts „munter drauflos räsonnierende[m]" (Baßler 2002, 20) ‚Ich'. Am Ende dieser Inszenierung steht dann ein Panorama der tadelswerten Geschmacksunsicherheiten, Unhöflichkeiten oder Zumutungen, die milde lächelnd, gütig, eben: onkelhaft registriert werden.

2. ‚Gegengegenkultur'

Der ursprüngliche Titel von Goldts Reihe *Aus Onkel Max' Kulturtagebuch* in der *Titanic* spielt auf ebenjenen Gestus an und designiert so ebenso die Lektüre wie der spätere Titel *Diese Kolumne hat vorübergehend keinen Namen*. Dieser ist nach Goldts Auskunft in der Hoffnung gewählt, „der Leser würde die Ironie erkennen, als [er sich] in den neunziger Jahren hin und wieder spaßeshalber als Kolumnisten bezeichnete" (Goldt 2009, 42): Die bisweilen auftretende Schwierigkeit, der sich die Beschäftigung mit Goldts Texten ausgesetzt sieht, liegt in der Enttäuschung ebenjener Hoffnung begründet. Der Protagonist einer „zwischen Journalistik und Belletristik changierende[n]" (Geer 2012, 180) Literatur hat nach eigenem Bekunden „kaum jemals in einem journalistischen Umfeld veröffentlicht" (Goldt 2009, 42), zudem „nie eine Kolumne geschrieben". Die ‚Ironie' der Kolumnenbezeichnung besteht nun darin, dass die Form der „Meinungsbeiträge in journalistischen Medien" (Goldt 2009, 41) und die ihnen korrespondierende Figur des kritischen Autorsubjekts von Goldt in einem ersten Schritt persifliert, in einem zweiten Schritt aber grundlegend dementiert wird – denn auch in jedem ‚Man', so ließe sich ergänzen, steckt bei Goldt ein ‚Ich': „Man sollte einfach mal hübsch horchen und nicht immer alles gleich einordnen und bewerten. [...] Ich muß nicht alles mit meiner Meinung besudeln." (Goldt 1995, 43) Wie Außler angemerkt hat, gibt es bei Goldt aber „keinen archimedischen Punkt, von dem aus die Stimme der Kritik sprechen, keine puristische Norm, [...] die ihr Telos sein könnte." Die narrative Anlage von Goldts Texten besteht darin, in einer paradoxen Bewegung diese ausbleibende Verankerung in den vehement formulierten Setzungen einer solchen stabilen Instanz – als Simulation, als Zitat – auszustellen und zu manifestieren. Der Text wird dann „unabschließbar" (Außler 2002, 20–21), nicht aber unsystematisch: Denn an die Stelle eines Schreibens über die Sprache, das einer solchen Überordnung bedürfte, tritt bei Goldt ein Schreiben aus der Sprache. Seine Texte sind Chroniken eines Lebens „von und in Texten" (Mertens 2003, 197), die sich die Ordnungsmöglichkeiten zu eigen machen, die das Material anbietet – so zeigen sich die Bedingungen von Goldts Schreibens sowohl in seiner Frequenz fixiert, ehemals dem monatlichen Erscheinen der *Titanic*, als auch seinem gegenwarts-alltäglichen Gehalt. Goldt ist „kein Jäger, sondern ein Sammler" (Außler 2002, 20), der, so ließe sich vielleicht zuspitzen, vor allem aus *field recording*s samplet, aus dezidiert nicht Kunstförmigem. Die von Goldt immer wieder aufgerufenen Kategorien des Stils, des Geschmacks, der Höflichkeit, seine Tendenz zur „alltagsethischen" (Stanitzek 2011, 151) Maxime, kurzum: das vage „Biedermeierliche[ ]" (Schütz 1995, 119) seiner Texte, ist Effekt, nicht aber Telos seines Schreibens.

Dabei ist Goldts Verfahren, das „Periphere und Ephemere" (Rutschky 2003, 233), die rituelle Kommunikation des Alltäglichen zu dokumentieren, nicht zu verwechseln mit einer ethnologischen Aufmerksamkeit für die „Exotik des Alltags" (Kracauer 1971 [1929], 11), die das Äußere als Äußeres, die Fremdheit als Fremdheit aus einer abgesicherten Binnenperspektive heraus anschriebe: Zu sehr im Einverständnis ist seine Schreibweise, zu gütig die Belehrung, die sich oftmals daran aufhängt. Seine Arbeit am Populären als dem „allgemein Zugängliche[n]" (Stäheli 2002, 75) besteht darin, es der archivarischen Ordnung seiner Prosa zu fügen, für die nicht mehr zwingend die Eigenschaften der beobachteten Objekte entscheidend sind. Entscheidend ist vielmehr die Neuanordnung der Phänomene in der Beobachtung, für die allerdings kein „different – [...] supplementary – set of standards" (Sontag 2001 [1964], 286) angeboten wird, sondern nur noch ihre kulturelle Valenz registriert sowie ihre Verwertbarkeit für den zu konfigurierenden Zusammenhang als die Produktivität für das „Gelingen des eigenen Textes"

(Baßler 2002, 20) ausgelotet. Hier wird der doppelte Boden des Goldtschen Schreibens sichtbar.

Denn dennoch, oder: gerade deshalb aktualisiert Goldt in seinen Texten ein genuin ‚Pop' zu nennendes, kritisches Potential im Zusammenhang mit der historiographischen Kategorie, die unter dem von Diedrich Diederichsen (2001) gegebenen Stichwort der „Gegengegenkultur" verhandelt wurde (Frank 2003; Rauen 2010, Geer 2012). Darunter wird der der „große[n] bürgerliche[n] Lockerungs- und Entdisziplinierungsrevolution" von „68" (Diederichsen 2001) folgende, vor allem ästhetisch wirksame Versuch der Neuformierung einer Protestkultur begriffen, die sich als Absetzbewegung gegenüber dem für „total scheiße" befundenen „gewaltlos Irgendwo-Hinsetzen[s]" (Teipel 2001, 74) der „Softies" der „Alternativszene" (Goetz 1983, 240) verstand: „Zurück zur U-Bahn / Zurück zum Beton", wie die Solinger Gruppe S.Y.P.H. auf ihrer 1980 erschienen Debüt-LP forderten. Diese Tendenz zur „*New Wave*-Politur" (Stanitzek 2011, 152) und damit zur, wie Moritz R®, Mitglied der Gruppe Der Plan und Mitbegründer des für die Neue Deutsche Welle zentralen Labels Ata Tak vermerkt hat, teils provokanten, teils „ironischen Überaffirmation" (Teipel 2001, 85) von jenen Zeichen und Verfahren, die von der mittlerweile institutionalisierten ‚Gegenkultur' abgelehnt wurden, wurde als konstitutiv für diejenige Neigung zur „Subversion durch Affirmation" (Holert 1999, 26) identifiziert, die in der „Ironic-Hell" (Bessing 1999, 144) der deutschsprachigen Pop-Literatur der neunziger Jahre schließlich als Sackgasse inszeniert wurde (Rauen 2010).

Goldt, Abkömmling einer solchen „Ästhetik der achtziger Jahre", scheint prädestiniert, angesichts seiner ostentativen Urteilsfreudigkeit als Vertreter der „Zynikerkultur" (Frank 2003, 222) zu gelten, deren Weg über die Negation der Negation geradewegs in die Affirmation einer einstmals zu verabschiedenden Mainstreamkultur samt ihrer Wert- und Geschmacksurteile führt. Dass das Zeichenspiel der ‚Gegengegenkultur' jedoch auch den Anklang einer „etwas weniger formallogische[n], dafür nicht minder plausible[n] Bedeutung" hat, die „darauf hinausläuft, dass die bezeichnete Generation doch auch etwas Eigenes hervorgebracht hat" (Frank 2003, 219), wird im Hinblick auf Goldts Schreiben deutlich. Die Stelle, an der in Goldts Poetik das „kritische[ ] Subjekt" (Geer 2012, 187) angeschrieben werden könnte, wird besetzt von einer mobilen Instanz, die innerhalb der Gegenwartskultur diese aufzeichnet, sortiert und je neu perspektiviert, die ihr Archiv verwaltet. Der Unterscheidung des Verschiedenen, so ließe sich mit Gilles Deleuze (1992, 281) argumentieren, zugrunde liegt jedoch „das, wodurch das Gegebene als Verschiedenes gegeben ist": die Differenz.

3. Differenzmaschine

Goldt inszeniert in seiner „‚supersophistication'" (Geer 2012, 179) eine elementare Operation, die die Geste der Distinktion nur je als Symptom einer ihr unterliegenden Differenz wirksam werden lässt, die als Name und Ort, kurz: als Topos dessen verstanden werden kann, was ‚Pop' ist. Vor dem Hintergrund von Goldts destratifizierender Poetik ließe sich Pop, „diejenige Form von kultureller Artikulation, in der ein umfassendes Set von Widersprüchen mit größtmöglicher affektiver Intensität und vergleichsweise hohem Publikumsbezug ausgetragen wird" (Höller 1996, 56), dann verstehen als strukturiert von Differenzen, die nicht mehr aufgespannt erscheinen zwischen Negation und Identität, sich also nicht mehr auf ein Identisches, dessen Anderes sie wären, beziehen, sondern nur noch in unterschiedlichen Anordnungen von Netzen, Zuordnungen und Verteilungen auf andere Differenzen: das Zeichenrepertoire von Goldts Texten also auf andere Zeichen *als* Zeichen. In der Logik einer „Welt der Trugbilder [simulacres]", deren Denken sich „dem Scheitern der Repräsentation wie dem Verlust der Identitäten" (Deleuze 1992, 11) verdankt, bleibt diese Differenz gegenüber einer Figur der Einheit als Struktur offen, und zwar insofern diese Einheit selbst differentiell – und das heißt auch: als „Verfahren der Inklusion" (Hahn und Werber 2004, 353) – organisiert ist. Eine solche Differenz der Differenz wäre Pop, und zwar als diejenige Differenz, die „das Differente versammelt" (Deleuze 1992, 275), also die kulturell wirksame Gesamtheit aller verfügbaren Zeichen, die – als Gesamtheit – nicht im Modus der Aussage einholbar wird, ohne sich ihrerseits wieder als Unterscheidung, als Ausschluss und Negation niederzuschlagen. So ist Pop, der „Geheimcode [...], der aber gleichzeitig für alle zugänglich ist" (Diederichsen 2013 [1996], 190), das je Mit-Gesagte, und zwar im Verhältnis zu sich selbst, genauer: zu den in Pop distribuierten Differenzen, die Signatur im Archiv. Zurecht hat man deshalb Goldts Texte „wohl zum Poppigsten, was man hierzulande lesen kann" (Mertens 2003, 199) zugehörig erklärt, da sie in ihrer heiteren Beiläufigkeit und dem Einsatz des trügerisch-emphatischen ‚Ichs' die Differenz thematisieren und ausstellen, die den Taxonomien des Pop vorgängig ist und so dessen kritisches Potential befragen. Goldts „Archivierungsmaschine" (Baßler 2002, 22) ist, so ließe sich mit einem Begriff Diederichsens sagen, eine „Differenzmaschine", allerdings nicht als Ausdruck einer „Fähigkeit zur vollständigen Negation" in distinguiertem Gestus, sondern als Agentur der „totale[n] Inklusion" (Diederichsen 1999, 81–82), die sich über und als Pop vermittelt.

4. Oberflächeneffekte

Wie alle Texte Goldts in der *Titanic* ist auch der Text von „Der aufblasbare Schrei meiner Altstadt" von einer Gruppe von Bildern begleitet. Goldt greift in der Mobilisierung des „visual idiom" (vgl Hebdige 1998 und Weingart 2003) des Pop auf Werbebilder, Schnappschüsse, Illustrationen, kurz: Akzidentien des Alltäglichen zurück, die von ihm mit Bildlegenden versehen und Texten zugeführt werden, zu denen sie nur selten in einem nachvollziehbaren oder illustrativen Verhältnis stehen. Ähnlich dem sprachlichen Material ist Merkmal des Bildmaterials häufig eine Kuriosität des Banalen, die sich erst einem zweiten Blick offenbart und die die Zugehörigkeit der Bilder zu Goldts kulturellem Fundus zwar offen zu Tage treten lässt, durch ihre Dekontextualisierung jedoch ins Komische wendet. Auch sie sind mobile Elemente der Differenzmaschinen: Ihre Zuordnung zum Text ist stets vorbehaltlich – häufig finden sich die Abbildungen samt Betextungen in den Buchausgaben seiner Texte gar nicht oder nicht in erkennbarer Zusammengehörigkeit mit den Magazintexten wieder, sind neu zugeordnet, in Bildteilen oder gar einem reinen ‚Bilderbuch' (*Gattin aus Holzabfällen. Mit Texten versehene Bilder*, 2010) versammelt. Jede dieser „Neurahmung[en]" (Hecken 2009, 302) produziert jeweils neue Oberflächeneffekte, die nicht mehr auf ein den aufeinandertreffenden Elementen zuzuordnendes semantisches Tiefpotential zurückgehen, sondern auf die Neuanordnung, die das autonom gewordene Material als solches beansprucht.

Dabei ist die den Bildern eigene Differenz, die als Kleberrest in Gestalt ihrer semantischen Lücke auf den Kontext oder die Narration verweisen, deren Teil sie einst waren, immer auch erkennbar. Eine der vier Abbildungen, die „Der aufblasbare Schrei meiner Altstadt" flankieren, zeigt zwei junge Frauen, in deren Hintergrund am linken Bildrand eine blaue Risskante zu sehen ist. Der Zuschnitt des Bildes verweist so auf einen sich dort fortsetzenden, größeren Kontext und macht es damit als Ausschnitt erkennbar, der im Kontext des Essays neu eingelesen wird. Die ausgerissene blaue Überlagerung am Rand lässt zwar noch eine im Ursprungsmedium (ein Jugendmagazin, ein Modekatalog, ein Prospekt der Friseurinnung?) mutmaßliche Schichtung und Tiefenstruktur erkennen, nivelliert diese jedoch im hier benutzten Ausschnitt.

Die abgebildeten Frauen verweisen zudem auf eine weitere Funktion der Bilder in Goldts Arbeiten: Indem die Bilder sowohl ihre Zugehörigkeit zum kulturell markierten Zeichenrepertoire als auch ihre ehemalige Eingebundenheit in – andere – mediale Zusammenhänge ausstellen, werden sie als historische Zeichen lesbar. Diese Eigenschaft tritt dadurch noch stärker hervor, dass die Auswahl der Bilder sehr häufig eine, wenn auch höchst divergente, Datierung aufweist. Während die Erzähltexte textintern – nur Eingeweihte erkennen die unterschiedlichen Wohn-

Gedanken moderner Museumswärterinnen. Die rechte: »Ich habe laut einem Bericht der ›Bunten‹ über ›Raves‹ eben 48 Stunden ununterbrochen getanzt, in meinen Haaren nistet der Schweiß von den Körpern Dutzender beinahe nackter Homosexueller, die 48 Stunden um mich herumtanzten, und jetzt fällt auch noch der Uhu um.« Die linke: »Den Staub einzuatmen, der aufgewirbelt wird, wenn ein Uhu umfällt, der 90 Jahre nicht abgestaubt wurde, das ›kommt‹ viel besser als all diese Designerdrogen aus polnischen Schmuddellabors, die ich laut der ›Bunten‹ 48 Stunden lang in mich reingeschaufelt habe.«

Abb. 1: Mit freundlicher Genehmigung von Max Goldt (1995, 43).

orte Goldts als teilweise Schauplätze einer jeweiligen Schaffensphase – kaum je datiert sind, sind die Bilder auffällig häufig historisch eindeutig zuzuordnen und rahmen damit den Text. So sind die beiden abgebildeten Frauen angesichts ihrer Frisuren und Kleidung eindeutig einem kulturellen Bildrepertoire der neunziger Jahre zuzuordnen. In der Bildlegende wird dann diese mediale Codierung in Verbindung mit einem zu dieser Zeit kurrenten Stereotyp der Technokultur zugeordnet und persifliert: Der Bezug auf den Bericht der *Bunten* über „‚Raves"", auf den sich die beiden „Museumswärterinnen" in ihrem Dialog beziehen, und dem zufolge sie nicht nur „48 Stunden ununterbrochen getanzt" und „Designerdrogen aus polnischen Schmuddellabors in [sich] reingeschaufelt" haben, sondern überdies den „Schweiß von den Körpern Dutzender beinahe nackter Homosexueller" in ihren Haaren tragen, persifliert zum einen die reißerische wie kenntnisarme Berichterstattung über diese Subkultur, persifliert zum anderen jedoch auch die Form der Bildunterschrift als solche: Anstatt eine Kommentarfunktion oder ein illustratives Verhältnis zwischen Bild und Text herzustellen, funktioniert die

Komik von Goldts Bildunterschriften über eine auch hier herausgestellte Differenz (Weingart 2003, 103, Anm. 53), die durch das Gegenüber der medialen Strategien und Ordnungen der eingesetzten Text- und Bildgenres und „eine[r] ins Absurde abdriftende[n] Selbstbezüglichkeit" (Geer 2012, 181) wirksam wird. Insofern doppelt Goldts Poetik der Bildlegende die narrative Anlage seiner Texte; die Bilder sind nicht Supplement oder nebengeordnetes Beiwerk der Texte, sondern lagern sich in deren Architektur ein und produzieren in gleicher Weise – komische – Differenzeffekte. Leben als der „*komplexe*[ ] *Bildzusammenhang*", den Rolf Dieter Brinkmann (1969, 8) im Vorwort zu *Silverscreen* festgestellt hatte, wird von Goldt im Hinblick auf seine Repräsentation, genauer: auf die Repräsentation als solche befragt. Seine Bildpolitik stellt einerseits die grundlegende Unterscheidung zwischen Text und Bild aus, wie sie aber andererseits zeigt, dass das Bild als das vermeintlich Andere des Textes im Hinblick auf ihrer beider Bezogenheit auf den kulturellen Fundus, als Zeichen des Zeichens, immer schon in ihm aufgeht: „[A]ll media are mixed media, and all representations are heterogeneous" (Mitchell 1994, 5). Diese Oberflächenästhetik ist Pop.

Die Konfiguration von Bildern und Text in Goldts Arbeiten wird zusätzlich kompliziert, wenn, wie hier, die Bildlegende in den Erzähltext eingreift. So wird in der Rede von den ‚Museumswärterinnen' auf eine Episode der Erzählung Bezug genommen, in der ein Besuch des Görlitzer Naturkundemuseums anlässlich des Umstands erwähnt wird, dass dort kurz zuvor der dort ausgestellte ausgestopfte Uhu umgefallen war. Damit ist das Stichwort für die abwegige Wendung in der Bildunterschrift gegeben, den 90 Jahre alten Staub eines umgefallenen Uhus einzuatmen, „‚komm[e]' viel besser" als besagte Designerdrogen. Der Uhu findet sich darüber hinaus im Kontext eines der anderen Bilder, die den Text begleiten: Eine farbige Zeichnung von zwei älteren Damen, deren Stil an Jugendbuchillustrationen der fünfziger und sechziger Jahre erinnert, begleitet von einem Dialog der beiden, der mit der Feststellung endet, dass, „[w]enn mehr Frauen bereit wären, politische Verantwortung zu tragen statt immer nur zu sagen ‚Unser Uhu ist umgefallen'", es „zwar nicht gerade weniger Krieg auf der Welt" gebe – „aber vielleicht würden nicht so viele Uhus umfallen." (Goldt 1995, 42) Der Text in seiner Gesamtheit wird durchzogen von einer Verweisstruktur, deren Elemente nicht mehr differenzierend wirksam werden, sondern selbst nur noch auf die den Text organisierende Differenz, als Leerstelle, verweisen. Die Unterscheidung zwischen Garamond- und Futuraschnitt, die im Verhältnis zwischen Erzähltext und Bildlegende unterschiedliche Funktionen suggerieren, aber in der Regel nicht einlösen, wird dann ebenfalls dafür genutzt, die mobile Anlage des Textes, seine fehlende Verankerung auszustellen: Nicht einmal satz- oder genrespezifische Instanzen, also solche, die den Sprecher oder die Funktion des Sprechens designieren sollten, können hier noch als bindend angenommen werden.

5. „I don't trust my native tongue"

Dass sich an Goldts Essayistik grundlegende Überlegungen zu Pop festmachen lassen, ist auch darauf zurückzuführen, dass seine Entwicklung zum arrivierten, wenn auch akademisch weithin ignorierten Autor ihren Ausgang von seiner Rolle als Musiker und Sänger nahm, er „den Paradigmenwechsel, der sich in der Pop-Musik so in den Jahren um 1980 herum abgespielt hatte, direkt von dort in die Literatur importiert" hat (Baßler 2002, 15). Gemeinsam mit Gerd Pasemann, mit dem er zuvor schon in der Band Aroma Plus, einem der Gewinner des Berliner Senats-Rockwettbewerbs 1980, gespielt hatte, bildet er das Duo Foyer des Arts, dem mit der 1982 erschienenen LP *Von Bullerbü nach Babylon* (WEA) landesweite Aufmerksamkeit zuteilwird. An Goldts Vortrag und seiner Textarbeit bei Foyer des Arts lassen sich, sieht man von der deutlich experimentelleren ersten 10" *Die seltsame Sekretärin* (ARO, 1981) ab, bereits einige Verfahren erkennen, die sein späteres Erzählen auszeichnen werden. Auch hier werden Differenzmaschinen gebaut: Die meist einfachen, Sequencer-basierten Arrangements lösen die als Überwindung der Authentizitätsgesten wie des Virtuosentums „sozialpädagogischen Krautrock[s]" (Jäger 1995, 89) geltenden Konventionen des streng kodifizierten Genres vollumfänglich ein. Der gesangliche Vortrag jedoch, in diesem Kontext üblicherweise eher im Dienst rhythmischer Supplementierung denn hinsichtlich seiner expressiven Möglichkeiten realisiert, wird durch Goldts textliche Digressionen zum Fremdkörper. Was sich bei Gruppen wie Deutsch-Amerikanische Freundschaft (DAF), freilich mit deutlich gegengegenkulturellem Impetus, in einer Arbeit an der Oberfläche des Sprachmaterials äußert („Schwitzt, meine Kinder / Verbrennt euch die Hände / Kämpft um die Sonne / Sato-Sato", *Alles ist Gut*, Virgin, 1981), die dessen metrischen Einsatz privilegiert, wird bei Foyer des Arts, hier dem wohl berühmtesten Stück, „Wissenswertes über Erlangen", immer auch als ebensolches Funktionsprinzip anzitiert („Da steht ein netter junger Mann / Was der sich alles merken kann / Es gibt ja so viel Wissens-wertes / Über Erlangen"), durch Goldts mäandernde Elaborate aber konterkariert: „Gnädige Frau, merken Sie sich eines / Erlangen liegt nicht im Sauerland [...]." Goldts Gesang ist in zweifacher Hinsicht unangemessen: Einerseits in der Hinwegsetzung über die prosodischen Codes des Genres, die, andererseits, aber auch nicht rocktypisch in der charismatischen Subjektivität des Sänger-Genies aufgeht, sondern die Sprache und ihre Erscheinungsformen zum Gegenstand hat: Das expressive Potential ist, wie der vermittelte Informationsgehalt, äußerst gering („Hier links steht eine Kirche / Sie wurde erbaut in der Vergangenheit [...]"). Goldts Texte sind weder Songtexte im engeren Sinn, noch entfalten sie eine narrative Dynamik; eine Strategie, die er auf seinen, im Lauf der achtziger Jahre parallel erscheinenden, zahlreichen Soloveröffentlichungen weiter erprobt. Hier wird experimentelle Abstraktion ebenso unterlaufen wie eine, in der Tradition der Popmusik verbürgte, „Bedeutungsgravität" (Baßler 2002, 16) signalisierende Hypersubjektivität des Solooutputs. Im Modus der Selbstreferenz – so findet „Die Rückkehr der seltsamen Sekretärin" auf Goldts erster Solo-LP *L`Église des Crocodiles* (Zensor und ARO, 1983) statt – wird die Widerständigkeit, die Goldts Schaffen prägt, in den zum Teil instrumentalen, zum Teil mit Sprechgesang belegten Synthesizer-Miniaturen in Szene gesetzt: Ein Blick auf die LP *Die majestätische Ruhe des Anorganischen* (ARO, 1984) mit Titeln wie „Ein Eimer Erbsen mittelfein" (dazu: Baßler 2002, 16–17), „Kartoffelpolitisches Pausenzeichen" oder schlicht „Betrunkene Frauen" genügt.

Vor dem Antritt seiner zwischen 1989 und 1998 sowie zwischen 2005 und 2009 regelmäßig erscheinenden ‚Kolumne' in der *Titanic*, die ihn mittels zahlreicher Sammlungen und Kompilationen zum „sogenannten Kultautor" (Ullmaier 2001, 89) und „höchst gefragte[n] [...] Vortragsreisende[n] seiner Texte" (Schütz 1995, 117) macht, entwickelt Goldt seinen Prosastil als ständiger Mitarbeiter des zwischen 1986 und 1988 von Anne und Trevor Wilson herausgegebenen Berliner Fanzines *Ich und mein Staubsauger*. Schon hier als ‚Onkel Max' ist er u. a. zuständig für Informationen für Erwachsene: ‚2. Frage: ‚Wie heißt die Dame, deren Stimme die Stationen in den U-Bahnlinien 9 und 7 ansagt?' Antwort: ‚Es handelt sich um die 43-jährige Schauspielerin Micaela Dietmute Pfeiffer. Sie mußte vor zwei Jahren einen sechswöchigen Kuraufenthalt in der Nervenklinik Spandau machen, von wo aus man übrigens schöne Spaziergänge in den idyllischen Stadtteil Eiskeller machen kann, wobei man aber darauf achten muß [...]'" (Goldt 1988, 13) – es geht in Goldts typischem Sound so weiter. Die Aufmerksamkeit für das Abseitige und der idiosynkratische Stil, den auch Goldts *Titanic*-Texte auszeichnen werden, ist schon hier, im Publikationskontext eines Fanzines, realisiert. Goldts Schreiben behauptet sich auch hier als ein Differenz ausstellender Fremdkörper innerhalb des Rahmens, der gattungstypisch überwiegend aus Interviews mit Bands und Konzertberichten besteht, und der der gegengegenkulturellen Do-It-Yourself-Ästhetik des Punk verpflichtet ist. Aus dieser nimmt Goldts transmediales Verfahren seinen Ausgang und wird damit historisch anschreibbar – die auch von Goldt gestalteten Beiträge stellen seine Praxis der Konstellierung von Text mit gefundenen Bildern, Kritzeleien, Zeichnungen und Zeitungsausschnitten aus, die in seiner Prosa, in der Gestaltung von Plattencovern, zuletzt in seinen erfolgreichen und ebenfalls zunächst in der *Titanic* publizierten Comic-Kollaborationen mit Stephan Katz als Katz & Goldt wirksam wird: die Technik, das Differente als Differenz produktiv zu machen, die Integration des Ephemeren im Archiv zu organisieren und dabei elementare Funktionsmechanismen des Pop sichtbar zu machen; dabei immer unter dem Eindruck, der sich auf der noch komplett englischsprachigen Aroma-Plus-10" *Liechtenstein* (ARO, 1980) schon angedeutet hatte: „I don't trust my native tongue".

Literaturverzeichnis

Adorno, Theodor W. „Der Essay als Form". *Noten zur Literatur I*. Frankfurt am Main: Suhrkamp, 1958. 9–49.
Bachmann, Magdalena Maria. "Reden über Nichts. Die Kolumnen von Max Goldt als Persiflage der Gattung Essay". *Zeitschrift für Germanistik* Neue Folge XXV (2015), H. 2: 345–361.
Baßler, Moritz. *Der deutsche Pop-Roman. Die neuen Archivisten*. München: C.H. Beck, 2002.
Bessing, Joachim. *Tristesse Royale. Das popkulturelle Quintett mit Joachim Bessing, Christian Kracht, Eckhart Nickel, Alexander von Schönburg und Benjamin von Stuckrad-Barre*. Berlin: Ullstein, 1999
Brinkmann, Rolf Dieter. „Notizen 1969 zu amerikanischen Gedichten und zu dieser Anthologie". *Silverscreen: Neue amerikanische Lyrik*. Hrsg. von Rolf Dieter Brinkmann. Köln: Kiepenheuer & Witsch, 1969. 7–32.
Deleuze, Gilles. *Differenz und Wiederholung*. Aus dem Französischen von Joseph Vogl. München: Fink, 1992.
Diederichsen, Diedrich. „House 95". *Der lange Weg nach Mitte. Der Sound und die Stadt*. Köln: Kiepenheuer & Witsch, 1999. 75–87.
Diederichsen, Diedrich. „Die Gegengegenkultur". *Süddeutsche Zeitung* 46, 24. Februar 2001 (2001): 20.
Diederichsen, Diedrich. „Pop – deskriptiv, normativ, emphatisch" [1996]. *Texte zur Theorie des Pop*. Hrsg. von Charis Goer, Stefan Greif und Christoph Jacke. Stuttgart: Reclam, 2013. 185–195.
Frank, Dirk. „Die Nachfahren der ‚Gegengegenkultur'. Die Geburt der ‚Tristesse Royale' aus dem Geiste der achtziger Jahre". *Text + Kritik Sonderband Pop-Literatur*. Hrsg. von Heinz Ludwig Arnold und Jörgen Schäfer. München: edition text+kritik, 2003. 218–233.
Freud, Sigmund. *Der Witz und seine Beziehung zum Unbewussten* [1905]. *Gesammelte Werke Bd. VI*. Unter Mitwirkung von Marie Bonaparte hrsg. von Anna Freud, Edward Bibring, Willi Hoffer, Ernst Kris und Otto Isakower. London: Imago, 1940.
Geer, Nadja. *Sophistication. Zwischen Denkstil und Pose*. Göttingen: Vandenhoeck & Ruprecht, 2012.
Goetz, Rainald. *Irre. Roman*. Frankfurt am Main: Suhrkamp, 1983.
Goldt, Max. „Junge Welt. Antwortseite v. Onkel Max". *Ich und mein Staubsauger* 22 (1988): 13.
Goldt, Max. „Der aufblasbare Schrei meiner Altstadt". *Titanic* 2 (1995): 42–43. [Auch, leicht überarbeitet, abgedruckt in: Goldt 2004, 16–23.]
Goldt, Max. *Wenn man einen weißen Anzug anhat. Ein Tagebuch-Buch*. Reinbek bei Hamburg: Rowohlt, 2002.
Goldt, Max. Ä. *„Kolumnen"*. Reinbek bei Hamburg: Rowohlt, 2004.
Goldt, Max. „Rede zur Verleihung des Kleist-Preises". *Kleist-Jahrbuch* 2008/09 (2009): 37–43.
Hahn, Torsten, und Niels Werber. „Das Populäre als Form". *Soziale Systeme* 10.2 (2004): 347–354.
Hebdige, Dick. „In Poor Taste: Notes on Pop". *Hiding in the Light. On Images and Things*. New York und London: Routledge, [6]1998. 116–143.
Hecken, Thomas. *Pop. Geschichte eines Konzepts 1955–2009*. Bielefeld: transcript, 2009.
Höller, Christian. „Widerstandsrituale und Pop-Plateaus. Birmingham School, Deleuze/Guattari und Popkultur heute". *Mainstream der Minderheiten. Pop in der Kontrollgesellschaft*. Hrsg. von Tom Holert und Mark Terkessidis. Berlin und Amsterdam: Edition ID-Archiv, 1996. 55–71.

Holert, Tom. „Abgrenzen und durchkreuzen. Jugendkultur und Popmusik im Zeichen des Zeichens". „alles so schön bunt hier". *Die Geschichte der Popkultur von den Fünfzigern bis heute*. Hrsg. von Peter Kemper, Thomas Langhoff und Ulrich Sonnenschein. Stuttgart: Reclam, 1999. 21–33.

Jäger, Christian. „Wörterflucht. Oder: Die kategoriale Not der Literaturwissenschaft angesichts der Literatur der achtziger Jahre". *Jahrbuch für internationale Germanistik* 27.1 (1995): 85–100.

Kehlmann, Daniel. „'und hör'n die herrlichste Musik'. Eine Rede auf Max Goldt". *Kleist-Jahrbuch* 2008/2009 (2009): 33–36.

Kracauer, Siegfried: *Die Angestellten. Aus dem neuesten Deutschland* [1929]. Frankfurt am Main: Suhrkamp, 1971.

Mauthner, Fritz. *Beiträge zu einer Kritik der Sprache*. Bd. 1: Zur Sprache und zur Psychologie [1901]. Frankfurt am Main, Berlin und Wien: Ullstein, 1982.

Mertens, Mathias. „Unterreflektiert und überformuliert. Die Sprachrundfahrten des Max Goldt". *Text + Kritik Sonderband Pop-Literatur*. Hrsg. von Heinz Ludwig Arnold und Jörgen Schäfer. München: edition text+kritik, 2003. 197–200.

Mitchell, William John Thomas. *Picture Theory. Essays on Verbal and Visual Representation*. Chicago: University of Chicago Press, 1994.

Porombka, Stephan. „Clip-Art, literarisch. Erkundungen eines neuen Formats (nebst einiger Gedanken zur sogenannten ‚angewandten Literaturwissenschaft')". *Autorinszenierungen. Autorschaft und literarisches Werk im Kontext der Medien*. Hrsg. von Christine Künzel und Jörg Schönert. Würzburg: Königshausen & Neumann, 2007. 223–244.

Rauen, Christoph. *Pop und Ironie. Popdiskurs und Popliteratur um 1980 und 2000*. Berlin und New York: De Gruyter, 2010.

Rutschky, Michael. „Stichwort Essay: Unterscheidungen ignorieren". *Kunst ist Übertreibung. Wolfenbütteler Lehrstücke zum Zweiten Buch I*. Hrsg. von Hugo Dittberner. Göttingen: Wallstein, 2003. 228–237.

Schäfer, Frank. „Versuch über Max Goldt". *Griffel – Magazin für Literatur und Kritik* 2 (1995): 44–47.

Schlegel, Friedrich. „Philosophische Fragmente. Erste Epoche. II. [1796–1798]". *Kritische Friedrich-Schlegel-Ausgabe. Bd. XVIII. Philosophische Lehrjahre I (1796–1806)*. Hrsg. von Ernst Behler. München, Paderborn und Wien: Schöningh, 1963. 17–119.

Schütz, Erhard. „Tucholskys Erben oder Wiener Wiederkehr? Versuch einer Terrainerkundung zur Literatur von Leben & Stil: Biller, Droste, Goldt und andere". *Jahrbuch für internationale Germanistik* 27.1 (1995): 101–122.

Sontag, Susan. „Notes on ‚Camp'" [1964]. *Against Interpretation*. London: Vintage, 2001. 275–292.

Stanitzek, Georg. *Essay – BRD*. Berlin: Vorwerk 8, 2011.

Stäheli, Urs. „Die Wiederholbarkeit des Populären. Archivierung und das Populäre". *Archivprozesse. Die Kommunikation der Aufbewahrung*. Hrsg. von Hedwig Pompe und Leander Scholz. Köln: DuMont, 2002. 73–83.

Teipel, Jürgen. *Verschwende deine Jugend. Ein Doku-Roman über den deutschen Punk und New Wave*. Frankfurt am Main: Suhrkamp, 2001.

Ullmaier, Johannes. *Von Acid nach Adlon und zurück. Eine Reise durch die deutschsprachige Popliteratur*. Mainz: Ventil, 2001.

Weingart, Brigitte. „Bilderschriften, McLuhan, Literatur der sechziger Jahre". *Text + Kritik Sonderband Pop-Literatur*. Hrsg. von Heinz Ludwig Arnold und Jörgen Schäfer. München: edition text+kritik, 2003. 81–103.

4.12 Christian Kracht: Faserland (1995)
Olaf Grabienski

Als Christian Krachts *Faserland* erschien, rief der Roman im Feuilleton eine hohe Anzahl negativer, zumeist unqualifizierter Rezensionen hervor. Etwa zeitgleich mit einer ebenfalls von Geringschätzung geprägten Pop-Literatur-Debatte, die sich in erster Linie auf Benjamin v. Stuckrad-Barres *Soloalbum* (1998; → 4.13 BASSLER) und die Gesprächsinszenierung *Tristesse Royale* (Bessing 1999) bezog, begann eigentlich erst 1999 die wissenschaftliche Auseinandersetzung mit *Faserland* und anderen Texten einer ‚neuen deutschen Pop-Literatur' (Winkels 1999), wobei die ersten Monographien zum Thema den Roman noch äußerst negativ bewerteten (vgl Ernst 2001; Ullmaier 2001); Versuche, mit einer Analyse von *Faserland* zu einem besseren Verständnis des Romans beizutragen (vgl. Grabienski 2001), blieben zunächst die Ausnahme.

Wirkungsmächtig aufgewertet wurde *Faserland* erst mit Moritz Baßlers Buch zum ‚deutschen Pop-Roman' (2002). Es folgte eine Erweiterung und Ausdifferenzierung der *Faserland*-Lesarten, die durch die Lektüre von Krachts weiteren Romanen *1979* (2001) und *Ich werde hier sein im Sonnenschein und im Schatten* (2008) begünstigt wurde. Schließlich wurde *Faserland* – wenn auch gegen Widerstände (Quinten 2012; Schmoll 2013) – sogar als verbindliche Schullektüre eingeführt. Die Skandalisierung des Romans *Imperium* durch den *Spiegel* (Diez 2012) oder die Anfang 2014 geführte Debatte um deutschsprachige Gegenwartsliteratur (vgl. Trilcke 2014) zeigen jedoch, dass der Autor Kracht und seine Werke trotz Kanonisierung höchst umstritten bleiben. Dabei ist die besondere Stellung des Romans *Faserland* in der Gegenwartsliteratur kein reines Rezeptionsphänomen, sie wird von einem außergewöhnlichen Text begünstigt. So zeichnet sich der Roman unter anderem dadurch aus, dass die im Literaturbetrieb der 1990er Jahre durchaus noch präsente Grenze zwischen Hoch- und Populärkultur auf recht lässige Weise überwunden wird.

1. Die Randbereiche des Romans

Im Frühjahr 1995 erschien Christian Krachts Debütroman *Faserland* als Hardcover bei Kiepenheuer & Witsch. Neben zwei Hörbüchern folgten zahlreiche Auflagen als Taschenbuch, zunächst bei Goldmann, später bei dtv. Die Goldmann-Taschenbuchausgabe lehnt sich in der graphischen Gestaltung an die Hardcover-Ausgabe an. Ein vorwiegend für Trivialliteratur zuständiger Verlag, der niedrige Preis und die bescheidene Papierqualität waren geeignet, die Leserinnen und Leser an (traditionell niedrig bewertete) Unterhaltungsliteratur denken zu lassen – eine Erwartung, die beim Umdrehen des Buches vermutlich zunächst bestätigt wurde. Im Verlagstext auf der Rückseite des Umschlages ist von einem „Helden" die Rede, die „mitreißende Geschichte" sei „unendlich unterhaltsam" (U4). In den folgenden Zeilen Gregor von Rezzoris werden mit „Leere" und „kollektiven Banalitäten" Begriffe genannt, die zum Unterhaltungsklischee passen, sie unterstellen dem Roman jedoch einen kritischen Blick darauf: „diese Hellwachheit in der Leere, die Verdammnis zu kollektiven Banalitäten und das feine Unterscheidungsgefühl dabei – das habe ich noch nirgends so glasklar dargestellt gefunden" (U4). In der Kurzbeschreibung des Verlages im Buchinneren wird Rezzoris Ambiguitätsthese durch die Charakterisierung des ‚leichten' Erzähltons als „in Wirklichkeit sehr kunstvoll gebaut" ein weiteres mal stark gemacht (2).

Ein historischer Referenzpunkt des eben dargestellten Dualismus ist der erstmals 1968 veröffentlichte Essay *Cross the Border – Close the Gap* von Leslie Fiedler, mit dem dieser die Grenze zwischen moderner und populärer Literatur überwinden wollte (Fiedler 1972). Der Essay führte damals zu einer heftigen Debatte unter deutschsprachigen Autoren (Seiler 2006, 86–89; → 2.4 RAUEN; → 2.7 HECKEN) und sollte auch in der zweiten deutschen Pop-Literatur-Debatte noch einmal aufgegriffen werden (Winkels 1999).

In Christian Krachts *Faserland* geschieht das Wechseln zwischen den Bereichen ‚high' und ‚low' ähnlich umstandslos, wie dessen Protagonist im vorletzten Kapitel die Schweiz erreicht: „Irgendwo an einer Tankstelle fülle ich für vierzig Mark Benzin nach, und um halb zwei Uhr nachts überquere ich in der Nähe von Singen die Schweizer Grenze. […] Nach meinem Paß fragt mich niemand" (142). Einen Vorgeschmack auf das Wechseln zwischen ‚high' und ‚low' bieten die beiden Zitate, die dem Romantext vorangestellt sind: Das erste stammt von Samuel Beckett, einem kanonisierten Autor der Hochkultur, das zweite hingegen – das in der Erstausgabe des Romans noch nicht abbgedruckt war – aus einem Song der Band Would-Be-Goods. Die Erwähnung etablierter Schriftsteller und von Popmusikern spielt im Weiteren eine wichtige Rolle in *Faserland*.

2. Markennamen

Die Verwendung von Markennamen ist eines der auffälligsten Merkmale des Romans. Bereits in Rezzoris Klappentext wird verwiesen auf „eine Welt, die nur noch aus Markenartikeln besteht" (U4). Im Gegensatz zu späteren Veröffentlichungen unter Krachts Beteiligung (*Ferien für immer*, *Tristesse Royale*) ist *Faser-*

land zwar noch kein Index von Kultur- und Konsumgütern beigegeben. Mit der Nennung von ca. 70 Marken und Produkten auf knapp 150 Seiten ist die Konsumgüter-Frequenz jedoch überaus hoch.

Nicht minder vielfältig ist die Funktion der Markennamen. Obwohl bereits Rezzoris Klappentext ihnen eine kritische Eigenschaft zuschreibt, dominierte in der Rezeption des Romans eine identifikatorische Lektüre. Weniger wertend betrachtet, sind Markennamen einfach Elemente der zeitgenössischen Gegenwartskultur, die mit Veröffentlichung des Romans ins hochkulturelle Archiv überführt werden (Baßler 2002, 21–22). Darüber hinaus fungieren Markenbezeichnungen als realistische Elemente, die in der Lage sind, einen Protagonisten und sein Umfeld mit wenigen Worten zu veranschaulichen (Baßler 2002, 166).

Ansatzweise übernehmen die Markennamen in *Faserland* sogar eine strukturierende Funktion, so die einsame Erwähnung von Lindt im letzten Kapitel: Der namenlose Protagonist befindet sich dort nicht mehr in Deutschland, sondern in der Schweiz. Unter Rückgriff auf das Motto ‚Einmal ist keinmal' lässt sich die These vertreten, dass im Schlusskapitel eigentlich gar keine Marken vorkommen, und wenn das stimmt, dann steht die Schweiz im Roman nicht in erster Linie für die Schweiz, sondern für ein Nicht-Deutschland.

3. Das Schlusskapitel

Aus dieser Position heraus enthält das letzte Kapitel die Schlüsselstelle zum Verständnis der in *Faserland* erzählten Reise aus Sicht des Protagonisten. Ihm scheint es dort, „als ob Deutschland nur noch eine Ahnung wäre, eine große Maschine jenseits der Grenze, eine Maschine, die sich bewegt und Dinge herstellt, die von niemandem beachtet werden" (145). Auf einer Berghütte „irgendwo hinter dem Zürichsee" würde er der imaginierten Isabella Rosselini „von den Menschen [...] erzählen, von den Auserwählten, die im Inneren der Maschine leben, die gute Autos fahren müssen und gute Drogen nehmen und guten Alkohol trinken und gute Musik hören müssen, während um sie herum alle dasselbe tun, nur eben ein ganz klein bißchen schlechter" (149). Deutschland, das sind im Rückblick also vor allem die Deutschen: Nationalsozialisten und Geschäftsleute, Gewerkschafter und Autonome, Kellner und Studenten, Taxifahrer und Rentner, Werber und DJs. Von ihnen wird in den ersten sieben Kapiteln erzählt.

In der Formulierung „Ich würde ihnen von Deutschland erzählen, von dem großen Land im Norden, von der großen Maschine, die sich selbst baut, da unten im Flachland" (148–149) liegt eine recht deutliche Bezugnahme auf Thomas Manns *Zauberberg*. Krachts Held, der sich die eben zitierten Gedanken in Vorstellung eines Lebens mit Isabella Rossellini und Kindern „auf einer Bergwiese, in einer kleinen Holzhütte, am Rande eines kleinen Bergsees" (148) macht, erinnert an den *Zauberberg*-Protagonisten Hans Castorp, der aus der Ebene in die Schweizer Bergwelt, „von Hamburg bis dort hinauf" (Mann 1994, 9) gekommen ist. Die von den Castorps wahrgenommene Einteilung der Welt in oben und unten, in Flachland und Bergwelt, ist eins der Leitmotive im *Zauberberg*. So antwortet der Vetter Joachim zu Beginn von Hans' Besuch „auf drei Wochen" im Sanatorium Berghof auf die Frage, ob er selbst nach der anvisierten Zeit mit Hans wieder „hinunter" komme: „Drei Wochen sind freilich fast nichts für uns hier oben [...], ‚in drei Wochen nach Haus', das sind so Ideen von unten" (14).

Im Laufe des Romangeschehens wird Hans sich die Sichtweise seines Vetters zu Eigen machen. Und auch sonst haben wir mit dem *Zauberberg*-Protagonisten eine frühe literarische Figur, die mit der Hauptfigur aus *Faserland* einige Ähnlichkeiten hat: So wie das ‚Ich' in *Faserland* ist Hans Castorp ausgiebiger Biertrinker, und so wie das ‚Ich' hat er seine ästhetisch motivierten Eigenheiten, etwa wenn er Butter nicht in normaler Form, sondern nur „in Form geriefelter Kügelchen" (47) zu sich nehmen will. Wie Krachts Protagonist legt er großen Wert auf gebügelte Kleidung und scheint Hamburg „eigentlich ganz in Ordnung als Stadt" (Kracht 1997: 25) zu finden: „[S]eine Maxime war, dass man außer in Hamburg im ganzen Reiche nicht zu bügeln verstehe" (Mann 1994, 46).

Die *Faserland*-Bindung an Thomas Mann besteht nicht nur aus der Anspielung auf dessen *Zauberberg*, der Autor wird auch namentlich erwähnt: „Irgendwo habe ich mal gelesen, daß das Grab von Thomas Mann in der Nähe von Zürich liegt, oben auf einem Hügel über dem See. Thomas Mann habe ich auch in der Schule lesen müssen, aber seine Bücher haben mir Spaß gemacht" (150). Als der Protagonist den Friedhof aufsucht, findet er „das blöde Grab von Thomas Mann" jedoch nicht. Die positive Bezugnahme auf den Autor der klassischen Moderne wird wiederholt durch eine Sprache gebrochen, die ein gewisses Maß an Respektlosigkeit ausdrückt: „In dem Moment fällt mir ein, daß der Hund vielleicht auf Thomas Manns Grab gekackt haben könnte" (152).

Damit gehören die Thomas-Mann-Passagen zu den Stellen in Krachts Roman, an denen die Grenze zwischen Hoch- und Populärkultur auf elegante Art und Weise verschwimmt. Der Übergang zwischen den Sphären wird stufenweise hergestellt: Zunächst verbinden sich Anspielungen auf den *Zauberberg*, die nur für Kenner der Hochkultur entschlüsselbar sind, mit der expliziten Erwähnung von Thomas Manns Werken als schulische Pflichtlektüre. Damit befinden wir uns bereits zwischen der Hochkultur und ihrer populären Variante, dem schulischen Kanon, der mit dem Ausdruck ‚kacken' schließlich recht deutlich kontrastiert wird.

Im Gegensatz zu solch ambivalenten Passagen scheint das Ende des Romans zu stehen. Die Fahrt zur Mitte des Zürichsees ist ein beliebter Gegenstand der

Faserland-Forschung (Überblick bei Blum 2010, 96–99), vermutlich nicht zuletzt wegen ihrer Eignung für intertextuelle Deutungen, die sich mit Antike-Bezug sowie Texten von Thomas Mann, Klopstock und Goethe auf traditionelle Gegenstände der Literaturwissenschaft beziehen lassen. Abgesehen von der *Faserland*-typischen Sprache – „der Mann schiebt die Ruder durch diese Metalldinger und rudert los" (154) – bietet der Romanausgang auf den ersten Blick tatsächlich wenig Anlass zu einer gegenwartsbezogenen oder antitraditionellen Lektüre. Das ändert sich allerdings, wenn mit *Ferien für immer* (vgl. Rauen 2009, 127), *Tristesse Royale* (vgl. Frank 2000: 84) oder dem *Faserland*-Treatment aus *New Wave* auch das Werk Christian Krachts in die intertextuelle Interpretation einbezogen wird: „Lachende und winkende, glückliche hasidische Familien fahren auf dem Zürichsee mit zehn roten Elektrobooten, die nur 5 km/h schnell sind, ein friedliches, synchrones, fast ballettartiges Wettrennen" (Kracht 2006, 267).

4. Bekannte Persönlichkeiten

In Bezug auf die Erwähnung Thomas Manns kommt die Verbindung zur Populärkultur eigentlich erst richtig zum Tragen, wenn man sie mit den zahlreichen weiteren Erwähnungen bekannter Persönlichkeiten und Gruppen in *Faserland* kontrastiert. Diese stammen – im Gegensatz zu ebenfalls vorkommenden Schriftstellern wie Max Frisch, Hermann Hesse, Friedrich Dürrenmatt und Ernst Jünger – nur zu einem geringen Teil aus dem hochkulturellen Bereich, sondern mehrheitlich aus populären Segmenten wie Mode, Presse, Fernsehen, Politik, Unterhaltungsliteratur, Kino und Pop-Musik.

Mit einer Anzahl von knapp 70 werden in *Faserland* etwa ebensoviele bekannte Persönlichkeiten wie Marken- und Produktbezeichnungen genannt. Die Reihe reicht von Jean Paul Gaultier und Christian Lacroix über Maxim Biller, Uwe Kopf, Diedrich Diederichsen und Gilles Deleuze weiter zu Hajo Friedrichs, Wim Wenders, Christian Metz und Cary Grant hin zu Hermann Göring und Leni Riefenstahl sowie zahlreichen Popmusikern und Bands wie Snap, The Eagles, Lipps Inc., Chic, Terminator X, Pet Shop Boys, The Teens, Smokie, DJ Hell, Ink Spots oder die im Werk Christian Krachts mehrfach vertretenen Modern Talking. Darüber hinaus sind Pop-Musik und auch Film durch die Erwähnung zahlreicher Titel vertreten.

Hinzu kommen Vertreter der Hochkultur wie Wagner, Mozart oder Beethoven. Bei ihnen handelt es sich insofern um Mischformen, als sie einem breiten Publikum bekannt sind. Das wird man für Walther von der Vogelweide noch teilweise, für Bernard von Clairvaux jedoch kaum noch annehmen können. Ausgerechnet diese beiden werden vom Protagonisten fälschlicherweise als „mittelalterliche Maler" (63) bezeichnet, womit sich wieder die Ankopplung an einen ‚populären' Bildungsstand diagnostizieren lässt.

Das bedeutet jedoch nicht, dass es sich bei *Faserland* um eine leichte Lektüre handelt, denn mit den Codes anderer kultureller Bereiche kennt sich dessen Protagonist so gut aus, dass nicht wenige Leser in der ersten Rezeptionsphase Schwierigkeiten mit ihnen hatten. Der *Passauer Pegasus* bemerkt in einer Rezension, der Protagonist wisse die Marken „trendsicher auf ihren Prestigewert und ihre feinen Unterschiede zu bewerten […], so daß Veblen und Bourdieu ihre wahre Freude an ihm haben müßten" (Eckler 1995, 122). Andere dagegen scheitern: „Roederer, was immer das sein mag" (Tuschick 1995); „Kiton-Jackett, was immer das ist" (Schmierer 1995); „seine Lieblingsdiscos dort sind das ‚Car Wash', das ‚Funkytown' von Lipps Inc., ‚Le Freak' von Chic oder das ‚Traxx'" (Lundt 1995).

5. Der Protagonist und Ich-Erzähler

Zählt man die bekannten Persönlichkeiten hinzu, beinhaltet *Faserland* ein reichhaltiges Figurenarsenal. Neben den Prominenten, die der Erzähler mit Ausnahme von Hajo Friedrichs, Matthias Horx und Uwe Kopf nur erwähnt, treffen wir auf viele seiner (vermeintlichen) Freunde und Bekannten. Eindeutiges Zentrums des Romans ist jedoch die Figur ‚Ich'.

Was erlebt der Protagonist auf seiner Reise durch Deutschland in die Schweiz? Er reist scheinbar ziellos umher. Die Schauplätze sind Sylt, Hamburg, Frankfurt am Main, Heidelberg, München, Meersburg am Bodensee und schließlich Zürich. Genauer gesagt, sind es transitorische Orte wie Parties, Bars und ein Rave sowie Flughäfen und Bahnhöfe, das Flugzeug, der Zug, das Auto, mehrere Taxis und ein Hotel. Gegenstände der Erzählung sind Drogen (vorwiegend Alkoholika), Kleidungsstücke wie die berühmtgewordene Barbourjacke und einzelne Ereignisse auf den verschiedenen Partys. Die Partykultur wird vom Protagonisten nicht gefeiert, er bleibt den Ereignissen nahezu durchgängig fremd.

Die Form seines Umherreisens erinnert an den Typus des Flaneurs. Das Flaneurhafte findet seine Entsprechung in einer gewollt unpräzisen Sprache, die an mündliche Rede erinnert (Döring 1996, 230–232). Es entsteht der Eindruck, als erzähle jemand von einer Begebenheit, die er „Gerade Eben Jetzt" (Schumacher 2003), im Augenblick des Erzählens erlebt – „Also, es fängt damit an, daß ich bei Fisch-Gosch in List auf Sylt stehe und ein Jever aus der Flasche trinke" (9) – oder erlebt hat: „Eben, als wir über Barbourjacken sprachen, hat sie gesagt, sie wolle sich keine grüne kaufen" (9–10). Der Monolog vermittelt zudem den Eindruck, als wäre jederzeit und an jedem Ort eine Zuhörerin oder ein Zuhörer anwesend. Das gilt auch für Momente, in denen der Protagonist auf der Handlungsebene allein ist.

Die Rolle des Zuhörers wird vor diesem Hintergrund nicht von anderen Figuren, sondern von den Lesern des Textes übernommen. Versucht man hingegen in einem Gedankenspiel, die Zuhörerrolle aus der Romansituation selbst zu erschließen, so ließe sie sich etwa durch einen am Körper des Protagonisten getragenen oder implantierten Stimmen- und Gedankenrekorder erklären. Das ist insofern legitim, als vergleichbare Apparatschaften zu den Leitmotiven im Werk von Christian Kracht gehören. Neben den in mehreren Texten präsenten Achselhöhlen-Steckdosen macht Klaus Bartels in *Faserland* beispielsweise eine sprechende Maschine aus: „Den Mund seiner Bekannten Karin beschreibt er [der Ich-Erzähler] als eine unabhängig von ihrem Körper laufende Mundmaschine" (2011, 208). Das Gegenstück findet sich, wie Bartels feststellt, in der Erzählung Der Gesang des Zauberers: „Sie machen sich ja keine Notizen, junger Freund. Erst jetzt fällt mir das auf. Wahrscheinlich haben Sie irgendwo am Körper ein Aufnahmegerät versteckt" (Kracht 1999, 290).

Eine solche in der Wahrnehmung scheinbar objektive Instanz muss nicht verstehen, sondern erfüllt seine Funktion durch lückenlose Protokollierung – Eigenschaften, die durchaus zum Erzähler in *Faserland* passen: „und ich verstehe gar nichts mehr, obwohl ich mir natürlich diese Namen merke, wie ich mir ja alles merke" (35). Diese behauptete Präzision steht in starkem Kontrast zu den protokollierten Diskursen, die vergleichsweise unpräzise wirken: „Nigel hat in Pöseldorf eine sehr schöne Wohnung, direkt neben Jil Sander oder so. [...] Er telefoniert viel mit Anlageberatern [...], die er dann immer anschreit, ob sie wahnsinnig wären oder so ähnlich" (25).

Die präzise Protokollierung unpräzisen Sprechens zeigt, dass sich *Faserland* in der Vermischung verschiedener Sphären nicht auf inhaltliche Aspekte (Personen und Gegenstände aus Hoch- und Populärkultur) beschränkt, sondern sie auch formal anwendet, auf seine Rede- und Schreibweisen: „[S]olchen, bis in die Nachbildung mündlicher Redeweisen genauen Texten liegt nicht länger eine Vorstellung des Literarischen als notwendige Gegensphäre alles Wirklichen zugrunde" (Döring 1996, 232).

Narratologisch gesprochen, haben wir es in *Faserland* mit einer autodiegetischen Ich-Erzählsituation zu tun. Der Erzähler ist die Hauptfigur des Romans, und – erneut ein Vermischungsphänomen: Hauptfigur und Erzähler-Ich sind kaum zu unterscheiden. Dazu trägt neben der Kolloquialität der Sprache die präsentische Erzählweise bei, in der sich so gut wie keine zeitliche Distanz zwischen Figur und Erzähler ausmachen lässt. Mit detektivischer Energie lässt sich in einzelnen Passagen zwar eine entsprechende Unterscheidung treffen, die Distanz bleibt jedoch äußerst gering. Der Slavist Wolf Schmid führt den Roman als Beispiel für die vor allem im Kontext russischer Literatur vieldiskutierte Erzählform des Skaz an (2014, 160–61). Von (charakterisierendem) Skaz zu sprechen, sei beim Vorliegen der folgenden Merkmale sinnvoll (157–59): Narratorialität, d. h. ein Auftreten des Skaz im Erzählertext, Begrenztheit des geistigen Horizonts, Zweistimmigkeit von Erzähler und Autor, Mündlichkeit, Spontaneität in Bezug auf die Rede, Umgangssprachlichkeit und Dialogizität in Bezug auf Erzähler und Zuhörer.

Als Skaz-Roman knüpft *Faserland* an die Literatur der russischen Moderne und Avantgarde an. Das ist nicht die schlechteste Nachbarschaft, doch selbstverständlich weist *Faserland* darüber hinaus formale Parallelen zu zeitgenössischen Texten auf. So ist die präsentische Ich-Erzählsituation die dominierende Form in der neueren deutschen Pop-Literatur. Entgegen der Diagnose von Kolleginnen wie Juli Zeh (2004) ist Ich-Dominanz nicht mit Selbstbezogenheit gleichzusetzen, und sie führt auch nicht zur Beschränkung künstlerischer Möglichkeiten. Sie lässt sich eher als programmatisches Element einer literarischen Modernisierungswelle verstehen, die Ende der 1990er Jahre mit der Bezeichnung ‚Pop-Literatur' gelabelt wurde.

6. Rezeption und Nachgeschichte

Nach Erscheinen des Romans haben die Rezensionen von *Faserland* zunächst drei Schwerpunkte: Markennamen, literarische Vorbilder und die dargestellte ‚Partywelt', wobei der Romantext recht ungenau betrachtet wird. Als vierter Schwerpunkt von eigenem Rang lässt sich die negative Bewertung des Autors betrachten. Der Roman verdanke die Aufmerksamkeit in erster Linie der familiären Herkunft Krachts, seinen Journalisten-Bekanntschaften oder einigen zu Unrecht erfolgten positiven Reaktionen. Schreiben könne dieser Zeitgeist-Schnösel nämlich nicht, oder auch: schreiben könne er zwar, doch zu sagen habe er nichts. Solchen Verrissen stehen durchaus differenzierte Besprechungen gegenüber, die dem Gegenstand genauere Beobachtungen entlocken können – ein Phänomen, welches sich in der zweiten Rezeptionsphase der neuen deutschen Pop-Literatur kaum wiederfinden wird.

Als *Faserland* erschien, spielte der Begriff ‚Pop-Literatur' in der Kritik noch keine Rolle. Das ändert sich erst mit den Reaktionen auf Benjamin v. Stuckrad-Barres *Soloalbum* und den von Joachim Bessing publizierten Gesprächsband *Tristesse Royale*, an dessen Inszenierung auch Kracht beteiligt war. Die zahlreichen Verrisse des Bandes bilden, was die Begriffsfrequenz angeht, bereits den Höhepunkt der publizistischen Auseinandersetzung um die Pop-Literatur, obwohl in der Sache kaum über Literatur gesprochen wird. Beim popkulturellen Quintett handele es sich allenfalls um ‚selbsternannte' Schriftsteller, eher jedoch um pubertäre Jünglinge, Schnösel, Dandies oder Yuppies. Literarische Fragen werden von der Kritik konsequenterweise nicht erwogen. Das betrifft nicht nur mögliche Bezüge zu anderen Texten der ‚Popliteraten' wie etwa *Faserland*, es betrifft auch *Tristesse Royale* selbst, dessen Text den Rezensenten im Höchstfall dazu dient, das verstörende Auftreten seiner vermeintlichen Urheber einzuordnen (→ 4.15 DÖRING).

Etwa zeitgleich mit der „identifikatorischen *Faserland*-Lektüre als Pop-Roman" (Baßler 2002, 113) in Florian Illies' Bestseller *Generation Golf* (2000) werden Krachts Debütroman und die Pop-Literatur auch in der akademischen Debatte enggeführt (Winkels 1999; Frank 2000; Hielscher 2000). Schon bald darauf gilt der Roman als „Gründungsdokument einer literarischen Bewegung", so Moritz Baßler (2002, 111), dessen Monographie *Der deutsche Pop-Roman* selbst erheblich zur Akzeptanz zeitgenössischer Pop-Literatur in der Literaturwissenschaft beigetragen hat.

Nach Erscheinen des zweiten Romans von Christian Kracht, *1979*, stellten ein Großteil der Kritik und einzelne Stimmen aus der Literaturwissenschaft – nicht unwidersprochen – fest, dass die Phase der Pop-Literatur damit wohl abgeschlossen sei. Die Reaktionen gegenüber dem dritten Roman, *Ich werde hier sein im Sonnenschein und im Schatten* (2008), fielen ganz ähnlich aus. So zweifelhaft die Prognose einer Überwindung der Pop-Literatur auch ist: offenbar schuf sie Raum für andere Ansätze nicht nur in Bezug auf die neuen Romane, sondern auch auf das Debüt. Das *Kritische Lexikon zur deutschsprachigen Gegenwartsliteratur* nennt etwa folgende Aspekte der *Faserland*-Forschung in den 2000er Jahren: Anti-Bildungsroman, Suche nach Identität, Homosexualität vs. Homophobie, klassische Dandy-Figuren, Intertextualität, Drittes Reich und kulturelles Gedächtnis, Krachts ‚Selbstpoetik' und das Verschwinden des Autors (Birgfeld und Kreknin 2013, 4).

7. Ist *Faserland* Pop-Literatur?

Wird Krachts erster Roman zu Recht als neue deutsche Pop-Literatur bezeichnet? Sieht man von einzelnen Texten wie Rainald Goetz' „Subito" (1983; → 4.7 SCHUMACHER) und Joachim Lottmanns *Mai, Juni, Juli* (1987; → 4.9 DRÜGH) ab, lässt sich *Faserland* durchaus als Ausgangspunkt einer neuen Strömung deutschsprachiger Literatur betrachten. Sowohl gegen eine popliterarische Einordnung als auch gegen den Begriff der ‚Pop-Literatur' sind jedoch Einwände erhoben worden. So hält Christian Kracht der Feststellung eines Gesprächpartners, Stuckrad-Barre und er würden „als Popliteraten bezeichnet", entgegen, er habe „keine Ahnung, was das sein soll: Pop-Literatur". Benjamin v. Stuckrad-Barre lehnt den Begriff sogar explizit ab. Als Bezeichnung möchte er „allenfalls Literatur-Pop" gelten lassen. Auf Pop als ästhetisches Mittel, als „Referenzrahmen" und als Prinzip bezieht er sich dagegen positiv: „Das ist das Pop-Prinzip: vorgaukeln, behaupten, verfälschen, täuschen" (Philippi und Schmidt 1999).

Auch Moritz Baßler nennt die „Lektüre von Faserland als Pop-Roman" sehr eigenwillig (2002, 113) und interpretiert den Roman eher als „Rollenprosa" (118). Die „befreiende Wirkung" des Romans habe dagegen auf einer „selektiven Lektüre" beruht, die sich „über die traditionellen Züge des Textes" hinweggesetzt und nur bestimmte seiner Merkmale wie „Repräsentation von Gegenwartskultur, insbesondere von Markennamen" betont habe (115). In seiner Verteidigung des Romans gegen dessen Vereinnahmung für das „Programm einer konsumistischen, postideologischen Wende" (Rauen 2009, 123) wird Baßler dem ambivalenten Charakter des Romans allerdings nicht ganz gerecht. Denn im „traditionsreichen Mittel der Ironisierung des Erzählers" kann man, wie Rauen vorschlägt, durchaus „ein pop-affines narratives Verfahren sehen", das „nicht nur zum Zweck eingesetzt wird, den Erzähler zu denunzieren, sondern einen ambivalenten, jenseits von Bejahung und Ablehnung angesiedelten Standpunkt anzubieten" (2009, 123).

Grundsätzlicher als die bisher genannten kritisiert Eckhard Schumacher ‚Pop-Literatur' als ‚Thema' der Literaturkritik, das eigentlich erst durch deren Kommentar erzeugt werde (2011, 56). Der Gegenstand selbst – die Literatur – gerate dabei leicht aus dem Blick und werde durch Zuweisungen „immer auch in seiner Potentialität ein[ge]schränkt" (59). Verweise auf die Unzulänglichkeit solcher Zuweisungen fielen zwar leicht, sie setzten das Kommentieren jedoch im Grunde nur weiter fort und trügen somit zur Verankerung des Begriffs ‚Pop-Literatur' bei. Demgegenüber arbeitet Schumacher in einer Analyse von Rezensionen einiger Bücher von Rainald Goetz, Christian Kracht, Thomas Meinecke und Andreas Neumeister „Feinjustierungen" (64) am weniger festgelegten Begriff ‚Pop' heraus. Damit kommt er zu ähnlichen Ergebnissen wie Stuckrad-Barre im oben genannten Interview: Pop sei „nicht mit Popliteratur gleichzusetzen, sondern eine von mehreren Verfahrensweisen [...], die nicht zuletzt dadurch gekennzeichnet ist, Definitionen permanent zu unterlaufen" (65).

An einer Schlüsselstelle seiner Untersuchung beobachtet Schumacher, dass einem Text von Andreas Neumeister der Status künstlerischer ‚Avantgarde' zugesprochen wird, und zwar nicht als Gegenteil, sondern als Variante von ‚Pop' (64). Auf eine Verbindung dieser häufig noch als Gegensatz verstandenen Konzepte hat Christian Kracht bereits mit der Taschenbuchauflage der Anthologie *Mesopo-*

tamia (2001) Bezug genommen. Der Untertitel „Ein Avant-Pop-Reader" erinnert an die „Avant-Pop Anthology" *After Yesterday's Crash* (1995) von Larry McCaffery, der zu einer Gruppe von Kritiker/innen und Autor/innen gehört, die in den 1990er Jahren propagierte, die Postmoderne im Angesicht des Informationszeitalters durch Avant-Pop abzulösen (Amerika 1993, Laurence 1994).

Faserland nun nicht als Pop-, sondern als ‚Avant-Pop-Literatur' zu bezeichnen, greift zu kurz. Krachts Bezugnahme auf Avant-Pop lässt sich jedoch als Versuch betrachten, nicht nur die Postmoderne, sondern auch den Pop-Begriff, der in den 1990er Jahren seine kritische Kontur verliert, unter veränderten Bedingungen neu zu akzentuieren. In diesem Sinne ist der Pop-Kontext nicht nur ein wichtiger Bezugspunkt von *Faserland*. Pop als Gegenstand und Pop als Verfahren ziehen sich ebenfalls durch die folgenden Werke Christian Krachts, und zwar nahezu durchgehend.

Dass Pop auch nach Krachts Debütroman wichtig bleibt, lässt sich unter anderem auf den hohen Grad von Selbstreferenzialität zurückführen, die vom Autor gepflegt wird. Von *Faserland* etwa gibt es ein Treatment (Kracht 2006, 244–267) und eine Drehbuchfassung (268–306). Die Barbour-Jacke aus *Faserland* taucht mit *Ich werde hier sein im Sonnenschein und im Schatten* ausgerechnet in dem Roman wieder auf, der sprachlich scheinbar jeglichen Bezug zur Pop-Literatur verloren hat (Kracht 2008, 115–116). Wenn man den Romantitel des Debütromans als ‚Fatherland' liest, wirft dieser seine Schatten selbst auf *Imperium*, dessen Titel wie *Faserland* mit einem Romantitel von Robert Harris identisch ist. Kracht unterläuft die Grenzen zwischen ‚ernsthafter', Unterhaltungs-, Genre- und popmäßiger Literatur nicht nur in *Faserland*, sondern auch in seinen weiteren Werken souverän. Nicht als E-Künstler, der sich auch einmal auf andere Felder begibt, sondern als Akteur, der sich in allen Welten wie selbstverständlich bewegt und sein eigenes Werk dabei facettenreich kommentiert bzw. fortschreibt. Ein schönes Beispiel dafür ist die aufwendig gestaltete, von den Popsängern Dirk von Lowtzow, Schorsch Kamerun und Dieter Meier eingelesene Hörbuch-Romantrilogie *Triptychon* (Kracht 2011), die u. a. als „eine Art Friedensangebot" (Link und Wehn 2011) gegenüber den ehemaligen ‚ästhetischen Feinden' von Lowtzow und Kamerun (vgl. etwa Bessing 1999, 28–30) verstanden werden kann. Eine vergleichbare Kommentierung mit den Mitteln der Popkultur nimmt Kracht vor, wenn er und Frauke Finsterwalder anlässlich der Hamburger Premiere des Films *Finsterworld* auf den Vorwurf, Kracht gebe sich in dem Briefwechsel *Five Years* (Kracht und Woodard 2011) als homophober Autor zu erkennen (Süselbeck 2012), implizit mit einem Bücherstand des schwul-lesbischen Buchladens *Männerschwarm* antworten, bei dem ‚Furry books' erstanden werden können.

8. Die Moral von der Geschichte

Selbstverständlich lassen sich weder *Faserland* noch das weitere Werk Krachts auf popinteressierte Lesarten reduzieren. So lenken zahlreiche Erinnerungssequenzen in *Faserland* den Blick auf das moralische Konzept des Romans, der nicht nur in dieser Hinsicht starke Parallelen zu Bret Easton Ellis' Debüt *Less Than Zero* aufweist, „a fierce coming-of-age story, justifiably celebrated for its unflinching depiction of hedonistic youth, its brutal portrayal of the inexorable consequences of such moral depravity" (Ellis 2011, U4).

Die auf den ersten Blick idyllisch wirkenden Rückblicke in *Faserland* verändern die Romanatmosphäre phasenweise enorm. Ganz ähnlich wie in *Less Than Zero* (vgl. Mertens 2003, 206–208) fungieren sie als Kontrast zur Darstellung einer zunächst belanglosen, zunehmend grausamen Situation. Damit unterstreichen sie die einfach wirkende Gegenüberstellung des *Faserland*-Protagonisten, der die Welt recht umstandslos in zu beschimpfende und zu lobende Sachverhalte und Menschen aufteilt. Bei näherer Betrachtung lassen sich in *Faserland* jedoch drei moralische Orientierungspunkte ausmachen, die in *Less Than Zero* ebenfalls zentral sind: 1) Freundschaft, 2) Schönheit und Höflichkeit, 3) kein-Arschloch-sein.

Mit Nigel, Alexander und Rollo lässt sich *Faserland* demgemäß erstens als Geschichte von Freundschaften des Protagonisten beschreiben. All diese Freundschaften scheitern. Parallel zu der Suche nach Freundschaften begegnet der Protagonist vielen Personen, an denen ihn vor allem das Aussehen, der Geruch und das Benehmen zu interessieren scheinen. Diese Eigenschaften spielen auch in den Freundschaftskapiteln eine Rolle, in Begegnungen mit Unbekannten werden sie allerdings wichtiger. Wie in *Less Than Zero* (vgl. etwa Ellis 2011, 8) werden Figuren mit weißen Zähnen in *Faserland* leitmotivisch eingesetzt. Sie werden vom Protagonisten zunächst positiv bewertet, so z. B. die Alitalia-Piloten aus einer Erinnerungssequenz (47) oder ein Mädchen in einer Frankfurter Kneipe (76). Im Heidelberg-Kapitel freut sich der Protagonist, „einen Menschen kennenzulernen, der in Ordnung zu sein scheint. [...] Eugen hat ja ein gutes Jackett an, und er hat seinen Pullover um die Hüften gebunden, und er hat weiße Zähne" (92). Noch als Eugen sich stattdessen als unangenehmer und aufdringlicher Burschenschaftler entpuppt, hält der Protagonist an seinen Werten fest und formuliert „das Gefühl, ich müsse höflich sein" (98). Das Kapitel endet in einem Alptraum.

Aus dem Scheitern folgt nun eine Reduzierung der Ansprüche: Wenn sowohl Schönheit und Höflichkeit als auch Freundschaft trügerisch oder nicht möglich sind, kann es für den Protagonisten bei Aufrechterhaltung einer an positiven Werten orientierten Haltung nur noch darum gehen, kein Arschloch zu sein. Die Formulierung mag salopp klingen, gibt jedoch recht genau das moralische Schlussprogramm des Protagonisten wieder. Auf einer Geburtstagsparty am

Bodensee wird dem *Faserland*-Helden klar, dass sein Freund Rollo immer mehr Alkohol und Tabletten konsumiert und dass niemand der Anwesenden bereit oder fähig ist, ihm zu helfen. Das Schönheitskonzept stellt sich hier noch einmal als trügerisch heraus, und zu einer freundschaftlichen Handlung fühlt sich der Protagonist nicht fähig: „Es ist einfach zuviel" (140). Was bleibt, ist die bescheidene Haltung, am Party-Schauspiel nicht mehr teilzunehmen: kein Arschloch zu sein. Der Protagonist verlässt den Schauplatz Richtung Zürich und zeigt damit einen Grad an positivem Verhalten, wie er kaum geringer ausfallen könnte. Entscheidend ist alleine, dass er nicht mehr mitmacht, und auch darin ähnelt *Faserland* dem Romandebüt von Bret Easton Ellis. In dessen Schlussteil nehmen die Figuren immer mehr und härtere Drogen, prostituieren sich und vergewaltigen schließlich aus Langeweile ein zwölfjähriges Mädchen. Clay, der Held in Ellis' Roman, unternimmt nichts gegen diese Dinge, obwohl er sie ‚irgendwie' nicht richtig findet: „It's ... I don't think it's right" (Ellis 2011, 177). Was bleibt, ist auch hier ein Nichtstun, die nicht aktive Beteiligung an den Vorgängen und schließlich das Verlassen des Schauplatzes: „I close the door behind me" (178).

Kracht, Christian: *Faserland*. München: Goldmann, 1997 [Köln: Kiepenheuer & Witsch, 1995].

Literatur

Amerika, Mark. Avant-Pop Manifesto. Thread baring itself in ten quick posts. http://www.altx.com/manifestos/avant.pop.manifesto.html, 1993 (13.08.2019).
Bartels, Klaus. „Trockenlegung von Feuchtgebieten. Christian Krachts Dandy-Trilogie". *Poetik der Oberfläche. Die deutschsprachige Popliteratur der 1990er Jahre*. Hrsg. von Olaf Grabienski, Till Huber und Jan-Noël Thon. Berlin und New York: De Gruyter, 2011. 207–225.
Baßler, Moritz. *Der deutsche Pop-Roman. Die neuen Archivisten*. München: C.H. Beck, 2002.
Bessing, Joachim. *Tristesse Royale. Das popkulturelle Quintett mit Joachim Bessing, Christian Kracht, Eckhart Nickel, Alexander v. Schönburg und Benjamin v. Stuckrad-Barre*. Berlin: Ullstein, 1999.
Birgfeld, Johannes, und Innokentij Kreknin. „Christian Kracht". *Kritisches Lexikon zur deutschsprachigen Gegenwartsliteratur*. Hrsg. von Heinz Ludwig Arnold. München: edition text + kritik, 2013.
Blum, Lothar. „Zwischen Auslöschung und Salvierung. Intertextuelle Ambivalenzen im Romanausgang von Christian Krachts Faserland". *Produktive Rezeption. Beiträge zur Literatur und Kunst im 19., 20. und 21. Jahrhundert*. Hrsg. von Lothar Blum und Achim Hölter. Trier: Wissenschaftlicher Verlag Trier, 2010. 91–104.
Diez, Georg. „Die Methode Kracht". *Der Spiegel* 7 (2012): 100–103.
Döring, Jörg. „‚Redesprache, trotzdem Schrift'. Sekundäre Oralität bei Peter Kurzeck und Christian Kracht". *Verkehrsformen und Schreibverhältnisse. Medialer Wandel als Gegenstand und Bedingung von Literatur im 20. Jahrhundert*. Hrsg. von Jörg Döring, Christian Jäger und Thomas Wegmann. Opladen: Westdeutscher Verlag, 1996. 226–233.

Ellis, Bret Easton. *Less Than Zero*. London: Picador, 2011. [New York: Simon & Schuster, 1985.]
Eckler, Hans-Peter. „Christian Kracht. Faserland". *Passauer Pegasus* 26 (1995): 121–124.
Ernst, Thomas: *Popliteratur*. Hamburg: Rotbuch, 2001.
Finsterwalder, Frauke, und Christian Kracht: *Finsterworld*. Frankfurt am Main: S. Fischer, 2013.
Fiedler, Leslie A.: *Cross the Border – Close the Gap*. New York: Stein and Day, 1972. [1968]
Frank, Dirk. „‚Talking about my generation'. Generationskonstrukte in der zeitgenössischen Pop-Literatur". *Der Deutschunterricht* 52.5 (2000): 69–85.
Goetz, Rainald. „Subito". *Hirn*. Frankfurt am Main. Suhrkamp, 1986. 9–21.
Grabienski, Olaf. *Christian Krachts ‚Faserland'. Eine Besichtigung des Romans und seiner Rezeption*. https://www.olafski.de/files/download/kracht_faserland_rezeption_analyse.pdf, 2001. 13.08.2019.
Hielscher, Martin. „Generation und Mentalität. Aspekte eines Wandels". *Neue Deutsche Literatur* 48.4 (2000): 174–189.
Illies, Florian. *Generation Golf. Eine Inspektion*. Berlin: Argon, 2000.
Kracht, Christian, und Eckhart Nickel. *Ferien für immer. Die angenehmsten Orte der Welt*. Köln: Kiepenheuer & Witsch, 1998.
Kracht, Christian (Hrsg.). *Mesopotamia. Ernste Geschichten am Ende des Jahrtausends*. Stuttgart: Deutsche Verlags-Anstalt, 1999.
Kracht, Christian. (Hrsg.). *Mesopotamia. Ein Avant-Pop-Reader*. München: dtv, 2001.
Kracht, Christian. *1979*. Köln: Kiepenheuer & Witsch, 2001.
Kracht, Christian. *New Wave. Ein Kompendium 1999–2006*. Köln: Kiepenheuer & Witsch, 2006.
Kracht, Christian. *Ich werde hier sein im Sonnenschein und im Schatten*. Köln: Kiepenheuer & Witsch, 2008.
Kracht, Christian. *Triptychon*. Gelesen von Dirk von Lowtzow, Schorsch Kamerun und Dieter Meier. 10 Audio-CDs. Zürich: Swissandfamous, 2011.
Kracht, Christian. *Imperium*. Köln: Kiepenheuer & Witsch, 2012.
Kracht, Christian, und David Woodard. *Five Years. Briefwechsel 2004–2009*. Hrsg. von Johannes Birgfeld und Claude D. Conter. Hannover: Wehrhahn, 2011.
Lottmann, Joachim. *Mai, Juni, Juli*. Köln: Kiepenheuer & Witsch, 1987.
Laurence, Alexander. *Interview with Larry McCaffery*. August 1994. http://www.altx.com/interviews/larry.mccaffery.html.
Link, Maximilian, und Jan Wehn. „Ästhetischer Dreischritt". *Der Freitag* 4.12.2011. http://www.freitag.de/autoren/der-freitag/asthetischer-dreischritt
Lundt, Sönke. „Faserland. Fades Land – Faselland". *Das Stadtmagazin* 7 (1995).
Mann, Thomas. *Der Zauberberg*. Frankfurt am Main: Fischer Taschenbuch, 1994 [Berlin: S. Fischer, 1924].
McCaffery, Larry. *After Yesterday's Crash. The Avant-Pop Anthology*. Harmondsworth, Middlesex: Penguin, 1995.
Mertens, Matthias. „Robbery, assault, and battery. Christian Kracht, Benjamin v. Stuckrad-Barre und ihre mutmaßlichen Vorbilder Bret Easton Ellis und Nick Hornby". *Text + Kritik Sonderband Pop-Literatur*. Hrsg. von Heinz Ludwig Arnold. München: edition text + kritik, 2003. 201–217.
Philippi, Anne, und Rainer Schmidt. „Wir tragen Größe 46". *Die Zeit* 37 (1999): Leben, 3.
Quinten, Roland. Gymnasiasten im Faserland. Gegen die zunehmende Verflachung des gymnasialen Deutschunterrichts. Ein Aufruf zur Besinnung. *Fachverband Deutsch im Deutschen Germanistenverband*, Landesverband Niedersachsen/Bremen, 2012. https://

www.fachverband-deutsch.de/index.php?action=download&path=data/docs/cms/downloads&file=gymnasiasten_im_faserland_25042012.pdf

Rauen, Christoph. „Schmutzige Unterhose wird sauberer Büstenhalter. Zur ‚Überwindung' von Postmoderne und Pop bei Christian Kracht". *Christian Kracht. Zu Leben und Werk*. Hrsg. von Johannnes Birgfeld und Claude D. Conter. Köln: Kiepenheuer & Witsch, 2009.

Schmid, Wolf. *Elemente der Narratologie*. Berlin und Boston: De Gruyter, ³2014

Schmierer, Joscha. „Faserland". *Kommune* 8 (1995): 57.

Schmoll, Heike. „Abschreckend". *Frankfurter Allgemeine Zeitung* 177 (2013): 7.

Schumacher, Eckhard. *Gerade Eben Jetzt. Schreibweisen der Gegenwart*. Frankfurt am Main: Suhrkamp, 2003.

Schumacher, Eckhard. „Das Ende der Popliteratur. Eine Fortsetzungsgeschichte". *Poetik der Oberfläche. Die deutschsprachige Popliteratur der 1990er Jahre*. Hrsg. von Olaf Grabienski, Till Huber und Jan-Noël Thon. Berlin und New York: De Gruyter, 2011. 53–67.

Seiler, Sascha. ‚*Das einfache wahre Abschreiben der Welt' – Pop-Diskurse in der deutschen Literatur nach 1960*. Göttingen: Vandenhoeck & Ruprecht, 2006.

Steiner, Thomas. „Pop-Literatur: jung und schnöselig". *Badische Zeitung* 21.11.1998.

Stuckrad-Barre, Benjamin v. *Soloalbum*. Köln: Kiepenheuer & Witsch, 1998.

Süselbeck, Jan. „Wollt ihr den totalen Kracht?" *Jungle World* 11 (2012): dschungel, 8–9.

Trilcke, Peer. „Buh!". *Litlog* 16.02.2014, http://www.litlog.de/buh.

Tuschick, Jamal. „Provozierende Posen. Christian Krachts hoffnungsvolles Romandebüt Faserland: Gelangweilt geht's durchs Land der Väter, und Papa zahlt kräftig dazu". *Rheinischer Merkur* 12 (1995).

Ullmaier, Johannes. *Von Acid nach Adlon und zurück. Eine Reise durch die deutschsprachige Popliteratur*. Mainz: Ventil, 2001.

Winkels, Hubert. „Grenzgänger. Neue deutsche Popliteratur". *Sinn und Form* 51.4 (1999): 581–610.

Zeh, Juli: *Sag nicht Er zu mir oder: Vom Verschwinden des Erzählers im Autor*. 2014. http://www.kleiner-webmaster.de/essay-er.php. 13.08.2019.

4.13 Benjamin v. Stuckrad-Barre: Soloalbum (1998)
Moritz Baßler

Soloalbum erscheint 1998 als Taschenbuch bei Kiepenheuer & Witsch. Es ist der Debütroman des damals dreiundzwanzigjährigen Benjamin v. Stuckrad-Barre, der zuvor bereits als Feuilletonist (u. a. mit einer Kolumne in der *taz*), als Redakteur beim *Rolling Stone* und als Mitarbeiter der *Harald Schmidt Show* tätig war. Dem Roman wird sofort nach Erscheinen eine hohe Aufmerksamkeit zuteil, auch wenn er zunächst überwiegend schlechte Kritiken bekommt. Gemeinsam mit Christian Krachts *Faserland* (1995; → 4.12 GRABIENSKI) formiert sich in der Wahrnehmung von Kritik und Literaturwissenschaft mit *Soloalbum* der sogenannte KiWi-Pop (benannt nach dem Taschenbuch-Kürzel für ‚Kiepenheuer & Witsch', in Abgrenzung zum Suhrkamp-Pop der Autoren Goetz, Meinecke und Neumeister), womit die Pop-Literatur-Debatte der 1990er Jahre eröffnet ist. In dieser werden dem KiWi-Pop stereotyp Eigenschaften wie Oberflächlichkeit, Kommerzialität, „Aufgehen im neoliberalen Literaturbetrieb" (Ernst 2001, 73), politischer Konservatismus und Schnöseligkeit zugeschrieben, in Differenz nicht nur zum vermeintlich intellektuelleren (und ‚linken') Suhrkamp-Pop, sondern auch zur Pop-Literatur der 1960er und 1970er Jahre. Die Zusammengehörigkeit von Kracht und Stuckrad-Barre in der öffentlichen Wahrnehmung wird durch gemeinsame medienwirksame Auftritte und Interviews, eine gemeinsame Printwerbung für die Bekleidungsfirma Peek & Cloppenburg (2000), die Teilnahme am „popkulturellen Quintett" *Tristesse Royale* (Bessing 1999; → 4.15 DÖRING) und die von Kracht edierte Anthologie *Mesopotamia* (1999) befestigt, in der Stuckrad-Barre mit der Erzählung „Saisonarbeiter" vertreten ist. 1999 erschien außerdem *Livealbum*, in dem der Autor Episoden von seiner Lesereise mit *Soloalbum* verarbeitet. Im literaturgeschichtlichen Rückblick kann *Soloalbum* als Inbegriff der Pop-Literatur der 1990er Jahre gelten. Im Jahre 2016 nimmt Benjamin von Stuckrad-Barre in seinem Roman *Panikherz* noch einmal Bezug u. a. auf den in *Soloalbum* verarbeiteten Lebensabschnitt, womit sein erster Roman deutlich auch in seinem autofiktionalen Charakter erkennbar wird.

Bereits in den Paratexten eröffnet *Soloalbum* zahlreiche Pop-Bezüge. Der Titelbegriff bezeichnet ja normalerweise eine Schallplattenveröffentlichung (typischerweise ein unter eigenem Namen veröffentlichtes Album eines Musikers, der zuvor als Mitglied einer Band bekannt geworden ist – „Soloalben sind fast immer scheiße", 25). Den Umschlag ziert denn auch eine stilisierte Platte, und die Identifikation Buch-Platte setzt sich innen mit Titelseite (5) und Inhaltsverzeichnis (8–9) fort, die ebenfalls wie auf Plattenlabel gedruckt daherkommen. Zudem gliedert sich das Buch in eine A- und eine B-‚Seite', deren jeweils 14 Unterkapitel Namen von Songs der Brit-Pop-Band Oasis tragen. Auch das erste der beiden Motti, die dem Roman vorangestellt sind, stammt aus dem Brit-Pop, aus dem Song *The Music That Nobody Likes* von Carter USM (vom Album *Post Historic Monsters*, 1993), während das zweite einen Bezug zur deutschen Pop-Literatur der ersten Phase herstellt: ein Zitat aus Jörg Fausers „Solo Poem". Beide lassen sich allerdings, ebenso wie der Titel, zugleich auch auf die epische Ausgangssituation der Romanhandlung beziehen: Die namenlose Ich-Erzähler-Figur ist ‚solo' („Seit Katharina weg ist (3 Wochen und 2 Tage)", 15), und die damit verbundene Distanz zu Glück, Welt und Leben ist die Bedingung seines Schreibens.

Umschlag, Musikbezug und Ausgangssituation bilden zugleich einen deutlichen Bezug zu Nick Hornbys britischem Erfolgsroman *High Fidelity* (1995), der 1996 bei KiWi in deutscher Übersetzung von Clara Drechsler und Harald Hellmann erschien und ebenfalls als Pop-Literatur wahrgenommen wurde (der Pop-Bezug ist ja bereits in der Person Drechslers, *Spex*-Autorin der ersten Stunde und Übersetzerin u. a. von Douglas Coupland und Bret Easton Ellis, gegeben). Stuckrad-Barre hatte ihn 1996 für den *Rolling Stone* interviewt; in *Soloalbum* wird er in einer Verlagsanzeige am Ende des Buches beworben. Auch in diesem Roman sieht sich ein Musik-Nerd von seiner Freundin verlassen, und die Ähnlichkeiten wurden früh bemerkt (vgl. Mertens 2003). Doch während der Ich-Erzähler bei Hornby (Jahrgang 1957) in einer Art Bildungsgeschichte seinen Snobismus überwindet und Menschen zu akzeptieren lernt, deren Plattensammlung eine „disaster area" ist (Hornby 1996, 222), und dadurch schließlich zur Freundin zurückfindet, nimmt Stuckrad-Barres Erzähler die Trennung als Anlass für seine überscharfe Registratur und Archivierung der umgebenden Jugend- und Pop-Kultur (vgl. Baßler 2002). Der Roman endet denn auch nicht mit einer romantischen Wieder- oder Neuvereinigung des Protagonisten, sondern mit seinem Besuch eines Oasis-Konzerts („This one's for the boys", 243). Anders als bei Hornby oder auch bei Douglas Coupland wird die Narration (Liebesgeschichte) in *Soloalbum* also nicht zum Bedeutungsträger, der hermeneutische Code spielt kaum eine Rolle, es gibt weder Spannungsbögen noch Cliffhanger, die Wahrheit steht nicht „am anderen Ende des Wartens" (Barthes 1979, 79). „Der Autor weigert sich, ein Modell gelingender oder scheiternder Sozialisation vorzuführen" (Wagner 2007, 418). Während Hornbys Roman sich entsprechend nahezu verlustlos verfilmen ließ (USA 2000, Regie: Stephen Frears, mit John Cusack), konnte nichts von den Verfahrens-Qualitäten von *Soloalbum* in die gleichnamige Teenie-Komödie gerettet werden (D 2003, Regie: Gregor Schnitzler, mit Matthias Schweighöfer und Nora Tschirner).

1. Sammeln und Generieren

An die Stelle einer narrativen Struktur tritt in *Soloalbum* eine Kette weitgehend nebengeordneter Routines, etwa: wie es in einem Musikverlag zugeht, auf einer Studentenparty oder bei einem Richard Clayderman-Konzert. Auch die im Buch ubiquitären Listen, z. B. von Frauen, die man anrufen könnte, von „Singles zum Verlieben" (alle von Oasis – man beachte das Wortspiel Singles/Singles) sind, anders als bei Hornby („My desert-island, all-time, top five most memorable split-ups", Hornby 1996, 9) keine gerankten Hitlisten, sondern gleich- und nebenordnende Kataloge (→ 3.2 BASSLER). Dieses Verfahren erweist sich als hochreflektiert, was der Roman vor allem in der Passage zu den Bildzeitungs-Mädchen ausstellt. Sie beginnt mit „Ich sammel die nackten Girls aus der Bild-Zeitung" (41–45); motiviert ist diese einsame Beschäftigung über das eigene Single-Dasein. Was dann aber vorgeführt wird, ist keine Wichsvorlage, sondern eine strukturale Analyse der den Bildern beigegebenen Begleittexte. Sie werden segmentiert in ihre topischen Bestandteile: „gute Namen", „erlernter Beruf", „bestes Alter", „gottgegebene Berufe", „Hobbies", „Grund für die Nacktheit", „Zurufe der Redaktion" und „Was passiert gleich?", wobei jedes Paradigma mit sechs bis fünfzehn äquivalenten Beispielen belegt wird. An anderer Stelle hat Stuckrad-Barre aus diesem Fundus wiederum einen Text über Katja Kessler, die Verfasserin dieser Texte, generiert (Stuckrad-Barre 1999, 46). Damit ist das Verfahren von Stuckrad-Barres Roman im Kern benannt: Sammeln, d. h. genaues Hinhören, -sehen und -lesen, dessen Ergebnisse abgespeichert werden; analysieren, d. h. den typischen Thesaurus und die Verknüpfungsregeln einer bestimmten Textform oder Redeweise erfassen; und schließlich das darauf basierende Generieren des eigenen Textes. Auf diese Weise erfasst er die enzyklopädischen Regeln seiner popkulturellen Gegenwart und macht sie in seinem Text sichtbar. Ein Teil des Erfolgs, den der Roman bei jugendlichen Lesern seiner Zeit verbuchen kann, erklärt sich freilich auch aus dem, was gesammelt wird – Zeugnisse der unmittelbaren pop- und populärkulturellen Medien- und Lebenspraxis der Zeit.

Typisch für Pop wird nicht im epischen Präteritum, sondern im homodiegetischen Präsens erzählt (wie auch bei Bret Easton Ellis, Hornby und Kracht), eine gewissermaßen unnatürliche Erzählweise, denn gleichzeitiges Erzählen und Erleben schließen sich aus. Dieses enzyklopädische Erzählen ist denn auch nicht mit realistischer, mimetischer Beschreibungs- oder gar nostalgischer Erinnerungsprosa zu verwechseln, die sich etwa an den Süßigkeitennamen der Kindheit erfreuen würde oder dergleichen. Semiotisch liegt das in einem Primat des Paradigmatischen begründet, einem Vorrang der Äquivalenzenbildung gegenüber dem metonymischen Fortschreiten des Textes in Frames und Skripten, das realistische Verfahren auszeichnet. Das zeigt sich selbst dort, wo kulturelle Frames ausbuchstabiert werden – eigentlich das metonymische Verfahren par excellence, z. B. in folgender berühmt gewordenen Stelle (Ort der Handlung: eine Party):

„Mit einer ziemlich schrecklichen Frau komme ich dann ins Gespräch über den Film. Ich schätze mal, über ihrem Bett hängt in DIN-A 0 der sterbende Soldat, auf dem Boden steht eine Lavalampe. Sie hört gerne Reggae. Scheiß Pearl Jam findet sie „superintensiv", auf ihre CDs von Tori Amos und PJ Harvey hat sie mit Edding geschrieben „♀-Power rules", selbst einem Comeback von Ina Deter stünde sie aufgeschlossen gegenüber. Als Nachthemd dient ihr treu ein zerschlissenes „Abi 1987"-T-Shirt, neben ihrem Bett (einer Matratze) liegen lauter Armbändchen aus Ecuador oder so" [usw.]. (32)

Neben der literarischen Ersterfassung vieler Namen und Gegenstände demonstriert die Stelle eine enorme kulturelle Kompetenz, mit der das, was in der Enzyklopädie jugendkultureller Gegenwart einander benachbart ist, selektiert und kombiniert wird. Das muss einerseits so kompetent gemacht sein, dass Leser/innen es als zutreffend (wieder-) erkennen, bedient jedoch andererseits in seinem Partikularismus, seiner Detailbesessenheit auf Mikro-Ebene eben keine bereits bestehenden Klischees, „weil über dieses Verfahren die Frau nicht auf den Begriff gebracht wird, sondern, wenn man so will, auf den Katalog." (Baßler 2002, 106). Der Clou aber besteht darin, dass der Erzähler das hier entworfene Jugendzimmer ja gar nicht gesehen hat, sondern allein aufgrund des Erscheinungsbildes (und womöglich der Äußerungen) der Frau imaginiert, die er auf der Party trifft und die ihrerseits mit keinem Wort beschrieben wird. Ein Leser auf der kulturellen Höhe des Textes könnte diesen jetzt vielleicht um ihre Kleidung, Frisur etc. ergänzen. Dass all dies in einem hier (und fast durchweg) abwertenden Gestus geschieht, hat dem Autor zeitgenössisch den Vorwurf des ‚Geschmacksterrorismus' (Der Spiegel 1998, 209) eingebracht, erscheint im Rückblick jedoch eher zweitrangig. Zum einen ist es der epischen Grundstimmung ‚Entfremdung von der Welt durch Liebeskummer' geschuldet, zum anderen steht dem auf der anderen Seite kein Eigentliches (etwa ästhetisch positiv Gewertetes) gegenüber. Die Wertungsbegriffe sind als diskursiv bedingte markiert („superintensiv"), und das gilt immer auch für die eigene Position in diesem Distinktionsspiel; ein Problem, das ausführlich in *Tristesse Royale* verhandelt wird. Die wörtliche Rede des Protagonisten („Toll, hey hey, richtig professionell, gut, du, ich mische mich mal wieder unters Volk", 34) ist als genauso schrecklich markiert wie der Geschmack der Film-Frau. Der durchgehend paradigmatische Modus setzt jede verbale oder nonverbale Äußerung, ob sie bei anderen beobachtet wird oder die eigene ist, in jene Anführungszeichen bedingter ästhetischer Geltung, die Susan Sontag in ihren „Notes on ‚Camp'" (1964; → 2.5 BASSLER) erstmals beschrieben hat: „Being" – und vor allem Diskurs – „as-Playing-a-Role" (Sontag 1964, 280). Eine jargonhafte Wendung wie „ich mische mich mal wieder unters Volk" kann man ‚eigentlich' nicht sagen, und der Leser von *Soloalbum* weiß, dass dessen Erzähler und Autor das wissen. Stuckrad-Barres Prosa praktiziert somit eine konsequente Heteroglossie im Bachtin'schen Sinne, die immer wieder signalisiert: „Das sage eigentlich nicht ich. Ich hätte es wohl auch anders gesagt." (Bachtin 1979, 303) Darin unterscheidet sich diese Prosa grundlegend etwa von der Alexa Hennig von Langes, die etwas wie „Vampirellas Titten angucken schockt einfach absolut" (Hennig von Lange 1997, 137) zwar als Rollenprosa ausstellt, aber eine, deren Jugendlichkeit sich der Roman zu eigen macht und als sein Proprium präsentiert.

2. Entmythisieren/Remythisieren

Dieser Rede und diesem Verhalten in Anführungszeichen stehen bei Stuckrad-Barre nun aber eben keine ‚eigentliche' Rede, kein intrinsisch ‚richtiges' Verhalten gegenüber. Es gibt keinen archimedischen Punkt des Sprechens und Urteilens außerhalb des Diskurses. Seine Literatur ist auch darin Pop, dass sie durch und durch von einer Sekundarität geprägt ist, die die eigene Rede (und alles andere) als etwas markiert, das notwendig nach den Medien, nach den grassierenden Diskursen vonstattengeht, und lässt nie den Verdacht aufkommen, es könne demgegenüber eine Literatur oder auch nur einen Journalismus der ersten Worte geben. Der zeitgenössische Vorwurf, hier werde bloß „die Fernseh- und Lifestyle-Sprache reproduziert", um auf simple Weise gut verkäufliche Literatur zu schreiben (Ernst 2001, 74), bleibt hinter der Komplexität dieser Prosa weit zurück – offenbar gerät sie (ähnlich wie *Faserland*) schon allein dadurch, dass sie diesen medial und von jugendkulturellen Szenen geprägten Diskurs beherrscht, für den dominanten Literaturbetrieb unter Trivialitätsverdacht. Von einer Figur, Klaus, der sich und seine Texte demgegenüber für authentisch hält, heißt es im Roman:

„Ich bin mir ganz sicher, daß er demnächst über klassische Musik referieren wird. [...] Und natürlich wird er dann nicht die Wahrheit sagen, daß er also über eine ‚Alfred-Brendel-Collection' für 12 Mark oder so auf den Geschmack gekommen ist, nein, die Liebgewinnphase wird er einfach verschweigen und urplötzlich, als gebe es kein Gestern, von Symphonien daherreden, und zwar, das ist völlig klar, natürlich ganz genau „in der Aufnahme von", von halt irgendwem, und nicht gerade Sir Georg Solti, weil den ja alle kennen." (31)

Die ‚eigentlichen' Redeweisen („in der Aufnahme von") werden als bedingte gezeigt, als Naturalisierungen eines Distinktionsaktes – ganz im Sinne dessen, was bei Barthes Mythos heißt (→ 2.6 PAPST, SEIDEL). Die schlecht gelaunte Entmythisierung, die der Erzähler fortwährend praktiziert und die über den Liebeskummer motiviert ist („Orgasmus allein: hoher Erkenntnisgrad. [...] Orgasmus zu zweit: völlig Verblödung. [...] Trotzdem ist es zu zweit schöner, klar.", 192), erstreckt sich also auf die eigene (Pop-) Kultur ebenso wie auf die Hochkultur („the ‚serious'", Sontag 1964, 288). Beide können, so die Implikation, nur vermittels von Markt und Medien (wie hier vielleicht dem *Merkheft* von Zweitausendeins) rezipiert werden. Und auch an dieser Stelle wird wohlgemerkt kein Faktum erzählt – dass Klaus in seinem Authentizitätsbedürfnis „demnächst" zur Klassik finden wird, ist einmal mehr nur eine enzyklopädisch gestützte Hypothese, ausgeführt als grantige Routine.

All dies betrifft ganz grundsätzlich den Modus des Textes: Insbesondere auch die eigene Rede steht stets in paradigmatischen Anführungszeichen, wird als bedingte – das heißt aber: nie authentische, immer potentiell auch lächerliche oder peinliche – erlebt und ausgestellt: „Heute habe ich mir im Second Hand-Laden einen Anzug gekauft. Ich hasse Second Hand-Läden, aber ich liebe Anzüge. Daß ich diesen Satz mal würde sagen wollen und können – ich liebe Anzüge. Das klingt wie: Im Herbst ist Sylt sehr schön." (88) Das Handlungsmoment (Anzug gekauft) trägt, wie gesagt, wenig zu einer sinntragenden Narration bei, sondern ist Auslöser für die sprachliche Routine, auf die es in Stuckrad-Barres Prosa ankommt. Jeder Satz generiert ein Paradigma ähnlicher Sätze, die sich bereits als formulierte Gemeinplätze (man denke an Flauberts *idées reçues*) im Diskurs finden lassen, in einem Diskurs, der überdies weitgehend von Medien, Werbung etc. geprägt ist. Selbst ein Text, der offenbar nah am Herzen des Erzählers ist, wie das vollständig abgedruckte Liebesgedicht Jörg Fausers (130–131), wird innerhalb der Diegese zum Teil eines Liebesbriefes an Katharina (und damit zu etwas Peinlichem). Ähnliches findet sich zeitgleich etwa bei Wolf Haas, wo der Protagonist ein Rilke-Gedicht, das ihn ergreift, als Spruch im Beerdigungsinstitut kennenlernt (*Komm, süßer Tod*, 1998).

Der Pop-Modus paradigmatischer Bedingtheit, der als Ironie oder Selbstironie nur unzutreffend charakterisiert wäre, dient keineswegs dazu, sich unangreifbar zu machen, wie zeitgenössische Kritiker meinten (Ernst 2001, 74; Ullmaier 2001, 23) – im Gegenteil, er schwankt sehr bewusst zwischen Arroganz und Verzweiflung (ausführlich wird das *Tristesse Royale* behandelt): Mit jeder, auch jeder negativen Äußerung platziert sich der autornahe Erzähler auch selbst und setzt sich sozusagen aus, und sei es nur der Peinlichkeit – eine Praxis, die man damals auch auf Lesungen Stuckrad-Barres erleben konnte. Jede eigene ästhetische Position erfordert unter diesen Bedingungen ja eine Art Kierkegaard'schen Sprung in den Glauben an ein Werk oder Idol, dessen Bedingtheit doch immer bewusst bleibt. Genau dies führt das letzte Kapitel am Beispiel von Oasis vor. Die Band spielt, wie gesagt, schon paratextuell eine große Rolle für den Roman und wird auch im Text vom Erzähler immer wieder ausführlich und positiv erwähnt („es bleibt dabei: Jede eigenkomponierte B-Seite von Oasis ist jeder A-Seite von 95 % aller anderen

Britpop-Bands um eine Vielfaches überlegen", 242) – übrigens interessanterweise nicht im topischen Gegensatz zu Blur, die auch ausführlich gefeiert und gelistet werden. Das letzte Kapitel (Rock'n'Roll Star) erzählt dann den Besuch eines Oasis-Konzerts (mit deutlichen Referenzen auf das Berlin-Konzert der Be Here Now-Tour am 22. November 1997).

„Oasis sind ja die Größten, das sagen wir, das sagen die. Ist ja völlig egal, was die anderen behaupten, von wegen „Klingt ja alles gleich und ist ja langweilig und arrogant und geklaut". Die nun wieder. Männerbündelei, die gerade noch in Ordnung geht, das erleben wir hier. Nicht wie bei den Toten Hosen [...]." (243) Auch hier wird das ästhetische Urteil sofort als Diskurspartikel lokalisiert, und zwar als topische Rede sowohl der Fans als auch der Band selbst. Dadurch relativiert es sich, wird ausgestellt als Teil eines Paradigmas äquivalenter Möglichkeiten: Es gibt andere Meinungen zur Band, die auch zitiert werden. Und die eigene Haltung ist der der verachteten Tote-Hosen-Fans in ihrer „Männerbündelei" so ähnlich, dass sie eigens von dieser abgegrenzt werden muss. Gegen diese Relativität gilt es nun, gemeinsam mit dem Act das ikonische Zeichen Oasis/Rock'n'Roll Star hochzuhalten, wie MacCannell es in seiner Semiotik des Spektakulären ausführt: „The addresser and addressee are not communicating so much as they are coparticipating in a semiotic production in which they are mutually complicitous in the exaltation of an iconic image." (MacCannell 1986, 426) Zu diesem Bild tragen die Gallaghers aber nicht bloß als Musiker, sondern auch in ihrer Funktion als Stil-Ikonen bei, und der Text bemerkt sehr wohl, dass die objektiven Qualitäten des Vorgeführten die begeisterte Zustimmung nicht immer rechtfertigen („Das Hemd von Noel ist sogar richtig scheiße, aber der Body ist die Botschaft, ach, der Bierbauch, und er könnte wohl auch Tennissocken – hat er bestimmt auch, der darf das, darf alles.", 245).

Die Entscheidung, an dieser einen Stelle die paradigmatische Relativierung, die das gesamt Buch prägt, in den Wind zu schlagen, ist eine rein innerdiegetische. Sie bleibt als Entscheidung immer willkürlich, die absolute Präsenz, die es in der Postmoderne eigentlich gar nicht geben kann, ist eine stipulative: „'Be Here Now' – da kann ja alles heißen! ‚Be Here Now' kann nicht nur, sondern will auch unbedingt – alles heißen." (245) Das letzte Wort des Romans hat denn auch ein anderer Oasis-Titel: „Ja. ‚Definitely Maybe', das ist der beste LP-Titel aller Zeiten." Auch in diesem Satz werden das Hochhalten der Pop-Ikone und die popspezifische Relativierung noch einmal gnomisch engeführt. Die Re-Mythisierung, die bereits für Leslie Fiedler, den Vater des Pop-Literatur-Begriffs (→ 2.1 WEGMANN), eines ihrer entscheidenden Merkmale war, findet statt, aber in Anführungszeichen.

3. Synchroner Schriftraum

Mit *Soloalbum* hat Benjamin v. Stuckrad-Barre nicht nur den erfolgreichsten, sondern wohl auch einen der konsequentesten Pop-Romane der 1990er Jahre vorgelegt. Er ist nicht nur inhaltlich voller Pop-Bezüge, sondern praktiziert auch die Sekundarität von Pop und ist – anders als das Gros der Pop-Literatur der 1960er und der Suhrkamp-Fraktion – auch noch selbst populär, witzig, sexy und gimmicky im Sinne Richard Hamiltons. In einem Interview nennt der Autor sein Werk denn auch „[n]icht Pop-Literatur, sondern allenfalls Literatur-Pop." (Die Zeit, 9. September 1999) In der beginnenden literaturwissenschaftlichen Auseinandersetzung war das Buch ein Paradebeispiel für die These, die Pop-Literaten seien die „neuen Archivisten" einer Pop- und Medienkultur, um die sich die deutsche Literatur zuvor nicht gekümmert hatte (Baßler 2002). Zugleich manifestiert sich ein Bruch mit einer traditionellen Auffassung von Literatur, die einem literarischen Werk notwendig ‚Tiefe' zuschreibt. Hölderlins klassische Verse „Ein Rätsel ist Reinentsprungenes. Auch / Der Gesang kaum darf es enthüllen. Denn / Wie du anfingst, wirst du bleiben" (*Der Rhein*) drücken, poetologisch gelesen, genau dies aus: dass unter der Oberfläche des Textes („Gesang") das eigentliche, ursprüngliche Rätsel liegt, als Präsenz und originäre, stabile Notwendigkeit einer Tiefenbedeutung, die die Textoberfläche „kaum" bzw. nur einer langen hermeneutischen Auslegungstradition preisgibt. Die deutsche Nachkriegsliteratur hat diese sakralisierende Poetik fortgeführt (z. B. Celan: *Tübingen, Jänner*), obwohl die zeitgenössische Texttheorie auch den poetischen Text längst als „vieldimensionalen Raum, in dem sich verschiedene Schreibweisen, von denen keine einzige originell ist, vereinigen und bekämpfen" (Barthes 1968, 108) beschrieb. *Soloalbum* praktiziert jene konsequente Synchronie, die der Poststrukturalismus dem Text generell zuschreibt und die a fortiori von Werken des Pop unter Marktbedingungen erwartet wird (z. B. Hits, Filmen, vgl. Clover 2004), und verzichtet dabei auf Auratisierung qua Literarizität. Entsprechend ist diese Prosa stärker in der medial vermittelten Gegenwartskultur verankert (Pop-Musik, Werbung, Fernsehen) und wird eher durch diese paradigmatisiert als durch Gegenwartsliteratur (die hier gar keine Rolle spielt) oder Literaturgeschichte, was der Autor u. a. 1997 in seinem Kurztext „Literaturkanon" reflektiert: „Ich habe mein Deutschabitur über Effi Briest geschrieben. Das Buch hatte ich nicht gelesen, die kleinkopierte Inhaltsangabe aus dem Literaturlexion aber unterm Pullover [...]. Es hat gereicht." (Stuckrad-Barre 1999, 249)

Zugleich lässt sich hier eine Skepsis gegenüber der überkommenen hermeneutischen Deutungstradition ablesen, wie sie Schule und Universität perpetuieren – auch die Deutung erfolgt heute ja erst nach den Medien (vgl. auch die Brecht-Schullektüre in Herrndorfs *Tschick*: „Anschließend las Anja die richtige

Interpretation, wie sie auch bei Google steht", Herrndorf 2010, 55). Für die eigene Literatur wird eine solche ‚Tiefe' dementsprechend nicht mehr postuliert: „Der Raum der Schrift kann durchwandert, aber nicht durchstoßen werden." (Barthes 1968, 109). Gerade darin ist Stuckrad-Barres Pop-Literatur immer auch postmoderne Literatur und verweist, wenn überhaupt auf Literatur, dann erneut auf Pop (Fauser). Der Reich-Ranicki'sche Literaturkanon, der zeitgleich bei Schlink und anderen im Modus des Midcult aktualisiert wird (*Der Vorleser*), wird hier als Hitliste lächerlich gemacht: „Heine, Rilke und Fontane mit Chancen auf Uefa-Cup-Plätze" (Stuckrad-Barre 1999, 247). Ein „Reinentsprungenes" ist in dieser Pop-Poetik schlechterdings nicht mehr denkbar. Der Diskurs dieser Literatur verdankt sich und ist sekundär gegenüber dem Archiv, mit dem er vernetzt ist, und zwar bewusst und ausdrücklich. Erste Worte werden hier also nicht gesprochen, wohl aber zahlreiche Medienwörter (Markennamen, Bandnamen, Titel, Namen von Promis und Fernsehsendungen) literarisch erstmals archiviert. Später wird Stuckrad-Barre sich mit Vertretern einer Nachkriegsliteratur solidarisieren, die anders als die Gruppe 47 eher archivierend vorgingen, namentlich mit Walter Kempowski (vgl. Hempel 2007).

4. Erkältungsangst: Autofiktion und Post-Pop

Es ist vielleicht nur konsequent, dass Stuckrad-Barres Weg von seinem Erfolgsdebüt nicht, wie etwa der Krachts, tiefer in den Literaturbetrieb in engeren Sinne hineinführte. Seine weiteren Publikationen, zumeist Sammelbände mit kürzeren Texten, wurden eher als schnell aufeinanderfolgende Medienereignisse gelesen, als Feuilletons und journalistische Beiträge, er selbst eher als eine Art Pop-Star wahrgenommen denn als seriöser Literat. So vermeldet etwa der *Rolling Stone* über *Blackbox* (2000), dies sei „ein Chart-Erfolg, wie ihn der Pop-Freund Stuckrad von seinen Lieblings-Bands immer gefordert hat" (Wigger 2000, 12). Zu diesem Bild trug bei, dass Stuckrad-Barre auch Tonträger veröffentlichte, Fernsehsendungen moderierte und medial eine Weile sehr präsent war (u. a. durch eine Beziehung zum Comedy-Star Anke Engelke sogar in der Klatschpresse). Seine Lesereisen verbanden das Verlesen eigener Texte mit dem Auflegen von Musik, Gastauftritten anderer Prominenter und Einbezug des Publikums zu einer Show, die von traditionellen auratischen Autorenlesungen weit entfernt war.

So entstand in der Nachfolge von *Soloalbum* die Figur Benjamin v. Stuckrad-Barre als Pop- und Medienpersona, die vom Autor kaum unterscheidbar ist. Sämtliche Texte Stuckrad-Barres tragen autofiktionale Züge (vgl. Kreknin 2014), auch wenn metaleptische Effekte, wie Kreknin sie bei Goetz und Lottmann analysiert, fehlen (→ 3.3 KREKNIN). „Die Inszenierung öffentlichen Lebens, das Rollenspiel auch im Privaten, die Kostümierung, die permanente Bühnensituation" (Stuckrad-Barre 2001, [1]) sind Thema seiner Prominenten-Reportagen in *Deutsches Theater* (2001), wie z. B. „Claus Peymann kauft sich keine Hose, geht aber mit essen" (mit Bezug auf Thomas Bernhard). Manche seiner Feuilletons tragen Züge des *New Journalism* (z. B. „Rolling Stones" von 1998: „Ich war nicht beim Konzert der Rolling Stones, erzähle aber trotzdem gerne, wie es dort war", Stuckrad-Barre 1999, 160), mit dem ja auch andere Pop-Autoren verbunden sind, wie Christian Kracht, der vor seiner Literatenkarriere für *Tempo* schrieb (→ 2.3 SCHUMACHER). Durchgehend aber praktiziert Stuckrad-Barre in seinen Texten eine Diskursanalyse der medialen Gegenwart, die sich am deutlichsten in Form eines auflistenden, katalogisierenden Sammelns popkultureller Fundstücke manifestiert, z. B. in „Fahrradläden in Studentenstädten, die wirklich so heißen" (1997), in Sammlungen von Graffiti („Rockclub, Decke der Cocktailbar & Backstagetoilettentür", 2004) oder in dem Band *Was.Wir.Wissen.* (2005), der nichts anderes tut, als Google-Suchergebnisse zu Fragen wie „Was ist nicht von schlechten Eltern?" oder „Wer kocht auch nur mit Wasser?" zusammenzutragen. 2008 ediert Stuckrad-Barre gemeinsam mit Moritz von Uslar eine Auswahl von Udo Lindenbergs Lyrics (*Am Trallafitti-Tresen*).

In späteren Auflagen von *Soloalbum* (z. B. ^{7}1999) finden sich am Ende zwischen Danksagung (mit lustigem Foto) und Werbung (für Hornby-Romane) noch zwei Faxe abgedruckt. Der Sachbuchautor Ulrich Hoffmann fragt konkret nach dem autobiografischen Gehalt des Drogenkonsums, der im Buch erwähnt wird, worauf Stuckrad-Barre mit einem Jarvis-Cocker-Zitat vom Pulp-Album *This Is Hardcore* antwortet („I did experiment with substances / but all it did was make me ill") und fortfährt: „Als Symbol für ein Lebensgefühl stehe ich nicht zur Verfügung." ([249]). Von diesem Album stammt auch das Motto von *Mesopotamia*, „Irony is over. Bye bye.", dessen performativer Widerspruch immer wieder dazu herangezogen wurde, den Modus dieser Literatur zu charakterisieren. Allerdings werden Drogensucht und Entzug Stuckrad-Barres weiteres Leben in der Tat erheblich prägen, was Herlinde Koelbl bereits 2004 in ihrem Film *Rausch und Ruhm* dokumentiert. Spätestens seitdem steht der ‚coole' Pop-Gestus nicht mehr nur mit dem Bewusstsein der eigenen Relativität im Konflikt, sondern mit existenziellen Problemen: des Überlebens und Alterns im Pop.

Erst 2016 legt der Autor ein zweites Buch vor, das die Bezeichnung ‚Roman' verdient (auch wenn die entsprechende Gattungsangabe im Buch fehlt): *Panikherz*. Dieses Buch verschränkt Episoden aus dem eigenen Leben, auch aus der *Soloalbum*-Zeit, mit der Gegenwart eines Aufenthaltes in Los Angeles. Es blickt dabei mit einer durch die Drogen- und Entzugserfahrung gewonnenen Distanz auf die frühere Pop-Haltung zurück. Hatte diese sich unter anderem durch arrogant-konsequente Distanz zu allem allzu Menschelndem ausgezeichnet, werden 2016 Werte wie Familie (Stuckrad-Barre stammt aus einem Bremer Pfarrhaus) und Freundschaft rehabilitiert. Zentrale Figur ist dabei Udo Lindenberg, der Vater der deutschsprachigen Pop-Musik (von dem Stuckrad-Barre 1996 geschrieben hatte, er sei inzwischen „aufs trostlose Nachgejaule seiner selbst beschränkt", Stuckrad-Barre 1999, 330), der ihn (Figur wie Autor) generös in seine Panik-Familie aufnimmt und ihm beisteht. Alle Kapitelüberschriften sind diesmal Lindenberg-Zitate; mit dem spätestens seit den späten 1970ern für Pop-Distinktionsgewinne denkbar ungeeigneten Altrocker hält Stuckrad-Barre nunmehr eine Ikone hoch, deren Qualitäten vor allem im Menschlichen liegen. Um Möglichkeiten eines würdevollen Alterns im oder nach Pop kreisen jedoch auch die Begegnungen mit Bret Easton Ellis und deutschen Mediengrößen wie Thomas Gottschalk und Helmut Dietl, der Aufenthalt im pophistorisch gesättigten Chateau Marmont-Hotel am Sunset Boulevard sowie der Besuch von Konzerten ehemaliger Ikonen wie Noel Gallagher, Blur und Brian Wilson. Das Gallagher-Konzert (mit seiner neuen Band High Flying Birds) ist als genaues Gegenstück zum Oasis-Konzert in *Soloalbum* konstruiert: Die Magie ist verflogen, das Publikum im bestuhlten Saal alt wie man selbst: „Da sitzen wir also, tragen aus ERKÄLTUNGSANGST Fanjacken, trinken WASSER – und früher war irgendwie mehr Lametta." (Stuckrad-Barre 2016, 194) Die Ikone lässt sich nicht wiederbeleben: „Jetzt singt er ein Oasis-Lied, ‚Champagne Supernova' – und, nein, es ist nicht magisch." – was damals wie heute nicht primär an der musikalischen Qualität des Vorgeführten liegt, sondern an dem, was fehlt, und zwar ausdrücklich sowohl Gallagher als auch der Autor-Erzähler-Figur Stuckrad-Barre selbst: eine Stilgemeinschaft zwischen Jugend, Drogen und Pop. Stattdessen nun „ADULT ROCK, kann man sich supergut anhören, man kann es aber auch bleiben lassen, es hat nicht Zwingendes. Zu Hause steht das Deluxe-Box-Set im Regal, und da geht der Fehler schon los: Regal." (Stuckrad-Barre 2016, 195).

Archivierung, so zeigt sich hier, ist nicht gleich Archivierung. Ging es 1998 noch um das Erschreiben einer gegenwartskulturellen Enzyklopädie, in der immer auch der eigene Ort auf dem Spiel stand, um Sammeln und Generieren (→ 3.2 BASSLER), ist das Sammeln inzwischen vom eigenen Existenzial abgekoppelt, es wird nichts mehr generiert. Entsprechend mündet *Soloalbum* in das Konzert-Kapitel, während es in *Panikherz* nur eine beiläufige Episode darstellt. Hier ließe sich ein Bezug zu den Diagnosen von Simon Reynolds und Mark Fisher herstellen, die im gegenwärtigen Pop ebenfalls das Neue, das Versprechen einer Zukunft vermissen und stattdessen „pop culture's addiction to its own past" beklagen (so der Untertitel von Reynolds' *Retromania*, 2011). Anders als diese bemerkt Stuckrad-Barre allerdings, dass die Diagnose auch mit dem eigenen Altern und dem Entzug zu tun hat, was nicht zuletzt sein Loriot-Zitat von Opa Hoppenstedt („mehr

Lametta") belegt. – Die Prosa von *Panikherz* bleibt anspielungsreich und gegenwartsgesättigt, doch überwiegt ein episodisch-narrativer, realistischer Modus, während der alte archivierende Stil nunmehr wie folgt eingeordnet wird: „Nichts tut man ja auf Drogen lieber, als endlose Listen anzufertigen, also war es eine perfekte Aufgabe für mich." (Stuckrad-Barre 2016, 261) Auch der Autorname wandelt sich leicht: Aus der Pop-Persona ‚Benjamin v. Stuckrad-Barre' wird seit 2005 zumeist ‚Benjamin von Stuckrad-Barre'.

5. Neue Kontexte

Zweifelsohne hat Stuckrad-Barres „Literatur-Pop" – unmittelbar vor der allgemeinen Zugänglichkeit des Internets, die die Medienlandschaft noch einmal ganz neu ordnen sollte – die Gattung Roman für jugendliche Bevölkerungsschichten noch einmal attraktiv gemacht, die für das Medium Buch zuvor bereits verloren schienen. Zu diesem Effekt trägt jedoch nicht nur die ungewohnt gegenwärtige Enzyklopädie der Medienkultur bei, die sich in *Soloalbum* zwischen den Buchdeckeln erschließt, sondern eben auch das multimediale Auftreten der Autorpersona selbst. Neben der oben beschriebenen Einordnung als Pop-Literatur (mit Christian Kracht, Fauser-Bezug u.a.) gibt es bereits zeitgenössisch auch andere Kategorien, unter denen der Roman rezipiert wird, etwa die der Adoleszenz-Literatur (Gansel 2003, Wagner 2007) oder die einer – freilich gern mit Pop-Literatur konfundierten – jugendlichen Selbstfindungs- und Erinnerungsliteratur (wie z.B. Benjamin Lebert). Hinzu kommt eine Nähe zur deutschen Comedy (Harald Schmidt, Anke Engelke) und anderer Fernsehunterhaltung; vor allem in *Livealbum* präsentiert Stuckrad-Barre sich schon in den Motti von Falco und Robbie Williams („Let me entertain you!") als Unterhaltungskünstler. All dies sind Kontexte, die für deutsche Literaten einigermaßen unerhört sind. Der große Erfolg des Romans zieht überdies eine Welle vermeintlich ähnlicher Produkte nach sich, in den Buchläden entstehen ab ca. 2000 neue Regale mit Rubriken wie ‚Junge Literatur'. Dort findet sich u.a. das neue Genre des Männerromans nach dem initialen Muster von Tommy Jauds Bestseller *Vollidiot* (2004), der viel von *Soloalbum* gelernt hat, ohne bei aller Popularität jedoch als Pop-Literatur gelten zu können und wollen. Es handelt sich um eine Art männliche Variante der Chick-Lit: Komische Unterhaltungsromane, in deren Zentrum wie bei Stuckrad-Barre ein junger Mann an der Schwelle zum Berufsleben und sein Problem bei der Suche nach der richtigen Frau stehen. Anna Knaup hat die wesentlichen Unterschiede zum Pop-Roman herausgearbeitet (Knaup 2015, 43–100): Der Männerroman schreibt nicht aktiv an der kulturellen Enzyklopädie mit, sondern bedient sich ihrer (z.B. eines

Pop-Konzertes) rein illustrativ. Die Nennungen von Bands etc. sind dabei austauschbar: der Roman selbst führt sozusagen keinen Pop-Diskurs. Er zielt nicht auf Distinktion, sondern „durch die Nennungen von Insignien des Mainstreams auf eine Inklusion möglichst vieler Leser ab", denen er zum Zwecke heiterer Unterhaltung „eine Identifikationsfläche bietet" (Knaup 2015, 78), in einem Übergangsfeld nicht nur zur Comedy, sondern auch zur Ratgeberliteratur. Die oben beschriebenen komplexen Verfahren der Heteroglossie, das pop-spezifische Reden in Anführungszeichen finden sich hier ebensowenig wie eine Autorpersona, die sich selbst aufs Spiel setzt.

Stuckrad-Barre, Benjamin v. *Soloalbum*. Köln: Kiepenheuer & Witsch, 1998.

Literaturverzeichnis

[Anonym]. „Amoklauf eines Geschmacksterroristen". *Der Spiegel*, 7. September 1998: 209.
Bachtin, Michail M. *Die Ästhetik des Wortes*. Hrsg. von Rainer Grübel. Frankfurt am Main: Suhrkamp, 1979.
Barthes, Roland. „Der Tod des Autors" [1968]. *Performanz. Zwischen Sprachphilosophie und Kulturwissenschaften*. Hrsg. von Uwe Wirth. Frankfurt am Main: Suhrkamp, 2002. 104–110.
Baßler, Moritz. *Der deutsche Pop-Roman. Die neuen Archivisten*. München: C.H. Beck, 2002.
Clover, Joshua. "Good Pop, Bad Pop: Massiveness, Materiality, and the Top 40". *this is Pop. In Search of the Elusive at Experience Music Project*. Hrsg. v. Eric Weisbard. Cambridge, MA und London: Harvard University Press, 2004. 245–256.
Ernst, Thomas. *Popliteratur*. Hamburg: Rotbuch, 2001.
Gansel, Carsten. „Adoleszenz, Ritual und Inszenierung in der Pop-Literatur". *Text + Kritik. Sonderband Pop-Literatur*. Hrsg. von Heinz Ludwig Arnold und Jörgen Schäfer. München: edition text + kritik, 2003. 234–257.
Hempel, Dirk. „Stuckrad-Barre und Kempowski. Eine Annäherung". *Autorinszenierungen. Autorschaft und literarisches Werk im Kontext der Medien*. Hrsg. v. Christine Künzel und Jörg Schönert. Würzburg: Königshausen & Neumann, 2007. 209–222.
Hennig von Lange, Alexa. *Relax*. Hamburg: Rogner & Bernhard, 1997.
Herrndorf, Wolfgang. *Tschick*. Roman. Berlin: Rowohlt, 2010.
High Fidelity. Reg. Stephen Frears. Touchstone, Working Title, Dogstar und New Crime, 2000.
Hornby, Nick. *High Fidelity* [1995]. London: Indigo, 1996.
Knaup, Anna Katharina. *Der Männerroman. Ein neues Genre der deutschsprachigen Gegenwartsliteratur*. Bielefeld: transkript, 2015.
Kreknin, Innokentij. *Poetiken des Selbst. Identität, Autorschaft und Autofiktion am Beispiel von Rainald Goetz, Joachim Lottmann und Alban Nikolai Herbst*. Berlin und Boston: De Gruyter, 2014.
MacCannell, Dean. "Sights and Spectacles". *Iconicity. Essays on the Nature of Culture*. Fs. Thomas A. Sebeok. Hrsg. von Paul Bouissac u. a. Tübingen: Stauffenburg, 1986. 421–435.

Mertens, Mathias. „Robbery, assault, and battery. Christian Kracht, Benjamin v. Stuckrad-Barre und ihre mutmaßlichen Vorbilder Bret Easton Ellis und Nick Hornby". *Text + Kritik. Sonderband Pop-Literatur.* Hrsg. von Heinz Ludwig Arnold und Jörgen Schäfer Hrsg. von Heinz Ludwig Arnold und Jörgen Schäfer. München: edition text + kritik, 2003. 201–217.
Nürnberg, Sylvia. „Benjamin v. Stuckrad-Barre: Soloalbum – Die Überschreitung der romantischen Liebessemantik?". *Mauerschau* 1.1 (2008): 30–47.
Philippi, Anne, und Rainer Schmidt. „Wir tragen Größe 46". *Die Zeit 9.* September 1999. http://www.zeit.de/1999/37/199937.reden_stuckrad_k.xml/komplettansicht (12. März 2018).
Post Historic Monsters. *Carter USM.* Crysalis, 1993.
Pulp. *This is hardcore.* Island, 1998.
Rausch und Ruhm. Reg. Herlinde Koelbl. O.A., 2004.
Soloalbum. Reg. Gregor Schnitzler. Clasart, Goldkind und TV-60, 2003.
Strasser, Alfred. „Snobismus und neue deutsche Popliteratur am Beispiel von Benjamin von Stuckrad-Barre". *Germanica* 49 (2011): 135–144.
Stuckrad-Barre, Benjamin v. *Remix. Texte 1996–1999.* Köln: Kiepenheuer & Witsch, 1999.
Stuckrad-Barre, Benjamin v. *Deutsches Theater.* Köln: Kiepenheuer & Witsch, 2001.
Stuckrad-Barre, Benjamin von. *Was.Wir.Wissen.* Reinbek bei Hamburg: Rowohlt, 2005.
Stuckrad-Barre, Benjamin von. *Panikherz.* Köln: Kiepenheuer & Witsch, 2016.
Ullmaier, Johannes. *Von Acid nach Adlon. Eine Reise durch die deutschsprachige Popliteratur.* Mainz: Ventil, 2001.
Wagner, Annette. *Postmoderne im Adoleszenzroman der Gegenwart. Studien zu Bret Easton Ellis, Douglas Coupland, Benjamin von Stuckrad-Barre und Alexa Hennig von Lange.* Frankfurt am Main u. a.: Peter Lang, 2007.
Wigger, Jan. „Im Fegefeuer der Eitelkeiten. Wie der Schriftsteller und Medien-Junkie Benjamin von Stuckrad-Barre den Wind erntet, den er meistens selbst sät". *Rolling Stone* 6.10 (2000): 11–12.

4.14 Thomas Meinecke: Tomboy (1998)
Heide Volkening

Thomas Meineckes *Tomboy*, 1998 im Suhrkamp Verlag erschienen und im Paratext als Roman ausgewiesen, enthält auf der ersten Seite die implizite Aufforderung, eine Laufmasche zu lesen. „Ein ungeschlachter Rüpel, zwei Meter lang, hatte ihr im Supermarkt, unmittelbar vor der Kasse, eine monströse Zwillingskarre in die Ferse gerempelt. Würde nun Vivians Laufmasche, den Steinbrüchen des Odenwalds gleich, jemals als sexy gelesen werden können? Oder war das unverletzte Chemiefasergewebe selbst bereits textiler Euphemismus und damit als künstliche Überhöhung der Natur zu bewerten, die ihre ambivalente Entsprechung in jenen Glanzlichtern fand, welche die Abendsonne dem von Steinmetzen blankgelegten und zerfurchten Odenwaldgestein aufsetzte? Lag die Betonung derer, Männer, wußte Vivian, welche die synthetische Damenstrumpfhose dereinst erfunden hatten, nun in der Transparenz des Kleidungsstückes oder in seiner dennoch graduell verhüllenden Funktion?" (1998, 7)

Im Vergleich von Naturschönheit und Schönheit der Frau spielt diese Stelle mit einem Topos der Moderne – der Verbindung von Weiblichkeit und Natur (Klinger 1990). Allerdings sind weder Natur noch Weiblichkeit hier als Ganzheiten imaginier-, geschweige denn verfügbar, eine signifikante Verschiebung hat stattgefunden. Die „rosarot" leuchtenden Steinbrüche sind bearbeitete, sozusagen kultivierte Natur und der Frauenkörper hat eine „Überhöhung" durch die Chemiefaser erfahren. Auch sind beide nicht mehr „schön", sondern allenfalls „sexy". Die Kategorien des interesselosen Wohlgefallens und guten Geschmacks wurden ersetzt durch ein Vokabular der Attraktion und Faszination, der Bezugsrahmen Ästhetik durch Pop. Entscheidend ist nämlich, dass Sexyness hier nicht als unmittelbarer Affekt, sondern als sekundärer Effekt von Lektüre gilt.

Der alltägliche Zusammenstoß in und mit der Warenwelt produziert einen Riss in der Oberfläche, der nun aber nicht den Blick auf eine darunterliegende Tiefe freigeben wird. Aus Laufmasche und Steinbruch entwickelt sich vielmehr das Bild einer porösen Oberfläche, einer künstlichen Struktur. In *Tomboy* ersetzt die Laufmasche den berühmten roten Faden der Erzählung. War der in alle ihre Textilien eingewebte rote Faden ein Zeichen, das die britische Marine nutzte, um nicht nur ihr Eigentum, sondern auch ihre Souveränität zu markieren, so bietet die Laufmasche der Kunstfaserstrumpfhose das Bild einer flächigen Textur, die nicht nur auf andere Zusammenhänge hin durchscheinend geworden ist, sondern zudem die klare Ordnung des gewirkten Stoffes verloren hat. An die Stelle narrativer Geschlossenheit tritt jene Poetik der Oberfläche, die das Verhältnis von Pop und Literatur insbesondere in den 1990er Jahren bestimmt (Grabienski et al. 2011).

Mit der zu lesenden Laufmasche in der Kunstfaser und mit der Damenstrumpfhose als „textile[m] Euphemismus" wird in *Tomboy* auch die semantische Nähe von Text und Textilie aufgerufen, wie sie vor allem in der poststrukturalistischen Literaturtheorie prominent verhandelt wurde. Diese Verbindung wird besonders dadurch evoziert, dass die Strumpfhose nicht korrekt als gewirkte Maschenware – in der allein eine Laufmasche möglich wäre – sondern in der textnäheren Semantik des Gewebes, „Chemiefasergewebe", vorgeführt wird. „Der Text ist ein Gewebe von Zitaten aus unzähligen Stätten der Kultur", schrieb Roland Barthes in *Der Tod des Autors* (2000, 191). In Barthes' Überlegungen über Autorschaft und Text gilt der Schreiber nicht mehr als Souverän der Erzählung, vielmehr besteht seine Aufgabe darin, „Schriften zu vermischen und sie miteinander zu konfrontieren" (2000, 191). Laut Barthes kann dieser Text nicht mehr „*entziffert*", sondern nur noch „*entwirrt*" werden – und hier kommt die Laufmasche auch bei Barthes ins Spiel – „(so wie man eine Laufmasche ,verfolgen' kann)" (2000, 191).

1. Lesen, Zitieren

Als Kopplung von Mischung und Konfrontation anderer Schriften lässt sich auch das literarische Verfahren in *Tomboy* prägnant beschreiben. Den mal kürzeren und mal auch seitenlangen Zitaten aus Arbeiten der Gender und Cultural Studies der 1990er Jahre (von Daniel Boyarin, Judith Butler, Marjorie Garber, Donna Haraway, Jacques LeRider und einigen anderen) werden Auszüge aus literarischen, psychoanalytischen und philosophischen Schriften (prominent vertreten sind D.H. Lawrence, Sigmund Freud und Otto Weininger) sowie Ausschnitte und Exzerpte aus verschiedensten Zeitschriften und Zeitungen (etwa *Spex*, *Amica*, *Mannheimer Morgen*, *Monika*), aus vielen anderen Texten unterschiedlichster Provenienz wie Fanbriefen, Flugblättern, Werksprospekten, RAF-Dokumenten und anderen mehr beigemischt und gegenübergestellt. Liegt bei Barthes der Akzent auf der Aktivität der Lektüre, so stellt *Tomboy* diesen Akt des Lesens ostentativ als Zitat aus. Lesen und Gegenstände der Lektüre sind das Gesprächsthema der Protagonist/innen, im Verfahren des Zitierens bestimmen sie die Textform. Dabei werden Anfang und Ende von Zitaten häufig erkennbar, lose Fäden markiert, Sprünge im Text nicht geglättet. An vielen Stellen lässt sich anhand beiläufiger Angaben im Kontext die Quelle des Zitats erschließen, in einigen wenigen Fällen werden Seitenangaben auch genannt, an anderen werden Quellen eher indirekt angedeutet, anderswo verlieren sich Erkennbarkeit des Zitats und seine Hintergründe in der Anführungslosigkeit.

Neben diesen Formen des direkten Zitats gibt es auch eine Form des Sprach-Zitierens, die konventionelle Sprachmuster und -bilder distanzierend oder *tongue-in-cheek* verwendet, wie etwa „die knospenden Brüste" (16) der Titelfigur. Der Bruch im Sprachgebrauch markiert an diesen Stellen die Zitathaftigkeit der verwendeten Formeln und damit der Sprache selbst. Andere Formulierungen, an denen die Konventionalität sprachlicher Ausdrücke sichtbar wird, gerade weil sie nicht allgemein bekannt sind, nutzt Meinecke hingegen, um die Macht von Benennungen vor Augen zu stellen. So wird die Metapher „der Jude" für die Klitoris in „zu Freuds Lebzeiten geltender Mundart" (125) metonymisch kurzgeschlossen mit einem Waldgebiet in der Nähe von Steinach, das „Judenwald" genannt wird. In diesem ist die expliziteste Sexszene des Romans situiert. In der Gedankenrede Vivians formuliert sich das so: „Gilt denn der Dildo als Dekonstruktion oder Rekonstruktion des männlichen Kostüms, und was steckt da nun eigentlich in mir drin: ein Penis oder der Phallus? Die Erinnerung an den Penis oder die Parodie der Kastration? Hat sich der Judenwald als diskursiver Ort geöffnet?" (216).

Mit der Protagonistin Vivian Atkinson ist das Verfahren der Lektüre also zur Figur geworden. Wir lesen ihre Lektüre und die ihrer Gesprächspartner/innen. Trotz der Affinität zur Theorie unterscheidet sich *Tomboy* von einem Essay daher dadurch, dass hier eine Geschichte erzählt und diese an Figuren gebunden wird. Das unendliche Gequassel der Figuren ist die ins Mündliche übertragene Lektüre. Allerdings verzichtet die Darstellung von Mündlichkeit auf jeden Anschein von Authentizität, indem sie nicht verschiedene, wiedererkennbare Stimmen, Tonlagen oder idiomatische Sprachstile modelliert, deren Rhetorik spontane Unmittelbarkeit suggeriert. Die Sprache in *Tomboy* ist im Gegenteil eine konstruierte Sprache, die durch Binnenreime, Archaismen und Kalauer, wörtliche Übersetzungen amerikanischer Redewendungen, eine auffällig über-komplexe Syntax, die Häufigkeit der Frageform, einen ironischen Grundton, ausgeprägte Rhythmik und die oben beschriebene Zitathaftigkeit gekennzeichnet ist. So kommt es im Text zu einer gewissen Gegenläufigkeit: Auf der einen Seite signalisieren die zahlreich verwendeten *inquit*-Formeln wie „wusste Vivian", „ergänzte Hans", „fand Vivian", „wußten sowohl Vivian als auch Hans" (1998, 18–19) direkte mündliche Rede der Protagonist/innen, auf der anderen Seite aber läuft der immer gleiche Sound des Textes durch und durchbricht so jede Anmutung der mimetischen Repräsentation von Mündlichkeit im schriftlichen Text (vgl. Baßler 2002, 136–137). Der Text der Figuren führt daher nicht zu deren Charakterisierung, sondern zur Hervorhebung der konstruktiven Kraft von Sprache. Als ob jeder Satz auf seine performative Potenz hinzuweisen und sie zugleich zu unterminieren versucht.

Worin besteht nun die Handlung des Romans, wer trägt sie? Eine im Wesentlichen chronologisch erzählte Folge von Ereignissen bildet den groben Zusammenhang der *histoire*, die sich relativ genau auf den Zeitraum vom Frühlingsanfang im März bis zum 23. Dezember 1997 datieren lässt. Gelegentliche Analepsen informieren über die Familiengeschichten der Figuren. Der Text setzt *medias in res* ein und nutzt die klassischste Zeitform fiktionalen Erzählens, das epische Präteritum. Erzählt wird von den Zusammenkünften einer Gruppe von Freunden, wobei deren wechselnde Liebes- und Freundschaftsbeziehungen eher beiläufig verhandelt als ins Licht der Aufmerksamkeit gerückt werden. Es passiert wenig bis nichts – die Figuren lesen, schreiben, reden, gehen aus, veranstalten Lesungen, fahren zu einem Vortrag Judith Butlers, ver- und entlieben sich.

2. Figuren

Alle wichtigeren Figuren werden mit biographischen und anatomischen Details ausgestattet. So wissen wir über Vivian Atkinson, dass sie 1973 geboren wurde, und auch, dass sie eine „tolle Figur" (110) und besonders schöne Beine hat. Die Figuren werden plastisch, haben aber kein Innenleben. Es handelt sich daher nicht um im strengen Sinne flache oder eindimensionale Charaktere. Aber auch dem traditionellen Verständnis eines runden Charakters entsprechen sie nicht (Lynch 1998), am ehesten lassen sie sich wohl als ‚hohle' Charaktere beschreiben. Psychologische Motivierungen von Handlungen liegen nicht im Interessensbereich des Romans. Alle Figuren sind aber auf die eine oder andere Weise mit mehr oder weniger kohärenten oder inkohärenten Beziehungen zwischen „sex, gender, sexual practice, and desire" (Butler 1990a, 17) beschäftigt: Vivian Atkinson, die als Tomboy eingeführt wird, schreibt eine Magisterarbeit zum Thema geschlechtliches Haben, Sein und Scheinen, die nur interrogativ formuliert werden soll. Einige Passagen des Romans, insbesondere die interrogativ formulierten, sind textidentisch mit der von ihr in der fiktiven Welt formulierten Arbeit. Die Uneindeutigkeit ihrer geschlechtlichen Identifizierung spiegelt sich in ihrem Namen, wie auf der letzten Seite in einem erläuternden Kommentar expliziert wird: „Vivian, auch Vivien: Englische Form des weiblichen Vornamens Viviane. [...] Vivian: Englischer männlicher Vorname, der dem französischen männlichen Vornamen Vivien entspricht." (251). Vivian ist das Kind des amerikanischen GIs Rodney Atkinson und der deutschen Hippie-Mutter Gerlinde. Aufgewachsen im Patrick Henry Village, einem in Heidelberg angesiedelten Wohngebiet für US-amerikanische Militärangehörige, lebt sie zur Zeit der Romanhandlung allein in einer Wohnung in einem alten Tabakspeicher zwischen Heidelberg und Mannheim. Frauke Stöver, die in vorab publizierten Fassungen einzelner Textabschnitte noch Heike Jensen hieß (Meinecke 1997a, 1997b), gehört zum engsten Freundeskreis Vivians. Ausgehend von Arbeiten der Mediävistin Carolyn Walker Bynum promoviert die 31-Jährige über die Vorhaut Jesu. Hans Mühlenkamm, oder wie Frauke ihn nennt, „Monsieur Pompadour", ist ein „Gelegenheitsarzthelfer" (30), der im Laufe des Romans entlassen wird. Er interessiert sich für kritische Männerforschung, sammelt Handtaschen und hört mit Vivian vor allem elektronische Musik „der unabhängigen Plattenfirma Source" (18). Dass seine Schwester Grete heißt, und im späteren Verlauf des Romans ebenfalls als kurzer Besuch auftaucht, weist ihn als exemplarische Männerfigur aus, so wie Frau-ke als exemplarische Frau ihr biologisches Geschlecht im Namen trägt. Frauke wie Hans sind in Vivian verliebt und besetzen mit ihren jeweiligen musikalischen (Punk von Frauen vs. elektronische Musik von Männern) und sexuellen Vorlieben (homo- vs. heterosexuell) polare Optionen, die jedoch durch die Inkongruenz von Autor und Werk beziehungsweise *sex* und *gender* ambig werden: So steht dem phallischen Punk der Damen der weibliche Sound sanfter Elektronik gegenüber, wie den Combat-Boots Fraukes die Handtaschen Hänschens. In den Gesprächen über Musik und die Style-Codes der ausführlich beschriebenen Kleidung nicht nur dieser beiden Figuren findet Pop auch auf der Gegenstandsebene des Romans statt.

Korinna Kohn, die bisexuelle, im Verlauf der Erzählung von einem Drogendealer schwanger werdende Ex-Tennisspielerin, sitzt an einer Arbeit über die Kolonialisierung von Leibesinseln, repräsentiert also einen phänomenologischen Ansatz innerhalb der Gender Studies. Vivian und sie verbindet schließlich die bereits zitierte sexuelle Begegnung im Wald, die vielleicht – der Text lässt es offen – auf eine Beziehung hinausläuft. Angela Guida, die rechtmäßig Angelo heißt und als nicht operierte Transgender-Person auftritt, wird Fraukes Verlobte und zeichnet sich vor allem durch die augenfällige Plastizität ihrer (männlichen) Genitalien und ein Abonnement der katholischen Frauenzeitschrift *Monika* aus. Alle Figuren sind also nicht nur Übermittlungskanal der von ihnen gelesenen Theorien und Texte, sondern stellen mit ihren Körpern und Kleidern, ihrem Begehren und sexuellen Praktiken Exempla der verhandelten Theorien dar (vgl. Dunker 2006, 106–107).

Wie eng der Bezug von Theorie und Romantext bisweilen ist, zeigt sich an einer Toiletten-Szene mit Angelo/a. Unter der auf Jacques Lacan verweisenden Kapitelüberschrift „*Urinale Segregation*" erläutert Marjorie Garber den vestimentären Code der Geschlechter mit Blick auf Türschilder: „Es lohnt der Hinweis, dass [...] die Wörter ‚Männer' und ‚Frauen' und ‚Damen' und ‚Herren' von Zeichen ersetzt worden sind, die eine Gestalt zeigen, die Männerkleidung trägt – Hosen – und eine Gestalt, die Frauensachen anhat – einen Rock oder ein Kleid. Niemand (Transvestiten und Transsexuelle vielleicht ausgenommen) interpretiert jedoch diese Zeichen wörtlich oder mimetisch." (Garber 1993, 27) Meineckes Figur tut genau das – sie/er interpretiert wörtlich und realisiert so die bei Garber imaginierte Szene: „Urinale Segregation, so der stehende Ausdruck Lacans, bezeichnete eines der zentralen Alltagsprobleme Angelas. Die symbolischen Darstellungen des Geschlechts auf den Türen öffentlicher Aborte hielten sich nämlich keinesfalls mit der wenigstens biologistisch verlässlichen Abbildung sogenannter Genitalien, wie sie im Pissoir ja auch herausgehängt zu werden pflegen, auf, sondern ausschließlich mit gesellschaftlichen, kulturalistischen Sperenzchen wie Fliegen, Pfeifen, Pferdeschwänzen oder Petticoats; weshalb Angela im Bedarfsfall auch immerzu, wenngleich irgendwie zögerlich, auf das Damen-WC loszusteuern beliebte." (64) Im Unterschied zu Garbers „Vorlage" ersetzt der Roman die sprachlichen Zeichen ‚Damen'/‚Herren' durch Bilder genitaler Eindeutigkeit und markiert in einer zoten-nahen Form der Komik die Diskrepanz von Körper und Zeichen. In der grotesken Überzeichnung körperlicher und anderer Figuren-Details treibt *Tomboy* das komische Moment einer dauerhaften Verfehlung geschlechtlich eindeutiger Identitäten hervor und stellt so die „unvermeidliche Komödie" erzählend vor Augen, als die Judith Butler den Zusammenhang von Sex, Gender und Heterosexualität bezeichnet hat (Butler 1990a, 181). Im Hinblick auf die Geschlechterdifferenz kann *Tomboy* daher mit Silvia Bovenschen als Beobachtung dritter Ordnung bestimmt werden, denn „schon die Figuren definieren sich ja als beobachtete Beobachter" (1997, 7). Geschlechterforschung beobachtet, wie andere die Unterscheidung von Männlichkeit und Weiblichkeit treffen – *Tomboy* beobachtet das Beobachten der Geschlechterforschung.

Neben den genannten Personen des engeren Freundeskreises gibt es eine zweite Gruppe von Figuren, die als WG-Mitbewohner/innen und Nachbar/innen einen weiteren Themenkomplex des Romans und eine andere Generation politischen Handelns ins Spiel bringen. An Vivians 39jährigem Nachbarn Bodo Petersen, Angestellter bei BASF, und an Pat Meier, 43jährige Mitbewohnerin Fraukes sowie RAF-Schriften und -Interviews lesende politische Aktivistin, knüpfen sich Diskurse über die Geschichte der chemischen Industrie und ihrer politischen Verstrickungen während des Nationalsozialismus und in der alten Bundesrepublik. Die Strumpfhose, mit der *Tomboy* einsetzt, wird nicht nur im Hinblick auf den Zusammenhang von Geschlecht und Mode, sondern auch im Hinblick auf die Kunstfaser als Erzeugnis chemischer Industrie ausbuchstabiert. Auf der Ebene der Handlung entwickelt sich ein zweiter Plot, der mehr angedeutet als erzählt wird. Pat Meier scheint den Apologeten der BASF zu politisieren und ihn für den Untergrund zu gewinnen, der Roman endet mit Hausdurchsuchungen beim Nachbarn und in der WG. An diesem Themenkomplex zeigt sich die Obsession des Romans für den Realismus des Details in langen Aufzählungen von BASF-Produkten (Meinecke 1998, 72–73 und 192; vgl. Baßler 2002, 141–142). Wird der Diskurs über die RAF und die Geschichte der chemischen Industrie in Deutschland genutzt, um die Räume der Erzählung in ihren historischen Dimensionen zu präsentieren, so bezieht sich Meinecke zu diesem Zweck gleichwohl zumindest zum Teil auf Quellen, die erst ab 1997 zugänglich sind, wie etwa Oliver Tolmeins Gespräch mit Irmgard Möller, und deshalb von besonderer Aktualität sind.

Nicht nur im Kontext von RAF und BASF zeigt sich die akribische Genauigkeit der Beschreibung räumlicher Gegebenheiten und ihrer Geschichte. Aus diesen Gründen ist *Tomboy* in Rezensionen auch als „Heimatroman" (Drews 1998, 14 und Hörisch 1998, 18) bezeichnet worden – jedes Detail stimmt, der Roman lässt sich auch als Reiseführer nutzen, die Bahnstrecken können abgefahren und die Wege nachgegangen werden. Gleiches gilt für die Datierung der im Text auftauchenden „realen" Ereignisse. „Am Donnerstag, dem 12. Juni 1997" fahren Frauke, Angela, Vivian und Hans zu einem Vortrag Judith Butlers an der Ludwig-Maximilians-Universität München (86). Werden die diegetischen Begebenheiten über Formeln wie „einige Tage später" (23), „einige Stunden später" (23) oder „gegen Mitte April" (41) chronologisch lose gereiht, so markieren exakte Datierungen den referentiellen Bezug einzelner Ereignisse auf einen wirklich stattfindenden außerdiegetischen Moment. Auf diese Weise werden die ‚hohlen' Figuren, die Sprachrohr und Verkörperung von Theorien, Texten und Textilien sind, gewissermaßen in die Realität eingehängt, durch sie gerahmt. In Form von aktuellen Informationen über politische und gesellschaftliche Ereignisse, Hinweise auf 1997 erscheinende Bücher und Zeitschriftenartikel oder universitäre und popkulturelle Veranstaltungen schreibt der Text an dem, was er metaleptisch als Projekt Vivians formuliert: „eine noch nie dagewesene Geschichte der Gegenwart" (103). Wenige Jahre später zitiert Meinecke seine eigene Formulierung in der poetologischen Selbstreflexion *Ich als Text*: „Geschichten der Gegenwart schreiben. Die Geschichte der Gegenwart schreiben." (2000, 184)

3. Gegenwartsfixierung, Archivierung, Sampling

Mit dieser programmatischen Bezugnahme auf Gegenwart ist ein deutlicher Hinweis auf die Affinitäten zwischen *Tomboy* als literarischem Text und Pop gegeben. In der Nähe zu Andy Warhol, Rolf Dieter Brinkmann, Hubert Fichte, Rainald Goetz, Kathrin Röggla und anderen lässt sich auch *Tomboy* jenen *Schreibweisen der Gegenwart* zuordnen, die Pop-Literatur nicht im Sinne einer nostalgischen Erinnerungsschrift an die eigene Jugend, sondern als „eine Form der Gegenwartsfixierung" (Schumacher 2003, 10) verstehen (→ 3.1 SCHUMACHER). Die mangelnde zeitliche Distanz von Schreiber und Beschriebenem, respektive Leser und Gelesenem, sowie die Unmöglichkeit, die Gegenwart aus einer anderen Perspektive als eben der gegenwärtigen zu beobachten, führen zu der oben beschriebenen Aktualisierung im Zitieren: „Dabei vergegenwärtigt Pop durchaus real Vergangenes: im Zitat. Im Sample." (Meinecke 2000, 184) Zeugnisse aus Büchern, Zeitschriften, Schallplatten und Nachrichten bilden die Elemente einer Soundspur der augenblicklichen Lage, die natürlich immer mit dem Paradox zu kämpfen hat, dass dieser Augenblick im Akt seiner Niederschrift schon verloren ist. Dieser Umgang mit dem Zitat als Verfahren „einer permanent aktualisierten Aktualität" (Schumacher 2003, 38) oszilliert zwischen Präsenz und Präsens, zwischen Gegenwart als Anwesenheit und Zeitform.

Mit dem Projekt einer „Geschichte der Gegenwart" ist zugleich ein Anspruch auf Geschichtsschreibung im Sinne der „literarische[n] Archivierung" (Baßler 2002, 135) des Gegenwärtigen verbunden (→ 3.2 BASSLER). Moritz Baßler sieht Meineckes *Tomboy* im Kontext anderer Romane der 1990er Jahre wie etwa Benjamin v. Stuckrad-Barres *Soloalbum* oder Andreas Mands *Grovers Erfindung* und betont deren gemeinsame Differenz zur Literatur der vorangegangenen Generation. In der materialorientierten „Intensität" und „Sammelwut" zeigt sich, so Baßler, die positivistische Technik der „Pop-Literaten" und deren Wissen um die mediale und diskursive Prägung der Diskurse und Gegenwarten, die sie beobachten. „Daraus ergibt sich die Notwendigkeit einer Literatur der zweiten Worte, die im Material einer Sprache des immer schon Gesagten arbeitet." (Baßler 2002, 185) Als Literatur des Zitats weist *Tomboy* Nähen zur klassischen Moderne, insbesondere zu Gustave Flaubert, zum Pastiche in James Joyces *Ulysses* und zur Avantgarde auf (vgl. Baßler 2002; Dunker 2006, Keck 2008). Die Archivierung der Gegenwart zielt also nicht auf ein repräsentatives Bild der Zeitgeschichte, zu dem im Winter 1997 sicher die bundesweiten Studentenstreiks gehört hätten (vgl. Breger 2000, 107).

Der Umgang mit Zitaten, Abschriften und Textprotokollen lässt sich vielmehr als ein pop-spezifisches Verfahren beschreiben – als Sampling (vgl. Feiereisen 2011). Meinecke hat in vielen Interviews seine Produktionsweise immer wieder in Analogie zu DJ-Techniken erläutert. „Es ist schon ein bißchen wie beim Plattenauflegen. Man merkt nach einer gewissen Strecke, jetzt müsste mal eine langsamere Nummer kommen oder mal ein Knaller oder: jetzt so weiter in dem Groove, aber mit anderem kulturellen Hintergrund." (Meinecke 1997c, 34) Der Rückgriff auf die Kategorie des Sampling zur Beschreibung des eigenen Verfahrens zielt zum einen auf eine signifikante Differenz zur Montage, insofern Sampling eine „Gleichzeitigkeit verschiedener Elemente" und damit mehrere Schichten von Texten zulässt: „Bei dem, was ich jetzt Sampling nenne, kannst du – etwas übertrieben – nur eine Silbe lang auf eine andere Ebene gehen, darunter liegt aber noch die Syntax von etwas ganz anderem. [...] Wenn ich zum Beispiel eine ganze Strecke von einem Text übernehme, dann nehme ich mir trotzdem die Freiheit, zwischen zwei Kommata etwas einzufügen, was damit gar nichts zu tun hat, ohne das mit An- oder Abführungszeichen zu kennzeichnen." (Meinecke 1997c, 34)

Lässt sich das Verfahren des Zitierens an poststrukturalistische Literaturtheorie und die Literatur der Moderne nahtlos anbinden, so eröffnen diese Kategorien ein neues Register. Sie nutzen Praktiken eines anderen Mediums, nämlich Praktiken des Pop, als Begriffsreservoir zur Beschreibung von Textverfahren. Jenseits von Kategorien wie ‚Dialogizität' oder ‚Montage' lässt sich dieser Gestus der Übertragung als ein Versuch lesen, Pop nicht nur als Gegenstand des Romans, sondern auch in der beschreibenden Metasprache zu installieren. Genau wie die Semantik der Montage für die Moderne entlang der Unterscheidung von Kleben und Schneiden als gewaltsame Explosion „mobilisierter Materialien" und antiorganische Kunstproduktion eine ernstzunehmende poetologische Selbstreflektion ist (Vogel 2011, 162), gehört die Semantik des Sampling und ihre Bezogenheit auf Groove und Gleichzeitigkeit zur paratextuellen Bestimmung des Verhältnisses von Pop und Literatur.

Zum anderen beinhaltet die Verbindung von Pop und Literatur, wie sich innerhalb des Romans bereits in der Gegenüberstellung von Punkrock und elektronischer Musik anzeigte, eine spezifische Ästhetik. Bereits im Feld des Pop wird Sampling als Verfahren einer neuen Ästhetik medientheoretisch reflektiert (vgl. Goodwin 1988), Meinecke beschreibt sie als Erzählen ohne Handlung und Höhepunkt: „Techno heißt Text. Das Instrumental lehrt mich schreiben. Es repolitisiert mein Bewußtsein. In einer technoiden Modulation kann ich zur politischen Wirklichkeit finden. Rock dagegen hat keine Textur, kann uns derzeit auch nichts erzählen. Außer vom großen phallologischen Subjekt. Rock will nichts als ejakulieren." (Meinecke 2000, 185) Die Sexszene im Odenwald wird vor diesem Hintergrund als programmatische Szene lesbar: als Ausstellung der Verweigerung einer „Klimax" (Meinecke 2000, 185). Wenn Meinecke auch mit Bezug auf seine späteren Romane wie *Hellblau, Musik, Jungfrau* und *Lookalikes* von der Musik als „Impuls- und Taktgeber meiner ästhetischen Arbeit" spricht (2012b), so schwingt darin immer diese erste Unterscheidung zwischen Rock und Pop mit.

4. Resignifizierung

Sind mit Gegenwartsfixierung, Archivierung und Sampling drei Verfahren genannt, die *Tomboy* im Feld von Literatur und Pop situieren, so lässt sich der sprachliche Akt der Resignifizierung als eine weitere Pop-Strategie ausmachen, die der Roman mit seinen Gegenständen teilt. Prozesse der Resignifizierung gehören zu einem größeren Pool von Techniken, in denen sich Wiederaneignung und Transformation verbinden. Unter den Stichworten *Re-make / Re-model* zeichnen sie sie beispielsweise auch die musikalische Arbeit der Band Freiwillige

Selbstkontrolle / FSK aus (Schumacher 2001, 282–289), zu der Meinecke seit der Gründung im Jahr 1980 gehört. Resignifizierung als *re-appropriation* gehört zu den politischen Mitteln queerer und feministischer Subkultur und meint die Aneignung ursprünglich abschätzig gemeinter Ausdrücke durch die von ihnen Bezeichneten.

Es sind zunächst ihre Eltern, die Vivian Atkinson in ihrer Pubertät mit dem Begriff ‚Tomboy' „belegt, ab und zu auch beschimpft haben" (59). Vivians geschlechtsübergreifendes Verhalten bestand, so werden wir informiert, in der Verweigerung des vor allem von der Mutter geforderten Lächelns, in einem nicht näher qualifizierten wilden Verhalten und in der Verwendung einer Brustbandage, die Vivian nach einem Erlebnis sexueller Belästigung anlegt, womöglich um „den gerade eben sich zu wölben beginnenden Busen" (188) wieder zu verflachen. Was als Tomboy gilt, wird nur vor dem Hintergrund geltender Normen von Männlichkeit und Weiblichkeit erkennbar, die nicht nur Vorstellungen angemessenen Verhaltens, sondern damit verbunden auch Skalen psychischer Gesundheit festlegen (vgl. Heiser 1995). Der Begriff setzt sich zusammen aus „Tom", im Englischen als Abkürzung für „Thomas" eine Form exemplarischer Männlichkeit wie „Hans" im Deutschen, und „boy" und beinhaltet also eine Dopplung der Männlichkeit, etwa im Sinne von „Mann-Junge" übersetzbar, und wurde entsprechend im 16. Jahrhundert für besonders wilde Jungen verwendet (vgl. Pettis 2004). Der Autor Thomas Meinecke schreibt sich durch die Abkürzung seines Vornamens zugleich in die Titelfigur ein. Gemeinsam mit Künstlerin, Bandkollegin und Ehefrau Michaela Melián arbeitet Meinecke daran, aus der Beschimpfungsformel ‚Tomboy' einen positiven Begriff der Identifizierung für einen bewussten Akt der Grenzüberschreitung zu machen. Melián stellte zum Jahreswechsel 1995 in der Kunsthalle Baden-Baden in einer Soloausstellung eine Serie von Arbeiten unter dem Titel *Tomboy* aus (Melián 1995). Zu dieser Serie gehörte eine Reihe von Fahndungsbildern einzelner Frauen, die unter dem Gesamttitel *Tomboy* als eine Art Tapetenornament direkt auf die Wand gedruckt waren. Zu den dargestellten Frauen zählten Tamara Bunke, Emma Goldmann, Renate Knaup-Krötenschwanz, Patsy Montana und andere (Melian o. J.). Eine der Tuschezeichnungen von weiblichen Kleidungsstücken, ebenfalls Teil der *Tomboy*-Serie, die einen schematisierten BH ohne Körper in Vor- und Rückenansicht zeigt, ist Titelbild des Romans geworden.

5. Gender Trouble

Anfang der 1990er Jahre nutzen gleich mehrere, vorwiegend US-amerikanische feministische Gruppierungen die Politik der Resignifizierung zur Markierung einer neuen Position. Im Sinne einer ironischen Subversion seiner Semantik wurden *girl*, *slut*, *bitch* und *chick* im Zusammenhang von Riot Grrrls und Third Wave oder Post-Feminism verwendet, um eine Selbstbeschreibung jüngerer Feministinnen zu bieten, die sie sowohl vom Mainstream der patriarchalen Gesellschaft als auch von bestimmten Formen des etablierten Feminismus' abhob (→ 2.8 SEIDEL). Dabei ging es weniger um eine Ablehnung der zentralen Forderungen der Frauenbewegung oder ihrer Errungenschaften als vielmehr um eine erneute Differenzierung, die neben der Unterscheidung der Geschlechter andere Differenzen in den Blick nahm, vor allem im Hinblick auf die Kategorien von *race* und Sexualität. Geprägt von der Faszination für ambivalente Geschlechterinszenierungen und Inszenierungen differierender Weiblichkeiten, der Kritik an einer auf Identität zielenden Frauenbewegung und einem anderen Umgang mit Sexualität entstanden Magazine wie *BUST* und *bitch*. Im deutschsprachigen Raum zog auf vergleichbare Weise und mit ähnlicher Titellogik *Neid* mit (1993–1998), ein Fax-Interview mit Judith Butler im ersten Heft, einige Jahre später folgte in Wien *Nylon. KunstStoff zu feminismus und popkultur* (2000–2002) – kann man hier die Lektüre von *Tomboy* unterstellen?

Die Nähe Butlers zur Pop- und Subkultur beginnt beim „Preface" von *Gender Trouble*, dessen tomboyhafter Punk-Gestus in der deutschen Titelübersetzung *Das Unbehagen der Geschlechter* ganz verloren gegangen ist. „To make trouble was, within the reigning discourse of my childhood, something one should never do precisely that would get one in trouble. The rebellion and its reprimand seemed to be caught up in the same terms, a phenomenon that gave rise to my first critical insight into the subtle ruse of power: The prevailing law threatened one with trouble, even put one in trouble, all to keep one out of trouble. Hence, I concluded that trouble was inevitable and the task, how best to make it, what best way to be in it." (Butler 1990a, vii) Butlers erläuternde Bezugnahmen auf Divine, den Film *Paris is burning* von Jennie Livingston und auf Aretha Franklins *You make me feel like a natural woman* in *Gender Trouble* und nicht zuletzt ihre im deutschsprachigen Raum kaum zur Kenntnis genommene luzide Verteidigung von Pornographie und der von einigen als pornographisch erachteten Kunst Robert Mapplethorpes gegenüber zeitgenössischen Zensurbemühungen schaffen vielfältige Berührungspunkte zwischen ihren Thesen und den ästhetischen wie politischen Programmen von Riot Grrrls und den genannten Magazinen. Der Erfolg Butlers ist nicht nur auf die Fortsetzung poststrukturalistischer Theorie zurückzuführen, sondern auch auf ihre Bezugnahme auf (sexuelle) Subkulturen und ihre Wendung gegen bestimmte feministische Positionen in genau dem Moment, in dem es in den 1990er Jahren zu einer „discursive alliance" (Butler 1990b, 108) zwischen der Anti-Porno-Fraktion des Second Wave Feminism und der rechten Politszene in den USA kam. Bereits auf der Gegenstandsebene von *Tomboy* kommt es also zur Berührung von Gender Studies und Pop, die im Roman dann entfaltet und durchgespielt wird. Darüber hinaus wird Wissenschaft selbst wie ein Pop-Phänomen handelt: Butler wird zum „Theorie-Star" (89), der „höchstpersönlich bei den Amerikanisten der Universität gastieren sollte" (85) und Hans Mühlenkamm genau wie Thomas Meinecke selbst zum „Fan" (89; Neidhart 1998, 65).

Wie in *Tomboy* waren es auch in der deutschen akademischen Landschaft die Studierenden und der akademische Mittelbau, die Butlers Thesen in die Seminarräume brachten. 1993 fand in Hamburg, organisiert von den Studentinnen Antke Engel und Andrea Lasalle, Butlers erster ‚Auftritt' nach der Übersetzung von *Gender Trouble* in Deutschland statt – ein Blockseminar mit etwa 20 Studierenden. Im deutschen Pop-Diskurs wurden Fragen und Thesen der Cultural Studies ausgiebig diskutiert, bevor sie in den Universitäten breit rezipiert und fester Bestandteil von Lehre und Forschung wurden. 1995 veröffentlichte die *Spex* gleich zwei Artikelserien im Rahmen eines Specials *Cultural Studies* (*Spex* 7 und 8/1995). Im Mai-Heft 1996 wurde die Stoßrichtung deutlicher erkennbar: *Gegen die Uni studieren* hieß eine Artikelserie, die der Wissenschaft einen kritischen Blick auf sich selbst empfahl. Diese Kritik an den Universitäten war bereits Effekt eines anderen Umgangs mit Theorie, den Diedrich Diederichsen schon ein paar Jahre zuvor als „‚illegitime' (wie Bourdieu sagen würde) Theorie-Kultur" (1993, 163) in Zeitschriften wie *Heaven Sent*, „*Fake*", *Symptome* und *Texte zur Kunst* praktiziert sah. Auch in *Tomboy* steht eine bestimmte Haltung im Vordergrund der Theorie-Rezeption. „Missverständnisse, Verwirrungen, Kurzschlüsse" (Schumacher 2010, 213) werden nicht aufgelöst oder vermieden, sondern Ausgangspunkt der Lust am Widerspruch. Dabei wissen Figuren und Text um die Verbündeten, die sie in der Theorie finden. Denn mit Vivian Atkinson scheint der Roman davon auszugehen, „daß eben die Stärke vieler jüngerer, noch nicht kanonisierter Feminismen in deren tatsächlich revolutionären Fragestellungen" (Meinecke 1998, 9–10) liegt. Der Roman folgt seiner Protagonistin in „die verlockenden theoretischen Gefilde" (119) mit einer klar formulierten Parole: „Absolutistische Chimären der Wissenschaft wie Körper, Identität, Subjekt zu denaturalisieren, hieße die heutige Losung." (91)

Meinecke, Thomas. *Tomboy*. Frankfurt am Main: Suhrkamp, 1998.

Literaturverzeichnis

Barthes, Roland. „Der Tod des Autors". *Texte zur Theorie der Autorschaft.* Hrsg. von Fotis Jannidis, Gerhard Lauer, Matías Martínez und Simone Winko. Stuttgart: Reclam, 2000. 185–193.

Baßler, Moritz. *Der deutsche Pop-Roman. Die neuen Archivisten.* München: C.H. Beck, 2002.

bitch. http://bitchmagazine.org/.

Bovenschen, Silvia. *Die imaginierte Weiblichkeit. Exemplarische Untersuchungen zu kulturgeschichtlichen und literarischen Präsentationsformen des Weiblichen.* Frankfurt am Main: Suhrkamp, 1979.

Bovenschen, Silvia: „Studio LCB: Thomas Meinecke liest aus (seinem Manuskript) Tomboy. Deutschlandfunk, 2.12.1997". Zitiert nach: Meinecke, Thomas. *Ich als Text. Frankfurter Poetikvorlesungen.* Frankfurt am Main: Suhrkamp, 2012a.

Breger, Claudia. „Postmoderne Inszenierungen von Gender in der Literatur: Meinecke, Schmidt, Roes". *Räume der literarischen Postmoderne. Gender, Performativität, Globalisierung.* Hrsg. von Paul Michael Lützeler. Tübingen: Stauffenberg Verlag, 2000. 97–126.

BUST. http://www.bust.com/.

Butler, Judith. *Gender Trouble: Feminism and the Subversion of Identity.* New York: Routledge, 1990a.

Butler, Judith. „The Force of Fantasy: Feminism, Mapplethorpe, and Discursive Excess". *Differences* 2.2 (1990b): 105–125.

Diederichsen, Diedrich: „Aus dem Zusammenhang reißen / in den Zusammenhang schmeißen". *Freiheit macht arm. Das Leben nach Rock'n'Roll 1990–93.* Köln: Kiepenheuer & Witsch, 1993. 159–182.

Drews, Jörg: „Alle Menschen werden Schwestern. Gedanken-Pop: Thomas Meineckes Roman Tomboy". *Badische Zeitung* 15. September 1998), zitiert nach Meinecke 2012b.

Dunker, Axel. „‚Alle tanzen, doch niemand kennt die Platten'. Pastiche, Sampling und Intertextualität in Thomas Meineckes Roman Tomboy". *Weimarer Beiträge* 52.1 (2006): 105–118.

Feiereisen, Florence. *Der Text als Soundtrack. Der Autor als DJ. Postmoderne und Postkoloniale Samples bei Thomas Meinecke.* Würzburg: Königshausen & Neumann, 2011.

Garber, Marjorie. *Verhüllte Interessen. Transvestismus und kulturelle Angst.* Frankfurt am Main: S. Fischer, 1993.

Goodwin, Andrew. „Sample and Hold. Pop Music in the Digital Age of Reproduction". *Critical Quarterly* 30.3 (Autumn 1988): 34–49.

Grabienski, Olaf, Till Huber, Jan-Noël Thon (Hrsg.). *Poetik der Oberfläche. Die deutschsprachige Popliteratur der 1990er Jahre.* Berlin und Boston: De Gruyter, 2011.

Heiser, Jörg. „Wilde Spiele im Freien". Melián, Michaela. *Tomboy. Katalog.* Hrsg. von der Staatlichen Kunsthalle Baden-Baden (1995). 47–66.

Hörisch, Jochen. „Fremdgehende Heimatliteratur. Thomas Meineckes Roman Tomboy". *Neue Zürcher Zeitung* 6. Oktober 1998.

Keck, Annette. „Transsexualität in der Literatur: Tomboys, Kröten, Kings und Queens zwischen 1880 und 2000". *Sexualität als Experiment. Identität, Lust und Reproduktion zwischen Science und Fiction.* Hrsg. von Nicolas Pethes und Silke Schicktanz. Frankfurt am Main und New York: Campus, 2008. 113–132.

Klinger, Cornelia. „Frau – Landschaft – Kunstwerk. Gegenwelten oder Reservoir des Patriarchats?". *Feministische Philosophie.* Hrsg. von Herta Nagl-Docekal. Wien: Oldenbourg, 1990. 63–94.

Lynch, Deirdre Shauna. *The Economy of Character. Novels, Market Culture, and the Business of Inner Meaning*. Chicago: University of Chicago Press, 1998.
Meinecke, Thomas. „Tomboy". *Klagenfurter Texte. Ingeborg-Bachmann-Wettbewerb 1997*. Hrsg. von Iso Camartin und Thomas Tebbe. München und Zurüch: Piper, 1997a. 105–118.
Meinecke, Thomas. „Geschlecht und Charakter". *Merkur* 51.12 (Dezember 1997b): 1146–1150.
Meinecke, Thomas, Charlotte Brombach und Ulrich Rüdenauer. „,Der ganz normale Input'". *Trystero* 5 (November 1997c): 34–39.
Meinecke, Thomas. „Ich als Text". *neue deutsche literatur* 48.532 (Juli/August 2000): 183–189.
Meinecke, Thomas. *Ich als Text. Frankfurter Poetikvorlesungen*. Frankfurt am Main: Suhrkamp, 2012a.
Meinecke, Thomas. *Interview mit Moritz TV* (veröffentlicht 6. Juni 2012b). http://www.youtube.com/watch?v=BddpexilyNI.
Neid. http://www.thing.de/neid/.
Melián, Michaela. *Tomboy. Katalog*. Hrsg. von der Staatlichen Kunsthalle Baden-Baden (1995).
Melián Michaela. *Tomboy (Selected Works)*. http://www.michaelamelian.net/Michaela_Melian/Tomboy.html.
Neidhart, Didi. „Warum kann ein Mann nicht lesbisch sein? Thomas Meineckes neuer Roman Tomboy". *Skug* 37 (Dezember/Jänner/Februar 1998/99): 65.
Pettis, Ruth M. „Tomboys". glbtq: *An Encyclopedia of Gay, Lesbian, Bisexual, Transgender and Queer Culture*. (letztes Update Dezember 2004). http://www.glbtq.com/social-sciences/tomboys.html.
Schumacher, Eckhard. „,Re-make / Re-model' – Zitat und Performativität im Pop-Diskurs". *Zitier-Fähigkeit. Findungen und Erfindungen des Anderen*. Hrsg. von Andrea Gutenberg und Ralph Poole. Berlin: Erich Schmidt, 2001. 271–291.
Schumacher, Eckhard. *Gerade Eben Jetzt. Schreibweisen der Gegenwart*. Frankfurt am Main: Suhrkamp, 2003.
Schumacher, Eckhard. „Existentielles Besserwissen. Dilettantismus und Professionalität im Pop-Diskurs". *Dilettantismus als Beruf*. Hrsg. von Safia Azzouni und Uwe Wirth. Berlin: Kadmos, 2010. 201–217.
Tolmein, Oliver. *RAF – das war unsere Befreiung. Ein Gespräch mit Irmgard Möller über bewaffneten Kampf, Knast und die Linke*. Hamburg: Konkret Literatur Verlag, 1997.
Vogel, Juliane. „Anti-Greffologie. Schneiden und Kleben in der Avantgarde". *Impfen Pfropfen Transplantieren*. Hrsg. von Uwe Wirth. Berlin: Kadmos, 2011. 159–172.

4.15 Tristesse Royale. Das popkulturelle Quintett mit Joachim Bessing, Christian Kracht, Eckhart Nickel, Alexander v. Schönburg und Benjamin v. Stuckrad-Barre (1999)

Jörg Döring

1. Die Rezeption

Tristesse Royale ist ein Pentalog von fünf Figuren im Alter zwischen Mitte 20 und Mitte 30, die mit den Klarnamen lebender Pop-Autoren bzw. Journalisten bezeichnet sind und im Kaminzimmer der Berliner Hotel Adlon im April 1999 ein drei Tage und Nächte andauerndes Gespräch führen, bei dem „ein Sittenbild" ihrer „Generation modelliert" werden soll – so die Selbstbeschreibung im Vorwort des Bandes (Bessing 1999, 11). Das Sittenbild, das hierbei entsteht, handelt von Markenartikeln, von gutem und schlechtem Lifestyle, von Geld, das dank Geldautomaten und Dispositionskrediten immer verfügbar erscheint. Vom akkurat gefalteten und mit einer Vignette versehenen Ende der Toilettenpapierrollen im Adlon. Vom Elend der Ironie am Ende des Jahrtausends. Von der Langeweile als Hauptfeind jener Generation, der die Gesprächsteilnehmer sich zurechnen. Vom Re-Modeling von Bands und Lebenshaltungen. Von der Kriegssehnsucht aus Wohlstandsverwahrlosung. Als Ausflucht aus der Zitathölle des Pop werden die Alternativen ‚Verschwinden' oder ‚Rückkehr zur „Gitarrenhölle" des Rock' (139) erörtert. Nach der Adlon-Séance brechen zwei der Figuren – Christian Kracht und Joachim Bessing – nach Phnom Penh auf, geraten dort in die 1. Mai-Demonstration von Anhängern der Roten Khmer und führen anschließend das im Adlon begonnene Gespräch in einem Café fort, das Café Brûlé heißt (benannt nach dem Begründer des Lifestyle-Magazines Wallpaper Tyler Brûlé) – solange bis ein indischer Filmregisseur die Kulissen wegräumen lässt und den Abspann einläutet.

Oder aber man versteht *Tristesse Royale* – seiner surrealen Einschübe und dramentextartigen Regieanweisungen zum Trotz – eben nicht als Theatertext, sondern als die Wiedergabe eines Autorengesprächs, das fünf – im Mai 1999 unterschiedlich prominente – Autoren zum Zwecke der gemeinschaftlichen Buchproduktion im Kaminzimmer des Berliner Hotel Adlon aufgezeichnet haben. Und die im Gespräch bekundeten Meinungen, Geschmacksurteile, Werthaltungen wären dann solche der Autoren selber und *Tristesse Royale* mithin ein Stück Dokumentar- oder Gesprächsliteratur. Schon in der Rezeption von Krachts Roman *Faserland* (1995; → 4.11 HOHLWECK) und Stuckrad-Barres Roman *Soloalbum* (1998; → 4.13 BASSLER) war das Problem manifest geworden, inwieweit die ebenso ressentimentgeleiteten wie provokatorischen Erzählerfiguren mit ihren Autoren identifiziert werden sollten. Hier nun schienen Kracht und die anderen selber zu sprechen. Und der Untertitel „Das popkulturelle Quintett" – eine Anspielung auf „Das literarische Quartett", seinerzeit ein prominentes TV-Format, in dem unter Führung von Kritikerpapst Marcel Reich-Ranicki Literaturkritiker spontanmündliche Geschmacksurteile über Literatur zelebrierten – wies den fünf Autoren auch noch die Rolle von Kritikern bzw. Stil- und Geschmacksrichtern zu (wobei das absichtsvoll doppeldeutige Adjektiv die Frage offen lässt, ob hier ein Kritikerquintett über die Popkultur urteilt oder das Urteilen selber als popkulturelle Praxis qualifiziert werden soll). Der Berliner *Tagesspiegel* schrieb damals: „Zehn Jahre nach 1989 formiert sich in Deutschland eine neue Generation – ihr Manifest heißt Tristesse Royale." (Martenstein 1999).

Dieser Lesartenkonflikt – Rollenprosa oder Gesprächswiedergabe – durchzog die gesamte Rezeption von *Tristesse Royale* und macht das Buch bis heute zum meistumstrittenen Werk der neuen deutschen Pop-Literatur (vgl. Degler und Paulokat 2008). Es erschien im Bücherherbst 1999 und war sofort Gegenstand einer heftigen feuilletonistischen Debatte, die sich bis weit in das Frühjahr 2000 hinein hinzog. Die literaturkritische Erstrezeption verstand *Tristesse Royale* zumeist im letztgemeinten Sinne: als authentische Gesprächswiedergabe, in der junge Schnösel ernstgemeinte Stilkritik zu betreiben versuchen. „Helden der Pose", „der Autor als Produktberater", empörte sich die *Zeit* (Radisch 1999). Auch die Tatsache, dass die Autoren bei der Buchpremiere in der Berliner „Bar jeder Vernunft" ihren Text emotionslos in Form einer szenischen Lesung mit verteilten Rollen aufführten, wurde von der Kritik nicht als Inszenierungsidee verstanden, sondern als „geckenhafter Dezisionismus, dessen Sprecher noch nicht einmal in der Lage" seien, „frei vor Publikum zu sprechen – von Diskussion, Kritik und Ähnlichem ganz zu schweigen", so Henryk M. Broder im *Spiegel*, der das popkulturelle Quintett als „eine H&M-Variante des Stefan-George-Kreises" verhöhnte (Broder 1999). Den im edierten Text der Figur Alexander v. Schönburg zugeschriebene kriegssehnsüchtige Ennui-Satz („Unsere Rettung wäre eine Art Somme-Offensive. Unsere Langeweile bringt den Tod", 137) quittierte das *Deutsche Allgemeine Sonntagsblatt* mit der Empfehlung: „Ab nach Grosny! Steht Euren Mann – mit einem Testpanzer von Gucci." (Fricke 2000) Noch im März 2000, mithin ein halbes Jahr nach Ersterscheinen, war der *ZEIT Tristesse Royale* (im Verein mit dem ähnlich umstrittenen, nur ungleich erfolgreicheren Buch Generation Golf von Florian Illies) einen zweiseitigen kulturkritischen Feuilletonaufmacher wert, in dem „der dandyhafte Kult der Oberfläche und des schicken Scheins" beargwöhnt wird, welcher in der stetigen „Verfeinerung des Geschmacks immer einen Überdruss" erzeuge, „den Hass auf das Gebrochene, Uneigentliche, Ironische. Das Grobe und das Elementare steigt wieder im Kurs. Die Sehnsucht nach dem Kollektiv und dem großen Moment, nach dem Erlebnis des Kampfes, das die Politik nicht mehr zu bieten vermag, kehrt dann in atavistischer Gestalt zurück." (Seibt 2000) Der Essay von Gustav Seibt belegt die langanhaltende Konjunktur jener Lesart innerhalb der Erstrezeption, die den Adlon-Text für authentische Gesprächswiedergabe hielt und die Autoren für die im Buch geäußerten Meinungen intellektuell in Haftung nahm. Gemessen an der ehrwürdigen Tradition deutschsprachiger Pop-Literatur seit Rolf Dieter Brinkmann schien hier der Endpunkt einer Verfallsgeschichte erreicht (vgl. Ullmaier 2001).

Die konkurrierende Lesart – dass nämlich in *Tristesse Royale* eine raffinierte Rollenprosa zur Aufführung gebracht werde – verdankt sich recht eigentlich erst der literaturwissenschaftlichen Sekundärrezeption, die – für ein Werk der so genannten Gegenwartsliteratur – erstaunlich früh einsetzte, mit dem vermeintlichen Proseminar-Missverständnis (Figurenmeinung = Autormeinung) aufzuräumen versuchte und Literarisierungssignale wie Inszenierungscharakter des Textes herausarbeitete. Dafür freilich musste sich die Saisondebatte um *Tristesse Royale* etwas abgekühlt haben, was erst im Laufe des Frühjahrs 2000 der Fall war: „Thema tot. Und schon kommt die Germanistik daher. Aha." (Knipphals 2000). Insbesondere die Studie von Moritz Baßler *Der deutsche Pop-Roman. Die neuen Archivisten* (2002) zieh die feuilletonistische Erstrezeption, in ihrer kulturkritischen Besorgnis „hinter dem Komplexitätsniveau der Inszenierung" (124) von *Tristesse Royale* zurückzubleiben. Wenn etwa Seibt Bedenken äußere gegenüber dem ‚top' oder ‚flop'-„Modedarwinismus" eines Benjamin v. Stuckrad-Barre, dann verfehle er den „Modus, in dem hier gesprochen wird" und beweise „komplette Unkenntnis jener Enzyklopädie zwischen Trendzeitschriften und Aktuellem Sportstudio", innerhalb derer sich die Urteile des popkulturellen Quintetts bewegten:

„Die postmoderne Dauerschleife zwischen der klaren Positionierung auf festem Grund und den ‚Spielarten der ironischen Selbstbespiegelung' (31) wiederholt sich in *Tristesse Royale* auf performativer Ebene. Positionen relativieren sich sofort ironisch (z. B. der Gestus des Reichtums im Gespräch über Geldautomaten und Dispo-Kredite), Ironie aber wird als billiger, auch ästhetisch unbefriedigender Ausweg abgelehnt [...] Die Routines der fünf Adlon-Plauderer wringen ihre Pointen aus diesem Möbiusband, schwingen sich dabei gelegentlich zu echten Highlights höheren Blödsinns auf (der Art: ‚Golf ist das Mallorca des kleinen Mannes', 26) und archivieren unterwegs an Gegenwartskultur, was das Zeug hält [...]" (Baßler 2002, 124–125). Gerade in der (von der Erstrezeption so viel kritisierten) Gesprächsmininatur über das Adlon-Toilettenpapier erkennt Baßler ein Sinnbild für das nachgerade dekonstruktive Verfahren, mit dem der Text den Diskurs seiner Figuren verflüssige, so dass „eine Clôture, ein Abschließen und Feststellen der Debatte, unter diesen Bedingungen nicht möglich ist":

„ALEXANDER V. SCHÖNBURG [...] Das Schöne an Luxushotels wie diesem – und allein dadurch zeichnen sich Luxushotels letztendlich aus – ist das im Dreieck gefaltete Ende der Toilettenpapierrolle. / BENJAMIN V. STUCKRAD-BARRE Das findest Du inzwischen in jedem Bahnhofshotel. Damit versuchen die Bahnhofshotels so zu tun, als sei es frisch und neu, was es aber nie ist. Die Besonderheit am Adlon-Toilettenpapier ist der Winkel, in dem das abgeknickte Ende der Toilettenpapierrolle mit der Adlon-Vignette fixiert ist." (17)

„Der Abschluß (der Klorolle), der einen Neuanfang markieren soll, ist immer schon nicht die Sache selbst, sondern ein imitierbares Zeichen, auch der Markenname (Adlon-Vignette) verbürgt seine Trennqualität nur sozusagen idealiter, vor jedem Realitätsbezug (Benutzung des Klopapiers zwänge zur Entfernung der Vignette). Präsentiert wird all dies, wie gesagt, in Form einer snobistischen Blödelroutine [...]. Längst ist das Siegel gebrochen, der Diskurs verflüssigt. Wer danach weiterliest, weiß in der Tat, was er tut." (Baßler 2002, 125). Auch in der literaturwissenschaftlichen Diskussion wurde *Tristesse Royale* dennoch mitunter sehr kritisch rezipiert (vgl. u. a. Schumacher 2002; Franck 2003). Gleichwohl hat die Revalorisierung des Textes, die in dem Aufweis der Rollenprosa-Lesart bestand, ihn als Werk stabil in den literaturgeschichtlichen Kanon eingeschrieben. Es findet sich bis heute auf jeder Leseliste eines universitären Seminars zum Thema ‚Neue deutsche Pop-Literatur'.

2. Die Adlon-Tapes: Zeitliteraturforschung

Eine für die Frage, ob wir es beim edierten Text von *Tristesse Royale* eher mit Rollenprosa oder einer dokumentarischen Gesprächswiedergabe zu tun haben, wichtige (freilich nicht notwendigerweise entscheidende) Quelle ist der Mitschnitt, der sich von dem Gesprächsereignis im Adlon erhalten hat (künftig: *Adlon-Tapes*). Es handelt sich dabei um 10 (von ursprünglich wahrscheinlich 12) Magnettonband-Kassetten mit einem Gesamtumfang von etwa 14 Stunden Länge. Neun Kassetten davon wurden im Adlon aufgenommen, die letzte in Phnom Penh in Kambodscha, wohin die Autoren Joachim Bessing und Christian Kracht tatsächlich auch am 29. April 1999 von Berlin aus gemeinsam aufbrachen. Es gehört zu den Überraschungen dieses Quellenbefundes, dass es nicht nur für die Adlon-Gespräche, sondern auch für das letzte, in Phnom Penh angesiedelte Kapitel von *Tristesse Royale* „Die Spirale" (167–189) so etwas wie einen dokumentarischen Anhalt in

Form von Tonbandaufzeichnungen gibt. Diese für eine Philologie der Gegenwartsliteratur ungewöhnliche textgenetische Quelle erlaubt nun den detaillierten Vergleich von aufgezeichnetem Gesprächsereignis und der Wiedergabe des Gespräches im edierten Text und gibt Aufschluss über den Umfang und die Tendenz der schriftlichen Nachbearbeitung des Gesprochenen durch die beteiligten Akteure. Dabei sind die *Adlon-Tapes* als kollaborativ verfertigtes Audio-Dokument i. e. S. mehr als z. B. die Handschrift oder Notiz, üblicherweise die frühesten textgenetischen Stufen einer Werkentstehung, die man im Nachlass einer Autorenpersönlichkeit gegebenenfalls studieren könnte. Diese besondere Quelle ermöglicht vielmehr so etwas wie literaturwissenschaftliche workplace-studies (vgl. Heath et al. 2000). Wir können damit zeitgenössischen Autoren bei der Arbeit gleichsam in actu zuhören: für eine Praxeologie zeitgenössischer Literaturproduktion ein nicht unerheblicher Beobachtungsgewinn (vgl. das Forschungsprogramm einer Praxeologie der Literaturwissenschaft in Martus und Spoerhase 2009, 89–96).

Und nicht nur das: Dadurch dass die Quelle bereits zu Lebzeiten der Autoren zur Verfügung gestellt wurde, kann man die *Adlon-Tapes* gemeinsam mit den Autoren anhören und sie in Folge dessen zu weiteren Reminiszenzen an die Praxis der Textentstehung (vom Adlon bis Kambodscha und zurück) stimulieren und damit das Narrativ zur Werkgenese von *Tristesse Royale* weiter anreichern. Genauso wie man in der Geschichtswissenschaft mit noch lebenden Zeugen der Zeitgeschichte verführe. Deshalb erscheint für Studien dieser Art der bislang geläufige Begriff der Gegenwartsliteraturforschung eher unterbestimmt bzw. epistemologisch irreführend. Ein Buch von 1999 gehört ja eher nicht mehr der Gegenwart an. Mir scheint deshalb der Begriff der Zeitliteraturforschung angemessener. Bei der Arbeit mit lebenden Autoren, bei der Analyse von Texten, für die sich noch keine literaturhistorische Epoche konsolidiert hat, und unter Inanspruchnahme solcher Quellen wie der *Adlon-Tapes* erforscht man vielmehr (analog zur Begriffsbildung ‚Zeitgeschichte' in der Geschichtswissenschaft) eine Literatur „der Mitlebenden" (vgl. Rothfels 1955, 1–8) – so die klassisch-programmatische Formulierung von Hans Rothfels zur Begründung der Epoche der „Zeitgeschichte" bzw. der Disziplin der Zeitgeschichtsschreibung: mit allen Erkenntnischancen, -risiken und -limitationen, die in der Welt der Mitlebenden gegeben sind; und mit allen methodischen Vorkehrungen, die zu treffen nötig sind, um den Selbstbeschreibungen der Mitlebenden gerecht zu werden und ihren Quellenwert auszuschöpfen (vgl. Döring 2016).

In unserem Fall ergaben die Interviews mit den Autoren, die Auswertung der überlieferten Tapes und des Buchvertrages, der seinerzeit von Joachim Bessing mit Ullstein geschlossen worden war, dass folgende Praxis der Textproduktion von den fünf Autoren kooperativ vereinbart worden war: Joachim Bessing als vertraglich geführter Haupturheber war die (Kärrner-)Aufgabe zugedacht, die vielen

Stunden Gesprächsmitschnitt abzutippen und den vier anderen (im Vertrag: Miturheber genannten) Autoren zur Überarbeitung und Autorisierung vorzulegen. Auf den Bändern mitdokumentiert ist an mehreren Stellen – insbesondere an solchen ausgelassener Gesprächsturbulenz – die gar nicht klammheimliche Schadenfreude der Miturheber darüber, dass Bessing das ganze Gerede in konzeptionelle Schriftlichkeit zu überführen hätte. (Als Ausgleich dafür bezog er als einziger ordentliche Tantiemen für *Tristesse Royale* – wohingegen die anderen vier Autoren mit einer einmaligen Pauschale von – auch damals eher bescheidenen – 1000,- DM abgefunden wurden. Ein wichtiger Beleg dafür, dass es sich in der Kalkulation der beteiligten Akteure – von den Verlagsbeteiligten über die Agent/innen bis hin zu den Urhebern – um ein ausgesprochenes Low-Budget-Projekt handelte. Von dem publizistischen Wirbel, den der Band sogleich nach Erscheinen erzeugte, waren die Akteure nach übereinstimmenden Aussagen vollkommen überrascht). Die Abschrift der Bänder durch Bessing erfolgte nun nicht nach den Standards einer ordentlichen Protokoll-Transkription (so wie beispielsweise im Parlament, vor Gericht oder im Rahmen der linguistischen Konversationsanalyse transkribiert würde), sondern orientierte sich an journalistischen Verschriftungsroutinen z. B. von Interviewaufzeichnungen. D.h. es wurde nicht unterschiedslos und quellenneutral der vollständige Wortlaut der Tonbandmitschnitte transkribiert, sondern nur dasjenige, von dem der ‚Redakteur' dieser Abschrift intuitiv d. h. im Modus eines spontanen Angemessenheitsurteils überzeugt war, dass es für den zu edierenden Text tatsächlich in Frage kam. Nur solche Passagen transkribierte Bessing und überführte sie in konzeptuelle Schriftlichkeit, um sie anschließend den Mitautoren zur Überarbeitung vorzulegen.

Die Beschreibung dieser Praxis ist nicht unwesentlich für die Charakterisierung eines solchen kollaborativ verantworteten textgenetischen Prozesses: Zum einen verweist sie eher auf den journalistischen Praxiskontext, dem alle Autoren von *Tristesse Royale* seinerzeit unmittelbar zugehören: Bessing, Kracht, Schönburg und sporadisch Nickel bei der Berliner *B.Z.*, Stuckrad-Barre als vormaliger Musikjournalist bei *taz* und *Rolling Stone* (vgl. v. Stuckrad-Barre 2016, 133–202). Zum anderen zeigt sich, dass dem Haupturheber Bessing damit eine Vorentscheidung darüber zufiel, was von dem aufgezeichneten Material im Sinne der Textgenese weiter prozessiert werden sollte. Nur weil die Autoren aus eigener journalistischer Erfahrung wussten, dass man unter Produktionsdruck tatsächlich besser nur eine Auswahl des Gesprochenen abschreibt und zur Autorisierung vorlegt, konnten sie sich mit dieser ‚Vorzensur' von Redakteur (und Schreibkraft) Bessing einverstanden erklären. Vier der fünf Autoren haben seinerzeit – nach eigenen Aussagen – die *Adlon-Tapes* allenfalls sporadisch nachgehört und wissen auch heute überhaupt nicht mehr im Detail, welche Passagen der initialen Textredaktion zum Opfer gefallen sind bzw. was noch alles gesprochen wurde an diesem langen Wochenende. (Nachgehört wurden allenfalls Auszüge als ‚Party-Piece', etwa wenn ausgewählte Stellen aus *Tristesse Royale* zur Belustigung Dritter im Tonbandoriginal vorgespielt wurden. Auf diesem Wege seien auch zwei der Bänder verschwunden, darunter leider auch das Band mit der berüchtigten „Somme-Offensive"-Passage. Glaubt man den Aussagen der Akteure, dann ist die fragliche Kassette auf einer dieser Parties verloren gegangen. Falls die Geschichte nicht wahr sein sollte, dann ist sie wenigstens sehr stimmig ausgedacht.)

Vergleicht man den Wortlaut der tatsächlich geführten Adlon-Gespräche mit dem edierten Text, fällt im Ergebnis zweierlei auf: a) Mehr als ein Drittel des Aufgezeichneten (bzw. dessen, was noch überliefert ist) fiel der Vorzensur des Redakteurs zum Opfer und schied für eine Weiterbearbeitung aus – insbesondere die Gespräche des ersten Tages wurden als fast vollständig unbrauchbar eingeschätzt. b) Die Gesprächspassagen wiederum, die den Weg in den edierten Text gefunden haben, erweisen sich dann aber als erstaunlich wenig bearbeitete Transkription dessen, was tatsächlich gesprochen wurde. Für die Frage nach dem Fiktionalitätsgrad von *Tristesse Royale*, für die Frage: Rollenprosa oder Gesprächsdokument ist das ein nicht unwesentlicher Befund. Bisweilen war ja die literaturwissenschaftliche Rezeption, die vom Rollenprosacharakter von *Tristesse Royale* überzeugt war, geneigt, sich den unterstellten Irrsinn des Textes nur dadurch erklären zu können, dass man den Text gleich in Gänze als Schreibtisch- und Kunstprodukt qualifizierte: so als ob das Gesprächsereignis im Adlon nur fingiert gewesen wäre (vgl. Bohnenkamp 2011, 249).

Demgegenüber lässt sich nach der Auswertung der Tapes nun mit aller Deutlichkeit feststellen, dass der edierte Text von *Tristesse Royale* klar in dem dreitägigen Gesprächsereignis im Adlon fundiert ist und damit auch im Kontext von Dokumentarliteratur oder einer Poetik des Protokolls gelesen zu werden verdient. Das soll nun keineswegs heißen, dass die Frage Rollenprosa oder Gesprächsdokument damit zugunsten des letzteren entschieden sei (und damit die Bewertung der Erstrezipienten aus der aufgeregten Feuilletondebatte Recht behielten). Wenn aber in *Tristesse Royale* Rollenprosa vorliegt, dann eine, die im Adlon so oder ähnlich auch vorgetragen wurde – von Autoren, die wie ihre gleichnamigen Figuren auf einer Bühne agieren, sobald das Mikrofon eingeschaltet war. Schon dem Gesprächsarrangement selber, vereinbart zum Zwecke der Textproduktion, waren theatralische Züge eingeschrieben. Auch das ist auf den Tapes mitdokumentiert. Bestätigt wird dieser textgenetische Befund in einer Selbstbeschreibung Benjamin v. Stuckrad-Barres: „Ich fand es schon fast Punk. Wir wollten doch nicht unsere Meinungen sagen, sondern zeigen, wie so Figuren sein können. Ich sehe das noch immer als Theaterstück." (Stuckrad-Barre 2004)

Eine andere nachträgliche Behauptung Stuckrad-Barres hingegen hält einer Überprüfung nicht stand. Es sei ihm „zu künstlich" gewesen, wie sich im Zuge der Überarbeitung des von Bessing verfertigten Gesprächstranskriptes „hinterher alle enorm klug geschrieben haben und die Sätze so umformuliert haben, dass sie geschrieben sind und nicht mehr gesprochen, dadurch, finde ich, ist es irre langweilig. Oder verfälscht." (Gleba und Schumacher 2007, 390). Vergleicht man aber das auf dem Tonband Dokumentierte mit dem edierten Text, dann zeigt sich vielmehr, dass die redaktionelle Bearbeitung des Gesprochenen, egal ob von Bessing beim initialen Transkript oder später von einem der anderen im nachträglichen Autorisierungsprozess vorgenommen, sogar ausgesprochen spar- und behutsam erfolgte – vermutlich vor allem aus Zeitgründen: auch das ein Indikator für den Low-budget-Charakter des Projekts im Ganzen. Sofern eine Passage des authentischen Adlon-Gesprächs als werktauglich identifiziert war, ging sie mit relativ wenigen sprachlichen Umbauten in den edierten Text ein. Von sich schöner-oder-klüger-Redigieren kaum eine Spur. Zumeist wurden nur die allergröbsten Kolloquialismen gestrichen oder ‚aufgeputzt' (wie es im Redakteursjargon heißt...). Ein interessantes Beispiel hierfür ist wiederum die viel kritisierte Toilettenpaper-Passage – jene, die für Moritz Baßler das nachgerade dekonstruktive Verfahren des Textes veranschaulichte. Schauen wir uns an, wie sich die Lesart dieser Stelle verändert (oder anreichert), wenn man den Wortlaut des im Adlon Gesprochenen als textgenetischen Vorlauf mit heranzieht.

3. „[...] ~~frisch vom Fass~~" – Zur Textgenese der berüchtigten „Toilettenpapier"-Stelle

In *Tristesse Royale* steht diese Passage an prominenter Stelle. Sie eröffnet den eigentlichen Gesprächsteil. Auch das ist ein Grund dafür, dass sie so oft zitiert worden ist: Sie stellt gewissermaßen den Erstkontakt mit der konzeptionellen Idee des Buches dar, nachdem die Lesenden sich durch die expositorischen Rahmentexte vorgearbeitet haben: das Vorwort, die Motti und die Szenenbeschreibung, die dem Beginn der Gesprächswiedergabe vorausliegen. Diese Exposition soll hier zuallererst einem close reading unterzogen werden, weil sie als Ko-Text im Sinne Ecos (vgl. 1979, 18–19) mit der in Rede stehenden Toilettenpapier-Stelle ko-okkurriert.

Im Vorwort, das Joachim Bessing zugeschrieben wird, wird zunächst eine mehr als wirre Anrufbeantworternachricht von Kracht und Nickel zitiert, der der Erzähler Bessing einen rhetorisch gemeinten Katalog ratloser Leser/innen-Fragen folgen lässt, mit dessen Hilfe das intendierte Gesprächsziel „Sittenbild unserer Generation" gerechtfertigt werden soll:

„‚Was soll das, das macht doch keinen Sinn‘, könnte der Leser jetzt behaupten. Und er hätte recht. Aber auch: ‚Das ist so schön, das kenne ich, das folgt ja einem höheren Gesetz der Schönheit‘, und damit hätte er noch mehr recht. Nur, was besagt dieses vertraute Gesetz? Und warum tun diese Leute das? Was treiben sie, was wollen Sie überhaupt? Muß man sich Sorgen machen? Wie sehen sie die Welt? Und was hält ihre Welt im Innersten zusammen? Das herauszufinden war unsere Aufgabe. Das Rätsel zu lösen. Eine Art Fundament herauszuarbeiten. Eine Antwort zu finden. Also mietete ich für das letzte Wochenende im April fünf Einzelzimmer und ein geräumiges Kaminzimmer – die Executive Lounge im vierten Stock, mit Blick auf das Brandenburger Tor [...]. Dort nun, im Adlon, wollten wir uns drei Tage lang einschließen, um dann am Sonntag abend ein Sittenbild unserer Generation modelliert zu haben; soweit der Plan. Das Kaminzimmer verwandelte sich dabei abwechselnd in eine Talkshow, einen weißen Sportwagen, ein Minenfeld, das siebte Hinterzimmer einer Bar. Am Sonntag abend hatte ich dreißig Stunden Gespräche aufgezeichnet und reiste mit Christian Kracht nach Phnom Penh, der Hauptstadt Kambodschas. Das Buch folgte dieser Reise durch die Lüfte; dort befanden sich die Ergebnisse der Berliner Gespräche bereits in Korrosion." (11)

Wenn eine ernstgemeinte Moralistik als Gesprächsziel ausgegeben worden sein sollte, dann wird hier bereits ihr Scheitern eingeräumt. Der „Plan" geht nicht auf, das Kaminzimmer als paradigmatischer Ort der gepflegt-müßigen Herrenkonversation, hier mit Blick aufs Brandenburger Tor (1999: im Jahr des Parlaments- und Regierungsumzuges von Bonn nach Berlin auch ein eminent nationalsymbolischer Ort), verwandelt sich abwechselnd in eine „Talkshow" (damit wird das alludierte „Literarische Quartett" Reich-Ranickis von einer Kritik- zu einer Unterhaltungssendung herabgestimmt), in den „weißen Sportwagen" (gemeint ist der des seinerzeitigen SZ-Magazin-Chefredakteurs Ulf Poschhardt, der in *Tristesse Royale* wahlweise als „Titan" oder „moving target" figuriert und für die Adlon-Redner eine wichtige emotionale, mal beneidete, mitunter verhasste Referenzgröße darstellt, 116), in ein „Minenfeld" (Hinweis auf die auf den *Adlon-Tapes* vielfach dokumentierten Spannungen und Verwerfungen, die die selbst auferlegte Tag-und-Nacht-Rede-Klausur mit sich brachte – in mancher Hinsicht einem ethnomethodologischen Krisenexperiment nicht unähnlich; vgl. Döring 2015, 109–141) und schließlich in das „siebte Hinterzimmer einer Bar" (d. h. im Ergebnis waren es offenbar viel eher Nachtleben-Gespräche als Kaminzimmer-Causerie, mitsamt den anders gelagerten Stimulanzien). Bezeichnend ist, wie der Erzähler Bessing bereits im Vorwort das Ergebnis der Adlon-Gespräche qualifiziert: Sie hätten sich bereits „in Korrosion" befunden, als er mit Kracht nach Kambodscha aufbrach. Korrosion bezeichnet in technischer Hinsicht die Zersetzung, das Zerfressen-Werden eines Werkstoffs in Kontakt mit seiner Umwelt, der zur Beeinträchtigung der Funktionsweise des Werkstoffs bis hin zu dessen Unbrauchbarwerden reicht.

Der Werkstoff sind in Bessings Vorwortmetapher die Adlon-Gespräche, die bereits einen (Reise-)Tag nach ihrer Beendigung, allein durch die Luftveränderung zwischen Berlin-Pariser Platz und Phnom Penh, zu ‚verrosten' drohen. Ein „Sittenbild" mit Patina, Moralistik ohne Haltbarkeitsnachweis. (Wer hier weiterliest, sollte in der Tat wissen, was er tut und fürderhin geboten bekommt...)

Für dieses Vorwort im edierten Text gibt es keinen Anhalt auf den *Adlon-Tapes*. Es ist als expositorischer Text der redaktionell aufbereiteten Gesprächstranskription nachträglich hinzugefügt. Was folgt, ist die Überschrift des 1. Buchteils (in vermeintlich anmaßender Allgemeinheit): „Das Bild der Gesellschaft" (13) – the big picture, welches sogleich von den benachbarten Mottotexten desavouiert wird: „And if you tolerate this, then your children will be next". Das ist ein Singletitel der walisischen Band mit dem hier sprechenden Namen Manic Street Preachers. Der Songtitel wiederum zitiert einen Anklagevers walisischer Kämpfer, die als Teil der Internationalen Brigaden im Spanischen Bürgerkrieg gegen Franco zu Felde zogen. Damit wird das pompöse „Bild der Gesellschaft" ironisiert als eines, das statt von Kaminzimmer-Moralisten doch eher von besessenen Straßenpredigern aufs Pflaster gemalt wurde. Ironisch im Verhältnis zur Titelüberschrift ist auch das zweite Motto, ein Thomas-Bernhard-Zitat aus der Erzählung *Gehen*, in welcher der Protagonist Karrer beim Betreten eines Wiener Textilgeschäftes wahnsinnig wird: „Was wir haben, ist nichts als Verstandesersatz. Ein Ersatzdenken ermöglicht unsere Existenz" (1971, 15) – so wie in Notzeiten der Kaffeeersatz das eigentliche Nähr- und Genussmittel kompensieren musste. Was hier annonciert wird, ist offenbar nicht viel mehr als ein Muckefuck-Bild der Gesellschaft.

Die Szenenbeschreibung, die der Wiedergabe der Adlon-Gespräche (und damit der initialen Toilettenpapier-Stelle) unmittelbar vorausliegt, überführt die titelgebende Hotel- bzw. Urlaubsmetaphorik „CHECK IN TO ANOTHER WORLD" mit dem ersten Satz bereits in eine Bühnen- und Theatermetaphorik: „Der Vorhang öffnet sich für Eckhart Nickel im Foyer des Hotel Adlon." (16), die den Modus der sich anschließenden Gespräche mitbezeichnen soll. Wichtig ist zu betonen, dass sich bislang das Close Reading gleichsam werkimmanent ausschließlich auf den edierten Text gestützt hat. Er handelt im Folgenden von der Ankunft der Autoren im Adlon, von der szenischen Beschreibung der Exekutive Lounge als Gesprächsort und den atmosphärischen Präliminarien der Gesprächseröffnung:

„Benjamin von Stuckrad-Barre läßt einen Cappuccino aus dem Automaten. Durch das zischende Geräusch des Milchaufschäumers aktiviert, springt der automatische Aufnahmemodus der Revox-Studiobandmaschine an. Die überall im Raum verteilten Mikrofone beginnen mit der Aufzeichnung. / CHRISTIAN KRACHT Ich würde gerne wissen, warum Alexander von Schönburgs Zimmer in etwa dreimal so groß ist wie das meine. Und auch wie die der anderen. / *Alexander von Schönburg läßt sich in den ihm von Eckhart Nickel untergeschobenen Sessel gleiten.*" (17) Die Kapitälchen der Sprecherbezeichnung markieren typographisch den Abschluss der expositorischen Textanteile und den Beginn der eigentlichen Gesprächswiedergabe. V. Schönburg erwidert den Vorhalt Krachts mit dem Hinweis auf seine überlegene Kundenreputation: „Ich bin eben ein guter Gast des Hauses Adlon, und von daher bekomme ich automatisch ein Upgrade. Aber ich kann euch gerne einladen, mich in meinem Zimmer – es ist übrigens keine Suite – zu besuchen. Das Schöne an Luxushotels wie diesem […]" – und dann folgt schon die Toilettenpapier-Stelle (17).

Wie stellt sie sich dar, wenn man nun den Wortlaut der *Adlon-Tapes* hinzuzieht? Was verrät die Zeitliteraturforschung über die Genese des edierten Textes dieser Passage? Sie befindet sich tatsächlich auf der ersten überlieferten Kassette (ab Minute 5:41), wohl aber bezeichnet deren Beginn offenbar nicht den absoluten Anfang des Gesprächsereignisses. Die Akteure hört man gleich mitten bei der Sache. Bessing hatte im Eifer des Gefechts die record-Taste seines privaten Kassettengerätes (keinesfalls die prätendierte Revox-Bandmaschine) zu spät gedrückt. Insofern entpuppt sich der hyperbolische Hinweis auf den vom „Geräusch des Milchschäumers" automatisch aktivierten Aufnahmemodus, von dem im edierten Text die Rede ist, als selbstironische Referenz auf den manuellen Lapsus des Aufnahmeleiters – ausgerechnet zu Gesprächsbeginn. Aus konversationsanalytischer Hinsicht ist das insofern bedauerlich, als gerade die expositorischen Passagen eines Gesprächs immer als besonders aussagekräftig eingestuft werden. Denn hier werden zumeist die ‚Spielregeln' des Gesprächs erörtert. Hier bekäme man einen initialen Eindruck davon, wie unter den Gesprächsteilnehmern Kooperation hergestellt wird (vgl. Sacks 1984, 413–440). Und vor allem hätte sich geklärt, inwieweit die Gesprächseröffnung sich bereits reflexiv auf den kreativen Prozess bezieht, der mit diesem Gesprächsarrangement stimuliert werden soll. Immerhin sind die fünf vertragsgemäß zusammengekommen, um an einem Wochenende ein komplettes Buch vollzutexten. Wie soll das gehen? Weil auf Kassette eins die Vereinbarung dieses Arrangements nicht mitdokumentiert ist, sind wir auf die (in diesem Fall erfreulich übereinstimmenden) Reminiszenzen der Akteure angewiesen. Bessing war offenbar die Rolle des Gesprächsleiters zugedacht, der dafür zu sorgen hatte, dass die Adlon-Gespräche den hinreichend produktiven Verlauf nahmen. Es handelte sich nämlich keinesfalls um ordinary conversation im Sinne der linguistischen Gesprächsforschung, sondern um eine strikt rollen- und aufgabenbezogene Spracheraktivität. Das ist für die Frage, wieviel Rollenprosa hier mitdokumentiert ist, eine nicht ganz unmaßgebliche Feststellung. Bessing hatte mit den Mitautoren eine Art Themenfahrplan vereinbart, der sich in der späteren Kapiteleinteilung des edierten Textes tatsächlich wiedererkennen lässt. Immer wenn das Gespräch sich vergaloppierte, sollte es durch diesen Regieplan gleichsam wieder eingefangen werden (vgl. Schäfer 2016, 131–154).

Hier – beim in-medias-res-Beginn der ersten Kassette aber befinden wir uns noch im Bereich von warm-up-Kommunikation. Die Gesprächsteilnehmer versuchen sich in Stimmung zu bringen, um produktiv zu sein. Immerhin stellt es eine nicht zu unterschätzende Spontaneitätszumutung dar, ein zeitlich und örtlich streng limitiertes Gespräch zum Zwecke vertraglich vereinbarter Buchproduktion zu führen. Die fünf standen also unter gehörigem Erfolgsdruck – was sich bisweilen deutlich hörbar auf die Gesprächsstimmung auswirkt. Was tut man unter solche Bedingungen, um auf Betriebstemperatur zu kommen? Man stimuliert so etwas wie kühne Kommunikation. Überschreitet gezielt die Konventionen gesitteter Rede, um die Gesprächsteilnehmer durch geteilte Regelverletzungen zu vergemeinschaften (vgl. Shimanoff 1992). Kassette eins, der Beginn der überlieferten Aufzeichnungen der Adlon-Gespräche, beginnt („darf ich gleich ein paar einwo eh einleitende fragen stellen eh und zwar an jeden von uns ehm [...] und jeder muss sie be[antworten]") (*Adlon-Tapes*) mit einem Diskurs über Stuhlgang und die richtige Technik der Klopapierbenutzung. Die Stimmungssignale, die dieses Redespiel unter Männern begleiten (Lachen, Kichern, Glucksen), dokumentieren den phatischen Erfolg einer solchen Kommunikationsstrategie. Der illegitime skatologische Diskurs hebt hörbar die Laune. Man redet über die olfaktorischen Zumutungen der Toilettenbenutzung im Axel-Springer-Hochhaus. Ebenso über die Stuhlgangfolgen wohlstandsverwahrloster Fehlernährung. In diesem Zusammenhang – keineswegs in einem, wo von Zimmergrößen und Adelssuiten die Rede ist – äußert sich von Schönburg über die Faltung des Toilettenpapiers im Adlon: „[schön schön in] luxushotels wie diesen ist natürlich und dadurch zeichnen sich luxushotels auch letztlich aus °h dass klopapier immer in einem dreieick ehm gefaltet sein muss". Gesprächspragmatisch erfüllt dieser Einwurf mindestens zwei Funktionen: Zum einen rezivilisiert er den Diskurs, indem vom explizit Skatologischen abgelenkt wird. Und das mit nachhaltigem Erfolg: Danach ist auch auf den Tapes nurmehr vom Toilettenpapier, seiner Faltung und Markenkennzeichnung, nicht aber mehr vom Stuhlgang die Rede. Zum anderen leitet er auf ausgesprochen elegante, weil implizite Weise zum eigentlich intendierten Gesprächsgegenstand über und bekennt sich damit zum vereinbarten Produktivitätsregime. Im Themenfahrplan war festgehalten: „Der Schwerpunkt soll bei den Gesprächen über Markenartikel, Genußmittel und Erzeugnissen der Luxusindustrie liegen. Statussymbole zu besitzen, öffentlich zu konsumieren und die der Anderen einschätzen zu können, ist, so die nicht neue Behauptung der Runde, essentiell wichtig geworden, um in jegliche Gesellschaft aufgenomen zu werden." (vgl. hierzu Bessing o. J.). Nach den skatologischen Albernheiten soll jetzt endlich ziel- und verwertungsorientiert kommuniziert werden – so kann man den Einwurf interpretieren. Redakteur Bessing, der das Gesagte transkribiert und für den edierten Text vorauswählt, versteht den Einwurf dann auch genau in diesem Sinne: Schönburgs Toilettenpaper-Bemerkung ist das einzige Spurenelement des skatologischen Diskurses, das seinen Weg in den edierten Text findet und wird zugleich als dessen Eröffnungssegment verwendet.

An dieser Passage lässt sich auch gut studieren, wie die redaktionelle Nachbearbeitung des Gesprochenen funktioniert: Damit unkenntlich wird, dass Schönburg recht eigentlich nur den unsittlichen Eröffnungsdiskurs zu unterbinden versucht, wird der Adlon-Toilettenpapierbemerkung eine fiktive Rahmung verpasst: Die hier Christian Kracht in den Mund gelegte Beschwerde über die ungerechte Zimmerverteilung findet sich an keiner Stelle der *Adlon-Tapes*. (Wie überhaupt so manche im edierten Text Christian Kracht zugeschriebene Bemerkung gar nicht auf diesen zurückgeht – damit nicht so auffällt, dass er signifikant weniger zum Gespräch beiträgt als die anderen Autoren.) Als redaktionelle Zutat dient diese fingierte Beschwerde textintern zur Stimulation jenes Diskurses über das Statussymbol Luxushotel und dessen semiotische Kennzeichen, der als Aufhänger für die Toilettenpapier-Bemerkung v. Schönburgs fungiert.

Aber auch die Streichung colloquialer oder als nicht wohlgeformt angesehener Redeanteile lässt sich hier erkennen. Denn so geht das tatsächlich geführte Adlon-Gespräch an dieser prägnanten Stelle weiter:

BvSB	nein das erlebst du aber auch in jedem bahnhofshotel
	(0.34)
BvSB	[damit damit wollen sie so [tun als sei sei es frisch] ehm frisch vom fass das papier]
AvS	[ja inzwischen inzwischen (hat man das häufig) hm inzwischen hats schule gemacht]
EN	[inzwischen hat sich das]
	[((lachend) frisch vom fass (lachen)]
JB	[es ist aber recycelt in wirklichkeit]
	(1.11)
JB	[(kichern)]
EN	[(stöhnen)]

Abb. 1: Transkription der *Adlon-Tapes*, min. 05.50 – 06.03

Im Vergleich mit dem edierten Text ist leicht erkennbar, dass insbesondere jene Bemerkung Stuckrad-Barres „frisch vom fass das papier", die gesprächspragmatisch vor allem zur Erheiterung der übrigen Gesprächsbeteiligten beiträgt, im redaktionellen Korrekturgang gestrichen wird – vermutlich weil sie mit dem Rekurs auf Zapfhahnvokabular einen Isotopiebruch darstellt. Dennoch kann man – und das ist das Entscheidende – der Gesprächswiedergabe entnehmen, dass die komische Pointe – der Widerspruch zwischen dem „Abschluß (der Klorolle), der einen Neuanfang markieren soll [...], und doch seine Trennqualität" nur „idealiter" verbürgt, den Baßler am edierten Text herausarbeitet, die Recyclingqualität prätendierter Luxuszeichen auch schon im realen Gesprächsereignis spontanmündlich als Erkenntnis präsent ist (wenngleich verteilt auf mehrere Sprecher). Insofern wird die dekonstruktive Lektüre des edierten Textes durch Baßler – die Markenklorolle als Bild der gescheiterten Clôture der Adlon-Debatte im Ganzen – durch den Rekurs auf den authentischen Wortlaut der Gespräche eindrucksvoll bestätigt. Erst durch die hier beispielhaft vorgeführte textgenetische Rekonstruktion wird die Bearbeitungstendenz der Autoren durchsichtig. Sie beweist, dass der edierte Text an dieser Stelle tatsächlich genau so gelesen werden soll, wie Baßler ihn versteht.

4. Fazit: „Was für Brinkmann noch ein Scheißhaufen von Gerede war [...], nannten wir Popliteratur. Relax!"

Es verwundert wenig, dass die Kontroverse um die Legitimität von *Tristesse Royale* für den Kanon der Pop-Literatur zielsicher die skatologische Rest-Implikation dieser Textstelle aufgriff, um daran die eigene Lesart – gleich ob in schmähender oder in rühmender Absicht – zu veranschaulichen. Baßler liest sie als gelungene Miniatur des Textverfahrens in nuce; der Literaturwissenschaftler Thomas Ernst kommentiert sie hingegen in einer wortgewaltigen Polemik ein Jahr später mit umgekehrten Vorzeichen: „Das hat irgendwie mit Arschabwischen zu tun. Zwar überlegten wir, unsere nächsten Texte direkt auf dem Label Kiepenheuer-Zebra-„Wisch & Weg" zu veröffentlichen, aber dafür war der Buchstabensalat nicht reißfest genug. Was für Rolf Dieter Brinkmann noch ein Scheißhaufen von Gerede war und uns Oma der Quelle-Katalog, nannten wir Pop-Literatur. Relax! Und richte dich crazy ein in der Starnberger-See-Düsseldorf-Bonn-Berliner-Generation, freu dich mit uns über Prinz von Schönburgs Aristokraten-Hochzeit, über Christian Krachts weißen Dreiteiler von Davies & Sons aus der Old Burlington Street, denn das war auch Axel Cäsar Springers Schneider, oder mit Benjamin von Stuckrad-Barre über das toll gefaltete Adlon-Toilettenpapier. Das hat irgendwie mit Transzendenz zu tun." (Ernst 2003, 8–9).

Für die Frage nach der Geltung der neuen deutschen Pop-Literatur nach 1995 – insbesondere der von *Tristesse Royale* – wird stets der Traditionszusammenhang mit der vermeintlich legitimen deutschsprachigen Pop-Literatur der ersten Generation heraufbeschworen, vor dem die Nach-*Faserland*-Literatur zu bestehen hat. Die Debatte um die Revalorisierung auch solcher Stellen wie der Toilettenpapier-Passage, die durch Baßlers Lektüre ins Werk gesetzt wurde und die – kaum verändert – bis in die Gegenwart der Auseinandersetzungen um Pop-Literatur anhält (vgl. Rauen 2010), fasst Ingo Arend prägnant zusammen: „Die neuerliche Kulturkritik am Pop entstammt eher den alten linken Vorbehalten gegen die Oberfläche. Man mag es bedauern, dass nach Warhols Brillo-Boxen heute Yogurette-Riegel, Kinderzimmer und das akkurat gefaltete Toilettenpapier im Berliner Hotel Adlon von den Protagonisten der *Generation Golf* und den schlechten Dandys der *Tristesse Royale* so euphorisch präsentiert werden. Während der kritische Frühpopper Rolf Dieter Brinkmann in den sechziger Jahren die Fundstücke des Alltags noch als ‚Schrott-Zivilisation' bespie. Doch Pop ist nicht nur ein unentbehrlicher Spiegel der Massenkultur. Die geschmähten Pop-Literaten der jüngsten Generation wie Benjamin von Stuckrad-Barre oder Christian Kracht zum Beispiel liefern [...] mit ihren textuellen Materialsammlungen ein Archiv der Gegenwart." (Arend 2011).

Tristesse Royale. Das popkulturelle Quintett mit Joachim Bessing, Christian Kracht, Eckhart Nickel, Alexander v. Schönburg und Benjamin v. Stuckrad-Barre. Berlin: Ullstein, 1999.
Die *Adlon-Tapes* wurden mir von Joachim Bessing, der im Buchvertrag mit dem Ullstein-Verlag als „Haupturheber" von *Tristesse Royale* geführt wird, freundlicherweise zur wissenschaftlichen Auswertung zur Verfügung gestellt. Zitate aus den *Adlon-Tapes* werden angelehnt an die Konventionen des Gesprächsanalytischen Transkriptionssystems 2 (GAT2) wiedergegeben.
Weitere Informationen verdanke ich mündlichen Auskünften Joachim Bessings vom 16. und 17. Juni 2013.

Literaturverzeichnis

Arend, Ingo. „Testament des Scheins. Tanz mir den Berlusconi: Pop irrlichtert zwischen Affirmation und Dekonstruktion". *Der Freitag* 30. November 2011. https://www.freitag.de/autoren/der-freitag/testament-des-scheins.
Baßler, Moritz. *Der deutsche Pop-Roman. Die neuen Archivisten*. München: C.H. Beck, 2002.
Bernhard, Thomas. *Gehen*. Frankfurt am Main: Suhrkamp, 1971.
Bessing, Joachim. *Konzept Tristesse Royale*. Ungedr. Typoskript, 6 Seiten, o. J.
Bohnenkamp, Björn. *Doing Generation. Zur Inszenierung generationeller Gemeinschaft in deutschsprachigen Schriftmedien*. Bielefeld: transcript, 2011.
Broder, Henryk M. „Die faselnden Fünf". *Der Spiegel* 6. Dezember 1999.
Degler, Frank, und Ute Paulokat. *Neue Deutsche Popliteratur*. München: Fink, 2008.
Döring, Jörg. „,Ein Evergreen für Nicht-Angepasste'. Zeitdiagnose aus der Plastiktüte in ‚Tristesse Royale' (1999)" Engagement. Konzepte von Gegenwart und Gegenwartsliteratur. Hrsg. von Jörgen Brokoff, Ursula Geitner und Kerstin Stüssel. Göttingen: Vandenhoeck & Ruprecht, 2016. 325–369.

Döring, Jörg. „‚Der Schreibtisch im Nachtleben'. Bohème um 2000 in Tristesse Royale?" *Bohème nach 1968*. Hrsg. von Walburga Hülk, Nicole Pöppel und Georg Stanitzek. Berlin: Vorwerk 8, 2015. 109–141.
Eco, Umberto. *Lector in Fabula*. München: Hanser, 1979.
Ernst, Thomas. „tic-tac, pip-pop. Verabschiedung eines literarischen Trends mit gerade mal zwei Gedanken." *schreibkraft. Das Feuilletonmagazin* 8 (2003): 6–9.
Frank, Dirk. „Die Nachfahren der ‚Gegengegenkultur'". *Text + Kritik. Sonderband Pop-Literatur*. Hrsg. von Heinz Ludwig Arnold und Jörgen Schäfer. München: edition text + kritik, 2003. 218–233.
Fricke, Gerald. „Ab nach Grosny!". *Deutsches Allgemeines Sonntagsblatt* 7. Januar 2000.
Gleba, Kerstin, und Eckhard Schumacher: „Pop hat eine harte Tür. Thomas Meinecke, Benjamin v. Stuckrad-Barre, Eckhard Schumacher und Kerstin Gleba. Protokoll eines Gesprächs. Geführt am 15. Oktober 2006 in München." *Pop seit 1964*. Hrsg. von Kerstin Gleba und Eckhard Schumacher. Köln: Kiepenheuer & Witsch, 2007. 365–399.
Heath, Christian, und Paul Luff. *Workplace studies*. Cambridge und New York: Cambridge University Press, 2000.
Martenstein, Harald. „Ein Aufstand junger Herren". *Der Tagesspiegel* 13. November 1999.
Martus, Steffen, und Carlos Spoerhase. „Praxeologie der Literaturwissenschaft". *Geschichte der Germanistik* 35/36 (2009): 89–96.
Knipphals, Dirk. „Hinein ins immer schon Gesagte". *taz* 30. Mai 2002.
Radisch, Iris. „Mach den Kasten an und schau. Junge Männer unterwegs: Die neue Popliteratur reist auf der Oberfläche der Welt". *Die Zeit* 14. Oktober 1999.
Rothfels, Hans. „Zeitgeschichte als Aufgabe". *Vierteljahreshefte zur Zeitgeschichte* 1 (1955): 1–8.
Sacks, Harvey. „On doing ‚being ordinary'". *Structures of social action. Studies in conversational analysis*. Hrsg. von J. Maxwell Atkinson und John Heritage. Cambridge: Cambridge University Press, 1984. 413–440.
Schäfer, Jörgen. „Wie man Pop-Literatur ediert. Textgenese, Überlieferung und Edition von *Tristesse Royale*". *Textgenese und digitales Edieren. Wolfgang Koeppens „Jugend" im Kontext der Editionsphilologie*. Hrsg. von Katharina Krüger, Elisabetta Mengaldo und Eckhard Schumacher. Berlin und Boston: De Gruyter, 2016. 131–154.
Selting, Margret. „Gesprächsanalytisches Transkriptionssystem 2 (GAT2)". *Gesprächsforschung. Online-Zeitschrift zur verbalen Interaktion* 10 (2009): 353–402.
Shimanoff, Susan. „Group Interaction via Communication rules". *Small Group Communication: A reader*. Hrsg. von Robert S. Cathcart und Larry A. Samovar. Dubuque, IA: William C. Brown, 1992. 50–64.
Schumacher; Eckhard. „Tristesse Royale. Sinnsuche als Kitsch". *Kitsch. Faszination und Herausforderung des Banalen und Trivialen*. Hrsg. von Wolfgang Braungart. Tübingen: Niemeyer, 2002. 218–233.
Seibt, Gustav. „Aussortieren, was falsch ist". *Die Zeit* 2. März 2000.
Stuckrad-Barre, Benjamin v. „Vergnügliches Leben, verborgene Lust (Das Interview-Monster). Benjamin v. Stuckrad-Barre im Gespräch mit Thomas Venker und Linus Volkmann". *Intro* 117 (2004) http://www.intro.de/kultur/benjamin-von-stuckrad-barre-1.
Stuckrad-Barre, Benjamin von. *Panikherz*. Köln: Kiepenheuer & Witsch, 2016.
Rauen, Christoph. *Pop und Ironie. Popdiskurs und Popliteratur um 1980 und 2000*. Berlin und New York: De Gruyter, 2010.
Ullmaier, Johannes. *Von Acid nach Adlon und zurück. Eine Reise durch die deutschsprachige Popliteratur*. Mainz: Ventil, 2001.

4.16 Kerstin Grether: Zuckerbabys (2004)
Sonja Eismann

1. Inhalt

Kerstin Grethers beim Mainzer Ventil Verlag erschienenes Roman-Debüt *Zuckerbabys*, das 2006 von Suhrkamp als Taschenbuchausgabe lizenziert wurde, erzählt die Geschichte einer jungen Frau in Hamburg, die sich im verwirrenden Dickicht der Glücksversprechen und Disziplinierungen der Pop- und Medienkultur zurechtfinden muss und dabei eine lebensbedrohliche Magersucht entwickelt. Die 23-jährige Sonja, erst vor Kurzem vom ländlichen Süddeutschland in die norddeutsche Großstadt gezogen, verdient ihr Geld mit einem wenig anspruchsvollen Halbtagsjob als Mediendesignerin bei einer Comic-Agentur. Im ersten Teil des Buches, „Elan" betitelt, ist sie gerade in die erste eigene Wohnung gezogen und wird von ihrer Freundin Allita, einer etwas älteren, eleganten und erfolgreichen Kulturjournalistin, bemuttert. Die verunsicherte junge Frau aus einer zerrütteten Familie träumt davon, als Comiczeichnerin und vor allem als umjubelte Sängerin zu reüssieren. Sie nimmt Gesangsunterricht und es gelingt ihr, eine Freundinnenschaft mit der von ihr verehrten „Gang" (27) aus Kicky, Ricky und Micky anzubahnen, die gemeinsam die Rockband Museabuse bilden. Als Museabuse ihre kindlichen Pinguinzeichnungen als Bandlogo verwenden wollen und sich ihr dann auch noch der angehende Rockstar Johnny zuwendet, obwohl Sonja davon ausging, er sei mit dem mageren Gelegenheitsmodel Melissa Melloda liiert, mit dem er gemeinsam in der angesagten Boutique Modemärchen jobbt, scheint ihr Leben zum ersten Mal perfekt: „So langsam geht alles in Erfüllung, was ich mir immer gewünscht habe, die ganzen, großen Versprechen: Liebe und Nachtleben, Freundschaft und Shopping, Diät und Kunst" (55). Doch die einzige Sache, die aus Sicht der Protagonistin zwischen ihr und ihrem neuen glamourösen Leben steht, ist ihr Körpergewicht. Ein erster Besuch im Modemärchen, in dem sie einen an Ricky bewunderten Rock nicht in Größe 36 „über den fetten Arsch kriegen" (30) kann, lässt in ihr den Wunsch reifen: „Ich sollte endlich aufhören zu essen" (35). Als sich Johnny nach einer kurzen und unaufregenden Beziehungszeit von ihr trennt, weil er immer noch das Model Melissa liebt, stürzt Sonja in eine Krise. Sie besucht ihre psychisch kranke Mutter zu Hause und begräbt dort ihre zeichnerischen Ambitionen: „Auf dem Tisch liegen immer noch die Comics und verhöhnen mich, more than ever. Ich kann sie nicht mehr sehen, ich kann sie nicht mehr hören: Sie wollen zu viel und sie können zu wenig. Sie sind es nicht wert, dass man sich dafür den Arsch fettsitzt" (126). Als sie danach nach Hamburg zurückkehrt, beschließt sie bei einem Besuch der Shopping-Tempel in der Mönckebergstraße, „zur Feier des Tages [...], endlich mit dem Essen aufzuhören" (127).

Im zweiten Abschnitt des Romans, „Hunger", hat Sonja alle künstlerischen Ambitionen aufgegeben und widmet sich nur noch einem Ziel: so dünn wie möglich zu werden, ohne daran zu sterben. Fieberhaft zählt sie Kalorien, die sie sich mit martialischen Schwimm- und Kniebeugen-Pensen sofort wieder abtrainieren möchte. Sie ernährt sich nur noch von Äpfeln und Spinat und schottet sich von der Umwelt ab. Erst als Kicky ihr eine auf ein Pappherz geschriebene Botschaft in ihrem Hausflur hinterlässt und sie noch am gleichen Tag überfallartig besucht, wird Sonja aus ihrer Isolation gezwungen. Museabuse möchten sie mit auf ihre Konzert-Tour nehmen und drohen damit, Sonjas Mutter über die Magerkeit ihrer Tochter in Kenntnis zu setzen. Aus Angst vor drastischen Schritten ihrer Mutter willigt Sonja unter der Bedingung ein, unterwegs ihre täglichen Schwimmeinheiten absolvieren zu dürfen. Doch während der Reise ist sie so apathisch und entkräftet, dass sie nicht wie gewünscht beim Tragen des Equipments mithelfen und sich auch sonst in keiner Weise ins Kollektiv einbringen kann, was zu schlechter Stimmung zwischen ihr und der Band führt. Wieder in Hamburg, freundet sich Sonja in einer Art freudlosem Pakt der Magerkeit mit Melissa Melloda an und teilt mit ihr Alete-Brei und Vitaminpräparate. Doch ein Auftritt von Museabuse, zu dessen Besuch sich Sonja mit einem letzten Rest von Loyalität verpflichtet fühlt, bringt die Wendung: Sie beobachtet begeistert die „Energie" und „Solidarität" der Band auf der Bühne und stellt plötzlich fest: „Als Dank dafür, dass ich endlich dünn bin, kann ich meine Kunst nicht mehr ausüben – an eigene Songs ist gar nicht zu denken!" (236) Mit ihrer lange nicht gesprochenen Freundin Allita, die ihr einen Walkman zum Aufnehmen eigener Melodien schenkt, trinkt sie danach an der Bar ein Glas Sekt „trotz geschätzter und gefühlter zehn Gramm Fett" (237) und stürzt sich am nächsten Tag todesmutig in einen ganz normalen Supermarkteinkauf: eine kleine Vanillemilch mit 0,1 Prozent Fett, einen Sekt, eine Portion Gelbe Rüben und Erbsen sowie ein Cornetto-Eis, das wie ein „multipler Orgasmus" (239) schmeckt. Der Roman endet damit, dass Sonja mit ihrem guten Freund Tim eine Band gründet, einen „einfachen, kitschigen Schlager" (246) singt – und danach in die Küche geht, um ein halbes Vollkornbrot mit Frühlingsquark zu essen und ein ganzes Glas Orangensaft zu trinken.

2. Sprache

Der Roman der 1971 in Süddeutschland geborenen Pop-Journalistin und Musikerin Kerstin Grether, der deutlich autobiographische Züge trägt, ist sprachlich in einer fast pulp-haften Mischung aus Jugendroman, Bravo-Fotolovestory, Comic-Sounds, Teenie-TV-Serien, Tagebucheinträgen, Shape-Selbstverbesserungstipps, zynischen Selbstbeobachtungen, cooler Szeneprosa sowie Songtextschnipseln und Songtext-artigen Slogans gehalten. In seiner taz-Rezension nennt Tobias Rapp den Text „Popliteratur im besten und damit in fast jedem Sinne", da er „kaum ein Genre der Populärkultur aus[lässt]: Musik, Vorabendserien, Teenieromane, Comics, Musikfernsehen, Werbung – alles wird von Kerstin Grether mit der gleichen Bedingungslosigkeit umarmt und verwurstet" (Rapp 2004). Der Ton der Ich-Erzählerin ist dabei einerseits so selbstanklagend, wie es die unvermeidliche Rezeption der omnipräsenten Botschaften von Frauenmagazinen et al. mit ihren unerreichbaren Schönheitsidealen nahe legt, und andererseits ist er durchwirkt von der unterwürfigen und naiven, ganz kindlichen Begeisterung für die bunten Verheißungen der Warenwelt, ob es nun um neue Kleidungsstücke oder den Konsum von Szenezugehörigkeit via der Freundschaft mit einer Band geht. Wie in einer Berg- und Talbahnfahrt werden mal distanzlos schlagerhaft kitschige Platituden, die keine Ahnung vom postmodernen, sich von allem distanzierenden Ironie-Gebot zu haben scheinen, scheinbar ganz echt gefühlt wie im ersten Satz des Romans „Ich lebe so viel, wenn ich singe" (13), und dann wieder diktiert das medienkontrollierte Über-Ich der Protagonistin selbstzerstörerische Vernichtungs-Urteile mit kältester Distanz: „Du hast gedacht, du wärst hübsch, kleine Lady, dabei bist du nichts als eine unverschämte Wurst" (34). Trotzdem ist der erzählerische Gestus, ob in Momenten des Überschwangs oder der Selbstgeißelung, stets auf Humor und damit auf eine gewisse Inauthentizität bedacht, die die Romanhandlung in die Nähe von Nachmittags-TV-Serien oder Comic-Strips rückt. Die ‚Psychologie' der Figuren ist so Cartoon-artig flach, dass Gefühle gesagt statt gezeigt oder entwickelt werden. Wenn Sonja das lapidar Zitat-hafte „Es ist aus" von Johnny (112) nur mit einem Zitat der Band Garbage kontern kann, „weil es eben Garbage ist, dass du dich von mir trennen willst" (113), dann hat diese Form von Gefühlsverhandlung so gar nichts Reales, sondern eher etwas Hyperreales, weil sie wie in 3D aus einem artifiziellen Setting hervorsticht.

3. Typologie weiblicher Figuren

Der Text ist in einer Mischform aus personaler und Ich-Erzählung verfasst. Während das aktuelle Geschehen von Sonja aus der Ich-Perspektive erfasst wird, so werden die zahlreichen Rückblenden in Sonjas Kindheit in der dritten Person erzählt, um eine Distanz durch die Fiktionalisierung der schmerzlichen Geschehnisse in der Vergangenheit (Trennung der Eltern, Umzug, Ausgrenzung, psychotische Episoden der Mutter etc.) herzustellen. Einzelnen Figuren wie Allita, Kicky und Melissa wird in personaler Erzählform über die Schulter geschaut, da diese, mehr noch als andere, modellhaft für verschiedene Haltungen und Frauencharaktere der Gegenwart stehen, die die Autorin in einer Art popfeministischem Thesenroman zur Disposition stellt. Während Sonja im Zentrum des Romans die Projektionsfläche für das mediale und werbespezifische Bombardement aus zeitgenössischen Anforderungen an die weibliche Physis darstellt, die ungefiltert auf sie einprasseln, quasi den Normalfall des diesen Disziplinierungen ungeschützt gegenüberstehenden jungen Mädchens, das erst an Erfahrungen reifen muss, sind die anderen Frauen bereits weiter und damit an diesen Widrigkeiten bereits geschulte Spezialfälle: Alitta, „die hoffnungslose Pragmatikerin", ist „so frei und Frau, so mit beiden Beinen fest auf dem Boden der nachweisbaren Tatsachen" (21), dass sie einerseits abgeklärte Artikel über den Sexismus in der Vermarktung der aggressiv als sexy angepriesenen Frontfrau der fiktiven Band Bourbon Babies schreiben kann, sich andererseits aber auch zur „Miethure für die Plattenfirma" (197) macht, indem sie sich in der Folge für das Verfassen einer Produktinformation zur Band bezahlen lässt. Sie steht für den Typus der ‚salonbolschewistischen', bürgerlichen Feministin, die aus einer gesicherten Position heraus Sexismus denunziert, sich jedoch immer wieder mit den Realitäten arrangiert. Das Model Melissa, dem sich Sonja deutlich unterlegen fühlt, weil sie vermutet, es sei aufgrund seiner Dünnheit automatisch bei Männern und im Leben generell ‚erfolgreich', wird als Opferfigur gezeichnet, was Sonja aber erst erkennen kann, als sie selbst durch ihre Magersucht auf der gleichen Stufe der Kraftlosigkeit gelandet ist (Melissa zu Sonja: „Meine Güte, Männer steh'n doch gar nicht auf so dürre Frauen", 226). Melissa ist ein Opfer der medialen Aussehens-‚propaganda', das dieser nichts als ein immer stärker Kräfte zehrendes Mitmachen entgegenzusetzen hat, ohne dafür mit der Jouissance der Kapitulation belohnt zu werden. Ein erotisches Verhältnis kann sie nur noch zur medialen Abbildung ihrer selbst haben, wie z. B. ihrer freizügigen Rolle im Video der Bourbon Babies, das es gegen Ende des Buches in die Dauerrotation eines Fernsehsenders schafft. Sie ist die von den unerfüllbaren Versprechungen der Schönheitsindustrie gegängelte Frau, die zwar optisch allen Vorgaben entspricht, aber als Preis dafür kein Leben (und auch keine Sexualität, und, paradoxerweise, Weiblichkeit) mehr in sich hat. Kicky ist die eigentliche Lichtgestalt des Romans und unschwer als deutsche Kopie der US-amerikanischen Rocksängerin Courtney Love zu erkennen: „Primadonna im Pelzmantel, an der alles und sogar die heisere Stimme echt wirkt. Alles, bis auf das Eisbären-Fell, die klobigen Stiefel, die gebleichten Nutten-Haare und den knallroten, verschmierten Lippenstift". (104) Sie ist diejenige, die selbst ein Rockstar werden will, statt die Freundin eines Rockmusikers zu sein, die männliche Musikeregos, die weibliche Kreativität klein halten wollen, kritisiert (49–50) und dafür kompromisslos solidarisch mit ihren Freundinnen ist. Doch die Autorin macht klar, dass es kein Außen zum Schlankheits- und Jugendlichkeits-Dispositiv geben kann, da alle Frauen Komplizinnen ihrer eigenen Unterdrückung sind. Während Sonja ganz konkret und in gewisser Weise ‚ehrlich' auf die Zumutungen der Aussehensindustrie reagiert und in gleichzeitiger Unterwerfung und Verweigerung eine Magersucht entwickelt – und sich dabei wundert, warum die anderen, vermeintlich gesunden Frauen alle beinahe ebenso dünn sind –, haben die anderen Frauenfiguren ‚inauthentische' Verfahren entwickelt, um eine medial aufgezwungene (latente) Essstörung zu verschleiern. Beim Streit mit der Band auf Tour kommt es zur großen Abrechnung: „Und dich, Ricky, habe ich auch noch nie essen sehen, außer Möhren und Tomaten. Also nervt mich nicht mit eurem Gesundheitslatschen-Trip. Ihr scheinheiligen Lady-Monster: Seht aus wie das blühende Leben, aber innerlich seid ihr schon ganz zerfressen von der ständigen Aussehensarbeit" (211), ruft Sonja da entnervt.

4. Pop-Feminismus

Mit dem Thema Magersucht hat sich Kerstin Grether einem Sujet zugewandt, das einerseits zentral für die zeitgenössische populäre Kultur ist, da „Dünn-Sein" der herrschende Imperativ für alle in diesem Bereich sichtbaren Frauen ist, andererseits ist es eines, das mit seiner Zwang- und Regelhaftigkeit sowie seiner Freudlosigkeit völlig quer zum Hedonismus-Paradigma der Popkultur zu stehen scheint. Zudem ist es ein explizit weibliches Thema, das in den nach wie vor männerdominierten Pop(-Literatur)-Szenen – sieht man von Benjamin v. Stuckrad-Barre ab – keine Rolle spielt. „Das Krankheitsphänomen der weiblichen Magersucht wird nicht auf seine psychologischen Implikationen als Verdrängung von weiblicher Identität thematisiert, sondern provokant als ein Zeitphänomen beschrieben, dass (sic!) den weiblichen Eintritt in die Popkultur bedeutet" (Kauer 2009, 112), beschreibt Katja Kauer in ihrer Studie Popfeminismus! Fragezeichen! die feministisch-kritische Perspektive des Texts. Grether hat tatsächlich Anfang der 1990er Jahre in ihrer Funktion als Spex-Redakteurin maßgeblich dazu beigetragen, dass es einen Transfer neuer feministischer Impulse aus dem angloamerikanischen Raum gab, der später in Deutschland lose unter dem Terminus Popfeminismus (→ 2.8 SEIDEL) rezipiert und weiter vorangetrieben wurde. Prämissen dieser mit dem amerikanischen Third Wave Feminism verbundenen Ausrichtung sind unter anderem die Kritik popkultureller Machtverhältnisse und Repräsentationsregime sowie eine lustbetonte Haltung zu Körperlichkeit, Sexualität und dem Spiel mit Identitäten bzw. Äußerlichkeiten. So sind die Frauenfiguren in *Zuckerbabys* also als popfeministische (Anti-)Stimmen zu verstehen, die sich in verschiedener Weise zu ihrem „Objekt" (Sonja), dem wehrlosen Ziel all dieser widerstrebenden Messages modernen Frauseins, verhalten, bis sich das Objekt am Ende emanzipiert und die von ihm lange vermutete Verstricktheit der Freundinnen in die Machtverhältnisse offenbar wird (Kicky beichtet am Ende, dass sie aufgehört habe zu essen, da die Plattenfirma verlange, dass sie drei Kilo abnehme, 244) und so ein Gleichgewicht hergestellt wird. Auch die Flashbacks in Sonjas (nicht eben idyllische) Kindheit sind in diesem Zusammenhang und nicht etwa als retroverliebte Generation-Golf-Hommage zu sehen. Einerseits werden hier die explizit weiblichen popkulturellen bzw. literarischen Kindheits-Referenzen wie Trixie Belden oder Dolly gedroppt, die mit einem popfeministischen Selbstbewusstsein als ‚cool' zurückerobert werden, andererseits ist das Mädchensein auch ein Ort, an dem sowohl Wildheit wie auch erste geschlechtsspezifische Zurichtungen erfahren wurden und der deswegen immer wieder neu aufgesucht wird. So kleideten sich die amerikanischen Riot Grrrls, von denen Grethers gesamtes Schaffen stark geprägt ist, ohne dass die Bewegung im Buch namentlich auftaucht (nur Le Tigre, die Nachfolgeband der Bikini-Kill-Frontfrau Kathleen Hanna, eine der Speerspitzen der Bewegung, wird ganz nebenbei erwähnt, vgl. 152), in kindlichen Baby Dolls, um auf die Herabwürdigung und Sexualisierung von Frauen, aber auch auf ihr Nicht-Einverstandensein mit dem Konzept „erwachsener Weiblichkeit" zu verweisen, und auch die toughen Frauen in *Zuckerbabys* haben einen Narren an Mädchenkitsch gefressen. „Mickys Wohnung ist so bunt dekoriert. Man könnte meinen, sie würde elf Jahre alt. Tatsächlich prangen 25 Kerzen auf der Schokoladentorte, stolz in der Mitte des Tisches" (98), sinniert Sonja an einer Stelle, und an einer anderen, über sich selbst: „Meine Bilder werden auf jeden Fall immer kindlicher" (42).

Dazu passt auch, dass im Gegensatz zum popjournalistischen Kosmos rund um die Musikzeitschrift *Spex* in *Zuckerbabys* trotz der ständigen Zitate von (meist englischen) Songtexten nicht das ‚coole Wissen' über Popkultur, mit dem die Peers übertrumpft werden sollen, im Vordergrund steht. Es ist eher die Popkultur als alltäglicher Gebrauchsgegenstand, als Verständigungsmittel des Mainstreams, das in emotional schwierigen Situationen als Seelentröster in Form von banalen Selbsthilfe-Slogans wirkt, die hier von Christina Aguilera, Abba, Take That, Pink und J. Lo über Madonna bis zu R.E.M. instrumentalisiert wird. Mitunter ist es auch explizit falsches Wissen, wenn z. B. der Songtext „Baby if you give it to me, I'll give it to you", den Mariah Carey in Busta Rhymes' „I Know What You Want" haucht, fälschlich Jennifer Lopez attribuiert wird und inkorrekt als „Baby you can give it to me, I can give it to you" (221) wiedergegeben wird. Dass hierbei distinktiv undistinktiv vorgegangen wird, da sich der Roman ganz klar im Feld der Pop-Expertise bewegt, machen abfällige Charakterisierungen von „Indie-Nerds" (86) wie auch das neidische Schielen (anhand der ersten Tocotronic-CD) auf die „Kultur von den Jungs", die es bezüglich des „Imagebewusstseins" viel leichter hätten (86), deutlich. So befand auch die Journalistin Elke Buhr in ihrer Zuckerbabys-Rezension in der *Frankfurter Rundschau*: „Kerstin Grether hat einen Poproman im besten Sinne geschrieben: So wie ein guter Song mit packenden Akkorden auf das Leben selbst zielt, so hat hier ein existenzielles Drama in einer Prosa Raum, die durchlässig ist für Songfragmente und Fetzen von Alltagssprache, die so originell wie nah an einem authentischen, fühlenden, begeisterungsfähigen, verzweifelten Mädchen-Ich ist. Das Leiden der jungen Männer, meist auf der Suche nach Liebe, ist oft beschrieben worden – noch Benjamin Lebert als Jüngster aus der Riege der Popliteraten pflegt diesem Werther-Prinzip zu folgen. Kerstin Grether hat in *Zuckerbabys* nun endlich das Gegenmodell entworfen, so einfühlsam wie analytisch: Es ist das Drama der Mädchen, die sich ganz ohne Männer selbst zerstören, allein mit ihrem Spiegel und der Frauenzeitschrift." (Buhr 2004)

Wenn Sonja bemerkt, sie müsse sich doch eigentlich „noch theoretischer mit Comics befassen", um in dem Feld die gleiche Legitimation wie ihr Freund Tim zu haben, der „alle amerikanischen Underground-Comics der sechziger Jahre [kennt] und [...] schon ganz viele Bücher darüber gelesen" (88) hat, oder wenn Micky auf ihrer Geburtstagsparty darüber klagt, dass sie nicht so richtig als DJ gebucht werde, da sie „doch nicht jede blöde Vorabpressung aus England und den Staaten kennen" (99) könne, wird die geschlechtsspezifische Dimension von Pop-Connaisseur-Diskursen manifest, die im gleichen Moment kritisiert wird. Auch auf den Klassismus deutscher bohemistischer Popszenen wird an mehreren Stellen implizit verwiesen, wenn z. B. Alitta, die „brave Gymnasiastin aus der Mittelschicht", Sonjas ehemalige Schule als „Sekretärinnen-Schule" (82) lächerlich macht, oder wenn Sonja, statt in teure Fitness-Studios zu gehen, ihre Kalorien ganz proletarisch mit unendlich vielen Kniebeugen bezwingen möchte. Doch trotz der omnipräsenten Kritik an dem der Szene inhärenten Sexismus und Klassismus ist der Roman unübersehbar innerhalb dieser Szene selbst situiert, um sie quasi von innen heraus zu reformieren: Das Buch spielt in Hamburg, kurz nach dem Hype um die Bands der Hamburger Schule in den 1990er Jahren, die mit Tocotronic und Blumfeld auch teilweise erwähnt werden, es kommen szenetypische Lokalitäten wie das Molotow in St. Pauli vor, und für Eingeweihte ist der

Chefredakteur der „Popzeitschrift ihres Vertrauens", dem Allita einen Artikel zum Thema ‚Aussehensarbeit im Pop' vorschlägt, anhand seiner Durchwahl unschwer als der damalige Chefredakteur des Intro-Magazins, für das Kerstin Grether zu der Zeit als freie Autorin tätig war, zu erkennen. Auch die Fundamente deutscher Pop-Lyrik hat die Autorin ‚drauf', wie sie durch Referenzen auf Rolf Dieter Brinkmann erkennen lässt, wenn z. B. Melissa Melloda denkt „Alles brüllt weiter. Die U-Bahn und die Welt, die Rapstars und die Schokolade, die Handys" (38) und damit einerseits eine Parallele zum Kölner Autor, der als einer der ersten als ‚Popliterat' apostrophiert wurde und in seiner Vorbemerkung zu seinem Gedichtband *Westwärts 1&2* ein Szenario des Weitermachens entwickelt, gleichzeitig aber auch auf den Song „Alles macht weiter" der Hamburger Band Blumfeld verweist. Wenn Sonja in ihrer Beschimpfungsorgie gegen Museabuse, die sie zum Essen verdonnern wollen, folgende Sätze durch den Kopf gehen: „Ich habe das Wort zum Sonntag an mich gerissen – und bei mir heißt das Wort zum Sonntag ‚Scheiße'" (211), ist das ein direktes Zitat aus dem Song „Wir müssen hier raus" des links-proletarischen Rockkollektivs Ton Steine Scherben, das mit seinen deutschen Texten wiederum als direkte Inspirationsquelle vieler Hamburger-Schule-Bands gilt. Mit diesen Verweisen auf ein männlich dominiertes Pop- und Protestuniversum möchte die Autorin klarstellen, dass sie hier zwar mühelos mitspielen kann, aber trotzdem lieber das Augenmerk darauf richten möchte, wie auch hier Frauen zu „Geschlechtswesen" (103) abgerichtet werden. So verortet sich *Zuckerbabys* zwar aufgrund seiner Thematik in einer Popkulturwelt zwischen *Spex* und *Viva*, Hamburger Schule und Deutschland sucht den Superstar, literarisch steht es als (pop-)feministischer Protestroman jedoch eher in der Tradition der komplexitätsreduzierenden Trivialität als Stilmittel wie in Marlene Streeruwitz' *Lisa's Liebe* oder der selbstzerfleischenden, den eigenen Körper und die eigene Sexualität durch die Augen einer misogynen Gesellschaft hassenden Klavierspielerin von Elfriede Jelinek.

Grether, Kerstin. *Zuckerbabys*. Frankfurt am Main: Suhrkamp, 2006.
Der Text ist zuerst publiziert worden als: Grether, Kerstin. *Zuckerbabys*. Mainz: Ventil, 2004.

Literaturverzeichnis

Buhr, Elke. „Weil ich ein Mädchen bin". *Frankfurter Rundschau* 23. April 2004. http://www.fr-online.de/literatur/weil-ich-ein-maedchen-bin,1472266,3224574.html.
Kauer, Katja: *Popfeminismus! Fragezeichen! Eine Einführung*. Berlin: Frank & Timme, 2009.
Rapp, Tobias. „Liebe geht durch den Magen". *taz* 10. Juli 2004 http://www.taz.de/1/archiv/archiv/?dig=2004/07/10/a0275.

4.17 Heinz Strunk: Fleisch ist mein Gemüse (2004)
Till Huber

In *Fleisch ist mein Gemüse* wird die Geschichte eines intelligenten und talentierten jungen Mannes erzählt, der unter desolaten familiären Verhältnissen in der norddeutschen Provinz aufwächst und seinen Lebensunterhalt dort als Musiker einer Tanzband bestreitet. „Eine Landjugend mit Musik", so lautet der Untertitel des Romans, der als Taschenbuch im Rowohlt-Verlag erschien und mit 400.000 verkauften Exemplaren zum Bestseller wurde. Heinz Strunk (*1962) legte mit *Fleisch ist mein Gemüse* ein literarisches Debüt vor, das den Auftakt für einen Zyklus an autobiographischen Romanen bildete. Erst mit *Der goldene Handschuh* (2016), einem Roman über den Serienmörder Fritz Honka, verlässt Strunk die Bearbeitung autobiographischer Stoffe und verabschiedet sich von der Ich-Erzählsituation. In Strunks autobiographischer Erzählprosa wird die Einheit von Hauptfigur und Autor fortwährend suggeriert, in *Fleisch ist mein Gemüse* unter anderem durch namentliche Identität sowie durch den Umstand, dass Protagonist und Autor an Akne leiden und ausgebildete Musiker sind. Auch die Inszenierungen des Autors deuten auf eine Übereinstimmung mit der literarischen Figur hin, so bot Strunk bei Lesungen zu *Fleisch ist mein Gemüse* Instrumentaleinlagen an Saxophon und Querflöte dar und bezeugte damit sein musikalisches Können, das im Roman zum Thema wird. In Interviewaussagen bezieht sich der Autor Strunk auf den Romanstoff stets als seine eigene Vergangenheit (→ 3.3 KREKNIN).

Nach *Fleisch ist mein Gemüse* veröffentlichte Strunk vier weitere Romane, die verschiedene autobiographische Abschnitte beleuchten – von der Kindheit (*Junge rettet Freund aus Teich*, 2013) über die Pubertät (*Fleckenteufel*, 2009) bis zum Erwachsenenalter (*Die Zunge Europas*, 2008; *Heinz Strunk in Afrika*, 2011). Gleichwohl lässt sich der Status der Autobiographie in Strunks Werk problematisieren, handelt es sich bei „Heinz Strunk" doch nicht nur um den Namen eines Autors literarischer Texte, sondern auch um eine durch Hörspiele, Pop-Alben sowie Theater-, Film- und Fernsehauftritte vielfach semantisierte Kunstfigur. Zudem ist die namentliche Identität von Autor und Figur nicht immer gegeben: Während der Autorname konstant bleibt, variieren die Namen der Hauptfiguren (vgl. Strunk 2008, 2009). In *Junge rettet Freund aus Teich* verwendet Strunk für seinen Protagonisten den Namen Mathias Halfpape, wobei es sich verwirrenderweise um den bürgerlichen Namen des realweltlichen Autors Strunk handelt. Die Begriffe „Roman" oder „Autobiographie" tauchen im Peritext von *Fleisch ist mein Gemüse* denn auch nicht auf, in der Kurzbeschreibung der Originalausgabe wird in Vermeidung dieser Begriffe vielmehr von einem „Erinnerungsbuch" (2) gesprochen. Dies verweist nicht nur auf die ‚Memoiren' der Autor-Persona Strunk, zugleich wird das kollektive Gedächtnis der Rezipienten angesprochen, versammelt der Text doch eine Fülle von Zitaten aus den Bereichen des Schlagers und der schlagerhaften Popmusik. Die Mischung aus musikalischer Reminiszenz an der Grenze des guten Geschmacks und leidvoller Jugenderfahrung in der deutschen Provinz erklärt wohl das hohe Identifikationspotenzial und damit die große Resonanz auf den Roman. Ein Jahr nach Erscheinen inszenierte das humoristische Kollektiv Studio Braun, dem neben Jacques Palminger (*1964) und Rocko Schamoni (*1965) auch Heinz Strunk angehört, eine Theaterfassung am Deutschen Schauspielhaus in Hamburg unter dem Titel *Phoenix – wem gehört das Licht*. Die Verfilmung von *Fleisch ist mein Gemüse* folgte 2008 unter der Regie von Christian Görlitz.

Um differenzierte Aussagen über Text und Kontext von *Fleisch ist mein Gemüse* treffen zu können, wird im Folgenden vom Autor des Romans als Heinz Strunk gesprochen, in Bezug auf die Hauptfigur wird von Heinzer die Rede sein – hier handelt es sich um einen häufig verwendeten Spitznamen des Protagonisten (vgl. 59). Die erzählte Zeit des Romans erstreckt sich über die Jahre 1985 bis 1997. Der autodiegetische Erzähler ist zu Beginn der Handlung 23 Jahre alt. Erzählt wird in der Vergangenheitsform.

1. Tanzmusik als Demütigung

Die Romanhandlung beginnt damit, dass Heinzer von Tiffanys, einer Tanzband aus Lüneburg, als Saxophonist engagiert wird. Trotz der Dankbarkeit über dieses Engagement wird schnell deutlich, dass Heinzer im Umfeld der „Schützenfeste, Feuerwehrbälle und Hochzeiten" (23) musikalisch überqualifiziert ist. Hinzu kommt, dass er sich eigentlich als Künstler begreift, jedoch allerorten zu spüren bekommt, dass Tanzmusik „nichts mit Kunst zu tun" hat (253). Über einen „Tanzmucker" heißt es in seiner Selbstverurteilung, dieser werde „nicht als Musiker wahrgenommen, sondern als ganz armes Würstchen, das auf der Bühne herumhampeln muss, damit es finanziell irgendwie reicht" (38).

Folglich erlebt Heinzer die Reduzierung seiner musikalischen Darbietungen auf den Status einer Dienstleistung als Demütigung: „Bei einer Amateurkapelle wie Tiffanys [...] konnte ich tröten, was das Zeug hält, egal. Ich mochte die Leute nicht, und die Leute mochten mich nicht. Eine durch und durch verkorkste Situation" (110). Es ist ihm nicht möglich, sich von seiner Tätigkeit bei Tiffanys, die er als „drittklassige Rumpelband" (89) bezeichnet, zu distanzieren und diese als Rolle zu begreifen, die nicht notwendigerweise seine Integrität als Künstler tangieren müsste. Gleichwohl ist Heinzer auch nicht in der Lage, eine Veränderung seiner Situation herbeizuführen. Die Phantasie, als virtuoser Solist in der Band von Roland Kaiser, Vicky Leandros oder James Last zu spielen, wird trotz seiner beachtlichen musikalischen Fähigkeiten nicht als realisierbare Möglichkeit von ihm in Betracht gezogen. Demütigung und Scham bilden folglich eine Konstante im Roman und stehen in direkter Verbindung zu Heinzers Tätigkeit bei Tiffanys: „Wie oft habe ich mich geschämt für das unförmige Paulchen-Panther-Sakko, die miesen Stücke, den miesen Sound, das Unvermögen meiner Kollegen und vor allen Dingen wohl dafür, dass ich aus meinem Leben nicht mehr habe machen können" (253). So findet die Melancholie des Ich-Erzählers eine Entsprechung in der Tristesse des Tanzmusik-Umfelds, das paradoxerweise professionalisierten Frohsinn von ihm einfordert (vgl. 109–110). Dem kann Heinzer allerdings immer weniger nachkommen: „Ich war oft so verzweifelt und habe so sehr mit meinem Schicksal gehadert, dass ich einfach nicht fröhlich aussehen konnte." (253)

Der typische Ablauf eines Auftritts mit Tiffanys wird in dem „Viel Afrika und wenig Bavaria" betitelten Abschnitt dargestellt (22–36). In der Beschreibung eines Schützenfestes in Moorwerder werden die Texte der dargebotenen Lieder zitiert, einer Mischung aus Schlager, Volksmusik und eingedeutschten Rock'n'Roll-Klassikern, daneben finden sich Dialoge der Band mit dem Publikum. Das Geschehen wird von Heinzer aus Sicht des ausgebildeten Musikers und Intellektuellen abfällig, jedoch nicht ohne Faszination kommentiert. Im Kontrast zum Aspekt der Demütigung (oder als Reaktion darauf) steht eine gewisse Arroganz Heinzers, entpuppt er sich doch als geradezu sadistischer Musiklehrer für Saxophon und Querflöte, der an den Fortschritten seiner Schüler nicht interessiert ist. Er unterhält sich mit ihnen, um Zeit totzuschlagen oder lässt sie nach der Devise „Willen und Knochen, beides wird gebrochen" (90–94) trockene Tonleiterfolgen üben, sodass die Schüler bald die Lust am Unterricht verlieren.

2. Familienkonstellation

Heinzers düsterer Blick auf die Welt steht in direkter Verbindung mit seinem familiären Umfeld. Er und seine Mutter wohnen zusammen in einem 60 Quadratmeter großen Reihenhaus am Rand des im Süden von Hamburg gelegenen Stadtteils Harburg. Diese Umgebung wird von Heinzer als trostlos beschrieben – ein „Humus, in dem psychische Defekte aller Art hervorragend gediehen" (17). Rückblickend wird zu Beginn des Romans Heinzers Zeit bei der Bundeswehr dargestellt, wo er nach vier Wochen, von Angstzuständen geplagt, „mit dem Befund *endogene Depression* für alle Zeiten dienstuntauglich" (16) erklärt wird. Noch schwerwiegender ist die Mutter des Protagonisten erkrankt. Sie leidet an einer schizoaffektiven Psychose, die sich durch Wahnzustände und einen Wechsel von Manie und Depression auszeichnet. In wiederkehrenden Krankenhausaufenthalten wird sie mit Psychopharmaka und Elektroschocks behandelt. Schließlich springt sie im Wahn aus dem Fenster und überlebt dies, was weitere langwierige Krankenhausaufenthalte nach sich zieht. Das verheerende Panorama seiner Jugend wird vom Sohn nüchtern kommentiert: „Alles erblich. Vom Vater die Akne, von der Mutter das Verrückte. Meiner genetischen Bestimmung würde ich nicht entrinnen können." (17)

Mit dieser Bemerkung relativiert Heinzer seine konkrete Traumatisierung, die dadurch zustande kommt, dass der Vater abwesend ist und die Mutter durch ihre Erkrankung als sicherer Halt wegbricht. Aus sozialpsychologischer Sicht wird eine mögliche Ursache für Depression darin erkannt, dass bei Betroffenen die Familie als ‚haltende' Institution versagt und den emotionalen Bedürfnissen der Kinder nicht gerecht werden kann (vgl. Morgenroth 2005, 1008). Heinzer reagiert geradezu mustergültig mit einem Verhalten, das in der psychologischen Fachsprache als ‚Parentifizierung' bezeichnet wird (vgl. Boszormenyi-Nagy und Spark 1981, 209). Allzu oft befindet sich der Romanheld in der ernährenden und umsorgenden Mutterrolle; für seine Mutter wird er zum Eltern- und Partnerersatz, bisweilen fungiert er als Pflegehilfe. Als die halluzinierende Mutter den 25-jährigen Sohn mit der Tatsache konfrontiert, dass sie, als sie mit Heinzer schwanger war, eine Abtreibung versucht hat – „Ich habe mehrmals versucht, dich zu töten, und dafür bin ich jetzt in der Hölle" (102) –, tröstet das Kind die Mutter, nicht umgekehrt. Heinzer nimmt seine Mutter in Schutz, indem er auf den Umstand verweist, dass sein Vater ein verheirateter Mann gewesen und die Lebensumstände für die Mutter schwierig gewesen seien. Indem er seine Mutter ein „armes Vögelchen" (118) nennt, legt er eine Zärtlichkeit an den Tag, die üblicherweise Eltern einem kleinen Kind entgegenbringen. Heinzers fürsorgliche Haltung zeigt sich auch, als er im Zuge seiner ambitionierten Homerecording-Aktivitäten mit einer Sängerin zusammenarbeitet und sie nach den erledigten Gesangsaufnahmen mit Hackgerichten bekocht (105).

Möglicherweise erklärt diese Rolle des Versorgenden, dass der Protagonist seine exzessive Onanie als „Melken" oder „Abmelken" bezeichnet (111, 233). Heinzers Diskurs ist der einer prekären Männlichkeit; in Identifikation mit der hilfsbedürftigen Mutter (die in der Theaterinszenierung tatsächlich von Heinz Strunk gespielt wird) bleibt ihm ein Schritt in die Autonomie zunächst verwehrt. Der Wunsch danach ist hingegen allgegenwärtig und ist mit Heinzers Selbstverständnis als Künstler verknüpft. Über den Krankenhausaufenthalt der Mutter nach ihrem Sprung aus dem Fenster heißt es: „Ich war eigentlich ganz froh darüber, dass ich mich zumindest eine Zeit lang nicht um sie kümmern musste und mehr

Zeit für meine Musik hatte." (40–41) Als die Rückkehr der Mutter scheinbar bevorsteht, bemerkt Heinzer: „Was sollte nur werden, wenn sie entlassen würde? Heimlich wünschte ich mir, Mutter würde ewig in der Reha bleiben." (88) Als Heinzer 33 Jahre als ist, zieht die von ihrer Krankheit gezeichnete Mutter wieder ins gemeinsame Reihenhaus ein. Hier offenbart sich in einer Art Austausch von Stimmfühlungslauten noch einmal die Liebe zwischen Mutter und Sohn (220–222), wobei diese, wiederum in vertauschten Rollen, von der „Vogelmama" (245) ausgehen. Als die Mutter am Ende der Erzählung stirbt, verkauft Heinzer das Reihenhaus. Mit dem darauf folgenden Ausstieg bei Tiffanys endet auch seine Zeit in Harburg. Er bricht endlich zu neuen Ufern auf: „Dann habe ich auf die andere Seite der Elbe *rübergemacht*". (250)

3. Poetik der Depression

Heinzer wird von Beginn des Romans an als depressive Figur dargestellt. Über die Treffen mit seinem phlegmatischen Freund Nils heißt es: „Wir […] tranken Bier und saßen einfach nur so rum. […] Manchmal fingen wir aus heiterem Himmel hysterisch an zu lachen über das Schauspiel unserer traurigen Jugend, die da so sinnlos verstrich. Andere trampten nach Asien, hingen in Diskotheken rum oder machten sonst wie was aus ihrem Leben. Und wir? Wir waren eben Privatpersonen." (20–21) Die neue Tätigkeit bei Tiffanys lässt den Erzähler seine Schwerfälligkeit allerdings teilweise überwinden: „Ich war froh, dass überhaupt wieder etwas Zug in mein Leben kam." (38) Auch hebt Heinzer die gleichförmige Struktur seines Tanzmusikerdaseins hervor, die ihm vor dem Hintergrund der chaotischen Familienverhältnisse immerhin Halt gibt: „Man konnte sich darauf verlassen, dass nie etwas Unvorhergesehenes passierte" (37).

Dessen ungeachtet verschlimmert sich im Verlauf des Romans Heinzers Zustand infolge der bedrückenden Situation mit seiner Mutter und seiner privaten Isolation, die nun immer mehr von Spiel- und Alkoholsucht geprägt ist: „Was für ein Leben: Mucken, Mutter besuchen, Schorsch, Spielhalle, ab und zu nach Winsen fahren, frickeln, fernsehen, melken. […] Meine einzigen Leidenschaften neben der Daddelei waren Starkbier und Zigaretten. Ich trank am liebsten allein, da ich mich so besser auf die Wirkung konzentrieren konnte, und rauchte Unmengen Camel ohne." (108) Es gelingt Heinzer nicht mehr, seine Depression zu verbergen, was ihn bei den Auftritten mit Tiffanys zusätzlich belastet und in Konflikt bringt. Er beruft sich dabei auf seinen Status als Profimusiker: „Das Defizit an guter Laune versuchte ich durch exzellente Leistung auszugleichen, meine einzige Daseinsberechtigung." (110) Heinzers Erzählung ist von Selbstvorwürfe und Erwartung einer Bestrafung geprägt – Merkmale einer Depression, die schon Sigmund Freud beschrieben hat (vgl. Freud 2011, 174): „*Tiffanys* durften unter gar keinen Umständen mitbekommen, wie es um mich bestellt war, sonst würde ich sofort fristlos entlassen werden, davon war ich überzeugt." (111)

Nachdem Heinzer durch einen „Zusammenbruch" (111) zum psychiatrischen Notfall wird, bessert sich seine Lage schrittweise. Angstzustände und Depression werden nun durch Psychopharmaka behandelt, er verzichtet auf Alkohol, begibt sich in Therapie und stellt am Ende des Kapitels fest: „Ich hatte wieder Kontrolle über mein Leben übernommen." (116) Schon vor seiner Krise ist Heinzer jedoch in der Lage, eine vage Zukunftsperspektive zu formulieren, dies allerdings weniger in einer hoffnungsvollen Art und Weise, sondern eher mit dem Anspruch des ‚Durchhaltens': „Irgendwo hatte ich mal gelesen, dass bis vierzig jeder durchhalten muss, dann kann er sich frei entscheiden" (17). In Heinzers Bericht einer zwölf Jahre andauernden Stasis bringt sein depressives Denken ein außergewöhnliches Erzählverfahren hervor. Der oben erwähnte Lachanfall deutet schon darauf hin, dass seine Schwermut als irgendwie originell erkannt wird.

Immer wieder gehen aus dem Depressions-Plot Humor und Vitalität hervor. So etwa in einer Schlüsselszene, in der Heinzer sich zu einem Rendezvous mit der Finanzbeamtin und frisch gekürten Jungschützenkönigin Susanne verabredet, die er kurz zuvor bei einem Tiffanys-Auftritt kennengelernt hat. Katalogartig beschreibt er ihre „Zweizimmerneubauwohnung" mit „Diddlmausfiguren", „schwarze[r] Wohnzimmerschrankwand" und „CD-Ständer, der geformt war wie das Empire State Building" (127). Als Heinzer die Hintergrundmusik von Phil Collins und eine Wanddekoration aus „Umsonstpostkarten mit witzigen Sprüchen und Lebensweisheiten" registriert (128), fällt ein für die Poetik des Romans entscheidender Satz: „Mein Leben war ja schon ziemlich trist, aber anders trist. Meine Tristesse war mir lieber." (128) Anstelle einer weiteren Selbstverurteilung vollzieht Heinzer damit eine Aufwertung seines negativen, aber eben höchst idiosynkratischen und im literarischen Sinne ‚hervorbringenden' Blicks auf die Welt.

Eine ähnliche Konstellation wird aufgerufen, als sich eine junge Frau bei einem Auftritt ein Lied des Schlagersängers Ibo wüscht: „Meine Güte, wie kaputt kann man eigentlich in dem Alter schon sein. *Ibo* war so ziemlich das Tristeste, was der Schlager der achtziger Jahre zu bieten hatte", bemerkt Heinzer (190). Er zieht eine gewisse Stärke daraus, die ihn umgebene Tristesse besser als andere reflektieren und als solche benennen zu können. So steht Heinzers von Deprivation geprägte Jugend im Kontrast zu einer differenzierten und plastischen Introspektion. Die Rede des Ich-Erzählers mit ihrem Sensorium für die tristen Seiten seiner Umwelt erschafft eine sinnerfüllte Welt aus dem Elend.

4. Entfremdete Sexualität und schlechte Ernährung

In der zweiten Hälfte des Romans wird in einem eher anekdotenhaften Stil von Heinzers sexuellen Erlebnissen, Auftritten von Tiffanys und dem weiteren Tanzmusikumfeld berichtet. In der Schilderung der stets problematisch verlaufenden sexuellen Aktivitäten empfindet Heinzer das Leben an sich und speziell den nicht eingelösten Sexualtrieb als Demütigung. Er sieht sich selbst in der Rolle des ‚Starrers': „Starrer verfolgen mit gierigen Augen alles Weibliche. Sie empfinden jede halbwegs attraktive Frau gleichzeitig als Provokation und als Demütigung. Der Starrer erfreut sich nicht am Anblick eines schönen Mädchens, sondern bekommt sofort Depressionen, denn er weiß, dass er sie niemals besitzen wird. Starrer lächeln niemals, sie haben nichts zu lachen. Ihnen fehlt neben Charme auch jede Leichtigkeit, daher sind sie vollkommen unfähig zu flirten." (179) In der Tat enden die Versuche der Kontaktaufnahme zum anderen Geschlecht konsequent in einem Fiasko. Ohne Hoffnung auf eine erfüllte Sexualität empfindet Heinzer seinen Trieb schließlich als Last, von der er gerne erlöst werden würde: „Alternde Starrer hoffen inständig, dass die libidinöse Umklammerung irgendwann ein wenig nachlässt. Doch die Libido ist erbarmungslos." (179) Auf Heinz Strunks Album *Sie nannten ihn Dreirad* (2015) wird diese entfremdete Sexualität in dem Song „Sex ohne Menschen" zum Thema, in dem eine Zeile lautet: „Der Körper muss von seinem qualvollen, ziellosen Streben erlöst werden". Wo diese Erlösung ausbleibt, wird das „Melken" von Heinzer als zweckgebundene, geradezu ‚technische' Tätigkeit praktiziert (vgl. 111 und 233), ohne Aussicht auf sinnlich-lustvolles Erleben oder menschliche Interaktion (vgl. hierzu Vollhardt 2017, 98).

In den Gesprächen Heinzers mit seinem Leidensgenossen und Bandkollegen Norbert enthält der Roman bisweilen misogyne Passagen, die jedoch weniger auf eine Abwertung von Frauen abzielen, sondern eherdas eigene Gefühl der prekären Männlichkeit unterstreichen: „Wir nannten Mädchen nur noch [...] *diese verdammten Biester*, da sie es unserer Überzeugung nach lediglich darauf abgesehen hatten, uns zu demütigen und vollkommen verrückt zu machen." (86) In Äquivalenz zum Titel und der dominanten Rolle von Fleischgerichten im Roman berichtet Heinzer: „Ich schaute zu Norbert. Er war weiß wie eine Wand. Er sah aus, als ob er gleich von der Bühne springen würde, um sich auf eines der Biester zu stürzen. Wenigstens für einen flüchtigen Moment das geile Fleisch abgreifen!" (187–188)

Martin Brinkmann bezeichnet den Konsum von Fleisch- und Eigerichten in Strunks Roman als „Entschädigungen für ein Leben [...], das keinerlei Sinnesfreuden bereit hält." Der sexuelle Notstand führe „zu einer Art selbstzerstörerischen ‚Fleischeslust'" (Brinkmann 2011, 238). In der erbärmlichen Situation des Ich-Erzählers ist die Frage nach gesunder Ernährung das geringste Problem. Der „selbstzerfleischende[ ]" Bericht Heinzers steht ubiquitär im Zeichen der Demütigung: Sexualität bedeutet Entsagung, Ernährung führt zu Ekel, „Anti-Kulinarik" (Brinkmann 2011, 236) und steigenden Cholesterinwerten, und Heinzers berufliches Umfeld ist im deutlichen Kontrast zu den eigentlich festlichen Anlässen, die von Tiffanys bespielt werden, von Blähungen, Erbrechen und den körperlichen Unförmigkeiten der dortigen Akteure geprägt (vgl. 90 und 241).

5. Zeit- und Lokalkolorit

Die Romanhandlung beschränkt sich vornehmlich auf Heinzers Geschichte und auf das Tanzmusikumfeld in der norddeutschen Provinz. Der Roman stellt darüber hinaus jedoch einen Kontext bereit, in dem historische Ereignisse beiläufig erwähnt werden, ohne dass ein starker Bezug zur Handlung hergestellt wird. Es scheint sich hier um den eher unbeholfenen Versuch zu handeln, dem Roman ein zeitgeschichtliches Kolorit zu verleihen. So wird die Angststörung des Protagonisten vage mit dem Beruhigungsmittelkonsum des CDU-Politikers Uwe Barschel assoziiert. Weiterhin berichtet Heinzer von seiner Begeisterung für Mathias Rusts Landung auf dem Roten Platz in Moskau, womöglich als eine Art Größenphantasie (Studio Braun verarbeiteten diesen Stoff später in einer Inszenierung im Deutschen Schauspielhaus Hamburg mit dem Titel *Rust – ein deutscher Messias*). Die Beschreibung der Kanzlerschaft Helmut Kohls schließlich lässt sich in Äquivalenz zu Heinzers eigener (angeblich vererbten) Stasis lesen: „Ewig würde er Kanzler bleiben, der erste *Erbkanzler* der Bundesrepublik. Er würde sich tatsächlich das Recht erwerben, die Kanzlerschaft zu vererben" (206).

Heinzers Lebensumfeld, der Ort Harburg, wird als eine Art uneigentliches Hamburg beschrieben: „Der Hamburger Stadtteil Harburg liegt am falschen, dem südlichen Ufer der Elbe. Das schöne, große, eigentliche Hamburg ist auf der anderen Seite." (12) Gerade dieses Gefühl der Marginalität gegenüber Hamburg generiert vielfach das Textverfahren. So gelingt es dem Erzähler, Harburg durchaus literarische Qualitäten abzugewinnen: „Das weithin sichtbare Wahrzeichen Harburgs sind die 1856 gegründeten Phoenix-Gummiwerke. Wo andere Städte eine Burg oder einen Dom haben, steht mitten in Harburg dieses riesige Industrieareal. Schon als Kind hat mich die Phoenix fasziniert. Sie war irgendwie unwirklich und erinnerte an Fabriken in Stummfilmen von Fritz Lang. Der Weg zum Kindergarten führte mich jeden Tag an den geheimnisvollen Gemäuern vorbei, und ich habe mich oft gefragt, was da drinnen wohl vor sich geht." (12–13) Drei Jahre vor Veröffentlichung von *Fleisch ist mein Gemüse* wird das Innere der Fabrik tatsächlich zur Sphäre des Ästhetischen. Die ehemaligen Phoenix-Werke beherbergen seitdem die Kunstsammlung des Hamburger Unternehmers Harald Falckenberg. Es handelt sich hier um eine der renommiertesten privaten Sammlungen der Welt, die sich mit Werken von Werner Büttner, Martin Kippenberger, Jonathan Meese und Albert Oehlen insbesondere der Avantgardekunst widmet. Weiterhin stellt der Erzähler Harburg in den Mittelpunkt weltpolitischer Ereignisse und hebt die Technische Universität Hamburg-Harburg als frühere Wirkungsstätte der Attentäter der Terroranschläge am 11. September 2001 hervor. Dies wird allerdings erwähnt, um erneut die Randständigkeit Harburgs gegenüber Hamburg zu betonen: „[B]ald hieß es vereinfachend nur noch, die Terroristen hätten ihre Anschläge von Hamburg aus geplant." (14)

6. Popkultur am Rande

So wie Heinz Strunks Werke eher am Rande des Pop-Literatur-Diskurses Erwähnung finden (vgl. Frank 2011, 48; Hecken et al. 2015, 191; Menke 2011, 68–69), wird auch die in *Fleisch ist mein Gemüse* dargestellte Tanzmusik in Distanz zur eigentlichen Rock- und Pop-Welt verortet: „Die Welt der Tanzmusik ist eine Art Paralleluniversum zur Welt der populären Musik, wie sie in Radio, Fernsehen und in den Printmedien stattfindet. Sie ist die Dritte Welt der Musik. [...] Tanzmusik ist weder cool noch sexy. Tanzmusik hat [...] noch nicht einmal besonders viel mit Musik zu tun. Viele Mucker sind nicht nur unmusikalisch, sondern interessieren sich in Wahrheit auch überhaupt nicht für Musik." (253) Tanzmusik, so lässt sich mit Heinzer konstatieren, ist zwar randständig, dabei aber im Gegensatz zu anderen Subkulturen stark von kommerziellen Mechanismen geprägt. Die Kulturindustrie findet auf diese Weise ihren Weg bis in die Provinz. Heinzers Elternhaus im Bispinger Weg liegt in einer Siedlung, deren Straßen alle nach niedersächsischen Ortschaften benannt sind, wobei er sich beschwert, dass „[n]och nicht mal Hannover" (14) dabei gewesen sei. Wenn Heinzer bemerkt, dass hier alles „eine Nummer kleiner als anderswo" (14) wirke, ließe sich dies zugleich auf die Situation von Pop in Deutschland insgesamt beziehen, die sich im Verhältnis zur anglo-amerikanischen Pop-Sphäre als ‚provinziell' beschreiben lässt (vgl. Baßler 2008).

Die Distanz zur Jugendkultur und zu den Verheißungen der Popkultur schlägt sich auch in der Nennung von Produktnamen (insbesondere Alkohol- und Auto-Marken) nieder, die nach einem einfachen Prinzip organisiert ist. In Distanz zu Heinzer und seinem Lebensstil stehen Marken wie BMW Roadster, Porsche 911 Cabriolet und Wrangler-Jeans (vgl. 126, 51 und 45). Zu ihm oder seinem Umfeld gehörig sind stattdessen Marken, die besonders unzeitgemäß sind, wenig Distinktionsgewinn mit sich bringen und die teilweise im Gegensatz zu den oben genannten internationalen (Luxus-)Marken eine eher ‚provinzielle' Semantik aufweisen: Datsun Sunny (120), Einbecker Urbock dunkel (56), Fernet Branca (63), Jacobs Kaffee (149), Kümmerling (56), die Karstadt-Klamottenmarke Le Frog (83), Opel Kadett B (58) und VW Polo (200). Wo sich Heinzer teilweise mit den letzteren Marken identifiziert, wird ein selbstironischer Außenseiter-Kult erkennbar.

Hier bildet der Marken-Katalog von *Fleisch ist mein Gemüse* einen Gegensatz etwa zu demjenigen von *Tristesse Royale* (Bessing 1999), jenem inszenierten Gesprächsprotokoll eines Treffens des ‚popkulturellen Quintetts' um die Schriftsteller Joachim Bessing, Christian Kracht, Eckhart Nickel, Alexander v. Schönburg und Benjamin v. Stuckrad-Barre (→ 4.15 DÖRING). Die elitäre Ausrichtung dieser Runde lehnt scheinbar jegliche Form von Ironie ab und pocht auf den Wert zeitloser Luxusgüter, was freilich selbst als ironisches Verfahren, als Spiel mit den Signifikanten, gelten kann. So behauptet Benjamin v. Stuckrad-Barre, Selbstironisierung habe immer schlechte Produkte zur Folge (Bessing 1999, 29), und auf die Frage, ob es denn gar keine bleibenden Werte mehr gäbe, antwortet Joachim Bessing: „Doch, eine Uhr von IWC" (Bessing 1999, 164). Das im internationalen Jetset vertraute popkulturelle Quintett inszeniert sich dabei selbst als Gruppe von Außenseitern inmitten einer selbstironischen Kultur. Ähnlich wie Heinzer mit seinem musikalischen Können setzen diese ‚depressiven Dandys' (vgl. Tacke und Weyand 2009) ihrem *ennui* als letzte Daseinsberechtigung ihren Status als Stil-Experten entgegen (vgl. Schönburg 2005).

Strunks selbstironische Inszenierung des Marginalen gipfelt in seiner Rolle im österreichischen Spielfilm Immer nie am Meer (2007, Regie: Antonin Svoboda), in dem er an der Seite des Satiriker-Duos Stermann & Grissemann den Alleinunterhalter Bernd Schwanenmeister spielt. Die Handlung des Films führt nicht nur in die Randgebiete der Popkultur, sondern endet auch in einer Situation von Hilflosigkeit und Handlungsunfähigkeit, wie sie aus *Fleisch ist mein Gemüse* bekannt ist: Drei ohnehin trostlose Figuren – ein von seiner Frau verlassener Professor, sein depressiver und tablettensüchtiger Schwager und ein erfolgloser Kleinkünstler – kommen bei einem Autounfall von einer abgelegenen Landstraße in Österreich ab und stecken mit dem Fahrzeug in einem Wald fest, ohne sich befreien zu können. Auch hier ist als Überlebenstechnik Humor das Mittel der Wahl.

7. Künstlergeschichte

Die Geschichte Heinzers als talentiertem Außenseiter, der sich langsam aus seinem provinziellen Umfeld löst, deutet auf die gegenwärtige (erfolgreiche) Künstlerexistenz Heinz Strunks hin. Heinzer bezeichnet seinen beruflichen Alltag, eine Kombination aus Engagements bei Tiffanys und „Frickelei am Synthesizer und Vierspurgerät" im Heimstudio, als „Übergangszeit, denn mein Durchbruch als Hitproduzent stand ja unmittelbar bevor." (38). In den Ausläufern der Neuen Deutschen Welle Mitte der 1980er Jahre hält der Erzähler „trotz Akne und anderer unübersehbarer Handikaps" (20) insgeheim eine Karriere im Musikgeschäft nicht für ausgeschlossen: „Eigentlich wollte ich ja schon die ganze Zeit Musiker sein, am besten mit eigenen Hits reich werden wie alle anderen auch" (19). Sein Selbstbewusstsein zieht Heinzer erneut aus seinen musikalischen Fähigkeiten: „Von Musik verstand ich schließlich was. Meine ganze Kindheit und Jugend über hatte ich unter der Ägide von Mutter, die selbst Musiklehrerin gewesen war, geübt, geübt und nochmals geübt. Jetzt galt es, endlich die Ernte einzufahren." (20) Eine Realitätsprüfung, bei der seine Demokassetten einer Plattenfirma vorgelegt werden, vermeidet Heinzer jedoch, „weil sonst womöglich das Kartenhaus des eingebildeten Talents in sich zusammenfallen würde. Als verkanntes Genie kann man es sich im Leben auch ganz komfortabel einrichten." (117) Hier wird deutlich, dass Heinzer sein Talent wie einen Schatz bewahrt, was ihn schließlich auch aus der Depression herausführt. Er ist ambivalent zwischen seiner Selbstverurteilung als „Mucker" (188) und dem Glauben an sein Talent.

Diese ‚Künstlerproblematik' bildet einen literarischen Topos, der sich etwa in den frühen Werken Thomas Manns wiederfindet, und tatsächlich enthält *Fleisch ist mein Gemüse* eine Passage, die an Manns Künstlernovelle *Tonio Kröger* (1903) erinnert: „Wie immer schaute ich mir von der Bühne das bunte Treiben auf der Tanzfläche an. Mittendrin und nie dabei! Achachach. Ich war ein stummer Diener, hinter einer Mauer von Blasinstrumenten versteckt, zum ewigen Tröten verdammt. Die jungen Dorfschönheiten ließen sich über die Tanzfläche karriolen und hinterher von schneidigen Jungbauern in die Sektbar einladen. Nie würdigten sie mich auch nur eines Blickes. Sehnsüchtig schaute ich die Elfen an." (124–125) Heinzer erlebt sich hier wie Manns Dichterfigur Tonio Kröger als vom ‚Leben' getrennt. In Manns Novelle wird die Grenze zum Leben nicht durch eine Mauer von Blasinstrumenten, sondern von einer „Glasthür zum Saale" (Mann 2004, 308) markiert, durch die Tonio sehnsüchtig ein Tanzfest in einem dänischen Hotel beobachtet: „Er war berauscht von dem Feste, an dem er nicht Teil gehabt, und müde von Eifersucht. [...] Mit erhitztem Gesicht hatte er an dunkler Stelle gestanden, in Schmerzen um euch, ihr Blonden, Lebendigen, Glücklichen, und war dann einsam hinweggegangen. [...] Ingeborg müßte nun kommen, müßte bemerken, daß er fort war, müßte ihm heimlich folgen, ihm die Hand auf die Schulter legen und sagen: Komm herein zu uns! Sei froh! Ich liebe dich! ... Aber sie kam keines Weges." (Mann 2004, 315) Diese Szene wird im Fernsehfilm *Jürgen – Heute wird gelebt* (2017, Regie: Lars Jessen) erneut aufgegriffen. In dem auf einem Roman von Heinz Strunk (2017) basierenden Film fahren die beiden älteren Junggesellen Jürgen Dose (Heinz Strunk) und Bernd Würmer (Charly Hübner) nach Polen, um mit Hilfe einer Partnervermittlung Frauen kennenzulernen. Nachdem dieses Vorhaben scheitert, ist mit Jürgen wiederum ein vom Leben abgeschnittener Außenseiter zu sehen. Sehnsüchtig schaut er, getrennt durch eine Glasscheibe, auf die gefüllte Tanzfläche und tritt im nächsten Moment den Heimweg nach Deutschland an, um dort seine kranke Mutter zu versorgen. In Manns und Strunks Erzählungen ist die Leiderfahrung des Außenseitertums gleichermaßen konstitutiv für eine erfolgreiche Künstlerexistenz, die in *Fleisch ist mein Gemüse* freilich nur angedeutet wird und erst in Verbindung mit der Strunk-Persona außerhalb des Romans zur Vollendung kommt. Im erweiterten Kontext der ‚Künstlerproblematik' lassen sich weitere Parallelen zwischen *Fleisch ist mein Gemüse* und Manns Fin-de-Siècle-Erzählungen nachweisen. So zeigt sich auch beim Protagonisten der Novelle *Der kleine Herr Friedemann* (1897) eine problematische Beziehung zur Mutter. Johannes Friedemann leidet zwar nicht an Akne, bietet aber doch hinsichtlich seiner Physiognomie einen „höchst seltsamen Anblick" (Mann 2004, 89). Ferner formuliert auch Johannes die aus *Fleisch ist mein Gemüse* bekannte Idee des ‚Durchhaltens bis Vierzig' im Angesicht existenzieller psychischer Krisen: „Das wären nun dreißig Jahre. Nun kommen vielleicht noch zehn, oder auch noch zwanzig. Gott weiß es. Sie werden still und geräuschlos daherkommen und vorüberziehen, wie die verflossenen, und ich erwarte sie mit Seelenfrieden." (Mann 2004, 94) Schließlich wird auch in *Der kleine Herr Friedemann* eine Form von prekärer Männlichkeit dargestellt, die eine Abkehr von der sexuellen Interaktion beinhaltet. Johannes hält es als 16-Jähriger nach einem ersten Misserfolg beim anderen Geschlecht für völlig aussichtslos, eine erfüllte Sexualität zu erleben: „das ist zu Ende. Ich will mich niemals wieder um dies alles bekümmern. Den anderen gewährt es Glück und Freude, mir aber vermag es immer nur Gram und Leid zu bringen. Ich bin fertig damit. Es ist für mich abgethan. Nie wieder. –" (Mann 2004, 91) Auch erweist sich Johannes als Starrer *avant la lettre*: „Niemand beobachtete den kleinen Herrn Friedemann, und niemand bemerkte, daß seine großen Augen ohne Unterlaß auf Frau von Rinnlingen gerichtet waren. In einer schlaffen Haltung saß er und sah sie an. Es war nichts Leidenschaftliches in seinem Blick und kaum ein Schmerz; etwas Stumpfes und Totes lag darin, eine dumpfe, kraft- und willenlose Hingabe." (Mann 2004, 115) Vielfach ist die Rede davon, dass sich Friedemann sich durch die Präsenz Gerda von Rinnlingens gedemütigt fühle.

Im unmittelbaren Umfeld Strunks ergeben sich im Kontext des Künstlerromans Parallelen zu Rocko Schamonis Roman *Dorfpunks* (2004), der im gleichen Jahr wie *Fleisch ist mein Gemüse* erschien. Bei beiden Werken handelt es sich um Entwicklungsromane, die in einem ländlichen bzw. vorstädtischen Setting ‚peinliche' Adoleszenzerfahrungen schildern und die jeweiligen Ich-Erzähler in ihrem Bildungsweg beschreiben. International finden sich an *Fleisch ist mein Gemüse* erinnernde Aspekte einer autobiographisch durchgeführten ‚Landjugend mit Musik' etwa in dem 2009 begonnenen Romanzyklus *Min Kamp* des norwegischen Schriftstellers Karl Ove Knausgård (*1968) und seiner gleichnamigen Künstler-Persona.

8. Studio Braun, Solo-Alben und Fraktus

Realweltlich blieb Heinz Strunk zwar eine Tätigkeit als Hit-Produzent verwehrt, ein erfolgreicher Künstler wurde er dennoch. Einen „Moment hochkultureller Ehrung" (Baßler 2017, 120) erlebte er 2016 durch die Verleihung des Wilhelm Raabe-Literaturpreises für *Der goldene Handschuh*. Zuvor reüssierte er mit Studio Braun im subkulturellen Umfeld des Hamburger Golden Pudel Clubs und der sogenannten Hamburger Schule. Gegenüber den mit dieser Strömung assoziierten Bands wie Blumfeld, Die Sterne und Tocotronic, die größtenteils für einen ernsthaften und politisch engagierten Ansatz deutschsprachiger Popmusik stehen, bilden Studio Braun eher die humorvolle Seite dieser Szene ab. Seit 1998 veröffentlichte das Trio sechs Alben mit Telefonstreichen und vereinzelten Songs, die sich mit ihrem exzentrischen Humor zum intellektualisierten und politisierten Diskurspop der Hamburger Schule bisweilen geflissentlich infantil verhalten. Daneben zeichnet Studio Braun für mehrere Inszenierungen in angesehenen Theatern wie dem Deutschen Schauspielhaus und dem Thalia Theater in Hamburg verantwortlich, bei denen das Trio selbst mitspielt, Regie führt und revueartig die eigenen Stoffe bearbeitet, unter anderem Rocko Schamonis Roman *Dorfpunks* und Strunks *Fleisch ist mein Gemüse*. Trotz ihrer humoristischen Ausrichtung ist Studio Braun stets um eine Abgrenzung von der deutschen Comedy-Szene um Mario Barth, Michael Mittermeier oder Atze Schröder bemüht, eine gewisse Nähe besteht allerdings zum Schaffen von Helge Schneider.

Parallel zur Arbeit mit Studio Braun und zur Schriftstellertätigkeit veröffentlichte Heinz Strunk eine Reihe von Soloalben, die Hörspielminiaturen, fiktive Werbe-Clips und Songs enthalten. Spätestens auf Strunks Solo-Alben wird deutlich, dass sich die Kunstfigur Heinz Strunk mit ähnlichen Sujets und konkreten Eigenzitaten transmedial durch verschiedenste Formen wie eben Hörspiel, Popsong, Telefonstreich und Theater-Revue bewegt. Viele von Strunks Hörspielen sind in einer fiktionalen Welt angesiedelt, die an die von *Fleisch ist mein Gemüse* erinnert. Sie sind sprachlich deutlich norddeutsch markiert, und bestimmte Formulierungen ziehen sich durch das gesamte Werk: Die Redewendung „Zwei linke Hände und lauter Daumen" (7) etwa findet sich nicht nur in *Fleisch ist mein Gemüse*, sondern auch in dem zweieinhalbminütigen Hörspiel

Der Krankenhausbesuch auf der Hörspielsammlung *Mit Hass gekocht* (2006), gleiches gilt für den Kalauer „Ich kenne meine Rechte. Und ich kenn auch meine Linke!" (39). Die vielen Krankenhausszenen in Strunks Hörspielen wiederum stehen in Verbindung mit Heinzers Besuchen bei seiner kranken Mutter in *Fleisch ist mein Gemüse*. Bei Jürgen Dose, der Hauptfigur des Hörspiel-Albums *Trittschall im Kriechkeller* (2005), handelt es sich um eine an Heinzer angelehnte kindliche Figur, die Anschluss sucht, aber ständig auf eine feindselige Umgebung trifft. Eine Ausnahme bei Strunks Solo-Alben bildet *Sie nannten ihn Dreirad* (2015), das ausschließlich Popsongs enthält. Mainstream-Pop wird hier mit exzentrischen Lyrics, meistens im Modus des Sprechgesangs, kombiniert, womit Strunk sich als besonders schrullige Version eines ‚Hit-Produzenten' inszeniert.

Die Rolle des Hit-Produzenten kommt auch der Figur Torsten Bage zu, die Strunk in dem Studio-Braun-Film *Fraktus – das letzte Kapitel der Musikgeschichte* (2012, Regie: Lars Jessen) verkörpert. Hier handelt es sich um ein *mockumentary* über das Comeback der fiktiven Wave-Band Fraktus, die in den 1980er Jahren Techno erfunden haben soll. Wie das berühmte Vorbild Spinal Tap (*This is Spinal Tap*, 1984, Regie: Rob Reiner) ging die Band Fraktus nach Erscheinen des Films auch realweltlich auf (Comeback-) Tournee und veröffentlichte neben den fiktiven Alben aus den 1980er Jahren die ‚echten' Alben *Millennium Edition* (2012) und *Welcome to the Internet* (2015). Der in *Fleisch ist mein Gemüse* imaginierten Tätigkeit als erfolgreicher Musiker und Musikproduzent nähert sich Strunk mit Fraktus und Solo-Projekten wie *Sie nannten ihn Dreirad* nach der langjährigen Arbeit an seinem literarischen Werk sowie an Telefonstreichen und Theaterinszenierungen also, sozusagen auf Umwegen, wieder an.

Strunk, Heinz. *Fleisch ist mein Gemüse. Eine Landjugend mit Musik*. Reinbek bei Hamburg: Rowohlt, 2004.

Literaturverzeichnis

Baßler, Moritz. „Bad Salzuflen, weltweit. Die Pop-Provinz der Hamburger Schule". *Stadt.Land. Pop. Popmusik zwischen westfälischer Provinz und Hamburger Schule*. Hrsg. von Moritz Baßler, Walter Gödden, Jochen Grywatsch und Christina Riesenweber. Bielefeld: Aisthesis, 2008. 92–109.

Baßler, Moritz. „Verstehen heißt Verzweifeln. Laudatio auf Heinz Strunk und seinen Roman ‚Der goldene Handschuh'". *Heinz Strunk trifft Wilhelm Raabe. Der Wilhelm Raabe-Literaturpreis 2016*. Hrsg. von Hubert Winkels. Göttingen: Wallstein 2017. 114–127

Bessing, Joachim. *Tristesse Royale. Das popkulturelle Quintett mit Joachim Bessing, Christian Kracht, Eckhart Nickel, Alexander v. Schönburg und Benjamin v. Stuckrad-Barre*. Berlin: Ullstein, 1999.

Boszormenyi-Nagy, Ivan, und Geraldine M. Spark. *Unsichtbare Bindungen. Die Dynamik familiärer Systeme* [1973]. Stuttgart: Klett-Cotta, 1981.

Brinkmann, Martin. „Souvlaki und Spiegelei. Anti-Kulinarik in Heinz Strunks ‚Fleisch ist mein Gemüse' (2004) oder: Der Genuss des Selbsthasses". *Genußmittel und Literatur*. Hrsg. von Hans Wolf Jäger, Holger Böning und Gert Sautermeister. Bremen: edition lumière, 2011. 235–239.

Frank, Dirk. „‚Literatur aus den reichen Ländern'. Ein Rückblick auf die Popliteratur der 1990er Jahre". *Poetik der Oberfläche. Die deutschsprachige Popliteratur der 1990er Jahre*. Hrsg. von Olaf Grabienski, Till Huber und Jan-Noël Thon. Berlin und Boston: De Gruyter, 2011. 27–51.

Freud, Sigmund. „Trauer und Melancholie" [1917]. *Das Ich und das Es. Metapsychologische Schriften*. Frankfurt am Main 2011. 173–189.

Hecken, Thomas, Marcus S. Kleiner und André Menke. *Popliteratur. Eine Einführung*. Stuttgart: Metzler, 2015.

Mann, Thomas. „Tonio Kröger" [1903]. *Große kommentierte Frankfurter Ausgabe*. Hrsg. von Heinrich Detering et al in Zusammenarbeit mit dem Thomas-Mann-Archiv der ETH, Zürich. Bd. 2,1. Frühe Erzählungen 1893–1912. Hrsg. und textkritisch durchgesehen von Terence J. Reed unter Mitarbeit von Malte Herwig. Frankfurt am Main: S. Fischer, 2004. 243–318.

Menke, André. *Die Popliteratur nach ihrem Ende. Zur Prosa Meineckes, Schamonis, Krachts in den 2000er Jahren*. Bochum: Posth, 2010.

Morgenroth, Christine. „Subjektives Zeiterleben, gesellschaftliche Entgrenzungsphänomene und depressive Reaktionen. Ein sozialpsychologischer Versuch". *Psyche 59* (2005): 990–1011.

Schamoni, Rocko. *Dorfpunks*. Reinbek bei Hamburg: Rowohlt, 2004.

Schönburg, Alexander von. *Die Kunst des stilvollen Verarmens. Wie man ohne Geld reich wird*. Berlin: Rowohlt, 2005.

Strunk, Heinz. *Die Zunge Europas*. Reinbek bei Hamburg: Rowohlt, 2008.

Strunk, Heinz. *Fleckenteufel*. Reinbek bei Hamburg: Rowohlt, 2009.

Strunk, Heinz. *Heinz Strunk in Afrika*. Reinbek bei Hamburg: Rowohlt, 2011.

Strunk, Heinz. *Junge rettet Freund aus Teich*. Reinbek bei Hamburg: Rowohlt, 2013.

Strunk, Heinz. *Der goldene Handschuh*. Reinbek bei Hamburg: Rowohlt, 2016.

Strunk, Heinz. *Jürgen*. Reinbek bei Hamburg: Rowohlt, 2017.

Tacke, Alexandra, und Björn Weyand (Hrsg.). *Depressive Dandys. Spielformen der Dekadenz in der Pop-Moderne*. Köln: Böhlau, 2009.

Vollhardt, Mascha. „Groteske, Ekel, Unbehagen. Zur Problematisierung männlicher Körpergrenzen in Texten von Heinz Strunk, Ingo Niermann und Alexander Wallasch". *Gegenwart schreiben. Zur deutschsprachigen Literatur 2000–2015*. Hrsg. von Corina Caduff und Ulrike Vedder. Paderborn: Fink, 2017. 95–104.

4.18 René Pollesch
Christian Rakow

Ein einzelnes Werk von René Pollesch zur Analyse auszuwählen, ist eigentlich ein Unding. Auch wenn die teambasierte Stückarbeit des schreibenden Regisseurs mit der Premiere ihren Abschluss findet, so läuft doch der Prozess, in den das einzelne Erzeugnis eingebunden ist und aus dem es einen Guttteil seiner Signifikanz bezieht, unablässig weiter. Über 100 Stücke hat der hochproduktive Autor in seinen Engagements an diversen Theaterhäusern seit 1999 verfasst (einen schönen Überblick geben Dell und Groh, 2014). Ein jedes nimmt dabei Wendungen der Vorgängerarbeiten auf, verschiebt die Akzente, formuliert Gedanken in minimalen Abänderungen weiter und fügt neue Elemente hinzu (vgl. Briegleb 2005). Die Textmaschine wird gleichsam bei laufendem Betrieb umgebaut. Und es bedürfte einer mehrjährigen Korpusanalyse, um den Verfahren und Bedeutungsproduktionen dieses Schreibens auch nur einigermaßen gerecht zu werden. Der Blick ins Detail bleibt also notwendig fragmentarisch.

Mit *Kill your Darlings. Streets of Berladelphia* hat Pollesch 2012 an der Berliner Volksbühne einen Referenzabend vorlegt, der heute als Pollesch-Klassiker gilt. In dem Stück setzte sich eine spezifische Zusammenarbeit mit dem Schauspieler Fabian Hinrichs fort, die bereits 2010 am selben Ort in „Ich schau Dir in die Augen, gesellschaftlicher Verblendungszusammenhang" zu erleben war und seinerzeit wie eine paradigmatische Neuerfindung im Theater des René Pollesch anmutete: erstmals ein Solo-Abend und dabei keine Turbotextraserei wie in Polleschs Anfangsjahren an der Volksbühne (in denen Hinrichs als junges Ensemblemitglied 2002 kurzzeitig und keineswegs stilprägend bei Pollesch mitwirkte); ebenso wenig praktizierten sie hier boulevardeske Spielweisen wie in Polleschs Werken Mitte der 2000er Jahre, sondern vielmehr einen bei allem Humor doch bedächtigen, auf langsame Entwicklung der Gedanken abhebenden Textvortrag. Vom „hohen Priesterton" sprach die *Berliner Zeitung* (Pilz 2010).

Die Nachfolgearbeit *Kill your Darlings* ist im Kern ein ebensolches Solo, wobei Hinrichs nun nicht mehr allein die Bühne bespielt, sondern von einem vierzehnköpfigen, weitestgehend stummen „Chor" von Turnern unterstützt wird. Die Arbeit wurde 2012 zur großen Leistungsschau der deutschsprachigen Theater, dem Berliner Theatertreffen, eingeladen und trat zum Wettstreit um den Mülheimer Dramatikerpreis an (den Pollesch 2001 und 2006 gewann).

1. Auftakt mit Bruce Springsteen

Schon der Titel deutet ein Höchstmaß an Verdichtung an: *Streets of Berladelphia* verschmilzt den Uraufführungsort Berlin mit den *Streets of Philadelphia*, die Bruce Springsteen 1993 im Titelsong des oscarprämierten Films *Philadelphia* von Jonathan Demme besang – ein Gerichtsfilm, der Biographie und berufliches Schicksal des AIDS-kranken, homosexuellen Andrew Beckett (gespielt von Tom Hanks) zum Gegenstand einer öffentlichen Verhandlung macht. Springsteens eingängige Drum-Machine-Beats mit der schwebenden Synthie-Akkordfolge laufen in den ersten Minuten des Pollesch-Stücks. Und lose an den eingedeutschten Versen der Springsteen-Strophen entlang rezitiert Hinrichs (in regenbogenfarbener Glitzerhose, mit nacktem Oberkörper) im Sprechgesang: „Ich bin die / Straße hinuntergegangen, an den / Reihenhäusern vorbei, / und ich / hätte dir gerne gesagt: In keines / dieser / hell erleuchteten Fenster würde ich / hinein wollen und reden mit den Leuten dahinter, nirgendwo / auf der Welt, / auch nicht on the Streets of Berladelphia. / Nein Nein Nein / Nein Nein Nein / Nein Nein Nein." (Pollesch 2014, 287–288) Die hier angelegte Codierung ‚privat versus öffentlich', die sich im Fenster als Symbol bürgerlicher Raumbegrenzung konkretisiert, baut eine der zentralen Achsen des Textes auf.

Der andere Teil des Titels *Kill your Darlings* ist mindestens auf zweierlei Weise lesbar: Er rekurriert auf die gleichnamige Praxis aus dem Filmschnitt, Lieblingsszenen zugunsten der Gesamtkomposition zu streichen. Zugleich schwingt das Kosewort „Darling" beziehungsweise „Liebling" und also ein Hauch von Abschied hierin mit und reichert die Koordinate ‚Privat' in spezifischer Weise an: Regelmäßig wird Polleschs Text sich in Fragmenten einer Sprache der Liebe bedienen: „Wieso rufst du nicht an? Du hast doch meine Nummer, weißt du? Ich sitz zu Hause rum, und du bist nicht da." (Pollesch 2014, 301) Es sind Sätze ohne konkreten Adressaten, wodurch ihnen der trivialrealistische Charakter, der private Liebeskitsch, von vornherein abgeht.

Auf Polleschs weitgehend leerer (von Bert Neumann gestalteter) Bühne steht ein Marketenderwagen im Stile von *Mutter Courage* (der Berliner Aufführung von 1949), und auf dem hellglitzernden Theatervorhang prangt in großen Lettern der Name „Fatzer". Damit ist nicht nur der Produktionskontext angesprochen (*Kill your Darlings* entstand im Rahmen des Festivals *Fatzer geht über die Alpen* an der Berliner Volksbühne in Koproduktion mit dem Turiner Teatro Stabile), sondern auch das zentrale Bezugssystem: Bertolt Brechts *Fatzer*-Fragmente (von Heiner Müller 1978 zu einer Bühnenfassung mit dem Titel *Der Untergang des Egoisten Johann Fatzer* komprimiert) verhandeln den auch für Brechts Lehrstücke paradigmatischen Gegensatz von Individuum und Kollektiv in (potenziell) revolutionären Zeiten. Fatzer führt eine Gruppe Weltkriegsdeserteure von der Front weg, aber es misslingt ihm, diese Gruppe zur revolutionären Zelle zu formen. Durch eine Reihe spontaner, als unvernünftig markierter, egoistischer Mikroaktionen gerät Fatzer in Widerspruch zu seinem Kollektiv. „Behaltet von allem, was an mir ist / Nur das euch Nützliche. / Der Rest ist Fatzer", sagt er auf dem Höhepunkt des Konflikts. (Brecht 1994, 60) Der Anarchist Fatzer separiert sich im Ringen um autonome Selbstbehauptung von seinem Kollektiv und wird schließlich liquidiert.

2. Der Geist des Projektkapitalismus

Inwieweit die Brecht'sche Strukturopposition Individuum/Kollektiv bei Pollesch in einer Matrix mit dem Gegensatzpaar Privat/Öffentlich zusammengeführt werden kann, darauf deutet ein paratextueller Hinweis in der Drucklegung des Stückes bei Rowohlt: Als „Leseempfehlung" wird dort der Essay *Die Arbeit der Kritik und der normative Wandel* von Luc Botanski und Ève Chiapello genannt. Die Autoren beschreiben in ihrem Text Legitimationsstrategien der kapitalistischen Produktionsweise, die sie mit Max Weber als „Geist des Kapitalismus" ansprechen. In den 1980er Jahren sei eine neue Geistesform des Kapitalismus in Erscheinung getreten: der Projektkapitalismus. Seine Produktionsweise ist maximal variabel und global, seine fortschrittlichsten Technologien zur Kapitalakkumulation sind das Internet und die Biotechnologie, seine Führungsstrukturen werden zunehmend antiautoritär und undurchschaubar, seine bevorzugte Metapher ist die der Netzwerke (Botanski und Chiapello 2011, 22). Motor der Transformation sei eine spezifische Form der Kapitalismuskritik: die Künstlerkritik, die sich gegen die „Uniformierung in einer Massengesellschaft und die Transformation aller Gegenstände in Waren" gerichtet und der Gesellschaft das „Ideal individueller Autonomie und Freiheit" sowie die Wertschätzung von „Einzigartigkeit und Authentizität" entgegengehalten habe (Botanski und Chiapello 2011, 29). Damit setzte sie einen dezidert individualistischeren Akzent als die von der Arbeiterbewegung vorgebrachte Sozialkritik an der Entsolidarisierung, Verelendung und Ausbeutung. Mit dem Mai 1968 habe diese Künstlerkritik die Intellektuellenkreise verlassen und sei in ihren „Forderungen nach mehr Autonomie, Kreativität, nach authentischeren Beziehungen zwischen Personen etc." vom ökonomischen System absorbiert worden. Denn „die Form, die die Akkumulation zu einem bestimmten Zeitpunkt annimmt", scheine „in sehr weitem Umfang von der Art und Bissigkeit der Kritik abzuhängen, die sich gegen sie richtet". (Botanski und Chiapello 2011, 29)

Im Netzwerkkapitalismus löst sich die Dichotomie Privat/Öffentlich' auf. Insofern die ganze „authentische" Persönlichkeit im projektorientierten Produktionsprozess angezapft werden soll, fällt die bürgerliche Grenzziehung zwischen dem Ich und seiner Umwelt weg. Die kapitalistische Produktion durchdringt das Selbstverständnis, das Private wird By-Product einer nicht mehr bürgerlich-politisch, sondern warenförmig strukturierten Öffentlichkeit. Diesen Wandel inszeniert René Pollesch regelmäßig, in immer neuen Variationen (vgl. Diederichsen 2005). Gleichzeitig fällt damit auch die Brecht'sche Problemstellung von Individuum und Kollektiv weg. Im Netzwerk tritt dem Individuum nicht mehr eine Einheit mit einem homogenen Willen entgegen, also ein (revolutionärer) Chor, sondern eine Pluralität von unterschiedlichen Einzelwillen. Das Netzwerk ist aufsummierte Individualität.

Pollesch, der wie kaum ein anderer Gegenwartsdramatiker die Aporien der Künstlerkritik und damit auch die Aporien seiner eigenen Kunst bedenkt, beschreibt die Neuausrichtung der Sinn-Achsen in *Kill your Darlings* mit dezidiert paradoxalen Wendungen: „Wir haben Chöre gesehen der Arbeiter / wir haben Chöre gesehen des Proletariats / und / der kommunistischen Genossen, aber wir haben noch keinen Chor gesehen, / der den Kapitalismus repräsentiert, aber / mit dem / haben wir es gerade zu tun, / mit den / Netzwerken!!!", so führt Hinrichs die Turnerriege ein, wohl wissend, dass solch eine Riege als physische Gruppe natürlich eher an ein traditionelles Kollektiv gemahnt denn an ein verzweigtes Netzwerk von Individuen (Pollesch 2014, 292–293). Entsprechend äußert sich die Gruppe in der einzigen Sequenz, in der sie Stimme gewinnt, auch mit chorischem Ruf: „Ich bin ein ziemlich lockerer Haufen." (Pollesch 2014, 314) Hier reiben sich Performanz (Vereinigung der Stimmen) und Aussage (Behauptung der lockeren Vielheit). Hinrichs als Protagonist des Abends steuert derweil die Aporien der Netzwerkidentität expressis verbis an: „Individualität / Individualität / Individualität", brüllt er mit den Fäusten auf dem Boden trommelnd, um dann mit wohldosierter Pause nachzuschieben: „sagt mir einfach nichts. Ich brauche Größeres". (Pollesch 2014, 297) Aber dieses Größere (lies: überindividuelle Ordnungen) ruft sogleich das kleinbürgerliche Ressentiment und die Sehnsucht nach dem privaten Refugium, dem „Nahweltbedarf", auf: „Aber ich habe Nahweltbedarf! / Trotz aller Diskrepanzen zwischen Nahweltbedarf und den Entfaltungsmöglichkeiten hochgetriebener Individualisierung. / Das kann ich ja gar nicht, diesen Differenzierungstrend, (...) der macht mich gar nicht mehr anschlussfähig." (Pollesch 2014, 297) So leidet das Selbst an seinen öffentlichen Bekundungen. Da sich das Ich in den Netzwerken nur in Formen von Individualität entäußert, wird ihm das Größere nicht als Differenz erfahrbar, nicht als Kollektiv, dem es sich unterordnet, sondern als imaginäre Überhöhung des Selbst, die es mit eigener Energie speist. „(J)e bunter, desto grauer", fasst Pollesch die Erfahrung des Differenzverlusts, die Erfahrung der Fülle als Leere, zusammen. (Pollesch 2014, 299)

3. Der Mehrwert der Romantik

Auf der Achse Privat/Öffentlich umspielt Pollesch diese Figur der inneren Leere durch ein Zuviel an persönlich codierten äußeren Beziehungen. Denn was spielt sich hinter den in der Eingangssequenz besungenen Fenstern ab? „Wenn wir bei einem Depeche-Mode-Konzert sind und wir 200 000 im Zuschauerraum lieben den Einen da vorne (...), Dave Gahan, und dann geht der von der Bühne ab, in sein Hotelzimmer (...), und versucht, nachweislich, sich sofort, sofort (...) umzubringen. (...) Was bitte fehlt ihm denn? Liebe hat er doch gerade genug bekommen." (Pollesch 2014, 300) In der Welt hinter den Fenstern lauert ein Abgrund, der sich in dem Moment auftut, da die äußeren Beziehungen gekappt sind. Sobald die öffentliche Performance von Privatheit (Liebe) ausfällt, droht das Individuum zu kollabieren. Das ist der tragische Modus der Selbsterfahrung im Netzwerkzeitalter.

Das Aufrechthalten der privat auftretenden, äußerlichen Beziehungen bedarf selbst einer öffentlichen, paradigmatischen Ausdrucksform. Deshalb nennt Pollesch das scheinbar private Leben hinter den Fenstern mit einem Begriff der Marx'schen Warentheorie „abstrakt". Schon eingangs des Textes heißt es: „Dass einem das Leben hinter den Fenstern abstrakt vorkommt, weil es das ist – das ist ja schon so oft gedacht worden. // Aber jetzt gerade müssen wir alle im Raum das DENKEN, das SAGEN, um es zu beleben." (Pollesch 2014, 289) Das Private hinter den Fenstern ist insofern abstrakt, als es Ausdrucks- und Lebensformen wiederholt, die gesellschaftlich produziert sind. Oder wie Pollesch es zuspitzt: Das Leben ist an die (symbolische) „Mehrwertproduktion" angeschlossen. „Wenn wir uns küssen, dann muss auch noch so geguckt werden", sagt Hinrichs und zieht ein grotesk-romantisches Gesicht. „Wenn man als Liebespaar auf einer Brücke steht, dann muss noch auf irgendeine Mehrwertart geguckt werden." (Pollesch 2014, 316) Die Mehrwertproduktion zielt auf Ähnlichkeitsbilder wie hier auf die imaginäre Vorstellung eines romantischen Brückenkusses. Es sind Bilder, die selbstredend erst im tragischen Modus des Entzugs als abstrakt und entfremdet erfahrbar werden.

Im Theorem der Mehrwertproduktion findet der Text sein gedankliches Zentrum. An zentraler Stelle beobachtet Hinrichs – gleichsam wie ein Conférencier – wie die Turnerriege um ihn herum Überschläge und andere Übungen auf einer Turnmatte verrichtet. „Das ist sehr, sehr gut. / Aber würden Sie dafür 45 Euro in einer Mehrzweckhalle zahlen? Nein, das reicht nicht. Wir müssen also noch etwas hinzufügen! (...) Wir brauchen einen Sinn. / Wir brauchen einen Geist des Kapitalismus. / Wir brauchen einen Mehrwert!" (Pollesch 2014, 316–317) Und dann illustriert er den Gedanken, indem er die Techniker zwischen zwei radikal verschiedenen ästhetischen Stimmungen hin und her schalten lässt, die die Turner jeweils unterschiedlich codieren: Einmal geht ein Funkellicht an, Musik von Jean Michel Jarre (*Les chants magnétiques*) fährt herein, und es ergibt ein kunstvolles theatrales Bild, eine bezaubernd poppige Körperskulptur. „Mehrwert!", ruft Hinrichs triumphierend. Dann lässt er abblenden: Glanzlicht aus, Musik aus, und man sieht nur: „Turnhalle!"

Nun ist aber der Text bei aller gedanklichen Stringenz weit davon entfernt, theoretisch geradlinig zu wirken oder gar als Exemplum des zugrundeliegenden Forschungsessays zu fungieren. *Kill your Darlings* wirkt ganz im Gegenteil wie alle Texte Polleschs offen, sprunghaft, mäandernd, humoristisch unscharf. Denn Pollesch behandelt das theoretische Koordinatensystem in einer Poetik des Paradoxalen, die unentwegt zwischen Position und Gegenposition changiert wie zwischen Aussage und Performance. Ein wichtiger Schachzug der Enttheoretisierung liegt in der Zusammenschaltung von Liebesdiskurs und Netzwerkkonzept: „Nein! Nein! Ich kann nicht mit dir ins Bett! / Nein! Nein! Nein! / Das kann ich nicht tun, ich bin eine Linke! / Ich geh nicht mit dir ins Bett! *F schnell auf Bühne zurück / Turner folgen ihm /* Ich würde, ohne zu zögern, mit einem *(Turner umschließen F, machen ‚The Snake') /* Haufen von Leuten ins Bett gehen, wenn es ein Kollektiv wäre, sozusagen das Proletariat. / Aber du Netzwerk bist die Repräsentation des Kapitalismus. Das kann ich nicht tun, ich bin eine Linke." (Pollesch 2014, 294)

Mit einer für Pollesch typischen Personifikation wird die abstrakte Vorstellung des Netzwerks im Nahbereich situiert, wobei dieser Nahbereich wiederum durch historische Vorstellungen aufgeladen ist (Linkssein, Sex mit Vielen, Kommune). Innerhalb dieses hochgradig verdichteten Raums einer Liebe 2.0 praktiziert Pollesch dann ein permanent camouflierendes Sprechen: „Du stehst meiner Verfügbarkeit im Weg, mein Schatz. / Und Verfügbarkeit ist nun mal die Größe in diesen Netzwerken", heißt es einmal. (Pollesch 2014, 306) Ein andermal mit Blick auf die Facebook-Realität: „Ich hatte mich auch so darauf gefreut, deine 400 Freunde kennenzulernen, bei meiner Geburtstagsparty, und dann kamen nur vier. / Wo sind denn die anderen 396?" (Pollesch 2014, 313) In einer traditionellen Dialogdramatik würde man beide Aussagen unterschiedlichen Sprechern zuweisen, fröhliche Netzwerkaffirmation im ersten Fall, die Entgegnung im zweiten. Bei Pollesch sind beide Aussagen umstandslos koordiniert im Monolog von Hinrichs (wenn Pollesch mehrere Akteure einsetzt, werden solche Aussagen gleichermaßen ohne Trennschärfe unter ihnen herumgereicht). Was hierin entsteht, ist die Entkoppelung von Sprecher und Aussage, eine Verhinderung des selbstidentischen Redens, ein Text ohne Ursprung, der den Sinn latent hält.

Auch die fundamentale rhetorische Volte des Textes, sein „Kill your Darlings"-Prinzip, huldigt dieser Latenz des Sinns. „WARUM MACHEN WIR DAS?", ruft Hinrichs, als es auf das Finale zugeht. „Gibt es eine / *(DJ Hell)* / Antwooooooort? Giiibt eees eine Aaaaaaaaantwort? Gibt es eine Antworttttt? Eiiiineee Aaaaanntwooooort?" / *Musik aus.* / Ja. / *Turner halten sofort an und bleiben auf der Bühne jeweils links bzw. rechts stehen.* / Aber wir mussten sie raussschneiden. / Ihr hättet das einfach nicht ertragen, und wir hätten das auch nicht ertragen." (Pollesch 2014, 317–318) Das postmoderne Dementieren der finalen Antwort gibt sich als direkte Replik auf die Mehrwertproduktion zu verstehen. Es ist selbstredend keine definitive Antithese. Der in der Regieanweisung angerissene Musikverweis „DJ Hell" macht bereits klar, dass der Diskurs auch an dieser Stelle mit mächtig viel poppigem Budenzauber – sprich: „Mehrwert!" – daherkommt.

Wie sehen eigentlich diese Szenen aus, die an diesem Abend (vermeintlich) herausgeschnitten wurden? So wie diese: Donner grollt, Regen fällt vom Schnürboden, die jungen Turner spielen im Wasser, Hinrichs zieht stumm und gebückt wie dereinst Helene Weigel am Berliner Ensemble als Mutter Courage den Marketenderwagen über die Bühne, die ganze Zeit läuft Morrisseys *Life is a Pigsty*. Das ist großes Überwältigungstheater, emotional im Zitat der Brecht'schen Geste und rührend in seiner Kindlichkeit mit den herumtollenden Turnern. Zum Schluss der Szene verteilt Hinrichs mütterlich und couragiert Handtücher und tritt nach vorn: „Nein! / Stopp! / Das ist jetzt zu schön. / Irgendwas stimmt hier nicht. / Das ist viel zu viel Freude, Scheiße! / So können wir doch nicht leben! / Das können wir nicht ertragen. / Katja, das wollten wir doch eigentlich / rausschneiden! Warum ist denn das jetzt / drin?" (Pollesch 2014, 314)

So tritt die Kritik an der symbolischen Überhöhung im Gewand dessen auf, was sie kritisiert. Auch Pollesch zehrt reichlich vom Spektakel der schillernden Zeichen. Es gibt kein Außen der Mehrwertproduktion. Kritik des Pop ist nicht ohne Pop zu haben. „Je bunter, desto grauer", sagt Pollesch. Statt Mehrwert zu akkumulieren, sollen die Spitzen gekappt werden. Entsagungsvoll und grau wird es dadurch nicht. Pollesch ist kein Downsizer. Was er verabschiedet, das zelebriert er auch. Er ist ein Künstler, der mit den Ökonomien spielt, vor allem mit den eigenen Darstellungsökonomien. *Kill your Darlings* – wer im richtigen Moment verknappt, der steigert den Wert. Eine ökonomische Pointe. Völlig unbunt wäre ja auch grau.

4. Poststrukturalismus-Seminar goes Pop

Die Camouflage, die Polleschs Texte zelebrieren, setzt sich im Auftritt des Autors fort. Pollesch gibt vergleichsweise wenige Interviews, meidet Podien, verbreitet sich stattdessen auf Twitter (@renepollesch), dort bevorzugt mit mehrdeutigen Aphorismen, die sorgsam den ästhetischen Zuschnitt des Sprechens aufrecht halten. In direkten Gesprächen pflegt Pollesch, alle rubrizierenden Begriffe für sein Werk zurückzuweisen. Label wie „Pop", „Ironie" oder „Cool Fun" – letzteres das Stichwort, unter dem sein frühes Schaffen im Standardwerk *Postdramatisches*

Theater von Hans-Thies Lehmann aufgeführt ist (Thies-Lehmann 1999, 216) – mag er sich nicht anheften lassen.

Tatsächlich hat sich René Pollesch (geboren 1962 in Friedberg in Hessen) auf seinem Karriereweg raus aus Experimentalbühnen wie dem Frankfurter Theater am Turm (wo er Anfang der 1990er Jahre begann) über kleinere Nebenspielstätten wie den Prater der Berliner Volksbühne (den er von 2001 bis 2007 leitete) bis in die ersten Häuser von Berlin bis Zürich und letztlich bis zur Ernennung zum Intendanten der Berliner Volksbühne 2021–2026 einen singulären Status erarbeitet. In einem Pollesch-Abend sucht man nicht diesen oder jenen verhandelten Gegenstand, sondern eine zur Marke gewordene idiosynkratische Form: Man geht in „den neuen Pollesch". Von Anfang an hat der Autor und Regisseur in eigener Sache seine komplett plotfreien und nicht einmal ansatzweise nacherzählbaren Diskursstücke mit theaterwissenschaftlichen und soziologischen Reflexionen ausgestattet (manche seiner vielen Kritiker würden sagen: überfrachtet). Er hat mit terminologischer Großoffensive dem Publikum Theoriebrocken vorgesetzt, für deren Studium an Universitäten ganze Oberseminare freigeräumt werden: In eigenen assoziativen Fortschreibungen adaptiert er regelmäßig Sound und Denkfiguren von Politphilosophen wie Michel Foucault oder Giorgio Agamben, von Erneuerern der Psychoanalyse wie Slavoj Žižek oder Jacques Lacan oder von dekonstruktivistischen Geschlechtertheoretikerinnen wie Judith Butler oder Donna Haraway. In der Tendenz handelt es sich um (post-)strukturalistische Theoretiker, die in den 1980er Jahren (Polleschs Ausbildungszeit an der Universität Gießen) noch abseits des Hochschul-Curriculums und unbeachtet vom Feuilleton nach Deutschland drängten und die dann einer aktivistisch geprägten „(Underground-)Theoriekultur" ihre Richtung vorgaben (vgl. Diederichsen 2002, 58). Er glaube „daran, dass unser Alltag theoriefähig ist, dass ich einfach besser sehe mit Theorie", hat Pollesch einmal zum Thema gesagt. „Wenn ich nach São Paulo reise, kann ich die Stadt besser erkennen, wenn ich ein soziologisches Buch über São Paulo gelesen habe." (Pollesch 2009, 360)

Theoretisierung des Alltags – das klingt nicht unbedingt nach einer Kunst, die danach schreit, zum populären Bühnengut aufzusteigen. Aber es gibt eben auch die andere Seite in den Abenden von René Pollesch: die Beschallung mit New-Wave-Klassikern von Morrissey bis Kate Bush oder mit Glamour-Pop von Abba bis Britney Spears, die meist schon vor der Aufführung beginnt, sich im Stück dann regelmäßig zwischen die Diskurspartien hineinschleicht und letztlich noch die Applausordnung aufpeppt. 2015 ließ sich Pollesch für die Oper *Von einem, der auszog, weil er sich die Miete nicht mehr leisten konnte* den Soundtrack von Tocotronic-Sänger Dirk von Lowtzow schreiben (der anschließend in das sogenannte *Rote Album* der Band einging). Visuell wurden seine Arbeiten lange durch die schillernden Bühnenbilder des verstorbenen Volksbühnen-Ausstattungsmaestros Bert Neumann (1960–2015) getragen, der viel Flitter, mitunter eine überdimensionale Disco-Kugel oder einen *Free Willy*-ähnlichen Orca-Wal im Raum platzierte. In den Anfangszeiten des Praters baute Neumann ein komplexes Wohnraum-Setting im Stile von Film- und Fernsehstudios auf, als Spielort für den Mix aus Theorie und Telenovela, den Pollesch seinerzeit betrieb. Aus Film und Fernsehen stammen auch viele der Spielideen in den Sequenzen zwischen den Redepassagen, die Pollesch – in Anlehnung an TV-Musikformate – als „Clips" bezeichnet: Sketches und Bildangebote von Monty Python, Buster Keaton oder den Marx Brothers, Geborgtes aus dem Unterhaltungs-Mainstream der Marke *Gravity* oder *Das Leben der Anderen* bis zum Arthouse-Kino eines Rainer Werner Fassbinder oder John Cassavetes inspirieren diese Clips. Polleschs stets pointierte Stücktitel tragen entsprechend offensiv den Griff nach bühnenfernen profanen Kontexten zur Schau: Da klingt mal der Alpenländle-Porno an (*Heidi Hoh*, 1998–2000) oder die Welt der B-Movies überhaupt (*Splatter Boulevard*, 1992), ein andermal das DFB-Marketing zur Fußball WM 2006 (*Die Welt zu Gast bei reichen Eltern*, 2007). Mitunter greift Pollesch in seinen Stücken auf das Standardmittel des archivarischen literarischen Pop zurück: die Liste. (vgl. Baßler 2002) So zelebriert sein Spieler Fabian Hinrichs in *Ruhrtrilogie Teil 3*: *Der perfekte Tag* (2010) mit schier endloser Muße die „100 wichtigsten Erfindungen der Menschheit": vom Faustkeil bis hin zum Nanomotor. (Pollesch 2014, 116–117)

Polleschs Mix aus vergleichsweise schwer verständlicher, poststrukturalistisch geprägter Theorie mit populärkultureller Motivik ist durchaus nicht untypisch für das Theaterschaffen, das in den 1990er Jahren die Bühnensprache reformierte. Aus den theoriebetonten Angewandten Theaterwissenschaften Gießen (wo Pollesch 1983 bis 1989 u. a. bei Andrej Wirth studierte) machten sich diverse Künstler und Gruppen mit sprechenden Namen wie Showcase Beat Le Mot oder She She Pop auf, Theater im Zeichen der Medien- und Populärkultur neu zu denken und „der Komplexität der Wirklichkeit mit den Mitteln der Bühne, aber auch populärkultureller Inszenierungsstrategien in gleichwertiger Komplexität zu begegnen", so Theaterwissenschaftlerin und She She Pop-Gründungsmitglied Mieke Matzke (Matzke 2012, 33).

Dass Gruppen wie She She Pop oder ihr deutsch-britisches Partnerkollektiv Gob Squad mit Pollesch an der Berliner Volksbühne eine Heimat fanden, hat Gründe. Die Chefdramaturgen Matthias Lilienthal und Carl Hegemann hatten hier Frank Castorf (Intendant von 1992 bis 2017) frühzeitig Foren implementiert, die heute als „fünfte Sparte" an immer mehr Metropolentheatern betrieben werden: wissenschaftlich-künstlerische Symposien zur Erweiterung der konkreten Inszenierungsarbeit. An der Volksbühne der 1990er Jahre gab der bis dahin als Independent-Filmemacher aufgetretene Christoph Schlingensief sein Theaterdebüt und entwarf wilde Happenings wie *Talk 2000*, die in grotesker Überzeichnung

Talkshowformate des Fernsehens adaptierten. Frank Castorf selbst prägt das Haus seit Beginn seiner Intendanz mit dekonstruktivistischen Klassiker-Inszenierungen, die in großer Eigenmächtigkeit das Material der jeweiligen Dramenvorlage mit Versatzstücken unterschiedlichster Art collagieren: mit zeitgenössischer Gesellschaftstheorie (bevorzugt Rezeptionen der Marx'schen Kapitalismustheorie), Theatertheorie (bevorzugt Antoine Artaud), Fremdtexten (bevorzugt Heiner Müller), Popmusik (bevorzugt Rolling Stones und das Beste der 1960er und 1970er Jahre) oder mit Bezügen auf Film und Fernsehen (bevorzugt auf die jeweiligen Auftritte seiner prominentesten Darsteller Martin Wuttke und Sophie Rois).

Castorf ist mit seiner Arbeitsweise richtungsweisend geworden für das jüngere Regietheater, das das klassische Repertoire mit großem Aktualisierungsdrang auf die Bühne bringt. Wenn in der Theaterkritik der Begriff „Pop-Regisseur" fällt, dann sind damit in der Regel Künstler in dieser Traditionslinie gemeint: Regisseure wie Stefan Pucher (ebenfalls in Gießen ausgebildet), der Shakespeares *Othello* 2004 in Hamburg einschlägig als Glamourmärchen inszenierte, mit Alexander Scheer als exzessbereitem Showstar, der sich im Eifersuchtsrausch zu Eminems Lose yourself an einem hoch aufragenden Inselfelsen austobte und im Finale in Glitzerklamotte zu den Tunes von James Brown („Pay the cost to be the boss") tottanzte. (vgl. Briegleb 2004) Als Pucher gebeten war, für die Prater-Saga 2005 René Polleschs *Diabolo – Schade, dass er der Teufel ist* zu inszenieren, verwandelte er das Stück in eine Jam-Session und ließ das komplette *Let it be*-Album der Beatles live nachspielen.

Polleschs Abwehr gegen das Label „Pop" hat hiermit zu tun. Der Begriff tritt im Kontext des Interpretationstheaters auf, also in dem, was die Stadttheaterkunst im Kern immer noch ausmacht: beständige Re-Inszenierungen des klassischen Theaterkanons. In diesem Interpretationstheater sorgt das Spiel mit Populärkultur-Zitaten nicht nur für einen vom Betrieb zunehmend gesuchten jugendlichen Lebensweltbezug, sondern – im besten Falle – auch für einen „Beleuchtungswechsel", wie man mit Robert Pfaller, der Karl Marx aufgreift, sagen könnte. (Pfaller 2013, 15) Ein *Othello* für die Generation MTV wie der von Pucher lenkt die Blickrichtung um: von der vermeintlichen Inkompatibilität und Fremdheit des „Mohren" Othello auf das Ausschlussbegehren des ressentimentbesetzten Normalbürgers Iago (der mit Wolfram Koch entsprechend als Anzugträger mittleren Zuschnitts inszeniert war). Die „Beleuchtungswechsel" betreffen Konnotationen des Geschehens, nicht seine tragende Struktur. Der im Dramentext vorgegebene Handlungsverlauf bleibt bei allem assoziativen Überschuss in den Grundzügen intakt.

Wie weit René Pollesch von diesem Paradigma des Interpretationstheaters entfernt steht, zeigt seine notorische Weigerung, eigene Stücke zur Nachinszenierung durch andere Regisseure freizugeben (die Prater-Saga 2004–2005 bildete die einzige Ausnahme von diesem Dogma). Polleschs Texte werden in der konkreten Arbeitssituation geformt, im Dialog mit seinen jeweiligen Schauspielern, die aus den Textangeboten des Autors auswählen, Texte zurückgeben und zum Umschreiben empfehlen. Der finale Stücktext ist fixiert, wird mit einigem Abstand in der Regel auch in Buchform veröffentlicht, aber eben nicht nochmals, auch nicht von Pollesch selbst, inszeniert.

5. Die Band bittet zum Diskurs

Gleichwohl entsteht in dieser Arbeitsweise eine Poetik, die Wirkprinzipien von Pop ungleich radikaler aneignet – nicht mehr nur ornamental über die Konnotationsverschiebungen durch Analogien zur zeitgenössischen Populärkultur, sondern tiefenstrukturell. In einer maßgeblichen frühen Analyse für das Fachblatt Theater heute hat Diedrich Diederichsen Polleschs Textarbeit auf generative Regeln neuerer Pop-Musik wie „Loop" und „Permutation", also Wiederholung und Umgruppierung von Sinneinheiten, zurückgeführt. (Diederichsen 2002, 60) Polleschs Darsteller agierten in der Bewältigung dieser Texte gleichsam wie eine „Band", führt Diederichsen an anderer Stelle aus, eine „Band, die von sich spricht und in Bezug auf ihr eignes Leben und ihren Beruf – Schauspieler – Fragen inszeniert, die die Produktion, Analyse und Konsumption von Stimulanz und von Symbolen generell betreffen". (Diederichsen 2005, 16)

Die Schauspieler sind bei Pollesch tatsächlich primär als „Stimme" gefordert, als Träger der Rede. Es geht ihnen nicht um die Äußerung individueller psychologischer und physischer Zustände. Sie verkörpern keine Figuren; ebenso wenig treten sie in ihrer außerfiktionalen, bürgerlichen Identität auf (wobei sie sich mitunter punktuell ebenso mit Rollennamen wie mit ihren bürgerlichen Namen ansprechen). In ihrem Vortrag tritt die Spezifik der jeweiligen Einzelaussage zugunsten des kollektiven Diskursereignisses zurück. Die Pollesch-Band spielt gewissermaßen aus einem Guss, ihr Text wechselt zwischen den Akteuren hin und her, thematische Sprünge werden wie in *Kill your Darlings* bruchlos realisiert. Offenkundige Widerrede zwischen den Dialogpartnern tut sich mit einem beherzten „Ja genau!" kund. Ihre gemeinsam performten ‚Clips' treten als radikal simplifizierende nonverbale, musikalisch unterlegte Spieleinlagen (Herumkrabbeln, Kuscheln, sinnfreies Umherlaufen, über Münzen springen und dergleichen) in den größtmöglichen Kontrast zur Diskursakrobatik des gesprochenen Textes auf. In all dem regiert anders als in der Pop-Literatur der *Tristesse Royale*-Liga keine distanzierende Ironie, sondern ein durch und durch affirmativer Gestus, eine Selbstverständlichkeit, wie sie kindlichen Spielen eigen ist. (vgl. Rakow 2008a)

Ohne die Analogie zwischen Theater und Musik, Ensemble und Band, zu weit zu treiben, zielt das hier umrissene Verfahrensprinzip doch auf den Kern dessen, was den Pop-Aspekt bei Pollesch ausmacht: die Konstruktion eines Theaters als „Stilgemeinschaft". Der Medienwissenschaftler Jochen Venus hat die Entstehung von Stilgemeinschaften in der zeitgenössischen Kulturproduktion so beschrieben: „Wann immer populäre Kulturen einen Aufmerksamkeitserfolg erzielen, kristallisiert an diesem Erfolg sofort ein Konvolut ähnlicher Produkte. Jedes Faszinosum geht unmittelbar in Serie, strahlt aus, metastasiert und bezieht immer mehr Rezipienten in die spezifische Form spektakulärer Selbstreferenz ein. Auf diese Weise emergieren Stilgemeinschaften normalisierten Spektakels." (Venus 2013, 67)

Das auf serielle Produktion angelegte Schaffen von René Pollesch zielt genau auf die Form spektakulärer Selbstreferenz. Noch vor der konkreten Sinnproduktion stehen die verlässlichen Regeln des Schreibens und Inszenierens (von der Repräsentationsverweigerung bis zu den Clips zwischen den Diskurspartien). Externe Referenzen werden durch Looping und Permutation auf interne Verweisungszusammenhänge umgestellt. Bausteine wie etwa die Ohrfeigenszene aus John Cassavetes' Schauspielerinnen-Drama *Opening Night* treten wiederholt in Texten auf, stets nach den je aktuellen Diskussionsbelangen modifiziert. (vgl. Rakow 2008b)

Wer verschiedene Abende von Pollesch gesehen hat – und selbstredend zielt dieses Theater als Stilgemeinschaft auf die Rekrutierung von Followern und Fans –, hat Anekdoten wie diese gegen die heterosexuelle männlich dominierte Normativität im herkömmlichen Repräsentationstheater mit schöner Regelmäßigkeit vernommen: „Eine Regisseurin besetzte einmal in einer Clavigo-Inszenierung alle Rollen mit Frauen, und es wurde begrüßt. Als sie ein halbes Jahr später in einer weiteren Klassikerinszenierung ebenfalls alle Rollen mit Frauen besetzte, sagten viele, sie würde ja immer das Gleiche machen. Wir konnten daraufhin bestimmen: Nein! Sie machte etwas anders. Und danach machte sie es noch einmal anders. Während um sie herum immer das Gleiche gemacht wurde." (Pollesch 2012, 7)

Es ist eine dezidiert selbstreferenzielle Anekdote, die auf die andersartige, von der Repräsentationsnorm des Interpretationstheaters abweichende Poetologie bei Pollesch selbst zielt. Die Stilgemeinschaft stellt sich durch die internen Verweisungszusammenhänge in einem hohen Grade autonom, selbst in der Aneignung von Fremdmaterial. Letztlich ist für einen Pollesch-Abend irrelevant, ob die aktuell ablaufende Szene als Filmzitat, als Theoriezitat oder als originärer Probeneinfall decodierbar ist. Im Grunde sieht es immer zuerst „nach Pollesch" aus. Die eigene Verfahrensroutine dominiert die Referenz.

In der Stilgemeinschaft ist das Verhältnis von Sender und Empfänger nicht auf Kommunikation angelegt, sondern auf ein gleichsam kultisches Miteinander. Es wird zur Praxis, zum Pop-Kult, in dem beiden Seiten, in wechselseitiger Komplizenschaft eine ikonische Vorstellung hochhalten' (vgl. MacCannel 1986, 426). Im pop-kultischen Akt formiert sich eine Gemeinsamkeit, der jedem sinnstiftenden Prozess in der Werkvermittlung vorgängig ist. Aus dem Charakter der Stilgemeinschaft erklärt sich eines der grundlegenden Paradoxe der feuilletonistischen Pollesch-Rezeption. Routinemäßig beschreibt die Theaterkritik seine Abende als praktisch unverständlich, irgendwie aufgeblasen universitär, hält aber gleichzeitig zugute, dass sie mächtig unterhaltsam seien, einen veritablen Fanappeal besäßen, ja womöglich echte „Polleschianer" ausbildeten. (vgl. als zugespitztes Beispiel die satirische Rezension: Schäfer 2007) Soll heißen: Der Pollesch-Stil funktioniert, auch ohne dass die Interpretationsfrage gestellt werden müsste.

Pollesch selbst hat sein Theater – wenngleich ohne Bezugnahme auf Pop-Diskurse – wiederholt als Austritt aus der traditionellen Kommunikationssituation beschrieben: „Das Theater ist nicht der Ort, an dem Sender und Empfänger herumlaufen", schreibt er in seinem poetologischen, im Titel auf Brechts Dramentheorie in *Der Messingkauf* anspielenden Essay *Der Schnittchenkauf*. (Pollesch 2012, 34) Es ist zunächst ein Ort des Miteinanders der Akteure, noch ganz „ohne Publikum", paraphrasiert Pollesch Brecht (Pollesch 2001, 27). Die (hypothetische) Ausschaltung des Publikums meint dabei die Streichung einer Form des Adressatenbezugs, wie er der Repräsentationsdramatik (oder „R-Dramatik", wie Pollesch sagt) eigen ist: eine Ansprache, die darauf abzielt, den Zuschauer über Repräsentationen von Figuren, von mentalen Zuständen, Handlungskomplexen, Geschichten und andere Sinnkonfigurationen ins Geschehen einzubeziehen. „Aristoteles irrte auch schon darin, dass uns die Handlungen der Menschen auf einer Bühne etwas erzählen müssen. Die Menschen auf der Bühne müssen ja aus keiner Geschichte heraustreten, auch aus keiner Liebesgeschichte, damit sie uns etwas sagen", sagt Pollesch (Pollesch 2001, 12). Oder prägnanter: „Die gesprochenen Texte repräsentieren keine innere Welt. Die Seele ist außen." (Pollesch 2001, 40) Mit der Wendung weg vom Erzählen hin zum Sagen, von der Repräsentation zum Akt des Aussprechens, richtet sich Polleschs Theater im Hier und Jetzt des Handlungsvollzugs ein: „Von Donna Haraway borge ich mir jetzt mal den Satz aus: ‚Wir müssen mit jemandem reden und nicht für jemanden.'" (Pollesch 2001, 49) Und mit dem starken Akzent auf dem Äußerungsakt, in dem der Text gleichsam wie ein dichtes Sinngefäß in aller nur möglichen Positivität vorgestellt wird, entsteht auch der Kultstatus des Akteurs. Vom Darstellungsauftrag befreit, wird er zum Performer, der vor allem sich selbst als Virtuosen setzt: Bei Pollesch sieht man „einen Wuttke" oder „einen Hinrichs" oder „eine Rois". Die Künstlerpersönlichkeit dieser Spieler, die regelmäßig bei Pollesch zum Einsatz kommen, ist ein wichtiger Teil jenes spektakulären Selbstbezugs der Arbeiten, über den sich die Stilgemeinschaft formiert. Ihre jeweilige Färbung macht für das Sound-und-Performancegefüge des

Pollesch-Theaters einen mindestens so großen Unterschied wie das Lead-Gitarrenspiel von Brian Jones oder Ronnie Wood für die Rolling Stones oder die Synthie-Visionen von Martin Gore oder Vince Clarke für Depeche Mode.

6. Pop-Politik bei Pollesch

Anders als in anderen Formen der Pop-Kunst gibt es bei Pollesch aber in aller Camouflage, in aller Latentsetzung der Zeichen, in aller spektakulären Selbstreferenz so etwas wie einen archimedischen Punkt, ein durchgängiges politisches Projekt, das sich in der beständigen Kritik (heteronormativer) Repräsentationssysteme ausformuliert. Pollesch attackiert Repräsentationsnormen des Theaters pars pro toto für soziale Herrschaftsstrukturen. „R-Dramatik: / Erster Akt. Ein Mensch betritt die Bühne. / Die weiße, männliche Hete." (Pollesch 2012, 16) Narrative Mikroeinheiten wie diese Auftrittsszene nutzt Pollesch in zahlreichen Derivaten, um – an Donna Haraway geschult – die implizite Darstellungsnorm des konventionellen Auftritts zu markieren: „Was teilen wir denn mit der weißen männlichen Hete, die da vorne spricht? Spricht die für die Kakerlaken oder wenigstens mal zu denen hin?" (Pollesch 2001, 17). Der scheinbar selbstverständliche Auftritt des gemeinhin als ‚allgemeinmenschlich' wahrgenommenen Protagonisten im Stadttheater wird als Effekt einer normativen Disposition behandelt.

Polleschs Theater schärft in dieser Weise den „strukturalen Blick" (vgl. Rakow 2008b), den Sinn für die Bildungszusammenhänge der Erscheinungen. Mit seiner analytischen Grundausrichtung setzt es sich gegen die oberflächenbearbeitende Pop-Kunst ab. Pollesch teilt mit der Pop-Ästhetik den Zug zur immanenten, anti-innerlichen, materialistischen Darstellung, den Sinn für das Gemachte. Er teilt auch die Kritik der realistischen Natürlichkeitsbehauptung. (zu zentralen Charakteristika der Pop-Kunst: Hecken 2012, 98) Aber seine letztlich aus der Rezeption strukturalistischer Theorie resultierende kritisch-transzendentale Ausrichtung führt eine Stufe tiefer. Sie konfrontiert den Leser und Zuschauer mit den Produktionsbedingungen von Wirklichkeit, die sich in den Produktionsbedingungen des Theaters konkretisieren. Schauspieler und Kreative thematisiert das Pollesch-Theater – im Einklang mit neueren Sozialanalysen (vgl. Reckwitz 2012) – als neoliberale Vorzeigesubjekte par excellence. So verbinden sich Pop-Verfahren hier mit kritischen Strukturanalysen gesellschaftlicher Praktiken. In letzter Instanz ist dieses Theater ein politisches, ein pop-politisches.

Es gibt eine Anekdote, die meines Wissens bei Pollesch nicht auftaucht, aber sehr gut erklärt, wie dieses Theater funktioniert: Im Biopic *Wittgenstein* von Derek Jarman sieht man Ludwig Wittgenstein im Seminar mit seinen Meisterschülern.

Sie diskutieren Überlegungen zur Selbstrepräsentation, die als „Privatsprachenargument" in die Philosophiegeschichte eingegangen sind. Einer der Studenten sagt: „Professor Wittgenstein, manchmal scheint es mir einfach natürlicher zu sagen: Ich weiß, ich habe Gefühle." – „Ah ja, natürlicher", entgegnet Wittgenstein. „Sag, warum erschien es Menschen in früheren Zeiten natürlicher zu sagen: Die Sonne dreht sich um die Erde?" – „Nun, offenbar weil es so aussah." – „Mmh. Und wie sähe es aus, wenn sich die Erde um die Sonne drehen würde?" Es ist ein solcher Blickwechsel, auf den auch Polleschs Theater abzielt: von der unmittelbaren Eigenwahrnehmung zur reflektierten Außenwahrnehmung, von der Priorität des Selbst zur Priorität des Diskurses. Ein Blickwechsel, nicht mehr nur ein Beleuchtungswechsel.

Literaturverzeichnis

Baßler, Moritz. *Der deutsche Pop-Roman. Die neuen Archivisten*. München: C.H. Beck, 2002.
Botanski, Luc, und Ève Chiapello. „Die Arbeit der Kritik und der normative Wandel". *Kreation und Depression. Freiheit im gegenwärtigen Kapitalismus*. Hrsg. von Christoph Menke und Juliane Rebentisch. Berlin: Kadmos, 2011. 18–37.
Brecht, Bertolt. *Der Untergang des Egoisten Johann Fatzer. Bühnenfassung von Heiner Müller*. Frankfurt am Main: Suhrkamp, 1994.
Briegleb, Till. „Pop als Waffe". *taz* 21. September 2004. http://www.taz.de/1/archiv/?dig=2004/09/21/a0194.
Briegleb, Till. „Die Kosmetik der Widersprüche". *Theater heute* 46.4 (2005): 42–44.
Dell, Matthias, und Johanna Groh. „Das René-Pollesch-Universum". *Theater der Zeit* 69.9 (2014): 48.
Diederichsen, Diedrich. „Denn sie wissen, was sie nicht leben wollen. Das kulturtheoretische Theater des René Pollesch". *Theater heute* 43.3 (2002): 56–63.
Diederichsen, Diedrich. „Maggies Agentur". *René Pollesch. Prater-Saga*. Hrsg. von Aenne Quiñones. Berlin: Alexander Verlag, 2005. 7–19.
Hecken, Thomas. „Pop-Konzepte der Gegenwart". *Pop. Kultur & Kritik* 1.1 (2012): 88–106.
Lehmann, Hans-Thies. *Postdramatisches Theater*. Frankfurt am Main: Verlag der Autoren, 1999.
MacCannell, Dean. „Sights and Spectacles". *Ironicity. Essays on the Nature of Culture*. Hrsg. von Paul Bouissac, Michael Herzfeld und Roland Posner. Tübingen: Stauffenburg, 1986. 421–435.
Matzke, Mieke. „Fangemeinschaften. Partizipation und Popkultur bei She She Pop". *Populärkultur im Gegenwartstheater*. Hrsg. von Martina Groß und Hans-Thies Lehmann. Berlin: Verlag Theater der Zeit, 2012. 20–34.
Pfaller, Robert. *Wofür es sich zu leben lohnt. Elemente materialistischer Philosophie*. Frankfurt am Main: S. Fischer, ⁴2013.
Pilz, Dirk. „Frisch aus dem Predigerseminar. Ein toller Priester: Fabian Hinrichs in Polleschs Solo-Show an der Volksbühne". *Berliner Zeitung* 16. Januar 2010. http://www.berliner-zeitung.de/ein-toller-priester--fabian-hinrichs-in-polleschs-solo-show-an-der-volksbuehne-frisch-aus-dem-predigerseminar-15007834.

Pollesch, René. „Ich bin der Antiromantiker. René Pollesch über Theorie und Alltag, Liebe und Arbeit, schreiende Schauspieler und rassistische Regisseure im Gespräch mit Wolfgang Kralicek (2006)". René Pollesch. *Liebe ist kälter als das Kapital. Stücke, Texte, Interviews*. Mit einem Vorwort von Dietmar Dath. Hrsg. von Corinna Brocher und Aenne Quiñones. Reinbek bei Hamburg: Rowohlt, 2009. 257–264.

Pollesch, René. *Der Schnittchenkauf 2011–2012*. Hrsg. von René Pollesch, Christopher Müller und Daniel Buchholz. Berlin: Galerie Buchholz, 2012.

Pollesch, René. *Kill your Darlings. Stücke*. Mit einer Laudatio von Diedrich Diederichsen. Hrsg. von Nils Tabert. Reinbek bei Hamburg: Rowohlt, 2014.

Pollesch, René. „Der perfekte Tag. Ruhrtriologie Teil 3". René Pollesch. *Kill your Darlings. Stücke*. Mit einer Laudatio von Diedrich Diederichsen. Hrsg. von Nils Tabert. Reinbek bei Hamburg: Rowohlt, 2014. 111–144.

Rakow, Christian. „Entschlüsselungen des verfickten Lebens. René Pollesch – Baumeister eines Teatrum mundi für die Verhältnisse der Gegenwart". *Nachtkritik-Stücke*, 2008a. http://www.nachtkritik-stuecke08.de/stueckdossier5/portraet-rene-pollesch.

Rakow, Christian. „Das machen die öfters. ‚Liebe ist kälter als das Kapital' – René Polleschs Stück über die Ohrfeigenszene in Cassavetes' Film ‚Opening Night'". *Nachtkritik-Stücke*, 2008b http://nachtkritik-stuecke08.de/stueckdossier5/stueckkritik.

Reckwitz, Andreas. *Die Erfindung der Kreativität. Zum Prozess gesellschaftlicher Ästhetisierung*. Berlin: Suhrkamp, ^{2}2012.

Schäfer, Andreas. „Mein Leben als Fototapete". *Der Tagesspiegel* 13. Januar 2007 http://www.tagesspiegel.de/kultur/mein-leben-als-fototapete/797974.html

Venus, Jochen. „Die Erfahrung des Populären. Perspektiven einer kritischen Phänomenologie". *Performativität und Medialität Populärer Kulturen. Theorien, Ästhetiken, Praktiken*. Hrsg. von Marcus S. Kleiner und Thomas Wilke. Wiesbaden: Springer VS, 2013. 49–73.

4.19 Charlotte Roche: Feuchtgebiete (2008)
Alexandra Pontzen

Charlotte Roches Roman *Feuchtgebiete* ist nicht von der Inszenierung seiner Autorschaft und der Medialisierung seiner Rezeption zu trennen. Das weist ihn nicht nur entstehungs- und wirkungsgeschichtlich als Pop-Roman aus, sondern auch literarisch, insofern der Text die gegen ihn gerichteten Vorwürfe antizipiert, d. h. sowohl provoziert als auch karikiert und entkräftet. Er tut das durch seine Erzählweise wie durch Motive und Konstellationen, die, indem sie Leseerwartungen von unterschiedlichen ideologischen und ästhetischen Milieus/Urteilsgemeinschaften reflektieren, ein Nebeneinander z. T. schwer vereinbarer Lesarten verursachen. Das *close reading* des Textes (1) markiert bereits jene intermedialen Anknüpfungspunkte aus Pop-, Feminismus-, Aufklärungs-, Trash- und Kunstdiskurs, bei denen die Kontextualisierungen (2) ansetzen und die den Roman vor unterschiedlichen Folien lesbar machen, so dass man es mit einem feministisch-emanzipatorischen Aufklärungs-, einem biographisch-psychologischen *Coming-of-age*-, einem ironisch pornographischen Trashroman oder aber einer Kombination all dessen zu tun hat – einem weiblichen Pop-Roman.

1. Ich-Erzählung

Feuchtgebiete erzählt aus der Ich-Perspektive der 18-jährigen Helen Memel deren Krankenhausaufenthalt in Folge einer bei der Intimrasur selbst zugefügten Analfissur. In den Bericht über Schmerzen, Arztvisiten, Besuche der Familie und eine sich entwickelnde Beziehung zu dem jungen Pfleger Robin sind Erinnerungen und Reflexionen eingeblendet. Sie bestehen im Wesentlichen aus tendenziell ungewöhnlichen sexuellen Praktiken und Körpererkundungen der Adoleszenten, Erfahrungen mit Drogen, zweifelhaften traumatischen Kindheitserlebnissen sowie eigenwilligen Versuchen, eine Identität als attraktive Frau jenseits von gesellschaftlich dominanten Entwürfen von ‚Mädchenhaftigkeit' zu entwickeln. Ein zentrales Motiv, das die Ablehnung traditioneller Mutterschaft und das Streben nach eigenmächtiger Lust verbindet, ist die Avocado-Zucht, „neben Ficken mein einziges Hobby" (38), wie die Protagonistin lakonisch ihr eigentümlich kindlich-triebhaftes Wesen resümiert. Sie dient der frühzeitig freiwillig Sterilisierten sowohl zur sexuellen Selbstbefriedigung als auch dazu, ihren Sorge- und Pflegetrieb auszuleben, so dass das nach-orgastische vaginale Ausscheiden der Kerne als Geburtsphantasma erlebt wird: „Näher komme ich an eine Geburt nicht ran. [...] Ich kann nämlich nur noch Avocadobäume kriegen." (40–41) Die Wahl der Kerne ist wohl auch als Rache an der offenbar im Alternativmilieu beheimateten Mutter zu deuten, die „immer gesagt [hat], Kinder brauchen kein Spielzeug, eine schimmelige Tomate oder ein Avocadokern tun es auch." (38)

Die detaillierte Beschreibung des Keimvorgangs der Avocados, deren „schimmelige Schleimschicht [...] sehr einladend wirkt" (39), die psychische Bedürftigkeit der Protagonistin und die kalkulierte Funktionalisierung der Kerne transzendieren nicht nur Körper- und Vorstellungsgrenzen, sondern auch solche des Geschmacks – in ästhetischer wie in ethischer Hinsicht, indem beim Rezipienten sexuelle Animation und psychische Empathie konfligieren und die Ästhetik des physisch Abjekten von einer des psych(oanalyt)isch Abjekten, weil (Be-)Deutungspenetranten, überlagert wird.

Auf der Handlungsebene dienen die Rückblenden mit vorrangig sexuellem Fokus dazu, die Erzählerin von akuten Schmerzen und Ängsten abzulenken. Strukturell verleihen die thematisch heiklen und sprachlich salopp direkten Passagen der ansonsten eher handlungsarmen Präsenz-Erzählung aus der Heterotopie Krankenhaus eine kontrapunktische Dynamik, sowohl durch die Bilddichte der anekdotischen Miniaturen als auch im Hinblick auf das mit ihnen verbundene Potential emotionaler Verstörung auf Seiten der Rezipienten. Zu diesem Spannungsgefüge gehört auch, dass der versehrte und schmerzende Körper des erzählenden Ichs seinem früheren, sexuell aktiven und genussfreudigen, vor allem aber handlungsmächtigen und selbstbestimmt erlebenden *alter ego* gegenübergestellt wird. Die Erfahrung der Grenzverletzung betrifft auf diese Weise beide Körper-*imagines*, das des jungen sexualisierten wie auch das des hospitalisierten und tendenziell asexuell alterslosen Körpers, wodurch Scham- und Ekelgefühle überblendet werden. Die Alternanz von psychischen und ästhetisch-literarischen Abstoßungs- und Anziehungsmechanismen rhythmisiert den Roman und seine Rezeption als (sexuell) animierende resp. ekelerregende Lektüre in der vexierbildartigen Vorstellung eines attraktiven resp. abjekten Frauenkörpers.

Die figurinhärente narrative Decamerone-Konstellation, in der ein verängstigt-gelangweiltes Ich sich selbst qua Erzählung unterhält und ablenkt, verdeutlicht die narrative und psychische Strategie einer Erzählerin, die ihre Handlungsohnmacht qua Diskursmacht kompensiert. Wenn sie sich selbst gut zuredet: „Gut gemacht, Helen, trotz Höllenschmerzen bist du dir selbst die beste Krankenschwester" (17), beschreibt das psychophysische Strategien der *cura sui* und verweist zugleich auf die Doppelbödigkeit der Rede, deren Bedingungen von den Versehrungen eines Ichs diktiert sind, dessen Glaubwürdigkeit fragwürdig scheint auch dort, wo mit dem Körper eine vorgeblich ‚authentische' Instanz zu sprechen scheint: Die von der Erzählerin erfolgreich simulierte Blinddarmentzündung führt zur mütterlichen Einsicht: „Jetzt weiß ich, wie du lügen kannst!" (35)

Inhaltlich als Emanzipationserfahrung zu lesen, dient die Episode poetologisch als Warnung.

Ein weiteres Netz spannt die Erzählerin mit einem der eigentlichen Erzählung vorgeordneten Sprechakt, der das vom Kind hilflos erlittene Scheidungstrauma durch die phantastische Zwangsvereinigung der Eltern im prospektiven gemeinsamen Ehe-Pflegebett kompensiert: „Das ist für mich die größte Vorstellung von Glück. Irgendwann, ich muss nur geduldig warten, liegt es in meiner Hand" (7). Die rührend-komische Allmachtsphantasie der inzwischen Achtzehnjährigen grundiert das Erzählte so, dass es als Traumatisierungsfolge erklärt werden kann, wie z. T. in der Literaturkritik geschehen (vgl. etwa Müller 2008; Holzer 2008, Tuma 2008); zugleich liefert sie eine Folie, auf der die hypertrophe Ekel-und Schamästhetik des *discours* als Symptom einer Aufmerksamkeit heischenden wirkungsfixierten Selbstdarstellung (der psychisch Vernachlässigten) deutbar wird, als verbales Imponierverhalten der „Maulhurerei".

Psycho-traumatische Ingredienzien, wie die (fragwürdigen) Erinnerungen an den Versuch der Mutter, sich selbst und den jüngsten Bruder der Erzählerin zu töten (vgl. 63), oder an mütterliche Attacken auf die schönen Wimpern der kindlichen Tochter (vgl. 60), eröffnen dem Text thematisch den Ernsthaftigkeits- und Authentizitätsanspruch eines Jugendbuchs für ‚Betroffene'; stilistisch werden Empathie und Betroffenheitseffekte wiederum durch hyperbolisches Sprechen und andere Ironie-Signale relativiert, wenn nicht gar konterkariert. Das bewirkt auch ein Spannungsverhältnis im Hinblick auf die Interpretation von Sexualität: Deren quantitativ dominierende und in der Rezeption des Romans fokussierte Darstellung kann entweder als autonomer Ausdruck weiblicher Entwicklung und literarischer Gegenstand eigenen Rechts verstanden werden, also emanzipatorisch oder hedonistisch, oder als rein kompensatorisches Sozial- und Erzählverhalten, dessen Literarisierung heteronomen Bedürfnissen innerhalb einer devianten Individualbiographie entspricht.

Die Kippfigur ermöglicht die unterschiedlichen Kontextualisierungen des Romans im Sinne eines naiven resp. kalkulierten (biographischen) Authentizitätsanspruchs oder eines ‚befreiten' resp. ‚traumatisierten' weiblichen Embodiments und seiner Narration.

2. Themen: Weiblichkeit, Sexualität und Körperwahrnehmung

Die zentralen Themen des Körperdiskurses, Weiblichkeit, Hygiene und Sexualität, überblendet der Roman motivisch und diskursiv in der „Wunde" der Protagonistin, einer Analfissur. Entstanden durch eine dilettantische Intimrasur, verweist sie auf Praktiken sexualisierter Körperzurichtung und grenz- wie genderüberschreitender Sexualität; als Anal-Wunde wird sie zum mit Kot und Ausscheidungen assoziierten Un-Ort des zivilisierten Körpers, der qua Hygiene zu domestizieren und zu verbergen wäre, als Verletzung aber gepflegt und damit Dritten zugänglich sein muss. Im hinten offenen Krankenhauskittel stellt die Analwunde die Protagonistin, „Arsch zur Tür" (11), in ihrer Hilflosigkeit bloß, so dass ihre Integrität gefährdet ist, denn „[i]m Krankenhaus gibt's keine Geheimnisse" (155), und im pathologischen Diskurs der Institution vertritt das Gebrechen metonymisch ein auf seine Wunde reduziertes Individuum als „kleines OP-Arschloch" (68). Metonymische Stellvertretung des Subjekts durch Körperteile findet sich neben dem Medizin- auch im Sexualdiskurs: „Ich sehe den Lichtkreis [des Unbekannten, der eine Intimrasur an der Erzählerin vornimmt, A.P.] ziemlich oft auf meinen Titten. [...] und auf meiner Muschi. [...] Gesicht scheint nicht zu interessieren. [...] Wenn er spricht, guckt er mir nicht in die Augen, sondern redet eher mit meiner Muschi. Die antwortet: ‚Einverstanden.'" (54–55)

Durch den Verzicht auf eine Kommentierung und die Perspektivübernahme im Nachsatz zeigt sich die Erzählerin nicht nur als nüchtern distanzierte Beobachterin eines Geschehens, in das sie vielfach involviert ist; sie codiert die potentiell als kränkend zu interpretierende Situation auch um, indem sie nicht explizit den Anspruch erhebt, als Person wahrgenommen zu werden, sondern sich ihrerseits als sprechendes einverständiges Genital beschreibt. Neben den Techniken des Grotesken kann man hier auch Anleihen an aufklärerische Textpraxis, etwa bei Diderot, erkennen.

Die mit der Verletzung und ihrer operativen Behandlung verbundene Analinkontinenz illustriert im Bild der Windel ein Moment der Entmündigung, das der Protagonistin ihr reales Alter aberkennt und sie ikonographisch als Kleinkind oder Greis markiert: „Ich krieg dann mit achtzehn eine Windel. Eigentlich gibt's die doch erst zum Achtzigsten." (14) Die Vorstellung wird auch deshalb perhorresziert, weil mit dem Verlust von Intaktheit und Jugend die sexuelle Identität als Frau verschwindet: „Ich nehme eine von den Erwachsenenwindeln [...]. Oh, Mann, sind die groß. [...] Die passen bestimmt auch ganz alten, dicken Männern [...]. So was will ich nicht so bald brauchen müssen. Bitte." (23)

Die Angst vor dem Verlust von Weiblichkeit und Attraktivität verweist auf deren prekären Konstruktcharakter. Auch diesen illustriert Roche am Anus, am Motiv der Hämorrhoiden, einer körperlichen Insuffizienz, die schamhaft verborgen wird, weil sie, aus Sicht der Protagonistin, mit Alter und sexuellem Attraktivitätsverlust gleichzusetzen ist: „Solange ich denken kann, habe ich Hämorrhoiden. Viele, viele Jahre habe ich gedacht, ich dürfte das keinem sagen. Weil Hämorrhoiden doch nur bei Opas wachsen. Ich fand die immer sehr unmädchenhaft." (8)

Indem der Roman mit diesem Bekenntnis einsetzt, verletzen Erzählerin und Erzählung ein Tabu, das als *pars pro toto* jene kosmetischen Mühen und diskursiven Praktiken vertritt, die ‚Mädchenhaftigkeit' als kulturelles Konstrukt herstellen und verborgen und verschwiegen werden müssen, um die Illusion der ‚Natürlichkeit' zu erhalten. Insofern verweisen die Hämorrhoiden als Konzeptmetapher nicht nur auf den Konstruktionscharakter von *gender* (weiblich) und *generation* (jung), von gesund und krank, akzeptierten und (zumindest kulturell) sanktionierten sexuellen Praktiken und Sexualitätszuschreibungen, sondern unterlaufen auch die Freud'sche Differenzierung von anal und genital als gesonderten Phasen sexueller Ätiologie. In der Überlagerung der Referenzen ‚untenrum', ‚hintenrum', ‚innen'-‚außen' und den Konnotaten ‚schmutzig', ‚unappetitlich' und ‚schmerzhaft' erscheinen sie als Zeichen nicht zu beherrschender und deshalb zu verbergender diskreditierender Kreatürlichkeit. Der Text illustriert das ironisch an der Metapher „Blumenkohl", mit der Helen ihre Hämorrhoiden bezeichnet (vgl. 9), und dem – unfreiwilligen – Echo dieses Gemüse-Bildes in der OP-Skizze, die der Arzt auf Drängen der Protagonistin anfertigt: „Ich [...] bin zu gespannt auf diese Zeichnung. Er hält den Zettel in seiner Handfläche und macht mit dem Kugelschreiber drin rum. Dann präsentiert er sein Werk. Ich lese: Rahmwirsing. Das gibt es nicht. Er hat ein Stück aus meiner Speisekarte gerissen." (12–13) Der Situationshumor kaschiert und enthüllt hier zugleich das Macht- und Verstehensgefälle im Arzt-Patient-Verhältnis (vgl. dazu 2).

‚Mädchenhaftigkeit' ist eine der Kreatürlichkeit kurzfristig und aufwendig abgetrotzte Illusion – ein kulturelles Oberflächenphänomen, unter dem der reale Körper lauert und die soziale Geschlechtszuschreibung gefährdet. Er macht es nötig, dass die Oberlippe regelmäßig gezupft, „natürlich nicht rasiert" wird, „weil wir alle gelernt haben, dass einem sonst ein immer dickerer Schnurrbart wächst. Als Mädchen gilt es das zu verhindern." (9)

Dass „*natürlich* nicht rasiert wird", „weil *wir alle* gelernt haben", dass „*einem*" sonst ein Schnurrbart wächst, ist nur ein Beispiel für eine gender-performative mythenkritische Kalauerkette aus Geschlechtszuschreibungs- und Naturalisierungstopoi, die die Gemeinplätze ebenso vorführt wie den munteren Disziplinierungsdiskurs von Frauenzeitschriften und anderen kosmetischen Sozialisationsorganen. Letztere stellen das eigentliche Feindbild der Protagonistin und ihrer ideologiekritischen Körperperformance dar. Der Topos der eingeklagten „sauberen Unterhose", die im Falle eines Unfalls die soziale Reputation ihrer Trägerin verteidigen soll, zeigt die Mutter als Agentin und Komplizin dieser auf Hygiene, Äußerlichkeit und kosmetische Korrektur setzenden Kultur(-industrie). Der Roman karikiert und unterläuft die mütterlichen Bedrohungsszenarien, indem er das Redensartliche wörtlich nimmt und hyperbolisch konkretisierend vor Augen stellt: „Das ist die Situation, die Mama so fürchtet. [...] Das Erste, was Ärzte und

Sanitäter bei einem blutüberströmten Unfallopfer tun, noch vor der Reanimation: mal kurz einen Blick in die blutdurchtränkte Unterhose werfen, damit sie wissen, mit was für einer Frau sie es zu tun haben." (30)

Die schnappschussartige Eindringlichkeit solcher bildhaften Arrangements gehört zu den Stärken des Textes und funktioniert in zweifacher Hinsicht: einerseits als Wörtlichnehmen der redensartlichen Supposition mit dem Ziel, Absurdität oder Komik des Arrangements vor Augen zu führen; andererseits in der anekdotenhaften Animation von erschreckenden oder ekelerregenden Phantasievorstellungen, die, vergleichbar modernen Mythen à la ‚Spinne aus der Yucca-Palme', ihren Reiz aus der behaupteten und vom Erzähl-Ich bezeugten Faktizität des Unglaubhaften beziehen. Eindrücklichstes, auch in der Rezeption des Romans immer wieder angeführtes Beispiel ist die Vorstellung eines Pizzabelags, der sich aus dem Sperma mehrerer aus Langeweile wettonanierender Pizzaboten zusammensetzt, so „dass fünf verschiedene Sorten Sperma auf der Pizza sind", die junge Mädchen ahnungslos essen (70).

Den Mechanismen der Domestizierung und ‚Entfremdung' des Körpers, vor allem im Bereich von Nacktheit und Sexualität, setzt die Protagonistin mit Bachtin'schen Karnevalisierungsstrategien eine strukturell ähnliche, inhaltlich aber pervertierte Praxis entgegen, bei der weibliches Smegma als Parfum eingesetzt oder abgefüllt und verkauft wird. ‚Funktionierende' Sexualität gilt dabei, wie in der ansonsten kritisierten gesellschaftlichen Realität, als (warenförmiger) Wert, der indes nicht chemisch und industriell, sondern ‚natürlich' und durch Smegma-Spende von Frau zu Frau optimiert wird. Dabei herrscht ein Ton des Renommierens vor, der sich an der männlichen Redefigur der mehrmals täglich nötigen Rasur wegen überstarken Bartwuchses orientiert, den Hinweis auf Virilität indes durch einen auf weibliches Begehren ersetzt, das sich in Körpersäften Bahn bricht: „Ich muss dazu sagen, dass ich den ganzen Tag über sehr feucht bin, ich könnte mehrmals am Tag die Unterhose wechseln. [...] Jetzt könnte ich daraus ein Geschäft machen und trockenen Frauen, die Probleme bei der Schleimbildung haben, kleine Tiegel abfüllen." (21)

Die von Kosmetik- und Hygieneindustrie als beschmutzende Fehlfunktionen tabuisierten weiblichen Ausscheidungen, Teil einer historischen Misogynie-Topik, werden zum Gegenstand des sexuellen Imponiergehabes. Wie der Körper über seine Säfteproduktion bewertet wird, so erscheint auch weibliche Sexualität als erfolgsorientierte, messbare Leistung, unabhängig von Emotionen oder personalen Bindungen (vgl. Baer 2015). Kriterium ist die am Orgasmus bemessene Lust. Ein sportlich hedonistischer Leistungsdiskurs hält nach, wie schnell und mit wie geringem physiologischem oder psychischem Aufwand „meistens sehr schnell" (25) „dank gut trainierter Scheidenmuskeln" (40) eine „schöne, erfolgreiche Selbstbefriedigung" (26) gelingt. Letztere wird in unterschiedlichen Spielarten in einer Mischung aus praktischer Anleitung, unter Berücksichtigung technischer Hilfsmittel und körperlicher Besonderheiten, und anschließender Effizienzevaluierung erinnert und hat für das Ich einen dem Sexualakt gleichberechtigten Status. Beide funktionieren nach einem Reiz-Reaktions-Mechanismus, wie er im pornographischen Diskurs und Film gemeinhin als männliche Sexualität unterstellt wird (vgl. dazu kritisch Vinken 1997).

Die Gleichsetzung psycho-sexueller Abläufe beider Geschlechter geht einher mit der Autonomisierung des weiblichen Begehrens, unabhängig vom Begehrt-Werden. Das Bedürfnis nach Sexualität wird dem männlichen Partner nach dem Motto „Keine Spielchen" (51) unverstellt demonstriert, wobei die genderkonstituierte Verhaltensmaßgabe weiblicher Zurückhaltung durch eine Art sexuelles Fair-Play ersetzt ist. Wahrhaftigkeitsanspruch und Stilisierungsunlust sind darin ununterscheidbar, was, wie der Duktus verdeutlicht, auch einer Verabschiedung traditioneller Erotik gleichkommt. Genuine weibliche Lust wird ebenso demonstrativ vorgeführt wie der Anspruch auf selbstbestimmten Umgang mit dem eigenen Körper. Dabei gilt – im Sinne aufklärerischer Konzepte der Selbstsorge – Wissen als Voraussetzung der Mündigkeit und sinnliche Erkundung als dessen Basis: „Es kann ja nicht sein, dass ich beim Sex die Beine für einen Typen breit mache, um mich zum Beispiel ordentlich lecken zu lassen, und selber keine Ahnung habe, wie ich da unten aussehe, rieche und schmecke. […] Ich will bei mir alles so sehen wie ein Mann; der sieht halt mehr von der Frau als sie selber, weil sie unten so komisch versteckt um die Ecke rum gebaut ist." (50)

Sexistisch geprägte Wendungen wie „die Beine für einen Typen breit machen", die ursprünglich auf Verfügbarkeit und Unterwerfung der Frau verweisen, werden kombiniert mit einem Diskurs dominant pragmatischer Genussforderung (sich „*ordentlich* lecken lassen"), in der der Mann eine Art sexueller Dienstleistung nach Qualitätsstandards erbringt.

Bei Roche gibt es keine ideologische oder moralische Wertung unterschiedlicher Sexualpraktiken im Unterschied zur Zweiten Frauenbewegung und ihren literarischen Nachfolgerinnen, vgl. etwa Streeruwitz' Politisierung der Missionarsstellung in *Partygirl*: „Einmal daruntergelegen. Unterlegen." (Streeruwitz 2002, 93–94) Implizites Leitkriterium ist vielmehr im Gegensatz zum Geschlechterstereotyp weiblicher ‚Passivität' die weibliche Selbstbestimmung (vgl. Schößler 2012), die dem Mann auch vor Augen zu führen ist, damit er nicht der Illusion erliegt, selbst Jäger einer weiblichen Beute zu sein: „Wenn ich mit einem Jungen verabredet bin und will, dass wir an dem Abend ficken, habe ich mir einen tollen Trick als Beweis ausgedacht. Als Beweis dafür, dass ich der Fickurheber des Abends bin. […] Damit total klar ist, was ich von Anfang an wollte, schneide ich mir vorher ein großes Loch in die Unterhose, damit man die Haare und die ganzen Schamlippen und so sieht. […] Er denkt, er muss sich erst mal mühsam an meiner Unterhose vorbeiwurschteln, und hat sogar Sorge, dass ich gar nicht so weit gehen will. Man spricht ja über so etwas nicht, wenn man sich noch nicht lange kennt. Der Finger berührt dann direkt und ohne Vorwarnung meine triefende Muschi." (101)

Der „Trick" verbirgt nur unzureichend den aggressiven Charakter der Ermächtigung, wenn die Erzählerin eine auch sprachlich als männlich markierte Dominanz („Fick*urheber*") in der sexuellen Praxis für sich einfordert. Auch in der Erzählung kämpft das Ich um die Definitionsmacht sowohl im Hinblick auf den Sexual- und Körperdiskurs als auch im Hinblick auf den eigenen Subjektstatus als hospitalisierte Patientin.

Dazu nutzt sie Techniken der Karnevalisierung, des Abstrusen, Skurrilen, Hypertrophen, Vulgären und der Groteske; sie verleihen der Erkundung von Sexualität und Körper Anschaulichkeit und führen im Erzählgestus die Unabhängigkeit von gängigen Geschmacksurteilen vor. Die vom Bachtin'schen Körperkonzept beeinflusste Darstellung mobilisiert Abwehraffekte wie Ekel, indem erotische Schamlosigkeit fast durchgängig mit durch Krankheit Entstelltem verbunden wird, so dass der Rezipient als potentieller Voyeur zugleich Opfer eines neugierig-rücksichtslosen Exhibitionismus wird. Dessen penetrante Fröhlichkeit („Heidewitzka, hat mich das Rasieren aufgegeilt.", 56) unterscheidet ihn deutlich vom larmoyanten Problemdiskurs früherer feministischer Erzählexperimente, seine muntere Ironie sollte ihn vor naiv pornographischer Rezeption schützen. Roche mischt, ohne das Verfahren zu problematisieren, umgangssprachlichen Jargon – „Muschi" – mit privatsprachlichen Metaphern wie „Vanillekipferl", „Hahnenkämme", „Perlenrüssel" (22) zur Bezeichnung von Schamlippen und Klitoris mit Fachvokabular wie „Smegma". Letzteres wird, wie andere Körpersäfte (Sperma, Urin, Eiter, Spucke, Blut, Schweiß) (vgl. Meinen 2018) und Gerüche nuanciert beschrieben. Vorgeführt werden sollen offenbar die Innensicht einer kindlich-spielerischen Körperbejahung und die Außendarstellung einer nüchternen Beobachterin, der kulturelle Tabus weitgehend fremd sind und die ihre (relative) Scham- und Hemmungslosigkeit als Waffe einzusetzen vermag – sowohl gegen die Unterdrückung durch mütterlich-autoritäre euphemistische oder tabuisierende Körper- und Hygienediskurse als auch zur Behauptung ihrer Ich-Identität und personalen Integrität als hilflos entblößte Patientin mit Analwunde.

Den verantwortlichen Chirurgen Prof. Dr. Notz konfrontiert sie bei einer Visite mit einem Foto ihrer Operationswunde: „Er guckt immer nur ganz kurz auf das Foto und dann sofort wieder weg. Hoffentlich schafft er es im Operationssaal länger, auf diese Wunden zu gucken. [...] Wie einer, der immer in den Puff geht und die wildesten, intimsten Sachen mit immer der gleichen Nutte veranstaltet, aber wenn er sie auf der Straße trifft, guckt er schnell weg und grüßt auf keinen Fall. Nett gegrüßt hat Notz mein Arschloch nicht. Er will es ja nicht mal mehr sehen. Ich sehe Panik in seinen Augen: Hilfe mein kleines OP-Arschloch kann sprechen, stellt Fragen, hat sich selbst fotografiert. Das hier hat keinen Sinn. Der weiß nicht, wie man mit den Menschen spricht, die an seinem Operationsobjekt Arsch noch dranhängen." (68)

Die Ausgangssituation, die nach äußeren Gesichtspunkten auch der Krankenhaussituation adäquat ist, nämlich „Ich bin das Opfer und er der Täter, finde ich" (68), hat die Protagonistin damit faktisch umgedreht, nachdem sie zuvor schon erzählerisch im kommentierenden Nachsatz relativiert wurde. Nicht sie ist länger hilfloses und entblößtes Objekt unter den Augen der Arzt-Autorität, sondern sie macht den anderen zum Opfer eines Anblicks, dem er nicht standhält. Gegen die kulturelle Norm wird die Wunde, das Mal, nicht verborgen und so als Zeichen eigener Defizienz affirmiert, sondern umgekehrt vorgezeigt und so ausgestellt, dass seine Sichtbarkeit zur Beschämung des Betrachters führt.

In diesem Sinne meistert die Heldin ihren Krankenhausaufenthalt und ihren Opferstatus als Scheidungskind, wenn sie schließlich das traumatisch beschwiegene Familiengeheimnis in einer Art therapeutischer Installation als „Abschiedsbrief" an ihre „Verwandtschaft" (219) zur Sprache bringt. Die sich anbahnende Liebesbeziehung mit dem Pfleger, der mit der Wunde der Erzählerin vertraut ist und ihr qua Fotografie zur Wiedererlangung ihres Subjektstatus in der Konfrontation mit dem Arzt wie auch zur Verteidigung ihrer Erzählmacht im Roman verholfen hat, schließlich eröffnet dem Text eine Lesart als *Coming-of-age-* und Bewältigungsroman mit vorsichtigem *happy ending*.

3. Ich-Diskurs: Inszenierung von (weiblicher) Autorschaft – feministisch, pornographisch, popkulturell

Als *Feuchtgebiete* im Februar 2008 erscheint, ist Roche als frühere Viva2- und kurzfristige Radio-Bremen-Talk-Show *3nach9*-Moderatorin vor allem außerhalb des Literaturbetriebs bekannt, obgleich sie bereits 2005 die Form der literarischen Lesung nutzt, wenn sie zusammen mit Christoph Maria Herbst (und zeitweise Heinz Strunk) aus der medizinischen Dissertation von Theimuras Michael Alschibaja über „Penisverletzungen bei Masturbation mit Staubsaugern" (1978) liest (vgl. Bulawa 2005).

Roches popkulturelle Prominenz steigert die Aufmerksamkeit für das Buch und verhindert zugleich die Würdigung seiner Literarizität. Der aufmerksamkeitsökonomische Erfolg führt zum Verkaufserfolg und *vice versa*, lässt sich aber nicht unmittelbar in ‚symbolisches Kapital' umwandeln (vgl. Pontzen 2012), sondern begünstigt die Deutung des Fiktionalen als biographisch, was traditionell nahezu zwangsläufig verhindert, weibliche Autorschaft als Werkherrschaft im emphatischen Sinne zu verstehen. Dem begegnet Roche mit massenmedialen Mitteln (ironisch) widersprüchlicher Selbstinszenierung (→ 2.9 NIEFANGER), indem sie sich einerseits als öffentliche Person ausstellt und rekursive Schlüsse auf ihre Lebensgeschichte bedient, andererseits aber betont, nicht mit ihrer Heldin identisch zu sein, als deren Gegenentwurf sie sich in Posture und Habitus präsentiert: Das Bild der züchtig bedeckten, körperlich gepflegten und kontrollierten Mädchenhaftigkeit, das der Roman in Frage stellt, führt „Charlotte Roche" als ‚Werk' in den Bildmedien vor. Nur so kann das *trompe-l'œil* zwischen literarischer Text-Imagination und Bild-‚Realität' funktionieren. Das Vexierspiel zwischen inszeniertem öffentlichen Kultur-Körper und dem im Roman evozierten ‚natürlichen' mangel- und ekelhaften Körper verkehrt zugleich das ‚naive' Verständnis von Authentizität resp. Artifizialität von Natur- resp. Kulturerfahrung, denn während das Produkt ‚Kultur' ‚real' scheint und sichtbar ist, muss der ‚natürliche' Körper qua Lektüre imaginiert werden – auch die inkriminierten Ekelgefühle entspringen der Vorstellung der Rezipienten, nicht der Anschauung wie in Formaten des sog. ‚Ekelfernsehens'.

Insofern sind Roches Auftritte Voraussetzung und Fortschreibung der *Feuchtgebiete* als popkulturellem Projekt (vgl. Spiers 2015). Die Inszenierung der Autor-Persona codiert die Schamlosigkeit des Authentizität suggerierenden Ich-Diskurses des Romans (vgl. Krumrey 2014) als *double bind*: als sexuelle Schamlosigkeit einer Frau, die über Analverkehr, weibliche Intimhygiene, Masturbationstechniken und Intimrasur Auskunft gibt (vgl. Dörfelt-Mathey 2010), und/oder als moralische Schamlosigkeit einer Autorin, die eine kalkulierte Simulation des Intimen geschäftstüchtig vermarktet. Das aufmerksamkeitsfördernde Etikett der Ruchlosigkeit ist dem Buch damit in mehrfacher Hinsicht gewiss. Zugleich wird die Grenzverletzung zum von Roche kontrollierten Verwirrspiel von empirischer und idealer Autorfigur innerhalb einer popkulturellen Praxis, deren Vieldeutigkeit die Autorin vor den Festlegungen schützt, die historisch mit weiblicher Autorschaft in eroticis und im Ich-Diskurs meist verbunden waren, nämlich die Reduzierung auf das Genre der Bekenntnis- und Befreiungsliteratur mit Ich-Botschaft, dem keine ästhetisch-literarische Autonomisierungsleistung und damit kein Werkcharakter zuerkannt wird (vgl. Osinski 1998, 167–172; Pontzen 2000, 38–40, 374–375), oder die Instrumentalisierung zur bloßen Travestie der weiblichen Stimme als Faktor des pornographischen Sprechens, das dann seinerseits als heteronome Funktion aus dem Bereich des ‚anerkannt' Literarischen ausgeschlossen wurde. Beide Verfahren, der Authentizitätsdiskurs der Zweiten Frauenbewegung, mit der Roche thematische Schwerpunkte und offenbar auch aufklärerische Intentionen teilt, und die Tradition fingierter weiblicher Autorschaft in pornographischen Schlüsseltexten wie dem Briefroman *Fanny Hill. Memoirs of a Woman of Pleasure*

(1749) oder *Josefine Mutzenbacher. Die Geschichte einer Wienerischen Dirne. Von ihr selbst erzählt* (1906), auf die Roche rekurriert, basieren auf einer Suggestion des literarisch-autobiographischen Sprechens, das Philipp Lejeune als ‚autobiographischen Pakt' mit dem Leser beschreibt (Lejeune 1994) und das in den letzten Jahren, ausgehend von Frankreich, zunehmend im Sinne der literarischen Autofiktion subversiv genutzt wird. In der Spielart der weiblichen Ich-Rede und in Verbindung mit den Themen Sexualität und Körpererfahrung hat das Verfahren als voyeuristisches trompe-l'oeil offenbar einen gesteigerten Reiz, wie der Erfolg von Christine Angots *Inceste* (1999) verdeutlicht. Roche äußert ihre Faszination für den Status der Skandalautorin à la française: „Wenn ich Französin wäre, dann wäre das schick. Aber eine deutsche Skandalautorin? Das klingt gefährlich nach Eva Hermann." (O.A. 2008, 166)

Ob es Roche mit ihrem „oben Schwarzer, unten Uhse" (vgl. Niermann 2008, 90–91) porno-pop-feministischen (vgl. Smith-Prei 2011; Smith-Prei und Stehle 2016) Centaur gelingt, an das französische Modell der tabulosen Glamour-Intellektuellen anzuschließen, sei dahingestellt; das junge weibliche Publikum, das Roche als Pop-Ikone und role model ansieht, schätzt sie, wie aus den Internet-Foren hervorgeht, nicht primär als Intellektuelle. Sicher ist, dass der postmoderne high-low-Spagat in sexualibus den Gefahren einer feministischen Tradition entgeht, die in Deutschland gesellschaftlich als humorlos und unsexy wahrgenommen wurde und literarhistorisch weitgehend unbeachtet blieb. Eine einsinnig pornographische Rezeption verhindern – zumindest für den impliziten Leser – überlagernde kontraindizierende Diskurse wie das mitlaufende Psychodrama, die juvenile Ekelästhetik und ein selbstbewusst-saloppes Erzählen, bei dem die weibliche Erzählstimme ihre Diskursmacht zur Schau stellt, indem sie das Erzählte qua Kommentierung in seinem Fiktionalitätscharakter bricht. Das verdeutlicht u. a. die ironische Volte, mit der *Feuchtgebiete* im Wortsinn avant la lettre den Vorwürfen zuvorkommt, das Buch könne von „fünfzigjährigen Männer[n]" „als Softporno genutzt" werden (vgl. etwa Köver 2009) und die Autorin bediene qua Person männlich voyeuristisches Interesse, die Susanne Mayer in der rhetorischen Frage zuspitzt: „Wie sexy wären die Feuchtgebiete, hätten sie als Autor einen Steuersachbearbeiter mit sackendem Bauchansatz, wie käme der an bei Kerner?" (Mayer 2008) Der Zusammenhang von weiblicher Autorschaft und Werkattraktivität, den Mayer aufdecken will, ist keine außerliterarische Einsicht in die Bedingungen des Literaturbetriebs, sondern bereits eine intradiegetische Einsicht seiner Ich-Erzählerin in die Voraussetzungen ihrer Rede: „Solange ich denken kann, habe ich Hämorrhoiden." (8)

4. Körperinszenierung

Roches Körperdiskurs setzt sich von der Aversion der Zweiten Frauenbewegung gegen den Medizindiskurs ab, behält aber deren Vorliebe für naturpoetische Metaphern für das weibliche Geschlecht bei. Auch sexistische oder männlich markierte Vulgärausdrücke finden Verwendung, worin man einen Anklang an die Verfahren der *Bitches* in der Hip-Hop Kultur sehen mag. Explizit reflektiert wird der Sprachgebrauch in *Feuchtgebiete* ebenso wenig wie das Geschlechterverhältnis, allenfalls implizit finden sich Hinweise darauf, dass das weibliche Ich sich, wie seinerzeit in Verena Stefans *Häutungen* (1975), bei sexuellen Praktiken an den Wünschen des jeweiligen Partners orientiert. Diese Anpassung wird indes als eine Art Entgegenkommen im Rahmen der ostentativ selbstbestimmten Sexualität und sinnlichen Selbstbezüglichkeit der Erzählerin relativiert: „Die Konsistenz [des Scheidenschleims, A.P.] ist sehr unterschiedlich, mal wie Hüttenkäse, mal wie Olivenöl, je nachdem, wie lange ich mich nicht gewaschen habe. Und das hängt davon ab, mit wem ich Sex haben will. Viele stehen auf Hüttenkäse. Würde man erst gar nicht denken. Ist aber so. Ich frage immer vorher. [...] Erst wenn ich genau Bescheid weiß über meinen geliebten, wertvollen Schleim, darf den ein Mann mit seiner Zunge aufschlecken." (51)

Die Idee des „Bescheid Wissens" und die um Explizitheit bemühte Tabulosigkeit antworten dem misogynen Gemeinplatz vom weiblichen Körper als unheimlich-bedrohlichem Mysterium, aus dessen Uneinsehbarkeit Freud männliche (Vaginal-)Angst und weiblichen Penisneid ableitet – angesichts eines gut sichtbaren Phallus als „überlegene[m] Gegenstück seines eigenen, kleinen versteckten Organs" (vgl. Freud 2000). Auch im bitter-bösen Feminismus à la Jelinek findet sich der Topos, etwa im kurzen Prosatext *Im Verlassenen*, der im selben Jahr erscheint wie *Feuchtgebiete* (2008). Der Online-Text über den jahrelangen Inzest in einem Kellerverlies in Amstetten handelt von einem „Großvater-Gottvater[], der ein Idyll errichtet hatte, das er kunstlos dem weiblichen Körper nachgebaut hat, mit vielen Nischen und Gängen, man kann nicht von überall hineinsehen." (Jelinek 2008) Die zynische Analogie von Frauenkörper und unterirdischem Verlies mit der Pointe eines metonymisch doppelt ‚unsichtbaren' Missbrauchs steht in einer Tradition kämpferischer Anklage von weiblicher Unterdrückung und deren biologistisch pseudowissenschaftlicher Grundlage. Roche hingegen leitet aus der demystifizierenden Feststellung, dass die Frau „unten so komisch versteckt um die Ecke rum gebaut ist" (50), die praktische Notwendigkeit weiblicher Selbsterforschung ab. Letztere hat neben aufklärerischen, antiautoritären und körperbejahenden Intentionen auch humoristische Effekte: Die Analwunde als „kleine[s] OP-Arschloch", das sprechen kann und Fragen stellt, schreibt die aufklärerische Tradition der mitteilsamen Genitalien von Diderots *Bijoux indiscrets* (1748) fort und wird mit Luce

Irigarays Modell der *écriture féminine* (vgl. Prokić 2014) als „Poetik des Geschlecht[s], das nicht eins ist" (1979), sowie der Jelinekschen Travestie der französischen Schamlippenpoetik und Walter Moers' Comic-Figur des *Kleinen Arschlochs* (1990) zu einer subversiv-albernen popfeministischen Geschmacksverletzung legiert. Liebrand deutet dies, gestützt auf die Rezension von Patrick Bahners (2008), als „triviale Postfiguration", die sich auf Freuds „Leonardo" beziehen lasse, der als erster wagte, „nur auf Beobachtung und eigenes Urteil gestützt, an die Geheimnisse der Natur zu rühren" (vgl. Freud 1980, 145); Helen sei im Stadium frühkindlicher Sexualforschung – vor der Sublimation – stecken geblieben (vgl. Liebrand 2011, 21).

Die spezifische Mischung aus exhibitionistischer Drastik und komischer Überforderung des gleichermaßen voyeuristischen wie eingeschüchterten Rezipienten erinnert in ihrer verstörenden Wirkung eher an feministische Pop Art Performance wie Valie Exports Tapp- und Tastfilm (1968) oder die Aktionen der amerikanischen sex-positive feminism-Aktivistin und Performerin Annie Sprinkle, die Männer in ihren Unterleib sehen lässt (Ritter 2008), als an die Wirkung der zeitgleich erschienenen Publikation *Wir Alphamädchen* (Haaf et al. 2008), auf die in der zeitnahen Roche-Rezeption mehrfach hingewiesen wurde (vgl. Riesselmann 2008) und die von der *Süddeutschen Zeitung* zur „Mädchenpflichtlektüre" (Hanika 2008) erklärt wurde (→ 2.8 SEIDEL).

Ähnlich wie die US-Bewegung der 1980er Jahre nutzt Roche das Medium des Pornographischen zur feministischen Aufklärung und versucht einer (nur) voyeuristischen Rezeption durch den Gestus eigenmächtiger Redepotenz zu trotzen – das Imponiergehabe einer abjekten Überbietungs-Ästhetik ist Teil dieser Strategie. Denn den provozierten Ekelaffekten ist in ihrer Hyperbolik schon ein Moment des Komischen inhärent (vgl. Pölzlbauer 2016): „so hab ich zum ersten Mal in meinem Leben literweise Kotze von einem anderen Menschen getrunken. Gemischt mit meiner" (63), das der Kommentar als Verbindung von Klimax und Antiklimax noch verstärkt.

Bei der Verknüpfung von Sexualität und Verdauung, Selbstbefriedigung und Ernährung steht zudem eine einschlägig komische Tradition im Hintergrund, wenn Roche durch intertextuelle und intermediale Zitate aus Philipp Roths *Portnoys Beschwerden* (1969) und der Teenagerkomödie *American Pie* (1999) vor Augen führt, wie in ‚männlich' codierten popkulturellen Unterhaltungsgenres die Legierung von Lust- und Ekelgefühlen in Masturbationsszenarien einschlägig als männlichkeitskonstituierend funktioniert, in der Verbindung von ungehemmter Triebabfuhr und jungenhaftem Schalk; Heinz Strunks Roman *Fleckenteufel* (2009) schreibt diese Tradition schlicht fort und stellt deshalb trotz unappetitlicher Details keinen Tabubruch dar – anders als *Feuchtgebiete*, die sich ein männliches Narrativ aneignen, um es für weibliche Autonomieerfahrung nutzbar zu machen, indem sie für den weiblichen Körper ein analoges Modell vermeintlich naturhafter und zwangsläufiger psycho-physischer Erregung (und Entladung) imaginieren. Das gelingt nur zum Teil; denn, anders als bei den männlichen Vorbildern, fehlt Roche mit dem in Lebensmitteln platzierten Sperma (vgl. 70) das Motiv der Schädigung Dritter, die zudem, da die Geschädigten als sexuell unterdrückende Sozialisationsinstanzen auftreten (wie die dominante jüdische Mamme bei Roth resp. die aseptisch-asexuelle amerikanische Familie), qua Schadenfreude eine Art poetisch-sexueller Gerechtigkeit herstellt. Dieser Resonanzboden fehlt dem weiblichen Ekeldiskurs (vielleicht auch, weil die inneren Autoritäten bei Roche weiblich besetzt sind und so für das weibliche Ich die ambivalente Aufgabe der Abgrenzung von und Identifikation mit dem role model zu leisten ist).

Roche versucht aus dem Entwurf einer inhärenten gender-persiflierenden weiblichen Präpotenz-Attitüde eine grundsätzlich autoritätsskeptische souveräne Haltung zu entwickeln, deren sexuelle Vorurteilslosigkeit einen befreiten Blick auf das eigene Leben und dessen Möglichkeiten jenseits der Rollenkonvention eröffnet, und dies nicht verbissen, sondern mit den Mitteln der ironischen Antiklimax: „Ich sehe immer nur die Schwänze von den Männern, mit denen ich ficke, und die Muschis von den Frauen, die ich bezahle. Ich will mehr sehen im Leben." (71)

In diesem universellen Anspruch liegen auch die wesentlichen Abgrenzungen von der neuen, kommensurablen weiblichen Erotikliteratur à la *Fifty Shades of Grey* (2011), der Roches Buch sicherlich den Weg ebnet, und dies nicht nur thematisch, sondern vor allem auch massenkommunikativ, indem die Rolle der Internetforen und Blogs als Ort des emanzipatorischen Austauschs v. a. von Leserinnen deren Wünschen öffentliche Präsenz und so auch (Nachfrage-)Gewicht verleiht.

5. Fazit

Ob *Feuchtgebiete* unterhaltsam aufklärt oder aufklärerisch unterhält, ob die mainstream-kompatible Ästhetik des Abjekten der guten feministischen Sache dient oder reiner Selbstzweck bleibt; ob die Jugendbuch-affine Scheidungsproblematik Vorwand, Maske oder Subtext des Obszönen ist – *Feuchtgebiete* hat ein Massenpublikum jenseits einzelner Communities (seien sie ‚feministisch', akademisch-popliterarisch oder naiv trashig im Sinne des „Unterschichtenfernsehens") erreicht, ohne Roman oder Autorin auf ein Programm – ‚Aufklärung' versus ‚Unterhaltung' – festzulegen. Und Roche ist es – als vielleicht erster deutscher Autorin – gelungen, qua Tabubruch und sozio-ästhetischer Grenzverletzung eine Position einzunehmen, die weder ‚Autorschaft' noch ‚Weiblichkeit' zur Disposition stellt. Pop sei Dank.

Roche, Charlotte. *Feuchtgebiete. Roman*. Köln: Dumont, 2008.

Literaturverzeichnis

American Pie. Reg. Paul Weitz. Universal, 1999.
Angot, Christine. *Inzest*. Stuttgart: Tropen, 2001.
Baer, Hester. „Precarious sexualities, neoliberalism, and the pop-feminist novel. Charlotte Roche's ‚Feuchtgebiete' and Helene Hegemann's ‚Axolotl roadkill' as transnational texts." *Transnationalism in contemporary german-language literature*. Hrsg. von Elisabeth Herrmann, Carrie Smith-Prei und Stuart Taberner. Rochester, New York: Camden House, 2015. 162–186.
Diderot, Denis. *Die Verräter* [Les bijoux indiscrets, 1748]. Übers. von F. L. W. Meyer. Frankfurt am Main: Insel, 1992.
Bahners, Patrick. „Die Vermessung des Körpers. Vom Vater der Forscherdrang, von der Mutter die Askese. Charlotte Roche kartographiert in ihrem Roman die sexuelle Aufklärung am eigenen Leib". *Frankfurter Allgemeine Zeitung* 1. März 2008.
Cleland, John. *Fanny Hill. Memoirs of a Woman of Pleasure* [1749]. New York: Modern Library, 2001.
Deep Inside Annie Sprinkle. Reg. Annie Sprinkle. Evart Enterprises, 1981.
Freud, Sigmund. „Eine Kindheitserinnerung des Leonardo da Vinci" [1910]. *Studienausgabe*. Hrsg. von Alexander Mitscherlich, Angela Richards und James Strachey, Bd. X. Frankfurt am Main: S. Fischer, [7]1980. 145.
Freud, Sigmund. „Über die weibliche Sexualität (1931)". *Studienausgabe*. Hrsg. von Alexander Mitscherlich, Angela Richards und James Strachey, Bd. V. Frankfurt am Main: S. Fischer, 2000. 273–292.
Haaf, Meredith, Susanne Klingner und Barbara Streidl. *Wir Alphamädchen*. Warum Feminismus das Leben schöner macht. Hamburg: Hoffmann und Campe, 2008.
Hanika, Iris: „Frisch, Frau, fröhlich und frei". *Süddeutsche Zeitung* 11. März 2008.
Holzer, Kerstin. „Ein unglückliches Mädchen". *Focus* 9, 25. Februar 2008.
Irigaray, Luce. *Das Geschlecht, das nicht eins ist*. [Ce sexe qui n'en est pas un, Paris 1977] Berlin: Merve, 1979.
James, E. L. *Shades of Grey. Geheimes Verlangen*. München: Goldmann, 2012.
Jelinek, Elfriede. *Gier. Ein Unterhaltungsroman*. Reinbek bei Hamburg: Rowohlt, 2000.
Jelinek, Elfriede. *Im Verlassenen* [2008]. http://www.a-e-m-gmbh.com/ej/famstet.htm (10.7.2014; Text nicht mehr verfügbar).
Josefine Mutzenbacher. Die Geschichte einer Wienerischen Dirne. Von ihr selbst erzählt (1906). Hrsg. von Oswald Wiener. München: Rogner & Bernhard, 1969.
Köver, Chris. „Viel Lärm um Tracey". *Die Zeit* 7. Mai 2009.
Krumrey, Birgitta. „Autorschaft in der fiktionalen Autobiographie der Gegenwart: Ein Spiel mit der Leserschaft. Charlotte Roches *Feuchtgebiete* und Klaus Modicks *Bestseller*. *Theorien und Praktiken der Autorschaft*. Hrsg. von Matthias Schaffrick und Marcus Willand. Berlin [u. a.]: de Gruyter, 2014. 541–564.
Lejeune, Philippe. *Le Pacte autobiographique*. Seuil: coll. „Poétique", 1975 [dt.: Der autobiografische Pakt (1994)].
Liebrand, Claudia. „Pornografische Pathografie. Charlotte Roches Feuchtgebiete". *literatur für leser* 34.1 (2011): 13–22.
Mayer, Susanne. „Oh Muschilein: Charlotte Roche schreibt ein Sexbuch, und das Feuilleton vibriert. Warum die Feuchtträume einer TV-Moderatorin der Hit sind". *Zeit Online* 11 (2008). http://www.zeit.de/2008/11/Glosse-Literatur-Roche.

Meinen, Iris. „Entgrenzte Körper. Zur Darstellung von Körperausscheidungen in der Neuen Deutschen Popliteratur". *Zagreber germanistische Beiträge* 27 (2018): 187–203.
Müller, Lothar. „Das neue Parfüm". *Süddeutsche Zeitung* 16. April 2008.
Niermann, Ingo. „Jetzt will ich Pornos drehen". *Vanity Fair* 16 (2008): 86–91.
Osinski, Jutta. *Einführung in die feministische Literaturwissenschaft*. Berlin: Erich Schmidt, 1998.
O.A. „Ich bin gar nicht so frech. Spiegel-Gespräch". *Der Spiegel* 9 (2008): 164–166.
Pölzlbauer, Alexandra. „Charlotte Roches Feuchtgebiete – ekelhafte Nähe und humorvolle Drastik". *Drastik. Ästhetik – Genealogien – Gegenwartskultur*. Hrsg. von Davide Giuriato und Eckhard Schumacher. Paderborn: Wilhelm Fink, 2016. 229–241.
Pontzen, Alexandra. *Künstler ohne Werk, Modelle negativer Produktionsästhetik in der Künstlerliteratur von Wackenroder bis Heiner Müller*. Berlin: Erich Schmidt, 2000.
Pontzen, Alexandra. „(Poetisches) Rederecht und Gender-Konstruktion in Schamfragen". *Transformationen des literarischen Feldes in der Gegenwart: Sozialstruktur, Diskurse, Medien-Ökonomien, Autorpositionen*. Hrsg. von Heribert Tommek und Michael Bogdal. Heidelberg: Synchron, 2012. 209–228.
Prokić, Tanja. „Skandal oder trivial? Helene Hegemann, Charlotte Roche und das Erbe der ‚écriture féminine'". *Skandalautoren* 2. Hrsg. von Andrea Bartl und Martin Kraus. Würzburg: Königshausen & Neumann, 2014. 395–415.
Riesselmann, Kirsten. „Alphamädchen. Wir wollen mehr". *Der Tagesspiegel* 15. April 2008.
Ritter, Andrea. „Die Zotenkönigin von Muschiland." *Stern* 12. Mai 2008.
Roth, Philipp. *Portnoys Beschwerden*. Dt. von Kai Molvig. Reinbek bei Hamburg: Rowohlt, 1970. [Neuübersetzung: Portnoys Beschwerden. Dt. von Werner Schmitz. München: Hanser, 2009.]
Schößler, Franziska. *Einführung in die Gender Studies*. Berlin: Akademie-Verlag, 2008.
Smith-Prei, Carrie. „Knaller-Sex für alle". Popfeminist body politics in Lady Bitch Ray, Charlotte Roche, and Sarah Kuttner." *Studies in twentieth & twenty-first century literature* 35.1 (2011): 18–39.
Smith-Prei, Carrie und Maria Stehle. „The awkward politics of popfeminist literary events: Helene Hegemann, Charlotte Roche, and Lady Bitch Ray". *German women's writing in the twenty-first century*. Hrsg. von Hester Baer und Alexandra Merley Hill. London [u. a.]: Camden House, 2015. 132–153.
Spiers, Emily. „'There's no lobby for girls in pop'. Writing the performative popfeminist subject". *German pop literature*. Hrsg. von Margaret McCarthy. Berlin: De Gruyter. 2015. 143–165.
Streeruwitz, Marlene. *Partygirl. Roman*. Frankfurt am Main: S. Fischer, 2002.
Strunk, Heinz. *Fleckenteufel*. Reinbek bei Hamburg: Rowohlt, 2009.
Tapp- und Tastfilm, Reg. Valie Export, 1968. http://www.valieexport.at/en/werke/werke/?tx_ttnews[tt_news]=1956&tx_ttnews[backPid]=13&cHash=8278689e8b.
Tuma, Thomas. „Das Achselhöhlengleichnis". *Der Spiegel* 19 (2008).
Vinken, Barbara. „Cover up – Die nackte Wahrheit der Pornographie". *Die nackte Wahrheit. Zur Pornographie und zur Rolle des Obszönen in der Gegenwart*. Hrsg. von Barbara Vinken. München: dtv, 1997. 7–22.

4.20 Leif Randt: Schimmernder Dunst über Coby County (2011)

Klaus Birnstiel

1. Close reading

„Weil es der fünfundsechzigste Geburtstag meiner Mutter ist, stehen Senioren in beigefarbenen Regenmänteln auf der Dachterrasse. Am Himmel haben sich Wolken aufgetürmt, es nieselt ganz leicht. Meine Mutter spricht zur Begrüßung ein paar Worte und verweist auf die Bar. Dort stehe ich und winke" (9): Mit diesem lapidaren Erzählsprung medias in res beginnt Leif Randts Roman *Schimmernder Dunst über Coby County*. Es ist, folgt man Jana Hensels Einschätzung im Freitag, nichts weniger als der Beginn „eine[r] neue[n] Zeitrechnung in der deutschen Literatur" (Hensel 2011). Szenerie und Handlung des Romans sind schnell umrissen: In einer entfernt an US-amerikanische Urlaubskolonien oder Seebäder erinnernden urbanen Landschaft namens CobyCounty (im Text des Romans stets spatienlos zusammengeschrieben) lebt der 26-jährige Wim Endersson, als Ich-Erzähler die Mittelpunktsfigur des Buches und von Beruf Literaturagent. Endersson, der sich „als später Jugendlicher" (15) bezeichnet, sucht und findet die Talente der allerjüngsten Literatur: Nachwuchsautorinnen und -autoren, die dem Publikum erfolgreich vom guten Leben in dem Küstenort erzählen können.

CobyCounty ist eine Welt, in der jeden Tag casual Friday zu sein scheint, das Wetter fast immer schön ist und der Milchschaum des Latte Macchiato stets die gleiche kristallin-cremige Konsistenz aufweist, die von sachkundig hergestellten Kaffeespezialitäten erwartet werden darf, eine Welt, in der die Menschen mit lächelndem Ernst ihren unbelasteten Alltag besorgen und ihr eigenes Tun oder Lassen dabei beständig so distanziert kommentieren, als sei ihre innere Erzählstimme der maximal abgeklärte Audioguide eines Museums für Gegenwartskunst. Das erzählte Geschehen umspannt den langen Frühling oder Frühsommer eines Jahres etwa unserer Gegenwart. Seine Schauplätze sind die eigentlich ortlosen sozialen Intermundien zwischen „Filmfirmen, Verlage[n], Konzeptgastronomien" (10), der erzählende Protagonist trägt meist „ein qualitativ hochwertiges Hemd" (9) und vermeidet auch sonst ästhetische Zumutungen jedweder Art. Das geruhsam-unaufgeregte Leben in CobyCounty sieht sich im Laufe des erzählten Sommers zunehmenden Zerfalls- und Bedrohungsszenarien ausgesetzt. Wims bester Freund Wesley verlässt die Stadt mit zunächst unbekanntem Ziel, seine Freundin Carla trennt sich von ihm, eine Hochbahn entgleist, ein Feuer bricht aus, und als schließlich ein Sturm aufzieht, wähnt sich die Stadtgemeinde in ihrer Existenz bedroht. Wim und seine Freunde aber setzen dem angekündigten Weltuntergang eine nicht einmal trotzig zu nennende Party mit Fischsuppe, Weißbrot und Drinks entgegen, die Schlechtwetterwolken der Apokalypse verziehen sich wieder, und alles sieht danach aus, als würde das Leben in CobyCounty weiterhin seinen wenig gekrümmten Gang gehen.

Ebenso reduziert wie die erzählte Ereigniskette erscheint das Figurenensemble des Romans. Wim Enderssons Ich-Perspektive ordnet auch die anderen Figuren stellar auf das Erzähl-Ich hin. Wims Mutter, als „Expertin für Marketing und Emphase" (101) charakterisiert, betreibt mit ihrem Lebensgefährten eines der zahllosen Hotels der Stadt. Der Vater, von Beruf Filmproduzent, hat die Stadt nach einem Flop vorübergehend verlassen. Den kleinfamiliären Nukleus ergänzen Carla, die Freundin Wims, sowie sein alter Freund Wesley, ein ebenfalls im Kulturbetrieb tätiger junger Mensch, der sich ansonsten in schwermütigen Andeutungen und pathetischen Beschwörungen ergeht. Des Weiteren treten auf: eine Handvoll alter Schulfreunde, Schriftsteller, sonstige Bekannte sowie namenloses Dienstleistungspersonal – „ausschließlich Kunststudenten" (28), wie wir etwa über die Mitarbeiter von „BakeryExpress" erfahren, einem jener „stilisierte[n] Bringdienste" (28), welche zur Angebotspalette konsumierbarer Annehmlichkeiten in CobyCounty gehören.

Die Ich-Erzählsituation bringt eine asymmetrische Informationsvergabe mit sich. So kommt lediglich der Figur Wim durch ihre mitgeteilten Reflexionen so etwas wie charakterliche Tiefe zu, während sich das Wissen über die anderen Figuren auf beinahe steckbriefartige Typisierungen beschränkt: Freundin, Freund, Mutter, Vater, Vorgesetzter, Kunde, Kellner. Die Erzählhaltung der Wim-Figur lässt sich nicht nur in ihrer Positionierung zur erzählten Welt, sondern auch in der Mitteilung figurinterner psychisch-emotionaler Verhältnisse als diejenige einer Beobachtung zweiter Ordnung beschreiben. Nicht nur observiert Wims Blick die Designerkulisse seiner Lebenswelt in ständiger Distanznahme, auch das Selbstverhältnis Wims ist gekennzeichnet von selbstreflexiven re-entry-Schleifen, welche Wahrgenommenes, Gesprochenes und Gefühltes einer als automatisiert inszenierten, beständig mitlaufenden Materialprüfung unterziehen. Ein Blick auf die sprachliche Gestaltung mag dies verdeutlichen. So relativiert die Erzählstimme Wims den fiktiven Wahrnehmungseindruck nicht nur durch die konstante Verwendung von Modalpartikeln und anderen einschränkenden Wendungen und Konstruktionen. Wim notiert auch die „Tendenz zu euphorischen Gesten" (49) in CobyCounty, seine eigene „neue, herzliche Art" (22) oder das allgemeine Faible für „Selbstironie und gute Stimmung" (75). Der Literatur, mit der er handelt, bescheinigt er einen „Trend zur Erinnerungsprosa, zu sinnlicher Nostalgie" (91), und seiner Exfreundin und sich selbst, „insgeheim biederen Herzen[s]" (132) zu sein.

Gleichsam unter der Oberflächeninszenierung seiner Weltwahrnehmung verhandelt der Roman dabei fortlaufend das komplexe Problem von Eindruck und Ausdruck, Sprache, Zeichen und Bedeutung in einer simulationsgesättigten Gegenwart. So werden immer wieder Fragen nach der Möglichkeit realer Wahrnehmung aufgeworfen. „Lass uns doch heute mal so einen Tag machen, an dem wir alles so meinen, wie wir es sagen. / So einen Tag haben wir aber noch nie gemacht, sage ich." (54) An dieser Stelle eröffnen sich verschiedene Perspektiven: zunächst einmal handelt es sich um einen Auszug aus der Minimalkommunikation des Paares Wim und Carla, in dessen narrativem Selbstentwurf ihrer Liebesbeziehung Fragen von Haltung, Stil und Pose breiten Raum einnehmen. Darüber hinaus aber wird hier eine radikal realistische – d.h. konkrete – sprachliche Ontologie nahegelegt, in welcher die Differenz von Zeichen und Bezeichnetem, Meinen und Sagen kollabiert beziehungsweise in eins fällt und damit aufgehoben wird. Damit lässt sich der Roman als Auseinandersetzung mit all jenen Simulations- und Hyperrealitätsthesen der Postmoderne lesen, deren Austreibung des Realen aus dem Simulakrum namens Gegenwart wiederholt als eine der Möglichkeitsbedingungen von ‚Pop' überhaupt beschrieben wurde. Überdies lässt sich die Spur einer solchen sprachtheoretischen Überlegung nicht nur semiotisch oder philosophisch – also als Frage nach dem Wirklichkeitsgehalt von Wirklichkeit – lesen, sondern auch als Vorschlag eines Dichtungs-Experiments, dessen Versuchsanordnung der Roman selbst darstellt. „[A]lles so meinen, wie wir es sagen" heißt dann, so will es scheinen, zunächst einmal nichts anderes, als die abstrakte Irrealität des Pop-Literarischen aufgeben zugunsten der konkreten Realität eines gleichsam transzendierten Pop, einer Schreibweise also, die sich um die Archivierung einer vermeintlichen Idee des Realen nicht weiter kümmert, sondern statt ihrer die Realität der Idee poetisch haftbar zu machen sucht. Wir kommen weiter unten auf diese hegelianisch lesbare Geste zurück.

Das Spiel, das der Roman hier treibt, ist nicht leicht zu durchschauen. So erklärt sich auch die titelgebende Formulierung vom schimmernden Dunst zunächst in einer simplen Verweisstruktur, die sich selbst aber umgehend dementiert. In die Diegese eingeführt wird „Schimmernder Dunst über CobyCounty" als „kritischer Dokumentarfilm", den „eine französische Jungregisseurin" (17) über das Leben in der Stadt gedreht hat und dessen alljährliche Betrachtung den jungen Bewohnern des Romans zum nostalgiegesättigten Erlebnis iterativer Selbstreferenz wird. „Indem der Film ausschließlich Bilder von CobyCounty zeigt, verweist er ganz subtil auf eine Welt da draußen", behauptet Wesley (23). Gerade die behauptete „ganz subtil[e]" Außenweltreferenz des Films aber bleibt ebenso schemenhaft wie ein irgend behauptetes Weltverhältnis des Romans selbst (wir kommen weiter unten darauf zurück).

Seine zeichentheoretische Spur aber verfolgt der Roman weiter. So sind es vor allem die somatischen Signifizierungsprozesse des Körpers in Liebe und Sex, welche Zeichenhaftigkeit überhaupt zur Frage werden lassen. Schon früh notiert der Erzähler „die Unmöglichkeit aufrichtiger Erotik" (24), um sein eigenes und das sexuelle Erleben der anderen Figuren aus der bereits etablierten distanzierten Beobachterperspektive zu notieren: „Ich drücke meine trockenen Lippen auf ihre Wange und sie schließt die Augen, *um anzuzeigen*, dass sie das genießt." (187, Hervorhebung K.B.). Erscheint es hier zunächst so, als sei die somatische Semiose des Sexuellen der einzig verläßliche, nicht-ambige Zeichenzusammenhang, so wird bei näherer Betrachtung klar, dass sich dem Erzähler gerade sexuelle Zeichen als Musterbeispiele für die lebensweltliche Zuverlässigkeit konventionalisierter Kommunikation erweisen. Man habe sich zu Anfang der Beziehung mit Carla für „ruppigen Sex" (26) entschieden, heißt es da, sich angesichts der latenten Albernheit dieses Emanzipationsversuchs von den Eltern aber schließlich doch für einen Liebesmodus entschieden, der demjenigen der „Charaktere im europäischen Fernsehen" (26) entspricht. Was hier erscheint wie eine hochgradig erwachsene amouröse Abgeklärtheit, drückt aber zugleich das existentielle Problem aus, kein anderes semiotisches Register der Liebe finden zu können als das Inventar hergebrachter Konventionen. Die unvermittelt geäußerte Einschätzung Wims, sich mit Carla „in einem utopischen Sexraum" (28) zu befinden, hat denn auch nur für einen minimalen Augenblick Gültigkeit: „Carla lächelt und haucht, dass sie mich vermisst hat. Ich finde diese Aussage in ihrer völlig unmetaphorischen Art gerade total angemessen." (28) Es ist nicht die geläufige Frage nach den Zeichen und ihrem Ausdruckswert, die den Erzähler beschäftigt, sondern vielmehr die erschreckende Einsicht in die Konventionalität des Kommunizierten. Die Beziehung zu Carla basiert in der Erinnerung Wims auf dem initialen Austausch sorgfältig formulierter elektronischer Kommunikation, die sodann von körperlichem Kontakt verdrängt wurde. Dessen Valenzen wiederum erscheinen dem Erzähler als nicht minder fragwürdig: „An schlechten Tagen glaube ich, dass Küsse und die anderen Körperdinge eigentlich gar nichts kommunizieren, sondern dass wir damit nur einen Verhaltenscode erfüllen." (51) In der Grammatik der Liebe wird „ein strenges Regelwerk" (52) befolgt, das seine Akteure jedoch nicht schützt vor dem Einbruch ereignishafter Enttäuschung – der sich wiederum folgerichtig als Text vollzieht: „In allgemeiner Liebe" (65) beendet Carla per elektronischer Kurznachricht ihre Beziehung zu Wim, worauf dieser, Carlas Entschluss als Folge einer „wahrscheinlich klugen Sachentscheidung" (66) begreifend, ebenfalls in topischer Knappheit reagiert: „Ich nehme deine Entscheidung zur Kenntnis und bereite mich jetzt ebenfalls auf einen neuen Abschnitt vor. Alles Gute." (67) Auf die Grammatik des Begehrens folgt nun das Paradigma der Beziehungs-Trauerarbeit, welche Wim in einer Reihe (pop-)kulturhistorisch gut abgesicherter Gesten

(Pizza, Melancholie, Fernsehen, 68) vollzieht. Carlas E-mails, vor kurzem noch „die wahrsten Texte überhaupt" (70), werden Gegenstand der Aufarbeitung der eigenen Psychohistorie, vom Erzähler wie stets mit jener Mischung aus Professionalität und ironischer Selbstdistanz vollzogen, die seine Haltung zur Welt insgesamt auszeichnet. „Paare, die ihren Liebeszustand nicht als vorbelastet oder klischiert wahrnehmen" (93), erscheinen ihm ohnehin unvorstellbar. Dass „die Herstellung von Glück" (70) eben „eine Frage des Timings" (71) sei, wird Wim zum Trost seiner zügig rationalisierten Enttäuschung.

In einer Welt, in der „jede größere These über unsere Zukunft vermieden" (38) wird, erscheint Wiederholung nicht als Abnutzungsprozess, sondern als einfache Performanz der Weiterführung des Bestehenden. „[E]in Mädchen mit kurzem Haar" (144) wird schließlich zur neuen Liebe Wims. Ihr Name, wiederum: Carla, also CarlaZwei (wiederum spatienlos gesetzt wie ein moderner Markenname). „[E]ine Art Meta-Gespräch" (161) mündet schnell in Schweigen, aber „ist dabei gar nicht unangenehm, es ist eher spannend, auf eine unverschwitzte, selbstbewusste Art irgendwie" (162), und Küsse und Körperlichkeit sind seine unmittelbare syntagmatische Folge. Allenfalls der vorübergehende Ausfall der beobachtenden Selbstobjektivierung irritiert den Erzähler: „Unser Sex ist weder ruppig noch besonders sanft, aber auch nicht unbeholfen, und mir fallen währenddessen tatsächlich keine Adjektive ein, die wirklich passen würden." (166) Für einmal fällt die narrative Instanz im Kopf Wims aus, die all seine Wahrnehmung in erzählte Oberfläche verwandelt, und diese körperlich induzierte Fehlfunktion seiner eigenen narrativen Apparatur verunsichert ihn.

Brechen wir die Detailrekonstruktion des Geschehens ab, um einen ersten Lektüreeindruck zu bilanzieren. Besonders bemerkenswert erscheint an der geschilderten Romanwelt, wie gleichzeitig fremd und doch vertraut sie auf den Leser wirkt. Das Partyleben, die Herzschmerzen, der Designerkonsum – all das erweckt den Eindruck größtmöglicher Vertrautheit, entspricht es doch bis in kleinste Einzelheiten den metropolitanen Lebenswelten unserer Gegenwart. Doch muten die Menschen und Ereignisse, ja insgesamt der Ort CobyCounty nicht an wie aus der Fülle dieses Lebens gegriffen, sondern gleichsam verfremdet und verdichtet, auf den Punkt gültiger Form gebracht. Nicht das Verhältnis von Wim zu Carla – Eins oder Zwei –, nicht seine Freundschaft mit Wesley stehen im Kern dieses Romans. Auch geht es nicht um die Reaktionen der Bewohner von CobyCounty angesichts der angekündigten Katastrophe. Wohl aber befragt der Roman Wim und Carla nach der Liebe und dem Sex in der Gegenwart, folgt Wim und Wesley in die Selbstreferenz von Freundschaft und den Einwohnern des Küstenparadieses in die Bedingungen ihrer Lebensmöglichkeit. Es scheint also, als sei nicht so etwas wie Abstraktion das Geheimnis dieses Romans, sondern eher die

Aufhebung abstrakter Gegenwart in die konkrete Realität der Fiktion. Verfolgen wir diese Spur in einem zweiten Durchgang genauer.

2. Analytisch

Ist die Welt in den Büchern, und sind die Bücher in der Welt, so bräuchte man, um einen so gegenwärtigen Roman wie *Schimmernder Dunst über Coby County* zu erschließen, nichts weniger als eine theory of everything unserer Gegenwart selbst. Aus ihr müsste sich dann, ohne einem reduktionistischen Repräsentations-Paradigma zu folgen, erklären lassen, wie das funktioniert: die gegenwärtige Lebenswelt literarisch so weit von jeder Ephemerität zu befreien, dass sie sich in der literarischen Gestalt zur gültigen Form erhebt. Im Folgenden soll dieser kaum einzulösende Anspruch durch eine Reihe von Einzelannahmen supplementiert werden, welche das Verhältnis unserer Gegenwart zu sich selbst sowie ihre literarische Selbstreferenz zu perspektivieren vermögen. Sie erheben dabei nicht den Anspruch, das Werk letztgültig auszudeuten, sondern verstehen sich bestenfalls als Wittgensteinsche Leitern, die zu seinem Verständnis möglicherweise beitragen können.

Zunächst aber nähern wir uns dem Roman über die knappe Ausleuchtung seines Entstehungshintergrundes und seiner Rezeption. *Schimmernder Dunst über Coby County* ist die zweite Romanveröffentlichung des 1983 in Frankfurt am Main geborenen Leif Randt. Absolvent der Hildesheimer Schreibschule, wurde Randt bereits zu Beginn seiner literarischen Tätigkeit mit diversen Preisen ausgezeichnet, darunter der 1. Preis des MDR-Literaturpreises und der Förderpreis des Nicolas-Born-Preises (beide 2010). Die initiale Rezeption von *Schimmernder Dunst über CobyCounty* ist die Geschichte einer Verstörung. Im Spätsommer 2011 wird der Roman zu einem der meist rezensierten literarischen Werke der Saison; sämtliche ‚großen' wie auch zahlreiche ‚kleinere' Feuilletons versuchen sich an kritischen Einschätzungen und Deutungen des Romans (vgl. Bopp 2011; Schröder 2011; Winkels 2011). Bereits im Frühjahr 2011 hatte der Text für Aufmerksamkeit gesorgt, hatte der Autor doch eine Variante des Romananfangs bei den Tagen der deutschsprachigen Literatur in Klagenfurt vorgetragen und dafür den Ernst-Willner-Preis zugesprochen bekommen. Die zweite Romanveröffentlichung Randts wurde daraufhin als „eigentliches Debüt" (Kämmerlings 2011) wahrgenommen, und der Autor von verschiedenen Seiten als Stimme seiner Generation (vgl. Bopp 2011) apostrophiert.

Woher aber rührt dieser Eindruck von Gegenwärtigkeit und Relevanz, den so viele Stimmen der Rezeption teilen? Zunächst einmal ist auf die stilsichere Präzision zu verweisen, mit welcher der Text kleinste Kräuselungen an der Oberfläche seiner Gegenwart notiert – die Art, wie jemand spricht etwa, die Stimmung, in welcher die Figuren in ihrer Lebenswelt stehen, aber auch das Produktdesign und überhaupt das look & feel eben dieser Welt. Hierin liegt auch die zentrale Affinität des Romans zu so etwas wie ‚Pop' begründet: Dass Pop ein besonderes Verhältnis zu Oberflächen unterhält, ist in Pop-Forschung und Pop-Theorie oftmals betont worden (zuletzt Grabienski et al. 2011). Gemeinhin gilt Pop als mehr oder weniger komplex gestaltetes Arrangement zeichenhafter Oberflächen und ihrer impliziten oder expliziten Reflexion (gerade letzteres, die Möglichkeit reflexiver Selbstreferenz, ein Merkmal v. a. der literarischen Dimension von Pop, eben jener Pop-Literatur, welche vorliegendes Handbuch in den Blick nimmt). Überdies lässt sich das veränderte Verhältnis zu Phänomenen der Oberfläche, welches Pop zum Ausdruck bringt, als Element eines allgemeineren kulturellen Wandels hin zu einer ‚Postmoderne' lesen, wie er seit den späten 1980er Jahren immer wieder wahrgenommen und analysiert wurde (vgl. ursprünglich Hassan ²1982, 267; dann Regn 1992). Diese als postmodern apostrophierte Sensibilität für Oberflächen und räumliche Figurationen ist dabei selbst mit den historischen Makroprozessen korreliert worden, welche die Epochensignatur der Nach-Moderne zeichnen. In Anknüpfung an Ernest Mandels Thesen zur Entwicklung der gesellschaftlichen Produktivkräfte und Produktionsverhältnisse im „Spätkapitalismus" (Mandel 1972) ist es vor allem Fredric Jameson (1984) gewesen, der in einem weit ausgreifenden Entwurf die voranschreitende Kommodifizierung der kulturellen Güter als Ausdruck einer beklagenswerten Durchdringung der menschlichen Lebenswelt durch die Agentien des Kapitalismus zu beschreiben versucht hat. Das Zur-Ware-Werden des kulturellen Artefakts führe, so Jameson, notwendig zu einer Betonung seiner gefälligen Materialität, der Aspekte von Wohlgestalt, ästhetischem Schein und Kommensurabilität (→ 3.6 DRÜGH). Letztlich läuft diese Lesart auf eine Geste der Trauer angesichts des behaupteten Authentizitätsverlustes hinaus, der sich in der Ununterscheidbarkeit von Kunst und Produktdesign manifestiere. Ihre spätmarxistischen moralischen Valenzen verstellen dabei jedoch teilweise den Blick auf die Denk- und Gestaltungsmöglichkeiten einer solchen oberflächenorientierten Kunst, versteht sich Jamesons Darstellung doch explizit als Kritik der Postmoderne und nicht als nüchterne Sachstandsbeschreibung. Für *Schimmernder Dunst über Coby County* lässt sich eine solche Position der Trauer und Klage nicht in Anspruch nehmen. Wohl aber reagiert sein Darstellungsmodus auf das von Jameson formulierte epochale Grundproblem, eine Gegenwart zu schildern, in der Welt und Ware ununterscheidbar geworden sind.

Fügen wir unserer Gegenwarts-Theorie ein weiteres Element hinzu. Die Hinwendung zur Oberfläche korrespondiert einem kulturellen, literarischen wie akademischen Großtrend, der seit Ende der 1980er Jahre als spatial turn beschrieben wurde (zur Sach- und Begriffsgeschichte vgl. Winkler, Seifert, Detering 2012). Ausgehend von den Überlegungen Edward Sojas (1989) zu einer radikalen Geographie und den bis in die Gegenwart reichenden Bemühungen um eine emanzipative Wiederaneignung urbaner Räume findet sich vom spatial turn inspiriertes Denken heute in gegenwartskultureller Praxis ebenso wie in einer Vielzahl kulturwissenschaftlicher Bereiche. Die erhöhte Aufmerksamkeit für Fragen und Phänomene des Raums entspricht einer gesteigerten Sensibilität für die lebensweltliche Realität der Kultur. Die zunehmende Beachtung von Haptik und Präsenz kultureller Lebensvollzüge verbindet sich mit einer Kritik der Vernachlässigung gerade dieser Dimensionen innerhalb einer tiefenhermeneutischen Tradition, welche vom kulturell Konkreten stets auf einen Tiefen-Sinn hin abstrahiert, welcher als immateriell und rational intelligibel begriffen wird (vgl. Nancy 1993, Gumbrecht 2004) – und findet wiederum in den Oberflächen der Artefakte und Realien das Material ihrer Erkenntnis. Tragen wir ein letztes Element gegenwärtiger Sensibilität an den Roman heran: Ein weiterer Strang gegenwärtigen abendländischen Denkens, mit der Vorstellung eines spatial turn auf verwickelte Weise vielfach verknüpft, reflektiert unser Verhältnis zu Vergangenheit, Gegenwart und Zukunft, und, noch präziser: das Verhältnis von Vergangenheit, Gegenwart und Zukunft zu sich selbst und zueinander, das sich in den Jahrzehnten „nach dem Boom" (Doering-Manteuffel und Raphael 2008 – gemeint ist die Zeitspanne seit Ende der 1970er Jahre bis zur Gegenwart) radikal verändert hat. Immer wieder betonen postmoderne Denker den endgültigen Zerfall geschichtsphilosophisch abgestützter Teleologie im 20. Jahrhundert. Die Vorstellung, der Mensch stehe beständig in der Situation, Vergangenes hinter sich zu lassen, um aus einer Vielzahl von Optionen mögliche Zukünfte auszuwählen, ist verdrängt worden von einer gegenwärtigen Sensibilität, für welche die Vergangenheit niemals vergangen scheint, die Zukunft jedoch als von düsteren Szenarien gezeichnet und verschlossen erscheint (Gumbrecht 2010). Die Auflösung der Vorstellung einer linearen Verkettung von Zeitpunkten zum vorwärtsorientierten Ganzen der historischen Zeit an sich führt dazu, dass andere kulturelle Ordnungsmodelle an ihre Stelle treten – ein kosmologisches Modell, das sich selbst eher in räumlichen als zeitlichen Bildern begreift. Kopräsenz nebeneinander bestehender Phänomene ohne Fortschrittsvektor bestimmt so die kulturelle Selbstreferenz der Gegenwart. Drei Jahrzehnte nach Jamesons dystopischer Angstphantasie, welche sein Wahrnehmungsentwurf einer ‚Postmoderne' eigentlich meint, sind ihre Elemente zur metropolitanen Lebensrealität der westlichen Welt geworden. „Im Weltinnenraum des Kapitals" (Sloterdijk 2005) erübrigen sich etliche der polaren Differenzierungen, welche den Erfahrungshorizont der Moderne wesentlich bestimmt haben, so etwa, um nur einige zu nennen, die Scheidung von Erwerbsarbeit und Freizeit, Kunst und Design, ästhetischer Schau und Konsum, öffentlicher und privater Person, sozialer Rolle und vorsozialem Subjekt, Gesellschaft und Kritik. Im Moment des vollzogenen Zur-Ware-Werdens lebensweltlicher Phänomene unterschiedlichster Natur wird die Warenförmigkeit der Ware an ihr selbst inintelligibel und die Differenzierung von ‚Ware' und ‚Leben', ‚Natur' und ‚Produkt' nicht nur unmöglich, sondern sinnlos. Zugleich hat die Auflösung historischer Chronologie und der damit verbundenen geschichtsphilosophischen Valenzen zu einer Verflüchtigung der ästhetisch-moralischen Maßstäbe der Hochmoderne geführt, welche noch dem älteren Pop als Bezugsrahmen und Kontrastfolie zur Verfügung standen.

Legt man diese komplexen soziokulturellen und epistemischen Hintergrundannahmen einer entsprechend sensibilisierten Relektüre des Romans zugrunde, so erscheinen seine ästhetischen und narrativen Entscheidungen von stupender Klarsichtigkeit. Zwar hat das Rezensions-Feuilleton ‚kritische' Lesarten des Textes im Halbdutzend aufgeboten: von einer „Satire" (von Sternburg 2011) war dort die Rede, von einer „ebenso heitere[n] wie vergnügliche[n] Parodie" (Bucheli 2011). Doch gehen diese Einschätzungen in bemerkenswerter Weise ebenso am Text vorbei wie die vielfach notierte Intuition, den Roman als „Parabel" (Hammelehle 2011) lesen zu wollen. Dabei übergehen solche vermeintlichen Lektüreschlüssel die schlichte Tatsache, dass der Text gerade jenes explizite „Transfersignal" (Zymner 2009, 559) vermissen lässt, welches ein Lektüremodell der Übertragung vom Uneigentlichen der Fiktion in die Eigentlichkeit der Gegenwartsdarstellung textintern legitimieren würde. Zwar weist der Roman einige Merkmale des parabolischen Gattungsspektrums (Parabel im engeren Sinne, Fabel, Allegorie) auf. Eine „Appellstruktur der Uneigentlichkeit" (Zymner 2009, 560) ist ihm aber kaum zu attestieren. Verbinden sich in der Gattungsgeschichte rhetorisch-grammatische mit religiösen, jüdisch-christlichen Textpraktiken (vgl. Zymner 2009), so erhellt sich zwar darüber auch die im Feuilleton wiederholt zu beobachtende Rezeptionshaltung, den Roman auf einen Tiefen-Sinn hin ausdeuten zu wollen: Als „hermeneutische Gattung" (Elm 1982, 82) erzwingt die Parabel solche Lesarten geradezu. Als Parabel verstanden, käme dem Text eine moraldidaktische Funktion zu, welche in dem literaturkritischen Impuls, dem Roman eine ‚Kritik' gegenwärtiger gesellschaftlicher Verhältnisse ablesen zu wollen, ihr spätes Echo findet: „Die Rhetorik der traditionellen Parabel zielt [...] auf die Vermittlung positiver Vernunftwahrheit." (Elm 1982, 82). Doch ist es eben der genannte Verzicht auf eine textuell markierte Rezeptionslizenz zum Transfer, welcher eine Lektüre des Romans als Parabel an gattungstheoretische Plausibilitätsgrenzen stoßen lässt, die nicht mit dem Hinweis auf die augenfällige Bildhaftigkeit des Textes umgangen werden können. Die geschilderte Aufhebung bloß abstrakter realer Verhältnisse in die höhere Darstellungsart konkreter Literatur muss parabolische, allegorisierende wie symbolisierende Lesarten des Textes notwendig an der Textoberfläche zerschellen lassen. Die Vorstellung eines allegorischen Sinnsubstrats, das es hinter dem Text zu entschlüsseln gäbe, erweist sich als offensichtlich inkompatibel mit der textuellen Evidenz des Romans, welche solche Lesarten nicht nur fortwährend unterläuft, sondern im Angebot der Figuration des Konkreten erfolgreich überbietet. Ein weiteres Moment kommt hinzu, das als Technik der Minimalverfremdung beschrieben werden kann: gemeint ist die geringfügige Veränderung realer Verhältnisse zur Wirklichkeit der Fiktion, die der Roman betreibt und die einen Leseeindruck erzeugt, der eigenen Zeit um wenige Minuten voraus zu sein. In der Durchdringung vollkommen abstrakter gesellschaftlicher Verhältnisse und ihrer Erhebung zur konkreten Anschauung erweist sich der Roman nicht nur als bemerkenswert welthaltig, sondern als philosophische Unternehmung von geradezu hegelianischem Skopus (Hegel 1970 [1835], vgl. außerdem Marx 1983 [1857]): Indem der Roman jegliche Ephemerität des Geschehens von seiner literarischen Gestaltung abzieht, verdichtet er seine Gehalte zur radikal konkreten Form der Darstellung. Das Abstrakte der warenförmigen Lebenswelt im jüngsten Kapitalismus wird so zum Konkreten einer auf minimale Vollzüge reduzierten Romanwelt, welche die gesellschaftlichen Verhältnisse der Gegenwart in ihre anschauliche Form aufhebt.

Spätestens an dieser Stelle ist nach der Legitimität und Relevanz einer Bestimmung des Romans als ‚Pop' zu fragen. Äußerliche Bezugnahmen auf Haltungen und Stilgesten von ‚Pop' lassen sich unschwer und in hinreichender Dichte finden. So ist nicht nur die konsumistisch verspiegelte Oberflächenoptik des Romans ziemlich sicher ‚Pop'. Auch sind es seine spätadoleszenten Protagonistinnen und Protagonisten, die Handlungselemente von „Sinnlichkeit, Trennung, Tanzparty" (16) und der zwischen Abgeklärtheit und Snobismus zu liegen kommende Erzählgestus. Sprachliche Eigenheiten und stilistische aemulatio tun ihr Übriges: Die vom Autor selbst in zahllosen Äußerungen bekundete ästhetische Nähe zu den Erzählverfahren und sprachlichen Gestaltungsweisen Christian Krachts, die auch von den Feuilletons wiederholt behauptet wurde, ist dem Text kaum abzusprechen, ebensowenig wie ein darüber weit hinausweisendes Formwollen, eine bemerkenswerte stilistische Eleganz, die den Roman von dem in der Gegenwartsliteratur vorherrschenden allgemeinen Realismus (Baßler 2013) wohltuend abhebt. Doch führt die Strategie ästhetischer Aufhebung die formalen wie inhaltlichen Gestaltungselemente der Pop-Literatur an ihre Grenzen: so etwa die seit Moritz Baßlers (2002) Studie zur Archiv-Funktion immer wieder beschriebene Geste popliterarischer Werke, Gegenwart verschlagwortend zu inventarisieren und zu archivieren. Der in vielen Pop-Texten von Hornby bis Kracht, von Brinkmann bis Meinecke zu beobachtende Modus, über das Anlegen von Listen (generationsprägender Musikstücke, Filmszenen, Modephänomene, etc.) Welthaltigkeit herzustellen, findet sich in *Schimmernder Dunst über CobyCounty* auf seine pure poetische Funktion reduziert – und damit zu einer konkreten Allgemeinheit erhoben, welche die Schlacken des Realen hinter sich lässt. Die Marken- und sonstigen Namen, in *Schimmernder Dunst über Coby County* sind sie von beinahe alberner Ausgedachtheit: „Colemen&Aura" (passim), „BakeryExpress" (28), und so weiter. Der Name der Marke erscheint so aufgehoben zur konkreten Funktion des Namens als Name – und der Roman nicht nur in dieser Hinsicht als Zeugnis einer Aufhebung von Pop in Literatur. Eine Etikettierung des Romans als ‚Post-Pop', ‚Pop III' oder ähnliches erscheint jedoch nicht nur als von begrifflich begrenzter Innovationskraft, sondern auch heuristisch als wenig ertragreich. Sie ginge überdies auch einfach am Roman vorbei, scheint doch gerade nicht der ‚Abschied' von Pop als sein ästhetisches Programm, sondern weit eher seine literarische Fortentwicklung und Aufhebung zu einer neuen Gestalt – und was wäre Pop, wenn nicht die stete Wiederholung der Suche nach dem je Neuen, gerade eben jetzt Gültigen?

Randt, Leif. *Schimmernder Dunst über Coby County*. Berlin: Berlin Verlag, 2011.

Literaturverzeichnis

Baßler, Moritz. *Der deutsche Pop-Roman. Die neuen Archivisten*. München: C.H. Beck, 2002.
Baßler, Moritz. „Die Unendlichkeit des realistischen Erzählens. Eine kurze Geschichte moderner Textverfahren und die narrativen Optionen der Gegenwart." *Die Unendlichkeit des Erzählens. Der Roman in der deutschsprachigen Gegenwartsliteratur seit 1989*. Hrsg. von Carsten Rohde und Hansgeorg Schmidt-Bergmann. Bielefeld: Aisthesis, 2013. 27–45.
Bopp, Lena. „Die fetten Jahre sind die besten. Das wahrscheinlich unaufgeregteste Buch der Saison: Leif Randt schildert einen jungen Mann, der mit sich und der Welt zufrieden ist. Und schreibt darüber einen fast epochalen Generationenroman." *Frankfurter Allgemeine Zeitung* 6. August 2011: Z5.
Bucheli, Roman. „Schöner leben. Leif Randts köstlicher Roman ‚Schimmernder Dunst über Coby County'. *Neue Zürcher Zeitung* 3. September 2011: 21.
Doering-Manteuffel, Anselm, und Lutz Raphael. *Nach dem Boom. Perspektiven auf die Zeitgeschichte seit 1970*. Göttingen: Vandenhoeck & Ruprecht, 2008.
Elm, Theo. *Die moderne Parabel. Parabel und Parabolik in Theorie und Geschichte*. München: Fink, 1982.
Grabienski, Olaf, Till Huber und Jan-Noël Thon (Hrsg.): *Poetik der Oberfläche. Die deutschsprachige Popliteratur der 1990er Jahre*. Berlin und Boston: De Gruyter, 2011.
Gumbrecht, Hans Ulrich. *Diesseits der Hermeneutik. Über die Produktion von Präsenz*. Frankfurt am Main: Suhrkamp, 2004.
Gumbrecht, Hans Ulrich. *Unsere breite Gegenwart*. Berlin: Suhrkamp, 2010.
Hammelehle, Sebastian. „Das Ende der Neocons. Deutsche Literatur 2011". *Spiegel Online*, 28. Dezember 2011. http://www.spiegel.de/kultur/literatur/deutsche-literatur-2011-das-ende-der-neocons-a-805050.html.
Hassan, Ihab. The *Dismemberment of Orpheus. Toward a Postmodern Literature*. Madison, WI: University of Wisconsin Press, ²1982. 259–271.

Hegel, Georg Wilhelm Friedrich. „Wer denkt abstrakt?" *Werke 2. Jenaer Schriften 1801–1807*. Hrsg. von Karl-Markus Michel und Eva Moldenhauer: Frankfurt am Main: Suhrkamp, 1970 [1835]. 575–581.
Hensel, Jana. „Die Wütenden". *Der Freitag* 6. Oktober 2011.
Kämmerlings, Richard. „Hier sitzt die neue deutsche Literatur. Ein Sound, den wir so nie gehört haben: Der Schriftsteller Leif Randt rechnet unsere unheimliche, angenehme Gegenwart in die Zukunft hoch". *Welt am Sonntag* 21. August 2011.
Jameson, Fredric. „Postmodernism, or The Cultural Logic of Late Capitalism." *New Left Review* (146 July–August) 1984: 53–92.
Mandel, Ernest. *Der Spätkapitalismus. Versuch einer marxistischen Erklärung*. Frankfurt am Main: Suhrkamp, 1972.
Marx, Karl. „Einleitung zu den Grundrissen der Kritik der politischen Ökonomie [Ms. 1857]. *Karl Marx Friedrich Engels Werke [MEW]. Bd. 42*. Berlin-Ost: Dietz 1983. 15–45 (Abschnitt 3: Die Methode der politischen Ökonomie, 34–42).
Nancy, Jean-Luc. *The Birth to Presence*. Übers. von Brian Holmes u. a. Stanford: Stanford University Press, 1993.
Regn, Gerhard. „Postmoderne und Poetik der Oberfläche". *Poststrukturalismus – Dekonstruktion – Postmoderne*. Hrsg. von Klaus W. Hempfer. Stuttgart: Steiner, 1992. 52–74.
Schröder, Christoph. „Generation Obstkorb. Wenn Oberfläche alles ist: Leif Randts ganz softer Roman ‚Schimmernder Dunst über Coby County'". *Süddeutsche Zeitung* 15. August 2011: 17.
Soja, Edward. *Postmodern Geographies. The Reassertion of Space in Critical Social Theory*. London: Verso, 1989.
von Sternburg, Judith. „Unser insgeheim biederes Herz. Die beste der hier möglichen Welten: Leif Randts ‚Schimmernder Dunst über Coby County'". *Frankfurter Rundschau* 9. August 2011: 32.
Winkels, Hubert. „Genießen Sie das Leben! Leif Randt liefert ein ätzendes Porträt unserer mild gestimmten Wohlfühlwelt, in der alle Härte der Existenz wegmoderiert wird". *Die Zeit* 13. Oktober 2011: 52.
Winkler, Kathrin, Kim Seifert und Heinrich Detering. „Die Literaturwissenschaften im Spatial Turn. Versuch einer Positionsbestimmung." *Journal of Literary Theory* 6.1 (2012): 253–269.
Zymner, Rüdiger. s. v. „Parabel". *Handbuch der literarischen Gattungen*. Hrsg. von Dieter Lamping. Stuttgart: Kröner, 2009. 559–569.

5. Glossar

Archiv – Das Archiv, abgeleitet von gr. *archeion* ‚Amtsgebäude', bezeichnet zunächst einen Aufbewahrungsort für öffentliche Dokumente. Die Begriffsverwendung in der Forschung zur Pop-Literatur bezieht sich auf die spezifische Bedeutung von ‚Archiv' als Bereich des kulturell Valorisierten in der Kulturökonomik von Boris Groys. Indem Literatur neue Wörter (Begriffe, Dinge) wie z. B. Marken- und Bandnamen erstvertextet, archiviert sie nicht nur diese, sondern die mit ihnen verbundenen Assoziationen (Äquivalenzen, Kontiguitäten), die die Enzyklopädie (im Sinne Umberto Ecos) ihrer Gegenwart strukturieren. Sie erschließt sich dadurch eine neue paradigmatische Dimension und schreibt zugleich aktiv an kulturellen Zusammenhängen mit, d. h. sie entfaltet eine kulturpoietische Funktion. Die besondere Affinität von Pop-Literatur zu Verfahren der Archivierung beschreibt Baßler (2002; → 3.2 BASSLER).

„Das Neue ist nur dann neu, wenn es nicht einfach nur für irgendein bestimmtes individuelles Bewußtsein neu ist, sondern wenn es in bezug auf die kulturellen Archive neu ist." (Boris Groys)

Moritz Baßler

Autofiktion – Als ‚autofiktional' bezeichnet die Literaturwissenschaft die Modalität zwischen Fiktion und Autobiographie. Der Begriff geht auf den Romancier und Literaturwissenschaftler Serge Doubrovsky (2008) zurück, nach dem Autofiktion die „Fiktion strikt realer Ereignisse und Fakten" bedeutet. Autofiktionale Texte tragen deshalb häufig die Gattungsbezeichnungen fiktionaler Textsorten wie ‚Roman' oder ‚Kurzgeschichte' und folgen ihren Konstruktionsprinzipien. Mit dem Fingieren tritt das „Abenteuer der Sprache" in den Text; der Unterschied zu üblichen Formen der Fiktion ist jedoch, dass Figur und Autor durch Namensidentität miteinander verknüpft sind und der Autor so zum selbstreferenziellen Zentrum seines Textes aufsteigt. Die Autofiktion lässt „den Autor als denjenigen, der fingiert und sich selbst fingiert, in Erscheinung treten" (Martina Wagner-Egelhaaf), auch wenn teilweise nicht festgestellt werden kann, wo der autobiografische Modus endet und der fiktonale beginnt.

Pop-Literatur macht sich den autofiktionalen Modus zunutze, um Gegenwärtigkeit und Unmittelbarkeit für sich zu beanspruchen. Die autofiktionale Pop-Persona erstellt einen Selbstentwurf mit eigener Weltanschauung und Stilperformanz, zusammengesetzt aus unterschiedlichen Marken, und Vorbildern. Benjamin v. Stuckrad-Barres Ich-Erzähler in *Soloalbum* (→ 4.13 BASSLER) ist als Hamburger Musikjournalist nah an einer bestimmten Lebensphase des Autors konzipiert; auch der Protagonist von Joachim Lottmanns Prosa Johannes Lohmer lässt sich nicht von ungefähr mit ‚JoLo' abkürzen (→ 4.9 DRÜGH). Rainald Goetz schafft es in seinem Auftritt beim Bachmann-Wettbewerb 1983 das Sprechen im ‚Hier und Jetzt' auf die Spitze zu treiben. In seiner Erzählung „Subito" (→ 4.7 SCHUMACHER) wechselt die Narration von der dritten in die erste Person und vom Präteritum ins Präsens, dann beschreibt sein Ich-Erzähler, wie er sich selbst mit einer Rasierklinge in die Haut schneidet, während Goetz den Sprechakt leibhaftig performiert (→ 3.3 KREKNIN).

„Ohne Blut logisch kein Sinn. Und weil ich kein Terrorist geworden bin, deshalb kann ich bloß in mein eigenes weißes Fleisch hineinschneiden. [...] Ich schneide in die Haut, Blut quillt hervor, und es macht Fließ Rinn Zisch Lösch. [...] Mit ruhiger Hand setze ich die Rasierklinge auf eine beliebige Stelle unversehrter Haut und schneid gut sichtbar und tief in die Epidermis ein. Die so hergestellte Spalte ist für einen Augenblick von hellweißen Wundrändern eingefasst und beginnt dann langsam, vom Wundgrund her, sich mit Blut zu füllen [...]." (Rainald Goetz)

Christopher Lukman

Beat/Beat-Literatur – Vom Englischen Wort *beat* abgeleitet, was mehrere Assoziationen zulässt. Erstens musikalische („to beat a drum"/„to count the beat": eine Trommel schlagen/den Takt zählen), zweitens solche zu emotionalen Zuständen („beat": erschöpft, niedergeschlagen), drittens sexuelle („to beat off": masturbieren). In Bezug auf die Beat-Generation in den USA der 1950er Jahre führt Jack Kerouac das Wort auch auf *beatitude* beziehungsweise *beatific* zurück, was mit Seligkeit oder Glückseligkeit zu übersetzen ist. Die religiösen Konnotationen dieses Worts deuten auf das Interesse der Beat-Generation an den Mystiker_innen des Zen-Buddhismus und des Christentums. Die Selbstbezeichnung Beat-Generation in Analogie zur Lost Generation – so wurde die Nachkriegsgeneration des Ersten Weltkriegs von Hemingway bezeichnet – prägte Kerouac mit dem befreundeten Schriftsteller John Clellon Holmes. Beat taucht in verschiedenen Wortverbindungen auf, am häufigsten als Beat-Generation, seltener auch nur The Beats oder, als pejorative Zuschreibung von außen, Beatniks.

Protagonisten der Beat-Generation waren auch literarisch aktiv, als wichtigste Texte gelten Allen Ginsbergs *Howl* (1956), Jack Kerouacs *On the Road* (1957) und William S. Burroughs *Naked Lunch* (1959). Die Texte der Beat-Generation waren wichtige Bezugstexte für die Pop-Literatur der 1960er Jahre, so beispielsweise für Rolf Dieter Brinkmann und Hubert Fichte oder auch für Wolf Wondratschek und Jörg Fauser. In den 1990er Jahren wird die musikalische Dimension des Beat-Begriffs in Bezug auf elektronische Musik wiederaufgegriffen. Was in den 1950er Jahren der Rhythmus des Jazz war, sind jetzt die B.s der Clubmusik: Quelle von

Analogien zur Kategorisierung von Schreibweisen und von poetologischen Metaphern. Auch die Assoziation von B.s mit quasi-mystischen Erfahrungen wird beispielswiese in Rainald Goetz' *Rave* (1998) wiederaufgenommen.

"The origins of the word beat are obscure, but the meaning is only too clear to most Americans. More than the feeling of weariness, it implies the feeling of having been used, of being raw. It involves a sort of nakedness of the mind, and, ultimately, of soul; a feeling of being reduced to the bedrock of consciousness." (John Clellon Holmes)

„Verweigert [...] wird die von Generation zu Generation weitergereichte ‚natürliche' Verpflichtung zum ‚großen Thema'. Das ist ein Bruch jenes Kontinuums von Kultur, dessen Anfänge die Beat-Autoren setzen. Die herrische Geste des Besserwissens, des Belehrens sowie die gußeiserne Autorität ‚Dichter' ist in diesen Gedichten nicht vorhanden." (Rolf Dieter Brinkmann)

„Er schaute hoch, er nickte und fühlte sich gedacht vom Bum-bum-bum des Beats. Und der große Bumbum sagte: eins eins eins – [...] geil geil geil geil geil ..." (Rainald Goetz)

Elias Kreuzmair

Camp – (engl., aus frz. *se camper*) bezeichnet einen ästhetischen Modus und/oder eine Rezeptionsweise. Etwas *campy* finden bedeutet, ein Objekt unter ästhetischen Gesichtspunkten positiv zu valorisieren oder sich anzueignen, das eine solche Valorisierung nach dominanter Überzeugung nicht verdient, nach dem Motto: ‚Es ist so schlecht, dass es schon wieder gut ist', etwa weil es trotz entsprechender Ambition nicht vollständig gelungen ist, Merkmale des Übertriebenen, des *too much* aufweist, oder auch nur, weil es ein kulturindustrielles Erzeugnis ist. Dieses Objekt ist dann naiver Camp (Camp1), wenn es nicht für diese spezielle Rezeption produziert wurde, andernfalls handelt es sich um bewussten Camp (Camp2). Camp ist ein entnaturalisierendes Verfahren, es bezieht sich stets auf Artefakte und setzt alles in Anführungszeichen der Künstlichkeit, des Rollenspiels und der paradigmatischen Vorbehaltlichkeit; eine Tiffany-Lampe „is not a lamp, but a ‚lamp'", Jayne Mansfield „not a woman, but a ‚woman'" (Susan Sontag). Aufgrund der Praxis des *camping*, des bewusst übertriebenen Posierens (z. B. mit Federboa), wird Camp häufig mit dem Stilbewusstsein homosexueller Szenen assoziiert, war aber nie auf diese beschränkt. Die beiden Texte, die den Begriff als ästhetische Kategorie einführen, sind Christopher Isherwoods Roman *The World in the Evening* (1954) und vor allem Susan Sontags seminaler Essay „Notes on ‚Camp'" (1964). – Das Verhältnis von Camp zu Pop (als

Modus von Artefakten und der Rezeption) ist vielfältig, komplex und umstritten. (→ 2.5 BASSLER)

„Camp is the answer to the question: how to be a dandy in the age of mass culture?" (Susan Sontag)

„The ultimate Camp statement: it's good because it's awful." (Susan Sontag)
Moritz Baßler

Cut up – Aleatorische Montagetechnik, die das Zerschneiden (*cut up*) oder Falten (*fold in*) und Neuzusammensetzen von Texten praktiziert. Sie war in der → BEAT-LITERATUR beliebt (z. B. William S. Burroughs: *Naked Lunch*, 1959) und wurde auch in der deutschsprachigen Pop-Literatur der 1960er praktiziert (z. B. Jürgen Ploog, Carl Weissner). Ausgangspunkt war das Lesen über Zeitungsspalten hinweg (*cross column*; → 3.2 BASSLER)

„[E]in Wort, eine Passage erscheint in einer neuen Kombination, wobei die Schnittfläche klar erkennbar bleibt – man erinnert sich an das Wort oder die Passage in ihrem originalen Zusammenhang und sieht sie gleichzeitig im neuen Zusammenhang (die Beziehung zu Schnitt und Rückblende im Film liegt auf der Hand)." (Carl Weissner)

„Immer wieder Schnitte, Schnitte, Schnitte, immer wieder Schnitte, Schnitte, Schnitte, Schnitte, Schnitte ... Schnitt, noch ein Schnitt, und noch ein Schnitt ..." (Rolf Dieter Brinkmann)
Moritz Baßler

Dandy – Die Figur des klassischen Dandys (engl., Wortherkunft unbekannt) hat seinen Ursprung im 18. Jahrhundert und wurde unter anderem von Schriftstellern wie Jules Barbey d'Aurevilly, Charles Baudelaire, Joris-Karl Huysmans oder Oscar Wilde literarisch verarbeitet. Der stark ästhetizistische Zugang eines Dandys zur Welt, der sich in einem affirmativen Umgang mit Konsumkultur widerspiegelt, macht die Figur für die deutschsprachige Popliteratur der 1990er Jahre interessant, die ebenfalls eine ausgeprägte Oberflächenfaszination hegt (→ OBERFLÄCHE). Der Dandy tritt in einschlägigen Texten wie Christian Krachts *Faserland* (1995; → 4.12 GRABIENSKI) dabei nicht nur als Subjekt auf den Plan, sondern steht paradigmatisch für poptypische Verfahren und ästhetische Überlegungen. Eine prominente Aktualisierung des historischen Typus findet sich dabei bereits bei Susan Sontag, deren „Dandy des Zeitalters der Massenkultur" in „Notes on ‚Camp'" (1964) in Abgrenzung zu der ‚traditionellen Kultiviertheit' eines intellektuellen Bürgertums aus populärer Kultur und Hochkultur schöpft. Ästhetische Differenzierungen werden dabei durch ein kuratorisches Auswahlverfahren erzielt, das mit der Kultivierung eines hoch-distinktiven Geschmackskodex einhergehen kann. Dieser erschließt sich oftmals nur einer bestimmten Stilgemeinschaft und verfährt in einem uneigentlichen Modus (→ 2.5 BASSLER). Für die dandyhafte Selbstinszenierung ist *Sophistication* (Nadja Geer) als intellektueller Selbstentwurf der Popmoderne zentral, die sich nicht nur performativ, sondern auch auf inhaltlich-textlicher Ebene in Haltung und Pose materialisieren kann (→ 3.8 GEER). Ein dandyhafter Sprachgestus findet sich beispielsweise in frühen *Spex*-Ausgaben oder in der Selbstinszenierung des „popkulturellen Quintetts" in *Tristesse Royale* (1999; → 4.15 DÖRING).

„Wir, die wir hier sitzen, sind so unauthentisch, daß es sich gar nicht lohnen würde, uns zu re-modeln. Wir befinden uns schon unser ganzes Leben in ständiger Metamorphose." (Alexander von Schönburg)

„Ich empfinde aber auch meine eigenen Texte als luxuriös, da sie mit einem gewissen sprachgestalterischen Aufwand gearbeitet sind." (Max Goldt)

„'Musstest Du diese Sandalen unbedingt tragen? Sie sehen zum Schämen aus', sagte er. ‚Sandalen zu tragen, dear, ist, der Bourgeoisie einen Fußtritt ins Gesicht zu geben.'" (Christian Kracht)

Hannah Zipfel

DJ – Die Wurzeln des meist nur noch als Akronym genutzten Begriffs Diskjockey werden kaum noch der heutigen Bedeutung seines Trägers gerecht: Bezeichnet die „disc" lediglich das genutzte Speichermedium, steht „jockey" für eine Art Handlanger und suggeriert damit einen schlichten Dienstleistungscharakter. In der Anfangszeit des Radios zu Beginn des 20. Jahrhunderts beschränkte sich die Tätigkeit des DJs tatsächlich auf ein simples Plattenauflegen, und selbst als seine Bedeutung wuchs, übernahm er eher journalistische, werberische oder geschmacksbildende Funktionen. Ein musikalisches Bewusstsein entwickelte der DJ erst in der Diskothek: Im Frankreich der Besatzungszeit aufgrund der Vertreibung der Jazzbands durch die Nationalsozialisten entstanden, setzte sich das Konzept nach dem zweiten Weltkrieg in ganz Europa und schließlich auch den USA aus ökonomischen Gründen durch. Ab Ende der 1960er Jahre und verstärkt in den 1970er Jahren wuchs die Rolle des DJs in den Genres Disco und HipHop, hier unter starkem Einfluss jamaikanischer Soundsystem-Kultur, von einem bloßen Kurator zu einem eigenständigen Musiker, dessen Instrumentarium aus Abspielgeräten wie dem Plattenspieler bestand. Als zentrale Verfahren bildeten sich in der Folge das Mischen zweier Platten, das Remixen und das Samplen heraus. Dadurch ist die Musik, die der DJ kreiert, automatisch selbstreferentiell, verweist auf ihren eigenen konstruierten, technischen Charakter und das zugrunde liegende Ausgangsmaterial. Das Leben des DJs im mythisch aufgeladenen Versteck der Kanzel ebenso wie die Anonymisierung durch das Nutzen von Pseudonymen laden dazu ein, ihn nicht nur paradoxerweise zur Symbolfigur der Rave-Kultur der 1990er Jahre zu machen, sondern ihn zum idealen toten Autor zu stilisieren. In der verfahrensbedingten Absage an das genialische, aus sich selbst schöpfende Individuum ebenso wie der massiven, beinahe ausschließlichen Intertextualität seiner Musik bietet der DJ Anknüpfungspunkte an die postmoderne Theorie ebenso wie die diversen Collage-Typen der historischen Avantgarde. Damit öffnete sich sein Repertoire auch für gänzlich andere Gegenstände wie Kunst oder Literatur. Insbesondere Letztere bietet mit William S. Burroughs Cut-Up-Technik nicht nur einen nahezu parallel entwickelten, verwandten Ansatz, sondern mit der Pop-Literatur des Listenfetischisten Benjamin v. Stuckrad-Barre, des exzessiv samplenden Thomas Meinecke oder des offenkundig montierenden, sich der Öffentlichkeit entziehenden Christian Kracht auch eine vielseitige Aneignung der DJ-Culture.

„Hang the DJ, hang the DJ, hang the DJ, hang the DJ, hang the DJ, hang the DJ, hang the DJ" (Morrissey)

„Leute, eßt meine ostwestfälische, grobe Scheinwurst. So käme remixtechnisch noch etwas mehr Fleisch an die Geschichte." (Westbam)

„Die Plattenkiste des DJs steckt voller Geschichte, gespeichert auf Vinyl." (Ulf Poschardt)

Sebastian Berlich

Gegenwart – Im Kontext von Pop werden zwei Bedeutungsebenen und Verwendungsweisen relevant, die im deutschen Wort ‚Gegenwart' zusammenfallen: einerseits das Verständnis von Gegenwart im Sinne von lat. *praesentia* als räumliche Anwesenheit, als Präsenz; andererseits die durch das Wort gleichermaßen bezeichnete Zeitform, das Präsens, und der entsprechenden Zeitraum oder Zeitpunkt, die gegenwärtige Zeit, die ‚Jetztzeit'. Diese Verbindung ist schon in den onomatopoetischen Qualitäten des Wortes → POP angelegt, das nicht zuletzt aufgrund seiner Kürze und der schlagartigen, abrupten, auf einen kurzen Moment begrenzten Evokation eines Knalls oder Schlags Effekte der Plötzlichkeit und der Präsenz provoziert. Die Pop Art der 1960er Jahre findet hier ebenso ihren Ausgangspunkt wie eine Literatur, die in diesem mehrfachen Sinn auf ‚Gegenwart' setzt und dabei, wie die Pop Art, die Fokussierung auf die Gegenwart, auf Präsens und Präsenz, zugleich mit Verfahren der Reproduktion und der Repräsentation verknüpft. An die Stelle der Suche nach dem einen, entscheidenden Augenblick, dem mystischen Moment, treten bei Andy Warhol, Rolf Dieter Brinkmann und Elfriede Jelinek wie bei Rainald Goetz, Andreas Neumeister und Thomas Meinecke eine Ästhetik der → OBERFLÄCHE, Verfahren der Gegenwartsfixierung und der Serialisierung des Jetzt (→ 3.1 SCHUMACHER). Jedes ‚Jetzt' wird nur unter der Bedingung hervorgehoben, dass diese Hervorhebung durch Verfahren der Reihung und Repetition zugleich auch wieder relativiert wird, dass es als Teil einer potentiell verlängerbaren Serie erscheint, die Vorstellungen von Singularität zwar in Aussicht stellt, aber zugleich immer schon mit den Möglichkeiten der unabschließbaren Vervielfältigung konfrontiert: „jetzt, jetzt, jetzt, jetzt, jetzt, ad infinitum!" (Rolf Dieter Brinkmann). Nicht zuletzt auf diese Weise, verstärkt durch die Paradoxien der Gegenwartsfixierung, kann auch im Medium der Schrift Aktualität, Gegenwart und Gegenwärtigkeit produziert werden – oder zumindest die „Illusion des Gegenwärtigen" (Thomas Meinecke).

„Was ich hier in der Gegenwart betrieb, war Grundlagenforschung der Gegenwart." (Rolf Dieter Brinkmann)

„Höhere Wesen befahlen: fotografiere die Zeit, jetzt. Jetzt nochmal, dann gleich wieder, und so weiter, jetzt heißt ja immer wieder nochmal jetzt." (Rainald Goetz)

„'Be Here Now' – das kann ja alles heißen! ‚Be Here Now' kann nicht nur, sondern will auch unbedingt – alles heißen." (Benjamin v. Stuckrad-Barre)

Eckhard Schumacher

High/Low – Im Sinne von: Hochkultur und Populärkultur (Massenkultur, Alltagskultur etc.), E und U, Kunst und Unterhaltung.

Die Trennung von ‚hoher' Kunst und ‚profaner' Unterhaltung war im deutschsprachigen Raum seit Schillers Bürger-Rezensionen (1789) lange alternativlos – bis Pop die Kunstparameter ändert. Das geschieht ab Mitte der 1950er-Jahre zunächst in der Pop Art (Richard Hamilton, Roy Lichtenstein, Andy Warhol et al.) und wird im Laufe der 1960er-Jahre in der deutschen Pop-Literatur um Autorinnen und Autoren wie Rolf Dieter Brinkmann, Elfriede Jelinek, Jürgen Ploog, Hubert Fichte und H. C. Artmann aufgegriffen (ein Vorgängerphänomen ist die amerikanische Beat Literature).

Eine wichtige Figur der deutschen Pop-Debatte ist der amerikanische Literaturwissenschaftler Leslie Fiedler. 1968 hält Fiedler einen Vortrag in Freiburg, der eine systematische Auflösung der Dichotomie High / Low in der Literatur fordert. Fiedlers Vortrag gilt als initiales Moment der deutschen Pop-Literatur (→ 2.1 WEGMANN). Aktuelle kulturtheoretische Positionen (Diederichsen, Reckwitz) gehen davon aus, dass die Grenzen zwischen High und Low im 21. Jahrhundert weitestgehend erodiert sind oder sich zumindest sehr fluide gestalten (→ 2.11 SEESSLEN).

„cross the border, close the gap" (Leslie Fiedler)

„there weren't two separate societies in the United states anymore – one official and heavy and ‚meaningful' and the other frivolous and Pop. [...] Everybody was part of the same culture now." (Andy Warhol)

„... die vormals scharfe Trennung in ‚hohe' und ‚niedere' Kunst [ist] gefallen." (Diedrich Diederichsen)

Philipp Pabst

Ironie – (aus griech. εἰρωνεία *eirōneía*, Verstellung) bezeichnet seit der Antike einen rhetorischen Modus, bei dem das Gemeinte durch sein Gegenteil / etwas anderes ersetzt wird (*ironia verbi*; Cicero, Quintilian). Zugleich wird Ironie bei Platon und Aristoteles von der sokratischen Methode abgeleitet, sie ist ein argumentativer Weg des Erkenntnisgewinns und eine Lebensweise (*ironia vitae*). Friedrich Schlegels romantische Fragmente weiten den Begriff zu einem philosophischen Prinzip der Unschärfe, Unentscheidbarkeit, Selbstbezüglichkeit aus (*ironia entis*).

Im Pop ist Ironie als Rezeptions- und Produktionsmodus omnipräsent. Eine grundlegende Prämisse postmoderner Ästhetiken (und Existenzweisen) ist die Annahme, das alles immer schon unter Ironieverdacht stehen könnte, vor dem Hintergrund dieses Verdachts hervorgebracht und wahrgenommen wird, also implizite oder explizite ironische Anführungszeichen trägt. Das Prinzip der Verstellung – das spielerische Schlüpfen in Rollen, das unverbindliche Agieren und Treffen von Aussagen, die auch anders gemeint sein könnten – steht in konstitutiver Weise für Pop. Jedoch gestaltet sich das Verhältnis von Pop-Literatur und Ironie spannungsreich: So perpetuieren, reflektieren und kritisieren die Texte zum Teil das Moment der ironischen Vorbehaltlichkeit. Popliterarische Ironiekritik findet sich schon bei Rolf Dieter Brinkmann, hier in Distanz zu der als bürgerlich verstandenen Ironie der modernen Literatur / spätmodernen Nachkriegsliteratur. Von der Ironiespirale eingeholte Absagen an die Ironie formuliert das „popkulturelle Quintett" in *Tristesse Royale* (→ 4.15 DÖRING). Dabei ist die Absage an die Ironie ein Aspekt, der der postmodernen Konzeptualisierung der Ironie inhärent ist. Eine wichtige Perspektive außerhalb der deutschsprachigen Pop-Literatur liefert David Foster Wallace. Unter dem Begriff Post-Ironie werden jüngere Ansätze verstanden, die eine Teilüberwindung ironischer Uneigentlichkeit diskutieren.

„Irony is over / Bye, bye" (Jarvis Cocker)

„Irony tyrannizes us" (David Foster Wallace)

„Alle Wege führen hier immer hin zur Ironie" (Christian Kracht)

Philipp Pabst

Liste/Katalog – Die Liste (von it. *lista*, ,leistenförmig notierte Aufzählung') ist eine nebenordnende Aufzählung von Lexemen, die über dieses Verfahren auch gleichgeordnet, d. h. in ein Äquivalenzverhältnis gesetzt werden und also ein Paradigma bilden. Im engeren Sinne bezeichnet ,Liste' dabei nach wie vor die Notation in Form einer Leiste (also der Lexeme untereinander). Die Notation eines Paradigmas in syntagmatischer Form im Text bezeichnet man allgemeiner als KATALOG. Listen wie Kataloge können geschlossen oder offen sowie geordnet oder unsortiert sein. Für die Pop-Musik sind die nach Verkaufserfolg (und also Bedeutung) gerankten Hit-Listen so charakteristisch, dass Bob Stanley die Ära des „modern pop" im Jahre 1952 beginnen lässt, als der *New Musical Express* (am 14. November) die ersten Single-Charts, eine Top 12-Liste, veröffentlichte. Mit Hornbys *High Fidelity* (1995) findet das Verfahren nachhaltig Eingang in die erzählende Pop-Literatur (→ 4.13 BASSLER), doch schon in den 1960ern bedient sich eine popnahe Literatur an diesem Verfahren, etwa Peter Handke (→ 4.3 KREUZMAIR).

Man unterscheidet zwischen historischen Katalogen, die die Unterbegriffe zu einem gegebenen Oberbegriff möglichst vollständig notieren (z. B. Uwe Nettelbecks Auflistung seiner Plattensammlung in *Trivialmythen*), und rhetorischen Katalogen, die so komponiert sind, dass sich zwischen den einzelnen Lexemen Mikropointen (z. B. lautlicher oder semantischer Art) ergeben (z. B. die Lyrics des Beatles-Songs „Dig It"). Kataloge sind von Beginn an Teil der Epik (z. B. der Schiffskatalog in der *Ilias*), historisch sind sie ein Zeichen dafür, dass die Literatur sich neue Objektbereiche erschließt (z. B. im Barock den deutschen Thesaurus, im Historismus das wissenschaftliche Wissen des 19. Jahrhunderts). Ein für die Pop-Literatur typisches Verfahren sind Kataloge (von Schallplattentiteln, Markennamen, Stars, Einrichtungsgegenständen, Modeaccessoirs u. a.), über die das → ARCHIV der populären Kultur, der Medien- und Konsumwelt massiv Eingang in die Texte erhält (→ 3.2 BASSLER).

„My desert-island, all-time, top five most memorable split-ups, in chronological order:

1) Alison Ashworth
2) Penny Hardwick
3) Jackie Allen
4) Charlie Nicholson
5) Sarah Kendrew

These were the ones that really hurt. Can you see your name in that lot, Laura?"
(Nick Hornby: *High Fidelity*)

„Kataloge sind unsere Lieblingsbücher. Gut sind Gewehre, Messer, Diktiergeräte, Schwimmbassins, Taucherausrüstung, Heimwerker, Spielsachen, Unterwäsche, Badehosen und Sauna." (Andreas Mand: *Grovers Erfindung*)

Moritz Baßler

Lyrics – Lyrics bezeichnen den gesungenen oder gesprochenen Verbaltext eines Pop-Songs. Obwohl die etymologische Nähe zu dem griechischen *Lyrike*, eine von Lyra oder Kithara begleitete Dichtung in Versform gegeben ist, stellen *Lyrics* keine Form von Lyrik im klassisch literaturwissenschaftlichen Sinne dar (die englische Übersetzung von Lyrik als Poetry markiert diesen Unterschied). Vielmehr bilden Lyrics eine eigenständige Textsorte, die ausschließlich durch ihre Präsenz innerhalb des Medienverbundes Pop-Musik realisiert wird. Dieser Verbund umfasst nicht nur die Tonaufnahme, sondern idealerweise den gesamten medialen Kontext des Songs: Der idiosynkratische Klang der Stimme verweist beispielsweise indexikalisch auf eine Pop-Persona, die sich ebenfalls aus ikonischen Zeichen auf visueller Ebene konstituiert und eine performative Ebene des Pop-Songs markiert.

Lyrics sind als popliterarische Texte zu analysieren, die in bestimmten Ausprägungen (etwa des Rap oder in den Songs von Singer-Songwritern wie Bob Dylan) über einen hohen Grad an Literarizität verfügen können. Generell gilt jedoch, dass Lyrics zwar in die Nähe von literarischen Texten rücken *können*, dies jedoch nicht *müssen* (und oftmals auch nicht tun), da der Popsong primär marktspezifischen Bedingungen folgt. Zudem dienen Lyrics oftmals dazu, die rhythmische Struktur des Songs zu unterstützen und musikalische Energie zu transportieren ohne großen Wert auf einen Bedeutungsebene zu legen – Ein prominentes Beispiel bildet das ‚Awopbopaloobopalopbamboom' zu Beginn von Little Richard's „Tutti Frutti" (1957; → 3.5 Huber).

„Words are the sign of a voice. A song is always a performance and song words are always spoken out, heard in someone's accent. Songs are more like plays than poems [...], bearing meaning not just semantically, but also as structures of sound that are direct signs of emotion and marks of character." (Simon Frith)

„Bob Dylan brings together the folk-blues form current in the early 1960s, and merges it with a line of modernist poetry, the latter through Ginsberg. In a song like *Subterranean Homesick Blues* (1965) some classic tricks of modernist poetry can be found: juxtapositions of place and time, a sequence of unreliable sentence subjects, characters introduced and disposed of with rapidity, and even an unspoken call to an oppositional social stance, its negativity as much formal as thematic." (Dai Griffiths)

Hannah Zipfel

Midcult – Nach Umberto Eco die Verwendung von Merkmalen der Avantgarde und Hochkultur in Werken, die weder das eine noch das andere sind, jedoch beim Leser den Eindruck erwecken (wollen), sie seien es. Die betreffenden Elemente müssen bereits kulturell ‚verdaut' sein, um solcherart als Zeichen für High Art fungieren zu können, ohne jedoch die einfache, kulinarische (und eben nicht avantgardistisch ‚schwierige') Rezeption der Werke zu stören. Midcult bedient die vor allem bürgerliche Nachfrage nach einer Teilhabe an Hochkultur in einer Zeit, in der die Künste sich (vergleichbar den Wissenschaften) so spezialisiert haben, dass sie einen amateurhaften Zugang kaum noch erlauben. Ein Beispiel wären populärrealistische Romane, die nicht einfach der Unterhaltung dienen (Lowcult), sondern den Anspruch erheben, Hochliteratur (Highcult) zu sein. Der Begriff Midcult wird ausführlich in Ecos Essay „Die Struktur des schlechten Geschmacks" entwickelt, der sich auf Vorarbeiten von Dwight MacDonald bezieht. – Pop Art wurde von zeitgenössischen Vertretern der Avantgarde (z. B. Clement Greenberg) zunächst als Midcult verstanden. Heute würde man Pop eher als dritten Weg zwischen Avantgarde bzw. High Art und dem Midcult populärer Künste sehen.

Der Midcult „stellt den Konsumenten zufrieden, indem er ihn davon überzeugt, das Herz der Kultur schlagen gehört zu haben." (Umberto Eco)

„Der mittlere Konsument konsumiert seine Lüge." (Umberto Eco)

Moritz Baßler

Oberfläche – ‚Oberfläche' ist von Beginn an zentraler Begriff für die Ästhetik der Pop-Literatur, die sich mit realistischem Interesse den unmittelbar wahrnehmbaren Oberflächen der Konsumkultur zuwendet, die das Leben in der → POSTMODERNE konstituiert. Texte, die diesen Moment der „Annäherung an die Realität" (Jakobson 1921) vollziehen, sind, wie es Rolf Dieter Brinkmann mit Emphase ausdrückt: „WIRKLICH WIRKLICH WIRKLICH" (Brinkmann und Rygulla 1969). Dabei bringt die erste Generation der Pop-Literatur die Oberfläche auch als Waffe gegen die Hochkultur in Anschlag: Die Begrenzung auf das Sichtbare oder Offensichtliche, Banale, Vulgäre, Obszöne ist auch als Provokation gegen vermeintliche Bedeutsamkeit und Tiefe eines etablierten Kanons zu verstehen und steht so im Dienste der Distinktion.

Die Betonung der Oberfläche hängt stark mit Techniken der Archivierung zusammen, so wird jene durch den Text erst konstituiert. Die Nennung von Markennamen, die in einer popliterarischen Ästhetik der Oberfläche als wesentliches Merkmal genannt wird, versammelt Kataloge von Gegenständen der Warenwelt (bspw. die Barbourjacke aus *Faserland*; → 4.12 GRABIENSKI), die als positiv besetzte Lebenswirklichkeit (oder Lifestyle) affimiert werden. Diese Affirmation wird folgenden Generationen von Pop-Literaten (u. a. Kracht, Stuckrad-Barre) vor allem im feuilletonistischen Bereich zum Vorwurf gemacht, die Ästhetik der Oberfläche wird im besten Falle zur reinen Oberflächlichkeit, im schlimmsten als reaktionäre Haltung interpretiert. Dies liegt oft darin begründet, dass die Thematiken der Pop-Literatur – die von ihnen beschriebenen Oberflächen von Mode, Musik, Nachtleben und Rausch – aus einem Gestus des Transzendierens materieller Interessen heraus als oberflächlich verachtet werden.

In ihrer Ausprägung als (vermeintliche) Oberflächlichkeit steht die Oberfläche zudem nicht nur in Opposition zur Tiefe, sondern auch zur Authentizität. Die Exposition eines artifiziellen und austauschbaren Image einer Ikone wie David Bowie, das wie eine Maske getragen wird, wird so zum poetischen Prinzip des Pop und steht Authentizitätsbekundungen und -belegen wie sie als für Rock-Musik typisch empfunden werden (vgl. Bessing 1999) diametral entgegen, schaffen gar in verschiedenen Kontexten Möglichkeitsräume, die marginalisierten Gruppen Repräsentationsflächen bieten.

„If you want to know all about Andy Warhol, just look at the surface; of my paintings and films and me, and there I am. There's nothing behind it." (Andy Warhol)

„Die Beschränkung auf die Oberfläche führt zum Gebrauch der Oberfläche und zu einer Ästhetik, die alltäglich wird." (Rolf Dieter Brinkmann)

„Genau, das sind Klischees, das ist die Oberfläche. Und die auszuloten, darum geht es." (Christian Kracht)

Philipp Ohnesorge

Pop – Erläuterte man ‚Pop' bloß als Abkürzung von ‚populär' (aus lat. *popularis*, frz. *populaire* ‚volkstümlich', ‚zum Volk gehörig'), wäre das zwar nicht verkehrt, aber es würden entscheidende Bedeutungskomponenten unerwähnt bleiben. In seiner anglophonen Version kann ‚to pop' auch mit ‚knallen' oder ‚ballern' übersetzt werden. Im Pop, wie er ab Mitte der 1950er-Jahren diskursiv wird, geht es eben nicht nur um Popularität, sondern auch um Provokation, um Spektakel, und zwar im jugendlichen, affirmativen Gestus.

Es ist der britische Künstler der Independent Group, Richard Hamilton, der den Begriff ‚Pop' prominent setzt, als er ihn in seiner ikonischen Collage *Just what is it, that makes today's homes so different, so appealing?* (1956) auf einem bunt-illustrierten Dauerlutscher übergroß in der Hand eines in schwarz-weiß fotografierten Bodybuilders abbildet. Hamilton montiert also Bildelemente aus Werbeanzeigen und Illustrierten in neue Zusammenhänge hinein. In den Kritiken zur Independent Group wird in der Folge der Begriff ‚Pop Art' geprägt. Pop umfasst aber weit mehr als nur Pop Art, beispielsweise auch Musik, Literatur, Mode und Comics. Vor allem für den frühen Pop gilt die Transgression bestehenden Zeichenmaterials in neue Zusammenhänge als paradigmatisch.

Ein emphatischer Zugang zu Pop, wie ihn etwa die Theoretiker_innen der Cultural Studies vertreten, schreibt Pop das Potential zu, bestehende Machtverhältnisse produktiv herauszufordern. Denker_innen der Kritischen Theorie dagegen betonen in ihrer Kritik der Kulturindustrie den Warencharakter von Pop-Phänomenen und warnen vor Verblendung durch deren Konsum.

Geläufig ist ‚Pop' auch als Bezeichnung eines Musikstils, dann etwa in Abgrenzung zu anderen Genres wie Hip-Hop oder Punk.

„Once you ‚got' Pop, you could never see a sign the same way again." (Andy Warhol)

„Pop Culture – although big, mercurial and slippery to define – is really an umbrella term that covers anything currently in fashion, all or most of whose ingredients are familiar to the public-at-large." (Gloria Steinem)

„What do you call that noise that you put on? This is pop." (XTC)

Anna Seidel

Postmoderne – Als Fixpunkt ist die Postmoderne für verschiedene Spielarten des Pop von Bedeutung, entwickelte sich der Begriff in der Nachkriegszeit doch parallel zum Aufkommen einer Popkultur bis hin zu seiner diskursiven Popularisierung von den 1960er Jahren bis zur Gegenwart. Dabei changiert die Verwendung des Begriffs im alltäglichen Gebrauch wie im wissenschaftlichen Diskurs zwischen verschiedenen Dimensionen. So kann Postmoderne etwa – im wörtlichen Sinn – eine der Moderne zeitlich nachgeordnete Epoche bezeichnen, Sammelbegriff für verschiedene philosophische Denkrichtungen sein oder als Mode- bis Kampfbegriff in gesellschaftlichen Debatten dienen. Vor allem der Poststrukturalismus wird der Postmoderne zugeordnet: so hat sich der Begriff auch zu einem *umbrella term* entwickelt, mit dem Ansätze wie die Dekonstruktion Jacques Derridas oder Begriffe wie das Baudrillard'sche Simulakrum zusammengebracht werden. Ein Übergangsmoment der Postmoderne wird vor allem in der Auflösung einer harten Unterscheidung von Unterhaltung/Entertainment versus Hochkultur und damit einhergehenden Aufwertung von populärer Kultur und Genres wie Science Fiction, Western und Porno gesehen, eine Bewegung die etwa Leslie Fiedler auf den prägnanten Slogan „Cross the border, close the gap" bringt (→ 2.1 WEGMANN).

In der Philosophie ist mit dem Begriff ausgehend von den Überlegungen Jean-François Lyotards vor allem eine Tendenz bezeichnet, die modern-emphatischen Programmatiken gesellschaftliche Relevanz wie narrative Attraktivität abspricht: Projekte wie die Aufklärung oder der Marxismus, die Lyotard als „Metaerzählungen" bezeichnet, haben ihre Glaubwürdigkeit verloren und werden mit „Skepsis" behandelt. Insofern sind die Merkmale einer postmodernen Situation zu bewerten: Auf der einen Seite steht etwa die Kritik des Verlusts erschließbarer Tiefendimensionen kultureller Erzeugnisse – verkürzt als Oberflächlich- oder Beliebigkeit –, auf der anderen Seite das positive Herausstellen flacher werdender Hierarchieverhältnisse im Raum kultureller Produktion wie Rezeption, so wie sie auch Triebfeder des Pop sind.

„Die Spezies Literatur, die die Bezeichnung ‚modern' für sich beansprucht hat […] ist tot, das heißt, sie gehört der Geschichte an, nicht der Wirklichkeit. Für den Roman bedeutet dies, daß das Zeitalter von Joyce, Proust und Mann vorüber ist, ebenso sind in der Lyrik T. S. Eliot und Paul Valéry passé." (Leslie Fiedler)

„In ‚Selbst' zitiere ich eine neuseeländische Literaturwissenschaftlerin, die schreibt, dass ich ein moderner Autor in der Postmoderne sei. Sie meint, dass man nur in der Postmoderne diese Art der Moderne, die sie meinem Ansatz zuschreibt, etablieren könne." (Thomas Meinecke)

Philipp Ohnesorge

Underground – Topographisch verweist der Underground auf eine Sphäre des in der Tiefe Liegenden und damit vermeintlich auf das Gegenteil der klassischen Oberflächen-Ästhetik von Pop (→ 3.9 BANDEL). Gelesen als Verortung innerhalb kultureller Diskurse ist er jedoch auf Pop anwendbar und führt eine Tradition fort: In Politik und Religion ist der Untergrund jener (imaginierte) Ort, an dem institutionell tabuisierte Ideen ausgetauscht und gepflegt werden können. In der frühen Kulturindustrie sind es primär moralische und finanzielle Erwägungen, die auf bestimmte Themen oder Ästhetiken des öffentlichen Diskurses verweisen. Im Underground erfahren diese eine Gegenöffentlichkeit, unterhalb des

Mainstreams, wo sich alternative Produktions- und Distributionswege entfalten müssen und dürfen. Kunst und Theater ziehen in Off-Spaces, Literatur und Musik besetzen neue Medien, erschaffen neue Ästhetiken. Trash findet dort ebenso ein Forum wie avantgardistische Bestrebungen, wobei der Underground als Label selbst zur Distinktion taugt und bald kulturelles Kapital generiert.

Im Zuge der Feedbackschleifen, in denen sich Underground und Mainstream befinden, lässt sich dieser ideelle Wert auch in ökonomisches Kapital überführen. Ebenso fließen an der Grenze zwischen den Sphären Ästhetiken und Marktstrategien ineinander, was schließlich im „Mainstream der Minderheiten" (Terkessidis und Holert) kulminiert: einer nahezu entgrenzten Pop-Kultur, in der die subversiven Zeichen des Underground Allgemeingut geworden sind. Zugleich blühen eben dort vermehrt Retro-Phänomene, deren Zeichenspiel eher spezialisiert denn avanciert ist. Grundsätzlich ist das Verhältnis zwischen Mainstream und Underground eine konstituierende Dynamik von Pop, da es nicht das von Fiedler verabschiedete „High/Low" System reproduziert, sondern auf einen Austausch und die Beweglichkeit der Sphären setzt. Beide sind zwar fest im Diskurs verankert, ihre ästhetischen und ökonomischen Kriterien jedoch situativ, relativ und vor allem sekundär. Durch ein zunehmendes Wegfallen (wirksamer) öffentlicher Institutionen, reguliert sich das Verhältnis zwischen Mainstream und Underground selbst, was dazu führt, dass sich Underground und Mainstream als nahezu unendlich teilbar erweisen, je nach Standpunkt der jeweiligen, trennenden Instanz.

„Filme wie Magazine wurden ‚Underground' genannt, weil sie keine Verbindung zu den etablierten Kommunikationskanälen besaßen und weil sie eingehend damit beschäftigt waren, die Besessenheit von Sex und Religion als Waffe gegen den spirituellen Bankrott zu wenden, den die Bombe gezeugt hatte." (Jeff Nuttalf)

„Underground ist ein schwammiges Wort, und vielen von uns passt nicht, dass es an uns heftet. ‚Underground' ist bedeutungslos, vieldeutig, belanglos, wahnsinnig ungenau, unentschieden, abgeleitet, rechtlich ungeschützt, unkontrollierbar und abgenutzt." (Tom Forcade)

„In Pissoirs geht man Stufen hinunter, in Bunker, in Krematorien, in die Pathologie, in Weinkeller. / Es lassen sich mythologische Beziehungen zum Hinabsteigen herstellen." (Hubert Fichte)

Sebastian Berlich

6. Auswahlbibliografie

Ammon, Frieder von, und Dirk von Petersdorff (Hrsg.). *Lyrik/Lyrics. Songtexte als Gegenstand der Literaturwissenschaft*. Göttingen: Wallstein, 2019.
Antonic, Thomas. „Artmann oder Brinkmann? Auf der Suche nach der prototypischen Pop-Literatur". *Acht-Punkte-Proklamation des poetischen Actes. Weiteres zu H.C. Artmann*. Hrsg. von Alexandra Millner und Marc-Oliver Schuster. Würzburg: Königshausen & Neumann, 2018. 141–152.
Arnold, Heinz Ludwig, und Jörgen Schäfer (Hrsg.). *Pop-Literatur*. München: Ed. Text + Kritik, 2003.
Bandel, Jan-Frederik, Barbara Kalender und Jörg Schröder. *Immer radikal, niemals konsequent. Der März Verlag – erweitertes Verlegertum, postmoderne Literatur und Business Art*. Hamburg: Philo Fine Arts, 2011.
Baßler, Moritz. *Der deutsche Pop-Roman. Die neuen Archivisten*. München: Beck, 2002.
Baßler, Moritz. „Definitely Maybe. Das Pop-Paradigma in der Literatur". *Pop. Kultur und Kritik* 4.1 (2015): 103–127.
Baßler, Moritz. *Western Promises. Pop-Musik und Markennamen*. Bielefeld: transcript, 2019.
Biendarra, Anke. „Pop und Politik. Formen von Engagement in der zeitgenössischen Popliteratur". *Closing Borders, Bridging Gaps? Deutscher Pop an der Jahrtausendwende*. Sonderausgabe von *Literatur für Leser* 31.2 (2008): 125–141.
Birgfeld, Johannes, und Claude D. Conter (Hrsg.). *Christian Kracht. Zu Leben und Werk*. Köln: Kiepenheuer & Witsch, 2009.
Bleicher, Joan Kristin, und Bernhard Pörksen (Hrsg.). *Grenzgänger. Formen des New Journalism*. Wiesbaden: VS Verlag für Sozialwissenschaften, 2004.
Bonz, Jochen. *meinecke meyer musik erzählt*. Osnabrück: Intro, 1998.
Bonz, Jochen (Hrsg.). *Popkulturtheorie*. Mainz: Ventil, 2002.
Bradley, Adam. *The Poetry of Pop*. Cumberland: Yale University Press, 2017.
Breger, Claudia. „Pop-Identitäten 2001. Thomas Meineckes *Hellblau* und Christian Krachts *1979*". *Gegenwartsliteratur: Ein germanistisches Jahrbuch. A German Studies Yearbook. Schwerpunkt Multikultur*. Hrsg. von Paul Michael Lützeler und Stephan K. Schindler. Band 2. Tübingen: Stauffenburg, 2003. 197–225.
Brinkmann, Maleen (Hrsg.). *Rolf Dieter Brinkmann*. Reinbek bei Hamburg: Rowohlt. 1995.
Bronner, Stefan, und Björn Weyand (Hrsg.). *Christian Krachts Weltliteratur. Eine Topographie*. Berlin und Boston: De Gruyter, 2018.
Büsser, Martin (Hrsg.). *Pop und Literatur*. Mainz: Ventil, 1999.
Degler, Frank, und Ute Paulokat. *Neue Deutsche Popliteratur*. München: Wilhelm Fink, 2008.
Diederichsen, Diedrich. *Musikzimmer. Avantgarde und Alltag*. Köln: Kiepenheuer & Witsch, 2005.
Diederichsen, Diedrich. *Über Pop-Musik*. Köln: Kiepenheuer & Witsch, 2014.
Dunker, Axel. „‚Alle tanzen, doch niemand kennt die Platten'. Pastiche, Sampling und Intertextualität in Thomas Meineckes Roman *Tomboy*". *Weimarer Beiträge* 52.1 (2006): 105–118.
Drügh, Heinz. *Ästhetik des Supermarkts*. Konstanz: Konstanz University Press, 2015.
Ernst, Thomas. *Popliteratur*. Hamburg: Europäische Verlagsanstalt/Rotbuch, 2001.

Fauser, Markus (Hrsg.). *Medialität der Kunst. Rolf Dieter Brinkmann in der Moderne.* Bielefeld: transcript, 2011.
Feiereisen, Florence. *Der Text als Soundtrack – der Autor als DJ. Postmoderne und postkoloniale Subjekte bei Thomas Meinecke.* Würzburg: Königshausen und Neumann, 2011.
Ferstl, Paul, und Keyvan Sarkhosh (Hrsg.). *Quote, Double Quote. Aesthetics between High and Popular Culture.* Amsterdam und New York: Rodopi, 2014.
Fiedler, Leslie A. „Überquert die Grenze, schließt den Graben!" [1968]. *Roman oder Leben. Postmoderne in der deutschen Literatur.* Hrsg. von Uwe Wittstock. Leipzig: Reclam, 1994. 14–39.
Frank, Dirk. *Popliteratur. Arbeitstexte für den Unterricht.* Stuttgart: Reclam, 2003.
Geer, Nadja. „Pop. Annäherung an ein gegenwärtiges Phänomen". *Pop. Kultur und Kritik* 1.1 (2012): 108–115.
Geer, Nadja. *Sophistication. Zwischen Denkstil und Pose.* Göttingen: Vandenhoeck & Ruprecht, 2012.
Gleba, Kerstin, und Eckhard Schumacher (Hrsg.). *Pop seit 1964.* Köln: Kiepenheuer & Witsch, 2007.
Goer, Charis, Stefan Greif und Christoph Jacke (Hrsg.). *Texte zur Theorie des Pop.* Stuttgart: Reclam, 2013.
Grabienski, Olaf, Till Huber und Jan-Noël Thon (Hrsg.). *Poetik der Oberfläche. Die deutschsprachige Popliteratur der 1990er Jahre.* Berlin: De Gruyter, 2011.
Gropp, Petra. *Szenen der Schrift. Medienästhetische Reflexionen in der literarischen Avantgarde nach 1945.* Bielefeld: transcript, 2006.
Hartges, Marcel, Martin Lüdke und Delf Schmidt (Hrsg.). *Pop – Technik – Poesie. Die nächste Generation.* Reinbek bei Hamburg: Rowohlt, 1996 (= Rowohlt Literaturmagazin 37).
Hecken, Thomas. *Gegenkultur und Avantgarde 1950 - 1970. Situationisten, Beatniks, 68er.* Tübingen: Francke, 2006.
Hecken, Thomas. *Pop. Geschichte eines Konzepts 1955-2009.* Bielefeld: transcript, 2009.
Hecken, Thomas. *Avant-Pop. Von Susan Sontag über Prada und Sonic Youth bis Lady Gaga und zurück.* Berlin: Posth, 2012.
Hecken, Thomas. „Pop-Konzepte der Gegenwart". *Pop. Kultur und Kritik* 1.1 (2012): 88–107.
Hecken, Thomas. *Theorien der Populärkultur. Dreißig Positionen von Schiller bis zu den Cultural Studies.* 2., unveränd. Aufl. Bielefeld: transcript, 2012.
Hecken, Thomas, und Marcus S. Kleiner (Hrsg.). *Handbuch Popkultur.* Stuttgart: Metzler, 2017.
Hecken, Thomas, Marcus S. Kleiner und André Menke. *Popliteratur. Eine Einführung.* Stuttgart: Metzler, 2015.
Hecken, Thomas, und Nils Werber. „Literatur". *Handbuch Popkultur.* Hrsg. von Thomas Hecken und Marcus S. Kleiner. Stuttgart: Metzler, 2017. 178–188.
Hehl, Michael Peter. „Literatur und Pop im Jahr 1995". *Wendejahr 1995. Transformationen der deutschsprachigen Literatur.* Hrsg. von Heribert Tommek, Matteo Galli und Achim Geisenhanslüke. Berlin: De Gruyter, 2015. 135–155.
Hermand, Jost. *Pop International. Eine kritische Analyse.* Frankfurt am Main: Athenäum, 1971.
Hoffmann, Dieter. *Von der neuen Subjektivität zur Pop-Literatur.* Tübingen: Francke, 2006.
Höppner, Stefan, und Jörg Kreienbrock (Hrsg.). *Die amerikanischen Götter. Transatlantische Prozesse in der deutschsprachigen Literatur und Popkultur seit 1945.* Berlin: De Gruyter, 2015.
Huber, Till. *Blumfeld und die Hamburger Schule. Sekundarität – Intertextualität – Diskurspop.* Gottingen: Vandenhoeck & Ruprecht, 2016.

Huck, Christian, und Carsten Zorn (Hrsg.). *Das Populäre der Gesellschaft. Systemtheorie und Populärkultur*. Wiesbaden: VS Verlag für Sozialwissenschaften, 2007.

Irsigler, Ingo, Ole Petras und Christoph Rauen (Hrsg.). *Deutschsprachige Pop-Literatur von Fichte bis Bessing*. Göttingen: Vandenhoeck & Ruprecht, 2019.

Jung, Thomas (Hrsg.). *Alles nur Pop? Anmerkungen zur populären und Pop-Literatur seit 1990*. Frankfurt am Main: Lang, 2002.

Kleiner, Marcus S., und Thomas Wilke (Hrsg.). *Performativität und Medialität Populärer Kulturen. Theorien, Ästhetiken, Praktiken*. Wiesbaden: Springer VS, 2013.

Kleinschmidt, Christoph (Hrsg.). *Christian Kracht*. München: Ed. Text + Kritik, 2017.

Kreknin, Innokentij. *Poetiken des Selbst. Identität, Autorschaft und Autofiktion am Beispiel von Rainald Goetz, Joachim Lottmann und Alban Nikolai Herbst*. Berlin: De Gruyter, 2014.

Langston, Richard. „Escape from Germany. Disappearing Bodies and Postmodern Space in Christian Kracht's Prose". *German Quarterly* 79.1 (2006): 50–70.

Lickhardt, Maren. *Pop in den 20er Jahren. Leben, Schreiben, Lesen zwischen Fakt und Fiktion*. Heidelberg: Winter, 2018.

Liesegang, Torsten. „,New German Pop Literature'. Difference, Identity, and the Redefinition of Pop Literature after Postmodernism". *Seminar* 40.3 (2004): 262–276.

Linck, Dirck, und Gert Mattenklott (Hrsg.). *Abfälle: Stoff- und Materialpräsentation in der deutschen Pop-Literatur der 60er Jahre*. Hannover: Wehrhahn, 2006.

Linck, Dirck. *Batman & Robin. Das ‚dynamic duo' und sein Weg in die deutschsprachige Popliteratur der 60er Jahre*. Hamburg: Textem, 2012.

Lorenz, Matthias, und Christine Riniker (Hrsg.). *Christian Kracht revisited. Irritation und Rezeption*. Berlin: Frank & Timme, 2018.

MacCannell, Dean. „Sights and Spectacles". *Iconicity. Essays on the Nature of Culture*. Fs. Thomas A. Sebeok. Hrsg. von Paul Bouissac, Michael Herzfeld und Roland Posner. Tübingen: Stauffenburg, 1986. 421–435.

McCarthy, Margaret. *German Pop Literature. A Companion*. Berlin und Boston: De Gruyter, 2015.

Mehrfort, Sandra. *Popliteratur. Zum literarischen Stellenwert eines Phänomens der 1990er Jahre*. Karlsruhe: Info Verlag, 2009.

Menke, André. *Die Popliteratur nach ihrem Ende. Zur Prosa Meineckes, Schamonis, Krachts in den 2000er Jahren*. Berlin: Posth, 2010.

Menke, André. *Pop, Literatur und Autorschaft. Literarische Strategien und Inszenierungen bei Wolfgang Welt, Rocko Schamoni und Rafael Horzon*. München: Iudicium Verlag, 2016.

Millner, Alexandra, und Marc-Oliver Schuster (Hrsg.). *Acht-Punkte-Proklamation des poetischen Actes. Weiteres zu H.C. Artmann*. Würzburg: Königshausen & Neumann, 2018.

Mueller, Agnes. „Sampling ‚America'. Rolf Dieter Brinkmann und Thomas Meinecke's Poetics of Postmodernism". *Literarische Experimente. Medien, Kunst, Texte seit 1950*. Hrsg. von Christoph Zeller. Heidelberg: Winter, 2012. 255–267.

Neumeister, Andreas, und Marcel Hartges (Hrsg.). *Poetry! Slam! Texte der Pop-Fraktion*. Reinbek bei Hamburg: Rowohlt, 1996.

Nover, Immanuel. *Referenzbegehren. Sprache und Gewalt bei Bret Easton Ellis und Christian Kracht*. Wien, u.a.: Böhlau, 2012.

Pankau, Johannes G. (Hrsg.). *Pop, Pop, Populär. Popliteratur und Jugendkultur*. Bremen und Oldenburg: Aschenbeck und Isensee, 2004.

Rauen, Christoph. *Pop und Ironie. Popdiskurs und Pop-Literatur um 1980 und 2000*. Berlin und New York: De Gruyter, 2010.

Reißer, Johann. *Archäologie und Sampling. Die Neuordnung der Lyrik bei Rolf Dieter Brinkmann, Thomas Kling und Barbara Köhler*. Berlin: Kadmos, 2014.
Rutschky, Katharina. „Wertherzeit. Der Poproman – Merkmale eines unerkannten Genres". *Merkur* 57.2 (2003): 106–117.
Schäfer, Jörgen. *Pop-Literatur. Rolf Dieter Brinkmann und das Verhältnis zur Populärkultur in der Literatur der sechziger Jahre*. Stuttgart: Metzler, 1998.
Schäfer, Jörgen. „Wie man Pop-Literatur ediert. Textgenese, Überlieferung und Edition von ‚Tristesse Royale'". *Textgenese und digitales Edieren. Wolfgang Koeppens ‚Jugend' im Kontext der Editionsphilologie*. Hrsg. von Katharina Krüger, Elisabetta Mengaldo und Eckhard Schumacher. Berlin: De Gruyter, 2016. 131–154.
Schaffrick, Matthias. „Listen als populäre Paradigmen. Zur Unterscheidung von Pop und Populärkultur". *KulturPoetik* 16.1 (2016) : 109–125.
Schmitt, Stephanie. *Intermedialität bei Rolf Dieter Brinkmann. Konstruktionen von Gegenwart an den Schnittstellen von Text, Bild und Musik*. Bielefeld: transcript, 2012.
Schumacher, Eckhard. *Gerade Eben Jetzt. Schreibweisen der Gegenwart*. Frankfurt am Main: Suhrkamp, 2003.
Schumacher, Eckhard. „Das Ende der Popliteratur. Eine Fortsetzungsgeschichte". *Kunst – Fortschritt – Geschichte*. Hrsg. von Christoph Menke und Juliane Rebentisch. Berlin: Kadmos, 2006. 157–166.
Schumacher, Eckhard. „Das Ende der Popliteratur. Eine Fortsetzungsgeschichte (Teil 2)". *Poetik der Oberfläche. Die deutschsprachige Popliteratur der 1990er Jahre*. Hrsg. von Olaf Grabienski, Till Huber und Jan-Noël Thon. Berlin: De Gruyter, 2011. 53–70.
Seiler, Sascha. *‚Das einfache wahre Abschreiben der Welt'. Pop-Diskurse in der deutschen Literatur nach 1960*. Göttingen: Vandenhoeck & Ruprecht, 2006.
Stadthaus, Steffen, und Martin Willems (Hrsg.). *‚Über Alles oder Nichts.' Annäherungen an das Werk von Wolfgang Welt*. Bielefeld: Aisthesis, 2013.
Stahl, Enno *Popliteraturgeschichte(n)*. Düsseldorf: Heinrich-Heine-Institut, 2007.
Stahl, Enno. *Diskurspogo. Über Literatur und Gesellschaft*. Berlin: Verbrecher Verlag, 2016.
Tacke, Alexandra, und Björn Weyand (Hrsg.): *Depressive Dandys. Spielformen der Dekadenz in der Pop-Moderne*. Köln: Böhlau, 2009.
Tillmann, Markus. *Populäre Musik und Pop-Literatur*. Bielefeld: transcript, 2014.
Ullmaier, Johannes. *Von Acid nach Adlon und zurück. Eine Reise durch die deutschsprachige Popliteratur*. Mainz: Ventil, 2001.
Venus, Jochen. „Ausnahme Pop. Über die Unwahrscheinlichkeit einer besonderen ästhetischen Erfahrung." *Lili. Zeitschrift für Literaturwissenschaft und Linguistik* 46.3 (2016): 333–347.
von Dirke, Sabine. „Pop Literature in the Berlin Republic". *Contemporary German Fiction. Writing in the Berlin Republic*. Hrsg. von Stuart Taberner. Cambridge: Cambridge University Press, 2007. 108–124.
Watson, Steven. *The birth of the beat generation. Visionaries, rebels, and hipsters, 1944–1960*. New York NY: Pantheon Books, 1998.
Wegmann, Thomas. *Dichtung und Warenzeichen. Reklame im literarischen Feld 1850–2000*. Göttingen: Wallstein, 2012.
Wegmann, Thomas, und Norbert Christian Wolf (Hrsg.). *High und low. Zur Interferenz von Hoch- und Populärkultur in der Gegenwartsliteratur*. Berlin: De Gruyter, 2012.

Weingart, Brigitte. „In/Out. Text-Bild-Strategien in Pop-Texten der sechziger Jahre." *Sichtbares und Sagbares. Text-Bild-Verhältnisse*. Hrsg. von Wilhelm Voßkamp und Brigitte Weingart. Köln: Dumont, 2005. 216–253

Weyand, Björn. *Poetik der Marke. Konsumkultur und literarische Verfahren 1900–2000*. Berlin: De Gruyter, 2013.

Winkels, Hubert. „Grenzgänger. Neue deutsche Pop-Literatur". *Sinn und Form* 51.4 (1999): 581–610.

7. Register

Namensregister

...But Alive 278–280

ABBA 573, 598
ABC
 – The Look of Love 60
Abramović, Marina 136, 202
 – The artist is present 136
Absolute Beginner 238
Achermann, Eric 230
Acke, Tine 133
Achternbusch, Herbert
 – Mixwix 482
 – Am Ende 487
Adenauer, Konrad 473
Adorno, Theodor W. 75 f., 86, 96, 99, 102, 104, 113–117, 255, 270–272, 298, 355, 365
 – Studies in the Authoritarian Personality 115
 – Über den Fetischcharakter in der Musik und die Regression des Hörens 113
Adam, Wolfgang 434
Advanced Chemistry 238
Agamben, Giorgio 289, 598
Aguilera, Christina 573
Alloway, Lawrence 96
Alschibaja, Theimuras Michael 615
 – Penisverletzung bei Masturbation mit Staubsaugern 615
Altenburg, Matthias 17, 144 f.
Amaya, Mario 187
Amos, Tory 527
Amsberg, Claus von 364
Andersch, Alfred 365
 – Der Tod des James Dean 48, 365–366
Anders, Günther 365
 – Die Welt als Phantom und Matrize 365
Anderson, Benedict
 – Imagined Communities 489
Anderson, Laurie 193
Angot, Christine
 – Inceste 617
Anka, Paul 44

Aquaman 417
Arend, Ingo 178
Arjouni, Jakob 144
Armstrong, Louis 356
Aroma Plus 505
Artmann, H.C. 2, 20, 90
 – Das Suchen nach dem gestrigen Tag 10
Assheuer, Thomas 66
Aulaulu, Carla 111
Avedon, Richard 403
Ayden, Erje 411

Babel, Isaac 405
Bacall, Lauren 399
Bachtin, Michail Michailowitsch 468, 528, 612, 614
Baecker, Dirk 87, 175
Ballard, J.G. 46
Baldauf, Anette
 – Lips. Tits. Hits. Power? Popkultur und Feminismus 124
Banaski, Andreas siehe Kid P.
Bangs, Lester 59
BAP 236
Barbey d'Aurevilly, Jules 286
Bardot, Brigitte 399
Bargeld, Blixa 463
Barnard, Christiaan 423
Barth, Hans 100
Barthelme, Donald 37, 401
Barthes, Roland 61, 96, 202, 332, 346, 399, 407, 408, 528
 – Der Tod des Autors 539
 – Die Lust am Text 473
 – Die Sprache der Mode 99
 – Elemente der Semiologie 99
 – Im Reich der Zeichen 488
 – Mythologies/Mythen des Alltags 97–102
Bartels, Klaus 515
Baßler, Moritz 80, 106, 217, 208, 232 f., 463, 497, 499, 509, 518, 545, 554, 559, 565 f., 632
 – Der deutsche Pop-Roman 252, 517

Batman 89, 414, 417, 423
Batman und Robin 116
Battcock, Gregory 403
Baudelaire, Charles 286
Baudrillard, Jean 61, 96
Bauer, Wolfgang 111
Baum, Antonia
– vollkommen leblos bestenfalls tot 241f.
Baumgart, Reinhard 32, 36, 393
Baxter, Les 356
B.B. King 186
Beach, Mary 411
Beatles 9, 186, 310, 390, 414, 416, 418f., 600
– The Beatles 6, 56
– Revolver 56
Beckenbauer, Franz 488
Becker, Boris 476
Becker, Howard S. 296
Becker, Jürgen 36
Beckett, Samuel 399
Bee Gees 390
Beethoven, Ludwig van 513
Beerbohm, Max
– Zuleika Dobson 89
Begemann, Bernd 475, 480
Behrens, Katharina 45
Behrens, Peter 45
Benjamin, Walter 58, 99, 117, 171, 271, 272, 291
Benn, Gottfried 20, 186, 354–367, 399, 430, 448
– Aprèslude 354
– Bar 355–367
– Destillationen 354, 363
– Die Reise 360
– Doppelleben 354
– Fragmente 354
– Probleme der Lyrik 364, 430
– Statische Gedichte 354
Benn, Ilse 359, 360
Bennett, Tony 355
– Because of You 355–364
Bergmann, Harald
– Brinkmanns Zorn 134
Berkson, Bill 410
Berndt, Frauke 365

Bernhard, Thomas 448, 561
– Gehen 561
Berrigan, Ted 46, 80, 401–403, 410
– Guillaume Apollinaire ist tot 410
Bessing, Joachim 19, 93, 134, 138, 207, 552–567, 585
– Tristesse Royale 9, 19, 78, 93, 132, 136, 138, 150, 252, 283, 287, 513, 516, 524, 527, 552–567, 585, 601
Beuys, Joseph 136, 309, 310
– Iphigenie/Titus Andronicus 136
– Sibirische Symphonie 1 136
Beyer, Marcel 68
– Bibliothek der Unterhaltung und des Wissens 160
Bienek, Horst 391
– Vorgefundene Gedichte 391
– Wetterbericht 116
Bikini Kill 573
Biller, Maxim 17, 64, 68f., 145, 498, 513
Bingel, Horst
– Literarische Messe 309
Binzer, Georg 44
Bird, Carolin
– Harper's Bazaar 294
Birnstiel, Klaus 277
Black, Roy 190f., 251
Blackburn, Paul 401, 403
Black Widow 417
Blaise, Modesty 100
Bland, Robert 391
Blazek, Douglas 399
Bloch, Ernst 117
Bloom, Gene 399
Blumfeld 237, 242, 239, 574–575, 588
– Ich-Maschine 238, 480, 482
– L'etat et moi 480–493
– Old Nobody 484
Blur 9, 189, 530, 534
Bovenschen, Silvia 543
Böhme, Hartmut 257
Bohlen, Dieter 204
Bohn, Volker 394
Bohrer, Karl Heinz 11, 38, 396, 440, 446
– Plötzlichkeit 440
Böll, Heinrich 12, 44
– Billard um halbzehn 44

Bollenbeck, Georg 354
Boltanski, Luc 593
Booth, Mark 85
Bouchard, Norma 104
Bourdieu, Pierre 283
Boyarin, Daniel 539
Bowie, David 217
Brainard, Joe 337, 341, 402, 409 f.
Brand, Stewart 319
– *Whole Earth Catalog* 313
Brandt, Willy 488
Brando, Marlon 297
Brecht, Bertolt 592 f.
– *Der Messingkauf* 603
– *Mutter Courage* 592, 597
Breton, André 171
Briegleb, Klaus 38
Brinkmann, Martin 582
Brinkmann, Rolf Dieter 8, 13, 18 f., 24, 37–39, 47, 49, 55, 80, 90, 111, 115 f., 131–138, 143, 145, 166 f., 175–177, 184, 192, 237, 243 f., 249–251, 291, 327–347, 367, 391, 398–411, 426–438, 455 f., 476, 492, 544, 554, 565 f.
– *ACID* 13, 46, 143, 250, 291, 309, 336, 340–347, 398–411, 432, 434
– *Angriff aufs Monopol* 12, 36, 132, 192
– *Die Lyrik Frank O'Haras* 477
– *Die Piloten* 49, 58, 105, 116, 175, 337, 426, 434
– *Die Orangensaftmaschine* 427
– *Die Umarmung* 249
– *Einer jener klassischen* 427
– *Einfaches Bild* 427
– *Erkundungen für die Präzisierung des Gefühls für einen Aufstand* 328
– *Flickermaschine* 346 f.
– *Frank Xerox' wüster Traum und andere Kollaborationen* 340 f.
– *Godzilla* 105, 116, 337, 345, 346, 434
– *Gras* 434
– *In der Seitenstraße* 249
– *Jah, Sonnenblume* 430
– *Keiner weiß mehr* 11, 90, 137, 143, 190, 251, 293
– *Mondlicht in einem Baugerüst* 426

– *Photographie* 340
– *Politisches Gedicht 13. Nov. 74, BRD* 436
– *Raupenbahn* 249
– *Rom, Blicke* 148, 291, 328, 409
– *Schnitte* 328, 341
– *Silverscreen* 13, 46, 143, 399, 407, 409, 504
– *The Last One* 138
– *Was fraglich ist wofür* 11, 427
– *Westwärts 1&2* 49 f., 243 f., 575, 426, 430–431, 436
Bronfen, Elisabeth 420
Brown, Norman O. 33, 37, 402, 410
Brownstein, Michael 410
Broyard, Anatole 295 f.
– *A Portrait of the Hipster* 295
Brüllen 237
Brummel, Beau 286, 289
Brus, Günter 422
Buch, Hans Christoph 340 f.
– *Kritische Wälder* 340 f.
Bukowski, Charles 46, 404, 407, 411
Bunz, Mercedes 124
Burchill, Julie 59, 298
Burkhardt, Werner 44 f.
Burroughs, William S. 37, 46, 49, 142, 171, 184, 195, 240, 313, 318, 401 f., 404, 415, 419, 456, 459
– *Akademie 23 – Eine Entwöhnung* 401
– *Die unsichtbare Generation* 401
– *Junkie* 45
– *Naked Lunch* 45, 142, 283, 296
Busby, Matt 186
Bush, Kate 598
Bushoff, Hans Peter
– *Underground Press* 316
Bushido 238
Bushnell, Candace
– *Sex and the City* 121
Büsser, Martin 492
Busta Rhymes 574
Butler, Judith 539, 543 f., 548
– *Gender Trouble / Das Unbehagen der Geschlechter* 120, 548 f.
Büttner, Werner 444

Cactus, Françoise 124, 126
- *Wollita* 126
Cage, John 136, 401
Callo, Sophie 202
Captain America 417
Captain Beefheart & His Magic Band 192
Carey, Mariah 574
Carroll, Lewis 399
- *Alice im Wunderland* 308
Carter USM 239, 525
Casati, Rebecca 65, 67, 134
Cassady, Neal 410
Cassavetes, John 599
- *Opening Night* 603
Castorf, Frank 599 f.
Celan, Paul 483
- *Sprachgitter* 44
- *Sprich auch Du* 485
- *Tübingen, Jänner* 531
- *Von Schwelle zu Schwelle* 485
Céline, Louis-Ferdinand 399
Cherrytree, E.F. 404
Chiapello, Ève 593
Chic 513
Chotjewitz, Peter O. 36, 112, 408
- *Die Insel* 293
Clairvaux, Bernard von 513
Clark, Tom 403, 410
Clarke, Arthur C. 46
Clayderman, Richard 526
Cleaver, Eldridge 310
Cleland, John
- *Fanny Hill. Memoirs of a Woman of Pleasure* 616
Cleto, Fabian 85
Cocker, Jarvis 244
- *Selected Lyrics* 243 f.
Cohn, Nick 288
- *Pop from the beginning* 288
Colette und Willy 210
Collins, Phil 217, 581
Collins, Suzanne
- *Die Tribute von Panem* 161
Compton-Burnett, Ivy 89
Conny 414
Coppola, Sophia
- *The Bling Ring* 253

Corso, Gregory 144, 366
- *In der flüchtigen Hand* 45, 366
Corto Maltese 92
Coupland, Douglas 47, 219, 525
- *Generation X: Tales from an Accelerated Culture* 219
Cpt. Kirk &. 237, 480
Creedence Clearwater Revival 406
Creeley, Robert 406
Crosby, Bing 356
Crumb, Robert 341, 402, 410 f.
- *Head Comix* 410
Cub, Mad 410
Culture Club 91
Cummings, E.E. 48

DAF 236, 505
Dallas 191
Daltrey, Roger 215
Damon 408
Darboven, Hanne 196
Dath, Dietmar 10, 68, 69
Daum, Thomas 319
da Vinci, Leonardo 133, 330–332
- *Mona Lisa* 331–333
Davis, Miles 295
Dawson, Fielding 410
Dean, James 48, 365 f.
Deemer, Bill 403
Degenhardt, Franz Josef 235
DeHaven, Gloria 356
Deleuze, Gilles 415, 486, 500 f., 513
Demme, Jonathan
- *Philadelphia* 592
Denk, Felix
- *Der Klang der Familie* 222 f.
Densmore, John 37
Depeche Mode 595, 604
Der Bergdoktor 157
Der Plan 236, 500
Der Tobi & Das Bo 237
Derrida, Jacques 61, 176, 428, 488, 491
Deschner, Karlheinz 353
Desmond, Johnny 356
Deter, Ina 527
Dick Brave and the Back Beats 216
Diderot, Denis 618

Die Braut haut ins Auge 480
Diederichsen, Diedrich 2, 4, 7 f., 21 f.,
    42 f., 59–61, 66, 68 f., 72–80, 145, 169,
    269, 273, 289 f., 297, 316, 381, 444,
    446–449, 452, 468, 477, 488, 500 f.,
    513, 549
  – Der lange Weg nach Mitte 73
  – Herr Dietrichsen 72
  – Ist was Pop? 72–75
  – Schocker: Stile und Moden der
    Subkultur 447
  – Sexbeat 72, 132, 236, 294, 448–449,
    601
  – Staccato 60, 446
  – Über Pop-Musik 194, 232 f.
Die Antwort 480
Die Erde 480
Die Fantastischen Vier 151, 237, 240
Die Goldenen Zitronen 205, 238, 49
  – Das bisschen Totschlag 480, 485
Die Heiterkeit 238
Die Radierer 236
Die Sterne 237, 239, 588
  – Wichtig 238
  – In echt 480, 488
Die tödliche Dosis 236
Die Toten Hosen 205, 530
Dietrich, Marlene 365, 488
Dine, Jim 410
  – Gedichte & Zeichnungen 410
Disney, Walt 416, 418
  – Skeleton Dance 416
Distelmeyer, Jochen 242, 480–493
DJ Hell 513
Dobler, Franz 144
Döblin, Alfred 185
  – Berlin Alexanderplatz 195
Dokoupil, Georg 61
Domin, Hilde 35
  – Nur eine Rose als Stütze 44
The Doors 37, 192, 251, 406, 411
Dorau, Andreas 236, 242
Dos Passos, John 48, 366
Dostojewski, Fjodor 89
Dotzauer, Gregor 426, 428–432
Doubrovsky, Serge 201, 203
  – Fils 203

Douglas, Mary 256 f.
Dr. Motte 462
Drawn Together 417
Drechsler, Clara 48, 61, 124, 452, 525
Droste, Wiglaf 67, 498
Dschungelcamp 157
Duchamp, Marcel 332 f., 343, 393
  – L.H.O.O.Q. 332 f.
Düllo, Thomas 276, 278 f.
Duras, Marguerite
  – Der Liebhaber 469
Dürrenmatt, Friedrich 513
Dutschke, Rudi 304
  – Rebellion der Studenten oder Die neue
    Opposition 111
Duve, Karen 122
Dvorak, Ann 357, 358
Dylan, Bob 35, 131, 186, 217, 237, 310, 477,
    483

Eco, Umberto 96, 330–333, 365, 559
  – Apocalittici e Integrati/Apokalyptiker und
    Integrierte 102–106
  – Das Foucaultsche Pendel 104
  – Der Name der Rose 104
Eisenstein, Sergej 195
Eismann, Sonja 124 f.
  – Hot Topic. Popfeminismus heute 125
Eitner, Kerstin 452, 457
Ekberg, Anita 85
Element of Crime 151
Eliot, T.S. 23, 33, 39, 46
Ellis, Bret Easton 47, 50, 145 f., 150, 191, 239,
    521, 525 f., 534
  – American Psycho 146, 188 f., 289
  – Less Than Zero 145 f., 520
Elmslie, Kenward 403
Éluard, Paul 345
  – Facile 345
Ensslin, Gudrun 111
Enzensberger, Hans Magnus 38, 45, 402,
    407 f., 492
Ernst, Thomas 565
Etgeton, Stefan Ferdinand
  – Das Glück meines Bruders 151
  – Rucksackkometen 151
Evans, Gene 358

Export, Valie 619
Extrabreit 236

Fagin, Larry 399, 403
Falco 535
Falkenstein, Henning 393
Faludi, Susan 121
 – *Backlash* 120
Familie Feuerstein 100
Fanon, Frantz 111
Farocki, Harun 317
Fassbinder, Rainer Werner 488, 599
Fauser, Jörg 44, 50, 143, 144, 239, 296, 525, 532
 – *Rohstoff* 296
Fehlfarben 237, 455–457, 460
 – *Monarchie und Alltag* 456 f., 463
Feldbusch, Verona 66, 93
Fellini, Federico
 – *La Dolce Vita* 85
Ferlinghetti, Lawrence 142, 410
 – *Ein Coney Island* 45
Ferrara, Alessandro 267
Fettes Brot 237
Fichte, Hubert 18, 78–80, 166 f., 292 f., 370–382, 391, 544
 – *Die Palette* 11, 19, 49, 106, 186, 218 f., 292 f., 317, 370–382
Fiedler, Leslie 7, 9, 12, 21, 24, 46 f., 55, 68, 89, 132 f., 171, 192, 313, 381, 392, 401 f., 408, 410, 456, 530
 – *Cross the Border, Close the Gap* 4, 31–39, 87, 143, 456, 510
 – *Die neuen Mutanten* 402
 – *Die Rückkehr des verschwundenen Amerikaners* 410
Fielding, Helen
 – *Bridget Jones* 121
Finsterwalder, Frauke
 – *Finsterworld* 519
Fiore, Quentin 333–336
 – *The Medium is the massage* 333–336
Firbank, Ronald 89
Fischer, Helene 157
Fischer, Marie Louise 100
Fischmob 237
Fisher, Mark 534

Fiske, John 96, 272, 285
Flaming Lips 169
Fleischmann, Peter
 – *Herbst der Gammler* 317
Fleischmann, Wolfgang 44
Fleming, Ian
 – *James Bond* 102 f.
Flender, Reinhard 230
Flash 417
Flaubert, Gustave 89, 545
Floh de Cologne 235
Foucault, Michel 157, 482, 486, 490, 598
Forcade, Tom
 – *Orpheus* 315
Foyer des Arts 236
 – *Von Bullerbü nach Babylon* 505
Fraktus 589
 – *Millennium Edition* 589
 – *Welcome to the Internet* 589
Franklin, Aretha 111, 548
Frears, Stephen 525
Freud, Sigmund 117, 307, 539, 581, 618
Freundeskreis 238
Friebe, Jens 242
Friedrich, Hugo 432
 – *Die Struktur der modernen Lyrik* 432
Friedrich, Caspar David 429
Friedrichs, Hajo 513 f.
Frisch, Max 32, 513
Frith, Simon 59, 273
Fritsch, Thomas 190, 251
Frost, Robert 406
F.S.K. 51, 236, 242, 546 f.
Fuller, Buckminster 313, 402
Fun 216
Fünf Freunde 480
Fünf Sterne Deluxe 237
Fury in the Slaughterhouse 189

Gallup, Dick 403
Gangemis, Kenneth 410
 – *Olt* 410
Garbage 570
Garber, Marjorie 539, 542
Garbo, Greta 97

Gaultier, Jean Paul 513
Geertz, Clifford 100
Geluk, Hans 308
Genette, Gérard 201
George, Boy 91
Geppert, Georg 56
Gerhardt, Rainer Maria 410
Gernhardt, Robert 357, 359
– *Lobreden auf den poetischen Satz* 357
Gibb, Barry 216
– *Grease* 216
Gildo, Rex 414
Gillespie, Dizzy 295
Ginsberg, Allen 33, 45, 49, 58, 80, 134, 142, 295, 310, 366, 419, 423, 456
– *Howl/Geheul* 44, 48f., 142, 295, 366
– *Kaddisch* 45
Giorno, John 310, 401, 403, 410
– *Cunt* 410
Glaser, Peter 452–464
– *Der große Hirnriss* 14
– *Handlung mörderisch* 455
– *Rawums.* 14, 61–63, 90, 145, 172, 236, 251, 452
Gleba, Kerstin 390
Glessing, Robert J.
– *Underground Press* 308, 315
Gob Squad 599
Godard, Jean-Luc 487
Goethe, Johann Wolfgang von 419, 513
– *Dichtung und Wahrheit* 201
Goetz, Rainald 14, 16, 18–20, 22, 24, 50, 61, 63, 66, 68, 72, 76, 78, 90, 148f., 165–167, 174, 176f., 180, 207, 209, 239, 251, 287–289, 293, 439–449, 452, 475, 480, 518, 524, 532, 544
– *Abfall für alle* 132, 148
– *Fleisch* 448
– *Heute morgen* 165
– *Hirn* 288
– *Irre* 288, 439, 441, 448
– *Johann Holtrop* 209
– *Rave* 148, 165, 261, 262
– *Subito* 8, 13, 55, 59f., 251, 439–449
Goldt, Max 219f., 289, 494–508
– *Aus Onkel Max Kulturtagebuch* 498

– *Die majestätische Ruhe des Anorganischen* 506
– *Diese Kolumne hat vorübergehend keinen Namen* 498
– *Drei Knusperdosen* 106
– *Gattin aus Holzabfällen* 502
– *L'Église des Crocodiles* 506
– *Liechtenstein* 506
– *Mit Texten versehene Bilder* 502
Goodman, Paul 410
Goofy 414
Goosen, Frank 132, 136–138
Göring, Hermann 513
Görlitz, Christian 577
Grant, Cary 513
Grass, Günter 185, 468
– *Die Blechtrommel* 44, 187
Grateful Dead 57
Green, Jonathon
– *All Dressed Up* 316
Green Lantern 417
Greenberg, Clement 249
Greenblatt, Stephen 358, 362
Greiner, Ulrich 66
Grether, Kerstin 20, 123f., 568–575
– *An einem Tag für rote Schuhe* 125
– *Madonna und wir* 125
– *Zuckerbabys* 123, 568–575
– *Zungenkuß* 125
Grether, Sandra 123f.
– *Madonna und wir* 125
Grignard, Ferre 49
Grimmsches Wörterbuch 167
Groetz, Thomas 462
Grönemeyer, Herbert 236
Grossberg, Lawrence 272f., 276
Groys, Boris 2, 106, 259
Guevara, Che 488
Gülden, Jörg 59
Gumbrecht, Hans Ulrich 291
Guns'n'Roses 239
Günther, Gero 15
Guse, Juan S. 10
Gütermann, Erika 45

Haas, Wolf 149, 190, 529
– *Komm, süßer Tod* 529

Habermas, Jürgen 117
Hackett, Pat 173
Hädeke, Wolfgang 36
Hagen, Nina 126, 136
Haiyti 238
Hall, Stuart 96, 152, 256, 260, 272
Hamilton, Richard 6, 186, 531, 248, 258
 – *Just What Is It…* 5, 247, 478
Hammerstein, Arthur 356
Hammill, Peter 405
Hamsun, Knut 188, 469–471
 – *Hunger* 465, 469 f., 477
 – *Mysterien* 475
 – *Pan* 477
Handke, Peter 80, 111, 149, 384–396, 419, 431, 456
 – *Deutsche Gedichte* 393
 – *Die Aufstellung des 1. FC Nürnberg vom 27. 1. 1968* 390, 394, 395
 – *Die Innenwelt der Außenwelt* 13, 105 f., 384–396, 431, 487
 – *Die japanische Hitparade vom 25. Mai 1968* 185, 384–396
 – *Die Stunde der wahren Empfindung* 455
 – *Schreiben und Lesen* 388 f., 394
Hanna, Kathleen 573
Haraway, Donna 539, 598, 603 f.
Harold Melvin & The Blue Notes 168
Harrer, Harold 193
Harris, Robert 10
 – *Fatherland* 193
Hartges, Marcel 15
Hasenclever, Walter
 – *Junge amerikanische Literatur* 45
Haug, Wolfgang Fritz 254, 255
Hauptmann, Gerhard 191
Hawks, Howard 358
 – *Scarface* 358
Haysi Fantayzee
 – *John Wayne Is Big Leggee* 91
Heath, Joseph 316
Hebdige, Dick 317 f., 447
 – *Subculture* 447
Hecken, Thomas 88, 353
Hedgepeth, William 318
Hegemann, Helene
 – *Axolotl Roadkill* 133

Heidegger, Martin 486, 489
Hein, Peter 242 f., 455, 460
 – *Handlung mörderisch* 455
Heintje 416
Heintz, Günther 388
Heißenbüttel, Helmut 36, 391
Heizer, Mike 310
Hellmann, Harald 48, 525
Hemingway, Ernest
 – *Der alte Mann und das Meer* 102
Hendrix, Jimi 110, 483
Hennig von Lange, Alexa 17, 78, 122, 148, 239, 528
 – *Relax* 150, 165, 284 f., 528
Henschel, Gerhard
 – *Der dreizehnte Beatle* 225
Hergé
 – *Tim & Struppi* 92, 193
Hermand, Jost 110 f., 166, 172
 – *Pop International* 2, 38
Herms, Uwe 57 f.
Herrndorf, Wolfgang
 – *Sand* 189
 – *Tschick* 147, 531
Hesse, Hermann 513
Hessel, Franz 291
Heyse, Paul 186
Hilsberg, Alfred 59
Hoffman, Abbie 310, 410
Hofmannsthal, Hugo von 436
Hohl, Tina 64
Hölderlin, Friedrich 531
 – *Der Rhein* 531
Höllerer, Walter 44, 142, 366, 410
 – *Junge amerikanische Lyrik* 45, 366
Hollo, Anselm 45
Hollstein, Walter
 – *Der Untergrund* 310
 – *Die Gegengesellschaft* 310
Holmes, John Clellon 404
Holthusen, Egon 36
Homer
 – *Odyssee* 98
Höppner, Berndt 138
Horaz 330
 – *Ars poetica* 31

Horkheimer, Max 255, 314
Horn, Guildo 66, 73, 75
Hornby, Nick 47f., 50, 132, 150, 239, 525f.
 – *High Fidelity* 90, 186, 189, 223f.
Hörner, Fernand 286
Horx, Matthias 66, 514
Horzon, Rafael 205–207
 – *Das weisse Buch* 205–207, 209
Hubert Kah 236
Hübsch, Paul-Gerhard 11, 143
Hüetlin, Thomas 147
Hulk 416f.
Hündgen, Gerald 62
Hustensaft Jüngling 238
Huxley, David
 – *Nasty Tales* 316
Huysmans, Joris-Karl
 – *À Rebours* 185, 189

Ian & The Zodiacs 49
Ideal 236
Ignée, Wolfgang 35f.
Illies, Florian 67, 220
 – *Generation Golf* 80, 148, 150, 189, 220, 517, 553, 573
Imdahl, Max 2
Ink Spots 513
Irigaray, Luce 618f.
Iron Man 417
Isherwood, Baron 256f.
Isherwood, Christopher 185
 – *The World in the Evening* 89

Jacke, Christoph 267
Jagger, Mick 150, 399
Jakobson, Roman 106, 262
Jameson, Fredric 629
Jandl, Ernst 391, 416, 421
Ja, Panik 238
Jarman, Derek
 – *Wittgenstein* 604
Jarre, Jean Michel
 – *Les Chants magnétiques* 596
Jaspers, Karl 354
 – *Von der Wahrheit* 354
Jaud, Tommy
 – *Vollidiot* 535

Jefferson Airplane 308
Jelinek, Elfriede 38, 80, 171, 411–424, 489
 – *Die endlose Unschuldigkeit* 100f.
 – *Die Klavierspielerin* 575
 – *Im Verlassenen* 618
 – *wir sind lockvögel baby!* 13, 119, 171, 414–424
Jenny, Zoë 134
Jessen, Lars
 – *Fraktus – das letzte Kapitel der Musikgeschichte* 589
 – *Jürgen – Heute wird gelebt* 586
Jerry Cotton 100, 416
John, Rolf Eckart 398f.
 – *Mondstrip* 46
Johnson, Uwe
 – *Mutmaßungen über Jakob* 44
Jones, Brian 416, 419f., 424
Jones, LeRoi 142, 410, 411
 – *Schwarze Musik* 410
Joplin, Janis 310, 318
Joyce, James 7, 23, 33, 39, 46, 171, 185
 – *Ulysses* 545
Juli 238
Jünger, Ernst 171, 381, 513
Jürgens, Udo 190f., 251, 414, 416

Kafka, Franz 480
Kaiser, Claudia 124
Kaiser, Gerhard 354
Kaiser, Rolf-Ulrich 310f.
 – *Protestfibel* 311
 – *Underground? Pop? Nein! Gegenkultur!* 400
Kalb, Kurt 422
Kamerun, Schorsch 519
Kaminer, Wladimir 132, 149
 – *Russendisko* 132, 137, 150
Kammer, Stephan 365
Kandel, Lenore 404
Kant, Immanuel 86f.
 – *Kritik der Urteilskraft* 254f., 260–263
Kaprow, Allan
 – *18 Happenings in 6 Parts* 135f.
Karasek, Hellmuth 387, 390, 393
Karat 471

Katz & Goldt 506
Kaube, Jürgen 68
Kauer, Katja 127, 572
Kehlmann, Daniel 23
Keidel, Matthias 292
Keller, Hans 59
Kempowski, Walter 17, 532
Kerouac, Jack 33, 45 f., 142, 366, 411, 456
 – On the Road 44, 48 f., 142, 366
 – The Subterraneans 317
Kesey, Ken 410
 – Einer flog übers Kuckucksnest 410
Kettcar 277–280
Khatib, Sami 74
Kid P. 60, 64
Kinski, Klaus 136
Kittler, Friedrich 355
Kippenberger, Martin 61, 452
Kirsch, Hans-Christian 366
 – Mit Haut und Haar 48, 366
Klein, Georg 230
Kleinsphen, Thomas 284
Klopstock, Friedrich Gottlieb 513
Klotz, Almut 123 f.
Knaller, Susanne 267–270, 274 f.
Knaup, Anna 535 f.
Knausgård, Karl Ove
 – Min Kamp 588
Knef, Hildegard 251
Koch, Kenneth 410
Koelbl, Herlinde
 – Rausch und Ruhm 533
Koeppen, Wolfgang 366
 – Amerikafahrt 366
Koether, Jutta 61, 452
Kolleritsch, Alfred 419
Kolossale Jugend 237, 480
Kopf, Uwe 513–514
Kopkind, Andrew
 – Soul Power 111
Kosmonautentraum 236
Köver, Chris 125
Kracht, Christian 17–19, 24, 50, 65, 67–69, 72, 78–80, 90, 92 f., 117, 132, 136, 144–151, 200, 207–210, 276, 287, 289, 297, 490, 524, 526, 532, 552, 557, 560, 585, 632

 – Der Gelbe Bleistift 138
 – Die Toten 93
 – Faserland 10, 16, 20, 65, 66, 79, 93, 100 f., 144–151, 189, 193, 252, 283 f., 289, 475, 477, 509–524, 528, 553
 – Ferien für immer 513
 – Five Years 519
 – Hubbard 207
 – Ich werde hier sein... 93, 193, 509, 517, 519
 – Imperium 6, 92 f., 136, 149, 509, 519
 – Mesopotamia 18, 137, 150, 239, 518–519, 524, 533
 – 1979 20, 189, 289, 509, 517
 – New Wave 513
 – Triptychon 519
Krämer, Sybille 274
Krauß, Angela 17
Krausser, Helmut 144
 – Münchner Poetikvorlesungen 130
 – Shakespeare Sonette 130
 – Tagebücher 132
Kreator 6
Krech, Rich 400
Krekeler, Elmar 289
Kreknin, Innokentij 8, 91
Kreuzer, Helmut 380
 – Die Bohème 310
Krieger, Robby 37
Krim, Seymour 404 f.
Kristeva, Julia 488
Kriwet, Ferdinand 310, 327, 336
 – Apollo Amerika 327
 – Com.Mix 327
 – Stars 327
Kruder & Dorfmeister 8
Kunen, James Simon 410
 – Erdbeermanifest 410
Kunze, Heinz Rudolf 189, 236
Kupferberg, Tuli 46, 80, 310 f., 404, 406, 408, 414, 423 f.
 – 1001 Ways to Beat the Draft 414
Kürthy, Ildikó von 23
Kurz, Paul Konrad
 – Über moderne Literatur 13
Kusama, Yayoi 310

LaBruce, Bruce 185
Lacan, Jacques 542, 598
Lacroix, Christian 513
Lady Bitch Ray 126
Lage, Klaus 236
Lager, Sven 178
La Hengst, Bernadette 169
Landy, Eugene E.
 – *Underground Dictionary* 308
Lange, Victor 32
Lange, Wolfgang 20
Langhammer, Katharina 418
Lasker-Schüler, Else 237
Lauterbach, Heiner 93
Lawrence, D.H. 33, 539
Leary, Timothy 307, 310, 406
Lebert, Benjamin 18, 574
 – *Crazy* 137, 150 f.
Led Zeppelin 192 f.
Legath, Jürgen 59
Lehmann, Hans-Thies 597 f.
Lejeune, Philippe 201 f., 617
Leland, John 295–297
Lennon, John 36, 136
Leonard, George B. 344
LeRider, Jacques 539
Lethem, Jonathan
 – *Chronic City* 297
 – *The Fortress of Solitude* 297
Lethen, Helmut 307
Le Tigre 573
Levin, Thomas 237
Levin, Tobias 480
Lévi-Strauss, Claude 99
Lewis, Roger
 – *Outlaws of America* 316
LGoony 238
Lichtenstein, Roy 460
Linck, Dirck 395 f.
Lindenberg, Udo 243, 534
 – *Das Lindenwerk. Malerei in Panikcolor* 133
Lindner, Rolf 304 f.
Linke, Angelika 355, 365
Lipps Inc. 513
Litvak, Joseph 290

Livingston, Jennie
 – *Paris is Burning* 548
Loeven, Helmut 320
Lohaus, Stefanie 125
Loki 417
Löns, Hermann 475
Lopez, Jennifer 574
Lorrain, Claude 448
Lottmann, Joachim 14, 20, 24, 90–92, 145, 187, 207–209, 251, 465–479, 532
 – *Deutsche Einheit* 469
 – *Drei Frauen* 90 f.
 – *Mai, Juni, Juli* 14, 61, 91, 188, 465–479, 517
Lorenz, Lorenz 63, 448
 – *Die Einsamkeit des Amokläufers* 62
Love, Courtney 572
Lowell, Robert 406
Lowtzow, Dirk von 491, 519, 598
 – *Dekade* 242
Lucilectric 123
Luhmann, Niklas 180, 204, 298, 428
Lukas, Paul 16
Lukács, Georg 112
Lyotard, Jean-Francois 440
 – *Intensitäten* 440

Maahn, Wolf 236
MacCannell, Dean 6, 101, 530
MacDonald, Dwight 102
Madonna 88, 120, 124, 574
Mad Men 89
Maffay, Peter 236
Mailer, Norman 312, 317, 381, 405, 410
 – *The White Negro* 295, 297, 381
Makatsch, Heike 123
Malanga, Gerard 46, 403, 410
 – *Selbstporträt eines Dichters* 410
Malchow, Helge 18, 145, 465
Malcolm X 111
Mallarmé, Stéphane 435
Mammut. März Texte 1&2 36
Man, Paul de 203
Mand, Andreas
 – *Grovers Erfindung* 545
Mandel, Ernest 629

Manic Street Preachers 561
Mann, Thomas 7, 33, 46, 513, 586 f.
– *Der kleine Herr Friedemann* 587
– *Der Zauberberg* 511 f.
– *Tonio Kröger* 586
Mannheim, Karl 215
– *Das Problem der Generationen* 215
Mansfield, Jayne 84
Manson, Charles 414, 424
Manzarek, Ray 37
Mapplethorpe, Robert 548
Marcuse, Herbert 96, 102, 113, 317 f., 408, 411, 434
– *Versuch über die Befreiung* 311, 408, 434
Markopoulos, Gregory J. 403
Markus 236, 486
Martian Manhunter 417
Martin, George R.R. 23
Marx, Karl 58, 112, 114, 117, 335
– *Das Kapital* 112
Marx, Olaph/Olaf-Dante 60, 64, 447
Mathews, Harry 403, 410
– *Zlahn* 410
Matthaei, Renate
– *Trivialmythen* 13, 100
Mau, Leonore 381
Mauthner, Fritz 431
MC5 192
McCaffery, Larry
– *After Yesterday's Crash* 519
McCarthy, Joseph 46
McClure, Michael 310, 410
– *Dunkelbraun* 410
McCracken, Grant 256
McLuhan, Marshall 33, 37, 100, 310, 326 f., 333–336, 340, 344, 401 f.
– *The Medium is the massage* 333–336
McRobbie, Angela 97, 121, 124
Mead, Taylor 403
– *On Amphetamine and in Europe* 403
Medalla, David 423
Meier, Dieter 519
Meiklokjes, Enie van de 123
Meinecke, Thomas 9, 14, 16–20, 24, 43, 50 f., 62–65, 101, 106, 120, 148 f., 165–167, 174, 180, 193, 196 f., 217, 239, 242, 289 f., 298, 379, 449, 476, 492, 518, 524, 538–551
– *Alles Mist* 50
– *Hellblau* 196 f., 546
– *Ich als Text* 197, 544
– *Jungfrau* 546
– *Lookalikes* 546
– *Mit der Kirche ums Dorf* 187, 251, 477
– *Musik* 546
– *The Church of John F. Kennedy* 50
– *Tomboy* 51, 120, 148, 165, 538–551
Mekas, Jonas 310, 404
Melián, Michaela
– *Tomboy* 547
Melle, Thomas
– *Sickster* 242
Melly, George 84
Meltzer, Richard
– *Burgers I've Et, Part 2* 191
– *The Wonderful World of Booze* 191
Messer 238
Metz, Christian 513
Mey, Reinhard 488
Meyer, Moe 85
Meyerbeer, Giacomo 110
Michaelis, Rolf 459
Micky Maus 414, 423 f.
Miller, Henry 174
Minogue, Kylie 192
Mitchell, W.J.T. 327
Mitch Ryder and the Detroit Wheels 189
Mittagspause 463
Modern Talking 239, 513
Moers, Walter
– *Kleines Arschloch* 619
Moloko 168
Mon, Franz 391
Monk, Thelonious 295
Monroe, Marilyn 331, 346
Montez, Mario 346
Moritz R® 500
Morley, Paul
– *Words and Music* 192
Morrison, Jim 37, 480
Morrissey 597 f.
Morshäuser, Bodo 61
– *Die Berliner Simulation* 292 f.

Mozart, Wolfgang Amadeus 513
Mühl, Otto 416, 421–423
Müller, Harro 267–270, 274 f.
Müller, Heiner
– Der Untergang des Egoisten Johann Fatzer 592
Müller, Wolfgang
– Geniale Dilletanten 462
Müller-Danhausen, Lea 423
Müller-Westernhagen, Marius 236
Munch, Edvard 495

Naschert, Guido 230, 240
Naters, Elke 16, 78, 122, 178
– Königinnen 122
Naura, Michael 48
Neal, Larry 410
Nena 236
Nettelbeck, Uwe 56–58, 192, 406
Neumann, Robert 36
Neumeister, Andreas 17 f., 24, 148 f., 165–167, 177, 179 f., 239, 518, 524
– Angela Davies löscht ihre Website 179
– Gut laut 16, 165, 180, 224
– Poetry! Slam! 15, 150
Neutert, Natias 58
Neven DuMont, Reinhold 146 f.
Neves, John 13
Neville, Richard 314 f.
– Play Power 315
Newman, Randy 217
Nickel, Eckhart 19, 65, 68 f., 93, 179, 276 f., 557, 559, 585
Niedecken, Wolfgang 130, 133
Niemann, Norbert 19
Niermann, Ingo
– Der Effekt 17
Nieswandt, Hans 169
Nietzsche, Friedrich 489
– Ecce Homo 486
Nitsch, Hermann 422
– Orgien Mysterien Theater 136
Noel Gallagher's High Flying Birds 543
Nolte, Jost 408
Norris, Chuck 467
Norse, Harold 404
Nouvelle Vague 216

Novak, Kim 403
Novalis 428
– Hymnen an die Nacht 428
Null 178
Nuttall, Jeff 46, 313
– Bomb Culture 311, 312

Oasis 9, 101, 189, 192, 239, 525 f., 530, 534
Oehlen, Albert 444
O'Hara, Frank 45 f., 49, 145, 175, 250 f., 341, 401 f., 411, 430
– Lunch Poems und andere Gedichte 250, 402, 430
Ohff, Heinz 408
– Pop und die Folgen 408
Olson, Charles 406
O'Neill, Gerard 313
Ono, Yoko 80, 136
Oranien-Nassau, Beatrix von 364
Ortega y Gasset, José
– La rebelión de las masas 477
Ostermaier, Albert 18
Ostzonensuppenwürfelmachenkrebs 480
Oswald, Georg M. 134
Oxford English Dictionary 3

Padgett, Pat 411
Padgett, Ron 403, 411
Paetel, Karl O.
– Beat 45
Page, Patti 356
Paik, Nam June 343
Palais Schaumburg 236
Palminger, Jacques 577
Palzer, Thomas 64
Pankau, Johannes G. 367
Paolozzi, Eduardo
– I Was a Rich Man's Plaything 5, 247
Parole Trixi 123
Parsons, Tony 59, 476
Pasemann, Gerd 505
Patchen, Kenneth 48
Pearl Jam 191, 527
Penman, Ian 59
Perreault, John 404
Perry Mason 35

Peters, Robert 411
Petras, Ole
- *Wie Popmusik bedeutet* 232 f.
Pet Shop Boys 169, 239, 513
Pfeiffer, Karl-Ludwig 268
Phillips, Claire 357, 358
- *Manila Espionage* 358
Picandet, Katharina 197
Pinelli, Joe 399
Pink 573
PJ Harvey 527
Platon 408
Plesch, Tine 124
Ploog, Jürgen 59, 143, 184
- *Coca Cola Hinterland* 195
Polke, Sigmar 342 f.
Pollesch, René 591–606
- *Der Schnittchenkauf* 603
- *Diabolo – Schade, dass er Teufel ist* 600
- *Die Welt zu Gast bei reichen Eltern* 599
- *Heidi Hoh* 599
- *Kill Your Darlings. Streets of Berladelphia* 591 f., 594
- *Ruhrtrilogie Teil 3: Der perfekte Tag* 599
- *Splatter Boulevard* 599
- *Von einem, der auszog, weil er sich die Miete nicht mehr leisten konnte* 598
Pool 178, 179
Poschardt, Ulf
- *DJ Culture* 197
Postman, Neil 174 f.
Potter, Andrew 316
Pound, Ezra 406
Powell, Roxie 400
Praunheim, Rosa von
- *Oh, Muvie* 111
Presley, Elvis 194, 346
Prima, Diane di 404, 410
- *High! Memoiren eines Beatmädchens* 410
Proust, Marcel 7, 33, 39, 46, 202
- *A la Recherche...* 252
Pucher, Stefan 600
Pulaski, Martin 391–394
Pulp 239, 243, 244
- *This Is Hardcore* 533
Pynchon, Thomas 23, 420

Raab, Stefan 79 f.
Raddatz, Fritz J. 380
Radisch, Iris 178
Raffael 330 f.
Ragué Arias, Maria José 105
Rammstedt, Tilman 151
Rammstein 135
Ramones 168
Ramos, Mel 399
Ranciére, Jacques 252
Rand, Sally 362
Randt, Leif 20, 623–634
- *Schimmernder Dunst...* 277, 252, 623–634
Raspe, Jan-Carl 441
Rauhe, Herrmann 230
Rauschenberg, Robert 85
Ray, Man 345
- *Facile* 345
Rebentisch, Juliane 316
- *Theorien der Gegenwartskunst* 254
Rebhuhn, Werner 380
Reese, Karin 410
- *DIG* 410
Regener, Sven 151, 242
- *Der kleine Bruder* 226
- *Herr Lehmann* 151, 226
- *Magical Mystery* 225 f.
Reich, Wilhelm 402
Reich-Ranicki, Marcel 143
Reiner, Rob
- *This is Spinal Tap* 589
Reisloh, Jens 232 f.
R.E.M. 574
Reynolds, Simon 124
- *Retromania* 534
Rexroth, Kenneth 45, 48, 142
Rezzori, Gregor von 146 f., 510 f.
Rhodan, Perry 416
Richter, Daniel 399
Riefenstahl, Leni 513
Right Said Fred 489
Righteous Brothers 189
Rilke, Rainer Maria
- *Stundenbuch* 483
Robbe-Grillet, Alain 202

Roche, Charlotte 20, 23, 121, 607–622
 – *Feuchtgebiete* 121, 607–622
 – *Schoßgebete* 121
Rodriguez, Manuel 402
Röggla, Kathrin 101, 165–167, 293, 544
 – *Abrauschen* 165
Röhl, Klaus Rainer 112
Rolling Stones 9, 57, 111, 237, 418, 420, 604
Rönne, Ronja von
 – *Wir kommen* 151
Rosenbach, Ulrike
 – *Glauben Sie nicht, daß ich eine Amazone bin* 136
Rosenberg, Marianne 85
Rosenthal, Irving 410
 – *Schöps* 410
Rösinger, Christiane 124
Ross, Andrew 88
Rossellini, Isabella 512
Rosset, Barney 404
Rössner, Michael 267, 268
Roszak, Theodore
 – *Gegenkultur* 311
Roth, Christopher 14
 – *200 D* 14, 185, 191
Roth, Philipp
 – *Portnoys Beschwerden* 619
Rothfels, Hans 556
Rotten, Johnny 480
Rowling, Joanne K. 23
Roxy Music 63
Rubin, Jerry 310
Rühm, Gerhard 110, 421
Rühmkorf, Peter 48
Rumaker, Michael 410 f.
 – *Schwul* 410
Rygulla, Ralf-Rainer 11, 46, 143 f., 308 f., 335 f., 340 f., 398–411, 423, 434
 – *Fuck You (!)* 46, 309, 399, 406 f., 409, 411, 423
 – *Underground Poems / Untergrund Gedichte* 309

Salazar, António de Oliveira 380
Salinger, Jerome D. 145
 – *Der Fänger im Roggen* 145

Salten, Felix
 – *Josefine Mutzenbacher: oder Die Geschichte einer Wienerischen Dirne...* 616
Salzinger, Helmut 56–58, 117, 170, 171
 – *Das lange Gedicht* 170
 – *Rock Power* 57 f.
 – *Swinging Benjamin* 58
Sanders, Ed 399, 403, 406, 432
Sartre, Jean-Paul 407, 481
Schäfer, Frank 57
Schäfer, Jörgen 105, 418
Schaffner, Franklin J.
 – *Planet der Affen* 314
Schamoni, Rocko 204 f., 242, 292–294, 577
 – *Dorfpunks* 204 f., 209, 587, 588
 – *Sternstunden der Bedeutungslosigkeit* 252, 293 f.
Scheck, Denis 134, 136
Scheffel, Helmut 408
Schemla, Elisabeth 330
Schiller, Friedrich 419, 488
Schjeldahl, Peter 399, 411
Schlingensief, Christoph 75, 131, 599
 – *Ausländer raus! Schlingensiefs Container* 136
 – *Talk 2000* 599
 – *Wähle Dich Selbst!* 130
Schlink, Bernhard 532
 – *Der Vorleser* 193, 532
Schmid, Wolf 515
Schmidt, Arno 240, 365, 399
 – *Leviathan oder Die beste der Welten* 365
Schmidt, Harald 66, 79, 136, 151
Schneemann, Carolee 136, 310
Schneider, Helge 66
Schnitzler, Gregor 525
Schober, Siegfried 117, 408
Schönburg, Alexander v. 19, 555, 557, 585
Schramm, Moritz 238
Schroeder, Thomas 309
Schröder, Gerhard 73
Schröder, Jörg 36, 46, 335, 398–400, 402, 411
 – *Mammut. März-Texte 1 & 2* 36, 402

Schumacher, Eckhard 185, 217, 390, 492, 518
– *Gerade Eben Jetzt. Schreibweisen der Gegenwart* 8, 217, 514
Schuster, Marc-Oliver 90
Schütt, Peter 112
Schütz, Erhard 67, 498
Schuyler, James 410
Schwaner, Teja 59
Schwanhäußer, Anja
– *Stilrevolte Underground* 316–319
Schwarzer, Alice 120 f.
Schwebel, Thomas 61, 298, 455
Schwendter, Rolf 309
– *Theorie der Subkultur* 304, 311
Schwitters, Kurt 421
Scorpions 276, 277
Sebastian23 (Sebastian Rabsahl) 135
Seel, Martin 254
– *Ästhetik des Erscheinens* 257
Seghers, Jan 144
Seibt, Gustav 147
Seiler, Sascha 353, 391
Selander, Lesley 357
– *I Was an American Spy* 357–359, 362, 363
Serra, Richard 310
Shakespeare, William 405
She She Pop 599
Sido 238
Silbermond 238
Simmel, Georg 253, 258
– *Sociologische Aesthetik* 257
Sinatra, Frank 356
Skai, Hollow 459
Šklovskij, Viktor
– *Kunst als Verfahren* 258
Sloman, Joel 399
Smith, Jack 344
Smith, Patti 237
Smith, Tab 356
Smith-Prei, Carrie 126
Smithson, Alison und Peter 258
Smokie 513
Snap 513
Snyder, Gary 142
Soja, Edward 630

Solanas, Valerie 410
– *Manifest der Gesellschaft zur Vernichtung der Männer* 410
Sonneborn, Martin 209
Sontag, Susan 46, 100, 131, 185, 250 f., 456, 527
– *Kunst und Anti-Kunst* 456
– *Notes on ‚Camp'* 84–93, 250, 262, 527
Southern, Terry 405
Spears, Britney 598
Spice Girls 123
Spider Murphy Gang 236
Spilker, Frank 242
Spitzer, Leo 361
Springsteen, Bruce 237, 592
Sprinkle, Annie 619
Staffel, Tim 17
Stäheli, Urs 185
Stahl, Enno 305
Staiger, Emil 22, 31, 32
Stanitzek, Georg 181
Steeger, Ingrid 488 f.
Stefan, Verena
– *Häutungen* 618
Stehle, Maria 126
Steiner, George
– *Von realer Gegenwart* 178
Stenzel, Joachim 306
Strauß, Franz Josef 474
Streeruwitz, Marlene
– *Lisa's Liebe* 575
– *Partygirl* 613
Stiller, Niklas 14
Strache, Heinz 77
Streisand, Barbra 93
Strunk, Heinz 20, 23, 576–590
– *Der goldene Handschuh* 576, 588
– *Die Zunge Europas* 576
– *Fleckenteufel* 576, 619
– *Fleisch ist mein Gemüse* 151, 576–590
– *Heinz Strunk in Afrika* 576
– *Junge rettet Freund aus Teich* 576
– *Mit Hass gekocht* 589
– *Sie nannten ihn Dreirad* 582, 589
– *Trittschall im Kriechkeller* 589
Stucki, Lorenz 355

Stuckrad-Barre, Benjamin v. 1f., 16–19, 23f., 50, 65, 67, 78, 80, 90, 106, 117, 134, 138, 144, 146, 148–151, 191, 207f., 239, 277, 289, 297, 490, 518, 524–537, 557–558, 572, 585
– *Am Trallafitti-Tresen* 243
– *Blackbox* 532
– *Deutsches Theater* 138, 533
– *Ironie* 297
– *Livealbum* 134, 240, 241
– *Panikherz* 8, 524, 533
– *Soloalbum* 8, 80, 101, 144, 150, 165, 185f., 189f., 192, 224, 239–241, 284, 287, 463, 509, 516, 524–37, 545, 553
– *Was.Wir.Wissen* 196, 533
Studio Braun 577, 588
– *Rust – Ein deutscher Messias* 583
Summer, Donna 239
Superman 417
Superpunk 480
Supremes 85
Svoboda, Antonin
– *Immer nie am Meer* 585
S.Y.P.H. 455, 500
Szymanski, Silvia 16, 124

Take That 573
Talese, Gay 405
Tanner, Jakob 355, 365
Tarantino, Quentin 414
– *Django Unchained* 193
– *Inglourious Basterds* 193
– *Pulp Fiction* 39
Tavel, Ronald 410
– *Stufen* 410
Taylor, Charles 267
Teipel, Jürgen 220–222, 298, 455, 462
– *Mehr als laut* 220–222
– *Verschwende deine Jugend* 220–222
Temple, Shirley 434
Ten Masked Men 216
Tennant, Neil 169
Tenniel, John 308
Terminator X 513
Texas Lightning 216
Thälmann, Ernst 471

Timm, Uwe 92, 147
– *Kopfjäger* 92
The Andrews Sisters 168
The Band 192
The Doors 430
The Eagles 513
The Fugs 406, 432
The Jazz Singer 247
The Monkees 390
The Queen 344
The Smiths 482
The Spiders 390
The Stooges 192f.
The Style Council 490
The Teens 513
The Tigers 390
Theweleit, Klaus 414
The Who 215
The Wild Ones 390
This is Tomorrow 247
Thomas, Dylan 477
Thompson, Hunter S. 405
Thor 417
Thülen, Sven von
– *Der Klang der Familie* 222f.
Tiger, Toby
– *Der Scheiß* 134
Tiny Tim 110
Treichel, Hans-Ulrich 17
Tremper, Will 399
Trilling, Lionel 307
Trio 236
Tristesse Royale siehe Bessing, Joachim
Trocchi, Alexander 46, 311–314, 319
Troller, Georg Stefan 380
Trümmer 239
Tocotronic 237, 239, 241, 252, 480, 574, 588, 598
Ton Steine Scherben 216, 235, 575
Townshend, Pete 215
Trump, Donald 204
Tsakidiris, Vagelis
– *Super Garde* 13, 58, 170, 172, 346
Tse Tung, Mao 399, 414
Tyler, Parker 344, 410
– *Underground Film* 410

Überohr, Jonas siehe Salzinger, Helmut
Uhl, Heidemarie 267, 268
Ullmaier, Johannes 2, 336
Ulrichs, Timm 310
Ury, Else 416
– *Nesthäkchen* 416, 423
Uslar, Moritz von 65, 67, 68, 134
– *Am Trallafitti-Tresen* 243, 533
U2 276, 277

Valéry, Paul 33
Valli, Frank 216
– *Grease* 216
Veitch, Tom 403
Velvet Underground 63, 135, 192
Vengaboys 77
Venus, Jochen 260 f., 602
Vian, Boris 33
Vogelweide, Walther von der 513
Volkmann, Maren
– *Frauen und Popkultur* 127
Vormweg, Heinrich 36

Wagner, David 292 f.
– *Meine nachtblaue Hose* 252
– *Vier Äpfel* 252, 283, 293
Wagner, Richard 513
Waldman, Anne 399, 403
Walker, Rebecca
– *Becoming the Third Wave* 120
Wallace, David Foster 23
Walser, Martin 16 f., 32, 35,f., 38, 44, 251
Walser, Robert 186
Warhol, Andy 6, 9, 18, 37, 61, 87, 131, 136, 173–175, 177, 287, 310, 327, 331 f., 340–346, 394, 396, 401, 403, 406, 434, 475, 544, 566
– *A* 145
– *Harlot* 346
– *POPism* 173, 194
– *Sleep* 403
– *The Philosophy of Andy Warhol* 173
Warsh, Lewis 399
Watts, Alan W. 410 f.
Weber, Max 593
Weeks, Jeffrey 316
Wegmann, Thomas 292, 395

Weibel, Peter 422
Weichbrodt, Gregor
– *Dictionary of Non notable Artists* 196
– *I Don't Know* 196
Weidermann, Volker 439, 466
Weingart, Brigitte 394, 396
Weininger, Otto 539
Weissner, Carl 143, 184, 411
– *Cut Up* 195, 411
Weitz, Paul
– *American Pie* 619
Wellershoff, Dieter 143
Welsch, Wolfgang 36, 38
Welsh, Irvine 48
Welt, Wolfgang
– *Peggy Sue* 240, 241
Wenders, Wim 66, 513
Westbam 462
Westerwelle, Guido 73
Whitehead, Peter
– *Wholly Communion* 134
Whitman, Walt 311, 406
Wiebusch, Marcus 279, 280
Wiener, Oswald 421
Wilde, Oscar 84, 284
Wildenbruch, Ernst von 185 f.
Wilkinson, Dudley 356
Willems, Gottfried 354, 367
Williams, William Carlos 44, 406, 427
Williams, Raymond 3, 272
Williams, Robbie 276, 277, 535
Wilson, Brian 308, 534
Winkels, Hubert 16 f., 63, 452, 471, 474
– *aus. Mord-Stories* 471
Winkler, Gerd
– *Mike Blaubart* 111
Winkler, Willi 288
Winter, Johnny 194
Wintjes, Josef 320
Wir sind Helden 238
Wittgenstein, Ludwig 385
Wittkopf, Rudolf 44
Wittstock, Uwe 36
Wolf, Ror 391, 392
– *Das nächste Spiel ist immer das schwerste* 392

– *Fortsetzung des Berichts* 392
– *Pilzer und Pelzer* 392
Wolfe, Tom 61, 76, 405, 410
Wolk, Douglas 89, 185
Wonder, Stevie. 189 f.
Wonder Woman 417
Wondratschek, Wolf 58, 59, 79, 80
– *Rolling Stones* 116
Woodard, David 92
Would-Be-Goods 510

XTC 73

Yentl 93
Young Romance 247
Yung Hurn 238

Zaimoglu, Feridun 144
– *Abschaum* 17
– *Kanak Sprak* 17, 50
Zappa, Frank 57, 135, 235, 310, 404, 406, 416, 419
Zeh, Juli 515
Zeisler, Andi 124
Zeller, Christoph 268
Zipfel, Frank 203
Žižek, Slavoj 598
Zobl, Wilhelm 419
Zylka, Jenni 124

Sachregister

1920er Jahre 187, 293, 308, 417
1950er Jahre 3, 5, 11, 21, 42, 44, 51, 96, 171, 187, 196, 216, 229, 234, 248, 270, 294 f., 297, 304 f., 309 f., 315, 319, 353 f., 356, 362, 364, 365f-367, 380 f., 405, 421, 435, 447, 504, 636, 641, 647
1960er Jahre 1–4, 6, 8 f., 11 f., 15 f., 19 f., 24 f., 38 f., 46, 55–57, 59, 62, 67, 73, 86, 90, 96, 100, 103–105, 112 f., 115, 120, 144, 166, 169–172, 174 f., 192, 195 f., 224 f., 234 f., 249, 273, 293 f., 304–310, 312 f., 315–317, 319, 326–328, 330, 333, 335 f., 343, 353, 365 f., 390, 393, 399, 404 f., 417 f., 420, 433, 435, 492, 504, 524, 531, 566, 574, 600, 636, 638–641, 643, 647
1970er Jahre 2, 12–14, 21, 38, 50, 58–60, 63 f., 73 f., 79, 100, 117, 120, 166, 199, 201, 216, 220, 222, 224, 236, 240, 273, 278, 290 f., 304–307, 316, 318 f., 327, 335, 404, 434 f., 439, 444, 447, 455, 457 f., 524, 534, 600, 630, 639
1980er Jahre 1, 13–15, 19, 23, 36, 59–65, 68, 73 f., 76, 78–80, 90, 120, 172, 192, 217, 220, 224, 235, 278, 286–288, 293–295, 297 f., 304, 319 f., 439–442, 444, 446, 448, 452–454, 458, 460, 462 f., 467, 473, 478, 488, 500, 505, 581, 586, 589, 593, 598, 619, 629
1990er Jahre 1 f., 9, 15 f., 20, 55, 65–68, 72–74, 76–78, 80, 88, 90, 93, 100 f., 106, 119–121, 123 f., 126, 134, 138, 143, 144, 145, 175, 178, 184, 193, 196 f., 199, 217, 219, 222 f., 225 f., 234, 236, 238 f., 241, 252, 262, 278, 283 f., 287, 305, 421, 472, 480, 488–490, 492, 496, 498, 500, 503, 509, 516, 519, 524, 531, 538 f., 545, 548 f., 572, 574, 598, 599, 636, 638, 640
2000er Jahre 2, 20, 72, 74, 119, 122, 124, 126, 169, 216, 294 f., 414, 467, 517, 591

Affirmation, affirmativ 13–15, 19 f., 37, 63, 65, 78, 101, 117, 121, 124, 126, 142, 144, 146, 177, 231, 248, 262 f., 277, 287, 389 f., 396, 418, 448 f., 488, 490, 500, 596, 601, 638, 646 f.
Aktualität 12, 37, 99, 166 f., 169, 170, 174 f., 177–180, 218, 330, 380, 544 f., 641
Alltag, alltäglich 11, 15, 17, 49, 62, 96–100, 103, 105 f., 115 f., 152, 155, 157 f., 170, 175, 194, 200, 202, 205, 211, 223, 230 f., 236 f., 250 f., 253, 255, 258, 287, 304 f., 318, 331 f., 339 f., 354, 364, 390, 394, 396, 401, 403, 420, 430 f., 433 f., 456, 458, 463, 466, 471, 483, 485, 490, 494 f., 499, 502, 538, 543, 566, 573 f., 585, 598, 623, 641, 646 f.
Aneignung 5, 7, 42 f., 48, 84, 86, 88, 216, 254, 256 f., 286, 289, 326, 331 f., 340, 359–361, 380, 403, 410, 480, 489, 546 f., 601 f., 619, 630, 640
Anführungszeichen 5, 8 f., 84, 86 f., 89, 91 f., 176, 250, 388, 455, 468, 527–530, 536, 637, 642
Appropriation 51, 84, 241, 263, 358 f., 361, 385, 547
Archiv, Archivierung 5 f., 8–10, 23, 31, 106, 125, 145, 148, 166, 168, 188, 192, 199, 208, 217–219, 224, 241 f., 252, 259, 297, 331 f., 341, 354, 361, 416, 420 f., 488, 499–501, 506, 511, 525, 531 f., 534 f., 544–546, 554, 566, 599, 625, 632, 635, 643, 646
Ästhetik 5–7, 13, 15, 19 f., 33 f., 38 f., 46, 58, 60 f., 65, 77, 88, 90, 92, 96, 104, 142, 144, 171, 191, 197, 233, 247–250, 253, 255, 257–259, 263, 271, 273, 279, 283–285, 287 f., 296–298, 319, 328, 390, 396, 401, 433, 439–441, 445–447, 454, 466, 468, 486, 490, 500, 504, 506, 538, 546, 604, 608 f., 617, 619 f., 641 f., 645 f., 648 f.
Attraktion, Attraktivität 23, 158, 167, 171, 176, 355, 408, 538, 610, 617, 648
Authentizität, authentisch 8, 14, 19, 50 f., 61, 74–77, 79, 90, 131, 136, 169, 171, 203, 209, 231, 236, 238, 256, 267–280, 287, 289, 307, 443, 445, 449, 480, 489–492, 505, 528 f., 540, 553 f., 559, 565, 570, 572, 574, 593, 608, 609, 616, 629, 639, 646

Autofiktion 8, 90 f., 199–211, 372, 443, 466, 469, 524, 532, 617, 635
Autorinszenierung 130–132, 134–138
Avantgarde, avantgardistisch 7, 24, 90, 102, 111, 184, 194, 196, 249, 258, 298, 314, 320, 340, 359, 398, 401 f., 415, 418, 422 f., 452, 455, 468, 516, 518, 545, 584, 640, 645, 649
Beat, Beat-Generation, Beat-Literatur 11–13, 24, 33, 42, 44–49, 57–59, 86, 134, 142–145, 148, 171, 195, 218, 250, 293–297, 310 f., 317 f., 366, 380, 381, 404, 406 f., 410, 414 f., 419, 421, 423 f., 432 f., 455, 636–638, 641
Berlin 56, 68, 112, 143 f., 206, 221, 252, 291 f., 296, 306, 313, 356 f., 362, 390, 399 f., 462 f., 466, 482, 494, 496, 505 f., 530, 552 f., 555, 557, 560 f., 565 f., 591 f., 597–599
Bohème, bohemistisch 124, 286, 290, 293 f., 297, 305, 310 f., 315, 370, 380, 405 f., 449, 574

Camp 5, 7, 75, 84–93, 104, 126, 131 f., 185, 189, 250, 286, 290, 637 f.
Collage 5, 195, 236 f., 247 f., 310, 318 f., 327, 332, 337, 341, 343, 385, 392 f., 399 f., 405, 414, 435, 478, 600, 640, 647
Comics 2, 5, 10 f., 23, 32, 34, 46, 90, 92, 100, 102, 111, 116, 171, 193, 247, 305, 316, 319, 330, 337, 341, 344, 392, 399, 402 f., 416 f., 441, 443, 460, 506, 568, 570, 574, 619, 647
Coming-of-age 223, 520, 607, 615
Cultural Studies 96, 119, 260–262, 272, 294, 476, 539, 549, 647
Cut Up 49, 143, 171, 184, 195, 197, 404, 411, 415, 418, 476, 638, 640

Dandy, Dandyismus 7, 10, 84, 88 f., 92 f., 185, 189, 252, 263, 283–290, 293–297, 517, 554, 566, 585, 638, 639
Disco 165, 191, 216, 290, 514, 599, 639
Diskurspop 148, 151, 238 f., 588
Distinktion 8 f., 14, 60, 63, 67, 79, 93, 153, 156, 189, 269, 283, 298, 330, 407, 418 f., 444, 447, 501, 527 f., 534, 536, 574, 584, 639, 646, 649
DJ 110, 169, 195–197, 222, 224, 226, 239, 290, 511, 513, 545, 574, 596 f., 639 f.
Drastik 345, 405, 414, 440, 442 f., 454, 619
Drogen 57, 116, 142, 144, 146, 199, 225 f., 277, 296, 306, 308, 310, 314, 319 f., 377, 381, 401, 419 f., 424, 503 f., 511, 514, 521, 533–535, 542, 607
Düsseldorf 221, 298, 309, 452, 456 f., 459, 462, 467, 565

Engagement 14, 35, 46, 75, 104, 296
England 55, 457, 574

Fakt / Fiktion 171, 201 f., 208 f., 389, 395, 612, 635
Fan 7, 22 f., 67, 73, 87, 89, 105, 225, 234, 288, 320, 326, 335, 372, 393, 417, 483, 490, 530, 534, 539, 549, 602 f.
Fanzine 15, 62, 76, 279, 454, 506
Feminismus 51, 76, 119–127, 548 f., 572 f., 607, 618
Fernsehen 2, 7 f., 12, 76, 161, 171, 174 f., 177, 193, 247, 330, 334, 336, 353, 364, 392, 434, 439 f., 513, 531, 570, 584, 599 f., 616, 620, 626 f.
Feuilleton 11, 15, 31, 35, 38 f., 55 f., 60, 62, 65–69, 74, 80, 97, 122, 144, 148, 165, 177, 197, 210, 230, 239, 294, 353, 408, 433, 444, 447, 492, 509, 524, 532 f., 558, 598, 628, 631 f.
Film 5, 7, 10, 12, 14, 37, 39, 46 f., 78, 89, 92, 98–100, 104 f., 121, 130, 134, 143, 171, 191, 193, 195, 199, 205, 230, 251–253, 305, 310, 314, 317, 327, 330, 336, 339, 341, 344, 346, 357 f., 403 f., 406, 408, 410, 414, 416, 419, 456, 467, 482, 487, 513, 519, 527, 531, 533, 548, 552, 576, 585 f., 589, 592, 599 f., 602, 613, 623–625, 632, 638, 646, 649
Flaneur 283–285, 291–297, 514
Frankfurt 46, 197, 210, 309, 364, 366, 514, 520, 598, 628
Frankfurter Schule 102, 113, 115–117, 237, 272, 364

Gegenkultur 15, 58 f., 72–74, 117, 235, 305, 307 f., 310–316, 318–320, 381, 400 f., 404–406, 408, 410, 498, 500
Gegenwart 10, 14–16, 17, 20, 24, 34, 37, 49, 51, 60, 63, 87, 114, 145, 165–181, 190, 192 f., 214, 216–220, 224, 226, 255, 257, 267, 284, 291, 293 f., 297, 314, 329 f., 362, 372–376, 428 f., 447, 454, 456, 462, 480, 484, 488, 492, 497 f., 526 f., 533, 544–546, 556, 566, 571, 623, 625, 627–632, 635, 640 f., 647
Gegenwärtigkeit 8, 38, 166, 168 f., 175, 180, 219, 223, 225, 263, 545, 628, 635, 641
Gegenwartskultur 106, 191, 252, 327, 453, 458, 500, 511, 518, 531, 554
Gegenwartsliteratur 1 f., 13, 15, 31 f., 45, 47, 49, 78, 130, 145, 147, 149–151, 166 f., 172, 174, 177, 241, 252, 439, 463, 509, 531, 554, 556, 594, 632
Gender, Gender Studies 86, 119, 121, 124, 197, 344, 381 f., 489, 539, 541–543, 548 f., 598, 611, 613, 620
Generation 12 f., 15, 18, 32, 37, 50, 76, 80, 117, 138, 165, 194, 214–223, 226, 238 f., 242, 287, 289, 291, 315, 366, 380, 401–403, 452 f., 455, 500, 543, 545, 552 f., 559 f., 565 f., 573, 600, 628, 637, 645 f.
Geschlechterdifferenz, -identität, -verhältnisse 77, 116, 119 f., 125, 221, 328, 344 f., 542 f., 548, 598, 613, 618
Gewalt 6, 115, 123, 131, 146, 161, 172, 221, 345, 373, 377, 380 f., 415, 421, 495
Glamour 158, 290, 598, 600, 617
Großbritannien/UK 42, 44, 47, 49, 298, 311

Hamburg 14, 48, 59, 93, 142, 144, 218, 242, 277 f., 292, 317, 370, 372 f., 379, 444, 446, 459, 462, 466, 512, 514, 519, 549, 568 f., 574 f., 577 f., 583 f., 588, 600, 635
Hamburger Schule 237 f., 241 f., 475, 480, 488, 574 f., 588
High/Low 4 f., 32, 34 f., 38 f., 67, 88, 98, 102, 152–154, 171, 326, 331, 340, 392, 395, 477, 510, 617, 641 f., 645, 649
Hip, Hipster 57, 131, 283–286, 290, 294–298, 312, 314, 317 f., 381, 419
Hip-Hop 43, 50, 124, 237 f., 240 f., 326, 473, 618, 639, 647
Hippie 57 f., 63, 168, 221, 226, 286, 297, 309–311, 316, 318, 402, 442, 456, 459, 541
Homosexualität 88–90, 116, 218, 381, 423, 503, 517, 592
House 165, 169, 197

Ikone 6, 87, 247, 331, 478, 530, 534, 617, 646
Import 42 f., 45, 50 f., 55, 307, 309, 331, 335, 341, 407, 410 f., 459, 489, 505
Internet, World Wide Web 2, 8, 10, 69, 148, 177–180, 196, 313, 319, 332, 417, 455, 535, 589, 593, 617, 620
Intermedialität, intermedial 46, 48 f., 134, 207, 230, 232, 244, 326, 338 f., 343, 480, 607, 619
Intertextualität, intertextuell 48 f., 100, 104, 193, 203, 206, 208, 211, 233 f., 237, 239, 241 f., 244, 285, 289, 363, 416, 423, 469, 488 f., 491, 513, 517, 610, 640
Ironie 9, 20, 75, 89, 92 f., 98, 199, 206, 209 f., 223, 237, 239, 277, 290, 297, 407, 498, 529, 552, 554, 570, 585, 597, 601, 609, 614, 624, 642 f.

Jetzt 8, 16, 37, 58, 111, 165–180, 190, 219, 226, 271, 374, 376, 448, 457, 514, 603, 633, 636, 640 f.
Journalismus 13, 50, 55–69, 75 f., 78, 124, 177 f., 208, 236, 298, 316, 371, 404–406, 468, 528, 533
Jugend, jugendlich 16, 21, 43, 48, 56, 65, 89, 122, 135, 146, 204 f., 215–217, 219–223, 241, 252, 297, 308, 310 f., 316, 319, 335, 344, 366, 370, 380, 414, 423, 446, 459, 474, 476, 502, 504, 526–528, 534 f., 544, 570, 572, 576 f., 579–581, 586, 588, 600, 609, 610, 620, 623, 647
Jugendkultur, jugendkulturell 21, 39, 42, 46, 73, 131, 161, 215, 220, 231, 241, 293, 316, 370, 380, 525, 528, 584

Katalog 6, 8–10, 35, 93, 106, 143, 166, 179, 184–195, 261, 313, 392, 483, 502, 526 f., 533, 559, 565, 581, 585, 643 f., 646

Klasse, Klassengesellschaft 9, 33 f., 42, 74, 109 f., 117, 154, 261, 316, 320, 473
Köln 46, 61 f., 143, 151, 190 f., 251, 328, 452, 458, 462, 466, 475, 575
Konsum 2, 7, 12, 17, 19, 80, 96, 101, 105, 113, 116 f., 122–124, 146, 148 f., 156, 159 f., 171, 173, 177, 187–189, 220, 230 f., 235 f., 238, 247–263, 277, 287, 289, 293, 295 f., 307, 313 f., 316 f., 353, 364 f., 377, 381, 390, 394, 406, 419 f., 428, 434, 440, 466, 480, 490, 511, 518, 521, 533, 563, 570, 582 f., 624, 627, 630, 632, 638, 643, 645, 647
Konsumästhetik 7, 190, 247, 249, 258, 261, 263
Kopie, Kopieren 166, 196, 274, 384 f., 391, 394, 572
Körper 121, 124–126, 135, 138, 152, 232, 242, 247, 273, 284, 328, 337, 342–347, 355, 381 f., 414, 416, 421–424, 441, 456, 475, 482, 503, 515, 538, 542 f., 547, 549, 568, 573, 575, 582 f., 589, 592, 596, 607–619, 626 f.
Kritik 5, 13 f., 21, 23 f., 33, 35, 49, 57 f., 60, 62 f., 78 f., 85, 98, 101, 103, 105, 109 f., 112 f., 116 f., 119 f., 125 f., 157, 159, 171, 179, 255, 257, 290, 317 f., 320, 330, 365, 388–390, 395, 418 f., 427, 434 f., 447, 449, 455 f., 477, 499, 548 f., 553, 566, 573 f., 593 f., 597, 604, 629–631, 642, 647 f.
Kult 63, 66, 86, 149, 341, 381, 554, 585, 603
Kulturindustrie, kulturindustriell 7, 42, 50, 75, 84–87, 90, 102, 114, 156, 219, 234, 249, 271 f., 283, 305, 354, 365, 435, 584, 637, 647 f.
Kunst 4 f., 7, 11 f., 17, 32, 34, 37 f., 47, 56, 61 f., 66, 72, 75, 77–79, 84, 86–89, 102, 109–111, 114, 135 f., 152 f., 156, 172 f., 178, 194, 200–202, 229–231, 248 f., 254 f., 257–260, 263, 267, 270–272, 274 f., 292 f., 305, 312, 326 f., 331 f., 353, 393–396, 403–405, 408, 418, 422, 429, 433, 440, 444, 448, 452, 457, 459, 463, 467 f., 472, 487, 548, 568, 577, 583 f., 594, 598, 604, 607, 623 f., 629 f., 640–642, 645, 649

Künstlichkeit, künstlich 63 f., 84, 87, 100, 150, 157, 238, 268, 273, 276 f., 287, 339, 429, 431, 434, 445, 447, 538, 558, 637

Liste 5 f., 8 f., 65, 67, 80, 87, 90, 106, 184–197, 224, 240, 252, 262, 293, 313, 371, 379, 384, 390, 395, 495, 526, 530, 532 f., 535, 555, 599, 632, 640, 643
London 57, 59, 144, 217, 225, 247, 309 f., 314, 317, 380, 399, 401
Lyrics 46, 49, 58, 229–244, 279 f., 362, 488 f., 533, 589, 643, 644

Marke, Markennamen 2, 5, 9, 14, 100 f., 122, 131, 146 f., 149, 179, 187–191, 231, 247 f., 250–252, 261–263, 267, 289, 336, 342, 417, 420, 422, 465, 468, 476 f., 510 f., 513 f., 516, 518, 532, 552, 555, 563, 565, 584 f., 592, 598 f., 627, 633, 635, 643, 646
Marxismus 33, 76, 98, 109 f., 112, 117, 235, 260, 288, 313, 402, 435 f., 629, 648
Massenkultur 4 f., 7, 33–35, 38, 42, 79, 85, 89–91, 93, 96–100, 102, 104, 143, 145, 149, 250, 262 f., 271, 330 f., 354, 418, 477, 566, 638, 641
Mode 7, 11, 17, 57, 62–64, 88, 99, 112, 160 f., 168, 189, 199, 211, 220, 232, 251, 286 f., 288–290, 297, 329, 341, 345, 435, 439 f., 447 f., 476, 502, 513, 543, 554, 568, 632, 643, 646 f.
Moderne, modernistisch 7, 11, 23 f., 32–34, 36, 38 f., 46 f., 56, 63, 90, 97, 154, 160, 169, 171, 184, 195, 249, 257 f., 267, 270, 274, 285–287, 289, 305, 326, 330, 401, 406 f., 428 f., 432 f., 435, 477, 512, 516, 538, 545 f., 630, 647 f.
Montage 48, 57 f., 100, 116, 184, 195, 197, 221 f, 318, 354, 363, 365, 367, 373, 404, 410, 485, 489 f., 545 f. 638
München 64, 130, 142, 144, 151, 185, 191 f., 224, 290, 310, 317, 372, 514, 544

Nachmoderne siehe Postmoderne
Neue Deutsche Welle (NDW) 22, 221, 235–237, 238, 457, 460, 486, 500, 586

New Journalism 59, 61, 64, 68, 76, 208, 316, 404 f., 533
New Wave, Neue Welle 13, 59, 62, 64, 75, 172, 220 f., 286, 298, 444, 457 f., 460, 500, 598
New York 5, 32, 46, 142, 188, 251, 295–297, 305, 319, 337, 366, 380, 401–405, 409, 432, 459, 488
Nouveau Roman 47, 103, 112, 184, 249
Nuller Jahre siehe 2000er Jahre

Oberfläche 14 f., 19 f., 49, 60–62, 64 f., 101, 116, 125, 148, 158, 174, 177, 196, 199, 208, 225, 248–250, 255, 260, 271, 273, 276 f., 279, 283 f., 288, 291, 293, 307 f., 336, 363, 387 f., 390, 394, 396, 415, 432, 434, 447, 449, 485, 488, 490 f., 497, 502, 504 f., 531, 538, 554, 566, 604, 611, 625, 627, 629–632, 638, 641, 645 f., 648
Oberflächlichkeit 19, 144, 147 f., 175, 219, 242, 254 f., 288, 307, 396, 403, 433, 436, 477, 491, 498, 524, 646, 648
Ökonomie 5, 88, 106, 110, 115, 120, 131, 157, 159–161, 201, 231 f., 247, 256, 290, 305, 312, 316, 400, 424, 468, 472, 593, 597, 615, 635, 639, 649
Originalität 76, 103 f., 110, 116, 133, 178, 185, 221, 230, 270 f., 275, 329, 384 f., 391

Paris 98, 99, 142, 143, 291, 372, 380, 381, 388–390
Performance, Performance Art 130, 135 f., 152, 200, 276, 292, 357 f., 362, 422 f., 452, 488, 490 f., 595 f., 603, 611, 619, 644
Performativität 51, 86, 126, 152, 166, 170, 229, 237, 268 f., 275, 278, 280, 285, 334, 426, 446, 480, 490, 533, 540, 554, 611, 639, 644
Plötzlichkeit 13, 60, 170–172, 440 f., 446, 640
Poetry Slam 15, 131, 135 f., 150, 305
Politik 73, 78, 110, 170, 187, 251, 314 f., 335, 381, 405, 407, 421, 477, 485 f., 513, 548, 554, 583, 604, 648
Pop I/Pop II 47, 72–74, 76, 78 f., 88, 136, 138, 194, 633

Pop Art 1 f., 5 f., 11, 21, 34, 42, 56, 61, 63, 86, 88 f., 96, 105, 116, 136, 166, 170, 172–174, 185, 187, 229, 231, 247, 249 f., 257 f., 331 f., 340, 391, 393, 433, 460, 478, 492, 619, 640 f., 645, 647
Pop-Musik 1 f., 7, 10 f., 14, 18, 21–23, 43, 47, 56, 58–61, 69, 72, 76, 78, 86, 88, 133, 161, 165, 167–171, 192–194, 196 f., 215 f., 223 f., 229–236, 238–242, 244, 252, 263, 275 f., 278, 280, 283, 286 f., 289 f., 297 f., 305, 404, 435, 444, 460, 505 f., 510, 513, 531, 534, 601, 643 f.
Populäre Kultur, Populärkultur 23, 32, 34 f., 37–39, 89, 96, 100, 102, 104 f. 114, 219, 260, 272 f., 306, 330, 353 f., 358–361, 364–367, 392, 407, 414, 418, 472, 509, 512 f., 515, 526, 570, 572, 599–602, 641
Popularität 4, 99, 114, 160, 165, 234, 294, 535, 647
Pornografie 2, 7, 24, 32 f., 39, 47, 90, 116, 126, 146, 314, 319 f., 330, 341, 343, 346, 410, 414, 466, 469, 548 f., 599, 607, 613–617, 619, 648
Pose 91, 93, 126, 137, 273, 276, 283–287, 289, 292 f., 295 f., 402, 419, 469, 553, 625, 639
Postmoderne, Nachmoderne 4, 7–9, 13, 21, 24, 31–39, 46 f., 87, 90, 104, 130, 143, 169, 171, 200, 236, 267 f., 284 f., 289, 292, 294, 313, 364, 402, 408, 430 f., 436, 474, 476, 519, 530, 532, 554, 570, 597, 617, 625, 629 f., 640, 642, 645, 647 f.
Poststrukturalismus 9, 21, 84, 120, 201, 204, 236, 488, 531, 539, 546, 548, 597, 599, 647
Präsenz 8, 69, 77, 135 f., 167–169, 181, 197, 221, 226, 229, 239, 242, 267, 293, 307, 481, 489, 491 f., 530 f., 545, 587, 608, 620, 630, 640 f., 644
Protest 11, 35, 75, 216, 235, 242, 310, 311 f., 315, 319, 380, 500, 575
Psychoanalyse 76, 539, 598
Punk 7, 13 f., 22, 50, 59 f., 62, 75, 123, 131, 165, 169, 172, 204 f., 209, 216, 220–222, 233, 236 f., 278 f., 287, 294, 313, 318,

Sachregister

444, 446–448, 452, 456–463, 485, 506, 542, 546, 548, 558, 587 f., 647

Queer 77, 85, 92, 119, 122, 290, 34, 381, 417, 547

Radio 7, 44, 110, 113, 130, 232, 320, 584, 615, 639
Rausch 148, 170, 307, 420, 431, 474, 533, 586, 600, 646
Realismus 11, 145 f., 149, 169, 171, 184, 187, 190–192, 234, 259, 262, 263, 436, 447, 472, 475, 543, 632
Remake 43, 48, 161, 546
Re-model 48, 276 f., 285, 289, 296, 546, 552, 639
Retro 89, 216, 219 f., 224, 286, 485, 491, 534, 573, 649
Revolution 9, 20, 57 f., 75, 110, 112 f., 123, 170 f., 194, 239, 272, 288, 295, 310, 312, 316, 320, 335, 404 f., 422, 465, 500, 549, 592–594
Rock, Rock'n'Roll 11, 42, 55, 57–61, 79, 86, 131, 133–135, 165, 168 f., 171, 191, 193, 196, 216, 221, 224, 234–238, 240 f., 273, 278, 286, 297, 309, 316, 318, 356, 406, 430, 435, 448, 480, 484, 485, 488–492, 505, 530, 533 f., 546, 552, 568, 572, 575, 578, 584, 646

Sammeln 106, 161, 166, 184 f., 190, 217, 398, 489, 526, 533 f.
Sampling 160, 197, 222, 275, 489, 492, 499, 544–546, 640
Schlager 73, 75, 85, 114, 157, 190 f., 250, 339, 354 f., 357, 362, 365, 418, 434, 477, 569 f., 577 f., 581
Schnitt 8, 195, 250, 337, 346, 404, 415, 435, 439–441, 443–448, 452, 506, 539, 592, 638
Science Fiction 2, 7, 10, 23, 32–34, 39, 47, 313 f., 402, 416, 418, 648
Sekundarität 5, 8, 23, 92, 96, 98, 105, 186, 445, 528, 531 f., 538, 649
Sex, Sexualität 51, 73 f., 78, 88–90, 116, 120–123, 126, 142, 146, 189, 210, 218, 247, 308, 314, 333, 341–347, 363 f.,

377 f., 381 f., 417 f., 420, 422–424, 472, 489 f., 503, 517, 540–543, 546–548, 571, 573–575, 582 f., 587, 592, 596, 602, 607–620, 626 f., 636 f., 649
Sexy 6, 73, 185, 194, 486, 531, 538, 571, 584
Sinnlichkeit 77, 172, 255, 365, 435, 632
Sophistication 287, 290, 295, 297 f., 639
Spektakel 5 f., 98, 101, 159, 366, 597, 602, 647
Star 2, 5, 7 f., 34, 87 f., 116, 130–133, 135 f., 150, 199, 206, 224, 276, 285, 337, 346, 393, 403, 487, 489–491, 530, 532, 549, 568, 572, 575, 600, 643
Stilgemeinschaft 5, 7, 87 f., 261, 534, 602 f., 639
Strukturalismus 76, 96 f., 99, 102, 232, 385, 387, 598, 604
Subkultur 46, 66, 73, 75, 123 f., 127, 219, 233, 241, 278, 304–306, 308–311, 313, 315–318, 365 f., 370–372, 379, 381, 405 f., 447, 456 f., 459, 462, 490, 503, 547 f., 584, 588
Subversion 19 f., 58, 61, 66, 79, 96, 142 f., 234, 272, 290, 295, 364, 393, 395, 433, 436, 467, 473, 488, 500, 548, 617, 619, 649
Sylt 101, 514, 529

Techno 124, 165, 169, 197, 220, 222 f., 224–226, 239, 313, 503, 546, 589
Theater 98, 112, 131, 134, 136 f., 153, 207, 231, 268, 315, 320, 354, 476, 552, 558, 561, 576 f., 579, 588 f., 591 f., 597–605, 649
Trash 15, 39, 86, 294, 305, 402, 607, 620, 649
Trivialität 3 f., 152, 154–157, 159, 161, 192 f., 307 f., 313, 329, 340 f., 347, 418 f., 433, 440, 460, 509, 528, 575, 619, 643

Underground/Untergrund 12, 15, 44, 46, 58, 111 f., 117, 138, 143 f., 218, 235, 304–320, 340 f., 366, 398–402, 405–410, 418 f., 422 f., 432, 543, 574, 598, 648 f.
Unterhaltung 35, 39, 73, 77, 88, 90, 96, 100, 102–104, 106, 116, 133, 147, 152, 155, 157–161, 174, 190, 234, 247, 363 f., 366,

393, 418, 435, 459, 462, 495, 510, 513, 519, 535 f., 560, 599, 619 f., 641, 645, 648
USA 35 f., 42, 44, 47, 49 f., 55, 142, 192, 235, 250, 294 f., 305 f., 309, 316, 335, 337, 354, 356, 362, 366, 381, 399, 400, 402, 404 f., 409, 457, 549, 636, 639

Wahrheit 8, 22, 60 f., 75, 102, 111, 193, 196, 201, 206–208, 443, 445–447, 449, 525, 528, 584, 631
Ware, Warenästhetik 5, 9, 89, 110–114, 146, 148, 156, 159, 194, 231, 247, 249, 250, 254–557, 259 f., 263, 287, 293, 313, 390, 434, 538, 570, 593–595, 612, 629, 631 f., 646 f.
Werbung 11, 19, 137, 171, 190, 231, 248, 251, 287, 330, 332, 336, 345, 357, 418, 439 f., 525, 529, 531, 533, 570
Western 2, 7, 33 f., 39, 47, 313, 392, 648
Wirklichkeit 10, 14, 33, 38, 60, 74, 78 f., 115, 194, 202–205, 208, 211, 249, 261 f., 318, 320, 370, 374, 447, 461, 464, 466, 468, 475 f., 488, 490, 494, 510, 546, 599, 604, 625, 632, 646, 648
World Wide Web siehe Internet

Zeichen 5, 23, 47, 51, 61, 68, 77, 84, 87, 96–98, 100 f., 104 f., 113, 131, 154, 156, 169, 172, 176, 184, 219, 231, 233 f., 236, 256, 287, 312 f., 327, 336 f., 339, 377, 379, 381, 385, 394, 407, 410, 416, 427, 445, 446, 468, 484 f., 488, 492, 496 f., 500–502, 504, 530, 538, 542 f., 555, 565, 583, 597, 599, 604, 611, 615, 625 f., 629, 643, 644 f., 647, 649
Zeitschrift 7, 12–14, 16, 21, 45, 56, 58, 60–62, 64–66, 68 f., 72, 88, 92, 97, 99, 112, 124, 138, 143, 145, 236, 248, 251, 287, 290, 309, 312, 314, 319, 320, 346, 366, 384, 385, 393, 400, 403, 405, 410, 444, 449, 466, 476, 539, 542, 544, 545, 549, 554, 573, 574, 575, 611
Zitat 10 f., 51, 58, 62, 84, 100, 104, 132, 169, 176, 179 f., 206, 216, 233, 237, 239, 240–242, 289, 313, 319, 332, 335, 337, 342, 346, 379, 385, 388, 391 f., 401–403, 406–408, 414 f., 421, 423, 448 f., 453, 456 f., 466, 480, 482 f., 486, 491, 499, 510, 525, 533 f., 539 f., 545, 552, 561, 570, 573, 575, 577, 588, 597, 600, 602, 619

8. Abbildungsverzeichnis

3.10. Weingart

Abb. 1 und 2: Marshall McLuhan und Quentin Fiore. *The Medium is the Massage. An Inventory of Effects* [1967]. Produced by Jerome Agel, San Francisco: Gingko Press 1996, o.Pag. [34–35, 36–37.]
Abb. 3: Rolf Dieter Brinkmann. *Die Piloten*. Köln: Kiepenheuer & Witsch, 1968
Abb. 4: Rolf Dieter Brinkmann und Ralf-Rainer Rygulla (Hrsg.). *ACID. Neue amerikanische Szene*. Frankfurt am Main: März 1969
Abb. 5: Sigmar Polke. *Bunnies*. 1966. Dispersion auf Leinwand, 150 × 100 cm. Hirshhorn Museum and Sculpture Garden. Smithsonian Institution. Purchased from Gagosian Gallery, New York, May 15, 1992. Joseph H. Hirshhorn Bequest and Purchase Funds, 1992. Quelle: Polke, Sigmar. *Die drei Lügen der Malerei* (Ausstellungskatalog, hrsg. von der Kunst- und Ausstellungshalle der BRD GmbH), Ostfildern-Ruit: Cantz, 1997. 102
Abb. 6a und 6b: Rolf Dieter Brinkmann. *Godzilla*. Aus: Rolf Dieter Brinkmann. *Standphotos. Gedichte 1962–1970*. Reinbek bei Hamburg: Rowohlt, 1983. 179 und 165

4.1. Pabst

Abb. 1: Phillips singt im Club Tsubaki (TC: 52:33)
Abb. 2: Phillips mit den improvisierten Bambusfächern, im Hintergrund Kolibris auf einem Wandteppich (TC: 1:06:21)

4.3. Kreuzmair

Abb. 1: Die japanische Hitparade vom 25. Mai 1968 in der Musik-Wochenzeitung *Billboard*

4.11. Hohlweck

Abb. 1: Mit freundlicher Genehmigung von Max Goldt (1995, 43)

4.15. Döring

Abb. 1: Transkription der Adlon-Tapes (Ausschnitt min. 05.50–06.03); Aufzeichnung zur Verfügung gestellt von Joachim Bessing

9. Autorinnen und Autoren

Jan-Frederik Bandel, Dr. phil., ist freier Autor, Lektor, Übersetzer und Dozent an verschiedenen Hochschulen.

Moritz Baßler, Dr. phil., ist Professor für Neuere deutsche Literatur an der Westfälischen Wilhelms-Universität Münster.

Klaus Birnstiel, Dr. phil., ist Juniorprofessor für Neuere deutsche Literatur an der Universität Greifswald.

Martin Butler, Dr. phil., ist Professor für Amerikanistik: Literatur und Kultur an der Carl von Ossietzky Universität Oldenburg.

Jörg Döring, Dr. phil., ist Professor für Neuere deutsche Literatur sowie Medien- und Kulturwissenschaft an der Universität Siegen.

Heinz Drügh, Dr. phil., ist Professor für Neuere deutsche Literatur und Ästhetik an der Goethe-Universität Frankfurt am Main.

Sonja Eismann ist freie Journalistin und Kulturwissenschaftlerin in Berlin.

Nadja Geer, Dr. phil., ist freie Autorin und Journalistin in Konstanz und Berlin.

Charis Goer, Dr. phil., ist Assistant Professor für Deutsche Literatur und Kultur an der Universität Utrecht.

Olaf Grabienski, M.A., ist freier Autor und Webdesigner in Hamburg.

Karin Harrasser, Dr. phil., ist Professorin für Kulturwissenschaft an der Kunstuniversität Linz.

Thomas Hecken, Dr. phil., ist Professor für Neuere deutsche Literatur an der Universität Siegen.

Martin Hielscher, Dr. phil., ist Verlagslektor, Autor, Übersetzer und Honorarprofessor für Neuere deutsche Literatur an der Otto-Friedrich-Universität Bamberg.

Patrick Hohlweck, Dr. phil., ist Wissenschaftlicher Mitarbeiter an der Humboldt-Universität zu Berlin.

Till Huber, Dr. phil., ist Wissenschaftlicher Mitarbeiter an der Carl von Ossietzky Universität Oldenburg.

Innokentij Kreknin, Dr. phil., ist Akademischer Rat a. Z. an der Technischen Universität Dortmund.

Elias Kreuzmair, Dr. des., ist Wissenschaftlicher Mitarbeiter an der Universität Greifswald.

Dirck Linck, Dr. phil., ist Literaturwissenschaftler in Berlin.

Albert Meier, Dr. phil., ist pensionierter Professor für Neuere deutsche Literatur an der Christian-Albrechts-Universität zu Kiel.

Jörg Metelmann, Dr. phil., ist Titularprofessor und Ständiger Dozent für Kultur- und Medienwissenschaft an der Universität St. Gallen.

Dirk Niefanger, Dr. phil., ist Professor für Neuere deutsche Literatur an der Friedrich-Alexander-Universität Erlangen-Nürnberg.

Hendrik Otremba, M.A., ist Autor, bildender Künstler, Sänger und Dozent in Berlin und Münster.

Philipp Pabst, M.A., ist Wissenschaftlicher Mitarbeiter an der Westfälischen Wilhelms-Universität Münster.

Alexandra Pontzen, Dr. phil., ist Professorin für Neuere deutsche Literatur an der Universität Duisburg-Essen.

Christian Rakow, Dr. phil, ist Theaterkritiker und Redakteur von nachtkritik.de in Berlin.

Christoph Rauen, Dr. phil., ist Wissenschaftlicher Mitarbeiter an der Christian-Albrechts-Universität zu Kiel.

Eckhard Schumacher, Dr. phil., ist Professor für Neuere deutsche Literatur und Literaturtheorie an der Universität Greifswald.

Georg Seeßlen ist freier Autor und Journalist in Kaufbeuren.

Anna Seidel, M.A., ist Wissenschaftliche Mitarbeiterin an der Westfälischen Wilhelms-Universität Münster.

Heide Volkening, Dr. phil., ist Wissenschaftliche Mitarbeiterin an der Universität Greifswald.

Thomas Wegmann, Dr. phil., ist Professor für Neuere deutsche Literatur an der Universität Innsbruck.

Brigitte Weingart, Dr. phil., ist Professorin für Medienkulturwissenschaft an der Heinrich-Heine-Universität Düsseldorf.

Stefan Willer, Dr. phil., ist Professor für Neuere deutsche Literatur an der Humboldt-Universität zu Berlin.

Dank
Die Herausgeber danken den Herausgeber/innen der Reihe „Handbücher zur kulturwissenschaftlichen Philologie", den Mitarbeiter/innen des de Gruyter Verlags und insbesondere den Beiträger/innen für das große Engagement, die gute Zusammenarbeit und die vielfach strapazierte Geduld auf der langen Strecke zwischen Konzeption und Fertigstellung dieses Handbuchs. Für Unterstützung bei der redaktionellen Arbeit, Korrekturdurchgängen sowie der Erstellung von Glossar und Register danken die Herausgeber Sebastian Berlich, Holger Grevenbrock, Hendrik Günther, Antje Heide, Elias Kreuzmair, Christopher Lukman, Sandra Markiewicz, Philipp Ohnesorge, Philipp Pabst, Fabian Rüthers, Katharina Scheerer, Anna Seidel, Stefanie Skock, Hannah Willcox und Hannah Zipfel.

www.ingramcontent.com/pod-product-compliance
Lightning Source LLC
Chambersburg PA
CBHW031717230426
43669CB00007B/167